U0916093

The Yearbook of China's Poverty Alleviation and Development

中国扶贫开发

国务院扶贫开发领导小组办公室　主管
《中国扶贫开发年鉴》编委会　编

中国财政经济出版社

图书在版编目（CIP）数据

中国扶贫开发年鉴．2011/《中国扶贫开发年鉴》编委会编．—北京：中国财政经济出版社，2011.12

ISBN 978-7-5095-3197-6

Ⅰ．①中…　Ⅱ．①中…　Ⅲ．①扶贫-中国-2011-年鉴　Ⅳ．①F323.8-54

中国版本图书馆CIP数据核字（2011）第213221号

责任编辑：杨钧珺　孙　琛　　　责任校对：胡永立

封面设计：汪俊宇　　　版式设计：汪俊宇

中国财政经济出版社 出版

URL：http：//www.cfeph.cn

E-mail：cfeph@cfeph.cn

社址：北京市海淀区阜成路甲28号　邮政编码：100142

发行处电话：88190406　财经书店电话：64033436

北京富生印刷厂印刷　各地新华书店经销

787×1092毫米　16开　53.5印张　1 162 000字

2011年12月第1版　2011年12月北京第1次印刷

印数：1—3 000　定价：320.00元

ISBN 978-7-5095-3197-6/F·2706

（图书出现印装问题，本社负责调换）

本社质量投诉电话：010-88190744

《中国扶贫开发年鉴》
编辑委员会

《中国扶贫开发年鉴》编辑部

2010年7月9日至11日，中共中央总书记、国家主席、中央军委主席胡锦涛在河南省考察工作。图为胡锦涛到洛阳市孟津县平乐镇察看玉米长势，向正在施肥、除草的农民了解粮食生产和销售情况。

新华社记者 李学仁 摄

2010年3月21日至23日，中共中央总书记、国家主席、中央军委主席胡锦涛在宁夏回族自治区考察工作。图为胡锦涛在吴忠市盐池县花马池镇南苑新村了解生态移民工作情况。

新华社图片

2010年1月24日至26日，中共中央总书记、国家主席、中央军委主席胡锦涛在陕西省考察工作。图为胡锦涛来到汉中市宁强县汉源镇亢家洞村五里坡安置点王志忠家看望，详细了解地震灾后群众住房重建和生产生活恢复情况。

新华社记者 鞠鹏 摄

2010年4月3日至5日，中共中央政治局常委、国务院总理温家宝赶赴贵州旱灾最严重的黔西南布依苗族自治州，与干部群众共商抗旱救灾大计。图为温家宝在兴义市民航村七块地察看因干旱已经绝收的小麦。

新华社记者 李学仁 摄

2010年8月9日，中共中央政治局常委、国务院总理温家宝在甘肃省甘南藏族自治州舟曲灾区指导抗洪抢险救灾工作。

新华社记者 李学仁 摄

2010年8月22日至23日，中共中央政治局常委、国务院总理温家宝赶赴四川特大山洪泥石流灾区，指导抢险救灾工作。图为8月23日下午，温家宝来到汶川县映秀镇岷江江边，同当地干部和专家一起研究抢险治理方案。

新华社记者 李学仁 摄

2010年，中共中央政治局委员、国务院副总理、国家防汛抗旱总指挥部总指挥回良玉在陕西省商洛市察看汛情灾情和抗洪抢险情况。

2010年4月14日，中共中央政治局委员、国务院副总理、国务院抗震救灾总指挥部总指挥回良玉赶赴青海玉树地震灾区慰问受灾群众，指导抗震救灾工作。

新华社记者 丁林 摄

2010年6月29日凌晨，中共中央政治局委员、国务院副总理回良玉冒雨赶赴贵州省关岭布依族苗族自治县岗乌镇大寨村山体滑坡现场，指导抢险救灾工作。

新华社记者 饶爱民 摄

浙江省实施“乡村康庄工程”，图为仙居县康庄工程。

广西壮族自治区河池市东兰县田洞村家庭（地头）水柜。

解放军部队官兵为贫困地区群众找水打井。

内蒙古自治区加强电网建设，解决能源“输出梗阻”。

湖南省通道县双江镇红香村电视节目扩容。

国务院扶贫开发领导小组副组长、办公室主任范小建在河北省实地察看整村推进“扶贫开发细胞工程”实施情况。

江西省赣县土地整治与整村推进相结合，开展新农村建设。

宁夏回族自治区泾源县东山坡村旧貌换新颜。

山西省临汾市古县新和堡蔬菜大棚。

甘肃省东乡族自治县农村饮水安全工程让贫困农民喝上了自来水。

国务院扶贫开发领导小组副组长、办公室主任范小建在云南省与山瑶干部群众座谈。

云南省克木人新居。

新疆维吾尔自治区阿合奇牧民使用牧草机械。

国务院扶贫开发领导小组办公室副主任王国良在四川省凉山彝族自治州与群众座谈。

西藏自治区左贡县小女孩在过溜索。

溜索改造后的西藏自治区林芝八一镇加乃桥。

国务院扶贫开发领导小组办公室副主任郑文凯在山东省平邑县残疾人就业扶贫基地考察。

浙江省新时期的“农民讲习所”：千万农村劳动力素质培训工程。

安徽省泗县乡村农业实用技术培训现场。

雨露计划

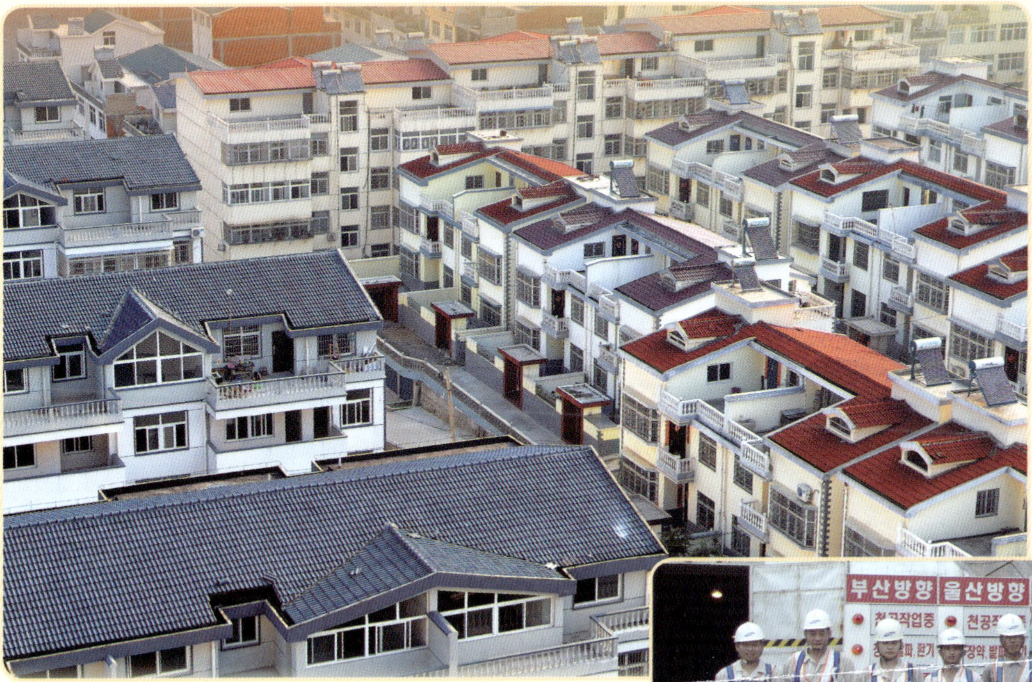

河南省新县“地球村”——外派劳务人员回乡建的别墅群。

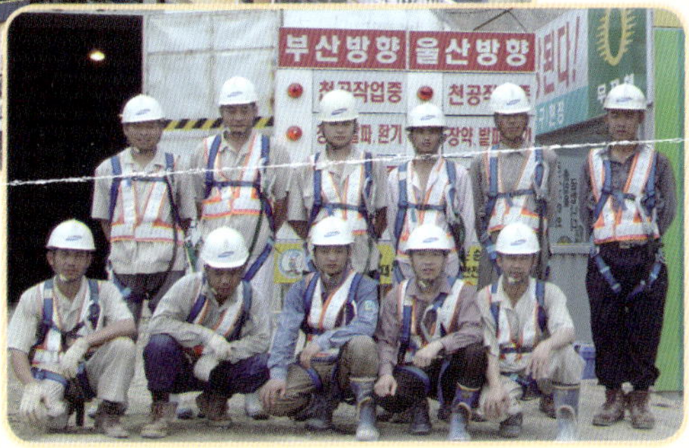

河南省“雨露计划”外派劳务人员在韩国。

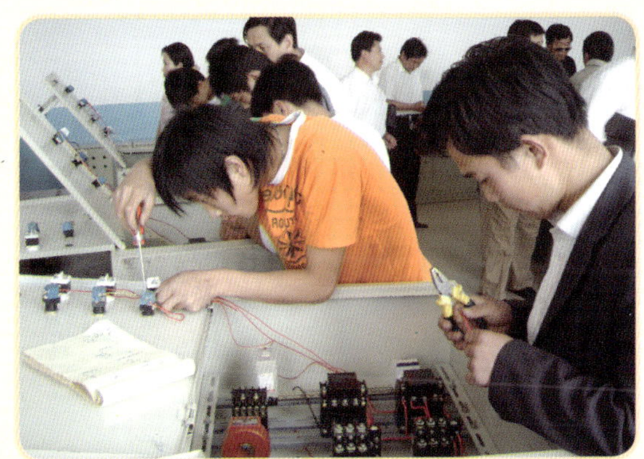

宁夏回族自治区“雨露计划”电子电工专业培训现场。

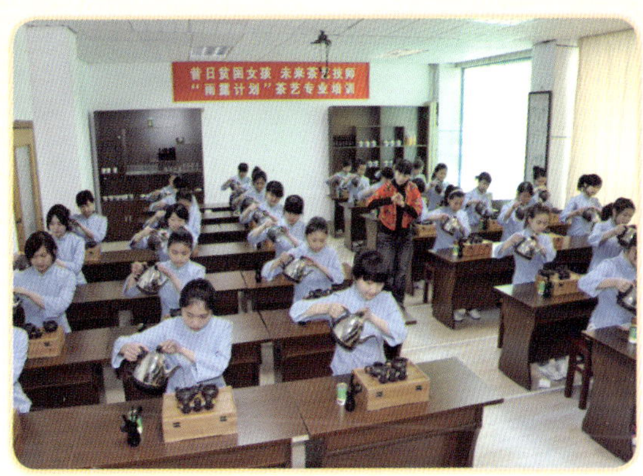

江西省南昌市女子职业学校“两后生”接受培训。

国务院扶贫开发领导小组副组长、办公室主任范小建在新疆维吾尔自治区伊犁哈萨克自治州吉木乃县马铃薯良种基地考察。

四川省西充县灵芝产业项目。

黑龙江省饶河县蔬菜生产基地。

山西省长治市沁县产业扶贫项目麻鸭养殖。

中国北方最大的羽绒集散生产基地——河南省濮阳市台前县羽绒服装生产车间。

内蒙古自治区发展优质畜牧业。

贵州省石漠化地区种草养畜项目点。

江苏省连云港市东海县黄川镇草莓种植基地。

山西省大同市阳高县新和堡扶贫移民村。

浙江省衢州市龙游县下山脱贫工程——晨东小区。

陕西省延安市延川县移民新村。

2010年9月23日，中共中央政治局常委、国务院总理温家宝在纽约联合国总部出席联合国千年发展目标高级别会议并发表讲话。

新华社记者 姚大伟 摄

2010年10月17日，减贫与发展高层论坛在北京召开，中外专家共同探讨转变发展方式与减贫问题。

国务院扶贫开发领导小组副组长、办公室主任范小建考察孟加拉小额信贷项目。

亚洲国家官员在重庆考察。

非洲国家官员在甘肃省考察蔬菜大棚扶贫项目。

中国-加纳农村减贫合作试点项目规划讨论现场。

加拿大考察团在山西省晋中市考察发展项目。

目　录

2010 年度党中央、国务院领导同志重要指示

胡锦涛总书记在中共中央政治局第十八次集体学习中的讲话（摘要）

（2010 年 1 月 8 日）

要积极发挥财政政策促进经济社会发展的调控作用，继续实施积极的财政政策和适度宽松的货币政策，突出财政政策实施重点，着力实施有利于扩内需、保增长、调结构、惠民生、促稳定的政策措施。要更加注重推动经济发展方式转变和经济结构调整，发挥财政政策作用直接、运用灵活、定点调控的优势，加大“三农”投入，加大推动自主创新和培育战略性新兴产业力度，支持发展环保产业、循环经济、绿色经济，加大统筹城乡区域协调发展力度。要更加注重扩大内需特别是消费需求，优化政府公共投资结构，落实结构性减税政策，加大国民收入分配调整力度，增加城乡劳动者劳动报酬，增强居民特别是低收入群众消费能力，切实保障困难群众基本生活，增强消费对经济增长的拉动力。要更加注重改善民生、保持社会和谐稳定，把更多财政资源用于加强经济社会发展薄弱环节、用于改善民生和发展社会事业，特别是要支持解决教育、就业、社会保障、医疗卫生、保障性住房建设、环境保护等方面涉及群众切身利益的问题，更有力地支持革命老区、民族地区、边疆地区、贫困地区发展经济和改善民生，集中财力办大事、办推进改革、建立制度和长效机制的事。

（资料来源：新华网 2010 年 1 月 9 日）

胡锦涛总书记在深圳经济特区建立30周年庆祝大会上的讲话（摘要）

（2010年9月6日）

继续加快转变经济发展方式，努力为推动科学发展探索新路。加快转变经济发展方式是关系我国经济社会发展全局的重大战略任务，经济特区要带头加快转变经济发展方式，坚决打好这场硬仗。要坚持自主创新、重点跨越、支撑发展、引领未来的方针，加快构建以企业为主体、市场为导向、产学研相结合的技术创新体系，提升核心技术自主创新能力，推动经济发展从要素驱动向创新驱动转变。要加快经济结构战略性调整，扩大消费特别是居民消费，抢占战略性新兴产业制高点，发展先进制造业和高端服务业，构建现代产业体系。要加大统筹城乡发展力度，把新农村建设与城镇化结合起来，发挥城市对农村的辐射带动作用，发展现代农业，多渠道增加农民收入。要坚定不移实施人才强国战略，建设宏大的创新型人才队伍。要加强能源资源节约和生态环境保护，推广低碳技术，发展绿色经济，倡导绿色生活，率先建成资源节约型、环境友好型社会。

（资料来源：新华网2010年9月6日）

温家宝总理
在联合国千年发展目标高级别会议上的讲话

（2010 年 9 月 23 日）

主席先生，各位同事：

十年前，就是在这间庄严肃穆的大厅里，召开了联合国千年首脑会议，各国领导人向全世界立下誓言，一定要使每一个人实现发展权，并使全人类免于饥饿和贫困。千年峰会吹响了消除全球贫困的号角，成为推动人类共同发展的里程碑。

弹指一挥间，十年过去了。在国际社会的共同努力下，大批遭受饥饿的人们基本解决了温饱，众多因贫困而失学的儿童走进了梦寐以求的校园，越来越多艾滋病患者得到社会关爱和及时救治。同时也要看到，千年发展目标在不同地区和领域的落实还不平衡，许多国家在改善妇幼健康、实现男女平等和保护生态环境等方面进展不明显，不少发展中国家受到国际金融危机、自然灾害和粮食、能源市场波动的严重冲击，全球饥饿人口又有新的增加，实现千年发展目标依然任重道远。

中国始终积极响应联合国的倡议，为实现千年发展目标作出了不懈的努力。1978 年以来，中国绝对贫困人口减少两亿多人，占发展中国家减贫人数的 75%。我们注重从制度上保障和改善民生，在全国城乡实行 9 年免费义务教育，对 8 亿农民实行新型农村合作医疗，启动新型农村社会养老保险试点，低收入群体就业、子女入学、居住条件等问题也都得到很大改善。

我们清醒地认识到，中国人口多、底子薄，发展不平衡，目前还不富裕，人均 GDP 位居世界 100 位左右，发展经济、改善民生的任务还很重。按中国政府现行扶贫标准，还有数以千万计的贫困人口。我们正在制定国民经济和社会发展"十二五"规划、新十年扶贫开发纲要，扶贫开发力度将进一步加大。我们坚信，千年发展目标在中国大地上一定能够如期实现。

扶危济困、守望相助是中华民族的传统美德。新中国成立 60 多年来，我们一直本着国际主义和人道主义精神，竭尽所能向发展中国家提供形式多样、真诚无私的援助，促进了发展中国家的经济发展和民生改善，加深了中国与广大发展中国家的友谊，树立了南南合作的典范。今后，中国政府将进一步加强和改进援外工作，为全人类早日实现千年发展目标做出应有的贡献。

第一，推动发展中国家民生事业发展。这是中国对外援助的首要目标。迄今为止，中国为发展中国家援建了 150 多所学校、近百所医院、70 多项饮水设施、60 多个体育场馆；向近 70 个国家派遣了医疗队，累计派出两万多名医务人员，治愈了数以亿计的患者。今后五年，中国将再为发展中国家建设 200 所学校；派遣 3000 名医疗专家，培养 5000 名医务人员，为 100 所医院提供医疗器械、药品等，重点用于妇幼卫生及防治疟疾、结核、艾滋病等疾病；援建 200 个清洁能源和环保项目；加强对小岛屿发展中国家防灾减灾的援助，帮助他们提高应对气候变化能力。我愿在此宣布，今后三年内，中国将向全球艾滋病、结核病和疟疾基金捐款 1400 万美元。

第二，减免最不发达国家债务负担。截至 2009 年底，中国政府免除了 50 个重债穷国和最不发达国家的 256 亿元人民币债务。中国将进一步免除这些国家 2010 年到期未还的政府无息贷款。

第三，深化与发展中国家的金融合作。为帮助发展中国家应对国际金融危机，中国已向非洲国家提供 100 亿美元的优惠贷款，向越南、柬埔寨、老挝、印尼等东盟国家提供 150 亿美元信贷支持；还向国际货币基金组织增资 500 亿美元，明确要求将资金优先用于最不发达国家。今后中国将继续向发展中国家提供一定规模的优惠贷款和优惠出口买方信贷融资支持。

第四，拓展与发展中国家的经贸关系。中国坚持通过减免关税等多种途径，为发展中国家对华出口各类产品创造条件。中国已经承诺逐步给予有关最不发达国家 95% 税目的产品零关税待遇。从 2010 年 7 月起，中国已对 33 个最不发达国家的 4700 多个税目的输华产品实施零关税，优惠范围已包括这些国家绝大多数对华出口商品。今后，我们还将继续扩大输华零关税产品范围和受惠国家范围，并鼓励国内企业扩大对发展中国家的投资。

第五，加强与发展中国家的农业合作。中国在发展中国家已建成 200 多个农业合作项目，派出大批农业技术专家，有力地推动了当地农业发展。今后五年，中国将再派遣 3000 名农业专家和技术人员，提供 5000 个来华农业培训名额，并重点加强在农业规划、杂交水稻、水产养殖、农田水利、农业机械等方面的合作。

第六，帮助发展中国家开发人力资源。中国已经为发展中国家举办了 4000 多期培训班，培训了 12 万名各类管理和技术人才，为受援国积累了比黄金更为珍贵的人力资源。今后五年，中国将为发展中国家再培训 8 万名各类人员。同时，将增加发展中国家来华留学奖学金名额和在职人员硕士学历教育名额，并为 3000 名校长和教师提供来华培训机会。

今年 7 月以来，巴基斯坦遭受严重洪灾，造成重大人员伤亡和财产损失。作为友好邻邦，中国人民感同身受。为支持巴基斯坦抗击洪灾、重建家园，中国已提供了 3.2 亿元人民币的人道主义援助，并向巴灾区派出救援队。我愿借此机会宣布，在已有援助的基础上，中国将再提供 2 亿美元的无偿援助。

主席先生，各位同事：

未来五年是实施千年发展目标的关键阶段。国际社会应增强紧迫感和责任感，携手共进，扎实工作。

——明确工作重点。联合国要把推动千年发展目标如期实现作为首要议题，确保这一目标不受其他议题的干扰和延误。国际社会要把帮助非洲发展和脱贫作为主攻方向，加大对最不发达国家的扶持力度。发展中国家要把通过发展消除贫困作为中心任务，不断提高自我发展能力。

——兑现官方承诺。拿出一个面包比开一张空头支票更有用。发达国家要切实履行自己的诺言，承担起援助发展中国家的主要责任，尽快将官方发展援助占国民收入的比重提高到千分之七，向发展中国家提供长期、稳定、可预期的资金援助，援助应当是无私的和不附加任何条件的。

——健全实施机制。制度是实现千年发展目标的重要保障。应继续发挥联合国在国际发展合作领域的核心作用。尽快建立千年发展目标评估机制。国际多边机构应加强与地区多边组织的协调与合作，形成扶贫开发的合力。

——维护和平环境。没有国家的长治久安，就难有人民的安居乐业；没有世界的和平稳定，就难有人类的发展进步。国家之间、民族之间都应摒弃前嫌，化干戈为玉帛，以和平手段解决纷争。

主席先生，各位同事：

《千年宣言》的发表，使全世界在贫困中煎熬的人们看到了曙光。这是人类的希望之光，良知之光，仁爱之光。今天我们在这里重新相聚，就是要让这一光明普照全球，温暖每一个生活在贫困中的人。此时此刻，无数双充满期待的眼睛，正在从非洲大陆，从亚洲和拉美，从世界仍在饥饿和贫困笼罩下的地方默默注视着我们。我们没有理由让他们失望。让我们以更加积极的姿态、更加精诚的合作，为如期实现千年发展目标、促进全人类的发展和进步而努力奋斗！

谢谢大家！

（资料来源：新华网2010年9月23日）

温家宝总理在中央经济工作会议上的讲话（摘要）

（2010年12月10日）

加快经济结构战略性调整，增强经济发展协调性和竞争力。坚持把经济结构战略性调整作为加快转变经济发展方式的主攻方向。要调整优化需求结构，增强消费拉动力，重点提升居民消费能力、改善居民消费条件、培育新的消费热点；以优化投资结构为重点，提高投资质量和效益；做好应对国际金融危机冲击一揽子计划与“十二五”前期投资项目衔接工作；严控投资产能过剩行业，防止新的低水平重复建设。要调整优化产业结构，提升产业核心竞争力；加快改造提升传统制造业，培育一批适应市场需要、拥有核心技术、重视创新、机制灵活的优势企业和产业，提高产业集中度；加快壮大服务业规模，全面提高服务业特别是现代服务业发展水平；切实强化企业在技术创新中的主体地位，推进产学研紧密结合，扎实发展战略性新兴产业。要强化节能减排和应对气候变化，大力发展绿色经济，完善政府节能减排目标责任考核评价体系，进一步发挥市场作用，健全激励和约束机制，增强企业和全社会节能减排内生动力；加强重点节能工程建设，大力发展循环经济和环保产业，加快低碳技术研发应用；加强重点流域、区域、行业污染治理，加快建立生态补偿机制；落实控制温室气体排放行动目标，积极开展应对全球气候变化国际合作。要统筹国土空间开发利用，增强区域发展协调性，坚持把深入实施西部大开发战略放在区域发展总体战略优先位置，全面振兴东北地区等老工业基地，大力促进中部地区崛起，积极支持东部地区率先发展，加大对革命老区、民族地区、边疆地区、贫困地区扶持力度；加快制定法律法规、配套政策、考核体系，确保国家主体功能区规划落到实处。要积极稳妥推进城镇化，合理确定大中小城市和小城镇的功能定位、产业布局、开发边界，形成基本公共服务和基础设施一体化、网络化发展的城镇化新格局。

完善基本公共服务，创新社会管理机制。“十二五”开局之年，在改善民生上要扎扎实实办几件实事。要加强教育重点领域建设，重视发展学前教育，完善高中和职业教育，扩大涉农中等职业教育免费范围，全面提高高等教育质量。要加快构建覆盖城乡的公共文化服务体系，深化文化体制改革，推动文化产业成为国民经济支柱性产业。要坚持更加积极的就业政策，把促进充分就业作为经济社会发展的优先目标，多渠道开发就业岗位，完善城乡公共就业服务体系，重点做好高校毕业生、农村转移劳动力、城镇就业困难人员、退役军人就业工作，保障劳动者权益，构建和谐劳动关系。要加快建设覆盖城乡居民的社会保障体系，在扩大养老保险覆盖面、提高统筹层次、完善转移接续办法等方面取得新进展，扩大新型农村社会养老保险试点范围，建立健全企业退休人员基本养老金、城乡居民低保标准正常调整机制。要扎实推进医药卫生体制五项重点改革，突出抓好健全基本药物制度和加快公立医院改革试点工作，保障群众用药安全有效、价格合理、方便可及，坚持公共医疗卫生的公益性质，为群众提供满意的基本医疗卫生服务。要加快推进住房保障体系建设，强化政府责任，调动社会各方面力量，加大保障性安居工程建设力度，加快棚户区和农村危房改造，大力发展公共租赁住房，缓解群众在居住方面遇到的困难，逐步形成符合国情的保障性住房体系和商品房体系。要维护社会和谐稳定，加强和改进新形势下群众工作，深入推进社会矛盾化解、社会管理创新、公正廉洁执法，正确处理人民内部矛盾，健全信访工作责任制，健全社会舆情汇集和分析机制，健全重大工程项目建设和重大政策制定的社会稳定风险评估机制，着力从源头上预防和减少矛盾；做好灾后恢复重建工作，加大扶贫开发工作力度；加强安全生产，加强社会治安综合治理，保障人民生命财产安全。

（资料来源：中国政府网2010年12月13日）

回良玉副总理在全球减贫与发展论坛上的致辞（摘要）

（2010年10月17日）

中国政府将加快推进经济发展方式转变，加大扶贫开发力度，让贫困群体更加全面地参与发展过程、更加充分地分享发展成果，为推进世界减贫事业、促进共同发展，贡献自己的力量。

“中国消除贫困奖”的颁发，是对社会各界在支持中国扶贫开发事业中作出的辛勤努力和取得的显著成就的充分肯定，有利于进一步号召和动员社会各界继续关注贫困、关心扶贫，形成更加良好的扶贫济困氛围。他指出，本次论坛以转变经济发展方式与减贫为主题，具有很强的时代性和针对性，通过深入探讨更加有效的扶贫方式和国际合作途径，更广泛地凝聚各方智慧和力量，将进一步推动中国和广大发展中国家的减贫进程。

加快推进经济发展方式转变既是实现经济长期平稳较快发展的必由之路，也是推动减贫事业发展的迫切需要和重大机遇。中国在制定国民经济和社会发展第十二个五年规划和新十年扶贫开发纲要的过程中，将加快推进经济发展方式转变，努力使贫困地区和贫困人口在经济增长和社会发展中得到更多实惠。为此，要调整经济结构，进一步夯实农业发展基础；要统筹城乡发展，加快推进社会主义新农村建设；要统筹区域发展，加快西部地区发展步伐；要建设生态文明，促进经济社会和环境协调发展；要坚持开发式扶贫，全面提高减贫成效。

经过30多年持续快速发展，中国经济实力和综合国力大为增强，人民生活显著改善，贫困人口大幅减少。但按照中国政府标准目前还有几千万贫困人口，按照联合国设定的贫困线还有约1.5亿贫困人口。中国加快发展的压力仍然很大，扶贫开发的任务仍然十分艰巨。我们必须坚持不懈地努力，以自身的不断创新、科学发展，继续推动中国减贫事业的进步。

切实帮助发展中国家转变发展方式，营造有利于贫困群众公平参与、可持续发展的环境，是国际社会面临的共同任务。希望有关方面共同努力，加强交流，深化合作，促进全球减贫和实现千年发展目标。

（资料来源：新华网2010年10月17日）

回良玉副总理在国务院扶贫开发领导小组全体会议上的讲话

（2010 年 12 月 6 日）

今年的扶贫开发领导小组全体会议有着特殊的意义。一方面，全国上下正在深入学习贯彻党的十七届五中全会精神，全力以赴完成“十一五”规划的目标任务，聚精会神谋划“十二五”规划的开篇布局。另一方面，扶贫开发工作正处在两个十年交替、继往开来的关键时期。因此，这次领导小组全体会议的主要任务是，认真总结安排今明两年的工作，深入分析扶贫开发面临的新形势新任务，总结前十年并对未来十年特别是“十二五”期间的扶贫开发工作做出全面部署，将扶贫开发事业推向一个新的阶段。

过去一年，扶贫办按照中央的要求和扶贫领导小组的安排，积极主动，大胆探索，不仅在创新机制、提高工作水平方面做了许多卓有成效的工作，完满完成了全年任务，而且认真组织协调各部门，谋划未来十年的扶贫战略，纲要起草工作取得了可喜的成绩，应予以充分肯定。刚才，范小建同志做了很好的汇报。与会的领导小组成员进行了认真的讨论，其他相关部门也都发表了意见，讲的都很好。下面，我讲几点意见。

一、十年扶贫开发成就辉煌，经验宝贵

2001 年，国家颁布实施了《中国农村扶贫开发纲要（2001—2010 年）》（以下简称《纲要》），十年来，在党中央、国务院的正确领导下，在有关部门和社会各界的大力支持下，经过贫困地区各级党委政府和广大干部群众的艰苦奋斗，扶贫开发取得新的成就。农村贫困人口大幅度下降，贫困地区生产生活条件和基础设施状况明显改善，基本公共服务能力持续加强，生态恶化趋势得到初步遏制，贫困人口的生活质量和综合素质不断提升，贫困地区经济社会面貌发生了深刻变化。可以说，我们已经如期实现了《纲要》确定的目标和任务。

十年来扶贫开发的巨大成就，为贫困地区转变发展方式、提高发展质量做出了重要贡献，为全面建设小康社会和构建社会主义和谐社会奠定了坚实基础，有力促进了全体人民共享改革发展成果战略要求的实现。不仅对我国经济发展、政治稳定、民族团结、边疆巩

固和构建和谐社会发挥了重要作用，也为全球减贫事业做出了重大贡献。

十年扶贫的成就来之不易，积累的经验弥足珍贵，创造的精神财富影响深远。回顾过去的工作，我们有以下五条基本经验：

一是坚持统筹城乡，不断完善解决温饱的制度保障。党的十六大以来，中央提出了“两个趋向”的重要论断，确立了统筹城乡发展的方略，制定了以工促农、以城带乡和多予少取放活的方针，各项强农惠农政策不断充实，对贫困地区、贫困人口的扶持不断加强。农村全面实行九年义务教育，新型合作医疗普遍推行，最低生活保障制度全面建立，养老保险试点逐步推开，扶贫开发和农村低保有效衔接，大扶贫工作格局的形成使农村减贫有了制度保障。

二是坚持政府主导，不断加大扶贫投入和工作力度。各级政府坚持把扶贫开发纳入经济社会发展战略及发展规划。《纲要》实施以来，中央财政累计投入专项扶贫资金 1440 多亿元，年平均增长率 9.7%，地方各级政府的投入也在不断增加，还通过财政贴息引导了 1400 多亿元的扶贫贷款投入。提高扶贫标准，完善扶贫政策，强化扶贫措施，对贫困人口进行全面扶持。

三是坚持社会参与，不断凝聚减贫与发展的强大合力。中央国家机关和企事业单位定点帮扶重点县，东部省（市）及计划单列市对口帮扶西部省（区、市），动员共青团、妇联、各民主党派、民营经济和各种社会组织参与扶贫，不仅扩大了扶贫资源，而且增进了不同地区、不同社会阶层之间的相互理解，促进了社会和谐。

四是坚持自力更生，不断激发贫困地区发展的内在活力。充分发挥基层组织的带头作用和先进典型的示范效应，广泛推行参与式扶贫，逐步发展农民专业合作组织，越来越多的贫困农户得到扶贫信贷资金帮助，发展生产、增收致富。贫困农户自我发展、自我管理能力逐步提高。

五是坚持探索创新，不断提高扶贫开发工作水平。适应形势发展，不断创新体制机制，大胆进行各类试点，努力丰富工作内容，开拓新的工作领域。完善扶贫资金管理体制，改革扶贫贴息贷款管理，提高贫困人口参与公共事务的能力。

全国扶贫系统不断解放思想，大胆探索，创新工作方式。在 12 万个贫困村实施整村推进，全面提升贫困村基础设施、社会事业、产业发展、文明新风和基层组织建设水平。实施雨露计划，开展技能培训，提高劳动力基本素质和就业能力。将产业化扶贫与整村推进、连片开发、科技扶贫相结合，因地制宜培育主导产业，带动贫困农户增收。开展“县为单位、资源整合、整村推进、连片开发”试点，以扶贫资金为引子，吸引整合涉农资金投入，促进贫困农户稳定增收。在群众自愿的前提下，对生存条件恶劣、自然资源贫乏地区的特困人口实行搬迁扶贫，改变基本生产生活条件，提高基本公共服务水平。对集中连片特殊困难地区，抓住突出矛盾，集中力量攻坚，进行综合治理。开展“两项制度”有效衔接试点，促进各项扶贫政策全面落实。针对贫困地区气象灾害、地质灾害日趋严重的情况，努力探索将扶贫开发与防灾减灾、灾后恢复重建相结合的路子。这些努力和取得的成绩，进一步丰富了开发式扶贫的基本经验。

2010 年，在自然灾害异常严重、农产品市场异常波动、外部环境异常复杂的情况下，党中央、国务院正确领导，科学决策，“三农”工作实现了总书记提出的“三个确保”的总体要求，即粮食生产不滑坡、农民收入不徘徊、农村发展好势头不逆转。粮食产量再创新高，预计总产量可达到 10920 亿斤以上，再次刷新历史记录，实现了“七连增”。农民人均收入预计超过 5700 元，实际增长 8% 以上，连续 7 年增速超过 6% 。与此同时，今年的扶贫开发保持了连续 10 年的好势头，贫困人口继续减少，贫困地区农民人均纯收入稳步增加，各项重点工作扎实推进，工作思路进一步拓宽，工作机制进一步完善，工作方法进一步创新，为十年《纲要》划了一个圆满的句号，也为新十年纲要的启动奠定了良好的基础。

二、未来十年扶贫开发任务艰巨，责任重大

根据年初国务院第 101 次常务会的部署，由扶贫办牵头研究制定下个十年的扶贫开发纲要。领导小组各成员单位和有关部门，对这项工作给予了大力支持，不仅献计献策，而且出人出力，特别是直接参与起草工作的同志们付出了辛勤的劳动，体现了对党对人民事业的高度责任感，也体现了对贫困地区和贫困人口的深厚感情。小建同志汇报中说，新纲要的工作任务、行业扶贫措施和保障政策等，反复征求了各部门意见，通过不断协商探讨，逐步达成一致，这是非常难能可贵的。这不仅使文件的起草成为相关部门提高认识、统一思想的过程，也使新十年纲要颁布后，各项工作任务能及时、有效地得到落实，并不断加大实施力度。

总体上看，目前提交会议审议的《中国农村扶贫开发纲要（2011—2020 年）》的送审稿（以下简称送审稿），基本思路符合党中央、国务院对扶贫开发工作要求，对形势判断符合客观实际，目标任务和政策措施符合形势发展需要，重大措施和重点工作符合改革创新精神，未来十年扶贫开发工作的基本思路已经比较清晰。

（一）要深刻认识扶贫开发在全面建设小康社会进程中的重大意义。我们党的《党章》明确提出，要“逐步消灭贫穷，达到共同富裕。”中国共产党奋斗了九十年，就是要让全体人民都过上好日子。改革开放以来，国家实力不断增强，人民生活逐步改善，贫困状况明显缓解。正是在这样的基础上，十七大提出了到 2020 年全面建成小康社会的宏伟目标。但是我们也必须清醒地看到，目前我国仍处在社会主义初级阶段，经济社会发展总体水平不高，尽管经济总量已经达到世界第二，但是人均量排位仍然较低。同时，制约贫困地区和贫困人口发展的深层次矛盾依然存在，贫困人口数量多，发展差距大，相对贫困凸显，返贫问题严重，集中连片特殊困难地区扶贫攻坚任务十分艰巨。随着工业化、信息化、城镇化、市场化、国际化继续深入，又出现了许多新的问题和挑战。贫困现象是全面建设小康社会进程中的重要制约因素。说到底，没有贫困地区的现代化，就没有全国的现代化，没有贫困群体的全面小康，就没有全国人民的全面小康。因此，党中央、国务院决定，在《纲要》任务胜利完成后，编制新十年的扶贫纲要，将扶贫开发工作推向一个新的阶段。我们要深刻理解这一重大决策的深远意义，充分利用国家加大投入和实施强农惠农政策等各

种有利条件，抓住经济发展方式转变的机遇，加快解决影响和制约扶贫开发的矛盾和问题，力争扶贫工作再上新台阶。

（二）要进一步明确未来十年扶贫开发的指导思想。今后十年，扶贫开发既面临难得的历史机遇，也面对诸多可以预见和难以预见的风险挑战。我们必须在科学发展观的指导下，准确把握形势变化，及时调整工作方法，更加奋发有为地推进扶贫事业。要高举中国特色社会主义伟大旗帜，以邓小平理论和“三个代表”重要思想为指导，深入贯彻落实科学发展观，把消除绝对贫困作为首要任务，把连片特困地区作为主战场。坚持统筹发展，以促进就业、增加收入、改善民生、加快发展为核心，坚持政府主导，以专项扶贫、行业扶贫、社会扶贫为支撑，更加注重转变发展方式，增强可持续发展能力；更加注重人力资源开发，提高综合素质；更加注重基本公共服务均等化，改善生产生活生态条件；更加注重解决特困片区贫困问题，努力实现又好又快发展。

（三）要深入探索完善中国特色扶贫开发道路。中国 20 多年扶贫开发的基本经验是开发式扶贫，随着科学发展观的贯彻落实，国家完整的扶贫战略包括开发和救助两个方面。因此，未来的扶贫开发要继续坚持开发式扶贫方针，实行扶贫开发和农村居民最低生活保障制度有效衔接。把扶贫开发作为脱贫致富的主要途径，不断增强贫困地区和贫困人口自我发展能力；把社会保障作为解决温饱的基本手段，逐步完善保障体系。同时，要继续坚持多年扶贫开发的成功做法，总结创造新的经验。

（四）要继续强化扶贫开发的政策措施。新十年要有新举措。国家扶贫标准提高后，要进一步明确对象和范围，要把扶贫标准以下具备劳动能力的贫困人口作为主要对象。把革命老区、民族地区、边疆地区和集中连片特殊困难地区作为重点区域，实施连片特困地区扶贫攻坚工程。一要完善投入机制，在加大中央和地方财政专项投入的同时，引导社会资金投入扶贫开发。二要巩固大扶贫格局，把专项扶贫、行业扶贫和社会扶贫作为国家未来扶贫战略的三个支点。三要完善政策保障，财税、投资、金融、产业、土地、区域、生态、人才保障等相关政策要对贫困地区、贫困人口倾斜，对农村贫困人口全面实施扶贫政策。

（五）要全面加强对扶贫工作的组织领导。各级党委政府要进一步提高认识，实行党政一把手负总责，逐步完善对有关部门和重点县的扶贫工作考核激励机制，切实落实扶贫工作责任制。扶贫工作实行全国一盘棋，东部省市也要进一步加大对所属贫困地区和贫困人口的扶持力度，鼓励有条件的地方探索解决相对贫困问题。要继续完善“中央统筹、省负总责、县抓落实”的管理体制和“工作到村、扶贫到户”的工作机制。切实抓好各级扶贫队伍能力和素质建设，强化机构和职能。

三、奋力开创明年扶贫开发工作新局面

2011 年是新十年扶贫工作的开局之年，也是“十二五”规划的起步之年，任务艰巨，工作繁重。原则同意小建同志对明年工作安排的汇报，重点是出台纲要，开好会议，抓好重点，实现扶贫开发良好开局。

（一）尽快完善新十年纲要，落实相关配套措施。目前的送审稿反复征求了有关部门、地方政府、专家学者和扶贫系统的意见，已经比较成熟。请扶贫办根据今天会议讨论的情况，抓紧修改完善。提高扶贫标准可以作为一条增加到新纲要中去。有些需要进一步协调的政策，各部门要本着关注民生、促进基本公共服务均等化的精神，尽可能的给予支持。新十年纲要修改完善后，要尽早报国务院常务会议审定。与之配套的调整国家扶贫开发工作重点县、划定集中连片特殊困难地区、出台扶贫工作考核办法等工作，都要加快进度，各部门要积极配合，大力支持，力争明年上半年全部完成。

（二）提请召开中央扶贫开发工作会议，做好有关准备工作。国务院第 101 次常务会议决定，在 2011 年至 2020 年扶贫开发纲要通过后，适时提请召开中央扶贫开发工作会议，对 2001 年至 2010 年的工作进行全面总结，并部署新阶段的扶贫开发工作。有关会议的准备工作，由中农办牵头，中央政策研究室、国务院研究室、扶贫办和相关部门参与。原则同意对十年来扶贫开发先进单位和个人进行表彰，表彰名义提请国务院常务会议决定，具体事宜请扶贫办商人力资源和社会保障部办理。原则同意在建党 90 周年前举办新阶段扶贫开发成就展。组委会由我任主任，领导小组成员和各省分管扶贫工作的政府领导参加，具体准备工作由扶贫办牵头，相关单位参与，请财政部给予支持。

（三）启动扶贫攻坚工作试点，探索综合治理途径。集中连片特殊困难地区贫困面大、贫困程度深、致贫原因复杂，必须采取特殊政策、特殊手段予以扶持。最近几年，扶贫办组织开展了一些试点，取得了成功经验。明年可以考虑，在全面制定集中连片特殊困难地区扶贫开发规划时，选择一两个问题比较突出、各方关注度高的片区，先行开展试点。请扶贫办研究提出具体方案。

（四）抓好两个十年工作衔接，将扶贫开发工作推向新的高度。按照现在的进度，新纲要颁布和中央扶贫工作会议召开最快也要到明年年中，重点县调整和连片特困地区划分工作还需要一段时间方能完成，因此，明年年初安排工作可仍以目前范围为准。在做好面上工作的同时，要突出抓好以下几件事情：一是增加投入。明年开始要提高扶贫标准，又要召开中央扶贫工作会议。因此，明年要大幅度增加中央财政扶贫资金投入，实现扶贫开发良好开局，请财政部给予支持。二是两项制度衔接。要总结提高认识，在两项制度衔接的基础上，准确识别出新标准下的贫困人口，全面实施扶贫政策。这是扶贫开发重要的基础性工作，要切实抓紧抓好。三是政策落实。要抓紧研究定点帮扶衔接、集中连片特殊困难地区扶持等政策，从 2012 年开始全面部署落实。

同志们，为了实现全面建设小康社会的宏伟目标，“十二五”期间乃至未来十年，国家将进一步创造更加有利于贫困地区、贫困人口发展的外部环境，调整经济结构，夯实农业发展基础；统筹城乡发展，加快推进新农村建设；统筹区域发展，加快西部地区发展步伐；建设生态文明，促进经济社会和环境协调发展。随着新十年扶贫纲要的颁布实施，扶贫工作的指导思想、总体思路、目标任务、政策措施将进一步明确，希望各部门，特别是扶贫系统的同志们继续发扬脚踏实地、真抓实干精神，切实改进工作作风，以更大的决心、更强的力度、更有效的举措，打好新十年扶贫开发攻坚战。

一

中国农村扶贫开发纲要（2001—2010 年）》实施回顾篇

2001年，国家颁布实施《中国农村扶贫开发纲要（2001—2010年）》（以下简称《纲要》），成为指导新世纪十年扶贫开发的重要纲领性文件。在党中央、国务院的正确领导下，在社会各界的鼎力支持下，全国扶贫系统及贫困地区干部群众共同努力，顺利实现《纲要》的目标和任务。

一、十年扶贫开发成就辉煌

（一）农村贫困人口大幅度下降

农村贫困人口从2000年底的9423万减少到2010年的2688万，贫困发生率从10.2%减少到2.8%。国家扶贫开发工作重点县（以下简称重点县）贫困人口从2001年末的5677万人减少到2010年的1693万人，农民人均纯收入从1277元增加到2010年的3273元，年均实际递增8.07%，略高于全国平均增长水平。

（二）贫困地区农民生活质量明显提高

2001—2010年，重点县农村居民人均生活消费支出从1018元增加到2662元，年均实际增长率为8.5%。2010年，重点县农户人均住房面积24.9平方米，比2002年扩大了4.8平方米；重点县农户每百户拥有彩色电视机94.8台，比2003年增长1倍；冰箱、冰柜23.8台，比2002年增长4倍；摩托车45辆，增长2.49倍；固定电话和移动电话128.4部，增长5.1倍。2010年，重点县农户使用旱厕和水冲式厕所的比重为88.4%，比2002年提高6.1个百分点。新世纪以来，实施易地扶贫搬迁770余万人。

（三）基础设施状况明显改善

2002—2010年，重点县饮用自来水比重从30.2%提高到41.7%，自然村通路比例从72.2%提高到88.1%，通电比例从92.8%提高到98.0%，通电话比例从52.6%提高到92.9%，通广播电视比例从83.9%提高到95.6%。

（四）社会事业水平全面发展

2010年适龄儿童在校率达到97.7%，接近全国平均水平。因贫困而失学的比例从2002年的9%下降到2.3%。2010年青壮年劳动力平均受教育年限已经达到8年，青壮年文盲率为7%，比2002年下降了5.4%。2010年，重点县身体健康的人口占调查人口的93.1%，比2002年上升了1.4个百分点。重点县乡乡有卫生院，绝大多数贫困村有卫生室，新型农村合作医疗普及率达到93.3%。有病能及时就医的比重达到91.4%，比2002年提高了7.6个百分点。

（五）初步建立了全国农村社会保障体系

到2010年底，全国农村最低生活保障制度覆盖人口达到5228.4万，农村五保救济覆盖人口为554.8万，529.5万人次得到农村临时救济，813.8万人次得到医疗救助。保障水平不断提高，覆盖面进一步扩大。开展新型农村养老保险试点，到2010年底，已覆盖24%的县。

《纲要》实施以来，扶贫开发增强了贫

困地区群众的自强自立精神和自我发展能力，农村居民生存和温饱问题基本解决，为促进国民经济持续健康发展，促进政治稳定、社会和谐、民族团结、边疆巩固发挥了重要作用，为推动全球减贫事业做出了积极贡献，为实现全面建设小康社会奠定基础。

二、中国扶贫之路经验丰富

（一）坚持党的领导，突出政府主导作用

进入新世纪，随着贫困人口的减少和分散所带来的扶贫形势的变化，中国政府制定了《中国农村扶贫开发纲要（2001—2010年）》，明确提出尽快解决剩余贫困人口的温饱问题，进一步改善贫困地区的生产生活条件，巩固扶贫成果。

在制定国民经济和社会发展中长期规划时，始终把农村扶贫开发作为重要内容放在突出位置。根据国民经济发展水平和国家财力状况，确定国家扶贫标准；根据贫困人口的分布状况，适时确定并调整国家扶持的重点区域，最终形成连片特困地区、重点县、贫困村三个区域层次的扶贫格局；建立“中央统筹、省负总责、县抓落实”的管理体制，实行党政一把手负总责的扶贫开发工作责任制；不断加大投入力度，2001—2010年，中央专项扶贫资金从100亿元增加到222.68亿元，累计投入1440.4亿元，地方政府投入598.3亿元。十年间，通过财政贴息调动了近2000亿元的扶贫贷款。2011年，投入中央财政扶贫资金270亿元，比上年增加了48亿元。政府投入成为扶贫开发的主导力量。

（二）促进经济增长，巩固农业基础

新世纪十年，我国国民经济平稳快速增长，综合国力不断增强，工业化、城镇化快速发展。经济高增长提供了大量就业机会，同时，农业的基础地位不断加强，到2010年，我国主要农产品，包括粮食、蔬菜、肉类、禽蛋、水产品等人均占有量都接近或超过世界平均水平，为解决贫困人口温饱、调整贫困地区经济结构创造了条件，为缓解农村贫困奠定了坚实的物质基础。

（三）动员社会参与，加强国际合作

组织协调272个中央党政机关、民主党派、社会团体和大型国有企业定点帮扶481个重点县。从2001年到2010年，直接投入资金和物资90.9亿元，到重点县挂职干部3559人，为重点县培训各类人员168.4万人次。组织东部6个省、3个直辖市和6个计划单列市对口帮扶西部11个省区市，2001—2010年，东部省市各级政府无偿援助西部44.4亿元，企业投入约2500亿元，技术培训各类人员22.6万人次。组织非公有制经济参与扶贫事业，充分调动非政府组织参与扶贫开发的积极性。与有关国际组织、双边机构和国内外非政府组织合作，联合实施多种形式的扶贫项目，积极开展减贫交流。据不完全统计，2000年以来，我国扶贫领域利用各类外资5.6亿美元。

（四）坚持自力更生，实施开发扶贫

强调发挥基层组织的战斗堡垒作用，发动群众，依靠群众，让贫困人口直接参与扶贫开发项目与资金使用的决策，促进贫困人口素质和能力建设，切实提高自我发展能力。坚持开发式扶贫方针，帮助贫困地区开展基础设施建设，实现通路、通电、通邮、通广播电视；通过农田水利基本建设，提高土地生产能力；支持贫困农户发展种植业、养殖业和小型加工业项目。2001年以来，在12万个贫困村实施整村推进；对700余万生活在自然条件极端恶劣地区的贫困人口实施扶贫移民；实施雨露计划培训了400多万贫困家庭劳动力，促进转移就业；在13600个贫困村建立互助资金组织，解决农户资金需求。

（五）采取有效措施，帮扶特困群体

开展“兴边富民”行动，实施《扶持人口较少民族发展规划（2005—2010年）》，不断加大对少数民族地区的扶贫投入力度，各项扶贫措施向少数民族地区倾斜。促进贫困妇女公平参与，在扶贫开发中制定了使妇女直接受益的各项政策措施。采取特殊措施帮助贫困残疾人。“十五”和“十一五”期间都制定了残疾人事业发展纲要。每年专项安排康复扶贫贷款和其他资金。

（六）城乡区域统筹，促进科学发展

全面推行农村税费改革，取消农业税、牧业税、特产税和其他不合理的税费，减轻农民负担。建立农业补贴制度，对农民实行粮食直补、良种补贴、农机具购置补贴和农业生产资料综合补贴，鼓励农业生产。明确提出建设社会主义新农村的任务，加大对农村水、电、路、气、房等基础设施的投入力度，积极推进农村危房改造试点。继续实施西部大开发和中部崛起战略，加大对中西部地区的财政转移支付力度，通过退耕还林还草政策改善西部自然条件恶劣地区的生态环境，增加当地农民的收入。全面发展农村社会事业。改革农村义务教育管理体制，实施新型农村合作医疗制度，出台相关措施对困难群众实施医疗救助。开展新型农村养老保险试点，目前已覆盖24%的县。把计划生育作为基本国策，在农村实施计划生育家庭奖励扶助制度和“少生快富”工程。切实保护农民工权益。

二

专项扶贫篇

（一）专项扶贫——主要成效

2010年，根据《中国农村扶贫开发纲要（2001—2010年）》基本精神，在国家和社会各界的共同帮助下，贫困地区各级干部群众奋发努力，各项重点工作全面推进。

整村推进促进了贫困地区新农村建设。 2001年，《中国农村扶贫开发纲要（2001—2010年）》颁布以后，为适应当时农村贫困状况大分散、小集中的特点，根据扶贫工作重心下沉、进村入户的要求，国务院扶贫开发领导小组明确提出将整村推进作为2001年到2010年十年扶贫开发的首要重点工作，在群众参与的基础上编制规划，分年度组织实施。2002年，全国确定了14.8万个贫困村，占当时全国行政村总数近1/4，覆盖了85%左右的贫困人口。截至2010年底，全国已有12.6万个贫困村实施了整村推进，占总数的85%。已完成整村推进的村，通过基础设施、社会事业、产业发展、能力建设、精神文明和村级民主制度建设等方面重点工作的全面开展，贫困群众收入和生活水平显著提高，基础设施、基本生产、生活条件和公共服务明显改善，贫困农户的自我发展能力不断提高，有力促进了贫困地区的新农村建设。

转移培训提高了贫困地区劳动力素质。 2010年，劳动力转移培训——“雨露计划”既完成了《中国农村扶贫开发纲要（2001—2010年）》的收官重任，又担负起了“十二五”规划和下一个十年的布局之责，走过了一个在总结中不断探索前进，探索中逐步完善提高的工作历程。

产业化扶贫带动了贫困农户增收。 将产业扶贫与整村推进、连片开发、科技扶贫相结合，通过扶持设施农业、产业化基地、农民合作经济组织和扶贫龙头企业，带动贫困农户增收。（1）重点培育符合贫困地区特点的主导产业，如马铃薯、经济林果、草地畜牧业、棉花等。（2）发展设施农业，推广防灾抗灾技术，如舍饲圈养、大棚果蔬、双垄沟播地膜全覆盖技术等。（3）扶持扶贫龙头企业625家，带动1765万贫困人口脱贫致富。（4）为贫困地区农民合作组织提供技术、市场、信贷等方面的服务。

连片开发调整了贫困地区产业结构。2007年开始，为了探索财政扶贫资金与其他涉农资金整合使用的途径，开展了“县为单位、整合资金、整村推进、连片开发”试点。每个试点县投入1000万元财政扶贫资金作为引导，通过资金和政策整合、机制创新，吸引相关部门涉农资金投入产业开发及配套项目，将整村推进与连片开发相结合、扶贫开发与区域经济发展相结合，促进了贫困地区经济发展和贫困农户稳定增收。到2010年底，已经在240个县开展试点，效果显著，受到当地干部群众欢迎，得到有关部门大力支持。

移民扶贫改变了基本生存环境。 《纲要》将稳步推进自愿移民搬迁作为扶贫开发的内容和途径之一。“十一五”期间，在坚持群众自愿的前提下，各地对居住在生存条件恶劣、自然资源贫乏地区的贫困人口实行了有计划地移民搬迁，共搬迁约72万户，300余万人。移民扶贫是改变生存条件恶劣地区群众贫困状况最根本、最有效的途径，改善了贫困群众生产生活条件，提高了公共服务水平，加强了生态环境保护和建设，促进了小城镇建设发展，加快了贫困群众脱贫致富步伐。

灾后恢复重建工作继续深化。经国务院扶贫办灾害应对办和川、甘、陕三省各级扶贫办、灾区基层干部群众的共同努力，汶川特大地震贫困村灾后恢复重建工作基本完成了年度工作计划，为“三年重建任务两年基本完成”目标的如期实现打下了基础。组织协调中国扶贫基金会、中国扶贫开发协会等主管社团募集物资支援玉树灾后重建工作。指导甘肃省扶贫办编制舟曲扶贫开发与防灾减灾试点项目规划。

（二）专项扶贫——政策措施和机制创新

【两项制度衔接】

2010年，各地认真贯彻落实《国务院办公厅转发扶贫办等部门关于做好农村最低生活保障制度和扶贫开发政策有效衔接扩大试点工作意见的通知》（国办发［2010］31号）（以下简称国务院办公厅31号文）精神，在有关部门大力支持下，经过各级、各有关方面共同努力，试点工作进展顺利，积累了经验。

一、试点工作取得的成就

截至2010年底，试点工作扩大到全国28个省区市949个县，其中国家扶贫开发工作重点县487个，占国家重点县总数的82.3%，在数量上完成了规定任务。其中，有数据上传的县565个，国家重点县387个，占国家重点县总数的65.4%。总的看，扩大试点工作探索了一些好的做法和经验，取得阶段性成效。

（一）摸清了扶贫对象。各地按照规定程序，认真识别扶贫对象，为扶贫政策瞄准困难群众奠定了基础。到12月底，共识别出扶贫标准以下人口5348.1万人，占试点县农村人口的15.6%。其中有扶贫对象3250.5万人，占农村人口的9.5%；低保对象823.8万人，占农村人口的2.4%；扶贫和低保交叉对象1146.7万人，占农村人口的3.3%，五保对象138万人，占农村人口0.4%。到7月上旬，已录入到贫困农户信息管理系统（以下简称信息系统）的有3487.8万人，占农村人口的15%，其中国家扶贫标准以下的有2324.8万人，占农村人口的10%。

（二）找到了贫困成因。通过对扶贫对象的调查登记，初步掌握了扶贫对象的贫困原因。据扶贫对象信息管理系统显示，在扶贫对象致贫因素中，缺资金的占33.1%、长期生病的占25.5%、缺劳动力的占7.5%、缺技术的占7%、残疾人口占6%、受灾的占6.3%、上学负担重的占4.6%、其他占10%。

（三）初步掌握了对象需求。各地在扶贫对象的信息登记过程中，对扶贫对象需要扶持的项目、规模和投资等进行摸底，为制定到户政策和分类扶持提供了依据。

（四）搭建了信息平台。扩大试点中，对信息管理系统进行了修改完善，并设计了单机版和网络版，方便扶贫对象信息录入和各相关部门查询。为在大扶贫格局下，引导教育、卫生、广播电视、住房建设等部门及社会各界的资源向扶贫对象倾斜和捐助，搭建了通用的工作信息平台。

二、主要做法和经验

各地在试点工作中最突出的做法主要有以下几个方面。

（一）党委政府高度重视。从各地上报的总结情况看，各省区市党委、政府认真贯彻落实党中央和国务院的决策部署，高度关注民生，十分重视两项制度有效衔接试点工作。

第一，成立组织机构。为保证扩大试点工作组织有序，各地成立了扩大试点工作领导小组，为试点工作顺利开展提供了有力的组织保证。

第二，出台相关文件。2010 年，国务院办公厅 31 号文件下发后，为贯彻落实文件精神，部分地方制定出台了本地区的扩大试点工作文件。河北、内蒙古、江西、河南、广西、重庆、甘肃等以省区市人民政府办公厅名义，印发了两项制度有效衔接扩大试点工作的实施意见或实施方案。

第三，召开专题会议。各地在试点过程中，适时召开专题会议或部门联席会议，研究部署扩大试点工作。广东省召开了规划到户、责任到人工作现场会议，汪洋、黄华华同志到会并作重要讲话；湖南省委书记周强多次在有关会议上强调，要把两项制度有效衔接作为一项民生工程来抓，要站在全局的战略高度来认识这项工作的重要性。

第四，实地指导工作。为了确保试点工作顺利推进，各级党政领导和有关部门的同志，深入乡村调查研究，分析研究试点工作中存在的问题。时任湖北省委书记罗清泉同志深入通山县调研，并强调指出：要抓好建档立卡，把整村推进、连片开发与扶贫到户结合起来，逐步消除绝对贫困。要明确目标，狠抓各项工作落实。

第五，安排工作经费。为了保证试点所需工作经费，各地采取分级负责的方式狠抓落实。去年，各级共安排试点工作经费 1.49 亿元。

（二）认真落实衔接内容。各地按照国务院办公厅［2010］31 号文件和湖南邵阳现场会精神，认真落实相关衔接内容。

一是坚持工作程序衔接，确保准确识别扶贫对象。各地在试点工作中，在初步确定乡、村低收入人口规模后，按照民主评议贫困识别方法，采取农户申请、村（组）评议、乡审核、县（扶贫和民政部门）审批，并逐级公示。

二是坚持扶持政策衔接，确保扶贫对象得实惠。对不同致贫原因群体采取不同帮扶措施。对有劳动能力的加大扶贫支持力度。为了兑现扶持政策，据初步统计，各省区市安排到户项目资金 23.1 亿元，对识别出的扶贫对象进行扶持。

三是坚持信息管理衔接，确保扶贫对象有进有出和信息更新。各地在试点过程中积极探索扶贫对象及其信息的动态管理方法，对低保和扶贫对象实行动态管理。

（三）扎实抓好关键环节。

第一，广泛宣传发动。为了让群众广泛参与扩大试点工作，各地动员 21.9 万人次，深入乡村，采取发放宣传单、刷写标语等多种形式宣传两项制度有效衔接有关政策。第二，开展先期试点。为确保试点有序、稳步推进，各地坚持选择部分县或乡、村进行先期试点、总结经验后，再全面推开。第三，精心组织培训。为保证扩大试点工作顺利进行，采取分级培训的方式，对相关工作人员进行培训，以提高试点质量。2010 年，我办直接组织培训班 4 期，培训主管处长和业务骨干 816 人。第四，搞好部门配合。在试点工作中，扶贫部门主动与相关部门沟通，各相关部门大力支持，积极配合，逐步建立了分工明确、定期协商、协同推进的工作机制。第五，强化督促检查。为确保试点工作任务落到实处，各地都采取有力措施，加大督查力度。

（三）专项扶贫——重点工作

【《中国农村扶贫开发纲要（2011—2020）》编制工作】

2010 年 2 月，国务院第 101 次常务会议听取了扶贫开发工作的汇报，同意编制新十年扶贫开发纲要，将扶贫开发推向一个新的阶段。十七届五中全会要求，“十二五”期间要“深入推进开发式扶贫，逐步提高扶贫标准，加大扶贫投入，加快解决集中连片特殊困难地区的贫困问题。”

国务院扶贫办从 2010 年春节过后开始组织编制《新纲要》，3 月 1 日，召开《新纲要》起草启动会，确定工作方案，标志着编制工作正式开始。会议决定成立了两级机构，即成立新十年纲要起草领导小组和起草小组，下设办公室。纲要起草领导小组由国务院扶贫办主任范小建任组长，领导小组副组长单位和中农办、中央政策研究室、国务院研究室有关司局负责同志任成员。纲要起草小组由国务院扶贫办副主任王国良任组长，以上各部门、国务院扶贫办相关人员、有关专家和基层同志参加。办公室设在国务院扶贫办政策法规司。

经过起草小组第一次集中工作，3 月 13 日，召开《新纲要》起草小组第一次汇报会，会议明确了《新纲要》的整体框架和大致内容布局，3 月 29 日，征求了扶贫开发领导小组专家咨询委员会委员的意见，又作了修改，4 月 7 日范小建主任主持召开起草领导小组会议对编制大纲进行了审议。6 月 17 日，回良玉副总理召集扶贫开发领导小组副组长和有关部门负责同志，听取《新纲要》起草工作汇报，对《新纲要》的基本框架给予肯定，对几个重点专题（标准、重点县、片区）的研究发表了重要意见，对进一步推进起草工作做出明确指示。8 月 1—10 日，分专题开展研究，协调相关政策，8 月 11—20 日，起草小组第二次集中工作，总结梳理政策调研和协调阶段的工作情况，完善《新纲要》基本框架，形成初稿，8 月 21—30 日期间，征求起草领导小组对《新纲要》初稿的修改意见，并对有关专题进行研究和完善。9 月 7 日，第一次征求扶贫开发领导小组成员单位意见。11 月 7—12 日，分别在宁夏和福建召开全国地方党政领导干部扶贫工作座谈会，征求地方领导干部关于《新纲要》的意见。

11月19日，再次征求扶贫开发领导小组成员单位意见。

通过2010年一年的努力工作，为《新纲要》的出台打下了坚实的基础。

【整村推进】

1. 完成情况。2010年全国计划安排1.9万个贫困村整村推进任务，其中“三个确保”贫困村9023个。

2. 资金投入。2010年，整村推进共投入资金254.9亿元。其中：中央资金107.3亿元，地方资金25.5亿元，部门整合资金122.1亿元。每村平均投入139万元。

3. 2010年9月，我办在河南省商丘市召开了全国整村推进工作现场会，全面总结了前十年整村推进开展情况，部署了国家“十二五”整村推进规划编制工作，确定纳入国家规划的贫困村为30000个。

【劳动力转移培训——雨露计划】

1. 总体情况。2010年，在办党组的领导下，在机关各司及培训中心配合下，政策法规司不断加强对雨露计划工作的指导力度，一方面进一步加强了与各省（区、市）办及有关处室或培训中心的联系，加强工作沟通，交流工作经验，不断加强对雨露计划各项工作的指导工作力度，为雨露计划年度目标的实现做出了应有的贡献。各省（区、市）扶贫部门，不断加大资金投入，加大工作落实力度，全面完成了年初确定的各项工作目标。据统计，2010年度共投入雨露计划培训资金11.13亿元。其中，用于劳动力转移培训资金8.23亿元，农业实用技术培训资金1.53亿元，村干部或致富带头人（创业培训）培训资金0.6亿元，其他类型的培训资金0.77亿元。全国共培训贫困劳动力121万人，其中转移培训110万人，转移率达90%以上；实用技术培训132万人，村干部和创业培训10万人次。

2. 雨露计划实施方式改革。**一是启动试点。**2010年6月17日，国务院扶贫办和财政部联合下发了《关于开展“雨露计划”实施方式改革试点工作的通知》（国开办发［2010］66号），在中西部省（区、市）中选择9个国家扶贫开发工作重点县（河北武强县、河南宜阳县、湖北罗田县、湖南邵阳县、广西隆林县、重庆武隆县、甘肃临潭县、青海泽库县、新疆吉木乃县），启动了雨露计划实施方式改革试点。试点的主要内容和目的是通过对贫困家庭劳动力接受教育与培训进行补助，引导和鼓励贫困家庭子女在完成九年义务教育和普通高中教育后，继续接受高、中等职业教育和一年以上预备制技能培训，以进一步提高贫困家庭新生劳动力的整体素质，增强其稳定就业和持续增收能力。补助对象为试点县建档立卡贫困家庭中2010—2011学年接受高等职业（一、二、三年级）、中等职业（一、二年级）教育和一年以上技能培训（进入顶岗实习阶段的学生除外）的学生。补助标准为在享受国家规定的其他补助政策的基础上，每人每年再补助1000元（分两学期各补500元/人）。补助方式采取一卡通（一折通）等方式直接到户，不直接发放现金。

二是布置工作。2010年8月9日，国务院扶贫办和财政部在北京联合召开了雨露计划实施方式改革试点工作座谈会。国务院扶贫办副主任王国良出席会议并讲话。会议要求试点工作推进过程中要坚持四个原则：即以人为本，突出重点；瞄准对象，补助到户；实事求是，应补尽补；客观公正，公开透明。在工作中抓住五个重点，即摸清底数、找准对象、明确范围、落实资金、统筹考虑。

【促进革命老区发展】

根据全国扶贫开发工作重点县中革命老区县较多，“三个确保”任务较重等情况，2010年，安排了安徽省金寨县、太湖县，贵州省威宁县、纳雍县和习水县，广西壮族自治区罗城县、融水县，山西省方山县、娄烦县和河南省范县、确山县实施中央专项彩票公益金支持全国革命老区整村推进项目，共11个县，项目实施期二年。11个项目县共整合资金28131.99万元，达到彩票公益金的1.65倍。各项目县落实了每年20—55万元的工作经费，并配备2—5名专职项目管理人员。2010年项目共规划1186个基础设施分项目，3306个环境改善与公共服务分项目，316个产业发展分项目，建立120个村级互助资金组织。

2010年，在中西部90个国家扶贫开发工作重点县开展了连片开发试点工作，其中安排革命老区县37个，每县分三年共投入财政扶贫资金1200万元。此外，安排财政扶贫资金1.2亿元，选择了10个县开展革命老区建设示范点，每县分三年投入财政扶贫资金1200万元，统筹考虑解决革命老区基础设施、公共服务、生态建设、产业发展等方面的问题，以促进革命老区经济、社会全面发展。

【集中连片特殊困难地区扶贫试点】

1. 四川阿坝扶贫开发和综合防治大骨节病试点

2010年，阿坝州扶贫开发和综合防治大骨节病试点工作（以下简称阿坝试点）跨入实施的第3年。阿坝州紧紧围绕全省“两个加快”工作大局和实施民生工程工作要求，按照“又稳、又好、又快”深入推进阿坝试点的总体思路，以科学发展为主题，以“保增长、保民生、保稳定”为主线，以强化管理、规范程序、增强能力、提升水平为抓手，进一步增添措施求突破，统筹推进促发展，精心运作重实效，圆满完成各项工作任务。

（1）资金投入和拨付。通过上下协调和共同努力，阿坝试点2010年完成投资8.47亿元。其中，中央财政扶贫资金3.34亿元，完成年度计划的100%，省级配套1.01亿元，完成年度计划的122%；易地搬迁和易地育人项目建设中央预算内投资3亿元，完成年度计划的98%，省级配套1.3亿元，完成年度计划的210%，累计完成三年计划的94%，是三年中投入总量最高的一年，有力保障了试点工作的正常有序开展。2010年3月，四川省试点领导小组批复了《2010年财政扶贫资金项目计划》，四川省财政厅、省扶贫移民局及时将中央财政扶贫资金全部下拨到州。5月，阿坝州批复了各县的年度实施方案，将资金全部下拨到各项目县和项目实施单位。在审批计划和资金拨付上均比2009年提前了一个月，为2010年试点工作早启动、早实施、早见效创造了有利条件。

（2）主要成效。易地育人，在校学生2.64万人巩固率100%，兑现生活补助补差2.61万人，完成98%。更换粮食，供应计划已下达，目前各县正在组织实施，现已兑现4.16万人，601.04万公斤粮食，完成36%。社会保障，实施农村低保4.11万人，完成100%；实施医疗救助3.97万人，完成96.56%。移民安置，扶贫开发整村推进144个村，实施户办工程1.81万户，完成96.96%；实施住房建设712户，完成100%；实施村务活动室及设备60个，完成98%；实施村道硬化330公里，完成107%；实施入户电网改造2577户，完成97%；实施141个村支柱产业项目建设，完成100%；实施劳动力转移培训3027人，完成100%。调整结构，兑现5000人养畜补助，完成100%；种植蔬菜、特色水果、优质青稞等4.66万亩，完成96%；整治农田10700亩，完成100%；实施种养业基地建设29个，完成85%；新建机耕道、牧道83公里，完成78%。卫生防治，实施对症治疗4.12万人，完成100%；新合个人补助4.12万人，完成100%；实施乡村设备项目68个，完成100%；实施乡级专科建设项目22个，完成73%；在7个县的43个监测点内对6—13岁儿童进行临床检查，共拍摄儿童右手正位X线片2310张，采集男性儿童枕后发样235份，采集主食粮样279份。科技攻关，省科技厅开展了六项课题研究中期检查评估工作，取得阶段性成果。易地搬迁，计划搬迁7646户，累计开工6063户，占计划的79%；竣工3032户，占计划的39%；完成投资38066万元下达到县。

（3）扶贫工作规划。四川省委副书记、省长、省试点领导小组组长蒋巨峰多次在阿坝试点工作总结上作出重要批示，国务院扶贫办主任范小建对取得的成绩也给予了充分肯定。2月22日，召开四川省阿坝州扶贫开发和综合防治大骨节病试点工作领导小组全体会议，审定《2010年财政扶贫资金项目计划》和《2010年易地搬迁项目建设建议计划》以及2009年省级项目牵头单位目标管理考核情况。同时，还及时妥善处理了落实“两个易地”省级配套资金遗留问题，完成了2010年及下一步推进阿坝试点工作的新部署。

（4）加强管理制度建设，加大管理工作力度。在已经形成的“主要领导亲自抓，分管领导具体抓，各级部门配合抓，社会各方支持抓”工作格局的基础上，省、州、县三级根据自身职责，切实加大管理工作力度。一是强化目标管理。四川省试点领导小组制定并下达省级相关成员单位2010年目标任务，实行年度考评，予以通报；阿坝州委、州政府与各县委、县政府签订了年度目标责任书，实行责任管理制度；各县将任务分解落实到部门，为年度试点工作目标任务的圆满完成提供了强有力的制度保障。二是规范项目管理。根据阿坝试点《管理办法》，按照责任到州、任务到州、资金到县、组织实施到县的原则，2010年在年度计划、实施方案的编制上，采取自下而上申报，省批计划、州批实施方案的办法，突出了项目实施的针对性、可操作性和实效性，有效规范了管理行为。三是严格资金管理。按照《财政扶贫资金管理办法》、《四川省扶贫资金县级财政报账制实施办法（试行）》和阿坝试点《财政专项资金监督管理暂行办法》等相关规定，严格执行“专户储存、专账管理、专人负责”制度。坚持资金专款专用、公告公示、县级财政报账、物资政府采购和审计监督等工作制度，提高资金的使用效益。四是建立常态机制。运用现代管理技术和手段，加强统计监测工作，今年完成了监测管理软件系统的开发，对13县进行了培训，投入应用，努力提高管理水平，确保项目实施效果的真实性和全面性。

（5）督促检查在深入调研中呈现新亮点。7月中旬，四川省政协副主席陈次昌率领部分委员组成的视察组赴阿坝州，对大骨节病区扶贫开发工作进行视察，形成了

《阿坝州大骨节病区扶贫开发工作视察报告》。四川省委副书记李崇禧，省委常委、副省长钟勉均在《报告》上作了重要批示。7月初，国务院扶贫办开发指导司司长海波一行，深入若尔盖、松潘、九寨沟县的乡村和农户，专题检查调研阿坝试点工作，通过实地查看，调研组认为试点工作推进扎实，成效显著，给予高度评价和具体指导。四川省教育厅、省水利厅、省卫生厅、省畜牧食品局、省扶贫移民局、省以工代赈办等省级相关部门，切实加大对试点工作的督促、检查和指导工作力度，深入阿坝州基层调查研究，主动搞好服务。阿坝州围绕“两大重点民生工程”，州委、州人大、州政府、州政协及州级主管部门先后抽派人员 200 余人次，由州级领导带队组成督导组，深入各县对项目的进展情况及资金使用管理情况进行检查督导。对发现的问题，州、县共同分析原因，共同研究解决办法，提出意见建议，协调解决问题，全力推进试点工作。

（6）完善规划在中期评估中有了新举措。本着“以人为本、综合治理、长远结合、注重实效、优化调整”的原则，根据四川省试点领导小组全体会议的安排部署，2010 年，组织开展了试点中期检查评估工作。阿坝州制定了“中期检查评估工作方案”，7 月组织阿坝州、县相关部门召开座谈会，启动和落实中期评估工作。相关行业部门按照规划和要求，深入调查研究、认真分析总结，形成了高质量的中期评估报告。11 月阿坝州试点领导小组组织开展了全面检查验收。通过中期评估，认真总结两年来试点工作好经验、好做法，及时研究解决工作中存在的问题和困难，化解矛盾。坚持《总体规划》基本精神，遵循“大稳定、小调整”原则，在调查研究的基础上，充分考虑变化后的实施条件，突出集中连片、综合治理，统筹安排、科学设置、适度调整，合理确定覆盖范围、内容规模和补助标准，把试点与“十二五”规划紧密衔接，科学调整《规划》，确保试点工作顺利开展、取得实效。

2. 溜索改造试点

2010 年，国务院扶贫办、财政部进一步加大了对西藏溜索改造工作的支持力度，有关领导专门听取了西藏自治区关于溜索改造工作的汇报，在充分肯定以往工作的同时，对下一步工作作出了指示，提出努力在 2010 年、2011 年两年完成西藏自治区剩余 66 处溜索改造任务。截至 2010 年底，西藏已全部完成了剩余 66 处溜索改人畜吊桥项目的设计和专家审查工作，并于 9 月前审核批准建设溜索改人畜吊桥 45 座，总投资 1.60 亿元，其中国家投资 1.59 亿元，群众劳务折资 137.91 万元；国家实际到位资金 1.2 亿元。21 座溜索改人畜吊桥项目目前已完成了专家对设计方案的审查，进入有关部门的进一步审核把关阶段。2010 年批准建设的 45 座溜索改人畜吊桥中，昌都地区 33 座，国家投资 8852.43 万元；林芝地区 10 座，国家投资 6542.12 万元；日喀则地区 2 座，国家投资 502.52 万元。尚未批准建设的为：昌都地区 10 座、那曲地区 10 座、日喀则地区 1 座。

2009—2010 年，西藏已完成溜索改人畜吊桥建设任务 23 座，其中昌都地区 18 座、日喀则地区 2 座、那曲地区 2 座、林芝地区 1 座。这些项目的建成，已使 1800 户、10205 群众彻底告别“溜索时代”。

3. 四川凉山州“三房”改造试点

2010 年，为解决凉山州贫困农户居住

环境问题，国务院扶贫办专项安排了2000万元资金用于贫困户的“三房”（石板房、木板房、茅草房）改造。按照专项资金使用要求，结合四川省正在编制的《大小凉山综合扶贫开发新村建设方案》，四川省扶贫和移民工作局会同四川省财政厅于8月24日将专项资金下达到凉山州。现将项目执行有关情况报告如下：

（1）资金安排情况。专项资金下达后，凉山州结合2010年启动实施的新村建设，将任务分解落实到贫困户房屋建设上，每户按6000元补助标准，共安排3333户16665人，其中：昭觉县300万元500户2500人；布拖县300万元500户2500人；美姑县300万元500户2500人；金阳县300万元500户2500人；雷波县300万元500户2500人；普格县100万元167户835户；喜德县100万元167户835人；盐源县100万元167户835人；越西县100万元166户830人；甘洛县166户830人。

（2）主要做法。①加强领导，落实责任。为确保“三房”改造工程按时完成，州、县、乡、村成立了项目实施领导小组，签订了目标责任书，严格奖惩。同时，落实了部门职责。明确“三房”改造建材规格、质量由州、县质监部门负责；组织实施、督促检查验收由州、县扶贫部门负责；规划、设计、工程质量监督、建材标准、工匠培训、工程验收由州、县规划建设部门负责；资金拨付、监管由州、县财政部门负责；纪委、监察、审计等部门参与整个项目实施过程的跟踪监督。将“三房”改造任务具体落实到了各级各部门，在组织上保证了“三房”改造工程的顺利实施。

②加强宣传，动员群众积极参与。大力宣传党和国家的扶贫开发方针政策，进一步激发广大贫困群众的积极性和主动性，在政府的扶持下，坚持自力更生为主、国家补助为辅的原则，苦干实干，变“要我干”为“我要干”，克服“等、靠、要”的思想，充分发动群众自力更生建设美好家园的积极性，让贫困群众自觉主动地参与到“三房”改造的行动中来。

③强化管理，规范运行。严格按照专项资金使用要求、《凉山州“三房”改造扶贫资金管理办法》和《凉山州财政安排“八大扶贫工程”扶贫资金管理办法》等从严管理项目资金，州级下达到各县的项目资金，在《凉山日报》上进行了公示，各县在项目实施地对资金使用情况进行了公示、公告。在资金的使用上，采用实物补助和现金补助相结合的办法，坚持大宗材料政府采购制度，对于分散的改造户，在验收合格后统一结算，直接补助现金。资金计划下达到各县市后，各县市在充分征求项目乡、村、组、农户意愿后，制定实施方案，实施方案经州审定同意后，严格按照实施方案组织实施，项目完成后，严格按照项目实施方案组织验收。在项目实施的全过程，主动要求纪检、审计部门提前介入，“三房”改造工程的规范运行，保证项目资金的使用安全，发挥扶贫资金的使用效益。

④优化设计，提高建设水平。按照四川省委刘奇葆书记提出的“三打破、三提高”的要求，各县从“安全、经济、实用、有特色”的要求出发，在《四川省“彝区”三房改造房屋建筑设计方案图集》提供的设计方案外，对火塘、厨房、门窗、外墙装饰等进行进一步优化设计，因地制宜，突出了地方特色、民族特色，提高了单体民居的建筑水平。同时，将“三房改造”

与扶贫开发整村推进、产业发展、新农村建设、乡村旅游和民族特色结合起来，提高了村庄布局水平。

4. 云南富宁县瑶族支系山瑶聚居区扶贫开发试点

（1）基本情况。瑶族支系山瑶（以下统称山瑶）主要分布在云南省文山州富宁县新华等6个乡镇，共有8429人。山瑶主要居住在喀斯特地貌的石山区，山高坡陡，石漠化严重，土地资源极度匮乏，人均耕地面积仅为0.87亩。由于自然历史的原因，贫困问题十分突出，有1231户5687人主要居住篱笆房、杈杈房，2008年底农民人均纯收入670元，人均拥有粮食275千克，处于整体深度贫困状态。

为认真贯彻落实中央领导的重要批示精神，2010年1月7日至13日，由国务院扶贫办范小建主任带队，国家民委、国家发展改革委、财政部和上海市合作交流办组成联合调研组，深入富宁县对山瑶群众聚居地进行专题调研，并与省委、省政府交换了意见，对帮扶瑶族支系山瑶发展提出了具体指导意见。2010年1月9日至14日，白恩培书记深入富宁县山瑶群众聚居村寨调研，明确提出了加快山瑶群众发展的总体思路和意见。秦光荣省长要求动员各方力量，加大工作和投入力度，明确责任、强化措施，坚决打赢这场特殊困难群众扶贫攻坚战。在国家相关部委和上海市的大力支持下，云南省扶贫办、省发展改革委、省民委等有关部门在深入实地调研、广泛征求意见、多次论证的基础上，本着“既着眼长远、又着眼根本”的原则，按照“搬家、种树、办教育”的扶持发展思路，指导文山州人民政府编制完成了《云南省富宁县瑶族支系山瑶群众综合扶贫发展规划》。

（2）主要做法。

①高度重视，强势推进。云南省委、省政府始终把扶持深度贫困群体发展工作摆在重要战略位置，高度重视山瑶群众脱贫发展工作，提出“决不让任何一个兄弟民族掉队”的战略目标。按照“省抓协调，部门配合，州负总责，县抓落实，工作到村，扶持到户”的要求，省级成立了省委、省政府领导挂帅，省级有关部门为成员的扶持特殊困难群体发展统筹协调领导小组，统筹协调山瑶群众的扶持发展工作，明确各级各部门的责任，层层签订责任状，将任务分解到部门，落实到责任人，实行目标责任制和奖惩考核制，定期对项目实施情况进行严格的考核。各级各部门职责明确，相互协同，步调一致，形成了纵向强势推进，横向协同攻坚的工作态势，确保了各项建设工程的顺利实施。文山州富宁县成立了由书记任指挥长，扶贫、发改、民宗、财政等20余个相关部门负责人为成员的山瑶扶持发展大会战指挥部，并从各涉及山瑶扶持发展的乡镇中抽调人员到指挥部集中办公，指挥部先后20余次召开山瑶群众扶持发展工作专题会议，及时研究解决山瑶扶持发展工作中遇到的困难和问题，组织了山瑶扶持发展工作队员24名，长期驻扎山瑶村寨协助项目乡（镇）做好项目建设的宣传、动员、实施工作，指导山瑶群众发展生产，推进山瑶群众扶持发展工作。

②统筹规划，整合资金。按照“一次规划、分步实施，突出重点、统筹兼顾，因地制宜、突出特色，长短结合、标本兼治”的原则，山瑶扶持规划期为5年（2010年至2014年，前3年完成基础设施

项目建设，后2年完成产业发展和巩固提高项目建设），采取3种扶持方式（县内跨乡易地搬迁、纳入小城镇建设安置、就近就地扶持发展），实施6大工程（基础设施建设工程、安居温饱工程、产业发展工程、素质提高工程、生态环境保护与建设工程、民生保障工程），实现山瑶群众有饭吃、有房住、有水喝、有书读、有医疗、有路走、有增收项目的“七有”目标。使山瑶群众人均纯收入达2000元以上，人均有粮达350公斤以上，基本解决1828户8429名山瑶群众的温饱和脱贫致富问题。规划总投资42163.43万元，其中：申请中央补助27336.47万元、地方补助12188.4万元、上海援助465万元，群众自筹或以劳折资2173.56万元。截至2010年年底，已到位各类扶持资金1.62亿元，占总投资4.22亿元的38%，其中：上海援助资金500万元，发改部门6757.75万元，扶贫部门3637万元，民委273.3万元，交通运输部门620万元，教育部门1151万元，住房城乡建设部门360万元，农业部门15万元，林业部门250.9万元，文化部门48万元，人力资源和社会保障部门40万元，国土资源部门1233.29万元，民政部门100万元，广播电视部门75万元，科技部门10万元，卫生部门80万元，州、县筹集资金1000万元。

③精心组织、稳步推进。在省、州扶持山瑶发展领导小组的安排部署下，由扶贫部门牵头，各业务部门的协调配合，研究制定了扶持山瑶群众发展项目的年度帮扶计划和实施方案。按照多方配合、齐抓共管的原则，充分发挥业务部门的作用，认真抓好项目计划的落实。一是率先启动实施“三点四村”项目建设初见成效。“三点”项目建设进展情况：三个安置点共完成投资745万元，县城新华镇安好安置点已完成5个单元共60套廉租住房的土建主体工程，正进行内外墙体装修；归朝镇那贡安置点已完成5个单元共60套廉租住房的土建主体工程，正进行内外墙体装修；金坝林场那岗林区安置点已完成两层砌砖的18户，完成一层砌砖的24户，完成基础地圈梁浇灌并开始砌砖的8户。“四村”项目建设进展情况：新华镇弄楼村项目，目前完成投资100万元，实施安居工程改造19户1140平方米，完成通水工程管引1.8千米，蓄水池一个30立方米，进村道路硬化2100平方米，挡土墙310立方米，公厕一座，活动场地280平方米，村民活动室一间90平方米，厩舍改造10间；那能乡达马村项目，目前完成投资128万元，实施安居工程改造28户2240平方米，通水工程完成管引3.7千米，进村道路硬化3000平方米，进户路600平方米，挡土墙50立方米，沼气池20口，公厕一座，活动场地100平方米，村民活动室一间60平方米，产业发展项目正在做前期准备工作；归朝镇龙秋村项目，目前完成投资50万元，实施安居房新建20户，村内道路硬化800平方米；归朝镇那龙村项目，目前完成投资121.77万元，实施安居房新建32户，村内道路硬化铺好块石，科技活动室完成基础。二是启动实施生态环境保护工程。目前已完成投资224.41万元，在者桑、那能、归朝等乡镇的山瑶聚居村寨新植油茶4281亩，核桃137亩，受益7个山瑶村小组147户676人。三是启动实施素质提高工程。按照“立足于培育未来的一代，进一步优化校点布局，让山瑶子女享受优质教育资源”的要求，目前，共投入资金623.94万元，在归朝、洞波等乡镇山瑶聚居区建设

10 所学校校舍，排除 D 级危房 3138 平方米；在县一小五年级开办山瑶寄宿班，招收山瑶学生 50 名。落实山瑶贫困学生补助 39.15 万元，补助山瑶在校学生 1698 人。

④依靠基层、发动群众。突出贫困人口扶贫开发的主体地位，充分发挥贫困地区、贫困人口的主动性和创造性，立足自身实现脱贫致富。开展了创建“带领致富党支部”和培养“脱贫致富带头人”活动，充分发挥基层党组织的战斗堡垒作用和党员的先锋模范作用，切实发挥基层组织在扶贫开发中动员群众、发动群众、组织群众的作用，使我们扶持工作的各项任务能直接迅速有力地落实到基层。同时，发挥贫困群众在脱贫致富中的主体作用，全面宣传国家和省扶贫开发的各项方针政策，组织群众全程参与规划的制定、实施、监管，把群众满意不满意、支持不支持，作为检验和衡量工作成效的一个重要标准，充分尊重群众的知情权、决策权、参与权、管理权和监督权，动员群众在国家扶持的同时自力更生，发展生产，增加收入，改善生活，使之成为改变贫穷落后面貌的内在力量。

⑤强化管理，提高效益。为确保各项扶持政策落到实处，让群众真正得到实惠，在扶持发展工作中：一是严格执行扶贫项目资金和行业项目资金管理规定，认真落实项目资金报账制、公告公示、招投标、工程质量监管、项目目标考核和绩效管理及项目后续管理等制度，制定并落实科学明晰的工程进度、质量、成本控制制度；二是加强项目资金管理，实行建档立卡和痕迹管理等档案管理制度，做到项目选择尊重群众意愿、项目实施有群众参与，牢固建立上级监督、部门监督、监察审计监督、群众监督和社会舆论监督“五道防线”，确保资金使用安全。三是着力加强扶贫系统惩防体系建设，把纪检监察工作深度融入到扶贫项目资金管理、干部队伍建设、机关自身建设的全过程，出台了《扶贫项目廉政承诺制》、《贫困群众廉政评议制》、《贫困群众廉政评议员制》、《廉政文化进扶贫项目制度》，建立了县乡村三级廉政承诺和扶贫项目绩效责任“双签”制，做到哪里有扶贫资金、哪里就有廉洁措施，使纪检监察部门在全程深度融入中更有效地开展监督，确保资金安全、干部清白。

5. 贵州石漠化种草养畜试点

根据国开办发［2008］12 号《关于对“贵州省石漠化贫困地区草地生态畜牧业产业化科技扶贫试点方案”的批复》，2010 年，贵州省扶贫办下达黔西南州、毕节地区普安、晴隆、兴仁、册亨、望谟、毕节、威宁、赫章、纳雍、大方 10 个县草地生态畜牧业产业化科技扶贫项目资金 9000 万元（其中国务院扶贫办石漠化治理资金 2000 万元，省级财政扶贫资金 7000 万元）；2010 年 12 月下达黔西南州、毕节地区中央财政产业化扶贫资金 4000 万元（其中晴隆、普安、册亨、望谟、威宁、赫章、纳雍、大方 8 个县各 500 万元）。这些资金全部用于实施草地生态畜牧业产业化科技扶贫项目。为了更好地实施项目，两个地区积极整合资金 3.9 亿元，用于草地生态畜牧业的种草、圈舍修建、草水、草路等配套建设。

（1）项目实施情况。

①2010 年度财政扶贫资金项目实施情况。截至 2010 年底，2010 年项目建设任务完成情况为：黔西南州、毕节地区人工种草完成 22.87 万亩，占计划的 160.66%；

圈舍建设完成29.18万平方米，占计划的158.04%；采购发放基础母羊13.12万只，占计划的109.8%；采购发放种公羊6031只，占计划的110.82%。

2010年，毕节地区共安排中央和省级草地生态畜牧业产业化科技扶贫项目资金8000万元，其中：威宁、赫章2个生态畜牧业大县资金3000万元（每县各1500万元）；毕节、大方、纳雍、黔西、织金5县（市）资金5000万元（每县市各1000万元）。计划扶持农户购种公羊5224只，购基础母羊11.33万只，建设圈舍17.44万平方米；建设良种繁育场7个，购优质种公羊295只，优质种母羊6600只，建良种繁育场圈舍1.07万平方米。到2010年底，全区养殖户已购置种公羊3189只，占计划的110.19%，购置基础母羊7.03万只，占计划的110.96%，修建圈舍16.50万平方米，占计划的168.81%。整合各类配套资金完成人工种草11.36万亩，占计划的179.32%。

2010年，安排黔西南州中央和省级财政扶贫资金8380万元，其中：中央财政扶贫（国务院扶贫办石漠化治理试点）资金1000万元，中央财政和省级财政扶贫资金7000万元，草地畜牧业抗旱救灾专项资金380万元。项目共扶持农户3696户共1.48万人。

②2010年度石漠化资金项目实施情况。2010年，国务院扶贫办和财政部安排毕节地区5县（市）石漠化地区种草养畜项目专项资金1000万元。自项目下达以来，在各县市扶贫办、草地中心的共同努力下，圆满完成了各项建设任务。新修建圈舍1.16万平方米，占计划任务的100%；完成人工种草1.22万亩，占计划任务的100%；购置种公羊375只，占计划任务的100%；购置基础母羊7500只，占计划任务的100%。

国务院扶贫办和财政部安排黔西南州石漠化地区种草养畜项目试点专项资金1000万元。主要用于晴隆等五县建设良种繁育场。已种草1.24万亩，占计划1.22万亩的101.57%；购种公羊385只，占计划375只的102.67%；购基础母羊7659只，占计划7500只的102.12%；五县建设种羊场7处，种草、建圈、种羊引进已全面完成。

（2）主要成效。

①经济效益日渐明显，农民收入稳步增加。通过发展种草养羊，农户在较短的时间内产生经济效益，凡是养殖、管理好的项目农户都普遍增收。晴隆县2010年养羊20只以上的农户有1.18万户，其中收入10万元以上的有400多户，4—5万元的有2000多户，农户收入在2—3万元的较普遍。册亨县2010年养羊20只以上的农户有2764多户，收入1万元以上的有1100户，2万元以上的有500多户，5万元以上的有20多户。普安县新店乡细余村两路口组村民周绍甫，2010年出售106只，收入8.4万元，还清了债务，摆脱了贫困，成了新店乡乃至全县的养羊致富带头人。

②生态环境逐步改善，综合治理初见成效。2010年，毕节地区、黔西南州共完成人工种草和草场改良22.8万亩。通过草地建设，进一步遏制了水土流失，同时，为下一步循环经济理念的发展摸索出了有益经验，如有的地方将秸秆进行青贮、微贮加工处理与科学饲养相结合，使有限的资源得到合理开发利用，减少对自然资源的掠夺，保护了生态；有的项目在实施中

通过配套沼气池建设，利用粪便发展沼气能源，既节约能源，又改善群众生活环境等。

③农民养殖技能有所提高，积极性普遍增强。农户通过培训及养殖实践，目前大多已初步掌握养殖经验和技术，并出现了一批技术骨干和畜牧经纪人。如赫章县威奢乡渔塘村长坝组农户吴学强，通过扶持，现20只母羊已产仔20只，三泉村石板组黄龙自筹2万元资金修圈100平方米，现存栏羊已达45只；纳雍县张家湾镇二道河村何杰林，已出栏羊4只，现存栏羊40只等。

④社会效益明显。有效解决了农民的就地、就近转产就业问题，不仅改善了贫困群众生产生活条件，而且拓宽了就业渠道，维护了社会稳定；不仅增加了农民收入，而且提高了农民素质；不仅促进了产业结构调整，而且壮大了县域经济；不仅探索出了一条石漠化地区种草养畜产业化扶贫的成功路子，而且激发了贫困地区群众自力更生、艰苦奋斗的精神，加快了贵州省减贫的步伐。

6. 贵州威宁喀斯特地区扶贫开发试点

针对“威宁试点”工作的特殊性，2010年初，贵州省威宁县组织召开全县“三级干部”大会，明确了工作思路。以“强农稳县、扶贫助县、项目立县、工业富县、旅游强县、科教兴县”为六大战略重点，深入推进全县经济建设、政治建设、文化建设、社会建设和党的建设，使威宁县社会经济有了极大的发展。

（1）主要成效。

①城乡居民收入持续增长，经济发展势头强劲。截至2010年年底，全县完成国内生产总值35.05亿元（第三季度数据），同比增长14.51%；全社会固定资产投资完成42亿元，同比增长276.34%，增幅在毕节地区排名第一；财政总收入完成5.86亿元，同比增长100.62%，地方财政收入完成3.88亿元，同比增长37.35%；城镇居民可支配收入1.09万元，比2009年增加1001元，农民人均纯收入3054元，比2009年增加501元。

②扶贫资源有效整合，大扶贫格局初步形成。一是科学编制县乡村扶贫规划。二是扶贫资源整合力度进一步加大。三是三个重点村试点示范初显成效。四是认真抓好培训，努力提高农民特别是贫困农民的自我发展能力。

③基础设施步伐加快，生产生活条件不断改善。一是道路交通工作取得新突破。二是农村水利工作取得新进展。三是城乡电网改造成效显著。四是农建工程不断推进。五是文化服务设施逐步加强。

④扶贫产业初具规模，农民增收渠道逐步拓宽。以“富在农家”增收入为目标，紧紧围绕“2135”工程（100万亩草地生态畜牧业、100万亩特色经果林、50万亩蔬菜、50万亩中药材、50万亩茶叶）的特色产业目标，按照“村有骨干产业、户有增收项目”的要求，积极发展草地生态畜牧业、马铃薯产业、烟草产业、特色农业“四大产业”，努力提高粮食产量。

⑤民生问题不断解决，生态环境明显改善。一是热点难点民生问题得以解决。2010年，通过积极开展特殊群体重点帮扶、地质灾害受灾农户搬迁和建立“爱心助学基金”以及进行1.7万户地氟病改炉改灶等关系民生的热点难点问题，威宁县生态及群众生活有了明显的改善。二是农村低保与社会救助工作全面开展。2010年规范

完善农村低保工作，按照新的保障标准进行全面核查，做到政策范围内的低保户“应保尽保、应退则退、按户施保、据实补差”，目前威宁县享受农村低保8.10万户、23.98万人，享受城市低保人数为3310户、6108人。三是社会保险体系基本形成。四是新农合、城镇居民基本医疗保障工作深入推进。威宁县参合农民达104.67万人，参合率达96.5%，纯参合率达86.42%，比2009年的纯参合率提高了5.98个百分点。对被纳入最低生活保障的农户、计生“两户”、军人优抚对象共计13.46万农户免收参合金。威宁县共有17978位居民参加城镇居民医保，参保率达94.01%。五是农村居住环境有效改善。六是生态环境有所改善。

⑥“工业富县”战略扎实推进，工业化建设步伐加快。一是工业经济持续增长。二是企业多元化格局形成。三是工业园区建设加快，节能降耗成效明显。四是新能源开发利用力度加大。五是招商引资力度加大。

⑦“城镇带动”战略深入开展，城镇形象不断提升。一是大力抓好环境整治。二是加快推进城市建设。

⑧平安创建成效显著，群众安全感大幅上升。通过不懈努力，威宁县社会治安群众的满意度达到87.9%，比2009年同期上升16.92%，从毕节地区2009年排名挂末跃居全区第三位，在贵州省88个县（市区）2009年排名86位跃升到第48位。

⑨人口计生工作取得突破，规范化管理逐步形成。一是采取一系列适应现阶段人口计生工作实际的超常规举措，全县“一个调、一盘棋”的大格局和乡、村两级在人口计生工作中“想抓、敢管”的态势基本形成。二是扎实做好基层基础工作。招考50名公务员到乡镇计生办和流管办工作，招聘了345名流动人口协管员主抓流动人口工作，“三基本”建设（完善基层人口计生服务管理基本网络、提升基层人口计生队伍基本能力、落实基层人口计生人员基本职责）扎实推进。三是深入开展“四优一满意”创优活动。完成县人口和计划生育妇幼保健服务中心和17个乡镇服务站建设，招考93名化验人员和临床医学人员补充到乡镇妇幼保健服务站工作。四是切实做好规范化管理。从统筹解决人口问题“大人口”观出发，集中力量、集中时间开展人口清核，狠抓手术库存消化。加大利益导向工作力度，进一步完善规范化管理与经常性工作机制。

⑩安全生产形势好转，城乡环境整治大幅改观。一是非法采煤采矿行为得到有效遏制，安全生产被动形势彻底扭转。二是威宁县环境卫生、交通秩序、市容市貌取得明显变化，脏、乱、差现象已不复存在，群众满意度达93.33%，由毕节地区排名最差跃居全区第一位，列贵州省前列。

⑪教育事业发展加快，教育教学质量明显提高。威宁县新（改）建校舍35万平方米，启动校安工程项目231个，新增特岗教师1789名，威宁县特岗教师达6379名，被贵州省教育厅推荐上报为“全国特岗教师先进县”。

⑫医疗水平明显提高，民生之需得到改善。完成威宁县34所乡镇卫生院和610个村卫生室建设，实现乡乡有卫生院、村村有卫生室。

⑬旅游事业不断兴起，特色农产品市场不断扩大。一是成功举办了第五届草海国际观鸟节暨“百鸟之都、魅力威宁”和第六届草海国际观鸟节暨“百鸟之都、魅

力威宁”高原湿地民族文化生态摄影大赛新闻发布会等活动；积极组织参加“2010台北两岸观光博览会”、成都、昆明旅游推介会，不断提高威宁的知名度。二是威宁芸豆成功出口至新加坡、亚美尼亚、格鲁吉亚；威宁荞酥首次进入国际著名跨国超市——沃尔玛；威宁苦荞茶首次进入台湾消费市场。

（2）主要做法。

①统一思想认识，干事创业热情高涨。威宁全县上下思想高度统一、目标明确、形势喜人、干劲十足，“大发展小困难、小发展大困难、不发展最困难”的观念基本确立，形成了一个声音、一个调子共同推进威宁科学发展、提速发展和又好又快、更好更快发展的良好局面，奋力实现威宁经济社会的大发展、大繁荣、大跨越。

②理清“十二五”规划发展思路，制定两年提速计划。根据省委十届十次全体（扩大）会议、全省工业发展大会和省委、省政府主要领导在威宁现场办公会议精神，制定了“十二五”规划发展的总体思路和两年提速工作计划。

③深入推进八大项目试点建设，确保24.37万贫困农民如期脱贫。一是迅速启动新型农村养老保障试点工作，成立领导小组、制定《实施办法》、加大宣传力度、招聘115名工作人员分配到各乡镇、配备办公设备等。二是对农村危房改造整体推进项目试点，细化了目标责任，切实把现有55597户危房改造任务落实到基层；县领导带队成立督查组巡回包保督查，实行每周一调度、每月一评比等。三是积极规划村村通油路项目试点，省交通厅已下达400千米的通村油路建设计划。四是产业化扶贫项目试点正在不断推进，种植业和养殖业不断壮大。五是新型农村合作医疗项目试点参合率不断增大。六是小型农田水利建设项目试点等工作有序开展，农田水利设施不断完善。七是村级公益事业“一事一议”财政奖补整县推进项目试点有效运行。八是积极开展乡村公益性债务化解项目试点，切实帮助减轻发展负担，加快发展步伐。

7. 新疆（阿合奇）边境扶贫试点

2010年，新疆边境扶贫试点工作贯彻中央新疆工作座谈会和新疆扶贫开发工作会议精神，统一思想，理清思路，全面启动，有序开展，取得新的进展和成效。

（1）新疆边境扶贫扩大试点工作进展情况。

①认真贯彻落实会议精神。按照新疆扶贫开发工作会议精神，新疆维吾尔自治区扶贫办迅速安排部署，要求各地特别是有关地州和边境扶贫重点县（市）学习领会《关于切实推进新疆扶贫开发工作的指导意见》、《新疆边境扶贫试点工作指南》等重要文件，学习领会范小建主任在新疆扶贫开发工作会议上的讲话精神。新疆扶贫办党组提出“苦干60天，认真贯彻落实自治区党委七届九次全委扩大会议精神，全面完成年度扶贫开发工作任务”的要求，扶贫办党组书记、主任赵国明安排部署了边境扶贫工作，并以地（州）为单位组织开展督查督办，指导边境扶贫重点县（市）落实年终工作，确保边境扶贫今年工作收好官、明年工作起好步。

②提出边境扶贫工作要求。新疆维吾尔自治区下发《关于做好边境扶贫扩大试点当前工作及有关工作要求的通知》（新扶贫领字［2010］13号），要求各有关地州和边境扶贫重点县要全局定位边境扶贫，

把边境扶贫纳入推进跨越式发展和长治久安全局，加强领导，狠抓落实。明确任务目标，结合自治区实施以“富民安居”、“富民兴牧”两大工程为载体，一手抓边民宜居建设，一手抓边民增收产业。以抵边户、守边户为重点，集中资金推进边民宜居建设，种植区、养殖区、农机区、生活区功能四区一体，同时规模化开发主导产业和特色产业，提升产业整体水平。严格项目申报，边境扶贫项目与其他项目资金配套比例总体上要达到1∶5，当年达不到比例要求的，扣减下年度边境扶贫项目资金额度的30%。创新扶贫机制，确定2011年9月为自治区边境扶贫检查观摩月，围绕主题，培树亮点，典型引路，放大效果。做好专项业务工作，加强对边境扶贫的统计监测工作，建立健全边境扶贫档案管理制度。

③全面启动边境扶贫扩大试点。2010年7月1日，召开新疆维吾尔自治区边境扶贫试点工作现场会，基本形成了边境扶贫的政策体系。会议印发了《自治区关于加大边境扶贫工作的若干意见（讨论稿）》文件，并据此制定《自治区边境扶贫资金试点项目申报指南》，建立边境扶贫扩大试点监测评价体系，基本形成了边境扶贫政策体系的雏形。

④编制边境扶贫县（市）规划。截至2010年底，已经完成的边境扶贫规划：自治区边境地区扶贫试点规划（2011—2015年，下同），伊犁州、和田、喀什、克州、阿克苏、哈密、塔城、阿勒泰地州8个地州边境地区扶贫试点规划，其中17个边境扶贫重点县市边境扶贫扩大试点规划征求各有关部门意见，组织进行了评审。自治区边境地区扶贫试点规划总投资128.8亿元，其中一线守边工程45.5亿元，占投资总额的35%；二线固边工程82.9亿元，占投资总额的64%；三线服务工程0.5亿元，占投资总额的1%。边境扶贫2011—2015年五年期，以2009年为基期，专项资金六年每县总计6000万元。

⑤建立边境扶贫组织机构。新疆伊犁州、和田、喀什、克州、阿克苏、哈密、塔城、阿勒泰地州8个地州普遍都成立边境扶贫领导小组，地区领导担任领导小组组长。县长和分管领导担任边境扶贫领导小组组长。

⑥及时下达年度边境扶贫项目。2010年共下达17个边境扶贫重点县财政扶贫资金（边境扶贫试点）项目87个，资金1.7亿元。这些项目集中在边境一线，符合自治区要求的民居建设、产业扶持两类扶持重点。

（2）主要成效。

①扶贫开发减贫脱贫取得显著成效。2010年阿合奇县当年有2个重点验收村通过自治区整村推进验收，有320户1300人稳定脱贫。

②县域经济较快发展。2010年，阿合奇县在新一轮边境扶贫的推动下，县域经济起步之年得到较快发展，2010年完成生产总值3.43亿元，比上年增长17%；全社会固定资产投资9.2亿元，同比增长99.5%；消费品零售总额6245万元，同比增长12%；财政收入4020万元，同比增长66.3%。

③基础设施不断完善。一是实施富民安居工程300户，建成上下水、电、暖、路全面配套的富民安居住宅区5个；二是新建戈壁设施农业大棚650座，开发建设草料基地1.5万亩，加大水利工程项目建设

力度，新建引水渠首3处，水渠54公里，极大地改善了农牧区灌溉条件；三是推行太阳能热水工程，截至2010年底，共安装太阳能热水器487台。

④农牧民收入水平提升。随着现代畜牧业、设施农业、特色林果业等戈壁产业和劳务输出产业主导地位的确立，阿合奇县农牧民增收方面有了稳定的途径和支撑点。2010年，农牧民人均纯收入达1697元，比上年增加215元，同比增长15%。

⑤各项社会事业顺利发展。进一步优化“小学办到乡、初中办到县”的管理机制，完善了县、乡、村卫生服务网络和计划生育服务网络建设，巩固和完善新型农村合作医疗附加医疗救助制度；全面启动了新型农村社会养老保险工作，逐步实现边民住有所居、劳有所得、病有所医、老有所养的目标。

⑥边民国家认同感不断增强。边境扶贫搭台，组织44名宣传员队伍，深入开展了以“热爱伟大祖国、建设美好家园”为主题的教育活动，边民认同国家，热爱祖国的意识进一步增强。

（3）主要做法。

①编制新一轮边境扶贫试点规划。阿合奇县编制的新一轮边境扶贫试点规划（2011—2015年），筛选确定建设内容为“三个工程”、“一个行动计划”，即以一线守边、二线固边、三线支边为中心内容的各项工程建设，包括守边户民生工程、戈壁产业建设工程、配套项目建设工程、双语教学培训计划等五类66个项目，涉及资金7.48亿元。同时，明确提出有关特殊政策的支持和对于试点工作的探索创新，基本形成了新一轮边境扶贫试点工作的政策框架。

②围绕重点抓好项目实施。提升现代畜牧业，加大草料基地种植，完善动物疫病防疫体系牲畜品种改良措施，开展了黄牛性控胚胎移植、冷配技术应用，推进种公畜分群饲养管理机制，调整畜种畜群结构，鼓励和引导农牧民发展奶牛及家禽养殖。截至2010年底，阿合奇县牲畜存栏数预计为33.2万头（只），完成草料基地种植4000亩，改扩建养殖小区8座，成立了柯尔克孜种公羊养殖协会，养殖户达73户，发展各类家禽养殖11万余羽。大力发展戈壁设施农业，新建650座温室蔬菜大棚建设，每个乡（镇）每年拨款50万元作为种植户的土地流转和牲畜流转补贴资金，选聘了13名优秀大专毕业生充实到蔬菜大棚技术员队伍，确保为大棚后期管理和种植提供持续的技术保障与服务。

③强力推进劳务产业发展。2010年，阿合奇县共转移农村富余劳动力7951人次，其中，县内转移4540人次，疆内其他地区转移916人次，疆外累计转移2495人次，共计劳务创收4232万元。至2010年底，阿合奇县已在广州、浙江等地建立10余处“用工环境好、工资待遇高、服务保障到位、相对稳定”的疆外劳务输出基地，打造“劳务输出—学习提高—创收致富—回乡就业—建设新农村”的劳务输出新格局。

④推进城乡统筹发展。按照“高起点、高水平、高效益”的要求，启动实施了廉租房建设，2010年共开工建设廉租房1008套。同时，以基础设施全配套、城乡一体化为标准，启动实施富民安居工程300户。按照长远考虑、经济实用、因地制宜的原则，结合牲畜集中饲养模式的推行，对阿合奇县今后拟建的富民安居工程实行集中

规划、统一标准，规划集中连片建房点31个。升级改造2009年以前建成的760户抗震安居房。

⑤衔接新一轮对口援疆工作。以边境扶贫试点为平台，承接新一轮对口援疆工作。2010年，援疆单位共计投入资金1500余万元，启动实施了戈壁设施农业、新农村建设、县乡教育卫生、文化及广电设施建设等17个项目（其中：中国华能集团公司实施了7个项目，无锡市实施了10个项目）。无锡市有关部门帮助指导编制规划，确定了重点项目。

⑥加强部门协作。着眼于服务一线，推进教育体制改革，启动实施了教师绩效工资，优化“双语”教师队伍；推行了学生“肉蛋奶”工程。完善了县、乡、村卫生服务网络和计划生育服务网络建设，赴内地开展了医疗技术人才招聘，与内地医科院校毕业的15名取得学士学位的医学本科生签订了聘用协议，已全部上岗。合作医疗治疗目录范围内实现100%报销，制定出台了《阿合奇县青少年儿童心脏病和白血病患者救助办法》，使弱势群体在看病就医方面得到更多救助。继续扩大社会保险覆盖面，阿合奇县五项社会保险参保达到24575人次，实现征缴基金3475万元；积极做好救灾救济工作，截至2010年底，共计发放救灾救济资金357.71万元。

【贫困地区干部培训】

2010年的干部培训工作主要围绕总结《纲要》实施以来我国扶贫开发事业取得的成效及经验，分析新阶段扶贫开发的形势和面临的挑战，探索未来十年扶贫工作基本思路这条主线，举办了15期培训班，累计培训818人次，在圆满完成培训任务的同时，为扶贫工作的顺利开展提供了智力和组织保障。主要特点如下：

1. 突出培训改革

根据《2010—2020年干部教育培训改革纲要》，认真研究培训班实施改革方案，对各期培训班课程设置、师资聘请、教材配置、案例选择、实地考察、后勤服务等工作进行了系统地组织和安排。

一是分片区举办重点县主任班。7—9月，分片区举办了4期扶贫工作重点县扶贫办主任专题研究班，共320人参训。通过大跨度分区域培训，异地交流经验，有利于参训人员了解我国扶贫工作的整体现状，拓宽扶贫开发工作思路。

二是举办党政领导班和中青年班。为培养扶贫系统年轻干部，为扶贫工作储备人才，连续举办两期中青年扶贫骨干培训班，来自全国扶贫系统45岁以下的中青年骨干120人参加了培训。此后，根据中组部统一安排部署，举办了全国扶贫工作重点县县级党政领导干部培训班，27个省（区、市）的47名扶贫工作重点县党政领导干部参加了培训。

三是举办省办主任高级研修班。10月16日—25日，在云南举办有西南5省区市和中东部4省的扶贫办主任参加的喀斯特石漠化片区攻坚专题研修班。

2. 加强组织创新

一是领导亲自抓。扶贫办领导高度重视培训工作改革，为扶贫工作重点县党政领导干部班和中青年扶贫骨干班授课，主持召开培训计划工作会议，指导培训工作改革，审定每期培训班的方案和课程设计，视察深圳经理进修学院扶贫干部培训工作。

二是寻找突破口。重点县党政领导干部培训班，在河北省扶贫办的大力协助下，以该省平泉县贫困农户“细胞工程”+农民蘑菇产销合作组织 + 产业化扶贫龙头企业 + 菌文化支撑体系等组成的扶贫到户工作链条作为考察典型，学员们共同参与解剖，分析提炼，交流经验，颇受启发。

重点县扶贫办主任培训班，将我国贫困地区划分为西北、西南、中部、东部4个培训片区，根据各片区不同的培训需求分别组织，由于培训针对性强，起到了有的放矢的培训效果。

中青年骨干班继续坚持基础政策理论知识培训，引入案例教学、体验教学、情景模拟、举办学员论坛等模式，充分激发学员的学习兴趣，拓展他们的思路，极大地增强了学员的参与力度。

省办主任高级研修班采用了把课堂教学与考察调研紧密结合；从政策灌输到案例分析，把吃透政策与问题研究紧密关联；按照能力框架、实践提高、研讨深化的培训步骤逐一进行，提高大家对扶贫与发展的研究能力。

【灾害应对与灾后重建】

汶川：

1. 继续推进四川、甘肃、陕西三省100个灾后恢复重建试点村及面上受灾贫困村的恢复重建工作。积极争取和落实各类恢复重建资金，通过培训、监测、检查、指导、研究、宣传等手段，深入推进贫困村灾后恢复重建工作。

2. 5月底，与中国国际扶贫中心联合在北京举办了“灾后重建与扶贫开发相结合”国际研讨会，6月初在陕西省西安市召开“防灾减灾、灾后重建与扶贫开发第三期”研讨培训班。

3. 为进一步探索灾害应对与扶贫开发相结合机制，与科研院校、研究机构、国际组织合作开展系列研究工作，形成了《防灾减灾/灾后重建与扶贫开发专题研究丛书》。

4. 继续加强与联合国开发计划署、香港乐施会、国际美慈等国际组织之间的合作，成功启动了与德国技术合作公司合作的“中德技术合作汶川地震灾后经济重建项目”。

5. 加强宣传工作，编印了国务院扶贫办灾后重建办公室的2009年度报告和工作报告，积极推进《汶川特大地震抗震救灾志》编辑工作，并及时组织办公室简报、简讯、宣传材料的编发工作。

玉树：

1. 4月下旬至5月中旬，先后派出3个工作组赴玉树地震灾区慰问、调研和指导开展救灾工作。范小建主任和王国良副主任分别带工作组，深入灾区，察看灾情，慰问受灾群众和扶贫干部，与当地干部群众共同研究抗震救灾和灾后重建工作。

2. 向国务院玉树地震抗震救灾指挥部上报关于加强灾后重建与扶贫开发相结合工作的具体意见，就玉树地震灾后恢复重建有关支持政策向发改委、财政部等提出具体意见。

3. 指导青海省扶贫开发局编制玉树地震灾区灾后恢复重建规划。

4. 组织协调中国扶贫基金会、中国扶贫开发协会、友成企业家扶贫基金会等办主管社团募集物资支援玉树地震灾区，就中国扶贫基金会提供1亿元重建资金事宜，与青海省人民政府签订了框架协议，积极协调帮助解决扶贫灾后重建项目用地规划事宜。

其他：

1. 开展湖南、广西、江西等省（自治区）贫困地区洪涝灾害实地调研、慰问并动员扶贫社团向受灾贫困人口提供应急救援。

2. 完成2010年全国贫困地区灾情分析报告，指导洪涝灾害多发省份调研设计防灾减灾产业发展项目，提出开展相应灾后重建工作的建议。

【县为单位、连片开发试点】

2010年，全国中西部22个省（区、市）100个国家扶贫开发工作重点县开展了“县为重点、整合资金、整村推进、连片开发”试点，覆盖379个乡镇，1700个村（其中：贫困村1361个），扶持农户46万户（其中：贫困户21万户）。截至目前，项目实施顺利，进展情况良好。

据初步统计，试点项目共投入各类资金63亿元，其中：中央财政扶贫资金5亿元，省、市、县安排专项资金2.6亿元，部门投入2.9亿元，银行贷款3.6亿元，群众自筹13亿元，其他资金5.2亿元。从各省上报数据看，1000万元的财政扶贫资金可以整合资金5000万—8000万元。

目前，100个试点县共完成投资59亿元，占总投资额的93%。其中62%的财政扶贫资金用于产业发展，30%用于基础设施建设，4.5%用于公益事业，4.5%用于其他。

【扶贫资金与扶贫资金管理】

2010年是《中国农村扶贫开发纲要（2001—2010年）》实施最后一年，中央和各省进一步加大财政扶贫资金投入，资金管理更为规范，监管更加有力，使用效益进一步提高。

财政扶贫资金投入稳步增长。2010年，中央、省级财政扶贫资金预算安排共302.68亿元，比上年增加41.1亿元，增长15.7%。其中：中央安排222.68亿元，增加25.38亿元，增幅为12.9%；省级安排80亿元，增加15.7亿元，增幅24.4%。此外，积极拓宽扶贫投入来源，争取中央专项彩票公益金1.7亿元。

集中投入，突出重点。根据《纲要》要求，各类扶贫资金按照扶贫开发规划统筹安排使用，突出重点区域、重点工作和重点扶持对象。

1. 扶贫资金集中用于国家重点县和贫困村，并向老区、民族地区、边疆地区，特别是西部地区、特殊类型贫困地区和灾区倾斜。2010年，在到省的212.88亿元中央财政扶贫资金中，安排到中西部22省209.4亿元，占到省扶贫资金总量的98.3%，其中西部12省141.5亿元，占66.5%。投入国家重点县148.9亿元，占资金总量的82.2%；投入贫困村191.2亿元，占89.8%。

2. 支持开展贫困村整村推进、农村贫困劳动力转移培训、产业化扶贫和移民扶贫等重点工作。紧紧围绕改变基本生产生活条件和基础设施建设，提高贫困地区、贫困农民自我发展能力，促进贫困农民增收致富的目标，集中资金推进各项扶贫重点工作。2010年，用于整村推进、雨露计划和移民扶贫三项重点工作的资金为101.4亿元，占总量的63.5%。

3. 加大扶贫资金到户扶持力度，创新扶持机制。各地认真贯彻《国务院扶贫开发领导小组印发关于对农村低收入人口全面实施扶贫政策，进一步做好扶贫工作意见的通知》（国开发〔2010〕2号）要求，充分利用扶贫开发政策与农村低保制度有效衔接成果，在进一步调整和优化扶贫资金使用结构，完善到户扶贫措施方面，取得了积极进展。在安排到省的159.6亿元中央财政发展资金中，用于扶持扶贫对象发展产业资金 63.4 亿元（含培训、科技扶贫、互助资金），占 40.3%。湖南省共安排落实“两项制度”有效衔接扶持资金 2.4 亿元，按 300—400 元的标准对 60 万扶贫对象给予扶持。河北省继续开展“实施细胞工程建设十有家庭”活动，投入扶贫资金 2.35 亿元，扶持 6.5 万个贫困示范户发展以设施蔬菜、设施养殖和高效林果为重点的增收脱贫项目。

创新机制，提高资金使用效益。为充分发挥财政扶贫资金的使用效益，在扶贫资金使用机制创新方面做了一些积极探索。

1. 开展贫困村互助资金试点，建立财政扶贫资金使用长效机制。针对贫困村村民发展生产资金短缺，又囿于自身限制，难以从金融机构获得贷款的问题，从 2006 年起，国务院扶贫办和财政部共同开展了“贫困村互助资金”试点。截止 2010 年底，全国累计 1013 个县、1.35 万个村开展了贫困村互助资金试点，资金总规模累计 26.24 亿元（中央扶贫资金 8.19 亿元，省级扶贫资金 11.4 亿元，农户互助金 5.35 亿元，其他资金 1.3 亿元）。累计入社农户 109.4 万人，其中：贫困户 56.37 万人，占 51.5%；累计借款 68.52 万人次，其中：贫困户 39.72 万人次，占 57.96%；累计发放借款 25.24 亿元，其中贫困户 14.39 亿元，占 57.2%。为进一步规范运作程序，加大监管力度，国务院扶贫办和财政部联合印发了《关于做好 2010 年贫困村互助资金试点工作的通知》，并于 9 月 1—3 日，在河南省平顶山市举办了全国贫困村互助资金培训班。全国 28 个省（区、市）、89 个试点县扶贫办工作人员约 240 多人参加了培训。互助资金在缓解贫困村村民发展产业资金短缺问题，提高贫困农户组织化程度和自我发展能力，增强贫困地区基层组织凝聚力和战斗力，推进基层民主化建设和政府工作方式的转变方面发挥了重要作用。

2. 因地制宜实施整村推进和连片开发，搭建资源整合平台。整村推进是贫困地区新农村建设的重要抓手和载体。各地落实中央 13 部委联合印发的《关于共同促进整村推进扶贫开发工作的意见》（国开办发［2008］27 号）要求，以整村推进规划为平台，加大资源整合力度。据不完全统计，2010 年财政扶贫资金投入与整合资金的比例约为 1∶1，村均投入达到 140 万元。

在此基础上，为探索整村推进与连片开发相结合、扶贫开发与区域经济发展相结合的路子，2010 年国务院扶贫办与财政部继续在 100 个县开展“县为单位、整合资源、整村推进、连片开发”试点。每个试点县投入 1200 万元财政扶贫资金作为引导，通过资金和政策整合、机制创新，吸引相关部门涉农资金投入产业开发及配套项目，促进了贫困地区经济发展和贫困农户稳定增收。连片开发的规模优势为资源整合搭建了平台，一些地方整合资金的比例达到 1∶5—1∶8，村均投入达到 328 万元，提高了扶贫投入水平和产业开发所占的比重。

3. 财政贴息引导扶贫贷款，扩大扶贫资金的乘数效应。2010 年是全面改革扶贫贴息贷款管理体制的第三年，改革以来，贫困瞄准机制更加有效，扶贫贷款到户比例明显提高，并在促进承贷金融机构多元化、调动地方积极性等方面取得了明显进展。

一是扶贫贷款总量大幅增加。2010 年，中央、地方共安排贴息资金 11.4 亿元，引导发放贷款428.7亿元，贷款总量比上年增加了70%。到户贷款和项目贷款发放规模均超过了210亿元，是近年来最高的一年。

二是承贷机构多元化的局面基本形成。除农业银行、农村信用社、农业发展银行参与扶贫贴息贷款发放外，工行、建行、中行、邮政储蓄银行和其他地方性金融机构也积极参与进来。多家金融机构通过发挥各自经营特点和业务优势，公开公平开展竞争，符合市场经济规律的扶贫贷款管理和运行机制初步建立。在项目贷款中，农行、信用社、农发行和其他金融机构发放贷款所占比重分别为30.4%、30.7%、22.6%和16.3%。

三是贷款重点支持贫困农户发展增收产业。2010年用于种养业和产业化项目的贷款为394.6亿元，占贷款总量的92%，覆盖贫困村42970个，覆盖贫困人口数量2685.6万人。通过使用扶贫贴息贷款，参与扶贫开发项目，不少贫困户不仅增加了收入，还提高了增收和使用贷款投资的能力。

各地在建立财政扶贫资金引导和信贷担保机制方面也作了一些探索。为改变贫困村群众缺乏发展生产资金、贷款困难的现状，河北省巨鹿县2009年以来，由公职人员组成"扶贫信贷担保自愿者组织"，贫困群众组成"贫困村诚信自律者联谊会"，建立了"干部担保、农户互保"双保险模式，闯出了一条"以群众诚信自律为基础，以公职人员自愿担保为补充，以开发扶贫产业项目为依托，以金融部门为主导"的金融扶贫新路。2010年，在全省范围内推广了该县做法。

4. 支持合作组织，探索扶贫资金带动贫困户受益的机制。针对部分贫困户技术缺乏、管理能力低、抗风险能力弱的情况，各地积极探索贫困地区农民专业合作组织建设过程中贫困户的受益机制。贫困户将扶持到户的扶贫资金通过参股合作的方式，加入合作社，合作社为其提供生产、技术、经营和市场等方面的支持和服务，实现利益联结，确保贫困户长期稳定收益，使财政扶贫资金发挥较好的效益。

加强扶贫资金监管。通过各项措施，努力建立起事前预防、事中规范、事后回查全程资金项目跟踪监管体系，做到部门监督与群众监督、舆论监督相结合，确保扶贫资金项目高效、安全、廉洁运行。

1. 加强制度建设。各地把制度建设摆在扶贫资金管理的首要位置。从工作决策、资金分配使用、项目实施验收，到监督检查、考核考评等均建立了比较完善的制度，将扶贫资金和项目纳入系统化、程序化、规范化的管理轨道，做到责权明确、管理严格、行为规范、监督有力，较好地保证了资金到村到户和安全运行。内蒙古自治区在扶贫资金、项目管理中主要采取了八项措施：即落实扶贫项目责任人制度、坚持村民广泛参与制度、全面推行扶贫资金项目公告公示制度、实行扶贫项目逐级验收报账制度、实行扶贫资金"三专一封闭"管理制度、实行项目评审制度、大宗物资实行政府采购或集体询价采购制度和建立和完善项目检查和绩效考评制度。黑龙江省扶贫办2010年年初，开展了规范权力运行制度的建设工作，建立了6项规范权力运行制度和3项监督制度，重点对扶贫资金和项目的分配程序进行了严格规范。

2. 开展绩效考评。为进一步调动地方积极性和明确工作责任，逐步健全以扶贫成效为导向、突出重点工作的扶贫资金分配与激励机制。2010 年，国务院扶贫办和财政部继续对各省 2009 年财政扶贫资金绩效进行考评工作。绩效考评在规范扶贫资金使用，促进各省加快扶贫资金拨付和项目实施进度，加强财政扶贫资金管理和突出资金使用效益等方面，发挥了积极作用。

3. 加强检查。按照《关于开展强农惠农资金专项清理和检查工作的实施意见》（财农［2010］176 号）要求和强农惠农资金专项清查部级领导小组统一部署，国务院扶贫办组织各级扶贫部门对 2007—2009 年中央和地方安排的财政扶贫资金（发展资金）进行了自查自纠，并对云南、贵州两省强农惠农资金清查工作开展了督查。通过专项清查工作，查找和纠正了扶贫资金管理使用中存在的一些问题，在促进问题整改、完善制度建设和强化监管意识等方面，发挥了有力的推动作用。

4. 强化监督，拓宽监管渠道。坚持群众参与，将审计监督、社会监督和群众监督紧密结合，充分发挥财政、审计、纪检监察等部门的作用。贵州省 2010 年以省政府办公厅名义出台了《关于推进扶贫资金使用监管改革工作意见的通知》，把加强监管贯穿于资金分配、拨付、使用以及项目立项、审批、实施、检查、验收全过程，对资金公开、项目公示、备案、审计、协作监管和责任追究制度等方面做出规定。尤其是把当年扶贫资金的名称、来源、数量、项目安排去向、实施单位等情况在项目安排后的 15 日内报同级纪检监察部门备案的做法，充分发挥了纪检监察部门的作用，有效整合了各部门的监管资源。重庆市开展村级扶贫资金项目义务监督员制度。由村民大会选举产生贫困村义务监督员，扶贫部门公示该村扶贫项目和资金规模，义务监督员可随时向扶贫资金监管部门反映扶贫项目、资金的落实和到位情况。

地方扶贫篇

河北省扶贫开发

【概述】 河北省省委、省政府高度重视缓解农村贫困，坚持把扶贫开发、加快贫困地区发展作为富民强省的战略任务来抓，特别是进入新阶段以来，河北省认真贯彻落实《中国农村扶贫开发纲要》，进一步加大了扶贫开发工作力度，重点开展了整村推进、“扶贫开发细胞工程”、劳动力转移培训、移民搬迁等扶贫工程，取得了明显成效。河北省扶贫开发的一些成功经验，如出台了《关于加大对扶贫开发工作重点县（区）支持力度的意见》、实施“两个周转”、开展“四帮一”扶贫、实施“扶贫开发细胞工程”、建立“两个组织”，解决贫困群众贷款难等，得到了中央领导、有关部门和新闻媒体的肯定。

河北省有40个国家扶贫开发工作重点县（区），12个省定县。按照国家确定的扶贫标准，2001年，河北省有尚未解决温饱问题的贫困人口327万、初步解决温饱但容易返贫的低收入人口243万，两者共570万。其中，与首都接壤的张家口、承德、保定市有扶贫开发工作重点县（区）25个、贫困村2804个、贫困人口154万，分别占河北省重点县、贫困村、贫困人口总数的48.1%、39.5%、41.6%。2002年以来，中央和省累计投入财政扶贫资金37.2亿元，对河北省7102个贫困村分批进行扶持，到2010年底河北省基本完成了贫困村整村推进任务，贫困人口减少到370万左右。

【扶贫资金投入】 2010年河北省共投入财政扶贫资金61252万元，其中中央投入48752万元，中央及省帮扶单位投入2.3亿元，银行贷款规模12.5亿元，2010年集中扶持贫困户6.5万户，解决饮水困难人口41万人、饮水困难牲畜30万头（只），新建基本农田4万公顷，修建公路里程610千米，稳定解决了20万扶贫对象的脱贫问题，贫困地区经济社会事业得到进一步发展。

【整村推进】 按照“十二五”的要求，对河北省第三批2155个重点村逐村进行检查分析，本着“填平补齐”的原则，协调督促各扶贫开发重点县加强各项涉农资金、行业部门扶贫资源和社会帮扶力量的整合，加快项目建设进度，有力地推进了第三批重点村的整村推进工作。据统计，各级对第三批重点村的投入力度普遍加大，特别是对国家确定的1242个“三个确保”村平均每村投入资金达100万元以上（其中投入财政扶贫资金平均每村达50万元以上）。通过有效扶持，河北省第三批重点村的产业项目、基础设施及公益事业建设基本达标，整村推进任务基本完成。

【移民扶贫】 2010 年共投入财政扶贫资金 3142 万元，完成了 130 个贫困村、2120 个贫困户、6789 人的移民搬迁计划，建设了一批具有较高标准的移民小区，推动了生存条件恶劣的特困村整体搬迁。

【扶贫培训】 投入扶贫培训资金 3846 万元，实施“万人培训、万人就业、万户脱贫”工程，共完成培训 1.1 万人，涉及计算机、服装、电气焊、动漫设计、电工、电子技术、家政等专业；举办农业实用技术培训班 904 期，培训农民 13.6 万人次。

【产业化扶贫】 继续开展“实施细胞工程建设十有家庭”活动。河北省投入扶贫资金 2.35 亿元，扶持 6.5 万个贫困示范户发展以设施蔬菜、设施养殖和高效林果为重点的增收脱贫项目。累计发展养鸡 2200 万只、养鸭 41 万只、养猪 4.1 万头、肉牛 8100 头，建设食用菌棚 6100 个、蔬菜大棚 1.1 万个，发展核桃 2.2 万亩，种植张杂谷 15 万亩。投入项目区配套资金 8733 万元，建设道路 610 千米，新建及维修配套水井 171 眼，建小水窖 500 个，修建拦河坝 2.8 万米、防渗渠道 18.7 万米等。继续加大集中连片扶贫开发力度，2010 年共安排 4000 万元在 10 个县开展了连片开发、规模发展的试点（其中国家级试点 4 个）。在东光、赤城两县实施了投资 2500 万元的利用中央彩票公益金支持贫困革命老区试点项目。省扶贫办认定了平泉、饶阳、武强三个产业化扶贫示范县，认定了尚义县扶贫开发裸地蔬菜等 16 个产业集群片区。为推动贫困地区蔬菜产业发展，2010 年 12 月 16 日，在衡水召开了河北省贫困地区蔬菜产业产销合作交流会，河北省蔬菜种植规模较大的扶贫重点县有关部门和蔬菜龙头企业、蔬菜专业合作社负责人参加了会议，建立了扶贫“菜联网”，进一步促进了贫困地区蔬菜产业集中连片发展。依托扶贫龙头企业，建立专业合作社，“企业 + 专业合作社 + 基地 + 贫困户”的产业化扶贫模式进一步形成。衡水沧州区间百里棚菜长廊、太行山区优质核桃产业带、承德市食用菌产业集群初具规模。河北省初步建成了饶阳、阜城、献县、崇礼等蔬菜大县，赞皇、平山、临城等核桃大县，平泉、围场等食用菌大县，滦平、承德县、孟村、武强、武邑等肉鸡肉鸭养殖大县。

【扶贫资金使用】 扩大村级互助金试点。2010 年新增互助金试点 308 个，河北省试点发展到了 1045 个村。在扩展规模的同时，加强了对市县扶贫办分管人员的业务培训，实行了互助金试点等级评定和专人联系督导制度，促进了互助金试点的规范化运行。在巨鹿县召开现场会，总结推广了巨鹿县通过引导群众成立自律诚信组织和扶贫担保志愿者组织解决群众贷款难的经验，并选择部分县进行了试点，在破解群众贷款难问题上取得初步成效。对此，国务院副总理回良玉两次给予肯定性批示。创新扶贫资金分配激励机制，在对扶贫资金进行公平分配为主的同时，积极引入以奖代补机制，加大以奖代补的力度。按照国务院扶贫办有关进村入户扶贫资金使用情况必须公开公示的要求，在河北省 52 个重点县建立了“入户项目资金登记卡”制度，各县对入户扶贫项目资金逐笔登记，接受贫困群众和社会各界监督。

【两项制度衔接】 为准确识别农村贫困人口，以省扶贫开发领导小组名义下发了《关于认真贯彻国务院扶贫开发领导小组［2010］2 号文件精神的通知》，对有劳动能力的扶贫对象（包括有劳动能力的低保人口），通过项目扶持提高其自我发展能力，实现脱贫致富；对没有或丧失劳动能力的贫困人口，通过低保救助方式保障其基本生活需要。同时，为做好“两项制度”的有效衔接，省扶贫办会同省民政厅、省财政厅、省统计局和省残联研究制定了扩大试点工作实施意见和实施方案并以省政府办公厅文件下发，在河北省52个重点县开展了扩大“两项制度”有效衔接的试点，并为每个开展试点的市、县协调解决了部分试点经费。通过试点，识别出了贫困人口，并逐一建档立卡，为对贫困人口实行动态监测提供了依据。

【整村推进、连片开发】 继续扩大连片开发试点。河北省“县为单位、整合资金、整村推进、连片开发”试点县由8个增加到10个，通过公开竞争确定滦平、平山、巨鹿和青龙县为国家连片开发试点县；确定阜城、崇礼、魏县、盐山、顺平和怀安为省级“连片开发”试点县，其中阜城、崇礼县为“A”级，各安排财政扶贫资金400万元，其他四县为“B”级，各安排财政扶贫资金300万元。（其中国家试点4个县，项目实施期为三年，资金按三年下达，第一年500万元，第二年500万元，第三年根据绩效考评情况再安排200万元。）

【中国扶贫基金会小额信贷项目】 省扶贫办、扶贫开发重点县与中国扶贫基金会合作成立农户自立服务社，推进扶贫开发重点县小额信贷项目。截至2010年12月底，在5个试点县累计发放贷款9483万元，扶持贫困农户1.87万户，资金回收率达100%，实现了运作机构的可持续发展，有效缓解了贫困户贷款难问题。

【扶贫项目管理】 加强扶贫项目实施管理。一是项目到户与适度规模、连片发展相结合。组织引导贫困群众依托扶贫龙头企业，建立扶贫专业合作社，发展种养业小区，提高扶贫项目的龙头企业带动率、合作组织覆盖率、专业小区产出率，探索项目到户与标准化、规模化生产相统一的发展模式。二是改革扶贫项目备案制度。省扶贫办有关处室明确专人，联系分包市县，提前介入指导编制项目规划，对各市上报的备案项目及时提交项目备案评审小组进行评审，提出评审意见后及时反馈，大大提高了扶贫项目备案时效。三是实行扶贫项目公开直通车。由各市扶贫办负责，将通过省备案的到村财政扶贫资金项目实施计划包括项目内容、资金额度、受益对象等，通知各重点村，由各村扶贫项目监督小组据此进行监督，扩大了群众的知情权、监督权，促进了扶贫资金到村入户。四是建立“入户项目资金登记卡”制度。接受扶贫资金扶持的贫困户，每户都建立入户项目资金登记卡。登记卡由各市扶贫办按照统一样式印制，以县为单位统一编号，由贫困户保存，由村“两委”干部对入户扶贫项目资金逐笔登记，接受贫困群众和社会各界监督，确保资金使用、项目安排公正、公平、公开、规范，真正使贫困群众受益。这项工作得到了国务院扶贫办主任范小建的充分肯定。

【社会扶贫】 继续实施“四帮一”扶贫工程。督促“四帮一”扶贫单位进一步加大帮扶力度，加快项目建设进度，务求所帮扶村如期脱贫出列。分片召开了“四帮一”扶贫队长调度会，对“四帮一”扶贫工作进行了督导。继续实行帮扶考核奖惩机制，把帮扶工作成效纳入帮扶单位年度精神文明考核内容，对不负责任、不积极参加扶贫工作、成效不明显的帮扶单位，建议有关部门不予评为精神文明单位。进一步做好中直机关帮扶单位的协调服务工作，下发了《关于加强和改进中央国家机关、民主党派、群众团体、大型企业及驻冀部队定点扶贫服务保障工作的意见》，进一步激发了中央帮扶单位的工作热情。依托省工商联开展的“光彩事业活动”，积极协调民营企业参与扶贫开发工作，丰富了帮扶工作内容，营造了全社会参与扶贫的良好氛围。2010 年，省“四帮一”扶贫单位共投入帮扶资金 1.2 亿元，帮扶项目 421 个；中直帮扶单位共投入和协调帮扶资金 1.1 亿元，有效改善了贫困村基础设施和贫困群众的生产生活条件，促进了贫困地区经济社会的快速发展。

【扶贫工作措施】 一是党委政府重视，组织领导到位。省委、省政府主要领导和分管领导心系贫困群众，多次深入贫困地区考察调研扶贫工作，解决难点、重点、热点问题。先后召开河北省扶贫开发工作会议、扶贫开发领导小组工作会议、河北省扶贫开发工作座谈会等，对扶贫工作进行专题研究部署，扶贫工作组织领导保障得到进一步加强。二是健全制度，提高自身建设水平。以创先争优和省委干部作风建设年活动为契机，省扶贫办制定了《进一步规范会议、下基层调研、检查指导和培训工作意见》，完善了机关财务、公务用车、老干部工作制度和接待制度，使机关事务管理更加规范，机关和队伍建设进一步加强。三是谋划启动新十年的扶贫工作，扶贫宣传再上台阶。确定河北省的扶贫标准。经省委、省政府批准，将河北省的扶贫标准确定为 1500 元，并经省领导批准下发了《关于认真传达贯彻提前谋划启动部分村扶贫开发工作有关要求的通知》，各市、县提前进行了思想发动，确定了工作对象，谋划了扶贫项目，河北省确定启动扶持重点村 2200 个、30 万户左右。2010 年 11 月 26 日，省扶贫办在张家口市崇礼县召开了启动新十年第一批重点村扶贫开发工作现场会，标志着新十年扶贫开发工作拉开了序幕。为编制好“十二五”扶贫规划，组织市县和有关部门进行了扶贫调研，完成了《河北省农村扶贫开发纲要(2011—2020 年)》（征求意见稿）和“十二五”扶贫移民搬迁规划的起草工作。加强扶贫开发宣传工作。围绕实践科学发展观和创先争优活动、建国六十一周年扶贫成就宣传、“扶贫开发细胞工程”和产业带建设、“四帮一”以及中直单位帮扶等重点工作，在国家及省级新闻媒体推出一批有影响的报道，引起了社会各界的关注，进一步扩大了河北省扶贫开发工作的影响。

（河北省扶贫开发办公室）

山西省扶贫开发

【概述】 2010年，山西省扶贫开发坚持以科学发展观为指导，深入贯彻党的十七届五中全会和山西省领导干部大会精神，紧紧抓住对农村低收入人口全面实施扶贫政策和促进山西省经济社会实现转型跨越发展的重大机遇，围绕扶持贫困群众增加收入、提高自我发展能力的总体目标，进一步加大力度，完善政策，创新机制，强化举措，着力促进贫困地区加快发展，较好地完成了2010年各项工作任务。根据山西省贫困村住户抽样监测结果：57个贫困县农民人均纯收入达到3125.4元，比2009年增加412.4元，增长15.2%；其中35个国家扶贫开发工作重点县农民人均纯收入达到2594元，比2009年增加356元，增长16%；两项增幅都为“十一五”以来的最大增幅。

【扶贫资金投入】 2010年，中央和省级投入财政扶贫资金10.26亿元，其中中央投入6.04亿元，省级投入4.22亿元，省级投入达到中央投入的70%。

【片区开发扶贫】 2010年，山西省全面启动实施以产业开发为核心的片区扶贫开发重大举措，这项工作同时被省政府列入“七大强农工程”给以大力支持。具体工作中，采取“以片规划、分县实施、突出产业、集中投入、整体推进”的办法，组织完成了晋北片、太行山片、太岳山片、沿黄北片、沿黄中片和沿黄南片等6大片区和57个贫困县县级片区扶贫开发规划的编制工作，并在2010年安排15个县启动实施15个片区扶贫开发项目。这15个项目规划总投资7.03亿元，其中省级计划安排财政扶贫资金2.9亿元；建设内容覆盖682个行政村、近24万人，其中贫困村516个、受益贫困人口17万。为确保片区开发效益，采取了签订责任书和省级财政扶贫资金分两次下达的项目绩效保证金制度，当年安排下达2.1亿元，15个项目全部启动，进展顺利。此外，国务院扶贫办将阳高、偏关、临县、吉县等4个革命老区贫困县列为国家“连片开发”试点县，2010年准备工作全部完成，部分项目开工建设。

【整村推进】 继续把整村推进“三个确保”作为2010年扶贫开发的突出重点，努力加大资金投入，省级安排财政扶贫资金4.3亿元，村均投入26万元，比2009年有较大幅度增加。加上县级财政配套、整合行业部门资金和群众自筹，2010年整村推进“三个确保”投入达到9.89亿元，村均59.8万元。按照国家的安排部署，如期实现了对整村推进“三个确保”贫困村全部扶持一遍的目标。

【移民搬迁】 2010年，实现分散搬迁的有34096人。榆社、静乐两县开展分类扶持试点工作，为在山西省范围内推广这项工作探索并积累了经验。

【产业扶贫】 改革贷款贴息办法，提前下达贴息资金，对22个国家扶贫龙头企业的4.16亿元贷款下达财政贴息资金1184万元，做到了贴息资金早下达、龙头企业早受益；对35个国家扶贫开发工作重点县的4.6亿元到户贷款下达贴息资金1600万元，扶持1.3万贫困农户生产增收；建立扶贫龙头企业考核机制，完成对32个国家扶贫龙头企业的考核评价，有效激励企业带动贫困群众发展生产和就业增收；完成省级扶贫龙头企业申报工作，开展扶持扶贫专业合作社前期调研，为培育壮大带动贫困地区产业开发的新生力量做好了充分准备。

【劳动力转移培训】 瞄准57个贫困县农村贫困家庭“两后生”，扎实开展劳动力转移培训工作，2010年完成转移培训60471人，实现转移就业48900人，转移就业率达到80.9%；以扶贫系统干部和定点扶贫干部、整村推进乡镇干部、贫困村的大学生村官和干部群众为重点，有针对性地组织开展扶贫政策理论培训、产业开发技术培训、农业科技示范推广和送科技下乡活动，2010年完成科技培训7万人次，在提高贫困地区干部群众农业科技素质方面发挥了重要作用。

【教育扶贫】 2010年安排专项资金1000万元，比上年增加500万元；新资助贫困大学生300名、贫困中专技校生1715名、贫困高中生1500名，使3515名学生成为教育扶贫的受益者，资助贫困生累计达到6396名。2010年资助费用分别下拨县财政和有关学校，并陆续落实到受助贫困生，得到贫困群众的普遍拥护和社会各界的高度评价。

【外资扶贫项目】 圆满完成引进亚洲银行贷款1亿美元的国内和对外签约、法律程序审批工作，积极争取到使用亚行资金85.5万美元的“地下水资源管理”和“妇女赋权”两个赠款项目。协调省、市、县三级落实配套资金5428.8万元，顺利启动亚行贷款山西河川流域农业综合开发项目，完成工程总投资2.73亿元，超出年度目标任务143.8%，涉及5市、26县、625个村，覆盖12778个农户。各项工程实施标准高、进度快、质量好，实现了项目建设的良好开局。

【社会扶贫】 一是强化定点扶贫工作。按照“调整布局、创新机制、完善政策”的思路，对山西省定点扶贫做出新的安排部署，新增29家省管大中型国有骨干企业和15家中央驻晋单位，以及省军区、武警部队参与定点扶贫，使省直定点扶贫工作队达到170支，驻点帮扶县扩大到39个，实现了省直定点扶贫工作队帮扶国家扶贫开发工作重点县的全覆盖。各级工作队适应扶贫开发新的形势和任务要求，将帮扶重点从基础设施建设转向产业开发，实行包乡包片帮扶，目标责任量化管理，2010年共投入帮扶资金8.71亿元，帮助贫困村新上项目846个。其中省直工作队投入帮扶资金2.63亿元，新上项目352个，做到了每支工作队都在当年至少启动实施一个帮扶项目。二是着力推动企业帮扶。认真贯彻省委书记袁纯清同志在山西省领导干部大会上的重要讲话精神，对山西省规模以上企业进行调查摸底，起草开展“千企帮千村”扶贫工程实施意见，为组织动员更大范围的企业力量结对帮扶贫困村做好了前期准备。三是积极开展社会扶贫。争取新加坡慈援组织资金360万元，在阳高等4个县实施人畜饮水等4项社会扶贫工程，并就援助闻喜、沁县的合作项目达成初步协议；争取中国扶贫开发协会捐赠价值1600万元的医疗设备和价值100万元的奶粉，分别在贫困地区实施癌症普查健康工程和帮助500个贫困家庭解决婴幼儿奶粉问题；与中国扶贫基金会合作开展爱心包裹捐赠活动，为岚县等4个县的两万余名贫困学生捐赠价值200万元的爱心包裹；与农工民主党山西省委合作，组织专家开展扶贫义诊活动，全社会力量大扶贫的格局进一步形成。

【两项制度衔接】 一是在国家统计局山西调查总队支持配合下，对山西省农业人口人均收入分布情况进行详细测算并报经省政府批准，将山西省扶贫标准提高到1550元，确定山西省低于该标准的农村低收入贫困人口规模为276万人，为落实对农村低收入人口全面扶持政策做好了充分准备。二是与民政等有关部门合作，在57个贫困县开展扶贫开发和农村低保“两项制度”有效衔接试点工作，完成了605个乡镇、10862个贫困村、246.74万1550元以下贫困人口的识别确认和建档立卡，为瞄准对象，分类落实帮扶措施，建立“基本生活靠最低保障、脱贫致富靠扶贫开发”的新机制奠定了坚实基础。

【扶贫宣传】 充分发挥扶贫宣传的舆论动员和窗口阵地作用，围绕2010年扶贫开发中心任务，组织各级扶贫部门拓宽渠道，加大力度，集中举办专题活动，为山西省上下参与和支持扶贫开发营造出良好氛围。中央电视台经济半小时、新华网、人民网、农民日报和《中国扶贫》等国家级主要媒体多次对山西省扶贫工作进行宣传报道；山西电视台、山西日报等省内主要新闻媒体刊发扶贫工作报道110多条（篇）；山西省扶贫系统在各级各类媒体宣传报道扶贫工作近1000条（篇），对推动山西省扶贫开发产生了广泛的社会影响，提供了有力的舆论支持。

【干部队伍建设】 一是机构建设。省扶贫办增设项目指导站，安排专门力量集中抓好片区开发等重点工作；忻州、临汾、吕梁等扶贫开发任务重的市都在扶贫机构的领导班子和内部科室设置等方面得到新的加强。二是业务培训。2010年组织扶贫系统骨干参加国务院扶贫办举办的各类业务培训300多人次；省扶贫办创办并印发《扶贫文摘》，将国内外扶贫开发的理论观点、国家和省扶贫开发的方针政策、各地扶贫工作的创新举措和典型做法介绍给各级领导和扶贫部门；在上海静安区委党校举办三期扶贫业务培训班，山西省扶贫系统250多人参加培训；对新上任的市、县两级扶贫办主任、副主任开展扶贫政策理论和业务培训，组织扶贫系统20余名干部赴山东沂蒙老区和浙江等地学习考察扶贫开发经验，开拓思路、提高素质。三是作风建设。以开展学习弘扬右玉精神活动为契机，省和市、县的扶贫部门先后组织干部职工赴右玉县参观学习，在亲身感受右玉干部群众百折不挠、艰苦奋斗的顽强拼搏精神过程中，树立正确政绩观，锤炼扎实的工作作风，增强做好扶贫工作的责任感。四是调查研究。把深入基层调研作为锻炼队伍、推进工作的重要平台。省扶贫办连续五年开展班子成员领题指导、干部职工广泛参与的扶贫开发调研月活动，为推进扶贫开发献计献策。特别是山西省领导干部大会召开后，主动适应转型跨越发展要求，集思广益提出了当前和今后一段时期山西省扶贫开发的奋斗目标和主要措施，认清了形势、鼓舞了信心、理清了思路、明确了任务，山西省扶贫系统的干部职工展现出了奋发有为干事创业，齐心协力推进转型跨越的良好风貌。

（山西省扶贫开发办公室）

内蒙古自治区扶贫开发

【概述】 2010年，内蒙古自治区（以下简称自治区）有国家级扶贫开发工作重点旗县31个、自治区级扶贫开发工作重点旗县29个。贫困人口61.4万人，占内蒙古农村牧区总人口的5.4%，主要分布在蒙东丘陵沙区、边境沿线、阴山风蚀沙化区、黄土高原沟壑区等。

自治区扶贫开发办公室原为自治区扶贫开发领导小组办公室，1996年升格为独立的正厅级单位，是自治区党委、政府议事协调机构。2009年在自治区政府机构改革中，自治区扶贫开发领导小组办公室更名为"内蒙古自治区扶贫开发办公室"，并加挂"内蒙古自治区革命老区建设办公室"牌子，列入政府直属机构。省级以下扶贫机构改革中，除乌海市外，其他11个盟市扶贫办和2个计划单列市全部列入当地政府直属机构。60个国家和自治区级扶贫开发重点旗县（市区）、人口较少民族旗的扶贫机构基本保留，列入政府直属机构。区机关内设综合处、计划财务与社会扶贫处、项目管理处、移民扶贫开发处和革命老区建设处5个机构。机关党委负责机关和直属单位的党群工作。2005年设立纪检组监察室派驻机构。所属4个事业单位，分别为机关事务服务中心、革命老区发展中心、扶贫培训中心、扶贫基金会。办公地点设在呼和浩特市乌兰察布东街82号。

【扶贫规划】 内蒙古自治区扶贫办认真总结"十一五"扶贫开发工作成功经验和有效做法，安排专项经费，抽调专门人员，认真开展《内蒙古自治区扶贫开发纲要（2011—2020年）》、《内蒙古自治区扶贫开发"十二五"规划》及相关专项规划的编制工作。自治区扶贫开发规划注重扶贫开发的方向性、战略性、宏观性和政策性，各专项规划则主要针对少数民族聚居区、革命老区、牧区等特殊类型贫困区域，着重强调扶贫开发的特殊性。各盟市、旗县相继成立工作机构，与自治区同步开展扶贫开发规划编制工作。

【集中连片特殊贫困区申报】 抓住国家今后十年将继续在中西部地区确定扶贫开发工作重点县，并认定一批国家级集中连片特殊困难地区给予重点扶持的机遇，自治区党委、政府和相关部门做了大量的协调和争取工作。国家多个部门对自治区提出的意见和建议表示理解和认可，认为内蒙古作为北部边疆少数民族地区扶贫开发具有特殊性，应当给予区别对待。

【社会扶贫】 各地继续组织动员党政机关、部队、企事业单位，深入开展以"单位包村、干部包户"为主要内容的社会扶贫活动。22个国家机关定点帮扶26个国家扶贫开发工作重点旗县，年内投入帮扶资金物资3170万元，实施帮扶项目32个。积极开展医疗卫生等扶贫捐赠活动，协调中华慈善总会为内蒙古自治区100家乡镇卫生院捐赠了价值3000万元的医疗设备。加大对兴安盟的扶持力度，将自治区直属机关定点帮扶兴安盟延长至2015年，并确定鄂尔多斯市对口支援兴安盟。

【京蒙扶贫协作】 加强了与北京市的对口援助和扶贫协作工作，自治区党委、政府的主要领导和北京市委、市政府主要领导进行互访，并就集中帮扶赤峰市和乌兰察布市的16个旗县市区达成了协议。

【两项制度衔接】 2010年，在呼和浩特市清水河县、赤峰市巴林右旗、锡林郭勒盟太仆寺旗三个国家重点县开展“两项制度”有效衔接试点工作。研究制定《内蒙古自治区农村牧区最低生活保障制度和扶贫开发政策有效衔接试点工作实施方案》，下派干部专项指导。试点旗县共识别出贫困对象26280户、52881人，占试点旗县农牧业人口总数的16.4%，为今后在内蒙古自治区国家和自治区重点旗县开展两项制度有效衔接工作、建立和完善贫困人口识别机制奠定了基础。

【整村推进】 投入2.45亿元财政扶贫资金，完成350个重点贫困嘎查村的整村推进巩固提高工作，每个嘎查村投入100万元，主要用于改善农牧民基本生产生活条件和农田草牧场等基础设施建设。实施推进的贫困嘎查村，在发展条件、自我发展能力和村容村貌等方面有了明显变化。

【产业化扶贫】 在国家和自治区扶贫开发重点旗县、少数民族聚居区、边境牧区及革命老区安排产业化扶贫资金15097万元，重点支持到村到户的养殖业、蔬菜、马铃薯种植业、特色种养业等产业化扶贫项目的基地建设，项目全部落实到贫困嘎查村，带动了贫困嘎查村产业的发展，农牧民的收入明显提高。

【连片开发】 2010年，投入7500万元财政扶贫资金，在15个国家和自治区扶贫开发重点旗县实施连片开发试点项目，覆盖11个盟市的15个国家和自治区扶贫开发重点旗县，重点支持了特色种养业、设施农业、生态建设等贫困地区优势特色产业发展。

【中央机关定点扶贫】 22个中央、国家机关定点帮扶自治区26个旗县，年内投入资金、物资3170万元，实施帮扶项目32个。其中，修建校舍17所，资助学生7454人；举办培训班15期，培训3503人次；组织劳务输出601人次。

【扶贫资金投入】 2010年，中央财政扶贫资金达到8.95亿元，比上年增加3459.5万元；自治区配套1.2亿元，比上年增加1200万元。

【扶贫培训】 安排3600万元财政扶贫资金，对农村牧区3万名当年未考上大中专院校的应届初高中毕业生、复员军人、计划生育贫困户和无畜户开展农牧业实用技术和职业技能培训，促进转移就业和自主创业。按照贫困地区干部培训计划，会同党委组织部、财政厅完成14期、2738人次的干部培训任务。

【移民扶贫】 安排5130万元财政扶贫资金，以发展生产、增加收入、改善生态环境、推进城镇化为主要内容，完成第六期共40个点、1.6万人的移民搬迁任务。

【革命老区扶贫开发】 安排3000万财政扶贫资金对33个革命老区进行专项扶持。

【扶贫项目资金监管】 开展财政扶贫资金绩效考评和扶贫开发工作多因素量化考评检查工作，在盟市、旗县全面自查的基础上，对12个盟市、满洲里市和二连浩特市及所属37个旗县（市、区）的2009年扶贫开发工作进行了重点抽查，对盟市扶贫办和37个受检旗县扶贫办进行了综合考评。评出突出单位4个盟市、25个旗县（市区），比较突出单位10个盟市、12个旗县。

【贫困村互助资金试点】 投入750万元在6个试点旗县实施开展贫困村互助资金项目。截至2010年年底，内蒙古自治区共发展“贫困村村级发展互助资金”试点旗县19个（其中中央试点旗县17个，自治区试点旗县2个），贫困嘎查村155个，投入财政扶贫资金共2025万元。

【扶贫贷款贴息】 组织认定第三批自治区扶贫龙头企业65家，使自治区的国家级和自治区级扶贫龙头企业达到159家，积极发挥扶贫龙头企业在带动贫困地区经济结构调整和贫困农牧民增加收入中的作用。2010年，中央下达自治区扶贫贷款贴息1990万元，自治区安排扶贫龙头企业贴息1000万元，扶贫到户贴息990万元，已全部下达各盟市，由盟市确定项目旗县和贴息企业后，上报自治区评审备案。

【自治区扶贫基金会】 10月26日，内蒙古自治区扶贫基金会成立暨第一届第一次代表大会在呼和浩特举行。自治区党委副书记、自治区政府副主席任亚平，全国政协常委、自治区政协原副主席包俊臣出席大会并讲话。自治区人大常委会副主任柳秀，自治区政协副主席韩振祥出席会议。会上提议通过宋志民、张鹤松为名誉会长，包俊臣为会长，崔国柱为常务副会长，冯有恩、云宗元、张双旺为副会长，徐建新为秘书长，王平刚为副秘书长。下设综合部、项目部和财务部3个科室。自治区扶贫基金会自1997年开始筹建。至此，扶贫基金会机制和体制建设进一步健全和完善。

【李嘉诚内蒙古医疗扶贫项目】 8月26日，“李嘉诚内蒙古医疗扶贫项目”在赤峰市克什克腾旗启动。医务工作者在克什克腾旗确诊脑瘫患者58名，唇、腭裂患者7人，截瘫患者4人，将患者分期分批送到赤峰市康复医院免费进行手术治疗。此次内蒙古医疗扶贫项目由李嘉诚基金会资助，也是李嘉诚基金会在内蒙古自治区启动的第一个医疗扶贫慈善项目。本次行动由李嘉诚基金会康复中心孙德林、许龙水教授带队，并聘请北京博爱医院的周天健、田心明教授组成义诊团对就诊患者进行诊断筛选。

【科技扶贫】 与自治区财政厅联合下发《关于做好2010年财政科技扶贫项目遴选工作的通知》（内财农［2010］222号），对科技扶贫项目的申报提出明确要求。之后聘请专家进行严格的评审论证，确定39个科技扶贫项目，安排资金2000万元，分布13个盟市35个旗县（市区）。

【创先争优活动】 5月31日，扶贫办召开动员大会，安排部署开展创先争优活动的有关内容。按动员部署、公开承诺、践行承诺、领导点评四个环节展开。制作活动宣传栏，公布创先争优活动的指导思想，先进基层党组织、优秀共产党员的基本要求。购买《创先争优活动党员干部读本》、《深入开展创先争优活动工作手册》供每个党员、领导和各支部学习。将开展创先争优活动的主题确定为“心系人民群众，干好扶贫事业”。将革命老区凉城县、国家级贫困县清水河县、回民区环河街办事处阿吉拉沁社区作为活动的联系点。达到了认真履行职责，圆满完成扶贫开发各项任务；内部和谐、服务人民群众的意识明显增强；党组织的战斗堡垒作用和党员的先锋模范作用发挥显著的目标。

【范小建主任考察内蒙古扶贫开发工作】 6月5日至6日，国务院扶贫开发领导小组副组长、扶贫办党组书记、主任范小建在内蒙古兴安盟考察扶贫工作。自治区主席助理黄·阿拉腾别力格、区政府副秘书长于清理、区扶贫办副主任冯有恩和兴安盟以及有关旗（县）领导陪同。先后到扎赉特旗、科右前旗、突泉县、科右中旗等4个旗（县）、5个乡镇苏木、1个龙头企业、5个嘎查村，考察了解整村推进、扶贫易地搬迁、农产品生产加工、对口帮扶、贫困状况等。期间，范小建主任多次与乡村干部和群众座谈，慰问贫困农户。考察结束时与内蒙古自治区政府和兴安盟委、行署交换了意见。

（内蒙古扶贫办　高凤义）

辽宁省扶贫开发

【概述】 2010年，辽宁省认真贯彻省委、省政府工作部署，把扶贫开发作为辽宁省重点民生工程，坚持开发式扶贫方针，以增加贫困人口收入、稳定解决温饱、提高生活水平为核心，以整村推进、龙头企业带动、劳动力转移培训、定点扶贫、移民扶贫为重点，加大力度、加大投入，成效显著。2010年完成整村推进420个村，转移培训贫困劳动力2.4万人，移民扶贫3107户，共减少低收入贫困人口53.22万人，建档立卡低收入贫困人口下降到105.73万人。

【扶贫资金】 2010年，辽宁省各级财政实际安排扶贫资金32335万元。其中，省财政投入25630万元，比上年增加4.9%。在扶贫资金使用上，一是向辽西北贫困地区倾斜，二是向效益好、抗灾能力强的设施农业倾斜，用于设施农业项目的资金占整村推进扶贫资金的48.4%。

【整村推进】 2010年，辽宁省实施整村推进420个村，其中15个重点县285个村，非重点县135个村。省以上财政资金用于整村推进扶贫资金22500万元，占省以上财政扶贫投入的74.9%。项目村每村补助70万元，其中重点县项目村省以上财政每村补助60万元，非重点县项目村省以上财政每村补助40万元，其余由市、县财政补助。共实施扶贫项目1435个，覆盖农户87679户、30.69万人。整村推进项目重点向辽西北和重点县倾斜，其中阜新、朝阳174个村，占41%，15个重点县285个村，占68%。

【移民扶贫】 2010年，辽宁省完成移民扶贫3107户、10288人，对每个移民户建房补助1.5万元，其中省财政每户补助1万元，市、县财政补助5000元，各级财政共投入移民扶贫资金4500万元，其中省财政投入3000万元。移民扶贫指标重点安排在辽东和辽西贫困山区，以改善边远、深山区贫困人口的居住环境和生产条件。辽宁省对移民户实行实名制档案管理，登记户主姓名、家庭人口、家庭年纯收入、原居住地址（乡、村、组）及旧房照片、迁入地址（乡、村、组）及新房照片、搬迁原因、安置形式、扶持项目等信息。

【劳动力转移培训】 2010年，依托各级扶贫培训基地，辽宁省培训贫困劳动力2.4万人，转移就业2.19万人，转移就业率为91%。省财政安排贫困劳动力转移培训专项资金1000万元，对受训贫困劳动力实施补助。扶贫培训注重就业导向，根据市场需求及参训学员的意愿设立培训专业。对扶贫培训建立培训台账、学员名册等，实行实名制和就业档案管理。

【产业扶贫】 2010年，省财政安排扶贫龙头企业贷款贴息资金1760万元，对重点扶贫龙头企业实施贷款贴息支持，受益企业198个。到2010年底，辽宁省有各级扶贫龙头企业562个，其中国家级扶贫龙头企业24个，省级扶贫龙头企业178个（含国家级扶贫龙头企业），市、县级扶贫龙头企业411个（含省级扶贫龙头企业）。销售收入达到1亿元以上的龙头企业有28个。龙头企业带动贫困户主要采取“公司+基地+农户”方式，通过签订种养殖协议等带动贫困户发展致富项目。有的龙头企业还为贫困户提供种子、化肥、农药、农膜等生产资料，进行技术指导、管理培训和销售服务。

【定点扶贫】 2010年，省210个定点扶贫单位帮扶17个县（市），215个乡镇，共协调投入扶贫资金达9.5亿元，帮助项目244个；根据《辽宁省定点扶贫工作绩效考核方案》，对210个省直帮扶单位及派出的扶贫干部进行考核评比，有110个单位被评为当年省定点扶贫先进单位、173名挂职干部和扶贫联络员被评为当年省定点扶贫先进个人。

【互助金试点】 2010年，辽宁省贫困村互助资金试点村达到300个，其中：国家贫困村互助资金试点村90个，省贫困村互助资金试点村210个。到2010年底，互助资金总规模达12113.3万元，其中投入省以上财政扶贫资金和前几年的整村推进滚动使用资金8800万元，占72.6%；吸纳农户入社资金930.4万元，占7.7%。300个试点村共有农户129977户，其中贫困农户65903户。共吸纳入社农户28103户，其中贫困户22340户，占入社农户数的79.5%，占贫困农户总数的33.9%。

【主要扶贫措施】

1. 瞄准贫困人口和重点贫困地区。各项扶贫措施紧紧瞄准建档立卡贫困人口，扶贫项目安排要保证覆盖80%以上的贫困人口，确保贫困人口直接受益。省财政扶贫资金70%以上用于贫困人口较为集中的辽西北地区。

2. 完善扶贫开发方式。坚持整村推进、贫困劳动力转移培训、产业化扶贫、移民扶贫、定点扶贫等五项措施联合推进。以整村推进项目为平台，整合各类资金，按照“各投其资，各记其功”的原则，与扶贫资金配套捆绑使用，放大财政扶贫资金使用倍数。在阜新等集中连片贫困地区，开展了整乡推进片区试点，加快了贫困人口的脱贫增收步伐。

3. 创新扶贫资金使用机制。在国家贫困村互助资金扶贫试点的基础上，辽宁省加大了对扶贫资金监管使用机制的改革创新，初步建立起了有利于扶贫资金监管、有利于扶贫资金长期周转使用、有利于扩大扶贫资金覆盖面、有利于贫困群众互助合作，并提高自身发展能力的扶贫资金使用管理新机制。

4. 强化扶贫监测审计工作。开展了扶贫开发统计监测工作，对贫困人口及贫困地区经济发展和社会进步情况进行监测；对辽宁省贫困人口建立起了管理档案，做到户有卡、村有册、乡有簿、县有档案；开展了扶贫开发与农村低保两项政策有效衔接的试点，为准确识别低保户和扶贫对象，提高扶贫开发措施的针对性奠定了基础；与审计部门定期对扶贫资金进行全面严格的审计监督，有效地防止了扶贫资金的挤占挪用行为。

【十年扶贫开发工作回顾】 2001年以

来，辽宁省委、省政府认真贯彻落实中央、国务院扶贫工作部署和《中国农村扶贫开发纲要（2001—2010年）》（以下简称《纲要》）精神，确定了2001—2010年辽宁省扶贫开发的工作重点与目标任务：制定了《突破辽西北发展战略》，以辽东和辽西北贫困地区的朝阳、建平、喀左、凌源、北票、建昌、义县、阜新、彰武、康平、岫岩、桓仁、新宾、清原、西丰15个县（市）为重点，努力解决辽宁省贫困人口的稳定温饱问题，进一步加强贫困地区基础设施建设，改善贫困地区基本生产生活条件，促进贫困地区经济社会全面发展，努力缩小与发达地区的差距。经过10年的努力，辽宁省已基本解决了贫困人口的温饱问题。2001年初，辽宁省人均收入在1200元以下的未解决温饱的农村贫困人口有230万人，到2007年底，其温饱问题基本得到解决。2008年，辽宁省提高扶贫标准，将人均收入在1500元以下的低收入贫困人口作为扶贫对象，对应的建档立卡贫困人口为264.7万人，贫困人口规模较大、较为集中的市有朝阳、阜新、铁岭、锦州、葫芦岛5市，占辽宁省的70%。15个重点县贫困人口占辽宁省的60%。到2010年底，辽宁省低收入贫困人口减少到105.7万人。贫困地区经济与社会取得了较快速的发展。15个省重点县GDP总额达到1560亿元，地方财政一般预算收入总额达到101.2亿元，农民人均纯收入达到6160元，分别是2000年的7.4倍、11.6倍和4.6倍。贫困地区基础设施显著改善，贫困群众生活条件显著提高。

1. 扶持政策。辽宁省委、省政府每年将扶贫开发作为辽宁省重点民生工程，纳入对省直部门和各市的目标责任制考核内容，实施一票否决。投入力度持续加大。2001年，省财政扶贫投入为3550万元，2010年达到了25630万元，是2001年的7.2倍。强化政策扶持。2003年，省政府办公厅印发了《关于加快辽西北地区经济发展规划纲要的通知》（辽政办发［2003］72号），对锦州、阜新、铁岭、朝阳、葫芦岛5市经济全面发展进行了部署；省财政厅制定了《关于促进辽西北地区扶贫开发工作重点县和民族自治县经济与社会发展的政策意见》（辽政办发［2003］65号），从财政共享收入增量返还、转移支付补助到支持教育事业发展、支持农村公共卫生事业发展等多个方面给予辽西北地区优惠政策。2008年，省政府办公厅转发省扶贫办、省财政厅《关于今后一个时期辽宁省扶贫开发工作的意见》（辽政办发［2008］97号），明确进一步加大扶贫投入，提高扶贫标准和整村推进、移民扶贫补助标准。

2. 扶贫措施。实施整村推进。2002年，辽宁省规划了2739个人均收入在1200元以下的重点贫困村，分批分期实施整村推进扶持。对于列入扶持计划的省重点县的贫困村，省财政给安排每村50万元项目补助资金，对于非重点县贫困村，省财政每村给补助25万元，市县补助25万元。到2008年底，2739个省重点贫困村已全部扶持一遍。受扶持的贫困村基本上达到了从整体上脱贫的目标。2009年，辽宁省启动实施了新一轮整村推进扶贫工程，提高了贫困村补助标准，由50万元提高到70万元。共确定人均收入在1800元以下的省重点贫困村1697个，分4年进行扶持。到2010年底，已扶持了840个村。开展新一轮整村推进扶贫，同时，根据国家部署和要求，辽宁省还加大了贫困劳动力转移培训、产业化扶贫、移民扶贫和定点扶贫工作力度。从2009年开始，省财政安排贫困劳动力转移培训资金，对贫困劳动力转移培训实施补助。到2010年，辽宁省有省以上贫困劳动力转移培训基地22个，市、县级培训基地103个，年培训能力在2万人以上；2005年以来，辽宁省认定了3批省级扶贫龙头企业，共178个，获得国家认定的扶贫龙头企业24个；移民扶贫每年安排3000户。2004年，每户移民补助为12000元，由省、市、县按5：5：2的比例分担。2005年，县财政补助降低到1000元，省财政补助标准提高到6000元。从2009年开始，移民扶贫补助标准提高到15000元，其中省财政补助10000元，市县财政补助5000元。10年来，共移民扶贫31700户、10.9万人；定点扶贫成为扶贫开发的重要力量。2001年，省委办公厅、省政府办公厅印发了《辽宁省定点扶贫工作实施方案》，对定点扶贫进行完善和规范，建立了省级领导定点联系15个扶贫开发工作重点县制度。2008年，省委办公厅印发了《关于做好新时期省定点扶贫工作的意见》（辽委办发［2008］11号），对省定点扶贫单位和被帮扶乡镇进行了调整，实现了增点扩面，加大了对辽西北重点县的帮扶力量，完善了考核与激励机制，增强了帮扶的针对性，参与定点扶贫的省门市部和单位增加到210个，被帮扶县从15个增加到17个，被帮扶乡镇从167个增加到215个。10年来，省定点扶贫单位共协调投入扶贫资金23亿元，帮助上项目4811个。

（辽宁省扶贫办）

吉林省扶贫开发

【扶贫资金投入】 2010年吉林省共投入专项扶贫资金7.6亿元，其中，中央财政扶贫资金4.7亿元，增长16.3%，省财政投入专项扶贫资金3024万元，增长8%，利用扶贫贴息资金引导扶贫贴息贷款2.7亿元。建设了1247个扶贫开发项目，实施了400个贫困村的整村推进工程。重点县农民人均纯收入达到3338.4元，实施整村推进的重点贫困村农民人均纯收入增长18.6%，增幅高于吉林省平均水平0.2个百分点。农村贫困人口实现脱贫13.3万人，超额完成了年初确定的使10万人脱贫的目标任务。

【扶贫规划】 2010年省政府办公厅下发了《关于印发2010年吉林省实现10万农村贫困人口脱贫工作方案的通知》（吉政办函［2010］33号）。通过深入调查研究，开展多领域、多层次的研讨和论证，形成了下一轮扶贫规划编制的总体思路。《吉林省2011—2020年扶贫规划纲要》初稿已经完成，“十二五”整村推进规划、定点扶贫规划以及干部培训规划编制工作进展顺利。

【两项制度衔接】 吉林省分别在8个国家扶贫开发工作重点县开展了试点工作，国办31号文件下发后，按照王儒林省长的批示精神，省发改委（扶贫办）会同省民政厅等六部门起草了贯彻落实意见报省政府，省政府以吉政办明电［2010］84号将试点工作实施方案下发各地。2010年7月接受了全国两项制度有效衔接试点交叉检查，国家检查组高度肯定了吉林省的扶贫工作。9月份省直六部门在通榆召开了吉林省两项制度衔接工作现场会，总结了试点工作，全面安排部署了下一阶段的衔接工作。

吉林省克服了严重洪涝灾害等不利因素的影响，试点工作任务如期完成。8个国家扶贫开发工作重点县的86个乡镇、950个村全部开展了试点工作，扶贫对象信息录入低收入农户管理系统并上传了数据。目前已录入贫困农户12.9万户、32.6万人，已识别出扶贫对象22.9万人，无劳动能力的低保人口7.6万人，扶贫和低保交叉对象1.99万人，五保户1747人。组织协调各方资源，已对部分扶贫对象落实了帮扶措施。

【整村推进】 按照吉林省10万农村贫困人口脱贫实施方案，组织各地各部门研究制定贫困村推进计划、贫困村项目建设规划。在贫困村推进计划上，确保三个方面重点：一是国家扶贫开发工作重点县的贫困村全部启动实施；二是“三个确保”贫困村全部计划完成；三是加大对部分任务较重的县（市）的推进力度。在贫困村项目建设规划上，逐村抓好任务落实、项目落实、资金落实、责任落实。在整村推进资金使用上，积极有效地整合各类资源，根据贫困乡村基础设施建设、生产发展和社会公共事业发展的状况和贫困群众的需求，科学合理安排资金。

2010年吉林省组织了400个贫困村整村推进，整合使用各类资金3.64亿元，整村推进实施项目699个，直接带动7.84万人脱贫。启动实施扶贫开发项目建设1247个。利用财政发展资金实施产业发展等扶贫开发项目1023个。财政发展资金项目覆盖46个县（市、区）400个贫困村。“三个确保”贫困村全部完成整村推进计划。

【劳动力转移培训】 以贫困家庭劳动力为对象，大力开展贫困劳动力转移培训、实用技术培训，加强能力建设。提高贫困家庭“两后生”中长期职业培训比例。积极实施雨露计划，完成了2010年农村贫困劳动力转移培训任务。

2010年共整合投入贫困劳动力转移培训资金960万元，培训贫困青壮年2.23万人，实现稳定就业2.04万人，稳定就业率达到91.5%，增加劳务收入2.3亿元，使吉林省2万个贫困家庭基本摆脱了贫困困境。

【扶贫干部培训】 以进一步提高贫困地区扶贫干部的综合素质和创新能力为重点，结合扶贫开发重点工作，采取理论讲授、参观学习、研讨交流等方式，举办了4期吉林省扶贫开发干部培训班，培训380人次。组织贫困地区干部67人次，参加了18期国务院扶贫办组织的专题培训班和研讨班。

【贫困地区产业化及扶贫龙头企业】 鼓励和引导贫困县依据资源条件，积极发展特色产业，加大设施农业投入，推动区域性、专业化农副产品、绿色食品生产。加大扶贫龙头企业扶持力度，创新龙头企业带动机制和利益共享机制，对各类扶贫龙头企业给予贴息贷款等支持。吉林省各类扶贫龙头企业在政府推动、企业参与、政策激励、合作共赢的产业化扶贫模式下得到了进一步的发展，辐射和带动了贫困地区调整经济结构、促进贫困劳动力就业和增加贫困农民收入。

以畜牧、种植、绿色食品、农副产品加工业为基础的区域性支柱产业开发取得新成效，有力地促进了贫困地区产业结构调整。扶贫龙头企业带动作用增强，吉林省7家国家级扶贫龙头企业，25家省级扶贫龙头企业，共实现产值10.1亿元，利润3605万元，辐射103个乡镇，带动农户37090户，其中贫困户10296户。

【社会扶贫】 认真贯彻落实《中共中央办公厅、国务院办公厅关于进一步做好定点扶贫工作的通知》（厅字［2010］2号）精神，下发了《关于做好2010年度定点扶贫工作的通知》，明确目标责任和具体要求。对2006—2010年定点扶贫实施方案完成情况和企业扶贫情况进行了调度，总结了经验。加强贫困县、贫困村和定点帮扶单位的对接和协调服务，大部分帮扶单位按照帮扶计划，在人才、技术、资金、项目等方面对被帮扶村进行了无私的援助和大力支持，促进了被帮扶地区经济社会发展和贫困农民脱贫致富。同时，按照新一轮定点扶贫工作的要求，摸清底数、开发帮扶资源、搞好宣传发动，做好相关准备工作。

155个中央直属、省直属帮扶单位2010年直接投入各类资金1050余万元，帮助引进资金2.18亿元，实施定点帮扶项目147个，促进了被帮扶地区经济社会发展和贫困农民脱贫致富。

【试点工作】 一是深入开展贫困村“村级互助资金试点”。2010年实施了155个贫困村互助资金试点项目，使1.14万农户受益，直接带动1.5万人脱贫，2010年互助资金周转率为1.22次，高于全国平均水平。

二是深入开展“连片开发”试点。继续对贫困村比较集中的贫困片区，采取“连片开发、综合治理”措施。2010年和龙市、镇赉县和靖宇县被列为国家试点县，启动实施连片开发项目263个，直接带动124个贫困村的1.1万人脱贫。

三是深入开展科技扶贫项目试点。2010年，国家批准安图县、通榆县开展科技扶贫试点项目，带动了800户约2600人脱贫。

【扶贫资金项目管理】 吉林省要求各地统筹协调，加大资金整合使用力度，强化财政扶贫资金监管，发挥中央财政和省财政扶贫资金的引导聚合作用，注重专项扶贫资金的使用效果。一方面会同有关部门加大资金的监管，组织了扶贫资金管理重点抽查，使扶贫资金得到安全运行；另一方面指导各地充分发挥专项资金的引导作用，加大整合力度，发挥综合扶贫效益。

【灾后恢复重建】 2010年春季，吉林省遭遇了春寒，夏季东中部地区又发生了特大洪涝灾害，致使东部5个重点县受灾严重。灾害发生后，我们在第一时间将灾情上报国务院扶贫办，组织编制灾后重建项目，得到国务院扶贫办抗灾救灾扶贫专项资金支持。同时积极参与抗灾救灾和灾后恢复重建工作，开展灾情核查和调研，组织干部职工为灾区人民捐款、捐物。各级扶贫部门在抗灾救灾及灾后重建工作中，反应快捷、工作主动、动员广泛，取得了良好的社会、经济效果和工作成绩。

（吉林省发改委扶贫政策法规处 徐东亮）

黑龙江省扶贫开发

【扶贫资金投用】 2010年，黑龙江省扶贫开发共投入财政扶贫资金4.25亿元，其中，国家财政扶贫资金3.79亿元，省级财政配套资金0.46亿元；信贷资金7.6亿元，其中，项目信贷资金4.5亿元，到户信贷资金3.1亿元。由于扶贫资金的落实到位，整村推进、革命老区村建设、贫困户劳动力转移培训、产业化扶贫、贫困村发展互助资金、连片开发试点等项目得以顺利进行。

【整村推进】 2010年，黑龙江省按照"四有三通三提高"的标准，把加强基础设施建设作为推进贫困地区实现脱贫致富的基础工程，加大资源整合力度，高标准完成了第五批750个贫困村第一年的整村推进任务。通过利用国家和省农机具购置补贴和财政扶贫资金等政策，扶持了54个村组建了农机专业合作社，购置了大型农机具66套（台），建设农机库房700平方米，提高了贫困村农机装备和田间作业标准化水平；通过协调有关部门将深松整地补贴政策向贫困村倾斜，支持44个贫困村实施深松整地，发展保护性耕作，增强了农业可持续发展能力；通过为贫困村新修村内水泥路517.62千米、红砖路143.96千米、柏油路1千米、农田路312.4千米，解决了贫困群众"行路难"的问题；通过新打人畜饮水井29眼，扶持2.1万户贫困户安装自来水，解决了贫困群众"饮水难"的问题；通过为贫困村打农田抗旱井687眼，修水渠4.65万延米，民堤5765延米，建闸涵43个，实现了贫困村农业生产"旱能灌、涝能排"；通过为贫困村安装有线电视9165户、路灯308盏，建卫生室6139平方米、村民文化活动室21279.6平方米、休闲广场151590平方米，安装栅栏90658.5平方米，改厕566座，解决了贫困村供电、收看有线电视、休闲娱乐活动难的问题。同时，还为307户贫困户改造了泥草房。由于基础设施建设的加强，贫困地区整体面貌有了较大改观，贫困群众的生产条件和生活环境有了较大改善，生活水平显著提高。

2010年，黑龙江省扶贫开发整村推进直接扶持贫困户4.1万户，村人均收入达到2600元以上，14个国家扶贫开发工作重点县的农民人均纯收入达到2893元，增长15.4%。2010年，黑龙江省已有30万农村贫困人口实现脱贫。

【劳动力转移培训——雨露计划】 2010年，黑龙江省突出提升贫困农民综合素质，加强贫困地区智力开发建设，对扶贫开发"雨露计划"内容进行了调整：首先，突出贫困村实用技术培训，建立农民工转移培训、农村劳动力就地就近培训，促进初、高中毕业生接受中等职业教育的扶贫配套措施，并实施了整村培训系列转移计划，保证农村贫困户劳动力不因贫困而失去接受培训的机会，提供生活保证，以保障实现转移就业和稳定脱贫；同时，开展了第五批实施村的村屯干部和农民经纪人、种养业带头人、劳务输出带头人的培训。为此，共投入“雨露计划”培训资金1600万元，培训贫困户劳动力15.9万人；另外，还举办实施村党支部书记和村长培训班5期，培训村干部和创业带头人750人次。

【产业扶贫】 2010年，黑龙江省突出贫困村产业发展，把提高农民自我发展能力，实现输血式扶贫向造血式扶贫转变作为解决农村贫困问题的根本途径，积极开发富民产业，不断拓宽农民增收渠道。通过实施产业扶贫，提高贫困农民发展生产的组织化程度，推进了贫困村农业产业化进程。在第五批750个实施整村推进的贫困村中，共扶持了5271户贫困户购买奶牛2970头、肉牛1141头、生猪6585头、驴123头、羊1918只、禽9.84万只、蜂341箱；还扶持了19263户贫困户引进粮食作物新品种807.64吨；建设畜牧小区12120平方米、奶站24个。在扶贫项目的引导下，为整村推进贫困村共组建以贫困户为主体的种养业专业合作社163个，直接带动贫困户1.1万户；通过整村培训，共组建贫困户劳务输出服务队97个。同时，通过使用扶贫贷款贴息资金1190万元，对33家龙头企业和12.5万个贫困户进行扶持，引导企业在贫困村建立种养基地，组织贫困户依托企业进行土地流转规模经营参与产业基地建设，共流转土地38万亩，扩大了产业化基地覆盖面。贫困村群众通过产业化扶贫，发展了各类产业，实现了大面积大幅度的增收。

【县为单位、连片开发试点】 2010年，黑龙江省在兰西、拜泉、桦南三个重点县实施了“县为单位、整合资金、整村推进、连片开发”试点项目。共使用国家财政扶贫资金1500万元，整合各类涉农资金6201.1万元，实施了特色养殖小区、农业生产专业合作社、水稻种植、节水灌溉、特色无公害粘玉米种植、基础设施建设等十几个项目。通过将财政扶贫资金与其他涉农资金整合使用，将整村推进与连片开发相结合、扶贫开发与区域经济发展相结合，实现了贫困地区经济社会事业协调发展，贫困农户稳定增收。

【互助资金试点】 2010年，共安排财政扶贫资金1800万元，在4个县、60个贫困村开展了互助资金整县推进试点，每村补助财政扶贫资金30万元。通过扶贫资金引导，吸纳12300户农户入股，建立新型农民互助合作组织，拓宽了贫困户发展生产融资渠道。黑龙江省发展互助资金的贫困村总数已达214个。

【社会扶贫】 2010年，黑龙江省社会扶贫帮扶资金达到2.2亿元，其中无偿投入1.15亿元，引进资金1.05亿元。10家中央国家机关、160家省直党政机关、企事业单位，4714家市县机关到定点县、定点乡镇、定点村开展扶贫帮扶的干部达2270人，落实项目2600个，定点帮扶贫困村750个，资助贫困生近1600名。33家农业产业化扶贫龙头企业到贫困村发展产业基地，带动5.78万农户参与产业发展，实现户均增收5000元。

【促进革命老区发展】 2010年，黑龙江省财政共安排2000万元资金用于革命老区开发建设。其中，安排资金1500万元，在第五批整村推进实施村中选择30个贫困老区村，作为老区建设的示范村，建设标准高于其他实施村；安排资金500万元，在44个县（市、区）实施了53个小型项目。通过扶持建设，加快了革命老区经济及社会事业的发展步伐。

【两项制度衔接】 2010年，黑龙江省突出扶贫开发与社会救助，以此形成“两轮驱动”模式，加强贫困地区的保障体系建设，在14个国家级扶贫开发重点县所开展的农村最低生活保障制度和扶贫开发政策有效衔接试点的基础上，将试点范围扩大到9个省级重点县。通过农户申报、民主评议、建档立卡，识别出低保户中的贫困户，把有劳动能力的低保户全部列入扶贫范围。主要通过扶贫项目支持、社会帮扶、产业化扶贫带动、组织培训转移就业及农村低保政策扶持等措施，实现了应保尽保、应扶尽扶的“两轮驱动”原则。

【扶贫工作措施】 2010年，黑龙江省围绕“十大工程”建设，采取五项措施，以增加贫困农民收入、改善贫困村生产生活条件为工作重心，加快贫困村产业开发步伐，加强贫困村基础设施建设，大力发展贫困村社会公益事业，提高贫困村公共服务水平，不断改善贫困地区落后面貌，缩小发展差距。

1. 大力实施产业扶贫，拓宽贫困农民增收渠道。2010年，黑龙江省结合各地实际，积极开发粮食、畜牧、劳务及特色富民产业，通过扶贫资金支持、扶贫贷款贴息、农业保险及扶贫培训等政策扶持，大力发展种养业及劳务输出合作组织，提高了贫困农民生产的组织化程度，不断拓宽农民增收渠道，提高农民自我发展能力，实现了输血式扶贫向造血式扶贫的转变。种植业、养殖业和劳务输出合作组织，分别带动贫困户11000户、5500户和2910户，实现户均增收5700元以上。

2. 大力实施设施扶贫，改善贫困农村生产生活条件。2010年，黑龙江省把加强农田水利、农村饮水安全、农业机械化、农村道路及贫困户泥草房改造，作为推进贫困地区实现脱贫致富的基础工程，并强力推进。贫困村基础设施建设水平进一步提高，农业可持续发展能力进一步增强，农村发展环境和贫困群众生产生活条件进一步改善。第五批750个贫困村大中型农机具保有量达到600台（套），720个贫困村中心屯安装了自来水，贫困村道路硬化里程达到663千米，贫困村排水、供电、有线电视、休闲娱乐活动场所等基础设施建设明显加强，公共服务水平显著提高。

3. 大力实施智力扶贫，提升贫困农民的综合素质。2010年，黑龙江省针对贫困劳动者素质不高，缺乏必要的劳动技能这一实际，通过实施“雨露计划”，开展了整村培训、技能培训、“两后生”参加中高级职业学历教育再补贴和致富带头人培训，提高了农民发展生产能力、科技意识和创业致富的本领。农民学科技、用科技的自觉性和主动性明显增强，劳动技术水平明显提高。贫困地区涌现出一大批农民经纪人、种养业带头人和劳务输出带头人。

4. 大力实施保障扶贫，实现开发与救助“两轮驱动”。2010年，黑龙江省将现有社会保障政策重点向贫困地区倾斜，把贫困户作为社会保障的重点对象，让贫困群众老有所养、困有所济、病有所医，基本生活得到保障。农村最低生活保障制度和扶贫开发政策“两项制度”有效衔接试点，共覆盖23个国家级和省级扶贫开发工作重点县的26.6万户贫困户；新型农村养老保险试点遵循“保基本、广覆盖、有弹性、可持续”的原则，将工作重点放在贫困村、贫困户。在实施整村推进的贫困村中，对贫困农户个人缴费部分确实无力承担的，使用扶贫资金代缴；新型农村合作医疗对第五批750个贫困村实现了全覆盖，对无力支付参加合作医疗费的贫困户使用扶贫资金给予解决，让全部贫困群众享受到基本医疗保障，贫困农户参加合作医疗率达到100%，解决了农民因病致贫、因病返贫问题。

5. 大力实施社会扶贫，增强扶贫开发的整体合力。2010年，黑龙江省进一步加强对社会扶贫工作的领导，健全工作机制，充分调动社会各界参与扶贫的积极性和自觉性，强化定点帮扶、推动企业帮扶和发动社会各界参与帮扶。黑龙江省形成了10家中央国家机关，160家省直党政机关和企事业单位，4714家市、县、乡党政机关定点帮扶贫困县、贫困村和贫困户的五级帮扶体系。各帮扶单位突出重点，一手抓扶贫，一手抓发展，不但送物资，而且送思路、送技术，既重输血更重造血，切实帮助贫困村屯研究产业发展，选择致富项目，解决长远发展问题。黑龙江省有33家扶贫龙头企业及社会各界积极参与扶贫，目前，社会扶贫已成为黑龙江省扶贫开发的一支重要力量。

【十年扶贫开发工作回顾】 2001年，黑龙江省制定了《黑龙江省农村扶贫开发纲要（2001—2010年）》，明确提出了“尽快解决贫困人口温饱、消除绝对贫困”这一目标。经过黑龙江省广大干部群众的共同努力，扶贫开发工作取得了显著成就。

2001—2010年，黑龙江省扶贫开发共投入资金71.9亿元，其中专项扶贫资金29.7亿元，整合各类资金42.2亿元。开展了整村推进、贫困户劳动力转移培训、产业化扶贫、连片开发试点、贫困村发展互助资金试点、两项制度衔接等重点工作。贫困地区的基础设施得到加强，贫困农民的基本生活条件明显改善，增收门路逐步拓宽。

1. 主要成效。扶贫开发为缓解和消除贫困，实现黑龙江省广大农民共同富裕做出了巨大贡献，为贫困地区经济发展发挥了重要作用，为全面建设小康社会和构建社会主义和谐社会奠定了坚实基础。主要体现在：一是农村贫困人口稳步减少。按照2001年国家制定的贫困标准，黑龙江省农村贫困人口从2001年的373万下降到2010年的183万。二是贫困群众生活水平显著提高。到2010年末，黑龙江省农民人均纯收入从2001年的2148.2元增长到2010年的6210.7元，住房砖瓦化率达到了85%。三是贫困地区基础设施不断加强。贫困村公路里程、有线电视数量、程控电话数量、饮用自来水户数分别从2001年的1200千米、32万户、33万户和31.4万户，增加到2010年的8900千米、125万户、64.8万户和94万户。四是贫困地区社会事业明显改善。贫困村适龄儿童入学率、重点县村级卫生诊所以及村级文化活动室占全县比重分别从2001年的94%、15.2%和14.3%，提高到2010年的100%、80.4%和81.5%。五是区域经济平稳发展。重点县人均GDP、地方财政一般预算收入、农业生产总值分别从2001年的0.35万元、60308万元和591973万元，增加到2010年的1.1万元、281180万元和1781680万元。

2. 主要做法和经验。十年来，黑龙江省不断探索扶贫机制的创新，突出工作重点，整合扶贫资源存量，使扶贫开发质量和效益得到根本的保证和提高。

①机制创新，整体推动，是扶贫工作规范发展的制度保障。新世纪之初，黑龙江省在全国率先实施了整村推进，并相继制定了《整村推进工作规程》、《滚动扶贫办法》及《互助资金管理办法》，使各项工作实现管理标准化、规范化、制度化。为此，首先在全国率先赋予了扶贫开发的法律地位，颁布实施了《黑龙江省农村扶贫开发条例》；在全国率先建立了地方政府整合资金制度，按照“渠道不乱、性质不变、相对集中、各记其功”的原则，十年共整合投入各类用于扶贫开发的资金71.9亿元，使扶贫项目建设标准逐年提高，贫困地区发展步伐不断加快。

②专项搭台，全面参与，是扶贫工作和谐发展的体制保障。黑龙江省牢固树立“大扶贫”理念，以专项扶贫为平台，积极协调行业部门、社会力量和贫困群众参与扶贫开发，形成了政府主导、社会参与、自力更生、合力攻坚的扶贫开发体系，激发了贫困地区群众内在的发展活力。

③开发扶贫，强基固本，是扶贫工作科学发展的基本保障。黑龙江省把帮助贫困群众脱贫致富，解决贫困地区和贫困群众发展的基本问题，作为实现好和维护好贫困群众根本利益的出发点和落脚点，通过实施整村推进，改善了3134个贫困村群众的生产生活条件；通过实施“雨露计划”，28.8万个贫困户劳动力的基本素质和劳动技能水平得到了提高。有8.6万个贫困户劳动力长期从事非农产业，有4.3万个贫困户劳动力转变为城市当中是农民身份的产业工人；通过实施产业化扶贫，还拓宽了贫困群众的基本增收门路，有33家龙头企业直接到贫困村建立生产基地，使5.78万户贫困户有机会参与到基地建设中。贫困农民发展生产的组织化程度不断提高，基本增收门路得到保障，实施整村推进后的贫困村农民人均收入达到了2600元以上。

（黑龙江省扶贫办
孙　滨　梁树茂　夏宇光）

江苏省扶贫开发

【概述】 按照江苏省委省政府组织实施脱贫攻坚工程的决策部署，2010 年江苏省脱贫攻坚的目标任务是：确保江苏省农村贫困人口脱贫 100 万人，力争更多一些；巩固脱贫成果，防止和减少返贫；1011 个省定经济薄弱村中，新增脱贫攻坚目标实现村 208 个，累计达到 500 个以上；培训转移农村贫困劳动力 10 万人；扶贫小额贷款规模和贫困农户受益面进一步扩大。围绕目标，各级各部门认真履行职责，加大扶贫投入，创新工作机制，落实各项措施，脱贫攻坚工作取得明显成效。省扶贫工作领导小组组织省扶贫办、省财政厅、省民政厅、省统计局、国家统计局江苏调查总队等部门，对江苏省 2010 年脱贫攻坚目标任务完成情况，采取随机抽样、听取汇报、进村入户、电话询访等形式，进行抽查验收，结果表明：2010 年江苏省共有 123.83 万农村贫困人口实现脱贫，超额完成 100 万农村贫困人口脱贫的年度目标任务。实施脱贫攻坚工程三年来，累计脱贫 362.38 万人，脱贫率达 80.6%。1011 个省定经济薄弱村绝大部分村的村级集体经济达到 5 万元以上，2010 年有 312 个村成为脱贫攻坚目标实现村。三年共有 604 个村基本实现脱贫攻坚目标，占 59.7%，部分村已经成为当地新农村建设的典型。

【财政奖补资金措施】 2010 年，江苏省财政共投入各类帮扶资金 18.5 亿元，落实了 35 万贫困农户的帮扶措施。为确保资金尽快发挥效益，省专门制定了《脱贫攻坚财政奖补资金管理办法》，着力提高资金投向的准确率、贫困农户的覆盖率、资金使用的收益率和运行工作的高效率。各市县也加大了财政投入。省委省政府明确要求，各地各部门的各项涉农资金项目要优先安排在经济薄弱地区，优先落实到经济薄弱村和贫困农户。

【扶贫小额贷款发放】 江苏省委省政府决定，从 2008 年开始，放开扶贫小额贷款发放规模，尽可能满足贫困农户发展生产的需要。江苏省 3 年累计发放扶贫小额贷款 41.88 亿元，其中 2010 年发放扶贫小额贷款 21.68 亿元，较上年增长 1.7 倍，资金规模和贫困农户受益面进一步扩大。

【贫困劳动力培训】 2008 年、2009 年、2010 年江苏省财政各安排 5000 万元，每年培训苏北贫困劳动力 10 万人，补助资金均以培训券方式落实到人。三年累计培训农村贫困劳动力 34.67 万人，其中 2010 年培训农村贫困劳动力 12.27 万人，实现就业 11.8 万人，转移就业率达 96.2%。

【定点扶贫】 2010 年，按照江苏省委省政府领导的要求，继续把丰县、睢宁等

11个县（区）作为省脱贫攻坚重点县，省派驻扶贫工作队实施重点帮扶，从省直机关、高等院校、大型企业、苏南县（市、区）选调189名干部，组建11支省委扶贫工作队开展驻县帮扶，11名厅级干部担任工作队队长，11名正处职干部担任工作队常务副队长，工作队员全部到村任驻村指导员开展定点帮扶。苏北各市、县（市、区）也选派了1000多名干部驻村帮扶。

【扶贫工作措施】 一是坚持加快贫困农户增收和经济薄弱村发展统筹推进目标，突出贫困农户增收这个核心，通过“产业项目扶、能人大户带、合作组织联、培训就业促、工商企业挂、大学生村官帮”等多种渠道，促进贫困农户增收。按照经济薄弱村建设要求，突出发展村集体经济这个重点，采取盘活存量资产、土地整理复垦、发展村级物业、提供有偿服务等多种形式，不断壮大贫困村集体经济实力。突出改善发展贫困村环境这个基础，科学制定规划，积极争取支持，加快农村生产生活设施建设，增强村级为农服务中心服务功能，为强村富民创造条件、提供支撑。

二是坚持贫困劳动力技能培训和产业化带动双轮驱动。坚持把就业增收作为农村贫困劳动力脱贫的有效途径，采取校企联合、定单培训、在岗培训等形式开展培训，提高贫困劳动力生产就业能力。把增加就业岗位作为帮扶“零转移家庭”劳动力就业的重点措施，设立专项资金，增加公益岗位，确保稳定就业。把产业化带动作为创业致富的重要途径，大力发展高效农业，培育特色产业，壮大经纪人队伍，提高农民组织化程度，使产业化经营规模不断扩大，带动更多贫困农户实现脱贫，走上创业致富之路。

三是坚持外部支持和内生发展协同并进。江苏省委省政府把实施脱贫攻坚工程列为学习实践科学发展观活动的重要内容，列入新一轮农村实事工程，从提高社会保障水平、加大村级转移支付力度、开展一事一议财政奖补、化解经济薄弱村公益性债务等多方面，采取扶持政策，全力加以推进。省人大、省政协领导经常深入经济薄弱地区考察调研，指导帮助地方做好脱贫攻坚工作。苏北各市县党委、政府高度重视，扶贫重点县的县委书记、县长切实承担起第一责任人的责任，宣传发动和狠抓落实双措并举，着力推动村级“双强”班子建设，激发干部群众自我脱贫内生动力，有效加快了脱贫攻坚进程。各级扶贫工作队及全体队员与基层干部群众共同奋战在扶贫一线，指导和帮助地方做了大量工作。各后方单位认真履行职责，落实帮扶责任，深化帮扶内容，有力地支持了经济薄弱地区加快发展和贫困农户加快脱贫致富。

四是坚持“减免补”政策和救助式扶贫同步推进。对有劳动能力贫困农户实施开发式扶贫，对无劳动能力贫困农户实施救助式扶贫，是省委省政府组织实施脱贫攻坚工程的基本要求。各地根据建档立卡分类数据，以县（市、区）为单位，综合当地上年农民人均纯收入水平、目标时序要求等采取倒排法确定低保标准，并建立了逐年增长机制。对涉及建档立卡贫困农户承担的新型农村合作医疗基金、一事一议筹资、水利工程水费、机电排灌作业费、农业保险等主要收费项目，采取减、免、补政策，有效减轻了贫困农户的负担。坚持“减免补”政策和救助式扶贫同步推进，推动了脱贫攻坚工程顺利实施。

【扶贫规划】 “十二五”时期，是江苏省全面建成小康社会并向率先基本实现现代化迈进的关键时期。根据党的十七届五中全会精神，省委十一届九次全会明确把城市化战略拓展为城乡发展一体化战略，把区域共同发展战略深化为区域协调发展战略，并决定启动实施居民收入七年倍增计划。“十二五”期间江苏省扶贫开发工作的总体要求是：深入贯彻落实科学发展观，立足江苏省“三农”工作大局，坚持以加快经济薄弱地区发展和促进低收入农户增收为首要任务，坚持扶贫开发和农村低保制度有效衔接，坚持政府主导、社会帮扶和自力更生紧密结合，更加注重提高贫困群体的综合素质、增强自我发展能力，更加注重转变经济薄弱地区发展方式、增强可持续发展能力，全面提高扶贫开发水平，确保低收入人口收入增幅高于江苏省农民人均纯收入增幅。

“十二五”期间的目标任务是：2011年，实现年人均纯收入低于2500元的农村贫困人口全部脱贫；1011个省定经济薄弱村基本实现脱贫攻坚目标，村级集体收入达到5万元以上。2012—2015年，按照上年农民人均纯收入一定比例或低收入人口一定比例研究制定新的扶贫标准，确定需要重点帮扶的经济薄弱村，动员江苏省力量实施脱贫奔小康工程。

工作重点包括：1. 着力构建贫困农户增收长效机制。牢牢抓住实施城乡发展一体化战略机遇，加大强村富民力度，加快构建家庭经营性收入为基础、工资性收入和财产性收入为重点、转移性收入比重逐步提高的收入结构，千方百计拓宽增收渠道。

2. 着力构建村级集体经济加快发展机制。坚持政策激励、典型引导和宣传鼓动多策并举，大力发展资源开发型、资产经营型、为农服务型、异地发展型、休闲观光型等形式的村级集体经济。深入开展“有持续稳定的集体收入、有功能齐全的活动阵地、有先进适用的信息网络、有群众拥护的双强带头人、强化党组织领导责任”的村级“四有一责”建设。高度重视到村任职高校毕业生的培养工作，鼓励他们积极参与扶贫开发工作。

3. 着力构建脱贫致富内生动力机制。积极引导经济薄弱村干部群众进一步发扬自力更生、艰苦奋斗精神，增强依靠自己加快发展的信心和决心，紧紧抓住各方加大帮扶的大好机遇，积极策应，乘势而上。继续采取结果导向的财政奖补政策，充分调动各地自我脱贫、加快脱贫的积极性和主动性。

4. 着力构建合力推进的社会帮扶机制。进一步完善省级机关、高等院校、大型企业、苏南县（市、区）与苏北县的“五方挂钩”机制，完善“一个扶贫指导员驻村、一个科技特派员挂钩、一个工商企业帮扶、一个富村结对、一个主导产业带动”的帮扶到村工作机制，强化资金、技术、人才、项目等综合性投入，使之成为多形式、全方位、紧密型帮扶关系。强化贫困劳动力培训、扶贫小额贷款、经济薄弱村发展、农村社会保障等政策措施，让更多的贫困农户分享财政扶持政策，直接得益受惠。

（江苏省扶贫办　季仲新）

浙江省扶贫开发

【概述】 2010年，是浙江省实施低收入群众增收行动计划的第三年。在省委、省政府的正确领导和国务院扶贫办的关心支持下，浙江省各级各部门克服困难，扎实工作，全面完成了低收入群众增收行动计划年度计划的各项目标，保持了扶贫工作深入推进、低收入群众持续增收的良好态势。浙江省家庭人均纯收入超过2500元的低收入农户人口新增56.2万；省重点扶持的26个欠发达县（市、区）和黄岩区、婺城区、兰溪市有关乡镇（以下简称29县）完成异地搬迁7.8万人；29县实现来料加工费收入50.8亿元；29县完成农民培训30万人次。2008—2010年，浙江省有82万户（204万人）低收入农户家庭人均纯收入超过2500元，其中29个县有32.3万户（80.8万人）低收入农户家庭人均纯收入超过2500元。

【扶贫标准】 随着农民收入水平和农村消费水平的不断提高，浙江省农村扶贫标准也逐步提高。新世纪以来历经贫困乡镇扶贫攻坚阶段、欠发达乡镇奔小康阶段、低收入农户奔小康阶段三个阶段，浙江省从本省实际出发，自行确定阶段性的扶贫标准。2000—2002年贫困乡镇扶贫攻坚阶段的扶贫标准为农民人均纯收入1500元，2003—2007年欠发达乡镇奔小康阶段的扶贫标准为农民人均纯收入2366元，2008—2012年低收入农户奔小康阶段的扶贫标准为农民人均纯收入2500元。

【扶贫财政投入】 2010年，浙江省省级财政安排扶贫专项资金共计4.76亿元（不含各项职能扶贫资金），其中异地搬迁项目补助资金3.49亿元、低收入农户集中村发展资金7212万元（包括低收入农户集中村生产发展扶持资金和资金互助组织补助资金）、扶贫小额信贷贴息1200万元、来料加工奖励2000万元等，同口径总量比上年增加1000万元（少数民族发展资金）。此外，省财政还安排欠发达地区财政运行和发展补助资金10亿元，按照一般性转移支付分配，用于欠发达地区现代农业发展、新农村建设、基础设施建设、民生保障等。在省级财政的带动下，欠发达地区市、县两级也相应增加了扶贫资金投入，市级财政投入1.35亿元，比上年增加1225万元，增长10%；县级财政投入4.33亿元，比上年增加7216万元，增长20%。

【特色种养业】 按照农业规模化、标准化、生态化的要求，扎实推进欠发达地区粮食生产功能区、现代农业园区建设，大力发展茶叶、果品、笋竹、油茶、食用菌等特色农业生产基地，支持工商企业投资发展高效生态农业，延长农业产业链，提高农业附加值。切实加大对农田水利建设、设施农业发展、农机具购置、林区道路修建、农业科技推广、农产品品牌培育等扶持力度，大力发展带动农民增收的农业龙头企业、农民专业合作社等现代农业经营主体。2010 年，29 个县扶贫龙头企业和扶贫专业合作社达到 8047 家，合作社成员达到 41.62 万个。

【来料加工业】 充分发挥浙江省民营企业众多、市场发育完善、外贸出口强劲、交通条件便捷等得天独厚的优势，积极发展来料加工这种原料和销售两头在外的生产方式。把发展来料加工作为农村扶贫开发中促进农民创业和难以外出就业农民就地就业增收的重要举措，强化政策扶持，搭建服务平台，培育经纪队伍，扩大覆盖范围，形成了“时时处处无闲人”的充分就业格局。2010 年 5 月 26—29 日，省政府在义乌召开了浙江省来料加工业务对接洽谈会，为来自 40 个县的 450 名来料加工经纪人免费提供技能培训、样品展示、洽谈服务，达成业务合作意向 1256 项、加工费 1.13 亿元，同时召开工作会议，进一步部署来料加工加快发展工作。2010 年，29 县来料加工从业人员 80.6 万，发放加工费 50.8 亿元，从业人员加工费人均收入 6300 元；省财政安排 2000 万元专项资金用于帮扶来料加工业发展。

【农家乐休闲旅游业】 把农家乐休闲旅游业作为欠发达地区和低收入农户创业增收的重要途径，科学规划布局，挖掘经营主题，创新发展机制，改善监管方式，强化政策引导和公共服务，促进农民创业就业、生态文明建设、农业转型升级、城乡融合发展。2010 年，29 县累计发展农家乐经营户 3953 户，从业人数 2.96 万，实现营业收入 7.9 亿元。

【农民培训就业】 以实现稳定转移就业和发展现代农业为导向，加强对低收入农户的技能培训、就业服务和就业援助，促进低收入农户外出务工、经商和外出农民返乡创业。2010 年，29 县培训农村劳动力 30 万人次，转移 9.5 万人；其中培训低收入农户 8.6 万人，转移 5.2 万人；培训来料加工经纪人 200 名。继续实施“扶千名人才、促千村发展”计划，面向欠发达地区招收农民大学生 100 名。全面加强 51 个农村实用人才实训基地建设。继续实施农村“低保”家庭就业援助，帮助 6000 余名农村“低保”家庭劳动力实现就业。

【异地搬迁】 按照“政府引导、农民自愿，整体规划、分步实施，灵活安置、确保稳定”的原则和“搬得下、稳得住、富得起”的要求，以县城、中心镇、中心村、工业功能区为主要入迁地，科学规划，精心组织，严格施工，加强配套，建成了一大批“布局合理、环境整洁、功能齐全、生活便利、治安良好”的农民异地搬迁小区，越来越多的山区农民走上了易地居住、转移就业、增收致富的路子。省政府把农民异地搬迁列为“为民办实事”十件实事之一，搬迁规模从每年 5 万人扩大到 6 万人以上，补助标准从上轮扶贫（2003—2007 年）的每人 3000 元提高到本轮扶贫的人均 5600 元，省财政补助对象从高山远山区域群众下山搬迁扩大到地质灾害隐患区域群众避让搬迁、重点水库库区群众出库搬迁、海岛县区偏远小岛群众出岛搬迁。2010 年，启动实施海岛县区“小岛迁、大岛建”工程，全面检查地质灾害隐患区域群众避让搬迁情况，顺利完成乌溪江库区二期帮扶工程；29 县投入农民异地搬迁建设资金

35.1 亿元，完成农民异地搬迁 7.8 万人。

【基础设施建设】 按照平等共享改革发展成果的要求，扩大城市对农村的辐射带动作用，加快推进农村公路、千万农民饮用水、村庄整治和农村信息化等建设，促进城乡间、区域间公共资源的均等配置，改善低收入农户的生产生活条件。2010 年，欠发达地区通村公路、农村联网公路的技术等级和里程大幅度提升，完成通村公路路基路面 3251 千米、联网公路 891 千米；农村饮用水安全工程完成投资 10.79 亿元，改善了 150 万农村人口的饮水条件。

【社会保障】 按照基本公共服务均等化的要求，完善社会救助制度，提高社会救助水平，扩大最低生活保障、教育救助、医疗救助的覆盖面，加大农村“五保”对象集中供养、住房救助、灾害救助的力度，提高农村医疗服务水平，探索建立农村养老保险制度，降低低收入农户因学因病因灾返贫致贫的机率。2010 年，浙江省开工建设敬老院 221 家，投资 3.4 亿元；农村“五保”对象集中供养 43753 人，集中供养率达到 96.9%；农村“低保”对象 61 万人，“低保”平均标准达到 245 元/月·人；37 万义务教育段中小学生和 42 万中等职业学校困难学生获得教育救助；直接医疗救助困难群众 58.8 万人次，各级财政安排医疗救助资金 6 亿元；11.2 万户农村困难家庭危旧房得到改造。

【区域协作】 按照“互补互利”的原则，深入实施“山海协作工程”，进一步扩大发达地区和欠发达地区的经济联姻和技术、教育、卫生、人才、就业等多方面协作，促进资本与劳动力的双向对流和产业转移、劳务对接、异地开发。2010 年，浙江省共签订山海协作项目 3971 个，到位资金 865 亿元；落实产业合作项目 866 个，到位资金 299.86 亿元；劳务培训 4.15 万人，转移就业 3.58 万人。

【社会援助】 充分发挥民营企业众多、民营经济发达的优势，通过广泛宣传、积极倡导和党政部门的示范带动，激发企业和公民的社会责任感，建立省市县单位、发达县镇和各类企业结对帮扶低收入农户集中村、县乡干部结对帮扶低收入农户的新格局，大力倡导社会慈善救助，进一步形成政府主导、全社会参与的扶贫格局。2010 年，浙江省落实低收入农户集中村结对帮扶资金 2.13 亿元，其中省级结对帮扶资金 1.35 亿元。

【扶贫小额信贷】 深入实行免担保、贴息的扶贫小额信贷制度，省财政安排每个欠发达县 100 万元小额信贷抵垫资金，要求各县财政配套安排 200 万元，县农村信用社按照不低于 1∶3 的比例放贷，并明确按照人民银行同期同档基准利率执行，省财政还对贷款利息给予 60% 的贴息。2010 年，29 县发放扶贫小额贷款 4.1 亿元，支持 1.7 万户农户发展经济。

【村级资金互助组织试点】 在国务院扶贫办安排浙江省试点的基础上，浙江省自行扩大试点。在省财政安排每个试点村 20 万元（国务院扶贫办试点村安排 30 万元）基础上，试点村农民采取股份合作制办法，吸纳农民入股参与，不仅扩大了互助资金规模，而且也增加了农民资本经营收入。至 2010 年底，试点村累计达到 238 个，吸收入会农户 2.7 万户，其中低收入农户 1.8 万户；累计发放农户借款 1.96 亿元，入会农户年人均增收 910 元。

【投融资机制】 针对异地搬迁小区建设资金需求大的情况，积极探索建立政府主导的新农村建设投融资公司，为银行资金投向“三农”和扶贫提供平台。龙游县政府投入1000万元注册成立奔康投资有限公司，向农发行融资1.2亿元，建设建筑面积13.2万平方米、可安置983户（3200余人）的农民异地搬迁小区。

【职能扶贫】 省级有关职能部门按照“低收入群众增收行动计划”明确的职责分工，以及5200个低收入农户集中村的帮扶需求，制定了职能扶贫五年规划、年度计划和配套政策，不仅落实了各项“普惠制”项目，还实施了一大批“特惠制”项目。建立了省扶贫开发领导小组布置年度工作任务，省扶贫办与省政府督查室专项督查、并把督查结果列入省政府对省级部门年度目标责任制考核等机制，充分调动了部门的积极性。2010年，省级35个职能部门组织实施了118个职能扶贫项目。

【科技扶贫】 2003年，浙江省建立科技特派员制度。2003—2004年，每年从省级科研单位、高等院校选派101名科技人员入驻原101个贫困乡镇任科技特派员。2005年起，科技特派员制度在浙江省推行，省级选派的科技特派员增加到211名，入驻当时省重点扶持的211个欠发达乡镇；市级也从当地科研单位和学校选派科技特派员，浙江省1279个乡镇实现了“乡乡都有科技特派员”。2008年以来，为了弥补单个科技特派员的专业局限和力量不足，建立法人和团队科技特派员制度，组建19个由省级科研单位或高等院校担任的法人科技特派员，与19个欠发达县开展结对服务；组建由省级科研单位和高等院校756名科技人员组成的120个团队科技特派员，与72个县结对，服务57个区域特色产业。

【合作扶贫】 在推进产业扶贫和金融扶贫时，进一步强化合作扶贫，广泛采用股份合作制形式，吸纳低收入农户入股加入合作组织，使低收入农户既有劳动报酬又有分红收入。一是鼓励和引导农民专业合作社吸纳低收入农户参股入社。积极鼓励农民专业合作社吸纳低收入农户入社，带动更多的低收入农户发展基地生产、增加分红收入，成为具有扶贫功能的合作社。各级农业部门也优先和加大对具有扶贫功能合作社的扶持，同时积极创新对专业合作社的扶持方式，允许各地对专业合作社的财政扶持，按入社的低收入农户数量发放，或量化为低收入农户的股份。二是以股份合作制形式举办低收入农户集中村资金互助组织。在开展低收入农户集中村资金互助组织试点时，采取股份合作制形式，允许一户多股（但最多不超过总股金的10%，且需审批），且实行年终分红。同时，规定省财政提供的股本金，可以将其一部分量化为低收入农户中特困农户的入社股份。三是探索将财政扶持农业的项目资金量化为低收入农户的股份。在协商一致的基础上，探索将财政扶持专业合作社、龙头企业的有关资金，全部或部分量化为低收入农户股份，让更多的低收入农户成为合作创业者，拥有按股分红或保息分红的收入。

【村级集体经济】 2008年以来，浙江省采取多种形式，支持低收入农户集中村发展村级集体经济。一是发展集体物业经济。盘活集体闲置房产，开展存量物业租赁经营；利用集体建设用地、村级留用地、政府扶持资金和结对帮扶资金，在城镇、工业功能区、中心村、异地搬迁小区等区位条件较好的地方建设集体物业项目。二是发展现代农业项目。利用集体统一经营的各类土地和通过土地承包经营权流转的土地，结合政府扶持的土地整理、设施农业、基地建设等项目，开发村集体所有的现代农业项目。三是搞活集体资产经营。鼓励缺乏发展空间的村利用帮扶资金、集体货币资产，通过异地购置物业、参股经营稳定和资产质量较好的企业等途径，实现集体资产增值；鼓励通过集体所有的“四荒”、经济林和水面等资源租赁、入股等方式，参与产业开发。四是探索财政资金量化办法。鼓励各地将财政扶持农业龙头企业、农民专业合作社的资金，全部或部分量化为低收入农户集中村集体经济组织股份，让低收入农户集中村在农业龙头企业和专业合作社中拥有一定股份或固定分红。

【“一村一计一单位”帮扶机制】 从2008年起，省委、省政府开展新一轮结对帮扶，省、市、县三级建立了对5200个低收入农户集中村的结对帮扶体系，实行“一村一计一单位”帮扶措施。组织省级机关、事业单位（科研机构、高等院校、大型医院）、国有企业、发达县镇、大型民营企业等295个单位组成29个帮扶团组，与29县的2000个低收入农户集中村结成帮扶对子，实施为期五年的结对帮扶。其他的3200个低收入农户集中村由市、县组织结对帮扶。通过制定帮扶举措，实施帮扶项目，落实帮扶资金，有力地促进了低收入农户增收和欠发达地区经济社会发展。2010年，省级帮扶团组落实帮扶项目1800多个，到位帮扶资金1.35亿元，引进资金1.42亿元，带动低收入农户9.25万户。

【“一户一策一干部”帮扶机制】 从2008年起，在低收入农户增收工程中全面实施“一户一策一干部”帮扶机制，由市、县、乡镇、村干部对111万户低收入农户进行结对帮扶，并实现结对帮扶全覆盖。结对干部根据低收入农户实际情况，理清发展思路，确定发展项目，落实帮扶措施。通过经济帮扶、产业帮扶、技术帮扶、就业帮扶等形式，实现低收入农户“户户有增收项目”。

【重点欠发达县特别扶持政策】 2010年，在开展大量调查研究的基础上，省委、省政府决定，从2011年起，对浙江省经济发展最落后、生态保护任务最繁重、地理位置最偏远的泰顺、文成、开化、松阳、庆元、景宁和磐安、衢江、常山、龙泉、云和、遂昌等12个县（市、区），实施为期三年的特别扶持。其中前6县每年安排2亿元扶持资金，后6县每年安排8000万元扶持资金。特别扶持以增加农民收入、提升民生水平、增强内生功能为中心任务，按照“省定原则、县选项目，项目管理、封闭运行，县为主体、上下联动”的要求，把加快发展与转型发展统一起来，坚持以人本发展为根本目的、绿色发展为基本路子、集聚发展为重大战略、创新发展为强大动力，同时努力在加快发展中谋求转型发展、在转型发展中促进加快发展，走新型工业化、新型城市化、新农村建设和生态文明建设协调推进的生态富民、科学跨越的发展道路。其主要目标是：力争到2013年，各县（市、区）农村居民人均纯收入达到8000元以上，年均增长11%以上；80%以上的低收入农户家庭人均纯收入达到4000元以上（低保农户除外），其中2011年基本消除年家庭人均纯收入2500元以下农户；教育、卫生、文化等社会事业发展水平明显提高。

【低收入农户青少年关爱行动】 由团

省委组织实施低收入农户青少年关爱行动，是社会扶贫的组成部分。团省委发挥组织优势，动员浙江省团员青年、青年企业家捐资参与扶贫，对低收入农户青少年实行助学、助困、助医、助业，与低收入农户青少年开展结对帮扶。2010年，团省委联合浙江教育科技频道、省青基会，推出《牵手》电视节目，举办低收入农户大学生牵手圆梦现场活动，吸引爱心人士关注低收入农户青少年。参加活动的230多位低收入农户青少年全部得到资助结对，助学资金超过百万。2010年完成低收入农户青少年结对帮扶8.9万多人，落实帮扶资金7202万元，累计结对帮扶率达到79.3%。

【两项制度有效衔接】 浙江省早在1996年就建立和实施城乡一体的最低生活保障制度。进入新世纪以来，浙江省的扶贫标准一直高于农村“低保”标准，扶贫举措全面覆盖农村“低保”对象，特别是2003年扶贫任务从消除绝对贫困转到减缓相对贫困以后，“低保”的任务是保障绝对贫困人口的基本生活，而扶贫的任务则主要是帮助相对贫困人口提高增收能力和收入水平，且“低保”对象继续全面享受扶贫政策，农村扶贫与农村“低保”两项制度衔接较好。到2010年，浙江省共有82万户、204万人低收入农户家庭人均纯收入超过2500元，尚有29万户、67万人低收入农户家庭人均纯收入不到2500元；浙江省农村“低保”对象从2007年末的56.2万人到2010年末时已增加到61万人，农村“低保”平均标准从2007年时每人每月160元提高到2010年每人每月245元。

【城镇低收入家庭增收工程】 城镇低收入家庭增收工程是2008年以来实施的城市扶贫举措，它与低收入农户奔小康工程共同组成低收入群众增收行动计划。其主要内容包括就业创业扶持行动、社会保障扩面行动、社会慈善关爱行动等三大行动。2010年，浙江省60%的社区达到“充分就业社区”创建标准；实施残疾人就业培训2.15万人，新增残疾人就业8500人；对1889名困难家庭高校毕业生实施就业援助，帮助15.43万名就业困难人员实现再就业，基本实现城镇零就业家庭“出现一户、帮扶一户、解决一户”；城镇居民基本医疗保险参保人数达到540万；全面实现“低保”标准2倍以下城市低收入住房困难家庭廉租住房“应保尽保”，新增廉租住房保障1.42万户，其中实物配租6005户。

【扶贫信息化管理】 开发扶贫信息管理系统，建立低收入农户、低收入农户集中村和低收入农户青少年3个数据库，建设“浙江省扶贫信息网”和“低收入农户集中村网页”，对专项扶贫、职能扶贫、结对帮扶三大方面、八大行动实施情况等实行信息化管理，并实行数据库年度更新。2010年，省扶贫办联合省统计局建立扶贫统计监测制度，以29县和低收入农户超过5000户（低保户除外）的11个县（市）（涵盖了浙江省80%以上的低收入农户）为调查范围，每县抽样调查200户，对浙江省低收入农户的家庭收入和生活消费情况进行抽样调查，对11个市和40个县（市、区）的低收入农户奔小康工作进行分析评估。

同时，实施扶贫项目“网上申报、网上公示、网上审核、网上统计、网上年检”制度，减少工作程序，提高工作效率，增强管理透明度，形成了一个较为完整有效的网络管理体系。目前，每年6万人以上的异地搬迁项目和几千个低收入农户发展项目已全面实行到户到项目的网络管理，扶贫项目实施情况已可以通过网络进行分析监测。

【扶贫工作各类会议】 浙江省注重以召开专题会议推动工作。2010 年，浙江省针对扶贫开发工作主要召开了以下会议。

2 月 24 日，省农办、省扶贫办在杭州召开浙江省农办主任、扶贫办主任会议。会议回顾总结了 2009 年浙江省农办、扶贫办系统的工作，并对贯彻落实好浙江省农村工作会议精神提出了具体要求。会议还表彰了 2009 年度浙江省农办、扶贫办系统先进单位。

5 月 17 日，省扶贫开发领导小组在杭州召开扩大会议。会议充分肯定了前阶段浙江省扶贫工作取得的成绩，深入分析了当前扶贫工作存在的困难和问题，部署了下阶段扶贫工作任务。

5 月 28 日，省扶贫办联合省妇联、义乌市政府在义乌市召开浙江省来料加工业务对接洽谈暨来料加工工作会议，会议部署了深入推进来料加工业发展的工作，表彰了 2009 年度优秀来料加工经纪人和专业村。

9 月 16 日，省扶贫开发领导小组召开会议，审议并原则通过了泰顺、文成、开化、松阳、景宁、庆元等 6 县群众增收致富奔小康规划。

12 月 2 日，省委、省政府召开重点欠发达县群众增收致富奔小康工作会议。会议肯定了“十一五”以来欠发达地区尤其是重点欠发达县经济社会发展取得的成绩，全面部署了实施重点欠发达县群众增收致富奔小康特别扶持工作。会后，省新闻办召开新闻发布会，省扶贫办领导和 6 个重点欠发达县领导作了新闻发布。

12 月 10 日，省委、省政府在衢州市衢江区召开职能扶贫和结对帮扶工作推进会。会议要求进一步强化工作责任，创新工作机制，坚持专项扶贫、职能扶贫和社会扶贫相结合，共同推动欠发达地区加快发展和低收入群众增收致富。

【扶贫政策研究】 4 月 9—11 日，国务院扶贫开发领导小组副组长、国务院扶贫办主任范小建到浙江温州、丽水市，专题调研城镇化进程中的扶贫工作。范小建一行来到温州市泰顺县、丽水市云和县，实地察看当地畲族贫困村下山搬迁和来料加工点，深入低收入农户、进城定居农民工家中和扶贫龙头企业、劳动力转移培训基地，详细了解贫困户建档立卡和“两项制度”衔接、低收入农户集中村资金互助组织、劳动力转移培训等情况，并与群众和当地干部进行座谈。范小建高度评价浙江省在城镇化过程中探索做好扶贫开发工作取得的成绩和经验。

3 月 23—24 日，省委书记、省人大常委会主任赵洪祝先后赴泰顺县和景宁畲族自治县调研，并于 25 日在杭州主持召开座谈会研究加快推进欠发达地区发展问题。调研期间，赵洪祝考察了泰顺县司前畲族镇下山移民新村、松垟社区卫生站、利众竹木有限公司，景宁县鹤溪镇惠明白茶基地、大均乡“畲乡之窗”景区和岗石畲族村、景宁中学及中国畲族博物馆。赵洪祝要求，要科学确定“十二五”期间欠发达地区发展目标，以经济转型升级为主线，以改善民生为目的，以增强“造血”功能为着力点，以发展特色产业为抓手，以创新支持政策为保障，以深化改革为动力，增强欠发达地区自我发展能力，努力实现欠发达地区跨越式发展。在座谈会上，赵洪祝充分肯定“十一五”以来浙江省欠发达地区经济社会发展取得的良好成绩，全面阐述了在新形势下推进欠发达地区加快发展的重大意义，并对“十二五”时期的扶贫工作提出了明确要求。

7月20—22日，省委副书记、省长吕祖善到龙泉、庆元和遂昌等地考察职业技能培训基地、受灾群众安置点和农产品加工企业，并调研了中心镇建设情况。调研期间，吕祖善在庆元县主持召开重点欠发达县扶贫工作座谈会，指出要按照省第十二次党代会全面建设惠及浙江省人民的小康社会的战略部署，坚持“普惠”与“特惠”相结合，扶持欠发达地区特别是重点欠发达县加快发展，推进低收入群众脱贫致富。

【非洲国家研修班来浙考察扶贫工作】 6月11—16日，“非洲法语国家推进MDG进程中的减贫与社会发展政策研修班”来浙江省考察扶贫工作。

该研修班由国家商务部主办，国务院扶贫办承办，中国国际扶贫中心实施。研修班的主题是“中国和非洲国家实现千年发展目标的进程、政策与经验”，目标是“深化中国与非洲各国之间减贫与发展领域的政策共享和经验交流，分析非洲各国减贫与发展领域的问题和挑战，探讨完善非洲发展中国家减贫战略体系的途径”。来自贝宁、布隆迪、多哥、刚果（布）、吉布提、几内亚、几内亚比绍、喀麦隆、科特迪瓦、马达加斯加、马里、尼日尔、塞内加尔、乍得、中非等15个国家的29名扶贫相关部门部、司、处级官员分别赴浙江杭州、衢州、义乌等地考察。

在浙江期间，考察团深入农业示范园区、村庄、企业、基地、院落、社区医院、市场，实地考察了杭州市萧山区浙江（中国）花木城、传化农业高新科技园区，衢江区湖南镇华家村食用菌产业园区、白坞口村来料加工点、华家村下山脱贫点和国家级扶贫龙头企业浙江松兴食品有限公司、来料加工生产基地江山市康怡玩具厂，江山市重点下山脱贫小区清湖镇花园岗村、廿八都镇敬老院，龙游县下山脱贫小区晨东小区，义乌市全球最大的小商品批发市场中国小商品城及大型民营企业新光控股集团等。

浙江扶贫开发的政策与实践以及浙江在产业开发、培训就业、异地搬迁等方面的经验都给考察团成员留下深刻印象。

（浙江省扶贫办　方　杰）

安徽省扶贫开发

【“十一五”扶贫开发工作回顾】 扶贫开发投入大幅度增加。2006—2010 年，国家和安徽省共投入财政扶贫资金 39.7 亿元，其中中央资金 36.45 亿元、省级财政配套 3.24 亿元，分别比“十五”期间增加 15.2 亿元、14.35 亿元、0.84 亿元。

贫困人口数量大幅下降。安徽省农村贫困人口 2005 年底 384 万人，2010 年底降至 209.33 万人，五年减少贫困人口 174.67 万人。贫困人口发生率下降到 3.97%。

贫困地区农民生活水平稳步提高。安徽省农民人均纯收入从 2005 年的 2641 元增加到 2010 年的 5285 元，5 年增长了 100%。19 个国家扶贫开发工作重点县农民人均纯收入，由 2005 年的 2044 元增长到 2010 年的 4269 元，增长 109%。

贫困地区生产生活条件明显改善。2006—2010 年，对 4000 个重点贫困村实施了整村推进，新建和改扩建乡村道路 17106 千米；实施农田改造 89.35 万亩，新增和改善灌溉面积 226.67 万亩，造林绿化 74.1 万亩；实施安全饮水工程，改善了 226.27 万人和 145.31 万头大牲畜的饮水困难；对 4362 户贫困户实施移民搬迁。

贫困地区社会事业得到发展，贫困人口综合素质得到提高。2006—2010 年，新建和改建中小学校 32.4 万平方米，改扩建乡镇卫生院（室）和村计生室 13.8 万平方米，新建和改建村活动室 12.9 万平方米；实施“雨露计划”项目，转移培训农村贫困劳动力达 38.2 万人，转移就业 20.9 万人，扶贫助学 3 万余人，开展农业实用技术培训，培训农民 97.3 万人次。

【两项制度衔接】 2010 年，在岳西、利辛两县开展农村最低生活保障制度与扶贫开发政策有效衔接试点工作。通过“贫困监测定规模，村民票决定对象”的办法，对贫困人口中的扶贫户、低保户、扶贫低保户、五保户进行了有效识别。对贫困户分类落实扶贫政策：低保对象，实行分类施保，做到应保尽保；扶贫对象，实行开发式扶贫，做到能扶则扶。在两县试点的基础上，对安徽省 47 个县（区）的业务人员进行培训，申请了 37 个县（区）的国家政务外网的密钥，明确了专职管理人员，为全面推开两项制度衔接夯实基础。

【整村推进】 2010 年，安徽省实施整村推进重点村 572 个，安排整村推进项目 2058 个、资金 73730 万元。新建、改建公路 2237 千米，建成桥梁 375 座，完成农田水利建设工程 454 处，完成人畜饮水工程 238 处，基本解决了 22.5 万人、16.2 万头牲畜的饮水困难问题，改厕改栏 1342 处达 19945 平方米，修建沼气池 9686 座，修建垃圾处理厂40个，兴建农村文化设施61处，新建、改建农村中小学校73个达27060平方米、农村卫生室和计划服务室245个达27760平方米，开展扶贫助学9667人，实施扶贫移民搬迁431户达1561人。

【劳动力转移培训——雨露计划】 2010年，安徽省投入财政扶贫资金3300万元实施雨露计划项目。培训贫困地区富余劳动力4万人，转移3.3万人，实现稳定就业3.1万人；开展农业实用技术培训，培训贫困农民14万人次；开展贫困家庭子女教育资助行动，资助贫困家庭的大中专学生近2万名；继续实施“碧桂园”项目，培训转移农村退役士兵1325人；全面推行“雨露计划”信息管理系统，在12个市和29个重点县（区）扶贫办、财政局、培训基地安装了管理软件，对雨露计划实行数字化管理。

【产业化扶贫】 2010年，继续推进扶贫贴息贷款制度改革，放开承贷金融机构，增加财政贴息资金投入量，安徽省安排财政贴息资金2341万元，其中扶贫贴息项目贷款贴息资金1170万元，扶贫到户贴息资金945万元；安排产业化基地建设资金，发展主导产业和支柱产业，促进农民增收，安徽省安排产业发展项目291个，其中种植业项目124个，养殖业项目94个，经果林项目73个；安排专项资金2000万元扶持农民专业合作组织。

【社会扶贫】 2010年，一是抽调省直单位31名处级干部到贫困县挂职扶贫。省委组织部选派第四批优秀青年干部到贫困村任村支部书记，驻点扶贫。省级定点扶贫直接投入资金14500万元（含物资折款），市、县两级定点扶贫直接投入资金10300万元。二是协调组织13家中央机关及企事业单位和35家驻皖单位定点帮扶安徽省18个扶贫开发工作重点县，派驻挂职扶贫的处级干部10人，科级干部4人。各单位共投入资金和物资1200万元、引进资金约15000万元、举办各类培训班20期、组织劳务输出800人次、资助贫困学生900人。三是配合中国扶贫基金会实施2010年爱心包裹项目，募集款项192.26万元。

【互助资金试点】 2010年，稳步推进贫困村互助资金试点，安徽省在1770个行政村建立互助社1972个，入社农户103727户，其中贫困户38192户，互助资金总额15652.3万元，累计发放资金18648.9万元，借款农户达53488户，其中贫困户22029户。

【促进革命老区发展】 2010年，实施中央专项彩票公益金支持贫困革命老区项目2个，共投入资金4250万元。在金寨、太湖两个县，确定了30个项目村，编制了项目规划和实施方案，并顺利通过检查验收、审核和批准。

【县为单位、连片开发试点】 2010年，在利辛、潜山、泾县、阜南4个县实施连片开发试点。比照国家试点的方法，省里安排专项资金，在金安区、绩溪县2个县（区）实施省级连片开发试点。

【扶贫规划】 在对皖北地区、大别山区和沿淮行蓄洪区等地区就“扶贫标准”、“扶贫开发全覆盖”、“扶贫开发工作机制创新”等热点和难点问题，进行广泛调查和深入研究的基础上，编制《安徽省“十二五”农村扶贫开发规划纲要》（初稿）。

【扶贫工作措施】 1. 继续贯彻落实省委省政府文件精神，推进扶贫开发工作。按照《中共安徽省委、安徽省人民政府关于进一步加强扶贫开发工作的意见》（皖发［2009］21 号）的要求，继续推进安徽省扶贫开发工作全覆盖，力争对农村低收入人口全面实施扶贫政策。重点实施“552”扶贫行动计划，明确目标任务，把增加农民收入、减少贫困人口作为扶贫开发的重要目标，力争一年实现脱贫 40 万人。

2. 加强组织领导，落实扶贫开发工作责任。按照“省负总责、县抓落实、工作到村、扶贫到户”的要求，实行扶贫工作党政一把手负责制。落实重点县（区）扶贫开发工作党政一把手责任制考核办法，把扶贫开发成效列入考核领导干部政绩的内容并记入档案，作为干部任用的依据之一。市、县两级全面建立扶贫开发领导及工作机构，扶贫开发工作重点县（区）加强扶贫机构建设，稳定机构，加强力量，提高工作水平；各市和非扶贫开发工作重点县（市、区）设立扶贫开发工作机构或明确一个部门兼抓扶贫开发工作，落实扶贫开发责任。充分发挥各级扶贫开发领导小组的组织、领导和协调作用，积极履行行业部门扶贫职责。落实干部待遇，对长期在扶贫开发工作重点县（区）工作的党政主要负责同志，继续贯彻落实《中共安徽省委、安徽省人民政府关于贯彻〈中共中央、国务院关于进一步加强扶贫开发工作的决定〉的实施意见》（皖发［1999］17 号）的有关规定。

3. 完善三项机制，提升扶贫开发工作水平。一是扶贫责任机制。在《贯彻落实〈中共安徽省委、安徽省人民政府关于进一步加强扶贫开发工作的意见〉分工方案》的基础上，实施重点县（区）扶贫开发工作党政一把手责任制考核和各行业各部门的扶贫职责年度量化考核办法，初步建立了扶贫开发成效综合评价体系，逐步建立行业扶贫责任制。二是扶贫资金监管长效机制。进一步完善扶贫项目的申报、实施、督查、验收等过程中的资金监管机制。三是扶贫对象识别机制。以开展两项制度有效衔接试点为契机，在“贫困监测定规模、村民评议定对象”的基础上，建立“个人申请、村民评议、乡镇审核、县级核定”的扶贫对象识别机制。

4. 继续完善“U 盘工作法”，提高扶贫开发工作效率。U 盘具有轻灵、可靠、便携、容量大等特点，使用 U 盘有利于提高工作效率，方便工作。2010 年在 U 盘使用上要求进一步做好资料的搜集、整理、录入工作，同时注重 U 盘资料的更新、保密及工作督查等方式方法的完善。

（安徽省扶贫开发办公室　孔德祥）

福建省扶贫开发

【概述】 2010年，福建省按照国家和省委、省政府对扶贫工作的部署，继续推进开发式扶贫，着力落实扶贫到村到户的各项政策措施，着力改善贫困群众生产生活条件，着力提高贫困群众自我发展能力，着力促进贫困群众增加收入，做好各项工作，取得了较好的成效。

2010年福建省继续实施农村最低生活保障制度，确定的低保线为1200元，纳入农村低保的贫困人口共有80.9万人，占福建省农村总人口的3.1%；2010年发放农村低保金8.07亿元，人均月补助83元。农村最低生活保障制度的全面推行，发挥了兜底的作用，为实施扶贫开发工作打下了较好的基础。

【扶贫资金投入】 2010年，省级财政直接用于扶贫的资金达到近3.9亿元，此外，市级政府的财政扶贫资金投入也比上年增长了15.5%。各级各部门也加大了贫困地区的投入力度，捆绑与整合各类资金，切实改善贫困群众的生产生活条件。积极引导信贷和各类社会资金投入，2010年福建省信用社投放农户扶贫小额信贷1.58亿元，扶持贫困户创业增收；各类金融机构加大对扶贫龙头企业的扶持力度，仅6家国家级扶贫龙头企业获得近1.98亿元的贷款。扶持中国扶贫基金会开展农户自立工程建设，增加贷款资本金2000多万元。在屏南县开展贫困户贷款担保服务体系试点，增加贷款规模近1000多万元。

【信贷扶贫】 一是继续开展扶贫小额贷款。组织计生、妇联等部门，依托农村信用社发放小额信贷，引导邮政储蓄银行、农业银行积极参与到户贷款工作，省财政安排1000万元贴息资金，带动信用社发放贫困和计生农户贷款1.4亿元。二是推进村级发展互助资金试点。在上杭等10个县92个村开展试点工作，入社农户有7361户，资金规模达到1884万元，扶持2764多户贫困户发展生产。三是推进小额贷款担保服务试点。在屏南县开展了扶贫小额信贷促进会建设试点，探索创新农户小额信贷担保体系，目前已发放中低收入户贷款1200多万元，贷款农户达近900户，分布6个乡镇35个贫困村。四是与中国扶贫基金会合作在福安、霞浦两个县实施农户自立工程项目。借鉴NGO管理模式开展，开展小额信贷扶贫，2010年两个县当年累计放款13011笔6500万元，扶持农户10052户，还款率近100%。

【整村推进】 2010年是实施第二轮整村推进的最后一年，也是启动新一轮整村推进的开局之年。2010年福建省全面完成第二轮整村推进目标任务，重点扶持省、市两级扶贫开发重点村 674 个，其中筹措扶贫资金 3.49 亿元用于 228 个省级扶贫开发重点村的水、电、路、医疗、卫生、科技等方面建设。同时启动第三轮扶贫开发整村推进工作，福建省确定 220 个省级扶贫开发工作重点村，安排 125 个省直和中央驻闽单位挂钩帮扶，下派 220 个省直机关干部驻村任职，整合捆绑 4453 万元资金进行挂钩扶持。

【移民扶贫】 福建省委、省政府连续第 17 年将造福工程（以移民扶贫为内容）列为办实事项目，进一步加大扶持力度，补助标准提高到每人 2500 元，对老区、少数民族群众、计生户还另外增加补助资金，并由林业、建设、国土、民宗、发改委等相关部门提供搬迁优惠政策，省财政和有关部门安排了 3000 多万元的专项资金，专门用于扶持搬迁点基础设施建设。2010 年共投入造福工程资金达 25 亿元以上，实现搬迁 7.6 万人，建设安置点 413 个。

【培训和转移就业】 实行“一户一培训，一户一就业”。省财政安排 1940 万元资金，对纳入低保对象、有生产生活能力的贫困群众开展专项培训，增加就业机会，同时做好服务工作。2010 年，在福建省 20 个经济欠发达县培训农村贫困劳动力 2.3 万人，平均每个培训对象补助 400 元，其中经培训后实际转移 2.1 万人。

【两项制度衔接】 继续在武平县开展扶贫开发与农村低保相衔接的试点工作，对建档立卡的贫困户制定并实施扶贫到户的政策措施。针对致贫原因，提出了一户一策的扶贫帮扶政策措施。如：加大贫困户技能培训、加大造福工程搬迁补助标准、鼓励争取小额信贷支持并予以贴息、加大产业扶贫力度等等。

【扶贫标准调研】 福建省扶贫办和省调查总队联合开展了福建省新阶段扶贫标准的调研工作，初步对福建省农村低收入人口的比例和数量进行测算，分析了致贫原因，参考全国和兄弟省份特别是东部经济较发达省份新的扶贫标准，提出了福建省新阶段农村扶贫标准为 2000 元，并得到省委、省政府主要领导的认可。

【大学生参与定点扶贫】 2010 年，福建省“三支一扶”中安排 101 名大学生参与扶贫工作，分布 20 个经济欠发达县、81 个贫困乡镇。省委组织部选聘 945 个大学生到贫困村驻村挂职锻炼。

【闽宁对口扶贫】 在闽宁两省区党委、政府的高度重视下，召开了两省区第 14 次联席会议。围绕会议纪要议定的帮扶方案，认真落实两省区互学互助扶贫协作的各项措施。着力推进科技帮扶，积极开展菌草产业开发，重点在宁夏永宁、盐池、海原等 3 个县实施菌草示范工程。做好第 7 批 18 名干部赴宁夏南部山区 8 个国定贫困县挂职的联络交流工作，及时了解他们的工作动态。

【社会扶贫】 与中国扶贫基金会、省扶贫两会、民主党派和社会团体密切配合，开展了多种形式的社会扶贫工作。继续搞好“母婴平安 120”项目，支持政和、屏南、长汀、连城、上杭、永定、武平县开展母婴平安 120 行动项目。推动医疗扶贫活动，与民主党派和社会团体合作，动员社会力量积极参与造福工程集中安置点基础设施建设。南平、漳州市等地扶贫部门组织医务人员赴贫困地区开展义诊，为群众带去医生、送去药品。开展扶贫助学就业活动，福州、龙岩、延平等市县扶贫办专门拨出专项资金，用于补助贫困学生到中专技校参加实用技术培训。搞好各种慰问活动，广泛开展慰问驻村干部、贫困户、受灾农户活动。

【扶贫工作措施】 1. 造福工程有新突破。一是积极推动集中安置、规模安置和整村搬迁。把造福工程搬迁与小城镇建设、工业集中区建设、中心村建设、整村推进扶贫开发、地灾搬迁、灾后重建等有机结合，造福工程安置的集中度和规模化水平有新的提高，整村搬迁的步伐加快。省级6万人搬迁指标中，有43056人占71.7%实行了集中安置；建设了安置点413个，其中已建成百户以上规模的集中安置点119个；整村搬迁了331个自然村，其中30户以上的自然村94个。二是多渠道多元化增加造福工程投入。“以财政补助为导向、群众投入为主体、有关部门资金整合、社会力量大力支持”的异地搬迁投入机制逐步形成。仅据50个县的不完全统计，2010年异地搬迁与灾后重建累计投入达42.18亿元，其中省级财政有部门投入6.54亿元，市、县财政投入1.8亿元，乡村和农户投入33.84亿元，造福工程成为农村扩大内需的一个重要渠道和亮点。三是加大造福工程集中安置点基础设施建设的资金整合力度。从省农办、交通厅、发改委、国土厅、建设厅、老区办等单位筹措了3300多万元，市、县两级财政安排财政资金2000多万元，扶持造福工程基础设施建设。特别是54个省级造福工程省级示范点，在科学规划、资金筹措、户型设计、解决群众生活出路、节约土地、项目管理、社区和谐等方面积极探索，取得了一些经验，培养了一批典型，发挥了良好的示范带动作用。四是向计生户、少数民族对象倾斜。2010年造福工程搬迁对象中有2635户属于农村领取独生子女父母光荣证或生育两个女孩并已绝育的家庭。每户予以增发1个人的补助金2500元。另安排计生户补助资金658.75万元；安排少数民族对象1770户、8316人，另外安排补助资金499万元。五是参与灾后重建工作。据统计，福建省重建对象36968户，其中集中重建户18093户，74182人，其中计生户4587户，少数民族人口1544人。加强对灾后重建的造福工程规划、进度、质量等管理，确保重建对象在规定时间完成建设和搬迁，共安排灾后重建造福工程经费2.19亿元。

2. 持续提升整村推进水平。采取“倒排”的方法，分期分批确定为省、市、县扶贫开发工作重点村，实施整村推进，并建立部门挂钩、资金捆绑、干部驻村“三位一体”的整村推进扶贫开发机制。对每一个省定的扶贫开发重点村，一是实行挂钩帮扶。省里确定了一个省直单位定点帮扶，要求每个省直单位都要建立定点帮扶工作制度。二是捆绑资金。从省直15家相关部门每年筹集4000多资金，专项用于开展省级重点村建设，省级重点村捆绑资金由省财政从各出资单位年初预算的总盘子中，按既定的出资额度统一划归扶贫专户集中管理，统一下达，打破“渠道不变、用途不乱”的限制。三是下派干部。由省委组织部下派一名省直机关干部驻村任支部第一书记，驻村工作任期三年。驻村干部的工作与原单位脱钩，吃住在村，办公经费由所在部门开支，不增加基层和农民负担。这三项措施的落实使福建省整村推进工作取得了显著成效，重点村面貌发生了根本变化。据不完全统计，2010年，共有厅局级领导582人次、处及处以下机关干部1056人次到所挂钩的省级扶贫开发重点村开展调查研究。重点村获得各项帮扶资金3.49亿元，其中捆绑资金4000万元，挂钩单位和干部派出单位投入3亿元，平均每个重点村得到150万元左右的扶持。

3. 确定了福建省“十二五”农村扶贫标准。确定新的农村扶贫标准是谋划今后农村扶贫开发工作的一项基础性工作。根据省领导的指示，突出抓好这项工作。一是开展调查摸底。联合省调查总队，利用现有的统计调查数据和福建省农村低保数据，对农村贫困人口规模与收入分布进行测算，初步摸清福建省不同收入水平人群分布状况。二是提出新阶段扶贫标准。在学习借鉴东部省份以及全国收入水平前10名省份的扶贫标准的基础上，对照福建省的经济社会发展的实际状况，提出福建省今后五年扶贫标准的建议。省委、省政府主要领导高度重视，孙春兰书记、黄小晶省长、张昌平常务副省长提出明确指示，确定“十二五”扶贫标准为2000元。按照这个标准，人均收入2000元以下有劳动能力的扶贫对象有103.2万人，占农村人口的5.85%。三是初步考虑“十二五”期间扶贫到户的政策措施。向省委办公厅、省政府办公厅代拟了《关于实行新的扶贫标准，加大农村扶贫开发力度的若干意见》。对目标任务、工作要求、主要措施、组织领导提出明确要求，并从开发式扶贫角度，在劳动力转移培训、对造福工程实行差别化补助、小额信贷、产业扶贫等方面提出政策措施。

4. 建立健全闽宁协作长效机制。闽宁对口帮扶工作扎实推进。在闽宁两省区党委、政府的高度重视下，闽宁两省区坚持“优势互补、互惠互利、长期合作、共同发展”原则，不断创新帮扶机制，提升协作规模，积极探索对口扶贫协作的有效形式，形成了政府、企业、社会三大行为相结合的帮扶机制。开展了一系列工作：一是开展慰问互访。年初，与宁夏党委办公厅、政府办公厅，自治区扶贫办的领导在福州商议筹备第14次联席会议有关事宜。春节期间，分别召开了挂职干部座谈会和企业家座谈会，总结交流闽宁对口工作经验，听取大家对开好第13次联席会议的意见。二是召开第14次联席会议。配合省委办公厅、省政府办公厅筹备召开了闽宁互学互助对口帮扶第14次联席会议，做好两省区党政代表团在宁活动期的各项准备工作，围绕会议纪要议定的帮扶方案，认真落实两省区互学互助扶贫协作的各项措施。三是着力推进科技帮扶。积极开展菌草产业开发，重点在宁夏永宁、盐池、海原等3个县实施菌草示范工程，加快推进宁夏菌草本地化进程。四是做好挂职干部联络工作。福建省扶贫办积极配合省委组织部做好第7批18名干部赴宁夏南部山区8个国定贫困县挂职的联络交流工作，及时了解他们的工作动态。

（福建省扶贫办）

江西省扶贫开发

【概述】 2010年江西省扶贫开发工作紧紧围绕“科学发展、进位赶超、绿色崛起”的战略目标，各项工作扎实推进，“十一五”规划目标全面落实。江西省加大了扶贫开发工作专项投入力度。2010年江西省各级扶贫专项投入7.37亿元。其中：国家财政扶贫资金52508万元，省财政配套资金1.35亿元，市、县财政配套资金7689万元。工作成效集中体现在五个方面：一是大灾之年贫困农户收入保持增长。江西省3069个“十一五”重点村人均收入达到2640元，比上年增长12%；21个重点县达到2940元，增长10.98%，高于江西省农民人均收入增幅0.4个百分点。二是贫困农村生产生活生态条件不断改善。各市县将开展扶贫工作与灾后恢复重建紧密结合，扶持重点村基础设施项目8100多个，修建道路2.5万公里、山塘水库2350座、桥梁780座、排灌站539座、沼气池10191个，解决饮水困难人口26.82万人，植树造林3万多亩。三是扶贫主导产业发展加速推进。扶持主导产业项目3405个，覆盖贫困农户46万户。在贫困农村兴建林果、油茶、蚕桑、烟叶、药材等种植基地面积16.76万亩，发展猪鸡鸭和草食畜牧养殖649.9万头（羽），发展养鱼、养虾以及其他特种水产养殖水面8万多亩。四是贫困地区公益事业长足发展。结合新农村建设在重点村实施公益事业建设项目4682个，共新建和修缮学校570个、卫生所737个、文化站362个、村级活动场所381个；清理垃圾24万吨、污沟2.9万处、路障1万多处，村内改路9.1千公里、改水2万处、改厕5.6万多个。五是社会力量扶贫投入取得突破。江西省筹集整合各类行业扶贫资金和各级单位定点扶贫、非公有制经济组织参与扶贫、社会各界捐助帮扶等方面扶贫投入突破10亿元，比上年增长10%以上。

【扶贫规划】 坚持围绕江西省发展大局规划扶贫开发工作。按照融入和策应鄱阳湖生态经济区建设的要求，江西省完成了《鄱阳湖生态经济区扶贫开发专项规划》编制，制定了江西省“十二五”扶贫工作的总体规划和各项工作的专项规划，以及江西省未来十年扶贫开发《纲要》基础工作。江西省扶贫工作专项规划包括整村推进扶贫开发规划、移民扶贫异地搬迁规划、扶贫产业项目发展规划、科技扶贫和贫困地区转移培训（“雨露计划”）工作规划、社会扶贫工作规划等方面。综合各专项规划，形成扶贫工作整体规划，即《江西省“十二五”扶贫开发总体规划》。同时要求各级扶贫和移民部门争取将扶贫规划纳入各级政府国民经济和社会发展总体规划。

2010年10月，召开了江西省扶贫和移民工作规划座谈会，讨论江西省“十二五”扶贫开发总体规划和江西省“十二五”整村推进贫困村扶贫开发规划有关思路及工作。

【整村推进】 2010年江西省扶持3069个重点村的资金达96961万元，其中：财政扶贫资金42265万元，整合部门及其他渠道资金54696万元，保证了重点村如期完成整村推进规划任务。各市、县结合新农村建设，加大整村推进攻坚力度，重点村的面貌有了较大改观。新修乡村道路5857公里，新增水地23.56万亩，解决安全饮水困难23.68万人，解决大牲畜饮水困难23.8万头。以扶持特色优势产业开发，突破了单一传统种植、养殖结构，部分县已经打造成了具有一定规模的连片开发扶贫产业集群片区。新修文化活动室22382平方米，修建村卫生室18236平方米，改造危房481间，新修村小学42059平方米。重点村农民人均纯收入由2009年的2357元增加到2010年的2640元。

【劳动力转移培训——雨露计划】 2010年江西省安排“雨露计划”培训资金2100万元，计划培训3.66万人，实际累计完成培训37769人，完成年计划的103.14%，其中：贫困青壮年劳动力转移培训22005人，为年计划的102.8%；转移就业人数21019人，转移就业率为85.52%；省内转移就业16726人，占省内转移就业总人数的79.57%，省内转移输出率为76.14%；中高级技工培训4398人，为年计划的112.82%；返乡农民工自主创业技能和农业实用技术培训11366人，为年计划的100%。

【贫困地区产业化及扶贫龙头企业】 围绕新阶段帮助贫困农户解决温饱并脱贫致富的首要任务，加大了产业发展扶持力度，制订了扶贫产业规划，建立了扶贫产业项目库，支持各地规范有序地发展特色扶贫产业。加强了对20家国家级扶贫龙头企业和100家省级扶贫龙头企业的扶持和管理。当年新增4个重点县实施扶贫产业连片开发；继续安排贴息资金支持产业化扶贫；新增扶持110个重点村建立产业发展“互助资金”组织；扶持科技扶贫产业项目32个；与有关科研机构单位合作开展了“融入鄱湖建设、实现生态扶贫”科技扶贫系列活动。2010年江西省共发放项目贷款贴息资金1015万元，支持产业扶贫项目181个，引导贷款33834万元，213万贫困人口从中受益；共发放到户贷款贴息资金1015万元，引导贷款20300万元。贫困群众利用贴息贷款发展生产，实现产业覆盖56.5万农户，其中贫困户12.9万户，年户均增收923元。

【移民扶贫】 2010年江西省按照规划移民搬迁扶贫5万人，实际落实移民对象13425户59021人，超出计划数的18%，累计达到37万人。其中：少数民族乡搬迁6533人，2010年10月底特别追加因灾紧急避让搬迁7060人；集中安置45487人，分散安置13534人；建房安置54018人，购房安置4947人，敬老院安置56人。江西省新建集中安置点395个，已通路391个、通电387个、通水377个，“三通”都完成的372个，分别占99%、98.4%、95.4%和94.2%。

【县为单位、连片开发试点】 2010年江西省连片开发试点工作在井冈山市、余干县、广昌县、修水县开展。项目总投资59467万元。江西省坚持以扶贫开发为宗旨，通过政策统筹和机制创新，加大财政扶贫资金与其他涉农资金整合使用的力度，建立扶持项目与贫困农户直接有效受益的利益连接机制，积极探索整村推进与扶贫产业连片开发相结合的新路子。截至2010年底，完成投资41601万元、占投资总额的70%，其中整合各类资金39601万元。

【社会扶贫】 2010年江西省有1947个各级单位开展定点扶贫，投入和引进资金物资折款2.13亿元；8个中直单位在赣定点扶贫投入和引进资金物资折款近1.3亿元；780个参与扶贫民营企业帮扶资金物资折款1.21亿元；10万多名党员干部和农村致富能手结对帮扶贫困户资金和物资折款4500余万元；省直50个行业单位直接投入定点扶贫所在县资金达1.92亿元。江西省当年接收社会各界捐助资金物资1亿多元。

【贫困地区干部培训】 2010年，江西省共组织扶贫干部培训576期，累计培训人次为32691人，其中：县乡镇领导培训期数为89期，培训干部2921人次；扶贫干部培训期数191期，培训干部9808人次；村干部培训期数296期，培训村干部19962人次。扶贫干部培训资金总投入598.77万元，比上年增长7.25%，其中：省本级组织的培训总投入为173.31万元，比上年增长43.04%；地县级组织的培训总投入为425.46万元。

【鄱阳湖生态经济区扶贫和移民工作座谈会】 江西省扶贫和移民办在深入鄱阳湖生态经济区湖体核心保护区专题调研的基础上，于2010年3月24日在星子县召开鄱阳湖生态经济区扶贫和移民工作座谈会。座谈会明确了对鄱阳湖生态经济区扶贫和移民的主要任务，一是在生态建设方面，主要是搞好农村基础设施建设，改善生产生活条件，增加农村垃圾处理、植树造林项目，改善环境；继续开展移民搬迁，推进生态移民；二是在生态产业体系形成方面，主要是农业产业体系和服务业产业体系，带动农民致富，重点是发展龙头企业、农产品生产基地和生态旅游业，积极探索“经济效益、社会效益、生态效益”融为一体的生态产业扶持体系；三是在生态文明构建方面，主要是在贫困地区积极构建以人与自然、人与人、人与社会和谐共生、良性循环、全面发展、持续繁荣为基本宗旨的文化伦理形态。

【革命老区县认定】 2010年，江西省发展与改革委员会、省扶贫和移民办（省老建办）、省委党史研究室联合下文《关于开展中央苏区县申报核定工作的通知》，要求各地组织有关单位搜集史料，进行认真整理，严格考证，在江西省范围内开展中央苏区县的核定工作，为革命老区加快发展奠定前期工作基础。江西省共核定了老区县（市）63个，并经省政府同意，由省委党史研究室行文上报中央党史研究室审核确认。

【灾后恢复重建】 2010年江西发生特大洪涝灾害，各地认真贯彻落实省委、省政府的紧急部署，迅速派出人员赶赴重灾区察看灾情，指导抗灾，紧急联系社会各界救灾援助。各设区市在工作安排上把服务灾区抗灾自救作为创先争优平台，并认真落实省扶贫和移民办党组关于灾后重建工作专题扩大会议的部署，从规划编制、资金分配、项目安排、社会扶贫各个方面，落实支持灾区抗灾自救的具体措施，把帮助受灾贫困地区渡过难关与做好当年工作紧密结合，确保了当年工作目标得到落实。

【互助资金】 江西省在做好已有的

190 个贫困村互助资金试点工作基础上，2010 年继续安排了 60 个中央互助资金试点村和 50 个省级互助资金试点村，安排资金 1650 万元，江西省试点村总数达到 300 个。共筹集村级发展互助资金 5025 万元。其中：中央财政扶贫资金共安排 2850 万元，省级财政扶贫资金共安排 1530 万元，合计占 87.2%；农户自愿缴纳互助金 447.3 万元，占 8.9%。互助资金共覆盖农户 139943 户，其中入社农户 19089 户，入社贫困农户 7852 户，占入社农户总数的 41.2%。2010 年江西省 300 个试点村累计向 10312 人次发放互助资金借款 4710.8 万元，累计还款 3801 万元，其中贫困户 4600 人次，贫困户借款 1859.9 万元。互助资金共支持农户发展种植业 2054.5 万元，养殖业 1628.8 万元，加工业 474.2 万元，其他 553.3 万元。

【两项制度衔接】 2010 年 4 月，江西省正式启动农村最低生活保障制度与扶贫开发政策有效衔接试点工作。试点全面覆盖了 21 个国家扶贫开发工作重点县 420 个乡镇的 4559 个行政村。截至 2010 年 11 月 30 日，按照年人均纯收入 1196 元的国家扶贫标准，21 个试点县共识别确认农村低收入户 256683 户 830596 人，占 21 个县总人口 8681403 人的 9.57%，其中：扶贫户 164807 户 581493 人，占 70%；低保户 42049 户 108135 人，占 13.02%；扶贫低保户 44059 户 133959 人，占 16.13%；五保户 5768 户 7010 人，占 0.85%。21 个试点县实际确认贫困人数比省按国家统计部门核定分配到县 764413 人多出 66183 人，超出分配指标数 8.66%。

【香港嘉里集团郭氏基金会江西项目】 2010 年 5 月，江西省修水县正式成为香港嘉里集团郭氏基金会在中国大陆的第九个扶贫基地。该项目主要选择在扶贫开发重点村实施帮扶，并辐射全县。策略是在卫生、教育、产业、水资源及基础建设等方面，帮助边远贫困山区村民脱贫致富过上小康生活。基金会每年投入资金 500 万—1000 万元，进行持续 15 年长期纵向跟踪扶贫，以探讨出一整套可持续、可复制的农村地区发展新模式。

【党风廉政建设】 2010 年 3 月 10 日，江西省扶贫和移民系统党风廉政建设工作会议在南昌召开。会议明确要紧密联系新阶段扶贫和移民工作实际，不断加深对扶贫和移民系统党风廉政建设重要性和必要性的认识；要紧紧围绕肩负的责任和使命加强党风廉政建设，为新阶段扶贫和移民工作科学发展保驾护航；要切实加强组织领导，确保扶贫和移民系统党风廉政建设落到实处。

【《中国经济时报》专访江西省扶贫和移民办】 2010 年 4 月 14 日《中国经济时报》刊登专访江西省扶贫和移民办主任刘永思访谈《江西：开发式扶贫，注解新发展》文章。文章主要介绍了江西在主动对接发展机遇、转变扶贫方式；增强扶贫对象造血功能、完善大扶贫机制；实施“十百千万”工程、推动扶贫和移民工作科学发展等方面的经验和成效。

（江西省扶贫和移民办公室政策法规处
李林生　龚亮保）

山东省扶贫开发

【整乡推进】 2010年，山东省按照"村为基础，整乡推进，区域规划，产业开发"扶贫工作思路，充分发挥重点扶持乡（镇）党委、政府在扶贫开发中的组织领导作用，重点扶持了费县芍药山等86个贫困乡镇，覆盖924个贫困村、54万贫困人口。2010年是实施《山东省农村扶贫开发规划（2001—2010年）》的"收官"年，山东省进一步加大扶贫开发力度，强化措施。

1. 加强贫困地区基础设施建设，强基固本，为贫困农民创造基本的生产条件。利用冬、春两个农闲季节，组织大规模开发荒山、盐碱地面积3.2万亩，使山区、盐碱区农民人均达到1亩高产稳产果园或农田，具备了基本生产条件。建生产路401千米、桥涵715座，打井497眼，建水渠158千米、蓄水池155座、拦水坝54座、扬水站8座，架电线47.2千米。

2. 大力发展贫困地区农村支柱产业，优化结构，奠定贫困农民持续增收坚实基础。新栽果树面积15万亩、速生丰产林39万株，建蔬菜生产大棚面积9.6万亩，新增畜、禽饲养量分别为8.95万头、1487.5万只。

3. 健全贫困地区产业发展体系，延长生产链条，为贫困农民解决产品销售难题。扶持新建农产品销售市场12处、面积3.04万平方米，降低农产品销售成本，保护了农民在生产经营各个环节上的利益。

2010年12月下旬，山东省扶贫办会同省财政、审计等部门分成三组，对本年度山东省扶贫开发工作进行了检查验收，总体看整乡推进的特点：一是各地扶贫开发工作思路明。各重点扶持乡（镇）大力调整农业生产结构，不再搞分散生产经营，而是围绕"一乡一品"来组织生产，借助企业和市场带动，实现了集约化经营。二是主导产业发展快。连片开发规模大、质量高、效果好，并探索出以企业、市场、农村"能人"、大户等带动促进农民增收，还探索出吸纳贫困户劳动力就业的多种生产经营模式。三是农民收入增幅高。重点扶持乡（镇）农民人均纯收入达到了6055元，增速比山东省农民人均纯收入高出2.33个百分点。但是，也因扶贫开发资金不足，部分乡（镇）工作力度不够，一定程度地制约了扶贫开发工作平衡发展。

【产业化扶贫】 扶持扶贫龙头企业，在带动农民增收中发挥了重要作用。截至2010年底，山东扶贫龙头企业发展到49家，其中国家级13家、省级36家。当年，山东将国家下达安排的500万元扶贫贴息资金，分别安排在临沂、德州、滨州、聊城、菏泽、淄博、潍坊、济宁、泰安、莱芜等 10 个市，共扶持了 23 家扶贫龙头企业，指导扶贫贷款计划 1.33 亿元。扶贫贴息资金合理安排使用，其中：安排到企业项目贴息资金 250 万元，指导贷款计划 0.8 亿元，企业贷款贴息率为 3%；安排到农户项目贴息资金 250 万元，覆盖 2.6 万个农村贫困户，指导农户贷款计划 0.5 亿元，农户贷款贴息率为 5%。农户项目贷款贴息资金，是根据山东省扶贫办和山东省财政厅共同制定的《山东省扶贫贴息资金管理使用意见》贯彻执行，即凡是使用到农户项目贷款的均由贫困村村委会提名推荐，乡（镇）政府审查，县扶贫办备案，委托乡（镇）农村信用社负责发放。

2010 年，还加大了对省财政直管县的扶持力度，在安排扶贫贴息资金时，重点照顾了惠民、阳信、鄄城、冠县、莘县、泗水、夏津、庆云 8 个财政特别困难县，共安排资金 170 万元。

【扶贫培训】 围绕拓宽贫困户增收渠道和提高贫困群众农业生产经营能力、提高干部管理工作水平，主要开展了 3 个方面培训。

1. 农村贫困劳动力转移培训。2010 年，山东农村贫困劳动力转移培训（雨露计划）计划 1 万人，分别安排到聊城市机电工程技术学校 1752 人、东明县技工学校 890 人、东平县职业中专 1000 人、惠民县职业教育中心 1143 人、东阿县职业教育中心 570 人、郓城县机电职业学校 570 人、成武县张萍技校 715 人、费县劳动职业技术学校 570 人、苍山县劳动就业培训中心 1650 人、沂源县职业教育学校 570 人、沾化县职业教育中心 570 人。2010 年，省里从财政扶贫资金中安排农村贫困劳动力转移培训专项资金 350 万元，按照每个培训对象平均补助 350 元的标准，侧重“两后生”（初中、高中毕业生）就业技能培训。以上 11 所省级农村贫困劳动力转移培训基地根据省扶贫办要求，对参加转移培训对象进行了短期或中期务工技能培训。培训以易就业的机械维修与服装制作为重点，分别培训了钳工和焊接工专业 2650 人、机械维修 1240 人、家电修理 1904 人、电子技术 1080 人、服装制作 2560 人、家政服务 246 人、保安 320 人。培训前，这些基地都与国内一些大、中型企业签订了培训用工合同，确保培训后、输出去，当年有 9800 人实现了转移就业，每人务工年均收入在 15000 元左右，达到了“转移培训 1 人，带动 1 户脱贫致富”的目标。

2. 农村实用技术培训。培训为提高贫困群众脱贫致富能力，还组织贫困村妇女、农村退伍军人等，开展农业、畜牧业、林果业等实用技术培训。各市扶贫办、县扶贫办、重点扶持乡镇，共举办各类技术培训班 124 期，培训 8.68 万人次，其中，山东鲁艺制品厂还开展了跨地区农民编织技术培训共培训了 0.3 万人。

3. 干部培训。2010 年，山东省组织参加了全国贫困地区党政干部、整村推进、产业化扶贫、农村贫困劳动力转移培训、互助资金试点、扶贫金融合作、两项制度衔接、企业帮扶、扶贫工作重点县扶贫办主任、“十二五”扶贫开发计划等专题培训班，参加培训干部达 165 人次。此外，还举办市、县扶贫办主任培训班 8 次，参加培训干部达 220 人次。

【互助资金试点】 自 2007 年山东省开展贫困村村民发展互助资金试点工作以来，试点面迅速扩大。从 2007 年开始的 10 个试点县、51 个试点村、1.13 万个会员户、

1317.42万元试点资金，到2010年底，扩大到26个试点县、657个试点村、11.17万个会员户、1.55亿元试点资金。其中，2010年新增加试点村286个、7.9万个会员户、0.61亿元试点资金。自互助资金试点组织建立以来，累计向4.50万个贫困户发放借款1.66亿元，其中：种植业7301.82万元、养殖业6164.00万元、加工业1651.89万元、商业和运输业1283.50万元、其他行业275.90万元。资金到期回收率达到100%，无逾期不还现象。同期，互助资金协会共收取会员使用费352.72万元，发放协会工作管理人员误工补贴180.72万元，会员参加利润分配96万元，转增互助资金合作组织资本金76万元。

为做好贫困村村民发展互助资金试点工作，提高管理水平，2010年印发了《山东省贫困村村民发展互助资金试点工作手册》（试行）、《山东省贫困村村民发展互助资金试点工作绩效考评办法》等规章制度。8月上旬，省扶贫办分别组织300个新试点村互助资金协会理事长、会计，在山东农业大学举办了两期培训班。

山东省互助资金试点工作与其他省、区、市相比有5个特点：一是试点面扩大快。到2010年底，山东省试点村占全国1/10；二是试点资金中财政扶贫资金占的比重大。国家安排试点资金占财政扶贫资金总量的2.3%，山东占50.0%；三是农户出资比重大。全国试点村农户出资额占互助资金总量的比重为21.0%，山东占46.0%；四是入会农户多。山东会员户占全国的12.3%；五是农民增收效果显著。全国入会农户年均增收685元，山东会员户年均增收1685元。

【两项制度衔接】 山东省从2010年3月开始“两项制度衔接”试点以来，坚持试点工作面宜小不宜大的原则，通过多次深入到贫困乡镇、贫困村调查研究，与民政部门座谈，选择沾化县为“两项制度衔接”工作试点县。2010年8月，省扶贫办批准了《关于沾化县开展扶贫开发政策与农村低保两项制度衔接试点工作方案》，并同意在该县滨海、黄升、泊头3个乡（镇）开展试点工作，参照2009年农民人均纯收入确认“两项制度衔接”对象，按照农村贫困人口收入在1500元以下、民政低保农村人口收入在1300元以下，共识别出衔接贫困户3754户共7542人，其中，扶贫对象2809户共6143人，低保对象845户共1399人。为稳妥作好试点工作，12月，安排沾化县“两项制度衔接”试点专项经费200万元，明确全部用于衔接对象增收项目建设。2010年，试点对象人均纯收入达到5950元，比2009年增加1560元。

【扶贫金融合作】 从2008年国务院扶贫办与中国进出口银行、中国开发银行、中国农业银行开展扶贫金融合作以来，2008—2009年，山东省先后共向中国进出口银行青岛分行和中国开发银行山东分行，共推荐上报扶贫金融合作项目19个。省扶贫办配合金融部门深入到多家企业进行固定资产、流动资金、负债率、信用等级、还贷能力等专项问题调查，多次组织专家评审论证，到2010年底，中国进出口银行青岛分行和中国开发银行山东分行两家，批准在山东省扶贫金融合作项目4个，共安排贷款1.8亿元。其中：中国进出口银行青岛分行，分别安排山东省肥城市龙祥纺织品有限公司贷款指标0.8亿元、莱芜市盛德泰食品有限公司贷款指标0.5亿元；中国开发银行山东分行，分别安排山东省中澳集团贷款指标0.5亿元、平邑县玉泉食品有限公司贷款指标0.3亿元。

【爱心包裹捐助】 根据中国扶贫基金会《关于开展2010年“爱心包裹捐助”通知》要求，2010年5月26日，山东省扶贫开发领导小组办公室和山东省邮政公司，在济南举办了“山东省‘爱心包裹捐助’新闻发布会”，动员山东省社会力量在“六一”儿童节前夕，为全国地震灾区和贫困地区儿童捐助邮寄学习用品。2010年，山东省为全国地震灾区和贫困地区儿童共捐购、邮寄学生型文具包11213个、学校型体育包和家庭型温饱包193个，总价值131.43万元。2010年，山东省指定的冠县、苍山县这两个“爱心包裹捐助”受援县，共收到来自全国各地捐赠的学生型文具包10471个、学校型体育包131个，总价值117.81万元。

【扶贫资金投入】 2010年，山东省扶贫开发工作重点县（区）共投入扶贫资金38844.62万元。按资金来源，其中：中央财政扶贫资金2500万元、省级财政扶贫资金3875万元、市级配套1255万元、县级配套613.55万元、部门帮扶341.9万元、整合其他支农资金1492.7万元、乡（镇）和村自筹3715.29万元、村民自筹21856.78万元、“一事一议”筹资筹劳资金99.9万元、其他3094.5万元。资金使用主要投向：整乡推进34549.62万元、扶贫龙头企业贴息500万元、农村贫困劳动力转移培训350万元、贫困村互助资金试点3000万元、扶贫开发政策与农村低保两项制度衔接200万元。

【绩效考评】 2010年10月12日，国务院扶贫开发领导小组印发《2009年财政扶贫资金绩效考评情况通报》（国开发［2010］5号），山东省2009年财政扶贫资金绩效被评为B级，给予600万元的财政扶贫资金奖励。按照国家财政扶贫资金管理办法有关规定，山东省将此项奖励资金，分别奖励给2010年度扶贫开发工作成绩突出的5个市，其中：滨州市260万元、临沂市120万元、淄博市80万元、潍坊市80万元、济宁市60万元。这5个受奖市于2010年底前，分别将奖励资金用于有关扶贫开发工作重点县扶贫开发项目建设。

2010年底，山东省扶贫办分别授予临沂市等6个市扶贫办、蒙阴县等15个县扶贫办“山东省扶贫开发工作先进集体”称号，费县芍药山等6个乡镇“山东省扶贫开发先进乡镇”称号。2010年，对山东省农村贫困劳动力转移培训示范基地进行了调整，撤销了山东省农村贫困劳动力转移培训示范基地——沂水师范学校示范基地，认定苍山县劳动培训就业中心为“山东省农村贫困劳动力转移培训示范基地”。

【扶贫机构建设】 自1998年“山东省贫困地区开发领导小组办公室”更名为“山东省扶贫开发领导小组办公室”以来，由于该办公室干部职工编制人员数量少、工作任务重，在省扶贫办领导同志多次要求给予增加人员编制的情况下，2010年7月，山东省农业厅党组根据山东省扶贫开发工作需要，为农业厅内设机构——山东省扶贫开发领导小组办公室，增加副主任、副处长、主任科员各1人，使山东省扶贫办的干部职工人数达到13人。

【十年扶贫开发工作回顾】 2001年以来，山东省认真组织实施《山东省农村扶贫开发规划（2001—2010年）》，取得显著成效：一是农村绝对贫困人口大幅度减少。

经过十年扶贫开发，山东省农民人均纯收入低于1000元的绝对贫困人口数量，2000年有420万人，至2010年减少到120万人，占山东省乡村总人数的比重也由5.97%下降到2.16%；二是贫困农民收入明显增加。山东省34个扶贫工作重点县（区）农民人均纯收入，2000年2407元，到2010年增加到5738元。同期，省重点扶持的232个贫困乡镇的农民人均纯收入，由2031元增加到6055元，年均增速比山东省农民人均纯收入高出2.33个百分点；三是贫困群众生产生活条件明显改善。十年来，山东省贫困地区累计开发荒山和盐碱地面积120万亩，新栽果树面积65万亩，建设蔬菜生产大棚36万亩，帮助3805个贫困村群众饮上自来水，搬迁山顶贫困村47个，达1.9万人，63家扶贫龙头企业不断发展壮大，转移培训农村贫困劳动力8万人。贫困地区群众的精神面貌和生活水平发生了很大变化。

（山东省扶贫开发领导小组办公室）

河南省扶贫开发

【扶贫规划】 2010年，河南省扶贫开发前十年纲要实施情况评估和新十年扶贫开发纲要（讨论稿）编制工作初步完成，初步建立了覆盖省辖市、重点县的考评指标体系，对前十年扶贫开发纲要实施情况进行了全面评估，得到省政府主管领导肯定。依据考评情况对6个优秀县、10个先进县，4个优秀省辖市、6个先进省辖市进行了表彰。组织专门力量，初步编制了《河南省"十二五"扶贫开发规划》和《河南省2011—2020年扶贫开发纲要》（讨论稿）。

【扶贫资金投用】 2010年，河南省共落实各级财政扶贫资金11.52亿元，其中：中央财政扶贫资金8.30亿元，省级财政扶贫资金1.51亿元，市县财政扶贫资金1.71亿元。2010年底按照新的扶贫标准，河南省顺利实现100万农村贫困人口脱贫的目标。

【整村推进】 2010年河南省共在1677个贫困村实施整村推进，其中革命老区贫困村818个。范县、鲁山、民权、睢县、台前等革命老区贫困村较多的县，较好地完成了"三个确保"任务；郑州市、安阳市整村推进投入力度较大，成效明显；新乡市创新农村社区建设模式，整村推进起点高、效果好；商丘市注重统筹运作，彩票公益金项目、整村推进连片开发成效明显，2010年9月，国务院扶贫办在该市召开了整村推进规划工作暨彩票公益项目现场观摩会。嵩县、滑县、卢氏、睢县等4个县的44个贫困村纳入国家连片开发试点，首期项目全面完成；固始等县作为省级连片开发试点正按计划有序实施。

【县为单位、连片开发试点】 2010年，河南省有4个县被确定为国家"县为单位、整合资金、整村推进、连片开发"试点县，有44个贫困村被列入试点范围。计划3年实施各类项目597个，共投入各类资金2.44亿元（中央财政扶贫资金投入4800万元，市级财政投入450万元，县级财政投入1070万元，整合部门资金1.07亿元，农民群众自筹资金投入7377万元），通过项目实施，可新修村组道路136.5公里，新打饮水井20眼，建蓄水池91座，铺设引水管道55689米，安装路灯1974盏，修建排水沟68.2千米，建垃圾池287个，购置健身器材68件，栽植绿化树苗68620株，新打灌溉机井17眼。通过项目建设，可解决57251人的行路难问题，解决6936头大牲畜的饮水困难问题，新增有效灌溉面积575亩，使3949户农户受益。

【劳动力转移培训——雨露计划】 2010年，河南省扶贫办经过实地调查、严格考核，对河南省雨露计划培训基地进行了重新认定，由360多个精简到243个，优胜劣汰，进一步强化了培训基地管理。启动了“雨露计划”培训管理系统。积极搞好培训经费直补和免费培训试点，2010年培训贫困农民21.6万，转移就业19.5万，直接增加贫困农民收入16.5亿元。洛阳市、信阳市、濮阳市培训工作扎实，劳务特色品牌效果凸显。

2010年，省扶贫办还与网络公司共同研发了河南省雨露计划信息管理系统，已投入使用。

【贫困地区产业化及扶贫龙头企业】 2010年，河南省共安排科技项目98个，组织省级农业科研院校300多名专家，推广实用技术300项次，培训贫困群众4万人次，带动12万贫困群众发展致富产业。为充分发挥企业对贫困村和贫困户的帮扶作用，2010年省扶贫办与财政厅、人民银行经过层层遴选和评审，共同确定74家省扶贫重点企业。省扶贫重点企业濮阳市恒润石油化工有限公司，新上的碳四扶贫综合利用项目建成后，年产值可达13亿元、利税1.3亿元，可直接安排1700个贫困农民就业，人均年增收4500元以上。充分发挥产业化扶贫作用。2010年投入贴息资金2500万元，吸引金融机构投放贴息贷款8.3亿元，扶持扶贫龙头企业91家。扶贫龙头企业不断壮大，辐射带动能力进一步增强，直接吸纳务工人员1.8万人，辐射带动贫困人口27万人。

【移民扶贫】 在坚持群众自愿、科学选址和差别化补助等原则的基础上，2010年共建安置新村(点)108个，搬迁贫困群众5738户、25190人，分别占年度工作任务的108.6%和114.7%。其中，洛阳市高标准完成了国家“十一五”期间搬迁扶贫试点工作。

【社会扶贫】 一是中直单位定点扶贫力度加大。2010年，共有15个中央国家机关和企事业单位在河南定点帮扶，直接投入资金及物资折款1.92亿元，引进资金5.7亿元。其中：科技部为光山县投入项目资金695万元；国家质检总局在民权县投入扶贫资金近300万元；中石油帮助范县、台前县建学校、医院，实施资源扶贫、智力扶贫，吸纳贫困农民就近就业，村企共建效果明显。二是各级行政、事业单位定点扶贫实现新突破。2010年河南省直机关选派19位处长到贫困村任村支部第一书记，开展定点帮扶。河南省省、市、县三级党政机关及社会单位共向贫困村派出定点帮扶工作队599个，投入帮扶资金（含物资折款）7.88亿元。三是“村企共建扶贫工程”效果明显。2010年，河南省扶贫办和省工商联在河南省启动并实施了“千企帮千村·村企共建扶贫工程”活动，民营企业帮扶贫困村的社会氛围更加浓厚。据统计，河南省参与“村企共建扶贫工程”的民营企业达到1962家，与1942个贫困村开展结对帮扶。对贫困村贫困户直接投入帮扶资金（含物资折款）5.8亿元，直接吸纳贫困农民就业5.6万人，增加劳务收入7亿多元。国务院扶贫办、全国工商联曾联合发文，推广河南省“村企共建扶贫工程”的做法。

【小额信贷和互助资金】 2010年，河南省共投入2200万元财政扶贫贴息资金，发放小额到户贷款4.24亿元，共扶持2.01万户贫困农民发展生产，户均增收2700元以上。舞阳县实施过的整村推进村基本达到一村一品，致富产业逐渐形成规模。固始、潢川等县实行公司连基地、带农户，大力发展“固始鸡”、“华英鸭”等特色产业，促进农民较快增收。河南省共投入1125万元财政扶贫资金，通过竞争在3个县的75个贫困村开展互助资金试点。叶县利用互助资金支持贫困农户发展产业增加收入成效显著，被国务院扶贫办誉为“叶县模式”，并于2010年9月份在该县召开了全国贫困农村互助资金试点现场培训观摩会，推广叶县经验。

【两项制度衔接】 按照省领导和国务院扶贫办的要求，在财政、统计、民政、调查总队、残联等部门大力支持下，2010年4月份在河南省31个国家级扶贫开发重点县和1个省级扶贫开发重点县开展两项制度有效衔接试点工作。2010年11月份，在总结32个县试点工作的基础上，河南将试点扩大到河南省所有县（市）。截至2010年12月，实施两项制度有效衔接试点工作的32个县，共识别登记贫困人口80.6万户、252万人。

【外资扶贫】 2010年，河南省世行五期扶贫项目按照程序完成了项目谈判及各项准备工作，项目进入正式实施阶段。落实先导工程资金1612万元，先导工程项目进展顺利；65个CDD项目村，计划项目192个，已完工112个；完成CDF的项目村已组建社区互助社61个。

【彩票公益金】 2010年，在宁陵、兰考县实施的彩票公益金第一期试点项目投资10626万元，其中中央专项彩票公益金4250万元、整合资金6376万元，基础设施、环境改善项目已经全部完成，村级互助资金项目顺利运行。2010年9月，国务院扶贫办以宁陵为依托，在商丘市召开了彩票公益金扶贫现场观摩会。国务院扶贫办还奖励河南彩票公益金试点项目资金1700万元。

【扶贫宣传】 2010年，省扶贫办门户网站重新改版设计，上传信息300多条。编发《扶贫开发动态》43期、《网络舆情》41期。《河南日报》以《扶贫济困重在为民、倾心共铸十年辉煌》的专版文章，对河南省21世纪前十年扶贫开发成果经验进行了重点报道。

【机关建设】 一是思想政治建设和作风建设取得新进步。通过建设学习型党组织、深入开展“创先争优”、“两转两提”和主要领导为党员干部上党课等一系列活动，办机关讲学习、讲政治、争先进的氛围更加浓厚，作风建设进一步加强。二是文明建设水平有了新提升。扎实开展学习十七届五中全会精神、“我为党旗添光彩、我为扶贫做贡献”等主题教育活动，大力开展“支部共建”和“党员帮扶”活动，文明创建工作取得新成效。三是服务保障能力有新提高。2010年承办了全国互助资金试点培训会议、全国整村推进规划暨彩票公益金扶贫项目试点观摩会、世行五期财务采购培训会等全国性会议，圆满完成了国务院扶贫办等上级单位来豫调研督导及国外高层代表团来访的接待任务，服务能力和接待水平有新的提高，保证了机关有序有效运转。四是倡廉进一步强化。严格落实廉政建设责任制和“一岗双责”，认真做好政务公开和“行风评议”工作，自觉接受社会监督；针对群众的意见建议，积极搞好整改，群众满意度有较大幅度提升。

【十年扶贫开发工作回顾】 河南省

1986年开始有计划地开展农村扶贫开发，在20世纪80年代后期扶贫和90年代实施“扶贫攻坚计划”，基本解决农村温饱问题。进入21世纪，根据《中国农村扶贫开发纲要（2001—2010年）》，制定了《河南省农村扶贫开发规划（2003—2010年）》，确定了国家级扶贫开发工作重点县、乡和贫困村。2000—2010年，河南不断完善政策机制、创新开发模式、聚集社会力量、注重统筹运作、着力民心民生，扶贫开发工作水平不断提高。按照原定贫困标准，十年间河南省共有820万农村贫困人口摆脱贫困，如期完成了《河南省农村扶贫开发规划（2003—2010年）》确定的目标，取得了显著成效。从河南省贫困人口分布从区域上看，主要集中在革命老区、黄淮滩区及滞洪区、豫西深石山区、平原传统农区、艾滋病高发区等五大区域。按照河南省确定的新的扶贫标准（人均年收入1500元），2010年底河南省还有500万左右农村贫困人口，无论是从贫困人口数量还是贫困人口所占的比重上看，河南省在全国仍是一个扶贫开发任务较重的省份。

（河南省扶贫办　郭成德）

湖北省扶贫开发

【概述】 2010年是实施《中国农村扶贫开发纲要（2001—2010年）》和《湖北省“十一五”扶贫规划》的收官之年，湖北省扶贫开发完成了年度工作任务。

一是湖北省建档立卡的贫困人口由上年的630.96万人减少到589.81万人，2010年减贫41.15万人，超计划2.8%；二是29个重点贫困县市农民人均纯收入由上年的2988元增加到3450.57元，增加462元，增长15.48%；三是整村推进当年启动1377个村。至此，湖北省新世纪第一个十年8614个贫困村，全部实施或完成了整村推进任务；四是2010年是湖北省连续实施扶贫搬迁的第7年，当年搬迁贫困户10337户、41348人，超计划3.3%；五是当年转移培训贫困劳动力54264人，超计划8.5%，就业27190人，转移就业率98%；六是老区建设项目区农村人平纯收入比上年增加342.4元，达到4200元，行路、饮水、上学、就医等“八难”问题进一步改善。

2009—2010年，省农业厅安排4.95亿元，省林业局投入2.94亿元，支持脱贫奔小康试点县农林项目建设。省粮食局每年安排1500多万元支持重点贫困县兴建特色粮油经济和县级中心粮库。省商务厅从贫困地区招收培训外派海员7000多人。省工商局支持贫困地区发展农民专业合作社12081个，出资额149.7亿元。省直机关工委组织开展“城乡互联、结对共建”活动，省直159个部门与315个村结成帮扶对子，帮扶产业项目441个，兴办集体经济项目346个，村平集体经济年收入达5万元以上。

2010年湖北省扶贫开发实践，不仅完成了本年度工作任务，同时实现了新世纪头十年《扶贫开发纲要》和《十一五扶贫开发规划》提出的减贫目标，推动湖北省扶贫开发跨上了新的台阶。

2010年，中央对全国财政扶贫资金使用情况进行绩效考评，湖北省受到通报表彰，获奖励财政扶贫资金900万元。11月，国务院扶贫办在宜昌召开“全国企业参与扶贫现场经验交流会”，推广湖北经验。12月，国务院扶贫办致函湖北省，评价“2010年湖北扶贫开发工作继续走在全国前列”。在12月下旬召开的全国扶贫开发工作会议上，湖北作典型发言。

据统计，2001—2010年，湖北省老区贫困地区累计新增通村水泥路突破11.5万公里，农村通路、通电话、通广播电视基本得到解决；29个重点贫困县市农民人均纯收入、地区生产总值、地方财政一般预算收入3项主要指标，均有较大幅度增长

（参见表1）；湖北省共解决了约400万农村贫困人口的温饱和脱贫问题，平均每年减贫40万人。

表1　2001年、2010年湖北省29个重点贫困县市扶贫开发三项主要指标统计

指标＼年份	2001年	2010年	增长幅度（%）
农民人均纯收入	1505元	3451元	229.3
地区生产总值	594.43元	1543.46亿元	159.65
地方财政一般预算收入	26.27亿元	118.52亿元	351.16

【扶贫工作措施】　湖北省委、省政府多次召开高规格扶贫会或现场办公会，研究部署扶贫工作；省委省政府办公厅、省扶贫开发和脱贫奔小康试点领导小组先后印发9个扶贫专项文件，省政府办公厅已连续三年将《湖北省扶贫开发年度工作要点》以鄂政办1号文件下发；省委、省人大、省政府、省政协领导多次深入贫困地区基层调研，亲临现场指导解决扶贫问题。7名省委常委率125个省直部门和单位，定点帮扶7个脱贫奔小康试点县。2010年，省委省政府调整充实了“湖北省扶贫开发领导小组”和“湖北省扶持革命老区建设委员会”，领导小组组长和委员会主任均由省长担任，成员单位分别由上届31个增加到64个；省委、省政府出台了《湖北省地方党政主要负责人扶贫工作责任制考核办法》，每年对市、县党政“一把手”进行考核，以促进扶贫政策措施在本地区贯彻执行。

【两项制度衔接试点】　2010年，农村低保和扶贫两项制度衔接试点扩大到29个贫困县市，共有9160个村完成登记填报，识别录入低收入农户1231365户、3517018人，分别占农村总户数的37%和农村总人口的28%，其中：扶贫户783700户、2432681人，低保户273936户、613253人，扶贫低保户131436户、419253人，五保户42293户、51831人。同时，对贫困状况、需扶项目等进行了摸底，已识别登记的扶贫户中，需产业扶持的109.75万户，占89.1%；需危房改造或移民搬迁的86.3万户，占70%；需沼气池建设的17.57万户，占14.2%；需劳动力培训转移的77.8万人，占贫困人口的85%。为此，湖北省出台了《对贫困户湖北面实施扶贫政策的意见》，提出了“八个扶持到户”并实行两项制度衔接：对有劳动能力的贫困人口由扶贫部门突出扶持发展生产和提高能力；对没有劳动能力的贫困人口，由民政部门纳入低保。

【扶贫项目资金管理】　2010年国家安排湖北省财政扶贫资金50296万元，同比增加4836万元，增长9.73%；省级配套安排财政扶贫资金22110万元（不含脱贫奔小康试点县项目资金7000万元），同比增加2000万元，增长13.24%。省委、省人大、省政府、省纪委高度重视扶贫资金监管，制订和完善了监管措施，省财政厅和省扶贫办每年组建专班开展扶贫资金绩效考评工作。2010年7月，省委常委、省纪委书记黄先耀到省扶贫办专题调研，就抓好扶贫项目资金监管和防控工作提出6点要求。省扶贫办召开湖北省扶贫系统会议传达部署，围绕扶贫项目资金监管和风险防控，完善项目库建设和项目卡管理，制定以竞争方式选择确定扶贫项目暂行办法。

【扶贫制度建设】　《湖北省农村扶贫条例》（以下简称《条例》）于2010年2月

1日起正式施行。为此，省委、省人大、省政府开展了“三个一”活动：1月23日，省人大、省政府联合召开一次新闻发布会，省人大分管副主任和省政府分管副省长出席并讲话；1月24日，省人大副主任罗辉、副省长赵斌分别在《湖北日报》发表一篇贯彻落实条例的署名文章；3月下旬，省委、省政府举办一期由各地党委和政府分管领导参加的《条例》专题培训班。湖北省各级贯彻落实《条例》，增强依法扶贫意识，依法规范扶贫行为。9月，省委办公厅组成3个督查组，对湖北省各地贯彻落实《条例》进行专项督查，召开新闻发布会，向社会和媒体发布了《专项督查情况暨湖北省扶贫开发工作综合报告》。同时，在湖北日报公开发布扶贫年度报告，全文发表解读《条例》的文章，营造了良好的依法扶贫氛围。

【脱贫奔小康试点】 湖北省委省政府当年新出台12项支持政策，至此，7个脱贫奔小康试点县市现享有扶持政策增加到20项。重点（大）建设项目总投资190.32亿元，比2009年增长60.3%。当年7县市实现国内生产总值327.25亿元，同比增长17.8%；规模以上工业企业增加值101.39亿元，同比增长26.8%；财政总收入29.38亿元，同比增长21.3%，其中，地方一般预算收入15.04亿元，同比增长19.6%；农民人平纯收入3936元，同比增长13.7%。年末贫困人口存量61.47万人，同比下降7.7%。

【整村推进】 2010年是湖北实施整村推进、“三个确保”任务最重的一年，最后一批1377个重点贫困村纳入启动范围。共投入扶贫资金113740.6万元，村平达到82.6万元。规划两年建设项目5931个，当年已完成4535个，占规划项目的75.6%。发展各类种植业96万亩，维修村小学3.9万平方米，培训农民21万人次，新修乡村道路5700公里，解决23.8万人的饮水问题，扶贫搬迁33738人。同时，对2008年500个村的整村推进进行验收，实施整村推进后，减贫3.1万户、14.42万人，贫困发生率由33.4%下降到14.6%；农民人均纯收入3088元，比实施前增加662元，绝大部分村达到验收标准。

【产业化扶贫】 2010年，湖北省共安排贷款贴息资金5065万元，发放贴息贷款15.376亿元，重点用于扶持龙头企业和贫困户发展生产，带动人平增收200元；在29个重点县的201个贫困村开展互助资金试点，累计投入财政扶贫资金3055万元，累计发放扶贫互助资金2317万元，入社农户人均增收453元。据省扶贫办专题调研组对湖北四片山区5县10村调查显示，入社的1090个农户中贫困户占56.7%，累计发放的276.85万元借款中贫困户借款占68.9%，累计还款的230.49万元中贫困户到期回收率98.9%。

【移民搬迁扶贫】 2010年，湖北省扶贫搬迁连续第6年纳入省政府向湖北省人民承诺办好的10件实事之一。2010年共筹措扶贫搬迁补贴资金8000万元，其中，国家财政扶贫资金2666万元，省财政专项预算2000万元，以工代赈资金2667万元，民族发展资金667万元。补助标准人平2000元、户平8000元以上。在此基础上，再由当地政府补一点，机关部门帮一点，企业、社会捐一点，搬迁户筹一点，解决好搬迁建房问题。同时实施“一建三改”、产业扶贫等配套政策，解决基础设施和发展生产问题，让居住条件最恶劣、生活最困难的贫困人口优先从高山、深山里搬出来，把大山里的贫困户搬到山外脱贫。

省妇联实施“关爱单亲特困母亲行动”，会同扶贫部门将2500多户农村单亲特困母亲家庭纳入扶贫搬迁工程。

【劳动力转移培训】 2010年，雨露计划坚持由短训为主向中职长训转变，在提高就业技能的同时，达到中职文化学历。2010年共安排培训补助资金5000万元，补助标准由2009年人均800元提高到人均1000元，以培训代金券形式发给贫困学员。当年罗田县被列为全国雨露计划9个改革试点县之一，补助资金由过去拨给培训学校，改为直补到贫困学员。罗田县确认直补对象1699人，人均补贴1000元，全部用“一折通”直补到贫困农户。同时，开展贫困地区干部培训、“千村书记培训工程”和“三支一扶”工作。2010年培训基层干部2733人，其中整村推进贫困村党支部书记2131人。征集并培训127名“三支一扶”大学毕业生从事基层扶贫工作。

【老区建设】 湖北是全国重点老区省，省委书记李鸿忠上任伊始，就提出将建立“大别山革命老区经济社会发展试验区”列入湖北省“十二五”规划。为探索老区连片开发路子，2010年对国家财政扶贫资金在红安革命老区示范试点进行了总结验收，启动中央彩票公益金在麻城、阳新老区试点并完成规划任务60%的受扶项目，宣恩县纳入全国革命老区示范试点项目。省级财政新增2000万元老区和插花扶贫资金，采取竞争的方式确定12个重点老区乡镇和8个插花贫困乡镇实行连片开发。2010年安排9696万元，组织湖北省303个老区贫困村实施整村推进，扶持项目1607个，重点解决“饮水、行路、增收”三大难题。投入810万元，扶持湖北省27个老区中心地带乡镇，安排项目39个，使长期影响重点老区的“三难”问题得到改善。2010年省直部门筹集老区建设资金1061万元，2010年省级投入老区资金共达1.66亿元，比2009年增加了5000多万元。

【插花扶贫】 2010年是上一轮“百乡千村”扶贫的最后一年，省级财政安排插花扶贫资金6500万元，实施项目968个，重点扶持“百乡千村”中300个重点贫困村整村推进。加大对库区、湖区、分洪区、血吸虫疫区等特殊困难地区的扶持，省政府近三年两次召开公安县分洪行洪区孟溪大垸综合扶贫开发专题会议，省、市、县三级共有90多个部门参与孟溪大垸扶贫，共实施各类项目178个，完成投入4.81亿元。同时，插花贫困地区市、县（市区）党委政府不断加大本级财政投入，组织动员党政机关、企事业单位、社会团体参与扶贫开发。截至2010年底，5年累计完成了1500个村的整村推进任务，先后解决了19万贫困人口的温饱和脱贫问题。

【基础设施建设扶贫】 截至2010年底，湖北省发改委争取中央以工代赈资金和示范工程投资，5年达到11.4亿元。省交通运输厅在29个重点县市累计建设通村公路10万多公里，除个别地区外，基本实现村村通沥青（水泥）路。省水利厅对每个重点贫困县均安排1—2个水利基础设施项目，投资比例高出其他地区10%，解决了贫困地区近420万人的饮水安全问题。省经信委投入5710万元，扶持丹江口市脱贫奔小康试点。省国土资源厅投资4.6亿元，安排7县市土地整理和低丘岗地改造项目21.3万亩。省电力公司落实长阳、巴东、秭归、神农架四期扶贫项目193项，累计投入扶贫资金9.42亿元。

【医疗卫生扶贫】 省卫生厅从2009年起力争用3年时间，支持每个贫困县建一所达标县医院和乡镇卫生院，每村建一所合格卫生室。省民政厅落实农村低保与扶贫开发“两项制度”衔接工作，湖北省农村低保人数由2007年110万人扩大到2010年212万人，年平均保障标准从750元提高到953元。省人口计生委筹措5800多万元，救助计划生育特困人数4.56万人。省残联完成农村贫困残疾人危房改造5万多户，95%的农村残疾人参加了农村新型合作医疗保险。省住建厅投入1599万元，帮扶通山县实施村庄整治，完成村镇布局规划。省环保厅2010年争取中央环保资金17795万元，安排省级环保资金6627万元，用于贫困地区农村环境整治、饮用水水源保护等。

【教育扶贫】 2010年，湖北省教育厅落实扶贫助学政策，使在校15%的农村贫困生免中职学费；2010年共有11万贫困大学生申请到助学贷款，受助金额6.6亿元。省人社厅共选派17231名“三支一扶”大学毕业生到贫困地区基层开展支教、支医、支农和扶贫；拨付3.04亿元支持脱贫奔小康试点县农村劳动力转移就业服务体系建设。省科技厅长期支持大别山科技扶贫，省科协组成专家团赴贫困地区乡村开展种养业咨询服务。团省委2010年实施“希望工程”筹款3841万元，资助学生7000多人，援建希望小学33所。

【乡镇文化站信息资源共享工程】 2010年，湖北省文化厅投入2.24亿元，在重点贫困县实施县级“三馆”、乡镇文化站信息资源共享工程。省体育局投入1亿多元，援建贫困地区农民体育健身工程4000多个、路径1000多条。省广播电影电视局支持贫困地区完成20户以上的自然村广播电视村村通任务，除少数高寒、偏远地区外，基本实现一村一月一场电影的目标。

【特困地区扶贫】 一是“616”对口帮扶，即1名省级领导，率6个省直单位对口支援1个民族贫困县（市），每年至少办6件较大实事。省民宗委组织省直相关部门与恩施州、宜昌市10个民族贫困县（市）对接，三年帮扶项目600多个，落实帮扶资金30多亿元；二是对口支援三峡库区秭归、巴东、兴山、夷陵4个贫困县区，省三峡办会同相关部门和地方政府，共争取和落实省内外支援项目1781个、资金221.37亿元，推动了库区、贫困地区发展；三是做好艾滋病、重灾区贫困村防治工作。2010年对14个艾滋病重点贫困村落实扶贫项目资金140万元，向国务院扶贫办争取救灾资金700万元，用于重点贫困县灾后重建。

【贫困监测网点建立】 湖北省统计局发挥统计信息优势，配合“两项制度”衔接，制定综合考评办法。国家统计局湖北调查总队在重点贫困县（市）2950个农户中建立贫困监测网点，为扶贫绩效考评、资金分配提供了依据。省测绘局投入2124万元专项资金，完成鄂西贫困山区测绘图958幅，为编制武陵山区规划作出了贡献。省委组织部在贫困地区实施强村富民、强基固本的“双强”工程，湖北省共有37万党员结对帮扶32万贫困户，投入帮扶资金4480万元。省审计厅加大扶贫项目资金的审计力度，促进了扶贫资金规范化管理。省纪委监察厅带领省直单位对口支持通山县，5年落实帮扶项目120个，资金8.8亿元。省委宣传部、省新闻办先后多次举行扶贫开发新闻发布会；《湖北日报》等媒体加大扶贫宣传，为扶贫开发营造了良好的舆论氛围。

【社会扶贫】 1. 中直机关扶贫。从2002年开始，国家确定农业部、水利部、科技部、国家烟草局等11个中直机关和单位，定点帮扶湖北20个重点贫困县。截至2010年，共选派103名干部到湖北重点贫困县挂职；直接投入帮扶资金26.18亿元，捐赠物资折款3900万元，实施帮扶项目367个；帮助引进资金1.55亿元，引进人才267人，引进技术98项；培训干部和技术人员2.35万人，资助贫困学生6632人。

2. 市县协作扶贫。武汉市定点帮扶郧西县，14年累计投入5800万元，帮扶项目205个。2010年6月，省委副书记、时任武汉市委书记杨松率领武汉市党政代表团赴郧西县考察调研，落实帮扶项目10个，帮扶资金1000万元。

3. 企业参与扶贫。据不完全统计，湖北省共动员组织1100家大中型企业参与贫困村共建，合作项目1450个，年创造效益16亿元。省委统战部、工商联、省总工会积极组织民营企业参与扶贫开发。省国资委组织56家国有大中型企业，分两批与156个贫困村结对共建，取得明显实效。

4. 社会组织扶贫。省老区建设促进会（省扶贫基金会）2010年累计募集扶贫基金3000多万元，支持老区项目建设。筹集并投入资金1.76亿元，兴办思源回报工程338处，使15万户、65万老区人民受益。湖北省扶贫开发协会组织和动员107个会员企业和团体，共拿出近2亿元扶贫帮困。有25家会员企业获得扶贫贷款3亿元、财政扶贫资金贴息1000多万元，通过村企共建、产业扶贫，带动20多万贫困农户脱贫。香港嘉里集团郭氏基金会在孝昌县设立“郭氏基金孝昌脱贫奔小康协会”，计划用15年时间帮助示范村逐步实现长效脱贫模式。2010年已完成14个试点项目，投资270万元。

5. 国际组织扶贫。湖北被国务院扶贫办列为国际扶贫培训实地考察基地之一，近年已在湖北省举办2期亚洲政府官员扶贫培训班。韩国国际扶贫协力团派出志愿者，援助12万美元，在罗田、长阳县实施贫困劳动力转移培训、计算机信息技术和蔬菜新技术推广项目。联合国儿童基金会投入20万元，在秭归县2个贫困村，开展为期3年的“儿童贫困与发展干预项目”试点示范，已取得阶段性成果。

【驻鄂部队扶贫】 2010年1月，省政府办公厅、省军区政治部联合印发《关于驻鄂部队定点帮扶脱贫奔小康试点县工作的通知》，召开学习贯彻国务院扶贫领导小组和解放军总政治部《关于进一步加强全军和武警部队参与扶贫开发工作的意见》座谈会，对驻鄂部队定点扶贫进行部署。

2010年9月，湖北省军区召开全区参建扶贫会议，总结交流扶贫工作。一是产业帮带。截至2010年底，全区民兵预备役人员，3年创办水产、畜牧、花木、菌类等种植、养殖基地6000多个，创建农产品深加工、乡村旅游等经济实体900多个，使对口帮扶地区形成了“一村一品”、“一乡一业”的产业格局。恩施军分区拓展“131”扶贫工程，推出“1个人武部协调3个以上地方部门帮扶1个贫困村”的新模式，建立黄莲、烟叶、毛尖茶等特色产业基地100多个，帮助79个贫困村实现整体脱贫；二是科技帮扶。近两年来，军区共组织农村科技和实用技术培训626期，举办科技知识讲座1200多次，培养各类技术骨干3.5万人，受训群众达6万余人次；三是结对帮扶。军区共建扶贫联系点1445个，帮助185个贫困村初步改变面貌。成建制组织民兵预备役人员120多万人次，在老区贫困地区承担整治人居环境重点工程130多个，帮助近100万村民改善了生产生活条件；四是党建扶贫。协调地方组织部门，采取公推直选的办法，将2200多名优秀退伍军人充实到村支部班子，安排350名专武干部担任村支部书记或副书记，选派现役干部和专武干部到薄弱村蹲点挂职。省军区机关与竹山县建立挂钩定点扶贫，连续14年派出团职干部代职副县长，帮扶34个村党支部改变了落后面貌。截至2010年底，军区各级帮建的200多个村级党支部，改变了后进面貌的占83%，被县以上评为先进的占68%。

按照省政府、省军区的部署，驻鄂空降兵某部、海军工程大学、第二炮兵指挥学院、通信指挥学院、军事经济学院、空军雷达学院、总后武汉后方基地7个单位，分别定点帮扶7个脱贫奔小康试点县（市）。2010年，军事经济学院捐资110万元，帮助对口帮扶的保康县办了捐赠教学设备、文体器材、资助贫困生、慰问军烈属等8件实事。

（湖北省扶贫办　洪绍华）

湖南省扶贫开发

【概述】 2010年，是实施《中国农村扶贫开发纲要地（2001—2010年）》的最后一年，湖南省上下共同努力，完成了收官之年的各项任务。湖南省20个国家扶贫工作重点县农民人均纯收入达到2638元，比2009年增长10.28%；省扶县、比照县的经济发展速度加快，面上贫困村的面貌也发生了可喜变化。湖南省扶贫开发工作得到了国务院扶贫办、财政部等部委的充分肯定，全国财政扶贫资金绩效考评中，湖南省被评为A级，排名全国第二，中东部省份第一。

【扶贫资金投入】 2010年，湖南省投入各类扶贫资金14亿元。投入财政扶贫资金11.4亿元，其中中央安排财政扶贫资金8.7亿元，省财政配套安排资金1.9亿，市（州）、县配套资金8380万元。行业扶贫资金1.9亿元。中央直属单位驻湘定点扶贫投入资金8101万元，其中现金7591万元、物资折款510万元，湖南省46个省直单位驻村建设扶贫投入扶贫资金9050万元，市县直属单位驻村建设扶贫投入资金6111.8万元；湖南省驻湘部队扶贫投入资金2100万元。社会扶贫资金6830.5万元。中国扶贫基金会投入资金321万元，其中现金5万元、物资折款316万元，外资投入6509.5万元（人民币），其中日元贷款5808万元、德元援助资金701.8万元。

【技能培训】 2010年实现了“培训重点、培训方式、资金拨付、管理机制”四个转变，帮助17600个贫困家庭子女完成职业学历教育，培训村科技骨干1440人，培训村官1020人，农村实用技术培训50多万人(次)，培训机制进一步完善。

【县为单位、连片开发试点】 2010年，湖南省确定在沅陵、平江、古丈、永顺、保靖等5个县开展“县为单位、整合资源、整村推进、连片开发”试点，每个试点县年度投入中央财政扶贫资金500万元，整合资金1.02亿元，用于当地支柱产业茶叶和油茶的开发。由于具备良好的资源优势、政策优势和科技优势，产业发展来势非常好。新增安化、桑植、新化、花垣4县120个村为互助金试点村，以及茶陵、石门等15个省扶贫开发工作重点（比照）县的30个贫困村进入省自主安排的互助资金试点范围。

【信贷扶贫】 湖南省结合湘西地区开发战略的实施，加大了扶贫贴息贷款力度。2010年，安排财政扶贫贴息资金4690万元，其中项目贷款财政贴息资金3310万元，农户小额信贷财政贴息资金1380万元；累计发放扶贫信贷资金12亿元，其中项目贷款累计发放9.3亿元，到户小额信贷2.8亿元。贫困地区产业规模进一步扩大，贫困地区农业龙头企业和贫困农民得到发展。

【扶贫项目】 中央和省级财政扶贫资金主要用于贫困地区基础设施建设、产业发展、劳动力技能培训和两项制度直接帮扶到户等四大工程，实施各类项目2855个，项目涉及到14个市州、44个国家和省扶贫开发工作重点（比照）县和68个有省扶贫重点村的面上县。

1. 扶贫产业开发项目。2010年投入财政扶贫资金1.96亿元，其中安排到村入户种养业项目1.23亿元，发展林果、药材、草场等种植业85.2万亩，饲养牲畜、禽类等34.4万头（只）；支持以湘西地区为主的农业龙头企业建设3000万元，扶持龙头企业100多家，拓展产业基地面积34万亩、养殖大牲畜24万头。

2. 扶贫培训项目。投入财政扶贫资金5460万元，其中安排劳务技能培训资金3945万元，培训输出贫困农民2.2万多人；安排实用技术等培训资金1515万元，培训农民50万人（次）；安排科技推广及示范资金200万元，推广良种面积345万亩。

3. 基础设施建设项目。投入财政扶贫资金16950万元。新增通公路村478个，新修和完善村级公路6000多公里；新增通电村69个，新增和改造输变电线路2600多公里；解决饮水困难55万人；新增基本农田8万多亩；解决无房危房户数25000户，新增房屋面积200万平方米；新增沼气池35000口，节能灶24000多个；扶贫移民搬迁6300多人。贫困村生产生活条件和生态环境进一步改善。

4. 两项制度有效衔接及其他。投入财政扶贫资金27582.5万元，积极支持贫困地区造册登记扶贫对象发展生产和促进贫困地区电信、电视、网络及教育事业发展。

【扶贫政策支持】 2010年12月7日，湖南省委副书记、省长徐守盛率省直有关部门领导到国务院扶贫办汇报工作，就国家扶贫开发工作重点县的调整、集中连片特殊困难地区的范围和财政扶贫资金投入等政策提请国务院扶贫办支持；分管副省长徐明华先后两次到国务院扶贫办汇报湖南扶贫工作；省扶贫办先后分期分批带领有关人员进京汇报，进一步密切同国务院扶贫办、财政部等有关部委的政策衔接。安排湖南中央扶贫资金年度增幅近14%，武陵山区和罗霄山区列入国家连片开发范围，为开创湖南省扶贫工作新局面奠定了基础。同时，积极向省委、省政府汇报，争取领导更加重视和支持。加强与省财政、省发改委等部门沟通，争取部门支持。原省委书记张春贤、省委秘书长杨泰波、省长助理李友志专程到省扶贫办调研，省委书记周强也多次对扶贫工作做重要批示。

【两项制度衔接】 2010年2月，两项制度有效衔接试点工作总结大会在湖南省邵阳市召开。国务院扶贫办主任范小建对湖南两项制度有效衔接工作给予肯定。邵阳县作为全国首批试点县之一，试点经验在全国推介。会后，湖南省在44个重点县和1个面上县进行了推广，实现了由点到面的突破。湖南省45个县完成扶贫对象登记100多万人，安排财政扶贫资金2.6亿元，60.9万扶贫对象得到了直接帮扶。湖南省扶贫办先后举办专题培训班4次，并分片区、分组进行了项目审定和督查工作。在队伍建设、对象识别、制度建设、帮扶到户、宣传发动等五个方面抓出了湖南特色，其作法和经验继续领跑全国。在全国

“两项制度有效衔接”培训班和全国扶贫开发工作会议上作了典型发言。

【扶贫规划编制】 湖南省扶贫办协调省财政厅、省发展改革委员会、省民族事务委员会和省民政厅等部门，编制了《湖南省十二五消除贫困与全面小康发展规划》；协同省发展改革委员会编制了《湖南省易地扶贫搬迁十二五规划》；启动了《湖南省武陵山区连片开发规划》和《湖南省十二五整村推进规划》。

【扶贫资金管理】 湖南省在财政扶贫资金安排上进一步完善了“基数+因素”的财政扶贫资金分配办法，坚持“适度平衡、确保专项、突出重点、公正公开”的原则，科学安排，做到了扶贫资金计划早安排、项目计划早下达，资金计划落实较往年提前近三个月。同时，结合湖南省强农惠农资金大检查活动，进一步强化资金项目管理。召开了湖南省扶贫系统专项工作会，下发了《关于印发〈关于开展财政扶贫资金扶贫办专项清理和检查工作的实施方案〉的通知》，对检查事项进行了明确部署，组织市州县重点对2007—2009年的财政扶贫资金进行全面自查自纠，组织检查组对各市县自查情况进行专项督查。从督查情况看，湖南省扶贫资金总体运行情况是好的，“省专项清查简报”两次报道省扶贫办的工作情况，在专项清查总结会上予以表扬。

【社会扶贫】 1. 行业扶贫力度加大。省扶贫开发领导小组各成员单位，在湖南省湘西开发工作会议后，从政策、资金、项目上对贫困地区进一步倾斜，有力地支持了贫困地区经济发展。

2. 定点帮扶工作不断强化。中国远洋运输（集团）公司和东方资产集团3月正式进入沅陵、安化和邵阳三县开展定点扶贫，驻湘扶贫的中直单位达到12个，定点扶持17个国家扶贫开发重点县。省辖六市对口扶持湘西六县力度进一步加大。湖南省共派出干部12252名，组成3708个工作组，开展驻村扶贫，有力推进了第三轮贫困村整村推进工作的全面完成。

3. 社会爱心力量更多元化。正式组建了湖南省扶贫专家咨询委员会，原省委副书记谢康生任主任，办公室设在省扶贫办；驻湘部队“2111工程”正式启动；开展邮政包裹献爱心、玉树救灾捐款等活动；参与了第三届中国消除贫困候选人推荐；与上海“双鹿”、“上菱”两公司开展了“机电下乡惠农扶贫工程”。外资扶贫项目取得了新的进展，日贷项目90%已经完工并交付使用，发挥了良好的经济社会效益，德援项目已经推广实施。面上分散贫困村的帮扶力度进一步加大。

【扶贫机构和干部队伍建设】 2010年，按照“围绕业务抓党建，抓好党建促业务”的总体思路，加强机关自身建设。

1. 创先争优活动富有成效。组建省扶贫办创先争优活动领导小组，设立了办公室，制定了详细活动实施方案，把2010年的工作目标和任务分解到各支部，将创先争优活动与党员公开承诺相结合，机关干部党员履行承诺，促进了工作落实。

2. 机关内部建设有新气象。抓综合和宣传工作，改版“湖南省扶贫开发政务信息网”和《湖南扶贫开发简报》，2010年共编辑《简报》13期，网站上传发布信息730条，其中被国务院扶贫办网站转发信息8条，外省扶贫网站摘发11条；2010年在省以上媒体刊发稿16篇。抓机关后勤保障。2010年国家有关部委、兄弟省市来湖南考察调研活动较多、机关人员不断增加、工作任务繁重，办公经费面临的压力大。在争取财政支持的同时，加强管理，科学预算，厉行节约，确保了机关工作的正常运转。综合治理、机要档案等工作得到加强，分别被省直有关单位评为综治先进单位、先进个人和档案管理先进个人。

3. 党风廉政建设有新加强。权力运行进一步规范，制订《权力运行制度建设实施方案》，对机关内部的行政权力、行政职权和职权分类进行梳理研究，健全了机关内控机制；深入学习《廉政准则》，结合“52 不准”，加强预算编制整改、“小金库”专项治理及“回头看”、“5 + X”专项检查活动等工作，进一步夯实了党员干部拒腐防变的能力。

4. 加强绩效评估工作。组织湖南省扶贫系统开展评先评优活动，通过市州推荐、民主测评，湖南省扶贫系统评选出 20 个先进单位，其中市州扶贫办 3 个，国家和省扶贫开发工作重点（比照）县 13 个，面上县 4 个。

5. 机构和干部队伍建设有新提高。参照国务院扶贫办机构设置，谋划内设机构调整加强，对处室名称、职能进行调整，理顺了对国务院扶贫办各司的关系，做到业务上对口。对湖南省扶贫办机关人员进行了组合调整，进一步明确各自岗位职责，提高了工作质效。规范创新干部选拔任用机制，2010 年涉及人事调整 15 人，其中转任处长 1 人、提拔副调研员 2 人、副处长 4 人、副主任科员 4 人，培养吸收党员 3 人，进一步激发了全体人员工作的主动性和创造性。

（湖南省扶贫办计划财务处
钟永红　匡光华）

广东省扶贫开发

【概述】 2010年，广东省扶贫开发直接瞄准3409个贫困村76万户贫困户，将定点帮扶责任全部落实到广东省五千多个帮扶责任单位，各帮扶责任单位按照“规划到户责任到人”（以下简称“双到”）的工作要求，共派出驻村工作组3541个，驻村干部11524人，完成了37多万帮扶户的建档立卡工作，实现了定点、定人、定责帮扶；制定了贫困村的帮扶方案和年度项目实施计划，建立了覆盖“双到”工作各个环节的考评问责机制和驻村干部管理规定，有效推动了扶贫开发“双到”工作深入开展，贫困村基层民主建设、组织建设和精神文明建设得到进一步加强，贫困户家庭增收明显，贫困村公益事业明显进步，村容村貌明显改善，村风民气明显转变，贫困村、贫困户稳定脱贫机制初步建立，贫困村经济社会发展的基础得以夯实。据统计，2010年广东省经核定的37.1万户、155.8万贫困人口年人均纯收入达2410元，与帮扶前相比，人均增收822元，增幅达51.76%。有15.6万户贫困户达到年人均纯收入达2500元以上，初步实现脱贫，占贫困户总户数42.19%，脱贫率超出年度目标12.19个百分点。3409个贫困村集体经济收入达10249万元，比帮扶前增收5859万元，增长133.46%，平均每村达3.01万元。

【党政主导】 广东实施扶贫开发“双到”工作领导重视程度之高前所未有。2010年3月、5月中共中央政治局委员、广东省委书记汪洋分别到河源、韶关就扶贫开发“规划到户、责任到人”进行专题调研；11月份广东省委副书记、省长黄华华到韶关市专题调研扶贫开发“规划到户、责任到人”工作。6月10日，省委、省政府在韶关市召开扶贫开发“双到”工作现场会，对广东省开展“双到”工作一年来情况进行阶总结，对下一步工作进行部署。汪洋书记和黄华华省长出席会议并作重要讲话。2010年下半年，省委常委会先后专门召开七次会议，听取了21个地级以上市扶贫开发“双到”工作专题汇报，汪洋书记、黄华华省长每次都做重要指示，形成会议决议，指导工作落实。10月22日召开广东省扶贫开发“规划到户、责任到人”驻村干部座谈会，省委书记汪洋出席会议并作重要讲话；11月18日、19日，省扶贫开发领导小组分别召开了粤东西北和省直、中直驻粤单位扶贫开发“双到”工作座谈会，推进扶贫工作落实，常务副省长朱小丹、副省长李容根出席了会议。省委13位常委和分管农业农村工作的副省长，每人挂钩联系一个市，并全部赴挂钩市督查“双到”工作。各市县党政一把手都亲自挂村抓点。省直和中直驻粤单位主要领导及班子成员多次到单位定点帮扶村指导督查工作。各级党委、政府，各帮扶单位成立专门的领导机构，据统计，2010年广东省各级领导到村近20万人次，干部职工到户达140万多人次。

【资金投入】 扶贫开发“双到”工作投入力度之大前所未有。截至2009年12月底，广东省共投入资金44.21亿元，其中财政专项资金19.14亿元，信贷资金0.33亿元，各单位自筹资金12.8亿元，个人自筹资金2.03亿元，社会捐资投入3.86亿元，社会引资5.13亿元。平均每个村129.7万元。有1633个村超过100万元。当年投入资金中，用于扶持贫困户的11亿元，平均每户近3000元；用于扶持贫困村33.2亿元，平均每村97万元。同时，广东省共扶持3409个贫困村发展经济建设项目7556个，其中农业开发项目5336个，工业开发项目1090个，商贸旅游项目540个，招商引资项目592个。“十二五”期间省财政将投入54.15亿元资金改造54.15万户农村贫困户危破房；统筹18个亿元资金解决“两不具备”条件的6万户30万人口的搬迁移民问题，为“双到”工作的顺利开展提供切实可靠的保证。

【社会参与】 2010年各级党委政府广泛发动社会各方面力量加入到扶贫开发行列中来。广东省共有5000多个机关、企事业单位参加定点帮扶工作。“6·30广东扶贫济困日”活动期间，广东省各界捐款达30亿元，其中：民营企业家就捐款16亿多元。同时，中央和省、市新闻媒体，全方位、多形式宣传报道广东省扶贫开发“双到”工作，为构建政府强力推进，社会广泛参与大扶贫格局营造良好舆论氛围。

【改善民生】 2010年，在广东省3409个贫困村，解决了26109户低收入住房困难户的住房难问题，占低收入住房困难户总数的16.8%；将符合农村低保政策的48922户贫困户纳入农村低保，帮助36.2万户贫困户参加新型农村合作医疗，为贫困村修筑硬底化道路7956.1公里；完成农田水利工程4076宗，新增受益面积达107.3万亩；解决了66.9万户贫困村内农户饮水安全问题，贫困户饮水安全率达95%以上；新建村公共文化卫生设施9655个。贫困户适龄子女普及义务教育入学率达100%，考上高中和高等院校的贫困户家庭学生能够正常在学校就读。新增有意愿的贫困户劳动力转移就业11.07万人。

【工作措施】 1. 建立瞄准机制，实施“靶向疗法”，解决“扶谁的贫”的问题。从摸清贫困人口的底数入手，以2007年认定的年人均纯收入1500元以下的贫困人口为基数，组织人员对广东省贫困人口进行拉网式核查，明确规定凡在2009年农户家庭年人均纯收入2500元以下的，全部确定为扶贫工作对象。做到“户有卡、村有册，镇有簿、县有案”，贫困村、贫困户的基本信息均录入电脑，建立贫困人口动态档案和帮扶台账，实现网上管理，形成了实时广东省联网监测系统。各挂扶单位帮扶规划和扶持措施，体现“远期、近期结合，大、小项目结合，产业扶贫和培训转移就业结合”的扶持方法，既扶村更扶户，让不同条件的贫困农户都能得到扶持，体现“一村一策、一户一法”。

2. 拓展扶贫思路，探索扶贫方式，解决长效稳定脱贫问题。一是区域经济协作帮扶。二是农业产业化帮扶。三是特色旅游帮扶。四是入股经济项目帮扶。五是金融信贷帮扶。六是技能培训帮扶。七是助学帮扶。八是医疗扶贫。九是生产资料帮扶。十是基本生活保障帮扶。十一是“送温暖”帮扶。十二是基础设施和公共服务帮扶。十三是移民搬迁帮扶。十四是基层班子建设帮扶。

【制度建设】 一是加强贫困地区党的基层组织建设。制定《广东省扶贫开发“双到”驻村干部管理使用规定》，明确规定帮扶单位要加强贫困村领导班子建设，开展党支部一对一帮扶活动；选派“村官”，强化班子能力。二是建立和完善相关法规制度。制定《广东省扶贫开发“双到”工作考评办法》、《广东省扶贫开发“双到”工作问责制暂行办法》、《广东省扶贫开发“双到”工作帮扶双方工作责任制》等一系列制度规定。三是广泛宣传引导。组织开展“双到”工作“插红旗”和“五个一百”先进典型评选活动，推动工作开展；央视《新闻调查》、《中国经济周刊》、《南方日报》等主流媒体，对“双到”工作作了一系列的报道。四是建立长效性社会动员、参与机制。依托“广东扶贫济困日”，与“七一”党的活动相结合，各级党政机关、企事业单位、社会组织等每年定期开展形式多样的捐献捐赠、走访慰问等活动。

（广东省扶贫开发办公室
廖纪坤　韦　浩）

广西壮族自治区扶贫开发

【扶贫规划】 广西“十二五”扶贫开发规划由总规划和边境地区扶贫开发、大石山区扶贫开发、整村推进扶贫开发及产业化扶贫开发等四个专项规划构成。根据广西的实际，广西“十二五”扶贫开发的工作目标是：开展“五三五”扶贫攻坚战，即到2015年，用5年的时间，对3000个贫困村实施“整村推进”扶贫开发，实现贫困村农民人均纯收入达5000元。“十二五”扶贫开发重点区域：一是大石山区、高寒山区、边境地区，尤其是少数民族地区和革命老区；二是扶贫开发工作重点县和贫困村。“十二五”扶贫开发重点工作包括：对特殊类型地区实施综合治理，连片开发，加快整体脱贫步伐；“整村推进”完善工作；创新扶贫移民方式；加强贫困地区农户的危房改造力度；加强实施“雨露计划”，从单纯的技能培训转向全方位就业促进；贫困农户特色优势产业的布局和覆盖；进一步探索城乡统筹扶贫开发。“十二五”扶贫开发保障措施：坚持“四到县”管理，即资金到县、权力到县、任务到县、责任到县，并建立相应的奖惩机制；完善扶贫资金的投入、管理、使用和分配机制；实现扶贫与低保两项制度有效衔接；明确行业扶贫任务，把任务落实到行业；大力动员政府机关、企业、社会等各方力量帮扶到村到户；加强扶贫培训力度，提高贫困地区贫困农户劳动力的综合能力；大力推行参与式扶贫；加强扶贫领导机构和自身系统建设。

【扶贫资金投入使用】 2010年，广西投入财政扶贫资金总量为9.81元，其中中央财政扶贫资金7.8亿元（不含以工代赈和少数民族发展资金）；自治区财政配套资金2亿元（不含大中型水库村屯基础设施大会战资金2亿元）；自治区直、中央直属驻桂帮扶单位直接投入扶贫资金（含物资折款）5953.90万元，引进各类资金2.2亿元，为帮扶村协调整合有关部门的财政扶贫资金、以工代赈资金、扶贫贷款3.06亿元；中央直属蹲点挂职单位直接投入扶贫资金2017万元（含物资折款），引进各类资金2.96亿元；广东省各级政府、各部门、社会各界向广西提供无偿资金及捐物资折款3884.69万元。

财政扶贫资金具体投入使用为：贫困村基础设施及生态建设项目安排资金5.98亿元，占60.99%；扶贫产业开发投入资金1.24亿元（含科技扶贫项目500万元和灾后恢复生产426万元），占12.69%；投入异地安置巩固完善和新阶段易地扶贫搬迁资金共3200万元，占3.26%；投入“雨露计划”实施4500万元，占4.59%；安排社区主导与扶贫机制创新试点资金共440万元，占0.45%；安排项目管理费（含自治区扶贫事业费）3590万元，占3.66%。

2010年，中央下达和自治区财政安排扶贫贷款贴息资金8767.4万元，实际发放扶贫项目贷款115227万元，扶持123个企业123个项目，带动贫困村发展优势产业、扶贫到户贷款实施县达88个县（市、区），项目覆盖3752个贫困村，共扶持12.7万多户贫困农户发展生产。自治区还引进国际组织优惠贷款5034.1万元和赠款3011.37万元用于扶持贫困村建设。

【基础设施建设】 截至2010年底，自治区利用财政扶贫资金在贫困地区修建屯级道路2801条，5549千米，30.6万户共154.4万人直接受益。安排人畜饮水工程项目共7073处，其中：建成人畜饮水池614个，3.26万立方米，铺设管道835千米，新建家庭水柜6211座，小型集中供水862处，解决饮水不安全或困难28.9万人。在异地安置村屯新（改、扩）建村屯道路78条303千米，住宅区道路硬化17.2千米，人饮工程44处，供电项目5处，新建桥梁2处18延米。大批基础设施项目的建成，进一步改善了贫困群众的生产生活条件。

【整村推进】 自治区第三批1164个贫困村“整村推进”，于2009年正式启动，实施期为两年，2010年底完成目标任务。据统计，截至2010年底，第三批贫困村整村推进完成投资13.5亿元（不含群众自筹），平均每村投入116万元，新修通村屯道路5654千米，20户以上自然屯通路率由2008年的60.5%提高到91.3%，提高了30.8个百分点。新建沼气池1万座，沼气池入户率由2008年的29.7%提高到34.6%，提高了4.9个百分点。解决了24.54万人的饮水困难问题。扶持贫困群众发展特色优势种植业53.6万亩。修建村委会办公用房15624平方米、文化培训室3115.5平方米、卫生室3103.02平方米，维修改造村级小学危房24027平方米。培训贫困村群众230.63万人。

【贫困地区干部培训】 2010年，自治区安排扶贫干部培训经费400万元，计划培训干部0.28万人，实际完成培训0.676万人（含区党委组织部“村两委”干部大培训142.1万元，0.396人），超额完成培训计划。

【劳动技术培训】 安排农民实用技术培训经费1000万元，计划培训20万人（次），实际完成23.6万人（次），完成计划的118%。其中试点县（市、区）15个，培训16699人，村骨干培训6928人。通过培训大多数群众对农业实用技术有了进一步掌握，科技培训确实给贫困农户带来了实惠。安排贫困村劳动力转移就业培训经费2900万元，培训贫困村劳动力2.97万人，完成计划的100%，其中大石山区贫困家庭子女职业教育0.74万人，非大石山区贫困家庭子女职业教育1.41万人，贫困村劳动力转移就业短期培训0.82万人，培训合格率达98%，就业率95%以上。据调查，受资助的学生思想稳定，安心学习。输出的农民工就业稳定，月工资收入均在1000元以上，显现出良好的经济效益、扶贫效益和社会效益。

【贫困地区产业化及扶贫龙头企业】 2010年自治区利用财政扶贫资金大力扶持贫困农户发展水果、桑树、甘蔗、茶叶、烤烟和牛、猪等特色优势产业，共扩种特色优势产业25.59万亩，完成特色优势产业低产改造7.11万亩，饲养家禽42.82万羽

(只)，家畜 5.72 万头，项目覆盖 2016 个贫困村 187871 户。此外，利用扶贫贴息资金引导金融机构共发放扶贫到户贷款 11.5 亿多元，扶贫项目贷款 11.4 亿多元，直接扶持 12.7 万户贫困农户和 123 个扶贫龙头企业发展生产。据统计，产业扶贫助推贫困农户增收明显，2010 年广西 4060 个贫困村农民人均纯收入同比增幅高于全区 2.84%。

【移民扶贫】 2010 年，自治区下达扶贫补助资金 1700 万元，第一批巩固完善项目计划于 2010 年 8 月 3 日下达，投入 10 个市 38 个县（区）115 个项目，总投入 1117.6 万元，受益农户 6383 户。第二批巩固完善项目计划于 2010 年 11 月 17 日下达，投入 10 个市 41 个县（区）98 个项目，总投入 810.98 万元，受益农户 6633 户。

【县为单位、连片开发试点】 2010 年，自治区选择了环江、凤山、平果、田林、忻城、天等 6 县为"县为单位、整合资金、整村推进、连片开发"（以下简称连片开发）试点县。项目规划包括基础设施、社会发展、产业开发、生态建设、科技培训等 5 大类，规划项目总投入 2.73 亿元。其中，中央财政专项扶贫资金 3000 万元，自治区各级财政安排专项资金 429 万元，整合部门资金 1.3 亿元，群众自筹 3988.32 万元。扶持项目种植业 6.02 万亩、养殖业 11.3 万头（只）、基本农田建设 250 亩、修建道路 393.2 千米、小型水利（含人畜饮水）567 项、沼气池 415 座、修建校舍 15 座、村级文化活动室 26 座、村级医疗室 16 座、培训农民 16025 人。截至 2010 年 11 月 30 日，6 个试点县累计完成投入 1.59 亿元，占年度计划的 59%。经过近半年的项目实施，试点县道路、水利、沼气池、文化卫生、培训等项目进展顺利，试点区域贫穷落后的面貌逐步改观。据统计，6 个试点县项目区共有 1.2 万户直接获益，有 1 万户贫困户得到扶持，项目区原来的行路难、饮水难、用电难、上学难、就医难、住房难等问题得到不同程度的解决，2010 年试点项目区农民人均纯收入增收 300 元以上。

【社会扶贫】 2010 年，自治区在扎实推进定点扶贫和广东帮扶广西等工作的同时，进一步加强和促进扶贫领域的国际交流与合作，为构建大扶贫格局，发挥了良好的作用。主要体现在以下几个方面：一是年内定点帮扶自治区的 9 个中直机关单位、138 个自治区直和中直驻桂单位及各市、县定点帮扶单位共引进各类资金 6000 多万元、直接投入 2000 多万元扶持贫困村改善生产生活条件。二是广东省帮扶广西实施的整村推进示范村建设项目顺利推进，其中 2009 年启动的示范村建设项目，已于 2010 年基本完成；2010 年启动的 23 个示范村均已完成项目进度的 70% 以上。三是积极组织参与中国扶贫基金会开展的爱心包裹捐赠活动，自治区共捐赠爱心包裹 15619 个，总金额 188.78 万元，其中学生型爱心包裹 15368 个，学校型爱心包裹 351 件。四是由中国扶贫基金会牵线，安排给自治区的 4000 万元曹德旺曹晖扶贫善款已全部拨付到那坡、隆林、东兰等 3 个项目县 19400 户受助农户的专用存折，大部分受助农户已领取善款用于发展生产、支付儿女学费和改善居住条件等，取得了较明显的经济效益和社会效益。五是外资扶贫取得新进展。2010 年，自治区利用国际组织优惠贷款和赠款扶持贫困村开展建设，利用世界银行优惠贷款 5034.1 万元，在桂西北 6 个贫困县实施贫困农村社区发展项目，世界宣明会、香港乐施会、国际行动援助等非政府组织共向自治区提供赠款 3011.37 万元。此外，自治区还成功地承办了“南太平洋岛国及亚洲国家扶贫政策与实践研修班”、“第四届中国—东盟社会发展与减贫论坛”等重大国际扶贫活动，进一步加强了扶贫领域的国际交流与合作。

【促进革命老区发展】 自治区共有 109 个县（市、区），其中有革命老区乡镇的县（市、区）有 95 个，占 87.16%，自治区 1235 个乡镇（其中含 38 个街道办，1 个农场）中，属革命老区乡镇的有 772 个（其中含街道办 10 个，农场 1 个），占 62.51%。各市目前已划定的革命老区村 8363 个，占 57.1%。2010 年，中央安排广西老区建设专项资金 2 亿元。

【灾后恢复重建】 2010 年，自治区共安排财政扶贫资金 3555.5 万元，修复贫困村灾后水毁道路、桥梁、水利渠道、山塘小水库、小码头、挡土墙等项目共 693 处，恢复了贫困地区基础设施水毁工程项目的正常运转。

【特殊类型贫困地区扶贫】 2009—2010 年，投入 11.3 亿元，开展“离边境线 3—20 公里兴边富民行动基础设施建设大会战”；2010—2011 年，投入 23 亿元，开展桂西北 6 市 30 个县（市、区）人畜饮水工程建设大会战。其中，2010 年已完成和正在实施计划的 3 个大会战具体情况如下：

“离边境线 3—20 公里兴边富民行动大会战”于 2009 年 7 月份启动，截至 2010 年 12 月底，实际到位资金 11.3 亿元，占计划投资额 94.6%，计划安排的 9 类 47422 个项目（调整后的项目数），除土地整理项目仍有少部分未动工外，其他大部分项目均已竣工验收。通过大会战，边境地区贫困群众的生产生活条件得到较大改善，吃饭难、行路难、喝水难、上学难等突出问题得到较大程度缓解。

桂西五县基础设施建设大会战于 2008 年 9 月开始实施，大会战计划建设 19 类 52087 个项目，计划投资 1.41 亿元。截至 2010 年 6 月底，所有项目已全面完成，实际完成投资 1.53 亿元，比原计划投资增加 1.18 亿元，建设项目 58394 个，比原计划增加 6307 个。通过大会战，桂西五县基础设施和生产生活条件得到有效改善，乡村道路项目覆盖 611 个行政村，790 个屯，近 45 万群众享受到汽车到达家门口的便利，基本解决了项目所在地百姓乘车难、农产品运输难的状况，提前一年实现了“十一五”“村村通公路”规划目标；30 多万人饮水难和饮水安全问题得到解决，县城、水库防洪能力得到加强；完成茅草房改造 7940 户，使贫困户住进了稳固明亮的水泥砖房，近 4 万贫困群众的人居条件得到了改善；新建农村沼气池 43931 座，沼气入户率达到 55.95%，高于广西平均水平 6.95 个百分点。

桂西北 6 市 30 个县（市、区）人畜饮水工程建设大会战目前正在实施当中，实施年限为 2 年，计划新建家庭水柜 6 万个，新建扩网工程 180 多处，建设自流引水工程 1500 多处，建设提水工程 650 多处，建设引蓄结合工程 500 多处。通过大会战，全面解决因干旱需要送水群众的饮水困难问题，新解决饮水困难人口 120 万人以上，新增耕地有效灌溉面积 150 万亩以上，使大石山区水土流失现象得到有效遏制，生产生活及生态环境得到进一步改善。

【互助资金试点】 从 2007 年始，自治区先后在百色、河池、柳州、南宁、桂林、崇左、来宾、贺州、梧州等9个市的37个县210个村开展贫困村互助资金试点工作。2010年，中央投放广西贫困村互助试点资金1125万元，在上林、龙胜、资源、蒙山、田东、平果、靖西、那坡、乐业、西林、南丹、天峨、东兰、巴马、都安、大化、忻城等17个县中的75个村开展试点工作，此外，自治区在罗城、融水县的彩票公益金项目中各安排15个试点村，使2010年自治区互助资金试点村达105个。截至2010年12月底，105个试点村中已有65个村完成了贫困村互助协会的登记注册工作。在已开展试点的210个贫困村中，已建立扶贫互助协会144个，组建互助小组1356个，提出申请加入互助协会的农户12263户，其中贫困户7090户，筹措互助资金总额达3312.02万元，累计向农户发放借款810.39万元，累计借款人次2658人(次)，其中，到期借款200.45万元，累计还款额200.45万元，还款率为100%。贫困村互助资金农户借款，绝大部分都用于种、养业的发展，且所投入的项目，都取得了比较好的效益，据2010年部分试点村的调查，借款农户所实施的项目人均增收都在300元以上。

【两项制度衔接】 2010年，自治区两项制度有效衔接试点工作扩大到南宁、柳州、桂林、百色、河池、来宾、崇左等7市的27个扶贫开发工作重点县，截至2010年底，27个试点县全部完成了贫困农户信息系统县登记表、行政村登记表的填报，完成了贫困农户的识别和信息录入工作，录入贫困农户39.73万户132.64万人，其中扶贫户15.57万户57.78万人，占贫困人口总数43.57%；扶贫低保户12.79万户47.03万人，占贫困人口总数35.46%；低保户8.52万户24.62万人，占贫困人口总数18.56%；五保户2.85万户3.20万人，占贫困人口总数2.41%。2010年，国务院扶贫办两项制度有效衔接试点交叉检查组对广西两项制度有效衔接试点工作给予了“各级政府高度重视，试点工作部署周密，县级领导亲自指挥，村级宣传发动深入，各项保障措施有力，操作程序规范到位”的高度评价。

【外资扶贫】 2010年，自治区外资扶贫项目的实施与管理工作取得新的成果。

1. 贫困农村社区发展项目。截至2010年9月30日，广西贫困农村社区发展项目共完成投资29913万元，占项目中期调整后的总目标93.26%。

2. 社区主导与扶贫机制创新试点项目。2010年，11个试点县22个第三批“整村推进”贫困村，已通过三轮项目的竞选，共有302个扶贫项目进入实施阶段，总投资2176.04万元。

3. 国际非政府组织扶贫合作项目。截至2010年10月底，国际非政府组织提供的援助资金共计2888万元。其中，世界宣明会1971万元，国际行动援助504万元，香港乐施会333万元，香港基督教协进会等组织援助80万元。

4. 社区主导型发展试点项目。为加快解决少数民族地区的贫困问题，自治区经与世界银行及加拿大国际发展署多轮商谈，已初步达成在世行第四期扶贫项目实施区域的环江毛南族自治县、罗城仫佬族自治县、融水苗族自治县、三江侗族自治县、龙胜各族自治县等5个少数民族县开展“广西少数民族贫困地区社区主导型发展试点项目”的合作意向。项目覆盖62个行政村641个自然村，直接受益人口105197人，其中少数民族人口 103409 人，占 98.3%。

【扶贫协作】 2010 年 11 月，国务院扶贫办、全国工商联、广西壮族自治区人民政府共同举办了“全国扶贫协作优势产业推介暨招商引资洽谈会”，通过洽谈会，广西各市、县与参会企业共签订了 37 个项目约 34 亿元的意向合作协议，截至 2010 年底，已有 27 家企业组团赴有关市县进行项目前期考察，12 家企业与有关市县签订正式投资合同，投资金额达 7.55 亿元，目前已完成投资 2531 万元。

【经验做法】 1. 早谋划、早部署、力争工作主动。一是提前制定工作计划；二是提前做好项目准备；三是预先安排资金，不误生产、施工季节。2. 有效整合各种资源集中实施整村推进。明确各级直属机关定点帮扶到每一个整村推进的贫困村，把财政扶贫资金、广东省的帮扶资金、各部门的涉农资金、境外帮扶资金等集中投入使用。3. 明确工作目标。制定整村推进贫困村的验收办法，制定具体的工作措施，使扶贫工作更具有操作性。4. 突出重点，扎实推进。一是抓好基础设施建设，改善贫困村的生产生活条件和生态环境；二是抓好覆盖贫困农户的产业开发，把贫困农户的产业开发和区域特色产业发展结合起来，把扶贫龙头企业和贫困农户对接起来，夯实增收基础；三是抓好贫困村劳动力转移就业培训和农村实用技术培训，提高农民素质，促进贫困农户的产业开发，增加农户的收入。5. 紧紧瞄准最弱势的区域和群体，确保真扶贫、扶真贫。6. 加强“四到县”管理和透明扶贫项目的实施。7. 采取大会战的方式，集中解决连片特殊、特困区域的基础设施困难问题。8. 积极推行参与式扶贫，发挥贫困群众的主体作用。

（广西壮族自治区扶贫开发办公室
卢国才）

海南省扶贫开发

【概述】 2010年，海南省以科学发展观为指导，围绕建设国际旅游岛的总体要求，以贫困村为主战场，以减少贫困人口、增加贫困农民收入和增强自我发展能力为主要目标，做好整村推进扶贫、产业化扶贫、劳动力转移培训、联手扶贫、革命老区扶贫、教育扶贫移民等工作。海南省11个国家、省扶贫开发工作重点市、县GDP 418.4亿元，地方财政收入83亿元，农民人均纯收入4772元，分别比上年增加85亿元、44.1亿元和536元，增长20.3%、113.5%和12.65%，其中五指山市、琼中黎族苗族自治县、白沙黎族自治县、陵水黎族自治县、保亭黎族苗族自治县等5个国家扶贫开发工作重点市、县GDP 105.3亿元，地方财政收入38.3亿元，农民人均纯收入3829元，分别比上年增加22.7亿元、18.97亿元和528元，增长15.8%、98.0%和16.0%。贫困人口减少到40.52万人，减少4.5万人。

【扶贫资金投用】 安排中央财政扶贫资金24724万元，其中发展资金15924万元，以工代赈资金6200万元，少数民族发展资金2600万元。另外，省直机关、企事业单位投入联手扶贫资金4178.7万元，其中直接投入1764.7万元，引进资金2414万元。发展资金分三大类使用：一是基础设施建设，投入8667万元，占54%；二是发展生产，投入5503万元，占35%；三是培训，投入资金1754万元，占11%。

【基础设施建设】 共修建乡村道路204公里、桥20座、涵洞122个、饮水工程82宗、打井32眼、水利工程8宗，解决13万人行路难、2.7万人饮用安全卫生水难和866.7公顷耕地灌溉难问题；修建文化室540平方米。

【劳动力转移培训——雨露计划】 委托9所高、中职院校开设20个专业学历班，招收贫困家庭子女1601人。通过举办劳动力转移培训班，组织432名贫困家庭青年学习农机维修、高尔夫、烹饪等实用技术技能。市县扶贫办与相关部门联合举办引导性劳动力转移培训班246期，培训1.2万人次。组织贫困家庭初中毕业生报考广东顺德国华纪念中学，有1人被录取。

【种养产业扶持】 共扶持8.6万户贫困农民种植和管理各种经济作物和热带水果5533.3公顷，其中橡胶3913公顷、槟榔282公顷；养猪1.1万头、家禽80万只，淡水养鱼515万尾，养蜂6610箱等。

【实用技术培训】 举办橡胶、槟榔、绿橙、芒果、香蕉、瓜菜等作物种植和管理技术培训班761期，培训3.9万人次；与省妇联联合在定安县、屯昌县、儋州市、澄迈县、保亭黎族苗族自治县等市、县举办贫困村妇女增收致富培训班，培训学员750人次；配合省委组织部制作《种桑养蚕新技术》远程教育培训片，并举办培训班53期，培训2665人次。

【扶贫干部培训】 组织贫困市县领导、扶贫办主任32人次参加全国培训；举办海南省扶贫系统干部培训班6期，培训132人次；省扶贫办举办贫困村干部培训班5期，培训464人次；市、县扶贫办举办贫困村干部、生产能手培训班21期，培训1250人次。

【教育扶贫移民工程】 海南省教育扶贫移民学生1.86万人，其中10个国家、省扶贫开发工作重点市、县10所“思源实验学校”1.41万人。2010年实施第二期扶贫移民工程项目，新建、扩建9所乡镇中心学校校舍5.24万平方米，当年还建设2所高中思源实验学校，计划接收2500名初中毕业生进入高中部学习。

【整村推进】 2010年完成84个贫困村整村推进扶贫开发规划建设任务，其中五指山市、琼中黎族苗族自治县、白沙黎族自治县、陵水黎族自治县、保亭黎族苗族自治县5个国家扶贫开发工作重点市、县23个，东方市、屯昌县、定安县、临高县、昌江黎族自治县、乐东黎族自治县等6个省扶贫开发工作重点市、县38个，三亚市、儋州市、万宁市、澄迈县、海口市琼山区等市、县（区）23个。整村推进扶贫实施项目主要分三大类，一是基础设施建设，包括修建乡村道路、饮水工程、桥梁涵洞、小型水利等；二是发展生产，主要是扶持贫困农户发展种植业和养殖业；三是培训，主要用于劳动力转移培训、农村实用技术培训、贫困村干部培训、职业教育培训等。

【革命老区建设】 组织修改《关于进一步加强老区建设工作意见》。协助做好省老促会第四届领导班子换届工作。编制并实施老区建设专项资金项目计划。2010年，海南省老区建设投入资金3612万元，建设项目163个，覆盖16万多人。新建、改造村路84.38公里、桥梁6座、涵洞39个、饮水工程13宗（井6眼、水塔6个、拉水管24.8公里）、水利工程5宗、小型水库维修及电灌工程6宗，建设文化室5个1120平方米、革命会址1个、文明生态村4个。

【联手扶贫】 继续组织协调164个省直机关、企事业单位和相关市县联手帮扶157个贫困行政村。2010年帮扶单位领导到帮扶点调研指导1174人次，其中省级领导18人次、厅级领导255人次。扶持贫困地区改造茅草房3751户，修建一批乡村道路和饮水工程，开发一批种养项目，受益农户1.4万户6.9万人，举办实用技术培训班96期，培训4768人次，给老党员、五保户、特困户赠送大米、衣物等一批。省扶贫办会同省教育厅、省体育彩票管理中心、省邮政公司等部门开展“爱心包裹”项目2010年全国贫困地区学生关爱行动，共向5所希望小学捐赠“爱心包裹”2130个，折合人民币21.3万元。

【茅草房改造】 省政府2010年5月14日召开茅草房改造动员会，并与五指山市、东方市、儋州市、乐乐黎族自治县、白沙黎族自治县、琼中黎族苗族自治县、保亭黎族苗族自治县等7市县签订责任状，要求2010年全面完成民族地区茅草房改造任务。海南省共投入资金2.8亿元，其中省投入1.6亿元，市县配套6583.6万元，社会捐资5612.76万元，用于民族地区茅草房改造工作。截至2010年底，共改造茅草房13209户，全面完成目标任务。省政府分别对各市县茅草房改造工作进行检查验收、总结表彰。

【互助资金试点】 2010年，海南省共安排互助资金试点村60个、资金900万元，其中琼中黎族苗族自治县20个、300万元，陵水黎族自治县20个、300万元，白沙黎族自治县20个、300万元。陵水黎族自治县224户农户种植瓜菜108公顷，甜玉米13公顷，管理芒果12.5公顷、橡胶12公顷，养猪200头、家禽500只。

【县为单位、连片开发试点】 五指山市为2010年"县为单位、整合资金、整村推进、连片开发"试点单位。计划3年内投入连片开发试点资金4607万元，其中中央补助资金1200万元，整合涉农扶贫资金3407万元。实施基础设施项目74个、资金1825万元；培训项目5个、资金150万元。所有项目覆盖自然村50个、耕地463.8公顷、农户2035户、人口9109人。

【两项制度衔接】 省成立农村最低生活保障制度和扶贫开发政策有效衔接试点工作领导小组，分管副省长任组长，省扶贫办、省民政厅、省财政厅领导任副组长，省统计局、国家统计局海南调查总队、省残联等相关部门领导为成员。领导小组下设办公室，由省扶贫办一名副厅级干部任主任。研究制定《海南省实施两项制度有效衔接试点工作实施意见》，明确"两项制度"试点工作指导思想、基本原则、目标要求、实施步骤、保障措施等。召开各市县扶贫办主任、民政局长、相关乡（镇）长和行政村委会主任参加的"两项制度"衔接试点工作会议，传达学习"邵阳会议"精神，部署具体工作。选定两个行政村作为海南省"两项制度"有效衔接试点村开展工作。各级扶贫等部门到市县、乡（镇）、村调研2799人次；举办培训班226期，印发资料1.5万份、简报8期。截至12月底，5个国家扶贫开发工作重点市、县已经全部完成填报登记工作，审批并录入信息系统的贫困户28685户111014人，占总数的95.89%和79.18%，其中，扶贫户12009户95730人，五保户551户806人，低保户2603户8515人，扶贫低保户1522户5963人。

【扶贫资金项目管理】 继续按照《海南省财政扶贫资金项目管理规定》要求，抓好扶贫项目计划申报和审批工作，执行扶贫资金项目公示公告制度。配合审计部门做好扶贫资金专项审计工作。会同财政部门对各市县扶贫财政资金进行绩效考核，并将考核结果报国务院扶贫办。举办4期扶贫统计监测培训班，做好贫困村有关扶贫指标统计监测工作。

【抗洪救灾】 2010年10月，海南遭遇特大洪涝灾害。省扶贫办组织3个工作组深入贫困市县了解灾情，排查扶贫项目受损情况和贫困村灾情；安排300万元中央财政扶贫资金，帮助灾情严重市县农民开展生产自救，重建家园；安排省财政扶贫资金600万元对灾区贫困农户进行劳动力转移培训，引导8580人外出务工，增加收入。

【扶贫工作措施】 1. 瞄准扶贫对象。一是保证中央财政扶贫资金，包括发展资金、连片开发试点资金、贫困村互助资金试点资金等100%投向贫困村。二是扶贫项目，包括种养业、道路建设、饮用水工程、实用技术培训、沼气池建设等都覆盖到贫困户。三是省直属机关、企事业单位对口联系，联手帮扶对象全部是省政府确定的贫困村。

2. 早计划早安排。2010 年 10 月，省扶贫办按照当年中央下达的财政扶贫资金盘子拟定下一年海南省扶贫资金计划项目规模。市县扶贫办依照省下达的规模筛选项目、编制计划，报市县委、政府批准。当年初省扶贫办对市县上报的计划项目进行审核、汇总后，与省财政厅联合报省政府。市县扶贫办协调项目实施村做好前期准备工作，确保资金项目一下达就开始实施。

3. 抓重点强监督。一是抓好基础设施建设，改善贫困地区生产生活条件；二是发展种植业和养殖业，增加贫困地区农民收入；三是开展劳动力转移培训，提高贫困地区劳动力总体素质；四是开展农村实用技术培训，提高贫困地区农民科技水平；开展联手扶贫，增强社会帮扶能力；开展教育扶贫移民，改变贫困地区教育落后状况。与此同时，还定期召开会议，听取扶贫项目实施情况汇报；深入市县查看扶贫开发现场，总结推广经验，纠正存在问题；实行扶贫项目公告公示制，接受群众监督；配合财政、审计等部门检查审计扶贫资金使用情况。

4. 实施“大扶贫”战略。一是专项扶贫。利用中央财政扶贫资金，搞好贫困地区基础设施建设，发展种植业和养殖业，开展劳动力转移培训和农村实用技术培训等。二是行业扶贫。把政府各职能部门、相关行业的工作和扶贫开发有机结合起来开展，如教育扶贫、卫生扶贫、交通扶贫、科技扶贫、小额信贷扶贫等。三是联手扶贫。组织省直机关、企事业单位和经济发展较快市县联手对贫困农村开展“帮思想、帮门路、帮资金、帮技术”为主要内容的定点扶贫工作。四是社会扶贫。动员民营企业、社会组织和个人通过多种方式参与扶贫开发，鼓励海外、境外华人、华侨积极发展扶贫公益事业，为贫困地区献爱心、作贡献。

【机关建设】 建立健全理论中心组学习制度，组织干部学习党的十七届四中、五中全会和省委六次、七次全会精神，以及海南建设国际旅游岛一系列有关文件；开展“法律进机关”等活动；制定并组织实施《省扶贫办党风廉政建设和反腐败工作意见》，开展廉政工作评议活动；抓好扶贫项目资金专项治理检查工作；召开民主生活会 1 次，组织理论中心组学习 13 次、机关党委委员学习 6 次、党员干部集中学习 7 次，上党课 2 次、辅导课 2 次；开展各类教育活动 5 场次，撰写心得体会 26 篇。

（海南省扶贫工作办公室　王远玉）

重庆市扶贫开发

【概述】 重庆市扶贫开发坚持以科学发展观为指导，以建设“五个重庆”和内陆地开放高地为引领，以发展民生为导向，突出整村脱贫和“两翼”（“两翼”即以万州为中心的三峡库区城镇群和以黔江为中心的渝东南城镇群）农户万元增收工程，迎难而上、抢抓机遇、全面发力，有力地推动了重庆市贫困农村经济社会协调发展，多项指标实现重大突破。市级以上财政扶贫资金投入 11.15 亿元，比上年净增 1.62 亿元，增幅达 17%；筹集社会帮扶资金达 13.36 亿元，首次实现两项资金同时突破 10 亿元。重庆市扶贫开发全面超额完成了年度目标任务：2010 年减少农村贫困人口 15 万人，解决了 25 万农村贫困人口的饮水安全问题，新修和改造村级公路 5100 千米，完成易地扶贫搬迁和生态移民 8.46 万人，完成农村贫困劳动力转移和农业实用技术培训 11.52 万人，实现 266 个贫困村整村脱贫，扶贫开发工作重点县农民人均纯收入可达 4100 元，增长 15%，贫困地区经济社会发展取得了新进步，连续两年获全国扶贫开发绩效考评一等奖，获得奖励资金 1500 万元。

【整村推进】 首批 266 个贫困村全部达到“七有四通三解决”（七有指有稳定收入，有基本保障，有基础知识，有一定技能，有稳固住房，有服务中心，有好的班子；四通指通路，通电，通电话，通广播电视；三解决指稳定解决温饱问题，基本解决安全饮水问题，全面解决生态和扶贫移民问题）标准，实现了整村脱贫。有 78 个贫困村达到了新农村建设标准。2010 年的 450 个脱贫村，各项工作稳步推进。脱贫村结合扶贫产业特点，增加投入，形成了以“鸡、牛、羊、兔、蜂、林、果、药、桑、菜”十大扶贫骨干产业为主、多种产业并存的格局。2010 年，引进龙头企业达到 152 家，为贫困农户每户发放 2000 元生产资金，基本实现了家家有项目、户户能增收的目标。重庆市 3759 个农业专业合作社与 112 个超市实现了对结，举办了交易洽谈会 5 场、对接会 12 场，为增加农民收入开拓市场，疏通渠道。同时，重庆市有 10 个农产品成功注册了地理标志，进一步增加了农产品附加值。

【“两翼”贫困农户万元增收项目】 以农户为主体，以龙头为主导，以市场消费为导向，以科技为支撑，狠抓了“两翼”贫困农户万元增收工程。重庆市 18 个重点区县农民人均纯收入增长 15%，增幅比全国重点区县高 6 个百分点；“两翼”贫困农户人均纯收入增加 800 元，达到了 4050 元。扶贫骨干产业快速成长，2010 年新增柑橘

12万亩、蔬菜40万亩、林特经济270万亩，出栏牛40万头、羊130万只、家禽7500万只，养蜂50万桶，中药材种植突破100万亩。另外，在“两翼”区县共投入财政扶贫资金6.65亿元，为扶贫龙头企业贴息贷款12.34亿元。围绕扶贫产业发展，实施了“个十百千万亿”6字对策和扶贫主导产业扩展、招商引资拓展、科技提升、金融联手、农产品助销、爱心志愿者“六大行动”，为“两翼”贫困农户三年增收1万元打下了坚实基础。

【开放式扶贫】 开放式的扶贫工作首先体现在加大招商引资的力度，2010年签约招商资金140多亿元，到位资金13亿元。为此，有目的地策划组织了中国扶贫开发人物展重庆巡展，签约22个项目，协议资金达50亿元；另外，先后6次赴广东、山东、厦门、珠海、福建等地开展扶贫产业招商；还成功地举办了全国扶贫系统“首届中药产业扶贫论坛暨中药产业招商会”，签约资金达23.75亿元，涉及30余个中药品种。

【社会扶贫】 2010年，是重庆市关注贫困群体民生影响最深远的一年。“一圈”帮扶“两翼”（“一圈”即以主城为核心、以大约1小时通勤距离为半径范围的城市经济区）资金超过2.6亿元，18个扶贫集团与187个贫困村结对帮扶，直接投入资金2.56亿元。国家对重庆市东西协作扶贫省区进行了调整，将原来的珠海、厦门调整为山东14个地级市，协作重庆市14个国家重点县。

【劳动力转移培训——雨露计划】 抓住重庆大发展机遇，盯住新兴产业和万元增收实用技术，大力实施就业培训和创业培训。2010年投入培训资金5280万元，完成培训11.52万人，转移就业1万人。充分发挥11所基地校作用，培训“重庆雨露技工”7000多人，95%以上取得“两证”（培训学校发放的培训合格证、劳动局发放的技能鉴定证）并稳定就业。实施创业培训6700多人，85%的学员走上了创业路。

【移民扶贫】 借助宜居重庆建设机遇，加大生态移民、巴渝新居、小城镇建设、民居改造等资源整合，利用地票交易、国土整治、“三权”抵押等改革政策，大力实施扶贫生态移民。2010年整合各类资金4.21亿元，完成8.46万人生态移民和移民扶贫，实施了12个贫困村的整村搬迁试点，建成了一批扶贫移民新村，搬迁规模和效果为历年之最。

【扶贫资金监管】 建立和实行了一整套资金使用管理、监督检查、群众参与的程序规定，扎实抓好机制创新、扶贫资金专项治理等工作，扶贫工作多项指标实现了重大突破，连续两年获全国扶贫开发绩效考评第一名。重视监督员队伍建设，培训了7期450名村级扶贫义务监督员，在重庆市2000个贫困村建立和完善了村级扶贫义务监督小组，对重庆市235个扶贫项目进行了义务督促检查。

【扶贫机制创新】 一是在全国率先、也是唯一一个实行相对扶贫标准的省。经市政府60次常务会批准，从2010年起，按照重庆市农民人均纯收入的30%比例，对农村贫困人口实行相对扶贫标准。这充分体现了党的十七届三中全会关于“扶贫开发是一项长期的历史任务”精神，使扶贫工作考核体系更加科学，对于加快城乡统筹建设进程、关注民生、全面建设小康社会具有十分重大的战略意义。二是颁布实施了《重庆市农村扶贫条例》（以下简称

《条例》)。《条例》已于2010年5月14日经重庆市第三届人民代表大会常务委员会第十七次会议通过，自2010年8月1日起施行。《条例》分八章五十六条，包括总则、扶贫对象、扶贫措施、项目管理、资金使用、社会扶贫、法律责任和附则八个部分。《条例》的颁布实施对于规范扶贫活动，促进农村贫困地区及贫困人口脱贫致富，推进统筹城乡扶贫开发具有十分重要的现实意义和深远的历史意义。三是出台了资金项目管理规范性文件。出台了《财政扶贫资金管理实施办法》、《重庆市扶贫资金监督管理意见》、《财政扶贫资金使用和项目实施程序规定》、《扶贫开发村级义务监督员管理办法》，这些规范性文件，对于加强扶贫资金监管、强化扶贫工作“两个瞄准”（瞄准贫困农村、贫困人口）发挥了重要作用。四是进一步扩大了村级互助资金试点村范围。2010年投入财政扶贫资金1.04亿元，试点村达到695个，到期还款率达到98.3%。同时，投入片区开发资金4500万元，新启动国家级片区开发5个、市级2个。五是在33个区县实施了两项制度衔接试点。按照国家的统一部署，重庆市于2010年3月在33个有扶贫任务的区县启动了农村最低生活保障制度和农村扶贫开发两项政策有效衔接试点工作。2010年12月底全面结束。采取“八步四公示”识别程序和“排队打分”方法，共识别出了46.82万户145.28万人扶贫对象。率先开发了“两项制度衔接”管理系统。世界银行第五期扶贫项目先导工程被评为先进典型。

（重庆市扶贫办政策法规处　胡剑波）

四川省扶贫开发

【概述】 2010年是实施国家和省的“十一五”规划、《中国农村扶贫开发纲要(2001—2010年)》的收官之年，也是灾后恢复重建三年任务两年基本完成的决战之年。2010年共投入各类专项扶贫资金20.09亿元，启动扶贫新村984个，扶持了81.41万贫困人口，改善了生产生活条件，转移输出培训贫困地区劳动力6.09万人，实施产业扶贫覆盖贫困农户达20.60万户，超额完成了年度计划。

四川省委、省政府决定，从2010年起，用三年时间在四川省开展“挂包帮”活动，重点联系国家扶贫开发重点县和地震重灾区农村，确保每一个贫困村、受灾村都有部门或单位联系包村，都有干部职工结对帮扶。此活动开展以来，省委、省政府主要领导率先垂范，6500多名各级领导挂点，1.28万名干部下派到村，帮扶村1.69万个、帮扶困难家庭17.81万户。2010年，新建改建通村公路2.78万千米、农房19.43万户、沼气池47.68万口，新建改建卫生院4029个、小学校舍158万平方米，大大改善了群众生产生活条件。

【新村扶贫工程】 积极推进参与式扶贫，加大资源整合力度，尽力把产业、劳务、村道、沼气扶贫工程等资金项目，以及其他涉农资金向当年启动的整村推进新村倾斜，投入强度大为提升。启动扶贫新村984个，为年度计划的105.69%。基本做到了当年启动、当年实施、当年见效。南充、巴中、凉山、泸州等地狠抓新村扶贫工程进度，提高建设起点，建设成效明显。

【劳务扶贫工程】 2010年，四川省共投入5345万元，依托80多所职业学校，强化劳务扶贫培训，促进了贫困劳动力转移就业。完成劳务转移输出培训6.09万人，占年度目标任务的101.50%。其中绵阳市扶“智”与扶“技”并举，转移输出3285人，完成目标任务的105%。达州、宜宾等市也提前完成了年度输出任务。

【产业扶贫工程】 2010年，四川省共投入1.10亿元推进产业扶贫，项目覆盖贫困农户20.60万户，占年度目标任务的103%，有力地带动了贫困户、贫困村、贫困地区的脱贫致富工作。另外，还投入了3100万元在地震灾区中的31个县开发产业扶贫试点，效果显著。其中达州市加大产业扶贫力度，效果明显，产业化扶贫基地贫困农户人均增收500元以上。

【阿坝州扶贫开发和综合防治大骨节病试点】 2010年完成投资8.72亿元。其中，财政扶贫资金项目中央财政扶贫资金3.34亿元，完成年度计划的100%，省级配套1.07亿元，完成年度计划的129%；易地搬迁和易地育人项目建设，中央预算内投资3亿元，完成年度计划的98%，省级配套1.31亿元，完成年度计划的210%。以上累计完成三年计划的94%，是三年中投入总量最高的一年。主要开展了易地育人、易地搬迁、更换粮食、饮水安全、社会保障、移民安置、调整产业结构、卫生与防治、科技攻关等九大项目。

【县为单位、连片扶贫开发试点】 加大扶贫开发推广力度，投入3.22亿元，重点在大小凉山、革命老区、地震灾区、二滩库区及贫困地区，扩大连片扶贫开发试点达35个。巴中市4县连片扶贫开发试点共完成投资3.47亿元，项目区农民人均增收1989元，贫穷落后的面貌明显改变。四川省试点面，从3市1州扩大到18市2州，共52片。

【扶贫互助社试点】 为贯彻落实2010年中央1号文件关于"扩大互助资金试点"要求，以及省委常委、副省长钟勉"今年要把重点放到加强管理、规范上，并进一步总结，防治摊子铺大，管理跟不上出问题，影响整个试点"的批示精神，以固点扩面、提高能力、完善制度、加强监管为主要工作内容，扎实、稳步推进贫困村互助资金试点工作。累计投放财政扶贫资金3725万元，试点情况良好。

【两项制度衔接】 3月底，成立了四川省农村最低生活保障制度和扶贫开发政策"两项制度"有效衔接试点工作领导小组。5月底，召开了"两项制度"衔接试点工作和培训会。在36个重点县108个村启动试点，各市（州）高度重视，试点工作有序推进。其中巴中市认真搞好新阶段农村贫困人口的调查摸底，为下一个十年扶贫开发工作顺利开展提供了重要科学依据。

【灾区扶贫帮困】 2010年扶贫部门参与实施灾区扶贫帮困的1224个灾区贫困村，已全面开工，完工882个，完成投资27.84亿元。积极开展灾区贫困问题调研，编制完成了《汶川地震四川省贫困村灾后扶贫总体规划（2010—2015年)》，起草了《关于促进汶川地震灾区扶贫帮困的意见》。广元市积极推进贫困村灾后恢复重建，以"马口样本"为代表的贫困村灾后恢复重建"广元经验"进一步得到广泛认可和推广。

【藏区扶贫开发】 藏区全面扶贫开发工作在2010年启动实施。争取到国务院扶贫办专项扶贫资金4000万元，启动了藏区32县全面扶贫开发，重点开展了新村、产业、劳务等6项扶贫工程。

【彝区扶贫开发】 按照加快凉山跨越发展"一个意见、两个规划"（《制定和实施推进凉山跨越式发展的意见》、《制定和实施安宁河谷综合开发总体规划》、《制定和实施凉山彝区综合扶贫开发总体规划》）总体思路，2010年9月，省政府召开了大小凉山综合扶贫开发启动大会，进行总体部署。以"彝家新寨"建设为主体的大小凉山综合扶贫攻坚行动迅速、开局良好。2010年初，国务院扶贫办主任范小建专程到凉山彝区考察指导，下拨了2000万元专项资金帮助解决凉山"三房"（瓦板房、石板房和茅草房）改造，协调广东省珠海市对口帮扶凉山州，为促进彝区扶贫开发提供了有力支持。2010年，有3.64万户完成"三房"改造扶贫工程任务，有34个村完成"三房"改造新农村试点项目。

【定点扶贫】 中央政治局常委、中纪委书记贺国强来川视察期间，亲赴在川扶贫点了解帮扶情况，推进了中央国家机关在川定点扶贫工作。2010 年中央、省级机关直接投入扶贫资金 4.65 亿元，引进各类资金 4.36 亿元。

【东西对口帮扶】 浙江省由原来对口帮扶四川省南充、广元两市 12 县，调整为对口帮扶四川藏区 32 个县。2010 年，浙江省各级政府帮扶四川援助资金 3108 亿元，企业协作投资 37.77 亿元。另外还争取到广东省珠海市对口帮扶四川凉山州。

【社会组织扶贫】 全国政协副主席黄孟复率队到巴中市开展扶贫考察和“村企共建”工作，给予巴中大力支持。全国知名企业家和慈善家曹德旺、曹晖先生捐赠 2000 万元，支持四川革命老区、民族地区的解困工作。老区建设促进会、扶贫基金会、扶贫开发协会等扶贫社团作用进一步发挥，“栋梁工程”2010 年募集扶贫助学资金 4155 万元，资助贫困学生 1.26 万名。

【扶贫专项规划编制】 在突出抓好未来十年扶贫开发规划编制前期准备的同时，着力开展并基本完成了《汶川地震四川省贫困村灾后扶贫总体规划（2010—2015 年）》、《大小凉山综合扶贫开发规划的总体思路和 10 个专题工作方案》、《秦巴山区（四川部分）扶贫开发规划纲要（2011—2015 年）》、《汶川地震灾区振兴规划（扶贫开发）》、《四川省“十二五”老区发展规划（扶贫开发）》、《四川藏区扶贫开发规划》等集中连片特殊困难地区扶贫开发规划的编制工作。

（四川省扶贫和移民工作局
郭全喜　王思铁）

贵州省扶贫开发

【扶贫规划】 编制完成了《贵州省草地生态畜牧业产业化科技扶贫发展规划（修编）》、《贵州省干果（核桃、板栗）产业化扶贫建设规划》、《贵州省蔬菜产业化扶贫建设规划（2010—2015 年）》、《油茶产业化扶贫建设规划（2010—2015 年）》等四个专项规划。另外，还组织编制了《贵州省威宁喀斯特地区扶贫开发综合治理试点总体规划》，已报国务院扶贫办进行审查。

【扶贫资金项目管理与使用】 2010 年，贵州省扶贫办出台了《关于推进扶贫资金使用监管改革意见》，建立了“竞争入围、绩效考评、以奖代补”的资金使用机制和“源头控制、程序规范、下管一级、全程监控”的资金监管机制；制定了《关于推进有偿使用、滚动发展产业扶贫工作的意见》，实行扶贫资金有偿使用。

2010 年，贵州省投入财政专项扶贫资金 17.4 亿元，同比增长 16.1%；筹集社会帮扶资金 1.75 亿元，同比增长 75%。实施 568 个贫困村的整村推进。完成异地扶贫搬迁 3 万人。

【基础设施完善】 2010 年，贵州省完成烟水配套工程 140 万亩，建设小型农田水利工程 10 万个，新增有效灌溉面积 162 万亩。新增 120 个乡镇通沥青或水泥路、1022 个建制村通公路，贵州省 96% 的乡镇通油路或水泥路，95% 的建制村通公路，新增解决 316 万农村人口饮水安全问题，农网改造步伐加快，实现全部行政村通电话和宽带。完成农村危房改造 27.9 万户。农村改水、改厨、改厕、改圈有序开展，“四在农家”典型经验积极推广。

【劳动力转移培训——雨露计划】 2010 年，贵州省有 16.5 万人完成了雨露计划，占年初计划 11.4 万人的 144%。其中：农业产业化技能培训了 15.0 万人、占年初计划的 149%，培训后全部实现转产；初级技工（含专项职业技能）培训 1.2 万人、占年初计划的 120%，转移就业 1 万人，转移就业率达到 85%；“雨露计划 · 圆梦行动”按每人 4000 元标准，资助了 2000 名全日制一本院校录取的农村贫困学生完成了学业；“雨露计划 · 助学工程”试点，经过公示首批合格的资助对象有 1013 人。

【贫困地区产业化及扶贫龙头企业】 2010 年，贵州省扶贫项目区羊存栏 273.6 万只、牛存栏 3.9 万头，建成油茶基地 13.2 万亩、干果水果基地 45.9 万亩、药材基地 18.6 万亩、茶叶基地 29.5 万亩、蔬菜示范基地 27 万亩，一批特色产业竞相发展，形成了“东油西果南药北茶中蔬面上牛羊”的产业布局雏形。命名认定了 100

家省级扶贫龙头企业。安排扶贫项目贷款贴息资金3000万元，对12个国家级、51个省级、99个地市级扶贫龙头企业进行贴息。

【县为单位、连片开发试点】 2010年，贵州省确定三穗、威宁、盘县、兴仁、石阡为国家级“连片开发”试点县，务川、从江、荔波、大方、印江为省级试点县，各县试点资金均为1200万元，从2010年至2012年分三年实施完毕。

【社会扶贫】 2010年，贵州省扶贫办与贵州省委组织部共同组建了53个农村党建扶贫工作队，赴50个重点县和重点乡驻点工作。争取到社会帮扶资金1.75亿元，其中：大连、青岛、宁波、深圳四个对口帮扶城市共投入帮扶资金1.35亿元。另外还启动了“曹德旺曹晖2亿元善款资助项目”贵州项目区“三县五乡”的实施工作，将捐款落实给望谟县、水城县、雷山县的2.43万户贫困农户。

【贫困地区干部培训】 2010年，贵州省财政扶贫资金投入1222万元，培训扶贫干部13960人。其中，与省农科院、贵州大学、省林业厅、省经信委省供销社等11个省级部门联合办班，培训扶贫干部5860人次。

【彩票公益金扶贫】 2010年，国务院扶贫办首次安排中央专项彩票公益金5100万元，帮助贵州威宁、习水、纳雍3个革命老区县36个贫困村开展革命老区整村推进试点工作。贵州省扶贫办围绕彩票公益金扶贫项目“参与式扶贫”核心，按照《中央专项彩票公益金支持贫困革命老区整村推进项目操作指南》认真做好项目的前期准备工作。贵州省项目村通过群众投票确定基础设施建设、环境改善和公共服务设施、村级互助资金项目共431个，覆盖农户31898户，扶持人口13.1万人，整合部门资金7716.05万元。

【特殊类型贫困地区扶贫】 2010年，贵州省高标准推进威宁喀斯特地区扶贫开发综合治理试点。省、地、县均成立了威宁喀斯特地区扶贫开发综合治理试点领导小组，合力推进试点工作。一是围绕威宁县“到2012年农村贫困人口基本摆脱现有贫困状态；到2015年农民人均纯收入达到4000元以上，基本赶上“十一五”末的全国平均水平。二是到2020年力争基本达到总体小康水平”三大目标，突出“基础设施建设、基本产业发展、人口基本素质提高、整体生态环境治理”四个重点，有序推进试点工作。三是媒体反映的问题得到解决。目前威宁违法血站已经关闭，超生现象得到控制，私挖乱采得到遏制，贫困农户得到帮扶，群众满意度提升。

【互助资金】 2010年，贵州省扶贫办在17个县实施了100个贫困村互助金试点工作，安排贫困村互助资金1500万元，同时安排500万元对2010年前已开展贫困村互助金试点工作的100村进行了“以奖代补”。

【两项制度衔接】 2010年，贵州省成立了省两项制度有效衔接试点工作领导小组，并制定了《贵州省农村最低生活保障制度和扶贫开发政策有效衔接扩大试点工作实施方案》。贵州省扶贫办召开了贵州省两项制度有效衔接扩大试点工作的电视电话会议，并安排555.3万元作为专项工作经费。为确保真正的贫困户进入扶持范围，“两项制度衔接”领导小组严格按照规定步骤、规定程序确定农村低保和扶贫对象。

【外资扶贫】 2010 年，日本政府贷款贵州环境与社会发展项目已完成两批国内竞争性招标采购项目 30 个采购包，共计 1.6 亿元，占累计下达计划数的 78.06%。同时，询价采购也有序开展，《询价采购方案》已累计上报 106 个，投资为 1.79 亿元。已批复《询价采购方案》84 个，投资额为 1.06 亿元，占累计下达计划数的 87.3%。

【扶贫工作措施】 一是着力实施产业扶贫，通过培育发展草地生态畜牧业、蔬菜、油茶、果药竹“四大产业”，根据资源禀赋和市场需求，适时培育新兴特色产业，初步形成了“东油西果南药北茶中蔬面上牛羊”的扶贫产业布局。二是着力推进山地农业扶贫开发，探索出了“一业为主、多品共生；种养结合、以短养长”的山地农业扶贫开发路子。同时，实施“三个一细胞工程”，以农民增收为核心，对产业规划区域外的贫困户，采取“一户一策、一村一品、一事一议”等方式，把项目落实到村到户。三是着力实施集团帮扶，19 位省领导带头实施集团帮扶，构建了党政、部门、社会集中力量攻坚的“大扶贫”格局。四是着力开展“三项试点”，在贵州省 88 个县（市、区、特区）全面开展了“两项制度衔接”试点；在中央各部委及省、地各部门的支持下，开展了“威宁试点”；实施“雨露计划·圆梦行动”，开展了资助全日制一本院校录取的农村贫困学生完成学业的试点。五是着力推动扶贫资金使用监管，出台了《关于推进扶贫资金使用监管改革意见》，建立了“竞争入围、绩效考评、以奖代补”的资金使用机制和“源头控制、程序规范、下管一级、全程监控”的资金监管机制；制定了《关于推进有偿使用、滚动发展产业扶贫工作的意见》，实行扶贫资金有偿使用。推动建立政银企合作机制，引导金融和社会资金参与扶贫开发，促进扶贫龙头企业发展。六是着力强化作风建设，大力推进“三个建设年”活动，积极塑造“政治坚定、业务精通、纪律严明、作风优良、心系群众、无私奉献”的贵州扶贫精神，加强领导干部、中层干部、职工队伍的执行力建设，全系统干事创业、你追我赶、争先创优的局面正在形成。

【十年扶贫开发工作回顾】 2001 年以来，贵州省深入贯彻实施《中国农村扶贫开发纲要（2001—2010 年）》，省委、省政府从贵州省情出发，一是提出了“两个重中之重”的战略思想（把“三农”工作作为贵州省工作的重中之重，把新阶段扶贫开发作为贵州省“三农”工作的重中之重）；二是作出了推进新阶段扶贫开发的“两个《决定》”（《中共贵州省委、贵州省人民政府关于切实做好新阶段扶贫开发工作的决定》（黔党发［2001］16 号）、《中共贵州省委关于加大新阶段扶贫开发工作力度的决定》（黔党发［2003］11 号））；三是颁布了“三个政策法规文件”（省人大常委会颁布了《贵州省扶贫资金审计条例》、省政府办公厅转发了《省扶贫办等部门关于进一步加强扶贫资金项目监督管理的通知》（黔府办发［2007］103 号）和《省扶贫办等部门关于推进扶贫资金使用监管改革工作的意见》（黔府办发［2010］77 号），有力地推进了贵州省扶贫开发进程。贵州省各级党委、政府带领广大干部群众迎难而上、艰苦奋斗、扎实工作，开创了扶贫开发的新局面。据统计，2001—2010 年，贵州省共投入各类扶贫资金 289.3 亿元，其中，中央财政扶贫资金 75.6 亿元、省级财政扶贫资金20.8亿元、以工代赈资金26.6亿元、少数民族发展资金3.4亿元、社会帮扶资金26.5亿元、扶贫贴息贷款134.5亿元、利用外资4.8亿元，实施到村到户扶贫项目11万多个，加快了贫困地区基础设施建设步伐，拓宽了贫困农民增收渠道，增强了贫困群众基本素质，结束了贵州省农村总体贫困的历史，实现了由温饱到总体小康的历史性跨越，进入到了全面建设小康社会的新时期。

（贵州省扶贫办　韩易霖）

云南省扶贫开发

【概述】 云南地处祖国西南边陲，是集边疆、山区、民族、贫困为一体的省份。有国家扶贫工作重点县73个，省级扶贫县7个，是全国扶贫攻坚重要的主战场之一。

【扶贫工作会议】 2010年，云南省成功协办两次国际国内扶贫会议：7月17日，在云南昆明召开了亚洲政党扶贫专题会议，来自30个国家57个政党的120多名代表出席会议，部分非洲国家政党和联合国、亚洲议会大会等国际组织也派观察员出席。12月15日，在云南昭通举办了“中国第三届贫困地区可持续发展战略论坛”，全国政协常委、北京大学贫困地区发展研究院院长厉以宁，省人大常委会常务副主任晏友琼，副省长孔垂柱等出席开幕式并发表演讲。召开3次会议动员云南省和社会各界合力扶贫攻坚：5月9日，在昭通召开云南省扶贫开发工作现场会，省委副书记李纪恒出席会议并讲话，副省长孔垂柱主持会议并作工作部署，省人大常委会副主任杨建甲、省政协副主席王学智出席会议。3月2日，在北京召开中央国家机关企事业单位定点扶贫云南工作座谈会，省委副书记李纪恒、国务院扶贫办副主任郑文凯出席会议并讲话，副省长孔垂柱主持会议。8月28日在上海召开沪滇对口帮扶第十二次联席会议，上海市委书记俞正声、云南省委书记白恩培等双方主要领导出席会议并讲话。主动而为，6月30日，在北京召开了扶持云南布朗族（莽人克木人）瑶族山瑶支系工作情况汇报会，云南省委副书记、省长秦光荣，刘平副省长、孔垂柱副省长出席会议并讲话，中共中央办公厅督查室副主任杨解非、国务院扶贫办主任范小建、国务院扶贫办副主任王国良、国家协调小组各成员单位等出席汇报会并讲话。

【扶贫资金投入】 2010年，云南省共投入省级以上财政扶贫资金24.83亿元（其中：中央财政扶贫资金18.77亿元，省级财政扶贫资金6.05亿元），比上年增加2.82亿元，增长12.8%，投入总量和增幅均创历史新高。27家中央国家机关企事业单位投入帮扶资金1.35亿元。上海市投入对口帮扶资金2.26亿元，较2009年增长41%。完成非政府组织援助扶贫开发投资2.45亿元，包括国内配套395万元，其中互满爱人与人675万元、香港乐施会660万元、爱德基金会0.11亿元。此外，2010年专项用于扶贫的投入还包括：用于边境地区整村推进的中央财政转移支付资金2亿元，通过财政贴息引导的扶贫贷款投入扶贫信贷资金39.87亿元，规划投入帮扶资金7.59亿元，相继启动了独龙族、瑶族支系山瑶、拉祜族深度贫困集中连片特殊类型地区的重点帮扶，整合投入莽人克木人帮扶资金1.89亿元，全面解决了6000多莽人克木人的温饱。

【整村推进】 2010年，省扶贫办实施了5100个整村推进（900个兴边富民整村推进），补助项目资金9.97亿元，项目涉及16个州（市）、123个县（市、区），有33.26万户136.31万人直接受益。省发展改革委员会以工代赈资金安排了1100个自然村整村推进项目，总投资3.04亿元。省民委负责实施421个整村推进，投入资金1.48亿元。

继续做好整乡推进试点工作，云南省启动实施了24个整乡推进试点项目，涉及16个州市24个乡镇216个村委会1993个自然村。项目规划总投资37.58亿元，中央和省级财政扶贫资金投入9.97亿元，州市县财政扶贫资金投入2.23亿元，整合部门资金14.21亿元，社会帮扶资金1.83亿元，群众投工投劳折资7.83亿元，信贷扶贫资金1.42亿元。

加大对深度贫困集中连片特殊类型地区的重点帮扶，云南省规划投入帮扶资金7.59亿元，相继启动了对独龙族、瑶族支系山瑶、拉祜族的重点帮扶工作，稳步推进僰人重点帮扶，整合投入莽人克木人帮扶资金1.89亿元，全面解决了6000多莽人克木人的温饱，莽人克木人村寨发生了翻天覆地的变化。瑶族山瑶支系扶持有序推进，编制实施了总体规划，启动实施了“三点四村”建设，覆盖山瑶群众320户1521人。澜沧拉祜族聚居区帮扶力度加大，目前已投入财政扶贫资金4840万元。按照独龙江整乡推进整族帮扶规划，安排财政扶贫专项资金1150万元。加大边境地区扶持力度，在边境25个县投入财政扶贫资金3.3亿元，实施了663个贫困自然村整村推进，积极开展创建“带领致富党支部”和培养“脱贫致富带头人”活动。

【易地扶贫】 2010年云南克服百年不遇大旱、建材费用上扬等不利因素，投入资金3.97亿元实施易地扶贫，其中：投入1.5亿元对3万人基本丧失生存条件贫困群体实施易地搬迁扶贫，从根本上改善了搬迁群众的生存和发展条件；结合易地搬迁、整村推进项目，投入2.47亿元对49290户破烂危房进行改造，户均补助标准由原来6000元提高到现在10000元，达到人畜分离、安全实用、抗震的要求。

【信贷扶贫】 2010年，云南省安排扶贫到户贷款计划规模为29.89亿元，比2009年增加了0.2亿元，安排财政专项贴息资金1.4945亿元，实际发放到户贷款32.31亿元，项目覆盖云南省124个县区的1215个乡镇7290个村，扶持36.5万多贫困农户，扶持了36.5万户贫困农户，发展粮食生产106.65万亩，发展经济作物362.67万亩，发展经济林果167.6万亩，养殖大牲畜278.9万头，户均增收可达1600元。扶贫项目贷款8.4亿元，安排财政专项贴息资金0.252亿元，项目覆盖云南省16个州（市）61个县（市、区）的534个乡镇3140个村，扶持带动贫困人口531万人，发展种植业项目41个，发展养殖业项目43个，发展产业化（含小型加工业）项目44个，实现户均增收1000元以上。

【老区建设】 2010年11月28—30日，云南省革命老区扶贫开发第二次经验交流会在云南省曲靖市陆良县召开，参加会议的省直有关单位、省州市县扶贫办负责人、省州市县老促会和新闻媒体界的同志反响强烈，激发了社会各界关心、支持革命老区扶贫开发建设热情。2010 年投入革命老区财政扶贫资金 8 亿元，安排专项资金 2000 万元，重点解决贫困人口住房、吃饭、饮水等最急需的问题，优先安排全面覆盖“三老”（老战士、老党员、老交通）人员贫困家庭，体现了党和政府对老区人民的关爱，让老区人民共享改革成果。

【产业扶贫】 2010 年，云南省产业扶贫涉及 16 个州市 109 个县区 193 个项目，项目规划总投资 7.99 亿元，其中，中央财政产业扶贫补助资金 1.36 万元，省级财政产业扶贫补助资金 0.15 亿元。2010 年度产业扶贫安排实施种植业项目 165 个，总投资 6.10 亿元，财政扶贫资金补助 0.94 亿元。安排实施养殖项目 53 个，总投资 0.19 亿元，财政扶贫资金补助 0.41 亿元。云南省在 16 个“两项制度衔接”工作试点县和 3 个省直管县开展产业扶贫试点项目，共投入财政产业扶贫补助资金 0.57 亿元。

【社会扶贫】 2010 年，云南省密切与中央 27 家挂钩单位和上海市的沟通协调和联系，建立了联席会议制度、高层互访机制，3 月 2 日，在北京召开中央国家机关企事业单位定点扶贫云南工作座谈会，8 月 28 日，在上海召开沪滇对口帮扶第十二次联席会议。27 家中央国家机关企事业单位在云南省 43 个扶贫开发工作重点县，直接投入帮扶资金 1.35 亿元，实施整村推进、产业扶贫、劳务输出、科技培训等项目。上海市投入对口帮扶资金 2.26 亿元，较 2009 年增长 41%，对红河、文山、普洱、迪庆 4 州市 26 个贫困县实施帮扶，同时还将德昂族、独龙族纳入帮扶范围，实施整村推进、产业开发、社会事业合作和人口较少民族帮扶等项目 358 项。5 月 9 日，在云南昭通召开了云南省扶贫开发工作现场会暨社会帮扶表彰大会，极大地调动了社会各界参与扶贫的热情，217 家省级国家机关、企事业单位直接投入帮扶资金达 2.58 亿元，驻滇部队、民营企业、科研院所、大中专院校多渠道、多形式参与扶贫开发。

在国际合作方面，广泛开展减贫领域的国际合作与交流，积极争取国际金融机构和援助组织的支持，不断加大外资扶贫力度。3 月 10 日，在昆明召开了云南省外资扶贫工作会议，4 月 5 日，参加了世行贷款“贫困农村社区发展项目”（PRCDP）在广西进行的第十一次检查，10 月 30 日，圆满完成世界银行/英国国际发展部官员和专家对云南省“贫困农村社区发展项目”进行的第十二次实地检查。《外资扶贫在云南的实践与展望》一书编著工作进展顺利，预计 2011 年上半年出版发行。与 4 个非政府组织（NGO）合作，实施帮扶项目 35 个，投入资金 0.25 亿元，包括国内配套 395 万元，其中互满爱人与人 675 万元、香港乐施会 660 万元、爱德基金会 0.11 亿元，与福特基金会合作的“贫困山区农民专业合作社与扶贫机制创新试验示范项目”继续推进。

【劳动力转移培训——雨露计划】 云南省把劳动力转移培训作为劳务输出特别行动计划的重要组成部分，2010 年安排劳动力转移培训专项资金 1.28 亿元，比 2009 年增长了 30%。2010 年完成转移培训 33.18 万人，转移就业 30.26 万人，转移就业率 91%，其中省外转移 7.26 万人，省内转移 22.92 万人。

【贫困村互助资金】 2010 年，贫困村互助资金试点工作稳步推进，安排专项财政扶贫资金 3000 万元，新增 4 个国家试点县和 16 个省级试点县，项目覆盖 14 个州

（市）、20个县（市、区）、58个乡（镇）、117个村委会、242个村民小组，组建241互助社，入社农户6484户，其中贫困户3981户。

【灾害应急】 2009年入秋以来，云南省经历了历史罕见的特大干旱。云南省125个县（市、区）2700多万人受灾，因灾返贫人口高达100万人。面对危机，省扶贫办及时派出6个工作组深入旱情较重的州市指导基层开展生产自救和贫困地区劳动力转移培训，减少农业损失，增加非农收入。同时加快扶贫项目计划的下达和实施，与往年同期相比提前了3个多月，在抗旱救灾中发挥了积极作用。经过多方努力，向中央定点帮扶单位、上海市和中国扶贫基金会等社会各界筹集抗旱资金近2.5亿元，有效改善了贫困地区群众的生产生活条件，最大限度减少了灾害造成的损失。

【十年扶贫开发工作回顾】 2001年以来，结合云南实际，出台了《云南省农村扶贫开发纲要（2001—2010年）》、《关于加快新时期扶贫开发工作的决定》、《关于加快“十一五”时期农村扶贫开发进程的决定》、《关于完善省级机关企事业单位定点挂钩扶贫责任制度的意见》、《关于实施分类指导加快扶贫开发进程的意见》、《关于加快边远少数民族贫困地区深度贫困群众脱贫进程的决定》等一系列指导性文件，切实加强领导、创新思路、完善措施，高位强势推进扶贫开发工作。坚持开发扶贫、政府主导、部门协同、社会参与、自力更生，坚持瞄准对象、突出重点、综合开发、整体推进，形成了全社会参与的“大扶贫”工作格局。

10年来，云南省累计投入省级以上财政扶贫资金166.77亿元，其中中央114.83亿元，省级51.94亿元；信贷扶贫资金210亿元。重点抓好“一体两翼”：完成了2078个行政村、2.53万个村民小组的整村推进，有149万贫困农户直接受益；转移培训贫困地区劳动力202.31万人；项目贷款100.10亿元，扶持国家扶贫龙头企业39家次，到户贷款108.48亿元，支持216.92万户发展生产，在69个县461个贫困村开展互助资金试点，为1.51万户贫困户解决了生产发展资金困难。率先开展特困群体和少数民族重点帮扶：实施布朗族、基诺族、苦聪人、莽人克木人综合扶贫工程，启动对僰人、独龙族、瑶族支系山瑶、拉祜族的重点帮扶，推进革命老区开发建设，2008年至2010年，投入革命老区扶贫开发资金23亿元，占云南省扶贫投入的43.6%，安排专项资金4500万元，整合资金2.5亿元。重视做好兴边富民扶贫工程：组织实施2轮兴边富民工程，在边境25个县实施了4902个贫困自然村整村推进，进行基础设施建设、温饱安居、产业培育、素质提高、社会保障和社会稳定、生态保护与建设等6大工程30件惠民实事。不断创新片区扶贫综合开发：在18个县开展了“县为单位、整合资金、整村推进、连片开发”的试点工作。在云南省24个乡镇开展整乡推进试点。着力实施贫困群众安居工程：对64.66万人基本丧失生存条件贫困群体实施易地搬迁扶贫，对43.55万特困农户实施了破烂茅草房改造，这项工作得到回良玉副总理的充分肯定。

此外，积极推进扶贫国内国际合作。27家中央国家机关企事业单位和腾讯公益慈善基金会，在云南直接投入资金7.8亿元，引进扶贫资金12.98亿元，实施扶贫项目1355个。上海援滇资金年增长保持10%

以上，投入帮扶资金13.05亿元，实施各类帮扶项目3503个，40余万群众直接受益。引进外资10亿元人民币，云南省配套资金3亿元，共投入外资扶贫资金13亿元，与6个扶贫国际组织和4个非政府组织（NGO）开展扶贫合作，项目覆盖贫困人口160万。

10年扶贫，云南走出具有自身特点的扶贫之路，被2010年“亚洲政党扶贫专题会议”誉为“亚洲财富”，为我国率先实现联合国《千年发展目标》中贫困人口减半的指标和云南经济发展、社会稳定、民族团结、边疆巩固做出了积极的贡献。一是贫困人口数量明显减少。云南省贫困人口从2001年底的981.9万人下降到2010年底的325万人、减少了656.9万人，贫困发生率由28.4%下降到8.6%。二是贫困地区农民收入水平明显提高。73个国家扶贫重点县农民人均纯收入由2001年底的1151元提高到2010年底的3047元，2010年国家扶贫重点县农民人均纯收入增幅高于云南省平均水平1个百分点左右。三是贫困地区整体经济水平明显提高。2001年至2010年，73个国家扶贫开发工作重点县人均GDP从2316元提高到8590元，农业总产值从312.879亿元提高到897.411亿元，人均地方财政收入从130元提高到546元。四是贫困地区基础设施明显加强。新增灌溉面积315.3万亩，解决和改善了496.16万人的饮水安全问题。新增通村硬化路面5.1万公里、通自然村（组）硬化路面8.7万公里。五是贫困地区社会事业发展加快。在73个重点县完成学校修缮、建设学校10278所。有1.1万个行政村建设了卫生室，新农合参合率达90%以上。六是贫困地区生态环境条件不断改善。结合“七彩云南”保护行动、天然林保护、退耕还林还草等生态环境保护工程，着力改善贫困地区生态环境，累计完成退耕还林还草118.8万公顷、退牧还草19万公顷，共建设沼气池及节能灶137.5万口。

（云南省人民政府扶贫开发办公室）

西藏自治区扶贫开发

【扶贫资金投入】 2010年，中央和西藏自治区共投入扶贫开发资金81553万元，其中：中央财政扶贫资金72238万元（其中发展资金53213万元，以工代赈资金8000万元，少数民族发展资金10875万元，科技扶贫资金150万元），项目管理费815万元，西藏自治区财政配套资金6000万元，西藏自治区劳动力转移特色产业项目资金2500万元（其中500万元为2009年未安排的资金）。由西藏自治区扶贫办实际安排落实的扶贫开发资金为59863万元，其中：中央财政扶贫发展资金51213万元，西藏自治区配套资金6000万元，西藏自治区特色建材产业项目2500万元，科技扶贫项目150万元。

扶贫资金瞄准低收入群众对象，坚持扶贫开发项目逐级申报审批原则，严把技术质量关，最大程度地发挥投资效益，让贫困群众直接受益、优先受益、最大受益，安排实施了整乡推进扶贫、贫困户安居工程等十多类扶贫开发项目。

2010年，西藏实施了31个乡镇整乡推进扶贫，安排了133个整乡推进扶贫项目，投资6720万元，累计整合行业部门资金35000万元。

2010年，安排财政扶贫资金10000万元，实施完成了16628户贫困户安居和地方病群众搬迁任务。

安排4批面上扶贫项目共493个，下达财政扶贫资金25547万元。中央和西藏自治区扶贫开发资金按项目计划下达完毕，所有项目在年内开工建设。

【互助资金试点】 根据国务院扶贫办的总体要求，西藏在征求自治区财政厅和有关地（市）意见的基础上，确定在日喀则、山南、昌都、阿里4个地区4县的45个村开展了互助资金试点，项目总投资722.76万元，其中国家互助资金675万元，群众自筹47.76万元。

【连片开发试点规划通过审查】 根据国务院扶贫办有关通知要求，西藏自治区在与有关地区和财政厅协商一致的基础上，制定完成了拉萨市尼木县、日喀则地区定日县、山南地区措那县、昌都地区左贡县、林芝地区林芝县5个县2010—2012年“连片开发”试点工作规划，并通过了国务院扶贫办的审查。2010年5县共下达扶贫开发项目21个，平均每县安排国家扶贫资金500万元。

【劳动力转移】 按照“巩固、扩大、提高”的原则，西藏自治区安排给西藏自治区扶贫办劳动力转移项目资金2000万元，共安排项目38个，于2010年6月全部下达到项目区，与此同时，对2009年未安排的500万元劳动力转移项目资金也全部下达。2010年6月，在山南地区泽当镇召开了西藏自治区特色产业现场会，全面总结了2007—2010年西藏以特色建材开发为主的劳动力转移产业发展情况，现场观摩了山南地区的经验典型，表彰了山南滴新沙石料厂等14家专业合作组织，部署了新时期劳动力转移产业发展。

【溜索改造】 2010年，国务院扶贫办、财政部专项下达给西藏自治区溜索改造项目资金12000万元。截至2010年底，已安排2批溜索改造45条，下达国家资金15897.02万元，超过计划任务的3897.02万元。

【科技扶贫】 根据国务院2010年《科技扶贫项目申报指南》，西藏自治区向国务院扶贫办申报3个科技扶贫项目，其中墨竹工卡县牦牛良种扩繁项目通过了国务院扶贫办的评估论证，拨付科技扶贫资金150万元。

【扶贫培训】 2010年，西藏自治区共安排扶贫培训资金775.88万元（其中中央扶贫资金500万元，自治区财政培训资金275.88万元）。累计完成培训贫困农牧民群众1.5万人（次），其中贫困劳动力转移培训1.02万人，实用技术培训4800人（次）。

【定点扶贫】 2010年，西藏（中）直定点扶贫单位及时调整下派定点扶贫干部，开展定点扶贫工作。经统计，自治区共安排249人到扶贫联系点开展工作，落实帮扶项目604个，投资3亿元，捐款捐物折资1800万元。

【扶贫调研】 2010年9月，配合国务院扶贫办主任范小建赴林芝地区墨脱县调研工作。组织完成了2009年度国家投资在50万元以上面上扶贫开发项目、特色产业项目的抽验工作和第三轮（2007—2009年）整乡推进扶贫项目、2009年“县为单位、整合资金、整村推进、连片开发”试点项目的抽验工作。

【两项制度有效衔接工作试点】 2010年3月，在拉萨市尼木县、山南地区错那县、日喀则地区谢通门县、林芝地区工布江达县、昌都地区昌都县、那曲地区聂荣县、阿里地区普兰县7县开展了两项制度有效衔接工作试点。在认真总结试点工作经验的基础上，经请示西藏自治区两项制度有效衔接领导小组同意，2010年8月，对西藏剩余的67县（市、区）全面开展了两项制度有效衔接工作，截至2010年底，西藏基本完成了两项制度有效衔接工作。

【扶贫规划】 早在2009年底，西藏自治区扶贫办就组织安排了《西藏自治区扶贫开发“十二五”规划》编制工作，2010年，规划编写人员深入贫困地区调查研究，收集掌握第一手资料，集思广义完善规划内容，至2010年底，完成了《西藏自治区扶贫开发“十二五”规划》。规划瞄准西藏低收入的50.2万农牧区群众，立足贫困地区和贫困群众实际，安排整乡推进扶贫、贫困户安居工程、产业开发扶贫、能力建设项目、面上扶贫开发、特殊贫困类型扶贫等六大类项目，申报国家投资40亿元。

【扶贫工作措施】 1. 强化领导、加大宣传，不断提升开发水平。各级领导高度重视，相关部门积极配合支持，形成了扶贫开发工作的合力，为西藏扶贫开发工作战胜各种困难，按时全面完成任务创造了条件。第一，全系统干部职工在学习贯彻中央第五次西藏工作座谈会精神、十七届五中全会精神、自治区七届七次全委会议精神和国务院扶贫办下发的《关于进一步做好西藏扶贫开发工作的指导意见》的基础上，宣传扶贫开发的方针政策和开发工作取得的丰硕成果，以激发项目区广大农牧民群众的开发热情，让贫困群众主动参与开发，提高他们的积极性，为开发工作奠定坚实的群众基础；第二，坚持明确职责，分工落实，责任到位。按照“缺什么、补什么”的工作思路，把有限的扶贫资金，集中用在贫困群众急需的项目上，严格按照年度项目计划精心组织实施。各项目区的党委、政府都把扶贫工作作为当地农村工作中的大事列入重要议事日程，主要领导经常过问，分管领导现场指挥；第三，统筹规划，及早动手，动员群众，筹资投劳。各项目区采取多种方式宣传动员群众，组织劳力齐上阵，齐心合力作工程。各地县都把扶贫开发规划列入当地国民经济社会发展规划中，统筹安排，整体推进；第四，有关部门密切配合，协调一致，形成开发工作合力。特别是在“两项制度”有效衔接工作中，在自治区“两项制度”领导小组的统一协调下，各成员单位各司其职，各负其责，共同作好开发工作，为顺利完成“两项制度”提供了重要保证。另外，积极与上级部门、财政部门主动汇报、协调沟通，争取增加扶贫投资，加大工作支持力度。

2. 精心做好项目前期工作，不断提高开发工作标准。西藏贫困面大，居住分散，呈现“小集体、大分散”的现象，为了确保项目的质量和效益，从4月起，西藏自治区扶贫办相继派出了30多个工作组，深入7个地（市）60多个县、200多个项目点进行调研，了解项目实施和资金落实情况，倾听群众意见，2010年共批复下达777个扶贫开发项目，受益群众20.3万人，分别比2009年增加了59.8%。而且，每年的10月份下发书面通知，明确下一年前期工作的指导思想、基本原则、项目重点、计划指标和具体要求。要求在立项、选项和落实项目的前期工作时，突出投资少效益好的项目，既要考虑到整乡推进项目，又要考虑到以建档立卡人口为主的面上扶贫项目；既要考虑到重点扶持人口，又要考虑到低收入扶持人口；既要考虑集中的贫困人群，又要考虑分散的贫困人口。

3. 瞄准对象，实施到户帮扶，让群众在参与项目建设中增收。以建档立卡人口为对象，积极帮扶困难贫困户，始终坚持到户帮要求，按照缺什么补什么的原则，实施户为单位的生产发展、劳动转移及技能培训等项目，我们根据农牧民群众的实际情况，把农牧民能够承担的工程项目交由项目区群众实施，对于不能承担的积极引导农牧民加入到项目建设中，通过参与项目建设实现经济增收。据不完全统计，农牧民群众从项目建设中受益达3000多万元，受益人口将达10万人，人均增收450元以上。

4. 加大力度，改善生产生活条件。通过实施扶贫开发项目。2010年在扶贫开发项目区完成低产田改造2.84万亩；改良天然草场、草场围栏、人工种草25.39万亩；新建水渠105条、310公里，新修水塘33座，新增库容98.92万立方米，改善和扩大农田草场灌溉面积18.71万亩；修建乡村道路47条、350.16公里，桥梁197座、1549米；基础设施建设项目受益人口达到83565

万户、411011 人。通过农牧业基础设施建设，提高了贫困地区农牧业生产能力和抵御自然灾害能力，粮、油、肉、奶制品产量有了较大增加，贫困群众生活水平显著提高；通过安居工程建设，改善了 16628 户贫困群众的居住条件。

（西藏自治区扶贫开发领导小组办公室）

陕西省扶贫开发

【十年扶贫开发工作回顾】 2001—2010年，陕西省共投入各类资金134.6亿元用于建设10491个扶贫重点村，组织实施贫困人口搬迁133万人，累计投放140亿贴息贷款，安排2.47亿元财政扶贫资金，在1450个贫困村设立了产业发展互助资金，完成了39.3万贫困人口的培训安置任务，完成了总投资7151万美元的秦巴扶贫世行贷款项目建设任务，成功争取并启动了总投资6000万美元的世界银行第五期扶贫项目，按照新农村建设的标准和要求，先后建成了3000多个社会主义新农村的示范典型。2010年国家扶贫开发工作重点县农民人均纯收入达到3617元，较2000年增长222%，年增长12.4%，超出陕西省1.6个百分点；陕西省人均占有粮食达到389公斤，有571万贫困人口实现了脱贫。

【重点村建设】 扶贫开发整村推进重点村建设按照“政府统筹、资金捆绑、综合开发、整村推进”的工作思路，以治水、改土、修路、通电等基础设施建设为重点，努力完善贫困村社会事业，改善贫困群众基本生产生活条件，同时，注意抓好产业开发、村容村貌和村级班子建设，为贫困地区经济发展奠定了坚实基础。

10年来，陕西省扶贫开发共投入各类资金134.6亿元（其中财政扶贫资金34.08亿元），扶持建设扶贫重点村10491个，在22个县开展了连片开发试点，并投入3.9亿元专项扶贫资金，帮助“5·12”地震507个受灾贫困村开展了恢复重建工作，据统计，贫困地区累计新修乡村公路7.8万公里，新增输变电线路4.7万公里，新增基本农田392万亩，解决了650万人、330万头大家畜的饮水困难问题。

【移民扶贫】 按照“政府引导、农户自愿、统一规划、有土安置”的工作思路，以生存条件恶劣地区的贫困人口为搬迁重点，不断探索开发式移民的新路子，逐步提高移民建房补助标准，采用村组内搬迁、插花安置和整村整组搬迁、相对集中安置以及城乡统筹发展，跨城乡区域安置结合的方式，把移民搬迁同小城镇建设、新农村建设和现代农业发展结合起来，从根本上改变了搬迁贫困户的生存与发展环境，确保搬迁户有房住、有地种、有水吃，孩子有学上，致富有门路，真正做到搬得出，稳得住，富得快。

10年来，陕西省组织实施贫困人口搬迁125万人（含生态移民35万人、危房改造30万人）。2009年开始结合中心村镇建设，实施了“千村贫困人口搬迁工程”，共投入各类资金37.36亿元（其中财政扶贫资金8.5亿元），对生产生活条件恶劣地区的12.3万贫困群众实施相对集中搬迁，改善了低收入村群众的居住环境。

【产业扶贫】 坚持“市场导向、项目覆盖、龙头带动、贷款扶持”的工作思路，陕西省累计投放85亿元小额到户扶贫贴息贷款，扶持230万贫困户发展特色种养业；配套安排55亿元项目贴息贷款，支持376个龙头企业开展农副产品加工运销。安排2.47亿元财政扶贫资金，在1450个贫困村设立了产业发展互助资金，为贫困群众增收致富建立了长效机制。通过多年的扶持，陕北的红枣、羊子，渭北的苹果，陕南的茶叶、食用菌等已经发展成当地的主导产业，成为群众增收的主要来源。

【雨露计划】 按照“政府主导、市场运作、培训就业、跟踪服务”的工作思路，对贫困户子女实施转移就业技能培训，增强他们在非农产业和城市转移就业和创业的能力，实现了“培训一人、输出一人、就业一人、脱贫一户”的目标。陕西省累计完成39.3万贫困人口的培训安置任务，稳定就业率达到85%以上，人均工资收入1.8万元以上，同时，每年完成100多万人（次）的实用技术培训，广大群众的就业技能和生产技术水平有了明显提高。

【外资扶贫】 全面完成了总投资7151万美元的秦巴扶贫世行贷款项目建设任务，使17.2万贫困户、70.5万贫困人口得到项目资金的直接扶持。成功争取并筹备启动了总投资6000万美元的世界银行第五期扶贫项目，在10个项目县471个项目村全面启动实施了贫困地区基础设施与公共服务、社区发展基金、土地可持续利用与应对气候变化、项目监测与管理等各类项目，着力培养社区“自我组织、自我管理、自我发展”的能力。实施了亚行榆林扶贫项目、韩国协力团志愿者淳化扶贫项目、华一银行旬邑扶贫项目等外资扶贫项目，拓宽了扶贫领域的国际交流与合作。

【社会扶贫】 积极联络中央部委赴陕开展定点扶贫，联络在京陕西扶贫顾问开展帮扶陕西活动，协调东西协作中东部发达省份对陕西开展帮扶。按照“领导带头、部门包抓、定点帮扶、社会参与”的思路，组织陕西省各级党政机关、企事业单位搞好定点扶贫工作，强化政策措施，落实包扶责任，完善激励机制，加强检查考核，提高包扶实效。做好民营企业参与扶贫开发的组织和动员，引导和组织社会各界深入开展多种形式的扶贫帮困活动。

努力创新社会扶贫领域，积极实施“千企千村扶助行动”，按照“分级管理，县为主体，部门牵头，企业参与”的思路，进一步挖掘陕西省企业资源，争取有实力的企业积极参与，通过带项目、带技术、带信息、带市场等方式，使帮扶村农民增收千元。截至2010年，陕西省共落实3362家企业结对帮扶3552个低收入村，已落实帮扶项目1901个，投入资金1.33亿元。

【社会主义新农村建设】 以扶贫开发为抓手全力推动新农村建设工作，以整村推进重点村建设和移民新村为平台，整合各类资源，捆绑部门项目资金，按照新农村建设的标准和要求，推进贫困村建成生产发展、生活宽裕、乡风文明、村容整洁、管理民主的社会主义新农村。近年来，各地坚持把扶贫开发和新农村建设紧密结合起来，先后建成了3000多个社会主义新农村的示范典型，成为贫困地区一道亮丽的风景线。旬邑、平利、子长等县由扶贫开发推动的贫困地区新农村建设在陕西省乃至全国都产生了较大影响。

管理机制规范，各级党委、政府高度重视扶贫开发，重点县实行了党政一把手负责制，各级政府成立了由主要领导任组长、相关部门为成员的扶贫开发领导小组，并设置了专门的常设办事机构。各级按照工作任务到县、责任到县、考核到县的原则，把扶贫开发工作纳入年度目标考核范围。各部门明确扶贫责任，加强协作配合，在项目资金安排上积极向贫困地区倾斜，参与扶贫的相关企业、社会团体和个人，积极落实社会义务，专项扶贫、行业扶贫和社会扶贫的大扶贫格局已经形成。在项目资金管理上，各级积极推行了项目法人制、招标投标制、工程监理制等，在资金管理上，实行了县级财政报账制和专人管理、专账核算、专款专用。在工作机制上，完善了扶贫投入增长机制、重点县动态管理机制度和扶贫资源整合机制等，扶贫开发工作水平不断提高。

陕西省还有1600元以下的贫困人口558万人，陕北白于山区、黄河沿岸土石山区、陕南秦巴中高山区和秦岭北麓、渭北“旱腰带”等地区贫困状况仍很严重，宏观经济形势、市场变动、灾害等造成大量的返贫致贫人口，贫富差距进一步扩大，缩小差距、构建和谐已经成为今后扶贫开发的主要目标，陕西省扶贫开发仍然任重而道远。

【扶贫规划】 积极调查论证，精心编制“十二五”扶贫规划。根据省政府的统一安排，通过对扶贫标准、对象范围、政策措施等进行前期调研和论证，邀请有关专家、省级相关部门和各市扶贫办进行充分讨论，于2010年10月，完成了《陕西省“十二五”扶贫规划》的起草修订和报送工作，支撑省扶贫规划的移民扶贫、连片开发等几个专项规划也正在积极编制中。牵头组织编制了《陕西省白于山区扶贫移民搬迁规划》，省政府常务会议已经审定。配合省人大对陕西省扶贫开发工作进行视察并接受了审议，配合省人大农工委开展了扶贫立法的前期调研，立法文本初稿已形成并在陕西省扶贫系统完成了征求意见，正按程序进一步推进扶贫立法工作。同时，加强扶贫宣传、信息工作，为扶贫开发营造了良好社会氛围。

【扶贫资金投入】 2010年，陕西省共安排中央、省级财政扶贫资金11.6亿元，启动建设扶贫重点村1436个，实施千村贫困人口移民工程，已搬迁新村284个，安排实施互助资金项目村290个，完成5万名贫困人口的“雨露计划”培训任务。国家扶贫重点县农民人均纯收入达到了3617元，较上年增长21%，陕西省有67万贫困人口实现了脱贫。

【整村推进】 以“三个确保”为重点，加大整村推进力度。按照国务院扶贫办“三个确保”的要求，2010年陕西省安排专项财政扶贫资金3.15亿元，新启动建设扶贫重点村1149个。

【劳动力转移培训——雨露计划】 2010年，陕西省继续加大“雨露计划”项目实施力度，通过推荐、竞选等方式，确定了承担“雨露计划”培训学校85所，并从中选取34所承担7000人的“雨露计划”培训与中等职业学历教育相结合试点。以贫困地区“两后生”（初、高中毕业生）为主要培训对象，安排下达了财政扶贫资金8120万元，完成了5万名贫困人口的技能培训和转移任务，实现了“培训一人、输出一人、安置一人、脱贫一户”的目标。围绕发展区域优势主导产业，开展农业实用技术培训 100 万人次，提高了农民增收能力。

【贫困地区产业化及扶贫龙头企业】 进一步加强了信贷扶贫工作，2010 年共安排小额到户扶贫贷款贴息资金 5220 万元，其中投放到户的扶贫贷款 10.4 亿元，扶持 10.3 万个农户发展特色种养业；落实龙头企业贷款项目 85 个，投放扶贫贴息贷款 9.6 亿元，有效地带动了贫困地区群众收入的增加。

【移民扶贫】 2009 年，陕西省政府决定启动实施千村贫困人口搬迁工程，当年启动建设移民新村 206 个。2010 年陕西省共下达千村贫困人口搬迁工程项目资金 3.6 亿元，搬迁贫困人口 1.8 万户、7.8 万人，建设移民新村 284 个。2010 年安排的移民户房屋建设全面启动，总体建设进度目前已完成 80% 以上。

【连片开发试点】 2010 年，通过积极争取，陕西省的商南、岚皋、略阳、陇县、耀州、淳化等 6 个县（区）被列入国家连片开发试点县范围，每县投入国家财政扶贫资金 1200 万元，对 10—15 个集中连片贫困村进行“统一规划、综合治理、整体推进”。同时，省本级又安排 2500 万元财政专项扶贫资金，选择彬县、合阳、西乡、汉滨、丹凤等 5 个县（区）开展省级连片开发试点，目前试点项目已经全部启动实施。

【社会扶贫】 创新社会扶贫模式，组织开展“千企千村扶助行动”。在继续搞好中央部委赴陕定点扶贫和省级“两联一包”扶贫工作的同时，2010 年陕西省启动实施了“千企千村扶助行动”。中共陕西省委员会、陕西省人民政府印发了《关于开展千企千村扶助行动的实施意见》，组建了联合工作办公室，确定了首批 2620 个企业结对帮扶 3000 个低收入村。截至 2010 年底，陕西省共落实 3362 家企业结对帮扶 3552 个低收入村，已落实帮扶项目 1901 个，投入资金 1.33 亿元。

【灾后恢复重建】 2010 年，共安排 7400 万元贫困村灾后恢复重建项目资金，启动了宁强、略阳、勉县、陈仓等 4 个汶川地震重灾县（区）206 个受灾贫困村的基础设施建设项目。

【互助资金】 围绕促进贫困村农户增收，有效实施千村互助资金项目。2010 年，陕西省安排实施互助资金项目村 290 个（其中争取国家 90 个试点项目村），陕西省互助资金项目已覆盖到 1450 个低收入村，互助资金总量达到 3.2 亿元，其中，财政扶贫资金 2.5 亿元，农户交纳基准互助资金 0.7 亿元，累计发放互助资金借款 2.4 亿元，扶持群众发展具有地方特色的优势种养业项目。通过实施互助资金项目，帮助贫困村建立了增收长效机制，有效缓解了群众发展资金短缺的难题。

【两项制度衔接】 按照国家的统一部署，2010 年 4 月 14 日，陕西省政府召开了陕西省“两项制度”有效衔接试点工作会议，先期在 10 个市各选定 1 个县开展试点。2010 年 7 月底，试点任务全面完成，试点工作受到全国交叉检查组的高度评价。2010 年 9 月 27 日，省政府召开了“两项制度”有效衔接电视电话会议，总结了试点工作，全面安排部署了陕西省的衔接工作。2010 年底，“两项制度”有效衔接工作基本完成并全面铺开。

【外资扶贫】 陕西省世行第五期扶贫项目总投资 4.35 亿元，其中，世行贷款 2.6 亿元。项目覆盖榆林、延安、宝鸡 3 市的10个县、471个贫困村、20.5万贫困人口。世行第五期扶贫项目已于2010年9月23日正式生效，包括4个项目县、21个项目村的各项先导工程项目，前期准备工作全面完成，全省项目已全面启动。世行社区主导发展白水、蒲城试点项目（CDD项目）2009年顺利通过验收。国际行动援助合作项目、华一银行旬邑扶贫项目，韩国协力团耀州、长武两县区扶贫志愿者项目也已实施，进展顺利。

【扶贫工作措施】 1. 强化组织领导。2010年，陕西省通过召开省扶贫开发领导小组会议、陕西省扶贫开发工作会议、陕西省千企千村扶助行动电视电话会议、陕西省“雨露计划”培训工作经验交流暨现场观摩会和咸阳移民扶贫“三告别”经验交流会等，安排部署2010年工作，细化各项任务，落实岗位责任。西安、咸阳、延安等市，把扶贫开发工作纳入统筹城乡发展的规划，不断加大扶贫开发投入力度，有力地促进了扶贫开发工作科学地发展。

2. 加大督导力度。为了确保年度扶贫工作任务的完成，陕西省扶贫办进一步加大检查指导的力度，确保年度工作计划落到实处。2010年先后对陕西省扶贫开发工作会议精神贯彻落实、千企千村扶助行动启动情况、各级半年工作进展、2007—2009年财政扶贫资金管理使用、“雨露计划”培训、2007年度扶贫重点村建设、2007—2008年度国家个连片开发试点项目、“两项制度”有效衔接工作、“两联一包”扶贫和千企千村扶助行动等工作开展情况进行了全面检查。同时，联合陕西省委宣传部组织典型企业到十个市巡回开展“千企千村扶助行动”宣讲活动。通过开展各种形式的督促检查、宣讲典型等活动，有效地促进了各项工作的顺利完成。

3. 注重创新发展。2010年，陕西省不断创新扶贫工作思路和扶贫工作科学发展观。安康市以整村推进为平台，整合各类扶贫资源，探索出一条贫困地区新农村建设的新路子。铜川、汉中、宝鸡等市强化产业化扶贫措施，尤其在小额信贷、互助资金等到村到户扶持工作上探索了新方法，促进了贫困户的增收。“千企千村扶助行动”持续发展，陕西省先后两次在全国扶贫工作会议上介绍了经验。其中，榆林市领导重视，搭建平台，搞好服务，使参加扶贫的企业数量、规模大幅增长。渭南市积极实施“雨露计划”培训项目，加强对培训学校的管理，在招生、培训、就业等方面工作突出，在全省影响较大。商洛市结合乡村旅游，开展了“农家乐”等特色培训，效果良好。“两项制度”有效衔接试点工作全面完成，受到全国交叉检查组的高度评价。

（陕西省扶贫办监测中心
来国超　罗　斌）

甘肃省扶贫开发

【概述】 2010年，甘肃省农民人均纯收入1196元以下的贫困人口有309.8万人（国家统计局抽样监测），贫困面为14.8%。甘肃省国家扶贫开发工作重点县43个，省级扶贫开发工作重点县4个，“三西”县（所谓“三西”地区，是指甘肃的河西、定西和宁夏的西海固，这里是全国第一个区域性扶贫开发实验区）6个，扶贫开发工作重点县和有扶贫工作任务的县、市（区）达70个，占甘肃省86个县市（区）的80.4%；重点乡926个，占甘肃省乡镇的59.9%；重点村8825个，占甘肃省行政村的49.3%。

2010年，甘肃省紧紧抓住国家深入实施西部大开发、中央支持甘肃经济社会发展等一系列历史机遇，牢牢把握国家扶贫工作方针和投资重点，顺利完成了减贫40万人以上工作目标，确保了51个扶贫开发重点县农民人均纯收入增幅高于甘肃省平均水平。

【扶贫规划】 根据国务院扶贫办关于新十年农村扶贫开发纲要和“十二五”扶贫开发规划编制的政策原则，甘肃省扶贫开发领导小组成立了规划编制起草工作协调小组，深入扶贫工作重点县和灾后重建贫困乡村开展了专题调研。甘肃省扶贫办党组先后召开主任办公会、党组会、党组扩大会、甘肃省扶贫办主任会议、甘肃省扶贫工作研讨会等，认真讨论并征求实施办法和规划意见，形成了《甘肃农村“十二五”扶贫开发规划》（审议稿）。民族地区（包括藏区）、革命老区、“两西”项目区（含中部干旱山区、河西特困移民区）、南部高寒山区等专项扶贫开发规划也在抓紧制定中。

【扶贫资金投入】 甘肃省财政扶贫资金总量达到16.76亿元。其中：由省扶贫办主管的中央和省配套财政扶贫资金12.92亿元，资金总量较2009年新增1.96亿元，中央发展资金较2009年增加1.91亿元，增长23%。

【整村推进】 甘肃省实施整村推进项目599个村，国家级和省级“县为单位、整合资金、整村推进、连片开发”试点项目17个。整村推进投入资金占到了甘肃省扶贫资金总量的50%以上。

【产业扶贫】 围绕“甘肃省农民增收‘六大行动’和‘四个1000万亩’”的目标，加大了对良种繁育体系、标准化生产基地、龙头企业、营销主体的扶持力度。比如凉州区张义镇人参果种植基地累计达到了4500亩，年产量3.5万吨，人参果已成为当地农民增收的支柱产业。在北京新发地农贸市场上，甘肃人参果占60%。又如定西马铃薯脱毒种植基地建设和马铃薯精深加工基地建设也得到发展壮大。陇南、临夏、天水、平凉等地的核桃、花椒、油橄榄、茶叶、苹果为主的特色产业进一步发展壮大。

【劳动力转移】 2010 年培训贫困群众 10.67 万人，“两后生”培训 6 万人次，普通技能培训 4.67 万人，“一村一名农民大学生”试点工作完成招生 440 名。贫困地区共输转劳动力 300 万人次，其中贫困劳动力 150 万人次，年人均实现劳务收入近 9000 元。

【社会帮扶】 社会帮扶力度加大，新增厦门市对口帮扶的临夏州，中组部定点帮扶舟曲县，中国海洋石油总公司定点帮扶甘肃省合作市和夏河县，国家电监会帮扶通渭县，中国银监会帮扶和政县。各对口帮扶单位 2010 年共落实帮扶资金、物资折价 1.79 亿元。其中国家电监会投入帮扶资金 2355 万元，启动实施了通渭县农网改造升级电力扶贫工程，并将通渭县确定为甘肃省“农村电网改造升级示范县”。

【科技扶贫】 2010 年培训科技示范户 1.2 万户，培训贫困群众 10.67 万人，完成省政府 14 件民生实事之一的“两后生”培训 6 万人，普通技能培训 4.67 万人，“一村一名农民大学生”试点工作完成招生 440 名，向省外安置灾民 1 万户 40392 人，向珠三角、长三角和新疆等地输转贫困地区劳动力 2 万人。

【基础设施和灾后重建】 结合灾后重建、生态移民、新农村建设等，统筹兼顾，综合治理，积极推进贫困地区田、水、路、房、能源等“生命线”的工程建设，有力地改善了贫困地区的生产生活条件。甘南、陇南针对“5·12”地震和“8·8”泥石流灾害，扎实开展灾后恢复重建工作。仅陇南市完成了 335 个贫困村灾后重建任务。

【两项制度衔接】 2010 年，在甘肃省 55 个县开展了农村最低生活保障制度和扶贫开发政策有效衔接扩大试点工作。省委、省政府高度重视，刘伟平省长在漳县进行了专题调研，省政府召开了“两项制度”有效衔接扩大试点工作电视电话会议，全面部署并开展了试点工作。目前，整体工作已进入建档立卡、信息系统录入和数据上传阶段。试点县共识别出贫困人口 784.23 万人，占 55 个试点县农村人口的 55.05%。

【扶贫立法】 自 2009 年以来，组织专人开展扶贫立法的研究和《扶贫条例》的调研、起草工作，经过大量的调查研究和省内外的考察学习，在广泛征求各方面意见和建议并进行反复修改的基础上，初步形成了《甘肃省农村扶贫开发条例》（讨论稿），2010 年 11 月进入省人大立法计划，目前扶贫立法工作已进入法定程序。

（甘肃省扶贫开发办公室调研督查处
何军兰　潘奕频）

青海省扶贫开发

【概述】 2010年，在省委、省政府正确领导下，在国务院扶贫办的大力支持下，在全省各级干部群众努力下，青海扶贫开发工作坚持以科学发展观为指导，开拓创新，实抓苦干，扶贫开发各项工作取得了新成绩，玉树抗震救灾和贫困村恢复重建取得了阶段性成效。稳定解决了19.22万贫困人口的温饱问题；25个扶贫开发重点县农牧民人均纯收入达到3490元，比2009年增长13.1%。

【扶贫规划】 编制了《青海省"十二五"扶贫开发规划》及《青海省扶贫开发整村推进规划》、《青海省易地扶贫开发规划》和《青海省特殊类型贫困地区综合治理规划》三个专项扶贫开发规划。

【扶贫资金投入】 国家下达中央财政扶贫资金7.93亿元（其中：藏区扶贫开发专项资金8000万元，玉树灾后重建资金3000万元），较2009年增加1.77亿元，增幅28.8%。争取玉树灾后贫困村恢复重建项目资金近4亿元，为灾后贫困村发展提供了有力支持。

【整村推进】 投入各类资金6.34亿元，在全省6个州（地、市）27个县的350个贫困村实施了整村推进项目，扶持贫困人口67084户、29.48万人。

【移民扶贫】 投入各类资金1.17亿元（其中国家专项资金5802万元），实施易地扶贫项目33个，搬迁安置贫困人口2626户、11415人。

【扶贫培训】 投入资金1021.08万元，开展了"雨露计划"和贫困农牧民实用技术培训，贫困劳动力转移就业培训6826人（其中赴长沙环球职业教育集团参加"雨露计划 腾飞工程"培训421人）；贫困农牧民实用技术培训3.8万人（次）。与省人力资源和社会保障厅合作，启动了向广州开发区技工学校输送贫困学员培训就业工作。

在泽库县组织开展了"雨露计划"实施方式改革试点工作。经过审查、核实、筛选，使500名已经在中高职技校就读的贫困家庭子女享受到了每学期500元的补助政策。

【产业化扶贫】 认定了47家第三批省级产业化扶贫龙头企业。安排资金640万元，对73家产业化扶贫龙头企业进行了贷款贴息扶持，直接拉动银行贷款2.13亿元，间接拉动银行贷款9.77亿元。

投入各类资金12285.66万元，在6州藏区和海东地区、西宁市18个藏族乡（镇）的78个村，启动实施了集中连片产业扶贫项目，扶持藏区贫困人口11027户、46471人。

【综合扶贫试点】 投入各类资金1.14亿元，在西宁、海东、海西、果洛和玉树州曲玛莱县等低收入人口相对集中的59个贫困村开展了“连片开发、产业带动、整体推进”综合扶贫试点项目，扶持贫困人口10224户、40517人。

【县为单位，连片开发】 投入各类资金1.67亿元（其中财政扶贫资金2500万元），分别在乐都、民和、循化、同仁和贵德县开展了“县为单位、整合资金、整村推进、连片开发”试点工作，扶持贫困人口8056户，34828人。

【互助资金试点】 安排中央财政扶贫试点资金900万元，省级财政扶贫试点资金300万元，在湟中、循化、贵南、都兰、班玛、囊谦、刚察、同仁县的80个贫困村中开展了互助资金试点工作。

【扶贫贴息贷款】 安排到户扶贫贷款贴息资金475万元（其中县级安排贴息资金25万元），引导发放到户扶贫贷款10939.8万元，扶持20个县789个贫困村的2.05万户贫困户从事种植、养殖、运输和餐饮等发展生产的到户项目。

【两项制度有效衔接】 把农村低保和扶贫开发两项制度有效衔接试点工作由泽库县扩大到了我省14个国家扶贫开发工作重点县。投入资金1738.13万元（其中扶贫专项资金1400万元），在15个县的21个村，实施了两项制度有效衔接试点项目，扶持贫困人口2216户、9076人（其中扶贫低保户532户、2180人）。

【特殊类型扶贫】 投入各类资金819.4万元，在贵德县实施了以发展产业、增加收入和改善大骨节病区基础设施及公益事业为主的异地育人预防大骨节病综合扶贫试点项目，使大骨节病区217户、1118名贫困人口直接受益。

【社会扶贫】 国家机关企事业单位定点扶贫工作。11个中央国家机关企事业单位共赴联点县考察调研81人次（其中部级4人，局级16人），选派蹲点挂职干部7人。投入帮扶资金及物资折价510万元，引进项目资金515万元，实施各类帮扶项目24项，修缮校舍19所，资助贫困生108名，举办各类培训班28期，培训干部和技术人员64人，培训农牧民1210人次国务院扶贫办安排900万元资金，先后在泽库县实施了贫困牧民人畜饮水安全建设项目、防灾减灾青干草生产基地项目、牦牛改良项目，取得了良好的经济和社会效益。新一轮省直党政军机关企事业单位定点扶贫工作。105家省直帮扶单位帮扶全省104个贫困村，全年共派出扶贫挂职干部99名，蹲点干部312人，考察调研1497人。各帮扶单位投入资金5817.04万元，引进资金16246.9万元，实施项目125个，修建校舍19所，资助贫困学生2271人，举办培训班166期，培训贫困农牧民群众10089人，帮助劳务输出7409人。“户帮户、一扶一”结对帮扶活动。全省36124名党员干部和社会各界人士结对帮扶25559户贫困户，通过捐款捐物、协调联系公益性项目等多种形式，累计投入帮扶资金（含物资折价）1566.7万元。“村企共建”活动。全省276家企业结对帮扶361个贫困村，企业投入帮扶项目资金和物资折价1488.5万元，提供担保帮助解决贷款860万元。省垣各民主党派积极参与扶贫开发。全年投入资金678.18万元（其中捐款12.1万元，捐物折价666.08万元），引进项目资金218.1万元，修缮校舍4所，资助贫困生242人次。慈善组织扶贫协作。全国社会各界爱心人士通过中国扶贫基金会向玉树灾区和大通、乐都、同仁县捐赠学爱心包裹75137个，总价值达1296万元。中国扶贫基金会启动了“中国全民健康扶贫工程”，在湟中、民和县开展了乙肝救助项目，累计投入155.8万元，为27379名贫困群众免费进行了肝病普查，为1235名患病群众免费发放了药品。中国国际扶贫中心为省博物馆捐赠了45幅价值1800万元的书画作品。

【灾后恢复重建】 玉树发生强烈地震后，积极组织抗震救灾，先后募集救灾款物1.99亿元。编制了《玉树地震灾后贫困村恢复重建总体规划》，确定国家安排在扶贫开发方面的灾后恢复重建资金1亿元，主要用于玉树州6县14个乡（镇）53个已实施整村推进项目的贫困村恢复重建和贫困农牧民技能培训。引进社会扶贫开发重建资金2.7亿元，安排财政扶贫资金10479.64万元，用于贫困村产业发展和灾区基础设施建设。中国扶贫基金会投资1000万元建设的蔬菜温棚项目已全部完工并开始发挥效益，投资300万元援建的甘达村组建运输队项目已启动，“情系玉树”救灾生活补助资金500万元发放工作全面完成；中国扶贫开发协会投资700万元援建禅古村组建运输队和石料场扩建项目已全部建成，当年该村收入达到450万元；中国扶贫开发协会会员企业投资近1亿元援建玉树地震灾区结古镇主要街道和社区LED路灯项目已落实。

（青海省扶贫开发局办公室　张学忠）

宁夏回族自治区扶贫开发

【概述】 2010年，宁夏回族自治区以科学发展观为指导，以统筹山川协调发展为重点，采取就地扶持与异地转移、自然资源开发与生态环境保护共举，基础设施与社会事业建设、项目扶持与智力开发并重等措施，全力推进扶贫开发工作，使贫困地区的基础设施建设明显得以改善、农业产业结构调整步伐明显加快、社会公益事业取得了新进展、新农村建设工作稳步推进、生态环境不断恶化的趋势得到遏制，农民人均纯收入从2009年的2916元提高到2010年的3415元，增加499元，增长17.1%，高于宁夏农民人均纯收入15.5%的增长幅度。

【扶贫规划】 2010年，是新世纪头十年扶贫开发规划纲要和“十一五”规划实施的最后一年，也是谋划下一个十年和五年扶贫开发工作关键的一年。宁夏在认真总结十年来宁夏扶贫开发经验和广泛开展调查研究、组织专家论证的基础上，完成了《宁夏农村扶贫开发规划（2011—2020年)》、《“十二五”扶贫规划》、《六盘山集中连片特殊困难地区开发规划》和《劳务移民专项规划》的草拟工作，启动了新一轮的整村推进规划编制工作。这些规划突出了“五个结合”：一是与中央和自治区的一系列强农惠农措施相结合；二是与自治区贯彻落实西部大开发战略的一系列政策措施相结合；三是与自治区统筹城乡发展的重大举措相结合；四是与贫困地区发展优势特色产业相结合；五是与各行业、部门的专项规划相结合。

【扶贫资金投用】 2010年，国家分配给宁夏的扶贫资金7.42亿元，自治区财政配套资金0.4亿元，社会帮扶单位（含福建省及其对口帮扶县市区）投入1.15亿元，整村推进（含连片开发）整合部门行业资金8.6亿元。安排贴息资金900万元，引导金融机构发放扶贫贴息贷款2.4亿元。

【整村推进】 2010年，是宁夏第三批298个整村推进工作重点村规划项目实施的最后一年。各县、市（区）按照“减少贫困、增加收入、缩小差距、促进发展、构建和谐”的总体目标和新农村建设的总体要求，加强协调，整合资源，强化责任，采取各种有效措施全力推进整村推进扶贫开发工作。2010年完成投资5.76亿元，村均投入193万元，解决了13.8万人的脱贫问题，各重点村基本实现了“四通十有”（即通路、通水、通客车、通信息，村有小学或能就近上学、村有医疗卫生室、村有办公场所和党建文化活动中心、村有就近方便的农技或畜牧服务点和生产生活资料服务店、村有主导产业或特色优势产业、村有互助资金、户有增收项目、户均培训稳定转移一个劳动力、人均拥有1—3亩高标准基本农田、户均有一套安居住房和50%以上的农户有新能源设施）的建设目标。

【劳动力转移培训——雨露计划】 2010年，宁夏发展劳务产业领导小组办公室下达贫困地区农村劳动力转移中长期培训任务5000名。共安排扶贫资金800万元，专项用于对贫困地区“两后”生的职业技能培训，并进一步落实了县（区）扶贫办和培训学校责任，加大了对培训工作的督导检查力度，确保了培训人员、时间、专业、效果四落实。培训工作主要根据区内企业用人的需要，采取自治区督导检查，市、县（区）组织生源、企业和培训学校联合进行定向培训的方法，有针对性的对“两后生”进行基本职业技能培训，实现了劳务培训与劳务移民工作的有效对接。2010年共输出劳务68万人次，务工总收入近40亿元。

【贫困地区产业化及扶贫龙头企业】 2010年，宁夏扶贫工作围绕自治区“四个百万亩”（即：百万亩设施农业、百万亩覆膜保墒集雨补灌旱作节水农业、百万亩扬黄补灌高效节水农业、百万亩适水产业）建设目标，共安排“三西”资金和闽宁资金2557万元，专项用于扶持区域优势特色产业发展，重点对马铃薯、苜草、蔬菜等产业和现代设施农业进行了扶持。同时，为了使扶贫龙头企业在贫困农户增收中的带动作用更加明显和缓解贫困群众发展增收项目资金短缺等问题，共向31家扶贫龙头企业和2万多户贫困农户贴息900万元，带动银行发放扶贫贷款2.4亿元。

【扶贫移民】 生态扶贫移民：自2008年开展试点工作以来，到2010年底，宁夏已批复安置生态扶贫移民16.08万人，实际定居12.2万人，为移民建成住房190万平方米，开发农田27.7万亩，累计完成投资28.9亿元。

劳务移民：2010年，宁夏整合扶贫资金5320万元，在银川、石嘴山、吴忠、固原、中卫五市的市区、工业园区、产业基地新建14个劳务移民安居租赁住房安置点，建设住房6.6万平方米、共2084套，计划安置8336人。其中，当年完成了银川市西夏区西苑小区、灵武羊绒园区、宁夏亿能公司、石嘴山工业园区、青铜峡禹皇酿酒公司、夏华肉食品公司6个安置点的农民工租赁住房597套建设任务，建设面积1.98万平方米。其余的建设任务将于2011年5月底以前全部完工。为了疏通企业与贫困劳动力双向选择的通道，自治区扶贫办先后在新华社、宁夏电视台、华兴时报等新闻媒体上进行了相关的宣传报道，并先后3次组织用工企业负责人到8个国家扶贫开发工作重点县进行对接，有关企业成功招收到符合用工条件的职工350多人。

【县为单位、连片开发试点】 宁夏按照公开、公平和科学合理的原则，确定泾源、隆德、同心县为2010年“县为单位、整合资金、整村推进、连片开发”试点县，3个试点县均成立了领导机构，制定了实施方案和管理制度，落实了部门（行业）资金项目整合责任，部分项目做到了当年规划、当年启动实施。同时，2010年也是盐池、原州、西吉、彭阳4县（区）“连片开发”试点工作规划项目实施的最后一年，2010年共整合部门（行业）资金2.86亿元，重点投向4县（区）的农业基础设施和产业项目，项目共覆盖21个乡（镇）、67个行政村、11.06万人。通过试点，4县（区）的贫困人口减幅达29.6%。

【社会扶贫】 2010年，定点帮扶宁夏各扶贫开发工作重点县的中央国家机关（企业），认真贯彻落实中共中央办公厅、国务院办公厅联合下发的《关于进一步做好定点扶贫工作的通知》精神，加大了定点帮扶工作力度，其中国家铁道部投入帮扶资金500万元，用于固原市原州区教育、生态移民安置区的基础设施建设和农民培训等；宋庆龄基金会投入帮扶资金188.34万元，为固原市彭阳县妇幼保健院、中医院及各乡镇卫生院配备了15辆救护车。福建省福州市成功地召开了闽宁互学互助对口扶贫协作第十四次联席会议，顺利完成第六批、第七批福建省援宁挂职干部交接工作，举办了“宁夏·福建（厦门）经贸合作”推介会，并与福建省和台湾地区的农业产业化龙头企业开展了一系列对接交流活动。2010年，福建省及其对口帮扶县区共投入帮扶资金4850万元。

宁夏区内各定点帮扶单位，认真贯彻落实宁夏扶贫开发工作会议精神，积极投资投物，帮助贫困群众解决生产生活中的实际困难，共投入各类帮扶资金3460万元，其中宁夏军区、武警宁夏总队等驻宁部队先后出动官兵7000多名，帮助红寺堡区、西吉县、隆德县开展植树造林和抗旱救灾工作，宁夏军区还向红寺堡区的9所中小学校捐赠了价值100万元的电脑。

【贫困地区干部培训】 2010年，宁夏安排扶贫资金100万元，专项用于贫困地区干部培训，采取理论学习与实地参观考察相结合等形式，举办乡镇领导干部培训班2期、共培训100人，举办重点贫困村村支部书记（主任）培训班2期、共培训100人；举办大学生村官培训班1期、共培训50人；举办产业带头人培训班5期、共培训250人。

【互助资金】 2010年6月3日，宁夏回族自治区党委、政府组织召开了“宁夏回族自治区互助资金项目现场观摩会”，自治区党委于革胜副书记、自治区人大马秀芬副主任、自治区人民政府郝林海副主席等领导出席了会议，并做了重要讲话。2010年共安排扶贫资金8925万元（含国务院扶贫办分配的专项资金1425万元），按照大村30万元、小村20万元的标准，新增项目村341个。其中，在吴忠市同心县安排了2个千户以上的生态移民村，每村投入200万元，并将农垦系统29个生态移民村纳入项目实施范围，当年安排了10个村，并在吴忠市盐池县启动了整县推行互助资金试点，盐池县89个贫困村实现了全覆盖。至此，宁夏已在770个贫困村建立了“发展资金互助社”，占宁夏贫困村的54.8%；项目辐射到了宁夏21个县（市、区）的128个乡镇，资金总量达3.2亿元；入社农户10.3万户，受益人口达46万人。

【两项制度衔接】 农村最低生活保障制度和扶贫开发政策两项制度有效衔接试点是新十年扶贫开发的基础性工作。在先行试点的基础上，2010年10月，“两项制度衔接”工作在宁夏8个国家扶贫开发工作重点县和红寺堡区全面展开。各县（区）成立了政府分管领导任组长，扶贫、财政、民政、残联、统计等相关部门负责人为成员的试点工作领导小组，制定了试点工作实施方案和指导意见，并对工作人员进行了业务知识培训。通过宣传发动、对象识别、信息录入、建档立卡等工作，9县（区）共识别确认贫困人口有56.3万人（按1350元为标准）。

（宁夏回族自治区扶贫开发办公室 樊开应）

新疆维吾尔自治区扶贫开发

【概述】 2010年，新疆维吾尔自治区紧紧抓住跨越式发展政策机遇，扶贫开发工作致力于前十年收官、后十年谋篇，取得了新的成效和重要进展。2010年，新疆有26.7万贫困人口收入超过低收入贫困线；实施了324个重点村整村推进规划（其中“三个确保”村38个）；完成扶贫培训18万人次；扶贫开发工作重点县农牧民人均纯收入达到3426元，比上年增长15.1%，增幅超过新疆平均水平。年度任务的全面完成，不仅确保了顺利收官，也为新世纪前十年扶贫开发划上了圆满句号。

【整村推进】 2010年，新疆有324个贫困村实施了整村推进扶贫开发规划，其中人口较少民族贫困村和距边境25千米范围贫困村31个。新增基本农田20.1万亩，新建、改造公路567千米，兴修防渗渠道657千米、机井324眼，修建桥、涵、闸2145座，解决了332个贫困村通水、35个贫困村通电、125个贫困村通路、56个贫困村通电话、45个贫困村通广播电视、124个贫困村抗震安居住房问题。新定植经济林88万亩、嫁接改造32万亩，种植粮食24万亩、新增人工改良操场及饲草料地22万亩、特色经济作物34万亩，建设设施农业大棚4.1万座、青贮窖5621座、牲畜棚圈1.9万座，购置地毯架8524架，购买大小牲畜22.89万头、家禽188万只。修建文化活动室0.6万平方米，村卫生室0.5万平方米，改造危房789间，解决了11个村的就近入学、35个村科技文化室、124个村看病就医、225个贫困村集体经济薄弱问题。

【产业化扶贫】 2010年，新疆扶贫龙头企业从金融机构获得贷款总额23.52亿元（含贴息和不贴息贷款），其中从农业银行贷出1.69亿元，从信用社贷出8.81亿元，从农发行贷出5.82亿元，从其他商业银行贷出7.21亿元。2010年扶贫龙头企业贷款总额是2009年的1.8倍。财政扶贫贴息贷款7.89亿元，安排贴息资金2855万元。

贴息贷款按投向：投向国定扶贫重点县1.55亿元，占总额19.65%，投向自治区定扶贫重点县1620万元，占总额2.05%，投向非重点县贫困乡村6.18亿元，占总额78.30%；按产业分：种养业项目42个，金额2.72亿元，占总额34.47%；投向农产品加工业项目56个，金额4.72亿元，占总额59.82%；其他项目1个，金额0.45亿元，占5.7%；按贷款额度分：500万元及以下项目16个，贷款额6545万元，占总额8.37%；500万—1000万元项目24个，贷款额2.17亿元，占27.50%；1000万—3000万元项目13个，贷款额2.82亿元，占 35.74%；3000 万—5000 万元项目 3 个，贷款额 1.27 亿元，占 16.10%；5000 万元以上项目 1 个，贷款额 0.98 亿元，占 12.42%；按贷款期限分：以短期为主，其中一年以下的 5.4 亿元，占 68.44%，一到两年期贷款 1.39 亿元，占 17.62%，两年以上期贷款 1.1 亿元，占 13.94%。当年到期贷款总额 5.4 亿元，全部回收，贷款回收率为 100%。

【扶贫干部培训】 2010 年，根据总体培训计划，从新疆扶贫开发工作的实际出发，重点实施了 4 个扶贫干部培训项目：一是自治区扶贫开发工作重点村村委会主任能力建设培训项目，举办培训班 10 期，培训 1400 人次，使用培训资金 400 万元；二是自治区本级扶贫系统干部培训项目，举办培训班 9 期，培训干部 714 人次，使用培训资金 100 万元；三是 2009 年未完成的培训项目，举办培训班 3 期，培训 441 人次，使用培训资金 115.4 万元；四是集中连片扶贫开发工作县市扶贫政策培训项目，对新进入集中连片扶贫开发工作的五县市举办了 1 期扶贫政策培训班，培训 70 人。

【劳动力转移培训——雨露计划】 2010 年，新疆紧紧围绕“三个结合”（结合整村推进、结合财政扶贫项目、结合当地主导产业），立足实际，充分尊重贫困劳动力发展意愿，以提高贫困人口自身发展能力，培养新型农牧民为目标，组织开展了多渠道、多层次、多形式、成规模的劳动力转移培训工作。2010 年，新疆共投入财政扶贫培训资金 3000 万元，累计培训贫困地区干部群众 18.71 万人（次），其中：干部培训 2098 人、农牧民实用技术培训 14.6 万人（次）、劳动力转移就业技能性培训 3.8 万人（次），“两后生”职业技能培训 1000 人，就业转移劳动力 3.6 万人（次）。截至目前，新疆共有各级扶贫培训基地 40 家，其中：国务院扶贫办认定的 1 家（3 个教学点）、自治区定 8 家、地州定 4 家、县（市）定 27 家；2010 年，新疆共安排雨露计划示范基地培训资金 600 万元，依托基地培训 2047 人。其中：投入国家级扶贫培训基地昌吉州农业职业学院 400 万元，举办扶贫重点村村委会主任能力建设培训班 10 期，培训扶贫干部 1400 人；投入自治区级扶贫培训基地自治区团校、自治区妇女干部培训学校 200 万元，举办贫困家庭子女职业技能培训班 8 期，培训贫困户子女 647 人。

【社会扶贫】 2010 年，中央、自治区、地州、县（市）四级定点扶贫单位累计投入帮扶资金及物资 4.01 亿元，其中资金 1.82 亿元、物资折款 0.69 亿元、帮助引进资金 1.5 亿元，实施扶贫项目 250 个，引进企业 45 个，引进人才 7 名，举办各类培训班 7373 期，累计培训 282367 人，其中培训干部 680 人、技术人员 89547 人、劳动力 192140 人，组织劳务输出 96107 人，资助贫困学生 10232 人，下派挂职扶贫干部 9156 人，累计派出考察人员 47495 人，修建安居富民房 11749 套、修建村级办公场所 45 所、修建科技文化室 60 所、修建村级卫生室 33 所、修建校舍 73 所。

中央定点扶贫新疆单位以系统优势为依托，以项目帮扶为切入点，相继下派挂职扶贫干部 24 人，派出考察人员 238 人次，累计投入帮扶资金及物资 4398 万元（资金 4137 万元、物资 261 万元），成为各级帮扶力量的排头兵。中国石油天然气集团公司：下派挂职扶贫干部 11 人，派出考察人员 119 人次，投入帮扶资金及物资 1599 万元，其中资金1459万元、物资140万元；国家铁道部：派出考察人员50人，投入帮扶资金2161万元，其中资金2056万元、物资105万元，开展了产业扶贫、培训扶贫、医疗卫生扶贫、智力扶贫等多种模式的扶贫工作；国家民航总局：派出考察人员10人，投入帮扶资金36万元，配套建设了于田县老年活动中心，实施了基础设施建设和贫困户慰问等帮扶项目；中国对外贸易运输（集团）总公司：下派挂职扶贫干部2人，派出考察人员3人，投入帮扶资金18万元，为叶城县贫困农牧民购买林果业专用肥1364袋，向莎车县900户农民发放农资补助款18万元；辽宁鞍山钢铁集团有限公司：下派挂职扶贫干部2名，派出调研人员2名，投入帮扶资金166万元，其中：捐款150万元，捐赠钢琴一架、礼物1000件。

2010年，自治区、地州、县（市）三级定点扶贫单位共派出挂职扶贫干部9132名，派出考察人员47257名，累计投入帮扶资金3.57亿元，实施扶贫项目250个，引进企业45个，引进人才7名，举办各类培训班7369期，共培训279355人次，其中：干部656人次、技术人员87859人次、劳动力190840人次，组织劳务输出96086人次，资助贫困学生10232名，修建富民安居房11749套，修建村级办公场所45所，修建村级文化室60所、修建村级卫生室33所、修建校舍73所，投入社区帮扶资金237.3万元，发展村集体经济1034.3万元。

【外资扶贫】 利用外资搞好扶贫工作，树立低碳扶贫概念，举办“中国绿色发展国际论坛”，开辟了扶贫开发与低碳绿色可持续发展相结合的先河，为打造国际交流与合作平台奠定了基础；利用外资扶贫，关注可持续发展项目，启动UNDP新疆绿色发展方案项目。UNDP后续项目——新疆红柳大芸种植与生态修复项目，计划执行期是2010—2011年，资金投入120万美元，其中UNDP无偿援助30万美元，2个项目县配套90万美元。2010年完成了对实施项目的区、县审查和确定工作，以及领导机构组建、配套资金汇入、办公设备申请采购等工作；引导企业关注贫困，引进节水灌溉项目，计划投入8万美元（预计50万元人民币），目前项目文本已经制定；倡导绿色发展理念，引进绿色清洁能源交易项目。在2010年6月召开的绿色发展论坛会议上，深圳中环油新能源有限公司提出，购买昌吉州价值5万元人民币的农村户用沼气碳资产；实施红柳种植碳排放权交易项目。外资中心委托世纪绿金（北京）科技有限公司出售和田地区墨玉县境内7000亩红柳大芸的5万吨碳资产实现交易。2010年8月已经将2万吨碳排放权交易成功，16万元碳资产款已经到账，剩余3万吨碳资产计划在2010年底前完成交易；国际农发基金新疆贫困地区农村综合发展项目，达到了农发基金项目中期评估的各项要求，于2010年通过中期评估。

【阿合奇县边境扶贫试点】 阿合奇县在前期三年试点工作基础上，力求创新试点经验，继续引领新疆边境扶贫的扩大试点。

1. 扶贫开发减贫脱贫取得显著成效。2010年阿合奇县当年有2个重点验收村通过自治区整村推进验收，有320户1300人稳定脱贫。

2. 县域经济较快发展。2010年，预计完成生产总值3.4332亿元，比上年增长17%；全社会固定资产投资9.2亿元，同比增长99.5%；消费品零售总额6245万元，同比增长12%；财政收入4020万元，同比增长66.3%。

3. 基础设施不断完善。一是2010年共实施富民安居工程300户，建成上下水、电、暖、路全面配套的富民安居住宅区5个；二是新建戈壁设施农业大棚650座，开发建设草料基地1.5万亩，新建引水渠3处，水渠54千米；三是推行太阳能热水工程，截至目前，共安装太阳能热水器487台。

4. 农牧民收入水平提升。随着现代畜牧业、设施农业、特色林果业等戈壁产业和劳务输出产业主导地位的确立，阿合奇县农牧民增收方面有了稳定的途径和支撑点。2010年农牧民人均纯收入达1697元，比2009年增加215元，同比增长15%。

5. 各项社会事业顺利发展。进一步优化“小学办到乡、初中办到县”的管理机制，完善了县、乡、村卫生服务网络和计划生育服务网络建设，巩固和完善新型农村合作医疗附加医疗救助制度；全面启动了新型农村社会养老保险工作。

6. 边民国家认同感不断增强。边境扶贫搭台，组织44名宣传员队伍，深入开展了“热爱伟大祖国、建设美好家园”为主题的宣传教育活动，边民认同国家，热爱祖国的意识进一步增强。

【两项制度衔接】 2010年，新疆35个扶贫重点县（市）100%完成了农村低收入人口建档立卡工作，建立了农村低收入人口信息共享平台。

1. 下达扶贫标准和农村低收入人口规模。综合分析新疆贫困发生率和有关经济指标，结合2006年建档立卡的贫困标准，确定自治区2009年农村低收入人口的标准为家庭人均纯收入1500元，测算35个扶贫重点县（市）有48.7万户214万人，占扶贫重点县（市）农村人口的40%。

2. 完成农村低收入人口建档立卡工作。2010年，新疆完成35个扶贫重点县（市）完成填写《县登记表》，4580个行政村完成填写《行政村登记表》；完成《贫困农户登记表》的农村低收入人口为55.5万户229万人，占扶贫重点县（市）农村人口的42%。

3. 建立起扶贫网络化信息管理共享平台。2010年，以县（市）为基础的系统录入全面完成，35个扶贫重点县（市）录入系统、上传信息的农村低收入人口为53.4万户219万人，占扶贫重点县（市）农村人口的38%。

4. 兑现落实扶贫政策有新进展。2010年当年安排入户财政扶贫资金6.36亿元，已经兑现和落实扶持政策的扶贫对象达128万人。

【县为单位、连片开发试点】 2010年，新疆各试点县以3000万元中央财政扶贫资金为“酵母”，整合衔接各类资金形成规模48956万元，其中衔接部门资金14321万元，占规划的29%；对口帮扶资金15645万元，占32%；群众自筹资金879万元，占2%；银行贷款9423万元，占19%。通过实施连片开发，试点区域经济发展步伐加快，生产总值以20%以上的速度增长，农牧民人均纯收入较试点前增加了605元，增幅超过15%。基础设施明显改善，生活水平显著提高。一大批小型水利、道路、基本农田、庭院改造、居住环境改善、改厨、改厕、改圈、沼气池等建设项目陆续上马建成。公益事业得到加强，服务功能不断完善。试点区域教学条件和环境改善，基础教育发展步伐加快，更多贫困群众子女享受到优质的基础教育资源；农牧区新型合作医疗全面普及，解决了贫困农牧民看病难、看病贵的问题；集中解决了16个试点村没有科技文化室、15个村没有村级卫生室的问题。

【移民扶贫】 2010年，新疆投入到移民扶贫的财政扶贫资金7875万元，搬迁789户共3235人。新增基本农田0.6万亩，改造中低产田0.5万亩，种草8.67万亩，林地建设0.1万亩，解决了他们通水、通电、通广播电视、子女就近入学、就医难问题，使他们能够参加科技文化活动，有稳定收入来源的生产项目，有抗震安居房居住。实施移民搬迁，迁入地的道路、水利等基础设施建设得到了改善，贫困农牧民的思想观念发生了很大变化，农牧民原居住地的生态环境得到了恢复和改善。

【互助资金】 2010年，新疆共投入3765万元（其中：中央财政扶贫资金1350万元，自治区安排资金1000万元，农户交纳互助资金1415万元）在157个贫困村开展了试点工作，组建了157个互助小组，覆盖农户26274户，其中贫困户17348户；有17776户农户加入了互助社，其中贫困户14853户，占入社农户的84%。随着互助资金试点工作的不断深入，其“民有、民用、民管、民受益”的效果日益突出，深受贫困群众的欢迎，当年累计借款达到了15233人次，其中贫困户13753人次，占借款人次的90%，累计发放借款3350万元，互助资金周转率达到了89%；到期还款率100%。

【扶贫贴息贷款】 2010年，新疆扶贫贴息贷款实际发放16.1亿元，较上年增加了3亿元，其中有68个县（市）通过各类金融机构实际发放到户贷款金额8.2亿元，扶贫龙头企业通过各类承贷金融机构，实际发放贷款7.89亿元。

【扶贫资金项目管理】 2010年，中央下达新疆财政扶贫资金7.2亿元，自治区财政配套2.03亿元，2010年中央和自治区安排的财政扶贫资金总量为9.23亿元，新疆安排财政扶贫资金项目1092个。用于产业发展类投入资金5.538亿元，占60%；基础设施类投入资金1.846亿元，占20%；生产生活条件改善类投入资金1.385亿元，占15%；其他类投入资金0.461亿元，占5%。安排到27个国家扶贫开发工作重点县（市）的财政扶贫资金7.48亿元，占资金总量的81%。直接投入到贫困村的财政扶贫资金8.12亿元，占资金总量的88%。

（新疆维吾尔自治区扶贫办）

新疆生产建设兵团扶贫开发

【概述】 2010年，新疆生产建设兵团坚持以增强“造血”功能为主攻目标，以改善农业生产条件为投入重点。贫困团场抵御了大雪、低温、大风、干旱、洪水等自然灾害侵袭，实现生产总值增长16%，农牧工家庭人均纯收入增长13.5%，贫困团场综合生产能力进一步提高，生产生活条件进一步改善，扶贫开发取得阶段性成果。

【扶贫规划】 《新疆生产建设兵团扶贫开发第十二个五年规划》列为兵团“十二五”重点专项规划。2010年，依据《兵团“十二五”规划编制工作方案》部署，在兵团“十二五”规划编制工作领导小组的具体指导下，深入地对南北疆贫困团场进行调研，形成初稿，经专家审查、完善后再征求意见等阶段，最后制定出规划及工作方案，规划和方案均注重扶贫工作与其他相关规划相衔接，并将《中国农村扶贫开发纲要（2011—2020年）》和2010年9月国务院扶贫办、自治区人民政府联合召开的全国扶贫开发工作会议精神贯彻其中，编制完成切实可行的《新疆生产建设兵团扶贫开发第十二个五年规划》。规划还分析了目前扶贫开发的机遇和挑战，提出了“十二五”扶贫开发的指导思想、基本原则、目标、任务、建设重点和规划实施的保障措施，为指导兵团“十二五”扶贫开发工作奠定了基础。

【扶贫工作措施】 2010年，在贯彻执行中央新疆工作座谈会精神的同时，推进兵团扶贫开发事业，利用全国19个省区对口支援新疆、兵团的有利契机，20余个贫困团场被选为对口支援试点项目团场，重点投向民生建设。兵团党委六届五次全委（扩大）会议还决定了向边境、南疆困难团场倾斜，推动贫困团场发展；兵团党委六届六次全委（扩大）会议还明确要集中资源、重点扶持10个贫困团场、使10.4万贫困人口基本脱贫。《新疆生产建设兵团国民经济和社会发展第十二个五年规划纲要》提出要创新扶贫开发方式，健全扶贫开发机制，增强贫困团场的自我发展能力。

以结构调整来推进贫困团场优势产业发展。2010年，还突出培育和发展了贫困团场的优质农产品基地，其中红枣、番茄、制种、哈密瓜、葡萄等为主的特色经济作物种植面积达到80万亩。另外，南疆贫困团场的红枣、北疆东疆贫困团场鲜食葡萄的产业布局进一步优化，奠定了发展农业产业化基础。发挥城郊贫困团场的地缘优势，推广蔬菜大棚种植。

【扶贫资金投用】 2010年，通过兵团扶贫办，按照“突出重点，分类实施、兼顾平衡”的原则，以改善农业生产条件为重点，向贫困团场投入财政扶贫资金、兵团专项扶贫资金3650万元，团场自筹配套资金779万元，共安排扶贫项目20个，重点用于新建喷、滴灌为主的节水灌溉面积2.63万亩，新建果园0.63万亩，渠道防渗12.42千米，新建标准化农机库区3.3万平方米，建设日光温室20座。

【基础设施扶贫】 以城镇化建设为切入点，加强贫困团场基础设施建设。在兵团开展的“为民办十件实事”的带动下，继续实施保障性住房建设，完善新建住房用水，集中供热、供气、垃圾处理等配套设施建设，提高职工群众居住质量。通过实施中小学校舍安全工程和团连医疗、社区卫生服务机构基础设施建设，改造教育、医疗卫生危房。2010年，贫困团场人均住房面积达到22平方米，学生人均占有教学用房面积达到8平方米，人均占有医疗用房面积达到0.42平方米。

【社会扶贫】 2010年，抓住兵团开展“热爱伟大祖国，建设美好家园”、“加强基层组织建设的创先争优活动”和“解放思想、抢抓机遇、跨越发展、再造辉煌”等主题实践活动的契机，将兵团机关各部门、科研院所和企业对贫困团场挂钩扶贫工作融入一系列主题活动中，使帮扶单位进一步明确了方向和任务，增强了做好挂钩扶贫工作的责任心。帮扶单位认真落实帮扶工作责任，建立帮扶长效机制。挂钩帮扶的方式灵活多样，涌现出科技扶贫、蹲点扶贫、捐助扶贫等多种形式。各帮扶单位根据自身实际和优势，积极为贫困团场确立发展思路，寻求脱贫突破口，为贫困团场提供信息、技术帮助和财力、物力支持。通过挂钩扶贫，不仅密切了帮扶单位与基层相互信任、相互理解的工作关系，同时也营造了全社会关注扶贫事业的良好氛围。

【扶贫资金项目管理】 按照全国强农惠农资金清理检查工作要求，兵团扶贫办于2010年9月完成了2007—2009年的财政扶贫项目的清理和检查工作。三年间安排财政扶贫项目54个，总投资1.28亿元，其中财政扶贫资金9890万元，团场自筹配套资金2955万元。经查，兵师两级均能根据项目计划及时足额下拨资金，各项目团场均能设有专人、专账管理；各级扶贫主管部门与行业部门能够联合对开工项目实施全过程监督检查；项目竣工后及时验收和财务审计，所有验收资料均能整理存档。同时对自查中发现的“重项目前期申报，轻后期资料整理”、个别项目未按照施工进度拨付工程款，造成项目进度缓慢等问题及时进行整改。通过扶贫资金的检查，提升扶贫项目及资金管理水平，确保扶贫项目按要求建设好、管理好，发挥应有的经济效益。

【科技扶贫】 2010年，有16个科技特派员服务团和150名科技特派员深入到13个师32个贫困团场，以项目为载体，以言传身教、典型示范和互动合作为主要方式，面向职工开展全方位、多层次科技扶贫服务活动；实施科技特派员试点项目54个，投资2886万元；培训专业技术人员和科技致富带头人1000人。通过职业技能培训，职工使用新品种和应用新技术能力得到加强，生产力水平不断提高。

（新疆生产建设兵团扶贫开发办公室）

四

行业扶贫篇

外交部扶贫

【概述】 2010年是执行《外交部2006—2010年扶贫工作规划》的最后一年，也是落实国务院扶贫办关于对口扶贫系统确保2010年底前完成三类地区贫困村整村推进目标的关键一年。

外交部扶贫办坚持以科学发展观为指导，统筹国内国际两个大局，克服困难，创新挖潜，发挥优势，加大扶贫工作宣传力度，多方位多渠道筹措资金，实现募款新突破；加强和完善扶贫项目的管理，温饱、卫生、教育、培训和整村推进各领域项目顺利实施，成效显著，有力促进了金平、麻栗坡两县经济社会的发展。

【扶贫资金】 2010年，虽然世界经济逐渐复苏，但全球金融危机的阴影仍未散尽；我国自然灾害频发，西南五省市特大干旱、青海玉树地震、甘肃舟曲泥石流、南方多省洪涝灾害，无不牵动着海内外中华儿女的心。救危扶贫济困的任务更为繁重。这种不利形势给外交部扶贫工作带来新的困难和挑战。

2010年外交部拓宽思路，多方募款，扶贫资金再创新高，筹集扶贫资金3307万元，同比增长60.3%，登上新的高度。部内部属各单位以及驻外使领馆团处和驻港澳公署心系云南贫困地区，利用各种渠道大力开展扶贫宣传，千方百计筹措扶贫资金。经驻外使领馆和驻港澳公署牵线搭桥筹得扶贫款2320万元；外国政府、公司及友人捐赠666万元，占全年筹款总额的90.3%。这充分体现出外交扶贫在“外”字上面下功夫。

与此同时，部内部属各单位和干部职工也越来越多地参与到扶贫工作中来，积极捐款达101万元，涌现出许多感人事迹；国内其他单位和个人捐款220多万元，这两项占2010年外交部扶贫资金的9.7%。

【扶贫资金投入和项目实施】 外交部扶贫办在总结以往成功经验的基础上，科学统筹，悉心规划，认真实施，顺利完成全年的扶贫项目。2010年共下拨2100多万元扶贫资金，其中金平县905万元，麻栗坡县1118万元；其他方面下拨77万元（包括向红河州和文山州有关部门下拨慰问金、向文山州、普洱市下拨抗旱救灾款等）。在两县实施扶贫项目77个，其中金平县36个，麻栗坡县41个；包括温饱项目10个，投入扶贫资金242万元，帮助两县新建一批饮水工程、灌溉沟渠工程等；实施教育项目20个，投入扶贫资金935万元，帮助两县新建一批中小学教学楼、宿舍楼、厕所等，为学校购买教学设备、图书及冰箱；实施助奖学金项目10个，发放助奖学金196万元，资助贫困中小学生和大学生，奖励优秀教师，受益师生达2000多人；实施医疗卫生项目3个，投入扶贫资金128万元，帮助两县乡镇新建卫生院，为两县新型农村合作医疗提供部分经费（两县18个乡镇近4万人受益）；实施培训项目14个，投入扶贫资金24万元；实施整村推进项目5个，投入扶贫资金292万元；实施其他项目15个，投入扶贫资金207万元。

【工作措施】 1. 高度重视，充分发挥高层推动作用。部领导高度重视扶贫工作，对扶贫工作始终保持高级别的关注和推动，获得了国务院有关部委、地方政府的好评和国内外捐资者的积极响应。

杨洁篪部长在繁忙的日程安排中挤出时间会见捐资者，并多次强调，只要两县一天不脱贫，外交部的扶贫工作就一天不脱钩。张志军副部长7月在赴麻栗坡出席中越陆地边界法律文件生效仪式期间，专程考察了外交部利用外援资金实施的扶贫项目。外交部纪委书记、扶贫工作领导小组组长宋涛亲历亲为，出席各种扶贫活动和会见捐资者；年初举行外交部新年扶贫工作答谢酒会，加大扶贫工作的宣传力度；召开部扶贫工作领导小组会议，针对扶贫工作面临的新形势，提出新思路和新要求。

外交部扶贫工作名誉大使乐爱妹参赞充分利用广泛的人脉资源，热心宣传外交扶贫，耐心做捐资者工作，为募集扶贫资金做出了突出贡献。乐参赞通过外交扶贫这一平台，积极开展公共外交，促进了与有关国家的友好关系。2010年9月底接受罗马尼亚著名女艺术家向外交部赠送绘画作品用于云南扶贫，很好地促进了中罗传统友好关系的发展。

2. 狠抓管理，确保扶贫工作取得良好效益。外交部扶贫工作领导小组组长宋涛明确指出，扶贫工作就是外交工作，要以做好外交工作的精神和标准做好扶贫工作。从1992年帮扶两县起，外交部即成立了扶贫工作领导小组，由一位部领导担任组长，下设专门办公室，负责扶贫工作的日常管理和协调。专门制定了扶贫资金和项目管理的规定和办法，严格审查资金来源，力争从源头上保证资金的科学管理和合理使用。随着扶贫资金的不断增加，扶贫项目的逐渐增多，2009年建立了扶贫项目和资金数据库管理系统，实现资金和项目管理的科学化、规范化、信息化和透明化。2010年系统在使用过程中，在技术上又逐步加以改进和完善。在外交部公众信息网上及时公布扶贫捐款和项目实施情况，让捐资者对自己捐款的管理和使用都了然于心。外交部认真做好捐资者赴两县考察工作。2010年陪同捐资者赴两县扶贫考察团组共28批52人次。把捐资者是否满意作为衡量工作好坏的一个重要标准。

3. 调整思路，加大边境一线连片整村推进力度，尝试引资扶贫。在以往十多年工作的基础上，2010年外交部转变工作思路，重点开展在中越边境一线的整村推进工作。根据2009年10月国务院扶贫开发领导小组会上提出的在集中连片特殊困难地区大力实施整村推进项目的精神，从金平、麻栗坡两县贫困乡村实际需要出发，2010年紧紧围绕这项工作，统筹规划、整合资源，重点实施了麻栗坡县苏麻湾村和塘子边村2个整村推进项目；在金平县实施了铜厂乡游鱼洞村和勐拉乡麻窝村2个村共280户1422人的移民及经济发展项目。通过整村推进，村子的村容村貌发生了根本性的改变，百姓过上了殷实幸福的好日子，产生了显著的社会效益和经济效益。

在引资扶贫方面，丹麦绫致公司正与金平县探讨橡胶产业的合作，这是外交部开展引资扶贫的重要步骤。部扶贫办还与国际竹藤组织联系，针对两县水土流失严重、生态环境恶化情况，探讨竹子种植和加工的合作可能，以改善生态环境、增加农民收入，促进当地经济可持续发展。

4. 加强培训，重视思想扶贫教育扶贫。“扶贫先扶智，治贫先治愚”。人才培训是外交部定点扶贫工作的重要组成部分。2010年对两县开展的人员培训明显多于往年，首次在外交学院举办“外交部定点帮扶金平、麻栗坡县县乡级干部培训班”，两县31名基层干部集中进行以“边疆发展与领导干部素质”为主题的理论学习，并赴北京郊区农村参观考察。外交部还选派两县基层干部来京参加由中国国际民间组织合作促进会主办、德国阿登纳基金会资助的“和谐社区建设参与式方法培训”；邀请两县4位优秀教师代表来京参加宝马爱心基金夏令营；选派麻栗坡县1名青年干部赴巴基斯坦参加为期4个月的英语进修；在昆明举办乡村小学教师培训。通过培训，提高县乡各级干部的发展意识，发展思路；同时，对更新教师的教学理念和方法，提高课堂教学水平，提升教师队伍整体素质大有裨益。

5. 广泛交友，加大扶贫宣传力度。随着国家对贫困标准的提高和整村推进项目的实施，金平、麻栗坡两县扶贫的广度和难度也在增加，扶贫项目资金缺口也将随之扩大。面对这种情况，外交部进一步加大对外宣传力度。通过网络信息、资料赠送和人员联络，让更多的人了解外交部的扶贫工作，争取建立更多的募款渠道及合作关系。2010年，外交部扶贫办充分利用外交部公众信息网上的“外交扶贫”栏目和部明网的“扶贫网”，发布消息200多条，其中，图片新闻35条，工作动态40条，两县报道30条，捐款实录110多条。印发《扶贫工作简报》20期，发送扶贫宣传资料1200多册，展出《扶贫园地》展板3期。《农民日报》、《中国扶贫》杂志刊载文章介绍外交部扶贫工作，起到了很好的宣传推介和引导作用。

2010年，外交部扶贫办领导与金平县代表应邀赴阿联酋接受凤凰卫视“中华小姐环球大赛”中东赛区组委会向外交部定点帮扶贫困县的扶贫捐款。这是外交部开展扶贫工作18年来首次走出国门，在国外面对媒体，直接与当地华侨华人、捐资者接触，宣介外交扶贫政策和成果，让更多的人参与和支持外交部的扶贫工作。这种面对面的沟通交流，有事半功倍之功效。

6. 横向交流，推动国家政策倾斜。他山之石，可以攻玉。2010年，外交部扶贫办与中国国际扶贫中心、云南省扶贫办就开展扶贫合作加强工作交流；出席国务院扶贫办召开的全国定点扶贫工作会议并作经验交流发言，参加云南省在京举行的中央国家机关企事业单位定点扶贫工作座谈会和中国国际扶贫中心举办的第四届中国—东盟社会发展与减贫论坛；出席云南省产业扶贫研讨会；赴河北省易县考察农村小额信贷工作。通过一系列横向交流活动，多方学习借鉴，提高扶贫工作水平。

为争取国家对两县以及红河、文山两州乃至云南省的基础设施建设、经济发展给予更多更大的支持和投入，外交部积极与交通运输部、财政部、发展改革委、国土资源部、水利部联系沟通，争取相关部门给予政策倾斜和资金投入，帮助两县两州更快发展，加快脱贫致富的步伐。在进行横向交流沟通协调的同时，也加强了外交部与其他部委在扶贫工作上的合作关系。

7. 抗旱救灾，危难中伸援手更见真情。自2009年入秋以来，特别是2010年三四月份，云南省遭受到百年不遇的严重旱灾。外交部先后收到云南省扶贫办、文山州、麻栗坡县和金平县人民政府发来的灾情报告。部领导高度重视，迅速以部名义向云南省委、省政府发去慰问电，把全部干部职工的关心和爱心迅速传向云南灾区。根据部领导的指示精神，部扶贫办紧急采取行动，积极筹措资金，共向云南省捐款181万元（麻栗坡69万元，金平47万元，文山州50万元，普洱市15万元），并向受灾最严重的麻栗坡县组织运送183吨、总价值约合人民币93.4万元的瓶装水，为灾区人民解决生活饮水、抢救农作物和恢复生产发挥了重要作用。

外交部自1992年定点帮扶两县以来，共投入资金3621万元，重点实施了204个水利项目，包括蓄水池、小水窖、引水渠、农田灌溉等。这些水利设施在抗旱救灾的关键时刻发挥了重要作用。

【十年扶贫开发工作回顾】 2001—2010年，外交部根据《中国农村扶贫开发纲要（2001—2010年）》和云南省及金、麻两县实际需要，除继续在温饱、教育、卫生和培训四大传统领域开展帮扶工作外，还加大在两县实施整村推进和引资扶贫项目的力度。十年间，外交部共向金平、麻栗坡两县投入扶贫资金和实物累计达1.51亿元人民币，实施各类扶贫项目600多个。

1. 温饱工程投入3150多万元，实施人畜饮水、灌溉沟渠和种植、养殖等温饱项目和小额信贷项目100多个。解决了两县10多万人的温饱和饮水问题。

2. 教育领域投入6100多万元，实施200多个项目。修建、扩建中小学危房校舍（包括教学楼、宿舍楼、食堂、运动场等）110多所，救助失辍学贫困生和奖励优秀教师约17000人次，为部分学校提供电脑、书本等学习设备和生活必需品，极大地改善了两县教学环境和条件。

3. 医疗卫生领域投入2300多万元，实施80多个项目。修建了80多所县、乡（镇）医院和村级卫生所，资助10多万人参加新型农村合作医疗，解决了大多数农民看病难问题，有助于提高贫困人口的健康水平。

4. 培训领域投入800多万元，实施100多个项目。开展了对种植、养殖业带头人、农村妇女、乡村医生、学校教师以及劳动力技能培训等，内容涉及法律、卫生、种植、养殖、扫盲等，两县参加培训共约5万余人次，提高了贫困地区干部群众的科技意识和法律意识，增强了生产生活能力。

5. 整村推进领域投入1200多万元，实施20个项目。改善了20个村寨的生活环境和村容村貌，促进了村民自我发展能力和收入的提高，增强了村民民主管理能力。

6. 其他领域投入资金1500多万元，用作抗冻重建和抗旱救灾款、部领导考察两县慰问金、驻县扶贫代表备用金等。

外交部扶贫工作得到国务院扶贫办、云南省委省政府和两县领导群众的一致好评。2009年，国务院扶贫开发领导小组增补外交部为领导小组成员单位。

（外交部扶贫办　郑　路）

国家发展和改革委员会扶贫

【概述】 2010年，国家发展和改革委员会联合国家有关部门和内蒙古自治区研究起草了促进内蒙古经济社会发展的若干意见。8月初，制定了工作方案，组织召开了工作启动会，共有44个国务院有关部门和中央企业参与这项工作。8月中下旬，国家部委联合调研组赴内蒙古开展了实地调研。调研组分成10个专题组，跑遍了自治区12个盟市，深入到56个旗县的农牧民家庭、工矿企业、学校医院、边境口岸和边防哨所等广泛听取当地干部群众的意见和建议，掌握了大量的第一手材料。调研结束后，各专题组开始起草专题调研报告，于9月下旬完成调研报告并报送发改委。10月以后，发改委会同内蒙古自治区有关部门在专题调研报告的基础上，开始集中精力起草意见文稿，并于2010年底前完成文件初稿。该意见将研究提出今后一个时期内蒙古经济社会又好又快发展的指导思想、战略定位、基本原则、发展重点和支持政策等，对优化提升经济结构、改善群众生产生活、促进区域经济可持续发展具有重要的意义。

【扶贫制度建设】 2010年，发改委贯彻落实中央第五次西藏工作座谈会精神，围绕健全工作机制、编制专项规划、加强对口支援等工作。一是组建经济社会发展专项工作小组。按照中央有关要求，发改委牵头组建了经济社会发展专项工作小组，制定工作制度，明确主要任务、组成部门和工作机制，要求各成员单位落实中央第五次西藏工作座谈会精神，统筹做好支持西藏和4省藏区经济社会发展政策、项目和经济对口支援的指导协调工作；二是推进规划编制工作。参与开展了支持西藏和4省藏区跨越式发展重大项目“十二五”规划编制工作，指导有关省开展了对口援藏规划的编制工作；三是做好经济对口支援工作。按照中央有关要求，组织召开了经济对口支援西藏工作座谈会和经济对口支援青海藏区工作座谈会，明确了经济对口援藏援青工作的总体思路、重点任务和工作要求。还配合有关方面举办了援藏援青干部培训班；四是研究编制青海三江源国家生态保护综合试验区总体方案。按照国务院要求，组织开展了试验区总体方案的编制和修改完善工作。国务院关于支持青海等省藏区发展的政策文件明确了建立青海三江源国家生态保护综合试验区，这是推动青海三江源地区实现可持续发展的重要举措，有利于探索这类地区可持续发展的新路子，为其他地区提供了经验。

【扶贫战略和政策体系调整与研究】 发改委作为起草小组成员单位，参与了

《中国农村扶贫开发纲要（2011—2020年)》的起草工作，具体参与了研究提纲、起草文稿、修改完善等工作，并针对有关目标任务、对象范围、扶贫政策、配套措施等内容提出修改意见。在此过程中，还参加了划分集中连片特困地区、研究确定扶贫标准、进一步做好定点扶贫工作等重大扶贫问题研究。针对集中连片特困地区划分工作，成立工作组，制定了片区划分的基本原则、指标体系、划分方法和工作要求，提出客观准确、公平公正、切实可行的意见供领导决策参考。针对促进少数民族和民族地区加快发展问题开展了专题研究，并向全国人大、全国政协有关方面专门汇报了有关工作情况和意见建议，为研究制定“十二五”期间促进少数民族和民族地区加快发展的工作思路和政策体系提出意见建议。针对云南边境地区跨越式发展、川陕革命老区加快发展、云南山瑶群众脱贫致富等扶贫问题开展了专题研究，并在扶贫资金安排上给予支持和照顾。

【扶贫资金投入】 2010年发改委进一步加大了对农村贫困地区的投入力度，并继续向贫困人口多、脱贫难度大、基础设施薄弱和受灾严重的地区给予倾斜，改善贫困地区的生存和发展条件，为贫困群众早日脱贫致富打下坚实的基础。扶贫以工代赈方面，2010年发改委累计安排中央以工代赈资金55亿元，其中财政预算内以工代赈40亿元、中央预算内投资15亿元，连同地方配套措施，总投资69.1亿元。计划在农村贫困地区建设基本农田66万亩，改善农田灌溉面积327万亩，建设乡村公路1.7万千米，解决102万人、78万头牲畜饮水困难，初步治理水土流失面积2400平方千米，建设草场43.2万亩。在国家投资计划中，安排以工代赈劳务报酬资金7.33亿元，直接发放给参加工程建设的农村贫困群众，促进贫困农民增收。易地扶贫搬迁方面，2010年发改委安排总投资24.95亿元，其中中央预算内易地扶贫搬迁试点投资20亿元。计划搬迁农村贫困人口42.12万人，其中国家扶贫开发工作重点县33.76万人。搬迁对象是生活在缺乏基本生存条件地区的农村贫困人口，统筹考虑受地质灾害严重威胁的农村贫困人口及生态工程建设需要搬迁的贫困农牧民。与此同时，发改委在联合有关部门安排农林水利、交通能源、社会事业、生态保护与资源综合利用、产业发展与科技创新等多个行业的建设投资时，也加大了对农村贫困地区的倾斜力度，支持经济社会全面协调可持续发展。

【以工代赈和易地扶贫搬迁专项建设】 发改委为减缓经济危机对农村贫困地区的冲击，从2008年第四季度起，国家在扩大内需中央预算内投资中连续三年安排以工代赈示范项目和易地扶贫搬迁工程。为及时总结经验，发改委组织地方对2008年四季度以来以工代赈及易地扶贫搬迁中央投资落实和项目实施情况进行了总结。同时，为总结多年来以工代赈林业示范项目实施成效，进一步完善以工代赈工作思路，组织有关省发改委对“十一五”期间国家以工代赈林业示范项目工作进行了总结。

2010年，按照发改委关于“十二五”专项建设规划编制工作的总体部署，联合有关部门和地方启动了《以工代赈建设“十二五”规划》和《易地扶贫搬迁“十二五”规划》编制工作，制定了规划编制方案和编写提纲，布置地方研究起草了分省研究报告。在此基础上，起草完成了规划初稿。在专项规划中，将明确“十二五”期间以工代赈和易地扶贫搬迁的建设目标、主要内容、资金筹措和配套政策。

【扶贫资金项目监督检查】 根据发改委统一部署，为动态掌握建设项目的进展情况和投资效果，建立了中央投资计划执行情况月报制度，定期对中央新增投资计划的执行情况进行分析研究，发现问题督促有关方面及时解决。2010 年，先后深入河北、湖北、湖南、云南等省开展了项目检查和调查研究。同时，根据国家扶贫资金管理有关规定，指导地方认真做好项目前期、计划执行、资金使用、工程建设、竣工验收等各个环节的工作。

【定点扶贫】 按照国务院扶贫开发领导小组部署，2010 年发改委继续积极帮扶河北省灵寿县、丰宁县和吉林省汪清县、广西壮族自治区田东县 4 个定点扶贫县。继续选派干部到 4 个县进行基层锻炼，有关司结合业务工作多次赴 4 个县实地调研，并与有关村党支部开展了争先创优结对共建活动，发改委积极帮助 4 个县谋发展思路，协调安排资金项目，帮助解决实际困难和问题，扶持 4 个县经济社会加快发展。

（国家发展和改革委员会地区司）

教育部扶贫

【概述】 2010年，教育部积极扶持贫困地区教育事业，在义务教育、职业教育等方面，继续对贫困地区实行倾斜政策，加大投入力度，加强贫困地区中小学和职业学校建设，完善各级各类教育资助政策，支持了民族地区内地班的举办，有力地保障了贫困地区教育事业发展和贫困家庭学生受教育的权益。同时，部机关还组织动员力量帮助3个定点县开展扶贫开发工作。

【教育资助】 2010年，教育部在扶贫教育事业中累计投入1046.05亿元，惠及1.86亿学生。义务教育阶段中央财政资助资金合计624.6亿元，其中农村学校公用经费403亿元，免费教科书经费133亿元，全国城乡义务教育阶段1.6亿多名学生全部免除学杂费；中等职业教育国家助学金约170亿元，其中中央财政80.52亿元，资助约1136万学生；安排中等职业教育免学费资金88亿元，其中中央财政43.2亿元，惠及440万城乡家庭经济困难学生和涉农专业学生，约占中等职业学校在校生的20%；中央财政安排普通高中国家助学金22.45亿元，资助学生482万人；高等教育阶段奖助金141亿元，共奖励资助499万高校学生。

【学校基础设施建设】 累计投入268.66亿元。农村义务教育薄弱学校改造计划83亿元；中央专项投入20亿元实施中西部农村初中校舍改造工程，主要覆盖国家扶贫工作重点县、少数民族自治县、革命老区县和边境县；全国中小学校舍安全工程100亿元，重点支持中西部七度及以上地震高烈度人口稠密地区（包括贫困地区和非贫困地区）；中等职业教育基础能力建设30亿元（包括贫困地区和非贫困地区），其中优质特色校建设资金20亿元，投向中西部地区资金占70.4%，职业教育实训基地建设资金10亿元，投向中西部地区资金占63.15%；中西部地区特殊教育学校建设工程29亿元（包括贫困地区和非贫困地区）；新疆学前“双语”幼儿园4.6亿元、民汉合校2.06亿元（包括贫困地区和非贫困地区）。

【内地西藏班、新疆班】 为提高西藏、新疆的办学质量，为西藏、新疆举办内地班，使在校生达到3.8万人。其中西藏班在校生1.2万人，内地新疆班在校生约2.3万人，内地西藏中职班在校生3000人，为西藏和新疆培养了大批各类人才。

【劳动力职业技能培训】 2010年，全国教育系统共开展农村劳动力转移和农民工等技能培训约1500万人次、农村实用技术培训约3800万人次，其中包括了一大批来自贫困地区的富余劳动力和在乡农民。

为提高贫困地区农村富余劳动力转产转业能力、增强在乡农民脱贫致富能力，改善贫困地区民生作出了贡献。

【定点扶贫】 按照国务院扶贫开发领导小组安排，教育部对口帮扶河北省青龙、涞源和武邑等3个县。2010年，教育部完成定点扶贫工作有：一是继续支持河北省青龙县、来源县和武邑县发展农村教育。为3个县安排中小学建设项目，每个县补助经费60万元，改善了3个县农村中小学校的办学条件；二是组织慰问贫困户和困难教师。2010年春节，教育部部机关党委和机关工会积极组织“春节送温暖”活动，共筹集人民币15万元，由教育部3位司领导分别带队，分赴武邑、青龙、涞源等3个县，慰问了贫困户和困难教师；三是开展劳动力培训和转移就业工作。每县选择100个贫困家庭的劳动力接受职业技能培训，帮助其实现转移就业并实现家庭脱贫，每人补贴培训经费500元；四是做好整村推进工作，2008—2010年共有149个村开展了整村推进工作。

（教育部职成司）

科技部扶贫

【概述】 2010年科技部围绕既定的科技扶贫工作计划，集成各方力量，开展科技扶贫工作，进一步加大开发式科技扶贫工作力度，探索适应贫困地区经济发展的科技扶贫新型模式和路径，为加快先进适用技术向贫困地区推广，提高贫困地区技术创新与自我发展能力，实现贫困地区经济、社会、生态的可持续发展，促进贫困地区全面建设小康社会和实现现代化，提供了科技支撑。

科技部领导重视科技扶贫工作，并经常深入贫困地区开展调查研究，了解各地科技资源、自然资源和社会资源状况，检查落实科技扶贫项目，现场指导当地的科技扶贫工作，帮助解决实际困难和问题，为贫困地区经济社会的科学发展建言献策。2010年科技部系统共有369人次到贫困地区开展调研并组织专项活动。部领导多次接待河北魏县、河南光山、江西井冈山、陕西佳县等贫困地区领导的来访，并召开座谈会，共同研究具体工作。

在调查研究的基础上，依据《中国农村扶贫开发纲要（2001—2010年）》，科技部研究制订了2010年科技扶贫工作计划，对全年的科技扶贫工作进行了科学的规划和具体的安排。2010年4月16日科技部在北京召开了2010年定点扶贫工作视频通气会，对2010年定点科技扶贫工作进行部署，推进了重点帮扶贫困地区农村科技工作。

【科技创业扶贫】 自2009年科技部等八部门启动科技特派员农村创业行动以来，2010年在中西部地区深入开展科技特派员农村科技创业行动，至2010年，已有7.2万名科技特派员活动在中西部地区农村基层，农业一线。3200多个科研院所、大专院校和科技型企业作为法人科技特派员，带领广大贫困农户脱贫致富。

汶川特大地震发生后，科技部迅速启动了抗震救灾恢复重建科技支撑专项行动，选派了20个对口支援省（市）、11个国家部委直属高校、科研院所与地方科研人员组成了31个科技特派团，深入四川、陕西、甘肃3个省的重灾县，组织开展了地震灾后恢复重建科技特派团对口帮扶工作，成效显著。截至2010年底，已有500多名科技人员深入灾区开展科技服务，引进动植物新品种100多个、新技术200多项，建立示范基地近50个，培训农民近5万多人次，转化一批科技成果，受益农民近10万多人次，对推动地震灾区新农村建设，促进城乡经济社会统筹发展发挥了重要作用。

【科技计划和科技专项】 科技部采取多项并举、多管齐下、整合资源、拓宽渠道的办法，发挥科技部门在成果、人才、项目等方面的优势，支持贫困地区发展县域农业支柱产业，较好地促进了贫困地区农村经济的发展。

2010 年，科技部通过星火计划、科技富民强县专项、农业科技成果转化资金、科技人员服务企业专项等面向基层的科技计划和科技专项，在贫困地区实施了一批科技项目。如 2010 年科技富民强县专项行动支持了 21 个省（区、市）的 31 个国家级扶贫开发工作重点县，国家直接投入 4405 万元，带动省级配套支持 3000 多万元。在 2010 年开展的“星火科技 30 分”地方电视台联播活动中，科技部共免费向包括 61 个国家级扶贫开发工作重点县（市）在内的 600 多个县级电视台提供科技节目 52 期。另外，科技部在 7 个定点帮扶县实施科技项目 37 项，直接投入 1114 万元项目资金，帮助引进项目资金 4297 万元，引进人才 44 人，引进技术 44 项。

【科技培训】 针对贫困地区干部群众科技素质低、科技意识弱的问题，科技部坚持按照“实际、实用、实效”的原则整合培训资源，以“方便、快捷、灵活”的原则创新培训形式，开展了多种多样的科技培训活动。

2010 年科技部共组织实施 9 期“科技扶贫远程课堂”和 5 期“科学防艾远程科普讲堂”共 23 场培训活动，邀请了 40 位专家走进位于北京的远程培训演播室，通过远程教育卫星及网络平台向全国 20 多个贫困县市的农民朋友讲授了农村科技创业、农业实用技术及医疗卫生保健、艾滋病防治等方面的知识，并在线实时地解答了各地提出的问题。直接参与远程培训的人数达到 3 万多人次，辐射培训人数达 16 万人次。同时，科技部还不定期组织专家亲临贫困地区现场开展科技培训，指导农民生产。据统计，科技部在定点扶贫县举办各种培训班 33 场，培训人数达 4830 人次，其中各级干部 30 人次，技术人员 280 人次，农业劳动力 1020 人次。

【科技合作】 科技部积极探讨与国际组织、联合国机构、国际跨国企业等展开科技合作，引进国际科技资源，促进贫困地区经济发展。如自 2009 年与美国辉瑞动物保健集团开展科技合作以来，经过多次协商，双方已在健康养殖、保护环境、开展科技培训等方面达成广泛共识。2010 年 4 月至 12 月双方围绕猪（鸭、奶牛）的饲养管理、养殖场的卫生防疫管理、各种疾病防治等培训内容，在全国 11 省 13 个县（市）共同举办了 13 期科学养殖技术培训，累计培训学员 1314 人。为贫困地区养殖技术人员和养殖户树立科学的养殖理念、掌握先进的养殖技术，促进贫困地区养殖业更好更快发展起到重要的推动作用。

同时，科技部还通过扶贫团为定点帮扶地区与科研院所、大专院校以及发达地区牵线搭桥，促进双方进行科技对接，形成长期合作互惠的关系，促进了科技资源向贫困地区流动。江西省井冈山市与上海市科委建立了长期合作关系，上海市集中自身科技力量帮助井冈山市打造一流的农业科技观光示范园，使井冈山市的红色旅游再加上绿色农业的科技光辉。湖北省英山县与北京市科委、河北省魏县与河北农业大学、陕西省佳县与华南农业大学、陕西省安塞县与西北农业科技大学、河南省光山县与中国农科院茶叶所、江西省永新县与吉安市林科所等都达成长期发展战略合作协议。通过促进各种形式的科技合作，充分将高校或科研院所的智力资源优势与贫困地区的现实需求紧密结合，对开发式科技扶贫模式进行了有效探索。

【科技扶贫】 科技部配合中央统战部，加强与各民主党派中央、全国工商联的合作，发挥科技优势，集成资源，上下联动，以扶贫开发和生态建设为重点，依靠科技进步促进农民增收、企业增效。2010 年，围绕贵州毕节和黔西南的贫困地区经济社会发展科技需求，投入科技经费 1783 万元，开展技术培训、实施成果转化和科技示范，推动国际合作，加强当地科技能力建设，推动了具有区域特色的现代农业、中药材等产业的发展和技术升级，加快了农民增收和脱贫致富，促进了脆弱生态环境的修复和建设。

【科技扶贫团】 科技部自 1986 年开始向贫困地区选派科技扶贫团，20 多年始终坚持不断。2010 年科技部根据“十一五”科技扶贫团的选派计划，向定点帮扶地区选派了第 24 届科技扶贫团共 9 人。其中 3 名司局级领导分别担任大别山团、井冈山团和陕北团的团长，6 名处级及处以下干部分别到河南省光山县、湖北省英山县、江西省井冈山市、永新县、陕西省安塞县和佳县挂职扶贫，担任副县长或县长助理。1986—2010 年，科技部已累计选派科技扶贫团 24 届，达 437 人次，其中司局级干部 101 人次，处级干部 204 人次。为适应“十二五”科技部定点帮扶工作的新变化，以及对到基层挂职锻炼的科技扶贫团员的新要求，科技部加强了对科技扶贫团管理工作的调整、优化与创新，以进一步达成资源有效整合、工作有效延续、项目有效实施的目标，促进定点扶贫工作的进一步开展。

【科技服务】 2010 年科技部积极组织社会各方面力量向贫困县捐赠科技物资，资助贫困学生，支持贫困县的社会事业发展，促进了贫困县社会民生的改善。如在科技部的协助下，河南省光山县和湖北省英山县已建设并开通农村三级医疗卫生服务网，构建了“县为中心，乡为枢纽，村为网底”的医疗资源共享平台，使县级医院医生在科室、乡镇卫生院医生不出乡、村医不出村就能接受到国家科技平台数据资源。陕西省安塞县实施的金太阳工程为安塞县提供了 714 千瓦装机容量的清洁能源，解决了安塞人民的用电问题。最高科技含量的激光影院落户江西省井冈山市，进一步丰富井冈山市群众的文化生活。据统计，2010 年科技部共向 7 个定点扶贫县捐赠各类科技物资 806 万元，资助贫困学生 57 名。陕西省佳县聚光科技奖学金三年来共奖励 270 名品学兼优的高中学生，累计奖金 15 万元。

2010 年，科技部通过科技活动周和科技下乡的渠道，向四川巴中革命老区和山东省广饶县等地捐赠了价值 250 多万元的科技物资，包括北大众志计算机、吉奥科技下乡服务车、科技远程培训设备、科学储粮示范仓和一批农村科技图书与光盘等，并与地方签订“星火科技 30 分”播出协议，为当地农民朋友提供长期科技信息服务，体现科技惠及民生的作用，有助于提升当地的基层科技服务能力。

【贫困地区精神文明建设】 科技部坚持扶贫 25 年来，在促进贫困地区物质文明建设的同时，推进精神文明建设。2010 年本着科技扶贫工作既要“传承”、又要“开创”的原则，将科学精神和革命精神、知识精神和人本精神进行有机结合，凝练出

“科技扶贫精神”，即“情系老区，扎根基层，求真务实，创新创业”，以号召和鼓励科技扶贫工作者深入扶贫第一线，更好地开展科技扶贫工作。

2010年11月3日，科技部精神文明建设领导小组办公室与中共陕西省安塞县委签署精神文明共建协议，并制定具体的实施方案。共建的主要内容包括两个方面：一是开展群众性的精神文明创建活动，弘扬延安精神，普及科学知识，提高科学意识，促进延安精神与创新精神的结合；二是深化科技扶贫工作，进一步整合资源，加大扶持力度，努力建设科技扶贫重点基地，推动农村科技信息化建设，服务农村医疗卫生建设，促进安塞经济社会的科学发展。部县精神文明共建活动，将坚持双向双效原则，通过发挥双方优势，探索中央国家机关与地方携手提高精神文明创建工作水平，促进地方经济社会和谐发展的新路子。

（科技部）

工业和信息化部扶贫

【概述】 2008年，国务院实行大部制改革，组建工业和信息化部，承担山西省大宁县、永和县，四川省南部县、嘉陵区的扶贫工作。工业和信息化部组建后成立了以李毅中部长任组长、苗圩副部长任副组长的扶贫领导小组，成员包括莫玮、周子学、史晓光、王耀光等同志。领导小组下设办公室，挂靠在规划司，由规划司副司长刘树苹担任办公室主任，成员单位包括规划司、财务司、人事教育司、直属机关党委、中小企业司、原材料工业司、装备工业司、消费品工业司、电子信息司、通信发展司和信息化推进司等相关司局。通过充分发挥工业和信息化部主管工业的优势，调动部内各司局及直属单位的积极性，举全部之力共同为扶贫工作出谋划策，使工业和信息化部的扶贫工作呈现“全部上下齐心协力，工业和信息化特色鲜明，扶贫项目效益显著”的良好局面。

【行业政策】 工业和信息化部成立后，在第一次扶贫工作座谈会上明确了2009—2010年部扶贫工作的总体要求：坚持以“三个代表”重要思想为指导，深入学习实践科学发展观，认真贯彻落实党的十七届三中全会、全国扶贫工作会议和国务院扶贫开发领导小组第一次全体会议精神，立足定点扶贫地区实际，以关注民生为重点，以项目扶贫为手段，发挥行业优势，突出工业和信息化特色，把扶贫开发与社会主义新农村建设结合起来，为实现贫困地区又好又快发展做出应有的贡献。重点做好以下四方面的工作：

1. 以关注民生为重点，努力做好扶贫开发工作。继续抓好“人畜饮水”等基础设施建设，在加大建设力度的同时，加强对已有工程的检查维修和管理，确保农民安全饮水、喝上干净水，切实改善农村生产生活条件；继续支持特色养殖业，支持养殖户扩大规模，在条件成熟地方逐步进行集中、规模化养殖，实现产业化；继续关心农村的教育培训工作，动员社会力量关注教育和培训，切实改善贫困地区办学条件；关注社会热点、难点问题，针对当地经济社会发展中的热点和难点问题，加强调查研究，与扶贫工作有机结合，努力提高工作水平。

2. 以项目扶贫为手段，充分体现工业和信息化特色。要找到项目扶贫的切入点，促进已有企业的技术改造和产品结构调整，做大做强优势企业；要扶持有发展潜力的中小企业，要紧密结合当地资源和现状，培育发展新的工业项目，重点关注特色养殖业和农副产品深加工；要努力提高农村、农民信息化水平，选择合适的项目，争取部相关司局支持，继续为贫困地区的信息化做好事、办实事；要协助做好有关支农惠农项目的落实工作，宣传工业和信息化发展的战略、决策，协助做好家电、汽车下乡及农机补贴等的政策落实工作。

3. 加强项目管理，管好用好扶贫及项目资金。部内相关业务司局要在项目上加大对贫困地区的支持力度；扶贫干部要深入调研，选好帮扶项目；要严格按照项目和资金管理办法管理好扶贫专项资金和项目资金，做到专款专用，确保规范使用资金；做好项目实施的后续管理工作，加强对已建项目的跟踪调查和后续管理，明确责任主体，确保项目持续发挥效用。

4. 加强学习和调查研究，努力开创定点扶贫工作新局面。加强学习，紧密结合社会主义新农村建设，研究探讨定点扶贫工作新思路，大胆创新，切实抓出成效；要加强调研，将扶贫的各项要求落到实处，使扶贫工作的总体要求能够跟当地实际紧密结合，帮助当地找出解决问题的办法和思路；积极争取地方党政和相关部门的支持和配合，同时加强和地方行业主管部门、有关企业的沟通和联系，共同做好定点扶贫工作。

【资金项目扶持】 工业和信息化部通过协调资金、社会援助和职工捐助等多种渠道筹集扶贫资金，共同支持对口帮扶地区经济、社会发展。截至2010年底，累计协调各方资金1.62亿元，并带动社会投资5.11亿元，支持对口帮扶地区发展经济。其中为大宁县、永和县、南部县、嘉陵区4县（区）协调资金5900余万元，带动社会投资4.69亿元，开展近百项扶贫项目的建设，扶植发展贫困地区优势产业。

2010年，工业和信息化部协调资金216万元，带动社会总投资606万元，支持21个扶贫项目建设；争取财政补助资金850万元，支持企业技术改造。通过采取形式多样的帮扶活动，有效地改善了当地贫困群众的生产生活条件，加快了农民脱贫的步伐，促进了当地经济社会发展。

在符合产业政策的前提下，对2010年扶贫县（区）给予项目倾斜。结合工作实际，优先鼓励发展工业项目。支持扶贫县（区）技术改造项目4个，支持中药材生产扶持项目1个，支持南部县重点民爆工业发展和中小企业孵化器平台项目建设，有力推动扶贫县（区）工业及特色产业的发展。

【科技扶贫】 推动信息化建设，引领和带动当地经济发展是工业和信息化部扶贫工作的重要内容。20年来，为加强贫困地区邮政、通信和信息化建设，工业和信息化部累计协调各方资金6811万元，带动资金335万元，建设项目57项，架设光缆420多公里，扩容及安装程控电话近1.4万门，建设GSM基站17座，建设邮政生产用房3处，邮电处理中心1处，改善邮政营业网点8处，建设电子政务、农业科技信息网、汇农网、三农百事通等信息系统10余个，改善了当地信息基础设施，提升了邮政服务水平，加快了通信发展步伐，推动了农村信息化建设，加速了贫困地区尽快脱贫致富。

2010年，推动美国AMD公司资助农村信息化培训教室项目，投入资金20万元，为村民搭建信息交流平台。

【民生工程】 关注民生，着力改善当地人民群众的生产、生活条件，是工业和信息化部扶贫工作的重中之重。20年来，邮电部、电子工业部、信息产业部、工业和信息化部累计为大宁、永和、南部、嘉陵 4（县）区协调资金 484 万余元，带动资金近 350 万元，修、改建公路 14 条，架设桥梁 6 座，建设水利工程 31 处，建设通电工程 24 处，修建电视差转台 26 座、电视转播塔和广播电视发射塔各 1 座。协调资金 1066 万元，带动资金 1182 万元，完成生活保障类项目 118 项。建设饮水工程 151 处；修建卫生院 9 座，捐赠医疗器械 15 台（套）、药品近 20 万元，开展义诊 2000 多人次；建设沼气示范村 3 个、沼气池近 700 口；多次组织扶贫捐助、春节送温暖、灾情救助、春耕种子发放活动，增强了贫困地区人民战胜困难的信心和勇气。

2010 年，工业和信息化部根据当地资源特色，选择扶贫项目，推动项目实施并发挥效益。全年支持 4 县（区）21 个项目，协调落实扶贫资金 200 万元，支持了农村饮水、基础设施建设、生态建设、民生改善等，带动了社会投资 606 万元。

支持山西省大宁县三多乡、太德乡和徐家垛三所中心小学配备多媒体教学设备，太古乡、昕水镇小尾寒羊养殖、养鸡项目，三多乡、处河村人畜饮水工程等项目。多媒体教学设备安装后，改善了学校的教学环境，促进了当地教育事业的发展。解决了 7 个自然村 1000 人的饮水问题。

支持山西省永和县桑壁镇核桃经济林建设、交口乡中药材种植基地建设、阁底乡自来水进户工程和红枣树科学管护等项目。栽植 2000 亩 6 万株核桃林，种植中药材 2000 亩。解决了 152 人、27 头牲畜的安全饮水，为当地群众开发“农家乐”旅游配套服务业创造了有利条件，促进了当地旅游业发展。

支持四川省南充市嘉陵区农村清洁能源建设，花园水库溢洪工程、积善乡、三会镇石河堰整治、人饮安全工程等项目。有效减少了 120 户家庭的人、畜粪便和生活污水对环境的污染，改善了农民群众生存环境，提高了人们生活质量，解决了 4361 人、3320 头牲畜饮水及 2700 亩耕地的农田灌溉问题。

支持四川省南充市南部县双峰乡场镇河、东镇天井沟村等饮水工程、人畜饮水工程 6 项，解决 11153 人、5850 头牲畜的饮水和 26.67 公顷的农业灌溉问题，取得了良好社会效益。

【教育培训】 为贯彻落实党中央、国务院“提高群众的综合素质特别是科技文化素质，是增加贫困人口经济收入的重要措施，也是促进贫困地区脱贫致富的根本途径，必须把农民科技文化素质培训作为扶贫开发的重要工作”的要求，自 1992 年以来，工业和信息化部协调和带动资金近 4300 万元，在大宁县、永和县、南部县和嘉陵区开展了 130 多个教育培训类项目，积极推进学校教育、干部群众科技培训和文化环境建设等。

2010 年，工业和信息化部多方沟通协调社会力量，累计投入资金 400 万元。争取到宝洁、可口可乐公司、三星公司、法国电信援建希望小学 6 所及相关配套措施，累计援助资金 306 万元，有效改善了学校的办学环境，解决 4000 名左右学生就近上学难的问题。积极协调美国德州仪器公司、诺基亚—西门子公司资助捐赠 30 套多媒体教学设备、建设网络教室及修建 20 个小学图书室，总价值 50 万元。协调有关单位为改善县政府的办公条件捐助电脑 47 台。开展多种培训活动，选派扶贫县党政干部 32 名赴江苏省参加工业经济考察学习。

【扶危济困】 2010年，工业和信息化部多次开展济困救助工作，把党中央、国务院的关怀送到了千家万户。开展“圆梦大学”助学金发放活动，支持资金8万元，资助50名考入大学的贫困学生顺利入学。深入农村访贫问寒，开展春节“送温暖”活动，筹集资金4万元，累计慰问救助孤寡老人、老党员等困难群众80多户。会同县（区）委，筹集20万元医疗费用，用于救助一名急需手术费用的儿童，6万元用于设置小学学习奖励基金。联系各界人士开展一对一帮扶工作，与10名学生“结对子”。帮扶救助和慰问活动送去了党和政府对群众的关怀和温暖，密切了党同人民群众的血肉联系。

【人员交流】 20年来，工业和信息化部累计向南部、嘉陵、永和、大宁、阆中、苍溪地区派出扶贫干部69人次，直接参与当地的经济建设。其中，派驻大宁县13人，永和县14人，南部县14人，嘉陵区14人，阆中市7人，苍溪县7人。此外，邮电部还向大宁和永和各派出支教人员1名。历届扶贫干部不讲条件忘我工作，舍弃自己小家，投身对口帮扶地区这个“大家”。思想过硬，扶贫动情，策划动脑，工作实干，恪尽职守，谦虚谨慎，严于律己，充分调动各方力量，帮助当地群众增强脱贫信心，为贫困地区奉献了自己的青春和汗水。2009—2010年工业和信息化部有4名扶贫干部挂职在山西、四川扶贫一线。

（工业和信息化部扶贫办公室
王小涛）

民政部扶贫

【扶贫政策】 1. 农村五保供养工作条例。2006年1月，国务院常务会议审议通过了新修订的《农村五保供养工作条例》。条例明确规定将无劳动能力、无生活来源又无法定赡养、抚养、扶养义务人，或者其法定赡养、抚养、扶养义务人无赡养、抚养、扶养能力的老年、残疾或者未满16周岁的村民纳入五保供养范围，供养标准不低于当地村民平均生活水平，供养资金在财政预算中安排，供养服务机构建设纳入经济社会发展规划。至此，农村五保供养实现由农村集体福利事业向现代社会保障制度转型。

2. 农村最低生活保障制度。2007年7月，国务院印发《关于在全国建立农村最低生活保障制度的通知》（国发［2007］19号），决定在全国范围建立农村最低生活保障制度，将符合条件的农村贫困人口全部纳入保障范围，稳定、持久、有效地解决全国农村贫困人口的温饱问题。文件明确了低保标准制定和调整方法，规范操作实施程序，要求将保障资金列入财政预算，标志着农村低保制度已完成试点探索过程，进入全面推进的新阶段。

3. 实施农村医疗救助。2003年11月，民政部、卫生部、财政部联合下发了《关于实施农村医疗救助的意见》（民发［2003］158号），要求用2年时间在全国建立规范完善的农村医疗救助制度。文件还对农村医疗救助的对象、范围、程序、资金筹集与管理等均做了具体的规定，标志着农村医疗救助制度正式开始建立。

4. 农村五保供养服务机构管理办法。2010年10月，民政部公布《农村五保供养服务机构管理办法》，办法对农村五保供养服务机构的管理体制、规划建设、服务对象、供养内容、内部管理、工作人员、经费保障和法律责任等做了明确规定。

5. 进一步完善城乡医疗救助制度。2009年民政部等4部门联合下发《关于进一步完善城乡医疗救助制度的意见》（民发［2009］81号），对医疗救助制度如何适应当前医药卫生体制改革提出了要求，在总结各地经验的基础上，就救助的范围、程序、内容、标准、基金管理、制度衔接、部门职责等做出明确的规定，标志着农村医疗救助制度进入规范完善的新阶段。

6. 进一步规范农村最低生活保障工作。2010年11月，民政部下发《关于进一步规范农村最低生活保障工作的指导意见》（民发［2010］153号），指导督促各地完善法规政策，强化县、乡人民政府的主体责任，科学制定和调整保障标准，规范申请、审核、审批等工作程序和家庭经济状况调查、村级民主评议、低保金发放等关键环节，进一步提高规范化、制度化、科学化管理水平，促进农村低保制度的公开、公平、公正实施。

7. 农村五保供养服务设施建设霞光计划。2006年12月，民政部印发《“农村五保供养服务设施建设霞光计划”实施方案》（民发［2006］206号），决定利用彩票公益金，建设一批农村五保供养服务设施，解决农村五保供养对象的住房问题。截至2010年底，民政部累计投入福利彩票公益金6.05亿元，拉动地方投入60.16亿元，共新建、改建、扩建农村五保供养服务机构项目3286个。

【重要会议和重大活动】 2004年9月，国务院总理温家宝主持召开国务院常务会议，研究部署解决困难群众生产生活问题。会议要求完善社会救助制度，建立健全城乡社会救助体系，解决困难群众的生产生活问题。

2005年11月，民政部在北京召开全国城乡特殊困难群众社会救助工作经验交流会，回良玉副总理出席会议并作重要讲话。会议对建立健全社会救助体系，保障城乡困难群众基本生活作出重要部署。

2007年5月，国务院总理温家宝主持召开国务院常务会议，研究部署在全国建立农村最低生活保障制度工作，将符合条件的农村贫困人口纳入保障范围，重点保障病残、年老体弱、丧失劳动能力等生活常年困难的农村居民。建立农村最低生活保障制度以地方人民政府为主，实行属地管理，中央财政对财政困难地区给予适当补助。

2007年6月，国务院召开全国建立农村最低生活保障制度工作会议，进一步研究完善农村低保有关政策措施，部署在全国普遍建立农村低保制度。回良玉副总理出席会议并作重要讲话，民政部李学举部长作总结讲话，财政部王军副部长发言。回良玉副总理在讲话中指出，建立和实施农村低保制度，是关系到亿万农民切身利益，得民心、顺民意的德政善举，标志着在实现中华儿女千百年来追求的“人人无饥寒”梦想的道路上，迈出坚实的一步。

2007年11月，民政部在重庆召开了“全国城乡医疗救助工作会议”。会议总结了各地开展城乡医疗救助的做法和经验，研究了医疗救助工作中遇到的困难和问题，提出进一步推进和完善的措施，安排部署了下一步工作任务。

2008年1月，民政部协调国办、中农办等9个中央部门，组成11个工作组，对22个省（区、市）和新疆生产建设兵团的农村困难群众生活安排情况进行督查。

2008年9月，民政部在北京召开全国救灾救助工作会议，部署健全社会救助体系、推进减灾救灾工作，回良玉副总理会见与会代表并作重要讲话，民政部李学举部长作工作报告。

2009年12月，民政部召开全国社会救助规范管理工作会议。会议总结2008年全国社会救助工作的主要成绩，交流了工作经验，分析了面临的形势，明确了当前和今后一个时期社会救助工作的基本思路，安排部署了社会救助规范管理的各项重点工作和支撑保障措施。

2010年11月，民政部召开全国农村五保供养工作会议，会议全面总结“十一五”期间农村五保供养事业发展成就和基本经验，对当前和今后一个时期重点工作进行了部署。

【农村五保供养工作先进表彰】 2010年11月，民政部下发《关于表彰全国农村五保供养工作先进单位、先进个人和模范敬老院的决定》（民发［2010］155号），对北京市房山区民政局等200个“全国农村五保供养工作先进单位”、梁宝君等300名“全国农村五保供养工作先进个人”进行表彰，命名北京市海淀区上庄镇敬老院等300所敬老院为“全国模范敬老院”。

【农村社会救助制度体系】 中央出台多项涉及基本制度建设的指导性文件，建立健全农村社会救助制度。2010年，已初步建立起以农村最低生活保障、农村五保为基础，以医疗、住房、教育等方面的专项救助为重要内容，以临时救助为补充，与慈善事业和社会互助相衔接，与经济社会发展水平相适应的农村社会救助制度体系。

【农村低保资金投入】 2006年，全国共支出农村低保资金41.6亿元；2007年，中央财政首次安排农村低保补助资金30亿元，全国共支出农村低保资金109.1亿元；2008年，中央财政安排补助资金90亿元，全国共支出228.7亿元；2009年，中央财政安排补助资金216亿元，全国共支出363亿元；2010年，中央财政补助资金达到269亿元，全国共支出423亿元（见图1）。

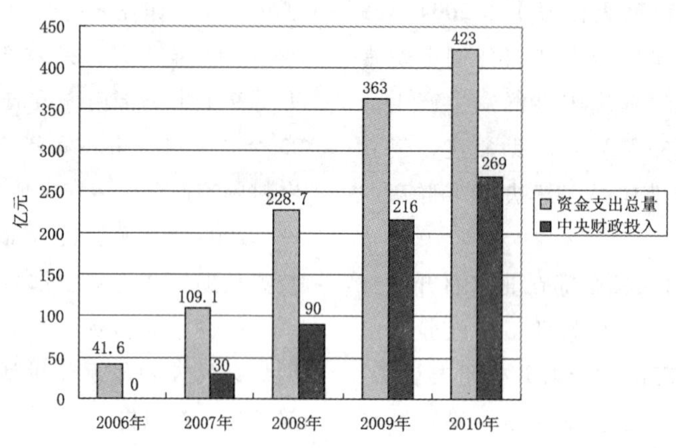

图1 2006—2010年农村低保资金支出对照图

【农村五保供养】 2006年全国共支出农村五保供养资金42.1亿元，2007年支出供养资金59.8亿元，2008年支出供养资金73.7亿元，2009年支出供养资金87.2亿元，2010年总支出达到101.9亿元（见图2）。

【农村医疗救助】 2003—2005年，中央财政共安排农村医疗救助补助资金9亿元，累计支出15亿元；2006—2009年，中央财政分别安排补助资金9.5、21.2、26.9、54.2亿元，累计支出153亿元；2010年，中央财政补助资金达到68.3亿元（见图3）。

【救助政策覆盖范围】 2004年，全国仅有488万农村困难群众纳入农村低保，2007年农村低保实现全面建制，全国共有农村低保对象3566.3万人，截至2010年12月，农村低保对象达到5228.5万人；新型农村五保供养制度确立后，农村五保对象人数稳定在550万人左右，实现应保尽保；2010年，全国农村医疗救助达到4136万人次，其中，资助3507万人参加新农合，住院救助228万人次，门诊救助401万人次，　　均较往年有大幅提高（见图4）。

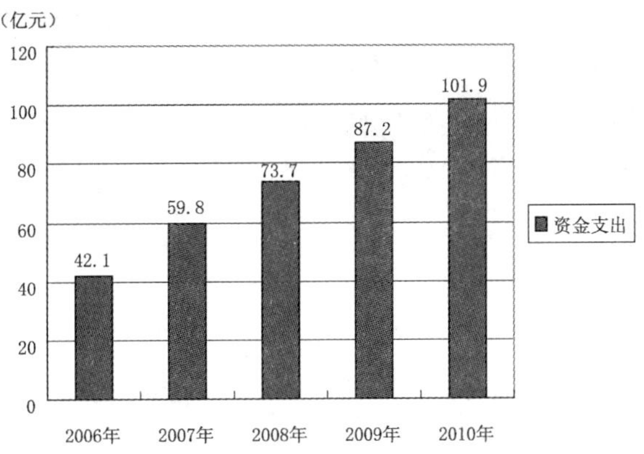

图2　2006—2010年农村五保供养资金支出对照图

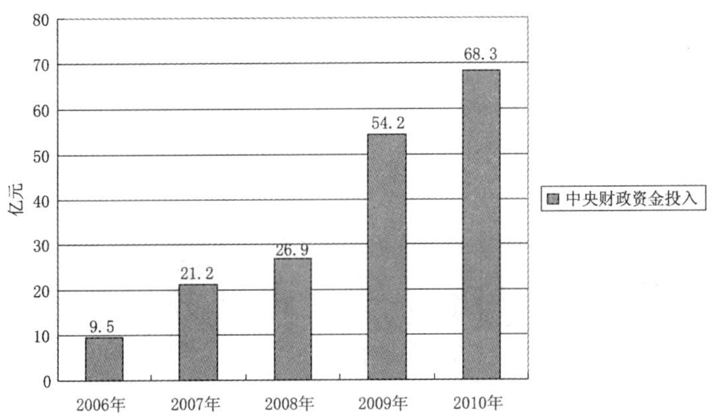

图3　2006—2010年中央财政农村医疗救助资金安排对照图

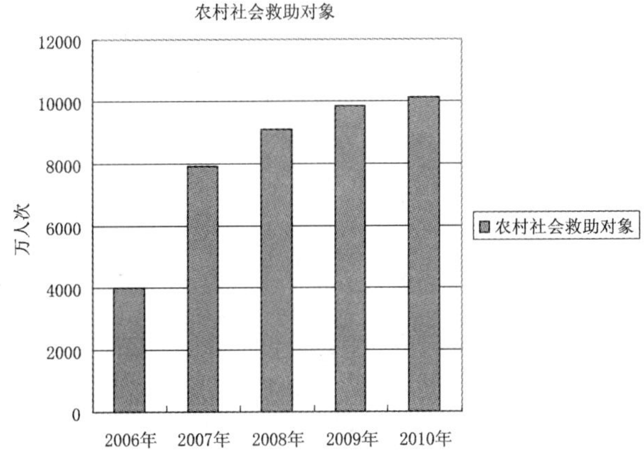

图4　2006—2010年农村社会救助对象对照图

【救助标准和补助水平】 截至2010年底，全国平均农村低保标准达到每人每年1420元，月人均补助70元；全国平均农村五保集中供养标准为每人每年2976元，分散供养标准为每人每年2105元，救助标准和补助水平均较2009年有大幅提升（见图5、图6、图7）。

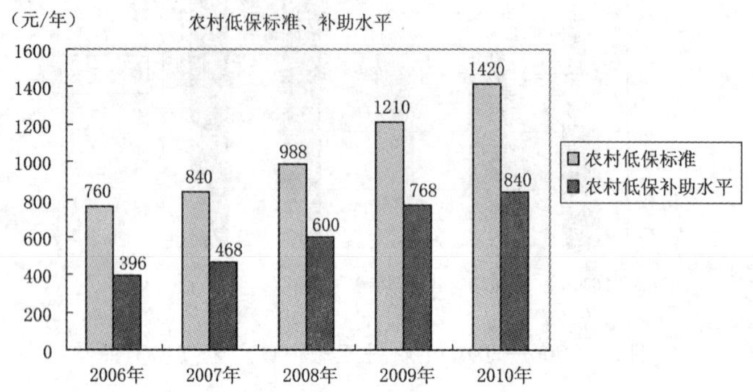

图5 2006—2010年农村五保供养标准变化图

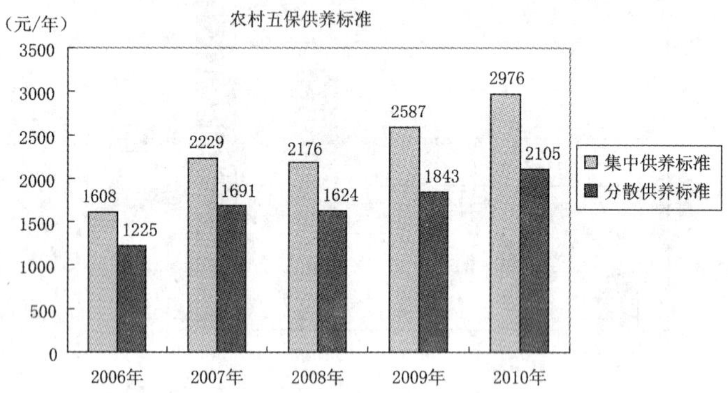

图6 2006—2010年农村五保标准对照图

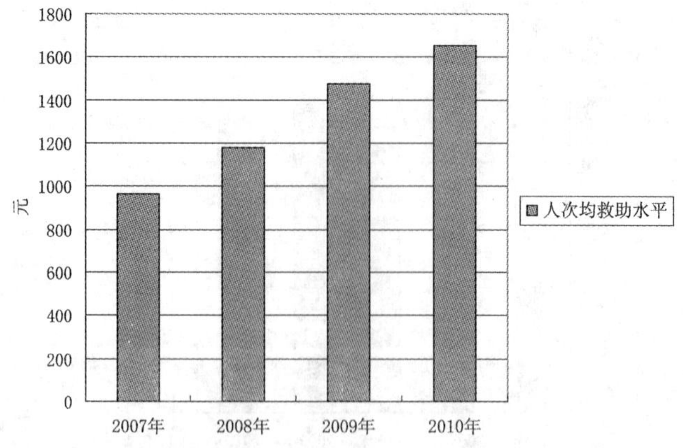

图7 2007—2010年农村医疗救助人次均住院救助水平示意图

（民政部）

财政部扶贫

【概述】 2010年是贯彻落实《中国农村扶贫开发纲要（2001—2010年）》的部署，确保实现纲要既定目标的最后一年。各级财政部门贯彻落实纲要部署和党中央、国务院关于扶贫开发的重要精神，一方面加大财政扶贫投入力度，创新财政扶贫资金管理机制，提升财政扶贫工作的减贫成效；另一方面着眼于促进贫困地区均衡发展，增强贫困地区发展能力，提升基本公共服务水平，加大各类财政转移支付对贫困地区的支持力度，完善多渠道扶持贫困地区发展的财政政策框架体系。

财政专项扶贫是我国扶贫开发的最重要政策支撑，财政扶贫开发投入是政府推进减贫事业的有力保障。2010年，各级财政部门贯彻落实纲要部署，围绕纲要确定的目标要求，进一步加大财政扶贫开发投入力度，推进财政扶贫开发重点工作，加强财政扶贫资金管理，提升专项扶贫开发成效。

【财政扶贫投入】 2010年，中央财政贯彻落实十七届五中全会的要求，进一步加大了财政扶贫开发的投入力度，安排财政扶贫专项资金222.68亿元，较2009年增加25.39亿元，增长12.87%。其中，安排补助地方财政扶贫专项资金219.27亿元（含上划），较2009年增加25.91亿元，增长13.4%，继续保持较高的增长幅度。据初步统计，全国有扶贫开发任务的28个省份的省级财政2010年共投入财政扶贫资金71.6亿元，较2009年增长6.8%。此外，中央财政安排中央专项彩票公益金1.7亿元，支持贫困革命老区实施整村推进项目，并探索建立中央专项彩票公益金对扶贫开发事业的稳定投入机制。财政扶贫开发投入的不断增加，为促进贯彻落实《中国农村扶贫开发纲要（2001—2010年）》提供了资金保障。中央财政在加大财政扶贫开发投入力度的同时，进一步完善财政扶贫资金分配方法，确保资金投入有效瞄准农村贫困地区和贫困人口。据统计，2010年中央财政补助东、中、西部省份的财政扶贫资金比例分别为1.95%、32.08%和65.97%，其中补助西部省份的资金比例进一步提高，支持重点进一步突出。

【连片开发试点】 2010年，中央财政安排财政扶贫资金5亿元，用于扩大连片开发试点项目实施范围，支持中西部地区22个省份的100个县启动该项试点工作，重点支持连片贫困地区加强基础设施建设，改善生产发展环境，培育特色优势产业，帮助贫困群众通过生产发展增加收入，同时缓解生产生活中面临的突出困难。在扩大连片开发试点项目实施范围的同时，中央财政还探索改革连片开发试点工作机制，提升连片开发试点项目实施成效。改革将试点项目实施期限由1年调整为3年，试点规划期也相应地由1年调整为3年，促进地方提升规划编制和项目实施水平；将中央财政对每个试点县的补助资金规模由1000万元调整为前两年500万元/年，第三年根据绩效考评结果给予适当奖励。试点工作改革为地方科学规划实施项目创造了条件，同时提高了地方加强试点项目管理的积极性，促进提升了试点工作成效。

【互助资金试点】 贫困村互助资金试点是近年财政扶贫资金使用机制的创新，自2006年启动试点工作以来，试点项目取得了明显成效。为在更大范围内发挥贫困村互助资金的作用，缓解贫困地区发展生产资金不足的难题，2010年，中央财政在规范原有试点村资金管理和运营的基础上，专门安排财政扶贫资金2.85亿元，进一步扩大贫困村互助资金试点范围，资金规模较2009年增加6000万元，增长26.7%，新增试点贫困村1900个，较2009年增加400个。同时，要求试点项目主要瞄准农村金融空白地区并尽量集中，规范财务运营，加强监督管理和风险监控，确保互助资金持续健康运行。贫困村互助资金试点实施五年来，在解决贫困群众发展生产借款难，增强贫困群众自我组织、自我管理能力，改善贫困地区信用环境等方面发挥了积极作用，受到地方干部群众的欢迎。

【民族地区扶贫机制创新】 2010年，中央财政贯彻落实党中央、国务院的民族政策方针和有关扶贫开发工作的精神，继续坚持将贫困问题相对突出的中西部少数民族地区作为财政扶贫开发优先支持的重点，支持少数民族群众走共同富裕的道路。2010年，中央财政在财政扶贫专项资金中专门安排少数民族发展资金15.39亿元，较2009年增加2.99亿元，增幅达24.1%。中央财政安排的少数民族发展资金，大力支持民族贫困地区扶贫开发：一是加大“兴边富民行动”工作力度。安排兴边富民行动资金7亿元，较2009年增长44.6%，对陆地边境县的补助标准从300万元提高到400万元，对新疆生产建设兵团边境团场的补助标准从50万元提高到150万元；二是加大支持人口较少民族和特困民族发展力度。安排人口较少民族发展资金3.27亿元，较2009年增加2000万元，支持人口较少民族聚居村落实《扶持人口较少民族发展规划（2005—2010年）》确定的目标任务。安排民族地区特困补助资金1.44亿元，较2009年增加5300万元，用于支持解决山瑶人、勒墨人及南疆等突出贫困问题；三是开展贫困地区民族特色村寨保护试点。安排贫困地区民族特色村寨保护试点资金6000万元，较2009年增加20%，用于支持贫困民族地区特色产业培育、特色民居保护和特色文化发展；四是开展了兴边富民补助资金支持发展特色优势产业试点。为探索支持边境民族地区加快发展的新机制，从少数民族发展资金中专门安排试点资金5700万元，支持边境9省份的12个边境县开展了兴边富民补助资金支持发展特色优势产业试点，支持发展特色优势产业，集中资金支持关键环节，解决制约产业发展的瓶颈问题，促进民族群众依托产业增收致富。

【雨露计划实施方式改革】 2010年，中央财政会同扶贫办开展雨露计划实施方式改革试点，支持中西部9省份的9个县启动试点工作。改革试点探索将雨露计划的培训对象从贫困家庭存量劳动力转向初、高中毕业后未就业的新生劳动力；培训目的从提高务工技能、实现进城务工转向提高新生劳动力整体素质，增强其稳定就业和持续增收能力；培训重点从中、短期技能培训转向引导和鼓励贫困家庭子女接受中、高职教育和1年以上的技能培训；补助方式从通过培训基地间接补助转向对贫困家庭直接补助。改革试点在促进扶贫开发瞄准贫困家庭，增强贫困地区劳动力的稳定就业能力、持续增收能力，缓解贫困问题的代际传递方面体现了良好效果。

【贫困农场、林场扶贫开发】 2010年，国有贫困农场和国有贫困林场的贫困问题也较为突出，国有贫困农场和林场的扶贫开发工作是我国扶贫开发事业的重要组成部分。2010年，为推进国有贫困农场和林场减贫事业的发展，中央财政安排国有贫困农场扶贫资金2.9亿元，较2009年增加1000万元；安排国有贫困林场扶贫资金2.6亿元，较2009年增加1000万元。在加大投入的基础上，为提高国有贫困农场扶贫资金的使用效益，中央财政会同农业部将贫困农场减贫效果和扶贫资金管理情况纳入资金分配测算的因素；会同国家林业局进一步规范了国有贫困林场扶贫资金的分配，并督促地方规范资金管理，全面总结“十一五”国有贫困林场扶贫开发的工作成效。

【财政扶贫资金管理】 2010年，中央财政在加大扶贫开发投入力度，推进财政扶贫开发重点工作的同时，高度重视加强财政扶贫资金使用管理，重点推进完善转移支付和强化绩效考评。在资金拨付管理方面，中央财政提前告知补助地方财政扶贫资金预计数，进一步提高地方预算编制完整度。同时，继续坚持财政扶贫资金预拨机制。2010年2月12日，中央财政预拨补助地方财政扶贫资金102.16亿元，预拨时间较2009年进一步提前，规模进一步加大。在深化绩效考评方面，中央财政加大了绩效考评奖惩激励力度，将奖励资金规模提高到2亿元，较2009年增长100%，对考评等级为A、B的21个省给予了相应奖励。相较2009年度的考评结果而言，2010年各省的绩效考评成绩进一步提升，获得A、B等级的省份较2009年增加了6个，各省考评总分和单项指标得分进一步提高，体现了财政扶贫资金绩效考评制度在促进地方规范扶贫资金管理，提升扶贫开发成效等方面的积极作用。

【多渠道减贫政策完善】 2010年，中央财政在加大专项财政扶贫投入的同时，按照建设公共财政的要求，着眼于提升基本公共服务均等化水平，促进提升贫困地区自我发展能力，不断加大对贫困地区的转移支付力度，实施多项有助于减贫的政策，进一步完善多渠道促进减贫的政策框架体系。

1. 区域性财政转移支付制度建立。中央财政不断深入推进财政改革，建立了针对中西部地区、民族地区、县乡困难地区、革命老区、边境地区的财政转移支付制度，并且不断加大转移支付力度。财政转移支付制度的不断完善，并与其他减贫措施有效配合，增强了民族地区、革命老区、边境地区等贫困地区的财力保障水平，提升了贫困地区的自我反贫困能力。

2. 区域性开发和生态政策实施。21世纪初开始，中央实施了西部大开发战略和退耕还林还草生态建设工程，在其政策覆盖范围内产生了重要的减贫效果。为巩固西部大开发和生态建设取得的成果，也为了保障贫困地区贫困群众的基本生活，逐步提高贫困家庭获得的转移性收入，中央研究继续深入推进西部大开发战略，实施巩固退耕还林工程。

3. 基本公共服务均等化政策实施。随着公共财政框架的建立、完善和国家财力的增强，中央财政不断促进提升农村贫困地区的基本公共服务水平。如，实施多项强农惠农补贴政策，不断扩大农村危房改造试点，逐步建立了农村义务教育经费保障制度、新型农村合作医疗制度、新型农村养老保险制度、农村最低生活保障和社会救济制度、自然灾害救助制度，实施了对贫困家庭学生资助政策等，并不断提高财政保障标准。

上述制度的建立和政策的实施，构建多渠道促进减贫的财政政策框架体系，提升了贫困地区的反贫困能力，促进改善了发展环境和发展条件，缓解了贫困群众生产生活面临的突出困难，起到明显的减贫成效。

（财政部农业司扶贫处）

人力资源和社会保障部扶贫

【概述】 人力资源和社会保障部共有3个定点扶贫县，分别是山西省天镇县、安徽省霍山县和金寨县。2010年，人力资源和社会保障部定点扶贫工作充分发挥人力资源社会保障职能优势，不断推动定点扶贫县经济社会全面协调可持续发展，取得了明显的成绩。

【干部挂职扶贫】 2010年选派6名干部到定点扶贫县挂职扶贫。其中，3名同志挂职县委常委、副县长，3名同志在乡镇和开发区挂职。2010年部里举办的司局级干部研讨班、处级干部培训班、青年干部培训班以及公务员局举办的东西部公务员对口培训班，分别吸收扶贫县机关的青年干部、乡镇干部和县级领导干部等共60余人参加培训学习，使他们开阔了思路、增长了知识、提高了扶贫工作能力。挂职干部还积极协调安排扶贫县的部分教师、医生到北京的重点中学和三级甲等医院进修，不断提高他们的专业技术水平和实际操作能力。同时还积极协助山西省天镇县，先后两次组织了40多名农业技术人员赴发达地区考察培训，学习蔬菜种植技术和农业产业化管理的知识和经验，为加快推进农业产业化提供了有力支撑。

【就业扶持和技能培训】 为做好就业扶持和就业技能培训工作，协调安徽省人力资源社会保障厅经费，帮助霍山县增设了1个农民工创业园，尝试在农民工创业园基础上建立大学生创业园，提供了111个就业见习岗位，争取到“三支一扶”大学生名额24人。充分挖掘就业潜力，引导鼓励下岗失业人员积极组织起来自谋职业。2010年组织就业实体33个，解决就业521人。2010年金寨县累计新增就业岗位3842个，解决下岗失业人员再就业2160人，转移农村劳动力8860人，再就业培训500人，创业培训240人，高级技工培训300人，培养新技师20人，城镇登记失业率控制在4%以内。每个乡镇的劳动保障事务所新增加1名专职人员，每个村配备1名劳动保障协理员，形成了县乡村三级劳动保障服务网络。2010年为创业实体发放小额担保贷款748万元，有力地扶持了创业带动就业工作。

【新型农村养老保险政策】 2010年是国家实施新型农村社会养老保险试点的第二年，人力资源和社会保障部3个定点扶贫县全部进入新农保试点，覆盖127万农村人口。2010年底，3个县符合条件的60岁农村老人，每月都能领到不低于55元的养老金，切实帮助农村的贫困老年人解决了一些实际困难和后顾之忧。在霍山县，新农保试点工作进展顺利，被当地干部群众誉为历年来最大的扶贫项目，深受欢迎，农民群众“老有所养”的问题从此有了可靠保障。2010 年全县农村社会养老保险累计参保 11.9 万人，基金累计达 6000 余万元，参保率达到 70%，每月以社会化方式为 4.3 万人发放基础养老金，发放率达 100%。2010 年中央财政补助新农保专项资金 3110 万元，省级财政补助专项资金 184 万元。金寨县把新农保试点作为“一把手”工程，狠抓落实，试点工作扎实有效，全县参保的农民群众达 25.26 万人，参保率达到 82.76%，有 7.5 万名 60 岁以上的老人享受基础养老金。在山西省天镇县，新农保使全县 8.4 万农民及早走进这所没有围墙的“养老院”，同城里人一样享有“退休工资”，实现“老有所养”的梦想。农民参保的积极性非常高，保费征缴率达到 76.5%。2010 年为 60 周岁以上的农民 22651 人发放基础养老金 1624.7 万元。

【完善城乡社会保障体系】 积极帮助定点扶贫县开展“五险合一”扩面征缴工作，形成了覆盖城乡的社会保险制度。霍山县以民营企业、个体私营企业为重点，进一步扩大养老、失业、医疗、工伤、生育等基本社会保险覆盖面，同时按照“体系化、多层次、广覆盖、适度水平”的原则，进一步完善城乡社会保障体系。全县养老保险累计参保人数 18873 人，为 4201 名离退休人员发放养老保险金 18496 万元；失业保险累计参保 16460 人，为 3315 人发放保险金 1123 万元；医疗保险累计参保 27112 人，支付基本医疗保险金 10304 万元；工伤保险参保 26807 人，支付工伤保险金 1017 万元；生育保险累计参保 16619 人，支出基本生育保险金 178 万元。金寨县养老、失业、医疗、工伤、生育五项保险参保人数分别达到 18119 人、20000 人、23800 人、15510 人、15200 人。“五险合一”扩面征缴工作扎实推进，覆盖面不断扩大，有效地解决了参保人员的实际困难。

【扶贫培训】 2010 年，邀请专家学者到 3 个扶贫县进行讲座和咨询达到 20 余次，对于促进县里干部群众转变观念，开阔视野起到了积极的作用。如针对安徽省霍山县人才技术缺口的情况，积极组织对口留学回国专家服务团开展技术指导，帮助解决了事关主导产业发展的多项难题和关键技术，同时还协助县里编制产业发展规划，把工业科技作为重点，邀请专家亲临指导，采取诸多有力措施予以推进，打造省级高新技术产业基地。2010 年协助霍山县制定了科技自主创新方案，设立了 500 万元的创新资金。积极为企业与高校科研机构牵线搭桥，促进“产、学、研”合作。2010 年和皖西学院、安徽工程大学、南京大学等高校建立了合作关系，举办了“创新企业家精神，促进霍山区域发展”主题研讨会，一些合作项目取得了良好的成效。

【扶贫专项项目】 2010 年，积极协助天镇县申请就业和社会保障基层服务平台建设试点项目，列入第一期试点，争取到国家建设投资 660 万元。同时还积极协助霍山县广泛联系社会资源，挂职干部带队先后前往厦门、泉州、福州、深圳、东莞等地，实际完成招商任务 4550 万元，有些项目已经达成了合作意向，并进入实质操作阶段。另外还与国家发改委有关部门沟通协调，帮助金寨县争取到国家扩大内需项目——县乡两级就业和社会保障服务中心建设项目，中央财政投资 807 万元，其中县级就业和社保服务中心大楼规划建设 5 层，建筑面积 4800 平方米。此外还积极推进金寨县贫困家庭学生就业技能培训项目，选派贫困生免费或半免费进入部里定点的高级技工学校（技师学院）学习，多渠道提高贫困生素质，增加就业机会。

【扶贫工作措施】 一是坚持开发式扶贫。支持贫困县根据当地实际情况，制定并实施县域经济社会发展规划，在推动加强基础设施建设、提高基本服务能力、培育农村主导产业、促进地区经济社会全面协调可持续发展等方面积极发挥作用。二是充分发挥职能优势。大力加强人才培养、智力引进和县乡基层公务员培训，努力为贫困县提供人才智力支持。促进贫困县实施积极就业政策，扩大和稳定就业，扶持创业。加快完善扶贫县社会保障制度，进一步扩大城乡覆盖面。三是广泛开发社会资源。结合扶贫县的需求，积极牵线搭桥，在专家咨询、项目申报、招商引资、学习考察、选派县乡干部挂职锻炼等方面尽可能给予支持和帮助。四是积极落实就业和社会保障各项措施。引导农村富余劳动力向非农产业转移，大力开展多种形式的农民工就业技能培训，积极鼓励劳动者通过自主创业带动更多人实现就业，进一步做好新农保试点各项工作，加快县乡两级劳动就业社会保障公共服务平台和网络建设，加强专项人才和相关专业培训。

（人力资源社会保障部直属机关党委办公室　王　军）

国土资源部扶贫

【概述】 2010年，国土资源部认真贯彻落实《中共中央办公厅、国务院办公厅关于进一步做好定点扶贫工作的通知》（以下简称《两办通知》）要求，立足于国土资源管理职能，把定点扶贫工作与新农村建设、土地整治相结合，实施土地整治、矿产资源开发、地下水勘查、农业地质调查、地质灾害防治和地质环境治理等项目。重点推进国土资源部支持江西省赣县经济社会发展八项措施和湖南省新田县地下水勘查开发利用工程，改善了当地民生，促进了经济社会发展。

2010年，国土资源部在江西省赣州市和湖南省新田县派出挂职干部2名，考察人数达172人次，培训各类人员880人次，实施项目35个，共投入各项资金约1.73亿元，引进资金24.2亿元。

【创新扶贫机制】 认真学习和全面领会中共中央关于定点扶贫开发工作的新部署、新要求，进一步增强使命感、责任感。不断提高扶贫开发力度，逐步做到帮扶工作规范化、制度化和长期化，切实把各项措施落到实处，充实扶贫内容，丰富扶贫形式，创新扶贫机制，向定点扶贫开发工作重点县政策倾斜，重点帮扶。一是上下联动，部、厅（省国土资源厅）联合。国土资源部扶贫开发领导小组定期召开工作会议，研究定点扶贫工作，在调研期间与所在省国土资源厅、省地勘局进行工作对接，确保定点扶贫各项工作的落实。二是整合资源，整体推进。整合国土资源部门资源，注重扶贫开发项目集中连片，发挥整体带动作用和示范效应，为定点扶贫拓宽融资渠道，构建大扶贫机制。4月29日，王世元副部长主持召开国土资源部扶贫开发领导小组第十九次工作会议，逐项落实2010年扶贫开发项目。

【调研和慰问】 为顺利推进2010年定点扶贫工作，2月2—6日，国务院扶贫开发领导小组成员、国土资源部党组成员、副部长、国土资源部扶贫开发领导小组组长王世元带领国土资源部扶贫开发领导小组成员赴江西省赣州市和湖南省新田县考察调研，逐项落实扶贫工作并开展慰问活动。慰问老红军、老党员和生活贫困群众共200户，送去慰问金20万元。

【扶贫成效】 2010年，国土资源部支持赣县经济社会发展八项措施进展顺利。一是加快了矿产资源勘查，对赣县主要矿产资源进行初步定量预测。二是推进了新农村建设，旱塘村新农村整村推进示范点已经发生了根本性变化，农民生活品质大为改善。三是实现耕地总量动态平衡，新增了耕地，提高了粮食产量，节约集约利用土地资源。四是缓解了赣县用地瓶颈，国土资源部批复赣县城乡建设用地1650亩，增加了拆旧复垦区农民收入，有效地缓解了赣县“三化”建设用地指标难题。五是推动了民生工程建设，江口镇樟木移民新村国土资源希望小学的顺利建成，为2400名学生提供了良好的教育场所。六是促进了干部交流，使基层干部得到了锻炼，增长了才干。已完成“赣县地区主要矿产资源潜力调查、旱塘村新农村建设整村推进、旱塘村土地整治项目、赣县城乡建设用地、江口镇樟木移民新村国土资源希望小学和干部交流”等六个项目。

【连片开发整村推进】 把新农村建设与土地整治相结合，在江西省赣县江口镇旱塘村、会昌县西江镇湾兴村、上犹县社溪镇社溪村和湖南省新田县三井乡谈文溪村等村镇开展新农村建设。国土资源部投入扶贫工作经费270万元，拉动地方各方配套资金达3000万元。其中，赣县江口镇旱塘村已打造成“生产发展、生活宽裕、产业发展、村容整洁、管理民主”的社会主义新农村；会昌县西江镇湾兴村和上犹县社溪镇社溪村已经完成年度新农村建设任务，村容村貌大为改观；湖南省新田县三井乡谈文溪村按照新农村建设与旅游开发相结合、土地综合整治与其他涉农资金项目相结合的扶贫开发思路，科学编制建设规划，村容村貌发生了根本性变化，初步实现了新农村建设目标。

【地下水勘查开发利用】 湖南省新田县季节性缺水十分严重，困扰着当地政府部门，2010年，国土资源部投入项目经费500万元实施地下水勘查开发利用，解决了1.05万群众的季节性缺水问题。其中，在新田高山乡打出了新田县迄今为止涌水量最大的一口井，日出水量2100立方米，可满足近2万人饮水需要；十字乡刀疤岩提引地下水开发利用示范工程顺利完工，可解决十字乡镇及周边1.2万人的饮水问题和部分农田灌溉用水问题。

【产业化扶贫】 2010年国土资源部在湖南省新田县实施扶贫项目14个，涉及各类项目资金5201万元，引进资金3.2亿元，加强了农业基础设施建设，改善了群众的居住环境，促进了产业发展。国土资源部所投入的300万元用于矿产资源勘查并取得阶段性成果，初步发现1处矿产地，圈定3处找矿靶区。另外，投入300万元用于新田县农业地质调查，获得了第一手资料，逐步查清土壤中氮、磷、钾、镉、汞、砷等54项元素的分布，为发展优势农业、生态农业和农业产业的规划提供了科学的依据。

2010年国土资源部在赣州市8个定点扶贫开发工作重点县实施扶贫项目21个，涉及各类项目资金约1.21亿元，引进资金21.00亿元。通过实施矿产资源潜力调查项目，在城乡建设用地、土地整治、地质矿产勘查，地下水勘查开发，农业地质调查，地质灾害防治和矿山地质环境恢复治理等项目上倾斜，筛选出勘查远景区，促进赣南老区矿业经济快速发展，为赣州市把钨、稀土、氟盐化工培植成3个销售收入超百亿元的产业发展目标打下扎实基础。2010年，赣州市脐橙种植面积达160万亩，产量突破110万吨，60多万果农从中受益。目前，赣州市已经发展成为全国最大的脐橙主产区，世界最大的脐橙种植基地。

【地质灾害防治和矿山环境恢复】 国土资源部和财政部批准赣州市8个定点扶贫县利用中央财政资金，进行矿山地质环境和地质灾害治理项目14个，投入项目资金8450万元。其中，矿山地质环境治理项目6个，项目资金7270万元；地质灾害治理项目8个，项目资金1180万元。由于项目的实施，有效地保障了当地人民群众的生命财产安全，由于矿山环境恢复的科学规划，改善了废弃矿山及周边生态环境。2010年，赣州市8个定点扶贫县和湖南省新田县已经建成地质灾害防治群测群防“十有县”。

（国土资源部扶贫办公室　关乐原）

环境保护部扶贫

【概述】 2010年，环境保护部全面落实国家扶贫开发有关工作要求，紧密结合河北省围场、隆化两县现实与长远需求，以项目带动办实事，以环境保护优化、推动经济发展，不断拓宽扶贫开发领域，及时改进扶贫方式和手段，认真扎实开展定点扶贫工作，解决了一批当地经济社会发展中存在的实际问题，两县环境保护、市场经济和自我发展意识进一步增强，富民、富县的长效机制逐步建立，得到了国务院扶贫开发领导小组的肯定和当地群众广泛拥护。

【定点扶贫工作目标和任务】 2010年6月，印发《环境保护部2010年定点扶贫工作方案》，并以此方案为基础进行了任务分解，确定了2010年定点扶贫工作的目标和基本原则，提出指导和帮助两县编制“十二五”环保扶贫规划和“十二五”环保规划、指导和支持两县开展农村环境综合整治、支持两县加强环保能力建设、支持加强国家级自然保护区建设、支持开展重点区域污染治理、支持两县加强环保人才培养等主要工作，明确任务及具体措施。

2010年，结合两县实际，环境保护部为两县经济社会发展提出了有针对性的建议：围场县在发展经济中，要注重生态环境保护，要打生态牌，生态立县；要科学制定相关规划，在科学发展观指导下按规划建设和发展；要对大量分散的小淀粉厂实行关停整合；要积极发展生态农业和有机农业，注意种植业和养殖业的结合，合理布局，比例适当。隆化县在发展经济中，要发挥矿产品开发、农副产品加工利用、旅游业开发三个方面的优势；在矿产开发上，要严格规范，提高开发企业准入门槛，尤其是环保准入门槛，走可持续发展之路。

【定点扶贫工作座谈会】 2010年7月6—8日，环境保护部周建副部长带领相关业务司局赴河北省围场、隆化两县调研，召开了定点扶贫工作座谈会。会议将《环境保护部2010年定点扶贫工作方案》确定的工作任务进行了分解落实，并要求相关业务司局按照任务分工，切实加强与帮扶县沟通与合作，采取有效措施，把扶贫工作各项任务落到实处。

【农村环保和自然保护区建设】 环境保护部认真贯彻落实“以奖促治”政策，积极推动农村环境综合整治。不断加大资金投入力度，加强自然保护区建设。2010年，协调财政部支持河北省围场县、隆化县农村环境综合整治3个项目建设，投入资金260万元；支持围场红松洼国家级自然保护区项目建设，投入资金400万元。

【环境监管能力建设】 环境保护部针

对两县环境监测站能力建设薄弱、硬件基础设施严重不足现状，督导两县扶贫开发总体框架和重点项目进行专题研究，以项目为抓手，着力提升环境监管能力水平和环境监察执法能力。2010 年，中央环境保护专项资金项目对两县支持资金 1000 万元。其中，支持围场县垃圾无害化处理场渗滤液处理及场区生态治理项目建设 700 万元，支持隆化县牛粪综合利用沼气工程项目建设 300 万元。在中央财政主要污染物减排专项资金环境监测项目上，重点推动两县环境监测站标准化建设，并配备离子色谱仪、冷原子吸收测汞仪、紫外可见光分光光度计等 71 台（套）监测仪器，从而提高了两县环境监测能力和水平，达到了县级环境监测站基本达标要求。

【培训交流】 环境保护部高度重视两县领导干部环保培训工作，将两县党政领导干部、环保局长的培训列入各类党政领导干部环保专题培训和全国地市级环保局长岗位培训之中，在环境监测、环境监察等专项业务培训中向两县倾斜，采取优先安排、免除食宿培训费用、报销往返路费等办法对培训进行支持。环境保护部机关积极选派基本素质好、工作能力强、业务水平高的年轻干部赴定点扶贫地区进行挂职扶贫。2010 年，从中国环境科学研究院、中国环境报社选派 2 名干部赴隆化县、围场县挂职交流，加强对定点扶贫县的人才支持。

（环境保护部）

住房与城乡建设部扶贫

【概述】 2010年，中央安排补助资金75亿元（含中央预算内投资25亿元）继续开展扩大农村危房改造试点。按照中央关于加大农村危房改造支持力度的要求，住房城乡建设部会同国家发展改革委、财政部印发了《关于做好2010年扩大农村危房改造试点工作的通知》，明确试点实施范围是全国陆地边境县、西部地区县、国家扶贫开发工作重点县、国务院确定享受西部大开发政策的县和新疆生产建设兵团团场；任务是支持完成120万农村（含新疆生产建设兵团团场连队）贫困户危房改造，其中：优先完成陆地边境县（团场）边境一线12万贫困农户危房改造，支持严寒和寒冷地区3万农户结合危房改造开展建筑节能示范。截至2010年底，任务开工139万户、竣工128万户，超额完成中央下达的计划任务。

【农村危房改造试点补助对象】 中央扩大农村危房改造试点补助对象重点是居住在危房中的农村分散供养五保户、低保户、贫困残疾人家庭和其他贫困户。与2009年相比，突出了贫困残疾人家庭。危房是指依据《农村危险房屋鉴定技术导则（试行）》鉴定属于整栋危房（D级）或局部危险（C级）的房屋。补助对象和补助标准的审核与审批严格遵循公开、公平、公正原则，执行农户自愿申请、村民会议或村民代表会议民主评议、乡（镇）审核、县级审批的程序，并对每个环节进行公示，严格落实帮助住房最危险、经济最贫困农户建设最基本安全住房的要求。

【农村危房改造试点补助标准】 2010年中央补助标准为每户平均6000元，在此基础上对陆地边境县（团场）边境一线贫困农户、建筑节能示范户每户再增加2000元补助。与2009年相比，户均补助标准增加了1000元；对陆地边境县（团场）边境一线贫困农户给予倾斜，增加了2000元补助。各地在确保完成危房改造任务的前提下，可结合翻建新建、修缮加固等不同情况自行确定不同地区、不同类型的分类补助标准。

【农村危房改造试点建设标准】 农村危房改造以解决贫困农户最基本安全住房为目标，从严控制建筑面积和总造价。拟改造农村危房属整栋危房（D级）的应拆除重建，属局部危险（C级）的应修缮加固。翻建新建或修缮加固住房建筑面积原则上控制在40—60平方米以内。农房设计建设应符合农民生产生活习惯、体现民族和地方建筑风格、传承和改进传统建造工法，推进农房建设技术进步。

【农村危房改造试点监督检查】 为指

导和监督各地切实做好农村危房改造试点工作，规范和加强农村危房改造管理，三部委加大了监督检查力度。2010 年 9 月，住房城乡建设部在乌鲁木齐召开扩大农村危房改造试点工作会议，通报各地进展情况，明确下一步工作要求；12 月开展扩大农村危房改造试点任务落实情况检查，组织各地开展自查或循环互查，并对部分省份从全国农村危房改造农户档案管理信息系统中，随机抽取农户现场检查；完善全国农村危房改造农户档案管理信息系统，加强对农村危房改造情况的及时汇总、实地督查，实现直接监管到户和档案信息的永久保存，截至 2010 年底已有 223 万户享受各级政府补助的危房改造农户档案，录入全国农村危房改造农户档案管理信息系统；制定扩大农村危房改造试点建筑节能示范监督检查工作要求，规定检查内容和方法。

【农村危房改造试点实施成效】 2008 年实施农村危房改造试点以来，中央累计安排补助资金 117 亿元（含中央预算内投资 40 亿元），支持 203.4 万贫困农户开展危房改造，三年计划任务均已完成。实施扩大农村危房改造试点既解决农民住房安全问题，又推动农村基础设施建设；既拉动农村消费，又促进农民就业增收；既改善农村人居生态环境，又保护传承农村历史文化和乡土特色；既加强农村规划建设管理，又推动农村住房制度建设；建筑节能示范既降低农户冬季采暖支出，又提高居住舒适度，深受广大农户和基层干部欢迎。

（住房与城乡建设部）

交通运输部扶贫

【农村公路建设】 根据建设社会主义新农村的总体部署和国家“十一五”规划的要求，国家继续加大对农村公路建设的投资支持力度，重点实施农村公路“通达”和“通畅”工程、乡镇客运站和农村公路渡口改造工程，并对“少边穷”地区建设项目在中央资金安排上予以倾斜，加快解决贫困地区百姓出行难问题，为扶贫开发创造有利条件。

2010年全社会完成农村公路建设投资1883亿元，其中交通运输部安排车购税资金287亿元，国家发展改革委安排中央预算内资金30亿元。到2010年底基本实现了全国所有乡镇通沥青（水泥）路，东、中部地区所有具备条件的建制村通沥青（水泥）路，西部地区基本实现具备条件的建制村通公路。

“十一五”期间农村公路建设中央投资达1978亿元，是“十五”期间的3.2倍，其中车购税投资1623亿元，中央预算内和国债投资355亿元，新改建农村公路186.8万千米，新增农村公路52.7万千米，总里程达345万千米。

在大力推进农村公路建设的同时，“十一五”期间交通系统按照推进城乡交通一体化的发展思路，把发展农村客运作为改善农村民生的重要举措，实行了多种扶持政策，大力培育农村客运市场，使全国乡镇、建制村通客运班车率分别达到98%和90%，努力让农村群众享受到安全、便捷、经济、优质的客运服务。

农村公路的建设，极大改善了农村地区的公路交通条件，促进了农民增收，改变了农村消费结构，推进了产业结构调整，提高了农民生活质量，为贫困地区的经济发展提供了有力保障。

【交通基础设施规划】 “十二五”农村公路发展将坚持“扩大成果、完善设施、提升能力、统筹城乡”的原则。

突出三个层次：一是推进以西部建制村通沥青（水泥）路为重点的全国通达、通畅任务，满足农民群众的基本出行需求；二是完善农村公路基础设施建设任务，包括桥梁新改建工程、安保工程等，提高农村公路的抗灾能力和安全水平；三是改善农村公路网络状况建设任务，包括县乡路改造、连通工程等，提高农村公路的网络化水平和整体服务能力。到“十二五”末，我国农村公路总里程将达390万千米，基本实现全国所有乡镇和92%的建制村通班车。

“十二五”农村公路建设将着力改善中西部地区和老少边穷地区农村交通运输设施条件，夯实新农村建设的交通运输基础，推进交通运输基本公共服务均等化。重点组织实施西部建制村通沥青（水泥）路建设。车购税资金将进一步向西部地区、老少边穷地区倾斜，投资于西部的中央资金预计将超过总规模的2/3。

西部的各类投资补助标准也将较大幅度地提高。高速公路和国省道建设，西部投资补助标准约为东部地区的1.8—2倍，为中部地区的1.3—1.5倍，并且对甘、川、滇三省的藏区以及贵州、新疆、青海、西藏等省区的补助标准进一步倾斜。

为切实将国家对“少边穷”地区的支持政策落实到位，“十二五”期间交通运输部将要求各省在中央资金分配上向“少边穷”地区倾斜，“少边穷”地区的农村公路建设发展速度要高于全省平均水平。交通运输部将通过制订相应管理办法，实行项目库管理制度等措施，对中央资金在“少边穷”地区的分配、“少边穷”地区建设任务的完成情况进行监督检查。

【干部挂职扶贫】 汶川特大地震严重损害了阿坝州的交通基础设施，灾后重建任务十分繁重，且阿坝州的交通专业技术人才奇缺。为此，交通运输部党组高度重视，专门部署人事劳动司在全国交通行业，通过分层选拔、组织考核分别从16个省、市有关部门和单位，挑选出26名专业技术干部到阿坝州进行灾后交通重建和交通扶贫援助工作，具体由部扶贫联络组协助当地组织和业务部门对挂职干部进行管理。26名技术援助干部全部是本科以上学历，平均年龄35岁左右，均具有较高的政治素质和丰富的一线工作经验，专业技术过硬，都是所在单位的技术骨干。在州委、州政府的领导下，技术援助干部全部进入地震重灾县、国贫县交通局和乡镇，担任副局长或副镇长分管具体工作。

2010年11月19日，交通运输部和阿坝州委、州政府联合举行全国交通运输行业援助阿坝州灾后重建工作总结表彰会，徐祖远副部长亲临会议对26名同志进行了表彰，为他们授予了“全国交通运输行业援助阿坝州灾后重建先进个人”荣誉称号。

【扶贫项目实施】 2009年规划建设的第一批交通扶贫建设项目共18个，计划工程总投资2.8亿元，交通运输部每年安排中央车购税投资1亿元。目前已完工“通村通达”项目共4个、客运站1个。2010年续建项目6个，新开工项目7个，各项工程均按计划顺利开展。项目全部建成后将解决14个行政村的出行难问题，直接受益农牧民近万人。

为使项目早日建成，尽早发挥脱贫致富作用，交通运输部扶贫联络组亲临一线指挥，精心组织，全力推进交通扶贫建设项目的实施，带领专业技术人员到工地现场进行全面检查督促工程建设，往返工地行程超过2万公里。另外，严抓工程建设质量，督促各县交通局加强施工组织管理和现场监督，明确要求各项目一是要做好安全管理工作，确保工程安全；二是严格质量监督，保证建设质量；三是做好施工协调，科学组织，不盲目抢工期；四是要规范建设程序，严格财务管理，保证资金安全。交通运输扶贫联络组还组织了交通行业工程技术专家多次到交通扶贫项目现场进行技术指导，评估工程建设质量，完善施工工序和工程组织方案，现场解决相关技术问题。这些都有效地保证了工程实施效果。26名援建技术干部还被聘为义务质量监督员，一旦发现工程实施过程中的质量隐患及时纠正，确保了交通扶贫项目的顺利实施。

2010年11月10—12日，交通运输部翁孟勇副部长亲自带领省交通运输厅领导在阿坝州对交通扶贫项目等工程进行了现场检查。对扶贫联络组近两年的工作给予了充分肯定，并指出阿坝州能够以定点帮扶为契机，全力推进交通扶贫项目。通过近两年交通扶贫项目的实施，三个国定贫困县的交通基础条件已得到了改善。如今县乡道路通达程度有所提升，农牧民出行更为便捷，一定程度上带动和促进了地方经济社会发展。

【人才扶贫】 为加强阿坝州交通软实力建设，全面实施人才战略，实现交通科技人才对交通快速发展的有效支撑，经部扶贫联络组牵线搭桥，促成了阿坝州与交通运输部公路科学研究院、交通运输部管理干部学院，就交通科研开发、人才培养培训等领域，进行多形式合作与交流达成合作意向，并借助第十一届中国西部国际博览会的有效平台，在2010年10月23日阿坝州开放合作暨项目签约仪式上顺利签约。该项签约标志着交通运输部不仅在资金和建设项目上对阿坝州进行支持，还在人才培养、科研开发、新技术使用等各方面进行交通扶贫工作。通过与两院的合作，有效增强阿坝州交通领导干部交通工作管理能力，提高交通建设、养护技术水平，提高交通行政执法人员的业务水平，为阿坝州的交通发展提供有力的人力资源保障。

（交通运输部综合规划司投资计划处）

水利部扶贫

【概述】 2010年，水利部继续在重庆丰都、武隆、云阳、巫溪、开县、城口和湖北房县7个国家扶贫开发工作重点县。开展定点扶贫工作；继续与贵州省政府共同推进两个水利扶贫重点地区——贵州省铜仁地区、毕节地区水利扶贫试点工作和水利重点扶持工作；继续指导全国水利行业开展水利扶贫工作。

2010年，水利部贯彻落实中共中央办公厅、国务院办公厅《关于进一步做好定点扶贫工作的通知》（厅字［2010］2号）精神，继续以水利项目扶持、对口帮扶和选派干部挂职帮扶三个主渠道开展定点扶贫工作。

2010年，定点扶贫7县共落实中央水利投资80670万元，其中，农村饮水安全工程22071万元、堤防工程4045万元、病险水库除险加固工程3560万元、水源工程38680万元、大型灌区续建配套与节水改造项目5952万元、小农重点县2400万元、水土保持3592万元、水电370万元。7县共解决了57.92万人的饮水安全问题，新增、恢复和改善灌溉面积23.96万亩，治理水土流失面积102.64平方公里，增加小水电装机1.81万千瓦。

2010年，37个部属对口帮扶部门、单位大力开展捐资助学送温暖献爱心活动。捐款48万元，共资助168名贫困学生，援助80户困难群众，改善2所中小学校教学条件；举办3期水利专业技术培训班，开展科教帮扶，共培训150人次。

5月，派出第六期定点扶贫工作组，3人赴重庆和湖北开展定点扶贫工作。

2010年开展了《水利部定点扶贫规划（2001—2010年）》实施情况终期评估工作；摄制水利定点扶贫宣传片——《爱在山水间》；通过新闻媒体宣传水利扶贫工作、报道扶贫干部事迹；设立水利扶贫图片音像资料库。

【水利扶贫试点】 2010年，安排铜仁地区中央水利投资约7.14亿元，其中农村饮水安全工程投入0.89亿元，灌溉水源工程投入1.81亿元，大型灌区改造工程投入0.28亿元，小型农田水利工程0.51亿元，病险水库加固工程0.22亿元，中小河流治理工程1.08亿元，水土保持生态环境工程0.18亿元，农村水电及电气化工程0.98亿元，山洪灾害防治县级非工程措施0.1亿元；试点工作非工程措施1.09亿元。解决20.47万农村人口和解决2.62万农村师生饮水安全问题，治理水土流失面积达6万平方米，增加水电装机容量3.87万千瓦，新增有效、补充灌溉面积9.97万亩。

2006—2010年，试点地区水利建设累计投资38.1亿元，是“十五”期间该地区水利建设资金的2.5倍。试点规划水利建设与改革任务全面完成，试点目标基本实现，试点地区水利实现跨越式发展，带动和促进了扶贫开发、新农村建设和区域经济社会发展，经济和社会效益显著。

【水利重点扶持】 2010年，安排毕节地区中央水利投资约4.9亿元，是2009年2.6亿元的1.9倍，达到历史最高水平。主要投向农村饮水安全、病险水库除险加固、骨干水源工程建设、水土保持生态建设等民生水利项目：一是安排中央投资1.92亿元，解决了42万农村居民和9.24万农村学校师生饮水安全问题；二是下达中央投资7688万元继续支持毕节倒天河、金沙胜天、织金大新桥等3座中型水库建设，支持纳雍县金蝉和黔西县附廓2座中型水库新开工建设，加快夹岩水利枢纽大型水库的前期工作进度；三是下达中央投资2454万元，实施中小河流治理项目4个；在实施金沙县山洪灾害防治试点工程的基础上，将毕节的5个县（市）列为2010年度山洪灾害防治县，并下达中央补助资金1000万元；四是下达中央投资712万元，支持开展了12座重点小型病险水库的除险加固工作；五是安排中央投资2300万元，支持开展小型农田水利建设工作。继续实施金沙县小型农田水利重点建设县，同时将黔西县列为小型农田水利建设重点县。将威宁县比照重点县安排省级投资；积极推进人均半亩口粮田规划的实施；继续实施烟水工程建设；加快启动红旗中型灌区建设。2010年毕节地区新增有效灌溉面积39.51万亩；六是安排中央投资1.24亿元用于支持开展石漠化治理和水土保持生态建设，计划治理水土流失面积202.3平方公里。截至2010年，已治理167.19平方公里，并将毕节地区的8个县全部列为石漠化综合治理工程试点县。将纳雍等3个县列为坡耕地水土流失综合治理试点县，计划近期实施坡改梯1.875万亩。

【扶贫优惠政策】 2010年，中央继续加大对中西部地区水利建设支持力度实施了优惠政策：一是中央安排的公益性建设项目，取消西部地区县及县以下，以及集中连片特殊困难地区、州、市级配套资金。（国发［2010］33号《关于深入实施西部大开发战略的若干意见》）；二是中部六省26个老工业基地城市实施比照振兴东北地区等老工业基地的有关政策和243个欠发达县实施比照西部大开发的有关政策。（国办函［2008］15号《国务院办公厅印发关于中部6省实施比照振兴东北地区等老工业基地和西部大开发有关政策的通知》）；三是对中部地区公益性及以公益性为主的农村基础设施、生态环保、社会事业等领域的项目建设，进一步加大支持力度，取消县及县以下农村公益性项目资金配套。（国函［2009］130号文批复《促进中部地区崛起规划》）；四是从2008年第四季度起，在安排农村饮水安全、大型灌区续建配套与节水改造、病险水库除险加固等面上水利项目中央预算内投资时，西部地区与中部地区中央投资比例分别由66%和50%提高到80%和60%；五是优先将西部地区、特别是贫困地区的水利项目列入全国相关规划。

【扶贫投资倾斜】 2010年，安排592个国家扶贫开发工作重点县中央水利投资176亿元，主要投向农村饮水安全、病险水库除险加固、骨干水源工程建设、水土保持生态建设等民生水利项目：一是安排中央投资56.9亿元，解决了1539万人的饮水安全问题；二是安排中央投资23.9亿元，实施中小河流治理项目275个；实施山洪灾害防治试点工程，将137个县列为山洪灾害防治县级非工程措施县，下达中央投资2.74亿元；三是安排中央投资16.7亿元，支持开展了707座重点小型病险水库的除险加固工作；四是安排中央投资15.6亿元，支持开展小型农田水利建设工作，同时开展灌区续建配套与节水改造工程，2010年592个县新增有效灌溉面积532.0万亩；五是安排中央投资31.37亿元用于支持开展水土保持生态建设，治理水土流失面积12083平方公里；六是中央投资2.3亿元支持贫困地区电气化县建设和以电代燃料项目，新增小水电装机100万千瓦。

（国家水利部　欧阳锋　孙　辉）

农业部扶贫

【全国农业援藏、援疆工作座谈会】 西藏自治区、新疆维吾尔自治区有不少是贫困地区，其中西藏自治区、南疆三地州是国家新确定的集中连片特殊困难地区。为深入贯彻落实中央会议精神，2010 年 8 月和 9 月，农业部分别召开全国农业援藏、援疆工作座谈会，全面总结了“十一五”工作，研究确定“十二五”工作思路和重点。期间，举行了农业援藏、援疆项目物资交接仪式，累计为两地购置科技直通车 104 辆，安排农技推广与体系建设资金 8500 万元。组织部属事业单位与西藏、新疆达成相关技术、人才、项目合作意向 30 多个，对口支援省市农口部门与西藏、新疆各地农牧部门签订 60 个援助项目协议书，签约总金额近 10 亿元。会议期间，还通过拍摄专题宣传片、刊发连续报道、印发宣传画册等形式，对西藏、新疆农牧业发展成就和农业援藏工作进行全方位宣传报道。配合会议召开，研究制定了《农业部贯彻落实中央第五次西藏工作座谈会精神　进一步做好新时期农业援藏工作的意见》和《农业部贯彻落实中央新疆工作座谈会精神　进一步做好新时期农业援疆工作的意见》，并将会议情况报告中共中央、国务院，得到了温家宝、贾庆林等中央领导同志和西藏、新疆方面的充分肯定。

【扶贫调研和规划编制】 针对贫困地区农业农村经济发展中出现的新情况、新问题，农业部深入开展调查研究，不断加大工作指导，帮助梳理发展思路。一年来，赴定点扶贫地区、新疆、西藏、贵州毕节等地区实地考察调研的就有 10 多位部级领导、90 多位司局级干部。组织开展了新疆农产品质量安全监管制度、西部边缘地区“三农”问题、西藏自治区“十一五”农牧业基本建设项目总结评估等课题研究。完成了《西藏高寒牧区牲畜棚圈建设规划》、《西藏秸秆综合利用发展规划》、《西藏农牧业科技支撑体系规划》、《西藏农牧业防减灾体系建设规划》等多部规划编制工作，指导新疆、西藏编制了《新疆“十二五”渔业发展规划》、《博斯腾湖渔业发展规划》、《西藏申扎裸鲤资源保护性开发利用规划》。组织现代农业产业技术体系首席专家 3 次赴贵州省毕节地区，重点围绕马铃薯、玉米、肉牛、肉羊、牧草等产业，指导规划编制、新品种应用栽培、饲养技术更新和疫病防控。选派技术专家帮助贵州省威宁县编制马铃薯、蔬菜、水果等农业产业发展规划。指导 14 个国家扶贫开发重点县明确出口优势养殖区的功能定位，进一步推进贫困地区优势特色水产品养殖。此外，全程参与了《中国农村扶贫开发纲要（2011—2020 年）》的起草修改工作。

【政策扶贫】 农业部结合贫困地区农牧业发展实际，争取国家强农惠农政策进一步向贫困地区倾斜。一是良种补贴方面，实施小麦、水稻、玉米、棉花、东北地区（含内蒙古）大豆和长江流域冬油菜良种补贴全覆盖，国家扶贫开发工作重点县享受到中晚稻和棉花 15 元/亩、其他作物 10 元/亩的补贴政策；推动了西藏和四省藏区青稞、牦牛、马铃薯等良种补贴的实施、新疆小麦良种补贴标准提高。二是农机购置补贴方面，全国农机购置补贴实施范围覆盖所有国家扶贫开发重点县，其中定点扶贫地区就安排农机购置补贴资金 5840 万元。三是测土配方施肥方面，国家扶贫开发工作重点县平均每县补贴 30 万—50 万元，推进了测土配方施肥技术进村入户到田，提升了农民科学施肥水平。四是农业标准化方面，在 4 个国家扶贫开发工作重点县，安排中央资金 200 万元建设国家级农业标准化示范县建设项目，支持贫困地区建立 15 个绿色食品原料标准化培训基地和 8 个有机农业示范基地。五是农业综合执法方面，安排中央资金 660 万元在 44 个县国家扶贫开发工作重点县建设农业综合执法规范化建设示范项目，使项目承担单位农业综合执法行为日趋规范、执法水平不断提高。

【项目扶贫】 农业部利用中央资金 7.25 亿元，安排国家扶贫开发重点县植保工程、种养业良种工程、动植物保护、县级动物防疫体系建设、农产品质量安全检验检测体系建设、市场信息服务体系等农业基本建设，有力地促进了贫困地区农牧业基础设施改善和综合生产能力提升。针对贫困地区特色农业资源丰富、对农民增收带动大的实际，结合实施《全国优势农产品区域布局规划（2008—2015 年）》和《特色农产品区域布局规划（2006—2015 年）》，安排国家扶贫开发重点县实施“良种繁育、优势特色种养业”等示范农业综合开发专项项目 50 个，中央投资 7230 万元。安排 5.56 亿元，定点扶贫地区、新疆、西藏和贵州省毕节地区，支持建设农村户用沼气 23.23 户、大中型沼气工程 20 处、小型沼气工程 209 处和乡村服务网点 1441 个。安排中央投资 2.9 亿元扶贫全国农垦，比 2009 年增长 4.16%，在 177 个农（牧）场建设扶贫项目 270 个，其中基础设施建设项目 189 个、发展生产项目 81 个。

【科技扶贫】 农业部结合基层农技推广体系改革与建设示范县项目、乡镇推广机构条件建设项目的实施，加大对 60 多个国家扶贫开发重点县的工作指导，提升了贫困地区基层农技推广体系的公共服务能力。积极组织现代农业产业技术体系、公益性行业（农业）科研专项共 948 项，与乡镇农技推广机构设施条件建设试点，促进了新疆、西藏农牧业生产关键适用技术的研发与推广。指导国家扶贫开发重点县开展科技抗灾夺丰收活动，在国家扶贫开发重点县大力集成示范推广主要农作物优质高产高效生产、低成本优质有机土栽培、有害生物安全高效防控、土肥水生态高效利用等技术。协调江苏、广东等 6 省市选派 15 名技术专家赴藏，帮助西藏顺利推进测土配方施肥工作。还协助新疆、西藏做好“金农”工程（一期）项目实施工作。并与新疆、西藏科研机构合作，开展资源收集和新品种引育、栽培、重大病虫害防治技术的研究与推广。同时还举办了年度系列农产品技术推广与对接活动，帮助新疆解决了粮油加工、果蔬加工、畜产品加工等方面的技术难题，并研发了适应新疆等西北地区的太阳能果蔬干燥技术、干燥工艺和设备。

【市场扶贫】 农业部认真落实农业“引进来”、“走出去”战略，利用上海合作组织农业部长会议，安排我国与哈萨克斯坦农业部长双边会谈，并指导新疆开展中亚国家农产品市场调查、开展中哈两国边境地区蝗虫防治工作、筹划建设中国—哈萨克斯坦农业合作示范园，推动建立中哈两国边境地区农产品快速通关“绿色通道”。帮助新疆在北京、上海和福州举办产品推介会，仅北京对接会就促成交易额158.8亿元。组织内地大型农产品加工企业、批发市场与新疆当地供应商达成长期购销意向。组织家乐福（中国）食品安全基金会在新疆举行“农超对接”专题培训和洽谈，帮助新疆农民专业合作社产品直供家乐福超市。在农业部网站“一站通农村供求信息全国联播”等专栏显著位置长期免费链接“中国椪柑之乡”（中国湘西柑橘网），并组织全国30个农产品批发市场38个经销商赴湖南湘西签订销售意向协议。通过CCTV－7《每日农经》、《生活567》等栏目，在黄金时段免费播出援疆、援藏公益性广告，协助新疆自治区政府举办新疆林果高层论坛，推出“新疆宣传周”，宣传新疆特色农产品。抽调部分摄录设备交付西藏农牧厅使用，支持西藏重点农业产业化龙头企业广告、产品推介、打造品牌等。积极协调贵州毕节优质农产品生产企业及产品参加第九届中国国际农产品交易会。

【生态扶贫】 农业部在新疆、西藏共投入15.75亿元，重点安排了游牧民定居、退牧还草、生态安全屏障保护与建设、草原生态补偿、草原鼠虫害防治、草原防火物资储备库（站）等生态保护与建设项目，围栏3610万亩、补播草地1455万亩、草原鼠害和虫害治理3398万亩、草原防火物资储备库（站）4个、边境草原防火隔离带1215公里，补贴游牧民定居牧户1.6万户。在新疆开展草原生产力和退牧还草工程效益监测，指导西藏成立畜禽遗传资源委员会，帮助西藏制定山羊、藏猪、藏鸡等资源保护种场和保护区建设方案，开展藏羊种质资源特性评价。积极支持新疆、西藏开展农业污染源普查，野生植物资源调查、农产品产地环境监测工作。在新疆放流各类苗种1亿多尾，支持新疆边境水域水生生物资源养护基地、额尔齐斯河流域特种鱼类自然保护区建设。在93个国家扶贫开发重点县启动了保护性耕作工程建设，改善了贫困县农业生产生态环境。

【人才扶贫】 农业部通过“农村劳动力转移阳光工程”，为新疆、西藏培训农民8万人，为贵州省毕节地区培训农民1.34万人。为定点扶贫地区、新疆、西藏、贵州毕节地区培训农村实用人才带头人650人。积极参与河南、湖南、浙江等省科技扶贫活动。举办贫困地区作物生产技术培训班以及定点扶贫地区全国有机食品国家注册检查员、乡镇领导干部、乡镇企业管理人员、县级质检站负责人等培训班。组织贫困地区绿色食品检查员、监管员免费参加各地举办的培训班。为新疆、西藏培训无公害农产品内检员、农产品地理标志核查员以及县级农产品质检站负责人。组织开展贵州毕节地区“农民专业合作社建设管理、沼气管理维护和综合利用技术骨干培训班以及威宁县农村实用人才带头人培训班。通过联合国千年发展基金中国妇幼营养和食品安全联合项目、中德农业生物多样性保护项目，为8个国家扶贫开发重点县培训农业管理人员和农民。据不完全统计，农业部累计为定点扶贫和西藏、新疆举办的各类培训班、现场会以及开展技术服务以及联系外出考察学习就达百余期（次）。

【干部扶贫】 农业部第八批扶贫干部6人、第六批援疆干部5人、第五批援藏干部4人继续在定点扶贫地区和新疆、西藏开展工作。按照中组部统一部署，组织完成了第五批、第六批援藏干部的轮换工作，新选派5名援藏干部分赴西藏农牧厅、西藏农科院开展工作，选派4名“博士服务团”成员分赴新疆、西藏锻炼服务。根据中央对口支援青海省藏区工作安排，选派2名同志赴青海省藏区挂职锻炼。新选派2名挂职干部赴贵州毕节挂职。积极接收定点扶贫地区、新疆、西藏、贵州毕节各类人才上挂锻炼，累计接收15位各类党政、专业技术干部到农业部系统挂职锻炼，接收4名新疆、西藏“西部之光”访问学者。为进一步加大干部帮扶力度，农业部将挂职干部时间延长至2年，并增加1名同志赴贵州省威宁县挂职。

【多渠道扶贫】 农业部注意调动各方面力量，通过各种渠道，为贫困地区解决实际问题。减免国家扶贫开发重点县绿色食品认证费27万元、标志使用费85万元以及有机食品认证费约50万元。结合中德合作项目为新疆无偿提供优质德系西门塔尔牛冷冻精液3500剂。向西藏农科院赠送了20头“大通牦牛”种公牛和近年编撰出版的代表性科技著作。免除了西藏兽药监察所委托检验生物制品和药品的检验费用。与湖北恩施州建始县业州镇杨泗庙村党支部开展“科学养殖　科学致富”扶贫活动，向养殖户赠送了乡村防疫知识、安全用药常识、科学养猪等方面科普图书和消毒药品，并捐赠了5000元共建经费。向新疆、西藏捐赠了少数民族语言实用技术VCD、农业实用技术学习读物和农业技术多媒体资源库。与西藏出版局联合捐建15个社区书屋，与新疆农业厅合作组建中国农业出版社维文编辑室，翻译出版了9种维文农业图书。农业部还积极开展向贫困地区捐款捐物、送书送报、结对共建、资助贫困失学儿童等活动，其中对定点扶贫地区累计捐款捐物折资45万元、资助贫困学生120名。

（农业部发展计划司资源区划与开发处　詹　玲）

商务部扶贫

【概述】 2010年5月，中共中央办公厅、国务院办公厅《关于进一步做好定点扶贫工作的通知》（厅字［2010］2号，以下简称《通知》）下发后，部党组高度重视，陈德铭部长要求把扶贫工作作为关心基层、了解民情、贴近群众、服务基层的政治任务来落实；国际贸易谈判代表兼副部长高虎城同志提出要结合培养青年干部、锻炼意志、转变作风开展扶贫教育活动。5月中旬，召开了商务部扶贫工作领导小组会议，钟山副部长在会上强调，把对定点地区的帮扶纳入全国商务发展一盘棋来思考、谋划和定位。要求各单位一把手亲自抓，通过定人员、定任务、定时限、定标准狠抓项目落实。

2010年，商务部按照国务院扶贫开发领导小组的统一部署，把保障和改善民生作为出发点和落脚点，以增强受援地区商务发展能力为主线，全力推进扶贫工作，全年共落实项目资金5900万元，其中：抗洪救灾帮扶资金100万元，家电下乡补助资金5090万元，农村市场建设项目资金710万元。组织开展招商引资活动2次，深入贫困地区考察5次，派挂职干部2名。

【扶贫调研】 2010年，商务部蒋耀平副部长、房爱卿部长助理分别带队赴定点扶贫地区考察调研，深入企业、村社了解情况，帮助解决急难问题。

【整村推进】 2010年，商务部坚持把胡锦涛总书记亲临视察的仪陇县日兴镇白塔村、温家宝总理关心的广安水淹区浓溪镇红色村，两村的整村推进项目作为重要政治任务抓好抓实。为此，实施了对白塔村31户、红色村40户农房的改厨、改厕、改圈和硬化院坝工程，并把总书记走访过的贫困户王家林的房屋也修葺一新。为解决村民“行路难、饮水难、增收难”的实际困难，商务部帮扶修建了村级便民路5千米，新建集中供水站1处，新修沼气池177口，改库转塘养鱼池7个。为培育农业产业，还帮助农民增收，扶持农户养殖小家禽1万多只，完成改良果树80亩，补植枇杷3000余株。还聘请了农业局专业技术人员为村民对枇杷管护进行了专题技术培训，实施了统一的施肥、治虫、修枝管理，普及了种植技术，增强了发展的后劲。在科学管护下，2010年实现每户枇杷收入4500元以上。通过扶贫项目的实施，全年村人均纯收入可增加1690元，达到3032元，村民生产生活条件得到改善。

【抗洪救灾】 2010年7月，广安区遭遇了163年未遇的特大暴雨洪涝灾害。仪陇县多个乡镇也遭受特大暴雨袭击，商务部密切关注贫困地区的灾情，想方设法筹措扶贫救灾专款100万元，支持贫困受灾地区的恢复重建，帮助群众克服困难，保障市场供应。

【外资扶贫】 商务部坚持把促进经济发展作为提高扶贫开发效果的重要途径。为帮助广安区招商引资，商务部报经国务院批准将广安经济技术开发区升级为国家级经济技术开发区。商务部外资司组织25家全球500强跨国公司、30余家全国著名家电企业到广安区考察投资环境，搭建电子、电工、家电、机械、汽摩配件等行业招商网络。还积极推动昆山市商务局和广安区携手共同举办承接产业转移招商说明会，介绍广安，推荐项目。通过中国西部国际博览会、中国西部商品交易会、四川名优特新商品上海对接会、泛珠三角区域合作与发展论坛暨经贸洽谈会等活动，洽谈招商项目。通过这些工作，定点扶贫地区招商取得显著成效，广安区引进了香港唐氏集团、苏州海航公司等企业投资，2010年6月，香港唐氏企业（国际）集团有限公司在前锋工业园区内投资1120万美元（注册资本为560万美元）设立广安海洋之星钢化玻璃有限公司，2010年11月16日，正式点火生产。仪陇县新签约工业项目4个，协议引资1.4亿元，其中2个项目已入驻工业集中区。

【专项扶贫】 2010年，商务部以增强受援地区商务发展能力为主线，支持农村市场体系建设，增加农民消费。全年安排家电产品下乡销售补贴资金5010万元，家电下乡网络建设资金80万元。截至2010年11月，销售家电下乡产品约10万台（部），直接拉动内需3.03亿元，广安区、仪陇县均被评为四川省“家电下乡工作先进”区、县。安排“万村千乡市场工程”农家店建店补贴资金338万元、物流配送中心项目资金110万元，新建748家农家店，提供就业岗位2000余个。为促进农产品流通安全体系建设，分别安排标准化菜市场改造资金90万元，生猪无害化处理项目资金121万元。安排专项资金，支持建立投诉举报机制，支持广安区、仪陇县开展全国农村商务信息服务试点。2010年，广安区新建3个标准化菜市场，改建农贸市场16个，仪陇县完成13个乡镇农贸市场的升级改造，成功创建四星级和三星级农贸市场各1个，打造“兔香苑”特色餐饮文化街一条，被四川省商务厅授予第一批“四川省特色商业街”称号。农村市场的快速发展，吸引了一批商贸项目。2010年仅在仪陇县兴办商业项目的有：旺平物流、百信超市、鸿福超市、掌上明珠家具城等5家，引资总额达1.8亿元；“兔香苑”特色餐饮文化街带动入驻商家达167家，创下历年商贸项目招引投资之最，为商贸的繁荣发展注入了活力。

【人员交流】 2010年，商务部还选派世贸司副处长苗燕民同志和公平贸易局副处长林洪同志到广安区和仪陇县挂职工作，他们坚持把扶贫地区当家乡，视群众为亲人，全力参与扶贫工作，尽心竭力引资金引项目，为贫困地区经济社会发展提供了人力和智力支持。

（商务部　潘牧旭）

文化部扶贫

【概述】 2010年，文化部党组高度重视扶贫开发工作，坚持“文化扶贫”的工作思路，立足文化资源优势，依托重大文化项目，围绕完善公共文化服务体系，加大资金投入，推进项目建设，并坚持开展定点扶贫等工作，积极推动贫困地区文化建设。

【图书馆、文化馆建设】 “十五”期间，中央通过财政转移支付4.8亿元资金补助地方1086个县级公共图书馆、文化馆建设项目。截至2010年底，592个国家级贫困县共有图书馆577个，文化馆592个，图书馆覆盖率达到97.5%，文化馆实现全覆盖。

为切实解决县级图书馆、文化馆设施设备落后，不具备基本服务条件等问题，中央财政计划从2009—2012年投入约10.97亿元，对全国2517个面积不达标的县级“两馆”进行修缮，使其具备开展公共文化服务的基本条件，更好地为基层群众提供有效的文化服务。文化部在实施规划时，考虑到国家级贫困县的实际情况，在县级“两馆”修缮项目申报、维修资金安排上均对国家级贫困县给予了适当倾斜。

【乡镇综合文化站建设】 为加强基层文化建设，2007年，文化部与发展改革委联合编制了《全国“十一五”乡镇综合文化站建设规划》。根据规划，“十一五”期间，中央将投入39.48亿元补助全国2.67万个乡镇综合文化站建设项目，基本实现“乡乡有综合文化站”的建设目标。其中，共为592个国家级贫困县建设乡镇综合文化站项目8342个，占全部项目数的31.2%。在实施规划时，考虑到贫困县环境条件艰苦，交通不便，经济欠发达，我们提高了中央补助比例，中央补助每个国家级贫困县乡镇综合文化站建设项目20万元，约占单个项目总投资的83%，共补助8342个乡镇综合文化站建设资金166840万元，占资金总额的42.3%。

【送书下乡工程】 为支持中西部贫困地区文化事业发展，帮助贫困地区县图书馆、乡镇文化站解决藏书贫乏、购书经费短缺等问题，文化部积极会同财政部于2003—2008年实施了送书下乡工程。六年中，中央财政共安排资金1.2亿元，向全国592个国家级贫困县及其所属的6000个乡镇综合文化站赠书1060万册，改善了贫困地区广大农民群众看书难的状况。

【定点扶贫】 根据国务院统一部署，文化部自1995年以来定点帮扶国家级贫困县山西省娄烦县、静乐县。十五年来，文化部认真贯彻落实党中央、国务院关于扶贫工作的要求，高度重视扶贫工作，采取多种措施，利用国家机关优势和文化资源，依托重大文化项目，进行了人才、观念、教育、文化、经济等多形式的帮扶，为两县投入大量的人力、物力和财力，在支持和推动两个定点扶贫县的发展方面取得了一定成效。

2010 年，由文化部挂职干部负责，认真督办了 2008 年、2009 年已拨付扶贫款项的静乐县王村乡前长安村、鹅城镇白家沟村、神浴沟乡东大树村、段家寨乡林沟村和娄烦县小泉沟村、大圣堂村、三元村、郭家庄村“整村推进”帮扶项目进展情况。同时，按计划顺利落实了 2010 年“整村推进”项目，先后向静乐县西大树村、娄烦县庙湾乡长家坡村拨付扶贫款 40 万元。

为积极落实 2007 年度文化部扶贫工作座谈会精神，2010 年 6 月文化部组织娄烦县 143 名优秀师生赴京参加了一周的夏令营活动，先后组织参观北京故宫、长城等历史名胜和毛主席纪念堂、军事博物馆等革命教育基地，并与清华大学师生进行座谈，开阔了师生的视野，陶冶了师生情操。

在山西省文化厅协助下，2010 年 6 月为静乐县文化活动中心配备了一辆流动舞台车，进一步方便了静乐县艺术表演团体赴基层开展灵活、多样的文化服务，受到基层群众的广泛好评；积极协调国家博物馆，向娄烦县文化局捐赠了 80 个书柜、80 套会议桌椅、8 台电视和 8 个办公桌，充实了老年活动中心、基层文化站和小学的文化设施。

（文化部）

卫生部扶贫

【概述】 2010年，卫生部认真贯彻落实《中国农村扶贫开发纲要（2001—2010年）》，协调有关部门不断加大对贫困地区卫生事业投入力度，采取各项有效措施积极开展卫生扶贫工作，努力解决贫困地区人民群众看病就医难问题，扶贫地区卫生事业取得了长足发展。

卫生部积极协调有关部门，不断加大对贫困地区卫生投入力度。2010年中央财政对贫困地区投入公共卫生专项资金640.7亿元，比2009年增加38%。加强基础设施建设，积极协调国家发展改革委，在健全基层医疗卫生服务体系建设工作中，优先安排贫困地区建设项目，592个国家扶贫开发工作重点县的农村卫生服务体系建设项目目前均得到安排，建设进展顺利。

【新型农村合作医疗制度】 2010年各级财政对参加新农合农民的补助标准提高到每人每年120元，贫困地区农民已经从新农合制度中受益。同时，卫生部门鼓励医疗机构主动为贫困农民减免部分医药费用，进一步减轻贫困农民的经济负担。2010年中西部地区参合人数为6.1亿人，占全国参合人数8.4亿人的73%。

【妇幼卫生项目】 2010年继续在贫困地区开展农村孕产妇住院分娩补助项目、降低孕产妇死亡率和消除新生儿破伤风项目等，项目地区妇幼卫生相关指标逐年改善，出现了“一提高三下降”的良好局面，有力保障了妇女儿童的健康权益。

【重大疾病预防控制】 2010年安排贫困地区重点传染病防治项目4660万元；进一步实施扩大免疫规划工作，积极协调中央财政安排专项资金用于支持贫困地区配备冷链设备，购置疫苗和注射器等；加强艾滋病防治工作力度，安排贫困地区艾滋病防治经费16.8亿元，并赴四川、广西、新疆开展艾滋病防治政策宣讲；安排贫困地区中央转移支付地方结核病防治项目经费5.6亿元，用于开展病人发现、治疗、管理、健康教育等工作；安排贫困地区慢性病防治资金7003万元，用于开展食管癌、乳腺癌等癌症早诊早治，肿瘤随访登记，慢性病综合干预以及慢性病和营养监测等工作。

【农村爱国卫生工作】 2010年，中央财政共投入4.55亿元，推动贫困地区农村改水改厕步伐。在全国已命名的129个国家卫生县城中，国家级扶贫县25个，占19%，有效促进了贫困地区农村环境卫生改善。

【卫生队伍建设】 2010年投入贫困地区所在省份经费1.09亿元，继续实施万名医师支援农村卫生工程；在592个国定贫困县继续实施二级以上医疗卫生机构对口支援乡镇卫生院项目，有效加强贫困地区卫生人才队伍建设。

【扶贫调研】 卫生部领导亲自带队赴贵州省毕节试验区调研，研究支持毕节试验区建设的具体工作思路和支持措施，与贵州省人民政府签署《关于支持毕节试验区医疗卫生事业跨越式发展合作协议书》；赴甘肃省开展卫生事业发展专题调研，研究制定《卫生部关于进一步支持甘肃卫生事业发展的意见》，推动甘肃卫生事业发展。

【干部挂职扶贫】 2010年，卫生部分别选派中国疾病预防控制中心寄生虫病预防控制所副所长王茂武和中国疾控中心辐射防护与核安全医学所副所长孙全富同志赴四川省阿坝州挂职工作，协助副州长协调处理卫生、人口和计划生育、体育、民族语言文字、地方志等方面的工作。

（卫生部扶贫办公室）

国家人口和计划生育委员会扶贫

【概述】 2009年底，国家人口计生委认真贯彻中央领导同志指示精神，围绕毕节试验区“人口控制”主题，结合毕节地区贫困人口较多，特别是农村独生子女户、双女户脱贫致富愿望强烈，但发展经济的条件差、能力弱的实际，会同贵州人口计生委、毕节地委行署以及中国人口福利基金会等，设立专项资金，支持毕节试验区自2009—2012年开展农村计划生育“少生快富扶贫工程”试点。

【少生快富扶贫工程】 “少生快富扶贫工程”主要包括“千户示范”和“万户工程”两个子项目。“千户示范”工程以毕节市、大方县、黔西县、金沙县、威宁五县（市）作为试点，每年从符合条件的农村独生子女户、双女户中选择1000户，每户给予6000元项目启动金，开展养殖、种植和加工等项目。“万户工程”主要以农村独生子女户、双女户为对象，对象户可申请3万元政府贴息贷款，用于发展生产、改善生活。同时，中国人口福利基金会在金沙、威宁两县开展帮扶贫困母亲的“幸福工程”，每户投入5000元。

2010年，“少生快富扶贫工程”惠及5个县（市）的1000多户计划生育家庭，产生了积极的社会效果。全区先后有776户领取了《独生子女父母光荣证》，有235户主动放弃生育二胎。各县（市）整合各部门资源，根据项目户的致富能力和实际水平等条件，制订改善生活环境、养殖、种植、商贸等个性化的帮扶方案、帮扶措施，明确帮扶对象、帮扶内容和方式，帮助项目户制订规划，实现发展目标。

此外，毕节地区还将“党员带富”与试点工作紧密结合，优先优惠项目户中的党员、预备党员、入党积极分子等，扩大试点影响力，发挥示范带动作用。试点工作有效地改善了计划生育家庭的居住环境和生产生活条件，提高了他们的家庭发展能力，受到基层干部和群众的广泛好评，主动咨询、申请参加项目的人数逐渐增多。

（国家人口和计划生育委员会 李 瑞）

中国人民银行扶贫

【概述】 “十一五”期间，人民银行在定点帮扶的陕西铜川市印台区和宜君县，共完成各类投资684.6万元，协调扶贫无息、低息、贴息类贷款累计125万元，农村小额信贷资金规模1亿元。各类投资中，工程项目类投资421万元，主要用于道路修建、桥梁建设、人畜饮水、巷道硬化及排水工程；资助贫困大学生和开展技术培训投资44.6万元，捐赠物品折合84万元，慰问困难群众135万元。

【扶贫贴息贷款】 自2001年《扶贫贴息贷款管理实施办法》银发（2001）185号实施以来，人民银行联合国务院扶贫办等部门先后开展了“到户贷款”、“项目贷款”改革试点和“奖补资金”推进小额贷款到户试点等工作，不断推进扶贫贴息贷款投放力度。2006年，为继续深化扶贫贴息贷款管理体制改革，将到户贷款贴息资金全部下放到592个国家扶贫开发工作重点县，承贷金融机构转变为由县选择金融机构发放，同时选择河北、黑龙江、江西、湖北、重庆、云南、陕西和甘肃8省（市）开展项目贷款贴息资金下放到省试点，允许试点省自行选择承贷金融机构。2008年，为进一步建立健全符合市场经济要求的信贷扶贫管理体制和运行机制，按照“两下放、两改革”的改革思路，将扶贫贴息贷款和贴息资金的直接管理权限由中央下放到省，其中到户贷款和贴息资金管理权限下放到县；扶贫贷款全部改农业银行一家“独家经营”为市场运作；改固定利率为固定补贴，中央财政按贴息1年安排贴息资金，在贴息期内，到户贷款按年利率5%、项目贷款按年利率3%的标准给予贴息。

扶贫贴息管理体制的不断改革，对于调动金融机构积极性，完善扶贫贴息贷款良性循环发展机制，改善贫困地区人民生产生活条件，缩小地区贫富差距起到了重要作用。据人民银行初步统计，2010年末，全国扶贫贴息贷款余额246亿元，同比增长34.3%。

【扶贫政策倾斜】 1. 继续对民族贸易和民族用品生产贷款执行优惠利率政策，促进少数民族地区贸易发展，带动少数民族地区致富。“十一五”期间，对民族贸易和民族特需商品定点生产企业的正常流动资金贷款利率实行优惠利率政策，全国累计贴息34.09亿元，带动金融机构向民贸民品企业发放贷款1200多亿元，支持了贫困民族地区的发展。

2. 持续加大对新疆地区的资金支持力度，促进新疆地区发展和稳定。截至2010年末，人民银行累计对新疆调增支农再贷款限额40亿元，并对新疆农村信用社共计安排资金支持额度18.6亿元，资金支持比例位居全国第一。2010年末，新疆人民币贷款余额4973亿元，同比增长31.3%，高于全国平均增速11.4个百分点。

3. 对西藏执行优惠的金融政策，保障西藏地区经济稳定和贷款增长。包括单独编制和执行西藏货币、信贷计划，执行优惠利率政策，以及对农业银行西藏分行进行费用补贴等。2010年末，西藏人民币贷款余额301亿元，同比增长21.6%，高于全国平均增速1.7个百分点。

4. 及时出台灾后重建各项优惠政策，支持汶川、玉树、舟曲等地区灾后因灾致贫人口就业和住房重建。各地灾害发生后，人民银行会同相关单位分别在第一时间出台了《关于汶川地震灾后重建金融支持和服务措施的意见》、《关于全力做好玉树地震灾区金融服务工作的紧急通知》、《关于全力做好甘肃、四川遭受特大山洪泥石流灾害地区住房重建金融支持和服务工作的指导意见》等多项指导意见，通过增加再贷款额度，对受灾贷款在规定时间内不催缴、不罚息、不做不良记录以及贷款优惠利率等政策支持因灾致贫人口重建家园，恢复生产经营。

5. 制定专项政策切实支持农村地区县域资金留在当地使用，保障县域经济发展所需资金。为加大对县域、贫困地区的支持，人民银行会同银监会出台《关于鼓励县域法人金融机构将新增存款一定比例用于当地贷款的考核办法（试行）》，通过对符合条件的县域法人金融机构执行较低存款准备金率、优惠利率支农再贷款、优先开设分支机构和新业务等政策，鼓励县域法人金融机构支持当地经济发展。

【小额担保贷款政策】 有效发挥小额担保贷款政策作用，支持就业困难人员创业带动就业和贫困户脱贫致富。截至2010年末，小额担保贷款余额322.67亿元，同比增长71.01%。通过小额担保贷款，支持了一批创业能手和致富带头人，支持了贫困户创业带动就业并脱贫致富。

【信贷政策指导】 改进和加强对农民工金融服务工作，为贫困人口务工提供便利环境。进城务工是贫困农民改善生活，提高收入的重要方式。人民银行不断加强信贷政策指导，推广“农民工小额担保贷款”、“农民工返乡创业贷款”等贷款品种，提高农民工贷款可获得性，为其创业脱贫提供资金支持。同时逐步改进和完善金融机构代发农民工工资的业务管理，促进建立和完善农民工工资支付保障制度，有效保障农民工务工工资收入发放，提高务工积极性。截至2010年底，企业征信系统共收集2961户企业的拖欠工资信息，涉及金额约16.23亿元，涉及人数约36.23万人。从2006年起，人民银行组织在全国农村地区开展农民工银行卡特色服务工作，为农民工返乡创业资金调拨、异地汇款、存储现金提供便捷服务。截至2010年底，农民工银行卡发卡机构总数达195家，受理点达7.2万个，实现了湖南、河南等23个农民工输出大省的业务开通。2010年，农民工银行卡特色服务实现取款交易1405万笔，金额156亿元，同比分别增长47%和32%。

【农村支付体系和信用体系建设】 加强农村地区包括金融服务在内的各项基础设施建设和社会服务，是提高贫困人口生活质量，拓宽其收入来源的重要前提。人民银行高度重视农村金融体制改革，建立多层次农村金融服务体系，加强农村支付体系和信用体系建设，切实改进和提高农村金融服务，助推农村贫困居民脱贫致富，构建幸福生活美好家园。

1. 推动完善多层次、多主体农村金融服务体系，稳步拓宽农村贫困人口资金来源和金融服务渠道。发行兑付农村信用社改革专项票据和专项借款，支持农村信用社改革取得阶段性成果，不断增强服务农村贫困地区能力和抗风险能力。推动农业银行改革，稳步提升“三农”服务水平，2010 年末，“三农”金融部贷款余额同比增长 26.15%，高于全行 7.2 个百分点。引导农业发展银行不断拓展支农扶贫领域，初步形成了以粮棉油收购贷款业务为主体、以农业产业化经营和农业农村中长期贷款业务为两翼、以中间业务为补充的多方位、宽领域支农格局。推动邮政储蓄银行试点贷款零售业务，完善邮储资金回流农村的市场机制。稳步发展新型农村金融机构和小额贷款公司，引导民间资本支持“三农”和扶贫方面发挥积极作用，2010 年末，全国已组建新型农村金融机构 395 家。

2. 不断健全农村地区支付体系，大幅提高农村支付便利性。2010 年，人民银行支持农村地区金融基础设施工作，指导并支持农村金融机构加入大、小额支付系统和全国支票影像交换系统，为农村金融机构向贫困地区提供快捷、高效的支付清算服务创造条件。截至 2010 年底，全国共有 2.9 万家农村信用社，1238 家农村合作银行、1164 家农村商业银行、261 家村镇银行接入人民银行支付系统，畅通了农村地区异地汇划渠道。各地依托人民银行小额支付系统开展农村地区资金集中代收付业务，一些地区结合“家电下乡”惠农政策，将补贴款直接抵扣货款，由财政部门定期将补贴款通过小额支付系统划给经销商，从而简化流程，便利农村地区消费支付。人民银行还在部分金融机构网点空白乡镇开展 POS 机小额取现试点业务，有效改善偏僻农村的支付服务环境，试点农村地区足不出村就能及时拿到政府各项补贴。

3. 逐步发展农村信用体系，为贫困人口提高信贷资金获得性营造良好条件。人民银行不断完善农村信用体系，实现政府支农政策与银行信贷政策的有机结合积极推动农村征信体系的建设工作，为积极稳妥地发放并收回扶贫贷款营造良好的金融生态环境。截至 2010 年底，全国大部分地区开展了农户信用档案建设工作，个人征信系统采集农户信用档案约 1.12 亿户；逐步建立了农户信用评价体系，对超过 8000 万农户进行了信用评定，提高了农村贫困人口贷款的可获得性。

（中国人民银行）

国家广播电视总局扶贫

【概述】 2010年广电总局贯彻落实国家扶贫开发工作部署和要求，结合广播影视实际，把加快贫困地区广播影视事业发展作为扶贫开发工作的重要内容。以实施广播电视村村通工程、农村电影放映工程等重点公共文化工程为载体，加强广播影视覆盖工作，积极推进贫困地区农村文化建设，对深入推进国家扶贫开发工作起到促进作用，取得显著成效。

【行业扶贫政策实施】 1. 调整了多年来实施的各地无线发射台站无偿转播中央节目的政策。从2006年起，中央财政对全国县及县以上转播中央第一套广播节目、中央第一套和第七套电视节目的大中功率发射机及附属设备更新改造给予补助，将更新改造完成后设备的运行维护经费纳入中央财政预算范围。同时，各地也加大了转播本级节目的投入力度，明确了省、市、县三级政府负责对转播本级节目的无线发射台站设备进行更新改造和运行维护。

2. 争取落实了广播电视无线发射台站用电优惠政策。广播电视无线发射台站、转播台站、差转台站、监测台站统一执行国家规定的非普工业类电价标准，不执行峰谷分时电价政策。仅电价政策一项，全国覆盖农村的无线台站每年可减少电费支出近亿元。

3. 提高了农村电影放映场次补贴标准。2010年，为进一步加大支持力度，财政部根据各地农村电影放映实际成本测算，将原每场100元的公益放映场次补贴标准提高到200元；并以奖励的形式，对东部6省3市下拨农村电影公益放映奖励资金8350万元。

4. 按照“建养并重”原则扶持贫困地区广播影视工作。在继续推进新疆、西藏等省区广播影视工程建设，提高民族地区广播电视基础设施、传输覆盖能力、少数民族语言节目译制制作能力等同时，按照“建养并重”的原则，中央财政每年安排专项运行维护经费，确保设施设备的正常运行；每年安排少数民族语言广播影视节目译制经费，专项用于少数民族语言广播影视节目译制工作。此外，还支持部分边境地区推动广播影视节目“走出去”，促进与周边国家的文化交流与合作。

【扶贫调研】 自2006年10月，国务院扶贫开发领导小组确定广电总局对口帮扶四川甘孜州的石渠、色达、雅江、理塘、新龙等五个国家扶贫开发工作重点县以来，中宣部副部长、广电总局党组书记、局长王太华，总局党组副书记、副局长赵实，总局党组成员、副局长张海涛，总局党组成员、中纪委驻总局纪检组长王莉莉等总局领导先后6次率领工作组到甘孜州开展定点扶贫、广电工作调研，实地考察对口扶贫工作和基层广播影视发展的情况，听取地方党委政府和广电部门、扶贫部门的汇报，深入藏区农牧民家庭、广电机房看望慰问贫困农户和一线广电职工，进一步分析研究推进各扶贫项目的实施措施并提出工作要求。

【广播电视村村通工程】 “十一五”期间“村村通”工程建设任务主要有2项：一是农村广播电视节目无线覆盖工程，2008年北京奥运会前完成了农村中央广播电视节目无线覆盖工程建设，提前两年半实现了贫困地区“十一五”中央广播电视节目无线覆盖规划目标。为确保设备安全有效运行，中央财政每年安排专项资金对设备运行维护给予补助，2010年补助资金已全部下达。同时，各省（区、市）积极推进省、市（地）、县节目建设；二是已通电20户以上自然村“盲村”建设，主要利用广播电视直播卫星解决覆盖，2010年底共有近1350万户“盲村”农户已通过直播卫星收听收看到了40多套清晰的数字广播电视节目，其中国家扶贫开发工作重点县近562万户，使国家扶贫开发工作重点县20户以上已通电自然村全部通广播电视，同时通过直播卫星加密接收，实施精细化管理和服务。

国家扶贫开发工作重点县一直是“村村通”重点扶持地区。在实施的已通电行政村和50户以上自然村建设中，中央财政投入建设资金13亿元，其中安排国家扶贫开发工作重点县6.48亿元，占49%。“十一五”期间，实施的20户以上“盲村”建设，中央财政已安排的32亿元资金中，国家扶贫开发工作重点县安排16.12亿元，占50.4%。

截至2010年底，广播电视村村通工程已解决了1亿多“盲村”群众收听收看广播电视问题；广大农村地区中央广播电视无线覆盖水平大幅提高，中央第一套和第七套电视节目、中央第一套广播节目全国无线覆盖率分别达到85%、69%和85%，覆盖人口分别为11亿、9亿和11亿。农村群众通过广播电视了解了党和国家政策、掌握了致富本领、丰富了精神文化生活，“村村通”为农村群众特别是贫困地区群众修建了一条脱贫致富的信息之路，得到农民群众的拥护和支持，是一项惠及千家万户的“民心工程”、“德政工程”。

【农村电影放映工程】 “十一五”时期，国家安排专项资金6亿元，为中西部地区农村（含东部少量贫困地区）配备电影流动放映车919辆，数字电影放映设备17669套。2007年至2010年，中央财政已安排16.2亿元资金对中西部农村电影公益放映场次进行了补贴。2010年，为进一步加大支持力度，财政部根据各地农村电影放映实际成本测算，将原每场100元的公益放映场次补贴标准提高到200元；并以奖励的形式，对东部6省3市下拨农村电影公益放映奖励资金8350万元。

按照农村电影发展新思路和广电总局出台的一系列文件，2010年继续明确“政府购买”的前提，必须是以公司制、股份制为特征的农村电影院线公司。截至2010年底，全国已组建240个农村电影数字院线公司，除新疆、西藏等地有22个事业体制的管理中心外，其余218个院线公司都是具有法人资格的市场主体。建立数字电影地面卫星站148个，各级财政和院线公司购买数字放映设备42467套，全国平均每个乡镇拥有一套放映设备。发行数字影片节目1290部，其中公影片693部，商业影片597部，全国已形成了遍布农村的电影数字放映新格局。

【扶贫专项资金】 根据财政部、广电总局《关于印发〈广播电视扶贫救灾专项资金管理办法〉的通知》，2010年，中央财政共安排广播电视扶贫救灾专项资金7000万元，对老少边穷地区骨干台站及高山台站广播电视设施设备的更新改造及维修、遭受严重自然灾害的地方广播电视部门广播电视设施设备的修复给予帮助。其中，重点对青海玉树、甘肃舟曲、吉林等重灾省区及甘孜州石渠、色达、雅江、理塘、新龙5个总局对口帮扶贫困县给予补助。广播电视扶贫救灾专项资金对灾后广播电视设施设备恢复、加强广播电视基础设施建设、提高广播电视覆盖效果发挥了积极作用。

【科技扶贫】 创新应用广播电视直播卫星开展广播电视村村通服务，提高了“村村通”覆盖和管理水平。新一轮“村村通”工程建立了全国统一的直播卫星服务平台，通过我国专用的直播卫星传输标准和加密措施，实现了对“村村通”用户的规范化、精细化管理。

2010年6—8月，组织制定并实施新增新疆少数民族语言节目通过直播卫星传输覆盖的技术方案，在直播卫星传输平台已传输维吾尔、哈萨克2套少数民族语言电视节目的基础上，新增维吾尔、哈萨克等少数民族语言电视节目4套和广播节目5套，满足了新疆特别是牧区少数民族群众收听收看广播电视节目的需求，受到新疆少数民族群众的普遍欢迎。

【关爱牧民新春慰问赠送直播卫星电视机活动】 2010年中宣部、广电总局与四川省委、省政府联合启动了“关爱牧民新春慰问赠送直播卫星电视机活动”。中宣部和广电总局共同筹资7400万元，为四川牧区赠送2万套适合牧区人民群众收看的数字电视机，并配有太阳能电池和直播卫星接收设备，可收看51套电视节目，包括康巴藏语、安多藏语、卫藏方言和维、哈、蒙、朝等少数民族语言节目。

这次活动是落实党中央、国务院关注民生，关心四川藏区发展和牧区人民群众生产生活的重要举措之一，进一步完善了藏区公共文化服务体系，改变了2万户牧民家庭单调贫乏的精神生活状态，对帮助牧民群众在游牧过程中了解外部信息，丰富精神文化生活，提高对外开放水平，促进藏区跨越式发展和长治久安具有重要意义。

【干部挂职扶贫】 2010年1月，广电总局选派中央电视台文艺中心干部到四川省甘孜州扶贫，挂职州政府副秘书长。

【扶贫工作措施】 1. 高度重视，加强组织领导。广电总局高度重视扶贫工作，按照国家扶贫开发工作部署，积极采取措施，始终把解决贫困地区农村群众收听收看广播电视难问题作为出发点和落脚点，积极安排广播影视扶贫专项资金，继续以实施广播电视村村通工程和农村放映工程等重点公共文化工程为载体，加大对贫困地区广播影视基础设施建设的投入，加强贫困农村地区广播影视覆盖工作，积极推进贫困地区农村公共文化建设，充分发挥广播影视在国家扶贫开发工作中的重要作用。

2. 加大投入，完善支持政策。“十一五”期间，中央财政加大投入力度，提高西部地区和国家贫困地区广播电视村村通工程中央投资补助标准，安排农村电影放映工程安排专项资金，为中西部地区农村（含东部少量贫困地区）配备电影流动放映车和数字电影放映设备。调整了多年来实施的各地无线发射台站无偿转播中央节目的政策，制定了广播电视无线发射台站用电优惠政策，在西部地区、边疆地区、民族地区积极实施广播影视西新工程。通过一系列广播影视重点工程和支持政策的实施，提高了贫困地区广播影视基础设施条件，改善了贫困地区群众的精神生活状态，促进了贫困地区经济和社会发展。

3. 因地制宜，组织工程建设。“村村通”工程按照“技术先进，安全可靠，经济可行，保证长效”的原则，坚持从实际出发，因地制宜，采取适合本地特点的技术手段实现进一步扩大农村广播电视覆盖面，提高农村广播电视覆盖效果和入户率。城郊、有条件的农村采取有线光缆联网方式进行建设，偏远、居住分散的 20 户以上盲村采用广播电视直播卫星等方式进行建设。农村电影放映工程按照中央提出来的“企业经营、市场运作、政府购买、群众受惠”农村电影改革发展新思路，积极组织实施，建立了政府农村电影公益放映财政保障体系，建立和培育了一批农村电影新型市场主体，建立了农村数字电影流动放映技术服务和供片体系。

4. 着眼长远，建立长效机制。为切实保障基层群众广播影视公共文化权益，“村村通”工程和农村电影放映工程目前正从工程建设向建立基本公共服务体系转变，按照分级负责原则，明确政府在培育市场和公共服务中的主体地位，同时发挥市场机制的作用，采取政府购买、项目补贴、特许经营、优惠政策等方式，鼓励引导社会力量参与广播影视公共服务，逐步探索建立以业务或项目为纽带，以县为中心、乡（镇）为基础、面向农户的广播影视公共服务长效机制。

（国家广播电视总局）

国家林业局扶贫

【概述】 2010年，国家林业局（以下简称“林业局”）继续按照既定的“不脱贫不脱钩、脱了贫也不脱钩”的扶贫方针，立足九万山地区林业资源优势，结合林业重点工程建设，以改善贫困地区生态状况和提高贫困地区和贫困人口自我发展能力为重点，进一步加大了对定点扶贫地区的帮扶力度，取得了显著成效。由于扶贫地区自然条件差，人口较多，发展经济与保护生态的矛盾仍然突出，生态依然非常脆弱，生产生活条件仍然比较艰苦，林业扶贫开发工作还存在一些亟待解决的困难和问题。因此，以九万大山地区为主的林业扶贫任务还相当繁重，林业扶贫工作依然任重道远。

【对口扶贫“十二五”规划】 为做好“十二五”期间林业对口扶贫工作，林业局按照国务院扶贫办关于“十二五”及今后一个时期国家扶贫工作的总体部署和有关要求，立足九万大山地区林业发展实际，组织有关力量研究编制了《林业对口扶贫“十二五”规划》。该规划在全面总结《中国农村扶贫开发纲要（2001—2010年）》实施10年来林业对口扶贫工作的基础上，分析查找林业扶贫工作面临的形势和有关问题，提出“十二五”期间林业扶贫工作的总体思路、基本原则、工作目标以及重点任务，为“十二五”期间林业扶贫工作的有序开展提供行业指导。

【重点扶贫工程】 积极协调有关部门，继续加大对19个定点扶贫县天然林保护、退耕还林、石漠化治理、长江防护林、自然保护区等林业重点工程建设的投入力度，有力促进了帮扶地区的林业生态建设和林业产业发展，带动了当地群众脱贫致富。据统计，2001年以来国家林业局共安排九万大山地区19个贫困县各项林业建设资金27亿元（其中，2010年近4亿元），广西九万山地区的8个对口帮扶县，森林覆盖率由56%增加到71%，林业产值由4.6亿元增加到14.5亿元，农民人均纯收入由1000元增加到2300元；贵州省九万山地区11个对口帮扶县，森林覆盖率由49.52%增加到61.22%，林业产值由3.13亿元增加到10.8亿元，农民人均纯收入由1166元增加到1868元。19个县已不同程度摆脱了林业扶贫起步时期林业资源危机和经济危困的“两危”困境，生态状况的持续改善，为当地经济和社会协调发展奠定了坚实的基础。

【科技扶贫】 通过组织举办各类林业实用技术和管理培训班，有针对性地组织专家和科技人员下乡，积极推广林业科技适用技术，现场实地指导和帮助解决基层存在的技术问题，提高了帮扶地区干部群众的科技意识和水平。2001年以来，已连续举办了30多期林业科技知识和管理培训班（其中，2010年举办4期），并有针对性地组织专家和科技人员下乡20多次。2010年，九万大山地区已经拥有了一批“学得会、留的下、能应用”的新型务林人。

【干部挂职扶贫】 截至2010年，国家林业局派到扶贫第一线挂职锻炼的各级干部达170多人次（其中，2010年有10名挂职扶贫干部）。扶贫干部广泛宣传并配合地方政府贯彻执行党中央、国务院的扶贫方针和政策，深入基层，为九万大山地区的群众办了不少实事、好事，为促进当地生态、经济、社会的协调发展做出了贡献。挂职干部也通过挂职锻炼，增长了才干，提高了素质，贴近了群众。

【送报下乡活动】 根据林业定点扶贫工作计划，2001年以来，林业局持续十年开展了送报下乡活动。委托中国绿色时报社向贵州、广西九万大山19个贫困县380个乡镇林业站每期发送《中国绿色时报》400份。使基层群众及时了解国家林业的方针政策，了解林业脱贫致富的各类信息。

【扶贫工作措施】 林业局结合林业重点工程的实施，以解决贫困人口温饱问题和稳定已脱贫人口为目标，以改善连片生态贫困地区生态环境为重点，发挥山区优势，努力发展林业生产力，增加林业产出，实现生态与产业共赢，切实提高贫困地区和贫困人口自我发展能力，加快农民脱贫致富步伐，为全面建设小康社会奠定坚实基础。

1. 把生态建设和保护作为新时期林业对口扶贫开发的首要任务。随着经济发展、社会进步和人民生活水平的提高，生态需求已经成为社会对林业的第一需求。尽快从整体上遏制贫困山区生态恶化的趋势，减少自然灾害的危害，改善贫困地区生产生活条件，拓宽生存发展的空间，为区域经济和社会的可持续发展提供强大保障，已成为新时期贫困山区林业扶贫开发的首要任务。从另一个角度讲，林业重点工程建设本身就是国家实施的最大的扶贫开发项目，是改善生态、发展经济和农民增收“三赢”的德政工程。九万大山地区已经全部纳入天然林保护、退耕还林、长江和珠江防护林体系建设、石漠化治理、自然保护区建设和野生动植物保护等林业重点工程范围，相应纳入了国家规划。

2. 把发展新兴绿色产业、优化林业产业结构，作为增加贫困山区群众收入、实现稳定脱贫的重要手段。根据九万大山地区各扶贫县的经济发展状况、资源特点和产业优势，结合正在实施的林业重点工程，以市场为导向，集中力量帮助贫困地区规划和发展一批市场前景好、投资少、见效快、受益面广、对群众脱贫致富起示范带头作用的名特优新经济林、速生丰产林、优良种苗培育、生态旅游等绿色产业以及相关的配套基础设施建设项目。通过项目帮扶，切实提高贫困群众自我生存与发展的能力，尽快实现稳定贫困的目标。

3. 探索建立符合市场经济规律的林业扶贫开发工作新机制和新模式。通过资金和项目、信息和技术的帮扶，为贫困地区寻找到一条今后能够与市场有效接轨，能够自我积累和发展，并不断扩大再生产的机制和模式。按照林业改革和发展的总体要求，采取体制、机制、制度和科技等方面的综合性的创新措施，发展非公有制林业，制定鼓励优秀人才进入扶贫开发领域的相关政策，发挥他们的技术引导和示范带动作用。采取股份制、股份合作制、承包、租赁、兼并、收购等多种市场化运作的手段和措施，鼓励和吸引民营资本进入林业扶贫开发，按照“合作共赢”的原则，调动社会各方面力量参与林业扶贫开发，以新的机制给扶贫工作带来新的活力。

（国家林业局发展规划与资金管理司
山区综合开发处）

国家旅游局扶贫

【概述】 2010年，国家旅游局落实国家扶贫开发部署，不断加大扶贫工作力度，在继续做好定点扶贫和重点地区旅游扶贫的同时，通过发展乡村旅游、生态旅游和民俗旅游等产业形式，积极推进旅游扶贫工作，并取得明显成效。

2002年以来，国家旅游局认真贯彻落实《中国农村扶贫开发纲要（2001—2010年）》和《关于进一步做好定点扶贫工作的通知》（厅字［2010］2号）精神，一直将旅游扶贫工作列为重点工作之一，建立扶贫工作机制，深入开展调研，及时了解情况，加强工作指导，采取各种措施支持定点扶贫县——贵州江口县和毕节等地区发展旅游业，带动了当地经济社会发展，促进了农民增收。

【扶贫工作机制】 旅游扶贫工作一直被列为国家旅游局的工作重点。邵琪伟局长多次赴江口县，调研旅游业发展情况并作出重要指示。局党组会议专门研究支持江口旅游发展和支持毕节试验区旅游发展工作。规划财务司作为专门的旅游扶贫工作机构，多次参加国务院扶贫办、中央统战部召开的会议，配合国务院扶贫办做好各项旅游扶贫工作。

【定点扶贫】 2010年，国家旅游局以科学发展观为指导，结合社会主义新农村建设，立足行业职能，发挥部门优势，从政策、项目和资金等方面继续对贵州江口县发展旅游业给予支持。

2010年，国家旅游局分别为铜仁地区和江口县安排旅游发展基金补助地方项目资金共200万元，用于游客接待中心项目建设。此外，在江口县遭受旱灾的情况下，补助资金10万元，用于抗旱救灾。

【重点地区扶贫】 2010年国家旅游局共安排毕节地区旅游发展基金200万元，重点用于游客服务中心建设。其中100万元用于毕节大方游客服务中心建设补助，100万元用于百里杜鹃游客服务中心建设补助。

2010年5月，国家旅游局邀请专家，组织了《毕节试验区旅游发展总体规划（2010—2020年）》评审会，专家一致同意《总体规划》通过评审。

2010年，国家旅游局支持毕节百里杜鹃风景名胜区创建国家4A级景区。

（国家旅游局规划财务司　武芳梅）

中华全国总工会扶贫

【概述】 2010年，全国总工会贯彻党中央、国务院关于加快扶贫开发进程的重大战略决策，加强了对扶贫工作的调研和指导，制定扶贫计划，顺利完成第七批扶贫队员的交接工作，扎实推进对山西省和顺县定点扶贫工作，共投入扶贫资金150万元，物资折款投入248万元，在知识技能培训、项目资金扶持、推动社会事业发展等多个方面做了许多工作，取得了成效。

【项目帮扶】 按照全国总工会的资金帮扶计划，共实施帮扶项目70余项，其中：重点帮助扶贫项目20个，引进先进技术6项，加大干果经济林新品种的示范推广力度，核桃林示范田由2000亩发展到8000多亩，成为农民未来稳定的收入源；引进推广猪人工授精技术，优化品种，降低成本、扩大了养殖规模，填补了和顺县空白；推动成立农民花卉专业合作社，通过对花卉大棚进行贷款补贴，建立起当地第一家大型花卉交易市场，拓宽农民致富途径，美化了当地生活；鼓励发展农民专业合作社，截至2010年底，已发展到近300个。

【技能培训】 全国总工会把技能培训作为开展定点帮扶工作的重要内容，依靠和整合和顺县扶贫局、农业局、科技局、林业局、农经办等相关部门的培训资源，共举办6期培训班，对农民群众进行创业培训和种养殖培训，培训干部群众8400多人次，组织劳务输出220人次。

【科技服务平台建设】 在2009年的基础上，完善科普110服务站项目，进一步扩大覆盖领域，加强宣传，丰富信息，完善服务，为农民提供科技咨询、购销信息，物资配送服务。通过惠及“三农”的信息化平台建设，为贫困群体搭建致富桥梁，并建立绿色通道工程，为农民提供系列服务，提高农民利用科技脱贫致富的能力。

【教育扶持】 2010年，为提升和顺县教育水平，与北京四中建立了帮扶关系，邀请北京四中特级教师到和顺县开展教学培训，通过系列培训提高了和顺县师资水平，增强了孩子们的学习兴趣，拓宽了孩子们的视野。投资10万元左右对和顺县教育扶贫远程网站进行了设备升级改造，与山西农大联系，成为山西农大的远程函授基地，农技培训提供硬件支持，为青年农民通过学习脱贫致富提供了便利条件。

（全国总工会经济技术部　戴明梅）

共青团中央扶贫

【概述】 中国共产主义青年团中央委员会（以下简称共青团中央）2010年的扶贫工作以帮助山西省灵丘县农民致富增收、扶持村民改善生产生活环境为重点，积极推进整村推进帮扶项目，共开展帮扶项目10多个，累计投入人、财、物折算人民币300多万元，协助灵丘县争取3个国家级重点项目，争取资金1500多万元，为灵丘县经济社会事业发展提供了有力支持。

【扶贫调研】 共青团中央扶贫工作队以“群众普遍受益、县委最为急需、示范长远发展、条件力所能及”为原则，加强调查研究，了解实际情况，进一步理清工作思路。结合灵丘县经济社会发展现状，确定了基本县情和党政机构的运行模式、老区人民贫困现状及原因、农村基层组织和干部现状等7个课题。通过走访县主要领导、退休老同志、历任工作队队长，深入灵丘县12个乡镇、14个新农村建设重点推进村、6所学校、医院、4个青年中心、22个农业示范基地开展实地调研，召开座谈会25个，采取问卷调研方式，进一步摸清全县青年底数、基层团组织建设和基层工作开展、团干部配备、党政领导意见等情况，并将调研与推进工作相结合，将调研贯穿于推进工作全过程。

【百姓增收项目】 2006年以来，共青团中央扶贫工作队通过实施“有机疏菜”致富项目，帮助规划建设街心公园、道路硬化绿化等基础设施，把东河南镇清泥涧村打造成远近闻名的新农村示范点村。2010年，工作队制定了巩固提升，增强“造血”功能的工作方针，扎实推进增收项目。一是继续发展大棚蔬菜产业。聘请河北农大老师与村民结成对子，加强对菜农的培训，累计举办培训班6期，培训村民150多人。二是引导农民兴办加工型企业。结合全村小杂粮生产质量好、品种全的优势，帮助青年带头人协调小额贷款，建设小杂粮加工厂，拓展市场，进一步提升小杂粮附加值。三是示范推广新品种、新技术。经与中国农科院联系，引进市场行情好、产量高、抗病力强的金博士958玉米种子进行试种；在全村蔬菜大棚中继续推广新型滴灌系统。

【帮扶示范村建设】 2010年，工作队将武灵镇韩家房村定为新农村建设重点帮扶示范村，着力打造生态环保示范村。在听取县委县政府意见的基础上，按照“大小适宜、班子团结、底子适当、民风淳朴”的原则，制定帮扶方案，明确推进步骤。一是成立领导小组，每两周与村党支部、村委会召开一次专题会议，及时解决有关困难和问题。二是因地制宜，科学规划。

邀请清华大学规划设计院在充分评估论证的基础上提出意见，通过“四议两公开”方式，由老百姓自己选项目、定规划。三是引导农民更新观念，营造致富奔小康的浓厚氛围。发放《团中央扶贫工作队致村民的一封信》，召开村民座谈会，开展致富带头人讲故事，帮助村民转变懒散、小富即安等落后观念，提高农民科技文化素质。四是加快产业结构调整。先后到山东滨州等地考察，引进肉驴养殖产业；通过奖励资助等方式，鼓励农民发展生猪养殖产业，改建1处标准化养殖小区；与北京林学会产业研究所合作，引进北京奥运菊花（茶）种植项目；制定设施农业发展规划，筹建73个蔬菜大棚，培养种菜能手。五是美化环境，改善村容村貌。对村内旧戏台区域进行改造，资助建设一座集生态环保示范、休闲娱乐活动、人文传统教育为一体的村中心花园广场；制作新农村建设墙体标语18处；开展春季植树造林活动，绿化美化街道；资助建设村内垃圾处理工程。六是协调县政府投资近200万元，改建村小学和村卫生室；向村小学捐赠价值10万元图书。七是配强配好村“两委”班子，积极推行“四议两公开”；开展“道德模范”评选活动；改选村团支部，资助电脑、图书架等价值4万元设备。八是注重民生，发展社会事业。宣传生态环保知识，推广使用太阳能炉灶、太阳能热水器，倡导健康绿色的生活方式。

【引进重点项目】 共青团中央扶贫工作队发挥联系广泛的工作优势，先后6次到国家发改委有关司局汇报工作，争取国家重点资金支持县医院住院楼1400万元改造项目；协助县委县政府共同做好“全国新型农村社会养老保险试点县”申报工作，全县2.4万60岁以上老人每人每月可领取国家拨付养老保险金55元；协调国家林业局拨付80万元农业综合开发项目资金；积极申报国家环保部农村环保专项资金项目；通过团上海市委，协调上海复兴集团投资落户灵丘县；积极协调中国烹饪协会来灵丘县考察餐饮文化，并授予灵丘县“中国绿色餐饮原材料基地”称号。

【设施农业扶贫】 为促进灵丘县设施农业发展，协调上海种都种业科技有限公司开展对口帮扶。一是与上海种都种业科技有限公司签合作发展协议，制定《灵丘县蔬菜产业五年发展规划（2010—2015年）》；二是协调该企业成立5人蔬菜产业技术服务小组，多次到灵丘县开展技术服务，并派专人长期驻灵丘县开展设施蔬菜新技术、新品种推广示范工作；三是组团参加2010上海国际蔬菜新优品种博览会暨蔬菜产业合作洽谈会，并协调企业无偿赠送价值近100万元蔬菜种子。召开设施农业现场观摩推进会。以技术人才和蔬菜新品种引进的方式，提高了全县1100多座日光温室的经济效益，充分调动了全县百姓发展蔬菜大棚的积极性，走出了一条利用山区特有的气候条件生产蔬菜的脱贫致富路。

【人力资源开发】 利用冬闲时节，组织12乡镇集中开展科技培训；开展共青团四季沐歌阳光创业行动专场培训100余名农村青年和大学生村官，就业创业加盟签约率达24%；选拔24名优秀青年赴上海种都种业科技有限公司进行为期1周的培训，已有20名受训青年围绕蔬菜产业就业创业；通过“拜师学艺”的方式，为全县培训40多名蔬菜种植能手；组织11名中小学校长赴山东临沂学习先进办学模式和办学经验；首次举办为期3天的基层团干部培训班，培训243名基层团干部；邀请中央党校、中央团校、北大医学部、北科大、北林大等专家，举办中心组学习、讲座、"三下乡"等13次，共培训3000多人次；协助县委组织部做好公开选拔20名副科级干部工作，先后参与公选方案的制定、专家邀请、笔试、面试的组织、巡视等工作。

【社会扶贫】 在共青团中央国际联络部支持下，向县中日友好赵北希望小学捐赠了22台电脑及2部交换机，建成1个电子图书室，捐资4万元为学生购买学习用品，改善学校硬件设施；在共青团中央组织部支持下，为灵丘二中等4所中小学捐赠了价值20万码洋的课外阅读图书；在共青团中央服务局的支持下，为全县254名大学生村官配备铁皮书柜；免费为全县28个乡镇敬老院和卫生院、研究生支教团所在中学、部分小学及县属局等单位安装太阳能热水器。

【基层团组织建设】 2010年，扶贫工作与团建工作并重的工作思路得到了落实，完成了县、乡、村三级团组织换届工作，配齐配强了班子。一是在全县245个村选举产生村级团支部；二是全县12个乡镇团代会顺利选举产生了新一届乡镇团委班子；三是召开了灵丘县第十六次团代会；四是推进全县新经济组织和新社会组织团建工作，已有14家非公有制企业建立了团组织。

【农村青年就业创业】 以实施农村青年创业小额贷款和就业创业培训为抓手，积极向县农村信用联社推荐有创业意愿的青年，帮助172名创业青年解决创业资金，发放贷款724.5万元；与县委组织部、团县委和县农村信用联社共同协商，为大学生村官创业提供信贷扶持；通过示范推广、信息交流、咨询服务等形式，累计培训农村青年500余人次，落实培训资金4万元；建立首个共青团青年就业创业见习基地——日日红花卉苗木青年培训基地，为30余名青年提供就业创业见习服务。

（共青团中央农村青年工作部　赵　荣）

中华全国妇女联合会扶贫

【概述】 2010年，全国妇联认真贯彻落实党的十七届五中全会精神和国家扶贫开发工作的总体部署，坚持开发式扶贫与救助扶贫相结合，发挥妇联组织优势，出台相关政策，协调项目、资金，继续加大对革命老区、民族地区及西部贫困地区的扶贫工作力度，扶贫工作取得了积极进展。

【扶贫文件】 2010年8月，全国妇联下发了《关于贯彻落实中央西部大开发工作会议精神的通知》，要求各级妇联特别是西部地区妇联组织抓住机遇，引导贫困地区妇女发展特色产业，扶持一批"妇"字号龙头企业、妇女专业合作组织妇女专业大户实行标准化生产；组织妇女参与生态建设和环境保护；关注西部贫困地区妇女，加大金融扶持力度，帮助她们早日脱贫致富；加大对农村妇女、女致富带头人、妇联干部的培训力度；开展"两癌"免费检查及对贫困妇女的医疗救助工作；继续实施"母亲水窖"、"春蕾计划"、"安康计划"等项目，扩大项目覆盖面和受益面，改善西部贫困地区妇女儿童生存状况。

【送温暖三下乡】 2010年春节前夕，全国妇联主席陈至立、副主席宋秀岩等领导亲自带队，深入甘肃、贵州、山西、广西等西部贫困地区开展"送温暖三下乡"活动，为当地妇女儿童送去了医疗器械、健康快车、儿童营养食品等项目和物资，走访了特困家庭，看望慰问了当地留守妇女和儿童，了解了小额信贷、"两癌"免费检查项目的执行情况。活动期间，共捐赠物资及项目资金2261.7万元。

【《中国妇女报》进乡村项目】 2010年，全国妇联在中西部贫困地区启动实施了"《中国妇女报》进乡村"公益项目，每月将16.6万份报纸免费送往中西部12个省区市的乡、村两级妇女组织，河北、河南、湖北、湖南、山西、吉林、黑龙江、江西、安徽9省的国家级贫困县的乡、村两级妇女组织。通过项目的实施，及时向贫困地区妇女群众传达党的方针政策、文化知识、科技信息、致富理念，满足了贫困地区妇女的精神文化需求。

【劳动力培训】 全国妇联在扶贫开发工作中，始终把提高西部贫困地区妇女素质、增强其反贫困能力作为一项长期要务，依托全国妇联培训基地，面向西部贫困地区地县妇联干部、女致富带头人、农产品流通女经纪人等，开展了多层次、多门类、多形式的培训。培训内容主要有农业生产技术、农产品加工、市场营销、现代经营管理、相关法律法规等，2010年，共为西部12个省区市培训基层妇联干部369名。

【妇女小额担保贷款项目】 2010年，

全国妇联继续实施妇女小额担保贷款项目，项目坚持向贫困地区倾斜的原则。各地妇联因地制宜，大胆创新，积极推进。据统计，截至2010年底，全国共发放妇女小额担保贷款166.05亿元，协调中央及地方财政落实贴息资金7.19亿元，帮助41万名妇女实现创业就业，解决了贫困妇女在发展生产过程中遇到的资金瓶颈问题。

【两癌救助项目】 2010年，全国妇联与卫生部继续推动实施农村妇女“两癌”免费检查项目，在项目实施过程中，以贫困地区妇女为重点，先后完成中西部12个省区市妇女宫颈癌检查242.45万人，乳腺癌检查31.77万人，两项检查均已超额完成年度计划。同时，启动了贫困母亲两癌救助项目，已筹集救治资金3000多万元，用于解决贫困地区妇女的部分治疗费用。

【科技示范基地扶贫】 2010年，全国妇联在西部12个省（区市）投入资金290万元，分别建立了14个“三八绿色工程”基地和49个“双学双比”科技示范基地。通过基地，开展种养殖、农产品加工、营销等农业实用技术培训，带动发展“妇”字号龙头企业和妇女经济合作组织，帮助贫困妇女发展生产，脱贫致富。

【春风送岗位行动】 2010年2月，全国妇联与人力资源和社会保障部、全国总工会共同开展了“春风送岗位”行动，为下岗失业、进城务工及贫困地区妇女送政策、送项目、送岗位。活动期间（2月25日—4月底），以“服务进城务工，帮助就近就业，扶持返乡创业”为主题，重点帮助农村妇女实现转移就业。据统计，仅山东、湖北、福建、四川、陕西五省妇联就提供就业岗位31万个，帮助近10.16万名妇女达成就业意向。

【安康计划】 2010年，“安康计划”在全国捐建15所“安全应急体验教室”，1个“安全应急体验中心”。为北京、天津、四川、辽宁、青海等地孤儿赠送11.7万余份儿童重大疾病公益保险。资助宁夏、山东、辽宁等地245名贫困弱视儿童治愈眼疾。并发动爱心父母为孤儿编织爱心毛衣，为贫困儿童送温暖。

【春蕾计划】 2010年，“春蕾计划”继续开展建校、建班、“一对一”资助女童项目。新建春蕾学校25所，资助春蕾学生近2万名。为多方位募集资金，中国儿童少年基金会与中央人民广播电台“音乐之声”栏目联合开展了“春蕾计划”——1200助学行动，利用该栏目的社会影响力，募集资金104万余元，用于资助贫困地区失辍学儿童重返校园。

【定点扶贫】 2010年，全国妇联为甘肃漳县协调争取各类项目，帮扶工作取得显著成效。

1. 积极协调争取项目，为县域经济发展注入活力。一是积极协调各类项目。积极协调国家发改委、交通部、农业部、环保部等有关部委及甘肃省工信委、交通厅、农发行等单位为漳县争取项目，全年累计协调项目4个，资金1.1亿元，主要有：（陇西）文峰至（漳县）殪虎桥二级公路建设项目，漳县民用机场建设、陇西铁路支线项目，漳县城区道路工程建设融资贷款项目，贷款期限为8年，项目资金已经到位。另有总投资483万元的漳县档案馆建设项目，业已经国家发改委批准。二是协助漳县招商引资。积极协助县委、县政府做好第十六届兰洽会期间漳县招商引资活动，充分利用各种招商引资平台，突出矿产、特色农产品精深加工、水电、旅游产业开发等重点领域，利用中国妇女网、中国妇女报等媒体，加大对漳县优势资源、特色产业、重点项目、重点企业、投资环境等方面的宣传推介力度。协助漳县争取到总投资2300万元的三岔光辉农产品物流园建设项目，主要用于当地发展中药材加工业。三是坚持会内项目向漳县倾斜。充分调动机关各部门和直属单位帮扶工作的积极性，全年共落实帮扶资金和物资1023.285万元，其中资金356.5万元，物资666.785万元。主要有：妇女发展部支持“三八”绿色工程项目10万元；争取农村妇女科技培训项目10万元；争取中国扶贫杂志社625万元的医疗器械项目；中国妇女发展基金会支持100万元，用于“大地之爱·母亲水窖”建设项目和中国女性健康专项基金；中国儿童少年基金会支持40万元，建设春蕾小学2所；儿童部支持1万元，用于“六一”儿童节慰问资金；国务院妇女儿童工作委员会支持2万元，用于支持漳县妇女儿童发展规划的研究及制定工作；国际部捐赠250台轮椅及价值约10万元的学生课桌椅；中国妇女外文期刊社捐赠价值2.5万元的图书和光盘；中国妇女出版社捐赠10万元的图书；中国妇女报社捐赠妇女报、农家女杂志各50份，并开办妇女扫盲班10个；中国妇女旅行社支持1万元，用于资助漳县贫困学生。

2. 加强培训，提高干部群众的反贫困能力。全国妇联将帮助漳县干部群众转变观念、提高素质作为扶贫工作的重中之重，加大培训工作力度，积极争取各种学习培训机会，帮助他们开阔眼界，转变观念、提高自我脱贫能力。一是开展“农家乐”妇女创业培训。2010年7月，在妇女发展部和中国妇女报社领导的关心支持下，组织漳县大草滩乡、草滩乡、新寺镇30名妇女，赴北京农家女学校参加了为期11天的“农家乐”创业培训和农家女餐饮培训班，培训项目有旅游特色菜点、“农家乐”经营方法、社交礼仪、相关法律法规、客房服务和保洁、地方特色旅游产品开发等。二是开展妇女扫盲班和实用技术培训。协助县委、县政府在县职业技能培训中心、县妇女培训中心和乡村农民技术学校举办了50期6500多人（次）的以缝纫、家政、刺绣、计算机等为主的技能培训和以日光温室、地膜栽培、平衡施肥、农作物病虫害防治等为主的农业实用技术培训。三是开展妇女干部培训。全国妇联通过天津人才开发培训中心及各部门举办的各类培训活动，全年累计为漳县及定西市培训妇女干部47人，培训的主要内容有“三农”政策与国家扶贫开发形势与任务、领导干部的决策与执行力、女领导干部心理素质与修养、促进就业的小额担保贷款政策、妇女健康等。

3. 关爱妇女儿童、推动漳县妇女儿童事业发展。全国妇联充分利用会内外资源，进一步加大对漳县妇女儿童事业的投入，推进漳县妇女儿童事业健康发展。一是开展妇女“两癌”检查活动。为配合农村妇女“两癌”检查工作的实施，进一步提高漳县妇女健康水平，帮助妇女增强自我保健意识，8月，中国妇女发展基金会、中国妇女活动中心、中国人寿保险股份有限公司在漳县启动了“关爱女性生殖健康保险保障计划”，为定西市通渭县、漳县的5万名农村妇女提供每人20元的健康保险费，保险总额100万元，并为检查出患有乳腺癌、宫颈癌的妇女每人赔付1万元的治疗费。期间，还在城区开展了图书捐赠及专家义诊活动，受益妇女近千人。截至目前，已为漳县6个乡镇的9658名妇女进行了“两癌”免费检查，筛查出疑似宫颈癌48例，疑似乳腺癌5例。二是开展妇女小额担保贴息贷款工作。为了帮助漳县城乡妇女创业就业，全国妇联帮扶组把小额担保贷款作为增强城乡妇女自我发展能力的有效实现形式，积极指导漳县妇联开展妇女小额担保贷款工作，全县共发放小额担保贷款3530万元，1000多名城乡妇女从中受益。三是关爱农村留守妇女儿童。帮扶组经常深入三岔镇、武当乡、马泉乡、四族乡、大草滩乡等乡镇和学校慰问留守、流动儿童，为他们带去慰问品，鼓励他们克服困难，自强不息，好好学习，报效祖国。并在全县13个乡镇全部建立了“妇女维权工作站”，创建了15所“留守儿童之家”，建立了“留守妇女阳光家园”、“不让毒品进我家”宣传活动室和“预防艾滋病，健康一家人”活动室，制定了相关工作制度，配备了设备，实现了妇女儿童维权阵地建设的突破。

（中华全国妇女联合会）

中华残疾人联合会扶贫

【概述】 2010年，中国残联继续贯彻落实《中国农村扶贫开发纲要（2001—2010年）》和《农村残疾人扶贫开发计划（2001—2010年）》（以下简称《计划》），进一步加大农村残疾人扶贫开发工作力度，推动康复扶贫贴息贷款、中央彩票公益金农村贫困残疾人危房改造、农村残疾人实用技术培训等项目实施，采取有效措施推进农村残疾人扶贫工作。据中国残联统计，2010年全年共扶持农村贫困残疾人204万人次，其中119.5万农村残疾人摆脱贫困。

2010年，中国残联与国务院研究室、国务院扶贫办、财政部、中国农业银行等部门组成工作组，对部分省份执行《计划》情况进行了检查评估，并在此基础上，动了新十年农村残疾人扶贫开发纲要的编制工作。

【农村贫困残疾人危房改造项目】 2010年，中国残联继续实施国家彩票公益金农村贫困残疾人危房改造项目。按照《农村贫困残疾人危房改造项目实施方案》及《农村贫困残疾人危房改造项目实施细则》要求，进一步加强项目管理，要求地方残联在资助对象选择上注重审批程序，做到合理筛选，民主评议，张榜公布。在项目实施过程中，严把资金使用关、严把质量关、严把检查验收关。该项目的实施，进一步改善了农村贫困残疾人的住房困难。据统计，2010年度共完成农村贫困残疾人危房改造11.8万户，受益贫困残疾人及亲属14.5万人。

【低收入残疾人家庭保障性住房建设】 2010年，国家进一步加强城乡保障性安居工作。中国残联积极向有关部门反映贫困残疾人的住房困难和需求，将贫困残疾人住房保障纳入国家规划，优先安排，与国家发改委、民政部、财政部、住房和城乡建设部、国务院扶贫办等部门共同制定印发了《关于优先解决城乡低收入残疾人家庭住房困难的通知》，针对低收入困难残疾人的住房困难，提出了切实有效的17条具体扶助政策和措施。

【康复扶贫贷款项目】 2010年，中国残联继续实施康复扶贫贴息贷款项目，安排中央财政贴息资金3000万元，康复扶贫贷款8亿元。各省进一步加大康复扶贫贷款的落实和扶持力度，通过提高贴息比例、建立担保基金等多种形式解决残疾人到户贷款难的问题。康复扶贫贷款已成为缓解农村贫困残疾人生产资金匮乏的重要来源，在一些地区出现了供不应求的现象。据统计，2010年度康复扶贫贷款共扶持了81350户贫困农村残疾人家庭。

【技术培训】 2010年，中国残联要求各地残联依托扶贫基地或各类社会培训机构，大力开展农村贫困残疾人实用技术培训，提高贫困残疾人的科技文化素质和劳动技能，增强贫困残疾人掌握实用技术、获得经济收入的能力。据不完全统计，2010 年度用于开展农村残疾人实用技术培训的资金累计超过 2.5 亿元，直接培训贫困残疾人 85 万人次。

【扶贫基地建设】 2010 年，各级残联在有关部门的支持与配合下，积极争取财政资金和残疾人就业保障金来扶持鼓励残疾人，进行扶贫基地建设，组织并引导贫困残疾人发展种植业、养殖业和农产品加工业，使他们增加收入，摆脱贫困。部分省市还出台了残疾人扶贫基地建设的实施意见。据统计，截至 2010 年底全国共建设残疾人扶贫基地 4575 个，初步实现了基地扶贫服务的网络。

【两项制度衔接】 2010 年，中国残联认真贯彻落实国务院办公厅有关做好农村最低生活保障制度和扶贫开发政策有效衔接试点工作的要求，专门制定印发了《关于认真做好农村残疾人最低生活保障制度和扶贫开发政策有效衔接工作的通知》，明确要求各地残联从源头介入，全程参与两项制度有效衔接试点工作，做到科学地有效地识别，确保残疾人低保对象和扶贫对象底数清楚；协助政府和有关部门在两项制度衔接中制定并落实残疾人的优惠政策；加强对两项制度有效衔接试点工作的检查督导，使真正的残疾人低保对象和扶贫对象受益。

（中国残疾人联合会教育就业部扶贫处
刘 诚）

中华全国工商业联合会扶贫

【概述】 2010年9月，中共中央、国务院联合下发了《关于加强和改进新形势下工商联工作的意见》（中发16号文件）。它标志着工商联事业和非公有制经济将在新的起点上，为实现科学发展开创新的局面。

工商联的扶贫工作是做好工商联工作的重要内容，具有自身鲜明的特色，工商联扶贫工作的参与主体是广大非公有制经济人士及企业，帮扶对象是革命老区、民族地区、贫困地区的老百姓。工商联始终坚持围绕中心服务大局，把组织引导广大非公有制经济人士参与扶贫事业当作践行社会主义核心价值体系的重要载体，引导他们在政治上、思想上与党同心同德；在实现共同富裕的社会主义最终目标上与党同心同向；在坚持走中国特色社会主义道路上与党同心同行。始终坚持开发式扶贫的基本方针。始终坚持充分发挥工商联和商会在社会经济生活中的职能作用，引导非公有制经济人士健康成长，促进非公有制经济健康发展。

全国工商联在多年的扶贫工作中逐步形成了开发式扶贫（光彩事业）、定点和重点地区扶贫、招工就业扶贫、新农村建设（村企共建）扶贫，社会公益扶贫等五大工作系列。工商联结合自身特点，在扶贫工作中采取"因地制宜，突出重点，注重实效，量力而行，持之以恒"的工作方针，积极指导地方工商联开展"村企共建"等多种扶贫活动，注重培育贫困地区农民发展符合当地实际的特色产业，提高他们自身素质和发展能力。在全国工商联的指导下，各级工商联组织配合当地党委和政府在扶贫开发和帮助贫困农民脱贫致富奔小康的道路上做出了积极的贡献。

【定点和重点地区扶贫】 工商联的扶贫工作一直坚持"生产与生活、生存与发展、输血与造血相结合"的基本方针，尤其注重和体现贫困群众民生的改善和自我发展能力的提高。从以项目推动、整村推进为重点的扶贫模式，向同时推动贫困地区县域经济发展和公共事业发展并重的工作方向而努力。全国工商联围绕"整村推进扶贫——重点乡镇帮扶——县域经济发展"三级梯次扶贫开展了一系列工作。

1. 定点扶贫工作及相关措施。坚持定点扶贫工作领导责任制。全国政协副主席、全国工商联主席黄孟复亲自担任全国工商联扶贫开发领导小组组长，分管副主席具体负责定点扶贫工作。2009年4月，黄孟复主席、孙安民副主席率40位企业家组团去织金县考察调研扶贫工作，并向织金县捐赠了1000万元生产性扶贫资金和签定了一批企业帮扶项目。针对资金使用和项目落实，全国工商联党组书记全哲洙、党组副书记宋北杉、副主席谢经荣等领导均专程到织金县考察调研，并对扶贫工作做出重要指示。

一是干部挂职。在贵州省织金县连续派出了派出了5名挂职干部，在四川省仪陇县、巴中市也派出了3位同志挂职，他们主要任务就是落实工商联在定点扶贫地区的项目。

二是教育扶贫。捐资援建小学、资助贫困生，培训教师，捐赠图书是工商联机关和企业家及行业商会组织参与扶贫活动做的最多的善事，主要着眼于培养新一代的有素质的新型农民。

三是劳务输出扶贫。工商联积极组织非公有制企业开展“招工扶贫”活动，仅织金县近年来有效组织输出农民工近6000人次，与国务院扶贫办合作在织金县挂牌成立了劳动力转移培训中心，加强了劳动力输出转移前的专业培训，使外出农民工出的去、稳得住、能脱贫。

四是科技扶贫。在织金开展“种养加”科技示范项目，聘请专家到县授课，传授技术。出资20万元开展科技养牛项目，由毕节试验区专家顾问组畜牧专家负责科技指导，试点取得成功，再逐步推广。组织会员企业广西喷施宝集团捐赠290万元农用化肥并积极开展技术推广，对农作物增产增收发挥了积极的作用，特别是在竹荪项目上平均亩产量增加20%以上。同时对乡镇技术员做了相应的培训。打造五个乡镇（熊家场、八步、三甲、龙场、鸡场）的万亩农作物基地，对织金所有种植烤烟进行扶持，取得了一定的效果。

五是帮助解决农民急需的生产生活问题。全国工商联组织企业家为织金县捐资250万元打小水窖2600个，解决了山区部分贫困农民饮水难问题。引进资金修建20个乡镇农村卫生室和10个通电通路工程，解决1000户农民防氟改造等。会员企业京澳港集团投资50万元在织金县修建10个村级光彩卫生所，大大改善了当地农民的就医条件，有效解决了偏远山村村民的就医难问题。

六是帮助培训乡镇干部。多年来全国工商联在中央统战部、国务院扶贫办和中国民生银行的支持合作下，连续为织金县举办了8期乡镇干部培训班，培训了近600名乡镇干部。

七是落实扶贫开发生产性试点项目。为贯彻落实中央领导同志关于统一战线参与毕节试验区建设的重要批示，按照毕节试验区“三大主题”的发展要求，加强了对重点帮扶项目所在熊家场乡的腊肉工业园、蔬菜基地、肉食品加工基地、茶叶基地规划等项目和三甲乡的葡萄种植项目实施工作。制定了《织金县管理使用全国工商联重点帮扶项目资金工作细则》，并组织农户，筹建相关的农业专业合作社，其中三甲乡葡萄种植合作社正式挂牌成立，已经拨付三甲乡葡萄种植项目购苗款资金260万元。

2. 重点帮扶四川省仪陇县。全国工商联拨付仪陇县生猪养殖、蔬菜和中药材种植、特色养殖和村级公路建设帮扶滚动资金1000余万元，项目覆盖了武棚乡13个村，基本形成了“一园（星辉农业科技园）二线（新马路沿线、村级公路环线）三基地（生猪、果蔬、中药材基地）”的产业发展格局，使9836人不同程度在项目实施中受益，全乡人均纯收入达4520元，超出全县年均纯水平200余元。9836人不同程度在项目实施中受益。

重点帮扶四川省巴中市。按照"统一规划、分步实施，基础为先、产业为重、连片开发、多业发展"的总体思路，将重点帮扶乡镇曾口镇确定为建设国家级生态循环农业产业园区，成立专门领导小组和日常工作机构，负责园区建设、指导、协调、服务和督查工作，选派专业骨干技术人员分片驻点、包村包户进行现场技术指导，建立"政府+工商联+农户"市场风险补偿基金，在农产品价格下滑时补偿农户，抵御可能到来的市场风险。试行"猪—沼—菜"、"跑山鸡"、"野猪—蚯蚓—山鸡—沼气—蔬菜"生态循环农业生产模式，重点发展畜禽和果蔬为主的现代农业产业，较为有效地推进了园区产业培育、基础建设和社会事业同步发展。全国工商联捐助300万元生产性滚动扶贫资金，在曾口镇寿星、书台、雁桥、吉公、飞马等五个村开展项目实施，贷款139笔，贷出279.7万元，回收65笔。

支持巴中市南江县卫生院项目。黄孟复主席2010年5月在南江县进行扶贫考察时组织企业家捐赠资金1000万元支持南江县基层乡镇卫生院建设。该笔捐赠资金重建光雾山、大河、下两、关坝4所乡镇卫生院5650平方米业务用房，配备相关医疗设备，购置救护车4辆，配备除颤仪、监护仪、呼吸机等车载医疗设备。

3. 认真调研，探索欠发达地区扶贫开发和县域经济发展的路径。2010年全国工商联扶贫与社会服务部会同中国民（私）营经济研究会，联合开展了"如何发挥民营企业在经济欠发达地区县域经济发展中的作用"的专题调研，先后在四川省巴中地区、陕西省咸阳及汉中地区、甘肃省定西与临夏地区等地的贫困县开展了实地调研工作，并举行了专题课题研讨会。撰写了《民营企业在欠发达地区县域经济中发展路径及政策研究》课题报告。该报告阐述了民营企业在扶贫开发和县域经济发展中的重要意义和作用，提出了欠发达地区民营企业的发展路径和相关政策建议。

【光彩事业扶贫】 投身新农村建设，突出扶贫主题，这不仅是民营经济寻求新的发展机遇的有利契机，而且也是广大民营企业履行社会责任，弘扬光彩事业精神的极佳选择。近年来，由全国工商联组织引导非公有制企业开展"民企系三农、共建新农村"光彩行动不断深入。民营企业与村结对帮扶工作基本形成一定规模，辐射效应非常显著，已经成为光彩事业的品牌工程。据不完全统计，2009年以来，共有4896家民营企业与村实行结对帮扶，实施了7240个帮扶项目，结对村数6181个，结对村人口11201335人，结对帮扶项目惠及结对村人口突破千万人，农民受惠金额达到为159.81亿元，突出了光彩事业在扶贫开发领域展现出的"企业帮扶、项目带动、村企结合、整村推进、双赢共荣"新特点。

【村企共建扶贫工程】 2007年12月，国务院扶贫办、全国工商联联合印发《国务院扶贫办、全国工商联关于联合开展"村企共建扶贫工程"的指导意见》（国开办发［2007］81号），并选择河南、湖北、湖南、四川、贵州、云南、甘肃、宁夏8个省（区）作为首批试点。试点工作省区扶贫办负责贫困村的选择并优先落实"整村推进"扶贫规划和项目资金，工商联选择企业结对帮扶。"村企共建扶贫工程"试点工作旨在探索“政府扶贫与民间扶贫；政府扶贫资金与企业帮扶资金；政府政策行为与市场经济行为”三个有效结合的模式。三年多来，各地落实了“村企共建”扶贫试点项目村 80 多个，探索出了一些好的“村企共建”合作模式和经验。其中，河南省的试点经验得到了全国工商联主席黄孟复和国务院扶贫办主任范小建的肯定。2010 年，国务院扶贫办和全国工商联围绕“村企共建”扶贫工程试点工作共同开展了调研，召开工作研讨会并联合举办了“村企共建扶贫工程”干部培训班。

【就业再就业扶贫】 全国工商联于 2004 年开始与人力资源社会保障部（原劳动社会保障部）、全国总工会建立三方协调工作机制并联合签署了《关于合作推动就业再就业工作的协议》，成立了工作协调小组。

联合举办“全国民营企业招聘周”。2010 年，与人力资源社会保障部、全国总工会联合在 31 个省市自治区的 100 多个大中城市同时举办了以大学生和农民工就业为主体的“全国民营企业招聘周”活动。全国有 17 万户民营企业参加了招聘周活动，提供各类岗位信息近 295 万条，有近 110 万求职者与用人单位达成了就业意向。中共中央政治局委员、国务院副总理张德江对此次招聘周活动作出了重要批示。

联合开展调研工作。2009 年以来，针对国际金融危机给企业带来的巨大影响和民营企业在吸纳高校毕业生、农民工等在就业方面的需求和问题开展了一系列调研活动，形成了《民营企业发展与就业：危机、规制与政策》和《民营吸纳大学生就业调研报告》两篇调研报告，提出了《关于调整现行就业培训经费补贴政策的建议》和《关于高等院校在民营企业中建立实习基地》2 项全国政协提案。

【行业商会扶贫】 全国工商联现有直属商会 28 家，全国各省区市也成立了相应的行业商会、同业公会。这些行业商会组织在工商联开展扶贫和社会公益事业方面发挥着重要作用。汶川大地震发生后，珠宝业商会组织本行业会员捐赠救灾款 14500 多万元；农业产业商会捐赠资金和物资总额 4051 万元。南方发生冰雪凝冻灾害后，医药业商会组织会员向灾区捐赠了 1000 多万元的款项和各类药品。石油业商会有近 80% 的会员参与了铺路修桥、植树造林、文化教育等公益事业。2010 年 4 月，青海玉树地震发生后，石油业商会在中央电视台组织的大型募捐活动中，组织宁夏宝塔石化集团、湛江大鹏石化有限公司、中国同源有限公司等会员企业捐款 308.8 万元。为支持西部欠发达地区的扶贫开发，美容业商会募集会员资金 222 万元设立了《美丽专项基金》用于帮扶贫困地区妇女脱贫；旅游业商会无偿为西部少数民族地区培训旅游方面人才 2000 多名；书业商会承办了为贫困地区学校建立“光彩文库”工程，累计为贫困地区教育捐赠近 3000 万码洋各类图书；女企业家商会近年来为扶贫和各项公益事业等捐款达 7 亿多元人民币，其中仅为汶川地震灾后重建捐款捐物价值就达 1 亿多元。

【社会公益慈善】 1. 中华红丝带基金。中华红丝带基金是由全国工商联牵头，二十余家民营企业捐赠发起自愿联合组成的非营利性组织。2010 年，重点支持和促进了偏远、贫困地区的艾滋病防治工作，保护人民健康，提高全民族素质。

云南陇川二小项目。基金出资 356.76

万元捐建的云南陇川二小项目于2009年9月竣工。2010年学校已经接纳了125名受艾滋病影响的儿童在校学习生活。

四川凉山州实施艾滋病预防救助项目。自2009年底实施的红丝带栋梁班、母婴阻断营养资助和村级卫生室建设项目进展顺利，使凉山昭觉县的41名艾滋病致孤儿童得到生活补助；凉山州17个县、市的1212名住院分娩喂养困难的孕产妇（其中艾滋病阳性孕产妇23人）得到营养资助；在昭觉县和美姑县捐建了四个村级卫生室；在昭觉县医院捐建的“中华红丝带基金昭觉县艾滋病抗病毒关爱治疗中心”。“艾滋病儿童患者抗病毒治疗营养支持项目”。捐赠96万元支持“艾滋病儿童患者抗病毒治疗营养支持项目”，该项目为全国12个重点省份正在接受抗病毒治疗的800名艾滋病儿童患者发放了每人一年份的营养经费，占在治患儿的近60%，改善了患儿的营养状况，在延长患儿生命的同时也提高了生活质量，积极推动了我国患儿抗病毒治疗工作的开展。

资助临汾红丝带小学的艾滋病患儿。2010年向设立在山西临汾市传染病院绿色港湾艾滋病区的红丝带小学的16名感染艾滋病的孩子捐赠爱心基金38400元，以改善孩子们的生活和学习环境。

“红丝带健康包”项目。2010年9月27日，全国工商联和国务院艾滋病防治工作委员会办公室共同启动“红丝带健康包”项目。截至2010年12月31日，项目以北京、上海、广东为中心，辐射华北、华东、华南三个流动人口聚集区域，覆盖了全国20省的26个市、县，组织了近百场健康包发放活动，共向农民工群体发放了15080个红丝带健康包。

组织百名致孤儿童夏令营。2010年8月组织河南上蔡中华红丝带家园和四川凉山彝族自治州红丝带栋梁班的共计100名的艾滋病致孤儿童参加“逛北京、游世博”夏令营活动。孩子们在北京观看了天安门升旗仪式，游览了故宫，参观了清华大学、中国科技馆新馆，还在长城脚下举行少先队入队仪式。在上海，到世博园参观了中国馆、荷兰馆和意大利馆。

2. 组织动员会员企业为青海玉树地震灾区捐款捐物，参与灾后重建。2010年4月20日晚，在中宣部、民政部、国家广电总局、中国红十字会总会、中华慈善总会联合主办《情系玉树　大爱无疆——抗震救灾大型募捐活动特别节目》上，全国工商联会员企业及广大民营企业慷慨解囊，倾情奉献，共有163家民营企业和民营企业家在晚会上捐款达10.1亿元，占晚会募捐总额的50%。

3. 捐建“光彩文库”。为帮助贫困地区中小学生改善阅读条件，从2007年全国工商联发起实施了的大型公益项目—2万元为贫困地区学校捐建一个“光彩文库”以来，截至2010年底，全国工商联为贫困、边远地区的中小学配备了近400个光彩文库。

（工商联扶贫与社会服务部）

国家烟草专卖局扶贫

【概述】 2010年国家烟草专卖局继续秉承真扶贫、扶真贫的宗旨，突出民生重点，着力经济发展，以加强基础设施建设为重点，以帮助群众增加收入、脱贫致富为落脚点，实施了公路桥梁、教育卫生、产业扶贫、扶贫搬迁、科技扶贫和重点村建设项目，为湖北省郧西县、竹溪县贫困人口脱贫致富和经济、社会发展做出了新的贡献。

【扶贫专项资金】 2010年国家烟草专卖局继续坚持从实际出发、加强调研，以解决老百姓最直接、最紧迫、最现实的利益问题为出发点，投入资金900多万元，其中常规扶持项目5类46个，投入资金600万元，郧西、竹溪两县共有59个村、8万多人直接受益。重点村建设投入资金200万元。同时，还针对2010年夏季洪涝灾害，专门拨付救灾资金60万元，为灾民度过生活难关，开展生产自救，恢复基础设施，重建美好家园，发挥了巨大作用。此外，投入资金40万元，在两县中学创办自强班，解决了品学兼优学子的生活费。

2010年国家烟草专卖局在郧西、竹溪两县共投入烟水配套资金506.3万元，其中郧西县投入339.3万元，兴建蓄水池8座3000立方米、拦水堰9座、过滤池9座、减压池4座，铺设灌溉和人畜饮水管网82千米。竹溪县投入167万元，兴建蓄水池4座4500立方，管网32.6千米。一是增加了烟叶产业效益。烟叶产业已成为农村经济发展、农民和财政增收的骨干项目。二是加快了现代烟草农业建设步伐。烟叶生产基础设施项目的建设有效的推动了烟叶生产从传统农业向现代烟草农业转变，达到了以点带面，示范引导的作用。不断完善烟区生产、收购、运输等基础条件，提高了烟叶生产规范化，种植集约化程度，提升了烟叶整体水平。基本实现了烟农“减工、降本、提质、增效”的目标。

【整村推进】 国家烟草专卖局按照国务院扶贫开发领导小组的要求，积极落实“三个确保”工作任务，从2008年开始至2010年年底结束，在两县认领了12个贫困村，总投入600万元，实施基础设施建设、产业扶持、人居环境改善、社会事业发展四类项目。通过实施整村推进，这些贫困村基础设施条件有了明显改善，经济社会呈现出崭新的面貌，村民收入水平得到了一定的提升。

【扶贫调研】 2010年11月22—26日，国家烟草专卖局扶贫办对湖北省十堰市贫困山区的帮扶项目以及“三个确保”整村推进任务的项目落实情况进行了调研，与两县领导进行了座谈，听取了两县负责人对贫困现状的介绍、对发展经济的规划和设想，慰问了贫苦百姓，深入实地考察了学校和村级道路、沼气池等基础设施建设以及产业发展情况并与县扶贫办的同志一起，对扶贫工作思路和具体实施计划进行了探讨。

【人员交流】 从 1997 年国家烟草专卖局选派素质高、能力强、作风硬的优秀干部到帮扶县开展帮扶工作以来，先后有 23 位年轻优秀干部到十堰与贫困农民同甘共苦，共同奋斗，具体指导、参与扶贫工作。这些同志克服家庭生活等诸多困难，怀着对贫困地区的浓厚感情，以高度负责的敬业精神，安心贫困地区工作，奉献在贫困山乡，以务实高效的作风和真心实意办实事的精神，赢得了贫困山区干群的一致好评。挂职同志通过蹲点锻炼，积累了较为丰富的基层工作经验，较好的接触和了解了农村基层情况，与基层群众建立了深厚的感情，增强了综合能力。

【工作措施】 为确保扶贫工作有组织、有领导、有步骤、有成效的开展，国家烟草专卖局自开展定点帮扶伊始，成立了以副局长张保振为组长的扶贫开发领导小组，下设办公室，明确专职办公人员，全面负责定点扶贫工作的组织、协调和落实。坚持把定点扶贫工作摆在重要工作日程，落实责任、落实项目、落实资金，与单位其他工作同部署、同检查、同考核。局主要领导坚持每年听取被帮扶单位郧西、竹溪两县的工作汇报，努力解决实际困难和问题，推动工作扎实有效开展。同时，坚决服从国务院扶贫开发领导小组的工作部署，按时按要求向国务院扶贫办报送年度工作总结、工作计划和其他相关情况。

（国家烟草专卖局发展计划司综合处
李　伟）

国家能源局扶贫

【概述】 根据党中央、国务院的决策部署和国务院扶贫开发领导小组的工作安排，2010年，国家能源局坚持把加强民生能源建设、促进贫困地区加快发展作为扶贫开发的首要任务，创造性地履行工作职责，不断提高人民群众生产生活用能水平，为贫困地区经济实现跨越式发展提供了重要的能源保障。

【政策研究制定】 2010年，国家能源局会同有关部门深入新疆、云南、内蒙、甘肃、宁夏、陕西等地开展实地调研，研究提出支持这些地方能源发展与经济社会相协调的调研报告，以及重大项目与支持政策的建议，供中央制定相关决策参考。

为贯彻落实中央关于促进新疆跨越式发展和长治久安的重大决策部署，尽快解决南疆三地州（喀什地区、和田地区、克孜勒苏柯尔克孜自治州）基本用能供应问题，按照中央新疆工作经济社会发展调研组的有关意见和南疆三地州的要求，国家能源局组织新疆自治区发展改革委、中石油和国家电网，研究提出了加快解决南疆三地州能源供应的实施意见，印发了《国家能源局关于印发加快解决南疆三地州能源供应实施意见的通知》，明确了今后两三年南疆三地州能源建设的总体要求、目标和重大工程，并对工程实施进行了周密的部署。

【规划方案编制】 在煤炭矿区总体规划审批方面向西部贫困地区倾斜。先后批复了新疆准东西黑山矿区、内蒙古五间房矿区、甘肃沙井子、四川古叙等多个矿区总体规划。积极推进陕北、宁东、蒙东、黄陇等大型煤炭基地建设，指导新疆自治区发展改革委编制新疆大型煤炭基地规划。

为贯彻落实国务院领导的批示精神，国家发展改革委、国家能源局会同有关部门、单位和内蒙古自治区、陕西省、甘肃省、宁夏回族自治区，拟研究提出《蒙陕甘宁能源“金三角”综合开发指导意见》。国家能源局负责具体协调和衔接工作，会同有关部门开展实地调研和综合研究，并承担《意见》起草工作。

2010年8月，全面启动《新疆煤层气勘查开发利用（2011—2020年）实施方案》编制工作，积极支持新疆自治区煤层气开发。组织新疆自治区发展改革委和新疆生产建设兵团发改委编制新一轮农村电网改造升级和三年建设规划，组织编制新疆无电地区电力建设规划。

为把新疆建设成为国家大型油气生产加工和储备基地、大型煤炭煤电煤化工基地、大型风电基地和国家能源资源陆上大通道，推动新疆能源资源优势向经济优势转化，在前期研究并与有关部门沟通的基础上，国家发展改革委、国家能源局召开会议，研究部署新疆能源资源转化实施总体方案编制工作。会议议定在深入研究煤炭开发与外运、火电建设与电力外送、煤制燃料与化工产业发展、可再生能源开发、油气开发与管网建设等重大问题的基础上，坚持以市场为导向，科学规划，加快优势资源的开发利用，统筹当前与长远、局部与全局关系，编制出符合国家能源发展战略需要、具有可操作性的实施方案，推进新疆能源科学发展、协调发展和跨越式发展。

【工作机制】 为贯彻落实中央新疆工作座谈会会议精神，做好支持新疆能源发展工作，国家能源局结合《中共中央国务院关于推进新疆跨越式发展和长治久安的意见》（中发［2010］9号）和《关于贯彻实施〈中共中央国务院关于推进新疆跨越式发展和长治久安的意见〉重要政策措施分工方案》，对涉及国家能源局的相关工作任务逐条进行细化，印发了《国家能源局关于印发〈支持新疆发展能源工作分工表〉的通知》，各司依据分别研究制定了具体的工作计划。在此基础上，成立新疆工作小组，主要负责了解新疆能源发展建设和对口支援方面的情况，协调局内涉及新疆的有关工作，编报工作情况简报，形成了常态工作机制。

【资金支持】 2010年中央预算内投资中安排西部地区城网建设与改造工程10亿元，安排西部地区农网改造升级73.3亿元，安排无电地区电力建设11.5亿元，安排西部地区煤矿项目地质补充勘探0.68亿元，安排煤炭产业升级改造贴息资金1.02亿元，安排安全改造资金5.2亿元。2010年中央预算内投资中安排5亿元用于风电送出工程，主要用于甘肃酒泉、新疆哈密、内蒙、云南等风电集中地区送出工程建设需要。

在城市电网建设与改造、农网改造升级、无电地区电力建设方面，中央一直实行向贫困地区倾斜的政策。将新疆农网和无电地区电力建设50%中央资本金政策享受范围由原南疆地区15个贫困县调整为全疆范围54个县。2010年中央预算内资金安排4.92亿元用于支持新疆城网建设与改造工程，其中新疆自治区3.7亿元、生产建设兵团1.22亿元；安排中央预算内投资1.7亿元用于支持哈密地区风电送出工程。2010年安排新疆农网改造升级中央预算内投资计划20.2亿元，其中中央预算内资金7.8亿元；无电地区电力建设中央预算内投资计划5.1亿元，其中中央预算内资金2.5亿元。2010年安排新疆生产建设兵团农网改造升级中央预算内投资计划6.2亿元，其中中央预算内资金3亿元；无电地区电力建设中央预算内投资计划1.4亿元，其中中央预算内资金5000万元。

西藏无电地区电力建设投资4.4亿元，其中中央预算内投资3亿元；农网改造升级工程投资12.5亿元，其中中央预算内投资10亿元。四川、云南、甘肃、青海四省藏区无电地区电力建设和农网改造升级中央预算内投资比例由20%提高到50%。

【项目建设】 1. 加强电网建设。国家能源局大力支持贫困地区电网建设，加强地区网架建设，进一步缩小无电地区范围，增强贫困地区电网供电能力和供电可靠性。重点支持的电网建设工程主要有青藏直流联网工程、新疆与西北电网联网工程、向家坝—上海特高压直流输电示范工程、宁东直流工程等输变电工程。

2. 加强电源建设。国家能源局大力支持贫困地区电网建设，2010 年核准西部 12 省市区火电建设规模约 1160 万千瓦，约占全国火电核准规模的 29%。已纳入国家电力发展规划的火电项目规模近 1000 万千瓦，约占全国火电的 38%。不但满足西部地区自身用电需要，还可通过“西电东送”将资源优势转化为经济优势，带动了西部地区经济社会发展。

3. 推动煤炭产业发展。核准四川新维、陕西麻黄梁、内蒙古杨家村、内蒙古铧尖等多个煤矿。批复同意内蒙古谢尔塔拉、内蒙古塔拉壕、陕西小纪汉、甘肃核桃峪煤矿、宁夏金凤煤矿、新疆西黑山露天等煤矿项目开展前期工作。积极推进陕北、宁东、蒙东、黄陇等大型煤炭基地建设，推动内蒙古上海庙矿区煤炭资源整合。

4. 促进油气管网建设。大力支持涩宁兰工程、格尔木—拉萨输气管线建设，优化西部地区油气输送网络。为贯彻落实中发［2010］9 号文件精神和相关要求，确定了南疆天然气利民工程的目标，各项工作正有序推进。

5. 支持石油炼化、煤制燃料与生物燃料发展。2010 年，国家能源局核准内蒙古克旗大唐年产 40 亿立方米煤制天然气、内蒙古汇能年产 16 亿立方米煤制天然气、新疆广汇年产 80 万吨二甲醚、内蒙古新奥年产 40 万吨二甲醚、广西钦州 1000 万吨炼油、四川彭州 1000 万吨炼油、广西中粮年产 20 万吨木薯燃料乙醇等 7 个项目，同意新疆庆华年产 55 亿立方米煤制天然气示范项目开展前期工作。神华集团百万吨级煤直接液化装置，经多次试车后技术不断完善。伊泰、潞安 16 万吨煤间接液化装置运行情况良好。拟在陕西榆林建设的兖矿集团煤间接液化技术通过中试装置验证。广西全区实现封闭运行推广乙醇汽油。四川 6 万吨/年、贵州 5 万吨/年两个小油桐生物柴油产业化示范项目进入实施阶段。

6. 加大水电开发建设力度。组织开展了黄河上游湖口至尔多河段、通天河、金沙江上游等河流（河段）水电规划工作。同意云南澜沧江乌弄龙、大华侨、托巴，四川大渡河硬梁包、安谷、老鹰岩，贵州北盘江马马崖，陕西汉江夹河等水电项目开展前期工作。核准了云南金沙江中游金安桥、四川雅砻江官地、桐子林，广西红水河岩滩水电站扩建，西藏雅鲁藏布江藏木水电站等水电项目。

7. 积极开发利用风能与太阳能。开工建设甘肃千万千瓦风电基地一期工程。积极推动内蒙达茂旗、通辽等百万千瓦级风电基地建设，推动内蒙千万千瓦级风电基地规划和建设。批复新疆哈密千万千瓦级风电基地东南部风区开发方案。与多个部门联合实施了“金太阳工程”，支持边远地区太阳能发电，改善当地农牧民生产生活用能条件。

（国家能源局发展规划司
李福龙　安丰全　寇　昊）

中国银行业监督管理委员会扶贫

【扶贫制度建设】 2010年初，针对我国西南部分省区发生大面积严重干旱和西北部分省区洪涝等自然灾害情况，中国银监会专门印发了《关于保证春耕备耕信贷资金供应的紧急通知》，要求涉农银行业金融机构特别是农村中小金融机构按照科学发展观要求，立足国民经济全局，克服各种不利因素，按照“区别对待，有保有压”原则，确保涉农信贷投放不降低，支农力度不减弱，有效促进农业和农村经济持续健康发展。文件特别要求农村中小金融机构要确保涉农信贷投入增量、增幅，且所占比重应高于2009年水平。

2010年6月，中国银监会和中国保监会联合发布《关于加强涉农信贷与涉农保险合作的意见》，综合发挥银行和保险在支持“三农”方面的重要作用，合力改善农村“贷款难”问题。要求银行业金融机构将涉农保险投保情况作为授信要素，并根据当地实际情况建立投保情况与评级结果挂钩机制。鼓励借款人对贷款抵押物进行投保，银行业金融机构通过借款人在确认参保类别和参保比例后确定相应的贷款优惠条件。通过保单质押拓展借款人抵质押物范围，积极探索开展涉农贷款保证保险业务。

2010年7月份以来，受国内外多种因素影响，我国价格总水平逐月攀升，特别是以农产品为主的城乡居民生活必需品价格上涨成为推升价格总水平的主要因素。2010年11月，中国银监会专门印发《关于保证农产品生产信贷资金供应的紧急通知》，要求银行业金融机构立足国民经济发展全局，把支持农产品生产、加工和流通作为信贷服务工作重点，采取切实有效措施，扶持农产品生产，保障农产品供应，促进农产品市场价格稳定。文件要求，银行业金融机构要有针对性地制定信贷计划，加大涉及农产品的贷款投放总量，着力满足农产品生产、加工、流通各环节有效信贷等需求，要准确掌握农副产品各类品种的市场信息和价格走势，对供给缺口较大的农产品品种予要以重点支持，提高生产加工能力，加大市场供应量。

【涉农信贷投放】 2010年，中国银监会立足于统筹城乡发展战略实施和国内经济转型发展的宏观大局，明确提出银行业金融机构2010年涉农贷款投放要实现“两个不低于”的工作目标，即贷款增量不低于上年，贷款增速不低于各项贷款增速。对于作为支农服务主力军的农村中小金融机构，则有针对性地提出要实现“三个高于”，即全年涉农贷款投放增速要高于全部贷款增速，涉农贷款增量要高于上一年，涉农贷款在各项贷款中的比重要高于上一年。为确保实现上述目标，中国银监会科学地提出了按照季节规律投放涉农贷款，切实加强监测评价，重点加强对农业和粮食大省银行业金融机构的督促指导。督促和指导银行业金融机构特别是农村中小金融机构，严格控制信贷投向，优化信贷结构，坚决压缩非农信贷投放，有效增加涉农信贷总量，确保满足涉农信贷需求。截至2010年底，银行业金融机构涉农贷款同比增加2859.2亿元，高于各项贷款增速9个百分点，总体实现了“两个不低于”目标。全国农村合作金融机构涉农贷款同比增加1072亿元，高于各项贷款增速4.7个百分点；涉农贷款在各项贷款中的比重高于2009年同期2.6个百分点，总体实现了“三个高于”目标。

【农村金融服务均等化建设】 2009年10月，中国银监会在贵州专门组织召开工作推进会，明确提出要着力探索解决农村均等化金融服务难题的有效途径，力争用3年左右时间总体解决金融服务空白乡镇的金融服务问题，实现全国乡镇基础金融服务全覆盖。为此，中国银监会专门印发文件要求各地在扎实调研摸底和详细测算基础上，因地制宜，一乡一策，实施“两点两机包村包片”战略，即在分别采取设立标准化营业网点和简易营业网点，布设POS机和ATM机，实施临近机构信贷员包村包片等服务方式，也可以采取流动服务车提供定时定点服务等其他简易便民形式予以解决。经过一年多时间的实践，该项工作已经取得突破性进展，贫困边远地区农村金融服务工作正在发生历史性的变化。截至2010年底，全国金融机构空白乡镇从2009年6月底的2945个减少到2312个，有10个省份和5个计划单列市率先实现乡镇金融机构全覆盖；全部消灭原有708个金融服务空白乡镇，全国31个省份和5个计划单列市均已提前实现乡镇基础金融服务全覆盖。截至2010年底，全国乡镇金融服务新覆盖居民353.9万户，企业6400户；累计办理存款312.8万笔，金额209.5亿元，发放贷款317.9万笔，金额55.2亿元，办理汇款50.6万笔，金额21.9亿元，取得了百姓得实惠感到满意、政府促发展感到满意、银行立品牌感到满意的良好政策效应。

在2010年解决的483个金融机构空白乡镇中，由农村合作金融机构、邮政储蓄银行和农业银行设立机构网点的有473个，占97.9%。其中，农村合作金融机构设立334个，占69.2%；邮政储蓄银行设立96个，占19.9%；农业银行设立43个，占8.9%。在2010年解决的342个金融服务空白乡镇中，由农村合作金融机构、邮政储蓄银行和农业银行提供金融服务的有340个，占99.4%。其中，农村合作金融机构承担251个，占73.4%；农业银行承担64个，占18.7%；邮政储蓄银行承担25个，占7.3%。

【新型农村金融机构培育发展】 从2006年底开始，中国银监会为解决农村地区银行业金融机构网点覆盖率低、金融供给不足、竞争力不强等问题，调整和放宽农村地区银行业金融机构准入政策，按照“低门槛、严监管”原则，吸收引进境内外银行资本、产业资本和民间资本，实施村镇银行、贷款公司和农村资金互助社等三类新型农村金融机构试点工作，经过四年多的持续推动，截至2010年底，全国已有509家新型农村金融机构，比年初增加279

家。其中开业395家（村镇银行349家，贷款公司9家，农村资金互助社37家），批准筹建114家。各项存款750.7亿元，比年初增长2.8倍；各项贷款600.9亿元，比年初增长3.3倍。其中小企业贷款302.7亿元，农户贷款203.2亿元，两项合计占各项贷款的83.9%。

【农村金融创新】 在推广农村小额信贷方面，中国银监会按照面向“三农”、面向县域、面向地方经济的原则，积极引领各涉农银行业金融机构结合实际创新农村小额贷款品种，改进营销方式，加强对粮食增产和农民增收的信贷支持。在此基础上，抓住农村贷款担保难这一症结，鼓励推进贷款担保创新，支持各级政府组织建立财政适当出资、有关市场主体共同参与的担保基金或担保机构。各地在林权、渔权、水域滩涂使用权抵押和动产、应收账款及订单质押等方面也进行了积极有益探索。

【支持灾区重建】 青海玉树地震灾害发生以后，中国银监会按照党中央、国务院统一部署，迅速启动应急机制，采取积极有效措施，指导督促银行业金融机构从大局出发，克服各种困难，全力恢复金融服务，玉树地区25个银行业机构网点的业务在短时间内全面恢复，保证了灾后重建资金结算渠道的畅通。由于金融支持及时到位，金融机构累计发放贷款1297万元，极大地支持了灾区农牧民群众恢复农牧业生产的需要。

甘肃舟曲泥石流灾害发生后，中国银监会及时指导当地银行业金融机构克服困难，保证灾区金融服务。一是坚持特事特办，开通抗洪救灾捐款汇款通道保证各项捐赠和救助资金及时到位。二是在保证安全基础上，设法恢复受灾地区网点的正常营业，保障灾区客户办理业务和提取现金的需求。三是积极做好抗洪救灾贷款投放，对抗洪救灾物资的采购，对电力、通讯、公路等受灾害影响大的行业和企业采取特殊的金融服务支持，确保救灾贷款及时到位。

针对汶川地震灾区农户灾后恢复重建贷款风险逐渐显现情况，中国银监会印发《关于加强地震灾区农户恢复重建贷款风险管理的通知》，要求各级监管部门和银行业金融机构认真调查研究，及早谋划，多想办法，采取有效措施，切实防范农户灾后恢复重建贷款风险，避免产生坏账，形成风险叠加。

（中国银监会合作部　殷有祥）

中国保险监督管理委员会扶贫

【概述】 2010年，中国保险监督管理委员会（以下简称“保监会”）根据党中央、国务院的统一部署，继续担负内蒙古自治区乌兰察布市察右中旗、察右后旗（以下简称“两旗”）的定点帮扶任务。《中共中央办公厅、国务院办公厅关于进一步做好定点扶贫工作的通知》（厅字［2010］2号）下发后，保监会贯彻落实通知精神，充分认识定点扶贫在新阶段扶贫开发工作中的重要作用，按照会领导“尽可能把扶贫资金与保险业务结合起来”的指示精神，充分发挥保险行业优势，把扶贫资金一部分用于保险项目、一部分用于生产生活建设项目，顺利完成了2010年的扶贫任务。

2010年，保监会全年共投入扶贫资金110万元，分别在两旗实施了5个扶贫项目和生产建设项目，取得良好的经济和社会效益。

【保险扶贫项目实施】 1. 农用变压器保险补贴。积极推进农业保险是促进农业稳定发展、农民持续增收的重要举措，保监会针对察右中旗每年7、8、9三个月是降水集中期，也是自然灾害多发期的特点，为增加贫困农牧民抵御意外灾害的能力，同时避免农民因变压器被盗造成严重损失，2010年在中旗投资18万元作为贫困村范围内农用变压器的保险补贴。

2. 贫困学生平安保险补贴。为确保农村牧区小学生能从平安险中得到保障，2010年保监会在中旗投资2万元作为贫困村范围内的贫困学生平安保险补贴，在后旗投资20万元为全旗3994名小学生投保学生平安险，包括土牧尔台、红格尔图、锡勒、乌兰哈达、贲红等7所学校，做到农村牧区小学生应保尽保，防止农牧区家庭因孩子病患等原因返贫、致贫。

【生产生活建设项目实施】 1. 节水灌溉农田项目。近几年察右中旗种植马铃薯形成产业规模，“科布尔”牌马铃薯已打入国际市场，但由于连年干旱部分地区地下水资源不足，造成马铃薯产量低而不稳，马铃薯的品牌优势没有得到充分发挥，为了增强农牧业抗御自然灾害的能力，提高水资源利用率，做大做强马铃薯产业，切实加快贫困农牧民的脱贫致富步伐，2010年保监会在察右中旗投入扶贫资金30万元，帮助广益隆镇广益隆村新打机电井2眼，铺设地埋管道2800米，开发节水灌溉农田390亩。

2. “新农保”补贴项目。“新农保”即新型农村社会养老保险，是一项重大惠农政策。为配合察右后旗新农村、新牧区建设，切实加大禁牧舍饲力度，使贫困牧民老有所养，解除后顾之忧，2010年保监会在察右后旗投入30万元为1500名贫困牧民进行“新农保”缴费补贴（每人补贴200元）。

【送温暖活动】 保监会每年春节期间向两旗开展“送温暖”活动，2010年仍按过去的做法，为2个旗分别拨款5万元，用于购买煤炭、大米、白面、肉等物品，慰问两个旗各500个贫困户。

（中国保监会年鉴编辑部 顾 洋）

国家电力监管委员会扶贫

【概述】 2010年国家电力监管委员会（以下简称“电监会”）系统各单位配合、协调，甘肃电监办和挂职干部深入一线、扎实工作，使定点扶贫工作取得了阶段性成果。

2009年11月，国务院扶贫办确定甘肃省通渭县为国家电监会定点扶贫县。对此，会党组高度重视，召开专门会议研究部署相关工作。主席王旭东对扶贫工作尤为关切，几次专门听取扶贫工作汇报，并对有关报告材料做出了详细批示，对一些具体任务的落实还给予了细致的指导与实际的帮助。

为了使定点扶贫工作更加有的放矢，电监会重视与当地省、地、县各级政府的沟通与协商。供电部、甘肃电监办派员多次到通渭县进行实地考察。在基层调研的基础上，会党组根据通渭县的实际情况与客观需求，结合自身工作特点与现有条件，研究确定了电监会定点帮扶通渭县的基本工作思路，即“围绕通渭县委县政府确定的当地经济社会发展规划，利用电监会自身优势，尽力而为、量力而行。以电力扶贫为突破口，逐步完善当地基础设施建设；以信息扶贫为重点，促进当地经济发展；以智力扶贫为长期任务，逐步提升当地干部群众的整体素质”。

【扶贫调研】 2010年10月26—28日，受会党组委托，副主席王野平率定点扶贫工作领导小组部分成员赴通渭县，实地了解当地农村的生产生活条件，考察卫星电视接收装置的使用效果，出席农网改造工程开工仪式，调研当地公路改造升级规划，并组织召开扶贫工作现场会，听取当地干部群众对电监会定点帮扶工作的意见和建议，与省、地、县各级政府有关人员进行了沟通与交流。另外还向当地1所小学（郑阳小学）捐赠一批学习用品，使当地干部群众深受鼓舞。

【扶贫工作组织管理】 为进一步落实好各项定点扶贫工作任务，加强组织协调，形成长效机制，会党组批准成立了由电监会副主席为组长、总监为副组长，办公厅、人事培训部、供电部、甘肃电监办负责人为成员的电监会定点扶贫工作领导小组，明确了领导小组日常工作由供电部负责，甘肃电监办负责当地协调等有关具体工作，同时选派甘肃电监办田茂军作为第一任定点扶贫挂职干部，赴通渭县任县长助理，在第一线具体落实各项扶贫任务。

5月19日，定点扶贫工作领导小组召开第一次会议。传达《中共中央办公厅、国务院办公厅关于进一步做好定点扶贫工作的通知》（厅字［2010］2号）精神，听取有关工作汇报，在前期供电部、甘肃电监办特别是挂职干部深入通渭县各乡村实地考察调研并与当地干部群众沟通形成的6份调研报告的基础上，研究确定下一步开展定点扶贫工作的项目计划，明确扶贫经费的若干处理原则，对有关工作作出具体安排。

2010年12月23日，定点扶贫工作领导小组召开第二次会议。全面回顾一年来电监会在通渭县开展“电力扶贫”、“信息扶贫”、“智力扶贫”等各项工作的实施成效，结合当地干部群众的实际反馈与具体需求，研究部署2011年定点扶贫工作的各项具体措施，并就挂职干部、扶贫经费等有关具体问题进行了协调。

【电网建设扶贫】 针对通渭县近年经济发展较快，用电量快速增加，但农网建设薄弱的情况，电监会积极协调有关部门，确定通渭县为甘肃省“农网升级改造示范县”。2010年，按照国家投资计划，通渭县10千伏及以下农网改造投资原批复额度为838万元。经电监会积极协调，又增加了1517万元，使年度投资计划达到2355万元。这批项目完成后，将显著提高通渭县供电网的设备水平，改善当地农村的电力供应状况，为地方经济发展提供更加可靠的支撑，为广大电力用户特别是农村用户提供更高质量的供电服务。

【信息扶贫】 针对通渭县部分边远山区广播电视节目信号无保障，农民群众信息闭塞、治富无门的问题，在王旭东主席的直接关注与亲自协调下，为当地争取到了500套卫星电视接收装置。2010年这些设备已经全部调运、发放、安装、调试到位，并优先装在了较为偏远的马营镇、石滩等3个乡镇的边远村庄，各项指标都达到了工程技术要求。这些卫星电视接收装置交付使用之后，当地农民坐在家中就能接收到47个电视频道、4套广播频道，扩大了广播电视信号覆盖面，拓宽了当地群众获取信息的渠道，提高了农民自身的发展与治富能力，受到百姓的欢迎。

【智力扶贫】 为进一步提高通渭县基层干部素质，更新观念培育治富带头人，带动当地群众加快经济结构调整步伐，在山东电监办的协助下，8月22—31日，电监会组织了22名通渭县的乡镇干部赴山东进行了培训。培训内容既有政策法规、战略规划、现代农业、种植养殖等理论知识，还组织他们到高新技术开发区、果树研究所、农业生态示范区、乳业养殖示范区、蔬菜高科技示范区等进行了实地考察与直接交流。这些基层干部受训后所写的专题报告，得到通渭县委县政府的高度认可。

【扶贫工作措施】 1. 定点扶贫不是临时性工作，而是长期的政治任务。国务院扶贫办确定甘肃省通渭县为电监会定点扶贫县，是落实党中央、国务院“加快扶贫开发进程，全面建设小康社会，构建社会主义和谐社会”战略决策的具体举措之一，因此，扶贫单位全系统都应该进一步提高认识，持之以恒，密切配合是做好扶贫工作的关键和基础。

2. 结合自身优势和工作职责开展扶贫工作。电监会开展扶贫的初期，通过大量调研活动，确定充分发挥自身优势，以电力扶贫为突破口，逐步提升当地基础产业设施的基本思路，通过一年实践来看，效果还是比较明显。

3. 挖掘定点扶贫教育意义，成为培养干部、教育群众基地。参与定点扶贫活动，可以让更多的干部有机会接触更加真实的社情民意，加深对于民间疾苦、对于劳动大众的朴素感情；通过为贫困地区解决一些实际问题，有利于锻炼干部队伍，提高素质，增长才干。2010 年电监会挂职干部田茂军由于表现出色而在通渭县被批准入党。

（国家电力监管委员会）

中国农业银行扶贫

【概述】 长期以来，农业银行肩负着发放扶贫贴息贷款的职责，支持带动了大量的贫困户脱离贫困、增收致富。2008 年，国务院下发了《关于全面改革扶贫贴息贷款管理体制的通知》（国开办发［2008］29 号），明确扶贫贴息贷款可由任何金融机构发放，无需下达指导计划。农业银行顺应这一变化，出台了《中国农业银行贫困县“三农”金融服务方案》，明确了服务重点领域，树立了“大扶贫”的理念，以国家级和省级扶贫开发重点县为主要支持对象，确立了以“两类区域、一类客户”为重点的信贷扶贫工作新思路，即以 592 个国家级、404 个省级扶贫开发重点县为重点区域，以 625 家扶贫龙头企业为重点客户，探索实施农业产业化带动扶贫、农村基础设施辐射扶贫、生态旅游拉动“绿色扶贫”等模式，开发特色资源，培育支柱产业，通过产业扶贫带动贫困地区农民脱贫致富。2010 年，农业银行认真履行国有商业银行的社会责任，围绕贫困地区经济发展、贫困户增收和信贷安全“三大目标”，坚持“开发式、产业化、商业性”的扶贫方略，按照“放得出、收得回、有效益”的原则，将商业化经营目标与扶贫效益目标有机统一起来，以支持广大农民脱贫致富为核心，积极探索新时期下信贷扶贫的有效途径，创新产品和服务方式，不断增加贫困县金融服务供给，提高扶贫资金造血机能，支持了中国扶贫基金会小额信贷项目的运行，并积极开展小额信贷组织试点工作，提供一定额度的批发贷款，由四家小额信贷组织发放给贫困地区的贫困农户，用于发展生产。截至 2010 年二季度（由于农行信贷系统更新，2010 年三、四季度数据暂无法提取），农业银行在国家级和省级扶贫开发工作重点县共投放贷款 1654.81 亿元，同比增长 532.91 亿元，增幅 47.5%；在贫困地区发放扶贫贴息贷款 10.82 亿元，同比增长 5.12 亿元，增幅 89.8%。同时，农业银行在两类贫困县各项贷款余额达 3517.76 亿元，同比增加 1173.17 亿元，增幅 50.04%，共带动 265.88 万贫困农户，户均增收 6038.42 元。

【扶持龙头企业】 农业银行以“有利于促进贫困地区经济发展，有利于改善贫困农户生产生活条件”为标准，按照“放得出、收得回、有效益”的原则，积极调整信贷结构，多方筹措扶贫资金，大力支持了农业产业化龙头企业。通过公司带农户、项目辐射农户、效益反哺农户等方式，有效地扩大了扶贫贷款的辐射面，提高了扶贫贷款的使用效益。以河南省农行为例，其辖内符合农业部统计标准的农业产业化经营组织有6560家，带动农户897万户，每户平均年增收986元。在全省6560个农业产业化组织中，龙头企业带动型的2512家中，其中有国家重点龙头企业39家，省重点龙头企业562家。河南省农行对符合“公司+基地+农户”模式的26家国家级农业产业化重点龙头企业，300多家省级农业产业化重点龙头企业给予了重点支持。累计投放农业产业化龙头企业贷款30多亿元，取得了较好的社会效益。通过扶持农业产业化龙头企业发展，创出了一批国内外有一定影响的名牌农产品，如“华英”鸭、“大用”鸡、“金苑”面粉、“三全凌”汤圆、“思念”水饺、“莲花”味精、“双汇”火腿肠等等。2010年，河南省农行投放8467万元扶贫贴息贷款，重点支持了五云茶叶、三全食品、华英、科迪集团等10多户农业产业化龙头企业，辐射带动2万多户、5万多贫困人口增加收入。

【支持小额信贷组织】 2010年，农业银行积极发挥其国有商业银行在机构、网点、网络上的优势，创新信贷扶贫方式，积极开展对“扶贫小额信贷组织”融资试点工作。2010年1月20日，农业银行与四家扶贫小额信贷组织在人民大会堂签署合作协议，此次与贫困地区的小额信贷组织联手合作，是大型商业银行对贫困地区金融服务模式的深入探索，全国人大常委会副委员长华建敏、财经委副主任委员吴晓灵、社科院副院长武寅出席了签字仪式。根据协议内容，农业银行与河北易县扶贫社、河南南召扶贫社、贵州兴仁县农村发展协会以及青海同仁县乡村发展协会四家扶贫小额信贷组织合作，提供一定额度的批发贷款，由四家小额信贷组织发放给贫困地区的贫困农户，用于发展生产。

河北省易县扶贫经济合作社（以下简称“易县扶贫社”）为信贷支持扶贫小额信贷组织试点之一。2010年8月6日，河北省农行为易县扶贫社发放了100万元批发贷款，有效地增加了易县扶贫社的营运资金。通过该笔贷款的发放，解决了3000多户贫困农户的脱贫致富资金难题，帮助1800余户贫困户实现了脱贫。

农业银行南召支行对南召扶贫社授信200万元。为使该200万元授信尽快获得落实，河南省农行有关领导多次与该社协商，并针对其担保难问题，主动出面，发挥人员优势，联系南阳市中小企业担保中心和南阳市众融投资担保公司为其提供担保。

继2009年10月对扶贫基金会授信2亿元后，2010年，共分三笔向扶贫基金会发放了1.8亿元贷款。贷款发放后，农行高度关注扶贫基金会小额信贷项目运作情况。年中，客户经理小组赴河北省平泉县、万全县以及北京门头沟区对中国扶贫基金会的贷款进行了现场贷后检查，了解扶贫基金会小额贷款项目的实施情况和信贷需求。目前，农业银行共向扶贫基金会发放1.8亿元流动资金贷款，大力支持了小额信贷项目的发展。

在各地探索实践中，农行四川分行结合四川省扩大贫困村村级互助社资金试点，完成了对仪陇县乡村发展协会和张爷庙村扶贫资金互助社发放20万元贷款工作。额度虽然很小，但是起到了试点的示范作用，目前该项目运作良好。

【信贷扶贫创新】 农业银行通过创新产品，致力于为广大客户群体特别是贫困县客户提供优质金融服务。农业银行开发的“农村基础设施建设贷款”和“绿色家园贷款”两项创新型产品，很好的促进了贫困地区基础设施和硬件环境的改善。为了缓解扶贫龙头企业抵质押和担保来源不足的问题，农业银行出台了“县域中小企业动产质押融资贷款”和“中小企业应收账款质押贷款”，解决了企业融资渠道不畅、担保难等问题。有效地推动了林业企业的发展，解决了其融资难等问题，从而扶持广大林农脱贫致富，农业银行出台了“林权抵押贷款管理办法”，办法适应我国集体林权制度改革的新形式，很大程度上拓宽了林业企业的融资渠道，解决了其贷款担保难的问题。

【惠农卡扶贫】 农业银行以金穗惠农卡为载体、以小额贷款为抓手，帮助贫困农户脱离贫困。截至2010年底，农业银行惠农卡总量已达到6185万张，惠及超过2.4亿的农民；农户小额贷款余额达到989亿元，授信农户数达到590万户；以惠农卡为依托，代理新农保484个县、新农合313个县，在全国25%以上的县成功代理各类项目。

惠农卡发放至今已有近两年的时间，已从最初的逐步填补贫困地区金融服务的“空白点”转为对如何做精做细“三农”业务的探索。农行山东省济宁分行按照做精做细“三农”业务、稳健发展惠农卡和农户小贷款的工作思路，认真研究探索“农行+农民专业合作社+农户”的金融支农模式。该行运用这种合作模式，对农户进行有效筛选，并有效监督社员生产经营和资金运作情况，同农行的“三农”产品和结算产品有机结合起来，提高了贷款效率、降低了风险。截至2010年10月末，该行依托农民专业合作社累计发放惠农卡7200张，农户小额贷款1.6亿元。

农业银行各省分行重视科技对三农业务的推动作用，不少行还成功开发出集农村、农户信息采集、加工、分析和应用为一体的农户信息数据库管理应用系统（简称：FCS），较好地解决了惠农卡发卡、新农保、新农合、支农补贴代理和农户贷款业务拓展营销中面临的具体问题，实现了农户金融工作低成本、高效率开展，有效缓解了农行目前三农客户经理严重缺乏与工作繁重之间的矛盾，为提升县域支行三农服务能力进行了积极有效的尝试。

【社会信贷扶贫】 农业银行以信贷方式扶贫的同时，也积极参与社会公益实践，以关怀弱势群体为已任，参加赈灾救灾，慈善捐赠，志愿者服务等社会公益活动，履行国有大型银行的社会责任。

农业银行把为受灾地区提供优质金融服务，及时满足受灾地区客户及人民群众的资金需求，始终作为义不容辞的社会责任。每当灾害发生后，农行密切关注灾情发展，急政府之所急，排客户之所难，供民生之所需，紧急部署抗灾救灾工作，全力做好抗灾救灾及灾后重建的金融服务工作。例如在青海玉树地震发生后，农村产业金融部领导在第一时间赶往青海玉树地震灾区调研，现场召开金融支持灾后重建工作会议，要求灾区农行努力做好金融服务工作，支持灾后重建，并就如何做好玉树灾后重建金融服务工作，制定了切实可行的计划。

4月份，在西南五省旱情严重时，农行有关部室领导赴广西河池、百色地区开展了旱区调研受灾情况和当地农行损失情况，并召开会议，部署灾后金融服务工作。为减小灾情影响，降低农户经济损失，农行工作人员深入田间地头，为受灾农户安装输水管和发电机等，积极帮助农户恢复生产生活。及时收集资料并简化信贷手续，以最快速度将农户小额贷款发放到农户手中，有效缓解了受灾农户资金不足的难题。又如 2010 年，贵州分行累计发放农户贷款 12.08 亿元，贷款余额 11.67 亿元，较年初增长 2.79 亿元。贷款主要用于支持农户发展种养殖业、购买农业生产资料及其他生产经营，带动农户累计增收 14.81 亿元，户均 3 万元。

农业银行认真贯彻实施科教兴国战略，支持公共资源向农村、中西部地区、贫困地区、边疆地区、民族地区倾斜，逐步缩小城乡、区域发展差距，推动科教文卫事业协调发展。农村产业金融部制定了专门政策（如《中国农业银行县域高级中学贷款管理办法》（农银办发［2009］822 号）和《中国农业银行县域医院贷款管理办法》（农银办发［2009］823 号）），放宽县域高中，医院信贷准入标准，确保每个县至少有一家高中、一家公立医院进入本行信贷支持范围。以实际行动积极支持文化、科技、卫生“三下乡”活动。截至 2010 年末，与农业银行有信贷关系的县域医院 341 家，学校 287 家。

农业银行作为国务院扶贫开发领导小组成员单位，与国务院扶贫办、中国残联、全国妇联、统战部光彩事业促进会等部门保持着紧密的联系。农业银行先后与中国残疾人联合会联合下发了《关于进一步做好康复扶贫贷款工作的意见》，与全国妇联联合下发了《关于进一步做好农村妇女小额信贷工作的意见》，大力发展对残疾人和广大农村妇女脱贫致富的金融支持。同时，农业银行还坚持每年为国家统计局农村社会经济调查司编写的《中国农村贫困监测报告》，提供相关情况和数据，并每年向有关分行推荐光彩事业促进会的扶贫贷款项目，发挥扶贫贴息贷款间接扶持贫困地区经济发展的作用。

【信贷扶贫先进表彰】 为表彰农业银行多年来工作在扶贫第一线的信贷扶贫工作先进集体和先进个人，在系统内总结、宣传农业银行扶贫工作中的好人好事、先进经验和典型做法，农总行组织开展了“信贷扶贫工作先进集体和先进个人评比活动”，对 2000—2010 年以来从事信贷扶贫工作的县支行和信贷人员进行评比，表彰了 30 家信贷扶贫先进集体和 60 名信贷扶贫先进个人。旨在通过此次表彰，树立模范典型，激励各级农行和全体员工积极投身到信贷扶贫伟大事业中来，更好地为贫困地区提供优质的金融服务。

【定点扶贫】 农业银行股份制改革以来，不断深化服务三农工作，积极承担社会责任，将总行机关每年向武强、献县两个国家级定点扶贫县各捐助 50 万元专项扶贫款的标准提高到 100 万元，同时每年投入电脑等物资支持扶贫项目，实现由输血到造血功能的转变，为当地经济社会建设做出了一定的贡献，实现了“十一五”扶贫目标任务。

农业银行总行机关重点帮扶了献县的职业教育中心和献县教师进修学校建设，共培养出各类技术工人 4000 余人，转移输出农村富余劳动力 9000 余人，每年为农民增收 3 亿元，使千万家庭通过学校的培训脱贫，取得良好的社会效益。同时，农总行帮扶武强县建设武强中学运动场和 2 所希望小学，极大地改善了学校办学条件，提高了教学水平，得到了全县人民的普遍赞誉。

为了更加深入、细致、扎实地做好定点扶贫工作，认真落实农总行扶贫开发的决策部署，加强对定点扶贫工作的领导，按照定点扶贫工作领导小组的工作安排，总行机关相关领导带领有关人员，于2010年8月14日到河北省献县和武强县开展了定点扶贫调研活动。还深入到基层企业、学校和贫困乡村，全面了解当地文化、经济、社会的发展和自然环境等基本情况。了解两县扶贫开发工作整体规划，考察了定点帮扶项目落实情况，慰问了扶贫挂职干部，看望了当地领导和贫困群众，并与两县领导座谈，共同研究论证今后的扶贫项目，进一步明确了帮扶工作的重点和整体思路。

此外，农总行挂职扶贫干部积极配合定点扶贫县委、县政府，努力加快扶贫开发步伐，统筹城乡经济社会发展，突出农村产业化发展和富余劳动力转移，探索出具有地方特色的扶贫新路子，使年均6632.7个农村贫困户脱贫。由于成绩显著、贡献突出，农总行挂职扶贫干部中一人受到国务院扶贫开发领导小组的表彰，荣获国家机关定点扶贫工作先进个人称号；一人荣获地市级三等功，并被授予荣誉市民称号。

（中国农业银行股份有限公司）

中华全国供销合作总社扶贫

【概述】 2010年，中华全国供销合作总社（以下简称总社）根据党中央、国务院的扶贫开发战略部署，以“新农村现代流通服务网络工程”建设为载体，加强贫困地区农产品批发市场、物流园区等流通基础设施建设，大力发展农业生产资料、日用消费品连锁经营和农产品购销，积极创办和领办农民专业合作社，发展农村综合服务中心，有力改善和促进了贫困地区经济社会发展和贫困农民增收致富。

【行业专项资金】 2010年，总社通过中央财政“新农村现代流通服务网络工程”专项资金对285个网络薄弱与空白县供销合作社给予扶持，其中大部分是经济欠发达县和不同层次的贫困县，包括国家扶贫开发工作重点县88个，扶持资金达4400万元。扶持范围包括：对农业生产资料和日用消费品经营服务网络，重点支持发展现代连锁经营；对农副产品购销网络，重点支持农产品批发市场建设、改造及基地建设；对再生资源回收利用网络，重点支持建立再生资源回收网点和市场；对网络终端、网点建设，重点支持开展综合经营服务及经营服务设施、环境的改造。

【专业合作社帮扶】 各地供销合作社把领办、创办专业合作社作为介入农业生产经营领域、完善基层为农服务体系、强化与农民利益联结和支持扶贫开发工作的重要途径，围绕地方特色产业创办专业合作社，发展规模化、标准化产业基地，形成区域性优势产业带，提高专业合作社产品的商品率。截至2010年底，供销合作社系统组织农民兴办的各类专业合作社54817个，入社农户1005.83万户，其中入选总社“千社千品”富农工程的5000家专业合作社，86%拥有生产基地，68%注册了产品商标。同时，总社加大对全国贫困地区专业合作社发展的资金扶持力度，2010年，中央财政共安排供销合作社农业综合项目资金8000万元，其中1440万元用于支持全国29个国家扶贫开发工作重点县农民专业合作社和龙头企业实施的种植、养殖基地和农产品加工、流通项目。

【农村综合服务扶贫】 供销合作社积极开展多层次、多元化的社区综合服务，截至2010年底，全系统共建立村级综合服务站21.97万个，初步构建起了比较完善的农村社区综合服务体系。各地供销合作社在强化农资供应、日用品销售、农产品收购等经营性功能的基础上，积极拓展公益性服务，与有关部门和单位共建农家书屋、卫生室、警务室以及保险、邮政、通讯业务代办点等，成为农村现代文明的窗口和新农村建设的亮点。湖北、山东、贵州等地供销合作社还与组织部门共建村级综合服务社。

【产业扶贫】 各地供销合作社以市场为导向，以帮助贫困群众增加收入为目标，把发展养殖业、种植业、中草药、蔬菜反季节栽培、木耳等食用菌及绿色山野菜等具有地方特色的优势产业、产品作为扶贫开发的重点，以“龙头企业 + 专业合作社或基地 + 贫困户”的产业化方式，引导和带动贫困农户通过应用农业新技术和农用新物资，引进名优新特品种，开展标准化、规模化生产，发展自然生态、安全健康和品牌农产品，提高农产品市场竞争力，找准致富门路。截至2010年底，供销合作社系统建立商品基地16938个，联结农户772万户，帮助农民实现收入407.6亿元。

【科技扶贫】 供销合作社系统拥有各级各类职业院校94所，在校生近30万人，推动了贫困家庭未升学的初中、高中毕业生进行中等职业教育和短期技能培训，加强了对贫困农民的实用技术培训，开拓了贫困地区劳动力就业渠道，帮助了贫困地区劳动力转移就业或在当地发展种养业。同时，各级供销合作社充分发挥系统科技优势，利用8所直属科研院所，26812个庄稼医院，2010年共建立科学试验示范田27.5万公顷，开展测土配方施肥240.5万公顷；提供技术培训、信息咨询1370.5万人次；提供种子、种苗35亿元；发放科技资料1675.4万份。

【定点扶贫】 经过总社的定点扶贫，安徽省潜山县已形成了以香菇、木耳为主，平菇、灵芝、金针菇和竹荪等多个品种的食用菌生产格局，带动全县14个乡镇3000多农户从事食用菌生产，年生产规模950多万棒，产值达7600多万元。潜山县委、县政府已将食用菌产业列为全县六大农业特色产业之一，并成立了食用菌产业指挥部。为继续扶持、发展当地食用菌生产，总社2010年拨付定点扶贫专项资金20万元，其中10万元通过以奖代补的方式继续扶持食用菌产业基地建设、培育精深加工龙头企业和品牌建设。另外10万元用以扶持县供销合作社与三丙生态农业专业合作社共同组建一座成品野鸭生产加工厂。潜山县三丙生态农业专业合作社入社社员104户，带动养殖户680户，养殖纯放养的“三丙”牌绿头野鸭20万只，加工15万只，年产值800万元。

（中华全国供销合作总社经济发展与改革部　刘喜成）

五

定点扶贫篇

综　述

2010年，中央国家机关等单位定点扶贫工作取得了新进展。5月，中共中央办公厅、国务院办公厅印发了《关于进一步做好定点扶贫工作的通知》（厅字［2010］2号，以下简称“两办通知”），对定点扶贫工作的总体任务、工作重点和组织领导等做出进一步明确部署和具体要求。为贯彻落实“两办通知”精神，我办于6月1日分别向中央国家机关各部门、解放军总政治部、各人民团体、各民主党派、全国工商联、各企事业单位，以及各省（区、市）扶贫开发领导小组印发了《关于认真贯彻落实〈中共中央办公厅、国务院办公厅关于进一步做好定点扶贫工作的通知〉的通知》（国开办发［2010］47、48号），要求各单位、各地认真学习文件精神，进一步提高认识，切实推动定点扶贫工作。7月8—9日，我办在甘肃省天水市召开了全国定点扶贫工作会议，深入学习贯彻“两办通知”精神，总结交流各地、各单位定点扶贫工作经验，安排部署定点扶贫工作，近200个单位负责扶贫工作的相关同志、各省（区、市）扶贫办分管领导参加了会议，范小建主任和郑文凯副主任出席会议并作重要讲话。

“两办通知”下发后，各定点扶贫单位迅速行动，认真贯彻落实“两办通知”精神，进一步加强了定点扶贫工作的领导，紧密围绕扶贫工作重点，充分发挥各自优势，不断加大资金、项目、干部和工作指导等方面的力度，创新工作方式，定点扶贫工作取得显著成效。不少单位主动挖掘潜力，自觉承担新的定点扶贫任务。如中组部主动定点帮扶甘肃省舟曲县；中直机关工委主动帮扶山西省宁武县；台盟中央主动帮扶贵州省赫章县；中国一汽集团公司主动帮扶吉林省镇赉县；中国航空油料集团公司主动帮扶河北省孟村县；中国第二重型集团公司主动帮扶四川省朝天区；中国石油天然气集团在继续帮扶新疆6县、河南2县的基础上，新增了江西横峰县、贵州习水县为定点扶贫县；中国五矿集团公司在继续帮扶云南3县的基础上，新增了湖南花垣县为定点扶贫县；中国华能集团公司在继续帮扶陕西2县的基础上，新增了新疆阿合奇县为定点扶贫县；中国海洋石油总公司在继续帮扶海南3县的基础上，新增了甘肃夏河县和合作县为定点扶贫县。据统计，2010年中央国家机关等单位共向定点帮扶地区派出415名挂职干部；赴定点县考察6552人次；直接投入资金和物资148380.7万元；帮助引进项目1130个，引进资金615156.9万元；举办培训班1338期，培训干部、技术人员和农村劳动力19.9万人次；转移劳动力23673人；资助贫困学生36554人。其中，直接投入资金和物资金额比2009年增长了34%，帮助引进资金增长了98%。中央国家机关等单位定点扶贫工作不仅为贫困地区改善生产生活条件、促进地方经济社会发展、增加农民收入、减少贫困人口和抗灾救灾等方面发挥了重要作用，而且通过培训交流、干部挂职等方式，为贫困地区带来新的观念和信息，受到了贫困地区基层干部和广大群众的广泛好评。

在“两办通知”的有力推动下，大多数省区市进一步完善了省直机关定点扶贫工作制度，进一步加大工作力度，提高帮扶效益。据统计，2010年各省区市参加定点扶贫的厅级单位有5414个，帮扶了997个重点县、4851个贫困乡、23262个贫困村，派出蹲点干部8531人，派出考察人员61195人次，全年投入合计519210万元，帮助引进资金513270万元，举办培训班15335期，培训147万人次，组织劳务输出81万余人次，资助贫困学生15万余名。

中宣部机关定点扶贫

【概述】 2010年，中宣部机关定点帮扶工作继续深入贯彻中央的一系列决策部署，按照中共中央政治局委员、书记处书记、中宣部部长刘云山关于“把扶贫工作当作一项重要的政治任务来抓，把帮助贫困地区群众脱贫致富，作为实践‘三个代表’重要思想、牢固树立和落实科学发展观、构建和谐社会、建设社会主义新农村的一项具体行动”的要求，进一步发挥中宣部的优势，突出智力扶贫，增强定点帮扶单位陕西省铜川市耀州区自身发展的能力，不断推动当地经济社会特别是文化事业的发展。

刘云山和中宣部部务会对部机关定点帮扶工作高度重视，多次听取帮扶工作报告，对定点帮扶工作做出明确部署。常务副部长雒树刚明确要求，帮扶工作“不能断档，不能松懈”。按照刘云山和部务会的要求，有关部门组织部机关党员干部认真学习党的十七大和十七届三中、四中、五中全会精神，学习中央经济工作会议精神及全国定点扶贫工作经验交流会议精神，学习中央关于做好扶贫工作的一系列指示精神，使机关党员干部特别是相关部门进一步增强了做好帮扶工作的使命感、责任感和紧迫感。同时结合部机关实际，研究制定贯彻落实的具体措施，进一步建立健全定点帮扶工作机制，充实工作机构，明确工作职责，确定机关党委负责帮扶工作的沟通和协调，办公厅负责有关项目的扶持保障，干部局负责选派干部，为帮扶工作的深入开展提供了保障。

【扶贫调研】 为切实做好帮扶工作，2010年初，常务副部长雒树刚主持召开帮扶工作座谈会，听取耀州区委、区政府工作汇报，对近年来耀州区在经济、政治、社会、文化和生态建设等方面取得的成就给予肯定，并深入总结中宣部长期以来特别是近年来的定点帮扶工作，对做好新形势下的帮扶工作进行安排部署。部机关还加强调查研究，多次安排人员赴耀州进行调研，深入了解当地实际情况，明确帮扶工作方向，制定相应办法措施，进一步确定要利用中宣部的自身资源和优势，坚持把经济帮扶与文化帮扶结合起来，把帮扶工作与培养锻炼干部、做好宣传思想文化工作结合起来，推动帮扶工作的深入开展。

【干部挂职扶贫】 按照刘云山“要把贫困地区作为我们干部的培训基地和爱国主义教育基地，对干部进行爱国主义教育”的要求，2010年中宣部机关共选派5名年轻干部到耀州区挂职锻炼。挂职干部立足当地实际，及时了解、反映耀州区发展中存在的困难、需求和群众生产生活中的实际问题，协助寻找脱贫致富门路，积极联系项目，争取有关部门的支持，尽力为群众做好事、解难事，发挥了帮扶工作队的作用，受到了当地政府和群众的普遍好评。同时，年轻干部在挂职锻炼中深入农村、深入基层、深入群众，进一步了解了国情，了解了基层实际困难，了解了群众的要求，增进了与群众的感情，提高了工作能力。

【文化建设扶贫】 中宣部坚持开发式帮扶，把帮扶工作与加强文化建设相结合，与加强精神文明建设相结合，支持耀州区实行“文化兴耀”战略。扶持耀州发展旅游产业，专项拨款 280 万元，用于修建陕甘边照金革命根据地纪念馆，在将陕甘边照金革命根据地旧址批准为全国百家“红色旅游经典景区”的基础上，又将其批准为第四批全国爱国主义教育示范基地，帮助耀州区以此为契机，开发红色旅游资源，提高了耀州区红色旅游的知名度。协调有关国家部委、影视公司、中医药专家到耀州考察，了解我国唐代伟大医学家孙思邈的事迹，帮助挖掘和开发耀州优秀历史文化资源，鼓励并协助当地政府以电视剧形式加大对外宣传力度，创出了别具特色的旅游和文化品牌。同时，帮助更新耀州区陈旧的宣传文化设备，专项拨款 140 万元，用于维修广播电视发射塔。

【抗灾救灾】 2010 年 7 月，得知耀州区遭受百年一遇特大洪灾，中宣部以部办公厅的名义，在第一时间向灾区发去慰问电，在部机关干部职工中迅速开展献爱心捐款活动，并将 15 万元捐款及时送到受灾严重的乡镇，帮助解决燃眉之急。

【教育扶贫】 为了给农村的孩子们提供优良、健康的上网环境，联系中央文明办“绿色电脑进西部”工程办公室，无偿赠送给耀州区 100 台联想电脑。针对“华光教育基金”资金运转困难的情况，经中宣部多方协调，通过中国志愿服务基金会拨付专款 5.35 万元，用于奖励优秀农村教师。2010 年暑期，为保证耀州山区优秀教师学习考察团赴上海、苏州参观考察行程顺利、食宿舒适，中宣部专门拨款 15 万元，予以经费保障，并抽调力量，做好相关服务工作。此外，2010 年部机关还为耀州区委宣传部配备了价值 4 万元的电脑、打印机、复印机、数码照相机等全新办公设备，进一步改善基层宣传部门的办公条件。

（中宣部扶贫工作办公室）

中共中央对外联络部定点扶贫

【概述】 2010年，中联部学习贯彻落实《中共中央办公厅、国务院办公厅关于进一步做好定点扶贫工作的通知》，继续做好新时期在陕西彬县的定点扶贫工作。先后有2名局领导赴彬县考察扶贫项目的落实情况。2010年引进外资34万元用于帮扶彬县。其中的32万元通过中华慈善总会用于支持陕西彬县教育事业；接待日本日中友好21之会代表团一行40余人赴彬县绿化植树，日中友好21之会代表团资助2万元林业灌溉管理费。彬县妇联继续使用澳大利亚扶轮社提供的40万元小额贷款。同时，结合党的对外交往工作，中联部成功举办了亚洲政党扶贫专题会议。

【扶贫开发专题报告会】 为了更好地贯彻落实"两办通知"精神，深化对扶贫工作的认识，中联部部领导邀请国务院扶贫办主任范小建作"新世纪以来的扶贫开发工作"专题报告，部长王家瑞主持会议，部领导及全体干部参加。通过听取专题报告，组织学习和集体研讨，认识到定点扶贫工作是中国特色扶贫开发事业的重要组成部分，在缩小城乡差距、构建和谐社会进程中具有不可替代的推动作用，对改进机关作风、培养锻炼干部、巩固党的执政基础，具有重要而深远的意义。

【亚洲政党扶贫专题会议】 为了贯彻落实好国务院新阶段扶贫工作的方针政策，中联部结合党的对外工作实际，推动亚洲政党扶贫工作的开展。经中央批准，中联部于2010年7月13—18日在昆明、北京两地主办"亚洲政党扶贫专题会议"。总书记胡锦涛发来贺辞，副总理回良玉出席开幕式并发表主旨讲话。有30个国家55个政党的120多名代表参加会议。

会议宣传了符合中国国情的扶贫开发战略和方针措施及取得的成就，介绍了中国共产党扶贫济困政策、实践和突出成效，多角度展现了中国共产党立党为公、执政为民和坚持以人为本、推动科学发展、构建和谐社会的执政理念，展示了中国扶贫济困的决心、信心和做好新形势下扶贫工作需要进一步解决的课题，表达了中国作为发展中国家要为世界扶贫减贫事业做出应有贡献的愿望。

通过安排到村到点实地参观考察和座谈交流，使与会代表加深了对中国国情和扶贫现状的理解，加强了交流，对今后进一步做好扶贫工作起到了推动作用。在国务院扶贫办领导及各方的支持配合下，会议取得圆满成功，不仅深化了亚洲各国政党之间的扶贫开发经验交流与合作，也提升了中国共产党的国际形象。

【外资扶贫】 1. 发挥"外联"优势，

促进园林绿化业的发展。为了深入宣传彬县扶贫开发工作，更好地促进彬县园林绿化业的发展，中联部接待日本日中友好 21 之会代表团一行 40 余人赴彬县绿化植树，日方资助了 2 万元人民币的植树灌溉管理费。此外，日本代表团参观了彬县希望小学，向学生赠送了学习用品。

2. 引进外资，促进彬县教育事业发展。用好日方捐赠的 32 万元人民币，通过中华慈善总会运作的项目支持陕西彬县教育事业。分别在彬县新堡子乡李西美整完全小学、彬县小章镇留丑村完全小学、彬县水口镇大王村完全小学建立了“慈善爱心电脑教室”各 1 间，每间电脑教室安装了 18 台电脑，18 套电脑桌椅、软件、耳机。3 间电脑教室使用情况良好，受到老师和同学的欢迎。

【妇女小额贷款】 强化自身“造血”功能，继续落实妇女小额贷款工作。彬县妇联继续使用澳大利亚扶轮社提供的 40 万元小额贷款开展工作。小额贷款等工作的实施，使得彬县的扶贫开发工作正在由单纯“输血”逐步转变为增强自身“造血”机能。

（中共中央对外联络部扶贫办）

中央对外宣传办公室、国务院新闻办公室定点扶贫

【招商引资】 在扶贫工作中，外宣办注重以科学发展观为指导，按照建设资源节约型和环境友好型社会的整体要求，瞄准国家投资方向和社会投资热点，在发展低碳经济、循环经济方面做文章，协调各方资源为科右中旗经济发展服务。把招商引资的重点放在高新技术产业，打造创新型先进制造业基地上，着重考察了机电设备、光伏产业、煤化工、生物质工程、矿产资源综合开发利用、农牧业产品深加工等项目。

经过努力，2010年科右中旗顺利实现风电项目投资15亿元，招商引资项目资金有望突破25亿元。并将天润20万千瓦风电项目上报国家有关部门争取尽早立项。此外，与江苏、浙江部分太阳能企业就合作开发科右中旗的硅资源，与河南煤化集团内蒙古分公司就投资开展煤化工项目，与三利新能源有限公司就农作物秸秆生物质碳转化，与豫光金铅集团、唐山钢铁集团、安阳钢铁公司、中国镍资源就合作开发矿产资源等项目，进行深入交流、达成合作意向。还与河南偃师市签署了《友好交流与经济协作意向书》，共同促进两地区域经济全面协调可持续发展。

【技术培训】 为保护草场，防止沙化退化，当地实行了围封禁牧和退耕还林还草政策，加之劳动生产率的提高，科右中旗农牧区产生了不少富余劳动力。为使这部分富余劳动力发挥作用，外宣办联系协调旗就业局，组织人员到大连的台资企业务工经营，转移就业。2010年8月，台湾海峡两岸财团法人交流基金会张家瑜代表一行应邀到中旗考察，这也是台湾客商第一次到科右中旗。台商就加强职业技术培训、林木业加工、有机农业发展、完善投资环境等方面提出了中肯的建议。还建议科右中旗加强对外宣传力度，扩大影响力，提高知名度，并邀请有关负责人在适当时候到大连，对台商举行专门的推介会和招商引资洽谈会，增进了解，加强合作与交流。

外宣办还通过一些劳动技能培训，加强农牧民职业技能，培养技术能手，带动农牧民脱贫致富。科右中旗地处大兴安岭东南麓，杂木品种丰富，但干旱少雨，昼夜温差大，日照时间长，非常适合发展节水农业和食用菌养殖。但大棚蔬菜种植、食用菌养殖、机电维修，以及良种牛羊冷配繁育等项目前期投入大，技术不易掌握。职业技术学校无疑是解决技术培训较好的平台。先后协调有关部门和维修厂，为科右中旗职业技术学校捐助电化教学设备和淘汰的机电设备，建立实验室，便于学员

实际操作。外宣办也拟抽出专门资金，加强对科右中旗有劳动能力的农牧民的职业技术教育和劳动技能培训。

【教育扶贫】 自定点扶贫工作开展以来，外宣办非常重视对科右中旗基础教育的支持，为保持工作的连续性，2010 年 7 月，外宣办协调中国国际出版集团、五洲出版社向科右中旗捐献 540 种 7900 册总价值 56.33 万元的图书资料，充实到旗图书馆、农村书屋和部分中小学。并联系腾讯网为中旗职业中学和二中捐助电化教学设备和电脑，帮助 2 校建设“梦想空间”教室；协调新浪网“扬帆计划”贫困地区中小学图书库爱心捐赠活动在科右中旗实施。

【文化建设扶贫】 在科右中旗文化大旗建设中，外宣办配合做好“第三届全国中国马速度大赛”和“第二届科尔沁民间文化艺术节”组织协调工作，支持科右中旗向有关部门申报“中国民族赛马之乡”、“四胡之乡”品牌，并支持物质和非物质文化遗产保护工作，成功协调文化部于 2010 年 6 月将蒙古族传统的“拉弦乐器制作工艺”列入第三批国家非物质文化遗产保护名录，这是兴安盟唯一进入这一批名录的项目。

【产业化扶贫】 科右中旗与内地比较起来经济相对落后，但自然环境好，农业生态环境质量高，全旗有耕地 300 万亩，其中有绿色有机食品原料基地 50 多万亩，无公害原料食品基地 100 多万亩，有后发优势。外宣办结合科右中旗县域经济实际，推动科右中旗向现代农牧业生产方式转变和产业链的延伸升级，通过做大做强龙头企业，加快农业产业结构调整，提高附加值，增加农民收入，实现农村发展、农业增效和农民增收。

有机农业是科右中旗的优势特色农业。二龙屯有机农业有限公司限公司是一家农业产业化龙头企业，采用企业加农户的方式，订单种植，产品适销对路，供不应求，带动一大片农民增加收入，让农民得到了实惠，但受困于企业规模小，流动资金不足，企业难以做大做强。为帮助解决流动资金不足的问题，前方挂职的同志拜会了民生银行、中国农业银行内蒙古分行负责人，提供了融资名录，并协调民间资本参股融资，想方设法帮助企业引进资金。此外，我们还就高力板酒业提高产能，扩大销路，与北京大都福海糖酒有限公司进行了沟通，两公司达成战略投资合作伙伴的初步意向；就中旗野生山杏、沙果产业化开发果汁饮料，与北京汇源饮料食品集团有限公司探讨了合作的可行性。

【扶贫干部培训】 为全面贯彻落实科学发展观，加强科右中旗执政执法队伍建设，加快推进依法治旗步伐，巩固全旗公安干警、司法行政人员、政府职能部门有关负责人的法律知识和依法行政的自觉性，提高政府危机公关和媒体应对能力，应中旗人大常委会要求，委派我办长期从事新闻宣传和国内外媒体记者接待工作，有丰富的媒体公关经验和突发事件处理能力的局级干部，和中国政法大学两位专家教授，对旗四大班子领导、公检法司机关的全体干警、旗委政府各部门及具有执法执纪职能的三级单位全体职工、旗人大代表及人大机关全体干部职工、各苏木镇四大班子一把手等 530 多人进行了培训。讲座内容充实，案例丰富，生动有趣，受到参加培训课程的旗四大班子领导及公检法系统干部的一致好评，有助于当地干部开拓视野，更新观念，提高执政能力和水平。

【基础建设扶贫项目】 截至2010年底，经过中旗的通霍铁路复线已加紧施工，未来将大幅度提高运力。但公路交通除通往扎鲁特旗、乌兰浩特的省级大通道，通往通辽的道路2010年底拓宽贯通外，其他道路建设等级都比较低，尤其通往东北仅有通往吉林通榆一条道路，路面狭窄，年久失修，路况较差，外宣办将敦促有关部门尽快立项，开工建设高等级公路。

（中央对外宣传办公室、
国务院新闻办公室）

中央政策研究室定点扶贫

【概述】 2010年5月，中共中央办公厅、国务院办公厅专门发出《关于进一步做好定点扶贫工作的通知》，对进一步做好扶贫工作提出了明确要求。两办《通知》发出后，中央政策研究室（以下简称“政研室”）结合本职工作特点、联系对安图县9年来的扶贫工作实际，学习领会《通知》精神，深入贯彻落实。

2010年，安图县遭受百年不遇特大暴雨灾害，扶贫工作成效面临巨大考验。一年来，政研室落实中央关于扶贫开发工作的一系列指示精神，开拓扶贫工作思路，发挥自身优势，动真情、办实事，进一步加大帮扶工作力度，在做好日常扶贫工作的同时，按照特事特办的原则帮助安图做好抗灾救灾工作，做到认识到位、领导到位、措施到位、资金到位、指导到位，不仅实现了年度帮扶目标，而且取得了更好的成效。

【定点扶贫工作回顾】 2010年初，政研室和安图县委县政府一道，对9年扶贫工作成就、经验、问题等进行了总结。在总结的基础上，政研室组织相关研究人员进行了归纳提炼、概括提升，结合其他地方的做法和已有的研究成果，撰写了《打好新阶段扶贫开发攻坚战》、《关于扶贫标准的思考和建议》、《推进扶贫开发立法的思考（上、下）》等4篇稿件，分析了全国扶贫工作的一些情况，提出了一些思考和建议，全部得到了中央领导的重要批示，对推动实际工作起到了一定的作用。

利用掌握的政策情况和研究成果，政研室加强和安图县委县政府沟通，一起研究安图县扶贫工作取得的新成效、分析当前遇到的新情况、探讨未来推进的新思路，帮助安图县制定好“十二五”时期扶贫工作规划、做好农村最低生活保障制度和扶贫开发政策有效衔接工作、对低收入人口全面实施扶贫政策、完善整村推进、产业化扶贫、易地搬迁扶贫、贫困劳动力培训等办法。与此同时，政研室根据安图县贫困发生情况、扶贫工作思路的变化调整，在总结本单位9年来定点扶贫工作的基础上，进一步巩固强化一些行之有效的帮扶措施，完善现有扶贫工作机制，确定好未来一个时期的工作思路和重点举措，特别是重新认识资源、贫困、发展的关系，在扶贫工作思路中强调要打资源牌、走生态路，做到“生态产业化，产业生态化”，加快发展安图县生态经济和特色经济，尽快将当地资源、生态优势转化为经济优势，加快推进强县富民进程。

通过9年的定点扶贫，政研室形成了一套开展定点扶贫的“规定动作”，建立了一套较为完善的工作机制，突出强调通过项目扶贫加快安图发展、加快惠及全县人民，通过下派干部加强政研室和安图县的沟通协调、做好与项目相关的部委协调工作；通过捐款捐物带去政研室的真情厚意、加深和当地干部群众的感情。

【扶贫项目实施】 政研室一直坚持开发式扶贫方针，激发安图县内在发展动力。每年年初和安图县委县政府一道，分析找出制约当地发展的最大障碍，确定一批确实能够破解制约的项目。之后，再和有关部委联系，集中力量上关键性项目，帮助安图县突破相关障碍，实现新一轮发展。2010年，集中帮扶了3个项目，涉及资金1.5亿元。帮助新上的新华龙钼矿开采项目，投资0.6亿元，帮助落实的华祥矿业供电设置安装项目，新投资0.9亿元，矿产业正在成长壮大为安图县的第一大支柱产业。帮助新开通的中朝边境双目峰临时口岸，将推动安图县旅游经济的发展，初步估算年过客量将达2万人次，年旅游收入可达200万美元，年过货20万吨，贸易额3000万元，平均创收400万美元，年征收关税和代征税4亿元，可创造就业岗位500余个。

【干部挂职扶贫】 政研室派服务中心副主任李修吉从事对安图县的帮扶工作。作为下派干部，李修吉贯彻室领导对扶贫工作的指示精神，深入了解安图经济社会发展情况和安图人民对扶贫项目的需求，及时向室领导报告哪些项目是安图人民最迫切需要的。在室领导协调相关部委后，扶贫干部负责联系有关部委，确保项目落实；在项目到位后，跟踪了解项目运行情况，确保扶贫资金使用效益最大化。截至2010年底，政研室先后下派了5位年轻干部到安图任职。这5位干部始终心系安图发展、保持和当地的联系，为安图提供项目信息、政策咨询，做一些力所能及的工作。

【送温暖活动】 中央政研室领导时刻惦记着安图人民的安危冷暖，把改善安图贫困人口的生产生活条件作为加强党与人民群众血肉联系的重要内容。从2005年开始，每到春节临近，政研室筹措专款并组建送温暖小组，深入到安图县部分最困难的群众家中，实地了解贫困群众的生活情况，带去室领导和全室干部职工对安图人民群众的深情厚谊，并送去一定数量的慰问金，切实帮助他们解决一些实际困难，帮助他们过一个祥和幸福的春节。

【捐资助学】 政研室领导还直接捐款帮助多名当地贫困学生解决上大学的费用。在政研室领导的带领和号召下，政研室机关工作人员时刻关心安图贫困人口的生活，全室人员踊跃捐款捐物，捐献书刊、二手计算机、生活用品等，部分干部职工还直接和当地的贫困学生结对子，策划和实施爱心助学活动，截至2010年底，已帮扶贫困学生70名。

【抗灾救灾】 2010年7月27—28日，安图县遭遇强降水侵袭，全县最大降雨量达到258.5毫米，平均降雨量达到110毫米，36个小时降水量超出往年全年降水量的1/3，全县9个乡镇150个村不同程度受灾，受灾人口达7万人，房屋耕地、公路桥梁、供水供电、通讯设施等严重损毁，多户重点工业企业停产，3个乡镇一度成为“孤岛”，直接经济损失20.87亿元。

在了解安图发生灾情后，中央书记处书记、室主任王沪宁作出批示，“安图县此次遭受严重洪涝灾害，损失巨大。以政研室名义向安图县广大干部群众表示慰问。对灾后重建，应予以支持，最好派人前往，就灾后重建同县委和县政府讨论一下，排出轻重缓急，我们只能在省里大计划下促进一些重点项目。确定最紧迫的重点项目后，速与有关中央部门联系，争取支持。政研室也可筹措一些款项，主要用于受灾群众生活安排”。王沪宁特意指示此事要速办、尽快落实。根据领导指示，政研室迅速派出 2 名干部赶往当地查看灾情、带去全室干部职工的慰问、了解当地抗灾救灾急需解决的问题，回来后抓紧向室领导报告情况。在报告上，主任王沪宁、副主任何毅亭、副主任潘盛洲作出批示，要求“每个项目单独列题，向中央有关部门反映并争取支持”，并特别强调“建房过冬十分紧迫，要重点推动”。

在室领导的关心和亲自推动下，政研室和有关部委做了大量的沟通协调工作，争取到了有关部委的支持。通过协调国家发改委、水利部等相关部门，帮助安图县争取水毁设施建设资金；通过协调国家民政部等部门，对安图县住房重建实行差异性补助。目前，安图县申报的安图县城区第二水源地——长兴水利枢纽工程已列入近期全国中型以上水库建设规划，明月镇自来水厂改造、万宝镇等 4 个重灾乡镇镇区基础设施改造、两江镇西江村水毁堤防工程建设项目已列入吉林省发改委建设规划，正待资金拨付后启动实施。国家民政部专门为安图县拨付 1000 万元资金用于灾后住房重建补助，国务院扶贫办专门拨付 250 万元资金用于安图县抗灾救灾，全国残联等部门也提供了支持。在各部委的支持下，安图县在大灾之年不仅保持了扶贫开发成果，实现了经济较快发展和民生加快改善。2010 年，安图县地区生产总值达到 40.9 亿元，同比增长 20%；全口径财政收入突破 3 亿元，同比增长 25.8%；完成固定资产投资 88 亿元，同比增长 35.2%。

（中央政策研究室扶贫办）

中央编译局定点扶贫

【概述】 2010年，中央编译局（以下简称“编译局”）贯彻党中央、国务院关于扶贫开发工作的指示精神，按照局扶贫开发领导小组制定的扶贫开发工作计划，有步骤地完成了2010年对唐县的各项帮扶任务，取得了阶段性成果，受到当地各级党委、政府和群众的好评。

2010年，中央编译局共投入帮扶资金（物资）26万元。为贫困村改变落后状态，为贫困群众实现增产增收办了一些实事、好事，为唐县的贫困群众早日脱贫致富做出应有的贡献。

为了统一全局干部职工对扶贫工作的认识，编译局及时召开了专题扶贫学习教育会，播放了帮扶专题片，使机关干部职工对农村的真实情况有了感性认识，认识到乐善好施、扶危济困是中华民族的传统美德，急人之困、友爱互助是人道主义和共产主义的崇高体现，让扶贫工作深入人心，把全体干部职工的思想和行动，统一到上级的决策和部署上来。人人都把扶贫工作当成自己应尽的义务和责任，以饱满的热情、务实的行动投身到扶贫工作中去。

【扶贫调研】 2010年，编译局局级领导和处级领导共深入唐县调研12人次，科级干部下乡18人次，掌握了第一手资料，为拓宽扶贫领域，深化帮扶内容，强化帮扶效果，提供了强有力的组织保障。在此基础上，制定了切实可行的扶贫开发计划。编译局领导统筹安排，积极协调帮扶资金和物资，在经费非常紧张的情况下，2010年向帮扶单位捐赠了15多万元现金和价值4万余元的物资，完成了全年的帮扶工作，受到当地干部群众的肯定。

针对唐县自然条件差、气候条件恶劣、基础设施建设相对落后、贫困人口综合素质低等诸多因素，局领导认识到：在不断优化脱贫条件的基础上，还要努力帮助村民解决好解放思想、提高认识、增强素质的深层次问题。只有这样，扶贫工作才能取得良好的效果。根据当地的客观条件并结合编译局实际情况，确定了每年都为贫困村办几件实事，解决几件群众关注的难事的工作思路。同时，编译局还认真结合各村的扶贫规划，与县、乡、村干部群众一道，科学制定年度帮扶规划。选派了具有农村工作经验，工作作风扎实的农科人员，深入到农户家中，与村民沟通思想、交流感情，找“穷源”，除“穷根”，共商脱贫致富之策。通过深入调研与细致分析，编译局重点开展了三个方面的工作：一是加大扶贫宣传力度，教育引导群众克服等、靠、要的惰性思想，树立自力更生、艰苦创业的思想，让全体干部群众都来关心、支持、参与扶贫工作，形成群策群力的扶贫工作氛围；二是关注弱势群众，解决实际困难。中央编译局领导每次调研工作都不忘特困群众和孤寡老人，特别是遇到重大节日都带着慰问品（米面油等）和慰问金登门慰问，问寒问暖，解决生活困难。让贫困群众感受到政府的关怀，感受到党的扶贫政策的温暖；三是加大基础设施投入力度，改善贫困群众的生产生活条件。

【对口扶贫】 中央编译局对口帮扶罗庄乡坡上、西王庄和岸上 3 个贫困村，在前两年帮扶的基础上，2010 年又加大了帮扶力度，全方位做好帮扶工作，春节期间，出资 5000 元，看望 20 户贫困户；捐赠资金 15 万元，启动西王庄村的修路工程和岸上村的饮水工程。现西王庄村已修路 1.5 千米；岸上村饮水工程已完工，并打大口井 1 眼，水池 1 座，铺设管道 5000 米，家家户户用上了自来水。编译局还为黄石口乡、川里镇、齐家佐乡的贫困村送来办公用品 120 余件，改善了 3 个乡镇 6 个贫困村的办公条件。

【教育扶贫】 编译局扶贫办、团总支与唐县四城涧小学结成了对子，并开展了丰富多彩的活动。机关团总支还带领团员青年来到唐县四城涧小学开展助学助教社会实践活动，并捐赠了教学用品及 3000 元助学金。在编译局的帮扶下，四城涧小学图书已从人均 3 册达到人均 20 多册，电脑已从 4 人共用 1 台电脑到 1 人 1 台，而且建成了唐县农村小学第一家多媒体教室，学校的教学条件大为改善。

（中共中央编译局）

新华社定点扶贫

【概述】 新华社第六批扶贫工作队定点帮扶贵州省思南县，工作队队长兼中共思南县委副书记由张厚国担任，分管县总工会、妇联、团委、科协和残联工作；队员郭义任思南县委办公室副主任。在扶贫工作期间，扶贫工作队铭记新华社党组嘱托，遵循新华社定点扶贫工作宗旨，在县委、县政府的领导下，履行职责，开展工作，完成定点扶贫任务。

第六批工作队牢记“以教育为突破口，重点开发智力扶贫，搞好远程教育”的定点扶贫工作宗旨，坚持以远程教育为抓手，在“教育、智力”两方面下功夫，探索扶贫工作新路子。根据农业产业化建设实际，在农业专业合作社、产业协会等农村新经济组织上探索建立远程教育站点，使远教资源与产业发展紧密结合，推动了农村产业发展，促进了农民增收致富。在村党员活动场所，探索建立信息站模式，方便农村党员干部和群众上网自主学习，查阅相关信息，促进生产发展。

新华社贵州分社党组贯彻落实全社扶贫一盘棋的思想，重视扶贫工作。分社党组书记、社长朱国贤多次与工作队商量帮扶工作，并要求分社全力配合总社定点扶贫工作。分社党组成员、常务副总编何天文两次到思南县调研，撰写了多篇有分量内参稿件，受到地委、县委领导高度重视和肯定。

为扩大思南的影响力，提升思南的知名度，分社积极策划县委书记、县长在新华网的高端访谈；在新华网报道思南县举办中国思南第二届花灯艺术节暨电影《旷继勋起义》开机仪式盛况；在新华频媒尚未在县城安装之前，分社优先为思南县安装了2台新华频媒，使县机关干部都能看到新华频媒报道的世界各地的新闻。此外，分社机关党委还向思南县凉水井镇息乐溪村农家书屋捐赠了图书400余册。

【扶贫调研】 为巩固远程教育的成果，第六批工作队经过深入调查研究，确定了“坚持一个中心三个结合，探索和推进远程教育新路”的工作思路，即坚持以教育、智力扶贫为中心，结合党和国家扶贫政策，结合思南社会经济发展现状，结合干部群众和农民朋友的现实需求，既讲重点扶持，又照顾方方面面；既集中有限的财力，突出抓好重点乡镇，又扩大远程教育的覆盖面和受益面。让新华社每年的设备投入用在刀刃上，用在最能体现效益、效能的地方，最大限度发挥作用。新华社共投入61万元扶贫资金购置远程教育设备。

工作队进驻思南后，即深入乡镇、农村、学校、医院等进行调研，召开座谈会，走访基层党员干部群众，详细了解全县社会经济发展现状、产业发展布局和老百姓关心的民生情况，制订了比较周密细致的帮扶方案：

一是加强县级资源库建设，提升乡土课件开发水平，充分利用思南远程教育网、宽带储存、发送实用课件等资源；二是完善“村校结合”机制，加强中小学现代远程教育工程应用研究，注重远程教育培训的实效性；三是改变站点建设模式，扩大乡镇远程教育中心站建设，逐步形成以县远程教育资源库为中心、乡镇中心站为依托、村（学校）站点培训为主体、村寨流动播放为补充的远程教育模式；四是结合农村产业发展和县委“六个坚定不移”发展战略，探索建立远程教育进农村专业合作社发展模式，使远程教育在助推产业发展中发挥作用；五是探索建立农村远程教育信息站，实现远程教育专用接收网、互联网、有线电视网有机整合，扩大远程教育的信息量，提高网络实用性，方便农村党员干部和群众学习；六是利用现代网络媒体资源，推进现代远程教育发展。提高县级媒体和乡镇远教中心、文化服务中心信息处理能力，利用媒体资源制作、宣传、传输远程教育资源，让基层党员干部和群众通过媒体平台接收远程教育学习培训；七是逐步淘汰不能使用的陈旧设备，添置新设备，使设备使用效率最大化。

【县级资源库建设】 为提升远程教育地方教学课件制作质量，增强应用效果，充实资源库内容，宣传学用转化先进典型，更好地发挥县级资源库的资源保障和服务作用。2010年，为思南县配置了资源接收电脑、松下摄像机、佳能照相机、DVD复制机、录音笔等相关设备，升级改造了县级资源非编系统，为思南县自主开发和制作远程教育乡土教学课件创造了良好条件。同时，指导县委远教办制作《站在潮头的远教人》、《创先争优 践行宗旨》、《农村专业合作社探索》及《创新党内活动 激发基层活力》等乡土视频教学课件5个。

【县远程教育辅助教学网站】 2008年，思南县远程教育辅助教学网站开通以来，解决了党员干部和农村群众利用教学网开展个性化学习问题。但因学习需求不断增加，原服务器的配置和硬盘容量都满足不了需要。根据铜仁地委、行署和县委、县政府有关工作精神，2010年为县远程教育辅助教学网新配置了1台戴尔服务器，并指导县远教办改版了远程教育辅助教学网网页，丰富了教学资源，满足了党员干部和农村群众的学习要求。截至2010年底，上载视频教学课件80个，文字培训课件120个，远教信息及相关内容200余条。

【赠送远程教育设备】 2010年，新华社购买70台台式电脑为思南县部分乡镇、村党员活动室和偏远乡镇中学更新了远程教育设备，提高了思南远程教育设备的完好率和使用率。积极推进移动培训项目，赠送联想笔记本电脑，安排在12个乡镇和县直有关部门，为开展移动培训提供方便。

在新华社帮扶下，思南县远程教育设备得到了改善和更新。2009年12月18日，铜仁地区远程教育设备维护维修现场会在思南召开，会议肯定了近几年思南远程教育成果，对新华社根据思南实际探索出的“远教+新经济组织”、“村级站点”等远教新方式，给予了肯定。

【乡镇远程教育中心站】 2010年，根据部分农村和学校远程教育设施严重老化无法维修的情况，在乡镇建立远教中心站点，配置资源接收电脑、天线、接收卡等相关设备。同时对部分偏远的乡镇中学接收设备进行了更新，添置了信息站设备。建立天地网合一中心站点资源接收管理平台，建立适应地方特色的乡镇教学资源库，通过远教中心站对乡镇机关党员干部和涉农部门专业技术人员进行培训，提高政治素质和业务素质，增强基层干部服务“三农”的能力。新华社第六批扶贫工作队共建立乡镇远程教育站点12个。

【乡镇远程教育中心】 2010年，为了利用乡镇远程教育中心和文化服务中心的网络媒体资源，为许家坝镇、凉水井镇和塘头镇投入非编系统、摄像机、笔记本电脑、延时切换器等电视采编设备，增强了中心处理信息、制作乡土课件、传播远教资源的能力。许家坝镇利用投入的设备拍摄电视新闻50期，播出新闻稿件300条，加大了对本乡镇各行业中先进典型的宣传力度，达到了用身边人、身边事教育群众的目的。特别是凉水井镇以前制作一条1分钟的新闻需要一天时间，现在只需要几分钟，原来制作一周的新闻需要几天时间，现在只需要几个小时。他们用新华社赠送的设备拍摄制作了《平安东大门，和谐凉水井》、《两个中心促发展，提升素质创业绩》、《建队伍、强基础》等乡土课件，丰富了本镇的远程教育资源库。塘头镇利用投入的设备开展远程教育培训，提高了党员干部的素质，增加了农民群众的致富能力。

【农村远程教育信息站】 新华社第六批扶贫工作队在板桥乡郝家湾村党员活动室站点配置6台台式电脑和1个多口交换机，将接收的天网资源同时输送给多台电脑，接入互联网、农经网、广播电视网，实现多网合一，为农村培训远程教育青年骨干及能人党员、致富能手、返乡农民工创业者搭建了信息平台，满足了自主学习的需要，为贫困地区探索经济发展提供智力支持和技术、信息保障，促进贫困地区信息化和农村产业化发展。

【农村中学现代远程教育教学实践研究】 2010年，选择师资力量较强、教学质量较高、远程教育资源利用较好并取得一定成效的思南三中、唐乔中学、青杠坡中学等10所初级中学，配置远程教育实践应用研究专用电脑设备，从农村中学现代远程教育的方法、模式、成效等方面，专门开展现代远程教育教学实践研究，提高农村中学教育质量，缩短贫困地区中小学教育与发达地区中小学教育差距，促进农村教育发展。更好地发挥中学信息站对农村党员干部和农民群众的培训功能，突出了信息站的辐射带动作用。

【农业专业合作社远程教育接收站】 在全县选择经济效益好、管理科学规范的华丰果蔬专业合作社、邵家桥风鸣场专业合作社、香坝何野鹤专业合作社，配置资源接收电脑、天线、接收卡，建立专业合作社远程教育接收站，探索“远教+新经济组织”模式，实现远程教育网、互联网整合，为农村专业合作组织培训技术骨干、培养管理人才、搭建市场信息平台、发布产品信息、掌握市场动态，推动专业合作组织健康发展，促进农村经济产业化建设发挥重要作用。

【干部挂职扶贫成果】 根据县委分工，张厚国分管县总工会、县妇联、团县委、县科协和县残联工作，郭义配合抓好工作落实。为了尽快熟悉分管工作，先当学生后做先生，学习有关业务知识，深入部门进行调研，向干部群众学，向书本学，向实践学。扶贫工作队的干部贯彻落实新华社党组的指示精神，在县委领导下，开展扶贫工作成绩突出，《贵州日报》和《铜仁日报》分别对此进行了报道。

1. 工会工作。一是以组织建设为重点，实现工会组织发展工作重点转移，开展“党建带动工建，工建服务党建”活动，特别是加大了农民工加入工会组织的力度；二是围绕“组织起来，切实维权”的工作方针，加大了对广大职工群众的维权力度和帮扶力度；三是积极争取人员编制和工会活动经费。

2. 妇联工作。一是完成2009年、2010年宝马集团90万助学款的信息采集、上报及发放工作；二是举办庆祝“三八”妇女节100周年国际标准舞大赛；三是落实上级有关妇女创业就业小额贷款工作，共贷款2900多万元，受到地区表彰，此项工作走在贵州省前列，名列铜仁地区前茅，《贵州日报》、《铜仁日报》、“贵州妇女网”和“铜仁妇女网”等报刊、网站都分别进行了报道，思南县“妇惠家合”妇女创业就业小额贷款已成为当地的品牌标志。

3. 团委工作。一是组织开展纪念贵州省希望工程实施20周年系列活动；二是推进“千名青年致富工程”项目；三是开展思南县第一届“青年五四奖章”评选活动，并组织获奖的10名优秀青年先进事迹巡回宣讲活动；四是进行思南县青年联合会换届选举。

4. 科协工作。一是组织开展2011—2015年全国（全省）科普示范县创建工作，制定了创建实施方案；二是在2009年、2010年分别组织策划“全国科普日”和“科技活动周”活动；三是组织策划开展了思南县第一、二届青少年科技创新大赛；四是协调向国家财政部、中国科协成功申报思南县华丰果疏专业技术合作社作为全国“科普惠农兴村”项目，并获补贴资金20万元，从地区科协争取了10万元的科普展品。

5. 残联工作。一是成功组织地区基层组织建设工作现场会在思南召开；二是重视残疾人就业问题，共协调解决81名残疾人就业，争取了6个公益性岗位，向外输送26名残疾人就业；三是在参加全国、全省和地区各类文化体育比赛中，展示残疾人的风采，屡次获金、银奖牌；四是重视宣传报道工作，在地级以上党报、网站和业务刊物上发表文章和图片171篇（幅），其中国家级23篇、省级64篇、地级84篇。

6. 其他工作。积极参加县委、县政府组织的各项活动。张厚国分别随同书记、县长到27个乡镇进行工作调研，指导联系乡镇村（居）民委员会换届选举工作，筹备和参与爱国歌曲大家唱比赛、第二届花灯艺术节和抗旱救灾等工作。郭义参加了由县武装部组织的抗旱工作队，到受灾严重的乡村，为村民挑水、送水，受到当地村民的好评。此外，还从国家环保部为县环保局争取了环境监测站设备，共计99万元；从全国总工会为县总工会争取了20万元危房改造资金；从全国妇联争取到2011年“绿色三八工程”项目，共计15万元；从全国妇联为县中医院争取了“母婴健康快车”救护车1辆；并用实际行动体现扶贫，和亲朋好友一起资助思南贫困学生17人，共计24400元；与新华社贵州分社一起从省教委争取到15万元贫困教育资金。

（新华社扶贫办）

民建中央定点扶贫

【扶贫考察】 2010 年 7 月 20 日，民建中央社会服务部组织多名民建会员企业家和丰宁有关部门领导，在九华山庄召开丰宁旅游专题研讨会。在会上，请国家旅游局财务规划司司长吴文学和北京市旅游局副局长安金明作了有关乡村旅游的报告，参会企业家和丰宁有关部门领导进行了交流。为落实会议议定的项目，9 月上旬，夏赶秋副部长带领 3 名企业家，对丰宁优势旅游项目和政策环境进行了考察。

【产业化扶贫】 丰宁的县域经济发展，尤其是农业产业化，一直是民建中央着力的重点。2010 年春节前，丰宁党政领导拜望民建中央领导时，马培华常务副主席指示今后要重点做好农民增收、农村基础设施建设等方面的工作。两会期间，在马培华常务副主席的亲自关注下，社会服务部把民建会员、光明集团副总裁葛俊杰请到机关与丰宁县政府有关领导和农牧局负责人进行了深入的座谈。会议商定，在适当时候组织光明集团相关领导到丰宁考察。同时应丰宁党政领导的要求，民建中央为把中粮集团引进丰宁做好牵线搭桥工作，现在正在联系工作中。

按照领导要求，自 2009 年底开始，增加丰宁县天桥镇前沟门村作为民建中央帮扶联系点。2010 年 1 月，派人到丰宁重点了解了前沟门村葫芦种植加工的情况。截至 2010 年底，葫芦产业发展主要围绕丰大公司的加工生产线进行。根据社会服务部的要求，丰宁县委书记刘文勤专程到丰大公司视察，并责成有关部门帮助解决建设冷库所需的优惠贷款。2010 年丰大公司的葫芦种植面积是 3000 亩，民建中央准备加大对天桥镇前沟门村蔬菜生产的帮扶力度，前沟门村的蔬菜，尤其是葫芦产业有望成为丰宁的农业产业化龙头企业之一。

【送温暖活动】 2010 年 1 月，民建中央原副主席陈明德带队，到丰宁县天桥镇前沟门村开展为贫困地区群众送温暖活动，为群众带去价值 3 万元的粮油食品等。陈明德还联系浙江大学北京校友会为前沟门村捐建卫生室等，受到干部群众的好评。

【基础设施建设】 为促进前沟门村社会主义新农村建设，社会服务部在这个村安排了 80 口沼气池，并联系浙江大学北京校友会捐款 2 万元援建卫生室和文化室，并捐赠 1 辆医用汽车。截至 2010 年底，卫生室和文化室已经竣工。2010 年，民建中央社会服务部又出资 1.2 万元，为前沟门村添置了电视机、桌椅等文化室设备。

【医疗卫生扶贫】 2010 年 10 月，社会服务部组织了北京民建会员中的医学专家到丰宁县进行医疗下乡活动，在丰宁县中医医院开展义诊活动，并带去价值1.2万元的药品，共为180多位患者进行了诊治。活动期间来自北京的专家还与丰宁中医医院的医生进行了学术交流，活动受到了丰宁干部群众的热烈欢迎。

【教育扶贫】 2010年7月28日—8月2日，民建中央在大连举办了“园丁计划”第三期民建援建学校骨干教师培训班。来自河北、内蒙、辽宁、吉林、黑龙江五省的100多名民建援建学校校长和骨干教师参加了培训。其中丰宁县共有35名校长和骨干教师参加了培训。学员们反映，通过这次培训，开阔了眼界、丰富了实用的教学理论和管理知识，有助于自身教学水平的提高和学校管理的完善。

（民建中央社会服务部）

中国致公党中央定点扶贫

【致西合作纪念活动】 2010年是“致西合作”20周年，9月在酉阳举行了隆重的纪念庆祝活动，主席万钢亲自率队出席，副主席李卓彬主持纪念大会。纪念大会上，万钢主席深情地说，20年来，致公党在科技扶贫、教育扶贫、新农村建设等方面见证、参与了酉阳的发展，与酉阳人建立了深厚的感情。酉阳通过自身的努力和实践，找出了一条人与自然和谐相处、经济与环境统筹协调、各民族团结奋斗致富发展的科学发展之路，也为走出一条欠发达、欠开发地区走向开放、富裕、繁荣、和谐的希望之路作出了贡献。主席万钢希望酉阳一是要注重科技创新，推进酉阳经济社会实现跨越发展；二是推进农村信息化，进一步加快新农村建设；三是发展教育事业，建设教育强县。万主席还表示今后致公党和科技部将继续加大对酉阳的循环农业和科技创新工作支持力度，在高新技术企业、现代农业和信息化发展上给予酉阳高度关注和支持，为酉阳的现代化建设作出应有的贡献。

“致西合作”20年的成绩得到了中共中央政治局委员、重庆市委书记薄熙来的赞扬，薄书记专门与万主席一行进行了会谈，并对“致西合作”给予高度评价。人民日报等各大媒体及重庆日报等就“致西合作”二十年开展情况进行了集中采访和报道，取得了良好社会效应。

在纪念活动中，经沟通协调，北京中联亚房地产开发有限公司董事长、本党中央社会发展与服务委员会副主任史维学，为酉阳县捐赠了农民培训专用电脑200台，使得酉阳县的“致福工程”农民学电脑培训点由3个增加到11个，推动了酉阳农村信息化建设。

【扶贫工作会议】 2010年6月28日，中央统战部召开了统一战线参与支持毕节试验区建设联席会议第3次全体会议。会议强调，毕节试验区建设正处于新的历史起点上。统一战线参与支持毕节试验区建设要深入贯彻落实科学发展观，围绕“开发扶贫、生态建设、人口控制”三大主题，以智力支持为主线、以改善民生为出发点、以示范带动为特色，由定点扶贫向定点扶贫与定项扶贫并重转变、由建言献策向出主意与办实事并重转变、由各自行动向体现自身优势与形成整体效应并重转变，打造“同心工程”品牌，推进把毕节建设成为综合实力雄厚、人民生活富裕、产业结构优化、生态环境优美的试验区，建设成为统一战线服务科学发展和多党合作示范区。

6.28会议后，致公党中央领导高度重

视加强毕节试验区建设工作，2010年10月在毕节召开了致公党东部6省3市（北京、上海、天津、广东、福建、江苏、浙江、山东、辽宁）组织参加的致公党中央加强毕节试验区建设工作会议。会议传达学习了中央统战部6.28会议精神，李卓彬副主席出席会议，并要求致公党各级组织要坚持发挥以智力支持为主要内容和特点、以长期共同支持一个贫困地区为形式的“毕节模式”的独特优势，推动引导致公党党员积极参与到支持毕节试验区建设中来，使民主党派在服务经济社会发展中不断探索新路子、新载体，提高服务科学发展的整体水平。会议还就如何凝聚全党力量、进一步科学系统地开展毕节扶贫工作进行了深入讨论。

【抗旱救灾扶贫】 2010年夏季，在毕节市遭受特大旱灾之际，致公党中央领导高度关心重视灾情，嘱咐以最快的速度向毕节市委市政府发出慰问信，并拨出专款，为毕节市的抗旱救灾工作贡献力量。同时，致公党广大党员也积极响应致公党中央号召，为缓解毕节旱情慷慨解囊，其中，致公党中央社会发展与服务委员会副主任、江苏黄埔再生资源利用有限公司董事长陈光标向含毕节地区在内的云贵旱区捐赠矿泉水3600吨，并积极组建工程队在云贵旱区打水井200口。

【教育扶贫】 2010年8月，继续与新东方教育科技集团联系，为毕节试验区优秀贫困高中毕业生发放2010年度“新东方”奖学金10万元，为优秀贫困学生继续深造缓解了经济压力。

2010年9月，为缓解当地贫困学生学习压力，致公党中央联系北大青鸟集团总裁、致公党中央社会发展与服务委员会副主任许振东，通过贵州省教育厅、共青团贵州省委及致公党贵州省委会协调，开展了“致公爱心培养计划”，在贵州省招收53名贫困家庭子女到北大青鸟附属实验学校免费学习6年（包括初中三年，高中三年）。并为其解决6年在京读书期间的生活和学习问题：免除一切学费，并提供日常衣食住行费用及每年两次假期返乡交通费用等，该计划共持续六年时间，预计共支出费用1350万元。2010年，致公党还与香港汉荣书局保持联系，争取到2000余册书籍两套，分别赠予“致泸合作”开展地泸州市图书馆及本党中央机关图书馆。

【扶贫调研】 2010年，致公党组织致公党中央社会发展与服务委员会委员在西部贫困地区开展深入的调研。10月17—18日，专门组织致公党东部9省3市组织的代表以及社会发展与服务专委会成员前往贵州省毕节地区，就毕节试验区大方县宣慰府重建工程，毕节市大新桥办事处小河村“致公万泽小学”、倒天河二期治理工程、力帆骏马二期工程及小坝镇水塘村贫困农民生活状况进行了调研，与会成员调研后对毕节地区的贫困现状有了初步了解，表示要在致公党中央统一协调下，发挥各自地区特色，为毕节试验区发展贡献力量。

10月19—20日，继续在四川省泸州市就“致泸合作”开展情况前往泸州酒业园区、纳西棋盘小学及“致公林”等致公党帮扶项目进行调研。并在泸州召开了社会发展与服务委员会全体会议，副主席李卓彬在会议上指出，扎实推进社会发展与服务工作是致公党参政议政、履行参政党职责的重要途径和实现平台，专委会成员要进一步发挥智力优势，各尽所能，服务大局，做好东西部之间的对接、协作与联动，以高度的责任感，在党中央推进“十二五规划”的新形势下，取得社会发展与服务工作的更大成绩。与会成员也结合调研情况就专委会工作下一步开展进行了深入的交流，对今后专委会工作开展提供了指南。

此外，如何将发达地区的先进理念以及从事扶贫工作兄弟单位的工作经验加以学习消化，并有效运用到本党定点扶贫工作中去，也是致公党调研工作的关注重点。为此，前往民盟中央社会服务部、爱德基金会及本党江苏省委会处走访调研，学习他们开展相关工作的经验，提升本党定点扶贫工作水平，以推动定点扶贫工作取得更好的成绩。

（致公党中央联络部、社会服务部）

最高人民检察院定点扶贫

【概述】 为扎实抓好定点扶贫工作，最高人民检察院领导高度重视，把对云南省西畴县的帮扶工作列入机关工作的重要议事日程，及时调整充实院扶贫工作领导机构，选派优秀年轻干部到西畴县挂职锻炼，加强对定点扶贫工作的领导。工作中，最高人民检察院始终坚持帮助贫困地区尽快解决群众温饱问题，逐步缩小地区之间的差距，加快贫困地区脱贫致富步伐，实现共同富裕，增强民族团结，维护国家的长治久安和遵循社会主义市场经济的原则，按照“救济式扶贫转向开发式扶贫”和“资源共享、优势互补、互惠互利、共同发展”，通过政府推动，运用市场机制，经济效益和社会效益并重、硬件建设和软件建设并举、对口帮扶和经济协作相结合、重点帮扶和面上帮扶相结合、近期帮扶和长期合作相结合的方针，制定了“实际出发、因地制宜、优势互补、雪中送炭”的工作原则。与西畴携手共进，探索扶贫新模式，开创扶贫开发协作工作新局面，全面推动西畴经济和社会各项事业的发展。下派干部能够牢记各级领导的嘱托，在扶贫办和中共西畴县委的领导下克服困难，认真履职，努力工作。2010 年，共协调资金已到位 590 万元，为西畴县新农村建设、产业化扶贫、农村贫困劳动力培训、帮贫济困等方面做出了贡献。

【扶贫考察】 做好扶贫工作，走科学发展之路，首先就要了解县情民生，掌握详实的一线资料，有针对性地进行扶贫帮困。2010 年，最高人民检察院领导深入西畴实地考察调研 2 次，挂职干部经常走访县属各部门和乡镇，深入到农村田间地头，深山老林，与干部群众促膝谈心，打成一片。通过考察和调研，既宣传了党的扶贫、惠农政策，科学的发展理念，拉近了最高人民检察院与西畴县干部群众的距离、密切了党群干群关系，又对县情民生有一个较为全面的了解，对县乡两级政府没钱办事难、处于“巧妇难做无米之炊”的窘境有更深层次的理解，对贫困山区农民生产生活条件的艰辛有更直接的感受，从而增强了最高人民检察院和挂职干部做好扶贫工作的使命感和责任心。

【产业化扶贫】 就西畴县财力短缺、农民生活贫穷的现状，最高人民检察院把扶贫工作重点定位在发展特色产业，推进新农村建设层面，提高农民收入，改善农民生活。挂职干部想方设法从最高人民检察院、国务院扶贫办等部委、云南省相关部门协调产业项目和新农村建设资金，为帮助农村农民致富而不懈努力。一是争取“二元杂能繁母猪养殖”产业资金 200 万元，在县6个乡镇采取“整村推进、重点扶持”及以点带面、建立示范样板的方式，扶持10个村民小组570户农户和7个规模养殖场，2010年该项目发展势头良好，使项目区农户年均增收1000余元；二是根据土山区土质特点，协助柏林乡党委政府在云南省扶贫办争取了“种草养牛”项目资金70万元，地壮大了该乡养牛业的规模，并促进了蘑菇等产业的循环发展；三是投入20万元在鸡街乡黄龙坡村、兴街镇三道桥村分别建设“生猪养殖示范村”和“种桑养蚕示范村”，提高了示范村农户的收入，带动了周边村寨的跟从发展。

【基础设施建设】 2010年，投入152.5万元先后在莲花塘乡交支玟村、兴街镇多依坪、马鞍山、岔河村和西洒镇大卡村建设5个社会主义新农村，在这5个新农村中，分别打造成了民族团结示范村、民族团结生态村，新农村建设重点村等。通过建设，这些村庄的村容村貌发生了根本性变化，农民的生产生活条件得到了根本性改善，有力促进了全县新农村建设。同时，还投入3万元补助鸡街乡汪家坪村自建公路建设。

【劳动力培训】 2010年，最高人民检察院从国家农业部争取“劳动力培训”项目资金70万元，加大了县外出农民工的学习培训力度，为他们拓展了就业途径，提高了就业技能。

【法治教育宣传活动】 2010年，最高人民检察院向县检察院投入10万元作为普法宣传工作经费，指导县检察院在全县开展新农村法治教育宣传活动，使广大农民对检察院的职能有了更进一步了解，知法守法的意识进一步增强。

【教育扶贫】 一是积极与中国扶贫基金会联系，为西畴县2008年、2009年考取大学的68名贫困生争取了每人2000元的特困补助，共计13.6万元。另外，争取香港一企业家从2009年起每年帮助县高中阶段10名孤儿和特困单亲孩子完成学业，每人每学年资助1800元，如能考上大学并资助至大学毕业，上学期9000元已发送到每名学生手中。这些措施有效地帮助了一些农民子女上不了学、上不起学的问题；二是投入25万元并整合西畴县学校危改资金150万元援建了“最高人民检察院—程家坡希望小学”，可容纳210名学生，承担学前和小学阶段的教学任务。同时，还帮助该校与北京市电厂路小学共建，不仅在学生间开展“手拉手、一帮一”活动，也在学校建设方面取得硬件设施和软件资源上的帮助，较好地改善了教学条件。该所小学将成为全县“窗口小学校”之一。

【抗旱救灾】 2010年，最高人民检察院为西畴县捐赠抗旱救灾资金25万元，用于资助西畴县缺水最严重的村庄，扶贫干部也多次深入农户了解旱情，帮助排忧解难。同时，还邀请中央电视台“聚焦三农”栏目记者深入到西畴一线报道，向外界宣传了全县旱情。

【挂职干部扶贫】 开展扶贫工作中，能够时刻铭记各级领导的嘱托，牢记职责，身入心入，及时转换角色，进入状态。工作生活中，挂职干部不以是最高人民检察院干部而自居，不搞特殊，而是以西畴县一名普通干部的身份对待那里的人和事，遵守相关规定，处处检点自律。参加县里的各项活动，协助书记做好各项工作，坚持多看多学多思，不说过头的话，不做出格的事，为人谦虚谨慎，诚恳热情，与县里领导和其他干部关系融洽。下基层和县属部门考察调研不摆架子，不讲摆场，不请吃吃请，积极与基层干部群众打成一片，真心实意排忧，力所能及解难。树立了最高人民检察院机关的良好形象，没有辜负各级领导的期望，也得到了西畴县干部群众的认可和尊重。

在扶贫过程中，最高人民检察院和下派干部还不断拓宽扶贫领域，丰富扶贫内涵，利用各方资源尽可能的为基层多办实事，为群众多办好事。帮助西畴县检察院争取国家和云南省发改委资金扶持“两房”建设。新办公楼于 2010 年投入使用，搬家时时任最高人民检察院工会主席张秀杰代表最高人民检察院亲临现场祝贺并送慰问金 5 万元，激励了基层干警。

（最高人民检察院）

国家安全部定点扶贫

【概述】 2010年，国家安全部把贯彻落实两办《通知》精神贯穿工作之中。一是充实调整了部扶贫工作领导小组成员，加强对扶贫工作的组织领导；二是全面总结和认真梳理八年定点扶贫工作中成绩和不足，研究制定了下一步扶贫工作的初步规划；三是调整扶贫工作思路，本着“尽力而为，量力而行”扶贫理念，根据多伦县、盐山县的客观实际和工作进程，采取一县一策，有所侧重的作法，发挥当地优势，以整村推进、产业化扶贫为重点，稳步推进部机关定点扶贫工作。

【引淀入盐工程】 2010年，为“引淀入盐”工程争取资金400万元。随着盐山县工业化进程的加快和城市规模的扩张，水需求已成为影响城市发展和群众生活的“瓶颈”问题。盐山县城市用水为“高氟高碱”水，“引淀入盐”项目是造福盐山县人民的重点民生工程。由于投资巨大，是困扰工程实施的难题。为此，国家安全部协调主管该项目的国家发改委有关领导，成功为该项目争取资金400万元，现已全部到位。截至2010年底，“引淀入盐”项目已处于工程施工阶段，进展顺利。

【扶贫资金】 “整村连片开发项目”是河北省扶贫办分配的项目，由于2009年沧州地区的分配资金已用完，2010年争取资金困难较大。国家安全部与国务院扶贫办、河北省扶贫办多次协商沟通，取得理解和支持，并与盐山县有关部门深入调研，提交出可行性报告与答辩材料，经多方努力，为盐山县争取到300万元开展成方连片肉鸡标准化养殖项目资金，为16个村的农户发展养鸡产业提供了支持。

【整村推进】 1. 2010年，经过对盐山县14个重点贫困村的调研，初步确定把边务乡东王村作为国家安全部在盐山县第一个整村推进的示范村。东王庄村多为盐碱地，贫困人口多，农业无主导产业。经与县扶贫办及乡、村两级政府协商，反复征求村民意见，认为东王村发展大棚蔬菜种植产业条件较好，初定一期建设蔬菜大棚60个，采取一户一棚的模式，每棚占地3.5亩，扶持60户先行种植。建设一个大棚需投资28000元。其中国家安全部帮扶8000元，其余由村民及村委会自筹。国家安全部扶持该项目总计捐助48万元。按正常测算，大棚建成后该村每年可增加收入240万元，仅大棚蔬菜种植一项，全村年人均纯收入可达近4000元，500余名贫困群众可实现脱贫。

2. 在继续做好帮扶多伦县白沙梁、学田地、平甸沟、大石砬、小石砬5个村实施整村推进发展奶牛养殖项目及淖尔镇发展蔬菜种植项目的基础上，2010 年对全县有名的贫困村大北沟镇小官场村进行了重点帮扶。小官场村，草场面积小，土地贫瘠，水资源贫乏，农民的收入来源仅靠种植玉米、莜麦等农作物，靠天吃饭，贫困户占到 30% 以上，是典型的无支柱产业贫困村，列为国家安全部实施整村推进重点帮扶村。2009 年，多伦县农牧局与小官场村合作开发养猪产业。为 120 个农户合作建成了配套沼气池的标准化猪舍。由于农户基础建设投入了一定比例资金，待猪舍建成后，大部分农户已无力支付购猪款，陷入了等猪入圈的困境。为解决农民的当务之急，国家安全部与多伦县扶贫办、大北沟政府及村民协调，由国家安全部提供 24 万元购猪款，不足部分由镇政府协调农户自筹及贷款解决，为每户购买 1—2 头优质长白种母猪，逐步扩大饲养。截至 2010 年底，此项工作进展顺利，首批购进了 63 口种母猪。按正常繁育效益，每户每年可增收近万元。

【教育扶贫】 1. 盐山县农村小学发展不均衡，有些学校受财力所限教学设施落后，课桌椅破旧不堪。为此，国家安全部扶贫办出资 11 万元，机关团委组织青年干警捐助 6 万多元，携手向盐山县育红中心小学等 4 所小学捐赠课桌椅 1825 套及其他文具用品。2010 年 9 月 26 日，盐山县委、县政府在育红中心小学举行了隆重的爱心助学捐赠仪式，部扶贫办、部机关党委、部机关团委、部关工委等有关领导和各局年轻干部 30 余人参加，仪式隆重热烈，表达了国家安全干警对贫困孩子们的拳拳爱心，取得了很好的社会效益和扶贫效益。

2. 坚持以智力扶贫为目标，不断注入发展新活力，为多伦县合作建立以教育扶贫为目的的远程教育培训双向教学站。多年来，国家安全部一直在关注和支持多伦县文化、教育等方面的发展，投入了一定的资金与物资。2010 年，在部机关团委的协调组织下，坚持不懈的对多伦县贫困学生开展“手拉手”助学活动，先后对多伦 290 余名贫困学生进行了帮扶，特别是老干部桑松森夫妇连续几年捐款助学，2010 年又捐助 1 万元，累计捐款达 6 万元。2010 年初，与清华大学成人教育学院合作，为多伦县合作建立以教育扶贫为目的的远程教育培训双向教学站，2 家各承担 20 万元组建费用。远程教育培训双向教学站的建立，为多伦县干部、中小学老师、技术人员培训、帮助学习新知识、新技能、促进学术交流，享受优质的教学资源起到重要的作用。

【产业化扶贫】 2010 年，坚持产业化扶贫和全面协调发展方针，推动多伦县牛奶产业可持续发展。2008 年“三聚氰胺”事件导致多伦县奶牛产业遭到严重打击，多伦县奶牛存栏量急剧下滑，整村推进工作中所建立起的奶牛养殖业受到了严重影响。为重振多伦县奶牛产业，一方面为推动奶牛产业出谋划策，会同多伦县相关部门对奶牛产业的现状进行了深入调研，对周边奶牛产业发展较好的地区进行实地考察。认识到“分散饲养、集中挤奶”的模式已经不适应“后三聚氰胺时代”对奶源的要求，必须走牧场饲养管理之路。积极推动县政府下决心转变落后的奶牛饲养模式，加大政策资金支持力度，推进奶牛标准化规模养殖牧场建设，走规模化、规范化养殖的新路子。另一方面加大对“超大”奶牛繁育基地的关心、关注和支持力度，夯实“超大”在奶产业中的龙头地位，把企业做大作强，增加抗风险能力；推动南北2个奶牛养殖小区向标准化牧场方向转变，提高养殖水平综合指标，实现提高奶价增加养殖效益的目标。目前，超大集团种奶牛繁育基地一、二期运营状态良好，呈现了良好的发展势态和发展潜力，超大一期已连续2年经营出现正增长，已具备向市场提供400头优质奶牛的能力。超大二期目前存栏奶牛850头，已形成每天3吨的产奶能力。

坚持多种方式发展产业，因地制宜，在大棚蔬菜瓜果种植方面进行了探索。继2009年帮助多伦县淖尔镇建造68座大棚瓜果项目之后，2010年与淖尔镇政府再次协作，建造涉及4个蔬菜村的反季节大棚瓜果基地项目。规划2010年建12座日光温室棚，总投资72万元资金，国家安全部捐助36万元，其余部分由农民自筹及镇政府补贴。日光温室以种植高附加值的特色、无公害瓜果为主，预计每棚年收入3万元左右。为完善多伦县的农业产业结构，回避单纯养殖奶牛产业带来的风险，促进农民增收起到巨大作用。

【扶贫调研】 坚持争取多方领导支持，发挥干部教育基地作用，国家安全部副部长及内蒙厅、河北厅领导分别率队赴多伦县、盐山县考察指导扶贫工作。7月29日—31日国家安全部副部长率部内5个局、厅的主要负责人赴多伦县考察指导扶贫工作。深入农村访贫问苦，考察重点帮扶项目，在国安绿化基地进行种树活动。副部长对扶贫工作给予高度评价，看到多伦县经过8年艰苦奋斗发生的巨大变化，深受教育、感动和鼓舞。动员参加考察工作的各局捐款，募集110万元资金支持多伦县的生态保护的绿化工程。

扶贫工作得到了内蒙古自治区安全厅、河北省安全厅的关心和支持。端午节，内蒙安全厅厅长专程赴多伦县进行调研，慰问挂职锻炼的干部，为多伦县带去3万元扶贫资金和电脑等教学用具。11月11日，河北省安全厅厅长携厅政治部主任、厅机关党委书记以及沧州市安全局局长等领导专程赴盐山县考察扶贫工作，慰问挂职干部。

发挥多伦县、盐山县作为干部教育基地作用。部机关和地方厅局及兄弟单位7批100余人赴多伦县、盐山县参观考察，接受教育。

（国家安全部机关扶贫办）

国家质检总局定点扶贫

【概述】 2010年，国家质检总局（以下简称“质检总局”）定点扶贫河南省民权县、甘肃省礼县，履行职责，主动开展工作，取得一定成效。

定点帮扶河南省民权县

【整村推进】 2010年，质检总局对民权县的定点扶贫工作，坚持“政府主导、部门协作、群众参与、综合开发、整村推进”的扶贫战略，实施开发式扶贫，外靠政策之力，内靠资源之势，凝聚全县合力，创新投入方式，取得了明显成效。9月16日，全国扶贫开发整村推进工作现场会在民权县召开，与会人员对民权县的扶贫开发工作给予了肯定。

质检总局组织有关部门召开了由各涉农项目单位负责人参加的整村推进整合资金项目工作会议，对2010年度整村推进整合资金项目工作进行安排部署。在认真调查摸底的基础上，编制完成了《2010年度扶贫开发整村推进规划》，对全县74个村实施扶贫开发整村推进工程，积极争取财政扶贫资金2355万元，资金争取量位居全市县（市、区）第一。2010年，整村推进财政扶贫项目已全部开工建设，近日将全面完成建设任务。同时，被河南省扶贫办列为全省“十二五”扶贫开发整村推进规划村级典型设计试点县（全省共有6个县，商丘市仅有民权一个县）。

【教育扶贫】 为改善民权农村教育教学条件，协调质检总局和地方政府，争取总局捐赠资金30万元，地方配套35万元，为王桥乡赵庄小学新建9班3层教学楼一幢，建筑面积702平方米，改造危厕90平方米、围墙400米。该项目彻底解决该校校舍安全问题，促进了贫困村教育事业的发展。

【科技扶贫】 注重科技在扶贫开发中的带动作用，积极申报科技扶贫项目，兴办科技扶贫示范基地，选择了一些具有较高科技含量，符合当地实际的科技实用技术项目，开展劳务技能培训，全力搞好“雨露计划”培训基地认定工作。经过努力争取，协调中央财政科技扶贫资金100万元，依托民权县野岗乡三安蔬菜种植专业合作社，在10个贫困村建立无公害绿色高科技蔬菜基地，带动民权县蔬菜产业发展，加快贫困群众脱贫致富步伐。民权县于2010年4月，经市、县扶贫部门严格评审，分别确定了1个市级和2个县级“雨露计划”培训基地。7月份被国务院扶贫办列为全国2010年度科技扶贫试点项目县（全省仅有2个县）。截至2010年底，无公害绿色高科技蔬菜基地正在按照项目计划组织实施，已通过“雨露计划”对全县970名贫困农民进行了技能性培训，转移贫困农民680人，使其走上了致富的道路。

【产业化扶贫】 为加快农业产业结构调整，促进民权无公害蔬菜产业发展，在总局的扶持和当地县农业部门的帮助下，按照总局《供港澳蔬菜基地检验检疫监督管理办法》的要求，积极协调扶持资金15万元，在王庄寨建设占地400余亩的供港澳蔬菜生产基地两个，并于2010年10月通过质检部门考核验收，现已审批。此基地的建立将为当地蔬菜生产走向国际化和农民增收增效打下坚实的基础。同时，围绕龙头企业，抓好产业扶贫工作。2010年，通过协调和指导已有2家企业被确定为省级以上扶贫重点企业。其中：河南神人助粮油有限公司为国家级扶贫重点企业，河南宏伟实业有限公司为河南省扶贫重点企业。已为2家企业发放扶贫贴息贷款55万元。

【两项制度衔接】 2010年11月30日，在河南省扶贫办召开的全省“两项制度”有效衔接全面试点工作会议上，对民权经验进行重点介绍，12月10日，在民权召开了全市“两项制度”有效衔接试点工作现场会上作了典型发言，与会人员实地查看了试点工作操作流程和有关资料，对试点工作给予了肯定。

定点帮扶甘肃省礼县

【产业化扶贫】 一是为了进一步拓宽果业增值的空间，实现果农收入大幅提高，推动“礼县苹果”获得国家地理标志产品保护，标志着具有特色优势的“礼县苹果”成为知名品牌，受到质检机构的法律保护，这对礼县发挥“礼县苹果”地理标志产品的品牌优势，实现“礼县苹果”的“无形价值”，起到更大的促进作用；二是在永兴乡永兴村蔬菜示范点新建日光温室进行反季节蔬菜育苗，提前1—2月蔬菜上市，每公斤增收按1元计算，一年可增收10万元以上。发挥带动效应，逐步把永兴村蔬菜示范点建设成礼县功能比较齐全、辐射带动较广，特色优势明显可调节市场蔬菜价格居高不下的无公害蔬菜示范基地，有效解决了永兴乡及周边乡镇农民群众蔬菜需求的矛盾。

【教育扶贫】 2010年，引进深圳华测检测股份有限公司35万元资金重建礼县永坪乡马沟小学，根据《5.12地震礼县学校受灾情况恢复重建规划》，该校新建砖木结构教室6个，建筑面积199.44平方米；新建砖木结构教师办公室3间，建筑面积91.44平方米；新建砖木结构厕所2间，建筑面积27.72平方米；浆砌砖砌围墙76米；校门1座。

联系北京二七机车厂技工学校与礼县职业学校联合办学合作事宜，学生毕业后由北京二七机车厂技工学校向在京企业推荐安置就业，为礼县劳力输出提供了渠道，为礼县工人在外工作改善生活创造了条件。

组织、协调和完成了北京第二外国语学院暑期英语支教活动，将传统的救助扶贫引入智力扶贫这种扶贫开发新模式，引导高中英语教学由重语法向重阅读、口语、听力转变，开拓了山区英语教育改革的创新之路。

向礼县中小学校捐赠图书11957册，体现了质检总局对礼县教育事业的高度关注和一贯支持，为孩子们提供科学文化知识和人文关怀，丰富了孩子们的精神文化生活。

（国家质检总局）

国家统计局定点扶贫

【扶贫资金投入】 2010年，在国家统计局定点扶贫的内蒙古敖汉旗遭遇严重干旱的情况下，国家统计局在每年拨款80万的基础上，又追加了40万扶贫资金。国家统计局扶贫办积极协调统计局内有关单位和人员向敖汉旗捐助计算机等办公设备，折合人民币30.87万元；争取扶贫项目到位资金200万元；争取到国家档案馆建设“十二五”规划中敖汉旗档案馆建设立项，该项目建设面积为6202平方米的档案馆，得到国家拨款1116.36万元的支持。

挂职帮扶干部对全部乡镇考察、调研之后，共收到34份申请项目的报告，3月底，组织参加调研的人员集体讨论，根据轻重缓急的原则，集中大家的意见，资助了28个项目，并编制了《国家统计局帮扶内蒙古敖汉旗项目介绍（2010.1—2010.11）》，详细介绍工程的情况和发挥的作用。

【基础设施建设】 一是加强农牧业基础设施建设。安排新打井或配套井8眼，新增有效灌溉面积1700余亩，稳定种植业生产，提高产量，为农牧民脱贫致富注入了动力。二是解决人畜饮水难的问题。安排新打及配套井8眼，解决402户1841人、1所学校1100名师生吃水困难，同时解决了4164头（只）牲畜的饮水问题。三是解决群众出行难问题。修建1.6公里的村级路，方便188人的出行，解决了平时出行不便，遇雨绕行，避免学生上学穿越铁路带来的危险，给群众生活、生产带来方便。四是为加强农村党组织建设提供硬件帮助。资助村党员活动室及村委会（危房）重建，为党员学习、活动提供必需的场所，为加强农村基层党组织建设提供了帮助。五是改善机关办公条件。为政府相关部门配置了计算机、传真机、打印机、投影仪、文件柜等现代办公设备，改善了办公条件，提高了工作效率。

【产业化扶贫】 2010年，配合乡政府专项推进，扶植村主导产业的龙头企业，出资金协助建设牛舍1200平方米、购买蘑菇烘干机2台，为群众发展畜牧业生产、开拓农民致富渠道提供积极的支持。

【教育扶贫】 2010年，为4所学校各援建1个计算机教室，共配置了80台计算机，学校开设了计算机课，改善了办学条件，为2400多名中小学生提供了学习现代化知识的机会。

【劳动力培训】 2010年，资助妇联、团委通过集体办培训班、发放学习资料等方式对农村妇女、青年10000余人次进行种植、养殖实用技术以及餐饮、家政服务等方面的培训，开拓视野，掌握生产技能，为农村妇女和青年劳动致富或外出打工增加就业机会提供了条件。

【干部挂职扶贫】 1. 争取国家扶贫办支持，解决特困贫水乡人畜饮水问题。挂职帮扶干部专题向国家统计局扶贫办和农村司报告了玛尼罕乡人畜饮水存在的严重困难，希望能协助解决玛尼罕乡饮水工程所需280万资金。农村司的领导向国务院扶贫办汇报了这一特殊情况，得到国务院扶贫办的支持。挂职帮扶干部及时协调敖汉旗扶贫办、水利局和玛尼罕乡政府起草立项报告，与敖汉旗扶贫办领导到自治区扶贫办汇报相关工作，得到200万资金的支持。

2. 争取相关部门帮助敖汉旗档案馆建设立项。国家将对西部地区部分危旧档案馆进行重建。挂职扶贫干部向局投资司和办公室的领导汇报了敖汉旗争取档案馆建设项目情况，请他们向国家发展改革委和国家档案局沟通，给以支持。同时协调旗发改局和旗档案局抓好立项报告的起草，主动做好各自上级部门的工作。经国家统计局积极努力，几经周折，现在已被国家发展改革委和国家档案局批准列入“十二五”规划。该项目可建6202平方米的新档案馆，将得到国家1116.36万元资金支持。

3. 协调相关单位捐赠办公物品。协调局内有关单位和北京师范大学，向敖汉旗捐赠电脑30台、文件柜10个、投影仪6台。

【建立扶贫工作档案】 为全面总结经验，并为下一轮更好地开展扶贫工作，国家统计局扶贫办对2002—2010年帮扶工作进行了全面的总结。国家统计局扶贫办对帮扶敖汉旗9年的资料进行了清理，分类整理，建立了档案，对9年的帮扶工作进行了全面总结。

1. 鼓励经过培训的青年在家乡发展事业。2004年由国家统计局扶贫经费资助，经西安财经学院定向培训了14名青年，挂职帮扶干部看望了已在家乡创业的人员，赞扬学有所成，鼓励发展事业，为家乡经济发展做出贡献。

2. 清理文件、资料，建立帮扶工作档案。在对敖汉旗帮扶期间曾有6位挂职书记、25位年轻干部在敖汉工作和锻炼，时间跨度长、人员变化大，为资料的整理带来困难。国家统计局扶贫办向这些人广泛征集资料，现任挂职书记对5位前任书记所留的近千余份纸介质文件、资料和上千份电子资料进行了全面整理，经过清理、分类、筛选，分别建立了对口帮扶敖汉旗历年总结、扶贫文件等8个纸介质卷宗和投资、工程项目、请示报告等18个电子文档，搜集资料照片200余张。

3. 核算资金投入，汇总工程项目。对9年来国家统计局投入的帮扶资金、干部群众捐款、捐物，从局外引进资金、捐赠办公用品等进行了核算；对200余个帮扶项目进行了分类、汇总。

4. 对2002—2010年帮扶工作进行全面总结。总结在全面整理资料的基础上，从领导重视，机构保障，群众支持；深入实际，调查研究，确定帮扶工作重点；为贫困地区办实事，为群众脱贫致富提供帮助；锻炼干部显著进步等4个方面进行了总结。

（国家统计局）

国务院侨务办公室定点扶贫

【概述】 2010年，国务院侨务办公室（以下简称“侨办”）定点帮扶甘肃省积石山县，共完成党政干部培训50人次、教师培训77人次、长（短）期医务人员培训324人、义诊300多人次、来京参加夏令营学生20人；选派积石山县急需的英语等专业老师9人次前往积石山县授课、培训。2010年共引进资金705.4万元，全部用于2所医院、5所学校和410户侨居工程等公用事业和新农村建设，发挥了良好的社会效益。投资150万元的畜牧养殖项目、20亩药用植物种植项目等生产建设项目顺利开展，为积石山县的产业结构调整发挥积极的促进作用。

【无线关爱项目】 在侨办基金会的支持下，“无线关爱”项目于2010年底全面竣工并投入使用。“无线关爱”项目是由美国高通公司出资30万美元，甘肃省临夏电信出资7.5万元人民币和三年优惠网络使用费285.8万元共同合作实施的扶贫工程，旨在通过打造先进的信息化教育平台，帮助提高当地教育信息化水平。“无线关爱”项目共为积石山县修建了7个连接互联网的电教室（大河家康吊小学捐建1个、积石中学2个、吹麻中学2个、吹麻滩初级中学2个）。

【萤火虫乐园项目】 2010年9月，经侨办与上海市侨办积极争取，“上海宋庆龄基金会—东亚银行公益基金”为积石山县刘集中学捐建了“萤火虫乐园”电教室。“萤火虫乐园”项目为刘集中学装备了1个拥有29台宏基PC机、29套电脑桌椅、1台三洋投影机、5个书架（含书）和1个背板的多功能电教室，并给学生发放了1500个“萤火虫背包”（包内装：2只HB铅笔、4只圆珠笔、5本练习本，橡皮擦、套尺、笔袋、铅笔刀、垫扳、圆规、字典各1个），总投资31.5万元。

【扶贫培训】 为帮助积石山县干部群众增强开放意识，拓宽工作思路，提高领导能力，促进社会主义新农村建设，2010年分层次，有针对性地开展了多项参观考察培训活动。

1. 举办党政干部培训班。在华侨大学支持下，5月10—28日，侨办在华侨大学举办了“第五期积石山县党政干部培训班”，积石山县各乡（镇）和县直各部门的50人参加了学习。华侨大学9位专家教授为全体学员专题讲授了邓小平理论、“三个代表”重要思想、科学发展观、“两会”精神、世界经济形势和金融基础知识、国家民族政策概述、构建和谐社会主义新农村、外商投资现状与趋势、民营经济发展的模式问题及对策、领导科学与领导实务、政府公共关系等方面的知识。除课堂学习外，还安排参观考察了晋江浔兴集团、安溪茶叶种植技术和加工营销等。28日，副主任任启亮赴华侨大学参加了结业典礼。任启亮希望学员们学以致用，把科学知识转化为工作思路，带领积石山县人民早日实现脱贫致富的目标。通过培训，学员们了解了沿海开放地区的发展现状，开拓了视野、拓宽了思路，找出自身发展的优势和不足，增强了带领积石山县人民实现脱贫致富目标的信心和决心。

2. 举办高中教师培训班，协助中小学校长到沿海发达地区的考察交流。为了帮助积石山县进一步提高教师队伍教学水平，促进该县教育事业又好又快发展，10月30日—12月30日在暨南大学举办了第二批积石山县骨干教师培训班，来自积石山县的20名高中骨干教师在暨南大学附属中学参加了新课标理论培训。年内，侨办还协助县教育局组织2批次中小学校长到北京和山东的学校进行考察交流，进一步转换观念，提高对现代教育管理的认识。

3. 举办医务人员进修班。4月12日，由积石山县委常委、副县长李昌瑞和县卫生局局长韩义带队，王怀福等24名医务人员抵达暨南大学附属医院参加为期一年的进修培训。暨南大学附属医院针对学员特点专门制定了理论学习和技能培训计划，指定专人负责带教工作，多个科室都由主任亲自带教，如超声科黄君主任，普外科潘运龙主任等。暨大附属医院关心和重视丰富和改善学员业余生活，每逢节假日为学员送电影票、就餐票，组织学员到广州、珠海、深圳参观考察，并给部分患病学员进行了诊疗，减免费用500多元。经过暨南大学附属医院精心安排和努力，学员的医学理论和操作技能水平得到很大提高。

【侨居工程】 2010年，侨办筹集了394.63万元（印尼三林集团捐款300万元、广东侨心慈善基金会50万元，荷兰中国商会44.63万元），按户均补助1万元的标准用于“侨居工程”项目。在项目实施上，侨办改变了以往分散实施的做法，结合积石山县“整村推进”工作和贫困户分布实际情况进行集中建设。

从4月23日开建，集中修建了195户（中咀岭乡金昌村94户，安集乡红坪村101户）、分散修建了215户（安集乡53户、胡林家乡52户、中咀岭乡44户、居集镇55户、吹麻滩镇11户），经过5个多月的紧张施工已全面竣工，410户贫困家庭已迁入新居。2010年的“侨居工程”项目与以往相比，不仅得到了县其他资金的配合，村庄的道路、饮水等面貌有了整体变化，更是调动了贫困群众的积极性，综合成效明显提高。

【侨爱卫生院】 经侨办多方争取，2010年为积石山改建了2所“侨爱卫生院”门诊楼。一所是中法商务企业合作协会会长陈世明先生捐款60万元改建了关家川乡卫生院门诊楼（不足资金由县配套解决），另一所是在国内司的引导协调下，香港方树堂基金会捐赠25万元资助居集镇中心卫生院改扩建了业务楼。

【教师培训和支教工作】 为帮助提升积石山县中小学教师授课技能和综合理论素养，继续支持教育事业快速发展，山西正枫英语集团和暨南大学倾注了许多爱心。2010年8月14—18日，山西正枫英语集团再次选派魏玉兰、Lan Kerton、陈培良、张旭、郭晓芳、宋航6位外教专家，赴积石山县开展小学英语教师培训。本次培训活动中 6 位外教专家从小学英语 1—8 册 PEP 教材研讨、Tell me more 英语学习软件 + 英语国际音标、小学英语教学中儿歌编创等 6 个方面进行了精彩授课，受训老师达 57 名。

2010 年，暨南大学选派王林燕等 4 位教师赴积石山县开展支教工作。王林燕、黄玉兰、陈水平老师支教 3 个多月，分别对积石山县中小学英语教师培训、高三学生考前外语强化辅导、体育特长生训练进行了培训辅导，受训人数达 461 名，授课累计 500 多小时。王林燕老师主动要求在积石中学挂职工作一年，促进了积石中学管理和教学水平的提高。

【中国寻根之旅夏令营】 7 月 24—28 日，为增进积石山县青少年学生与海外华裔青少年的交流，增长见识，拓展视野，激励他们立志成才，报效祖国和家乡，侨办文化司特邀了 20 名县里品学兼优的中学生来京参加了“2010 年海外华裔及港澳台地区青少年‘中国寻根之旅’夏令营”活动。期间参加了开营仪式和海内外华裔青少年大联欢，参观了故宫、长城、国家体育场和国家游泳中心景点，观摩了中国特色文艺演出等活动。

【扶贫慰问】 1. 侨办领导率团开展节日慰问。2010 年 1 月 15—16 日，新春佳节来临之际，为表达侨办对积石山县各族群众的关心，副主任马儒沛一行在甘肃省侨办、临夏州政府和积石山县有关领导的陪同下，深入积石山县开展春节慰问活动，为部分困难群众送去了面粉、棉被等价值 4 万元的慰问物资，并走村串户嘘寒问暖，实地了解群众生产生活情况，送去慰问金，为积石山县各族干部群众带去了侨办节日的问候，受到了各族群众的热烈欢迎。

2. 暨南大学组团开展扶贫慰问活动。暨南大学扶贫慰问团在校党委书记蒋述卓率领下，于 8 月 2—9 日前往甘肃省积石山县开展了扶贫慰问活动。慰问活动内容丰富，务实贴心，取得了良好的反响。首先为积石山县捐赠 5 万元设立了“暨南‘积石山’”优秀园丁奖，奖励了 50 名中小学教师；为高李小学捐赠了 400 套新课桌椅及一批教学设备和文体用品，价值 12 万元；此外，暨南大学通过暨大香港新闻同学会积极联系香港慈善机构和江苏张家港市的企业家，捐增了价值 4 万元的文具用品和衣服。其次是送医送药、为民解困。在积石山县免费为贫困白内障患者实施复明手术 33 例和 6 例骨科、妇科手术，义诊 300 多人次，发放药品价值 4000 余元，捐赠了一批医疗设备；同时给县医务人员举办了 6 场学术讲座，培训人数达 300 多人次。

3. 暨南大学学生组成“三下乡”支教团。在积石山县友谊小学、希望小学进行了为期 6 天的扶贫支教活动，共开设书法、绘画、跆拳道、健美操、乒乓球、英语、音乐、舞蹈等 12 个班，授课约 432 小时，培训学生 931 人。据统计，此次慰问活动中各类捐赠折款达 329 万元人民币。本次慰问活动应邀随团的香港慈善福利机构——中国农村服务福利社的董事周萱女士，将为积石山县申报香港福利机构 300 万—500 万港币的专项扶贫资金；江苏企业家赵颖女士决定每年资助积石山县 100 名贫困学生。

【产业化扶贫】 为发展特色经济，经上海侨商会理事、上海彼依西科技有限公司沈炜敏先生、内蒙古梭梭—肉丛蓉研究所所长陈安平教授帮助指导，2010 年春天在安集乡杨家湾村试种了20亩肉丛蓉，长势良好。肉丛蓉是多年生草本植物，寄生在红柳根部，是名贵中药，素有“沙漠人参”之美誉。如试种成功，每亩收益在3000—10000元，对积石山县调整农业种植结构、增加农民收入具有重要意义。

【劳务输出】 在发展国内劳务市场的同时，侨办重视为积石山县拓展海外劳务输出渠道。经积极联系和推动，按照要求，积石山县通过甘肃省商务厅向国家商务部提交了成为“外派劳务基地”的申请。后因中国对外工程承包商会调整了“外派劳务基地”认定程序，要求县政府建成“对外劳务合作服务平台”后才可申报“外派劳务基地”。积石山县如能成为中国对外承包工程商会的“外派劳务基地”，可实现规模化海外劳务输出，这将对积石山县劳务输出工作产生推动作用。2010年，县政府已按要求推进此事，侨办也在全力予以配合。

（国务院侨务办公室）

国务院法制办公室定点扶贫

【概述】 2010年是国务院法制办公室（以下简称“法制办”）对口帮扶河北省宽城满族自治县的第16个年头。2010年7月，在甘肃召开的全国定点扶贫会议上，法制办被列入典型经验介绍书面发言单位，并以发言主题“开通资源输入贫困地区的快车道”，作为全国定点扶贫工作综述的主标题，在《农民日报》上刊出，成为会议各帮扶单位热议的话题之一。

【干部挂职扶贫】 法制办历届挂职干部始终秉持“说宽城话、办宽城事、做宽城人”的良好作风。2010年3月，法制办按计划选派教科文卫司副处长何平、财金司主任科员叶平和秘书行政司主任科员彭飞等3名年轻干部赴宽城挂职扶贫，分别担任县委副书记、县长助理和县委办公室副主任。在工作中，3名干部始终牢记办党组领导的嘱托，严格按照扶贫工作要求，克服工作和生活方面的种种困难，按照宽城县委、县政府的工作安排，做好扶贫开发等各项工作。一是恪守工作纪律，不给基层添麻烦，自觉维护挂职干部的良好形象；二是扎根基层、服务基层，在做好各项日常工作的同时，还深入乡镇、县直部门以及部分村、企业调研，了解县情和扶贫开发工作形势，参加县委、县政府各种会议，为县委有关决策建言献策，并经常接待群众来访直接处理有关信访案件。

法制办历来重视引导、鼓励挂职干部深入基层了解社情民意，对挂职扶贫工作过程中了解的重要问题进行深入研究，并努力把在基层工作中汲取的鲜活政治营养和取得的研究成果运用到今后的政府法制工作中，更好地为党中央、国务院的中心工作服务，为基层的科学发展提供全面、可靠的制度保障。本期驻县工作组干部根据宽城县情、当前形势和中心工作需要，对县域经济的可持续发展、促进县域加快经济发展方式转变的体制机制、基层行政管理体制和机构改革、基层社会矛盾纠纷多元化解决机制、基层社会组织建设等问题进行了调查研究。

【扶贫工作成果】 2010年，通过法制办农林司协调全国供销总社，为县供销社争取“新农村现代流通服务网络工程”项目资金35万元，用于改善物流网络，帮助基层农民更加及时和安全地获得农药、化肥等生产资料以及日用消费品；多次赴省法制办协调，通过省水利厅为勃罗台村争取水利配套资金20万元；引进投资商赴县考察尾矿综合利用、废旧轮胎翻新等项目；先后协调《西部开发报》、《国家发展报道》、《领导决策参考》等多家媒体化解针对宽城的负面或者不实报道，协调法制办信息中心捐赠电脑10台；继续协调中华联合财产保险股份有限公司河北分公司就将宽城纳入下一年度农业保险试点范围的事项。

通过团中央协调光华科技基金会的“书海工程”项目，为学校、村委会提供各自所需要的图书，2010年，“书海工程”项目已经联系成功，进入实际操作阶段；五是精心谋划县域内对所负责的2个县级扶贫开发重点村的帮扶措施，会同县人大常委会召开现场办公会，协调组织部、宣传部、交通局、农业局、林业局、卫生局、国土局、县医院、种子公司等有关县机关、企事业单位和个体工商户为韩杖子在村支部建设、村卫生所建设、种子供应、果苗供应、村村通公路建设、土地整理等方面争取各种形式的帮扶政策，以及资金和物资约60余万元。

（国务院法制办公室）

中国科学院定点扶贫

【概述】 中国科学院“十一五”定点扶贫项目实施工作在前4年工作的基础上，完善了项目实施有关工程建设，统计有关数据和信息，接受中国科学院农办的验收工作。同时进一步以项目示范户为单位的生态农业经济发展为基础，做好了生态农业建设和农业科学技术推广、科普培训教育等工作，以提高示范区农民科学文化素质、改善农业生态环境，达到推动整个示范区域农业生产结构目的。特别是对生态农业建设与新农村建设示范进行了深入的调查，把项目示范区农业生态系统可持续发展和工程实施进行研究分析；使农业生态环境保护与生态农业建设有机结合，从而取得农业经济效益、环境效益和社会效益，建设社会主义的秀美山村。

中科院的科技副职干部利用自身所长在做好研究所同地方协调与纽带工作的同时，积极为地方申请立项，争取国家、省、市开发项目等共计5425万元，帮助实施项目16个，引进技术14项。利用人才和技术资源优势，为贫困地区经济社会发展和生态环境建设做出了贡献。

【发展设施农业】 在贵州盘县发展设施农业，引导农民发展大棚蔬菜、保护地蔬菜及露地蔬菜生产，进行农业产业结构调整，从而增加农民收入，截至2010年11月，整个百车河流域已发展蔬菜种植示范户200多户，建立钢架式蔬菜大棚26座，整个流域大棚已发展近150余座，发展露地蔬菜种植8000多亩。

在发展无公害蔬菜基地建设和扩大路地蔬菜面积的同时，依靠科技，建设高起点、高标准示范基地，提高百车河流域无公害蔬菜基地的生产力和经济增长。如马场村、沙坡村种植的番茄、架豆、辣椒、黄瓜等现已成为双水开发区和六盘水市区的抢手蔬菜。2010年在原有的基础上又引进蔬菜品种30余个，成功推广了千叶辣椒、黔椒5号、太空1号番茄、早春秀玉小型西瓜、黄田宝甜瓜等品种。

果树品种上在扩大原有中华寿桃、北京33号（桃）、新川中岛（桃）、黄杏梅、黄金梨、黄花梨、红梨等的基础上2010年继续实施了低丘缓坡经果林生态建设，对土壤养分相对肥沃，有充足光热条件的低丘缓坡，有计划实施“退耕还果”，建设生态果园，截至2010年底，示范区累计建设经果林4000余亩。

【沙区林果生产项目】 从2006年开始在内蒙古翁牛特旗玉田皋地区开展了枣树引种栽植工作，引进辽宁省朝阳市林业局的枣树苗木和绿苗栽植技术。5年来先后引进大平顶枣、铃铛枣、三星枣等3个枣树品种共计4000余株，分别栽植在玉田皋村的重点扶贫户家中，合计扶持建立家庭枣树栽植园12个，总面积达到50余亩。引种栽植的3种枣树品种全部是在辽宁朝阳地区主要栽植品种，品质优、产量高、抗逆性强。在引种过程中，配套引进了辽宁朝阳林业局的枣树栽植和管理技术，并聘请了朝阳市林业局长期从事枣树生产和推广工作的高级工程师王恩绪进行技术指导，生产中直接对各枣树生产扶贫户进行现场指导、解答疑难问题。

随着枣树生产扶贫项目的逐步成熟和经济效益的逐年增加，引种栽植枣树项目取得了明显的示范作用，带动了当地的枣树生产、增加了果品种类。引种枣树项目的成功，调动和吸引了农户发展果树生产的积极性。翁牛特旗政府和林业局在此基础上，明确提出在翁牛特旗东部重点发展林果生产的决定，初步计划在3—5年内建立起万亩级的林果生产基地。作为科技扶贫项目的推广应用，应翁牛特旗政府和林业局的邀请，2010年，为翁牛特旗东部林果基地建设项目进行了基本调查工作和技术指导，完成了相关果树生产基地的土壤、植被等方面的基础调查工作，并指导建立了6000余亩的林果基地，为林果基地的建设提供了科技保障。

林果基地建设待选土地包括16个地块，总面积约1万余亩。主要调查指标为土壤PH值、土壤全盐含量、土壤有机质含量，并对上述3个指标进行加权平均排序。根据上述检测过程，认为翁牛特旗多数土壤盐碱状况处于果树生产的适宜边缘，通过改良还是可以进行果树生产的。

2010年，中国科学院指导林业局和地方单位累计建立林果生产基地3处，栽植苹果、苹果梨、枣树等果树品种，同时指导配套建立了果园防护林体系和滴灌系统，应用了各项减轻土壤盐碱危害的保护措施为内蒙古翁牛特旗东部林果基地建设奠定了基础。

【甜麻竹人工促繁技术示范项目】 根据云南省澜沧县发展河乡干湿季明显的立体气候特点，通过增施有机肥、节水灌溉（滴灌）等综合配套技术，实施甜麻竹人工促繁技术示范项目，促进甜麻竹早发笋，多发笋，鲜笋提早上市，提高市场占有率，增加竹农产值。通过此项目的实施，为甜麻竹的丰产栽培提供示范，由此带动周围农户规模化发展甜麻竹种植300亩，亩产鲜笋1吨/年，总产量达300吨/年，总产值达150万元/年。使甜麻竹种植从常规产业逐步走向规模化生产，起到小项目大作用的效益。

【科技扶贫与生态重建】 1. 喀斯特地区扶贫与生态重建是一项长期而艰巨的工作，为了遏止生态环境退化和恢复重建生态环境，解决人民群众生存、发展问题，就必须充分利用好国家的有关政策，把科技扶贫和生态重建与政府的政策、措施结合起来。中国科学院的科技人员，在广西西北部喀斯特地区的环江县实施科技扶贫与生态重建项目中。通过实施退耕还林工程，石漠化综合治理工程、坡耕地水土流失综合治理工程等项目，试验区的森林覆盖率提高18.7%，植被覆盖率提高26.3%；土地浸蚀减少14.6%；地表径流减少8.2%；实施农村新能源—沼气建设后，农民人均薪炭林砍伐量减少78.9%，森林生产增加24.6%，由此减少土地浸蚀23.8%，地表经流13.4%。取得了显著的生态经济效益。

2. 在内蒙古赤峰地区，探索出沙区生态养殖模式，结合科尔沁沙地退化草地植被建设，联合原内蒙古草原兴发集团有限公司，以原内蒙古草原兴发集团公司为主体，建立“公司 + 基地 + 养殖户”的养殖体系，在扶贫区重点推广了“家畜舍饲、半舍饲经营”、“绿鸟鸡草地放养”生产模式，有利的促进了沙区生态养殖业的高效发展。

根据该地区经济和自然资源条件，以改良草场—饲料加工—舍饲养殖为主要技术路线。通过对退化草场进行翻耙、播种优质牧草品种（沙打旺、紫花苜蓿）等改良措施，提高产草量。由于超载放牧及风沙侵蚀等影响，草场严重退化，有害及可食性差的草品种不断增加，年平均产草量仅为 $4500Kg/hm^2$，现有草场无法负载目前的牲畜数量，从而造成恶性循环，草场质量进一步降低。为加快该地区草地畜牧业的发展，改善当地草场现状，必须进行草场改良，人工种植优质牧草，并进行适当的施肥灌溉和合理管护，提高单位面积草地的产出量，以满足牲畜数量增加的需求，在建立了人工草场的基础上，又重点开展人工草场的管理和围护工作。

通过饲草和农作物秸秆配和喂饲等方法，显著降低了养殖成本；同时，积极联系原内蒙古草原兴发公司，利用其收购加工能力和广泛的销售渠道，解决牧民的牲畜产品销售问题，保证将成品牲畜及时出栏，相应的也降低了养殖成本，并使产品顺利转变为经济收入，为当地牧民带来较高的效益，逐渐在示范区及周边地区形成了主导产业，带动当地生态养殖业的持续发展。

3. 我国农业的传统经验不仅要“藏粮于民”，还要“藏粮于地”，从粮食生产的长期发展看，还有一个问题应当引起重视，这就是加强对耕地土壤肥力的培养问题。如“养猪积肥还田”、“秸秆过腹还田”、“种植绿肥还田”、“农家积肥还田”等。在河北省滦平县玉米秸秆资源丰富，合理利用秸秆资源，既能有效解决牧业与人争地、争粮的矛盾，通过过腹还田，还可以改良土壤的理化性状，增加土壤中有机质的含量。

【劳动力培训】 中国科学院各示范区都把提高贫困地区人口技术与文化素质作为可持续发展能力建设的重要组成部分。把提高干部群众的素质作为提高贫困地区人口、强化人们的科技意识、培育爱科技、学科技、用科技的良好社会风尚的重要手段。在近十年开展科技扶贫的同时共举办各类培训 2593 期，培训各类人员 241024 人次，各级干部 11950 人次，劳动技术人员 26397 人次，普通劳动者 202677 人次。

（中国科学院）

中国气象局定点扶贫

【气象科技信息化建设】

1. 建设黄河汛情监测预警系统。黄河在杭锦旗境内流经242公里，水流量大、险段多，防治凌汛工作形势非常严峻。为实时监控黄河险段现场状况，及时发现险情，在险工险段处安装了带有远红外的全景摄像机，通过3G网络将信息传到防汛指挥部和有关决策领导的接收终端上。使决策者实时了解现场情况，及时做出防凌部署。

2. 建立完善杭锦旗人工影响天气现代化作业指挥平台。为了提高人影作业的科技含量和作业效果，更好地为杭锦旗防灾减灾作好服务，开发了杭锦旗人工影响天气作业指挥平台软件系统，现已投入业务运行。

3. 建立太阳能观测系统。杭锦旗太阳能资源丰富，引进和推广国内外太阳能、风能利用新技术，研制生产太阳能产品，建立太阳能发电系统是杭锦旗未来经济发展的重点领域。中国气象局扶贫组在杭锦旗气象局安装太阳能观测系统，填补了杭锦旗太阳能观测及资料收集的空白，为杭锦旗即将建设的新能源产业发电园区30万千瓦装机太阳能发电、亿利库布其太阳能1万千瓦装机发电提供科学数据。

4. 引进了电视天气预报系统。从北京引进了先进的数字气象天气预报制作系统，并组织技术人员对杭锦旗气象局工作人员进行了为期一周的培训。经扶贫组与广播电视局及杭锦旗电视台协调，由气象局制作的当地天气预报节目已于2010年7月份正式开播，为当地农牧民提供及时的防灾减灾信息。为加强广播电视的基础设施建设，更好地为农牧民生产、生活做好宣传，扶贫组为杭锦旗电视台捐赠了部分设备。

5. 健全气象观测系统。根据杭锦旗农牧业发展和新能源开发区建设的迫切需求，在杭锦旗独贵塔拉镇新农业示范区和巴拉贡工业园区安装了6要素自动气象站各1台，为当地的农牧业发展和工作园区建设及时提供气象信息服务。

【乡镇气象信息服务站】 在农牧民集中的独贵塔拉镇、吉日嘎朗图、四十里梁和现代农业示范区等4个苏木乡镇建成了气象服务工作站，配置电脑10台，打印机5台，并在独贵塔拉镇种植园区和农牧民集中地区安装了1台高分辨率的2×4米LED显示屏，为农牧民和社区居民提供及时的气象灾害预警服务及各项综合气象服务信息。

【科普宣传长廊】 结合当地实际，收集整理了浅显易懂的气象为农服务基本知识及防灾减灾科普知识，并做成宣传长廊，宣传气象灾害防御及应对策略，提高农牧民自身抵御灾害的能力，使气象防灾减灾服务深入人心，成为农牧民生产生活中不可或缺的贴心伙伴。

【技术培训和优良品种引进】

1. 开展优良蔬菜品种引种试验。为提高无公害蔬菜基地的生产效益，解决杭锦旗蔬菜种植品种单一的问题，中国气象局扶贫组从山东寿光引进适合本地青椒、葫芦瓜、茄子、豆角等八大类品种，并进行栽培种植试验。

2. 建立农牧民培训学校。为加强农牧民转移前培训，进一步转变农牧民的思想观念，增强农业自我发展的能力，在锡尼镇农牧民集中地建立了农牧民培训学校。修缮了房屋，购置了教学设备，配置计算机 30 台，大屏液晶显示器 4 台，投影仪 1 台，复印机 2 台，音响及麦克风设备各 1 套。为农牧民建立了图书阅览室。捐赠了气象科技服务和防灾减灾图书 3000 多册。

3. 开展农民蔬菜生产技术培训。选派两名技术员到山东寿光进行了为期一个月的蔬菜技术培训。从河北聘请农业技术人员指导、培训当地农牧民栽培技术，在有机蔬菜种植培养周期的各个关键阶段进行现场指导。在锡尼和独贵塔拉两镇举行了有机蔬菜生产技术培训。邀请内蒙古农业大学农学院相关教授授课，培训农民技术员 110 多人，发放各类培训资料 300 多份，收到了较好的实际应用效果。

4. 建立乡镇科技信息服务站。协助科技局在乡镇建立了科技信息为农服务站 4 个，配置电脑 10 台。聘任农业专家定期到服务站通过技术服务热线，讲授农作物栽培技术及农作物病虫害防治等科普知识和实用技术，为促进乡镇经济发展和农牧民增收发挥重要作用。

【教育扶贫】

1. 开展金秋助学活动。2010 年是组织开展“金秋助学”活动的第 5 年，经扶贫组联系，机关党委高度重视，精心组织，将金秋助学活动纳入到精神文明建设活动中。在局机关党委的组织推动下，各单位积极响应，以个人和单位的名义，伸出爱心之手，为贫困孩子上学进行“一帮一”资助，共资助学生 30 名。参与资助的有中国气象局领导，也有普通职工，同为贫困孩子的学习和生活奉献一份真诚的爱。

2. 组织开展教师夏令营活动。从杭锦旗 6 个苏木乡镇各个学校选派 20 位优秀教师来京参加夏令营活动。在局机关服务中心的具体帮助下，与共建点北方交通大学附属中学签订了合作协议，为贫困旗县学校与北京重点中学间搭建了合作与交流的平台。夏令营活动还参观了中国气象局、北京的科技馆、博物馆和学校，涵盖内容丰富，得到了老师们的高度评价，使老师们扩大了视野，丰富了教学内容，促使教师树立远大的理想和抱负，更加热爱教育事业，立志为改变家乡的教育面貌而努力奋斗。

3. 为教学教研室捐赠设备。经过社会各界及中国气象局的多年帮扶，杭锦旗师资队伍的素质有了明显加强，教育系统的硬件建设得到了明显改善，但也有部分教学教研室设备陈旧、一定程度影响到教学工作正常开展。扶贫工作组通过多方协调和努力，为杭锦旗教学教研室捐赠电脑 20 台。

（中国气象局）

国家安全生产监督管理总局定点扶贫

【慰问和捐赠活动】 按照安监局扶贫办关于进一步落实好定点扶贫县特困家庭和困难人员“两节”生活困难问题的要求，着眼于贫困地区特困人群，与阳高县和广灵县政府办、民政局和乡镇领导就各自县的特残困家庭进行了调查摸底。2010 年 2 月 8 日，安监局扶贫领导小组办公室成员代表安监局党组对两县的特残困家庭进行走访慰问。共计向 200 个特困户发放了价值 4 万多元的慰问金及大米、面粉、食品油等慰问品，为他们送去了党中央、国务院、安监局和县乡镇领导对特困家庭的关怀。安监局的慰问行动在 2 县干部群众中引起了良好反响，得到人民群众的一致好评。

为更好地把安监局扶贫工作做好，针对贫困地区办公设备不足的问题，安监局离退休干部局向阳高县政府捐赠了价值 34 余万元的电脑、打印机、音响设备和其他办公用品。离退休干部局党委书记马洪发同志代表 800 多名老干部和全体职工出席捐赠仪式。捐助的办公用品在一定程度上改善了县政府部分工作人员办公条件。

【医疗扶贫】 医疗扶贫是提高贫困县医疗队伍水平的一项重要的工作，是解决当地人民群众“就医难、看病贵”的一项惠农工程。2010 年，安监局扎实推进医疗扶贫，截至 2010 年底，安监局委托煤炭总医院完成了六批医务人员培训任务，共为 2 县培训 40 名多名医务人员。阳高县中医院在培训学员回归后，积极推进妇产科门诊工作，为农村妇女手术 50 余例，阳高县人民医院腹腔镜手术完成 30 余例，为农民解除病痛，缓解了“就医难、看病贵”等问题。广灵县参加培训的人员努力工作，通过进修培训，将医院原来长期闲置的设备器材充分利用起来，安监局还积极投入 2.5 万元扶贫款，支援广灵县中医院购买利普刀手术设备。

此外，还召开 2 县医疗培训人员座谈会，听取进修学员感受体会以及如何在工作岗位上发挥作用，并对煤炭总医院提出一些好的意见和建议。组织煤炭总医院 5 位专家深入定点扶贫县对全县医务人员进行了医疗知识（妇科、儿科及产科护理等）专题讲座，得到与会人员的高度评价。通过两年来“请进来、走出去”的培训，安监局定点扶贫县医疗卫生人员的技术水平和工作能力得到了大幅提升，为患者送去良好的技术服务，切实解决了当地群众就医难的问题。

【教育扶贫】 2010 年，在充分调研的基础上，投入 17 万元扶贫款支援广灵县 2 所中学的项目配套工程，其中：一斗泉中学完成16排教室前的路面硬化2822.7平方米；加斗乡中学修建了2个总长110米的自行车棚。现已全部完工投入使用。投入100万元新建阳高县实验中学，已按计划实施。在开展定点扶贫县校舍建设的同时，还开展了“安监杯”读书活动。6月18日，安监局资助阳高县希望小学举办“安监杯”优秀学生演讲、诵读比赛活动，让孩子们在轻松愉悦的环境中，感受自信，提高综合素质。

【百名自强母亲工程】 为深入推进项目扶贫，着眼于解决贫困地区妇女就业创业难的问题，2010年5月底，安监局加大力度推进“百名自强母亲工程”—安全防护手套加工项目，在广灵县的望狐、作疃2个乡投入18万元，开辟了2个加工点，购置36台加工设备，安置36名贫困家庭妇女就业。还拨付安全防护手套项目扶持资金2.5万元，将常年缺乏维修，漏雨严重的县城老基地厂房进行维修粉刷、新购置桌椅等，解决了长期困扰老基地的厂房问题，为今后的长期发展打下了基础。冬季到来时为新建的2个加工点添置了取暖炉、烟筒等，为3个加工点购置了煤炭，保证了冬季正常生产。截至2010年底，安监局已累计投入100万元帮助贫困地区妇女购买设备，解决贫困家庭妇女就业人员到达100多名。

【扶贫工作制度建设】 为确保2县各项扶贫工作有序进行并顺利完成，扎实推进制度建设。一是扶贫工作队员定期研究落实好当月共同工作，协调做好重点工作，安排部署好下月工作的机制；二是扶贫工作队员之间相互通报工作进展情况、交流相关信息、借鉴经验教训，力争减少工作失误，促进工作同步开展的机制；三是及时向安监局扶贫工作领导小组请示汇报工作，以便根据安监局的指示精神开展好工作。

【人畜饮水工程】 为了解决广灵县3个村人畜饮水问题，帮助当地农民改变靠天吃饭的现状，安监局协调同煤集团利用自身设备、人员和资金优势帮助解决3个村人畜饮水问题，同煤集团地质处副总工程师一行3人到3个村庄考察，基本达成了以同煤为主，乡镇和村民一起出配套资金完成这项工作的意向。

【干部挂职扶贫】 安监局扶贫工作队员服从当地党委政府安排和分工，完成县政府主要领导交办的各项任务。2010年，主动参与政府常务会、扶贫项目协调、领导接待、培训班、各种会议和多种慰问等重要工作与活动。这些工作一方面促进了扶贫工作的开展，另一方面也协助县领导完成必要的工作任务，开创了和谐工作局面，赢得了安监局和国家机关公务员在县里的良好形象，得到了县里领导干部的认可与好评。

（国家安全生产监督管理总局扶贫办）

国家信访局定点扶贫

【概述】 2010年，国家信访局（以下简称“信访局”）为了开展好定点扶贫工作，信访局党组先后两次召开专题会议，学习中共中央办公厅、国务院办公厅关于定点扶贫工作的文件精神，详细分析海兴县经济发展的前景、面临的困难和问题，研究扶贫的工作方向和工作思路。并系统地制订了扶贫工作方案和扶贫工作规划，提出要以帮助贫困乡村和贫困人口脱贫致富为着力点和基础点，统筹扶贫县经济社会发展的整体布局和扶贫工作的关系，从教育、文化、开发、政策等多方面入手，为海兴县发展出实招、办实事、求实效的扶贫工作部署。国务院副秘书长、国家信访局局长、中央联席办主任王学军强调，要带着高度的责任感做好扶贫工作，要把扶贫工作当做一项重要的政治任务来抓。同时在机关人员紧张，工作任务繁重的情况下，确定1名处级干部到扶贫定点县挂职，切实做好扶贫相关工作。局党组对扶贫工作的高度重视和统筹部署，为信访局开展好扶贫工作提供了重要保障。

【扶贫调研】 为了做到扶贫工作针对性强、效果好，2010年6月23—24日，副局长徐令义带领信访局办公室、机关服务中心有关人员赴海兴县进行扶贫工作专题调研，并形成了近三年定点扶贫工作建议，提交党组研究确定。之后办公室副主任魏树旺又先后两次带领有关人员到海兴县，沟通了解情况，为开展好扶贫工作掌握了人量的第一手资料。信访局挂职扶贫县的副县长到位后，先后参加国务院扶贫办组织的全国定点扶贫工作会议和驻河北定点帮扶单位观摩交流会，学习了解国家有关扶贫工作的政策和规定，并向其他单位学习定点扶贫的经验，走访河北省扶贫办和相邻县市扶贫机构，了解他们扶贫的工作思路和工作措施，多次深入到马庄子、邓庄子、孔庄子、后刁庄等海兴县的贫困村，走访农户、开展座谈，了解贫困的现状、原因以及脱贫致富的途径，集中围绕大棚种植、畜类养殖，考察菜市场和养殖户，并始终结合分析海兴县的经济结构、周边环境、制约因素，通盘研究贫困的症结和矛盾，理清工作的思路和扶贫的着力点，为当好信访局扶贫工作的联系人，做好信息沟通和相关协调，落实局党组扶贫方案，打下了良好的基础。

【扶贫项目开发】 国家信访局作为国家财政拨款的行政单位，在资金帮扶方面没有便利条件。为此，国家信访局协调有关单位，招商引资，争取各个方面的资金、财力支持。一是参与海兴县在北京举办的“北京招商周”活动，联系部分企业和商家参加海兴县的招商活动，为海兴县与浙江商会牵线搭桥，加强互动交流；二是分管扶贫工作的副局长徐令义，利用曾在浙江乐清、永嘉县任职的有利条件，邀请乐清、永嘉商会人员前往海兴县考察投资环境，开展招商引资，并动员 2 个商会的会员奉献爱心，个人捐款集资计 40 万元，专项资助海兴县修建一所小学；三是根据相关的扶贫政策，与河北省扶贫办协调沟通，为海兴县第三批贫困村脱贫争取到了 150 万的扶贫奖励基金，用于农村大棚和养殖产业开发；四是利用国家信访局电脑更新换代的机会，筹集 200 台电脑，用于海兴县教育系统电化教学和现代化办公，改善教学与办公条件；五是利用国务院扶贫办干部在国家信访局挂职的机会，学习咨询有关的扶贫政策，并邀请王春燕到海兴县具体指导扶贫工作，邀请扶贫基金会小额信贷的人前往考察，开展小额信贷工作，利用小额信贷的机制，发动农民发家致富。

【扶贫工作管理】 由于信访局首次参与定点扶贫工作，既缺乏相应的经验，也需要建立完善相关的协调联动机制。为了确保扶贫工作的有序进行，一是发挥挂职干部作用，建立协调联络机制。主要是加强国家信访局与海兴县在扶贫工作中的联络、协调工作，担当联络员、信息员、协调员，把下面的情况带上来，把上面的意见建议通下去，在定点扶贫工作中起到桥梁纽带作用；二是明确扶贫工作的管理和机制。确定一名副局长具体分管扶贫工作，办公室一名副主任、秘书一处处长具体负责扶贫工作的组织协调和管理指导工作。同时，要求挂职扶贫的干部要扑下身子、一心用在扶贫上，并利用扶贫的机会，深入乡镇、农村，深入了解情况，寻找扶贫的突破点，更好地为扶贫工作发挥参谋沟通作用；三是建立完善后期服务机制，为便于挂职扶贫干部专心做好扶贫工作，最大限度地减少扶贫县的支出，对扶贫干部在当地就餐、公务费用支出等，按规定给予报销；四是建立互动机制，请挂职干部及时将基层信访工作动态和信息反馈到信访局，信访局将当前信访工作的部署和要求及时传达到基层信访部门。

（国家信访局）

国家外汇管理局定点扶贫

【概述】 2010年，国家外汇管理局（以下简称“外汇局”）为河北省巨鹿县惠民希望学校投入4万元现金，用于翻新厕所；为信息网站和学校捐赠17台电视；为惠民希望学校的学生购买140多套运动服；为惠民和中汇希望学校送去3万多元的书籍和文体等物品；为全县各乡镇乡亲们继续订购了有关扶贫开发的报刊资料。投入扶贫资金总计16万多元。

【扶贫调研慰问】 外汇局党组高度重视定点帮扶工作，为增强帮扶工作的针对性和实效性，2010年10月17日外汇局总会计师韩玉婷带队，机关党委专职副书记邹丹，服务中心主任汪连利，《中国外汇》杂志社社长穆志谦，综合司副司长李瑶，机关党委副巡视员、机关工会主席攸慧林等局机关有关部门负责人，赴河北省巨鹿县开展调研慰问活动。河北省人民银行副行长李小秋、邢台市人民银行行长张利生及相关部门负责人一同调研慰问。

【教育扶贫】 总会计师韩玉婷一行先后到由外汇局援建的小留庄村惠民、洪水口中汇希望学校、县信息扶贫中心网站进行调研，慰问了部分贫困户并送去现金和食品。向县信息扶贫中心网站，惠民、中汇2所学校进行了捐赠慰问活动。

2010年，外汇局进一步加大帮扶力度，再次出资1万元为贫困群众赠订《中国县域经济报》，为慧民、中汇希望学校出资翻新厕所，并赠送了价值10万元的电视、运动服等物品，体现了外汇局对巨鹿县定点帮扶工作的高度重视，对贫困群众和学校师生的亲切关怀，必将对巨鹿县的扶贫工作和教育事业乃至全县的经济发展起到推动作用。

【捐资助学】 在做好国务院扶贫办指定的河北省巨鹿县定点扶贫工作的同时，2010年外汇局还继续到河北省张家口市张北县的贫困农村，组织党员和青年干部，特别是女职工进行了“一家好人帮一个贫困学生”的教育慰问活动，第二批认领帮扶贫困学生20名。两年来，外汇局共帮扶张北县贫困学生52名，捐资助学52000元。

（国家外汇管理局）

中国进出口银行定点扶贫

【概述】 2010年，中国进出口银行（以下简称“进出口银行”）帮扶陕西省岷县工作取得新的成效。

2010年，督促康达公司对银监会检查中发现的问题写出情况和整改报告，推动陕西省分行查清情况后对康达公司项目重新放贷；配合陕西省分行的贷后管理工作，配合分管信贷员共同做好现场贷后管理工作，督促康达公司完善内部监督控制制度。根据《国家高技术产业发展项目管理暂行办法》等有关规定，2010年10月，甘肃省发改委组织有关部门和专家，共同成立了甘肃岷县康达生物科技有限责任公司超临界提取当归有效成份高技术产业化示范工程竣工验收委员会，在听取报告和实地验收后，经评议审查出具了验收意见，同意通过验收，主要结论为“项目资料齐全、完整，建设资金使用基本合理，工程质量、安全、消防等专项验收合格；生产设备先进，产品质量符合标准要求，主要经济指标均达到了初步设计批复要求”。

【扶贫干部培训】 利用进出口银行资源，加强对岷县优秀干部的培养和锻炼。帮助岷县干部赴县域经济相对发达的山东省考察学习，协调安排岷县52名县、乡干部赴山东寿光、诸城、安丘、济南等县域经济发达、小城镇建设先进的市县参观学习，走访了寿光特菜种植基地等地，进一步开拓岷县干部视野，提高其促进科学发展的能力。

【科技扶贫】 推动科技致富，以先进技术推动岷县当归特色产业发展。我们积极与财政部、科技部协调，帮助岷县参加财政部、科技部开展的“科技富民强县”行动计划，为岷县争取资金支持110万元，其中用于康达公司项目54万元。联系相关中医药专家、萃取技术专家赴康达公司现场指导工作，推动康达公司对员工开展技术培训，掌握相关生产技术。

【医疗卫生和教育扶贫】 2010年银行向岷县提供扶贫捐助款30万元，其中24万元用于在岷县秦许乡、东山区修建医疗文化站各1座，进出口银行副行长诸鑫强出席了援建仪式。其余6万元用于为岷县81名外出务工人员进行培训。除此之外，还组织培训岷县各级干部46人次，资助困难学生48人次，向岷县捐赠考斯特汽车1辆、电脑50台、图书1万册等物资。

【扶贫调研】 进出口银行扶贫工作领导小组相关负责人陪同国务院扶贫办外资中心工作人员赴定西考察，重点调研土豆育种、栽培和深加工情况；先后多次对扶持的岷县企业和项目进行了考察，每次考察都组织部分干部，尤其青年干部到岷县进行社会实践和调查活动，其中包括组织干部参加卫生站援建仪式以及捐赠电脑、文具仪式；带领部分团员青年组织参观腊子口、哈达铺红色教育基地等。通过调研，促进帮扶双方相互了解，尤其是使进出口银行青年干部对岷县实际情况有了一定的客观认识，在了解贫困地区人民的生产生活情况的同时，增长了知识，接受了革命传统教育。

（中国进出口银行）

中国农业发展银行定点扶贫

【支农信贷】 2010年，农发行结合吉林省通榆县、大安市新农村建设实际，发挥信贷支农的优势，在切实把握信贷资金安全的前提下，在项目安排、资金投入上给予一定的倾斜。一是通过支持产业化龙头企业，带动贫困人口增收。2010年，农发行先后为大安市安大牧业、通榆县飞牛公司、通榆县鸿瑞食品加工有限公司等产业化龙头企业协调贷款8500万元，支持企业收购粮食和农产品40多万公斤，实现企业增效，农民增产增收。帮助安大牧业有限责任公司解决发展中的基地建设问题，使该企业年屠宰1500万只鸡生产线2010年达产90%，带动了周边2000余户、1万名农民养殖增收2亿元。二是通过扶持项目，拉动大安市经济发展。农发行在准确领会国家政策导向的前提下，帮助大安市滨江大道项目争取贷款2亿元，为大安市加快建设现代化滨江生态城市提供基础设施建设支持。项目建成后，将有力推动大安市经济快速发展，对当地农民脱贫致富有较大的拉动作用。三是运用专业背景，帮助扶贫点搭建政府融资平台。农发行驻点扶贫干部发挥所学专业知识优势，认真分析地方政府金融需求，积极参与扶贫点地方政府投融资平台建设。2010年，通榆县、大安市的投融资平台已顺利搭建完成，融资成效逐步显现。

【教育扶贫】 通过加大教育、信息扶贫力度，进一步提高通榆县、大安市群众科学文化素质，增强扶贫脱贫致富的核心能力。一是资助贫困大学生。2010年，农发行总行机关捐助8万元，继续为大安市、通榆县40名贫困大学新生每人资助2000元，以解决他们入学难问题。为青年人增长知识、拓宽视野、掌握脱贫致富技能提供帮助；二是改善援建希望小学教学条件。总行机关捐赠16万元，为援建的希望小学购买了新课桌、图书。从机关调配50台电脑，捐赠给学校，用于改善教学条件。2010年12月8日，总行机关有关部门负责人来到大安市新艾里蒙古族乡中心小学进行捐助交接，该校师生用蒙古族最热烈的欢迎仪式，表达了对农发行总行机关8年来捐资助学的感激；三是继续开展“文化扶贫送报下乡”活动。继续为通榆县、大安市的300个贫困村订购《农民日报》。通过《农民日报》登载的内容，帮助贫困村民获取致富信息，掌握致富技能，有效提高贫困群众的农业生产技术水平和科技文化素质，增强了贫困村民脱贫致富的信心。

【医疗卫生扶贫】 关注群众生活所需，解决群众生活困难，是农发行定点扶贫工作着力解决的问题。由于通榆县、大安市地理位置偏远，交通运输不便，人民群众卫生服务资源非常短缺，远远不能满足群众基本卫生服务需求。为此，农发行驻点扶贫干部多次下到基层进行实地调研，与相关部门积极沟通、协调，做好卫生扶贫项目的规划。2010 年，总行机关捐资 30 万元，为通榆县团结社区援建了一所社区医院，改善当地医疗卫生条件，方便了群众看病就医，解决了贫困群众看病难问题，受到当地群众欢迎。

（中国农业发展银行）

中国建设银行定点扶贫

【教育扶贫】 2010年，中国建设银行（以下简称“建设银行”）投入6.72万元解决了陕西安康市汉滨区迎风乡牛岭村小学操场和内院地面硬化问题，包括地面水泥硬化工程1000多平方米以及花坛、大门等美化工程。2010年12月，建设银行又资助牛岭小学现金4000元，分别用于师生伙房灶具等购置和宽带安装，支持该小学1副篮球架、电脑6台、打印机1部和部分打印纸。牛岭村小学校建工程项目的投入使用，不仅美化了校园面貌，完善了学校教学服务功能，更改善了师生学习生活环境，使学生高兴，老师安心，有效提升了该校的办学条件和质量，同时惠及周边村民。兴一方教育，富一方百姓，教育的优先发展将为该地区未来走出贫困带来新的希望和曙光。

【捐资助学】 2010年是建设银行实施“建设未来——中国建设银行资助贫困高中生成长计划”的第4年。按一学年向每名普通高中家庭经济困难学生提供1500元的标准，资助安康市十个县区11所普通高中170名成绩优良、家庭经济困难的学生，帮助他们顺利完成高中学业，成长成才。

【扶贫调研】 2010年，建设银行就建行在牛岭村的扶贫工作做了专题规划研究，完成了《建设银行2010—2012年度对汉滨区牛岭村扶贫方案》。《方案》根据扶贫工作的总体要求，本着“因地制宜，突出产业，促进发展，普惠村民”的基本原则，在对牛岭村的村情村况调查研究的基础上，重点就帮扶时间、指导思想、帮扶重点、帮扶步骤与方法以及帮扶项目三年分期建设规划等事项进行了具体安排。建设银行根据规划，按照“保证重点，统筹兼顾”的原则，以产业发展为主，以基础设施建设和社会公益事业为辅，推进扶贫工作。规划方案中产业发展和基础设施及公益事业为辅相关帮扶的5个项目，建设银行制定了详细的三年帮扶规划。规划重点就各个项目的具体名称、项目性质、建设重点、开建时间、建设工期、投资概算、项目准备、管理模式等做了详尽安排，对预期目标、预期收益以及村民受益方式等进行了测算和分析，与此同时，对项目建成后的社会效益也做了分析和展望。建设银行承担5个项目中的95.42万元帮扶资金。其中产业发展的2个项目建设资金30.5万元已全部划转到牛岭村委会开立的专户，全部扶贫资金将依照“按计划、按进度、按预算、按程序”的基本原则监督使用。2010年，项目建设已在组织实施中。

【抗洪救灾】 1. 帮助牛岭村恢复自救。2010年“7.18”水灾，袭击了建设银行扶贫村汉滨区迎风乡牛岭村。暴雨造成牛岭村从黄洋河畔的一组到牛蹄岭之巅的六组等10个村民小组全部受灾，使本村45户203人因灾受损，113间房屋受灾，30户村民房屋后山出现不同程度坍塌，8户后山出现严重垮塌；通村公路塌方20多处，建设银行帮扶的牛岭小学通校道路也因塌方受阻；洪水冲毁农田60余亩，初略统计，此次水灾造成牛岭村直接经济损失共计112万元。灾害牵动着建行职工的心，水灾发生后，建行立即派员了解情况。派相关领导带队，代表建行全体员工，到牛岭村走访和慰问，现场向受灾最为严重的村民曲庆荣、张永宝各捐献慰问金500元。

2. 完成安康市委市政府分配的救灾任务。除参与牛岭村抗洪救灾工作外，建设银行还重点承担了安康市委市政府所赋予的其他救灾恢复重建任务。建行共向安康市灾区捐款231.7万元，其中职工个人捐款17000元。分别捐往安康市救灾专户和汉滨区及包村扶贫点——牛岭村。同时建设银行安康分行100余人次参加安康城区街道恢复清淤劳动。

3. 开展信贷帮扶，恢复生产。“7.18”洪涝灾害给安康市的企业带来巨大损失，小企业由于资金实力薄弱，灾害直接影响到受灾小企业的持续经营。建设银行所属安康分行积极行动，全力做好灾后小企业重建的金融服务保障工作，把支持受灾小企业的灾后重建和恢复生产，作为三季度的一项重点工作。在把握企业经营和市场潜力的同时，加快对其灾后信贷资金的投放速度，短时间内完成了贷款的审批和投放。灾后4个月内，建行安康分行共向10家企业投放了4200万元流动资金贷款。有力地支持了灾后小企业的恢复重建工作，履行了建设银行作为大型商业银行应尽的社会责任。

（中国建设银行）

中国光大集团定点扶贫

【概述】 中国光大集团（以下简称"集团"）在湖南省新化县开展了一系列真帮实扶行动，2002—2010年，共投入资金2385.5万元，招商引资折合人民币3364.5万元，组织实施扶贫项目70余个，取得了良好的实效。

【扶贫工作措施】 1. 在思想认识上：集团始终高度重视定点扶贫工作，把定点扶贫工作作为一项贯彻落实党的方针政策重要任务来抓。历任董事长、党委书记、总经理都关心定点扶贫工作，将其摆上党委重要议事日程，集团其他党委成员也都关注和支持扶贫。为了使集团各级组织和员工了解定点扶贫工作的重大意义，在集团系统宣传国家对扶贫开发工作的方针政策，并组织了"走进扶贫，体验贫困"的国情教育活动。集团系统扶贫理念深入人心，所属企业全力配合，支持扶贫已成为自觉行动，在集团上下形成了很好的扶贫工作氛围。集团定点扶贫经费由2002年开始的每年投入200万元递增到2010年投入600余万元。

2. 在组织实施上：集团成立了扶贫工作领导小组和办公室。历任董事长、党委书记担任领导小组组长，党委成员均为领导小组成员，并分工2名集团领导具体负责，办公室配备了专职人员；集团董事长、党委书记唐双宁在工作异常繁忙的情况下，挤出时间到扶贫点调研，集团分管领导每年都带队到扶贫县考察；每年都定期召开扶贫工作会议，研究确定年度工作计划；每年都在集团系统组织向定点扶贫县捐款活动，筹集和落实扶贫资金。形成了集团党委书记亲自抓、集团党委成员分工抓、总部机关职能部门具体抓、挂职干部一线抓的工作格局。

3. 在工作思路上：把上级部署和要求作为开展工作的依据，做到"尽力而为"做好"规定动作"，"量力而行"做好"自选动作"。结合实际，集团提出"三个坚持"，即：坚持开发式扶贫方针、坚持让贫困人口直接受益的思想、坚持"尽力而为，量力而行"的原则，确立了"三扶一推进"，即以教育扶贫、健康扶贫、素质扶贫和"三个确保"贫困村整村推进为主要内容的工作思路，先后研究制定了《光大集团挂职扶贫人员管理暂行规定》等规章制度，使定点扶贫工作逐步走上了规范化和制度化轨道。

4. 在工作方法上：做到"一个依靠、三个主动、五个要真"即：依靠当地政府；主动配合，分忧不责难；主动协商，帮忙不添乱；主动支持，指导不包办。要有真心实意的态度；要有真情实感的爱心；要有真抓实干的作风；要有“真金白银”的投入；要有真才实学的本领。建立了“四落实四到位”工作机制，即组织落实、人员到位；制度落实、管理到位；项目落实、实施到位；资金落实、监督到位，保证了扶贫工作的顺利进行。

【教育扶贫】 一是投资改造危房扩建学校。先后新建光大希望中心小学2所，改扩建乡镇中小学校44所，新建中小学教学楼35座；二是捐资助学。每年对新化部分优秀学生考上大学后因家庭困难面临辍学的情况，开展“一对一”捐资助学活动。9年来，共资助特困家庭大学生785名，并帮助建学校图书室6个、电脑室1个，捐赠图书6.4万余册、课桌椅1048台套、电脑50台套和校服、被褥万余套。组织贫困县师生到北京开展观摩培训助学和夏令营活动3次。

【卫生医疗】 集团从群众健康入手，先后投资建光大乡镇卫生院2所，改扩建乡镇卫生院6所，新建医疗综合楼、住院综合楼5栋，村卫生所5个，并新配不锈钢病床30张等相关医疗设施，改善了8个乡镇、55万人口的卫生医疗条件。

【技术培训】 为提高当地人口素质，集团每年都组织举办定点扶贫县乡镇领导干部、农业技术骨干和外出务工人员培训班。截至2010年底，累计办班114期，共培训各类学员2.02万人次。其中，乡镇领导干部605人次；农业技术骨干1.5万人次；购置印发《农业实用技术》等资料3.9万余册，收到了好的效果。

【劳务输出】 支持新化县改造、扩建县职业技术中专学校，把电工、服装设计制作等10余种技能作为培训内容，开展多种形式的职业技能培训和转移就业指导性培训，并结合市场用工情况，采取定单式培训，并出资帮助建立了新化县广东长安集团劳务输出联络处。9年来先后组织向广东等沿海企业输出农村富余劳动力4717人次，送出去1个劳动力，带动1户脱贫。

【整村推进】 把“整村推进”纳入集团扶贫工作总体规划，先后认领5个“三个确保”贫困村。按照因地制宜、分类指导、资源整合、群众参与的原则，以贫困村为帮扶平台，修建“光大连心路”和小型水库，改善基础设施；以扶持种植、养殖业为切入点，扶持稻田养鱼、金银花种植、花菇养植、大棚蔬菜基地及水果农副产品交易市场，提高农产品附加值，使村有骨干产业、户有增收项目，增加了贫困农户收入。

【抗灾救灾】 新化县属自然灾害多发地区，常年小灾屡见大灾不断。对口帮扶9年来，新化先后4次发生重大自然灾害，其中遭受50年不遇的雨雪冰冻和百年不遇的特大暴雨袭击两次。新化每逢遭灾，集团都在第一时间计划外拔出扶贫救灾专款，并根据灾情追加经费，帮助和支持新化县抗灾自救，用于恢复电力、水利、公路和房屋等基础设施建设直接投入扶贫资金300余万元，及时解决了群众饮水等生产生活困难。另外，集团还坚持每年“两节”期间，组织对定点扶贫县特困户开展“送温暖、献爱心”活动，慰问特困户2700人次。

【干部挂职扶贫】 集团坚持把开展定点扶贫工作与培养干部结合起来，定期从总部机关和下属企业选派德才兼备的中青年干部到定点扶贫县挂职，专司扶贫工作。一是发挥在金融机构工作的优势，为贫困县招商引资牵线搭桥，先后累计帮助引进款物折合人民币3364.5万元；二是发挥自身优势，利用个人资源联合社会各界力量共同扶贫。由他们牵头，联系有关企业、大专院校和社团组织的爱心人士等群体，到新化结对帮扶89个，开展爱心捐助活动筹集款物折合人民币共300余万元。

（中国光大集团扶贫办）

中国东方资产管理公司定点扶贫

【概述】 2010年，中国东方资产管理公司（以下简称“公司”）定点扶贫县调整为湖南省邵阳县。2010年初经公司党委研究，决定选派公司长沙办事处处长李晓明到邵阳县挂职，专门负责开展定点扶贫工作。为贯彻落实好《关于进一步做好定点扶贫工作的通知》精神，公司党委多次召开专题会议研究部署扶贫工作，公司纪委书记、人力资源部和长沙办事处主要负责人等多位领导到邵阳县实地开展调研，指导扶贫工作。2010年，在公司党委的关心指导和挂职干部的努力下，经过调查研究、项目筛选、资金筹措等工作，共筹措扶贫资金157万元（含东方资产公司的30万元），帮助邵阳县河伯乡雷公小学完成了危房改造，扩建了部分校舍，资助30名大学贫困新生、20名在校贫困优秀学生实现了求学梦或继续学业，帮助42个贫困村解决了部分基础设施和生活设施困难。

【扶贫调研】 为尽快开展扶贫工作，公司和邵阳县委、县政府积极沟通，听取他们对开展对口扶贫工作的意见和建议。公司相关领导和扶贫挂职干部多次到县扶贫办、县教育局了解邵阳县扶贫工作情况和全县中、小学校急需解决的问题，并到12所中、小学校进行了实地察看。深入13个乡（镇）的71个自然村调查了解社情民情，对部分贫困乡（镇）、村急需解决的人畜饮水、水利设施维修、村道修建等项目进行了实地察看，为日后安排项目资金掌握了真实情况。根据公司年度扶贫专项资金额度和以往扶贫工作经验，结合邵阳县的实际，在听取各方意见后，确定了以扶持教育为重点，向社会筹措资金解决部分民生的扶贫工作思路。

【教育扶贫】 公司经过调研和考察，以及与县委、县政府及教育局的沟通协调后，决定将河伯乡雷公小学作为2010年重点扶贫项目。经与县教育局协商，决定共同投入资金55万元（县教育局投入资金30万元，公司投入25万元，公司另外投入5万元用于支助贫困学生）为河伯乡雷公小学重建500平方米教学楼（危房改造），新修围墙500米、学校大门、操场1000平方米。

严把工程质量，确保项目实效。为保证工程质量，公司挂职扶贫干部积极协调教育局、学校相关负责人，提出质量要求，审查设计规划，严格把关施工队伍，并不定期进行现场检查和监督，确保将新建教学楼和校舍工程建成良心工程、安心工程。2010年10月25日，所有项目已全部完工并交付使用，学生在新学期开始就搬进了新教室上课，雷公小学也更名为“东方希望小学”。

【基础设施建设】 为进一步改善县里部分中、小学的教学条件、帮助部分贫困村解决人畜饮水问题、完善水利设施、通村道路建设问题，公司与湖南省扶贫办协调沟通，争取到项目资金 127 万元，并将项目资金全部用于解决民生问题。在这些项目资金的资助下，分别为五峰铺镇田东村等 30 个贫困村新建和维修了 56 公里道路，为白仓镇黄连村等 7 个贫困村新建了 7 个小型自来水工程，解决了 5030 名农民的饮水困难，为黄荆乡石塘村等 5 个贫困村新修了 1100 米高标准渠道，维修了 10 口山塘，为九公桥镇荷叶塘中心完小等 2 所小学改造了厕所和食堂。

【干部挂职扶贫】 按照邵阳县政府的分工，公司挂职扶贫干部协助县长分管县扶贫办公室、县科技局。在县委、县政府的领导下，公司挂职干部指导分管部门，带领县扶贫办全面完成年度扶贫开发的各项工作，通过了全省“两项制度有效衔接工作”、“第三批整村推进试点县”的检查验收和“十二五”扶贫开发规划的编制工作。其中，“两项制度有效衔接工作”和“第三批整村推进试点县”工作均受到省扶贫办的高度评价。指导县科技局的干部完成了县“十二五”科技规划编制，通过了湖南省第四批“知识产权工作试点县”的考核验收。

（中国东方资产管理公司）

中国核工业集团公司定点扶贫

【扶贫调研】 2010年，中国核工业集团公司（以下简称“公司”）时刻关心扶贫重庆市石柱土家族自治县（以下简称“石柱县”）工作进展，多次派出集团扶贫办公室主任肖林等领导率扶贫小组工作人员前往石柱县，走访了石柱县部分乡（镇）农村、学校、机关单位，深入一线调查研究，落实帮扶工作措施，指导产业发展，慰问贫困群众，解决实际困难。

2010年，共有26人到石柱县检查、协调、部署帮扶工作。扶贫工作组深入一线，密切联系实际，推动了对口帮扶工作的开展，促进了对口帮扶措施的有效落实。根据帮扶规划，2010年中核集团继续投入50万元，用于推动高山错季节蔬菜示范基地、鱼池镇团结村整村推进工程、资助贫困大学生事业和送温暖活动。

【基础设施建设】 在公司的关注和支持下，鱼池镇团结村整村推进工程进展顺利，效果良好，得到当地百姓好评。在2009年投入80万元的基础上，2010年中核集团再投入扶贫资金20万元，继续推进工程建设，累计整修村道公路7千米，建涵洞8个，铺碎片石5.5千米，新建人畜饮水池5口，整修人畜饮水池7口，修建排洪渠400米，建村级卫生点用房360平方米，发展烤烟种植1500亩，购买生猪上千头。通过对口帮扶工作，改善了当地生产生活环境，树立了中核集团公司良好的社会形象。

此外，公司在2009年投入30万元的基础上，再次投入10万元扶贫资金，支持枫木乡高山错季节蔬菜示范基地建设，帮助农户创收增收，促进了部分农户脱贫致富。

【教育扶贫】 要想彻底摆脱贫困，仅仅给予经济支持是不够的，更重要的是要提高人的素质。石柱县教育事业的发展长期投入不足，导致中小学危房较多，教学设施陈旧。因此，中核集团一直坚持教育扶贫，把改善贫困地区教育设施条件和资助贫困大学生作为工作重点，在援建教学楼，打造优良教学硬件的同时，每年拨付专门款项建立了贫困大学生资助金。2010年，中核集团拨出20万元专款，资助40名大学生，每人5000元，为山区优秀贫困学生带去了圆梦大学的理想，也带去了人生的希望。

【送温暖活动】 为鼓励石柱贫困农户，在当地政府的领导下，克服困难，发展生产，力争早日脱贫致富，迈向小康，公司扶贫工作领导小组办公室受集团公司委托，在春节前，带着中核集团广大干部职工的亲切问候，前往石柱县开展扶贫送温暖活动。看望慰问了石柱县贫困户，了解他们的生产、生活情况，嘘寒问暖，并为每户送去慰问金，而且给予石柱县扶贫办 10 万元送温暖活动资金，并委托扶贫办在春节前落实到急需的贫困户手中，帮助他们解决安全越冬和舒心过年问题，受到石柱县人民群众的好评。

（中国核工业集团公司）

中国兵器工业集团公司定点扶贫

【概述】 为打造“有抱负、负责任、受尊重”国家战略团队，履行社会责任，按照“两办通知”要求做好定点扶贫工作，中国兵器工业集团公司（以下简称“集团公司”）扶贫办和承担扶贫任务的相关成员单位与地方政府和有关学校沟通协调，抓好稻田养鱼、整村推进和6个小学的对口帮扶工作，并在做好2010年扶贫开发工作的同时，捐赠370万元用于支援云南2010年抗旱救灾工作，定向捐赠给红河县。为进一步做好扶贫开发工作，集团公司按照“两办通知”精神，在继续做好云南省红河县定点扶贫工作的同时，申请将人民兵工发源地——江西省兴国县作为集团公司新十年扶贫工作的另一个定点扶贫县，并结合人民兵工建立八十周年活动开展了一些先期调研、帮扶工作。

【产业化扶贫】 稻田养鱼坚持示范带动、基地配套、稳步发展原则。受2010年旱情影响，鱼苗发放滞后，集团公司扶贫办与县政府协调，县农业局和水产站想方设法克服困难，待旱情有所缓解即抓紧开展工作，保证了按原计划完成任务，全年共投放鲤鱼苗100万尾，稻田养鱼面积达到7万余亩，投入资金20万元。

针对红河棕业有限公司提出的技术支持服务需求，棕业公司和内蒙一机集团加强了联系沟通，内蒙古一机集团技术人员对棕业公司设备维修维护过程中出现的问题进行了指导培训，确保了生产线的正常运行。

【整村推进】 在集团公司扶贫办资助下，宝华乡期垤村新建了村委会办公室、卫生室，维修了乡村公路；在甲寅乡他撒村建成300多亩的稻鱼工程示范田，帮助其发展生态稻田养鱼产业；在乐育乡然仁村修建村内道路、饮水设施、厕所等，建成了稻鱼工程示范田，开展了产业帮扶，这些工作的实施，有效改善了村容村貌，为新农村建设奠定了良好的基础。

【教育扶贫】 集团公司组织所属北方车辆研究所、西北机电工程研究所、西安现代控制技术研究所、北方雷达电子科技集团有限公司、北方公司和五洲工程集团有限公司对红河县甲寅乡他撒小学等6所小学开展教育扶贫工作，圆满完成任务。

北方车辆研究所为甲寅乡他撒小学培训教师10人，购置运动器材37套，电教室8台电脑维修等相关工作。西安现代控制技术研究所结合整村推进为乐育乡然仁小学建设250平方米师生宿舍楼，2010年已投入20万元。北方公司已完成为乐育乡乐育小学更换200套课桌椅，费用约6万元。

五洲工程集团有限公司为迤萨镇勐龙小学更换110套课桌椅，购置学生住宿用高低床35套、复印机1台，费用约10万元。

【抗旱救灾】 2010年初，云南省发生了严重旱情，集团公司对口帮扶县红河县也遭受到严重影响。集团公司对干旱灾情十分关注，通过多种渠道对旱灾造成的影响进行跟踪，集团公司总部和地处昆明的企业共捐款370万元，定向用于定点扶贫县红河县抗旱救灾，其中主要包括：

1. 人畜饮水工程14项：涉及11个乡镇14个村，投入抗旱救灾资金180万元，安装水管66.87千米，安装水表87只，修建水池19个，解决了1614户、8713人、近3000头牲畜的饮水问题，130亩农田得到灌溉。

2. 易地搬迁工程1项：迤萨镇大黑公村委会万年青村易地搬迁，工程总投资200万元，投入抗旱救灾资金60万元。2010年，工程已全面竣工，全村共20户110人已全部搬入新居。

3. 水沟修缮工程1项：宝华乡撒玛坝规作水沟修缮工程，投入抗旱救灾资金65万元，该项目全长2.7千米，宽0.6米，高0.5米，设计流量0.2立方米/秒，截至2010年底该工程正在进行中。

4. 购置抗旱物资（水泵）30台：投入抗旱救灾资金10万元，由县农业局购入30台电动水泵，并分发各乡镇。

（中国兵器工业集团公司）

中国石油天然气集团公司定点扶贫

【产业化扶贫】 创新扶贫理念、转变扶贫方式，协调总部机关相关部门与科研院所，发挥行业、资源、技术优势，向河南台前县提供石油脑 8 万多吨，年新增产值 4.9 亿元，实现利税 3264 万元，带动当地农民直接就业 2200 人、间接就业 3000 人；11 月又向台前县转让“碳四综合利用技术”，预计一期工程建成投产后，年新增产值 12 亿元，实现利税 1.3 亿元，创造就业岗位 700 个。产业扶贫模式得到了国务院扶贫办领导、集团公司领导及河南省各界的好评。

【扶贫规划】 2010 年，集团公司扶贫办贯彻落实中央新疆工作座谈会和中央第五次西藏工作座谈会精神，不断深化扶贫与对口支援工作规律性认识，加大对今后几年政策走向的研究力度，上下结合，几经反复，研究制定了《关于“十二五”及后十年定点扶贫与对口支援工作有关事项请示》，得到了集团公司党组领导的认同。

【援建项目及扶贫资金投入】 2010 年援助资金 3626 万元，援建了 17 个项目，所有项目在政府质量验收中均一次性合格，10 月中旬前全部交付使用。帮扶地方资金及物资折款 500 万元。

在新疆托里等定点扶贫 6 县投资 1236 万元，援建了牧民定居、幼儿园、养殖、人畜饮水等 8 个项目；在河南范县投资 200 万元，援建 1 个培训中心项目。

为西藏双湖区投资 1990 万元，援建了村委会、照明采暖、草场围栏等 7 个项目。

支援三峡库区：为重庆开县投入 200 万元（2009 年先期投入 300 万元），援建迎仙中学教学楼项目。

帮扶玉门油田矿区暨老市区改造，资助资金 120 万元。

2010 年初新疆天山以北 60 年一遇特大暴风雪灾害面前，为托里、青河、吉木乃 3 个县各捐助 100 万元，用于抗灾保畜及生产恢复自救。

向西藏双湖特别区教育文化事业捐书 1800 种价值 30 万元的图书和 50 万元捐款。

【培训扶贫及干部管理】 按照年初工作计划，继续抓好援疆地区、受援县区干部和农科人员培训工作。结合扶贫与对口支援工作需求，与人事部门积极配合，共同抓好外派干部管理与服务工作。

投入 220 万元组织援疆、扶贫 5 期培训班共 207 名管理干部和农科人员，其中新增加新疆企业对口扶贫县县乡干部 16 人。投入 150 万元组织援藏综合培训，培训双湖区各类人员 89 人。

加强对 18 名扶贫、援藏、援疆、援青干部管理，做好工作指导及感情沟通，全年召开座谈会2次，慰问家属18人次，为他们的工作和成长创造良好条件。

从集团公司资本运营部、化工板块、华油集团选派3名局、处级干部赴新疆塔城、阿勒泰及和丰县任职，中组部第六批援疆工作交接。

从寰球公司选派1名副处级干部于8月赴青海省海西州冷湖行委任职，援青工作前期进展顺利。

【扶贫宣传】 2010年结合不同时期工作重点，编印《扶贫与对口支援工作简报》9期，报送国务院扶贫办7条信息采用6条。全年通过报刊、杂志、石油内外网发表扶贫与对口支援稿件32篇。其中，3月在国家“两会”期间，通过《中国扶贫》专刊，集中宣传集团公司扶贫对口支援等情况；8月《西藏日报》末版刊登“生命禁区里的石油人”，宣传中石油援藏工作，《中国石油报》全文转载。8月《中国扶贫》杂志专版刊登了报道“中国石油—责任无疆却有疆”。7月28日，中央电视台新闻直播间以“新疆伊犁州尼勒克县游牧民有了第一家公立幼儿园”为题报道了中石油援建的尼勒克中心“双语”幼儿园情况。配合思想政治工作部共同完成“中国石油定点扶贫10周年”宣传片。组织收集编印《天山情怀》一书。

注重做好向中央、国务院领导和部门的宣传报送工作。《中石油向河南台前县转让碳四综合利用技术实现科技扶贫》、《中石油定点扶贫新疆贫困县在稳疆固边中发挥积极作用》等信息先后报送中办、国办等部门和国务院领导；中办《每日汇报》对中石油扶贫新疆以“关心群众生活”为题分送中央政治局、书记处领导。

【扶贫调研】 2010年，集团公司先后派人赴河南、重庆、西藏和新疆进行工作调研，陪同领导考察团组随访，转达集团公司领导层对贫困地区人民的关注与关心。到受援县慰问扶贫援藏干部，深入现场解决实际问题。

3月，温青山带团赴重庆开县，协调解决川东北项目税收征管和分配问题；4月，曲浩主任赴开县就先前援建项目投用效果及后两年援建项目可行性进行调研；4月，通过深入河南2县调研，将河南2县的对口扶贫工作由寰球公司移交由河南销售公司负责；7月，王福成、李华林、关晓红总赴新疆察布察尔、尼勒克调研，并出席尼勒克县中心幼儿园竣工典礼；8月，王福成带团赴西藏考察并亲切慰问援藏干部，期间组织了总部机关向西藏双湖特别区教育文化事业赠书捐款活动。同月，集团公司第二批医疗小分队赴藏义诊巡诊，组织社会责任编辑部赴藏了解援建8年实施项目及效果；12月，对新疆定点扶贫十年来实施项目情况进行了质量回访，就今后新疆扶贫形式调整事宜逐步达成共识。

【扶贫办基础工作】 2010年，重点筹备组织了3月扶贫与对口支援领导小组工作会议，4月、12月扶贫援藏干部工作座谈会等。与对口实施企业、扶贫8县联系摸底，对中国石油扶贫10年来所有数据、资料进行全面统计与分析整理，建立定点扶贫和对口支援管理数据库，使日常管理工作信息化。组织力量完成了《中国石油定点扶贫十年回顾报告》。

（中国石油天然气集团公司扶贫与对口支援办公室）

中国电信集团公司定点扶贫

【概述】 按照国务院中央国家机关定点扶贫工作会议的要求，中国电信集团公司（以下简称“中国电信”）从2002年10月起，负责四川省凉山彝族自治州盐源县、木里县的对口扶贫工作。总的来说，2010年的扶贫工作按计划顺利实施，取得较好的工作效果，完成了预定的工作任务。同时，从2009年起，为了使中国电信在两县的教育扶贫工作更为系统化和深入，中国电信与中国扶贫基金会新长城项目部合作，在盐源、木里各开办了一个“中国电信·新长城自强班”，每班每年投入扶贫资金10万元、帮助50名特困高中生顺利完成三年学业。自强班项目获得了很好的社会效果。

【盐源县扶贫项目】 1. 信息化建设项目。信息化建设项目预计投入资金约80万元。农业科技“110”信息平台的建设项目按照整体规划、分步实施的原则，拟用3年的时间组建完成，2010年是信息化建设项目投资计划的最后一年，计划投入10万元补充3个经济基础较好乡镇网点建设。计划投入20万元用于教育网学校网点的延伸。计划投入50万元用于政府可视会议系统、政府办公OA系统的补点和改造。

2. 教育扶贫项目。教育扶贫项目预计投入资金约70万元。对干海乡鱼脊梁小学校进行改扩建，新建九间教室约720平方米，每平方米1400元，大概投入102万元，由中国电信出资70万元，不足部分由地方政府配套解决。

3. 卫生扶贫项目。卫生扶贫项目预计投入资金约50万元。计划新建金河乡卫生院综合门诊300平方米，提高金河乡医疗救治条件，逐步缩小地区医疗水平差距，满足乡镇卫生院基本功能，改善金河乡人民群众就医环境。

4. 知识扶贫项目。知识扶贫项目预计投入资金约10万元。全年计划安排5万元用于移民劳动技能培训；安排5万元用于卫生系统医务人员技术、业务培训。

5. 新农村建设项目。新农村建设项目预计投入资金约40万元。为加快全县规模化种植、产业化发展和标准化生产程度的提高，拟投入20万元用于新农村建设，投入20万元用于农业科技示范园区建设项目。

6. 捐资助学项目。捐资助学项目预计投入资金约20万元，与中国扶贫基金会新长城项目部合作，资助“中国电信·新长城高中生自强班”50人和“新长城·特困大学生自强”项目。

【木里县扶贫项目】 1. 信息化建设项目。信息化建设项目预计投入资金约65

万元。总计 3 项，其中：县档案局档案管理信息化系统建设项目 35 万元；县审计局信息化系统建设项目 22 万元；县统计局网络直报系统配套设备购置 8 万元。

2. 教育扶贫项目。教育扶贫项目预计投入资金约 80 万元。总计 4 项，其中：三桷桠乡鸡毛店村小学校舍建设项目 40 万元；学生教学、生活设施集中采购项目 20 万元；东朗乡学生上学道路安全设施建设项目 10 万元；麦日乡学生上学道路安全设施建设项目 10 万元。

3. 卫生扶贫项目。卫生扶贫项目预计投入资金约 70 万元。总计 3 项，其中：县计划生育指导站基本医疗设备购置项目 10 万元；水洛乡卫生院业务用房建设项目 30 万元；屋脚乡卫生院业务用房建设项目 30 万元。

4. 知识扶贫项目。知识扶贫项目预计投入资金约 25 万元，用于农业技术及干部培训项目，计划对全县 50 多名乡镇干部及 200 余名村支书和村长进行轮训。

5. 新农村建设项目。新农村建设项目预计投入资金约 10 万元。用于县科技局中药种植和特色无公害蔬菜种植的示范基地建设。

6. 捐资助学项目。捐资助学项目预计投入资金约 20 万元，与中国扶贫基金会新长城项目部合作，资助“中国电信 · 新长城高中生自强班”50 人和“新长城 · 特困大学生自强”项目。

（中国电信集团公司扶贫办）

中国远洋运输集团总公司定点扶贫

【概述】 按照党中央、国务院的统一部署，2010年，中远（集团）总公司（以下简称“中远集团”）定点帮扶湖南省沅陵县和安化县。中远集团贯彻落实党中央、国务院关于定点扶贫工作的部署要求，结合帮扶县的实际，从解决干部群众普遍关心的热点、难点问题入手，建设民生项目，切实改善贫困群众的生产生活条件，推进特色产业发展，加强人员技能培养，增强帮扶县的造血功能，为沅陵、安化2县的经济社会发展作出了贡献。

参照近年来中远集团定点扶贫工作的实践，根据和帮扶县达成的一致意见，2010年，中远集团对沅陵、安化2个县分别投入300万元扶贫资金，总共600万元，建设扶贫项目13个，成效明显。

2010年3月，李云鹏组长带队拜访了湖南省委领导和省扶贫办相关领导，就有关中远集团定点帮扶沅陵、安化2县事宜，进行了沟通和交流。集团党组选拔出的2名扶贫干部也于3月到任。定点扶贫工作做到了当年投入、当年建设、当年见效。

2010年5月，中办、国办《关于进一步做好定点扶贫工作的通知》下发后，集团立即组织相关人员学习，及时将通知精神传达到挂职扶贫干部。通过学习，深刻认识到定点扶贫在新阶段扶贫开发工作中的重要作用，进一步增强了做好定点扶贫工作的责任感和使命感。

【基础设施建设】 2010年，在沅陵县，基本完成了洪水坪至千塘湾6.37千米的洪千公路的拓宽改造工程。路面由原来的3米拓宽到6米，各种车辆可以安全、快速通行；新修建过溪滚水坝1座，坝长80米、宽4.5米，解决了借母溪及沿线几个村2000余人的出行难问题；协调中国移动沅陵分公司，在借母溪村修建移动通讯基站一座；投入5万元完成了借母溪村千塘湾至茂古洞至塘坪到杉木洞近12千米的人行通道整修工程，为借母溪村700百余名群众出行提供了方便；完成了借母溪千塘湾至两岔溪总里程长约5公里、设计路面宽度为4.5米的森林消防巡护通道的线路踏查、实地测绘和工程预算工作。以上项目的实施使沅陵县借母溪村作为国家级自然保护区的旅游基础设施得到了明显改善。在安化县，中远集团把帮扶黄沙坪茶市建设作为2010年度的重点项目，与相关专家一起，对黄沙坪古茶市恢复重建工程进行了整体规划，并投入帮扶资金220万元用于修建全长1600多米的防洪大堤和水道管网、街道改造、房屋修缮等配套设施，奠定了黄沙坪茶市开发建设的基础。

【产业化扶贫】 在沅陵县，中远扶贫干部多次深入借母溪村千塘湾、塘坪、茂古洞等组的山头地间，实地调研和考察茶叶开发工作，协调沟通相关部门，对群众做好茶产业开发引导。目前，已基本完成72亩新开茶叶基地的砍青、炼山、整地等前期工程，施肥和栽苗工作即将进行。同时，通过以奖代补措施扶持引导有条件的农户做大做强种菜、种果、养蜂、养猪、养禽等特色种养产业。新发展养蜂户290箱，蜂箱总数达500多箱；建成无公害蔬菜基地2.5亩，落实计划3.2亩；落实甜柿苗圃基地1.2亩。在安化县，中远集团投入30万元用于新建150亩茶园基地，目前各项工作进展顺利，即将进行茶苗栽种，预计春节前可完成茶苗栽种和桥梁、道路等主要建设工程。届时，中远集团定点帮扶的茶园基地将成为安化县目前建设标准最高的一片生态观光茶园。

【劳动力转移培训】 中远集团在定点帮扶工作中注重提高当地干部群众的素质，把解放思想、转变观念、提高技能、增强帮扶县的造血功能作为一项重要工作纳入年度扶贫计划。2010年，中远集团在沅陵县举办了5期培训班，共培训182人次。其中包括：对借母溪全村党员进行了综合知识学习培训；组织村组干部和党员到先进村和革命传统教育基地进行考察学习；举办了由来自借母溪乡24个村的102名村民参加，以野外蜜蜂养殖、乡村旅游服务、厨师等为主要内容的阳光工程培训；组织村干部及村民到官庄镇考察茶叶开发工作，提高对茶叶产业开发的思想认识和操作水平。在安化县，中远集团举办了3期培训班，共培训300人次。其中，举办的茶产业茶文化实用型人才培训班，聘请全国知名茶文化专家和高级茶艺师进行系统培训，参加学习的60名正式学员全部通过了湖南省劳动部门组织的考核，并获得中级茶艺师资格证书，培训班一结束，一些茶厂和茶商现场就与部分学员签订了用工协议。11月，在江南镇组织的茶叶种植和加工技术培训班更是受到了茶农的欢迎，原计划120人参加培训，实际参加培训的人数达到178人。

【村庄整治】 中远集团派驻沅陵县的干部多次深入借母溪村组农户调研，并配合湖南省有关专家制定了《借母溪自然保护区村庄整治规划方案》。目前，投资近20万元的千塘湾村庄整治试点工程正在有序推进，并取得初步成效：9月底完成了第一栋民房改造试点工作，新建公共厕所一个、公共牛栏15间、猪栏4间、沼气池一口，作为农家乐示范户改造的二号和三号民房工程也基本完成，预计元月就可开张营业。

【社会扶贫】 为了推动沅陵县社会各界对教育事业的关注支持，中远集团出资1万元，对沅陵县桐车坪九校开展助学活动，带动了县教育局、县委基层办、沅陵一中、沅陵音中等县直单位慷慨解囊参与助学活动，当天，共筹集到扶贫助学资金4.5万元。其中4万元用于改善学校教学条件，5000元现场发放给了符细妹等25名贫困学生。2010年7月，借母溪村遭受特大暴雨袭击后，中远集团及时出资1万元，帮助受灾村民恢复家园，开展灾后重建。

（中国远洋运输集团总公司
援藏扶贫领导小组）

中国移动通信集团公司定点扶贫

【概述】 中国移动通信集团公司（以下简称“中国移动”）高度重视扶贫工作，以公司总裁为组长，计划部、人力资源部、财务部及综合部等部门负责人为成员的扶贫领导小组多次召开扶贫工作办公会，落实“两办通知”精神，确定工作重点，制定落实措施，明确扶贫工作的操作模式，明确集团公司各相关部门在扶贫工作中的职责，推动扶贫工作规范化、制度化和长效化，确保扶贫工作落到实处。扶贫领导小组成员多次到黑龙江省桦南县、汤原县实地调研，深入实地了解困难和指导工作，全面了解所资助的扶贫项目，深入贫困户家中了解情况，嘘寒问暖，把慰问金和慰问物资亲自发到群众手中，同时还对贫困村群众吃水难、通行难等问题进行实地考察。落实2010年度扶贫计划，拨付定点扶贫县扶贫资金合计520万元，为扶贫工作开展打下坚实基础。

【基础设施建设】 2010年，中国移动在桦南县投入扶贫资金220万元，其中投资76.5万元，为明义乡新生村、石头河子镇春富村、大八浪乡宝山村、金沙乡卫东村4个贫困村自来水管网入户，解决了950户贫困户人畜饮水问题，同时加大基础设施建设；投资143.5万元，为4个贫困村新铺设水泥路4.1公里，解决1726户贫困群众行路难的问题，改善了贫困村交通环境，受到群众欢迎。

在汤原县投入扶贫资金220万元，为汤原镇北靠山村、东凤鸣村、西凤鸣村、胜利乡伏隆村、鹤立镇新安村、太平川乡竹青村、汤旺乡金星村等7个村，修建水泥路4.1公里、水泥板边沟1公里、泥草房改造30户、安装路灯80盏。截至2010年底，这些项目已全部竣工投入使用，对7个村的交通运输、农副产品流通和经济快速发展起到很好的拉动作用，改善了农民群众的生产生活条件，促进了经济与社会事业的协调发展。

【扶贫慰问】 2010年，中国移动拨付80万元资金用于2县元旦和春节扶贫慰问。在第四季度及时给予2县元旦和春节慰问金各40万元，解决了部分贫困群众越冬期间生产生活的实际困难，把党和政府的温暖送到了贫困群众心中。

【干部挂职扶贫】 自2002年以来，中国移动先后选派五批7名德才兼备的干部骨干到汤原、桦南2县蹲点挂职县委副书记和副县长，并将其作为培养锻炼干部的一项重要举措。公司领导高度重视，每一批扶贫干部在挂职前，公司领导都要与他们谈话，鼓励他们克服困难，尽职尽责，为贫困地区的发展做出贡献。2010年中国移动精心选派总部财务部王涛和黑龙江公司佳木斯分公司孟昭君2名副处级干部到定点扶持县挂职扶贫。2名扶贫干部发扬公司的优良传统，以地方发展为己任，将企业的社会责任感融入到实际工作中，全身心投入地方经济和社会发展，努力工作，尽职尽责，将扶贫工作与分管的县里工作相结合，发挥了联系面广、上下沟通顺畅的优势，推进了扶贫工作的开展。

【文化扶贫、送报下乡】 2010年，中国移动继续参加了由国务院扶贫办、中国扶贫基金会、中国文化扶贫委员会等单位联合举办的“文化扶贫、送报下乡”活动，向汤原和桦南2县各赠送500份《农民日报》。赠送的农民日报在农民中很受欢迎，许多农民通过读报用报开阔了眼界，增长了知识，增强了脱贫致富的信心和能力。

【移动通信基础设施建设】 中国移动总部在定点帮扶汤原、桦南以后，黑龙江公司加大了对2县移动通信基础设施建设的投入。2010年在汤原县内新建基站18座（其中村通基站4个），铺设光缆140公里，总投资2160余万元。解决了数十个村屯的覆盖和部分地区网络容量问题，提高了网络的安全可靠性。在桦南县内建设基站13座（其中TD基站3座），计划到2011年移动基站将达到157座，载频数预计达到1300块。移动基础设施和村通工程的建设提高了贫困地区移动通信的质量，消除了数字鸿沟，改变了贫困地区信息通信水平落后的面貌。

【扶贫工作措施】 1. 做好规划，扶贫资金落到实处。按照扶贫开发政策和“三个确保”的要求，坚持“参与式”整村推进这一扶贫开发主导方式，指导包扶的贫困村编制了切实可行的扶贫开发规划。深入到所包扶贫困村，开展调查研究，分析贫困原因，摸清贫困现状。在此基础上，参照各村制定的扶贫开发规划，制定《中国移动通信公司包扶县2008—2010年扶贫规划》，所制定的规划目标明确，措施可行，有的放矢，既和扶贫开发整村推进紧密结合，又和包扶县中心工作密切联系，把有限的资金用在刀刃上。

2. 因地制宜，协助向上争取项目。利用行业优势和部门优势，争取上级部门和关系单位的支持，帮助贫困村招商引资、联系项目，为贫困村脱贫致富创造条件。提高贫困村专业化生产水平，发展规模经济，打造品牌，帮助贫困村推进农业产业化进程。发挥自身优势，积极与域外龙头企业建立联系，引导农户发展订单农业，解决农副产品销售难的问题。积极发展规模经营，走“一屯一品、一村一品”之路，使贫困村逐步形成规模化、专业化的生产格局。

3. 立足实际，加强基础设施建设。开展扶贫工作首先要加强基础设施建设，重点帮扶贫困村解决生活难、饮水难和通行难问题。2010年为贫困村铺设水泥路，引自来水管网入户，解决基础的民生问题，使老百姓得到实惠，对发展贫困村经济、加快整村推进步伐起到重要的作用。

4. 考虑长远，协助开展劳动力转移扶贫。协助有组织地发展劳务输出，变“输血”为“造血”，引导贫困村劳动力合理、有序地转移，鼓励贫困农民外出务工，脱贫致富，协助引进技术和人才，有计划地资助贫困学生。

5. 拓宽门路，开展智力扶贫和信息扶贫。“扶贫先扶智，治穷先治愚。”为增强农民的科技意识，参加了“向贫困户赠送科技书籍，传授实用技术，培养科技明白人”活动，发挥自身优势，为人民群众送信息，走网络信息化扶贫之路，为促进贫困地区人民群众提高适应市场经济的能力做出了应有贡献。

（中国移动通信集团公司）

国家电网公司定点扶贫

【概述】 2010年，国家电网公司（以下简称“公司”）继续开展定点扶贫湖北省秭归县、长阳县、巴东县、神农架林区（以下简称“三县一区”）工作，完成第三期、第四期定点扶贫任务。

2010年，公司在“三县一区”开展扶贫项目23个，共投入资金853万元，其中，公司直接投入扶贫专项资金400万元，地方自筹配套资金453万元。按扶贫县（区）统计，扶持秭归县项目7个，投入资金215万元，其中专项扶贫资金95万元，地方自筹资金120万元；扶持长阳县项目6个，投入资金193万元，其中专项扶贫资金100万，地方自筹资金93万；扶持巴东县项目6个，投入资金330万元，其中专项扶贫资金110万元，地方自筹资金220万元；扶持神农架林区项目4个，投入资金115万元，其中专项扶贫资金95万元，地方自筹资金20万元。

【教育扶贫】 2010年，实施科教扶贫项目12个，投入资金380万元。重点实施巴东三中援建和官渡口镇太矶头中学教学楼项目，建成教学楼总面积3400平方米，改善了2880名学生的学习条件。全面完成神农架林区农电工培训基地建设及相关培训设施配置。通过中国扶贫基金会帮助三县一区100名特困学生圆了大学梦。

【劳动力转移培训】 通过开展贫困家庭劳动力转移培训，累计为长阳县400人通过培训建立了稳定的收入渠道。

【产业化扶贫】 2010年，实施产业扶贫4项，投入资金193万元。加大技术培训力度，结合区域农业生产优势，进一步加大产业投入。2010年，扶助秭归县长岭村建设茶叶示范基地一块，培养技术带头人30名，带动茶叶种植30000亩，年增收800万元；在陈家坡村建设示范园区，带动柑橘种植园扩大800亩，年增收400万元；在高潮村建成禽畜养殖基地，增加家禽5000只、家畜2000头，增收250万元。2010年6月底前扶助长阳县完成榔坪、青岗坪、龙坪、蒿水坪、古坪、钟家湾6个村魔芋基地建设，累计发展魔芋5000亩，300农户掌握种植技术，每户增收近2000元。

【扶贫搬迁工程】 2010年，重点实施秭归县九岭头村整体搬迁工程，搬迁220户，解决780人安置及就业；进一步实施长阳县贺家坪、渔峡口扶贫搬迁工程，改善130户、500人的生产生活条件；帮助长阳县都镇湾、资丘贫困农户进行危房改造，解决95户特困农户的住房困难问题。

【基础设施建设】 2010年，完成巴东县水布娅镇南潭河饮水浇灌渠工程，新建水渠3公里，解决1800人饮水和农田1000亩浇灌问题。拓宽及硬化秭归茅坪罗家村公路22公里，带动2000亩烟叶种植发展，年增收500万元；修建神农架新华镇大岭村公路6公里，改善416人行路难问题。

【农村供电扶贫项目】 2010年，投入资金60万元。扶助巴东县清太坪镇双树坪、郑家园村开展农村供电综合配套建设，建设公路24千米，架设光纤19千米，改造10KV线路7千米，低压线路8千米，极大地改善了两个贫困村3400人生产生活条件。

【扶贫工作措施】 1. 加强领导是做好定点扶贫工作的重要保证。公司高度重视定点扶贫工作，成立定点扶贫工作领导小组，多次召开党组会、总经理办公会听取扶贫工作汇报，建立长效工作机制，对定点扶贫工作进行专题部署。公司农电工作部发挥组织协调作用，密切联系系统各有关单位，明确定点扶贫工作机构和任务，落实扶贫工作责任，实时跟踪工作动态，做好统筹协调、经费筹措和宣传报道等工作。

2. 政府支持才能形成扶贫工作的强大合力。在扶贫工作过程中，公司系统注意广泛凝聚各方面的智慧和力量，加强与地方政府的沟通协作，依靠政府营造全社会共同参与扶贫工作的良好氛围。各级政府扶贫办积极配合省、市、县电力公司做好扶贫项目调研分析、扶助对象的核实、项目督导管理和项目审计结算等工作，确保了扶贫资金取得最大的成效。广大扶贫对象珍惜扶贫机会，精打细算用好扶贫资金，接受帮扶的年轻大学生纷纷表示要将爱心传递下去。

3. 统筹规划才能有的放矢推进定点扶贫工作。公司（原电力工业部）在推出《电力扶贫共富工程》的基础上，加快三县一区农村电网建设与改造步伐，推进城乡用电同网同价，实现“户户通电”。在定点扶贫规划项目选择上，特别注重对边远地区和特困群众的扶贫工作，制定扶贫实施方案，统筹安排，分步实施；特别注重加大对教育、医疗、饮水工程、公路等方面的投入，不断改善贫困群众的生产生活条件，助推贫困地区经济社会发展。

4. 发展产业投入才能使贫困群众最终实现脱贫致富。扶贫工作中，国家电网公司坚持救济式扶贫逐步向开发式扶贫过渡的工作模式。在救济式扶贫的同时，扶贫工作不断加大对百姓最需要、政府最牵挂的产业扶贫的投入力度，抓农业新技术、新品种、新模式的引进、试验、示范和推广，依托当地资源优势发展药材、柑橘、茶叶、魔芋、畜禽养殖等特色农产品项目，变资源优势为经济优势，提高贫困地区的自我“造血”和可持续发展能力。

5. 规范管理才能提升定点扶贫示范效应。建立健全管理机制，实行电力部门牵头，组织有关乡镇、部门负责扶贫项目的管理办法，实行项目到人、责任到人，确保项目按计划实施，严格工程项目质量关和验收关。加强资金监管，按照年度项目实施计划，制定项目进度拨付资金的管理办法，严格要求各项目业主按项目进度上报报表，按工程进度拨付资金。加强调研督导，每年派员到定点扶贫现场检查指导，传达中央定点扶贫工作精神，听取基层要求和声音，及时向国务院扶贫办汇报工作。加大宣传力度，将党中央、国务院的关怀传递到广大贫困群众之中。

（国家电网公司）

中国长江三峡集团定点扶贫

【概述】 在中国长江三峡集团（以下简称“集团公司”）履行社会责任领导小组指导下，在当地政府配合下，集团公司2010年定点扶贫工作进展顺利，共完成定点扶贫资金790万元，定点扶贫项目10个。

【巫山县扶贫资金及扶贫项目】 2010年，集团公司投入巫山县扶贫资金350万元，实施项目5个：一是新建生态移民村100万元。此项目在两坪乡仙桥村建1个生态移民新村，用于土地流转、基础场坪、环境治理等工程，安置50户200人高山易地搬迁户。二是农村产业（金银花）培育90万元。扶持全县发展金银花30000亩，给农户每亩补贴种苗30元，30万人受益。三是农村基础设施（河堤整治）50万元。投入30万元整治抱龙水毁河堤100米，保护两岸耕地50亩和20多户农房安全；投入20万元修建三溪乡印石村村级公路100米、河堤6米，保护临近农户和耕地。四是妇女创业及培训100万元。建立“巫山妇女创业基金”，采取“滚动发展”模式，扶持30户有能力的妇女创业，培训100人；五是农村实用技术培训10万元。开展农民实用技术培训4期，5000多人次。

【奉节县扶贫资金及扶贫项目】 2010年，集团公司投入奉节县扶贫资金350万元，实施项目3个：一是整村脱贫项目150万元。在乐康镇木耳村建设蔬菜基地1000亩、田间道路3500米、新建机耕道3.6公里，带动250户贫困农户实现万元增收；二是妇女“三八”畜牧业示范基地100万元。培养养殖大户20户，开展妇女养殖技术培训1000人次，带动200户贫困农户实现万元增收；三是报国路小学教学综合楼100万元。改善1700余师生教学环境，解决进城务工农民工子女就读难问题。

【江西万安县扶贫资金及扶贫项目】 2010年，集团公司投入江西万安县扶贫资金10万元，实施项目1个：弹前乡希望小学教师及学生宿舍维修、教学设施购置、教师培训。

【内蒙古赤峰巴林左旗扶贫资金及扶贫项目】 2010年，集团公司投入内蒙古赤峰巴林左旗扶贫资金80万元，项目1个：打凿机电深水井8个，解决人畜饮水。

【挂职干部扶贫】 2010年，中国三峡集团及时派驻挂职干部到重庆市巫山、奉节县和内蒙古巴林左旗开展定点扶贫工作（自2003年开始，中国三峡集团共派驻14人次挂职干部分别到巫山、奉节2县挂职）。挂职干部以改善民生、促进地方经济社会发展为目标，继续发挥桥梁纽带作用，主动融入当地，深入基层，开展调研，以智力帮扶、项目帮扶、人才帮扶、产业帮扶、送温暖活动为切入点，积极开展扶贫工作。

（中国长江三峡集团）

中国海运（集团）总公司定点扶贫

【概述】 2010年，中国海运定点帮扶永德县工作取得一定成效。经公司总裁办公会审议通过了本年度帮扶项目方案，拨付资金220万元，重点实施了教育、建设基础设施和产业发展等帮扶项目，以及继续在永德招收船员等。另外，公司还拨付永德县抗旱救灾款60万元。

【教育扶贫】 为使教育扶贫方案更具针对性和可操作性，结合永德县提出的建议，2010年，公司出资60万元，县级配套10万元，帮助永德县建设崇岗乡蒿子坝村大田坝完小、亚练乡平掌完小学生宿舍及食堂。

公司继续拨付15万元，作为永德一中的“助学资金”，专款用于帮助该校高中贫困生完成教育。又追加5万元用于“中海希望班”教师奖励及改善教学设备等。

受公司扶贫成效的鼓舞，台湾同胞徐定心先生自愿出资并委托公司在其捐助建设的亚练乡忙回小学设立“罗秀海奖助学金”。年度奖助学金5万元于2010年11月到位，计划于2011年1月发放。

继续进一步宣传扶贫工作，发动公司员工积极参加自愿捐款达30余万元，用于永德明信坝、尖山、和牛火塘等3校小学建设公共食堂和帮助购买学生床铺、课桌椅、校服及部分教学用具和学习用品等。

通过帮扶学生食堂、宿舍建设、教学设备建设以及贫困学生资助，逐步解除了贫困山区学校破旧带来的各种安全隐患，营造一流的育人环境，进一步完善了教学设备，稳定教师队伍，解决了学生、家长的后顾之忧，使永德县农村孩子从“能上学”转变为“上好学”。

【基础设施建设】 2010年，公司拨付帮扶资金30万元，帮助永德县建设班老村忙兑自然村开发区域水泥硬板路两条，总长1393米，配套种植澳洲坚果街道树500株；公司拨付帮扶资金20万元，帮助永德县新建忙兑村人饮工程，修复小勐统镇大偏旁自然村、永康镇送吐村饮水管道；新建人饮管道1.13万米，配一个进水池2立方米，1个调节池100立方米；公司拨付帮扶资金30万元，帮助永德县修复勐板乡忙肺灌溉沟渠和修复崇岗乡军捞村三岔河沟渠。

【产业化扶贫】 发展种植澳洲坚果是永德县2010年的工作重点，永德县计划今后三年每年种植6万亩澳洲坚果，近期完成了1500亩种植，其中，公司拨付帮扶资金30万元用于购买种苗、肥料及管护等。

【科技培训】 为推动贫困山区农民群众掌握先进的种植、养殖等农村实用技术，公司拨付帮扶资金30万元，帮助永德县开展农民实用技能培训。

【劳务输出】 2010年，继续帮助永德县实施劳务输出。为此，2010年公司继续在永德县招聘了30名船员，现已赴广州海运技校培训，取得证书后即可上船工作。

【扶贫调研】 为做好云南省永德县的定点扶贫工作，按照统一部署，公司就云南省永德县的扶贫工作进行了调研和实地考察。

2010年9月6—10日，公司领导带领发展部、人事部、总裁办、中海国际等相关人员，对云南永德县的扶贫工作情况进行了考察。在云南省、临沧市扶贫办等当地领导的全程陪同下，深入到援建的学校、新农村建设样板路以及农作物种植基地等进行实地考察。考察期间，考察组一行与云南省扶贫办和临沧市扶贫办就永德县扶贫工作的相关情况进行了沟通交流，并与永德县委领导亲切会谈，就扶贫开发等情况进行了沟通和交流。圆满地完成了考察任务，达到了预期目的。

【抗旱救灾】 2009年秋季以来，云南省灾情最为严重，遭受百年一遇的特大干旱，全省夏粮将因灾减产一半以上，农业直接经济损失超过百亿元人民币。云南永德县大部分地区也出现寒冷干旱天气，全县10个乡镇不同程度受灾，灾情严重，鉴于云南、永德旱情严峻，公司履行社会责任的宗旨，及时拨付给永德县60万元用于抗旱救灾。

【干部挂职扶贫】 2010年初，经集团党组会议研究决定，继续从集团内择优选拔两名政治业务素质较好、身体健康、能够吃苦耐劳的年轻干部赴永德挂职县长助理，主要负责扶贫项目的落实和沟通工作，这2名干部已在永德工作近一年时间，在当地的表现得到了永德县领导和群众的好评。

（中国海运（集团）总公司）

上海宝钢集团公司定点扶贫

【概述】 2010年，宝钢集团公司（以下简称“集团公司”）以高度的社会责任感，从项目、资金、人员上，进一步加大了对云南普洱市的定点帮扶力度。

集团公司高层领导重视扶贫工作，2010年初召开专题会议研究部署对口云南的扶贫工作，提出扶贫工作的指导思想、原则和具体措施。集团公司工会主席汪金德等专程来云南和普洱市调研、检查扶贫工作，和普洱市委、市政府领导共商扶贫工作，现场察看项目实施情况和大旱灾情，并与普洱签定了2010年对口扶贫协议。负责对口帮扶的集团公司所属3大公司把扶贫工作当作一项重要的政治任务来抓，落实各项帮扶工作，保障了扶贫工作的有序开展。

2010年，经过对口帮扶的3家公司及普洱市、县扶贫干部、挂职干部的共同努力，集团公司定点帮扶工作成效明显。主要体现在：项目区安居、道路、水利等基础设施进一步改善，群众的生产、生活条件和生存环境得到了进一步改善；上学难、行路难、饮水难、看病难、看电视难等实际难题正在逐步解决，教育、卫生、文化等社会事业得到发展，山区贫困户自我积累、自我发展的能力逐渐提高；集团公司的社会责任感及挂职干部动真情、真扶贫、办事实、求实效的实干作风和无私奉献精神，得到了对口帮扶地区干部群众的高度评价。

【援建项目】 2010年4月，集团公司工会组织股份公司、宝钢国贸、梅钢公司3家开展对口帮扶，分别与普洱市所属的宁洱县、墨江县、江城县、镇沅县签订了2010年援建协议，共投入资金855万元，确立帮扶项目33个，其中整村推进项目19个，教育培训项目2个，产业发展项目4个，“1+1”爱心结对和宝钢贫困大学生补助项目7个，公益事业1个。另外，在普洱市各县实施2010年度“爱心永恒、启明行动”计划中捐赠60万元，为600例困难白内障患者实施了复明手术，让他们重见光明；落实帮扶资金50万元，用于普洱市扶贫办培训中心项目。

上述项目于2010年4月启动实施，项目资金已按进度拨付，项目进展正按照协议要求推进。

【抗旱项目】 2010年，普洱市和云南省一样气候异常，遭遇了近80年来较为严重的冬春干旱，集团公司工会主席汪金德深入普洱市实地考察旱情，指导帮扶工作，5月定向捐赠了抗旱救灾专项资金1000万元，用于援建普洱4县抗旱饮水工程，其中饮水工程3个、新建水池（水窖）528

个、河道改造1个、引水渠道工程1个、打井4个。抗旱项目惠及普洱4县、18个乡（镇）、67个行政村，解决5425户16335人，12079头大牲畜饮水问题，农田地灌溉面积2566亩。

在县、乡、村各级及项目区群众的共同努力下，抗旱饮水项目进展顺利，已按照项目投资要求进行了招投标，并已全面启动实施，预计能够按照规定时间完成项目实施计划。镇沅县人畜饮水工程于2010年底全部投入使用。

【扶贫总结与调研】 按照“一体两翼”扶贫战略和云南省、普洱市的扶贫规划，2010年扶贫工作的指导思想是：以贫困人口为基本对象，以贫困自然村为主战场，以改善基本生产生活条件和增加收入为重点，坚持解决温饱和巩固温饱同时推进，坚持开发式扶贫和受益式扶贫同步进行，坚持扶贫开发力度和资金投入力度同步加大，确保如期完成新时期扶贫开发的目标和任务。

集团公司按照这一精神，对近几年的帮扶效果及2009年度的帮扶项目，进行了总结回顾与调查研究，一是围绕2010年的立项工作开展了信息沟通，与各县就民房建设、产业发展、群众增收等问题交流了想法，重视当地政府和群众的意见和建议，依靠当地扶贫办来选择项目；二是围绕如何优化项目、改进项目、提高扶贫工作的质量和水平，多次深入山区村寨调查研究，通过实地考察，了解项目实施过程中遇到的问题以及群众当前最迫切需要解决的问题。在调研的基础上，提出了2010年扶贫工作思路：把解决温饱问题并实现脱贫致富作为首要任务，把扶贫工作重点放在解决群众最需要、最迫切、最关心的问题，把扶贫项目选在最贫穷、最落后和最困难的地方实施，因地制宜、实事求是，结合新农村建设项目、农村安居安全项目等涉农项目，整合力量，集中打造，让当地群众快速感受项目的效益，确保定点扶贫工作取得预期成效。

【扶贫项目开发】 根据中央及省、市扶贫开发工作的要求，瞄准贫困群体和贫困对象，2010年确立了扶贫项目33个及抗旱饮水工程。我们坚持分类实施、重点突破，进一步夯实扶贫工作基础、促进扶贫区域联动发展。

一是重点实施整村推进，坚持以实施整村推进为切入点，重点倾斜“人口较少民族、内陆边境和革命老区县”贫困村，统筹整合扶贫资源，实施了整村推进项目19个，安排宝钢扶贫资金688.4万元；二是重点实施抗旱工程，把宝钢1000万元抗旱救灾资金，专项用于解决贫困山区农田水利、人畜饮水的民生问题，通过抗旱工程各个项目建设，明显改善了农村基础设施建设和群众生产生活条件，使山村的人居环境得到了改变；三是重点实施产业开发，实施4个产业扶持项目，培育山村特色产业，促进低收入农户增收致富；四是重点实施爱心助学，着眼于维护民族团结和社会稳定，确立了结对帮扶、资助贫困学生等教育、培训、结对助学项目9个，2010年“1+1”贫困中小学生结对帮扶492人，救助贫困大学生170人。

【扶贫项目管理】 在集团公司工会的领导下，做好项目的管理监督，保证了项目建设管理有序、运作顺畅。一是早立项、早启动。抓紧抓早帮扶工作，在调研、考察的基础上，组织3家公司签订年度帮扶协议，保证了有条件的项目早开工；二是加强资金管理。坚持按项目进度拨付项目资金，一方面保证了资金的及时到位，另一方面督促项目实施单位抓紧工期、确保进度；三是规范项目管理。运用宝钢先进的工程管理方法，精心管理扶贫项目，以合同签订为龙头，规范了项目的考察、申报、评估、实施、竣工验收等环节，严格实行了项目招投标、项目资金使用公告公示、审计监察等制度；四是严把工程质量关，坚持按国家技术质量标准进行施工，组织相关技术人员现场指导，加强工程质量的监督与管理。

（上海宝钢集团公司）

中国港中旅集团公司定点扶贫

【概述】 中国港中旅集团公司暨香港中旅（集团）有限公司（以下简称“集团”）成立至今已逾80余年，是以旅游为主业，以钢铁、旅游地产、物流贸易为支柱产业的综合性企业集团，是中央直接管理的重点国有大型骨干企业之一，受国务院国资委直接领导。2002年4月，国务院扶贫办确定港中旅集团定点帮扶贵州省黔东南州黎平县，原中国中旅集团定点帮扶云南省普洱市西盟县和孟连县。2007年两大集团实现合并重组后，集团定点扶贫点增加到了3个。港中旅集团将扶贫工作作为一项崇高的社会责任常抓不懈，在重视、联系经营发展工作实际的基础上，研究部署相关工作，为贫困地区雪中送炭做出了努力，为逐步拓宽扶贫工作的深度和广度，加快贫困地区脱贫的步伐，进行了有益的尝试。2010年，集团领导在集团专题会中对扶贫工作提出“明确扶贫思路，造血扶贫为主；发挥旅游优势，体现专业特点”的要求，确定将造血扶贫作为扶贫工作的重中之重来抓，并将扶贫工作与打造港中旅品牌相结合。

集团董事会和总经理室对履行企业的社会责任十分重视，将定点扶贫工作纳入集团经营管理的重要议事日程，在每年年初专门召开联席会议，专题总结并研究扶贫工作。集团办公厅作为落实定点扶贫工作的职能部门，将扶贫工作列入部门当年绩效考核内容和指标，同时指定专人负责安排扶贫工作的日常事务，承担安排集团领导调研和扶贫的事务性工作，并与定点扶贫地区的省市政府和有关机构建立起联络沟通渠道，为扶贫工作的开展提供了基础保障。

【扶贫调研】 2010年5月6—8日，集团由董事长张学武亲自带队，集团宫晓冰总法律顾问、集团办公厅、下属香港中旅社相关负责人组成工作组前往贵州省黎平县开展扶贫调研和慰问工作。工作组抵达黎平县后，查看了投资帮建的茶园项目，走访了提供资助的民族学校，探望了福利院孤寡老人和困难群众，组织了与政府领导和有关部门的扶贫座谈，调查和了解了当地的自然资源、社情民情。期间，董事长张学武、总法律顾问宫晓冰代表集团员工向黎平县的群众送温暖带问候，表达了集团上下对黎平经济社会事业发展的关注和对人民群众脱贫致富工作的支持。通过此次实地考察调研、与黎平县委县政府及有关部门座谈研讨，集团在以往定点扶贫工作取得实效的基础上，进一步深化了扶贫工作认识、拓宽了扶贫工作思路、加大了扶贫工作力度，促进由输血式扶贫向造血式扶贫转变。经与黎平县政府沟通，集团制定了《中国港中旅集团公司对接黎平县对口帮扶工作方案》，将扶贫工作当作履行企业社会责任方面的重中之重，抓落实。

【爱心捐助活动】 2010 年，香港民众随团赴黎平进行爱心捐助活动成为此次调研工作的一大亮点。集团下属的香港中旅社秉承“报效国家、服务大众、回馈社会”的企业使命和社会责任，精心筹划，将旅游与扶贫结合起来，把扶贫爱心播撒在香港这片南国热土上。2010 年 3 月，香港中旅社举行慈善回馈抽奖仪式，从众多报名参团的香港市民中现场抽出 20 名，免费赴贵州黎平参加捐赠活动。5 月初，“港中旅 2010 年赴贵州黎平爱心团”20 位团友在张学武董事长的亲自带领下，如期前往将 20 万港币捐赠给黎平县。“行万里路——让我们体验到世界的美好，万里扶贫爱心行——更让我们把内心的温暖传递到远方，在丰富自己的同时帮助到他人，使我们感受到扶贫爱心的社会价值和崇高意义。作为香港市民的一员，真心希望能够借助此次活动的影响力，让更多香港人参与到扶贫行动中来，关心关爱内地同胞，扶助需要帮助的群体，共同为美好的未来而努力。”爱心团代表在捐赠仪式上的发言，代表着 700 万香港市民的爱心。除 20 万港币捐款外，团友们还以个人名义向黎平的困难学生捐赠了他们自发集资购买的学习用品，场面温馨感人。

【抗旱救灾】 2010 年初，我国云南、广西、贵州、四川、重庆五省区市发生了严重的旱灾，中国港中旅集团按国务院扶贫办确定的三个定点帮扶地区——贵州省黎平县、云南省孟连县和西蒙县也遭遇了此次特大旱灾，当地群众生产生活受到很大的影响。“一方有难，八方支援”是中华民族的传统美德，“服务国家，回报社会”是港中旅企业文化的核心内容。港中旅集团积极响应国务院、国资委和扶贫办的号召，关注灾区情况，心系灾民生活困难，向灾区传达关注及慰问之后，又对三个定点帮扶地区的受灾情况进行了解和调研。4 月 20 日，集团领导班子召开专题会议，决定向西南干旱灾区中集团定点扶贫单位捐助港币 100 万元，帮助贵州黎平县、云南省西盟县和孟连县恢复农业生产，解决饮水困难，支援灾区重建。集团向贵州省黎平县、云南省孟连县及西蒙县发送正式慰问信，并向黎平县捐赠款项港币 60 万元，云南省西盟县和孟连县各港币 20 万元，用于安置灾民和恢复生产。

【教育扶贫】 集团从 2010 年起与黎平县职业技术学校合作建设中国港中旅集团公司旅游培训基地（挂牌），依托中国港中旅集团公司的资助，组织教职工到各乡镇初级中学进行招生宣传，通过面试择优录取进入旅游服务班学习，学制三年，其中前两年在校学习，第三年由港中旅集团安排到旗下酒店实习。学习三年结束后，经考试、考察、考核合格者，发给国家承认的中专文凭。此项目已投入 2010 年招生、培训费用共计 12.53 万元，2010 年的招生工作已圆满完成，60 名学员已开始在校学习。

【产业化扶贫】 为实现造血式扶贫，2010 年集团紧抓黎平县适合茶叶生长的有利条件，以建设优质茶园为切入点，拟逐步建成“万亩茶园”，打造“港中旅·贵州黎平扶贫绿色有机茶”品牌，提高茶叶附加值，形成产业龙头，带领黎平茶叶走出大山，驰名中外。今后集团所属数十家酒店用茶统一从黎平采购，既为集团经营降低成本，又为茶农打开销路增加收入，做到资源互补，互利双赢，实现造血式扶贫。为实现这一目标，集团于2010年8月投资42万元建设茶叶深加工、精包装生产线。现茶叶加工工作已顺利进行。

（中国港中旅集团公司）

首钢总公司定点扶贫

【概述】 按照国务院扶贫办的安排，2010年首钢总公司（以下简称“总公司”）继续在阳原县开展定点扶贫工作。按照总公司领导的要求，上到机关，下到厂矿，形成了帮扶阳原，完成国务院交给首钢的扶贫任务的共识。首钢总公司向阳原县人民医院捐赠原值269万元瑞士产350千瓦发电机组一套，并派出技术人员现场安装、调试，确保发电机组正常运行；首钢总公司动力厂无偿向阳原县东坊城堡乡万人饮水工程捐赠总重量20.5吨，价值26万元的直径30厘米铸铁水管205米；首钢组织部安排阳原县马圈堡乡乡长李志军到首钢挂职学习。

按照科学发展观的要求，以关注民生为重点，直接投资180万元，捐赠物资折款300多万元，在阳原组织实施了“首钢扶贫阳原万人饮水工程”以及劳动力转移和医疗、教育扶贫等，并取得一定成绩。

【扶贫调研】 2010年初，总公司党委副书记、扶贫开发领导小组组长霍光来，工会主席郑章石、总经理助理刘全寿带领机关和有关单位领导，踏着积雪深入到东堡乡嘴房村开展调研与慰问，并同阳原县4大班子领导、有关部门领导就2010年首钢对口扶贫阳原工作进行座谈，确定了扶持方向和具体内容。之后，霍光来多次听取主管扶贫工作的设备部和扶贫挂职干部汇报，组织召开相关会议，研究定点扶贫工作。2010年10月，霍光来再度带队赴阳原视察首钢扶贫阳原项目实施情况，并为首钢扶贫阳原万人饮水工程剪彩。首钢设备部部长王玉海、组织部部长郭荣等部门的领导也先后到阳原调研指导工作。首钢报社领导率记者组到阳原采访，为阳原的扶贫开发和经济发展鼓劲。

【教育扶贫】 首钢体育发展有限公司邀请中国文教用品协会等单位到阳原县开展教育扶贫活动，向阳原县中小学捐赠篮球、足球200多个，小学生运动棉服600套，旱冰运动服100套；首钢篮球俱乐部到阳原开展捐资助教活动，共计向阳原县揣骨疃镇西庄小学捐赠文化、体育、教学用品和儿童食品1万多元。并向由首钢篮球俱乐部员工一直资助的大田洼乡小田洼村4名贫困生捐助2010年度学费2400元。

【劳务输出】 首钢矿业公司，于2010年3月再度在阳原县招收农民工100名，从事维修辅助、矿石干选、皮带保洁、以及协力等工作，并签订两年用工劳动合同，为农民工缴纳“四险”，实现了输出1人，脱贫1户。

【万人饮水工程】 根据总公司经理办公会“集中资金扶持阳原较大型民生项目”

的指示精神，经过首钢、阳原双方共同考察，并报请总公司同意，在阳原县组织实施总投资320万元，其中首钢扶贫资金180万元的“首钢扶贫阳原万人饮水工程”。工程涉及东坊城堡乡东堡、南良庄、大白咀、东碱沟、西碱沟、咀儿梁、咀儿房、辛其等8个自然村，这8个自然村全部位于阳原县氟中毒重病区，地下水氟含量严重超标，造成大多数村民形成氟斑牙、骨质疏松、骨变形等多种疾病。加之近年来阳原县连年干旱，地下水位下降，很多村庄的机井及村民吃水用的小土井出水量不足，有的甚至已经干枯，村里的人畜饮水只能到几公里或十几公里外去拉水，到了冬季不得不靠融化积雪解决人畜饮水，给村民的生产生活带来了诸多不便，严重阻碍了农村经济的发展和脱贫步伐。

工程于2010年3月开工，10月竣工。新打深180米、出水量50立方米/小时机井一眼，并上电配套；配200QJ50－65/5潜水电泵1套，65SG30－27管道泵4套，IRG50－125A管道泵1套，变频控制柜5套；建蓄水池3座，进排水气井15座，分水房2处，供水管理站1处；铺设自来水管道32000米，道路硬化140米。解决了8个村近万人安全饮水以及上万头大小牲畜的饮水难问题。

在竣工庆典仪式上，河北省扶贫办社会处处长孙振宪、张家口市人大副主任肖全有、阳原县政府县长谢海峰以及村民代表先后发言，对首钢总公司情系贫困，关注民生，一如既往支持阳原扶贫开发工作给予高度评价和赞扬。

（首钢总公司）

中国盐业总公司定点扶贫

【概述】 2010年，中国盐业总公司（以下简称“中盐公司”）定点扶贫工作，坚持产业化开发扶贫方针，根据实际情况，继续由中盐公司所属制盐工程技术研究院采取科技、智力帮扶方式，重点帮助和促进定边县盐化产业做强做大，可持续发展，取得一定成效。

【产业化扶贫】 一是中国盐业总公司（以下简称“中盐公司”）制盐研究院发挥专业科技、人才优势，以其编制的《定边盐湖资源综合开发利用规划》为指引，协助定边县政府与陕西省延长石油集团达成了投资兼并重组定边盐化企业的协议。根据该协议，定边县盐化企业及其盐湖资源整体划入延长石油集团，同时延长集团投资3个多亿实施定边盐湖资源综合开发项目建设。预计项目建成后，年综合产值4.1亿元、利税9000万元，可增加职工就业200多人，同时稳定带动盐湖周围3个乡镇农民为企业提供打盐、运输等各种劳务服务，年劳务收入1000万元左右；二是中盐总公司制盐研究院承担了延长集团委托的年产20万吨高品质原盐盐田改造、7万吨元明粉、2万吨氢氧化镁阻燃剂、4万吨硫酸钠、1.5万吨硫化黑、1.5万吨硫代硫酸钠等综合开发项目的工程设计任务。为此，制盐研究院专门成立了项目技术组，全面、迅速、深入地开展了前期调研、沟通、情报、论证、比选和关键技术方案设计等方面的工作，2010年仅去定边调研、交流就达11人次，科学制定最佳产品方案、建设规模和生产技术方案，致力于定边盐化产业实现跨越式发展，促进县域经济繁荣和带动当地农民增收致富。

【科技培训】 中盐总公司不断帮扶盐化企业技术进步、提升管理水平。制盐研究院在促进定边盐化企业兼并重组的同时，持续不断地对现有企业的技术进步和提高质量管理水平提供帮助和支持。2010年，对盐湖制卤设施技术改造进行了帮助指导，提高了制卤能力和卤水品质；继续对制盐洗涤工艺的技术操作人员和质量管理人员进行业务培训，除现场指导外，举办培训班一期，培训有关人员12人次。

另外，作为项目技术储备，为企业引进了节能高效的元明粉制造热泵蒸发技术。

【农产品出口贸易扶持】 中盐总公司制盐研究院利用与日本的业务联系，针对定边县盛产高品质荞麦的特色，以及制盐研究院地处天津塘沽海港的长处，主动牵线搭桥，拓宽定边农产品出口贸易渠道，推动定边荞麦等特色农产品向日本出口，并就此与定边县粮食主管部门签订了合作意向协议，促进将农业资源优势转化为经济优势。

（中国盐业总公司）

中国国际技术智力合作公司定点扶贫

【抗旱救灾】 2010年初，自西南地区遭遇历史罕见的特大旱灾以来，中国国际智力合作公司（以下简称“公司”）党委始终关注旱情发展，及时了解到公司定点扶贫的大姚县是云南干旱地区的重灾区，干旱给城乡人畜饮水、疾病防控、森林防火、农民增收、重大项目建设和社会稳定带来严重影响。3月2日，在听取了云南省省委、省政府领导关于本省遭遇百年一遇特大干旱情况后，公司党委高度重视，及时部署，在第一时间（3月5日）迅速做出决定，以公司和公司党委名义向大姚县人民政府和县党委捐赠抗旱救灾款共计40万元人民币。4月，中智党委胡京副书记在率团考察定点扶贫县的期间专程考察了大姚县石羊坟箐村及周边重灾区的旱情。在听取了县领导介绍大姚县社会经济发展情况及扶贫工作、抗旱救灾等情况后，副书记胡京代表公司党委表示，公司全力支持大姚县的抗旱救灾，心系灾区群众，帮助人民群众渡过难关，战胜灾害。

在考察期间，考察组还专程考察了姚安县马游村2009年7月9日地震后重建情况。

【扶贫调研】 公司党委书记、总经理王旭东多次对扶贫工作作出重要指示，在年初的扶贫工作专题总经理办公会议上亲自听取汇报和审定扶贫工作年度计划，要求扶贫办重点抓落实。扶贫工作要开拓新思路，具有特色，勇于探索和尝试，在实践中不断改进扶贫工作。党委决定由公司党委副书记胡京带队，1名公司副总经理、扶贫办主任及挂职人员等组成公司扶贫考察组于2010年4月赴云南楚雄州、大姚和姚安考察。

重点考察了大姚县叭腊麽村不明原因心源性猝死流行病的防治。近年来，公司一直在重点关注和跟踪调研发生在大姚县的这种地方病，自1995年以来此病陆续发生在每年七八月，大姚县已造成数十人死亡，绝户数家，病因调查至今未果。该病具有“爆发”、“家庭集聚性”的特点，引起了病区居民的极度恐慌，严重地影响了社会稳定和居民的生产生活秩序和形成严重的公共卫生问题。为此，中智公司党委要求扶贫办抓紧做好调研工作，提出有效扶持方案。中智公司2010年资助当地卫生机构人民币4万元，用于防治当年不明原因心源性猝死流行病。

在考察期间，中智公司与楚雄州政府召开了“央企入滇就业扶贫”座谈会，结合自身人力资源行业优势，提出依托楚雄现有职业教育园区6个综合性公共实训基地的职教资源，引入学生实习和就业企业意向，牵线品牌企业进行校企合作，邀请相关领域专家学者做报告、讲学，通过发挥民族地区优势，提高职业教育质量，办强办大优势专业，提升就业层次，增加就业收入，推动和促进楚雄地区自我积累、自我发展能力的不断提高。在职业培训基地功能日趋完备的基础上，将从战略上考虑向西南地区辐射开发。中智党委为此召开专题党委会议，党委书记、总经理王旭东亲自听取汇报并提出工作要求。

【劳务输出】 由于2010年上半年发生在西南5省的严重旱情，不仅给灾区人民带来直接经济损失，同时还给城镇乡村劳动力转移工作造成一定影响，楚雄州将解决劳动力转移工作列入2010年工作重点。中智公司在2010年里为当地输出劳务300余人，并为当地选派上海世博会志愿人员116名。

同时，中智公司在本年度内出资人民币8万资助大姚县劳动力转移技能培训共2期100人次；出资人民币6万资助姚安县劳动力转移短期务工培训共4期300人次，为两县的劳动力转移培训工作解决了一定实际困难。

【央企入滇就业扶贫战略合作协议】 截至2010年底，中智公司已与楚雄州政府签署《“央企入滇就业扶贫”战略合作协议》，中智职业发展有限公司与州职教园区签订了《职业教育合作协议》，在楚雄州与地方政府共同搭建一个劳动力转移就业平台。为尝试和树立双方合作的品牌形象，公司吴镝副总经理亲自带有关人员多次前往楚雄，就有关事宜与当地有关部门进行研讨协商，修订具体合作方案。

在楚雄彝族自治州实现“央企入滇就业扶贫”，是一种具有中智特色的扶贫新思路，人民网以《中智开创智力扶贫新特色，发挥教育、就业等智力优势》为题目作了专题采访和报道。

（中国国际技术智力合作公司）

中国铁路工程总公司定点扶贫

【概述】 2010年是中国铁路工程总公司（以下简称“总公司”）响应党和国家扶贫号召，定点帮扶湖南省桂东和汝城2个贫困县的第九年。在扶贫开发工作中，总公司党委按照党中央、国务院确定的科学发展观、构建和谐社会的要求，继续坚持“科技扶贫，教育扶贫”方针，全年共投入200万元，为2个县帮扶了5个项目。

【教育扶贫】 中国铁路工程总公司被党中央、国务院确定定点扶贫湖南省桂东县和汝城县后，总公司扶贫开发领导小组着力于长远考虑，以提高人口基本素质为出发点和落脚点，制定了“科技扶贫，教育扶贫”工作方针。坚持从教育入手，从基础抓起，从提高人口基本素质抓起。9年来，每年都投入一定资金资助贫困中、小学生上学，前8年共投入182.2万元资助桂东县和汝城县特困学生读书。在此基础上，2010年又投入25万元继续帮助277名贫困学生完成学业。

【中小学基础设施建设】 自开展扶贫工作以来，总公司每年都投入一定数量的扶贫资金用于中小学基础设施建设，考虑企业的实际情况，为加强针对性，提高扶贫资金的使用效率，把钱用到刀刃上，每年都选定一些中小学基础设施建设的项目，改善当地人民群众子女学习环境和生活条件。在前8年投入936.46万元的基础上，2010年又投入180万元加强基础设施建设：

一是投入80万抓好桂东县城关九年一贯制学校综合实验楼建设，2010年已经完工，改善了当地学生上学难的问题；二是投入73万元建设汝城县益将乡学校教师宿舍楼、并对益将乡学生宿舍进行加层，以上2项工程都已完工，教师宿舍已经入住，改善了学校师、生的住宿条件；三是向汝城县盈洞乡投入对口扶贫资金2万元。特别是在2县遭受60年一遇的洪涝灾害后，中国中铁及时给两县分别各拨付了10万元帮助两地救灾，在当地引起了很好的反响。

【挂职干部轮换制度】 2010年，总公司按照程序，坚持每年都选派干部到定点扶贫县挂职帮扶，组织总公司所属各单位选拔推荐人品好、能力强、有培养前途的年轻干部作为扶贫挂职干部人选，在征求桂东和汝城两县主要领导、省扶贫办、省委组织部的意见后，按照一年一轮换的原则选派扶贫开发干部。挂职干部的主要职责是参加地方党组织和政府部门分工，对扶贫项目进行调研论证、同地方政府进行沟通、向总公司扶贫领导小组汇报、组织扶贫项目的实施和扶贫资金的核发。同时，总公司扶贫领导小组坚持每年到定点扶贫县接送挂职干部、考察检查扶贫项目的进度落实情况并和县委县政府进行交流沟通，听取他们对扶贫项目和挂职干部的意见和建议。近几年来总公司共选派18名干部挂职，对扶贫开发工作起到积极的组织、协调和推动作用，收到较好效果。

【扶贫资金管理】 扶贫工作开始时，总公司党委动员全公司员工和所属单位以捐款方式筹集资金，并利用有限的资金，有计划有重点地为贫困地区的特困群众解决一些实际问题。为管好用活有限的扶贫资金，做到专款专用，研究制定《中国铁路工程总公司对口扶贫资金的使用管理办法》，按照“资金跟着项目走”的原则，对口扶贫资金委托县财政、扶贫办实行专户管理、封闭运行、县级报账、定期审计。《办法》对项目资金的申报审定、项目资金的使用管理、项目资金使用的凭据进行明确规定。通过几年的施行，没有发现问题。

【扶贫工作会议】 坚持定期召开扶贫工作会议，研究确定扶贫工作重点。为了加强扶贫开发工作的组织领导，总公司扶贫领导工作小组办公室坚持定期组织召开由总公司党政主要领导出席的扶贫开发工作会议，每年不少于2—3次会议，年初传达学习党中央、国务院关于扶贫开发工作的指示和精神，听取挂职干部对扶贫开发项目的调研情况。对扶贫资金进行审定。年中听取项目执行情况汇报，研究其他有关事宜，年终听取项目完成情况汇报和挂职干部述职，总结总公司对口扶贫工作的经验，对下一阶段的扶贫工作做出部署。2010年召开了十八、十九次扶贫工作会议，对2010年的扶贫工作进行了讨论和重点部署，确保扶贫开发工作的顺利进行。

（中国铁路工程总公司）

六

东西扶贫协作篇

综 述

2010年6月，经国务院批准，国务院扶贫办对浙江、四川、天津、甘肃、辽宁、青海、上海、云南、山东、重庆、新疆、厦门、珠海等13个省（区、市）的东西扶贫协作关系进行了调整。山东省的东西扶贫协作任务由原帮扶新疆10个县调整为帮扶重庆市国家扶贫开发工作重点县。原对口帮扶重庆的厦门、珠海市分别调整至甘肃临夏回族自治州、四川凉山彝族自治州。浙江与四川的东西扶贫协作扩大到四川甘孜藏族自治州、阿坝藏族羌族自治州、凉山州木里藏族自治县。天津与甘肃的东西扶贫协作扩大到甘肃省甘南藏族自治州、武威市天祝藏族自治县。辽宁与青海重点推进与西宁市和海东地区的东西扶贫协作。东西扶贫协作工作做到了对全国藏区的全覆盖。

2010年，东部各省市继续在政府援助、社会帮扶、企业协作、人才交流、劳务合作等方面开展对西部省区市的扶贫协作工作。东西部省区市间的领导互访次数、省级援助资金数、企业协议合作项目、社会帮扶物资等都较2009年有所增加。据统计，2010年东部省市共向西部贫困地区提供财政援助资金68971.55万元，援建学校285所、卫生院156所、公路1319.88公里、基本农田88.81万亩，解决了62.73万人和111.25万头大牲畜的饮水困难；动员社会力量捐款24091.30万元，捐物折款2539.17万元，派出志愿者355人次；协作企业达1115个，协议合作项目5180个，协议合作投资4435.8亿元；党政干部交流397人次，举办培训班218期，培训5440人次；专业技术人才交流1144人次，举办培训班196期；有组织的劳务输出48312人次，举办培训班334期，培训62143人次。

2010年6月22—24日，全国东西扶贫协作工作会议在广东省珠海市召开，全国26个东西扶贫协作工作省（市、自治区）、东西扶贫协作人力资源建设深圳基地、宁波基地等的相关同志参加了会议。国务院扶贫办郑文凯副主任出席会议并作重要讲话。

2010年6月和12月，国务院扶贫办分别批复同意深圳市携创技工学校和辽宁省转移就业职业技能培训学校设立“国务院扶贫办东西扶贫协作人力资源建设基地”。至此，全国已设立4个“国务院扶贫办东西扶贫协作人力资源建设基地”。

北京市——内蒙古自治区东西扶贫协作

【概述】 2010年，北京市对口帮扶内蒙古贫困地区工作进展顺利，取得了良好成效。2010年北京市向内蒙古贫困地区无偿捐赠资金2448万元，其中市和区（县）政府援助资金2320万元；援建学校29所、卫生院所86家、公路312千米、基本农田2.8万亩；解决了32万人和65万头大牲畜的饮水困难；举办专业技术人员和经营管理人员培训班83期，培训教师、医生、农业技术人员、经营管理人员约2900人。

【高层往来促进扶贫】 2010年8月21日，内蒙古自治区党委书记胡春华等内蒙古自治区领导来京与北京市领导共商新一轮京蒙对口帮扶合作，促进内蒙古自治区的扶贫工作协调发展。8月29日，中共中央政治局委员、北京市委书记刘淇，北京市委副书记、市长郭金龙率领北京市党政代表团赴内蒙古自治区考察学习，期间京蒙双方签订了《北京市人民政府　内蒙古自治区人民政府区域合作框架协议》，明确提出要继续做好对口帮扶合作工作。“十二五”时期，北京市帮扶内蒙古自治区贫困地区的资金由“十一五”时期每年3060万元提高到每年8000万元。双方进一步动员和组织相关部门和社会各界继续做好人才交流、科技扶贫、助学帮教、送医送药、劳务培训等方面的帮扶工作。12月20日，北京市、内蒙古自治区“十二五”时期对口帮扶合作工作启动大会在京召开，会议交流了京蒙对口帮扶合作工作情况，全面部署了“十二五”时期京蒙对口帮扶合作工作。北京市委常委、常务副市长吉林，北京市委常委、组织部长吕锡文和内蒙古自治区党委副书记任亚平，自治区党委常委、自治区政府常务副主席潘逸阳等出席会议。

【对口帮扶工作机制】 为进一步加强北京市与内蒙古自治区对口支援和经济合作工作，2010年12月京蒙双方共同成立了区域合作工作协调小组，组长由北京市常务副市长吉林和内蒙古自治区政府常务副主席潘逸阳担任，统筹协调京蒙对口帮扶合作中的重大事宜。协调小组在京蒙两市区分设办公室，北京市设在市支援合作办，内蒙古自治区设在自治区发展改革委，承担对口帮扶合作各项具体工作的组织实施和监督检查。在内蒙古自治区重点对口帮扶合作地区建立工作联动机制，分别设立北京—赤峰对口帮扶合作办公室和北京—乌兰察布对口帮扶合作办公室，负责当地对口帮扶合作的协调落实。北京市16个区县与赤峰市、乌兰察布市各8个旗县（市、区）建立结对帮扶合作关系，北京市分别向每个旗县（市、区）选派2名挂职干部作为联络员，组织实施本旗县（市、区）的对口帮扶合作工作。

【扶贫资金投入】 2010年，北京市安排对口帮扶内蒙古贫困地区资金3060万元。其中北京市级财政安排资金900万元，主要用于支持内蒙古贫困旗县改善生产生活条件，使贫困人口直接受益的扶贫项目和通过贷款贴息方式支持北京市企业在内蒙古开展生态环境建设、能源开发、农牧产业等方面能发挥扶贫作用的合作项目；其余2160万元，由北京市每个区县财政分别负担120万元，用于各自对口旗县的帮扶项目。2010年，北京市市和区（县）政府实际提供援助资金2320万元，计划安排的剩余资金已结转下年度使用。

【基础设施完善】 在对口帮扶工作中，北京市始终坚持把改善受援地区生产生活条件作为重点工作来抓，特别是针对内蒙古干旱缺水和基础设施薄弱的实际，实施了一批对口帮扶项目，逐步提高当地农牧民的生产生活水平。北京市东城区在内蒙古清水河县开展移民新村建设，基本实现水、电、路、厨、厕、畜棚、沼气池、蔬菜大棚、滴灌等“九配套”，显著提升了当地农牧民的生产生活水平。北京市门头沟区将帮扶资金与内蒙古自治区移民专项资金捆绑起来，集中投入到内蒙古察右中旗移民新村建设中，将分布在高氟缺水、生态恶化、居住分散、交通不便、基础设施落后、无发展条件的两个行政村整体搬迁到广兴隆镇。北京市大兴区帮助内蒙古巴林左旗在十三敖包镇郑家段村建设4000亩节水灌溉项目，项目总投资500万元（其中大兴区投入120万元），项目涉及3个自然村，使310户、1010人受益，在大旱之年可实现人均稳定增收500元。北京市平谷区利用帮扶资金在内蒙古卓资县实施了节水灌溉和设施农业项目，共开发水浇地1600亩，打机井8眼、配套水泵8套，铺设地埋管道18000米；安装变压器1台，架设高低压线路3000米，建马铃薯温室基地40亩。项目的实施，为卓资县农业经济的发展、当地群众增收致富奠定了基础。

【社会扶贫】 北京市发挥智力、教育、卫生优势，开展全方位的社会事业帮扶，不断促进内蒙古自治区的社会事业发展。在智力支援方面，始终坚持扶贫开发与智力开发同步的原则，采取多种形式支持受援旗县，开展农牧业实用技术培训和劳动力转移培训，促进贫困地区劳动力转移。北京市朝阳区积极推进与内蒙古突泉县的劳务合作，帮助突泉县在北京建立了一家劳务输出基地，收集了22家企业用工的1500多个岗位信息，前往突泉县举办现场招聘会。在医疗卫生方面，北京市23所三级综合医院、3所三级专科医院与内蒙古自治区12个盟市的36所医院建立了对口支援关系。向内蒙古受援旗县医院派出了77批次、共456人次的医疗队员到当地开展支援工作；接收受援医院进修人员228人次，开展专题讲座525次、培训6850人次。在教育方面，累计新建改扩建学校121所，援助贫困学生1.8万人，与100所学校开展“姊妹学校”手拉手活动，支教1700多人次，培训教师1万多人次，帮助结对帮扶的贫困旗县实现了教育“两基”达标；积极引导首都高校与内蒙古自治区的旗县实施项目共建，首都师范大学利用内蒙古函授站开设了5个专业、招生80人，北京第二外国语大学积极接收内蒙古少数民族大学生80名，首都医科大学开设的20多个专业招收内蒙古本科生近百名、研究生20余人。

【产业化扶贫】 北京市采取“政府推动、市场运作、企业为主”的方式，从受援地区资源禀赋和产业基础的实际情况出发，围绕重点领域加大产业帮扶力度。2010 年 12 月，副市长苟仲文带队，组织了 230 多家央企和市属企业赴内蒙古自治区开展投资推介和项目对接活动，签订协议 16 个，协议金额 695 亿元。在商贸领域，北京市商务委组织包含百货、超市、批发市场等多种业态在内的 16 家大型商贸流通企业，赴内蒙古赤峰市开展商务合作活动，就开展绿色农副产品产销合作、支持赤峰市商业升级、加强外贸企业发展合作等，与赤峰市人民政府签署了商务合作协议书。在旅游领域，10 月中旬在京召开了北京—内蒙古赤峰帮扶合作旅游项目座谈会，国旅集团、神舟集团、中青旅集团、中华民族艺术珍品馆等企业在会上与赤峰市旅游部门和企业进行对接洽谈。在能源领域，2010 年 2 月，北京能源投资（集团）有限公司和内蒙古蒙祥电力工程建设有限责任公司，共同在内蒙古兴安盟科右中旗投资的内蒙古京科发电有限公司［其中北京能源投资（集团）有限公司占 91.97% 的股份］300 兆瓦燃煤发电机组，并入东北电网并开始试运行。2010 年 3 月，由北京京能热电股份有限公司投资（占股份 51%）参与建设和管理运营的内蒙古鄂尔多斯准格尔酸刺沟 2×300 兆瓦机组矸石电厂投入运营。2010 年 10 月，北京京煤集团有限公司投资的内蒙古乌海京海煤矸石电厂，一期 2×330 兆瓦机组投产发电，项目总投资 29 亿元，其中京煤集团投资占 50%。

（北京市对口支援和经济合作工作领导小组办公室）

天津市——甘肃省东西扶贫协作

【概述】 天津市认真贯彻落实中央第五次西藏工作座谈会和西部大开发工作会议精神，准确把握东西扶贫协作工作面临的新形势，瞄准新任务，拓展新领域，探索新举措，天津对口帮扶甘肃各项工作朝着突出重点、全面推进的目标不断迈进，取得积极进展。

2010年，天津市共向甘肃省援助资金、物资4100万元，其中市财政落实年度对口支援资金2000万元；为甘肃省医疗卫生系统和扶贫系统培训管理干部100余人次；两地实现互访370余人次，其中省部级互访3人次。先后召开了天津市对口支援与东西合作工作会议、天津市对口支援工作领导小组会议，总结对口帮扶工作成果、经验，传达贯彻中央会议精神，部署帮扶任务。

为纪念天津和甘肃结成对口帮扶关系14周年，同时感谢天津市对遭受特大泥石流灾害的舟曲人民的支援，甘肃省特派出优秀剧目《丝路花雨》来津演出两场，充分体现了两地人民亲如一家的深厚情谊。

【扶贫工作机制】 结合实际情况，天津市进一步强化了组织机构，将原市对口支援与服务参与西部开发工作领导小组重新整合，成立了高规格的天津市对口支援工作领导小组，由中共中央政治局委员、市委书记张高丽任组长，市委副书记、市长黄兴国任第一副组长，市委常委、常务副市长杨栋梁，市委常委、组织部长史莲喜，副市长李文喜任副组长，14家单位主要负责同志任成员。领导小组办公室设在市合作交流办，为对口支援和东西扶贫协作工作提供了坚实的组织保障。各区县、部门也各自明确工作机构和人员负责这项工作，构筑了立体工作网络，夯实了工作基础，有效促进了东西扶贫协作工作的开展。

【政策与措施】 随着对口支援资金量和项目数的不断增长，为进一步规范和完善对口支援资金项目管理，天津市纪检委、市财政局、市审计局、市监察局和市合作交流办等单位联合起草了《天津市对口支援资金、项目管理暂行办法》和《天津市对口支援项目管理办法实施细则》、《天津市对口支援资金管理办法实施细则》等文件，用以指导对口支援工作。

【重点帮扶藏区】 按照中央第五次西藏工作座谈会和国务院扶贫办《关于完善天津、甘肃东西扶贫协作工作的通知》（国开办发［2010］51号）要求，经与甘肃方面协商，天津市每年帮扶甘肃资金将重点用于甘南藏族自治州和天祝藏族自治县。“5·12”汶川地震后，根据甘南藏族自治州地震灾后恢复重建总体规划，天津市筹集了830万元捐赠甘肃省地震灾区，利用其中480万元在受灾较为严重的卓尼、临潭、舟曲、迭部、夏河5个扶贫重点县，实施日光温室和塑料大棚蔬菜产业项目，新建标准型日光温室2000座，其中日光温室1800座，塑料大棚200座。项目发挥了很好的经济效益，加快了甘南州灾后恢复重建步伐，促进了当地农业产业结构调整，增加了农牧民收入，受到了当地干部群众好评。舟曲县发生特大泥石流灾害后，天津市再次捐助2000万元，社会各界和全市人民也纷纷捐款捐物支援舟曲人民的生产生活。

为进一步摸清甘肃藏区贫困现状，2010年11月19日至25日，天津市派出调研工作组赴甘南藏族自治州和天祝藏族自治县等地，开展有针对性的专题调研，实地了解情况，分析当地的优势和劣势，寻找扶贫突破口，为后来的扶贫方针政策打好基础。

【项目帮扶】 2010年的年度对口帮扶项目，主要围绕整村整流域片带开发建设、产业化增收、农村基础设施建设及实用技术培训等方面；天津市14个对口帮扶结对区县政府，结合自身实际和对口县特点，有针对性地开展对口支援，落实了一批帮扶项目，使结对帮扶工作持续深入开展。由于市区两级政府的有效示范，起到了很好的引领和带动作用，因而全市的对口支援扶贫工作进入了一个新阶段。

用好对口帮扶资金，选准帮扶项目是扶贫工作的关键，按照“东扶西联”的帮扶思路，“津甘”双方本着办实事、求实效的原则，立足于解决当地贫困群众最直接、最紧迫、最现实的民生问题，认真筛选项目，逐一考察论证，确保帮扶资金每一分钱都用在刀刃上。2010年，天津市进一步加大了对整村推进、产业开发和农民增收项目的支持力度，项目的建设促进了甘肃贫困地区整体脱贫和条件较好地区又好又快发展，着重改善了制约贫困地区经济发展的基础设施条件。

【教育扶贫】 2003年，天津市与甘肃省开展职业教育合作办学。2006年，为了加大合作力度，加快合作步伐，天津市教委和甘肃省教育厅联合签署了《天津市教委甘肃省教育厅关于加大对口支援加快职业教育发展备忘录》、《万名中职学生培养培训计划》，利用天津市职教资源和就业优势，用3年时间，共同培养甘肃1万名贫困地区学生。同时，天津市教委决定拨出200万元，为甘肃省在津学习的每个学生一次性补贴200元，帮助他们完成中等职业教育学业并顺利就业。目前已有3万名甘肃学生在天津市就读职业学校。

此外，天津市还与甘肃省的多所中等职业学校开展互派教师、干部等方面的工作交流，并在各院校开展半工半读及弹性学制，积极探索免费接受职业教育的方式和途径，利用天津市国家级中等职业教育师资培训基地的优势，每年为临夏地区中职院校培养20名专业教师。

【人才培训扶贫】 天津市着眼构筑新型人才队伍建设，多层次开展人力资源培训。针对甘肃省贫困地区基层医疗水平低下、新医改政策宣传薄弱的现状，邀请天津市卫生局专业处室负责人以及天津市人民医院、天津市肿瘤医院等单位的专家授课，并组织学员到社区医疗服务机构考察学习，天津市根据自己特点形成的区级医疗服务体系及其成熟顺畅的运营机制，对偏远地区、少数民族地区有很大的借鉴意义。

培训采取在津学习和到兄弟省市考察、课堂教学与实地观摩、专题研讨与共性问题解析相结合的方式，收到良好效果。学员们普遍反映，培训课题选得精准，实地考察针对性强，为大家提供了新的理念，开辟了新的思维领域，《满意度问卷调查》显示，满意率达100%。培训工作顺应了“大扶贫”思路，符合新时期合作交流工作职能，进一步推进了天津与甘肃多层次全方位的友好关系。

【劳动力转移】 天津市和甘肃省积极推进两地劳务合作，促进甘肃省劳动力的有效转移。自2009年两省市签订《加强劳务输转与培训合作协议书》以来，兰州、武威等12个市州和省有色金属高级技工学校等12所技工学校，分别与天津万科物业服务公司等12家大型用工企业及天津市工业技师学院等12所技工学校签订了合作协议。2010年“津洽会”期间，天津市各区县人力社保局，以及富士康、狗不理等众多知名企业与甘肃省市县劳务部门和10所技工学校开展新一轮劳务对接。两省市人力社保部门在天津还共同举行了“甘肃省在天津优秀务工人员表彰会”，对50名优秀务工人员进行表彰。

天津已成为甘肃重要的跨省劳务输出地区，甘肃也成为天津市重要的劳动力资源储备库。天津市在津建立了劳务输转基地和劳务输转培训基地，加大了“订单式”培训和“定向”培训力度。

天津市在鼓励和支持企业积极吸纳甘肃省务工人员的同时，还确保他们在天津工作稳定。由于全球性的金融危机影响，天津市不少企业效益也相应下降，在用工减少的情形下，天津市吸纳甘肃务工人员的企业和劳务输转基地，均承诺不裁减甘肃籍劳务人员，让他们安心工作，无后顾之忧。目前，甘肃省在津务工人员已达10万，广泛分布于机械制造、电子加工、餐饮和家政服务等各个行业，成为许多企业的生力军。

【社会扶贫】 在工作中，天津市注重发挥全市各部门优势，积极调动多方力量共同参与，努力探索构建“政府主导、部门联动、社会参与”的“大扶贫”格局。

为期3年的天津甘肃医院省际对口支援活动于7月正式启动，首批来自天津市17家医院22个专业的50位专家进驻甘肃10所县级医院，开展帮扶工作，采取临床服务、人员培训、技术指导、设备支援等方式，帮助受援医院提高医疗服务能力。根据两省市签订的对口帮扶协议，天津市的支援医院还将分期、分批免费接收受援医院医护人员来津进修学习。

天津人民广播电台援建的临夏回族自治州广河县希望小学已竣工并投入使用。自2009年天津电台滨海广播、文艺广播联合天津市民委、天津市青少年发展基金会发起的“为了远方的呼唤——援建甘肃广河希望小学添砖加瓦行动”以来，共募集善款50万元，用于修建国家级贫困县甘肃临夏广河的回族和东乡族小学的教学楼。

天津经济技术开发区与甘肃省劳务办还在甘肃共同举办了“天津甘肃劳务合作与职业培训对接会”，双方签订了《人力资源供给合作协议》，正式建立了开发区与甘肃省人力资源供给合作长效机制，搭建了天津市企业与甘肃省劳务输出基地及培训学校的对接平台。

同时，天津市妇联、市民政局、团市

委、市教委等单位和部门利用自身优势开展有针对性的对口帮扶工作，在指导甘肃妇女来津就业并提供免费培训、募集抗灾救灾物资、选派志愿者赴甘肃贫困地区工作和教育支援、教师培训等方面不断加大工作力度，在全市范围内逐渐形成社会各界开展东西扶贫协作工作的网络体系和工作机制。

（天津市人民政府合作交流办公室
对口支援处　韩　晖）

上海市——云南省东西扶贫协作

【概述】 “十一五”期间，上海市贯彻国家区域协调发展战略和国务院扶贫办《东西扶贫协作指导意见》，结合云南省对口地区实际，坚持“民生为本、产业为重、规划为先、人才支撑”，努力帮助解决当地群众“四个基本”问题，加快扶贫开发进程，增强自我发展能力。

为贯彻中央关于加强援疆、援藏工作及推进新一轮西部大开发的指示要求，经市委、市政府批准，对全市对口支援工作领导机构做出调整，撤销原上海市合作交流与对口支援工作领导小组，成立上海市对口支援与合作交流工作领导小组。中共中央政治局委员、上海市委书记俞正声亲自出任组长，市委副书记、市长韩正任第一副组长，市委、市政府有关分管领导任副组长，市相关委办局、区县主要负责人为成员。同时加强了市领导小组办公室能力建设，重新规范了相关工作制度，明确了对口支援资金筹措办法。此次调整，显示了市委、市政府贯彻中央要求，扎实做好对口支援工作的态度和决心，强化了对全市对口支援与合作交流工作的统筹领导，进一步落实了相关责任和要求，对促进包括援滇在内的全市对口支援工作，落实“努力走在全国前列”的奋斗目标具有重要而深远的影响。

【工作措施】 1. 讲政治、顾大局，深化沪滇帮扶合作制度建设。按照“努力走在全国前列”的要求，调整加强市对口支援工作领导体制、工作机制和保障措施，及时安排部署和协调推进援滇工作落实。进一步形成以文山、红河、普洱、迪庆四州市及德昂族、独龙族为重点帮扶对象，上海市14个区、2个国有大企业结对帮扶云南省26个重点县的工作格局，部门协作工作小组发展到20个，由传统扶贫开发向经济社会全面合作拓展延伸。

2. 动真情、真作为，确保帮扶成果更加惠及民生。“十一五”，上海援滇资金保持10%以上的稳定增长，累计投入85500万元，实施帮扶项目1657个，含整村推进1099个，约20万群众直接受益。坚持“两个倾斜”，项目筛选、审核、立项、实施、评估各环节都以群众切身利益为依归。明确规定，上海帮扶资金一律不搞楼堂馆所和政绩工程，不以上海名义命名，也不挂上海援建的牌子。资金主要用于整村推进和扶持农特产业，适当安排部分教育、卫生、科技、培训等项目。通过发动群众参与规划、参与建设、参与管理、共享成果，改善生活条件、改变村寨面貌的同时，群众的精神状态更加振奋，脱贫奔小康信心更加坚定。

3. 抓创新、当先行，提供面上扶贫开发案例借鉴。发挥前瞻性、示范性、探索性作用，每年安排先行先试探索性项目。在四州市 26 县 31 个乡镇，上海帮扶项目集中集聚，开展“整乡规划、整村推进、连片开发”试点，乡镇发展目标更为明确，发展路径更为清晰，资源整合力度加大，示范效益更为明显。加大产业帮扶，推动致富带头人和农村集体经济有效实现形式“两项探索”，五年投入 9600 万元，实施产业帮扶项目 176 个，带动特色产业带、规模化种养基地建设，长效机制初步建立。扶持农特产品开拓上海市场，在上海举办对口地区农特产品迎春博览会及搭建营销平台，帮助各地农特产品源源不断进入寻常百姓家庭。

4. 重协作、促统筹，提升对口支援工作总体效能。上海帮扶服从当地党委、政府统一领导，纳入当地经济社会发展规划。加强向国务院扶贫办的请示汇报，密切与云南方的联系协调，依托上海区县、委办局、企业、社会团体专业优势和资源，扎实推进沪滇对口帮扶各项任务。树立系统集成观念，输血与造血并举、软件与硬件配套、当前需要与长远发展结合，既重视通过整村推进措施改善群众生活条件，更注重产业扶持效能，夯实群众增收基础；既重视设施设备援建，更注重智力支援、功能配套和素质提升；既重视解决群众迫切期盼的急事难事，尽快见到实效，更注重因地制宜探索贫困地区脱贫致富稳定发展的成功道路。以整村推进为主体，特色产业发展、社会事业帮扶、企业经济合作、人力资源开发和社会爱心参与相互支撑，协同推进，形成了大扶贫的工作合力。抓住上海世博会和“四个中心”建设、云南省“桥头堡”建设的战略机遇，推进经济合作平稳较快发展，实施合作项目 649 项，到位资金 90.3 亿元，涵盖传统产业、新兴产业和现代服务业各领域。按照“急需、实用、见效”原则，帮助对口地区培训紧缺的新农村建设、城乡统筹、少数民族干部、农产品经纪人、骨干教师、基层医护人员等 7.3 万人次。

【云南参与上海世博会系列活动】 以帮扶合作为纽带，云南省对上海世博会筹备、举办工作自始至终给予无私支持。组织了由国内和日本、欧洲、港台等一流花艺师组成的设计团队为世博会提供花卉服务，拿出具有知识产权、级别最高的“黄莺”、“华贵人”、“阿诗玛”等系列产品扮靓世博园，展示了云南花卉产业的发展水平。位于中国省区市联合馆内的云南馆，由昆明古建筑“金马坊”、大理白族民居照壁、西双版纳傣家门楼三面围合，端庄大气的广场形式、独具特色的民旅歌舞及内容丰富的展品展示，在各省区市联合馆中独树一帜，赢得了中外嘉宾和各方游客的高度评价。在 184 天的参展中，云南馆接待游客突破了 1200 万人次。

2010 年 8 月 27—31 日，上海世博会云南活动周成功举办。中共中央政治局委员、上海市委书记俞正声，云南省委书记、省人大常委会主任白恩培等领导出席了以“云南各民族欢聚世博园”为主旨的云南活动周开幕式。来自云南 26 个民族的 700 余名舞蹈演员，分时段在世博园区进行花车巡游、广场表演、大型民族歌舞表演、少数民族服饰展示、非物质文化遗产展示等多项展演活动，展现云南旖旎的民族风光和绚丽的民族风情。期间，还在上海国际展览中心举办《神系云南》的书画巨屏展，在上海东方艺术中心演出《丽江情缘》大型音乐剧，其他各项经贸合作、招商推介、文化交流活动借世博会大舞台精彩亮相，取得丰硕成果。“沪滇少年携手，共享世博阳光”活动同时启动，来自云南的少数民族少年儿童和上海少年儿童代表互赠了云南树木花草的种子和最新版电子图书，一同畅游世博园。

【帮扶德昂族】 2006—2010年，通过上海市民宗委、云南省民委搭建的较少民族帮扶工作平台，上海市对聚居在德宏、临沧、保山3州市的80个德昂族自然村全面实施帮扶，签订《上海对口帮扶德昂族发展项目实施协议》，制订《上海对口帮扶德昂族项目资金管理办法》，累计投入资金3688.908万元（其中，上海市财政拨款2500万元，上海市民族宗教界捐赠1188.91万元），云南省民委配套1162万元，实施457个帮扶项目。通过共同努力，1.78万德昂族群众整体脱贫，各项事业发生可喜变化。基础设施得到改善。建造安居房659户，彻底消灭了茅草房；新建、改造沼气池1222口及配套圈厕，修建村内道路68.42公里、文化活动室27所，架设输电线5公里，修建蓄水池24个、铺设水管49.42公里、兴修水利沟渠14.7公里等。优化产业发展结构。针对当地气候、环境特点，重点发展茶叶、澳洲坚果、八角、竹子等1.7万亩，养殖牲畜7342只（头）。2009年底，农民人均收入2738元，人均有粮434公斤，比帮扶前分别增加1903元和102公斤。群众素质不断提升。成立三台山乡农技培训学校、潞西青年就业培训基地，农技培训4158人次，教师培训301人次，首期30名德昂族青年经培训后全部就业。

【医疗卫生扶贫】 根据国家医改方案以及卫生部、财政部、国家中医药管理局的要求，上海市组织19家三级医院与云南省16州市19所县级医院结成长期稳定的对口支援和协作关系，2010年起，以三年为一个周期，通过派驻上海优秀医务人员实地指导、开展培训、接收受援医院医务人员来沪进修、扶持一批特色和重点科室、开办学习班和远程教育等多种支援形式，提高县医院的服务能力和水平，最终使受援县级医院达到二级甲等医疗机构的水平。

根据上海市有关专题会议决定和市领导批示精神，此项卫生对口支援任务纳入上海云南对口帮扶合作范畴，上海市对口支援与合作交流专项资金给予必要支持。除按规定，对医务人员来沪进修、赴当地培训、开展远程教育给予补助，优先考虑对口地区4所县医院医疗设备采购需求，取得成效后，再逐步推广到其他县级医院。

【对口地区农特产品入沪销售】 2010年，安排专项资金，支持在上海西郊国际农产品展示直销中心设立“云南馆”，为云南各地精品农产品进入上海、华东市场，乃至国外市场开辟了一扇窗口；与东方网合作开通“携手网”对口地区农特产品销售电子商务平台，网购、团购、直销配送等现代营销手段为对口地区增收助力；继续扶持4州市农产品开拓上海市场。2010年11月，普洱市第十届“中国普洱茶节”首次走出普洱，移师上海举办。在老城隍庙等地点举办普洱茶产品与旅游产品展示、招商引资推介、茶道表演、民族歌舞表演等系列活动；红河州在上海设立农副产品直销中心，在长宁区、奉贤区、徐汇区、青浦区分别设点，各建1个60平方米的销售部。并来沪举办迎新春农副产品展销会，组织红河州16家企业推介和销售红河特色农副产品。迪庆州在嘉定区开办农特产品销售门市部，通过媒体宣传及推广策划、免费品尝活动，打造香格里拉生态、健康农产品形象，提升产品的美誉度和竞争力。

【上海云南对口帮扶合作第十二次联席会议】 2010 年上海世博会“云南活动周”期间，于 8 月 28 日，在上海市召开。中共中央政治局委员、上海市委书记、市对口支援与合作交流工作领导小组组长俞正声，市委副书记、市长、市对口支援与合作交流工作领导小组副组长韩正，市政协主席冯国勤，云南省委书记、省人大常委会主任白恩培，省委副书记、省沪滇对口帮扶合作领导小组组长李纪恒，省政协主席王学仁以及沈红光、丁薛祥、陈豪、胡延照、杨应楠、齐扎拉、晏友琼、孔垂柱、刘平出席会议。

俞正声感谢云南对上海工作特别是世博会筹办的支持，指出上海只有在服务全国中才能实现自身更好发展，上海将按照中央的要求，负起责任、尽好义务、做好“十二五”期间的对口帮扶工作，对云南的帮扶力度只会逐年增加，决不会减弱。白恩培对上海给予的帮助表示感谢。他说，云南的发展与东部兄弟省市还有很大差距，需要进一步解放思想，深化改革，扩大开放，发挥优势，突破瓶颈，走出一条有自身特色的发展之路。他建议进一步推动建立沪滇帮扶合作持续深入开展的长效机制，以帮扶促合作，以合作促发展。

韩正介绍沪滇帮扶合作情况时指出，上海对口帮扶做到三个注重，即注重制度建设，注重改善民生，注重帮扶当地长远发展。下一步将加强资金项目、规划编制、机制建设等方面的工作力度，更加注重互动发展，更加注重方式创新，进一步提高帮扶实效。李纪恒介绍了云南“十二五”扶贫开发思路并对加强沪滇帮扶合作提出五点建议：科学编制好沪滇对口帮扶合作“十二五”规划纲要；加大对边远少数民族贫困群体的帮扶力度；加大教育、卫生、人力资源开发帮扶力度；探索整乡规划整村推进集中连片开发；共同参与云南面向西南开放的“桥头堡”建设。李纪恒与上海市副市长胡延照签署了联席会议纪要，上海市决定向云南省追加 2010 年度援滇资金 3000 万元。

【“十一五”沪滇经济合作成果】 “十一五”期间，沪滇双方部门、州市、区县和企业积极参与经济合作。经济合作规模明显扩大。上海市在云南省实施经济合作项目 649 项，实际到位资金 90.3 亿元，较“十五”期间，分别增长 169% 和 503%。仅 2010 年，就实施经济合作项目 101 项，到位资金 28.1 亿元。投资结构更趋合理。项目从农业、食品加工、医药等传统领域向新能源、新材料等新兴产业，及商贸、物流、金融、综合旅游开发等现代服务业方向发展。服务业投资已占投资总额的一半以上。招商活动日益活跃。在上海及云南举办的投资促进、专题推介活动好戏连台，华交会、昆交会、旅交会等特色展会，拓展了双方交流合作的渠道。战略合作取得突破。上海光明集团斥资 8 亿余元收购云南英茂集团糖业 60% 股份，成为中国糖业近年来最大的合作项目，打造国内规模最大的产销一体化糖业集团。有关政策支持力度逐步增强，对口地区投资环境不断优化，“东西联动”电子商贸平台实现对接，两地商会及民间经济互动日趋活跃。

【云南省向上海市捐赠两具珍稀禄丰恐

龙化石】 为表达沪滇两地人民源远流长的友好情谊，经报请国土资源部批准，云南省决定将上海世博会云南馆的镇馆之宝——两具珍贵的禄丰恐龙化石捐赠给上海市。在世博会云南活动周开幕式上，上海市政协主席冯国勤代表上海方从云南省政协主席王学仁手中接受了恐龙化石收藏证书。这两具禄丰恐龙化石距今约1.8亿年，其中，大的为禄丰巨型龙，体长10米、站高4.6米，属原晰脚类、植食性恐龙，生存于1.8亿年前的早侏罗纪时期；小的为许氏禄丰龙，体长6.4米、站高3.5米，植食性恐龙，生存于1.8亿年前的三叠纪晚期至侏罗纪早期。世博会结束后，恐龙化石正式移交给上海，先在上海科技馆展出，最后将落户新建成的上海自然博物馆。

禄丰恐龙化石具有很高科研价值，也是最具观赏性的恐龙化石。1997年2月禄丰恐龙化石被发现，440平方米内共挖出8具恐龙、5只龟，堪称恐龙挖掘史的奇迹。美国恐龙专家肯斯·瑞格比教授赞道：“无可辩驳地证明了禄丰川街是世界已知恐龙化石最集中、最丰富、研究价值最高的地方。同一地点发现早侏罗、中侏罗两个时段的恐龙化石群，这在世界上也是独一无二的”。

【抗旱救灾扶贫】 2009年入秋至2010年4月，我国西南地区遭遇历史罕见的特大旱灾，其中尤以云南等地灾情严重，各地普遍出现了抗旱水源日趋减少、人畜饮水困难的现象，大春生产形势严峻，群众承受旱灾能力和筹资解困能力不断减弱。一方有难、八方支援，上海各界情系灾区群众生产生活，上海市委、市政府决定向云南、广西、贵州三省区各捐赠500万元，共计1500万元，用于灾区群众生产生活自救，支援抗旱救灾工作。各界纷纷捐款、捐物、捐赠饮用水，联系技术部门协助当地打井找水。上海铁路局等运输企业积极调派运力，共向云南发运38万箱企业和社会捐赠的瓶装饮用水，缓解云南旱情严重的16个县市百姓饮水难。上海援滇干部和在滇工作人员在当地党委、政府领导下，积极行动起来，投入抗旱救灾第一线，保饮水、保春播、保工作，为确保群众基本生活用水安全，战胜百年不遇特大旱灾做出了贡献。

（上海市人民政府合作交流办公室
刘　军）

广东省——广西壮族自治区东西扶贫协作

【概述】 2010年是全面贯彻落实“十一五”两广扶贫协作纲要的最后一年，广东省坚持全面落实科学发展观，贯彻党中央、国务院关于继续做好东西扶贫协作，促进对口双方共同发展的战略部署，贯彻落实广东省政府《关于印发十一五时期广东广西扶贫协作计划纲要的通知》（粤府函［2006］257号）和《关于印发广东广西进一步加强合作会谈纪要的通知》（粤府函［2007］55号）精神，扎实推进两广扶贫协作，取得了新成效。据统计，2010年广东省政府拨款2930万元，社会捐款597.84万元，捐物折款356.85万元；1000万元以上两广经贸合作签约项目4801个，实施4801个，广东省到位资金1106.96亿元（含续建项目）；帮助广西举办各类培训班21期，培训干部550人次，举办专业技术人才培训班28期，培训专业技术人员550人次；2010年全区有计划有组织向广东输出劳务15.35万人，劳务输出纯收入7.675亿元。

【整村推进】 广东帮扶广西整村推进扶贫开发示范村建设是两广扶贫协作的重要内容，在实施该计划中，广东坚持示范村建设与社会主义新农村建设相结合，推行参与式扶贫与开发式扶贫相结合，坚持标准，认真规划，严格要求，精心组织，示范村建设进度快、效果好。2010年在百色、河池两市安排实施了23个广东帮扶整村推进示范村，每个县（区）一个村，覆盖农户1341户5740人，安排资金2000万元。计划安排村屯道路及巷道硬化47500米，民房改造1439户，修建人畜饮水工程35处，建水池2140立方米，铺水管13350米；猪牛栏集中整治35间，学校改造2所达410平方米，建农民文化活动室13间，村委会办公楼改造2栋53平方米，建垃圾处理池11个；种植优质水果、中药材等产业开发项目2338亩，养畜禽1391头/只；修建篮球场23个，村屯环境绿化2720平方米，建排洪及排污沟4130米；开展农民实用技术培训56期，培训4600人次。据统计，截至2010年底，2010年示范村项目已完成工程总量的70%以上。

【经贸合作帮扶】 两省区充分利用泛珠合作、北部湾开放开发的历史机遇，以东盟博览会、广交会为平台，深化西江黄金水道开发建设，不断拓展两省区的交流与合作范围，积极探索建立优势互补、良性互动、共同发展、共同富裕的长效合作机制，逐步推动扶贫协作向全面经贸合作转变。2010年，两省区合作企业新签订1000万以上合作项目4801个，实施项（含续建项目），广东到位资金1106.96亿元

（含续建项目）。

【劳动力转移】 2009年秋冬到2010年春，百色、河池等贫困地区遭受百年不遇的旱灾，部分地区农产品因灾减产甚至绝收，出现因灾返贫现象。为减少因旱灾造成的影响，广东与广西各级各部门通力合作，开展多种形式的劳务输出活动，通过外出务工增加贫困户的就业收入，尽可能缓解贫困农户因旱灾造成的损失。如在百色、河池分别举办了“广西旱灾地区劳务输出援助行动百色招聘会”和“广西旱灾地区劳务输出援助行动河池招聘会”，达成就业意向的6028人。经两省区的共同努力，广西2010年劳动力输出量和劳务输出纯收入均比2009年有所增加。据劳动部门统计，截至2010年底，安排广西劳务输出15.35万人，劳务输出纯收入达7.68亿元，分别比2009年增加1.2万人和6000多万元。

【结对帮扶】 广东省各级各部门和社会各界为支持百色市、河池市贫困地区经济社会发展，改善民生，广泛动员社会力量捐款捐物。原广州市政协主席陈开枝先生不顾年迈，牵挂百色市扶贫开发，于2010年8月为百色市祈福高中续建引进200万元善款；海珠区帮助凌云县引进资金60万元，援建教育、卫生项目5个；2010年东莞市各镇（区）和有关部门、企业、社会各界为河池市无偿捐款捐物折款达674.34万元；为支持河池市抗旱救灾，东莞市动员社会各界为河池市各县（市、区）送饮用水791.3吨、矿泉水3350箱；东莞市石碣镇人民政府为支持罗城县抗旱救灾，动员镇直机关干部职工以及企业，为罗城县捐款捐物折款达20万元的抗旱救灾物资，购水泵30台。

【扶贫干部培训和交流】 广东省为广西举办了3期培训班，分别是部分市扶贫办主任及非国家扶贫开发工作重点县扶贫办负责人、民营企业负责人、部分自治区机关新农村建设指导员，共培训干部162人；另外，百色、河池两市共选派优秀干部42人到广州、东莞两市及有关区、镇挂职，其中处级干部11人。这些干部通过培训和挂职学习，增进了感情，开拓了视野，增长了才干，学到了经验，拓宽了思路，转变了观念。

【扶贫协作】 为贯彻广东——广西两省区人民政府签订的《“十一五”时期广东广西扶贫协作计划纲要》，两省区交通、教育、旅游、卫生等部门强化沟通、密切合作，部门协作也取得新进展。在交通领域，汕昆线广西贺州至灵峰高速公路于2010年建成通车；西江二级水运航道广西段贵港至梧州（界首）段已建成通航。在旅游领域，两省区正深入推进无障碍旅游和个人自驾车旅游等；教育、文化、卫生等领域也开展了相关的交流与协作。

（广东省扶贫开发办公室）

江苏省——陕西省东西扶贫协作

【概述】 2010年，江苏省与陕西省探索挂钩扶贫协作的新思路、新举措，在农业、水利、教育和医疗卫生等方面加大无偿援助力度，不断改善陕西贫困地区人民群众的生产和生活条件。据统计，2010年江苏省投入无偿援助资金3559万元，其中省级财政拨付1000万元。社会捐赠资金和物资折价达517.42万元。2010年，江苏省实施的扶贫援助项目达108个。

【基础设施建设扶贫】 2010年，江苏省围绕陕西贫困地区群众“行路难”、“饮水难”“就医难”的实际情况，着力解决影响贫困地区发展的瓶颈制约。2010年援建学校乡村道路114公里，桥梁7座；乡村道路113公里，改造基本农田近1.9万亩，帮助解决人畜饮水困难。

无锡市新区管委会在黄陵县店头镇、隆坊镇、阿党镇打机井、建水塔、修水渠、铺管道，解决农村用水难问题。宜兴市援助吴起县薛岔乡双庙村学校修建桥梁，江阴市援建延川县土岗乡道路项目，常州金坛市帮助紫阳县腰庄村花房子修建石拱桥1座，解决村民出行难问题。南京市栖霞、浦口、高淳等7个区县在挂钩区县实施“整村推进”项目，援助商州区沙河子镇石门沟村、洛南县保安镇文峪村等7村建设村级道路、河堤、输水管道、民房改造、核桃园等一批新农村建设项目。连云港市援建岐山县蒲村镇双桥村道路、凤县温江寺乡白果树村道路项目。徐州市援建铜川王益乡川口村道路等项目。

【生态农业扶持】 江苏省立足贫困地区资源优势，发展高效生态农业，增强造血功能，力争使群众得到更多的实惠，尽快脱贫致富。

无锡扶持延安子长县余家坪乡郝家川发展大棚蔬菜，帮助农民学习掌握设施农业生产技术。援建子长县蚕桑基地，推广小蚕共育、养蚕大棚（蚕房）、方格簇等三大实用技术，使单个劳动力养蚕量大幅增加。援建养猪专业村，扩大延安宝塔区万花山乡后碾庄养殖规模，年出栏两批，每头猪可增收200元。常州市邀请扬州大学园艺与植物保护教授，指导安康市文武山绿色生态农业有限公司桑枝开发食（药）用菌项目，发展食用菌专业种植户47户，农户户均增收5万余元。针对宜君县22万亩的苹果栽植、30万亩的核桃栽植等丰富的农副产品资源，由徐州提供前期启动资金和技术支持，发展宜君县优质鲜果加工项目。

【公共设施服务扶贫】 江苏省积极支持陕西贫困地区发展文化教育、医疗卫生事业，实施援建学校和卫生所、资助贫困学生、捐赠教学和医疗设备、组织青年志愿者支医支教和培训人才等多种形式，2010年援建学校26所，卫生院（所）10所。

苏州连续9年选派优秀中青年骨干医生赴榆林培训医护人员，开展技术操作培训和讲座，2010年分别向定边县人民医院、佳县中医院、子洲县人民医院赠送了CT机、B超机、脉动真空灭菌机，向榆林市部分社区医院赠送了一批药品、器械，价值达419万元。南京市推动江宁职教中心与商洛镇安职教中心结对帮扶，市中医院与丹凤中医院、商洛中医院开展互助协作。泰州市援建了汉中市汉台区东关幼儿园综合楼，洋县长溪中心小学学生餐厅，勉县黄沙镇黄沙村综合办公楼改建，留坝县玉皇庙乡中心卫生院业务楼4个项目。连云港市援建了凤翔县专业教育中心服装专业基地、县委党校综合教学楼维修改造、宝鸡中学通用技术实验室、扶风县图书馆维修加固等公益项目。徐州市援建了铜川新城医院等一些社会公益项目。江苏民营企业家、南京路美医学科技有限公司董事长耿献会，将价值近500万元的医疗设备捐赠给延安慈善医院、延川县人民医院等基层医疗单位，并获得陕西省慈善总会授予的“2010年陕西慈善之星”荣誉称号。

【培训扶贫】 立足长远，开展人力资源帮扶，采取多种有效形式，提高贫困地区群众的综合素质。

2010年苏州市先后举办三期培训班，培训对口地区部分乡镇干部、商贸干部、贫困村致富带头人，受训人员达50多名，接收10名科级干部挂职锻炼。在教育方面，苏州市选派25名骨干教师赴榆林市进行中短期支教，为受援地教师进行专业培训，同时接收80名受援地教师和学校中层以上管理人员到苏州进行一个月至半年左右时间的挂职锻炼，参与学校常规管理和教学。南京市委党校开设公共服务与社会管理、政府职能转变与依法行政、现代服务业等专题培训班3期，以“请进来”方式帮助陕西省商洛市培训党政管理干部3批30人次；帮助商洛市建设劳动力培训转移基地，开展“订单式”培训，促进劳动力就业。

【送温暖活动】 2010年，江苏各对口省辖市及相关县（市）每年开展送温暖活动，通过不同形式、不同渠道捐款捐物，帮助陕西贫困地区的困难群众，特别是在遭受旱涝等自然灾害时及时伸出援助之手。

“3.1”子洲特大山体崩塌事件发生后，张家港市第一时间派人赶赴子洲，慰问并援助资金20万元安置灾民，发动社会各界进行“爱满港城”募捐活动，筹集衣被2.5万件折款100万元。苏州市级机关向榆林地区捐赠款物共计415.32万元。苏州市为受灾地培训各类人员80多名，吸收安置劳动力1202名。张家港市向子洲县提供超过2000个就业岗位信息，吸纳安置劳动力1650名；为子洲县销售黄芪茶、小杂粮，帮助对口地区做好农副产品促销工作，促进当地农民增收。

【互动合作打造产业对接平台】 采取“政府推动、市场运作、企业为主”的方式，发挥各自优势，扩大在能源和其他优势产业的战略合作，促进2省优势互补和挂钩扶贫协作开展。

2010年4月、12月，时任江苏省省长罗志军和陕西省代省长赵正永分别率领2省代表团进行访问，签署了《加强两省能源和其他优势产业战略合作框架协议》和

《进一步深化两省经济社会发展合作协议》。在江苏陕西 2 省政府的支持下，徐州矿务集团规划在宝鸡建设传统能源与新型能源互动、煤炭生产与深度转化并进的大型现代化能源化工基地。2010 年 10 月，江苏省燃料总公司、陕西省煤炭运销（集团）有限公司等四家大型国有企业共同出资成立江苏省陕煤化能源有限公司，构建起连接“产、运、销、需”四方的专业物流平台，将最大限度地促进 2 省的优势互补。在 12 月两省政府主办的苏陕企业家座谈会暨合作项目签约仪式上，苏陕双方企业及园区之间共达成项目合作合同、协议 64 个，江苏到陕西的投资总额 385 亿元，项目涉及商贸、机械、房地产、能源等多个领域。南京 1912 集团在西安的东顺城巷整体改造项目，江苏天楹赛特环保能源集团有限公司在咸阳的 LED 新光源、新材料、太阳能利用建设项目，江苏博隆环保设备有限公司在咸阳的过塘污水处理厂建设项目，江苏盐业集团在榆林的盐化深细加工项目等均在会上签约。

（江苏省发展改革委员会　张建明）

浙江省——四川省东西扶贫协作

【概述】 2010年，浙江省扎实推进对口帮扶工作，全面完成了各项目标任务。

为贯彻落实国务院扶贫办《关于2009—2010年东西扶贫协作工作的指导意见》，省政府于年初召开了全省的对口支援和国内合作交流工作会议，王建满副省长对全省对口支援工作进行了全面总结和工作部署，全省有对口支援任务的各市、县（市、区）一把手，省直有关单位分管领导及对口帮扶部门一把手参加了会议，下发了《浙江省2010年对口帮扶工作计划》，明确了工作思路目标和具体任务。将2010年目标任务进行分解落实，并纳入全省经合系统工作目标责任制考核，形成了规划引导、计划落实、考核推进的工作体系。

2010年，浙江省对口帮扶工作突出"产业帮扶、新村建设、惠民服务"三个重点，在工作推动、注重实效上下功夫，取得了新的成果。据统计，2010年，浙江省向广元、南充两市12个县（市、区）无偿捐资3233万元，其中省级各有关单位347万元，各市2886万元；共建浙川扶贫新村24个；援建学校7所，卫生院3所；"1+1"结对助学412人；达成经贸合作项目22个，协议资金19.87亿元；吸收就业人数9767人，实用技术人才培训3884人，组织劳动力培训与转移3119人。以上援建项目的实施、合作项目的落实，促进了对口地区的经济发展，加快了农民增收致富，推进了劳动力素质提高及民生改善，同时，对口帮扶也是浙江省企业走出去发展的重要平台和输送劳动力的重要途径。长期以来，浙江省注重落实责任、注重造血帮扶、注重双赢发展的做法和实效，得到了对口地区的好评。

【扶贫考察】 2010年，省委书记赵洪祝、省长吕祖善等领导先后到对口地进行考察指导，推动了浙江省的对口帮扶工作。

按照国务院扶贫办《关于完善浙江四川东西扶贫协作工作的通知》要求，省经济合作交流办会同省政府办公厅主动向国务院扶贫办汇报工作，王建满副省长于2010年4月率团赴四川衔接对口帮扶工作，并多次与四川省有关部门对接磋商。

【产业化扶贫】 2010年，浙江省与广元、南充两市达成经贸合作项目22个，协议资金19.87亿元。以浙江省对口帮扶的广元市川浙合作产业园为例，其中，在广元的川浙产业合作园，共投入2亿元的基础设施建设资金，经过两年的灾后重建，截至2010年底，已有18家企业落地，总投资超过31亿；另外浙商产业园（青川竹园黄沙坝）已落户企业5家，总投资5亿元。同时援建青川的农业特色产业取得成效，共投入援建资金1亿余元，实施产业援建项目104个，建设农业特色产业基地5万余亩；

浙江省援建青川的农业特色产业取得成效，2010年共投入援建资金1亿余元，实施产业援建项目104个，建设农业特色产业基地5万余亩。通过对广元灾后重建产业援助，着力引导和推进浙江与广元之间产业合作，推动浙江企业向广元集聚发展，增强“造血”功能，加快了青川灾后恢复重建步伐。

【基础设施完善】 2010年，全省共援建24个示范新农村，为广元、南充两市援建学校7所，卫生院所7所，乡村公路66.9公里，解决4.28万人饮水困难问题，结对助学412人。通过一系列民生、基础项目的援建，改善了对口地区群众的生存环境，提高了贫困群众的生活质量。

【扶贫项目管理】 2010年，浙江省进一步加强对口帮扶项目的规范管理，建立援建项目筛选制、备案制、评估制，有效提高了帮扶项目效益。一是进一步完善绩效考核机制。采用交叉检查、专家评估、年度统计考评方式，加强对口帮扶项目的绩效评估，规范帮扶项目管理，提高帮扶项目效益；二是构建项目管理机制。初步建立了援建项目年初审核、备案制度和年终检查评比制度，推动了援建工作的规范化。

【灾后恢复重建】 按照中央“三年目标两年基本完成”的要求，浙江省对口支援青川灾后恢复重建工作于2010年9月底基本完成。根据浙江省委省政府的总体部署，省经济合作交流办公室负责对青川灾后重建的后续帮扶工作，省财政安排了5000万元帮扶基金，出台了基金管理办法，从2011年开始，将有针对性帮助青川开展扶贫、培训及产业发展等后续帮扶工作，进一步推进浙江省对口帮扶工作的深入开展。

（浙江省人民政府经济合作交流办公室）

山东省——重庆市东西扶贫协作

【概述】 2010年7月，国务院扶贫办将山东省承担的东西扶贫协作任务，由新疆维吾尔自治区10个县调整到重庆市14个国家扶贫开发工作重点县。山东省认真贯彻落实中央新形势下做出的战略部署，按照国家的要求，在认真做好扶贫协作新疆工作的同时，全力以赴，扎扎实实地启动和开展了扶贫协作重庆工作。鲁渝两省市高层领导互访频繁，召开了两次扶贫协作重庆工作座谈会，制定下发了《山东省人民政府关于推进扶贫协作重庆工作的意见》，明确了扶贫协作重庆工作的总体要求、结对关系、主要任务、资金筹集、工作机制和具体措施；确定了山东省济南、淄博、枣庄、东营、烟台、潍坊、济宁、泰安、威海、日照、临沂、德州、聊城、滨州14市分别与重庆市武隆、石柱、丰都、酉阳、巫山、开县、万州、巫溪、云阳、黔江、城口、秀山、彭水、奉节14个国家扶贫开发重点县（区）建立"一对一"的扶贫协作结对关系，相互签订了扶贫协作框架协议；积极探索完善鲁渝东西扶贫协作工作机制，扶贫协作重庆工作取得了较好成效。

【山东省扶贫协作新疆工作回顾】 自1996年，党中央、国务院确定山东省对口帮扶新疆维吾尔自治区以来，山东历届省委、省政府都非常重视，要求各级、各部门讲政治、讲大局，把扶贫协作新疆工作作为一项政治任务，全力以赴，认真做好。1999年5月，山东省政府进一步确定，由淄博、烟台、潍坊、济宁、威海5市选择10个经济强县（市、区）分别与新疆喀什地区、和田地区10个贫困县结为对子，实行一对一的重点帮扶。14年来，山东省根据喀什、和田两地区的自然条件、传统文化、民族宗教和经济社会发展程度等方面的因素，提出了扶贫协作工作的总原则和指导思想，即"把握一个原则，着力四个结合，确保五个有利于"。一个原则就是"政府推动、部门联动、社会参与，企业为主体、市场为导向，真诚支援、讲求实效、优势互补、共同发展"。四个结合就是，一要做好政府行为与企业行为相结合，坚持政府推动，企业为主，市场运作，互利共赢，不断增强扶贫协作的后劲，促进这项工作的持续健康发展；二要做好突出重点与兼顾全面相结合，以帮助结对县保障和改善民生为重点，积极扶持受援地科技、教育、文化、卫生等各项社会事业全面发展；三要做好"输血"扶贫与"造血"帮扶相结合，积极围绕开发当地资源，推广普及适用技术，发展高效农业，带动农民脱贫致富；四要做好科技、人才交流与项目合作相结合，以科教帮扶，智力解困为切入点，通过实施干部挂职、技能培训、人才交流、科技推广、项目合作，积极为当地发展提供科技、人才保障，增强自我发展的能力。五个有利于就是有利于受援地经济和社会事业的全面发展，有利于增加财政收入，有利于增强造血功能，有利于贫困群众生产生活条件的改善，有利于加强民族团结。

据统计，14 年来，山东省通过广泛开展政府援助、企业捐助、社会帮扶，已实施重大扶贫协作项目 87 个，援助资金、物资 4.71 亿元，重点实施了“六大扶贫协作工程”。一是实施了惠及千家万户的“民心工程”。先后投入 3000 多万元，在喀什、和田两地区 7 个县，实施了农村贫困户危房改建安居工程，使 1 万多户贫困户搬进新居。二是实施了拉动经济发展的“造血工程”。投入 7000 万元，在疏勒、岳普湖、英吉沙三县建成 3 个工业园和 1 个物流园，吸引 150 多家企业落户园区，投资 50 多亿元，安置就业 7800 多人，成为拉动当地经济发展的新的增长点。三是实施了促进劳动力就业转移的“素质提升工程”。在疏勒、岳普湖两县建成了总面积为 12800 平方米的劳动力就业培训基地，每年使 1 万多名农村剩余劳动力实现了就地转移。四是实施了促进农业产业化发展的“引领工程”。援建了一批集科技推广、良种繁育、示范培训为一体的高效农业示范园、标准化示范基地。特别是温室大棚蔬菜种植技术的普及推广应用，改变了新疆少数民族的饮食习惯和产业结构，使广大农民更新了观念，找到了脱贫致富的路子，成为当地经济发展的支柱产业，也成为全国扶贫协作标志性工程。五是实施了以干部交流和人员培训为主的“智力帮扶”工程。先后分六批选派 298 名党政干部和专业技术人员赴疆工作；为当地培训县级干部 980 余名，中小学教师 1500 多名；先后投入资金 4800 万元，用于扶持基础教育和维汉双语教育，新建和改建学校 150 多所，双语幼儿园 30 多处。六是实施了促进双方优势互补、互利共赢的“企业合作工程”。通过运用市场机制，发挥两地各自优势，引导和推动企业开展合作，先后实施合作项目 224 个，总投资超过 100 亿元。总之，14 年的扶贫协作，对新疆民族地区的开发建设和两省区经济社会共同发展起到了积极的推动作用，得到了中央的充分肯定。

【山东—重庆扶贫协作工作全面启动】 2010 年 7 月，国务院扶贫办对山东省承担的东西扶贫协作工作任务做出调整后，山东省委、省政府高度重视，省委书记姜异康，省委副书记、省长姜大明多次做出重要指示，明确要求各级各部门要讲政治、讲大局，切实把扶贫协作重庆工作当作我们自己事情，全力以赴，认真做好。省委常委、常务副省长王仁元多次听取工作汇报，明确要求有关部门组织人员赴重庆进行工作衔接，到国务院扶贫办进行工作汇报，征求和听取国家对山东省与重庆市开展东西扶贫协作工作的意见和建议，并于 2010 年 10 月 8 日，亲率山东省党政代表团赴重庆考察调研，出席了山东—重庆东西扶贫协作座谈会，与重庆市委、市政府领导同志就扶贫协作工作进行了协商，达成重要共识。国务院扶贫办对山东省与重庆市扶贫协作工作也高度重视，范小建主任专程赴重庆参加了座谈会，并就两省市做好扶贫协作工作谈了很好的意见，提出明确的要求。2010 年 11 月 2 日，山东省政府召开了有承担扶贫协作任务的14市政府分管领导、部门负责同志和省直部门负责人参加的全省扶贫协作重庆工作座谈会，学习传达了中央有关东西扶贫协作工作的指示精神，全面总结了14年扶贫协作新疆工作的成绩和经验，安排部署了下一步扶贫协作重庆工作。会后，山东省政府下发了《关于推进扶贫协作重庆工作的意见》，进一步明确了扶贫协作重庆工作的总体要求、结对关系、主要任务、资金筹集、工作机制和具体措施，指导全省扶贫协作重庆工作顺利开展。2010年12月13日，山东省与重庆市在济南举行了“山东·重庆扶贫协作工作座谈会暨签约仪式”，山东省委常委、常务副省长王仁元，重庆市委常委、常务副市长马正其出席座谈会并作了重要讲话，在签约仪式上，山东14市分别与重庆14个结对县（区）签订了扶贫协作框架协议，标志着山东省与重庆市扶贫协作工作已全面启动，进入全力推进阶段。

【政策与措施】 1. 明确了扶贫协作工作总体要求。根据中央关于开展东西扶贫协作工作的一系列指示精神，山东省研究确定当前和今后一段时期，扶贫协作重庆工作的总体要求是：以邓小平理论和“三个代表”重要思想为指导，深入贯彻落实科学发展观，结合扶贫协作工作县的经济社会发展目标和扶贫开发中心任务，按照“真诚帮扶、注重实效、优势互补、互惠互利、长期合作、共同发展”的原则，坚持政府推动与市场引导相结合、无偿援助与产业合作相结合、典型示范与全面推进相结合，以政府援助为基础、企业合作为重点、人力支持为纽带，广泛动员社会各界力量，着力做好整村推进、产业化发展、劳动力转移就业培训三大任务，着力帮助和支持提高贫困人口和贫困村的自我发展能力，努力探索符合当地实际、具有山东特色的扶贫协作新路子。

2. 切实加强两地产业合作。山东和重庆经济互补性很强，在许多领域合作空间很大。要坚持“政府推动、市场运作、优势互补、互利共赢”的原则，立足两省市比较优势，充分利用中央赋予中西部地区的优惠政策，借助东西扶贫协作平台，促进两省市经济社会发展。充分抓好2010年4月份签订的鲁渝“1+7”合作框架协议的落实，加强产业合作，实现互利共赢、共同发展。立足当地优势资源，加强合作，为当地培育市场主体和主导产业，扩大贫困群体就业；立足重庆作为西南地区综合交通枢纽、西部物流集散地的优势区位，积极构建电子商务和物流信息等重点商贸信息平台，促进两省市商品交流；把重庆悠久的巴蜀文化和丰富的旅游资源，与山东文化旅游资源优势结合起来，共同开发旅游市场。

3. 加大人才智力支持力度，为结对县脱贫致富提供保障。充分发挥山东人才优势，全面开展对重庆的支医、支教、支农工作。加大对当地专业技术人才的培训力度，为当地培养一批专业素质高，能带动广大群众脱贫致富的专业技术人才；加大对14县乡村干部的培训力度，有针对性地组织当地干部到山东进行培训，增强领导科学发展的能力和带领群众脱贫致富的能力；双方每年要选派一定数量的干部进行双向交流，互相学习，共同提高。把贫困户劳动力转移培训放在重要位置，利用各市职业技能培训资源，加强对当地劳动力的专业技能培训，鼓励山东企业积极吸纳当地劳动力，增加结对县贫困群众的劳动力转移收入。

4. 加大宣传，积极推动社会帮扶。充分利用广播、电视、报纸、互联网各类媒体，广泛宣传东西扶贫协作的重要意义，宣传扶贫协作的好经验、好做法，营造全社会关心扶贫协作的浓厚氛围；大力宣传社会各界参与扶贫协作的具体途径和方式，引导社会各界为贫困地区捐款捐物、开展爱心助学、义务支教、志愿服务等多种形式的社会帮扶活动，努力形成政府财政支持、企业合作、社会广泛参与的扶贫协作工作格局。

【东西扶贫协作工作机制】 为推动扶贫协作重庆工作有力、有序、有效开展，山东省不断创新工作理念，完善工作机制，积极探索东西扶贫协作的新方法、新途径，走出一条符合当地实际、具有山东特色的扶贫协作新路子。

1. 健全机构，明确责任，切实加强对扶贫协作重庆工作的组织领导。一是为加强对扶贫协作重庆工作的领导，山东专门成立了省对口支援办公室，对全省扶贫协作重庆工作负总责，发挥综合指导、协调服务、检查督促的作用，解决扶贫协作重庆过程中的实际问题。二是为增强扶贫协作重庆工作的针对性和实效性，山东确定经济实力最强的济南等14市（已承担扶贫协作贵州任务的青岛除外），分别与重庆武隆县等14个国家扶贫开发重点县建立结对扶贫协作关系，构建了省级抓总、市县结对的“一对一”扶贫协作工作格局。14个市作为扶贫协作重庆的实施主体和责任主体，切实把扶贫协作重庆工作纳入重要工作日程，明确相应工作领导机构和办事机构，制定了科学合理的贯彻落实意见和工作措施，确保扶贫协作重庆工作有阶段目标、有年度计划、有具体措施。三是省直有关部门从自身职能出发，研究制定了本部门的扶贫协作工作方案，配合有关市积极推进扶贫协作重庆工作。全省各级各部门各司其职、各负其责，初步形成各级重视，齐抓共管，上下贯通，同心协力的工作体系。

2. 建立双方沟通协调机制。一是探索建立了鲁渝省市之间、双方对口市县之间领导定期互访和联席会议制度，协调解决扶贫协作工作有关事项。据统计，在扶贫协作关系建立后的三个月内，两地领导干部考察互访达400多人次。二是建立了鲁渝双方各级工作机构间的沟通协调制度。山东省对口支援办公室负责与重庆市扶贫办的联系、沟通，各市对口支援工作机构则负责与各自结对县间的沟通协调，共同研究解决扶贫协作中的实际问题。

3. 完善项目管理制度，加强监督考核。为确保项目质量和资金安全，山东省进一步完善项目、资金管理办法，实行资金专户管理、专款专用，严格执行项目建设程序，实行工程建设招投标、项目法人责任制、工程建设监理制。同时制定相应措施，加强对工作的监督考核，确保圆满完成扶贫协作重庆各项工作任务。

（山东省发改委对口支援协调处
于邦毅）

辽宁省——青海省东西扶贫协作

【概述】 根据党中央、国务院统一部署，辽宁省分别从1995年、1996年、1998年和2005年开始陆续承担对口支援西藏那曲地区、青海省15个国定贫困县（至2010年结束）、三峡库区重庆市（奉节县和忠县）、湖北省（兴山县）、贵州省（六盘水市和遵义市）、新疆克孜勒苏柯尔克孜自治州（至2010年结束）工作任务。2008年汶川地震后，又承担了四川安县灾后重建任务。玉树地震后，又承担了青海省玉树巴塘乡灾后重建任务。2010年全国对口援疆工作会议，又确定辽宁省承担对口支援新疆塔城地区和新疆生产建设兵团农八师、农九师工作任务。2010年，辽宁省除对口支援四川安县完成投资40亿元外，已累计向上述地区提供无偿援助资金19.13亿元，省本级提供无偿援助资金11.49亿元，其中西藏那曲地区4.11亿元、青海省2.25亿元、三峡奉节县1.65亿元、新疆克州1.48亿元、新疆塔城和农八师、农九师2亿元，极大地促进了受援地区的经济发展和社会进步，圆满地完成了党中央、国务院交给我省的阶段性工作任务。

【扶贫资金投入】 2010年，辽宁省累计向青海省提供无偿援助资金3730万元，其中省本级援助资金为2800万元，比2009年的2600万元增加了200万元，13个地级市和辽电公司930万元。根据国务院扶贫办下发的《2009—2010年东西扶贫协作工作的指导意见》，辽宁省紧紧围绕整村推进、劳动力转移就业培训、产业化扶贫三个方面加大扶贫投资力度，并取得了明显成效。

【整村推进及连片开发试点】 2010年辽宁省本级在前几年集中力量抓了20个村的整村推进的基础上，又继续投入援助资金700万元，选择了5个贫困村实施“县为单位、整合资金、连片开发、综合治理、整体推进”项目，项目覆盖1221户5354人。在这5个村中集中抓了三个方面的帮扶工作：一是因地、因人制宜，根据各个村的资源和人员的特点，选择蔬菜或油菜籽种植业，投入资金组织村民集中力量发展选定的扶贫开发项目；二是以社会主义新农村建设为目标，实施道路、饮水、绿化、卫生、文化等社会公益事业基础建设项目；三是抓好村级领导班子和村主要致富带头人的政治和技术培训，保证产业项目的顺利实施和长期坚持。

为推行整村推进工作，辽宁主要采取了以下具体做法：1. 组织专家学者，重点做好前期调研、论证等基础工作，确保援助的产业项目选择科学准确，发挥长久脱贫效益；2. 结合各项目村每个村民的具体情况，为每户提供资金选择一个能长远致富的项目；3. 为了促进村民项目的持久性，逐步朝着特色化、产业化、规模化方向发展，原则上在每一个村尽量选择相对集中的项目，并在此基础上普遍实行了“公司+基地+农户、蔬菜种植专业合作社+农户”的产业化经营组织运行机制，同时通过科技培训使每个村掌握该项生产技术，实行统一种植、统一销售、统一病虫害防治、统一技术培训，变输血式扶贫为开发式扶贫；4. 修建农田水利、卫生厕所、文化活动室等文化建设工程，改善村民的生活条件；5. 修建了村级硬化道路、村庄整治、村庄绿化等基础设施建设，使村容村貌有了很大改观；6. 组织整村推进的5个村的村书记、村长、会计、致富带头人、转移就业的青年农牧民等共120多人来辽宁，请专家授课进行了现代农业、种植和养殖业等方面的专业技术培训，并有针对性地组织参观考察了我省的一些新农村建设项目，使村干部和致富带头人进一步理清了思路、开阔了视野，学到了技术，对今后新农村建设和带领村民脱贫致富增强了信心。同时，还对52名需要转移就业的青年来辽宁进行为期半年的焊工、车工、铣工的生产技能培训，使这些青年取得国家劳动部颁发的初级技能证书，并实现了转移就业。

通过项目实施，项目村的农业生产条件和基础设施条件得到明显改善，种植业结构得到明显优化，特色优势产业加快发展，项目户年人均增加纯收入600元，产生了显著的经济效益、社会效益和生态效益，为初步实现“生产发展、生活宽裕、乡风文明、村容整洁、管理民主”的社会主义新农村建设目标奠定了坚实基础。

【劳动力转移】 辽宁省对口帮扶青海，主要进行了以下培训项目：首先，组织青海贫困青年农牧民赴辽进行转移就业培训。2009年为了促进青海省贫困青年农牧民实现转移就业，辽宁省经合办经省人社厅和民政厅批准，组建了辽宁省转移就业培训学校。学校拥有占地1.5万平方米的教学基地，其中：教学楼1200平方米；实习基地1500平方米；食堂500平方米；学生宿舍800平方米；种养植业教学实验基地暖棚6000平方米；劳动力转移就业实习车间200平方米。为了做好培训工作，学校专门购置了车、钳、铆、焊等生产技能培训专业设备；专门建设了教学用现代化专业大棚等设施；与省内科研院所合作配备了专兼职教师队伍；学校采取以实践技能培训为主的培训方式，具有培训中、初级技工的资质。2010年招收了75名青海的青年进行为期三个月的培训（其他地区50名）。经过三个月的实际操作培训，青海的青壮年全部经过考核拿到了国家颁发的职业初级技能证书，而且全部实现了转移就业。其次，在青海省当地组织生产技能培训。实施“雨露计划”共培训4836人。其中：电焊、服装加工、烹饪等21个专业技术短期技能培训4415人，中长期职业技能培训421人。短期受训人员基本实现转移就业，年人均收入达到10000元以上。再次，针对贫困农牧民开展实用技术培训，培训农牧民3万人。

【专业技能培训】 主要开展以下培训项目：首先，2010年，辽宁省在省经合办新建的培训学校完成了针对青海省县、乡、村等各级扶贫干部和农村致富带头人开展赴辽培训，全年共培训6期190人。主要内容包括：对口支援工作专题讲座、现代设施农业生产技术培训以及以解放思想、转变观念为目的的参观考察等内容。通过培训，使受援地区的扶贫干部和基层干部进一步开阔了视野，转变了观念，增强了现代意识和脱贫致富的紧迫感，促进了他们的思想解放和观念更新。其次，在青海省组织开展扶贫政策、机制、项目管理、贫困监测等专题培训657人。一是培训2010年实施整村推进项目村村干部和扶贫系统干部390人，提高了项目实施能力和水平。二是"十二五"扶贫开发规划编制培训干部132名，为了"十二五"扶贫开发规划编制工作奠定了坚实的基础。三是组织扶贫干部赴省外考察44人。四是举办了两项制度有效衔接和统计监测培训班，培训州、县扶贫系统干部91人，掌握了工作程序和操作方法。

【产业化扶贫】 辽宁省的扶贫资金主要用于对国务院扶贫办和青海省认定的21家扶贫龙头企业给予贴息扶持，从根本上实现扶贫方式由"输血"向"造血"转变。此外，辽宁还在2009年已建成的联栋温室项目基础上，通过援助资金整合其他项目资金，分年、分期投入实施，拟将湟中县建设成为辽青农业高新技术示范园区，以优化当地产业结构，发展特色优势产业。

【政策与措施】 1. 省委、省政府高度重视，正确领导。省政府批准成立了对口支援工作领导小组，由分管省长任组长，进一步加强了领导，领导小组办公室设在省经合办，明确了出资人的管理部门，落实了责任。多年来，省委、省政府领导同志多次赴受援地区检查指导工作。此外，在辽宁省自身很困难的情况下仍然随着省财政状况的逐步增长，坚持"积极努力、量力而行、稳定基数、逐年有所增加"的基本原则，逐步增加对口支援资金总额度。特别是从2006年开始，确定了在援助资金额度上每年以10%比例递增的原则，援助资金额度由2005年的1500万元增长到2010年的2800万元，保证了对口支援工作的有效开展。

2. 辽宁省经济合作办公室科学决策，精心管理。省经济合作办公室作为辽宁省承担具体工作的职能部门，认真贯彻省委、省政府的部署，科学决策，精心组织，扎实工作。在争得资金逐步增加的基础上，与时俱进，不断拓宽扶贫开发的工作思路，扩大开发式扶贫的领域，丰富帮扶工作形式，使辽宁省对口支援工作逐步实现了制度化、科学化、规范化，真正做到了动真情、办实事、讲实效。

3. 在对口支援工作目标上，始终以提高当地"造血"功能为基本原则。辽宁省更加注重让广大贫困农牧民直接受益，大力推进了整村推进、劳动力转移培训和产业化扶贫的工作进程。实践证明，提高当地的"造血"功能，是帮扶工作必须坚持的根本原则。这一基本原则之所以能够得以实现和坚持，其主要原因是具体承办部门在履行工作职责时，始终以高度的政治责任感，以满腔的工作热情，以帮助青海人民尽早脱贫致富为己任，工作尽职尽责，科学规范。

4. 突出扶贫工作重心，切实做好帮扶工作。2010年辽宁省重点实施了改善贫困村生产生活条件的整村推进项目、实施了提高贫困人口劳动技能和促进劳动力转移就业培训。紧紧围绕改善贫困地区群众的基本生产生活条件，解决农村贫困人口的温饱这个目标，因地制宜、有针对性地加强了农牧业基础设施建设，开展了人才培训与交流，促进了教育、文化、卫生等社会事业的发展，抓重点、扶根本、促进了生产发展，使贫困群众的思想进一步解放，观念进一步更新。

5. 创新扶贫开发模式，使对口支援工作上了一个新台阶。2010 年辽宁省紧紧围绕青海省扶贫工作重点，狠抓典型示范项目、特色农业、特色加工项目的建设，在帮扶项目实施中不断创新扶贫开发模式。如在整村推进项目中采取“公司 + 基地 + 农户、蔬菜种植专业合作社 + 农户”的产业化扶贫开发模式，实现统一种植、统一销售、统一病虫害防治、统一技术培训，产生了良好的示范效益，带动项目户年人均增加纯收入 600 元，实现了稳定脱贫。

（辽宁省经济合作办公室对口支援处 荣雪飞）

福建省——宁夏回族自治区东西扶贫协作

【概述】 2010年，福建和宁夏两省区通力合作，全方位、多层面、宽领域开展工作，取得了新的成绩。一年来，福建省和对口市县及社会各界无偿援助宁夏各类资金达4693.75万元，其中福建省省级财政2100万元，对口帮扶市县2593.75万元。这些资金和物资有效地改善了贫困地区群众的生产生活条件，促进了宁夏贫困地区脱贫致富步伐。

【闽宁协作项目】 2010年，宁夏回族自治区认真按照闽宁第十三次联席会议精神，全面组织实施了2009年福建省财政安排的2100万元闽宁对口扶贫协作发展基金项目。扶贫协作项目分5大项目，重点涉及10个市县区，覆盖宁夏中南部3万多农户。项目的实施，取得了良好的经济效益和社会效益，受到了广大贫困农民的普遍欢迎。具体表现在：一是继续实施了菌草产业扶贫工程，建菌草制种、培训、实验示范基地1处，购置翻料机4台，购置控温控湿、灭菌、装袋等设备8台（套），培养本地技术骨干16名，组织技术骨干、菇农培训1340人（次），扶持菇农1780户，生产面积39.2万平米，实现产值1068万元，菇农户均增收近5000元，部分菇农逐步实现稳定增收和脱贫致富；二是在整村推进村扶持发展肉牛等特色养殖1940户，建设规范化棚圈240座；同时还扶持发展了以马铃薯为主的红枣、红葱、酿酒葡萄等特色种植业3.1万亩，引导群众依靠特色产业走出贫困；三是建立壮大、合理利用贫困村“互助资金”，建立了8个闽宁示范村，通过对人居环境改造，以及对人畜饮水工程、集雨场、“三位一体”配套等项目的建设，以优势特色产业带动农民大幅增收，使其长期受益，从而成为宁夏贫困地区社会主义新农村建设的亮点；四是安排230万元资金扶持发展教育事业，支持宁夏育才中学建设，为贫困部地区学生创造良好学习环境作出贡献；五是安排290万元发展固原市社会事业，支持固原市妇幼保健院、固原市儿童福利院、固原市闽宁群艺馆建设，帮扶贫困地区建造了良好的文化卫生环境。

【对口帮扶】 2010年上半年，福建省第六批18名援宁挂职干部圆满完成了在宁夏贫困地区为期两年的挂职任务，7月中旬与第七批援宁挂职干部顺利交替。第七批18名挂职干部克服两地气候、生活、语言等差异的诸多困难，深入基层，进村入户了解情况，很快进入角色，努力工作，积极为帮扶市县争取资金和项目。通过两批挂职干部和对口市县的不懈努力，争取到各类对口帮扶资金 2593.75 万元（其中捐款及物资折款为 555.75 万元，帮助引进投资项目 6 个），落实对口帮扶项目 5 个。对口帮扶隆德县的福建省仓山区，计划在两年内投资近千万元实施以解决民生为重点的 10 个重点项目，目前到位资金 90 万元。福州市、连江县共援助盐池县各类帮扶资金 180 万元，支持盐池县的教育、卫生、人居环境改造、滩羊产业发展和干部、专业技术人才培训与交流等项目。对口帮扶海原县的厦门市湖里区与同安区，援助 259.35 万元，用于海原县的生态移民村建设、教育、文化、卫生、贫困学生资助和部分机关单位办公自动化等项目。对口泾源县的厦门市翔安区和海沧区投入 511 万元，帮助泾源县整村推进、社会事业发展实施了 8 个项目。福建省南安市援助同心县 320 万元，用于帮扶生态移民、危房危窑改造、大学生资助和村道、卫生等项目的建设。援助原州区的福建省丰泽区计划在两年内投资不少于 400 万元解决群众最急需、最实惠、最受益的问题。目前已到位 100 万元实施了新农村建设农民住房建设、大学生救助、旅游环境整治、军民共建等 4 个帮扶项目。福建南靖县政府投资和招商引资 665 万元，用于彭阳县菌草产业、阳光助学、卫生支助、劳务合作、贫困救助等 5 个项目建设。福建省莆田市、涵江区投资 468.4 万元，援建西吉县新农村建设、教育事业、村部建设和华林蔬菜基地建设等 4 个项目。

【社会扶贫】 2010 年，两省区组织、人事、教育、卫生、科技、扶贫、经贸、旅游、团委、妇联等部门共同合作，积极为宁夏培训各类专业技术人才 987 名。东西部干部挂职交流 43 人次，技术人才交流 123 人次；干部培训 7 期 114 人，管理人才培训 5 人。福建省社会各界为宁夏山区学校筹集捐款修建学校 12 所，救助贫困学生 1561 名，促进了贫困地区教育事业的发展。宁夏向福建输送劳务人员 2.6 万人（次），其中有组织地输出劳务人员 5595 人，劳务收入达 1.99 亿元，大大地增加了宁夏贫困地区农民收入，有效地改善了农民的生产生活。

【企业协作扶贫】 2010 年，在两省区主要领导的关注支持和有关方面的积极推动下，又有 3 家福建企业在宁夏投资置业，完成了 23 亿元建设项目，其中的 1 家福建企业在宁在建项目完成 15 亿元项目工程。另外，福建在宁企业家协会副会长王信光先生在宁夏中卫市美利工业园区独资成立了占地 1680 亩，主营焦炭、焦油、煤气等十多种产品的“宁夏宇光能源实业有限公司”，计划总投资 22 亿元，目前已完成 5 亿元；协会常务副会长、宁夏华福房地产开发有限公司在固原市原州区和吴忠市青铜峡进行商品房开发，完成投资 2 亿元；福建福安投资商、宁夏蓝山投资置业有限公司投资 16 亿元与宁夏圣雪绒合作，创建乐从家具城项目；福建在宁企业、宁夏新思路公司完成投资 15 亿元的观湖壹号 2 期在建项目。

【招商引资】 为了落实闽宁互学互助对口扶贫协作第十三、十四次联席会议《纪要》精神，宁夏回族自治区人民政府于 2010 年 11 月 29 日在福建厦门市举办了“宁夏·福建（厦门）经贸合作推介会”，通过宣传推介、招商引资一系列活动，宁夏 15 个县（区）、企业与福建等地企业签约了 21 个合作投资项目，总投资 177 亿元。

其中：西吉县人民政府与福建绿城建材有限公司合作的《闽宁产业园建设项目》，总投资10亿元；与福建迪佩克投资有限公司合作的《西吉阳光医院项目》，一期总投资0.5亿；与福建省红太阳精品有限公司合作的《马铃薯及农副产品深加工项目》，总投资2亿元；与福建省莆田协龙鞋业有限公司合作的《闽宁大厦项目》，总投资1亿元。宁夏福建企业家协会和宁夏蓝山投资置业有限公司合作的《木材交易市场项目》，总投资10亿元；与宁夏北方置业开发有限公司合作的《石材、瓷砖项目》，总投资8亿元。宁东能源化工基地管委会与江苏万乐复合材料有限公司合作的《塑料编织袋生产项目》，总投资1.7亿元；与台湾汇隆国际股份公司签订了在宁东能源化工基地开发建设台湾工业园区合作意向书。吴忠市利通区人民政府与广州从玉菜业发展有限公司合作的《建设8000亩供港蔬菜生产基地项目》，总投资1.5亿元；与福建大地生态科技实业有限公司合作的《利通区10万亩防沙、低碳生态农林牧综合开发项目》，总投资5.9亿元。银川市贺兰县人民政府与福建盼盼食品集团有限公司合作的《休闲食品西北总部项目》，总投资3亿元。红寺堡区人民政府与大唐国际发电股份有限公司合作的《20万千瓦风、光发电项目》，总投资20亿元。银川市西夏区人民政府与南通通宇电梯制造有限公司合作的《电梯制造发展项目》，总投资3亿元。青铜峡市人民政府与中广核太阳能开发有限公司合作的《牛首山光伏太阳能发电项目》，总投资10亿元。银川市金凤区人民政府与广州国利施坦热动力有限公司合作的《肺型汽车无极变速器生产项目》，总投资3.2亿元。大武口区政府与江苏省扬州商务高等职业学校合作的《职业技术教育项目》，总投资3.9亿元。平罗县人民政府与浙江华仪风能有限公司合作的《30兆瓦风力发电项目》，总投资25亿元。银川市兴庆区人民政府与圣元房地产开发有限公司合作的《浙江大厦二期建设项目》，总投资2.6亿元。银川灵武市人民政府与江苏扬子塑料化工有限公司合作的《年产5000吨多（单）晶硅项目》，总投资20亿元。惠农区政府与浙江巨化股份有限公司合作的《循环经济产业升级项目》，总投资0.5亿元。宁夏中宁县人民政府与福建隆福集团公司合作的《100万吨稀土彩钢板项目》，总投资30亿元。11月初，宁夏扶贫办会同宁夏对台办，组织宁夏部分贫困地区扶贫龙头企业家和扶贫部门共12人赴台湾进行了考察对接。学习借鉴台湾地区农业企业先进的发展理念、管理模式，促进了宁夏马铃薯、枸杞、奶制品、葡萄、清真牛羊等优势特色产业与福建及台湾地区的产业对接与合作，拓宽了闽宁对口扶贫协作领域，提升了协作层次，增进了协作实效。

【闽宁互学互助对口协作第十四次联席会议】 2010年8月初，经过闽宁两省区共同协商和精心筹备，在福建省福州市成功召开了闽宁互学互助对口协作第十四次联席会议。福建省委书记、省人大常委会主任孙春兰，省委副书记、省长黄小晶，省政协主席梁绮萍，省人大常委会党组书记、副主任刘德章，省委常委、常务副省长张昌平，省委常委、秘书长杨岳，省人大副主任庄先，省政协副主席、秘书长叶家松，武警福建总队总队长黄海辉等，宁夏回族自治区党委副书记于革胜，自治区人大常委会副主任马秀芬，自治区政府副主席郝林海，自治区政协副主席解孟林，武警宁夏总队长蔡万源等领导及有关部门和市县（区）负责人出席了会议。两省区党政主要领导分别做了重要讲话，全面回顾了闽宁第十三次联席会议以来的工作，在充分肯定成绩和总结经验的基础上，围绕认真贯彻落实党的十七届三中、四中、五中全会精神，进一步深入实践科学发展观，全面落实《国务院关于进一步促进宁夏经济社会发展的若干意见》和《中共中央关于深入实施西部大开发战略的若干意见》，对下一步加强两省区互学互助对口协作进行了深入研究和探讨。两省区签署了第十四次联席会议纪要，下一步着重将从四个方面开展帮扶协作。一是宁夏充分利用中央产业引导资金和相对富余的劳动力、土地等生产要素，建设福建产业转移示范区和闽宁产业园，吸引福建企业到宁夏投资，开发能源、化工、医药、旅游及农副产品加工等优势资源。进一步放宽市场准入，支持闽台资本进入宁夏基础设施、公用事业和金融服务等领域，推动闽宁台合作迈出实质性步伐。引导、鼓励闽台企业开发固原岩盐、煤炭、石油、石灰石、风能、太阳能等资源，参与建设固原盐化工循环经济扶贫示范区。鼓励闽台企业融资建设宁夏中南部城乡饮水安全水源工程、六盘山区交通道路等基础设施建设。引导闽台企业积极参与宁夏“黄河金岸”建设。二是挖掘潜在的协作空间，重点加强闽宁两省区企业合作、经贸交流、开放开发，实现由项目帮扶为主向经济协作、互惠互利为主转变。更多的发挥福建商会的牵线搭桥作用，组织闽宁台企业家互访、对接，引导更多闽商、台商赴宁投资兴业。福建通过沿海、对台区位优势，引导闽台农业产业化企业参与宁夏农业资源优势的开发和市场营销，提升宁夏特色农产品的市场竞争力。三是 2010 年福建省财政安排 2100 万元援助资金，重点支持宁夏中南部地区生态移民、人畜饮水、节水灌溉、劳动力转移培训等民生工程建设，发展设施农业、马铃薯、枸杞、中药材、清真牛羊肉等优势特色产业。四是加强两省区市县之间的交流合作，健全定期互访学习制度，完善互派干部挂职机制，继续加强基础教育结对帮扶，福建省选派第 12 批教师赴宁支教；鼓励福建科技、教育等领域人才和学科带头人赴宁创业。

（福建省扶贫办）

深圳市——贵州省东西扶贫协作

【概述】 1996年以来，深圳市始终把对口扶持贵州省毕节地区和黔南自治州当作一项重要的政治任务来抓，广泛开展教育扶贫、卫生扶贫、科技扶贫、劳务合作、经贸交流、干部培训、社会捐赠、企业合作等多形式、多渠道、多层次的帮扶活动，集中各类帮扶资金，重点解决贫困群众生产生活和教育卫生等民生问题，努力为建设小康社会和构建和谐社会多做贡献。据不完全统计，2010年，深圳市捐赠贵州省毕节黔南两地州各类帮扶资金5080万元，其中：帮扶项目资金4220万元，救灾资金730万元，干部培训等经费130万元；实施整村推进、人畜饮水、农田水利、乡村道路、农房改造、教育卫生等帮扶项目105个，当地直接受益人口达12.7万人次；培训扶贫干部和教育卫生专业人员850人次，资助贫困学生1.2万人次，有组织输入劳务工1.5万人次。

【工作机制】 深圳市委、市政府高度重视对口扶持贵州的工作，主要领导亲自抓，分管领导具体抓，注重实效，抓好落实。一是将对口扶持工作列入市委、市政府重要工作议事日程，每年召开全市对口扶持工作会议，专题研究、专项计划、专门部署，并纳入市、区政府主要工作进行考核；二是健全工作机构，加强组织领导。全市成立了市对口扶持工作领导小组，由市长和分管副市长担任正副组长，领导小组办公室作为常设机构，负责统筹协调全市对口扶持工作。各区也都成立了对口扶持工作机构，形成了“有领导分管、有专人负责、有工作计划、有督促检查”的东西扶贫工作格局；三是区县结对构建扶贫网络。为确保对口帮扶工作落到实处，深圳市委、市政府决定由深圳市六个区和光明新区、三个市直党工委及市属重点国企，分别与贵州省毕节黔南两地州11个国家扶贫工作重点县开展结对帮扶。2010年，各区、各有关单位主要领导同志，坚持深入各自结对挂钩的贫困县实地考察，制定帮扶计划，落实帮扶项目。深圳市投资控股有限公司与三都水族自治县结对挂钩，坚持“帮扶三都就是帮扶一个民族”的扶贫理念，累计捐资近亿元，援建各种帮扶项目75个；深圳市能源集团在捐助550余万元援建贵州省平塘县3所学校和建立县助学基金的同时，还组织公司285名共产党员与平塘县贫困学生开展“一帮一”捐资助学活动。

【管理制度】 深圳市对口扶持工作始终坚持制度化、规范化、程序化，严格把好扶持项目审核关，注重扶持效果，努力把好事办好、办实在。一是充分依靠当地党委政府开展帮扶工作。对口扶持的所有项目必须经当地县相关业务部门审核，并报当地县（市）及地州政府审定，由当地县（市）政府全面负责项目的建设管理工作；二是认真做好项目考察论证。组织相关专家人员赴贵州实地考察申报项目，同时检查2009年度项目建设情况，还成立了由社会各类专业人士组成的对口扶持项目审核小组，直接参与项目考察论证，加强社会监督和专业指导；三是坚持公示制度接受监督。为提高帮扶资金使用的透明度，深圳市规定所有帮扶项目必须在实施前进行公示，通过在政府网站公示本年度的全部帮扶项目和资金安排情况，自觉接受社会各界监督，并接受财政、审计部门的监督；四是强化责任意识落实责任制。通过与贵州省和毕节黔南两地州扶贫办签订《对口帮扶资金项目管理责任书》，明确双方的责任与义务，共同履行帮扶资金和帮扶项目的监管职责。

【资金投入】 据不完全统计，2010年，深圳市无偿捐助贵州省毕节黔南两地州各类帮扶资金5080万元，其中：各级财政安排帮扶项目资金4220万元，捐赠救灾资金730万元，干部培训等经费130万元；实施整村推进、人畜饮水、农田水利、乡村道路、农房改造、教育卫生等帮扶项目105个，当地直接受益人口达12.73万人次。

【整村推进】 按照中央扶贫开发“到村到户、整村推进”和“确保群众直接受益”的总体要求，2010年，深圳市安排贵州省毕节地区、黔南州帮扶项目105个，其中：整村推进（生态文明家园）项目31个；人畜饮水和农田水利项目24个，铺设管线总长143.63千米，修建水窖367个；道路项目27个，修建道路总长54.3千米；农房改造项目13个共601户；教育项目4个，其他项目2个，当地直接受益人口12.73万人次。上述项目主要采取整村推进、连片开发的方式，取得了明显的成效。例如，贵州省长顺县整合各类扶贫资金，整村推进、连片开发，成为贵州省喀斯特地区石漠化治理、山地扶贫开发的先进典型。2010年，该县利用深圳帮扶资金100万元和当地配套资金24.6万元，实施中坝乡大坝院、翁拉两个村民组的房屋改造、串户路硬化、饮水工程项目建设，以及农民体育健身场、农家超市、农家书屋、卫生室等项目，帮扶成效明显。

【抗旱救灾】 2010年3月，贵州省遭遇百年不遇特大旱灾。深圳市委、市政府高度关注，立即向毕节地区、黔南州发去慰问电，先后捐赠救灾资金730万元，积极支持受灾地区抗灾救灾，重建家园。针对灾区干旱情况，深圳市安排毕节地区和黔南州14个县专项资金，重点修建人畜饮水和农田水利项目24个，修建水窖367个，有效改善了当地群众生产生活用水条件。

【劳务合作】 深黔劳务合作是深圳市对口扶持工作的重要内容。2010年3月上旬，深圳—毕节试验区劳务战略合作万人招聘会在毕节市开幕。贵州省人力资源和社会保障厅副厅长王明铮，毕节行署专员张吉勇、深圳市政协副主席张效民等领导出席会议。此次“春风行动”，是深圳对口帮扶毕节、实现双方合作共赢的重大举措。深圳市人力资源和社会保障局组织了55家深圳企业，共提供岗位19137个，此次招聘会吸引1.1万多名求职者进场应聘。深圳市还与毕节地区签署了长期劳务合作战略协议。同年11月23日，国务院扶贫办在贵阳市召开座谈会商议劳务培训试点工作，贵州省扶贫办、深圳市对口办、毕节劳务办、深圳市携创技校有关负责人参加了会议。

【产业扶贫】 1996至2002年期间，深圳市按照中央开发式扶贫的工作方针，由深圳市经济合作发展基金采取低息优惠借款方式，累计投放资金1.4亿元，帮助贵州建设“造血型”项目133个，通过“一个项目带动一个产业、一个项目富裕一个地区”，支持贫困地区扩大税源财源，发展地方经济。贵州信邦制药股份有限公司在黔南州罗甸县设立生产基地，借助深圳市经济合作基金优惠低息累计借款875万元，建设银杏浸膏生产线和GMP生产线，累计完成产值27.64亿元，实现利润2.48亿元，上缴税金2.9亿元，占罗甸县财政收入1/3强，投资开发中药材基地3万余亩，带动当地1.73万户农民脱贫致富。2010年4月，贵州信邦制药股份有限公司在深交所成功上市，成为黔南州首家上市企业，并成为开发式扶贫的典范。

【干部培训】 2010年，根据国务院扶贫办和深圳市对口扶持办公室共同制订的扶贫干部培训计划，深圳市经理进修学院共举办了8期培训班，培训贵州省扶贫干部和经济管理干部378人，培训内容分为：热点难点专题、深圳经验启示、前沿理论、技能技巧和实地调研考察等五大模块；培训形式包括专题讲授、实地调研、参观考察、主题研讨、座谈交流等；培训专题包括“创新能力培养与管理能力提升”、“招商引资与产业结构升级”、“农业产业化”、“小城镇建设与管理”等专题。经过十多年的不懈努力，深圳市经理进修学院为全国扶贫干部培训做了大量工作，因此被中西部地区广大参训学员誉为“改革开放的讲习所”。2009年11月，深圳经理进修学院被国务院扶贫办授予“东西扶贫协作人力资源建设基地”。2010年11月13日，国务院扶贫办副主任王国良一行来深考察扶贫干部培训工作，勉励深圳经理进修学院要在扶贫干部培训不断创新，再建佳绩。

【教育扶贫】 深圳市携创技工学校是广东省一级办学机构，该校长期致力于教育扶贫工程，有组织招收中西部农村贫困家庭初、高中毕业的子女，通过勤工俭学方式继续完成学业，既掌握实用技能考取中、高级技工证，又拥有中专、大专或本科学历，并安排在深圳地区就业。农村贫困家庭子女在接受教育的过程中，不仅不用家长负担费用，还可以为家庭带来一定收入。该校教育扶贫工程优势明显：一是入学免学费。凡符合条件的学生，经录取后，由当地扶贫部门负责学生来深路费。为解决贫困家庭子女实际困难，学生在深圳学习期间的培训费、教材费、保险费、住宿费、伙食费、考试办证费等所有费用，均由学校先行垫付，之后在学生参加学校组织的勤工俭学收益中解决；二是享受助学金和学费补助。学生在校学习期间可申请领取1500元/每年的国家助学金和4000元学费补助/年，一共补助两年；三是颁发“三证”。学生完成课程并通过技能考试，由深圳市劳动部门颁发中、高级技工证和技校毕业证。其中考取大专、本科的学生，可以获得国家承认电子注册的大专、本科毕业证书。该校教育扶贫工程特点突出：一是有利于企业发展。既可以缓解短期内用工短缺的局面，又可以培养长期发展所需的技术人才，尤其是贫困地区学生具有艰苦朴素、吃苦耐劳的明显特点，经过职业培训后更受用工企业欢迎；二是有利于贫困生培养。来自贫困家庭的初中生全部实行“零学费”，贫困生不仅不用家里负担学费就可完成学业，而且在三年“工学交替”学习期间还可为贫困家庭带来3万元以上的经济收入；三是有利于职业教育创新。掌握到技术、拿到学历，根据市场发展和企业用工实际需要办学，既丰富了职业教育的办学方式，又拓宽了职业教育的生源渠道。2010年，深圳市携创技校招收三年制教育扶贫学生1530人，其中贵州省贫困生1080人。该校还与贵州省毕节地区劳动部门签订“深圳—毕节人力资源技能开发教育扶贫合作协议”，计划在“十二五”期间合作培训毕节地区转移就业劳动力1万名。深圳市携创技校教育扶贫工程得到国务院扶贫办的肯定和支持。同年6月30日，国务院扶贫办批准该校为“国务院扶贫办东西协作人力资源建设基地”。9月21日，国务院扶贫办副主任郑文凯出席基地揭牌仪式暨2010级勤工俭学教育扶贫新生开学典礼。11月13日，国务院扶贫办王国良副主任到携创技校检查指导，充分肯定了该校情系贫困地区开展勤工俭学的办学模式，希望在办学质量上下功夫，真正创出携创扶贫品牌。

【社会扶贫】 全国道德模范、深圳市爱心代表人物丛飞生前累计捐赠慈善资金300多万元，救助贵州等贫困山区失学儿童178名，成为深圳人民扶贫帮困、奉献爱心的象征与旗帜。目前深圳市又涌现了“关爱行动”、“募师支教”志愿者杰出代表孙影同志，她自愿赴贵州省大方县羊场镇义务支教，五年来她通过动员社会捐资助学，帮助了300多名贫困生，还负责监管帮扶资金的使用，建成4所希望小学。2010年12月，孙影被中央文明办评为“全国百名优秀志愿者”，并被广大电视观众推荐为中央电视台2010年度“感动中国”人物候选人。深圳市委、市政府已授予孙影“文明使者”称号，号召全市开展向孙影同志学习活动。以“同在蓝天下，共享一本书”为主题的深圳市学生爱心捐助活动始于2007年。2010年5月，全市130多所学校、近20万名学生参与了此项爱心捐助活动，共募集图书21.95万册，并已分别运往深圳市对口帮扶的贵州省威宁县等地学校。

（深圳市对口扶持办公室　徐建明）

青岛市——贵州省东西扶贫协作

【概述】 2010年，青岛市突出重点，强化措施，强力推进东西扶贫协作工作。青岛市全年投入扶贫财政资金1680万元。其中，向安顺市、铜仁地区分别投入840万元。在贵州省安顺市、铜仁地区共安排扶贫项目5类111个，其中：开发式扶贫村项目22个，扶贫重点产业项目21个，扶贫重点村基础设施建设项目10个，扶贫干部培训项目1个，劳动力培训转移项目2个，实施开发式扶贫村抗旱救灾项目57个，捐赠过冬衣服被褥64.1万件。通过对口帮扶，解决开发式扶贫村的道路、人饮、农房改造及产业发展等，实施开发式扶贫村建设项目，改善了贫困村的生产生活条件，促进了脱贫致富，收到了显著的示范带动效果。有力地支持了贵州安顺市、铜仁地区的扶贫开发和救灾减灾工作。青岛市还组织了青岛的海尔、海信、红星、双星等大型企业（集团）在贵州省的贵阳市、遵义市、安顺市、铜仁地区、毕节地区、黔南州等地开展了经济合作，促进了当地的经济发展，增加了就业，带动扶贫开发，取得了明显成效。

【开发式扶贫村建设】 青岛市认真贯彻国务院扶贫办关于实施贫困村扶贫开发“整村推进”的要求，在安顺市、铜仁地区组织实施了“开发式扶贫村”建设，取得明显成效。在贵州安顺市、铜仁地区各个贫困县选点，建设22个“开发式扶贫村”，共投入帮扶资金1000余万元。主要实施基层组织、卫生医疗、小学校舍、电视传播和生产项目等“五小工程”建设，小项目达80多个。“开发式扶贫村”建设与安顺市、铜仁地区的社会主义新农村建设结合进行，通过建设，开发式扶贫村，有0.15万绝对贫困人口解决了温饱问题，有0.2万低收入贫困人口稳定解决了温饱问题。

【救灾减灾】 2010年初，贵州遭遇特大干旱，青岛市调整年初项目计划，投入200万元市财政帮扶资金，青岛区市的红十字会、民政部分组织社会捐助100万元，支持安顺市、铜仁地区建设水渠、蓄水池、打井、提灌、送水等抗旱救灾和灾后重建工作。在12个县的40余个乡镇和村寨中进行了水利人饮工程的基础设施建设，帮助当地增强抵御旱灾的能力。在安顺市遭受洪涝灾害时，青岛市提供帮扶资金，帮助当地进行抢险救灾，恢复重建设。在严冬到来前，为帮助受灾群众过冬，青岛市积极组织救灾支援活动，干部群众提出“山海情深、血脉相连”，向甘肃、贵州灾区捐赠棉衣棉被，弘扬了一方有难、八方支援的民族传统和时代精神。共捐赠96万件（床）棉衣棉被，发专列运往甘肃、贵州灾区。其中发往贵州灾区64.1万件。青岛港集团公司是青岛市获得“全国爱心捐助奖”的单位，在此次捐助活动中，公司发动干部职工踊跃捐助并克服生产任务重、工作紧张的困难，积极做好衣被发运工作。青岛支持贵州救灾减灾，改善了贫困群众最基本的生产生活，支持了受灾群众恢复生活、发展生产。

【产业化扶贫】 2010年，青岛市投入资金，帮助安顺市、铜仁地区主要进行了错季蔬菜、优质水果、优质粮种的引种推广，重点围绕茶叶产业，加大茶叶基地建设，为做大做强茶叶产业打基础，同时，还帮扶建设了种猪养殖示范基地，推广了良种生猪繁育技术，为农民增收创造了条件，拓宽了增收门路。在安顺市、铜仁地区加强扶贫乡村基础设施建设，累计修建道路90余千米，解决了30万人口饮水困难问题。青岛市还投入帮扶资金与当地扶贫资金配套使用，调整引导产业发展方向、帮扶区域支柱的农村产业。新增村级公路里程50千米，新解决了8个村互通公路问题；实施人饮项目4个，解决1.2万农村人口饮水困难问题；新建村级人行便桥项目3个。

【教育帮扶】 2010年，青岛市从根本上帮扶安顺市、铜仁地区增强开发能力，投入扶贫资金，继续帮助安顺市、铜仁地区实施人力资源开发，资助当地贫困村中的学校、文化室建设，救助失学儿童完成小学教育，这些举措均得到当地群众的赞誉。中国海洋大学与铜仁地区签订了水产类学生教育、培训协议，支持当地水产业的人才队伍培养。在青岛市行政学院，举办了贵州省安顺市、铜仁地区扶贫开发干部学习班，60余人次参加培训。根据青岛市和贵州省改革开放以来扶贫与经济发展的现状，重点就城乡统筹与社区社会管理方面加强了培训，通过聘请专家授课、组织学员考察观摩青岛的新农村、新社区、优势企业，将理论与实际相结合，使参加培训的干部重点了解东部地区经济发展的基本经验、新农村建设的启示、乡镇体制的改革创新、推动新农村和谐发展、城市化进程中征地利益矛盾及其协调、城市管理的特点与创新、特色街区建设的新作法、城市管理的数字化等工作。通过培训，贵州安顺市、铜仁地区的学员开拓了视野，学到了相关理论和知识，增长了新时期做好扶贫开发、城乡统筹、关注民生、和谐发展的工作本领。

【经贸合作】 2010年，青岛市在东西扶贫协作中继续实施企业带动经济发展的措施。首先，对青岛市进入贵州发展的企业进行了协调工作，青岛市进入贵州发展的大型名优企业在当地发展良好，海尔集团在遵义建立了西南海尔冰箱生产基地，电冰箱年产量100万台，销售区域扩展到长江以南“九省一市”；海信集团在贵阳经济区建立工业园，彩电、平板电视产品销售覆盖国内西南、西北、华南等省市及缅甸等国家和地区。红星集团在贵州安顺市投资碳酸钡生产后，又相继在贵州铜仁地区、毕节地区、黔南州投资，利用当地资源，兴办了新企业。红星公司在贵州企业已通过了ISO14001环境体系认证，获“贵州省环境友好企业”称号，是当地经济效益较好的企业，如今已经发展成为世界大型碳酸钡、碳酸锶、电解二氧化锰生产企业，成为具备锰生产完整产业链的公司，开始向从资源型向技术密集型企业转型。在公司的带动下，钡盐、锰盐产业发展成为贵州省具有国际竞争力的产业。红星公司在贵州的发展，不仅为一批贫困群众提供了就业机会，同时还带动了当地采矿、运输、服务等产业的发展。红星公司的产业链在不断向高技术、精细化、高附加值方向延伸，同行业、上下游行业企业也随之不断聚集到西部，形成了产业群，带动了所在地的产业升级。红星公司还在贵州开展公益活动，在厂区周边地区建学校、修公路、安装电视、接通自来水、还帮助失学儿童重返校园，促进了企业和周边地区的和谐发展。在西部的企业每年拉动当地企业实现收入3亿多元，直接和间接带动1万人就业，取得良好的社会效益、环境效益、经济效益。

青岛市还组织协调青岛名牌企业到贵州实施资产重组，使当地一批企业成长为优势企业，直接和间接解决大批就业岗位，同时，对当地相关产业产生强劲拉动，仅与之配套的企业就达50余家。青岛企业实施人才本地化战略，在贵州企业中生产经营管理人员坚持以当地干部为主体，为贵州培养了高素质的产业人才。

【工作机制】 青岛市将对口支援工作列入了市委、市政府工作日程，在对口支援工作总结表彰会议上，对帮扶贵州扶贫开发工作提出加大东西扶贫协作力度，积极落实国务院扶贫办关于东西扶贫协作帮扶资金要求，将对口帮扶贵州安顺市、铜仁地区资金列入青岛市财政和12个区市级的财政预算，协调各区市帮扶资金及时足额到位，确保项目任务及时完成。全市各界积极参与，广泛开展了扶贫协作送温暖活动，全市12个区市对口帮扶安顺市、铜仁地区12个贫困县，推进了人员和经贸的往来，积极参与当地“开发式扶贫村”建设，市直部门组织了教育扶贫、文化扶贫、巾帼扶贫等活动，使东西扶贫协作在全市深入人心，广泛参与。青岛市还加强了与贵州省扶贫办、安顺市、铜仁地区的交流考察，青岛市对口帮扶部门领导到贵州省安顺市、铜仁地区进行了对口帮扶考察，与贵州省扶贫办、安顺市、铜仁地区党政领导进行了工作交流，年初会商了全年的对口帮扶计划，以文件形式进行确定，双方组织20家企业进行考察洽谈，加强经济合作和招商引资工作。青岛市还参加了贵州省扶贫开发办组织的对口帮扶协商会议，青岛市国内经济合作办公室与贵州省扶贫办、安顺市、铜仁地区以多方会谈交流的方式，共同商讨帮扶措施，提高对口支援工作的实效。

（青岛市国内经济合作办公室）

大连市——贵州省东西扶贫协作

【概述】 2010年，大连市共向贵州省援助无偿资金1.76亿元，其中，捐赠资金1.47亿元，物资折款2860万元。共实施援建项目557个，改善了受援地区生产、生活等基本条件，对贫困地区的经济快速发展起到了积极的促进作用。针对受援地区的社会公益事业和基础教育落后的问题，大连市加大了扶贫力度，兴建和改扩建希望小学128所，改善了贫困山区孩子的学习条件，缓解了5万多贫困学生上学难的问题；投资兴建了六盘水市民族职业学校图书楼2300平方米，配备了电子阅览室和多媒体电教室，目前是六盘水中学中规模较大、设施完善的图书楼，这些项目的实施令贫困地区的学生和家长非常感动，被称之为“功德无量的工程”；兴建和改扩建乡（镇）卫生院、村卫生所59所，有效地缓解了贫困地区看病难问题，较好地控制了地方病的发生，减少了“因病致贫、因病返贫”现象的发生；新建人畜饮水项目28个，解决了10万贫困农户及30万大牲畜的饮水困难问题；新建和改造公路桥梁、渠道等38处，改善了42个重点乡镇和25个重点村的交通状况，推动了贫困地区经济的发展；大连市援建的务川自治县焦坝乡高山公路建设项目，结束了4个贫困村群众肩挑背扛的历史，群众称之为“生命路、致富路”。

【扶贫资金投入】 2010年，大连市对口帮扶协作工作以“改善帮扶地区基本生产生活条件、拓宽基本增收门路、提高基本素质”为原则，加大扶持力度，重点扶持以增加贫困地区农民收入，改善贫困地区农村生产生活条件为主要抓手、以产业化扶贫为重点项目，最大限度地覆盖贫困区域和贫困人口，最大限度地增加贫困群众的脱贫增收能力。全年大连市共向贵州省六盘水市、遵义市提供无偿援助资金1930万元，援助项目42个。培训各类干部、人才等158人次，修建公路67.55千米，使2620人解决了饮水困难，改善居民住房140户，援建项目使贫困人口2万余人受益。大连市还实施援建了遵义市农民工返乡创业试验基地、贫困村级综合服务室、蔬菜大棚、优质茶叶苗圃基地等项目，从源头上解决了贫困乡镇、村的产业发展，在调整当地产业结构、增加农民收入等方面起到了积极地促进作用。

【整村推进及连片开发试点】 为做好“三个确保”整村推进工作，探索集中连片特殊困难地区的开发，大连市以整村推进连片开发试点为平台，整合优势资源加大帮扶投入，努力加快扶贫步伐。2010年，大连市共投入资金300万元，集中在习水县、盘县、水城县等3个县，整合资源，共认领了6个村实施整村推进，到2010年底全部完成了整村推进连片开发的试点工作任务。在整村推进连片开发试点的工作中，大连市依靠当地各级组织，对道路硬化、人居环境、公路、水利、人畜饮水、种植业等基础项目设施进行改造，有效地解决了贫困地区群众的根本脱贫与发展问题。2010年“三个确保”整村推进直接受益贫困群众达1万人，实现了对口帮扶和社会主义新农村建设的有机结合，提高了贫困地区自我发展、自我脱贫的能力，使贫困村面貌发生了根本改变。

【人才交流与培训】 大连市高度重视对帮扶地区的人才智力扶持，为更好地使帮扶地区干部了解大连市改革开放发展的成功经验，解放思想，转变观念，增长才干，年初大连市就将培训六盘水市和遵义市扶贫系统干部确定为2010年的重点工作之一，全年共培训干部及各类专业人才158人次。主要培训内容有东部沿海地区支援西部地区的重大意义、全域城市化建设、产业结构优化升级、和谐社会建设、现代农业、领导艺术水平等方面内容。有些学员第一次走出山村，感触非常深刻，开阔了视野，转变了观念，提升了综合素质，增强了现代意识和脱贫致富的紧迫感。同时，大连市还为六盘水市培训政法系统干部30人，为贵州省培训中小学教师48人，都收到良好的效果。

【抗旱救灾】 2010年春季，贵州省遭遇了百年不遇的特大旱灾，大连市对口帮扶的六盘水市和遵义市也属于重灾区，旱情给城乡居民饮水安全带来较大困难，给工农业生产和人民群众生活造成了严重影响。大连市委、市政府十分关注火区情况，积极发扬中华民族“一方有难，八方支援”的大团结、大协作精神，主动了解贵州灾区的受灾情况，召开会议研究部署对贵州灾区的救灾支持，及时向贵州省六盘水市、遵义市发出了慰问电并捐赠抗旱救灾款430万元，支持受灾地区搞好抗灾救灾工作，减少了灾害造成的损失，缓解了受灾地区群众生产生活困难。

（大连市政府经济合作交流
办公室对口帮扶处）

宁波市——贵州省东西扶贫协作

【概述】 2010年是东西协作承上启下的关键之年。一年来，宁波市委、市政府把贯彻国务院扶贫办的指导意见与全面落实宁波市"十一五"对口帮扶规划目标任务相结合，始终坚持市级机关和各县市二对一结对帮扶贵州对口县的工作机制，加强协调指导，深入广泛调研，通过市领导率团出访推动、召开全市扶贫工作会议进行专题部署、组织全市各对口单位赴对口地区开展项目调研等方式，较好地突出了重点，落实了对口援助项目，全面完成了规划的目标任务。7月，陈炳水副市长率市党政代表团共计70余人专赴黔东南州、黔西南州进行了考察访问，与两州和各对口县签订了2010年对口帮扶项目协议。经统计，2010年全市对口帮扶贵州项目309个，资金8185万元。其中，各级政府对口帮扶项目148个，资金4315万元；社会帮扶项目161个，资金3870万元；这些项目主要涉及新农村示范村建设、农业产业发展扶持、人畜饮水工程、寄宿制学校建设和乡镇干部培训、新农村建设带头人培训、劳动力适用技术培训等。

【抗旱救灾】 2009年10月以来，黔东南州、黔西南州遭受了百年难遇的特重旱情，在抗旱救灾关键时刻，宁波市委、市政府向两州及时发去了慰问电，分别向两州紧急捐赠了200万元的救灾款；市各大新闻媒体及时跟进，通过各种不同渠道了解报道灾情，积极营造"一方有难、八方支援"的舆论氛围；市扶贫办领导分别带队，深入灾区了解情况，商定捐助救灾方案和人畜饮水、产业发展等政府帮扶项目。宁波市各级党委政府和广大市民积极行动，开展了大规模的募捐救灾活动。经统计，共向黔东南州、黔西南州捐赠1022万元救灾款和抗旱物资。较好地帮助两州解决了人畜饮水困难，推进了重点产业发展。宁波市的捐赠覆盖了全州8个县市86个乡镇，帮助新建和改造了抽水、蓄水、输水和灌溉设施设备等，还解决了20多万人、30多所学校的饮水困难，扶持了蔬菜、烤烟、经果林、长毛兔等优势种养业，为大灾之年农户不减产不减收起到了积极的促进作用。

【示范村建设和产业化扶贫】 2010年，宁波市帮扶贵州的对口单位继续加大投入，更加注重贵州新农村建设与高效农业示范基地建设，并把基础设施建设与优势产业扶持有机地结合在一起，做好做精示范点，做大做强产业基地。2010年在贵州确定农村综合开发项目109个、资金3119万元，占政府援助资金总量的70%以上。其中，示范村建设项帮扶资金1440万元，续建和新建示范村项目58个；帮扶产业发展资金614万元，其中新建了茶叶、金银花、薄皮核桃等农业基地，进一步扩大了油茶、优质脆桃、长毛兔、青壳蛋鸭等基地的规模。同时，还把宁波的优质白枇杷新品种引进到黔西南州试种。为了提升由宁波引种杨梅基地经营管理水平，专门选派高级农艺师赴贵州对杨梅、白枇杷种植人员进行现场指导培训。经统计，自2006年以来，宁波市共投入5153万元资金，在两州共帮扶建设了103个新农村示范点，其中对16个黔东南州、黔西南州革命老区贫困村，按照整村推进扶贫开发建设的要求全部建成；投入1500余万元，扶持发展了13个较大规模的高效生态农业产业基地，圆满完成了“十一五”规划的目标任务。这些项目的实施，不仅大大改善了山区农村生产生活条件，促进了农户的增收，还对当地新农村建设和产业化扶贫起到了明显的示范带动作用。

【经贸合作帮扶】 在推动两地经济交流合作上，宁波市重点把握时机，积极引导，搭建平台，跟进服务。一是组织了2批企业赴贵州进行医药、水电专项投资考察洽谈，达成了合作建设中草药生产加工基地、合作开发小水电资源等意向。二是利用召开茶博会、浙洽会、食博会之机，积极帮助贵州省10多家茶叶、食品生产加工企业来宁波参展和推介，以寻求合作和拓展产品营销渠道。三是跟踪了解已在贵州投资的奉化市以勒食品有限公司等企业的发展情况，针对遇到的困难，积极帮助其与当地政府协调，尽力做好服务保障工作，引导企业增加投资扩大发展。

【干部交流与培训】 为了帮助对口地区干部开阔新视野、学习新内容、提升新能力，以适应农村改革发展的新需要，2010年宁波市加大了双向交流学习和人才培训的力度。在宁波为对口地区和西部地区举办了9个专题学习培训班，接受了4批挂职人员，培训各级领导干部和专业技术人才635名。其中，宁波市分别为黔东南州、黔西南州各举办了一期新农村建设培训班，两州共有174名乡镇干部参加。县市区举办了三期培训班，分别是：象山县和市经委共同为黔东南州黄平县举办了有70余名机关局领导、乡镇领导参加的，以提高执政能力为主题的培训班；江北区为黔西南州册亨县举办了一期领导干部培训班，参加人数30名；慈溪市为黔东南州雷山县举办了一期干部培训班，参加人数40人。市委组织部接受了8名为期半年的黔东南州、黔西南州县处级挂职干部；市教育局接受了贵州省2批50名优秀校长来甬挂职学习，时间为一学期；市工商局接受了黔东南州20名工商系统干部，来甬进行为期1个月的挂职学习培训。

【劳动力转移】 2010年，宁波市分别3次专门组织大型人力资源公司和相关企业，赴贵州省和黔东南州、黔西南州进行劳务合作对接和洽谈，达成了贵州省向宁波市定向进行劳动力转移培训的合作协议。同时，宁波的奇美、凌茂、雅戈尔、申洲等用工量较大的企业，还在贵州设立了稳定的技能人才来源培训基地。

【社会扶贫】 2010年，宁波市的社会帮扶工作在继续落实台胞朱英龙先生捐资助学和做好“温暖午餐”活动的基础上，更加注重常态化、持续长效的机制建设，更加注重监督机制的健全，更加注重帮扶力量的整合。积极寻找爱心资源，在网上依法公布捐赠信息，多次组织爱心人士实地了解自己捐赠资金的落实情况。同时，配合有关单位开展了“爱心包裹”和“唱着侗歌游世博”活动。机关各单位高度重视社会力量帮扶，充分利用部门工作优势广泛动员爱心企业参与对口帮扶工作。宁波市佛教协会、七塔寺、居士林等宗教团体和慈善组织，热心社会帮扶工作，捐资用于抗旱救灾、助教助学和“母亲水窖”工程。全市人民情系对口地区，爱心捐赠再掀高潮。2010年，除朱英龙先生捐资建校的2600余万元外，另有1200多万元社会资金用于对口帮扶工作，是历年最多的一次。宁波“万人助学”项目被浙江省人民政府表彰为第三届浙江慈善奖提名奖。

（宁波市扶贫办　黎万权）

珠海市——四川省凉山彝族自治州东西扶贫协作

【概述】 珠海市是国家最早设立的经济特区之一。在中国改革开放30年的重要历史节点上，国家又批准实施《珠江三角洲地区改革发展规划纲要》，要求珠江三角洲地区“科学发展、先行先试”，同时赋予珠海建设生态文明新特区、争创科学发展示范市的新使命，实现发展新跨越。作为受惠于国家改革开放政策和在全国人民支持帮助下先富起来的珠海经济特区，应肩负起国家和省赋予的扶贫开发使命和任务，应为国家和省实施扶贫开发工作承担更重的责任，作出更大贡献。

2002年始，珠海与重庆市建立东西扶贫协作关系，对口帮扶重庆市大巴山区的巫山、巫溪、奉节3个县。2010年6月18日，国务院扶贫办下发了《关于调整珠海市东西扶贫协作工作任务的通知》（国开办发［2010］63号），珠海市由原对口帮扶重庆市的东西扶贫协作任务调整为对口帮扶四川省凉山彝族自治州。珠海市委、市政府高度重视，市政府副市长、市扶贫工作领导小组副组长金展扬、市扶贫办主任陈振毅分别率有关部门赴凉山州考察对接，共同谋划东西扶贫协作思路。

珠海市委、市政府高度重视东西扶贫协作工作，市扶贫工作领导小组多次召开会议，传达国务院扶贫办对东西扶贫协作工作的部署，总结珠海市对口帮扶重庆市巫山、巫溪、奉节3县的各项工作，做好与四川省凉山彝族自治州衔接工作，提出下一阶段的工作思路，专门研究了对口帮扶工作中遇到的困难和问题。统一思想，形成共识，明确对口帮扶工作是促进共同富裕、构建和谐社会的重大战略决策，是一项长期的工作，也是深入贯彻科学发展观必然要求，提出要按照党中央、国务院的要求，树立总体帮扶战略思想，克服困难，努力把东西扶贫协作工作做好做实。

【领导互访机制】 2010年以来，珠海市委、市政府主要领导赴四川和凉山州对接东西扶贫协作工作和考察调研21人次。四川省委常委、副省长钟勉与凉山州委书记翟占一等领导率团来珠海市对接洽谈东西扶贫协作工作23人次。双方加强沟通，共同谋划东西扶贫协作思路，达成共识。共同研究探讨下一步扶贫工作思路，就如何在扶贫新形势下落实国务院扶贫办有关工作部署，通过沟通交流，双方增进了相互间的理解和支持，进一步统一了思想认识，促进了扶贫协作工作。

【东西扶贫协作对接工作】 2010年6月18日，国务院扶贫办下发了《关于调整珠海市东西扶贫协作工作任务的通知》（国开办发［2010］63号）。8月3日至5日，市政府副市长金展扬率队到成都与四川省凉山彝族自治州对接东西扶贫协作工作。四川省政府副秘书长赵学谦、四川省扶贫移民工作局局长何大清和凉山州的有关领导参加了对接活动。2010年8月17至26日，珠海市扶贫办主任陈振毅带队赴四川省凉山彝族自治州开展东西扶贫协作考察调研工作。凉山彝族自治州副州长达久木甲，四川省扶贫和移民工作局处长杨邦华，凉山州扶贫办主任马小林等陪同考察。考察组一行考察了凉山彝族自治州昭觉县、布拖、美姑、喜德、普格、金阳等6个国家级贫困县。通过考察、调研和沟通座谈，珠海市与凉山州对东西扶贫协作工作达成共识，按照量力而行，尽力而行的原则，结合珠海实际，确立政府主导，广泛发动社会参与，加强人员、文化交流，加强经贸合作的思路，采取以点带面，选择美姑、普格2个县作为试点，逐步展开，整合两市资源，开展扶贫协作工作。

【凉山彝族自治州考察】 凉山彝族自治州位于四川省西南部，辖16个县1个市，其中11个县为国家扶贫开发工作重点县。境内有彝、函、藏、回等14个世居民族，总人口473万人，其中彝族人口231万，占48.8%，是全国最大的彝族聚居区和四川省民族类别最多、少数民族人口最多的地区。以凉山州11个国家扶贫开发工作重点县为例，2009年地区生产总值为170.15亿元，仅占全州17个县（市）的27.13%；财政一般预算总收入15.11亿元，仅占全州的21.10%，其中地方财政一般预算收入10.20亿元，仅占全州的20.86%；农民人均纯收入2835.50元，仅占全州平均水平的71.60%。凉山州农民生存环境恶劣，地形地貌复杂，自然灾害频发；基础设施落后，公共服务短缺，生活条件艰苦；连片贫困现象突出；劳力素质低下；禁毒防艾形势严峻。

（珠海市扶贫办公室）

厦门市——甘肃省临夏回族自治州东西扶贫协作

【概述】 2010年，厦门市学习十七届四中全会的精神，按照中央和福建省确立的东西扶贫协作工作方针、政策，以科学的发展观贯穿整个东西扶贫协作工作，取得了一定的成效。

厦门市委市政府历来重视东西扶贫工作，将开展东西扶贫协作工作作为立足全国大局、统筹区域发展的重大政治责任。市委常委会和市政府常务会把东西扶贫工作提到重要的议事日程。一是为了保证东西扶贫协作工作顺利开展，召开市政府常务会专题研究东西扶贫工作，召开市委常委会专题确定东西扶贫协作工作相关事项，以确保这项工作始终在市委市政府的正确领导下顺利开展；二是对各项帮扶资金进行合理安排。厦门市在承担东西扶贫任务单位中是财政收入较少的行政单位。虽然特区建设百废待兴，财政较为紧张。但是在市委市政府高度重视下，2010年度对口帮扶资金预算总是在资金紧张情况下排出来，满足了重庆、甘肃省临夏回族自治州对口帮扶工作的需要；三是对口帮扶项目上会研究。对较大的项目市委常委会、市政府常务会做了专题研究、审核，确保项目的可行性；四是对口帮扶任务结对分工明确。市领导考虑到国家和省下达给厦门市对口帮扶任务越来越重，地区越来越多等具体情况，召开全市对口支援工作会议，将对口支援地区的任务分解下达到各区，调动方方面面的积极性，为厦门市进一步开展对口帮扶构筑了工作框架；五是根据国家开发式扶贫的精神，确定今后厦门市对口支援工作要与西部大开发扩大内需相结合，使对口帮扶成为厦门市扩展投资腹地、扩大内需、参与西部大开发的排头兵。

【扶贫考察】 2010年6月18日，国务院扶贫办下达《关于调整厦门市东西扶贫协作工作任务的通知》（国开发［2010］2号，以下简称《通知》），明确安排厦门市对口帮扶甘肃省临夏回族自治州，开展东西扶贫协作，厦门市不再承担对口帮扶重庆市的东西扶贫协作任务。厦门市委市政府高度重视，市委市政府主要领导作了批示。根据市委、市政府主要领导的有关批示精神，厦门市启动了对口帮扶甘肃省临夏回族自治州工作。

7月20—24日，厦门市对口办领导率市对口办工作人员前往甘肃省临夏回族自治州就东西扶贫对口帮扶工作进行实地考察调研和工作磋商。厦门对口办人员与临夏州党委政府有关领导进行座谈，座谈会上，临夏州委常委、常务副州长戴超介绍了临夏回族自治州基本情况，州委书记冉万祥就社会发展和开展对口帮扶东西扶贫合作提出了工作需求和打算；厦门对口办常务副主任、经济发展局副局长许青松和甘肃扶贫办主任沙拜茨力分别在会上谈了体会和想法，临夏州的州领导和23个部门领导参加了座谈会。厦门对口办人员先后实地考察了临夏回族自治州东乡族回族自治县、和政县、永靖县等的贫困农户，以及临夏州所在地临夏市的城市规划和产业布局等。

【扶贫工作会议】 2010年8月19—22日，临夏州副州长赵维国率团来厦门对接工作，厦门市副市长叶重耕会见了临夏州政府代表团一行，并与副州长赵维国进行了工作磋商。在此期间，甘肃省扶贫办和临夏州扶贫办也多次与厦门市对口办进行工作研究，双方主要就对口帮扶开展东西扶贫协作工作协议和主要工作进行了多次磋商。

10月16日，市长刘赐贵主持召开市长办公会，原则通过了厦门市对口帮扶甘肃临夏回族自治州开展东西扶贫协作工作协议。同时厦门市各有关部门筹备了临夏州党政代表团访厦的各项准备工作。

由于下半年才承接对口帮扶临夏的任务，原预算2010年没有安排这方面资金，经协调从其他方面调整200万元用于2010年对口帮扶临夏自治州，具体项目已和临夏方面商洽。

【扶贫项目】 2010年，厦门市对口帮扶重庆市万州区，共安排了6个扶贫项目，帮扶资金600万元，根据黔江区和武隆县的具体情况，这些项目主要是扶持扶贫龙头企业、改善乡村道路、劳动力转移等；结合重庆市万州区工业园区初步形成、具有西南港口优势的特点，厦门市坚持以培育受援方招商引资发展经济的能力为着力点，把有限的援助资金效益最大化，建设移民就业基地，并帮助引进有规模、有效益的企业入驻，实现产业结构的升级。

为帮助万州招商引资树立良好的投资环境，提升万州引进外来生产型企业的竞争力；为解决库区产业空心化、移民安置和库区稳定，提供大量的就业岗位；为帮助万州工业园区提高吸引力和竞争力，增强园区招商引资实效，夯实园区融资平台，拓宽园区融资渠道，加强园区环境保护建设，扩展厦门市企业投资渠道，实现经济双赢。厦门市自2009年起，集中资金连续3年投入1200万元援建移民就业基地标准厂房1.2万平方米，搭建招商引资平台，吸引更多的厦门企业落户万州，推动万州工业发展，增加万州、黔江、武隆贫困人口就业机会。2010年，已投入400万元援建资金。

为了使厦门市企业更好地落户万州，厦门市与万州区协商，厦门企业入驻厦门市捐赠的厂房免交厂房租金，但企业需安排一定数量贫困人口就业。2010年，厂房正抓紧建设，项目建成后将加快万州产业发展步伐，壮大万州经济总量，帮助万州增加就业岗位，促进贫困人口就业，加快致富步伐。

针对重庆武隆县山多地少，贫困人口致富难度大的特点，武隆县将旅游业作为支柱产业，带动贫困人口致富。厦门市委市政府予以全力支持，着力推动武隆县和厦门市旅游业共同发展。在双方政府的扶持下，武隆县的旅游产业得到了迅速发展。

【产业化扶贫】 在厦门、重庆两地政府强力引导下，厦门企业在重庆落户越来越多。在厦门市对口办的推动下厦门市吉田投资控股（厦门）有限公司计划总投资16亿元建设占地1000亩的重庆渝东吉田万州国际商贸物流产业园项目已正式注册落户万州，目前已在万州成立了万州港保税仓，目前到位资金2000余万元，该项目将打造库区一流现代化物流中心，拉动万州第一、二、三产业快速发展，同时可以大量安置贫困人口就业致富。

（厦门市对口支援办公室）

七

社会组织扶贫篇

综　　述

2010年是我国扶贫开发事业承上启下的关键一年，既要确保实现《中国农村扶贫开发纲要（2001—2010年）》提出的目标任务，又要制定未来十年新的扶贫开发纲要和“十二五”扶贫开发相关规划。在党中央、国务院的正确领导下，在有关部门和社会各界的支持配合下，中国扶贫基金会、中国光彩事业促进会等各级、各类社会组织发挥自身独特优势，努力工作，开拓进取，积极发挥社会组织在扶贫济困方面的作用，社会扶贫工作取得可喜成绩。

中国扶贫基金会扶贫

【概述】　2010年，中国扶贫基金会继续稳步推进“向筹资型机构转变和国际化发展”的总体战略，一方面，保持和继续发展了原有的小额信贷、母婴平安、新长城助学、灾害紧急救援等品牌项目；另一方面，开展了一系列积极的转轨探索：通过搭建公共捐赠平台，推动更多公众参与全民公益行动；启动“有爱·有家”孤儿助养项目；探索招标采购管理的规范化并扩大规模和范围，推动更多社会公益组织参与到公益领域和公民社会建设；推动母婴平安项目进入苏丹和参与海外灾难事件的紧急救援，尝试动员更多的志愿人员参与国际慈善行动；通过“第三届中国消除贫困奖评选表彰活动”、“2010全民公益启动大会暨全民公益（广东）论坛”等倡导型活动的开展，倡导全民公益理念，推动行业自律和社会问责。

2010年，中国扶贫基金会的财务收入、支出与扶贫人口数额，均创造了历史新纪录：财务总收入达11.2亿元，比2009年增长了84%；直接投入的扶贫款物近7.93亿元，比2009年增长了72%；中国扶贫基金会援助型项目覆盖了全国478个县、218所大学、66所高中和2260所小学，有256.8万贫困人口直接从各个项目中受益。

【甘霖行动】 2009年秋至2010年春，我国西南地区云南、广西、贵州、四川、重庆5省（区、市）遭遇历史罕见特大旱灾。为了救助遭受旱灾的贫困地区同胞，2010年3月18日，中国扶贫基金会先行向云南省灾情严重地区捐赠了价值200万元的食品，同时联合新浪网、腾讯网、搜狐网、淘宝网、中央人民广播电台、中央电视台、公益时报、新京报、广州日报、酷6视频等媒体，紧急启动了旨在援助西南5省受灾贫困农户的“甘霖行动”。

“甘霖行动”得到了社会各界的热情响应，有80余家企业、机构和1万余名社会公众个人积极为该行动捐赠物资和资金。截至2010年底，“甘霖行动”共筹集款物2.31亿元。其中资金2.15亿元，物资折价1561.72万元。已拨付资助款物2.12亿元，占筹款总额的92%。“甘霖行动”的救助与重建活动包括采购与发放应急抗旱物资及饮用水，发放生产、生活补贴，援建小型引水工程等。

【曹德旺曹晖2亿元扶贫善款项目】 2010年5月，福耀集团董事局主席曹德旺及总裁曹晖先生向中国扶贫基金会发起的“甘霖行动”捐款2亿元，委托中国扶贫基金会组织实施“曹德旺曹晖2亿元扶贫善款项目”，援助西南5省受灾贫困农户恢复生产、生活。这是中国公益慈善历史上最大的一次性个人捐赠，也是捐赠人对项目执行要求和条件最为严苛的捐款，引起了全社会的极大关注。

国务院扶贫办和西南5省高度重视该项目，国务院扶贫办主任范小建亲自出席了5月20日在云南省昆明市举行的项目捐赠和启动仪式。郑文凯副主任、司树杰司长、谭卫平副司长及5省扶贫办负责人王智、叶韬、吴宇雄、王义北、何大清与中国扶贫基金会领导层一起组成项目管理委员会，对该项目进行了领导和决策。

中国扶贫基金会抽调了近60名员工和500余名志愿者；派出37名员工成立了17个驻县工作组，分赴5省17个项目县，指导当地扶贫部门开展项目实施。与此同时，曹德旺、曹晖先生单独组建了监督委员会，派出专业人员，对项目实施进行了同步监测。

“曹德旺曹晖2亿元扶贫善款项目”自2010年5月20日起至2010年11月20日结束。经过一系列严密的工作流程，共向17个项目县、120个乡镇、761个行政村、5980个自然村、92150个受灾贫困农户共计37.5万人，以每户2000元的标准，总共发放了1.84亿元资助金。另用970万元在四川省通江县沙溪镇修建了一座便民大桥。

中国扶贫基金会在组织实施“曹德旺曹晖2亿元扶贫善款项目”上的执行力，高效、专业、敬业的精神和响应，促进问责的态度及保持项目公开透明的措施，获得捐赠人、受益人以及社会公众的一致好评和赞誉。该项目的突出表现，是由政府、民间组织和捐赠方将三方各自拥有的资金资源、项目、执行经验和基层组织系统有机整合，实现项目效益最大化的社会扶贫模式，受到媒体和学术界的高度重视和评价。

【情系玉树行动】 2010年4月14日，青海省玉树藏族自治州发生7.1级地震后，中国扶贫基金会于当晚即从四川德阳物资储备库中紧急调拨了200顶帐篷运往灾区，同时联合新浪、搜狐、支付宝等众多媒体发起“情系玉树——中国扶贫基金会玉树地震紧急救援行动”，吁请社会各界伸出援助之手，救助处于极度困境中的灾区民众。

“情系玉树——中国扶贫基金会玉树地震紧急救援行动”得到了众多企业、机构以及民众的大力支持。截至2010年底，共募集款物1.49亿元，其中加多宝集团一家就捐赠了1.10亿元。

“情系玉树——中国扶贫基金会玉树地震紧急救援行动”也得到国务院扶贫办和青海省政府的大力支持。5月3日，国务院扶贫办主任范小建亲赴灾区考察，与青海省人民政府副省长邓本太、中国扶贫基金会常务副秘书长刘文奎就中国扶贫基金会提供1亿元援助玉树灾后重建资金问题，签署了合作框架协议，并考察了在玉树结古镇设立的“中国扶贫基金会·加多宝公益吸氧站”。

“情系玉树——中国扶贫基金会玉树地震紧急救援行动”在紧急救援阶段投入了1112.19万元款物。在安置过渡阶段，建设板房医院及幼儿园共投入128.32万元。至2010年底，后续救助及灾后重建工作，已完成灾区6县189个贫困村1万户受灾家庭，共500.8万元救灾生活补助费的发放工作；拨付资金386万元，完成1300顶过冬棉帐篷的采购发放工作；资金规模达735万元的支持社会公益组织，参与灾后重建项目投入资金232万元；资金规模1亿元，涵盖市场建设、温室蔬菜大棚建设、运输队建设、牦牛改良及种草养牛、技能培训等内容的“加多宝重建玉树灾后贫困村恢复重建计划”，已投入资金650万元，全面完成甘达村运输队项目建设，完成部分温室蔬菜大棚建设。

中国扶贫基金会由于在玉树救援中的卓越表现，2010年8月19日，荣获中共中央、国务院和中央军委授予的“全国抗震救灾英雄集体”荣誉称号。

【第三届中国消除贫困奖评选表彰活动】 2010年10月17日，中国扶贫基金会主办的“第三届中国消除贫困奖”颁奖仪式在钓鱼台国宾馆隆重举行。中共中央政治局委员、国务院副总理回良玉在仪式上发表了重要讲话并为获奖嘉宾颁奖，并与嘉宾合影留念。

本届消除贫困奖共设成就奖、全球奖、捐赠奖、创新奖、感动奖5个奖项，共有11个机构或个人获奖。其中，王郁昭荣获“成就奖”；孟加拉国格莱珉银行创始人穆罕默德·尤努斯和佛教慈济慈善事业基金会荣获“全球奖”；中国民生银行荣获“创新奖”；加多宝集团、大连万达集团和苏宁电器董事长张近东荣获“捐赠奖”；土家山寨扶贫赤脚医生邓万祥、农民工颜展红和文学小才女郭秦荣获“感动奖”。本届另设的“特别贡献奖”，为陕西兴茂侏罗纪煤业镁电（集团）有限公司董事长高乃则获得。

【小额信贷项目】 中国扶贫基金会于2000年开始实施小额信贷项目，2008年，中国扶贫基金会独资成立中和农信项目管理有限公司（简称“中和农信”），从事该项目业务的实施与管理。

2010年是中和农信纵深开拓、稳步发展的一年，全公司共发放贷款69215笔，放款总额5.69亿元，平均单笔贷款金额8222元。截至2010年底，中和农信的总贷款余额为3.89亿元，有效客户67241户，其中84%为女性客户。在贷款总量成倍增长的同时，中和农信依然保持了极高的贷款品质，2010年，大于1天的风险贷款率为0.07%，大于30天的风险贷款率为

0.05%。截至2010年底，中和农信共拥有小额信贷员工494名，业务覆盖了福建、山西、贵州、辽宁、河北、湖南、海南、内蒙古、江西、四川和北京等11个省（区、市）的39个县、市的1万多个行政村、1600余万人口。

中和农信的骄人成绩，得到了业内同行和项目区农户的高度评价，在“首届中国小额信贷机构联席会高峰论坛暨《2010中国小额信贷蓝皮书》、《2010中国小额信贷机构竞争力发展报告》发布会”上，中和农信荣获“2010中国小额信贷机构最佳社会责任奖”。中和农信正在坚定不移地朝着创建“山水间的百姓银行”的目标迈进。

【母婴平安120项目十周年纪念大会】 2010年12月12日，中国扶贫基金会在人民大会堂召开了“母婴平安120项目十周年纪念表彰大会”。全国政协副主席白立忱、国务院扶贫办副主任郑文凯、全国妇联妇女发展部部长崔郁，以及国际组织代表、项目区代表和长期支持项目发展的国内外知名企业家代表、影视明星代表等共200余人出席了会议。

会议上所发表的《母婴平安120项目10年评估报告》、《母婴平安120项目10年工作总结报告》、《贫困地区婴幼儿营养状况调研报告》，全面总结、梳理了项目10年来所取得的经验和问题，为项目的未来提供了发展思路。大会还对50余名长期支持中国扶贫公益事业发展的企业、合作机构、媒体、医疗卫生单位以及个人进行了表彰。

10年来，母婴平安120项目已覆盖云南省玉龙县、德钦县；重庆市黔江区、城口县；福建省政和县、屏南县、长汀县；宁夏自治区隆德县；安徽省绩溪县；四川省万源县、通江县、南江县等6省（区、市）的12个县（市、区），项目覆盖人口达400万人。项目累计筹集款物7429.29万元，投入贫困救助物资3666.5万元，资金1721.3万元。管理孕产妇5.7万人，补贴产妇3.8万人，抢救危急病重产妇300人，受益人数达13万人次。

【国际发展项目】 2010年，根据中国扶贫基金会“大爱无疆承担国际义务，民间慈善走向世界舞台”的国际化战略，国际发展项目先后成功完成了捐赠苏丹医疗物资、拍摄苏丹基本社会情况、举办“苏丹民间组织扶贫能力建设培训班”等项目活动，同时，“援建苏丹妇幼保健系统示范项目”的第一期援建阿布欧舍医院项目也顺利推进。在硬件方面完成了医院彩钢房及医疗设备的采购与运输，完成医院地基施工；软件方面已经完成苏丹医院运行情况调研、阿布欧舍医院周边社区母婴保健情况调研，并制定了《苏丹母婴平安项目运行方案》，为参与项目医院的后续管理和建立苏丹母婴保健网络打下了基础。

2010年，中国扶贫基金会与中国石油天然气集团公司建立了国际发展项目长期合作关系，并获得了中石油（尼罗河）公司首笔60万美元捐款。同时，与中国国际扶贫中心签订了战略合作协议，并成功合作举办了一期援非培训班。另外，项目部还与保利集团和华为等企业和苏丹企业建立了初步联系。

2010年，中国扶贫基金会与苏丹合作伙伴比尔特瓦苏慈善组织的关系更为密切；获得了苏丹驻华大使馆和中国驻苏丹大使馆的大力支持；与国内的中联部、外交部、扶贫办和苏丹的卫生部、人道主义事务署等政府机构建立了紧密的联系；得到了社会科学院西亚非洲所和甘肃水利研究院等学术机构的帮助；并且与北京诚栋、瀚凯设计、天津慧发、深圳蓝韵、深圳迈瑞、国药集团、格力空调等国内企业展开了合作。

【汶川地震灾后重建】 汶川地震后，中国扶贫基金会迅速展开了规模空前的民间人道主义救援行动，参与了救急救援阶段、过渡安置阶段和灾后重建阶段全部过程，并派出11名人员在德阳设立了灾后重建办公室，长期坚持在抗震救灾第一线。

截至2010年底，中国扶贫基金会共筹集款物3.03亿元，已投入救援和灾后重建款物2.6亿元。灾后重建活动完成的项目有：一是援建永久性建筑工程126项，建筑面积31565平方米。其中：学校11所，福利院1所，卫生院1所，卫生站111个，乡村社区活动中心1个，便民桥1座。二是实施民乐村社区重建项目，为517户、1414名灾民发放住房重建补助款使灾民搬进新居。为促进受灾农户生计发展，捐资成立的“民乐种养专业合作社”投入运营。三是在四川及甘肃地震灾区的194所学校或社区开展中国扶贫基金会·耐克“加油——在运动中成长”社会心理项目，约10.74万名青少年参与。四是在绵竹、什邡、德阳三地启动小额信贷救灾模式，累计向灾区百姓发放贷款2692笔共6300万元，为重建家园和恢复生计提供了及时有效的支持。

【爱心包裹项目】 中国扶贫基金会爱心包裹项目以“搭建透明、便捷的捐赠平台，关爱弱势群体，推动全民公益，促进社会和谐”为宗旨，动员社会力量捐购爱心包裹，一对一关爱贫困地区及灾区学生或家庭。

2010年，爱心包裹全国贫困地区及灾区学生关爱行动共计筹款5860万元，捐购各类爱心包裹47.5万个。从2009年项目实施至2010年底，全国累计捐购学生型文具包163.22万个，学校型体育包2万个，家庭型温暖包6549个，已有28个省168个县3870所学校的163.22万名小学生和6549个贫寒家庭收到了爱心包裹。项目覆盖了5.12地震灾区、玉树地震灾区、西南旱区、舟曲泥石流灾区和全国贫困地区，已累计筹集善款1.9亿元，共有109.52万笔捐赠，其中个人捐赠101.44万笔。

爱心包裹项目以捐款使用透明、参与便捷、参与门槛低和体验性强为显著特点，得到了社会各界的积极参与和高度评价。2010年4月，爱心包裹项目获得中国慈善领域最高政府奖项“中华慈善奖”，并被评选为“最有影响力公益项目”；2010年12月，获得中央编译局比较政治与经济研究中心等单位评选的“中国社会创新奖”。

【全民公益启动大会暨全民公益（广东）论坛】 2010年12月5—6日，中国扶贫基金会和广东省人民政府共同主办的2010全民公益启动大会暨全民公益（广东）论坛在广州市举行。

中共中央政治局委员、中共广东省委书记汪洋，全国人大副委员长陈昌智，广东省委副书记、省长黄华华，省委常委、常务副省长朱小丹，副省长李容根及中国扶贫基金会会长段应碧、副会长何道峰、陈开枝、江绍高及500余名学者、社会公益组织领导人、政府官员、媒体及公众捐赠人代表出席会议，并就全民公益的理论模式、灾害应对与公益全民自觉、家庭传递公益理念、媒体与推动全民公益、全民公益实践等课题展开讨论并形成了以下共识：中国公益的提速已经开始；公益不再是富人的专利，也是普通民众的权利；公益不仅是企业及企业家的选择，也应该是全民共同参与的事情；公益实践是培养合格公民的必经之途，由富人公益向平民公益转向，这一转变将是中国社会变革中的重要变革。

2010 全民公益启动大会暨全民公益（广东）论坛引起了媒体的广泛关注，近150家媒体出席会议并进行了大量的宣传报道。

【中国第三部门观察报告】 2010 年，中国扶贫基金会独家资助了《中国第三部门观察报告（2011）》的研究、出版工作，并决定持续资助今后《中国第三部门观察报告》的研究、出版工作。

【草根公益组织】 为促进公益慈善行业及公民社会的健康发展，再造成熟高效的中国公益产业链，2010 年，中国扶贫基金会投入资金 850 万元，以公益项目招标方式，委托天津鹤童老年公益基金会、青海格桑花教育救助会、绵阳市扶贫开发协会、青海民和残障人士医疗康复保健中心、玉树州金巴慈善救助会、玉树牧人发展促进会等 16 家“草根组织”实施了针对汶川地震、玉树地震灾区的相关灾后重建项目。这些组织实施的汶川地震灾区培训初级养老护理员项目、囊谦县中小学帐篷的发放工作、四川石渠县推广太阳能项目、结古镇儿童之家建设的供暖系统项目、玉树州外来弱势群体的生活救助项目等，均获得良好的效果，受到当地政府和灾民的一致好评。

（中国扶贫基金会　柏铮）

中国扶贫开发协会扶贫

【概述】 截至2010年，中国扶贫开发协会深入贯彻落实党中央国务院关于扶贫开发的指示精神，鼓励和调动社会各界参与扶贫开发的积极性，动员和引导全社会广泛关注、支持扶贫开发事业方面做了大量的工作，为积极引导和推动社会力量扶贫做出了贡献。

【中国扶贫开发典型人物展重庆巡展】 2010年7月15日，由中国扶贫开发协会与重庆市人民政府联合主办的中国扶贫开发典型人物展重庆巡展开幕式在重庆三峡博物馆隆重举行。中共中央政治局委员、重庆市委书记薄熙来，中国扶贫开发协会会长胡富国，国务院扶贫办主任范小建，重庆市政协主席邢元敏，重庆市委常委、市政府常务副市长马正其等领导出席开幕式。薄熙来宣布中国扶贫开发典型人物展重庆巡展开幕，并即席发表重要讲话。

重庆市委常委、常务副市长马正其在开幕式上致辞。开幕式由中国扶贫开发协会副会长郭东坡主持。开幕式结束后，薄熙来等领导参观了为中国扶贫开发典型人物制作成的61尊雕像、64组256块图文并茂的图板、300余幅精彩生动的书画作品等3个展览，并接见了典型人物的代表。

15日，大爱艺术团在重庆人民大礼堂举行了《以温暖的名义》为主题的历时三个半小时的大型文艺演出。16日，中国扶贫开发协会与重庆市人民政府扶贫座谈会暨扶贫开发合作项目签字仪式在君豪大酒店举行。中国扶贫开发协会分别与重庆市扶贫办、重庆市扶贫开发协会签订扶贫开发合作框架协议，与会企业代表与重庆相关区县签订了21个合作协议。

【中国扶贫开发协会会员大会】 2010年12月1日，中国扶贫开发协会第四届会员大会在北京召开。由常务副会长田瑞璋同志代表协会向会员大会作了协会五年工作报告，开展了领导班子换届选举活动，并在会员大会的决议下，通过了对协会章程的修改。

经会员大会选举，产生了由胡富国为会长，郭东坡等25人为副会长，李守山为秘书长，马西林等240人为理事会理事的第四届领导班子。

这次大会产生了很大的社会反响。中央电视台、新华社、人民日报、人民政协报、人民网等40多家首都主流媒体对活动进行了系列报道。

【共富家园公益晚会】 2011年1月6日，由中国扶贫开发协会和中国农业电影电视中心共同举办，富迪健康科技有限公司独家冠名的年度大型扶贫开发公益晚会"共富家园"在京隆重举行，全国政协副主席李金华，全国人大常委会原副委员长顾秀莲，中国扶贫开发协会会长、山西省委原书记胡富国，以及国务院侨办原主任郭东坡、民政部原副部长李宝库、国家气象局原局长温克刚、总政直属工作部原政委田爱习等中国扶贫开发协会副会长参加了此次晚会。

晚会在新年的喜庆氛围中拉开帷幕，以新闻专题追述的方式，分为《大爱撑起一个家》、《虚拟世界淘真金》、《一呼百应金点子》、《历尽艰辛扶真贫》和《天灾无情人有情》等五个章节，系统介绍了目前贫困地区人民的生存现状和国家的相关扶贫政策，并且分别讲述了中国扶贫开发协会近年来为探索扶贫开发新模式而推出的项目，包括“长治饮水工程”、“民办院校教育扶贫工程”、“中国村络工程”以及“绿色电脑扶贫行动”等。

除向社会介绍多种扶贫开发公益模式外，晚会还重点展现了向社会各界捐赠款物近两亿元人民币的爱心企业家陈怀德、认养200多名孤儿的“漂亮妈妈徐莉”、发动“七千万助学教育工程”项目并帮助四千多名贫困生学习一技之长的校长曹振峰等为代表的当代中国扶贫典型人物的风采。

此外，晚会还表彰9家为扶贫事业做出贡献的企业，号召更多人投身到消除贫困、缩小贫富差距，促进共同富裕，构建社会主义和谐社会的善行义举中来。

（中国扶贫开发协会）

中国老区建设促进会扶贫

【概述】 中国老区建设促进会（简称“老促会”）成立20年来，在党和政府的关心指导下，同全国各省、自治区、直辖市老促会一道，以促进革命老区加快发展为己任，尽心竭力为革命老区人民做实事、办好事、解难事，做了大量富有成效的工作。先后为老区引资募资380亿元，引进建设项目10万余个；修建小水电设施7.5万余座，修路5万余千米，架桥1000余座；兴建改造学校1.5万余所，资助贫困学生260万人次；维修改建农村医院1700余所，捐赠价值2.5亿元的医疗设备和药品，派出医疗队1万多批，义诊350余万人次；修建水窖16万个，捐赠衣物980万件、图书600万册、电脑3万台、教具50万件；帮助就业近200万人次，培训基层干部、农技人员240万人次。

【老促会成立20周年总结表彰大会】 2010年11月28日，中国老区建设促进会在人民大会堂举行了成立20周年总结表彰大会。来自22个省（区、市）的600多名代表参加了大会。大会向203个“全国先进老促会”、314名“全国老区优秀工作者”颁发了奖牌、奖章和证书；向各省级以上老促会历任名誉会长、会长颁赠了“荣誉纪念章”；向支持老区发展做出突出贡献的45个企业单位和41位企业家颁发了匾牌和荣誉证书。

【老区扶贫宣传会议】 2010年4月21—23日，在海南省三亚市召开了全国老区宣传工作会议，中国老促会领导和各省（市、区）老促会的领导同志，《中国老区建设》杂志的编委、全国老区宣传工作先进单位和个人共500多人参加了会议。之后，各省（市、区）老促会相继召开了老区宣传工作会议，对贯彻落实全国老区宣传工作会议精神做出了具体部署，推动老区宣传不断向纵深发展。

【医疗卫生扶贫】 中国老促会与中美慈善基金会、中工美路加医疗协会合作，先后三次向江苏扬州、贵州金沙、浙江江山等地医院捐赠价值400万元的诊疗设备，为改善当地诊疗水平发挥了重要作用；2010年6月19—26日，与中国星火基金会合作，组织第22批联合医疗队，赴安徽省砀山县革命老区巡回义诊。航天中心医院、北京航天总医院、航天七三一医院等单位派员参加，义诊3804人，协调培训医务工作者300余人，赠送医用图书6000册；协调外国驻华领事馆为兴国县老区建立乡卫生院捐助68万元；自筹资金10万元资助湖北省竹山县山区小学；募集10万元启动了北京农民工医疗救助试点；协助有关单位在部分老区开展乙肝防治救助行动，向老区捐赠价值250万元的防治乙肝药品；与西安中水润公司联合组织为老区人民送健康公益活动，捐赠农村净水设备400台。

【教育扶贫】 2010年，老促会与赣州市老促会、会昌县政府共同创办的农科教相结合、三教统筹珠兰示范学校二期工程竣工、启用，走出了一条教育发展、经济发展与新农村建设有机结合的老区农村办学新路；动员上海青少年基金会为建立老区培训基地“永远的丰碑”项目捐助100万元。

【产业扶贫】 2010年，老促会协助甘肃庆阳老区发展绒山羊养殖取得阶段性成效；与海峡两岸和平统一促进会共同发起的中国老区汉仙岩生态旅游经济区80亿元项目正式签约；与北京农林科学院信息所合作，对老区群众开展科技扶贫远程培训，受训达7万余人次。

【赈灾扶贫】 发动老区妇女向玉树地震灾区和太行山老区捐款捐物，指导各地老促会妇工委救助贫困母亲、儿童近7000人，免费体检、义诊30000余人，捐助慰问款物550余万元，为促进老区妇女事业发展提供了帮助。

【农村教育改革基地建设】 从2003年起，老促会副会长李永海同志与江西省赣州市政协副主席、市老促会副会长雷汉生同志和中华全国总工会基层工作部原副部长、中国老促会理事田裕琨同志等，多方募集资金3000多万元，40多次到会昌县，召开200多次座谈会、协调会，与县乡领导、学校师生、学生家长及村民座谈，确定江西会昌县珠兰示范学校办学方向，统一办学理念，制定办学措施，精心耕耘“农村教育改革试验田”，志在探索一条新的农村教育之路。期间，李永海同志用他的大爱之心，多方奔走，呕心沥血，广泛动员，建立起有党政干部，民营企业家、爱国港台同胞、清华博士后等社会各界爱心人士参加的庞大爱心团队。到2010年，学校一、二期工程已全部竣工并正式启用。该学校建了微机教室、实验室、图书阅览室、远程教育中心等功能教室和运动场；配备太阳能浴室、300立方米的沼气罐等20个单体；实践基地包括百亩无公害脐橙基地，千亩中药材基地，存栏母猪40余头和商品猪500余头的生态养殖场；注册了“红土娃”商标。

为确保学生们都能完成9年义务教育，建立了义务教育经费保障长效机制，以校为媒，吸引众多关心革命老区发展的企业家和爱心团队的人士到会昌投资。台商生物创业基地和中国老区汉仙岩生态旅游经济区项目已签约，各投资40亿元，是连片、系统、综合性推动贫困革命老区加快发展的近远期大型合作开发项目，推动珠兰的经济社会建设，将珠兰打造成会昌第一乡、赣州第一乡、江西第一乡。

（中国老区建设促进会）

友成企业家扶贫基金会扶贫

【概述】 友成企业家扶贫基金会（以下简称“友成”）创立伊始就将自己定位在致力于成为“新公益”的探索者、倡导者、催化者和合作者；以探索中国公益领域的创新之路，推动社会公正和谐发展为目标，以发现和支持“新公益”领袖人才，推动建立跨界合作网络和平台为使命。通过在资源、服务内容、服务递送渠道三个层面的创新，建立一个推动公益可持续发展的支持性环境。

2010 年，友成发展形成了 5 大业务中心、7 个新公益平台，逐步在相关公益领域培育和孵化若干个理念与价值统一、战略定位相互匹配、管理运作相对独立、具有可持续发展能力和行业性支持能力的新公益平台，通过构建中国公益领域的中间层，向基层的草根组织提供其迫切需要的资源支持和能力建设服务。这些平台包括：友成社会创新支持中心、友成志愿者支持中心、友成小额信贷支持中心、友成民间灾害应对支持中心、友成大学（筹）、新公益嘉年华、北京友成资产管理有限公司。

1. 友成社会创新支持中心。通过建立跨界合作的可持续发展机制与平台，探索和培育社会创新模式，发现和支持具有社会企业家精神的新公益人才。创新中心专注于支持社会创新的长远发展，通过培育具有内在造血机制的社会企业，为提升金字塔底部人群的生存质量提供创新的解决方案，并推动建立社会投资在中国的行业标准。

2. 友成志愿者支持中心。是志愿者和志愿者组织的支持平台，是友成扶贫志愿者行动计划的执行机构。志愿者支持中心的核心使命是友成志愿者驿站网络的构建与支持。

友成志愿者驿站是建立在以贫困地区为主的城乡地区的社会资源协调平台；是由友成志愿者支持中心派出的专职志愿者管理和运行的志愿者服务站；是发现和支持“新公益”领袖的实践基地和社会企业家的孵化器。友成志愿者驿站的核心功能是：通过与当地社会各界合作，发动和组织各种志愿服务力量，为城乡贫困社区建设提供包括人力资源支持、公益物流渠道开发、信息共享平台建设等服务。

3. 友成小额信贷支持中心。是友成搭建的一个制度化、规模化的小额信贷支持平台，衔接资金与贫困对象，研发符合中国国情的小额信贷信息管理平台，并运用批发贷款或其他方式，以帮助农村小额金融机构发展。2010 年 5 月，友成基金会、友成资产管理公司、吉立富投资咨询（上海）有限公司、上海复星创业投资管理有限公司、格莱珉基金会共同作为发起人出资成立了友成普融信息咨询有限责任公司(简称友成普融)。

4. 友成民间灾害应对支持中心。是友成独立设计、开发和孵化的民间灾害管理平台。中心的目标是用创新的理念，建立社区主导的灾害管理服务体系。中心以防灾减灾教育和灾害管理体系建设为切入点，支持社区公益组织成长，从而降低灾害对社区居民的整体影响。

5. 友成大学（筹）。是由友成基金会发起的创新型教育与社会发展研究机构，通过整合各方资源，建设无围墙教学和研究体系，促进跨界合作，为政府、企业与社会培养社会创新人才，建立公益发展的研究智库，以导师指导的基层实践作为主要教育方式，提供传统大学无法提供的全人素质教育。友成大学（筹）校长由友成基金会常务副理事长、经济学家汤敏博士出任。

6. 新公益嘉年华。是推动社会创新的倡导性平台。它以嘉年华这种大众喜闻乐见、极具激情活力的组织形式为载体，通过两年一度的各种主题论坛、展览、演出、发布、市场等创新型互动活动形式，搭建社会创新的策略、思想、机构与人才的国际交流和推广平台。该项目以国内外优秀的企业公民、政府部门、学术机构及民间组织、媒体等为参与主体，形成依托跨部门、跨地域和跨领域的创新氛围，争取社会各界的响应和参与，让社会创新的理念在更广阔的范围内得到认同。

7. 北京友成资产管理有限公司。成立于 2007 年 6 月 11 日，是我国公益组织中第一家正式挂牌开业的专业资产管理公司。公司宗旨为：借鉴发达国家公益组织成功的运营管理经验，依靠专业化投资管理的优势，专注于支持公益组织的长远发展，以达到提高基金会运营管理效率、培养基金会生存发展内在造血机制的目的。公司以专业资产管理实现基金会资产保值增值效益的最大化，为探索我国公益组织长远发展的运营模式进行有益尝试。

2010 年，友成基金会的社会扶贫工作主要围绕着四方面展开：深化“扶贫志愿者行动计划”、实验农村金融服务的有效支持体系、组织实施灾害紧急救援与灾后重建及研发民间灾害应对体系、研究倡导新公益理念。

【友成志愿者驿站】 2010 年通过建立志愿者驿站网络，旨在形成全国性公益物流渠道和资源整合平台、建立扶贫志愿服务支持体系、发现并培育扶贫志愿者领袖、开发并支持扶贫志愿服务项目。截至 2010 年底，共在全国 6 省建立了 14 家志愿者驿站，分别为四川的阿坝、绵竹、巴中、仪陇和彭州驿站，广西的隆安和南宁驿站、河北的围场和滦平驿站、湖北的建始驿站，青海的西宁驿站，云南的昆明驿站、内蒙古的呼和浩特驿站以及北京的两村工程驿站。其中，2010 年共招募 68 名友成长期志愿者，动员和组织短期志愿者 500 多人，并通过志愿者为贫困地区和灾区筹集物资近 1000 万元，提供直接志愿服务 1 万多小时。

2010 年度友成各驿站共启动 11 个新的志愿服务项目，友成投入项目资金总额 60 余万元，各驿站自筹及合作方投入资金达到 300 多万元。项目领域包括教育、乡村社区建设、救灾、农村金融、农民合作发展、医疗和信息化扶贫志愿服务等各个领域，直接服务目标人群 6 万余人次。

2010年上半年，志愿者支持中心通过西南抗旱和青海玉树抗震两次重大灾难的救助检验了志愿者驿站网络实施主题项目的机制和能力。其中西南抗旱出动和动员来自广西、重庆、贵州、河北、北京的志愿者共320人，累计志愿服务时间8010小时；在短短44天里，完成旱区储水柜建设安装127个，完成106个水柜的实施建设，直接增加780吨的饮用水储备能力，直接受益人数为22906人。在西南抗旱的同时，中心又紧急调派2名骨干志愿者参加了青海玉树抗震工作，先后为中国国际救援队提供生活物资支持、为州县两级扶贫系统捐赠7辆工作用车。并在西宁成立了志愿者驿站，复制汶川经验，建立社会资源协调平台，实现民间组织与政府互动的机制。

2010年，志愿者中心对友成志愿者直接开展了4次能力建设活动，参与人数135人；并选送和支持30名志愿者参与各种能力建设培训；整理完善了一整套中心及志愿者管理体系并完成4个最佳实践案例的撰写，为相关模式推广进行了前期梳理。中心同各驿站参与主办了新公益嘉年华之“志愿服务与社会创新”分论坛、“2010年中国志愿服务博览会（志博会）”活动，倡导2011年为中国志愿者年。

随着中心及各驿站不断发展，国务院扶贫办、英国海外志愿服务社（VSO）、英国聚贤社基金会（LQF）、国内专家学者等20家机构同中心及各驿站形成了合作关系，共同为全国公益物流平台搭建深入社区的畅通渠道。

2010年，各志愿者驿站工作情况如下：

友成南宁志愿者驿站。友成南宁志愿者驿站于2010年1月8日在广西南宁成立。2010年核心工作围绕实施开展“常青义教”项目试点工作展开。该项目试验点为全国重点贫困县广西河池市巴马瑶族自治县甲篆中学；2010年共组织了7批退休教师志愿者63人次到甲篆中学支教。同时，还组织南宁市示范性中学17位在职高中教师到巴马县进行教育教学活动交流；帮助贫困学校进行一些必需的基础建设，教学设施的添置，对生活困难的贫困学生进行资助；组织退休教师志愿者参加《常青义教项目操作手册》的编写工作。

2010年的试点支教活动，使甲篆中学教职员工42人和565名学生直接受益，取得了良好的效果：学校管理逐步走向规范化；教师教学教研能力不断增强；学生的综合素质有了明显提高；试点学校的应试成绩从全县倒数第二名成为了正数第四名；同时该项目远程教育覆盖巴马县5所中小学，直接受益老师230多人，引起当地政府、企业、社会各界人士高度关注。

友成仪陇志愿者驿站。友成仪陇志愿者驿站自2010年1月13日正式建站以来，一直定位于培养有志于农村发展的青年人，学习以人为本的农村扶贫与可持续发展的相关理论，以可持续的互助金融服务为核心，系统掌握服务农村社区的有效的工作方法，为推动农村社会转型和可持续发展培养社区组织、服务人才。

友成西宁志愿者驿站。友成西宁志愿者驿站于2010年7月建成，在玉树地震救灾过程中发挥了重大的作用，成为协调当地政府和NGO组织的协作平台。驿站共有志愿者5名，涌现出俄金曲桑等优秀的志愿者。

友成阿坝志愿者驿站。在驿站这个舞台上，志愿者的个人能力得到锻炼和提升。阿坝驿站截至2010年底，已有卓玛、何玉萍、马朝羽等多位志愿者走上了公务员或事业单位的工作岗位。不仅为志愿者个人发展提供了上升空间，还为政府和社会提供了优秀人才。

友成彭州志愿者驿站。友成彭州志愿者驿站成立于2009年12月25日，位于四川省彭州市通济镇大坪村，是在友成基金会的支持下，由北京地球村实施的嵌入型驿站。现已经完成了以乐和治理、乐和生计、乐和保健、乐和教育、乐和人居为主要内容的灾后重建可持续乡村建设。截至2010年底，正在探索一条以生态旅游为载体的社会企业转型之路，包括乡村社区文化建设、乡村生态环境治理、村民生计教育培训、旅游市场开发等。

友成巴中志愿者驿站。友成巴中驿站是友成基金会在巴中建立的一个提供志愿服务的平台，是“友成扶贫志愿者行动计划”项目的组成部分，依托友成的扶贫优势和资源平台，通过有组织的志愿服务活动和系统的项目实践，推动贫困地区巴中的社会经济发展。主要业务范围是扶贫、教育、救灾。2010年，巴中驿站的主要工作包括：一是实施真爱梦想项目。截至2010年12月，共建成梦想中心2所，梦想书屋3所，软硬件投入26万元，直接受益人群1800余人，间接受益人群800余人。二是友成通江县陈河乡抗洪救灾。通江县陈河乡“7·24”特大地质灾害发生后，友成巴中驿站志愿者在短短的十多天内，募集19万元救灾物资，分装成1000个“友成爱心箱”紧急发往陈河灾区。整个赈灾行动共支出人民币20.43万元。友成志愿者驿站还在巴中市扶贫办、通江县扶贫办、通江县应急办的支持下，邀同巴中新闻网、巴中经济频道等媒体朋友在陈河开展社区减灾防灾培训，直接受益人群3942人，间接受益人群1.36万人，组织和动员项目参与者72人。三是巴州区兴隆场乡北斗村定点帮扶计划。在项目开展的2个月内，协调整合内外部资源2.26万元，帮扶北斗村中心校，开展社区群众文娱活动等，组织和动员了项目参与者74人，直接受益人群125人，间接受益人群650人。

【友成小额信贷扶贫】 友成小额信贷支持平台的主要目标有三点：一是盘活现有小额信贷机构的放贷资金流量，彻底改变“放贷——收款——放贷”的圈内循环，打破小额信贷机构只能用回收的款项继续放贷的限制；二是放大现有小额信贷机构的放贷资金存量，打破小额贷款机构只能靠捐赠及批发贷款才能存活及发展的限制；三是构建可持续、可再生、可复制的商业化小额信贷模式，探索和发展一条行之有效的农村金融模式并向全国推广，造福全国贫困地区的农民。

2010年，友成普融信息咨询有限责任公司（简称友成普融）正式注册成立。友成普融定位于国内第一家为农村金融业务提供服务、致力于改善农村扶贫现状的社会企业。友成普融不以财务效益为经营目标，而是以社会贫困的改善和农村生活水平的提高等社会效益为最高经营目标。友成普融致力于设计和探索一个立体的、全方位的、普惠式的金融的、小额信贷行业的综合解决方案。具体操作方式是信托加上担保，通过委托贷款、信贷资产转让、小额信贷机构运营成本贷款等金融产品和服务，实现小额信贷机构可持续发展的目标。

1. 借新公益嘉年华，牵手格莱珉与小额信贷机构。2010年9月15日，由友成普融承办的新公益嘉年华主题论坛之“扶贫与农村金融的结合与创新”分论坛顺利召开。中国社会科学院农村发展研究所副所长、“中国小额信贷之父”杜晓山先生，人民银行研究局副局长汪小亚女士、格莱珉基金会总裁 Alax Counts 先生、格莱珉基金会亚太区总裁 Jennifer Meeham 女士、中国国际扶贫中心总顾问 Salehuddin Ahmed 先生、银监会合作金融机构监管部邢桂君先生、国家开发银行评审三局新农村处处长李恩勇先生、基层小额信贷机构代表四川仪陇乡村发展协会秘书长高向军女士，均作了精彩的发言和讨论。

在此次论坛上，友成基金会与格莱珉基金会签订战略合作框架协议，友成普融同陕西西乡妇女可持续发展协会、陕西蒲城妇女发展协会、四川仪陇乡村发展协会 3 家小额信贷机构签订了合作意向书，承诺为上述 3 家小额信贷机构各提供一个 100 万元的信托产品，支持小额信贷机构更好地为贫困农户服务。

2. 建信息管理系统，推进与格莱珉基金会的合作。小额信贷机构信息管理系统（MIFOS）的推进是友成同格莱珉基金会的合作的重要内容之一。下半年，友成与格莱珉基金会确定了 MIFOS 的服务商——昆山吉立富，并已在内蒙古赤峰市昭乌达妇女发展协会开展了 MIFOS 的推广工作。

11 月下旬，格莱珉基金会派出专家为友成普融以及相关合作机构的代表做了尽职调查的培训，并以甘肃定西当地小额信贷机构为例，开展实地演练。

3. 组建整合网络平台，服务小额信贷机构。2010 年下半年，友成普融与商务部国际交流中心及社科院中国小额信贷协会共同组建了中国的小额信贷门户网站。这个网络平台除了结合所有小额信贷机构的网站，还可以整合整个行业，更可以与国际小额信贷网站 CGAT 及 MIX 结合。目前此网站已上线运行。

友成普融同社科院合作开展针对小额信贷机构的会计培训。2010 年 12 月 9 日，德勤会计师事务所的资深培训师免费为小额信贷机构进行了培训，取得良好效果。

4. 开展交流合作，参与中国小额信贷联盟。2010 年 9 月 16 日、17 日，友成普融参与“中国小额信贷联盟”为期 2 天的年度会议。友成普融副董事长查竞传先生被推选为中国小额信贷联盟理事会副理事长，友成普融总经理元志中先生被任命为联盟副秘书长。

【紧急救援与灾后重建】 1. 西南赈旱。2009 年冬季到 2010 年 3 月，中国西南五省遭遇百年不遇的旱情。友成理事单位上海复星高科技（集团）公司最先表示为抗旱救灾资助 100 万元。在国务院扶贫办、广西自治区政府、区教育厅等政府部门的支持下，友成基金会迅速行动。24 小时之内，南宁志愿者驿站提报了基于灾区一线需求的赈灾方案，获得复星集团认可。随后基金会向所有理事单位发布倡议，副理事长刘吉人领导的吉立富投资咨询（上海）有限公司积极响应，为专项抗旱资金增加 100 万元。48 小时内，志愿者支持中心以驿站志愿者为行动主体，迅速在广西灾区一线成立抗旱救灾指挥部，组织调集各地志愿者驿站 40 多名志愿者，成功实施以村小组为中心进行百个水柜建设的“友成赈旱行动”救灾项目，在广西、贵州、重庆 3 省 5 地建立储水柜 106 个（储水量为 780 吨）；为当地 121 所学校和村子的 22906 名学生和群众生活提供用水设施，缓解了生活用水困难。

2. 玉树赈灾。玉树地震发生后，友成基金会发挥汶川赈灾经验，在紧急救援阶段从三方面入手：一是迅速组织救援物资，先后得到理事及理事单位物美集团、碧桂园杨国强先生、复星集团和泰康人寿的支持，在72小时内筹集近300万元物资和资金驰援灾区；二是为国家地震局紧急搜救中心及时提供后勤物资，保障了专业救援团队的前线行动能力；三是发动和联络青海社工协会、救世军、山水机构等社会组织，在西宁启动社会资源协调平台。

转入灾后重建阶段后，友成为青海省扶贫系统捐赠7辆工作用车，用于灾后恢复工作；并规划了青海玉树灾区3年援助计划，系统实施包括临时安置社区的基本服务恢复和长期的社区重建工作。

3. 舟曲救灾。2010年8月7日，甘肃省舟曲县发生特大泥石流灾难。友成基金会为舟曲筹集救灾款项150万元人民币。并派遣救灾志愿者行动小组，联手腾讯公益慈善基金会、华民慈善基金会等兄弟单位，展开紧急救援行动。先后为舟曲泥石流灾区受灾群众送去了10批次价值188万元的抢险救灾物资，并在冬季来临前发起"腾讯—友成破冰行动"，捐赠价值50万元的过冬物资，覆盖1698个家庭近6800人。

【民间灾害应对支持中心】 2010年，青海省玉树地震发生后，友成正式成立了"民间灾害应对支持中心"，旨在更为有效、更具战略性的从事灾害应对与支持工作，管理灾后援助、恢复与重建项目。中心以提升社区对自然灾害的抗逆力、提高民间机构支持社区应对自然灾害的能力和提高应对灾害的公共支持的有效性为主要工作目标，并系统性地进行未来三年的灾害应对和管理战略。即在全国不同区域建立一个基于民间机构与社区组织的防灾、减灾及灾后重建工作网络，通过为网络成员提供先进的技术支持体系和能力建设，以提高社区对自然灾害的应对能力及抗逆力。

该救灾网络平台将整合企业、政府和第三部门资源，发挥企业的资金优势、政府的网络体制优势和第三部门成熟的技术优势，合理打造基于社区的防灾救灾管理体制。这个系统的建立，不仅能缩短基金会筹集救灾物资的时间，也能大大缩短社区在第一时间内对灾害的反应时间。同时，政府也能利用这个体系在第一时间内获得比较准确的灾情报告，为合理制定救灾方案奠定基础。

友成的工作网络将分为三级，以组成从资源方覆盖到社区受益人的完整公益价值链。这三级工作网络分别为：第一级：友成筹资平台；用以动员机构、个人和资助型基金会的资金资源，并取得来自政府机构的支持；第二级：友成将在每个地区选择2—3个能力较强的一级合作伙伴，通过他们为当地的社区或草根机构提供技术支持、能力培训、项目管理及项目资助等服务；第三级：友成与一级合作伙伴一起，选择和识别当地的一些草根机构，作为在基层的执行伙伴，直接服务于社区。

【第17届国际应急管理大会】 2010年6月9日至12日，"第17届国际应急管理大会－暨应急救援成果与技术装备展"在北京召开。应中国国家地震局和大会主办方的邀请，友成基金会作为中国民间组织代表，专门主办了题为"民间力量在灾害应对中的行动与角色"的分论坛。友成基金会秘书长甘东宇以"挑战与应对——友成基金会灾害应对的行动模式"为题作了论坛的主旨发言，同与会者共同探讨中国民间力量在灾害应对中的行动与角色，并向国际同行分享中国民间机构参与灾难应对的模式和经验。来自政府、公益基金会、基层民间组织、企业和研究学术机构的代表50余人参加此次分论坛。整个论坛贯穿友成倡导的开放性和跨界互动，各界代表介绍各自的经验和进行案例分享，并邀请了企业界和学术界代表为公益组织进行点评。

【新公益嘉年华系列活动】 新公益嘉年华是在2010年，由友成基金会发起、NPI公益组织发展中心联合主办的，旨在建立推动社会创新的倡导性平台和中国公益事业的跨界交流平台。口号是“全民公益、快乐公益、创新公益”。

新公益嘉年华从策划到实施完成历时330天；活动吸引了3个城市80多个组织和机构直接参与；举办包括了公益问题梳理、公益创新工作坊、社会创新发现之旅、上海公益季和新公益论坛等系列公益活动，涉及公益主题22个、公益领域10余个；发现社会创新案例134个；动员企业近百家；超过7000人次的直接参与；60家媒体报道；成为2010年新公益领域最具影响力的活动和事件。

在长达6个月的组织工作中，上海公益季、社会创新发现之旅、新公益论坛和社会创新案例展有93个志愿者参与，这些志愿者为新公益嘉年华提供了6990个小时的志愿服务。

在此次嘉年华活动中，友成还首次正式提出了新公益理念，并从7个方面阐述了新公益的发展趋势，分别是倡导新理念、开拓新领域、发现新动力、整合新资源、尝试新方法、采纳新技术和成就新人才。

友成基金会还非常重视“新公益”的研究，推动开展了一系列研究活动，包括：成立开展了“新公益学社”活动，联合社会资源研究所共同翻译出版了《21世纪的NGO：在市场中求变》，继续委托零点调查集团进行“企业公益指数”的研究工作等等，为新公益实践提供理论基础。并在2010年筹备成立“友成大学”，构建无围墙教学和研究体系，促进跨界合作，为政府、企业与社会培养社会创新人才，建立公益发展的研究智库。

国务院扶贫办主任范小建在新公益论坛开幕酒会上发表讲话说：新公益的理念和我们所常讲的共同富裕、扶贫济困这些理念，有着不可分割的密切关系。这种新公益的理念也是现代社会成熟的标志。

把扶贫济困这样一个现代企业家的理念和行动，变为一种制度，从而塑造社会的企业和承担社会责任的组织，是王平理事长的追求，也是友成基金会的探索和追求。

（友成企业家扶贫基金会）

中国宋庆龄基金会扶贫

【概述】 中国宋庆龄基金会成立于1982年5月，以“增进国际友好，促进祖国统一，发展少儿事业”为宗旨，坚持人民团体和慈善公益机构的属性，在慈善公益事业方面，开展了“未来工程”、“母婴平安”、“西部园丁培训计划”等各类公益项目。进入新世纪以来，中国宋庆龄基金会进一步结合自身特点和优势，发展公益慈善事业。基金会将公益项目的设立同增进国际友好，加强两岸交流等工作有机结合。一方面，充分组织和利用跨国公司、港澳台公司及社会各界热心人士等社会资源，为其参与公益慈善事业搭建平台。另一方面，在给予弱势群体资助的同时，组织交流及相关活动，使其在交流与活动中锻炼技能、增长见识，帮助他们实现从“受助”到“自助”再到“助人”的转变，在经济资助的基础上，强调受助者健全人格的培养和塑造。

中国宋庆龄基金会成立的28年间，已成为拥有总资产2.7亿元以上的全国性大型公益组织。历年来投入各类扶贫资金2亿多元，各类物资折合人民币1亿元，合计3亿多元，在助学助教、医疗卫生、文化体育、基础设施建设等领域开展一系列扶贫开发工作，受益地区基本涵盖我国内地所有省份，特别是新疆、西藏、青海、广西、云南、贵州、四川、宁夏、甘肃、内蒙古、山西、陕西、河北等中西部经济欠发达地区；受益群体广泛，包括中小学生、大学生、乡村教师、农村妇女及婴幼儿、贫困地区农户等。

【教育扶贫】 中国宋庆龄基金会秉承宋庆龄主席“缔造未来”、“为国树人”的教育理念，自成立之日起，积极开展一系列教育资助活动，投入扶贫资金超过1.4亿元，具体包括：

一是援建学校。自20世纪90年代起，中国宋庆龄基金会就开始在中西部贫困地区实施学校援建工程，投入资金5000万元，在吉林、内蒙古、宁夏、甘肃、新疆等20余个省份建有中小学80余所，其中汶川地震灾后援建学校13所。

资助小学生接受教育。1995年，中国宋庆龄基金会即在宁夏固原设立了资助女童教育项目，2008年设立了“Olivia和lilliang资助弱势女童专项基金”，共拨付资助款500余万元，受助学生5000余人。

二是开展大学生助学项目。2003年7月，中国宋庆龄基金会设立了资助贫困地区家庭经济困难学生，接受高等教育的“未来工程——大学生助学项目”，覆盖全国除台湾地区、香港和澳门特别行政区外的31个省、自治区、直辖市，已投入项目资金7000余万元，受益学生近2万人。该项目突出特点是向中西部地区倾斜和向少数民族地区倾斜。

三是培训乡村教师。为解决中西部贫困地区教育资源紧缺的问题，推进中西部地区教师专业的可持续发展。2006年，中国宋庆龄基金会启动了“西部园丁培训计划”，在我国中西部地区实施系列教师培训项目，投入资金1170余万元，通过实施“星巴克乡村教师培训”、“培罗成少数民族教师培训”、“承德教师培训”、“宁夏南部教师培训”等项目共培训教师4500多人。

【医疗卫生扶贫】 中国宋庆龄基金会投入援助扶贫资金及物资6000余万元，在山西、天津、河北、四川、贵州、甘肃、福建、青海等省、直辖市开展提高妇女儿童健康水平的扶贫活动，受益群众1000余万人。具体包括如下扶贫内容：

1. 援建贫困地区医疗机构。中国宋庆龄基金会通过在中西部贫困地区如四川、贵州、甘肃、福建、青海、河北等地开展妇幼卫生保健活动，投入资金2000万元：援建妇幼保健机构97所，捐赠医用救护车66辆，捐赠价值700余万元的医疗设备和300余万元的药品，培训医护人员3万人次。

2. 积极开展疾病预防、治疗及宣传工作。中国宋庆龄基金会为甘肃、陕西等贫困地区提供项目资金2000万元，开展儿童肺炎、心脏病的宣传、预防及治疗工作，共治愈因肺炎及上呼吸道感染的儿童43985人次，为297名贫困先天性心脏病患儿提供手术费用。

3. 探索康复领域的新模式。中国宋庆龄基金会自2000年开始积极探索适合在中国儿童福利机构及家庭中开展的发展迟缓儿童早期疗育的训练模式。10年来，筹集项目资金1200万元，培训医师及寄养人员4400余人、早期干预和临床救治儿童2万余人次，编写并免费发放各类保健手册7万余册。

4. 加强疾病诊疗工作的研究。为提高儿童疾病的诊疗水平、降低婴幼儿死亡率，中国宋庆龄基金会设立了宋庆龄儿科医学奖，累计募集资金650万元。为鼓励中西部贫困地区医学工作者在儿科领域的探索研究工作，该奖项增加了对中西部贫困地区的倾斜力度。

【文化体育扶贫】 中国宋庆龄基金会自20世纪80年代开始在中西部贫困地区开展青少年文体建设扶贫项目，投入资金2000万元，具体包括：

1. 为青少年提供丰富优质图书。中国宋庆龄基金会自1987年起就与联合国儿童基金会合作，10年间在17个省份为贫困地区的儿童建立了21个“流动图书馆”。从1998年开始，与国内外企业集团合作，在中西部地区实施图书室建设项目，共投入资金890余万元，通过“顶新图书室”、“星巴克图书室”、“一汽丰田爱心图书室”等项目，为近2000所中小学校捐赠了163万册图书。

2. 支持青少年体育事业发展。中国宋庆龄基金会积极支持贫困地区青少年体育事业的发展，提供资金支持，捐赠各种体育设施。2003年，中国宋庆龄基金会在延边、新疆等地建设青少年足球学校，10年共向两所学校提供1000万元的资金支持。2008年向贫困地区中小学捐赠价值200万元的篮球、足球10000个，用于支持西部地区中小学校开展少儿体育活动。

【定点帮扶】 2001年11月，国务院确定宁夏回族自治区彭阳县为宋庆龄基金会定点帮扶对象。10年来，中国宋庆龄基金会先后在彭阳投入各类扶持资金及物资折合人民币977.15万元，还实施了小额信贷、人畜饮水工程、乡镇干部培训、医疗卫生等项目，切实改善了彭阳当地群众的生产和生活条件，有效地提高了基层干部综合服务能力。

1. 小额信贷。小额信贷项目自2004年实施以来，中国宋庆龄基金会向彭阳县累计拨款260万元，用于在当地开展小额贷款项目。该项目采取“有偿使用、滚动回收”的办法，主要用于支持贫困户发展草畜产业、种植业和菌草园区建设等。彭阳县政府负责该项目的管理及实施并委托县农业银行负责投放、回收和代管该基金。贷款利率按同期人民银行规定的基准利率标准执行，回收利息作为金融部门业务经费。2010年，已到期的四笔贷款实际回收169.26万元，回收率84.63%。

2. 人畜饮水工程。2002年至2009年，中国宋庆龄基金会先后投入公益捐赠款274.27万元，在彭阳县下辖小岔、古城等8个乡镇实施人畜饮水工程项目，兴建各类水窖、机井、小型集雨场、截流墙等550处，基本解决了当地5000名群众及2000头牲畜的饮水困难。

3. 医疗卫生。2009年至2010年，结合品牌公益项目的开展，中国宋庆龄基金会向彭阳县投入各类医疗扶持资金218.36万元。为解决彭阳县各乡镇卫生院医用急救车辆不足的问题，中国宋庆龄基金会先后为县医院、中医院及县下辖12个乡镇的卫生院配备医用车辆共计15辆，并配置了必要的车载急救设备，有效地改善当地的医疗卫生水平。

4. 乡镇干部及乡土人才培训。从2008年开始，除向彭阳地区提供资金支持外，中国宋庆龄基金会本着由传统救济式帮扶模式向新型智力型帮扶模式转移的工作思路，累计先后四次投入100万元人民币，为彭阳县180余名乡镇干部及农村致富带头人举办专题培训班，效果显著。通过这样的形式，定点帮扶工作不断深化，走出一条具有特色的帮扶之路。

5. 其他帮扶项目。在定点帮扶彭阳县的同时，自1986年至1990年，中国宋庆龄基金会共为宁夏同心县城关镇的搬迁群众架设高压输电线路44.1千米，打水窖1331眼。从2010年开始，中国宋庆龄基金会计划两年内投入200万元用于在宁夏回族自治区西吉县开展小额信贷项目；投入800万元用于西吉县妇幼保健院迁建项目。

（中国宋庆龄基金会）

中国妇女发展基金会扶贫

【概述】 2010年，中国妇女发展基金会围绕中央扶贫开发工作总体部署和妇女群众需求，以西部贫困地区妇女为主要服务对象，继续深入实施了“母亲水窖”、“母亲健康快车”、“母亲小额循环”、“母亲复明扶贫工程”、“救灾和灾后重建”等公益慈善项目，投入资金7710余万元，50多万妇女群众从中直接受益。

“母亲水窖”自2000年实施以来，已向西部为主的24个省区市投入资金规模6亿元，修建12.5万口水窖、1400多处小型集中供水工程，解决了170万群众的饮水困难，并发展成为“1+N”综合扶贫模式，即以“母亲水窖”为龙头，为贫困干旱地区群众带动建设1个瓜果蔬菜棚、1座卫生厕所、1圈家禽家畜、1个沼气池或太阳灶、1个美化的庭院等，对改善项目地区群众生产生活困难、促进当地经济社会发展发挥了重要作用。

2010年，以完成2009年度项目实施的省区和遭受特大干旱的广西、云南、贵州为主要实施对象，把西部12个省（区、市）及享受西部政策的3个少数民族自治州等作为项目实施重点，继续深入实施“母亲水窖”“1+N”综合扶贫模式，投入资金规模1600万元，近4万人受益。共完成小型集中供水工程28处，集雨水窖2184眼。并在农业部支持下，为6省22个县40个村的“母亲水窖”项目点配套了12095个沼气池。

【母亲水窖·安全饮水工程】 在水利部的支持下，“母亲水窖”纳入了国家水利发展相关规划，并于2010年与水利部合作开展了“母亲水窖·安全饮水”工程试点，共同确定了甘肃省、宁夏回族自治区、广西壮族自治区、四川省、云南省、陕西省6省区作为首期项目试点省（区），每个试点省（区）选取3个县，每县选取一个项目村。2010年，水利部门全年投放工程建设资金2340万元，修建水窖1316眼，小型集中供水工程36处，解决了4万6千名群众的饮水困难和饮水安全，对近10万名群众开展健康卫生教育及培训。

【水·妇女·健康与发展培训】 与星巴克公司合作，投放培训资金30万美元，受益群众28000多人。分别在重庆市、宁夏回族自治区、广西壮族自治区和新疆维吾尔自治区的7县14个项目村实施，培训时间历时半年。举办妇联干部培训班4期，培训妇联干部230余人；举办妇女骨干培训班26期，培训妇女骨干1790人；培训和影响普通妇女及群众1.9万人；培训妇女代表和妇女骨干129期，培训人数5885人。编辑印发培训教材2万册，其他各类与水、卫生与健康有关的宣传材料3万多份；发放《水·妇女·健康与发展项目》宣传光碟DVD50份；举办有奖知识问答12次，张贴宣传标语、制作宣传板报100条；制作专题片5部，在媒体上播放65次；结合各类卫生宣传日活动举办卫生健康知识宣传、咨询、义诊等活动32次。

【水印计划】 2009年至2010年，为发挥ITT公司在水净化、水处理方面的优势，中国妇女发展基金会与其合作开展了“水印计划”，以解决农村贫困地区中小学校学生的安全饮用水问题，为其提供安全饮水的净水设施、建造无害化卫生厕所和洗手设施，并在校园开展健康教育及健康促进活动。目前已投入资金20万美元，分别在河北省、云南省的8所学校实施，3000多名师生直接受益。为其中的3所学校配备了移动式太阳能净水器，为另外5所学校配备了锅炉式烧水设备及保温桶，印制发放了3400个太空杯及5000份宣传折页。

【母亲健康快车】 “母亲健康快车”项目自2003年实施以来，从完善项目运作基础入手，不断加强项目管理，深化项目内涵，特别在农村妇女乳腺癌、宫颈癌“两癌”救助、产后检查及关爱母婴健康、倡导优生优育等方面做了大量积极有效的工作，对提高妇女儿童的健康水平发挥了积极作用。截至2010年底，向陕西省、甘肃省、西藏自治区、新疆维吾尔自治区等27个省区市的1000多家医院投放1077辆“母亲健康快车”，开展了多种形式的医疗卫生健康服务。据不完全统计，受益人数已经超过2600万余人次。其中义诊、咨询716万余人次，救助危难病人26万余人。

2010年，向贫困农村投入“母亲健康快车”资金1920万元，分别向山西省、河南省、重庆市、陕西省等15个省（区、市）投放134辆母亲健康快车。同时，开展了以下活动：

1. 贫困母婴免费“产后42天检查”。为及时发现产后妇女的多种疾病，减少患病产后妇女对婴儿健康的影响，提高妇女自我健康保护意识，在雀氏（中国）日用品有限公司支持下，2010年，分别在安徽省宣城市、蚌埠市、安庆市、合肥市、宿州市、六安市20家基层医院试点运作。

2. 贫困县妇产科急救设备配备。2010年，在安利（中国）日用品有限公司的支持下，为全国600个贫困县配备了妇产科医用急救箱，价值500万元。

3. 贫困地区妇产科业务培训。为提高育龄夫妇生育健康水平，举办了多场基层妇产科医生参加的业务培训。一是由中国女医师协会邀请国内著名妇产科专家深入基层，于2010年5月—10月，分期对贵州省、陕西省、内蒙古自治区等省区市的基层医院妇产科医生进行业务培训；二是于2010年6月27日在京举办为期7天的“2010年全国妇产科实用技能高级研讨会暨妇产科主任实用技能高研班”。知名妇产科专家与来自全国各地的200多位基层医院妇产科主任就妇产科新技术、新理念、疑难不孕不育症诊治展开研讨和医学交流；三是举办了“母亲健康快车”项目四川培训义诊活动，活动从2010年7月22日启动，历时一个半月，行程数千公里，共计培训基层医疗保健人员1000余人、开展义诊咨询4场，出动医务人员85人，接受义诊咨询服务近2000人、开展疑难病症专家会诊及现场指导3次，发放药品1000余份，在当地干部、群众中引起强烈反响；四是于2010年6月26—30日，在云南省曲靖市开展“手拉手护平安工程”，邀请北京协和医院、海军总医院、上海华山医院等医院的著名妇科专家运用目前国内领先的宫颈癌筛查技术——新柏氏 TCT 防癌检查法，对云南省曲靖市麒麟区、沾益县、陆良县、会泽县等 18 个乡镇（街道）72 个村（社区）中的6120 名 18 至 65 岁已婚女性进行免费检查，同时进行了 HPV 感染检测和宫颈病变防治知识讲座，对 120 名基层医务人员进行专业技术培训，规范了基层一线医务人员宫颈癌诊治工作。

【母亲小额循环】 为探索使贫困妇女能够“得实惠、普受惠、长受惠”的具体举措，自 2003 年起，中国妇女发展基金会开展了面对城乡妇女的“母亲小额循环”项目。截至 2010 年底，已循环投入资金 1.2 亿元，受益妇女 30 余万人。

2010 年，投入“母亲小额循环”资金 1800 万元，12 万 5 千人从中受益。同时，对项目实施工作进行了总结创新，在保证原有统一管理模式的基础上，推行“培训＋贷款＋销售服务＋专业测评”的新型项目管理模式，为提高城乡妇女致富创收能力提供了新的保障。2010 年，具体实施项目有：

1. 香港回归扶贫基金项目。分别在新疆维吾尔自治区等 10 个省（区、市）的 342 个县实施，共扶持 3505 户，受益人数达 13814 人，累计争取当地政府配套资金 701 万元。

2. 理事扶贫项目。项目分别在甘肃省漳县、河北省承德市以及北京市平谷区实施，扶持 282 户贫困妇女发展大桃种植、獭兔养殖等项目，辐射带动 1078 人受益。

3. 德家扶贫项目。项目继续在河北省、河南省实施，扶持 941 户 2638 人从事布贴画制作、鲜食玉米种植、无公害食用菌种植、家庭植桑养蚕项目。

4. 厦顺铝箔慈善基金项目。分别在新疆维吾尔自治区、宁夏回族自治区、贵州省、福建省实施，扶持 1200 个项目户发展刺绣、种植、养殖项目，辐射带动 5000 余人受益。

5. 金宝扶贫项目。主要在重庆市实施，扶持 200 户 650 人养殖肉兔。项目实现签订肉兔回收订单 200 份 20 万只。

6. 富农基金项目。项目在重庆市涪陵区、大足县、城口县、云阳县和彭水县，内蒙古自治区锡林郭勒盟锡林浩特市、通辽市科尔沁区、满洲里市扎赉诺尔区，甘肃省平凉市华亭县，山东省临沂市实施，带动扶持 3645 户共 18192 人脱贫致富。

7. 和桂基金项目。分别在四川省汶川县和北川羌族自治县 123 户农户中实施，主要用于发展养殖业、种植业、手工业、农家旅游、獭兔养殖、游坪乡商业零售恢复重建等。

8. 城市妇女创业项目。城市妇女创业项目由玫琳凯妇女创业基金、四川玫琳凯妇女创业就业培训、宝洁母亲小额循环项目、单身贫困母亲等几个项目组成，全年投入使用 681.8 万元，扶持 276 人发展生产性项目，培训 83600 人学习提高生产技能。

【母爱复明扶贫工程】 为解决贫困地区妇女患白内障眼疾就医难的问题，在亚洲防盲基金会的支持下，中国妇女发展基金会于 2005 年 10 月启动“母爱复明扶贫工程”。项目实施 6 年来，已向贵州省、宁夏回族自治区、新疆维吾尔自治区等捐赠 6 辆复明车，价值 900 万元，治疗人数 3.2 万，家庭受益 19.2 万人。2010 年，直接治疗妇女白内障患者 1.2 万人，家庭受益 7.2

万人。“母爱复明扶贫工程”的实施，为贫困地区特别是民族地区妇女白内障患者带来了福音。

【灾后重建】 继续组织实施四川汶川地震灾区灾后重建项目，积极参与支持青海省玉树地震灾区、甘肃省舟曲泥石流灾害的救灾及灾后重建工作。2010 年，共投入救灾及灾后重建资金、物资 2055 万元。

1. “母亲安居工程”项目为灾区母亲重建家园。在 2008 年、2009 年支持四川汶川地震灾区灾后重建的基础上，组织落实了雅芳基金会捐赠的 195.9 万美元（折合人民币约 1330 万元），用于“新家·新生——雅芳母亲安居工程”项目，为四川、甘肃、陕西地震灾区 1282 户受灾妇女及其家庭重建家园，重塑生活信心。资助建立“妇女平安之家”12 个，并全部配备电视机、电脑、照相机、电话机、桌椅、教材及健身、娱乐器材等设备，购买各类书籍 12393 册。组织妇女开展学文化、学技术、学法律、学政策活动，组织村民收看妇女儿童频道节目和农业节目，并组织开展农业技术、养殖技术、妇女维权、妇女生殖健康保健、生活礼仪、劳务技能等各类培训 97 次，共有 9000 人次受益。项目的实施，为贫困母亲、单亲母亲等解决了震后住房问题，为灾后妇女生产、生活提供了积极有效的帮助。

2010 年，还落实 22 万元项目资金，对四川省广元市剑阁县 100 名灾区儿童进行了救助。

2. 积极参与青海省玉树地震、甘肃省舟曲泥石流灾害的救灾和灾后重建工作。向社会募集资金物资 703.41 万元（资金 291.65 万元、物资 408.76 万元），用于支持青海省玉树地震灾区救灾和灾后重建工作，同时，按照高原标准，为青海省玉树地区购置更换了在地震灾害中受损的“母亲健康快车”6 辆，价值 120 万元。为遭受泥石流灾害的甘肃省舟曲县提供 50 万元救灾资金。

（中国妇女发展基金会　赵炜）

中国光彩事业促进会扶贫

【概述】 2010年3月4日，中共中央总书记、国家主席胡锦涛在参加全国政协十一届三次会议民建、工商联界委员联组讨论时的讲话中，希望非公有制经济人士“要积极弘扬中华民族扶危济困的传统美德，加大扶贫开发投入，深入推进光彩事业，投身公益事业和慈善事业，为困难群众提供更多帮助”。

8月30日，中共中央政治局常委、全国政协主席贾庆林在会见中国光彩事业促进会第四次会员代表大会暨四届一次理事会全体代表时说，光彩事业是非公有制经济人士响应党和国家号召，自觉参与扶贫开发事业的一项创举，取得了成就，为促进共同富裕作出了贡献，赢得社会各界的尊重和赞誉。提出四点希望：第一，坚持先富帮后富、实现共同富裕的根本宗旨，不断完善产业化扶贫、智力扶贫和就业扶贫等行之有效的扶贫模式，为缩小区域发展差距，实现共同富裕的目标贡献力量。第二，秉持以人为本的理念，积极投身教育、医疗、文化、就业等社会事业，参与贫困地区基础设施、生态环境和公共服务设施建设，帮助贫困地区群众改善生产生活条件，增进社会团结和谐。发扬“一方有难、八方支援”和“全国一盘棋”的大团结、大协作精神，全力支援灾区、积极捐款捐物，为帮助当地群众战胜灾害、渡过难关多做贡献。第三，加强与联合国机构和国际非政府组织的交流交往，帮助非公有制企业更好地“走出去”，不断拓展光彩事业发展的深度和广度。第四，弘扬社会主义义利观，自觉实践“光彩精神”，坚持“义利兼顾、以义为先”的理念，引导非公有制经济人士提高思想道德水平和能力素质，不断增强光彩事业的生命力和影响力。贾庆林强调，各级党委、政府和社会各界要继续关心支持光彩事业，为光彩事业发展创造更加有利的条件和环境。

2010年，在党和政府及社会各界关心支持下，中国光彩事业促进会继续坚持“义利兼顾、以义为先”的理念，弘扬光彩精神，开拓创新，扶贫工作打开了新局面，取得了新进展。在2006年至2010年中国光彩事业促进会第三届理事会任期内，光彩事业共实施项目6425个，到位资金978.86亿元，安排就业292.03万人，培训230.33万人，带动786.63万人脱贫致富。2010年2月，国家民政部授予中国光彩事业促进会“全国先进社会组织”称号。

【第四次会员代表大会暨四届一次理事会】 2010年8月30日至31日，中国光彩事业促进会第四次会员代表大会暨四届一次理事会在北京召开。中共中央政治局常委、全国政协主席贾庆林，中共中央政治局委员、国务院副总理回良玉等党和国家领导人亲切会见与会代表。贾庆林发表重要讲话。会议审议通过了中国光彩事业促进会章程（修改草案），选举产生了新一届理事400人，常务理事120人，会长、顾问、副会长、秘书长等31人。全国政协副主席、中央统战部部长杜青林当选会长。全国政协副主席、全国工商联主席黄孟复当选顾问。杜青林在工作报告中总结了光彩事业过去五年的经验，提出了今后发展的方向和思路：坚持以人为本，实现促进发展与改善民生相统一；提供智力支撑，实现扶贫与扶智相统一；秉持和谐理念，实现经济效益与社会效益相统一；加强力量整合，实现个体优势与集群效应相统一；践行核心价值，实现履行社会责任与弘扬光彩精神相统一。中国光彩会今后五年的任务是：第一，强化服务职能，增强发展活力。第二，打造精品项目，提升品牌形象。第三，加强舆论宣传，营造良好氛围。第四，加强对外交流，扩大国际影响。第五，健全制度机制，形成工作合力。

【中国光彩事业孝感（老区）行】 为支持革命老区、贫困地区的经济和社会发展，尽快使老区人民脱贫致富，2010年10月26日至28日，由中国光彩会、湖北省人民政府共同主办，湖北省委统战部、工商联、光彩会和孝感市人民政府共同承办的“中国光彩事业孝感（老区）行”投资考察活动在湖北省孝感市隆重举行。中央统战部副部长全哲洙出席了会议，全哲洙希望非公有制经济人士弘扬“义利兼顾、以义为先”的理念，争当光彩的人，争办光彩的企业，争做光彩的事业，参与回报社会感恩行动，为实现自身科学发展、推动贫困地区经济社会发展作出贡献。

“中国光彩事业孝感（老区）行”投资考察活动共签约项目197个，总投资412.99亿元，捐赠款物价值达1.88亿元。活动期间，在大悟县举行了全国非公有制经济人士回报社会“感恩行动”。共有16家民营企业帮扶“三老”人员（老革命、老党员、老模范）343户，帮扶资金1029万元。

【赈灾救灾】 西南旱情发生后，中国光彩会在第一时间募集1亿元救灾款紧急拨付灾区。各地光彩会组织和理事会员迅速向灾区人民伸出援助之手。中国光彩会副会长、福耀集团董事长曹德旺父子向云南、广西、贵州、重庆、四川5个省区市贫困家庭捐款2亿元，创国内最大金额的一次性个人捐助记录。

在青海玉树抗震救灾中，中国光彩会组织理事会员通过各种方式以最快速度提供支援。泛海集团和卢志强个人先后共捐款1.4亿元。万达集团股份有限公司捐款1亿元。中国光彩会副会长、黄埔再生资源利用有限公司董事长陈光标率公司救灾员工迅速赶赴灾区，个人和公司先后共捐款1000万元、21台重型设备、50台发电机、500吨矿泉水和3000件军用大衣。翔鹰集团董事长刘迎霞筹集了数十吨价值5000万元的药品、棉帐篷、御寒衣被、食品等物资，租用两架运输机送到灾区。

甘肃舟曲发生特大泥石流灾害后，中国光彩会迅速组织理事会员捐款2700万元支援灾区。其中，杜双华捐款600万元，许荣茂捐款500万元，郭广昌捐款500万元，祝义才捐款500万元，王文彪捐款300万元，李河君捐款300万元。中国光彩会还派专人赴灾区捐赠2台具有国际先进技术的可移动水净化装置，解决了当地1所幼儿园、1所医院和部分居民的饮水问题，约3000人受益。

为支援吉林战胜特大洪涝灾害，中国光彩会、中国光彩事业基金会迅速组织企业家理事、会员等捐款8100万元。其中卢志强捐款5000万元，王健林捐款2000万元，王再兴捐款100万元。

【西藏文化保护和传承专项基金】 2010年，中国光彩事业基金会“西藏文化保护和传承专项基金”项目启动。已在实施中的有百家藏医诊所建设、藏区贫困学生救助、藏区学校太阳能浴室建设、藏传寺庙保护、西藏文化典籍出版等6个项目。

【革命老区感恩帮扶行动】 2010年，山西省开展光彩事业“两区行（晋绥革命老区和太行革命老区）”“左权行”“新晋商万企联户感恩行动”。组织非公有制经济人士帮扶在乡老红军、老八路、老党员。截至2010年底，参加帮扶活动的民营企业家有6524人，已帮扶在乡“三老”12538人，投入帮扶资金8053万元，落实帮扶项目500多个，并筹集光彩助学基金1500万元。

【千家民企进老区帮万户光彩示范行动】 2010年，河北省启动“千家民企进老区帮万户光彩示范行动”，从2010年至2012年，将在全省范围内每年组织1000位民营企业家，结对帮扶老区农村中的10000户贫困户，视不同需要，帮助修路、打井、建水窖、缴纳农村合作医疗保险费、提供就业岗位、帮助贫困学子完成学业等，改变其贫困状况。截至2010年底，全省共帮扶老党员、老革命、老模范及贫困户57038人，资助金额达17816万元，捐助实物2785万元，招工扶贫26166人，培训老区群众25052人次，实施惠民项目1920个，到位项目资金31957万元。

【万企联村、共同发展】 2010年，湖南省开展“万企联村、共同发展”活动。组织非公有制企业和海内外工商界人士，通过产业联村、项目带村、智力扶村、捐助帮村等形式，围绕产业延伸、连锁经营、资源开发、基础设施、劳动力转移等重点，与农村开展合作对接，实现以工促农、以城带乡、优势互补、共同发展。截至2010年底，已有5700多家非公有制企业与8500多个自然村对接，实施合作对接项目5000多个，投入资金近300亿元，覆盖了全省1000多个乡镇、1000多万农村人口。

【海西春雨光彩行动】 2010年，福建省开展“海西春雨光彩行动”。累计捐款、捐物3亿多元，提供就业岗位1.3万多个，帮助数万农民脱贫致富。

【2010年光彩事业活动日】 上海市举办“2010年光彩事业活动日”。为青海玉树地震灾区组织捐助逾2000万元，其中捐款人民币1751.5万元，捐助物资价值人民币330万元。

【民企帮村富民工程】 2010年，青岛市开展“民企帮村富民工程”。4000余家民营企业参加活动，各种投入累计40亿元，建立农业科技园创业基地和农村旅游观光基地83个，领办创办农业专业合作社78家，带动农民增收2.09亿元，吸纳安置就业14.69万人。

【千人复明工程】 2010年，沈阳市开展“千人复明工程”大型光彩慈善活动。截至2010年2月8日，捐款、捐物共计168.72万元，其中现金156.12万元，价值12.6万元的手术筛查用车1台。为85631

人提供了免费的眼科检查，筛查出眼病患者28071人，为10993名眼病患者提供了白内障咨询服务，在医院门诊为5238名眼病患者做了检查；为1823名患者实施了单眼复明手术，为192名患者实施了双眼复明手术。

（中国光彩事业促进会）

中国红十字会扶贫

【概述】 中国红十字会是从事人道主义工作的社会救助团体。作为政府在人道救助领域的得力助手，多年来，中国红十字会在灾害频发地区开展救灾救护及灾后重建工作，在贫困地区开展大规模的医疗援助和教育援助，以“保护人的生命和健康”为宗旨，在全国范围内持续开展“红十字博爱送万家”活动、参与新型农村合作医疗建设等工作，在改善贫困地区易受损群体生存境况方面做出了不懈的努力，为帮助灾区及贫困地区生活困难群众恢复生产生活、改善生存条件和健康水平提供了持续、有效的帮助，为维护社会稳定、人民健康做出了贡献，成为构建社会主义和谐社会的重要力量。

近年来，中国红十字会配合政府在受灾地区、贫困地区、少数民族地区开展人道救助和医疗救助等工作，传播“人道、博爱、奉献”的红十字精神。据不完全统计，自2005年至2010年，中国红十字会总会和中国红十字基金会在全国范围内共援建卫生院（站）、社区卫生服务中心4198所，救助贫困先心病患者13406人，白血病患者3920人，培训乡村医生2586人，援助红十字书库2431个，为众多的贫困家庭解决了燃眉之急，改善了贫困地区的生活、卫生状况，发挥了改善民生、促进社会和谐的作用。

开展备灾救灾工作是《中华人民共和国红十字会法》规定的第一项基本职责，也是中国红十字会扶贫工作的一个重要组成部分。2010年是各类自然灾害频发的一年。雪灾、洪涝、台风等常见灾害规模不减，西南旱灾、玉树地震、舟曲泥石流等较为罕见的重大灾害接连发生，汶川地震灾后恢复重建工作也进入关键时期。中国红十字会统筹规划、合理安排在灾害频发地区的人道救助工作，共投入紧急救助款物价值和灾后恢复重建资金达26.3亿元。

【灾害紧急救助】 面对繁重的救灾任务，中国红十字会及时启动应急响应，根据灾区灾情需求和仓储情况，调拨救灾款物。截至2010年12月底，已向27个受灾严重的省份提供救助，下拨物资、资金近190次，累计向灾区调拨款物价值9223万元（不含重建资金），完成全年灾害紧急救助任务。其中，玉树地震救援期间，总会协调派出了999、湖南制水、云南大众卫生3支紧急救援队前往玉树，3支队伍克服高原反应，完成了任务，受到当地政府和群众的肯定。全国红十字系统有4家单位、5位个人分别被中共中央、国务院和中央军委评为玉树地震“全国抗震救灾英雄集体”、“全国抗震救灾模范”称号。

【玉树地震和舟曲泥石流灾后恢复重建项目落实】 2010年，中国红十字会成为国务院玉树地震灾后恢复重建组成员。与青海省人民政府共同签署了《玉树地震灾后恢复重建项目备忘录》，将提供总额不低于23亿元人民币的项目资金，已商定援建28所学校、33所医疗机构和2个防灾减灾设施以及部分农牧民住房项目。中国红十字会12月22日与甘肃省政府签署《中国红十字会援助舟曲特大山洪泥石流灾后重建项目协议书》，援助2所学校和7所医疗机构，援助总金额达22510万元。

【汶川地震灾后恢复重建项目落实】 2010年，中国红十字会继续做好汶川地震灾后恢复重建各项工作，重点做好项目调整工作，部分新增项目申报审批工作以及尾款拨付工作。为进一步推进汶川地震灾后恢复重建工作，下发了《中国红十字会关于进一步加强汶川地震灾后恢复重建工作的通知》。对四川省调整项目进行了严格审核，截至2010年底共调整项目168个，项目资金1.38亿元人民币。此外，制定了汶川地震余款使用方案，并积极推进汶川地震灾区红十字会备灾中心项目和软件项目的落实工作。

【社区为本减灾项目】 2010年3月8—12日，中国红十字会总会与香港红十字会在昆明市召开“农村社区为本备灾项目五省经验总结会议”，总结社区为本备灾项目模式。在此基础上，于7月底与香港红十字会签订《三年合作项目备忘录》，确定2010—2011年在内地投入675万元支持安徽、湖北、云南、贵州4省开展第四期农村社区为本备灾项目。

香港红十字会通过中国红十字会总会援助1500万元，用于湖南、江西、湖北、重庆等水灾灾区开展灾后重建及社区培训项目。截至2010年底，该项目已经实施。

【“春雨行动”专项筹款活动】 2010年初，针对西南地区百年一遇的严重旱灾，中国红十字基金会发起了名为“春雨行动”的专项筹款活动，共筹集资金1.38亿元；2010年4月青海玉树地震发生以后，累计募集救灾款物1.53亿元；2010年8月甘肃舟曲特大泥石流灾害发生以后，累计为灾区人民筹集救灾款物2704.47万元。

【贫困地区医疗救助】 近年来，中国红十字会配合政府在受灾地区、贫困地区、少数民族地区开展人道救助和医疗救助等工作，传播“人道、博爱、奉献”的红十字精神。据不完全统计，自2005年至2010年，中国红十字会总会和中国红十字基金会在全国范围内共援建卫生院（站）、社区卫生服务中心4198所，救助贫困先心病患者13406人，白血病患者3920人，培训乡村医生2586人，援助红十字书库2431个，为众多的贫困家庭解决了燃眉之急，改善了贫困地区的生活、卫生状况，发挥了改善民生、促进社会和谐的作用。

【红十字光明扶贫基金项目】 为弘扬“人道、博爱、奉献”的红十字精神，保护人的生命和健康，红十字扶贫开发服务中心与深圳市方中天网络技术有限公司共同成立红十字光明扶贫基金项目。重点开展眼复明项目，针对白内障等眼疾患者实施手术、帮助复明；同时开展环保袋项目，促进环保和资源再利用，帮助贫困群体再就业。2010年，红十字光明扶贫基金项目重点围绕眼复明（主要针对贫困地区白内障等眼疾患者，组织著名的眼科医生赴当地实施免费治疗手术、帮助复明等行动）和环保行动袋袋传（主要为促进环保和资源再利用，引导消费者的环保意识和责任感）开展活动。截至年底，该项目共开展了6次眼复明活动和2次关爱自闭症儿童活动。

【专项基金医疗救助实施】 2010年，中国红十字基金会各专项基金开展医疗救助的筹款和资助工作稳步开展，全年共接受捐赠1.36亿元，新立项援建博爱卫生院、站84所，培训乡村医生983名，培训盲人440名。天使阳光基金、奔跑天使基金、嫣然天使基金、仁爱基金等专项基金的筹款和资助工作也取得新的进展，2010年共培训盲人440名，救助白血病、先心病、唇腭裂等重症患者7063人，资助贫困肿瘤患者治疗6502人次，新增大病救助定点医院2家。

【“小天使基金”救助实施】 2010年，中国红十字基金会在执行“小天使基金”2009年度5000万元国家彩票公益金项目的同时，再次向财政部申请彩票公益金5000万元，专项用于白血病患儿救助，全年共执行完成两个年度的救助任务，资助白血病患儿3219名。8月，“小天使基金彩票公益金项目总结暨培训会议”在北京召开；10月，在云南召开“红十字天使计划”全国定点医院工作会议，进一步确定了联合基层红十字会和定点医院开展大病救助工作的模式。

【贫困地区白内障患者救助】 2010年，中国红十字会总会接受华电国际电力股份有限公司捐助200万元，救助了河北、山西、内蒙古、云南、宁夏等5个省共1000名贫困白内障患者。红十字扶贫开发服务中心先后为广东省五华县、湖北省监利县、西藏自治区林芝县以及宁夏自治区吴忠市的340名贫困白内障患者免费实施了复明手术。

【贫困先心病患者救助】 2010年，中国红十字会“爱心工程”胡大一志愿者服务队赴全国各地8家医院开展活动，共义诊筛查患者（包括疑似患者）共13169人，筛查出先心病患者5013人，并且实施手术1775人。“六一”儿童节，联合全国所有的合作医院开展了“关爱我国贫困先心病儿童——全国先心病筛查活动”。

5月18日，中国红十字会总会和武警总医院在山西省长治市举行了“扶贫救心——红十字在行动”太行老区行活动，共筛查贫困患者450多人，完成了119例先心病患者的手术治疗，救助医疗费用100余万元。10月22—25日赴玉树地震灾区开展免费救助先心病患者的活动，此次救助活动由1%基金提供支持，全额资助了筛选出10名先心病患者。

【贫困耐（多）药结核病患者救助】 2010年，为帮助贫困耐（多）药结核病患者摆脱病痛，中国红十字会总会申请红十字会与红新月会国际联合会救助资金，在国家级贫困县开展了耐（多）药结核病患者救助试点项目，对30名贫困耐药结核病患者提供食物和交通补贴，促进其接受规范治疗，早日康复，摆脱贫困。

【西部女性阳光计划实施】 中国红十字会作为人道主义的社会救助团体，最关注的是易受损人群的救助问题。2010年，中国红十字基金会设立了“西部女性阳光计划”，关注女性的生殖健康和宫颈癌防治等问题，帮助西部女性进行一些基本的生殖健康筛查，让女性享受到最基本的医疗服务。

【教育扶贫】 1. 博爱助学计划。“博爱助学计划”的主要目标是帮助贫困地区农村改善教学条件，资助贫困家庭孩子上大学，主要包括四个方面的内容，分别为：援建博爱小学；捐赠博爱电脑教室；捐赠“红十字书库”；设立博爱助学金资助贫困家庭孩子上大学等。

2010 年，中国红十字基金会教育援助公益项目“博爱助学计划”继续保持良好发展势头。全年共接受捐赠 5190.59 万元，新援建博爱学校 11 所，配赠红十字书库 755 套，培训乡村教师 100 名，资助贫困大学生 95 人。

2. 图书捐赠。2010 年，红十字扶贫开发服务中心分别向云南省红河州中心小学、山东省莘县柿子园中心学校和湖北省黄梅县中心小学捐赠价值 4517 万元码洋的图书。

【定点扶贫】 为贯彻落实中央关于农村扶贫开发工作部署，加强对贫困地区的支援，中国红十字会总会紧密围绕全国扶贫开发工作重心任务和总体部署，进一步提高认识、加强领导、创新方式、加大力度，从定点扶贫县和总会的实际出发，继续做好定点扶贫工作，努力推动总会定点扶贫县经济社会发展。

自 2002 年开始，中国红十字会总会研究落实定点扶贫任务，建立健全扶贫工作机制，结合红十字会工作特点，对山西省浑源县开展定点扶贫，并先后选派 6 名干部到浑源县挂职锻炼，支援当地经济社会发展。截至 2010 年底，中国红十字会总会和中国红十字基金会累计向浑源县援助资金和物资总价值达 900 多万元，其中，在浑源县援建红十字卫生院、红十字卫生站共 3 所，价值 30 万元；援建红十字会博爱学校 2 所，价值 35 万元；为当地医疗部门援助医疗设备、药品价值 123 万余元；为当地学校援助图书、体育用品及办公用品等助学款物价值 195 万余元；为当地贫困群体援助生活物资价值 160 余万元，捐赠“送温暖生活包”1100 箱，价值约 22 万元。

中国红十字会积极寻找国际合作，支持浑源县当地经济社会的发展。2007 年，通过中国红十字会的联络，浑源县红十字会与美国红十字会合作开展了援助当地农村的改水、改厕、健康教育、红会能力建设等综合项目，项目投入近 86 万元；2003 年，中国红十字会联系澳门特别行政区红十字会援建南榆林上韩村小学。这些扶贫行动在一定程度上改善了浑源县贫困群众的生活、卫生和教育状况。

【送温暖活动】 2010 年元旦、春节期间，中国红十字会总会继续组织开展“送温暖”活动，共筹集资金 1050 万元，为遭受 2009 年雪灾影响及西部贫困省等 10 个省（区、市）和汶川地震影响的四川等 6 个省（区、市）5.25 万户、21 万贫困人群送去慰问物资，其中，总会与中国文联联合在云南省楚雄彝族自治州联合开展了规模宏大的“温暖送百姓、欢乐到基层”慰问活动，丰富了活动的形式和内容，取得良好的社会效应。地方各级红十字会在开展“送温暖”活动中，也开展了募捐活动，据初步统计，共募集价值 3160 万元的款物，为 15.8 万户、63.2 万贫困人群送去慰问物资。

（中国红十字会）

中国残疾人福利基金会扶贫

【概述】 中国残疾人福利基金会是经国务院批准于1984年3月15日成立的全国性公募基金会。宗旨是弘扬人道，奉献爱心，全心全意为残疾人服务。

基金会自成立以来，高举人道主义旗帜，开创性地协助政府进行了首次全国残疾人抽样调查，参与起草了《中华人民共和国残疾人保障法》，开展了抢救性的三项康复等工作，配合实施了中国残疾人事业国家发展计划。同时，遵循“取之于社会，用之于残疾人事业”的原则，在党和政府及海内外各界的关心支持下，累计募集资金40亿元，用于支持残疾人康复、教育、就业、文化、体育等事业的发展，使广大残疾人得到切实的帮助和实惠，为新时期残疾人事业的创建和发展，为推动社会文明进步做出了重要贡献。

1988年，联合国授予中国残疾人福利基金会“和平使者奖”，授予邓朴方“残疾人十年特别奖”。2003年12月，联合国授予邓朴方“联合国人权奖”，表彰他为保护残疾人人权所做出的巨大贡献。2008年，在民政部首次对全国基金会的评估考核中，中国残疾人福利基金会被评为5A级基金会。

27年来，在邓朴方会长的领导下，中国残疾人福利基金会培育了“集善嘉年华”、“中国信息无障碍论坛”等一批有社会影响力的公益项目；形成了“集善工程”这一公益项目品牌；建立起一支朝气蓬勃、勇于创新的工作队伍，为推动社会文明进步做出了重要贡献。中国残疾人福利基金会将自身的公益品牌赋予深刻而丰富的文化内涵，建立鲜明的品牌定位，逐渐形成了公众对这些品牌的认知度。“集善工程”是中国残疾人福利基金会的公益项目品牌，其内涵是集天下之善心，谋残疾人之福祉，包含七大行动，分别是集善嘉年华、启明行动、助听行动、助行行动、助学行动、信息无障碍行动和助困行动。

【集善嘉年华】 “集善嘉年华”是中国残疾人福利基金每年12月3日“国际残疾人日”前夕组织开展的大型慈善活动。2003—2010年，李克强、回良玉、王岐山、刘淇、刘延东、路甬祥、陈至立、张德江、邓朴方等领导同志，有关部委负责同志以及众多文化、艺术、体育、企业界知名人士都曾出席过该活动。活动以席位捐助、现场捐款、慈善拍卖等方式，累计筹集善款9000多万元，有力地支持了我国残疾人的康复、教育、文化出版和体育事业。

【集善工程——启明行动】 2010年8月，中国残疾人福利基金会资助新疆维吾尔自治区开展“集善工程·启明行动”，为喀什、和田、吐鲁番地区1350名贫困白内障患者免费实施复明手术，资助项目经费135万元人民币。

2010年8月，中国残疾人福利基金会资助新疆生产建设兵团开展“集善工程·启明行动”，为新疆生产建设兵团地区400名贫困白内障患者免费实施复明手术，资助项目经费40万元人民币。

【世界宣明会集善援陕甘项目】 2010年12月23日，中国残疾人福利基金会与世界宣明会中国办事处合作开展为期一年的集善援陕甘项目，世界宣明会中国办事处向中国残疾人福利基金会捐助人民币900万元，用于资助陕西、甘肃地震灾区开展残疾人康复人员培训、残疾人家庭社区无障碍改造和残疾人辅助器具适配工作。

【台湾明门助行项目】 中国残疾人福利基金会接受台湾明门实业股份有限公司捐赠便携式残疾儿童轮椅并在全国34个省市基金会发放，利用便携式残疾儿童轮椅改善脑瘫、脑外伤、脊髓损伤、进行性肌营养不良、其他伴肢体功能障碍等残疾儿童的护理和康复条件，提高其生活品质。其中西北五省的发放数量为：甘肃省残疾人福利基金会80台、宁夏残疾人福利基金会80台、内蒙古自治区残疾人福利基金会100台、陕西省残疾人福利基金会80台、新疆残疾人福利基金会80台、西藏50台。项目金额共计2865.67万元，项目受益人2970人。

【集善工程——助听行动】 1. 资助助听器项目。2010年中国残疾人福利基金会资助助听器项目，共救助3430名听力残疾人，其中资助内蒙古、陕西、宁夏、青海、新疆共1012台助听器，资助金额总计186.52万元。

2. 资助人工耳蜗项目。2005年起，台塑企业董事长王永庆向中国残疾人福利基金会捐赠人工耳蜗，开展“听力重建 启聪行动”项目，总计计划捐赠14750台人工耳蜗，救助大陆地区贫困听力残疾儿童。截至2010年底，已经救助全国29个省、区、市的3000多名贫困聋儿。

【拉夏贝尔服装帮困项目】 中国残疾人福利基金会积极动员上海拉夏贝尔服饰有限公司，共同开展服装捐赠项目，2009—2010年，资助西部地区和其他部分省区的贫困残疾人，累计捐赠86959件全新女装，总计价值2166万元人民币，已资助到全国13个省、区、市，8万多贫困残疾人受益。

【抗震救灾】 2010年7月5日，中央政府驻港联络办行政财务部将香港各界爱心人士在港筹集的500万元港币捐赠给中国残疾人福利基金会，用于支持青海省玉树州因灾致残的残疾人康复和就业。

【香港特区政府扶残助困项目】 2010年8月2日，香港特区政府捐赠中国残疾人福利基金会28.5万元港币，通过基金会资助青海省贫困残疾人士，帮助他们购买保暖衣物等生活用品。

【香港无国界社工心理康复项目】 2010年8月2日，无国界社工捐赠中国残疾人福利基金会100万元港币，通过基金会捐赠给青海省贫困残疾人，用于开展残疾人心理辅导和社工培训。

（中国残疾人福利基金会）

中国儿童少年基金会扶贫

【概述】 中国儿童少年基金会（以下简称中国儿基会）是我国第一家公益基金会，成立于1981年7月。30年来，中国儿基会科学地把握慈善工作特点和规律，充分发挥社会组织的优势，以服务儿童、服务社会、服务大局为工作出发点和落脚点，打造了“春蕾计划”、“安康计划”等一批有广泛社会影响力的慈善品牌和慈善项目，在儿童教育资助、环境改善、灾后救助、阵地扶持、文化哺育等方面做了大量卓有成效的工作。截至2010年底，中国儿基会共募集善款18.3亿元，项目惠及全国逾千万贫困儿童，为推进落实男女平等基本国策和儿童优先原则，为保障和改善民生、促进社会和谐稳定积累了有益经验，为推动中国特色慈善事业的发展做出了积极贡献。

【春蕾计划】 20世纪80年代末期，我国每年约有200万适龄儿童失学，其中2/3是女童。为了帮助因贫困而失学辍学的女童重返校园，1989年，中国儿基会启动实施了“春蕾计划”，开启了中国公益品牌新篇章，是我国社会知名度最高的公益品牌之一。截至2010年底，累计筹集资金10亿多元，捐建春蕾学校1000多所，资助贫困女童200多万人次，对40余万女童进行了实用技术培训，一大批“春蕾女童”沐浴着社会各界的关爱成长成才，成为教师、医生、公务员、人民子弟兵和农村致富带头人等，她们在各行各业中发挥着骨干作用。2009年6月，根据社会发展和新形势的需要，中国儿基会不断拓展和丰富“春蕾计划”的内涵，推出了“春蕾计划”四项行动。即：“春蕾计划—助学行动、春蕾计划—成才行动、春蕾计划—就业行动和春蕾计划—关爱留守儿童特别行动”，使“春蕾计划”这一著名的公益品牌继续为解决贫困地区女童及留守儿童的生活和学习等方面的困难发挥重要的作用。

2010年，“春蕾计划”继续开展建校、建班、“一对一”活动资助女童项目。在全国新建“春蕾学校”35所，资助春蕾学生近2万名。其中，空军广大官兵第八次向“春蕾计划”捐款1000万元，在青海、新疆、西藏资助了3044名春蕾生，捐建了3所“春蕾学校”。

【安康计划】 2000年，中国儿基会推出了旨在帮助儿童实现“远离失学、远离疾病、远离伤害、远离犯罪”为目标的“安康计划”公益项目。10年来，为贫困地区数十万儿童送去了价值6000万元儿童营养食品，帮助近2700名贫困儿童治愈了弱视眼疾，资助因艾滋病致孤致贫的儿童达3万多人次。在全国捐建25所“儿童安全体验教室”，320个“社区儿童德育中心”、8200个“社区安康宣传栏”。2009年，与民政部共同启动了“孤儿保障大行动”，建立了公益慈善与商业保险相结合的救助机制，目前已为30万孤儿和贫困儿童发放了公益保险。

2010年，在“安康计划”实施10周年之际，中国儿童少年基金会经过充分调研和论证，进一步明确了“安康计划”的发展方向和工作思路。当前和今后一个时期，“安康计划”将以儿童安全、健康两个领域作为工作着力点，通过大力实施“安康计划—儿童安全应急教育工程”、“安康计划—儿童营养健康工程”和“安康计划—儿童医疗救助工程”，进一步动员社会力量，积极支持参与儿童公益事业，不断推动我国儿童福利事业的新发展。

2010年，“安康计划”在全国捐建24个“安全应急体验教室”、1个“安全应急体验中心”、29个“安康图书馆”。完成在四川10个重灾区各捐建1所“孤残儿童康复中心”的工作。向日照钢铁集团公司募集善款3600多万元，继续资助四川双流“安康家园”。为推进“中国儿童保险专项基金”的顺利实施，与民政部联合推出开展了“爱心1+1”公益行动。目前，已筹集善款548万元，为北京、天津、四川、辽宁、青海等7个省市孤儿赠送11.7万余份儿童重大疾病公益保险。资助宁夏、山东、辽宁、河南等5个省245名贫困弱视儿童治愈眼疾。

【恒爱行动】 2005年，中国儿基会与恒源祥集团共同组织开展了为孤残儿童编织爱心毛衣的“恒爱行动”。历经五年，全国30个省、市、自治区、新疆建设兵团妇联及港、澳、台地区爱心人士共同参与，发放16万多斤爱心毛线，收回54万余件爱心毛衣，已基本实现了全国57.3万孤残儿童人人都穿上一件爱心毛衣的目标。在“恒爱行动”参与者中60%是低收入者，媒体称“恒爱行动”开创了中国共享慈善新时代。

2010年，中国儿基会继续深入实施“恒爱行动”，动员全国各地爱心父母为孤儿编织爱心毛衣。与此同时，“恒爱行动”走出国门，温暖南非、肯尼亚、津巴布韦等非洲六国孤残儿童，通过实物捐赠开展国际民间慈善交流，是中国民间慈善行动走出国门的创新模式。

【让我玩】 “让我玩”城市流动青少年体育公益项目是由中国儿基会和耐克体育（中国）有限公司于2006年共同发起的。以体育运动为手段，通过为流动儿童集中的学校捐赠基本体育器材、捐建篮球场地，通过培训教师、志愿者，开展校际篮球比赛等，使流动儿童在“玩”中增强自信心，培养建设性交流与团队合作意识，提高社会适应力，培养创造力。该项目实施以来，已使全国10个城市，400多所学校的45万名流动儿童学生从中受益。2006年至今，该项目累计投入资金人民币5014万元（现金2345万元，体育装备2669万元）。

2010年，“让我玩”城市流动青少年体育项目，在北京、广州、南京、成都、中山、武汉、青岛、沈阳、济南、宜昌等10个城市的300所以接受流动青少年为主的学校中深入开展。项目由中国儿基会统一管理，地方妇联负责实施。该项目提倡志愿者、体育教师、妇联等各方面的积极参与，通过开展教师培训、志愿者入校、篮（足）球联赛、篮（足）球训练营等一系列活动，发挥体育运动对性格塑造和社会技能提高的积极作用，从而帮助流动青少年发挥潜能、提高生活学习技能、健康成长、积极面对未来。

【音乐之声　我要上学】 2003年，中国儿童少年基金会与中央人民广播电台音乐之声共同发起了“音乐之声　我要上学”大型主题公益活动，旨在呼吁社会关注贫困儿童，资助贫困儿童完成学业。中央人民广播电台音乐之声作为受全国听众欢迎的第一专业流行音乐频道，覆盖北京、上海等36个城市，听众在一亿人次以上。“音乐之声　我要上学”公益活动充分利用自身媒体平台的优势，通过中央人民广播电台音乐之声频道，每天高频率播出“音乐之声　我要上学”公益广告。通过组织孙燕姿、孙楠、王力宏、韩庚等众多一线明星艺人作为每届活动的爱心大使，在各大城市开展爱心路演；由明星自发深入贫困地区，捐助贫困儿童，通过拍摄宣传片，走到捐助孩子的身边进行“真情面对面”等活动，引导社会各界参与该活动；还在各地举办慈善高尔夫球赛，以及每年年底举办一台大型慈善晚会等一系列活动，以此对该公益活动进行宣传和募捐。同时，通过电视、报刊、网络、户外等多种媒体广泛宣传报道“音乐之声　我要上学”活动。

每一年的“音乐之声　我要上学”公益活动都邀请知名艺人创作了主题曲。从2003年《让爱随音乐起飞》到2006年李宗盛作词作曲的《娃娃》、2007年黄韵玲写的《Do Re Mi Fa So》，2008年由凡人组合创作的《用爱点亮希望》，2009年由李伟菘、易家扬创作的《暮光操场》，到2010年由羽泉创作的《大手小手》，每一年的主题曲都成了传播爱心的音乐桥梁，在社会范围引起广泛的关注，得到了众多爱心企业和热心听众的高度关注和积极参与。

8年来，“音乐之声　我要上学”公益活动覆盖北京、河北、河南等18个省、自治区、直辖市，捐建资助了60多个春蕾小学和春蕾班，筹集600余万元款（物）。“音乐之声　我要上学”利用自身媒体优势，广泛发动社会各界为贫困儿童奉献爱心，帮助贫困儿童通过知识改变命运，倡导树立“人人可公益”的现代公益理念，推动了现代公益慈善体系建设，在全社会营造关注公益、关心公益、参与公益的良好氛围，推动全民公益事业的发展，形成了全社会关心、参与扶贫济困的强大合力和良好风尚。对推动中国儿童慈善事业的发展起到了积极的促进作用。

2010年，与中央人民广播电台音乐之声继续合作开展“Music Radio 音乐之声　我要上学”大型公益活动，此次活动主题为音乐之声，我要上学——1200助学行动，面向广大公众，利用音乐之声栏目的社会影响力，筹集善款327.8万元，在全国18个省、区、市捐助54个春蕾班。

【紧急救助】 2010年，面对我国西南五省旱灾、玉树地震、甘肃泥石流等突发自然灾害，中国儿基会发挥优势，迅速行动，搭建捐赠平台，动员社会力量为灾区妇女儿童奉献爱心。在西南五省旱灾发生后，立即启动了“甘露——为旱区孩子送水公益行动”，在玉树地震发生后，第一时间开展“紧急救助玉树震区儿童公益行动”，争取主流媒体的大力支持，在网络上开设专题、专栏，在报刊上发布公益广告，通过电话、网络、银行、邮局等多种捐赠渠道，为救助灾区妇女儿童紧急募捐。爱心企业、社会爱心人士纷纷响应号召，通过各种渠道捐款捐物。在开展公益活动一个多月时间内，累计为西南五省灾区筹集善款 705.3 万元，为 619 所学校、25.64 万名学生送去了爱心水，还利用捐款新建了 5 口井，7 个蓄水池。玉树地震发生后，与中央人民广播电台共同举办了《闪耀音乐梦想，点亮玉树希望》公益晚会，筹集款物 2000 余万元。在活动中，“腾讯网友爱心基金”为青海玉树捐建幼儿园、云南旱区校园建设饮水工程共筹集善款 1300 多万元。甘肃舟曲特大泥石流和海南水灾发生后，紧急拨付 366 万元赈灾款物。

【我的第一书包】 2010 年，为帮助解决贫困家庭新入学一年级孩子的学习困难，与企业策划开展了“我的第一书包”公益活动，为 14 个省区市 128 所学校、1 万名贫困儿童赠送了爱心书包和文具。

【贫困儿童参观世博】 与世界知名品牌 GUCCI、安利（中国）日用品有限公司、友邦（中国）保险公司、恒源祥集团公司、玫琳凯（中国）化妆品有限公司等爱心企业一起，先后组织了 295 名灾区儿童、留守流动儿童和贫困弱视儿童参观游览世博会，使孩子们开阔视野，增长知识，感受世博会的激情和科技魅力。

（中国儿童少年基金会
综合办公室　张燕）

八

国际合作篇

综　述

国务院扶贫办高度重视减贫领域的国际交流与合作，积极拓宽对外交流渠道，加强与外国政府、国际组织以及非政府组织的交流与合作。通过人员互访、研讨培训、项目合作等多种形式，广泛宣传我国的扶贫成就与经验，借鉴国际社会在减少贫困、消除贫富差距方面的有效做法，进一步提升中国扶贫开发的工作水平。减贫领域的国际合作是南南合作的一项重要内容，旨在促进发展中国家之间在社会发展和减贫领域的知识和经验分享，共同推动发展中国家经济社会和谐均衡的发展。

国际交流

【出访活动】　2010年，国务院扶贫办积极开展国际减贫交流合作，进一步加强了对外减贫交流工作，拓宽了交流渠道和范围，访问并接待多个合作伙伴国家。全年共派出35个出访团组。

1. 2010年1月13—22日，中国国际扶贫中心（以下简称国际中心）主任吴忠率团访问了马里和科特迪瓦。访问主要目的：一是赴马里出席中国－发展援助委员会（经合组织）研究小组“农业、食品安全和农村发展研讨会”筹备会议；二是访问科特迪瓦总统顾问办公室，就国际中心与科特迪瓦开展减贫合作进行沟通。在马里访问期间，代表团拜会了总理府、减贫与增长战略中心等马里政府机构和法国发展署、世界银行等国际机构。在科特迪瓦访问期间，代表团会见了总统办公室投资与一体化顾问瑞蒙德·斯百利和布瓦夫莱省长，探讨了国际中心与科特迪瓦开展减贫合作事宜。

2. 2010年4月22—28日，以国务院扶贫办副主任郑文凯为团长、中国扶贫基金会会长段应碧为顾问的代表团赴马里共和国，出席“为了实现增长和减贫的农业、食物安全和农村发展”国际研讨会，并就中非开展减贫交流合作考察了贝宁和马里两国。郑文凯副主任在会议开幕式上致辞，并介绍了中国扶贫开发形势与政策。段应碧会长就中国农村发展与减贫作了专题报告。马里总理莫迪博·西迪贝专门会见了代表团全体成员，对中马减贫交流与合作给予了高度评价和充分肯定。在贝宁期间，代表团与联合国开发计划署驻贝宁代表处、贝宁发展与规划部、财政与经济部负责减贫事务的部门举行会谈，探讨双方开展减贫交流与合作的途径，并实地考察了科托努农贸市场和当地的贫困村。

3. 2010 年 8 月 20—29 日，以国务院扶贫办主任范小建为团长的中国扶贫代表团赴孟加拉国和印度进行了工作访问。这次出访的主要目的：一是加强与两国在减贫与发展领域的交流，共享经验，推进千年发展目标进程；二是考察了解两国政府扶贫工作体系和孟加拉小额信贷模式，为谋划新十年国家扶贫开发纲要，完善中国扶贫开发战略和政策体系提供借鉴；三是探索与两国在扶贫领域开展合作，进一步发挥国际中心的交流平台作用。访问期间，范小建主任从机构职能、工作重点、基本经验、扶贫成就、问题与挑战等方面向孟、印两方进行了详细介绍。在孟期间，代表团拜会了总理哈西娜和外交部部长莫尼；与地方政府与农村发展和合作部部长、农业部部长、计划部委员分别举行了会谈。在印期间，代表团分别与农村发展和村务管理部部长、计划委员会副主席、拉贾斯坦邦主席以及联合国系统驻印度协调员暨联合国开发计划署驻印度国别主任进行了会谈，并赴拉贾斯坦邦实地考察了“甘地农村就业保障项目”的组织、实施和管理情况。

4. 2010 年 9 月 19—25 日，应非洲农业经济学家联合会主席邀请，国务院扶贫办副主任王国良率团赴南非考察并参加非洲农业经济学家协会主办的“粮食与金融危机”国际会议。会议共有来自非洲大陆的 400 多名学者和政策实践者与会，内容涵盖非洲大陆农业发展的多个议题。9 月 22 日，在第六个全体大会上，王国良副主任向与会代表介绍了中国扶贫开发的成效、政策及做法，得到了 200 多名与会人员的积极回应，并就有关问题与代表团进行了互动交流。在南非访问期间，代表团还与德国技术合作公司（GIZ）南非办公室举行了会谈，全面了解了 GIZ 在南非开展的工作和活动，并实地考察了 GIZ 在姆普马兰加省的项目区。与 GIZ、欧盟、南非财政部等有关人员就已经开展的合作项目及潜在的合作可能进行了商讨并达成了诸多共识。

5. 2010 年 10 月 18—25 日，国务院参事、国际中心理事长刘坚同志率团对澳大利亚、斐济两国的社会援助和减贫工作进行了考察。考察主要目的有三点：一是加强与两国在减贫与社会发展领域的交流；二是考察两国减贫战略与措施，为谋划新十年国家扶贫开发纲要，完善中国扶贫开发战略和政策体系提供借鉴；三是探索与两国在减贫领域开展合作，进一步发挥国际中心的平台作用。在斐济期间，代表团会见了斐济社会福利、妇女与减贫部部长 Hon. Jiko Luveni 女士，参观考察了 Navo 住宅区住房扶贫项目、Sabeto 住宅区住房扶贫项目以及 Lautoka 手工艺品制作扶贫项目。随后，代表团还实地考察了妇女缝纫培训中心以及 Raibevu 妇女中心等项目点。在澳大利亚期间，代表团拜访了墨尔本大学，与墨尔本大学国际合作研究顾问、澳中水资源合作研究中心副主任陈德立博士、澳大利亚 MONASH 大学教授 Ray Ison 先生等进行了会谈。双方就墨尔本大学、MONASH 大学、中国科学院等机构在中国白洋淀等地实施的水资源扶贫项目进行了交流。

【外事接待】 国务院扶贫办每年都要接待来自各国政府、国际组织、非政府组织的代表。2010 年，办领导出面会见了 17 个国外代表团。

1. 1月6日，范小建主任会见秘鲁驻华大使哈罗德·福塞斯（Harold Forsyth）先生。

2. 3月3日，郑文凯副主任会见尼泊尔总理办公室和部长理事会秘书长拉姆昌德拉·曼·辛格（Ramchandra Man Singh）先生率领的政府代表团。

3. 3月4日，郑文凯副主任会见联合国助理秘书长、联合国开发计划署助理署长、非洲局局长泰格艾格奈瓦克·盖图（Tegegnework Gettu）先生一行。

4. 4月9日，郑文凯副主任会见联合国驻华系统总协调员兼联合国开发计划署驻华代表马和励（Khalid Malik）先生。

5. 4月20日，郑文凯副主任会见南非农村发展和土地改革部部长古吉乐·恩昆蒂（Gugile Ernest Nkwinti）先生率领的政府代表团。

6. 6月2日，郑文凯副主任会见来华参加“非洲法语国家推进 MDG 进程中的减贫与社会发展政策研修班”的贝宁外交部助理秘书长 Euloge Himvi 先生和技术顾问 Elisha Nicole 女士。

7. 6月4日，范小建主任会见新任联合国驻华系统协调员兼联合国开发计划署驻华代表处代表罗黛琳（Renata Lok－Dessallien）女士一行。

8. 6月9日，范小建主任会见尼日利亚参议院执政党党督马哈茂德·坎蒂·贝洛（Mahmud Kanti Bello）参议员一行。

9. 6月17日，范小建主任会见孟加拉国民议会议员、土地部部长里扎乌尔·卡利姆·希拉（Md. Razaul Karim Hira）先生率领的政府代表团。

10. 6月25日，郑文凯副主任会见世界银行社会发展局局长帝尚礼（Cyprian Fisiy）先生一行。

11. 8月31日，郑文凯副主任会见挪威基督教民主党主席达格芬·赫布劳滕（Dagfinn Hoybraten）先生一行。

12. 9月10日，郑文凯副主任会见南非总统府国家规划委员会部长曼纽尔（Trevor Manuel）先生一行。

13. 10月25日，郑文凯副主任会见马拉维国土、住房和城市发展部副部长比利·卡乌达（Billy Kaunda）先生一行。

14. 10月26日，范小建主任会见哥斯达黎加外长，雷内·卡斯特罗·萨拉萨尔（RENE CASTRO），哥斯达黎加外交和宗教事务部部长。

15. 11月17日，郑文凯副主任会见世界银行高级副行长兼世界银行独立评估局局长韦诺德·托马斯。

16. 11月23日，范小建主任会见坦桑尼亚总理府常务秘书里默一行。

17. 12月9日，郑文凯副主任会见联合国开发计划署驻华代表处国别主任南书毕。

【出国（境）培训】 出国（境）培训是国务院扶贫办外事工作的一个重要组成部分，是拓宽扶贫干部视野的一个重要手段，是落实扶贫人才培养战略的一个重要举措。按照国家外专局“引智扶贫”的要求和“以我为主、为我所用、趋利避害、更有成效”的方针，注意突出重点、优化结构、归口管理、建章立制、规范程序，加强国际扶贫培训，搞好国别发展比较，借鉴他国扶贫与发展的成功经验，探索中国扶贫与发展的有效途径和方法。2004—2010 年，扶贫办先后组织了 29 期出国（境）培训，有 675 名扶贫干部参加出国培训。

2010 年，国务院扶贫办共组织实施了赴美国“农村社会公共服务与社会保障体系建设”、赴巴西“拉美国家扶贫模式”、赴澳大利亚“社会发展领域的公共财政政策”和赴加拿大“生态农业与特色产业开发”、“中国省区扶贫办官员赴孟加拉开展扶贫能力建设培训”等五个培训项目，共培训 81 人。

国际会议

【中国—东盟社会发展与减贫论坛】 2010年7月13—15日，国务院扶贫办与广西自治区人民政府共同主办，国际中心、广西自治区扶贫办等共同承办，联合国开发计划署等共同支持的“第四届中国—东盟社会发展与减贫论坛”在广西桂林召开。本次论坛的主题是“自由贸易与减贫”。来自东盟十国及东盟秘书处社会发展与减贫部门负责人、该领域的知名专家学者、著名企业家、非政府组织代表以及国际组织的代表160余人参加了会议。国务院扶贫办副主任郑文凯同志主持大会开幕式并就“贸易自由背景下的中国减贫”作主旨发言。

参会代表就贸易自由化、经济增长和发展战略进行讨论，主要议题包括：亚洲成功经验的实证与示范，释放贸易潜能，推动增长与减贫，贸易自由化对减贫的影响途径及应对策略等。此外，东盟十国的参会代表就本国的实际情况并结合本届论坛的主题发表了国别演讲。

【亚洲政党扶贫专题会议】 2010年7月17—18日，中联部主办、国务院扶贫办和云南省人民政府协办的“亚洲政党扶贫专题会议”在云南昆明成功举办。中共中央总书记、国家主席胡锦涛向会议发来贺词。中共中央政治局委员、国务院副总理回良玉出席开幕式并发表主旨讲话。来自30个国家57个政党的120多名代表出席活动，围绕“扶贫济困：亚洲政党共同的责任”会议主题以及“探索适合亚洲国情的扶贫道路”和“亚洲扶贫在实现联合国千年发展目标中的作用”两个分议题展开热烈讨论，最终通过《亚洲政党关于扶贫事业的昆明倡议》。会议达到了“交流扶贫经验、推动发展对话、促进政党合作”的预期目的。

【减贫与发展高层论坛——10·17论坛】 2010年10月17日，为纪念第18个国际消除贫困日，由国务院扶贫办和联合国驻华系统联合主办，国际中心、联合国开发计划署和中国扶贫基金会共同承办的2010年“国际消除贫困日”纪念活动——“减贫与发展高层论坛”暨第三届“中国消除贫困奖”颁奖仪式于10月17日在北京钓鱼台国宾馆举行。中共中央政治局委员、国务院副总理、国务院扶贫开发领导小组组长回良玉出席开幕式，为“中国消除贫困奖”获得者颁奖并发表讲话。联合国秘书长潘基文向论坛发来了贺信，智利前总统、联合国妇女署署长、联合国社会保障顾问组主席米歇尔·巴切莱特（Michelle Bachelet）在开幕式上致辞。国务院扶贫开发领导小组副组长、国务院扶贫办主任范小建主持活动开幕式，宣读第三届“中国消除贫困奖”表彰决定，并在论坛上作主旨发言。14 名中外部长级代表及 300 多名来自国内外政府部门、国际组织、科研机构、国外驻华使馆、社会团体、企业界和媒体的代表出席了纪念活动。

论坛主要围绕“21 世纪增长与发展所面临的挑战：促进公平和可持续发展”、“经济结构调整、城市化、促进就业和减贫”、“资源有效开发及减贫”等议题进行了广泛而深入的交流和研讨，并就如何推进发展方式转变与减贫进行了探讨和展望，对第三届“中国消除贫困奖”获奖单位及个人进行了隆重表彰。

【中国贫困农村地区可持续发展项目启动会】 2010 年 10 月 20 日，国务院扶贫办和世界银行共同在北京召开了“中国贫困农村地区可持续发展项目”（世行第五期扶贫项目）启动会。世界银行副行长英格·安德森（Inger Andersen）出席会议并致辞，国务院扶贫办主任范小建出席会议并发表了总结讲话，来自国家发展改革委、财政部等国家部委和国际农发基金、国际计划（中国）等国际组织以及河南、陕西、重庆三项目省（市）的近 260 名代表参加了会议。会议的召开旨在使国际社会充分了解中国的基本国情，了解现阶段实施世行第五期扶贫项目的重大意义，进一步扩大扶贫领域的对外开放，加强国际合作。同时也为增强各项目省（市）领导对世行第五期扶贫项目的重视，增强各级项目执行机构做好项目的信心和决心。

【中非减贫与发展会议】 2010 年 11 月 1—3 日，国际中心、联合国开发计划署和埃塞俄比亚政府在埃塞俄比亚首都亚的斯亚贝巴共同主办了“中国—非洲减贫与发展会议”。会议为期三天，11 月 1—2 日在联合国会议中心研讨，11 月 3 日实地考察了中国在埃建设的东方工业园、Dugda 花卉基地、埃塞俄比亚商品交易所。来自非洲国家和中国的政府部门、科研机构、私营部门的决策者、研究者、实践者以及有关国际组织的代表等 250 多人出席了大会。本次会议讨论的关键议题包括：（1）发展与转变——在非洲实现高增长；（2）转变的经验——中国的减贫经验；（3）解决非洲大陆的温饱问题——非洲农业是否会成为下一个崛起的力量？加强社会能力与社会凝聚力；（4）全球化背景下的新兴经济体以及新的发展合作伙伴关系。

联合国开发计划署署长海伦·克拉克、埃塞俄比亚总理梅莱斯、国务院扶贫办郑文凯副主任全程参加第一天上午的大会，分别作主旨发言并一起回答代表的提问。会议期间，海伦·克拉克署长和郑文凯副主任举行了双边会谈，并见证国际中心和 UNDP 中国代表处签署“建设中非之窗合作意向书”。

减贫与发展经验分享

研　　究

【中国农村环境保护与扶贫开发】 2010年，国务院扶贫办外资项目管理中心（以下简称外资中心）就如何协调扶贫开发与环境保护的关系进行了深入研究。在文献研究和实地调研的基础上，开发出初步的环境影响评价框架，集中分析了目前中国政府扶贫行动中五大扶贫项目（整村推进、劳动力转移培训、产业化扶贫、移民扶贫和牧区扶贫）的环境影响（主要是对面源污染的贡献，对生态的影响，对资源管理的影响，对社区环境的影响，对社区社会经济的影响），并针对消除扶贫活动的不利环境影响因素以及强化和改善环境友好型扶贫方式提出了具体的意见和建议。研究成果著成《中国农村环境保护与扶贫开发》一书，由光明日报社出版发行。

【农村产业化扶贫模式比较研究】 2010年5月—12月，外资中心与中国农业大学合作开展了农村产业化扶贫模式比较研究。对中国农村地区农业产业化运行的主要模式进行比较，重点探讨了公司加农户、中介组织加农户以及合作社一体化三种最基本的组织模式，对其运行中的特征进行了具体的分析，在实践中选择不同的农业产业化运行提供依据。

【社区自主型发展项目（CDD项目）对弱势群体的影响】 2010年6月—8月，外资中心与中国人民大学共同开展了CDD项目对弱势群体的影响研究工作。重点运用人类学组织研究的方法和乡村治理的视角，分析在CDD理念框架及实际操作中，农村弱势群体如何界定、如何参与社区自主决策以及如何与强势者、权力者等利益群体相互调适；通过CDD模式与传统扶贫及一般参与式农村工作手法的比较研究，分析CDD对于发展农村弱势群体的机制优越性，为在CDD模式的研究和推广中进一步瞄准弱势群体提供参考建议。

【中国多维度儿童贫困政策】 2010年9月—12月，外资中心与商道纵横研究咨询机构合作，通过总结中央及地方不同部门在关注和干预儿童贫困议题所出台的政策、制定的规定及颁布的法律等，收集、整理国内外组织有关儿童贫困项目的文件资料和成果汇编等，按照儿童贫困的九个维度，从扶贫系统的角度出发，分析、评估国内现有的政策法规、项目行动，研讨有关政策及项目行动的成功与不足，解析现有政策及项目行动与实际需求的差距，提出相应改进或新的政策建议，为缓解儿童贫困相关的扶贫规划和政策提供依据，从而促进儿童发展长效干预机制的建立，阻断贫困的代际传递。

【中国的儿童贫困现状——基于甘肃、湖北抽样调查的发现】 2008年4月—2009年8月，外资中心与北京师范大学共同组织开展了此项研究。基于定性和定量相结合的方法，在对甘肃、湖北的相关县进行抽样调查的基础上，对中国的儿童贫困现状开展研究。研究不仅从概念上对儿童贫困进行了界定，也从实证的角度对目前中国儿童贫困进行了测量和分析，提出了促进儿童发展的相关决策和建议。

【中国—发展援助委员会（China—DAC）研究小组】 2010年4月27—28日，China—DAC研究小组第二次活动即“为了实现增长和减贫的农业、食物安全和农村发展”国际研讨会在马里成功举行。国务院扶贫办副主任郑文凯率团参会并在开幕式上致辞；中国扶贫基金会会长段应碧作题为《中国的农业、食物安全和农村发展：促进增长与减贫的关键政策和战略》的主旨发言；国际中心副主任黄承伟作题为《中国农村扶贫开发：成效、做法与经验》的报告并作会议总结发言。马里共和国总理莫迪博·西迪贝接见了代表团。会后参会代表实地考察了马里农业发展项目，为加强合作奠定了良好的基础。2010年9月19—21日，China—DAC研究小组第三次活动即“基础设施：增长与减贫的基础”国际研讨会在北京召开。国务院扶贫办副主任郑文凯出席开幕式并致辞。中国、非洲以及国际社会的112名经济学、社会学领域的专家及政府官员参会，23名国内外专家作专题发言。

培　训

【南太平洋岛国及亚洲国家扶贫政策与实践研修班】 由国际中心、联合国开发计划署主办，广西壮族自治区扶贫办承办，广西外资扶贫项目管理中心协办，澳大利亚国际发展署支持的“南太平洋岛国及亚洲国家扶贫政策与实践研修班”于2010年1月31日—2月8日在广西南宁举办。来自南太平洋岛国的斐济、瓦努阿图、汤加以及亚洲国家菲律宾、泰国、老挝、印度尼西亚、孟加拉、越南等9个国家的22名官员参加了此次研修班。国务院参事、国际中心理事长、原国务院扶贫办主任刘坚，广西壮族自治区人民政府副主席陈章良，中国国际经济技术交流中心副主任王伟黎，联合国开发计划署助理国别主任侯新岸出席并致辞，国际中心主任吴忠主持了开班仪式。

【苏丹民间组织扶贫能力建设培训班】 2010年4月19—27日，由中国扶贫基金会和国际中心联合举办，苏丹比尔特瓦苏慈善组织协办的“苏丹民间组织扶贫能力建设培训班”在北京和云南举行。包括比尔特瓦苏慈善组织、苏丹妇女联盟、苏丹红星月会和苏丹贫困母亲救助协会在内的9家苏丹民间组织和苏丹卫生部的20名学员参加了研修班。培训班为期10天，分专家讲座与实地考察两个部分。专家讲座在北京举行，内容涵盖中国社会经济发展与减贫的总体概况、中国民间组织的发展历程和经验以及相关民间组织实施减贫与发展项目的典型案例。培训班还特别邀请中石油国际事业部领导就中国企业在苏丹履行社会责任的实践情况做专门介绍。实地考察将在云南省丽江市玉龙县举行，主要考察中国扶贫基金会母婴平安120项目的组织管理方式、具体实施机制及实践效果。

【亚洲国家发展（减贫）理论与实践研

修班】 在外交部和财政部的支持下，由国际中心主办、重庆市扶贫办承办的“亚洲国家发展（减贫）理论与实践研修班”于2010年5月16—23日在重庆市举办。来自亚洲合作对话（ACD）框架内的文莱、柬埔寨、印度尼西亚、哈萨克斯坦、科威特、老挝、马来西亚、缅甸、菲律宾、斯里兰卡、泰国、越南等12个国家的28名学员参加此次研修班。本次研修班的主题是“城乡统筹发展、劳动力转移与减贫”。

【非洲法语国家推进MDG进程中的减贫与社会发展政策研修班】 2010年5月31日—6月20日，由商务部主办、国务院扶贫办国际合作与社会扶贫司承办、国际中心实施的“非洲法语国家推进MDG进程中的减贫与社会发展政策研修班”开班仪式在北京举行，来自布隆迪、刚果（布）、吉布提、几内亚、几内亚比绍、喀麦隆、马达加斯加、马里、尼日尔、塞内加尔、乍得、多哥、科特迪瓦以及中非等14个非洲国家的28名代表应邀来华参加研修。国务院扶贫办副主任郑文凯、国际中心主任吴忠出席了开班式并致辞。研修班分专家讲座、国别演讲和实地考察三个部分。

【中非共享发展经验高级研讨会】 2010年9月14—21日，由财政部、世界银行、商务部和国务院扶贫办共同主办、国际中心承办的第三届中非共享发展经验高级研讨会在北京举行。来自埃塞俄比亚、加纳、肯尼亚、利比里亚、毛里求斯、尼日利亚、坦桑尼亚、乌干达、赞比亚9个非洲国家的政府高级官员及驻华使馆官员、世界银行高级代表以及国内有关部委和科研机构的代表共100多人应邀参会。财政部副部长王军、世界银行行长佐利克、商务部国际贸易谈判副代表崇泉、国务院扶贫办副主任郑文凯及利比里亚国务部长那提·戴维斯等中外贵宾在开幕式上致辞。本届研讨会主题为“基础设施建设和经济技术开发区发展”。与会代表将围绕经济特区和基础设施建设对经济增长及减贫的作用、贸易和投资开放与经济特区发展、基础设施发展战略与融资、农村基础设施建设对农户及中小企业的支持作用以及中非在工业园区和农村基础设施领域的合作等专题进行讨论与交流。研讨会期间，与会非洲代表赴中国江苏省实地考察中国农村基础设施、工业园区和经济技术开发区的建设与发展情况。

【亚洲国家灾害风险管理与减贫研修班】 2010年9月20—29日，由国际中心主办、四川省扶贫与移民局以及联合国开发计划署驻华代表处承办的亚洲国家灾害风险管理与减贫研修班在成都举行。来自孟加拉、格鲁吉亚、印度、伊朗、吉尔吉斯斯坦、老挝、蒙古、缅甸、尼泊尔、巴基斯坦、菲律宾、斯里兰卡、也门等13个亚洲国家的政府高级官员及2个国际组织的代表共20人应邀参加了研修班。研修班的主题是“灾害风险管理与减贫”。研修班分专题研讨和实地考察两个部分。专题研讨含主旨发言和案例分析两部分，涵盖了全球/亚洲国家气候变化、灾害风险与减贫的趋势及挑战，亚洲国家的灾害风险管理与减贫，中国的灾害风险管理与减贫和灾害风险管理与减贫的核心战略等四大专题。

【第三期全国扶贫办主任国际发展（减贫）理论与实践研修班】 2010年10月16日，由国际中心和全国贫困地区干部培训中心主办、联合国开发计划署驻华代表处和中国国际经济技术交流中心支持的第三期全国扶贫办主任国际发展（减贫）理论与实践研修班在北京举行。来自全国28个省市扶贫部门46名主要负责人应邀参加研修班。开幕式由国际中心主任吴忠主持。国务院扶贫办副主任郑文凯、联合国开发计划署国别副主任那华出席开幕式并致辞。研修班围绕千年发展目标、贫困监测与衡量、特殊贫困综合治理以及全球减贫与发展热点问题等四个专题，邀请了联合国系统、世界银行、亚洲开发银行等机构的专家，牛津大学、加利福尼亚大学的学者举办专题讲座。

【中国—国际农发基金南南合作农业综合开发与减贫研修班】 2010年11月4—6日，由财政部及国际农发基金主办、国际中心和广西壮族自治区财政厅以及农业厅承办的中国—国际农发基金南南合作农业综合开发与减贫研修班在广西南宁举行。来自国际农发基金以及中国和农发基金成员国的118名代表参加了研修班。本次研修班的主题是“农业综合开发与减贫”，为期3天，分实地考察、专家讲座和案例介绍三个部分。11月4日，参会代表赴广西壮族自治区隆安县实地考察了国际农发基金在华项目，涉及农业优势产业开发、结构调整、技术推广、市场开发和金融支持等。11月5—6日，与会代表围绕“农业发展与减贫：政策与经验”、“市场开发与农业发展”、“结构调整与农业发展”和“公共服务与农业发展”等四个专题展开深入研讨。

【第二届中国—亚行知识共享平台高级研讨会】 2010年11月8—11日，第二届“中国—亚行知识共享平台”高级研讨会在北京举行。本届研讨会由财政部、交通运输部和亚洲开发银行共同主办、国际中心承办。本届研讨会主题为“加强交通基础设施建设，推动经济与社会发展”。财政部副部长李勇、交通运输部总规划师戴东昌及亚洲开发银行副行长罗哈尼等出席开幕式并致辞。来自巴基斯坦、菲律宾、柬埔寨、老挝、马来西亚、蒙古、孟加拉国、尼泊尔、斯里兰卡、泰国、印尼、越南、巴布亚新几内亚、斐济14个国家的40名政府高级官员、亚行高级代表以及国内有关部委和科研机构的代表共80多人应邀参加研讨会。研讨会期间，与会代表赴天津实地考察有关交通基础设施建设情况。

交　流

【“全球金融危机影响”国际研讨会】 2010年2月4—5日，国际中心与联合国开发计划署亚太区域中心、联合国开发计划署驻华代表处联合举办“全球金融危机影响”国际研讨会。来自亚太地区17个国家的政府官员、学术界以及社会团体的代表和联合国开发计划署、亚洲开发银行、联合国粮农组织官员共计70余名代表参加了此次研讨会。会议分析了金融危机对亚太地区及有关国家的经济和社会影响，交流了各国应对危机政策措施及成功经验，探讨了未来的发展道路。会议对于亚太各国充分认识金融危机产生的影响，优化应对危机措施，实现未来经济社会可持续发展具有积极的促进作用。

【中非减贫与发展合作高层对话会】 2010年2月5日，国际中心与联合国开发计划署联合举办了“中非减贫与发展合作高层对话会”。国务院参事、国际中心理事长刘坚与非洲开发银行行长唐纳德·卡伯鲁卡（Donald Kaberuka）共同出席此次高层对话会，并分别致辞。来自外交部、商务部、中国人民银行的有关领导、国内知名专家学者、联合国开发计划署驻华国别代表、联合国粮农组织驻华代表、非洲国家驻华大使、企业界及社会团体代表等共50多人出席会议，就在新的形势下有关各方如何进一步推进中非在减贫与发展领域的合作等议题进行讨论。与会代表们一致认为，中国与非洲国家都面临着消除贫困、促进发展、实现千年发展目标的共同任务，中非应进一步加强这一领域的交流合作，相互学习借鉴，共同发展。

【名人讲坛第三期专题讲座】 2010年6月22日，国际中心名人讲坛第三期专题讲座在北京举办。德国全球与区域事务研究所主任罗伯特·卡佩尔（Robert Kappel）教授和欧盟委员会特别顾问、欧盟委员会前区域政策局局长格拉汉姆·梅多斯（Graham Meadows）先生应邀做客名人讲坛，分别就“对非发展合作——中国与西方经验”、“经济发展政策：寻找X-因子”作专题演讲。国务院扶贫办及直属各单位、相关国际机构和科研院所等部门的近100名代表出席了讲坛。罗伯特·卡佩尔教授主要介绍了非洲的经济形势与发展变革、中国在非洲的利益关系与活动参与情况、西方国家在非洲的经验以及影响减贫的重要因素，并就中国、非洲和德国开展三方合作的情况进行了深入探讨。

【名人讲坛第四期专题讲座】 2010年7月21日，国际中心在北京举办第四期名人讲坛。现任美利坚大学国际服务学院教授，著名中国事务专家德布拉·布莱提恩教授（Deborah Brautigam）应邀做客名人讲坛，作了题为“龙的礼物：中国在非洲的真实故事”专题演讲。讲坛由国际中心主任吴忠主持。来自国务院扶贫办及直属各单位、有关国家驻华使馆、相关国际机构和科研院所等部门的近100名代表出席了讲坛。在讲坛结束之际，吴忠主任作了总结发言并指出中国的发展经验对非洲具有的重要参考意义。

【新公益论坛】 2010年9月15—18日，由友成企业家扶贫基金会发起主办，国际中心和NPI公益组织发展中心联合主办的首届“新公益论坛”在上海召开。国务院扶贫办副主任郑文凯出席论坛开幕式并致辞。国际中心首席技术顾问Salehuddin Ahmed博士参加论坛并发言。论坛以跨界、合作与创新为主题，由“扶贫与农村金融的结合与创新”、“志愿服务与社会创新”、“公益创投与社会企业”、“新技术与新公益”四个分论坛组成，250余名来自公益组织、社会企业、商业企业、政府和学界的国内外嘉宾展开了关于新公益和社会创新的对话与讨论。

【名人讲坛第五期专题讲座】 2010年11月17日，国际中心名人讲坛第五期专题讲座在北京举办。世界银行高级副行长兼世行集团独立评估局局长韦诺德·托马斯（Vinod Thomas）先生和世界银行高级经济学家王燕女士应邀做客名人讲坛，分别就“增长的质量：运用财政政策提高增长效益”、“国别经验：巴西、智利和中国”作专题演讲。来自国务院扶贫办及直属各单位、北京各科研院所、相关国际机构和驻华使馆等部门的近100名代表出席了讲坛。与会代表认为可持续增长是长期目标，通过转变经济发展方式实现平衡增长是客观要求，提高经济增长质量，是一个既重要又有相当挑战的课题，应继续进行深入研究，并加强国家间的经验交流，共同促进世界经济的可持续发展。

【中国外资扶贫成果展】 2010年11

月 18 日，外资中心主办的“中国外资扶贫成果展”在北京全国农业展览馆成功举办。展览主题为“国际合作、消除贫困”，全面展示了中国利用外资扶贫的历程、成就和基本经验。来自国家有关部委、国际组织驻华机构、中西部 19 个省（区、市）扶贫办、52 个扶贫开发工作重点县的代表以及企业界、工商界、有关社会团体及社会公众等 1000 多人参观了展览。外资扶贫作为整个扶贫开发工作的重要组成部份，是国家对外开放的重要工作领域，也是开展国际扶贫交流合作的重要平台。展览回顾了中国利用外资的发展历程，展示了 15 年来外资扶贫的经验和成就，交流与分享了中国扶贫开发的经验。15 年来，已有 50 多个国际机构以不同方式、不同角度参与了中国的扶贫开发事业。中国在扶贫领域直接引进利用外资接近 14 亿美元，加上国内配套资金，投资总额已达到人民币 198.2 亿元。107 个外资扶贫项目覆盖了中西部 18 个省（区、市）的 320 个县，使近 2000 万贫困人口受益。

合　作

【中加合作—农村社区减贫】 2010 年 10 月 20 日，外资中心与加纳财政和经济规划部共同在北京举行了“中加合作—农村社区减贫项目签约仪式”。国务院扶贫办副主任郑文凯和来自外交部、商务部、财政部、审计署等有关部门的负责同志，国务院扶贫办机关各司和办直属事业单位代表，以及部分省（市、县）扶贫办、媒体、企业、国际机构及加纳驻华使馆代表共 200 人出席了签约仪式。项目的成功既丰富了国际减贫合作与交流，又促进了两国的友好交往。同时随着项目进入具体实施，不仅会推动中国的扶贫经验走向非洲，而且将促进中加两国减贫经验交流，推动减贫事业共同发展。

【雨露计划·潜力无限二期项目】 2010 年 10 月，“雨露计划·潜力无限”二期项目启动。通过国际 CTLC 项目，结合雨露计划、阳光工程等工作，帮助广元市元坝区和巴中市平昌县开展社区计算机信息技术培训。项目涉及直接受益人 1000 人，间接受益人 15500 人。项目主要内容包括：与劳务扶贫相结合，通过培训使 1000 个参与培训的农民达到计算机岗位初级任职资格。取得劳动人事部门颁发的初级以上职业证书，提高被培训农民就业能力和就业机会；通过 90 名大学生村官培训 90 个贫困村的 9000 名村民了解计算机信息技术，可以通过互联网查询有关农业技术和农副产品销售等信息。

国际组织对华扶贫

【世行第五期扶贫项目】 2010年4月15—16日，世行第五期扶贫项目在北京驻华代表处进行了项目谈判。财政部国际司、国务院扶贫办国际合作和社会扶贫司相关领导与世行第五期扶贫项目经理分别代表中外各方草签了项目贷款协议、赠款协议及项目协议。6月10日，世行执董会正式批准了项目法律文本；8月25日完成了法律文本的正式签署；11月16日项目正式生效，标志着世行第五期扶贫项目全面进入实施阶段。

【中国东西协作减贫研究】 2010年12月，外资中心通过国务院扶贫办向财政部申请了“中国东西协作减贫研究”项目并获得亚行批准提供30万美元赠款用于开展技援活动。项目共聘请5名国内外专家围绕农村金融、社区自主发展、农村产业发展、东西协作扶贫和监测与评估五个方面进行深入研究，为贷款项目的设计提供准备和技术支持。

【增强中国国际扶贫中心能力项目】 中国国际扶贫中心能力项目总投入400万美元，其中联合国开发计划署提供100万美元，中国政府提供300万美元，由国际中心负责实施。项目是在“建立中国国际扶贫中心”项目实施基础上提出的，实施期为2009—2013年。2010年，国际中心与英国国际发展研究院、哥伦比亚总统府社会行动署，以及与联合国开发计划署驻华代表处签署了3份合作备忘录或合作意向书；其中与联合国开发计划署驻华代表处签署的“建设中非之窗”意向书进一步深化了国际中心与联合国开发计划署的合作。

【区域减贫与包容性增长知识和伙伴网络下的专题研究】 项目为亚洲开发银行技术援助项目，于2009年4月生效。国际中心负责中国及中亚地区有关减贫与包容性增长的相关研究、信息搜集整理和会议协调等。

国际组织对华援助

九

城市扶贫篇

城市贫困及反贫困措施

一、“十一五”期间城市贫困形势

2010年是“十一五”规划的最后一年。在“十一五”期间，中国国民经济和社会发展经受了严峻的考验，有效地应对了国际金融危机、汶川地震等重大自然灾害带来的不利影响，成功的完成了“十一五”规划确定的主要目标和任务，在全面建设小康社会上取得重大突破。2010年中国GDP已经超过日本，成为世界第二大经济体。然而，中国城市贫困问题仍然严峻。

中国城市贫困人口为2300万人左右，潜在贫困人口规模更大。城市最低生活保障制度主要覆盖城市户籍贫困群体，解决他们的生活困难。2003年以后，城市低保对象稳定在2300万人左右；2010年城市低保对象为2310.5万人。低保对象的规模和世界银行对中国城市贫困人口规模估计基本一致。按照世界银行的贫困线标准的2倍测算，2003年中国城市贫困人口约为2010万人；而同年中国城市低保对象为2247万人。但这两个数据都低估了中国城市贫困人口的规模。因为在中国城市约有1.53亿外来农民工，他们收入水平普遍偏低，是城市贫困高风险群体，但城市低保制度把农民工排斥在外。

城市致贫主要风险之一的失业问题仍然严重。失业是导致城市居民贫困最主要的原因之一。我国城镇新增劳动年龄人口逐年增加。据测算，“十一五”时期每年新进入劳动力市场的各级各类学校毕业学生都在1000万人以上；同时，大量农村劳动力转移就业和各种结构性矛盾的加剧，加上2008年爆发的国际金融危机，我国就业形势面临着严峻的挑战。尽管我国政府实施了积极的就业政策，采取多种措施努力扩大就业，但是，“十一五”时期，我国城镇登记失业率仍保持在4.0%—4.3%的较低水平，城市失业人口总量同2006年相比较增加了61万人。而这只是登记失业人口和登记失业率，而实际失业人口远远超过4%。如中国社科院2009年《社会蓝皮书》显示2008年中国城镇的实际失业率为9.4%，比同年官方“登记失业率”数字高出一倍。如果把农民工计算在内将会更高。

年轻和高学历群体失业问题突出。在2009年登记失业群体中，20—24岁和25—29岁年龄段分别占21.9%和14.8%；16—39岁的年轻群体合计占67.1%。在20—24岁登记失业群体中，拥有大学专科、本科和研究生学历的分别占42.9%、48.6%和13.6%；在25—29岁登记失业群体中，拥有大学专科、本科和研究生学历的分别占25.2%、32.8%和54.5%。2010年部分城市职业供求的统计数据表明在所有求职人员中，失业人员所占比重为55.1%，其中，新成长失业青年占26.7%，而新成长失业青年占求职人员的比重在2006为20.3%，五年增加了6.4个百分点。在2010年新成长失业青年中，应届高校毕业生为291.2万，同上年相比较增加了5%，约占2010年新成长失业青年的47.0%。

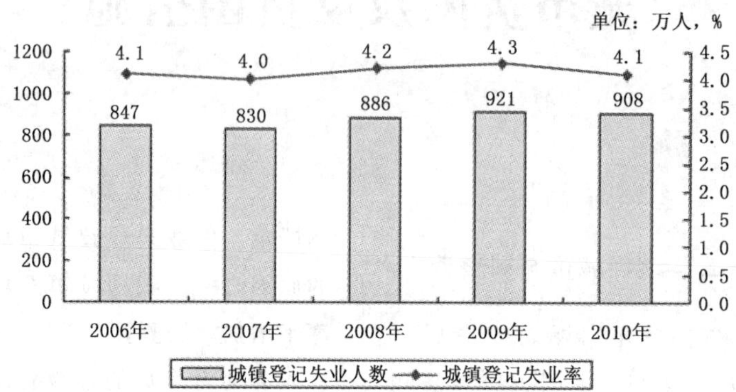

图1　近五年城镇登记失业人数及登记失业率

资料来源：《2010年度人力资源和社会保障事业发展统计公报》。

日益壮大的新生代农民工面临着多种贫困风险。早在20世纪80年代中期，农村劳动力就开始大规模地进城务工，农村外出劳动力的规模不断扩大，截至2010年底，外出农民工15335万人。其中，1980年之后出生的外出"新生代农民工"，逐渐成为外出农民工的主体。据调查2010年新生代农民工总人数为8487万，占全部外出农民工总数的58.4%。但他们面临着诸多致贫风险：（1）工作强度大，收入水平低，平均每月工作26天，每天工作9个小时；2009年平均月收入水平为1328元，仅相当于全国月工资水平的49.4%，其中，月收入水平在1000元以下的占22%；（2）合同签订率低、部分岗位缺乏有效的防护措施，有54.4%的新生代农民工没有与单位或雇主签订劳动合同，难以有效保护其合法权益；在需要防护措施的工作岗位上，防护措施较为齐全的仅占35%，有一些防护措施的占到53%，而完全没有防护措施的比例为12%；（3）社会保障参保率低，单位或雇主为新生代农民工缴纳了养老保险、工伤保险、医疗保险和失业保险的比例分别为7.6%、21.8%、12.9%和4.1%。

新生代农民工基本不懂农业生产，缺乏基本的农业生产知识和技能，即使就业形势恶化，新生代农民工也很少会返乡务农。接近一半新生代农民工想在城市定居，但他们融入城市障碍重重。在城市定居最主要的困难和障碍依次是"收入太低"（67.2%）、"住房问题"（63.2%）、"社会保障不完善"（24%）、"老人无法照料"（20.1%）和"子女教育问题"（16%）和"没有归宿感，难以融入城市生活"（13.5%）等。可见，收入和住房问题是新生代农民工城市化最主要的障碍，难以公平享受其他公共服务也阻碍了新生代农民工城市化。

二、2010年城市反贫困的政策及措施

针对城市贫困问题，2010年我国政府

进一步健全社会救助制度、社会保险制度，积极推动以就业为导向的反贫困策略，并构建外出农民工公共服务体系，这些贫困风险防范机制和贫困人群保护机制，不仅有效降低了贫困风险，并使得贫困人群的基本生活得以保证。

（一）健全社会保险基本制度，构筑城市贫困风险防范机制

社会保险作为一种现代社会风险防范和控制机制，可以有效预防民众因为疾病、年老、伤残和失业等问题导致的贫困风险。在上世纪90年代，伴随着市场经济体制的建立，城镇职工社会养老保险、基本医疗保险、失业保险、工伤保险和生育保险等五大保险制度就已具雏形，取代了原有的依托单位的铁饭碗式的保障制度，此后不断健全完善，对帮助城市居民预防和减缓贫困风险，尤其是防范了国企改革中大量工人下岗失业导致的贫困化现象发挥了重要作用。

1. 基本社会保险概况。

在2006—2010年“十一五”期间，各项社会保险覆盖范围继续扩大，参保人数和基金规模持续增长，有效地防范了由于年老、疾病、工伤和失业等风险导致的贫困风险。

2010年末全国参加城镇基本养老保险人数为25707万人，比上年末增加2157万人，参保人数相当于2006年参保人数的1.37倍。全国参加城镇基本医疗保险人数为43263万人，比上年末增加3116万人，相当于2006年参保人数的2.75倍。其中，参加城镇职工基本医疗保险人数23735万人，参加城镇居民基本医疗保险人数为19528万人。目前，城镇基本医疗保险已经覆盖了绝大部分城镇居民。截至2010年末全国参加失业保险人数为13376万人，全年有209万人领取失业金；参保人数和领取失业金人数分别相当于2006年的1.20倍和0.64。2010年末参加工伤保险人数为16161万人，全年享受工伤保险待遇人数为147万人；参保人数和享受待遇人数分别相当于2006年的1.57倍和1.89倍。2010年末全国参加生育保险人数为12336万人，全年共有211万人次享受了生育保险待遇，参保人数和享受待遇人数分别相当于2006年的1.91倍和1.95倍（见表1）。

表1　“十一五”期间城镇社会保险基本状况　单位：万人

年　份	2006	2007	2008	2009	2010
养老保险参保	18766	20137	21891	23550	25707
其中：退休人员	4635	4954	5304	5807	6305
失业保险参保	11187	11645	12400	12715	13376
领取失业	327	286	261	235	209
城镇基本医疗保险参保	15732	22311	31822	40147	43263
职工基本医疗	11580	13420	14988	16411	23735
其中：退休人员	4152	4600	5008	5527	5944
居民基本医疗		4291	11826	18210	19528
工伤保险参保	10269	12173	13787	14896	16161
年末享受	78	96	118	130	147

续表

年　　份	2006	2007	2008	2009	2010
生育保险参保	6459	7775	9254	10876	12336
享受待遇	108	113	140	174	211

资料来源：《中国劳动统计年鉴2011》。

2010年五项城镇社会保险基金收入合计18823亿元，比上年增长2707亿元，增长率为16.8%，相当于2006年基金收入的2.18倍；基金支出合计14819亿元，比上年增长2516亿元，增长率为20.5%，相当于2006年的2.29倍；基金结余22505亿元，比上年增长18.8%，相当于2006年的2.73倍。基本养老保险、失业保险、基本医疗保险、工伤保险和生育保险等基金收入分别相当于2006年的2.13倍、1.62倍、2.47倍、2.34倍和2.58倍；基金支出分别相当于2006年的2.16倍、2.14倍、2.77倍、2.78倍和2.89倍。可见，基金收入和支出都有较大幅度增长。各项基金结余分别相当于2006年的2.80倍、2.41倍、2.88倍、0.42倍和2.69倍，可见，除了工伤保险，其他各项基金的结余也都有较大幅度增长（见表2）。

表2　“十一五”期间城镇社会保险基金收支和结余情况

单位：亿元

	年　　份	合　　计	基本养老保险	失业保险	城镇基本医疗保险	工伤保险	生育保险
收入	2006	8643	6310	402	1747	122	62
	2007	10812	7834	472	2257	166	84
	2008	13696	9740	585	3040	217	114
	2009	16116	11491	580	3672	240	132
	2010	18823	13420	650	4309	285	160
	2010/2006	2.18	2.13	1.62	2.47	2.34	2.58
支出	2006	6477	4897	198	1277	69	38
	2007	7888	5965	218	1562	88	56
	2008	9925	7390	254	2084	127	72
	2009	12303	8894	367	2797	156	88
	2010	14819	10555	423	3538	192	110
	2010/2006	2.29	2.16	2.14	2.77	2.78	2.89
结余	2006	8256	5489	725	1752	193	97
	2007	11237	7391	979	2477	263	127
	2008	15176	9931	1310	3432	335	168
	2009	18942	12526	1524	4276	404	212
	2010	22505	15365	1750	5047	82	261
	2010/2006	2.73	2.80	2.41	2.88	0.42	2.69

资料来源：《中国劳动统计年鉴2011》。

2. 2010 年社会保险政策法规新进展。

2010 年社会保险政策法规建设的成就主要是颁布了《关于做好 2010 年城镇居民基本医疗保险工作的通知》（人社部发 [2010] 39 号），对《工伤保险条例》进行了修改，特别是《社会保险法》的颁布实施，标志了我国社会保险基本制度的构建已经走上了法制化的轨道。

城镇居民基本医疗保险于 2007 年在全国一些城市试点，2009 年已经在全国所有城市全面建立。其主要覆盖对象包括中小学阶段的学生（包括职业高中、中专、技校学生）、少年儿童和其他非从业城镇居民；此外，有些地方把农民工和灵活从业人员也纳入了参保范围。这些群体，没有稳定的收入来源，也没有被城镇职工基本医疗保险覆盖，是因病致贫的高风险群体。在筹资上城镇居民基本医疗保险以家庭缴费为主，政府给予适当补助，有条件的用人单位可以对职工家属参保缴费给予补助。

2010 年人力资源与社会保障部提出，各地在全面建立城镇居民医保制度的基础上，巩固和扩大覆盖面，提高参保率，城镇居民医保参保率要达到 80%，有条件的地方要力争达到 90%，并将在校大学生全部纳入城镇居民医保。2010 年各级财政对城镇居民医保的补助标准提高到每人每年不低于 120 元，其中中央财政对中西部地区按人均 60 元给予补助，对东部地区的补助标准也同比例提高。同时，提高待遇水平，减轻大病重病患者的医药费用负担，2010 年居民医保基金最高支付限额要提高到居民可支配收入的 6 倍以上；参保人员住院政策范围内医疗费用基金支付比例要达到 60%，二级（含）以下医疗机构住院政策范围内医疗费用基金支付比例要达到 70%；2010 年在 60% 的统筹地区建立城镇居民医保门诊统筹。

《社会保险法》的颁布实施是 2010 年中国社会保险制度建设最主要的成就。其实，早在 1993 年，原劳动部就开始研究起草《社会保险法（草案）》，但由于调整的关系错综复杂，尽管数度被列入全国人大和国务院立法工作计划，却屡屡胎死腹中，直到 2010 年 10 月，《社会保险法》才在全国人大常委会得以通过。该法是新中国成立以来首部社会保险的综合性法律，是实现“人人享有社会保障”政治承诺的法律保障。它确立了中国社会保险的基本制度框架：（1）确立了我国社会保险的主要项目，包括基本养老保险、基本医疗保险、工伤保险、失业保险和生育保险等 5 种基本的社会保险项目；（2）确立了社会保险全覆盖的政策目标，养老保险和医疗保险覆盖对象扩大到城乡各类劳动者和全体居民，工伤保险、失业保险和生育保险覆盖全体就业人群；（3）明确了政府在社会保险中职责，其中政府筹资职责主要体现在三方面，即国企、事业单位职工参加基本养老保险前，视同缴费年限期间应当缴纳的基本养老费由政府买单；政府对参加新农合、新型农村养老保险和城镇居民医疗保险的城乡居民给予补贴；社会保险基金入不敷出时，由政府进行兜底补贴；（4）明确了建立可转移和可衔接的社会保险的要求，以适应当前我国人口大流动的趋势，接转范围包括养老保险、医疗保险和失业保险，缴费年限累计计算，同时建立异地就医医疗费用结算制度。

为更好保障职工权益，防范工伤致贫风险，2010 年底国务院发布了新修订的《工伤保险条例》，其主要亮点包括：（1）扩大了工伤保险适用范围，将工伤保险的适用范围扩大到各类事业单位、社会团体、及民办非企业单位、基金会、律师事务所、会计师事务所等组织，从制度上解除了这些单位和工作人员遭遇工伤风险的后顾之忧；（2）调整扩大了工伤认定范围，将从原来的上下班途中机动车事故伤害调整扩大到非本人主要责任的交通事故以及城市轨道交通、客运轮渡和火车事故伤害，惠及了更多的职工群众；（3）简化了工伤认定程序，缩短了工伤认定时间；设置了工伤认定的简易处理程序，对于事实清楚、双方无争议的工伤认定申请的认定时限，由原来规定的60天缩短为15天；（4）大幅度提高了工伤保险待遇，一次性工亡补助金标准，从原来的48至60个月的统筹地区上年度职工月平均工资，提高至按上年度全国城镇居民人均可支配收入的20倍发放；（5）增加了基金支出项目，明确了将工伤预防的宣传、培训等费用纳入基金支付的规定；将原由用人单位支付的工伤职工“住院伙食补助费”、“统筹地区以外就医的交通食宿费”以及“终止或解除劳动关系时的一次性医疗补助金”，改由工伤保险基金统一支付；（6）加大了强制力度，增加了行政复议和行政诉讼期间不停止支付工伤职工治疗工伤的医疗费用的新规定，使工伤职工能够得到及时救治，也可以从制度上遏制部分用人单位恶意诉讼；增加了对不参加工伤保险和拒不协助工伤认定调查核实的用人单位的行政处罚规定。

（二）健全社会救助，构筑城市贫困人口社会安全网

如果说社会保险是一种贫困风险预防机制，主要面向普通大众，社会救助则直接面向贫困人口和贫困边缘低收入人口，它是最后一道“社会安全网”，关涉社会底线公平，在维持贫困人口基本生活和城市社会稳定上发挥着不可或缺的作用。

1. 城市居民最低生活保障制度。

（1）发展概况：覆盖对象和低保标准。

中国的城市居民最低生活保障制度于1996年在部分城市试点。1997年国务院颁布了《关于在全国建立城市居民最低生活保障制度的通知》，此后低保制度作为中国城市救助最为基本的社会救助制度，覆盖的人群急剧增加，并逐步取代原来的城市贫困居民救助制度。由于国企改革导致大量的工人下岗失业，生活陷入困顿，危及社会稳定和谐。为了配合国企改革，中央和地方政府加大城市低保投入，提出“应保尽保”的政策目标，在2000年至2002年之间，城市低保覆盖的城市贫困人口急剧增加，从2000年的402.6万人增加到2002年的2064.7万人，短短3年时间增加了4.13倍。此后，这项制度的覆盖人群基本保持在2300万人左右，2010年，城市低保对象为2310.5万人，比2009年减少了35万人。

与此同时，低保线和平均补差水平也随着物价指数逐年提高。2004年中国城市低保线为152.0元/月，人均补差65元/月；2010年全国城市低保平均标准251.2元/月，比上年增长10.3%；全国城市低保月人均补助水平189.0元，比上年提高9.9%。7年期间低保线和人均补助水平分别增长了65.3%和190.8%。同期，2004年城市居民年人均可支配收入为9422元，2010年为19109元，增长了102.8%。可见，尽管低保线增长速度低于城市居民收入增长速度，但人均补差水平高于城市人均可支配收入增长速度。这表明低保对城市贫困人口救助力度加大（见表3）。

表 3　**城市居民最低生活保障制度基本概况，1997—2010 年**

	低保人数	低保线（元/月、人）	城市低保平均支出水平（元/月、人）
1997	87.9	—	—
1998	184.1	—	—
1999	256.9	149.0	—
2000	402.6	157.0	—
2001	1170.7	147.0	—
2002	2064.7	148.0	—
2003	2246.8	149.0	—
2004	2205.0	152.0	65
2005	2234.2	156.0	72.3
2006	2240.1	169.6	83.6
2007	2272.1	182.4	102.7
2008	2334.8	205.3	143.7
2009	2345.6	227.8	172
2010	2310.5	251.2	189

资料来源：历年《中国民政统计年鉴》。

从 2010 年第三季度全国城市低保标准（低保线）看，由于东部地区城市收入、消费水平和地方财政实力高出全国平均水平，其低保标准也普遍较高。如上海、北京、天津、浙江和江苏低保标准都在 300 元以上，其中上海最高，低保标准为 450 元，但作为经济强省，广东低保标准仅为 252.1 元。除了西藏低保标准超过 300 元外，西部地区低保标准普遍较低，其中，贵州最低，仅为 178.5 元，上海低保标准相当于贵州的 2.52 倍（见表 4）。

表 4　**2010 年 9 月全国各省市平均低保标准**　单位：元

地区	平均低保标准	区县数	地区	平均低保标准	区县数
北京市	428.9	18	湖北	240.7	104
天津市	447.5	16	湖南	204.6	132
河北	249.9	191	广东	252.1	123
山西	216.1	121	广西	226.1	110
内蒙古	286.8	103	海南	247.4	21
辽宁	281.0	111	重庆市	232.4	41
吉林	214.0	69	四川	206.7	186
黑龙江	234.9	141	贵州	178.5	90
上海市	450.0	18	云南	199.6	129
江苏	336.2	120	西藏	305.8	73

续表

地区	平均低保标准	区县数	地区	平均低保标准	区县数
浙江	354.8	92	陕西	199.6	108
安徽	247.5	115	甘肃	185.0	87
福建	215.6	87	青海	217.4	46
江西	237.1	110	宁夏	211.5	22
山东	272.3	166	新疆	181.8	117
河南	196.0	178			

资料来源：民政部网站。

(2) 城市最低生活保障对象的基本特征。

低保对象中女性占的比例普遍偏少。2010年低保对象中女性占40.49%，各省低保对象中，女性占的比重也相对较少，在福建低保对象中女性仅占28.85%。国际经验表明，通常女性贫困率更高，这是否表明中国城市低保认定过程中女性没有话语权，存在性别歧视等问题，仍然需要进一步调查研究。从年龄构成来看，低保对象老人占13%左右。但各地存在较大差异，在上海低保对象老年人仅占1.21%，而在浙江和广西，这一比例分别为25.31%和26.51%。从全国水平看，成年人约占低保对象60%左右，而未成年人约占低保对象的25%，各地也存在一定的差异（见表5）。

表5　　城市最低生活保障对象性别、年龄构成，2007—2010年

年份/地区	低保人数（万）	性别		年龄组					
		女性（万）	女性比例（%）	老年人（万）	老人比例（%）	成年人（万）	成人比例（%）	未成年人（万）	未成年人比例（%）
2007	2272.10	—	—	298.40	13.13	1429.20	62.90	544.60	23.97
2008	2334.80	—	—	316.70	13.56	1430.40	61.26	587.70	25.17
2009	2345.60	—	—	333.50	14.22	1432.30	61.06	579.80	24.72
2010	2305.01	933.30	40.49	328.49	14.25	1391.43	60.37	585.09	25.38
北京	14.64	6.39	43.65	1.41	9.63	9.15	62.49	4.08	27.87
天津	18.28	8.79	48.10	2.01	10.98	11.10	60.73	5.17	28.29
河北	88.16	35.57	40.34	12.41	14.07	51.39	58.30	24.36	27.63
山西	93.26	39.42	42.27	10.37	11.12	55.35	59.35	27.54	29.52
内蒙古	85.03	41.27	48.54	14.70	17.29	51.08	60.08	19.25	22.63
辽宁	129.17	53.26	41.24	15.71	12.16	77.01	59.62	36.44	28.21
吉林	117.88	42.48	36.04	16.17	13.72	76.68	65.05	25.02	21.23
黑龙江	148.56	60.02	40.40	18.15	12.22	96.94	65.25	33.47	22.53
上海	36.16	14.00	38.71	0.44	1.21	26.03	72.00	9.69	26.79
江苏	45.36	17.62	38.85	7.63	16.82	28.46	62.74	9.27	20.44

续表

年份/地区	低保人数（万）	性别		年龄组					
		女性（万）	女性比例（%）	老年人（万）	老人比例（%）	成年人（万）	成人比例（%）	未成年人（万）	未成年人比例（%）
浙江	9.16	3.47	37.89	2.32	25.31	4.63	50.55	2.21	24.15
安徽	90.83	37.34	41.11	20.21	22.25	46.63	51.34	23.99	26.41
福建	18.49	5.33	28.85	2.83	15.30	11.06	59.79	4.60	24.90
江西	98.21	41.44	42.19	18.56	18.90	55.12	56.13	24.52	24.97
山东	62.14	23.71	38.16	8.43	13.56	43.59	70.15	10.12	16.29
河南	148.57	55.28	37.21	19.51	13.13	93.38	62.85	35.68	24.01
湖北	135.01	54.88	40.65	21.51	15.93	89.82	66.53	23.68	17.54
湖南	148.70	58.76	39.52	23.41	15.75	87.86	59.09	37.42	25.17
广东	40.56	16.55	40.80	6.89	16.99	22.97	56.63	10.70	26.38
广西	62.44	23.90	38.27	16.55	26.51	33.46	53.60	12.42	19.90
海南	16.89	7.82	46.31	2.39	14.18	10.64	63.00	3.85	22.82
重庆	68.52	32.30	47.14	6.89	10.06	45.02	65.71	16.60	24.23
四川	188.20	78.15	41.52	23.02	12.23	107.34	57.04	57.84	30.73
贵州	54.91	23.07	42.02	7.80	14.21	31.93	58.16	15.17	27.63
云南	90.97	32.77	36.02	12.56	13.81	53.31	58.60	25.10	27.59
西藏	4.10	1.86	45.43	0.49	12.07	2.91	71.08	0.69	16.85
陕西	86.66	33.39	38.53	7.69	8.87	56.62	65.33	22.36	25.80
甘肃	85.35	31.36	36.74	9.34	10.94	51.40	60.23	24.61	28.83
青海	22.17	10.81	48.77	1.80	8.13	12.50	56.37	7.87	35.50
宁夏	20.91	7.94	37.95	4.32	20.65	11.65	55.73	4.94	23.63
新疆	75.76	34.35	45.34	12.96	17.10	36.37	48.01	26.43	34.88

备注：2010年数据为各省和全国第二季度数据。

资料来源：民政部网站。

在全部城市低保对象中，贫困高风险群体，包括残疾人、“三无”人员、残疾人，以及在校学生等“弱势群体”在低保户中占比例较高。就残疾群体而言，2010年他们占城市低保对象7.60%，但各地差异较大，其中，在浙江残疾人占低保对象的18.59%，而在青海残疾人占低保对象的比例不到4%。失业群体构成了低保对象最重要的来源之一，2010年在2305.01万低保户中，失业者为895.31万，占低保对象38.84%。但失业者占低保户群体的比例有所下降，从2007年的43.64%逐步下降到2010年的38.84%。2010年各地失业者占低保对象比例有较大差异，其中，上海失业群体占的比例高达55.07%；而在广西失业者仅占低保对象的27.63%。“三无人员”和在校生在全国低保对象中分别约占4%和15%（见表6）。

表6　城市低保对象中残疾人、三无人员、失业者和在校学生情况，2007—2010年

地区	低保对象总数（万）	残疾人（万）	残疾人比例（%）	三无人员（万）	三无比例（%）	失业者（万）	失业者比例（%）	在校生（万）	在校生比例（%）
2007	2272.10	161.00	7.09	125.80	5.54	991.50	43.64	321.60	14.15
2008	2334.80	169.10	7.24	106.90	4.58	966.50	41.40	358.10	15.34
2009	2345.60	181.00	7.72	94.10	4.01	921.10	39.27	369.10	15.74
2010	2305.01	175.12	7.60	91.22	3.96	895.31	38.84	350.15	15.19
北京	14.64	2.27	15.49	0.28	1.89	6.33	43.28	2.92	19.94
天津	18.28	2.15	11.77	0.13	0.72	8.52	46.64	3.51	19.23
河北	88.16	4.77	5.41	3.69	4.19	29.62	33.60	14.00	15.88
山西	93.26	6.29	6.74	2.10	2.25	27.07	29.02	18.62	19.97
内蒙古	85.03	7.46	8.77	2.87	3.37	28.24	33.21	15.00	17.64
辽宁	129.17	13.84	10.71	2.58	1.99	46.01	35.62	23.90	18.50
吉林	117.88	8.51	7.22	8.83	7.49	58.96	50.02	11.15	9.46
黑龙江	148.56	16.60	11.18	3.54	2.38	67.73	45.59	21.34	14.36
上海	36.16	2.75	7.60	0.08	0.21	19.91	55.07	9.37	25.91
江苏	45.36	5.04	11.11	1.79	3.94	19.22	42.36	5.90	13.00
浙江	9.16	1.70	18.59	0.58	6.37	3.01	32.84	1.26	13.73
安徽	90.83	6.45	7.10	3.88	4.27	29.12	32.06	12.87	14.16
福建	18.49	1.83	9.89	0.88	4.76	7.15	38.65	1.88	10.18
江西	98.21	16.21	16.51	6.30	6.41	30.85	31.41	13.84	14.09
山东	62.14	3.58	5.76	2.02	3.25	30.47	49.04	6.40	10.30
河南	148.57	7.57	5.10	8.00	5.38	61.70	41.53	20.13	13.55
湖北	135.01	9.09	6.73	6.78	5.02	57.43	42.54	12.88	9.54
湖南	148.70	9.12	6.14	6.11	4.11	65.13	43.80	19.41	13.05
广东	40.56	3.30	8.14	2.09	5.16	13.84	34.13	7.47	18.41
广西	62.44	4.91	7.86	6.14	9.84	17.25	27.63	7.71	12.34
海南	16.89	1.34	7.94	0.58	3.41	6.42	38.01	2.77	16.40
重庆	68.52	4.71	6.87	1.22	1.78	25.99	37.93	13.35	19.48
四川	188.20	10.64	5.65	6.76	3.59	65.25	34.67	27.13	14.41
贵州	54.91	3.11	5.66	1.75	3.18	21.48	39.12	10.08	18.36
云南	90.97	5.18	5.70	3.19	3.50	35.54	39.07	13.38	14.71
西藏	4.10	0.18	4.46	0.86	20.93	1.16	28.21	0.44	10.82
陕西	86.66	3.55	4.10	1.80	2.08	37.62	43.41	13.93	16.08
甘肃	85.35	4.67	5.47	1.74	2.04	34.58	40.52	16.42	19.23
青海	22.17	0.83	3.74	0.41	1.85	8.48	38.23	5.06	22.81
宁夏	20.91	1.49	7.12	1.12	5.38	7.55	36.11	3.17	15.13
新疆	75.76	5.98	7.89	3.16	4.17	23.67	31.24	14.88	19.64

备注：2010年数据为各省和全国第二季度数据。

资料来源：民政部网站。

表7分析了全国城市低保对象中的成年人构成情况，此处成年人包括在职人员、灵活就业人员、登记失业人员和未登记失业人员，而不包括老人和成年人中的在校生。在2010年，全国成年低保对象共计1391.43万人，其中，在职人员71.62万人，仅占成年低保对象总数的5.15%；灵活就业人员424.49万人，占成年低保对象总数的30.51%；失业人员（包括登记失业人员和未登记失业人员）895.31万人，占低保对象总数的64.34%。可见，失业群体构成了成年低保对象最主要的来源。值得注意的是灵活就业人员占成年低保对象的比例逐年增加，从2007年的24.06%上升到2010年的30.51%，4年增加了6个百分点；而在职人员和失业群体占成年低保对象的比例则都有所下降，分别从2007年的6.57%和69.37%下降到2010年的5.15%和64.34%。这意味着灵活就业人员由于收入和工作不稳定，其贫困风险有所增加。可见，对成年贫困群体而言，帮助其获得一份稳定的职业将是其摆脱贫困陷阱的有效途径。

表7　城市低保对象中各类成年人情况

年份/地区		在职人员		灵活就业人员		失业人员	
	成年低保人数(万)	人数(万)	比例(%)	人数(万)	比例(%)	人数(万)	比例(%)
2007	1429.20	93.90	6.57	343.80	24.06	991.50	69.37
2008	1430.40	82.20	5.75	381.70	26.68	966.50	67.57
2009	1432.30	79.00	5.52	432.20	30.18	921.10	64.31
2010	1391.43	71.62	5.15	424.49	30.51	895.31	64.34
北京	9.15	1.28	13.95	1.54	16.79	6.33	69.25
天津	11.10	0.67	6.01	1.91	17.19	8.52	76.80
河北	51.39	2.62	5.10	19.15	37.26	29.62	57.64
山西	55.35	4.80	8.67	23.49	42.44	27.07	48.90
内蒙古	51.08	1.24	2.43	21.60	42.28	28.24	55.28
辽宁	77.01	3.46	4.49	27.54	35.76	46.01	59.74
吉林	76.68	6.08	7.92	11.64	15.18	58.96	76.90
黑龙江	96.94	2.86	2.95	26.35	27.18	67.73	69.87
上海	26.03	5.61	21.54	0.51	1.98	19.91	76.49
江苏	28.46	1.47	5.16	7.77	27.31	19.22	67.53
浙江	4.63	0.34	7.34	1.28	27.70	3.01	64.96
安徽	46.63	2.16	4.62	15.35	32.92	29.12	62.45
福建	11.06	0.57	5.15	3.34	30.22	7.15	64.63
江西	55.12	1.70	3.08	22.58	40.96	30.85	55.96
山东	43.59	4.21	9.65	8.91	20.44	30.47	69.91
河南	93.38	4.13	4.42	27.55	29.50	61.70	66.08

续表

年份/地区	成年低保人数(万)	在职人员		灵活就业人员		失业人员	
		人数(万)	比例(%)	人数(万)	比例(%)	人数(万)	比例(%)
湖北	89.82	5.28	5.88	27.12	30.19	57.43	63.93
湖南	87.86	2.51	2.86	20.22	23.02	65.13	74.13
广东	22.97	1.29	5.62	7.84	34.12	13.84	60.26
广西	33.46	2.11	6.31	14.10	42.13	17.25	51.56
海南	10.64	0.45	4.22	3.77	35.44	6.42	60.34
重庆	45.02	0.26	0.58	18.77	41.70	25.99	57.73
四川	107.34	2.62	2.44	39.46	36.76	65.25	60.79
贵州	31.93	1.03	3.23	9.42	29.50	21.48	67.27
云南	53.31	3.50	6.56	14.27	26.76	35.54	66.68
西藏	2.91	0.47	16.16	1.29	44.15	1.16	39.69
陕西	56.62	2.07	3.66	16.93	29.91	37.62	66.44
甘肃	51.40	3.27	6.37	13.55	26.36	34.58	67.27
青海	12.50	0.63	5.04	3.39	27.14	8.48	67.82
宁夏	11.65	0.42	3.59	3.68	31.61	7.55	64.79
新疆	36.37	2.54	6.98	10.17	27.95	23.67	65.07

备注：2010 年数据为各省和全国第二季度数据。

资料来源：民政部网站。

（3）城市最低生活保障的制度建设进展。

在实现“应保尽保”和救助水平提高的同时，民政部积极推动基层低保规范化建设活动，要求各地从制度建设、规范管理与操作环节、加强监督检查等方面，进一步完善城乡低保制度和其他社会救助制度。

低保标准规范化。鉴于地方在低保线制定上缺乏必要论证和科学测算，简单参照扶贫标准或全国平均低保标准来制定和调整低保标准，难以真实反映当地居民的基本生活需求，为进一步规范城乡居民最低生活保障（以下简称城乡低保）标准的制定和调整工作，2011 年 5 月民政部等四部委联合颁布了《关于进一步规范城乡居民最低生活保障标准制定和调整工作的指导意见》，提出制定和调整城乡低保标准三种基本方法，即基本生活费用支出法、恩格尔系数法或消费支出比例法。①基本生活费用支出法指城乡低保标准根据当地居民基本生活费用支出确定，包括必需食品消费支出和非食品类生活必需品支出两部分，用公式表示为：城乡低保标准 = 必需食品消费支出 + 非食品类生活必需品支出，在公式中必需食品消费支出通过市场调查确定当地食品必需品消费清单，非食品类生活必需品支出根据调查数据确定维持基本生活所必需的衣物、水电、燃煤（燃气）、公共交通、日用品等消费清单测算支出数额。②恩格尔系数法，指城乡低保标准根据当地居民必需食品消费支出和上年度最低收入家庭恩格尔系数确定；用公式可以表示为城乡低保标准=必需食品消费支出/上年度最低收入家庭恩格尔系数。③消费支出比例法，指已按基本生活费用支出法或恩格尔系数法测算出城乡低保标准的地区，可将此数据与当地上年度城乡居民人均消费支出进行比较，得出低保标准占上年度城乡居民人均消费支出的比例，此后一定时期内再次计算城乡低保标准时，可直接用当地上年度城乡居民人均消费支出乘以此比例，用公式表示为城乡低保标准=当地上年度城乡居民人均消费支出×低保标准占上年度城乡居民人均消费支出的比例。

低保对象认定。低保对象认定，即所谓城市低保瞄准机制是城市低保工作的核心环节。只有建立有效的瞄准机制，准确认定低保对象，瞄准城市贫困群体，才能实现“应保尽保”的政策目标，也才能确保城市贫困群体基本生活获得有效的保障。针对城市低保对象认定过程存在诸多问题，2010年民政部颁布了《民政部关于进一步加强城市低保对象认定工作的通知》（以下简称《通知》），对低保认定一些程序和疑难问题进行了规范化。

该《通知》确立了城市低保对象认定基本条件。①规范户籍认定条件，享受城市低保待遇的必须是持有非农业户口的城市居民，但目前城乡流动、城市内部流动以及一些地方户籍改革带来了户籍认定的困难，对此民政部规定，对取消农业户口和非农业户口划分的地区，可将户籍所在地为城镇行政区域且居住超过一定期限、不拥有承包土地、不参加农村集体经济收益分配等作为申请城市低保的户籍条件；对于户口不在一起的城市家庭，应首先将户口迁移到一起，然后再申请低保，因特殊原因无法将户口迁移到一起的，应由户主在其户籍所在地提出低保申请，其他家庭成员分别提供收入证明；户籍不在本地的家庭成员应申请享受其户籍所在地的低保待遇，特殊情况也可随户主一起申请享受居住地的低保待遇。②规范家庭财产的类别和条件，家庭财产包括共同生活的家庭成员所拥有的有价证券、存款、房产和车辆等资产，各地需要将家庭财产作为认定城市低保对象的重要依据。③规范家庭收入的类别和计算方法，家庭收入是指共同生活的家庭成员在规定期限内的全部可支配收入，包括扣除缴纳的个人所得税及个人按规定缴纳的社会保障性支出后的工资性收入、经营性净收入、财产性收入和转移性收入等。家庭人均月收入是否低于当地低保标准，是能否享受低保待遇的基本条件。④规范家庭收入的减免类型和金额。优抚对象按照国家规定享受的抚恤金、补助金不计入家庭收入。其他可以减免的收入如独生子女费、孤残儿童基本生活费等。

同时，该《通知》进一步改进低保对象认定方法。①由街道、乡镇低保经办机构直接受理低保申请。受街道或乡镇低保经办机构委托受理低保申请的社区居民委员会，要将申请人提交的所有材料以及家庭经济状况调查结果全部上交到街道或者乡镇低保经办机构，不得自行作出不予受理或不符合低保条件的决定。②入户调查应存录原始资料，入户调查和邻里走访应由两人以上同行。③张榜公示应限定范围和时间，公示的范围应限于低保申请人所居住的社区居委会，尽量不在互联网站上公示；公示的内容应仅限于拟批准享受低保的户主姓名、家庭人口数及享受金额，应注意保护其家庭特别是儿童的隐私；对于老年人家庭、残疾人家庭等家庭收入无变化或变化不大的，不宜实行常年公示。④县级民政部门应建立随机抽查制度，要对低保家庭实行分类管理，对于家庭收入无变化或者变化不大的家庭，可每年复核一次；对于家庭收入处于经常变动状态的，至少每半年复核一次。

为了确保工作落实，民政部要求各地在2010年组织开展一次针对城市低保对象认定工作的排查，包括查制度规定，确保与低保对象认定有关的各项制度是否健全和翔实，是否符合国家有关法规政策和当地实际情况；查制度落实，准确掌握低保对象的基本信息，进一步摸清他们的实际生活状况，对符合低保条件的要实现“应保尽保”，对不符合低保条件的要“应退尽退”；查问题纠正，有关部门反映的低保工作中存在的问题，以及群众举报、信访等个案，要认真核查，及时纠正。

2010年，国家宗教界和民政部等部委颁布了《关于妥善解决宗教教职人员社会保障问题的意见》。在宗教人士参加低保问题上，规定宗教教职人员符合当地最低生活保障条件的，应纳入城乡最低生活保障范围，做到应保尽保。符合农村五保供养条件的宗教教职人员，应纳入农村五保供养范围。在核定救助对象时，对长期脱离家庭独自生活的宗教教职人员，可按一户核算。

救助标准与物价上涨联动机制。鉴于2010年下半年以来，物价上涨速度过快，影响了城市民众，特别是贫困群体基本生活，国务院颁布了《关于稳定消费价格总水平保障群众基本生活的通知》，提出16条稳定物价措施。针对城市贫困群体提出专门建立最低生活保障和物价水平的联动机制。目前，中国过半省份建立社会救助标准与物价上涨联动机制。联动机制包含四项主要内容：①保障对象，主要包括优抚对象、城乡低保对象、农村五保供养对象和领取失业保险金人员；②启动条件，以居民基本生活费用或居民消费价格指数月度涨幅作为依据，启动机制的临界条件可参考当地政府每年提出的预期价格调控目标自行确定；③联动措施，在居民基本生活费用或居民消费价格指数月度涨幅达到临界条件时，启动联动机制，发放价格临时补贴；连续一定时期回落至临界条件以下时，停止发放价格临时补贴，连续发放价格临时补贴一定时期以上时，要按照正常程序，提高城乡低保标准，自提高城乡低保标准之日起，停止发放价格临时补贴；④补贴标准，按照城乡低保标准的一定比例确定城乡低保对象、优抚对象、农村五保供养对象价格临时补贴发放标准，补贴标准要保证不低于物价上涨对低收入群体生活的实际影响。

救助政策和专项资金管理执法监察。为检查各地社会救助政策落实和专项资金管理使用情况，发现和解决社会救助工作中存在的主要困难和突出问题，加强和规范社会救助工作的管理与监督，确保社会救助政策落实到位、资金安全运行和及时足额发放，2010年民政部决定在全国范围内开展社会救助政策落实和专项资金管理使用情况专项执法监察。执法监察的主要内容包括：①各项社会救助工作政策落实及规范管理情况。检查城乡低保、城乡医疗救助和农村五保供养制度建设情况，查找并填补政策漏洞，纠正与国家政策规定不相符合或不一致的问题。检查社会救助各项工作的操作管理情况，确保各项救助标准制定科学合理并适时调整，确保救助对象核定公开公正并坚持动态管理，确保救助水平公平合理并做到分类施保。②各项社会救助资金运行管理及落实到户情况。检查各项社会救助资金逐级拨付运行情况，城乡低保、城乡医疗救助资金专项管理制度建设和执行情况。坚决纠正社会救助资金拨付环节滞留、挪用、挤占等现象，严肃查办社会救助资金基层发放环节虚报、冒领、套取以及贪污、侵占、挪用等违纪违法案件。③基层社会救助工作支撑保障情况。检查各地基层社会救助工作保障措施制定及落实情况，督促县（市、区）和乡（镇、街道）配备社会救助工作人员，落实社会救助工作经费，安排办公场所，配备办公设备等。督促村（居）委会、社区设置社会救助公示栏，按规定开展社会救助对象民主评议、张榜公示等。对于检查中发现的问题，提出相应的整改措施。

2. 医疗救助制度。

（1）城市医疗救助政策进展。

近年来医疗费用快速攀升，远远超过了城市居民收入增长速度。一场大病对普遍城市居民也难以承担，更是城市低收入和贫困群体主要致贫风险之一。为了切实帮助城市贫困群众解决就医方面的困难和问题，2005 年国务院颁布了《关于建立城市医疗救助制度试点工作意见的通知》（国办发［2005］10 号），决定在全国城市建立医疗救助制度的试点工作。救助资金来源于财政预算拨款、专项彩票公益金和社会捐助等渠道。为了保障资金稳定性，同时规定地方财政每年安排城市医疗救助资金并列入同级财政预算，中央和省级财政对困难地区给予适当补助。救助对象主要是城市贫困居民，包含城市低保对象中未参加城镇职工基本医疗保险人员、已参加城镇职工基本医疗保险但个人负担仍然较重的人员以及其他特殊困难群众。

民政部联合财政部和卫生部于 2009 年 6 月下发了《关于进一步完善城乡医疗救助制度的意见》，进一步健全和规范相关城乡医疗救助相关制度安排，主要内容包括：①合理确定救助范围，在切实将城乡低保家庭成员和五保户纳入医疗救助范围的基础上，逐步将其他经济困难家庭人员纳入医疗救助范围。其他经济困难家庭人员主要包括低收入家庭重病患者以及当地政府规定的其他特殊困难人员；②实行多种方式救助，救助方式包括资助参加城镇居民基本医疗保险并对其难以负担的基本医疗自付费用给予补助；③完善救助服务内容，要坚持以住院救助为主，同时兼顾门诊救助，住院救助主要用于帮助解决因病住院救助对象个人负担的医疗费用；门诊救助主要帮助解决救助对象患有常见病、慢性病、需要长期药物维持治疗以及急诊和急救的个人负担的医疗费用；④合理制定补助方案，逐步降低或取消医疗救助的起付线，合理设置封顶线，进一步提高救助对象经相关基本医疗保障制度补偿后需自付的基本医疗费用的救助比例；⑤简化程序，充分发挥医疗救助的便民救急作用，逐步推行定点医疗机构即时结算医疗救助费用的办法，对于城乡低保家庭成员、五保户等医疗救助对象，凭相关证件或证明材料，到开展即时结算的定点医疗机构就医所发生的医疗费用，应由医疗救助支付的，由定点医疗机构即时结算，救助对象只需支付自付部分；⑥做好医疗救助与相关基本医疗保障制度的衔接，通过对城镇居民基本医疗保险个人缴费部分的补助，使城镇低保家庭成员等经济困难家庭人员，能够享有相关基本医疗保障待遇；并帮助解决相关基本医疗保障起付线以下的自付部分；加强医疗救助与城镇职工基本医疗保险和城镇居民基本医疗保险在经办管理方面的衔接，改进各项制度的结算办法，探索实行“一站式”管理服务，逐步实现不同医疗保障制度间人员信息、就医信息和医疗费用信息的共享，提高管理服务效率，方便困难群众。

（2）医疗救助发展概况。

在城市医疗救助刚刚试点时，全国救助总人次数仅仅为114.9万人次，此后随着城市医疗救助推广，救助人次数稳步增加，特别是2008年相对2007年救助人次数增加了644万，增加了146%。2010年累计救助城市居民1921.3万人次，相当于2005年刚刚试点时的16.7倍，包括民政部门资助参加城镇基本医疗保险1461.2万人次，直接救助城市居民460.1万人次。就资助参保而言，尽管救助人次数有了较大幅度增加，但随着救助对象范围的扩大，人均救助水平却持续下降，在2008年人均资助参保60.5元，但到2010年时人均资助参保下降到52.0元。直接救助即直接对城市贫困居民医疗费用进行救助，2010年直接救助人次数相对于2008年和2009年都有所增加，但增加幅度没有资助参加城市医疗保险幅度大，基本稳定在450万人次左右；但人均救助水平有加大幅度增长，从2008年的人均救助483.5元增加到2010年的809.9元，人均救助水平增加67.5%。2010年用于城市医疗救助的各级财政性资金49.5亿元，相对于2009年增长20.1%，其中，民政部门投入资助城镇居民参加基本医疗保险资金达7.6亿元，比上年增长31.0%，投入直接救助资金37.3亿元，比上年增长18.8%。

表8　城市医疗救助基本情况，2005—2010年

年度	救助总人次数（万）	直接救助		资助参保	
		人次数（万）	人均救助水平（元）	人次数（万）	人均救助水平（元）
2005	114.9	—	—	—	—
2006	187.2	—	—	—	—
2007	442.0	—	—	—	—
2008	1086.2	443.6	483.5	642.6	60.5
2009	1506.3	410.4	764.7	1095.9	53.5
2010	1921.3	460.1	809.9	1461.2	52.0

资料来源：历年《民政部统计年鉴》；历年《民政事业发展统计报告》。

针对2010年春节期间甲型H1N1流感疫情防控工作面临的挑战，民政部和卫生部推动针对城市贫困人口推行甲型H1N1流感医疗救助工作。救助对象包括低保对象、五保对象、家庭经济困难的重症患者以及当地政府规定的其他特殊困难人员实施救助。对救助范围内甲型H1N1流感患者，要通过医疗救助制度，在经城镇基本医疗保险补偿后难以负担的基本医疗费用给予补助，并取消医疗救助起付线，在封顶线范围内提高救助比例和救助数额。对经上述补偿和补助后城市贫困群体仍然难以负担基本医疗费用的H1N1流感患者通过临时救助制度给予帮助。以住院救助为主，同时兼顾门诊救助。住院救助主要帮助解决医疗救助对象因甲型H1N1流感住院治疗需个人负担的医疗费用，门诊救助主要帮助解决医疗救助对象因甲型H1N1流感在门诊、急诊和急救等需个人负担的基本医疗费用。

3. 教育救助制度。

对经济困难学生进行救助关系到他们能否顺利完成学业，从而依靠知识摆脱贫困。中国政府承诺，切实保障全体人民特别是困难群体的受教育权，保障每一个孩子不因家庭经济困难而失学。近年来，中央和地方各级政府先后采取了一系列重大举措，建立了完整的教育救助政策体系：在高等学校，建立了以国家奖助学金、国家助学贷款为主，其他资助措施有机结合的资助政策体系。在中等职业学校，建立了以国家助学金和国家免学费为主，辅之以学生工学结合、顶岗实习等资助措施的资助政策体系。在普通高中，设立了中央专项彩票公益金教育助学项目，用于资助中西部县镇和农村家庭经济困难学生。在义务教育阶段，全部免除了城乡所有学生的学杂费，免除了农村和城市困难学生的书本费，为农村家庭经济困难寄宿生提供了生活补助。

2010年，财政部和教育部等有关部委，不断建立健全家庭经济困难学生资助政策体系，进一步提高资助标准，从制度上基本保证了“不让一个学生因家庭经济困难上不起学或辍学”。2010年，国家研究出台了四项新的资助政策。（1）建立了高校国家助学金资助标准动态调整机制。综合考虑经济发展水平和物价变动情况，从2010年秋季学期起，将高校国家助学金标准由年生均2000元提高到3000元，有效缓解了物价上涨给高校家庭经济困难学生带来的不利影响。（2）建立了普通高中家庭经济困难学生国家资助制度，从2010年秋季学期起，中央与地方共同设立普通高中国家助学金，用于资助普通高中在校生中的家庭经济困难学生，资助面约占20%，平均资助标准为年生均1500元。普通高中国家资助政策的出台，标志着我国基本健全从小学至大学的家庭经济困难学生资助政策体系。（3）进一步扩大了中等职业教育免学费政策覆盖范围。从2009年秋季开始，中等职业教育免学费政策惠及农村家庭经济困难学生和涉农专业学生。从2010年秋季学期起，将中等职业学校城市家庭经济困难学生也纳入免学费政策范围，吸引更多学生和社会青年接受职业教育。（4）提高了农村义务教育家庭经济困难寄宿生生活补助标准。从2010年秋季开始，中西部地区农村义务教育阶段家庭经济困难寄宿生生活费补助标准每人每天提高1元，年生均补助标准小学由500元提高到750元，初中由750元提高到1000元，进一步减轻了农村家庭经济困难寄宿生的经济负担，也帮助这些寄宿生改善了营养状况。

对城乡家庭贫困学生国家资助政策体系的不断完善和实施，有力地促进了教育公平和社会公平，推动了普及和巩固九年义务教育、大力发展职业教育和实现高等教育大众化，从而有助于实现减贫目的。

2010 学生资助工作取得的新成效

2010年，高校学生资助工作取得新成效。主要包括：（1）国家助学贷款突破“双百”，生源地信用助学贷款成“主角”。2010年国家助学贷款获得贷款学生人数达到113.84万人，较2009年增长11.6%；新增贷款金额114.89亿元，较2009年增长32%，国家助学贷款人数和金额分别突破100万人和100亿元，创历史新高；（2）生源地信用助学贷款成为地方推动国家助学贷款工作的主要模式，2010年，生源地信用助学贷款人数占当年全部贷款人数的70.8%，贷款金额占当年全部贷款金额的65.7%；高校毕业生学费补偿贷款代偿工作取得历史性突破，2010年全国高校共有36157名毕业生获得服义务兵役学费补偿贷款代偿，补偿和代偿金额为5.55亿元；中央部门高校共有10650名毕业生获得了基层就业学费补偿贷款代偿，金额为6542万元；（3）高校国家奖助学金政策顺利实施，2010年，国家奖助学金共奖励资助全国高校学生499万人次，国家财政共投入141亿元，其中中央财政投入86.3亿元，地方财政投入54.7亿元。；（4）建立高校新生“绿色通道”制度，2010年秋季学期，全国通过“绿色通道”办理入学手续的新生为60.9万人，占家庭经济困难新生的38.8%，占报到新生总数的9.7%，确保新生不会因为经济困难无法入学；同时确保学生入学后，学校再根据学生的经济状况和有关规定给予形式多样的资助和补助。

中职学生资助工作取得新进展。主要包括：（1）2010年，全国中等职业学校免学费政策范围扩大至城市家庭经济困难学生，受助学生人数由2009年的426万人增加至440万人，约占中等职业学校全日制在校生总数的22%，免学费金额约88亿元，其中中央财政投入43.2亿元；（2）中职国家助学金监管机制不断完善，为防止个别学校套取中职国家助学金等违纪违规行为，2010年，教育部会同有关部委积极推行中职学生资助专用银行卡和助学金集中发放模式，组织开展了中职学生资助政策落实情况全国大检查，2010年，全国共有1136万中等职业学校学生享受国家助学金，资助金额达170亿元，其中中央财政投入80.52亿元。

中小学学生资助工作的新突破。主要包括：（1）将普通高中学生资助纳入国家学生资助政策体系。2010年秋季学期，国家新设立普通高中国家助学金，当年惠及482万名普通高中家庭经济困难学生，约占高中在校生总数的20%，资助金额约48亿元，其中中央财政投入22.56亿元。这项政策实施以后，国家学生资助政策体系进一步完善，已经覆盖了从小学到大学的各个阶段；（2）义务教育阶段寄宿生生活补助力度进一步加大，2010年，全国义务教育阶段共有1495万家庭经济困难寄宿生享受生活补助，其中中西部地区补助人数达1228万人，较2009年增加108万人，中央下达补助资金57.1亿元，较2009年增加了18.5亿元。这里既扩大了资助面，还扩大了资助标准，小学寄宿生生活补助从每年人均500元涨到750元，初中生从750元增加到1000元；（3）义务教育阶段国家免费教科书工作落实到位。2010年，在免除全国1.5亿义务教育阶段学生学杂费基础上，国家向所有农村学生和城市家庭经济困难学生免费提供国家教科书，惠及1.35亿学生，受助学生比例（占义务教育阶段学生总数的比例）超过87%。国家在实施农村义务教育经费保障机制以后，在2008年接着又开始在城市免除学杂费，所以从2008年开始我们国家真正实行了义务教育阶段免费政策。

——教育部2011年第5次新闻通气会文字实录（介绍国家资助家庭经济困难学生工作进展情况）

4. 住房救助和住房保障制度。

（1）住房救助和住房保障政策进展。

中国大中城市高房价已超出了大部分中低收入家庭的承受能力，即使是中等收入家庭，购房支出也可能导致其贫困化。为了解决城市中低收入家庭和贫困家庭住房难问题，在“十一五”期间，中国政府逐步建立健全住房保障制度，大力发展公共租赁住房，加强廉租房建设和加快棚户区改造，以缓解困难群众在居住方面遇到的困难并改善其居民居住条件。

2007年8月，国务院出台《关于解决城市低收入家庭住房困难的若干意见》，强调解决城市（包括县城，下同）低收入家庭住房困难是政府公共服务的一项重要职责，提出加快建立健全以廉租住房制度为重点、多渠道解决城市低收入家庭住房困难的政策体系。要求以城市低收入家庭为对象，进一步建立健全城市廉租住房制度，改进和规范经济适用住房制度，加大棚户区、旧住宅区改造力度，力争到“十一五”期末，使低收入家庭住房条件得到明显改善，农民工等其他城市住房困难群体的居住条件得到逐步改善。这无疑为解决城市弱势群体住有所居这一重大民生问题提供了强有力的制度保证。随后一系列配套政策相继出台，涉及廉租住房保障资金管理、改善农民工居住条件、推进城市和国有工矿棚户区改造以及廉租住房保障规划等多个方面，为城市低收入家庭编织了一张住房保障网。

廉租住房、经济适用住房建设和棚户区改造住房保障政策覆盖范围比较小，部分大中城市商品住房价格较高，一些中等偏下收入住房困难夹心层家庭无力通过市场租赁或购买住房的问题比较突出。建设部等部委颁布了《关于加快发展公共租赁住房的指导意见》（建保［2010］87号）提出大力发展公共租赁住房，培育住房租赁市场，满足城市中等偏下收入家庭基本住房需求的重要举措。公共租赁住房供应对象主要是城市中等偏下收入住房困难家庭，并可以将新就业职工和有稳定职业并在城市居住一定年限的外来务工人员纳入供应范围。公共租赁住房租金水平，“由市、县人民政府统筹考虑住房市场租金水平和供应对象的支付能力等因素合理确定，并按年度实行动态调整。符合廉租住房保障条件的家庭承租公共租赁住房的，可以申请廉租住房租赁补贴”。在公共租赁房建设的支持政策上，要求各地要把公共租赁住房建设用地纳入年度土地供应计划，予以重点保障，其中面向经济适用住房对象供应的公共租赁住房，建设用地实行划拨供应；市、县人民政府要通过直接投资、资本金注入、投资补助和贷款贴息等方式，加大对公共租赁住房建设和运营的投入，省和中央要给予资金支持；对公共租赁住房的建设和运营给予税收优惠，涉及的行政事业性收费和政府性基金，按照经济适用住房的相关政策执行。

（2）住房救助和住房保障发展概况。

目前，中国政府形成了以廉租房、经济适用房、公共租赁房为主要形式，“低端有保障，中端有支持”的住房保障政策框架。

截至 2005 年底，全国仅有 32.9 万户最低收入家庭被纳入廉租住房保障范围。“十一五”期间，全国 1140 万户城镇低收入家庭和 360 万户中等偏下收入家庭住房困难问题得到解决，中央累计安排保障性安居工程专项补助资金高达 1336 亿元。在廉租房资金支持上，2007 年全国安排廉租住房资金 77 亿元，超过历年累计安排资金的总和；2008 年，廉租住房保障资金首次写入政府工作报告，当年中央财政安排保障性安居工程支出 181.9 亿元；2009 年保障性住房支出达到 550.56 亿元，这一年中央加大对财政困难地区廉租住房保障补助力度：西部地区 400 元/平方米，中部地区 300 元/平方米，辽宁、山东、福建省的财政困难地区 200 元/平方米。

2010 年中央安排保障性安居工程专项补助资金达 802 亿元，同时，《政府工作报告》提出全国将建设各类保障性住房和棚户区改造住房 580 万套。2010 年，全国保障性住房和棚户区改造住房开工 590 万套，超过计划目标 10 万套，其中，保障性住房 322 万套，棚户区改造 268 万户；全年基本建成 370 万套。

5. 生活无着落人员救助。

（1）生活无着落人员救助政策进展。

针对原有的城市流浪人员收容遣送制度中存在种种乱象，2003 年国务院颁布了《城市生活无着落的流浪乞讨人员救助管理办法》，对原有的收容遣送制度进行根本的变革，废弃了强制遣送备受争议的做法，把城市流浪乞讨人员纳入社会救助对象，保障其基本生活权益。新的救助办法在县级以上城市人民政府设立流浪乞讨人员救助站，对流浪乞讨人员进行临时性社会救助。救助内容包括提供符合食品卫生要求的食物；提供符合基本条件的住处；对在站内突发急病的，及时送医院救治；帮助与其亲属或者所在单位联系；对没有交通费返回其住所地或者所在单位的，提供乘车凭证。新的救助办法规定县级以上城市人民政府应当将救助工作所需经费列入财政预算。

2009 年民政部等五部委颁布的《关于进一步加强城市街头流浪乞讨人员救助管理和流浪未成年人解救保护工作的通知》（民发［2009］102 号）则进一步明确了相关政府部门在流浪乞讨人员救助中职责和具体救助办法。

民政部门主要承担街头救助职责，同时协助配合公安、城管、卫生等部门做好街头管理和打击解救工作。①劝导、引导街头流浪乞讨人员进入救助管理站接受救助，不愿入站的，根据其实际情况提供必要的饮食、衣被等服务；坚持“先救治，后救助”的原则，配合医疗机构做好街头流浪乞讨人员中的危重病人、精神病人和危险传染病人的救治工作；②坚持“先解救，后救助”的原则，对于公安机关解救、护送来站的未成年人，救助管理站（流浪未成年人救助保护中心）要做好接收工作，福利机构做好婴幼儿临时代养工作；铁路公安机关解救的被拐卖未成年人，由乘车地救助管理站（流浪未成年人救助保护中心）接收，福利机构做好婴幼儿临时代养工作。③协助有关部门开展街头治理工作。民政部门在街头救助时，发现流浪乞讨人员滋扰他人，扰乱社会秩序，污损、占据公共设施妨害他人正常使用和破坏城市市容环境的，要向公安机关、城市管理部门提出执法建议。④强化救助站内服务和管理，改善设施环境，实行人性化、亲情化服务，保障受助人员的基本生活，如把未成年人与其他救助对象分开，根据未成年人的特点，合理安排生活起居和文体娱乐、教育培训等活动；对残疾、智障、受到伤害或有心理问题的，积极进行医护和康复治疗。⑤做好返乡、安置和流出地预防工作。对符合条件的安置对象，安置到社会福利机构，并积极探索社会代养、家庭寄养等社会安置模式；督促流出地人民政府将符合条件的返乡困难群众纳入社会保障范围。⑥鼓励和支持社会组织或个人为流浪乞讨人员提供庇护、饮食和衣被等帮助，探索开展社工干预、心理辅导、行为矫正和教育培训，帮助流浪乞讨人员回归家庭和社会。

公安机关主要承担街头管理和打击解救职责，同时协助民政、卫生部门做好街头救助和站内管理工作。卫生部门负责流浪乞讨人员医疗救治工作，按照“先救治、后救助”的原则收治有关流浪乞讨人员。财政部门主要承担对城市街头流浪乞讨人员救助、管理，以及对流浪未成年人解救保护的经费保障工作，要求地方政府将政府承担的救助、管理城市街头流浪乞讨人员，以及解救、保护流浪未成年人工作经费，分别列入有关部门预算给予保障。

（2）生活无着落人员救助发展概况。

截至2010年底，全国共有生活无着落人员救助管理单位1593个，包括1448个救助站和145个流浪儿童救助中心，相对于2003年新的流浪乞讨人员救助制度建立时有了较大幅度增加。其中2010年救助站数量相对于2003年的1.68倍。此外，鉴于流浪儿童特殊性，国家开始专门建立流浪儿童救助保护中心，2005年全国建立40个流浪儿童救助保护中心，到2010年儿童救助中心数量达到145个。2010年救助人次数达171.9万人次，相当于2004年的2.10倍。2010年床位5.6万张，包括救助床位5万张床位和儿童救助保护中心0.6万张床位。全年救助城市生活无着落的流浪乞讨人员171.9万人次（见表9）。

表9　　城市生活无着落人员救助，2003—2010年

年　份	救助站（个）	流浪儿童救助保护中心（个）	救助人次数（万人次）	救助类单位床位数（万张）
2003	864	—	—	—
2004	977	—	82.03	4.71
2005	1079	40	119.63	4.56
2006	1189	50	129.55	4.57
2007	1261	90	154.45	4.68
2008	1334	88	157.35	5.06
2009	1372	116	168.05	5.10
2010	1448	145	171.90	5.60

资料来源：历年《中国民政统计年鉴》。

针对2010年夏天部分地区高温炎热和汛情灾情严重情况，民政部门积极推动及时救助街头流浪乞讨等生活无着落人员，开展“夏季送清凉”街头主动救助活动，包括积极组织救助服务队上街劝导流浪乞讨人员进站避暑，对不愿进入救助站受助的，要发放必要的防暑降温药品、饮品和食品；对街头流浪乞讨危重病人、精神病人要及时送医院救治；要调动社会力量参与街头救助，开辟更多避暑场所；要加强救助站内防暑降温物资储备，增加通风降温设备。

（三）以促进就业为导向的反贫困策略

就业乃民生之本，也是城市反贫困的治本之策之一。在2010年城镇新增就业人员1168万人，有547万下岗失业人员实现了再就业，就业困难人员再就业165万人。全年全国共帮助8.5万户零就业家庭实现每户至少一人就业；组织3.3万名高校毕业生到农村基层从事“三支一扶”的工作。

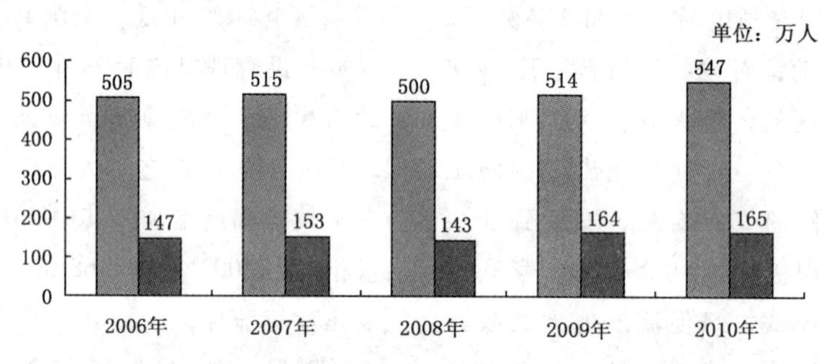

图2　近五年城镇下岗失业人员再就业人数

2010年中国政府通过对困难群体进行就业援助、通过健全企业负担稳定就业、为残疾人和高校毕业生提供就业服务等措施，推动以就业为导向的城市反贫困策略。

1. 健全推进就业援助制度。

在2007年颁布的《就业促进法》规定了各级人民政府建立健全就业援助制度，采取税费减免、贷款贴息、社会保险补贴和岗位补贴等办法，通过公益性岗位安置等途径，对就业困难人员实行优先扶持和重点帮助。就业援助对象包括就业困难人员和零就业家庭成员。其中，就业困难人员是指因身体状况、技能水平、家庭因素和失去土地等原因难以实现就业，以及连续失业一定时间仍未能实现就业的人员。零就业家庭成员是指法定劳动年龄内的家庭人员均处于失业状况的城市居民家庭中的登记失业人员。

2010年颁布的《关于加强就业援助工作的指导意见》（人社部发［2010］29号）提出将符合条件的人员全部纳入就业援助范围，建立“出现一人，认定一人，扶助一人，稳定一人”的就业援助工作机制，努力使未就业的援助对象获得更具针对性的重点帮助以及时就业，确保已就业的援助对象切实享受政策扶持以稳定就业。要求地方政府根据每一位援助对象的需求和特点，研究制定个性化的援助方案，以援助协议的方式实施“一人一策”的重点帮扶。各级公共就业服务机构都要将援助对象作为优先服务的重点群体，制定明确各项援助工作的内容、时间和效果要求，实行“首问负责制”，将责任落实到具体工作机构和工作人员；地方政府要大力开发公益性岗位，扩大岗位规模，落实岗位补贴和社保补贴政策，完善公益性岗位开发和管理制度；同时，通过健全就业援助工作基本制度、完善就业援助工作保障措施、增强信息化对就业援助工作支撑力度和实行就业援助工作绩效管理等制度化的安排实现就业援助长效化。

为了推进就业困难群体就业工作，人力资源和社会保障部联合中国残联在2009年发动就业援助周活动，2010年两部门相继开展了就业援助月活动。

就业援助月

2010年就业援助月以“就业援助进家入户，帮您解决就业困难”为主题、以各类就业困难人员和登记失业残疾人为重点对象。援助月活动中，全国各级公共就业服务机构和残疾人就业服务机构将深入街道、社区，广泛宣传，进行家访，并采取个别推荐介绍、专场招聘会、公益性岗位安置、落实就业扶持政策等措施，帮助援助对象尽早实现就业。

据悉，2009年全国164万就业困难人员实现就业，其中通过开展全国就业服务系列活动和残疾人就业援助服务工作，帮助7415名2009年应届和往届高校残疾人毕业生实现就业，帮助2009年全国登记认定的146768名残疾人就业援助对象中的98502人实现就业，实现就业率近70%，组织培训农村残疾人200710人次，组织残疾人劳务输出32556人，帮助残疾人就地就近转移就业75852人。

——摘自《人保部中国残联共同启动2010全国就业援助月活动》、《中国残联：全国就业援助月将于2011年1月启动》

2. 减轻企业负担，稳定就业。

2008年席卷全球的金融危机导致国内许多企业，特别是中小企业面临着经营困难和倒闭压力，也带来严峻的就业问题。为了帮助企业渡过危机，稳定严峻的就业形势，从2008年起国家出台了多个文件，要求减轻企业负担。2008年人力资源和社会保障部等部委出台了《关于采取积极措施减轻企业负担稳定就业局势有关问题的通知》，允许困难企业在一定期限内缓缴社会保险费，阶段性降低四项社会保险费率，可在2009年之内适当降低城镇职工基本医疗保险、失业保险、工伤保险、生育保险的费率；可以使用失业保险基金帮助困难企业稳定就业岗位，对采取在岗培训、轮班工作和协商薪酬等办法稳定员工队伍，并保证不裁员或少裁员的困难企业，使用失业保险基金支付社会保险补贴和岗位补贴。虽然这些措施对减轻企业负担、稳定就业局势发挥了积极作用，但是2009年就业形势仍然严峻，2009年又出台了相关文件，要求延长稳定就业岗位、扶持就业的相关优惠政策执行期限，将允许困难企业在一定期限内缓缴社会保险费、阶段性降低四项社会保险费率、使用失业保险基金帮助困难企业稳定就业岗位和鼓励困难企业通过开展职工在岗培训等方式稳定职工队伍等4项政策执行期限延长至2010年底；对2010年享受社会保险补贴政策期满仍未能实现稳定就业的灵活就业人员，一次性延长社会保险补贴期限，最长不超过1年。东部7省市扩大失业保险基金支出范围试点政策延长到2010年底；重点向困难中小企业倾斜，在同等条件下，要优先受理和批准中小企业缓缴社会保险费、享受社会保险补贴、岗位补贴和在职培训补贴的申请。

2010年人力资源和社会保障部颁布了《关于做好当前失业保险工作稳定就业岗位有关问题的通知》（人社厅函［2010］35号），要求各地加大使用失业保险基金稳定就业岗位补贴政策的力度，工作重点向中小企业和民营企业倾斜，鼓励中小企业和民营企业不裁员、少裁员，稳定和增加就业岗位；提高统筹层次，加大基金调剂力度，鼓励有条件的地区探索实行失业保险基金省级统筹，着力解决基金结余较少的统筹地区实施援企稳岗政策资金不足问题，使更多的企业享受到政策的扶持。

3. 推动残疾人就业工作。

残疾人是失业和贫困的高风险群体，而推动有劳动能力的残疾人就业是实现其脱贫和防范贫困的有效途径。早在2007年中国政府就颁布了《残疾人就业条例》，要求县级以上人民政府应当将残疾人就业纳入国民经济和社会发展规划，并制定优惠政策和具体扶持保护措施，为残疾人就业创造条件，具体措施包括用人单位安排残疾人就业的比例不得低于本单位在职职工总数的1.5%；政府和社会依法兴办的残疾人福利企业、盲人按摩机构和其他福利性单位（以下统称集中使用残疾人的用人单位），应当集中安排残疾人就业；县级以上地方人民政府发展社区服务事业，应当优先考虑残疾人就业；对集中使用残疾人的用人单位依法给予税收优惠，并在生产、经营、技术、资金、物资和场地使用等方面给予扶持；依法征收的残疾人就业保障金应当纳入财政预算，专项用于残疾人职业培训以及为残疾人提供就业服务和就业援助。

2010年国务院颁布了《关于加快推进残疾人社会保障体系和服务体系建设的指导意见》，提出建立健全残疾人就业服务网络，促进残疾人稳定就业包括，落实残疾人按比例就业、安置残疾人单位税收优惠、残疾人个体就业扶持、政府优先采购集中使用残疾人的用人单位的产品或服务等残疾人就业促进和保护政策，完善残疾人就业保障金征收使用管理等政策；政府开发的公益性岗位要按规定安置符合条件的残疾人；用人单位招用残疾人职工，应当依法与其签订劳动合同或服务协议，提供适合其身体状况的劳动条件和劳动保护，在晋职、晋级、评定职称、报酬、社会保险、生活福利等方面不得歧视残疾人；同时，加强省、市、县三级残疾人就业服务机构的建设，将其纳入公共就业服务体系统筹管理，为残疾人提供就业服务；开展盲人按摩管理指导和服务工作，在公共就业服务机构设立残疾人服务窗口和服务项目，免费为残疾人提供就业服务和就业援助。

2010年，残疾人就业工作在城镇新安排32.4万残疾人就业。其中，集中就业残疾人10.2万，按比例安排残疾人就业8.6万，个体就业和多种形式灵活就业13.7万，全国城镇实际在业人数441.2万。同时，全国省、市、县三级残联举办残疾人职业教育培训机构达2504个，接受残疾人职业培训的普通机构有2200个，83.3万人次残疾人接受了职业教育与培训，并有11.6万人次获得了职业资格证书。

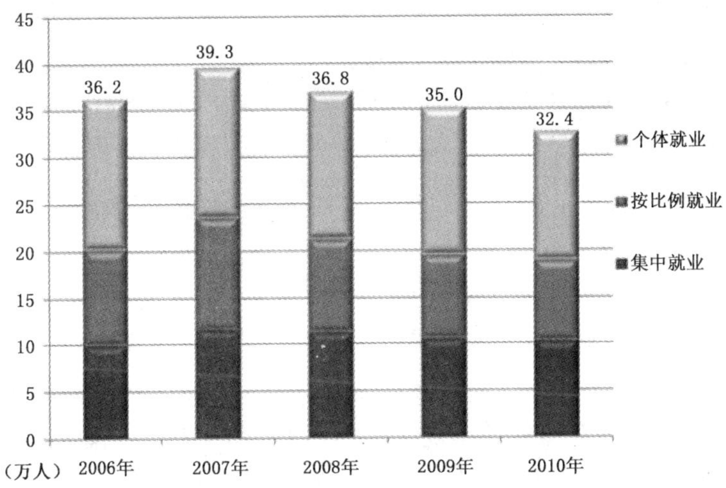

图3 “十一五”期间全国城镇残疾人新增安排就业情况

资料来源：《2010年中国残疾人事业发展统计公报》。

城镇百万残疾人就业工程

改善残疾人生活状况，根据中国残疾人事业“十二五”发展的总体要求，中国残联决定，“十二五”期间实施城镇百万残疾人就业工程，通过实施就业工程，全国城镇新增残疾人就业100万人；建立起保护和促进残疾人就业的政策法规体系和长效工作机制。主要措施包括：（1）依法全面推进按比例安排残疾人就业。如县级以上残联组织和直属机构应率先安排残疾人，新招录人员中残疾人不得少于20%，鼓励、引导各级党政机关、人民团体、事业单位和国有企业带头安排残疾人，并逐步建立岗位预留制度；（2）落实集中安排残疾人的用人单位税收优惠政策，稳定残疾人集中就业；（3）扶持残疾人自主创业和个体从业，对残疾人从事个体经营的，协调有关部门优先核发营业执照，落实经营场地，免收行政事业性收费，给予其基本养老保险、基本医疗保险缴费补贴；对残疾人失业人员创业的，全额发放失业保险金，提供创业补贴；对残疾人能人大户和残疾人就业规模较大的企业给予特惠性贴息贷款扶持，帮助其做大做强，带动更多残疾人实现就业；（4）开发公益岗位，以社区为重点拓宽就业渠道，政府投资开发的公益性岗位，按照不低于10%的比例安排残疾人就业，并根据相关规定，给予岗位补贴、社会保险补贴；开展社区服务和家庭服务业专项调研，开发适合残疾人特点的岗位，通过发展社区服务、家庭服务、呼叫服务、便民网点等，促进残疾人就业；（5）探索残疾人辅助性就业，扶助盲人按摩行业发展。

此外，“城镇百万残疾人就业工程”将对残疾人就业情况进行实名制统计管理，为新增就业残疾人建立台账，实行动态管理；更加完善残疾人就业援助制度；进一步加强残疾人职业教育和职业培训，全国挂牌成立残疾人职业培训基地1000家；加快推进残疾人就业服务机构规范化建设；同时加大资金投入，广泛开展残疾人职业培训，给予残疾人岗位补贴、社会保险补贴，扶持残疾人就业。

——《中国残联关于实施城镇百万残疾人就业工程的通知》、《中国残疾人事业“十二五”发展纲要》

4. 推进高校毕业生就业。

2010年全国高校毕业生达630万人，就业任务十分繁重。为了解决就业问题，2010年中央政府多部门联合实施了“2010高校毕业生就业推进行动”。主要措施包括：（1）结合新兴产业发展和产业升级，为大学毕业生创造新的就业岗位；（2）通过清理劳动保障、人事代理、档案管理和城市落户等制度性障碍，疏通高校毕业生到各类企业就业的主渠道，特别是拓展到中小企业、非公有制企业的就业空间；（3）实施和完善鼓励科研项目单位吸纳和稳定高校毕业生就业的有关政策，包括户口、档案管理、社会保险等方面的工作；（4）拓展基层就业岗位，进一步开发适合高校毕业生的基层管理和公共服务岗位。

同时，对困难（贫困）高校毕业生实施就业援助。实施困难高校毕业生免费参加各类招聘活动、公务员与国有企事业单位招考免收其报名和体检费用、参加职业技能培训和鉴定等政策。对在基层公共管理和服务岗位就业高校毕业生，通过财政提供社会保险补贴和公益性岗位补贴等政策；对在大城市聚居的长期失业高校毕业生，加强就业服务和援助，保障其合法权益。

5. 劳动者权益保护。

2010年在劳动者权益保护上主要是推动集体合同签订和上调最低工资水平。

为了保护职工权益，特别是中小企业职工权益，2010年5月人力资源与社会保障部颁布了《关于深入推进集体合同制度实施彩虹计划的通知》（人社部发［2010］32号），提出从2010年到2012年，力争用三年时间基本在各类已建工会的企业实行集体合同制度。其中，2010年集体合同制度覆盖率达到60%以上；对未建工会的小企业，通过签订区域性、行业性集体合同努力提高覆盖比例。集体合同以非公有制企业和劳动密集型企业为重点对象，推动企业与职工就工资水平（计件单价）、劳动定额等涉及劳动报酬的事项开展集体协商并订立专项集体合同，推进建立完善企业工资分配共决机制、职工工资正常增长机制和支付保障机制；在同行业企业特别是建筑、采矿和餐饮服务等行业企业相对集中的县级以下区域内，要重点推动订立行业性集体合同。同时，建立由人力资源社会保障部门主要领导牵头，协调劳动关系三方主管领导（人力资源社会保障部门、工会和企业联合会/企业家协会）具体负责，有关职能部门参加的工作协调领导机构，形成政府部门主导、三方协同、多方支持、企业和职工积极参与的工作机制。

同时，为了保护低收入行业职工权益，2010年各地纷纷上调最低工资。到2010年底全国30个省份调整了最低工资标准，月最低工资标准平均增长幅度为22.8%，调整后月最低工资标准最高的上海市为1120元，小时最低工资标准最高的北京市为11元。

（四）健全农民工公共服务体系，应对贫困风险

2006年以来，在中央政府的推动下，农民工逐步被纳入城市公共服务和社会保护体系，包括推动农民工加入城镇社会保障体系、解决农民工子女入学问题、农民工住房问题以及农民工公共卫生服务等，农民工的总体状况在不断改善。这些政策措施，对农民工在城市安居乐业和防范贫困发挥了重要作用。

1. 农民工社会保险。

2006年国务院颁布了《关于解决农民工问题的若干意见》（国发［2006］5号）要求优先解决工伤保险和大病医疗保障问题，逐步解决养老保障问题，规定所有用人单位必须及时为农民工办理参加工伤保险手续，并按时足额缴纳工伤保险费；有条件的地方，可直接将稳定就业的农民工纳入城镇职工基本医疗保险，农民工也可自愿参加原籍的新型农村合作医疗；有条件的地方，可直接将稳定就业的农民工纳入城镇职工基本养老保险，已经参加城镇职工基本养老保险的农民工，用人单位要继续为其缴费，抓紧制定农民工养老保险关系异地转移与接续的办法。

2010年中央一号文件指出，进一步健全农民工社会保障制度，推动工伤保险全覆盖，加强职业病防治和农民工健康服务，将与企业建立稳定劳动关系的农民工纳入城镇职工基本医疗保险，落实包括农民工在内的城镇企业职工基本养老保险关系转移接续办法。

由于大病和工伤是农民工主要面对的风险，中央政府积极推动农民工参加城镇职工医疗保险和工伤保险。一些地方在城镇职工基本医疗保险制度里面，为农民工设立大病医疗保障，即首先保证农民工住院和大病医疗，农民工个人不用缴费，完全由单位来缴费。截至2010年底，参加城镇基本医疗保险的农民工达到4583万人。近年来由于强制工作单位，尤其是建筑行业为农民工购买工伤保险，参加工伤保险农民工人数增长较快，2010年底参加工伤保险的农民工为6300万人。农民工参加养老保险和失业保险人数相对较少，2010年底分别有3284万和1990万人参加养老保险和失业保险。

表10　农民工参加城镇基本社会保障状况　单位：万人

	2007	2008	2009	2010
医疗保险	3131	4266	4335	4583
养老保险	1846	2416	2647	3284
工伤保险	3980	4942	5587	6300
失业保险	1150	1549	1643	1990

资料来源：历年《人力资源和社会保障事业发展统计公报》。

2. 农民工子女教育。

中央政府规定农民工工作所在地政府要承担起农民工同住子女义务教育的责任，将农民工子女义务教育纳入当地教育发展规划，列入教育经费预算，以全日制公办中小学为主接收农民工子女入学，并按照实际在校人数拨付学校公用经费。城市公办学校对农民工子女接受义务教育要与当地学生在收费、管理等方面同等对待，不得违反国家规定向农民工子女加收借读费及其他任何费用。2010年中央一号文件进一步强调，落实以公办学校为主、以输入

地为主解决好农民工子女入学问题的政策。据国家计生委 2009 年的调查表明 7—14 岁流动儿童在校比例为 97.9%，在上学的流动儿童中 68.8% 在公立学校就学，25.1% 在私立学校，6.1% 在打工子弟学校。

上海 40 万农民工子女今年 100% 享受免费义务教育

2009 年，上海市投入 36.9 亿元财政资金用于农民工同住子女进入公办学校享受免费教育，以实现教育均衡化发展上。至本学期开学，在沪的 40 万外来务工者子女中，享受本地免费义务教育的孩子已占 97.3%。今年内，上海市将在全国大城市中率先实现对农民工子女的免费义务教育全覆盖。据了解，上海市 18 个区县中，目前已有 15 个区实现了农民工同住子女 100% 享受免费义务教育。学龄农民工同住子女中约有 70% 进入上海市公办中小学就读，30% 学生进入由政府资助的民办学校，通过政府购买服务的方式，同样可获得免费接受教育的机会。推进民办农民工子弟学校的教学管理和师资培训及早走上正轨，将其纳入正规的管理与评价体系，提高民办农民工子弟学校的教育质量，使更多外来务工人员子女与沪籍学生享受到同等的优质教育资源。

——《上海 40 万农民工子女今年 100% 享受免费义务教育》（2010 年 8 月）

3. 农民工住房保障。

为了解决农民工住房保障问题，建设部等五部委 2007 年联合出台了的《关于改善农民工居住条件的指导意见》，提出多渠道解决农民工住房问题，包括用工单位可以采取无偿提供、廉价租赁等方式向农民工提供居住场所；农民工自行安排居住场所的，用工单位给予一定的住房租金补助；集中建设农民工集体宿舍，由用工单位承租后向农民工提供，或由农民工直接承租，不得按商品住房出售或出租；积极引导和鼓励城乡结合部居民利用自有住房向农民工出租。

2010 年住房和城乡建设部等七部门颁布了《关于加快发展公共租赁住房的指导意见》，提出有条件的地区，可以将新就业职工和有稳定职业并在城市居住一定年限的外来务工人员纳入公共租赁住房供应范围；在外来务工人员集中的开发区和工业园区，市、县人民政府应当引导各类投资主体建设公共租赁住房，面向用工单位或园区就业人员出租。

2010 年，全国大部分省区都出台了一系列的相关政策措施，部分省份已经将农民工纳人住房保障政策的范围，在实践中，解决农民工住房问题主要做法包括：（1）建设农民工公寓，即政府资助或者对企业采取减免税费的办法，建设农民工公寓，低价出租给农民工，杭州市就采取这种做法；（2）廉租房或者公共租赁房，如广东省鼓励地方将农民工技术骨干纳入廉租房保障范围，青岛市建设廉租房定向租给有固定工作的农民工，深圳市也提出将长期在深圳工作的农民工纳入城市公共租赁房保障范围；（3）农民工住房公积金，重庆市规定农民工可以像城镇居民一样参加住房公积金计划，缴纳住房公积金，可以每年提取一次本人账户余额。

4. 农民工就业培训。

鉴于我国农村劳动力整体素质不高，

缺乏转移就业的职业技能，难以向非农产业和城镇转移，难以在城镇实现稳定就业。2003年9月农业部等六部委联合发布《2003—2010年农民工培训规划》，由政府出资对亿万农民工进行培训，该项目又称农村劳动力转移培训“阳光工程”，该计划重点支持农村劳动力输出大省、产粮大省、革命老区和贫困地区开展的农村劳动力转移到非农领域就业职业技能培训，旨在提高农村劳动力素质和就业技能，促进农村劳动力向非农产业和城镇转移，实现稳定就业和增加农民收入。该项目计划2006—2010年，在全国大规模开展职业技能培训，建立健全农村劳动力转移培训机制，加大农村人力资源开发力度。

2010年以后，按照城乡经济社会协调发展的要求，把农村劳动力培训纳入国民教育体系，扩大培训规模，提高培训层次。培训经费实行政府和农民个人共同分担的机制。政府补助资金由中央财政扶持资金和地方财政扶持资金组成。政府补助资金通过培训券方式或培训机构降低收费标准方式直接让农民受益，不用于培训单位基本建设、培训条件建设和技能鉴定。2009年，“阳光工程”培训农村劳动力300万人，中央投入资金11亿元。

鉴于农民工培训项目存在着缺乏统筹规划、资金使用效益和培训质量不高以及监督制约机制不够完善等问题，2010年国务院颁布了《国务院办公厅关于进一步做好农民工培训工作的指导意见》，提出把农民工培训工作纳入国民经济和社会发展规划，按照培养合格技能型劳动者的要求，逐步建立统一的农民工培训项目和资金统筹管理体制，到2015年，力争使有培训需求的农民工都得到一次以上的技能培训，掌握一项适应就业需要的实用技能。在培训资金筹集上，强调以省级统筹为重点，集中使用培训资金，各省（区、市）要将农民工培训资金列入财政预算，进一步加大农民工培训资金投入，并按照统筹规划、集中使用和提高效益的要求，将中央和省级财政安排的各项农民工培训资金统筹使用，各部门根据职责和任务，做好相关培训工作，改变资金分散安排和效益不高的状况；中央政府有关部门统筹安排农民工培训资金，对地方予以适当补助。制定农民工培训补贴基本标准，按照农民工所学技能的难易程度、时间长短和培训成本，以通用型工种为主，科学合理地确定培训补贴基本标准，并根据实际情况定期予以调整，以使农民工能够掌握一门实用技能。同时，优先对未享受过政府培训补贴的农民工进行职业技能培训，避免多部门重复培训。

5. 农民工社会救助制度。

尽管国家积极推动农民工参加城镇社会保险，逐步实施公共服务均等化，但目前农民工各项社会保险参保率仍然偏低和工作不稳定状态，在面临现代社会风险冲击时难以承受，如果遭遇失业、伤病等问题，许多农民工甚至基本生活都难以得到保障。这种状态使得把农民工纳入城市社会救助体系尤为迫切。2010年一项针对武汉市农民工调查表明，农民工目前最担心的问题依次是生病（23%）、子女上学（16.2%）、失业（14.4%）和吃穿住等基本生活困难（13%）等。在调查的样本中有41.8%的人曾经有过失业的经历，其中失业4个月以上的占37%，在失业期间66.3%的农民工靠以前的积蓄来维持生活，而没有一个人靠失业保险或失业补助维持生活。调查同时表明，37.8%的农民工外出期间有过“没有找到工作，同时又把带的钱用光”的经历。可见，农民工有强烈的社会救助需求。但该调查同时表明农民工整体对社会救助的认知度较低，超过一半的农民工没有听说过社会救助，即便是听说过社会救助的农民工对社会救助的认知也存在局限性，甚至对社会救助的具体含义不清楚。

目前全国对贫困农民工社会救助问题仍然是统一的政策安排，只是在少数地方存在一些针对贫困农民工的临时性社会救助项目。

6. 其他农民工公共服务政策。

2010年卫生部发动了农民工健康关爱工程项目，计划从2010年起在全国65个县市区试点农民工健康关爱工程，集中用人单位应为签订劳动合同的农民工建立健康档案。农民工健康档案建立率应达到80%以上。

三、城市反贫困：问题与展望

《国民经济和社会发展第十二个五年规划纲要》提出，坚持民生优先，完善就业、收入分配、社会保障、医疗卫生、住房等保障和改善民生的制度安排，推进基本公共服务均等化，努力使发展成果惠及全体人民。就城市减贫而言，在“十二五”期间，仍然面临着诸多挑战，需要进一步健全和巩固城市已有的预防贫困和减贫政策措施。

（一）建立城市减贫的跨部门协作机制

社会保险、社会救助、社会福利、医疗、教育、住房、就业服务等多项社会保护措施职权和职责分散于多个部门，如教育救助由教育部门主管，医疗救助、最低生活保障和社会福利主要由民政部门主管，社会保险、就业培训和就业援助由人力资源和社会保障部门主管、而住房保障主要由城乡建设部门主管。基于部门本位主义和部门利益的竞争，在城市减贫过程中，往往出现多头重复或遗漏并存的现象，造成资源浪费，影响了减贫的整体效益。因此，在城市减贫中，需要建立跨部门协作机制，实现各项政策间的衔接，在确保减贫政策全面覆盖包括农民工在内的城市居民的同时，增强多项减贫政策的合力和绩效。

（二）构建新生代农民工社会保护机制

上世纪80年代后出生的新生代农民工已构成了农民工群体的主体。同上一代农民工相比较，他们不具备农业生产基本技能和知识，具有在城市安居乐业的强烈的动机，但收入偏低、难以承担高房价和社会保险覆盖率低，难以公平享受城市基本公共服务等阻碍了他们城市化进程。尽管近年来，中国政府加强了在农民工群体中推进社会保险，但由于农民工工作不稳定，社会保险覆盖率仍然偏低，并且农民工仍然基本被排斥在城市最低生活保障制度和住房救助制度之外，这将使得他们面临着严峻的贫困化风险。因此，在“十二五”期间，一方面要继续推进农民工社会保险的覆盖面，另一面要把农民工纳入城市社会救助体系，同时，逐步实现其他基本公共服务均等化，构建起农民工社会保护机制。

（三）开拓社会福利服务工作岗位，解决困难群体就业问题

中国城市老龄化日趋严重，此外，中国还存在大量残障人士，他们都急需大量照护人员。国外经验表明，随着老龄化推

进，护理人员将成为就业需求增长速度最快的职业之一。中国城市一方面存在大量失业人口，在农村还存在潜在大规模失业人口，另一方面老人和残障人士护理人员等社会福利服务人员短缺比较严重。因此，在“十一五”期间可以构建多层面的护理人员培训体系，包括主要面向失业大学生、社会工作或护理专业大学生的高级护理人员培训；面向未就业高中毕业生和中专生的中级护理人员培训；面向4050人员和中青年女性农民工的初级护理人员培训和面向城市年轻老人或家庭成员等非正式照护人员的短期培训，并把这种培训和开拓社区养老服务岗位结合起来。这些举措将具有一箭双雕之功效：一方面有助于解决大量失业人口就业难问题；另一方面也有助于解决老人照护需求服务供给不足问题。

参考文献

1. 历年《中国民政统计年鉴》。

2. 世界银行：《从贫困地区到贫困人群：中国扶贫议程的演进》，世界银行，2009年版。

3. 国家统计局：《人口总量平稳增长，就业形势保持稳定——“十一五”经济社会发展成就系列报告之三》。

4. 《中国劳动统计年鉴2010》。

5. 新成长失业青年是指城镇登记失业人员中，从未就业，目前正以某种方式寻找工作的人员，包括初高中、职业高中、技校及大中专毕业生中未能升学、参军、被国家统一分配或单位录用的人员，以及其他初次失业的人员。

6. 中国人力资源市场信息监测中心：《2010年度部分城市公共就业服务机构市场供求状况分析》，2011年。

7. 根据《中国劳动统计年鉴2010》相关统计数据测算，2009年全国年工资水平为32244元，所以月工资水平为2687元。

8. 国家统计局：《新生代农民工的数量、结构和特点》，2011年。

9. 《关于做好2010年城镇居民基本医疗保险工作的通知》（人社部发［2010］39号）。

10. 王发运、李宇：《2010年中国社会保险制度建设新进展》，见汝信、陆学艺编著：《社会蓝皮书：2011年中国社会形势分析与预测》，社会文献出版社，2011年版。

11. 《国务院关于修改〈工伤保险条例〉的决定》。

12. 《民政部关于进一步加强城市低保对象认定工作的通知》（民函［2010］140号）。

13. 《关于开展社会救助政策落实和专项资金管理使用情况专项执法监察的意见》（民办函［2010］75号）。

14. 《民政部发布2010年社会服务发展统计报告》。

15. 《民政部、卫生部办公厅关于做好甲型H1N1流感重症患者医疗救助工作的通知》（民办发［2010］3号）。

16. 教育部2011年第5次新闻通气会文字实录：介绍国家资助家庭经济困难学生工作进展情况。

17. 如2007年《廉租住房保障办法》、《关于推进城市和国有工矿棚户区改造工作的指导意见》（建保［2009］295号）、《关于加强经济适用住房管理有关问题的通知》（建保［2010］59号）、《关于加强廉租住房管理有关问题的通知》（建保［2010］62号）。

18. 杜宇：《“十一五”期间我国大力推进保障性住房建设综述》（来源新华网）。

19. 《关于2010年国民经济和社会发展计划执行情况与2011年国民经济和社会发展计划草案的报告》。

20. 《民政部办公厅关于做好炎热气候救助管理服务的紧急通知》。

21. 《2010年度人力资源和社会保障事业发展统计公报》。

22.《各地积极贯彻落实关于进一步做好减轻企业负担稳定就业局势有关工作的通知》（人社部发［2009］175 号）

23.《2010 年中国残疾人事业发展统计公报》。

24.《关于实施 2010 高校毕业生就业推进行动大力促进高校毕业生就业的通知》（人社部发［2010］25 号）。

25. 徐博：《到 2010 年底全国 30 个省份调整最低工资标准》（来源新华网）。

26. 参见《中国流动人口发展报告》，第 41 页。

27. 张智：《各地解决农民工住房问题的调查与研究》，载《城乡建设》，2010 年第 4 期。

28. 农业部：《阳光工程简介》。

29. 徐增阳、付守芳：《农民工的社会救助：需求、认知与意愿》，载《华中师范大学学报》（人文社会科学版），2011 年第 3 期。

30.《卫生部办公厅关于开展农民工健康关爱工程项目试点工作的通知》。

十

企业扶贫篇

安徽虹都电缆集团有限公司扶贫

【企业概况】 安徽虹都电缆集团有限公司（以下简称“公司”）创建于2006年8月，安徽虹都电缆集团有限公司位于安徽省级开发区——无为高沟经济开发区，环境优美，交通便捷。公司占地面积21.8万平方米，现有员工785人，其中工程技术人员189人，具有中高级技术人员和管理人员68人，公司注册资金2.018亿元，总资产3.8亿元，2010年公司销售收入1.2亿元，纳税608万元，是一家专业从事电线电缆生产、研发、营销、服务为一体的现代化集团公司。

安徽虹都电缆集团有限公司拥有优秀的市场营销、企业管理和专业设计研发人员，拥有省级认定的技术中心，并引进精良先进的生产和检测设备，产品质量、关键技术和主要生产、检测设备具有国内领先水平，质量管理和售后服务体系健全、完善，运行机制和管理模式科学、规范，先后通过了ISO 9001：2000质量管理体系认证、ISO14001：2004环境管理体系认证企业、GB/T28001：2001职业健康安全管理体系认证企业、国家强制性认证等国家权威认证，同时被认定为中国石化物流资源市场成员单位、中国石油天然气集团一级供应网络成员、中国水利电力供应网络单位、“AAA”级信用单位。2009年9月我公司被安徽省扶贫开发领导小组办公室、安徽省财政厅授予“安徽省首批扶贫龙头企业”称号；2010年8月我公司被中国建设银行安徽省分行授予第一届中小企业客户“成长之星”称号。

本公司开发生产的产品主要有船用电缆、计算机电缆、防火电缆、耐高温补偿电缆、控制电缆、电力电缆、交联聚乙烯电力电缆、信号电缆、伴热电缆、橡套电缆、架空绝缘电缆、硅橡胶电缆、射频电缆等350多种型号，7000多种规格。产品广泛用于电力、石油、化工、冶金、煤矿、军用等众多行业，深受客户好评。

公司始终坚持“科技求发展、人才促管理”的发展方针和“科技创新、以质取胜”的质量方针，秉承“诚实守信、互惠互利”的经营理念。将继续以优质的产品、合理的价格、完善的服务回报广大新老客户，愿与社会各界新老朋友携手合作，共创辉煌。

几年来，公司享受安徽省扶贫贴息贷款累计1400万元，通过各种方式带动农户160户，其中贫困户82户，带动农户人口800多人，带动农户人均增收6000多元，通过捐助、捐赠惠泽人口100多人。就业人口从原来的36人发展成700多人的产业队伍。

【扶贫项目建设】 公司以投入促发展、促调整。坚持把项目建设作为工业发展的重要拉动力，以市场为导向，以项目为载体，强化投入质量，调整产业产品结构。走多元化发展之路，带动当地相关产业发展，满足大批农户就业致富。从2009年开始，公司利用企业发展的资金积累，新上年产600吨云母纸项目，该项目列入2010年安徽省“861”项目表（2349安徽虹都电缆集团新上年产600吨云母纸项目），2010年已完成征地、道路、基础设施建设，厂房开始建设，机械设备正在采购，该项目建成后，填补省内空白，能安排300人就业，其中计划再招收贫困户60户大约100人进厂上班，每年上交税金200多万元，带动地方经济相关产业的发展，起到很好的成效。加强培训，提高企业人员的素质，增强驾驭市场的能力。提高企业管理水平，不断提高经营效益。

【教育扶贫】 公司制定龙头企业扶贫基金政策，支援贫困地区教育事业，让知识带动地方经济发展，让知识的力量摆脱当地贫困的帽子。公司自成立以来，已帮助10余名品学兼优，因贫辍学的孩子完成了中学或大学教育。从2010年开始，公司每年拿出不低于2万元支援本地区学校基础建设，向高沟中学、高沟小学、西湖慈君小学每年捐款5000元，设立奖学金。

【原材料基地建设扶贫】 2008年公司帮助安徽无为县精华电缆材料有限公司上马，借钱租厂房，促进了精华电缆材料有限公司的迅猛发展，几年来生产的高温电缆料F4原材料全部保证本企业生产的需要，每年供给的高温电缆料F4原材料达2000多万元；2009年公司又借资50万元成立安徽无为县华虹电缆有限公司，该企业生产的聚脂带、填充料等电缆辅助材料全部用于公司的生产，2010年供货总额达500多万元。公司在带动企业发展的同时，带动了当地经济发展，自身也在其中受益，通过原材料基地的建设，公司已充分认识到给主导产品生产带来的优势。

【社会扶贫】 2010年2月，公司对襄安镇百子村、牛埠镇黄柏村、鹤毛乡汉桥村、沈巷乡联合村进行社会帮扶，每个村各捐助1万元，共捐助社会帮扶款4万元。

公司还发动30多名销售员通过一对一帮扶形式，让每个销售员带领一位特别困难的农民工出去跑市场，等到他们自己完全独立熟悉市场时，再继续帮带其他农民工，形成了一个榜样带动榜样的良性循环。

公司加强党组织建设，发挥党员先锋模范作用。2007年成立党支部，党员数达到30多人，党总支积极制定各项帮扶政策，并积极行动起来，发挥每个党员各自优势，实行一对一或一对多带动农民工致富。同时，注意发展相关产业，增加就业机会。通过调查研究，对农户进行思想方面开导，帮助他们成立自己的运输公司和包装厂，很好地带动了第三产业的发展。

【济困扶贫】 公司每年分别向高沟敬老院、新沟敬老院捐款1万元，帮助鳏寡孤独的老年人安度晚年；2008年和2010年，公司和员工向四川汶川和青海玉树地震灾区捐款10余万元；2009年和2010年我公司对公司所在地的五保老人捐款8万元。

【扶贫工作措施】 1. 创造条件解决农村大批劳动力就业，带动农民脱贫致富。“造福于一方水土，帮助大多数人致富，满足一大批人就业”，这是公司的信念。用公司的发展，带动大批劳动力就业，带动相关产业发展，从而改善了农民的生活条件，丰富了农民的生活内容。

2. 加强农业基础设施，增强农业生产后劲。自 2008 年起，公司累计无偿拿出 40 余万元，帮助高沟镇高沟社区、高沟镇新青村修桥铺路、兴修水利。通过扶贫开发，使他们改变了农业基础设施，增强了农业生产后劲，终于甩掉了贫困村的帽子。

3. 资助式扶贫开发，走共同发展之路。2008 年初，公司一次性出资 50 万元协助新青村开发西湖，西湖每年纯收入在 50 万元以上，村级经济收入增加了，同时解决 50 多人就业，贫困农户收入增加了，通过开发让西湖水变清了，生态环境得到明显改善，并带动周边经济发展，并引来投资商在西湖边投资开发，通过资助并协助开发使新青村走上小康之路。

4. 支援贫困地区教育，改善教育实施。从 2009 年开始，每年 6 月 1 日儿童节为附近的几所小学捐款 2000 元，让孩子们过一个快乐的节日，每年资助附近的几所学校的贫困生，每年拿出一部分资金用于学校基础建设。

（安徽虹都电缆集团有限公司）

四川省烟草公司宜宾市公司扶贫

【企业概况】 四川省烟草公司宜宾市公司（以下简称“公司”）成立于1983年11月，现下辖翠屏区、宜宾县、南溪县、江安县、长宁县、高县、筠连县、珙县、兴文县、屏山县10个县级营销部、物流中心、16个职能科室，共有从业人员664人；另有1个控股企业即宜宾三原烟叶复烤有限责任公司。2010年，年卷烟销售量约为13.89万大箱，生产收购烟叶31.99万担，实现税利4.59亿元。

宜宾具有适宜的优质烟叶种植条件，自然资源丰富、气候条件优越，所产烟叶具有良好的外观和内在品质。近年来，四川省烟草公司宜宾市公司抢抓国家“北烟南移”的战略机遇，以现代烟草农业统领烟叶工作全局，坚持把烤烟生产作为“富民惠民”和建设社会主义新农村的支柱产业，把烟叶作为行业新的经济增长点，通过加大烟叶产前投入、提升生产服务水平、强化烟叶基础设施建设等措施，推进了宜宾现代烟草农业发展和烟区社会主义新农村建设。

公司以“创全省先进市局（公司），建一流商业企业”为奋斗目标，践行“崇尚先进一流、崇尚规范精细、崇尚公正和谐”的宜宾烟草企业文化理念，在推进扶贫开发工作的同时，坚持“四个文明”一起抓，精神文明建设取得了丰硕成果。先后获得了“全国烟草行业企业文化建设先进单位”、“省级文明单位”、“省级守合同重信用企业”、“省级卫生先进单位”、“四川省模范职工之家”、“宜宾市县级领导班子创‘四好’活动先进集体”、“2006—2008年落实党风廉政建设责任制先进班子”称号，被四川省烟草专卖局（公司）授予“全省烟草商业系统目标管理先进单位”、“四川烟草商业系统开展‘四好’活动成效显著单位”、“全省行业打击制售假烟网络工作先进单位”。

【烤烟生产扶持】 2001年至2010年，公司累计投入价值超过1.2亿元的生产物资、补贴资金用于扶持烤烟生产；通过干部分片包干、技术员入户指导等形式，对2万多户烟农进行了烤烟生产技术培训（其中：建卡贫困户0.53万户）。通过加大烟叶生产投入、强化生产技术指导、提升生产服务水平等强有力的措施，烟农种烟技术水平稳步提升，烟叶质量、烟农收入大幅增长。10年来，全市烟农累计实现种烟收入12.46亿元（含烟叶税返还），2010年实现烟农种烟收入2.49亿元，较2001年的0.49亿元增长408.16%。烟农户均种烟收入从2001年的0.83万元增长到2010年的3.67万元，增长342.17%。烤烟产业已推动1.5万多户烟区农民和0.87万贫困户实现脱贫致富，迈向幸福小康。

在上级烟草部门和市委、市政府的正确领导下，公司坚持工业反哺农业以及“普惠制、广受益”六字方针，通过发展现代烟草农业推进了烟区社会主义新农村的全面发展。2010年，共投入超过4000万元用于烤烟生产扶持，降低了烟农种烟成本；通过干部分片包干、技术员入户指导等形式，对全市7000户烟农进行了四期烤烟生产技术培训，烟农种烟技能水平和烤烟生产整体水平得到大幅提升；转变烟叶生产组织模式，大力发展烟农综合生产服务合作社、种植专业户、家庭农场等新型生产组织模式，建立和完善以烟为主、配套产业共同发展的产业经营模式，实行农业标准化生产，提高了烟区农民的综合经济收益。2010年，全市共落实烤烟种植乡（镇）57个、村405个、社1325个、农户6777户，种植面积10.67万亩，烟农户均种植面积15.75亩，创历史新高；收购烟叶31.99万担；实现烟叶产值2.2亿元；实现烟农种烟收入2.49亿元；烟农户均收入达3.67万元。

【烟叶基地建设】 按照以烟为主的耕作制度和合理轮作的要求，实施基本烟田保护，在基本烟田保护区加大对基本烟田、土地整治、烟水配套、密集型烤房、机耕道、农机具、站（点）、防雹等基础设施项目的投入力度，改善了烟区生产生活条件，提高了烟区抗御自然灾害的能力。自2006年宜宾市烟叶基础设施建设全面启动以来，公司在烟区基础设施建设上的投入高达5.21亿元，年均投入超过1个亿，其中，烟水配套工程16934.6万元，密集型烤房26089万元，机耕道6211.9万元，农机具466.6万元，育苗工厂120万元，防雹设施180万元，基层站（点）2100万元。累计建成基础设施1.4万多件，其中，建成水池5847口、水窖101口、管网649条、沟渠249条、提灌站3座，密集型烤房7454座、生产便道153条、机耕道169条、育苗工厂1座、防雹点9个、烟站3个，整治塘坝126座；购买农机具2876套。解决了31万亩基本烟田的烟水配套、14万亩烟叶的密集型烘烤以及6万人的饮水难、出行难问题。尤其是对定点扶贫乡（镇）所在的筠连县，基础设施建设上的投入高达1.55亿元；现代烟草农业试点所在的兴文县，基础设施建设上的投入高达1.46亿元。

坚持以我为主，立足基地单元；坚持科学规划，强化系统设计；坚持项目监管，规范资金使用，确保了烟基项目持久发挥作用和效益。2010年全市投入9900.72万元用于烟叶基础设施建设，其中，烟水配套工程3607.86万元、密集型烤房4284万元、机耕道1870.29万元、小型农机具138.57万元。建成水池217口、水窖9口、管网484.82千米、沟渠44.31千米、密集型烤房1224座、机耕道198.59千米，整治小塘坝15处，购买小型农机具972套，改善了山区人民群众生产、生活条件。

【社会公益扶贫】 2001年至2010年，全市烟草行业累计捐赠1046万元支持社会公益事业发展，其中，捐资634.4万元用于兴文县仙峰乡新界村新村建设（一池三改项目200万元、村庄公共设施建设项目146万元、连户路建设项目79.2万元、农户集中建房项目76.2万元、危草房改造项目75万元、风貌改造项目50万元、村小改建项目45万元、购置生物气化3万元）；捐资250万元修建兴文县、屏山县2所希望学校；资助50名贫困大学生22.6万元；汶川、玉树大地震发生后，向灾区共捐款68.6万元。常年联系对口扶贫乡（镇）2个，村2个。通过一系列措施，推进了全市行业扶贫开发工作的发展。

【扶贫工作措施】 1. 党政重视，精心组织，凝聚扶贫开发的“向心力”。公司党政领导高度重视扶贫开发工作，力行“一统一、四到位”的工作思路，即思想统一、组织到位、人员到位、资金到位、措施到位，将全市的烟草产业与扶贫开发相结合，列入行业重要议事日程，纳入年度工作计划，明确领导分工，强化责任考核机制，凝聚了扶贫开发工作的向心力。

2. 因地制宜，立足优势，挖掘扶贫开发的“生产力”。烤烟生产作为高度涉农和政策性较强的产业，与“三农”问题息息相关。结合烤烟产区大多地处偏远山区，农业基础薄弱、农村经济结构和农民收入来源单一的贫困山区等实际，公司发挥烤烟产业这一“金色龙头”优势，加大烟叶生产投入、强化生产技术指导、提升生产服务水平，挖掘扶贫工作的“生产力”。2001年至2010年，累计投入超过1.2亿元用于烤烟生产扶持；通过干部分片包干、技术员入户指导等形式，对2万多户烟农进行了烤烟生产技术培训，烟农种烟技术水平稳步提升，烟叶质量、烟农收入大幅增长。

3. 夯实基础，加大投入，激发扶贫开发的“发展力”。秉承“国家利益至上、消费者利益至上”的烟草行业共同价值观，公司在实现快速健康发展的基础上，坚持以烤烟反哺农业，以强化烟区基础设施建设力促社会主义新农村的全面发展。自2006年全市烟叶基础设施建设全面启动以来，公司在烟区基础设施建设上的投入高达5.21亿元。基础设施的夯实，减少了旱涝灾害和水土流失，改善了山区人民群众生产、生活条件，为社会主义新农村建设提供了发展后劲。

4. 履职尽责，奉献社会，打造扶贫开发的“和谐力”。长期以来，公司弘扬“以责任奉献社会，以真情回报客户，以创新超越自我”的企业精神，2001年至2010年，全市烟草行业累计捐赠1046万元支持社会公益事业发展，通过联系乡（镇）支援新农村建设，新建希望学校，修建乡村道路，对口扶贫，推进农舍及公共设施建设等措施，改善了烟农的生产生活环境，促进了农村公共事业的发展，践行了企业使命，塑造了良好形象，受到了社会各界的高度评价，为构建和谐社会及全市扶贫开发工作的纵深发展起到了助推作用。

（宜宾市烟草专卖局（公司）
思想政治工作科　李建宇）

河北强久自行车配件集团有限公司扶贫

【企业概况】 河北强久自行车配件集团有限公司（以下简称“公司”）是20世纪80年代改革开放初期组建成立发展起来的集团化公司，自营进出口企业，是以生产、销售自行车及零配件为主的大型企业集团。公司位于全国最大的自行车零部件生产经营销售集散地——平乡县河古庙中国自行车零件城。公司的生产工艺先进，技术力量雄厚，检测设备齐全，下属6个全资子公司。近年来，公司不断壮大生产规模和经营能力，发展不忘回报社会。成立10多年来，始终坚持把“关注社会现象，关爱弱势群体”作为自身的一个形象品牌来打造，公司及全体员工先后为贫困地区群众捐款26万元，同时还为贫困乡村捐赠各类棉衣、棉被、床单3600件，自行车1000余辆，为贫困学生捐赠文具5000余件。公司无论在生产困境中，还是在经营顺利时，全体职工都本着一颗爱心，送给需要帮助的贫困人民，通过资金扶持、物质资助、技能培训或帮助就业等多种方式，为建设社会主义新农村，构建和谐社会贡献着自己的一份力量。

1983年，以谭增华为法人的平乡县强力鞍座厂成立，企业靠着诚信经营和过硬的产品质量，很快占领国内市场，并迅速成为全国30多家自行车和三轮车生产厂家的定点配套企业。随着公司的迅速壮大，1998年公司正式成立。公司成立十多年来，始终坚持“创名牌、产业报国，出精品、造福人类；铸诚信、服务社会，讲创新、走向世界”的经营理念，科学管理、注重创新、打造品牌、严格制度、依靠优质的产品和完善的服务，使“强久”牌产品在国内、国际市场享有很高的声誉。品牌经营创辉煌，诚信铸就成功路。经过十几年的发展，公司的综合实力显著增强。2010年，公司总占地面积25万平方米，建筑面积18万平方米，公司总资产10566万元，固定资产5521万元，现有职工近千人，其中大专以上学历的人员占员工总数的28%，中级职称的42人，高级职称的26人。公司主要生产“强久”牌折叠自行车、电动自行车、山地自行车、折叠儿童车以及各种配件等共上百个品种。2000年取得产品进出口自营权，产品远销东南亚、中东及俄罗斯、西班牙、古巴、越南、苏丹等40多个国家和地区。2010年实现销售收入15922万元，其中出口创汇2300万美元，实现利税582万元。

公司经过十几年的发展，通过一批批“强久精英”的开拓创新，扎实苦干，已取得硕果，也得到了社会各界的高度认可，在国际国内享有很高声誉。强久集团连续

10 年纳税在全县同行业名列第一，并被县政府连续评为纳税模范单位，被河北省邢台市税务部门首批评定为纳税 A 级企业。2002 年“强久”商标被评为河北省著名商标、2004 年 10 月公司生产的产品通过 ISO 9001：2000 质量管理体系认证、2006 年通过产品 3C 认证，公司连续 5 年被评为河北省消费者信得过单位、2009 年被中国产品质量监督委员会等机构评为“中国驰名品牌”，强久集团连续两届被河北省诚信企业评选委员会评为“诚信企业”，连续 8 年被河北省工商局评为重合同守信用企业。2011 年 5 月“强久”商标被认定为中国驰名商标。河北强久自行车配件集团有限公司 2005 年 12 月被河北省命名为“河北省扶贫龙头企业”，也是平乡县第一家省级扶贫龙头企业。

平乡县总面积 406 平方千米，人口 32 万，属黑龙港流域，地势低洼、盐碱，属于一个典型的农业小县，人均收入较低，部分群众还处在贫困状态，平乡县 1994 年被确立为省级扶贫县，2000 年被确定为省扶贫工作重点县。公司作为平乡县主导产业自行车业的“龙头老大”，创建至今始终坚持“弘扬中华民族扶贫济困的传统美德，为构建和谐社会尽一份心、出一份力”的扶贫帮困宗旨，广辟就业渠道，带领群众创业，增加了贫困农民的经济收入，帮助他们摆脱贫困，走上富裕之路。

【产业化扶贫】 输血与造血结合，当前与长远兼顾，变“救济式扶贫”为“产业扶贫”，立足行业特色，面向当地实际。公司探索出一条以自行车零部件生产技能为主的产业扶贫新思路。河北强久自行车配件集团有限公司通过开展“技能”扶贫，先后帮助支持 60 人办起了自行车零部件生产小厂子，产品为强久集团加工，3000 人获得就业岗位，不仅让他们树立起自尊、自强、自爱、自立的信心，维护了社会的稳定，同时也探索出一条由实物“输血”扶贫为增强自身“造血”功能的致富途径。

自公司成立以来，先后为公司所在地东马延村打机井 3 眼，并投资几十万元为该村修建村级公路，方便群众出行，为其致富铺平道路。自 2006 年起，公司每年春节为该村 70 岁以上老人分发每人 100—200 多元的福利。除此之外，为进一步推动河北省贫困地区扶贫工作进程，加大龙头企业对贫困村、户的辐射带动作用，切实增加农民收入，强久集团还和周边乡村展开合作共建项目，有代表性地开展专业技术培训、就业岗位培训、慰问服务、亲情关怀、市场信息、文化娱乐等活动，以企业的发展带动并逐渐形成了以自行车配件为主的产业群。强久集团为周边乡村提供就业岗位多达 500 多个，直接和间接带动 9000 多户农民走上致富之路，实现了 3 万多农村剩余劳动力的转移。

近年来，公司在扶贫工作中做了一些有益的尝试和探索，使周边乡镇的经济发展和农民增收有了较明显的提高，但经济发展和农民增收的任务仍然艰巨，公司决心以科学发展观为指导，发挥龙头企业的带头作用，与周边乡镇贫困户一起努力，为农民早日脱贫致富进一步做出应有的贡献。

【社会公益扶贫】 在发展过程中，公司始终把慈善公益事业当做公司发展的重要部分，积极承担企业的社会责任。公司在自身发展的同时，不忘回馈社会，热心投身于社会慈善事业。在强久集团董事长谭增华看来，慈善不只是一种简单的捐助行为，它是以道德和爱心为基础的社会需要发自内心的捐赠，同时，慈善也是一种分配机制，能够实现社会财富的第三次分配。因此从一定意义上说，慈善捐赠也是构建和谐社会、形成良好社会氛围的一个重要途径。

2003年非典期间，为抗击非典疫情向社会捐款4万元，贡献一份爱心；2006年公司董事长谭增华当选为平乡县工商业联合会主席后，组织会员单位投身于公益事业；2008年为四川汶川地震灾区捐款8万元，为灾区人民的重建献上一份爱心；为了提高全民健身运动的积极性，公司2009年出资8万元，赞助邢台市“强久杯”自行车环城赛，2010年再次赞助10万元承办了2010“强久杯”河北省自行车公路大奖赛。公司以实际行动回报社会，扶贫济困，热心公益，出巨资承办文化活动，丰富群众文化生活，在广大群众中得到了良好的口碑，在各级领导中的得到了肯定。

公司先后安排农村“低保”人员90多人在公司打杂工，解决了他们生活困难问题。2004年公司为清华大学贫困学生捐助600辆自行车和3万余元的学习用品，帮助他们顺利完成学业；2009年与邢台学院建立了合作关系，对贫困学生求学、就业给予支持和帮助。2010年在公司资金紧张的情况下，仍旧拿出部分资金资助平乡县盲人学校，为残疾人的健康成长和学习贡献自己的力量，为社会减轻负担。

【扶贫项目及成果】 2010年公司主要扶贫项目：1. 年产300万辆童车生产线项目。该项目在平乡县扶贫办的具体指导下，各项工作已基本完工。项目建成投产后，带动周边9000户贫困家庭参与自行车零配件的生产和加工，使每个贫困家庭年收入5万元，帮助他们走上脱贫致富之路。该项目建成投产后，已安排贫困户子女500名人员就业，并且免除贫困子女的入厂培训费、厂服费和生活设施费等，并优先为他们办理缴纳养老保险及人身保险等保障费用，让他们的生活更有保障。所录用贫困户子女全部在县扶贫办备案，定期接受县扶贫办的监督检查，主动汇报贫困户子女的工作和生活情况。

2. 强久人才培训基地项目。公司人才培训基地针对周边贫困户存在的具体情况，因人施教，分类免费进行培训。从岗前工艺操作流程、专业技能等进行培训，先后举办各类培训班八期，培训各类人员2000多人次；提供政策、管理及法律咨询230次。

公司以提高贫困子女业务素质，增加贫困子女劳动技能为基础，对新录取的贫困子女员工提供全面技能培训，培训期间对贫困员工发放基本工资，通过培训，既能提高贫困子女员工的工作效率，同时可以为以后摆脱贫困打下良好的基础。不仅为其解决眼前的贫困，更为他们以后的发展奠定了基础。

【信贷扶贫】 “强久担保，农民贷款”为贫困农户贷款作担保，从而成为破解农民融资难的一种新探索。几年来，共为周边村150多个贫困农户小额贷款担保700余万元。该办法走出了一条以群众诚信自律为基础，以公司担保为补充，以金融部门为主导的金融扶贫新路子。

（河北强久自行车配件集团有限公司　安湘林）

安徽天鹅科技实业（集团）有限公司扶贫

【企业概况】 安徽天鹅科技实业（集团）有限公司（以下简称“安徽天鹅集团”）是一家集纺织、电子科技、生态农林业、生态旅游、房地产开发、公路交通运输、金融服务为一体的产业多元化企业集团，占地247.7亩，下辖18家成员企业、7家直属厂和102家生产分厂，现拥有总资产6.3亿元，从业人员8500人，其中使用农村劳动力7600人，是“全国手工家纺名城”核心企业，国内最大的绗缝工艺制品生产、出口基地，安徽百强企业，高新技术企业，安徽农业产业化龙头企业，2005年3月被国务院扶贫办授予国家扶贫龙头企业。

安徽天鹅集团已形成年产绗缝工艺被500万套、LCD用系列高频高压变压器8000万只、手机充电器变压器1亿只的生产能力，年销售收入10亿多元。集团按照现代企业制度建立了法人治理机制，顺利通过质量管理体系等“三标”认证，主导产品先后获“安徽省名牌产品”、“安徽省名牌农产品”、“安徽省出口名牌产品”、“产品质量国家免检”、“高新技术产品”、“省级新产品”等称号，“咏鹅”商标被评为安徽省著名商标。

安徽天鹅集团始终走引进、消化、吸收、再创新的发展之路，集团企业技术中心被认定为“省认定企业技术中心”，自主创新的电脑绣花与传统手工工艺相结合的绗缝生产工艺，引导同行业潮流；将床上用品从实用功能向装饰、美化、保健多功能发展方向开发的系列床上工艺用品，传播健康、美学理念；瞄准国际前沿技术开发的电子新产品，传播着环境友好型观念，总体技术水平在国内同类产品中处于领先地位；新技术、新材料、新工艺得到广泛推广应用，共获得和授权发明专利2项，实用新型专利20项，外观设计专利3项。

“十二五”期间，安徽天鹅集团坚持以发展产业多元化为主题，以结构调整为主线，以技术提升为核心，以自主品牌建设为重点，以自主创新为突破，以增强企业发展的稳定性、协调性和可持续性、促进企业上市为目标，以皖江城市带产业转移为契机，打造好“五大基地”，即：华东地区最大电脑绣花基地，天然纤维生产基地，功能性家纺用品生产基地，棉花种植和棉纱生产基地，电子科技制造和研发基地，加快手工家纺产品向绿色、环保、健康方向发展，努力提高科学管理水平，进一步构建新型员工队伍，建设人文社区，培养新型就业观，为员工提供有效的发展平台，保障内部员工报酬更合理、公平，进一步发展企业文化，逐步建设有天鹅特色的企业文化，为打造百年名企提供智力支持，积极推动上市。

在各级扶贫开发机构和金融机构的支持与帮助下，安徽天鹅集团在发展生产、促进经济增长、实现就业方面取得一定的成绩，发展成为岳西首家年纳税超1000万元的工业企业，先后解决农村剩余劳力就业近30000人次，提供近1000个就业岗位，招聘吸收了县内原国有改制企业下岗职工。2010年又提供3000多个岗位，招聘返乡农民工就业，2010年被省政府评为“全省就业先进企业”。

【公司扶贫模式】 由于生产工艺绗缝被是劳动密集型产业，生产加工过程中实现了农村大量剩余劳动力的转移，农民们可以采用领料加工的方式参与企业的生产经营，安徽天鹅集团与农民签订生产加工合同，将半成品发放给农民，由他们在家中加工制作，公司再回收产品，并及时付给农民加工费。为了方便岳西县全县农民领取、交验产品，安徽天鹅集团在岳西县的21个乡镇设有102家分厂，总公司将半成品运送到每个乡镇的加工分厂，农民加工完毕后向当地的分厂交送产品，方便了农民群众，使他们“既不离土，也不离乡”地参与企业的生产经营，获取经济收益，提高生活水平，岳西县从事纺织工艺被生产的农民约10.16万人，人均年增收8400元，农村富余劳动力足不出户，就可获得每月不低于700元的工资收入，仅2010年就发放机手工工资7112万元。这种模式基本实现了“1户办分厂，全村即脱贫；1人进工厂，全家都致富”的扶贫效果。原安徽省委书记王太华在视察安徽天鹅集团时曾评价：“市场在国外，技术在公司，车间在农户”，这句话是对安徽天鹅集团当前实行“公司＋农户”模式的最好诠释。

安徽天鹅集团致力于“生态扶贫、立体扶贫”的目标，近年来，在不牺牲任何环境的前提下，进一步加大了扶贫开发力度，先后出资5000万元设立安徽天云峰生态旅游开发有限公司，开发“明山寨—牛草山—云峰峡谷”原生态旅游，计划通过二年期建设，把这一景区打造成为集避署、休闲养生、旅游观光为一体的4A级景区，还投资5000万元设立安徽天生生态林业开发有限公司，目前已流转林地20000亩，进行毛竹等造林项目，这些大的项目建成后，必将有力推动区域内的经济发展。

【生态农业科技示范基地】 安徽天鹅集团响应上级号召，利用大别山区丰富的自然资源，建立“生态农业科技示范基地”，在岳西县青天乡、包家乡、温泉乡、姚河乡等地建设有机茶、药材种苗基地计1.2万亩，进行规模种植，为农村产业结构调整做出了应有的贡献。公司以农民增收、企业增效为目的，采用“公司＋农户”的运作模式和“订单产业”政策，依托成员企业——岳西县绿之源生态农业科技开发有限公司发展原料基地，在岳西县外发展优质棉花基地，在基地设立收购点收购基地产品；另一方面，公司出资金、出技术，农民出土地、出劳务，即让农民入股参加股份制经营，组建茶叶基地，开办茶叶加工厂，投资、入股县外农户组建的纺织加工企业。这既降低了农民的风险，使农民得到了更多实惠，还一定程度上降低了企业的生产成本，也为农村农业结构调整起到了积极的推动作用。农户每年从基地中直接收入达5000万元。

【劳动力转移培训】 安徽天鹅集团下属岳西天顺驾校是一家具备综合二级资质

的驾校，是安徽省农村劳动力转移培训基地，被安徽省扶贫办指定为“雨露计划”的实施单位。广东碧桂园项目是安徽省“雨露计划”的重要组成部分，也是天顺驾校当前培训工作的重点。2008 年 2 月 22 日，碧桂园项目岳西基地第一期驾驶员培训班正式开学。截至 2010 年底，总培训人数达到 490 人，并安排部分学员赴上海、杭州、福建等地工作，人均月收入达 2500 元以上。

【科技扶贫】 安徽天鹅集团下属安徽天元电子科技有限公司是一家中外合资企业，总投资 1 亿美元，首期投资 3000 万美元，公司的主导产品为液晶电视、电脑背光源模组高压变压器。该项目被列为岳西县重点支持项目，是 2008 年徽商大会重点签约项目，已于 2008 年 7 月 10 日投产，已开足 10 条生产线，解决 1000 人就业。2009 年，安徽天鹅集团审时度势，组建了岳西县天鹅电子科技有限公司，为比亚迪集团配套生产手机充电器变压器，又安排 1200 人就业。电子产业的发展为岳西农民，尤其是农村年轻劳动力创造了一种全新的就业环境，一大批青年农民走上了科技型企业的发展之路。

【社会扶贫】 安徽天鹅集团在发展和壮大自身的同时，履行国家扶贫龙头企业的责任和义务，履行社会责任回馈社会事业。一是支持岳西县扶贫协会工作。二是定点帮扶。安徽天鹅集团结对帮扶岳西县和平乡九河村以来，严格按照《村企共建扶贫工程方案》，整体收购该村集体林场，并出资帮助修通该村村级公路，累计投入资金 200 多万元。三是解决贫困户子女上学和就业。自 1992 年开始，安徽天鹅集团牵头成立了岳西县奖助优秀大学基金会，18 年来，共捐资近 200 万元，解决 200 多名贫困大学生上学资金难题。同时，天鹅集团还定期或不定期向县内贫困小学捐资捐物、扶贫助学，为提升全民素质做出了积极贡献。

（安徽天鹅科技实业（集团）
有限公司储荣生、储劲松、
邓柏林、储诚润、王亮）

内蒙古东达蒙古王集团扶贫

【企业概况】 内蒙古东达蒙古王集团（以下简称“集团公司”）是在1991年创建的东达羊绒制品有限责任公司基础上，于1996年4月组建成立。集团公司坚持与时俱进，以人为本的理念，通过科学规划、艰苦创业、诚信经营、有效管理，发展到拥有51个成员企业，1万多名员工，总资产100多亿元的集团化民营企业。截至2010年，已安排2000余名下岗职工再就业，累计为国家上缴税费12.3亿元；投资3亿多元用于生态建设，拉动12万户农牧民增收致富；投资22.3亿元建设东达生态移民扶贫村；用于社会公益事业资金2.9亿元；2006年首创了内蒙古自治区第一个“救助农村牧区先天性心脏病儿童促进会”，至2010年底，已成功救治了100多名先天性心脏病患者。

集团公司现已形成了面向市场的7大产业：

一是以羊绒加工为龙头的绒毛产业；

二是以沙柳为原料制造刨花板及以园林绿化为主导的生态林沙草产业；

三是以满足社会需求为目标的房地产业；

四是以建设和经营为一体的路桥产业；

五是以新农村建设为主旨的东达生态移民扶贫村新型农牧产业；

六是以不断完善社会服务功能为追求的酒店服务业；

七是以发展旅游、影视、艺术培训、休闲娱乐等为主要内容的文化产业。

集团公司获得了内蒙古自治区“出口创亿元先进乡镇企业”、“内蒙古工业二十强企业”、“全国扶贫重点龙头企业”、“中国最具生命力百强企业”、“全国新农村建设百强示范企业”、“农业产业化国家重点龙头企业”等荣誉称号。

【东达生态扶贫移民村建设】 2005年初，鄂尔多斯市达拉特旗人民政府实施《国家扶贫发展十年纲要计划》，引导和支持当地民营企业东达蒙古王集团积极参与社会扶贫事业，回报家乡，回报社会，在生态生存环境恶劣地区建设东达生态移民扶贫村，开创了企业建设新农村的模式。

东达生态扶贫移民村占地53平方公里，计划投入建设资金80亿元（企业扶贫资金10亿元、项目资金70亿元），构建养殖产业、物流服务业、高新技术工业、文化影视旅游业、种苗培育等五大产业为支柱的经济体系，配套建设人居环境等公共基础设施。计划用8—10年时间，建成拥有10万人口、GDP达到100亿元、财政收入达到10亿元的中国西部第一村。

截至2010年底，东达生态扶贫移民村已投入建设资金22.3亿元，其中2010年投入资金 7.075 亿元。具体项目是：

1. 道路建设资金 1.5 亿元；

2. 獭兔、貂、狐狸、貉子等特种养殖区建设 3 亿元；

3. 獭兔养殖补贴 4000 万元；

4. 学校、幼儿园、医院等基础设施建设及学生生活补贴 950 万元；

5. 供水系统建设 6800 万元；

6. 移民庭院经济基地建设 2000 万元；

7. 种苗培育项目 1.2 亿元。

现已建成 200 万只养殖规模的獭兔、貂、狐狸、貉子、狼等的特种养殖区；建成了年加工能力 500 万只獭兔的农产品深加工园区；建成了风水梁物流服务区。

【扶贫措施】 1. 以产业作支撑，带动农牧民就业致富。东达生态扶贫移民扶贫村已从生态恶劣地区整村迁移或分散移民 2000 余户 7000 余人，主要在獭兔养殖和狐狸、貉子、貂等特种养殖及服务行业就业，户均年收入 8 万元。东达蒙古王集团以“规模化养殖、产业化配套、专业化管理、系统化分割、现代化加工、资本化运作”六轮驱动模式发展龙头企业，已建成獭兔屠宰及肉食品加工、皮毛深加工，饲料加工，包装制品等多个企业，产品销往全国各地，并有出口。占地 1000 余亩的以农畜产品流通和运煤为主的物流服务区已初具规模，快速拉动了东达生态扶贫移民扶贫村的产业发展。万亩苗圃基地和郁郁葱葱的生态林既绿化了家园又成为一大产业。有了这些产业作支撑，真正使迁入的农牧民“移得进，稳得住，能致富”。

2. 以优惠的企业扶贫政策和完善的龙头企业服务功能助推移民脱贫致富。集团公司为移进来的农牧民提供“保设施，保种兔，保防疫，保饲料，保销售”的扶贫政策和服务，每户农牧民可五年免费使用集团公司投资建设的价值 16 万—28 万元的獭兔养殖设施、住房、沼气池、蔬菜大棚、服务业设施、司机公寓楼等，同时还成立了农牧民教育培训中心，为农牧民提供农、工、三产等方面的技能技术培训，让农牧民各有所为，各能所为。

企业注重挖掘产品附加值，谋求产品加工转换的良性循环，积极培植相关产业链，利用獭兔的下脚料加工配制成饲料喂貂，利用貂肉制成饲料喂貉子，将貉子肉制成饲料喂狐狸，将狐狸肉制成饲料喂狼，利用狼肉加工生产药品，将这些动物的皮全部加工制作成皮草服饰与药品一同进入市场。为农牧民提供更加广阔的就业渠道，在不离乡、不离土的情况下可以得到持续稳定的发展。

3. 建设完美的人居环境和公共服务网络。集团投资建设的学校、幼儿园、医院已投入使用。东达蒙古王集团在政府两免一补的基础上为学生全额补贴伙食费、校服费、书本费，学生上学全免费。为教师补贴交通费。义务为农牧民体检。自治区扶贫办投资 3000 万元补贴移民住宅和三产集中连片建设项目。移民“就业有岗位、养老有保障、看病有医保、教育有学校”。

东达生态移民扶贫村模式不仅在拓展企业的发展路子，同时也在帮助贫困农牧民创业致富，承担起了社会责任，使企业的发展与社会的发展有机地结合起来，实现了企业、农牧民、社会共赢，为构建和谐社会做出积极贡献。

（内蒙古东达蒙古王集团）

河南洛阳东汉禽业有限公司扶贫

【企业概况】　洛阳东汉禽业有限公司（以下简称“公司”）成立于2005年7月，注册资金1140万元人民币，主营肉鸭养殖、屠宰加工及销售。现有职工198人，管理及专业技术人员28人、其中大专以上学历占80%，技术工人170人。管理层均有10年以上的管理经验，技术工人均有3年以上的工作经验。公司是由6个本着兴农富民、实业强国愿望的莘莘学子，肩负北大校友的重托，以研究“公司+农户”模式帮助贫困地区农民脱贫致富为目标，以消除农村贫困建设有中国特色社会主义新农村为己任而创办的。

公司秉承“农业兴、国运昌、农民富、东汉强”的经营理念，以“八统一”的运营管理模式，即“统一投资、统一建棚、统一管理、统一供苗、统一供料、统一防疫、统一销售、统一屠宰”，解决了养殖户发展慢、养殖环境污染、饲养管理不规范等制约养殖业规模发展的问题，实现了“公司+农户”的工厂式管理。

公司结合洛宁落后经济状况，在洛宁推行“五户联保”的合同鸭养殖体制，把自由散乱的无序养殖，变成了规模规范的园区养殖，把难以管理的农民变成了遵守企业制度的产业工人。仅5年时间，公司在洛宁县从没有一个养鸭户发展到肉鸭养殖园区29个，养殖户500余户，月存栏量达50万只，年出栏量达600万只，累计出栏达1000万只，养殖户养殖利润平均达到1.5元/只，养殖户养殖收入年均过3万元，农民肉鸭养殖收入已超3000万元，近百户贫困户养合同鸭摘掉了贫困的帽子。“养东汉鸭致富”在当地有口皆碑。

公司创建的“小额信贷—东汉”模式，即“政府引导+公司+基地+专业合作社+五户联保的养殖户+银行+专业担保+政府贴息+养殖保险”，以政府引导为主、整合了公司、养殖户、金融机构多种社会资源，引进了创新的金融机制，形成了多方利益共赢，解决了养殖户鸭苗和饲料采购的资金问题及养殖户发展和管理问题，实现了公司的健康和快速发展。

短短5年时间，东汉公司就形成了“种鸭场—孵化厂—养殖基地—饲料厂—屠宰厂—熟食厂”的链条式农业产业化生产格局，企业的产业链不断延伸，使大量当地农民分享到了农产品集约化生产、系列化加工的增值利润。

公司的快速发展和带动洛宁贫困人口脱贫致富的成果也得到了省、市有关领导的认可，省委副书记郭庚茂、市委书记毛万春等领导到公司视察时均给予高度评价。

2008年12月公司获农业部“无公害农产品”证书；2010年5月被省农业厅确定为河南省5家重点支持企业之一；2010年7月

被授予河南省农业产业化龙头企业；2010年8月被授予河南省扶贫重点企业。

【标准化养殖棚建设】 2010年公司开始统一投资建设标准化鸭棚。标准化鸭棚资金投入大，建设周期短，设计合理，有通风和取暖设施，施工规范，抗击自然灾害能力强；标准化鸭棚以网上养殖替代地面养殖，减少了垫料投入和自由采食的方法降低了养户的劳动强度；改善了肉鸭的生长条件，减少了疾病、提高了肉鸭成活率；提高肉鸭品质，达到无公害食品要求；可使羽毛洁净，提高了鸭毛的收购价格；降低了自然环境对肉鸭养殖的影响，使农户养殖成本降低。标准化鸭棚网栏养殖每批每只肉鸭能多获利0.5元。2010年公司投资的洛宁县东宋乡方里村首个标准化生态肉鸭养殖小区建成，58户新老肉鸭养殖户入园从事肉鸭养殖，年养殖量达80万只，贫困农民年养殖收入达150万元以上。进一步实现了从鸭棚建设、鸭苗供应到成品鸭出厂，全程服务、全程监管、全程技术支持。

针对养殖户缺资金的情况，公司以租棚养殖的形式，鼓励贫困户养殖合同鸭棚，待养殖有收益后从养殖利润中分批扣除；通过公司建设的鸭棚，贫困户有了创业的好项目，在公司的帮助下获得了小额贷款，解决了鸭苗款、饲料款，走上养殖脱贫的道路；养殖小区的工厂式管理，使贫困户成了不出家门的产业工人。在东汉“八统一”管理模式的带领下，贫困户经过2至3年的养殖，真正掌握了一门技术，也实现了增收致富的愿望。

【循环经济示范园建设】 公司建设的集田园休闲、生态循环、种养结合的高标准网上养殖鸭棚，每20座棚为一个养殖小区。每个鸭棚独立成户，养殖人员居住区按照城市生活的一室一厅标准建设；在鸭棚前建设蔬菜大棚，养殖户种植蔬菜自给自足；鸭棚按统一标准规范建设，全部采用网上封闭养殖；鸭舍间隔离带种植杨树、果树、蔬菜等农作物和经济作物，形成“鸭—沼—林”的循环经济示范园区。每棚每批可养殖肉鸭5000只，每个小区每批可养殖肉鸭10万只。养殖排泄物通过集中无害化处理产生沼气和沼渣，沼气供小区取暖和照明，沼渣为小区内和周边村庄林木、果树和农作物提供良好的有机肥料。杨树、果树大大改善养殖场的生态环境，改善空气质量和肉鸭生活质量，提高了肉鸭的出品率和成品质量。种植项目的开发，有效利用土地资源，并起到隔离带作用，减少疾病传播几率，实现经济、生态效益双丰收。

低投入、起步快，保证市场，保证利润，提供全方位服务的东汉模式在养殖小区的推行，高效网上养殖技术的推广，让洛宁县更多贫困乡、贫困村看到了养殖致富的希望，引领更多经济、技术均落后的贫困村高起点迈入规模养殖的产业化发展道路。以龙头企业产业链的延伸，实现洛宁肉鸭产业带领广大贫困户脱贫致富。

截至2010年底，公司已分别在洛宁方里、孙洞和宜阳礼渠、下庄投资建设标准化“鸭—沼—林（蔬菜）”循环经济示范园区4个，共80座标准化鸭棚和120个蔬菜大棚，将于2011年上半年陆续建成投产，直接带动100户贫困户脱贫。

2010年公司大规模投资产业链延伸建设，公司熟食厂、饲料厂、3000吨冷库相继动工兴建。该项目直接带动800农民就业，项目达产后可实现年产值7亿元，利税3550万元。该项目的建设，使更多的贫困人口投入到肉鸭产业中来，工业、农业、服务业联动发展，实现以工富农，以农哺工，以销促农。

【樱桃谷种鸭 SM3 引进和推广项目】 公司“樱桃谷种鸭 SM3 引进和推广”项目，被评为 2010 河南省科技扶贫重点项目。该项目依托东汉公司已有种鸭场，引进纯正樱桃谷 SM3 父母代种鸭，封闭选育。所产商品代肉鸭分批投放到已有一定养殖基础的 4 个贫困村，在这 4 个贫困村，公司组织建设高标准养殖示范棚和高效养殖技术示范基地，以“八统一”的管理模式，以组装配套的形式，在 4 个贫困村建立良种规模饲养试点和高效网栏养殖技术推广服务站，以循序渐进、以点带面的方式推广贫困户 100 户。让贫困户不出家门学到养殖新技术，低起点、高水平进入良种樱桃谷肉鸭养殖。通过示范基地的带动，让 300 户贫困户养鸭致富。

该项目直接带动 300 户贫困农民养殖肉鸭致富。按照每批养殖 2000 只，每只养殖利润 1.5—2.5 元计算，可以获利 3000—5000 元，全年养殖 7 批，可以获利 21000—35000 元，人均收入 7000—10000 元。将使 300 户贫困农民通过养殖良种肉鸭快速脱贫致富。良种规模养殖示范基地和技术推广站已各建成一座，自产良种鸭苗 2010 年 4 月初已在基地大面积投放。

该项目使大量贫困人口不出家门实现就业。养殖业的快速发展，促进当地农作物就地转化为饲料。鸭粪便是天然的有机肥料，对贫困地区种植业有很大的促进作用，在贫困地区形成以养殖促种植的生态农业发展态势，促进了贫困地区产业结构调整。该项目的实施，推动了洛宁县扶贫开发工作，构建了贫困山区以点带面发展养殖业、以有基础的贫困村整村推进、规模发展，带动贫困地区特色产业成为当地带动能力强、辐射范围广、农民增收、龙头企业实力提升的优势主导产业。

【爱心工程】 公司 2008 年出资 5000 元爱心救助西山底乡亢凹村贫困大学生亢丹丹、涧口乡涧口村贫困大学生吉鸿敏。2009 年出资 1.5 万元对东宋乡马村、长水乡长水村、西山底乡孙洞村、赵村乡下陈村等 10 个重点贫困村 15 户肉鸭养殖户进行灾后建设救助。2010 年出资 3.2 万元通过中国扶贫基金会“爱心包裹”对贫困地区和灾后小朋友以及洛宁县 10 个贫困村 14 名贫困大学和 10 户贫困养殖户进行捐赠。2010 年，出资 10 万元与洛宁县总工会联合成立“爱心救助基金”。

【企业扶贫模式】 1. 公司 + 农户模式——实现了户企双赢的发展定位。公司董事长杜克全是北京大学经济学硕士研究生，他通过深入调研，了解民情和不断实践，认真总结了目前大多“公司 + 农户”这种扶贫模式只要公司利益，不给农民服务，不要农民利益的现状。公司创建初期，为了找准农民贫困原因，确立公司发展定位，用了近半年的时间，先后走访了洛宁城郊、东宋等十几个乡（镇）、近百个村庄，调查了上千户农民，对当地的贫困状况做了深入的分析研究后认为，洛宁地处豫西山区，是国家级贫困县，交通运输不便利，信息不畅通，加之农民思想意识保守，缺乏闯市场的勇气，是一个经济发展较为封闭的地区，很多农民对种养业有很大兴趣，有的也尝试过，但都因缺少专业知识，缺乏对市场营销的准确把握，又没有龙头企业的引领带动，农业产业化一直没有发展起来。在调查中，他从农民需要发展什么产业入手，了解到洛宁多数农民对发展农业产业的要求：一是要资金投入少，见效快、回收快的项目，二是要求风险小、包回收的项目，三是技术容易掌握、知识要求不太高的项目，四是收入稳定，且能持续增收的项目。在产业发展的方向上，以农民习惯的畜牧业为主。在此基础上，公司对牛、羊、猪、鸭等十类养殖业的效益进行分析比对，决定以群众欢迎、乐意接受，又有一定基础的肉鸭养殖作为扶贫产业的首选。肉鸭养殖投资周期短，规模小，见效快，防病、防疫费用低，产品销售好，市场风险小，带动农户多，发展前景好。他们提出了以肉鸭养殖、屠宰加工及销售为一体的“公司+农户”的模式，帮助贫困地区农民脱贫致富的发展路线。洛宁县委、县政府对东汉禽业的产业扶贫发展模式给予了充分肯定，并承诺县政府帮助规划建设养殖小区用地，建设用地纳入农用地管理，免除建设土地等收费；养殖小区建设与扶贫开发相结合，支农资金向老区贫困村、贫困户倾斜；政府负责养殖小区“三通一平”及围墙建设；协调信用社发放养殖贷款，财政补贴贷款利息等优惠政策。从此，以公司为龙头，在全县掀起了企业建棚，群众养鸭的热潮。通过近七年的努力，初步实现了户企合作，以企带户，户企双赢的发展目标。

2. 联贷联保模式——为农民解决了创业资金。贫困地区，小额信贷难发放，难收回，是制约银农合作的根本障碍。为了帮助贫困养殖户争取到小额贷款，解决起步资金，公司融合各种资源，提出了“政府引导，公司协调，公司统一建设养殖小区，专业合作社提供服务，小区实施五户联保，专业公司担保，金融机构扶持，政府贴息，购买养殖保险”的小额贷款模式，由于公司与农户利益的紧密联结关系，达成了专业担保公司和金融机构对“公司+农户”经营模式的一致认可，加上政府部门的贴息帮扶，坚定了金融机构的放贷信心，以龙头企业为信贷载体，金融部门以“批发直贷”的形式，为贫困户发放创业贷款资金，国家扶贫贷款贴息，从而有效地促成了贫困地区的银农合作。这种模式的核心是“公司担保、五户联保、政府贴息”，从而形成了联贷联保的创业贷款模式。

3. “八统一”服务模式——确保了养鸭户持续增收。集约化生产、工厂化管理，是发展现代农业的先进理念。东汉公司带领农民发展养鸭，始终把这一理念贯穿始终。他们用“八统一”的经营模式，即“统一投资、统一建棚、统一管理、统一供苗、统一供料、统一防疫、统一回收、统一屠宰”，确保了贫困户连续几年持续增收。

统一投资，统一建棚。由公司统一解决资金，统一组织建棚，不仅解决了农民场地建设的租金及固定资产投资风险，还解决了建棚不规范，质量差，建棚周期长等问题，公司统一设计、统一建造的养殖大棚更加合理、科学、规范、标准，新建的养殖小区，每十幢或二十幢为一区，区内水、电、路统一规划，为工厂化、规模化养殖，创造了优良的基础设施条件。

统一管理。鸭棚内的光照、温度、湿度、密度、通风、饲料、饮水、消毒、粪便处理等，都在技术人员的指导下，实行科学管理。从幼鸭到成鸭，都严格检验、检疫，层层消毒把关，每个小区内都有一套规范科学的防疫治疗体系，做到大规模疾病零发生，小规模疾病及时治理。目前养殖的肉鸭成活率达98%。

统一供苗，统一供料，统一防疫。鸭苗、饲料、防疫由公司统一提供。从产品源头把好关，消除养殖户对技术、原料来源的担心，保障了鸭子生长期最高的成活率。

统一回收，统一屠宰。解决了农户最担心的销售问题。公司与农户签订回收合同，承担全部市场风险，以稳定的回收价格（保证每只成鸭利润在1.5—2元），签订长期回收合同，消除养殖户对市场价格起落波动的担心，从根本上保证了农户的养殖利益，确保了养鸭产业的稳步发展，确保了养殖户持续增收。

4. 五户联保模式——提高了产业化经营管理水平。为了鼓励农民的养殖积极性，公司经过不断总结，与农户建立了既让农户挣钱，又利于企业发展的利益联结机制——五户联保。养殖户每五户为一个联保体，推举一名养殖经验丰富，有文化、责任心强，乐意为大家服务的代表担任保长，由保长与五户农户签订合约，主要内容是联技术、联信誉、联担保、联收益、联合同，使他们形成利益共同体，保长对联保户的肉鸭成活率、料肉比等技术指标负责，协调联保户与公司事务管理和发展养殖户，并监督公司的经营管理。通过这种方式，把自由分散的养殖户变成养殖基地的产业工人，加强了对养殖户的管理，使企业和农户利益联结更加紧密，提高了产业化的经营水平。

5. 工厂化管理模式——提高了贫困地区农民综合素质。公司通过租赁土地建养殖小区，在贫困地区建立了工厂式的养殖基地。失地农民在公司帮助下获得免息贷款和地租收入，以最少的投入和最低的风险成为基地产业工人，由农民变成公司养殖户，实现产业工人的转型，解决了农村土地流转问题。养殖小区规范管理，避免了食品添加剂等问题的出现；鸭粪便为当地提供大量有机肥料，减少了化肥的施用，绿色农产品确保食品安全。养殖小区通过对鸭场排泄物的综合利用，实现了污染物（粪便、鸭绒）的资源化，显著提高了生态和企业效益。通过养殖小区的建设和推广，五户联保制度的推行，养殖户逐渐成为重信用、守信誉的基地产业工人，养殖基地成为信用社区，村庄成为信用城镇，农民整体素质全面提高，社会经济同步发展，贫困地区真正实现脱贫。

6. 循环经济模式——推动了农村经济的持续发展。在洛宁县委、政府的大力支持下，公司计划用三年时间，在现有发展的基础上，加大投资力度，大力提升肉鸭产能和产业规模，使农民增收、企业增效，以产业发展带动当地经济又好又快发展。

建设循环农业经济示范园。公司计划利用两年时间，投资4.9亿元，分批建设100个“养鸭——沼气——蔬菜”为一体的循环经济标准化养殖基地。共建设2000个标准化养鸭棚和6000个蔬菜大棚，带动4000户养殖肉鸭，6000户种植高档有机蔬菜。每个养殖户年收入5万—8万元，种植户年收入3万—4万元。

东汉产业园一期建设项目被列为2011年洛阳市重点项目，总投资1亿元。主要建设内容有：新建200座标准化养殖棚，年产12万吨的饲料厂，日屠宰5万只肉鸭的肉鸭生产线，库容3000吨的冷库，日产10吨的熟食加工厂。届时东汉公司肉鸭产能将大幅提升，存栏量可达1500万只，实现年产值7亿元，培育专业化养殖村30个，直接带动5000户农民养殖致富。

公司计划2012年投资2.6亿元，完成东汉产业园二期建设。主要建设内容：新建日加工5万只肉鸭屠宰厂2座，年产30万吨的饲料厂1座，日产20吨的熟食加工厂2座，羽绒加工厂1座，纸箱厂1座，10万只种鸭厂3座，日产5万羽商品鸭苗的孵化厂2座。项目建成后，可带动辐射100多个贫困村，安排2000余名农民就业，并促进当地运输、包装、物流等相关行业的发展，初步实现传统农业向现代农业的转变。

（洛阳东汉禽业有限公司
投资发展部　符艳）

陕西省富县宏佳果贸有限责任公司扶贫

【企业概况】 富县位于陕西省北部，总面积4182平方千米，全县辖9镇4乡1个街道办事处240个行政村，总人口14.7万人，其中农业人口11.7万人。县域地形复杂，沟壑川地占总面积的70%以上，土地耕作条件较差，还有相当一部分农民在温饱线上徘徊，扶贫开发工作任重而道远。富县属于典型的农业县，是苹果最佳优生区。2010年全县苹果种植面积36.2万亩，苹果总产达43万吨，优果率达78%以上，产值8.4亿元，主产区该产业农民人均纯收入5880元，苹果已成为兴县富民的主导产业之一。

陕西省富县宏佳果贸有限责任公司（以下简称“公司”）位于富县苹果主产区羊泉镇，公司成立于2003年4月，注册资本1309万元，注册商标“绿冰”牌，占地50余亩，现有苹果交易市场、万吨苹果气调库、加工厂和选果线等设施，固定资产7000多万元，现有职工50名，其中具有中高级职称的职工有28名，是一家以苹果加工、生产、销售（外贸出口）为一体的综合性企业。公司已通过ISO9001：2008认证，是国家扶贫龙头企业、陕西省农业产业化重点龙头企业、陕西省中小企业成长工程重点企业、全国苹果经营优秀企业。

多年来，公司决策层明确认识到公司发展必须依托当地资源，也要尽职尽责履行社会责任，把公司发展和扶贫开发同步来抓。认识到全面建设小康社会最艰巨、最繁重的任务在农村，解决好“三农”问题是重心，帮助贫困地区脱贫致富是关键，企业实施“国家利益至上”行业共同价值观是义不容辞的责任。所以公司的发展战略是一手抓经营发展，一手搞扶贫开发，相互促进，共同发展。在公司发展的同时，不忘回馈社会，先后8次参加慈善捐助活动，2004年为富县羊泉镇中心小学住宿楼捐赠了18万块砖，2005年组建羊泉镇果业协会时，为入会果农免费提供了10万元农用物资，2008年为四川灾区捐款10000元，2009年为基地果农免费提供了4吨治腐瘾伤膏剂、2吨生化有机钾叶面肥，价值20万元。

【企业扶贫模式】 近年来公司围绕苹果产业走科学化、商品化、集约化的道路，按照“公司+基地+农户”的模式，建成了15000亩基地果园，其中出口注册果园7000亩，符合出口欧盟标准。加工厂和基地果园被国家检验检疫局备案并予以编号。直接扶持带动果农2013户，户均增收8000元以上，使1500户果农脱贫致富。

多年来，贫困果农由于缺乏资金，主要靠民间借贷或赊销农资勉强维持果园施肥、打药和套袋以及必要的生活用品购置，造成果园投资不足，土壤贫瘠，树势减弱，加之农资质量无法保证，管理技术不到位，产品销路不畅，严重影响苹果的产量、质量和果农收益。为此公司专门成立基地部，按照“公司+基地+农户”现代农业模式，从解决果农生产投入资金不足，生产管理技术不高，销售渠道不畅等问题着手，吸收2013户果农建立了15000亩基地果园，其中贫困户1650户，占总数的82%。

按照“四个统一”的原则管理基地果园，即按园制定技术管理方案，统一技术培训指导，统一农资采购和配送，统一指导适时采收、储藏和加工，统一销售和运输。公司从国内知名农资生产厂商采购农资，保证质量，并以低于市场零售价配送给果农，农资款将由公司和生产厂家垫资，待果农交售苹果后再扣回。公司对基地果园苹果实行保护价收购，如果市场价高于保护价，将以市场价收购，如果市场价低于保护价，将以保护价收购。公司和果农优势互补，形成利益互动关系，实现多赢发展，达到典范带动作用。

【苹果产后环节管理】 1. 搞好苹果收购和加工。公司本着为果农负责，为企业着想，为产业服务的指导思想，基本把果农所产的苹果分等级、分规格全部收购，然后按市场要求进行加工和销售，按照销售结果公司和果农利益分成。据统计在苹果加工、销售环节基地果农比其他农户亩增收1000元左右。

2. 开拓销售市场。针对收购模式和销售定位，公司以国际市场和国内高端市场开发为重点，同时做好中低档市场开发。国际市场主攻了东南亚和欧洲市场，2006年公司给新西兰全球园艺公司出口富县苹果2000吨，并以公司注册的“熊猫”牌优质苹果代表陕西省出口荷兰转口欧洲多个国家，2007年向缅甸出口秦冠苹果1000吨；2008年以来，克服全球金融危机影响，向东南亚出口基地苹果，创汇70万美元。国内高端市场主要有精品果零售和团体采购、超市供应和大中城市批发市场开发3个渠道，中低档市场以内蒙古、贵州为主，销售二、三级苹果。

3. 建立销售网络。为了扩大和巩固苹果销售网络，我们在西安设立办事处，主要负责销售和办理出口商检、海关以及结汇等事务。建立了公司网站，发布有关信息，加强销售网络建设。

4. 应对国际壁垒，兴建万吨果品气调库。为了应对国际水果市场壁垒，提高食品安全质量，增强企业后劲，2006年国家安全食品法草案推行阶段，公司提出并投资4500万元建设了10000吨果品气调库，使公司储藏能力达到14000吨，加工能力突破3万吨，改善了储藏、加工条件，直接安置210名贫困农民就业，辐射带动3000户、30000亩苹果园建设。

【科技扶贫】 公司围绕富县优势农产品发展规划，以市场为导向，以科技为支撑，以贫困村镇结构调整为主线，加大贫困村镇农业适用技术培训和推广的力度，加强科技扶贫工作，有力促进贫困农民增收。

1. 开展多种形式的技术培训。三年来聘请西北农林科技大学李鑫教授、西北大学南教授、植保专家陈老师等深入基地果园村镇举办苹果管理技术和病虫害防治培训班8场次，培训果农4000人次，印发技术指导资料35000份分发给农户，公司技术员坚持在田间地头指导果农生产，提高了果农苹果生产、管理技能和务果水平，实现果园增产、果农增收。

2. 引导鼓励果农使用无公害农药和有机肥料，提高果品安全质量。多年来，由于果园大量使用无机化肥，不仅果树吸收利用率低，而且在施肥过程中有大量的无机酸根离子产生，长期使用造成土壤板结、酸化、盐碱化，有机质含量下降。据调查我省苹果园土壤有机质含量达不到1.14%，远不能满足发展现代农业需求，严重影响果品品质和价值，制约现代苹果产业发展。2011年公司引进推广西北大学教授专利技术，利用植物秸秆，经生物发酵、有机化学提取、现代工艺浓缩而成的新型纯天然营养钾肥。具有独特的有机分子结构，可叶面喷施、冲施或根施，果树能完全渗透吸收，其效果是无机肥的6—8倍，而用量是无机肥的1/30—1/50。该肥料是以植物秸秆或禽畜粪便为原料，变废为宝，工艺合理，配方科学，生产全过程环保无污染，并能直接安置80名贫困农民就业，带动畜牧养殖业健康发展。

3. 引进西北大学科研成果，生产预防和治疗苹果腐烂病的药剂。苹果腐烂病、早期落叶病是苹果生产管理中的两大病症，号称苹果管理中的癌症。2008年公司引进西北大学科研成果，购置设备，生产出“治腐瘀伤膏剂”、“治腐瘀伤膜剂”两种剂型，通过大田试验和中试，效果明显。由于苹果树腐烂病得到预防和有效控制，增强了树势，早期落叶病也明显改善。据统计，使用以上技术后可使基地果园平均增产30%以上，商品率提高40%以上，亩增收2500元以上。

【千企千村扶助行动】 2010年公司结合陕西省“千企千村扶助行动”，和富县钳二乡上良村结为对子，开展帮扶活动。通过调研发现上良村109户村民有1500亩果园，由于缺乏科学的生产管理技术，苹果产量忽高忽低，加之投入不足，果品商品率低，残次果量大，平均销售单价不高，造成销售总额偏低。针对这些问题公司首先帮助村委会完善、健全各种规章制度，对农民进行思想教育，提高农民接受新生事物的能力；其次聘请西北农林科技大学和西北大学专家教授开展果业技术培训，建立基地果园。共集中培训5场次，受训人数1500人次以上，印发资料5000余份。为了提高果品质量，公司购进无公害农药和日本小林果袋1000万只，价值100余万元，分发给果农使用，以高于市场价0.1元/斤的价格收购套小林果袋的苹果。通过以上措施，上良村苹果的作务水平明显提高；再次，改善储藏加工条件。针对上良村没有先进的储藏设施，按照果农入股、企业投资、村企共同管理的模式投资350万元，利用废弃学校校址新建1000吨高标准果品储藏冷库1座，配备加工厂、果品分选线，解决了该村储藏设施不足，加工能力不强，销售秩序紊乱等问题。该果库共吸收15户果农出资参股，每户出资4万元，总计60万元，公司出资290万元。果农和公司均为该冷库的股东，并按照出资比例享受分红和承担经营风险。采收期每户果农保证交售优质苹果7万斤，并出劳务1名，公司确保农户年增收2万元以上。入股果农2年内可以收回全部投资成本，经营20年每户累计最少收益40万元，是入股股金的10倍。通过这些措施的实施，为上良村早日实现人均纯收入在自然增长的基础上再增收1000元的目标打下了坚实的基础。

新疆恒丰糖业有限公司扶贫

【企业概况】 新疆恒丰糖业有限公司（以下简称“公司”）成立于2001年6月，位于阿克苏市乌喀东路8号，是一家生产、销售白砂糖及其副产品，兼营红枣、油脂加工和酿酒等产业的“国家级扶贫龙头企业”、“国家标准化良好行为企业”、“自治区农业产业化重点龙头企业”。企业注册资本2560万元，资产总额近3亿元。公司经过10年的发展，已成为集制糖、热电联产、酿酒、果品加工、油脂加工、农业综合开发为一体的中型产业化企业。公司旗下全资子公司有：阿克苏刀郎果业、恒丰油脂、恒丰种业、恒丰酒业等公司。公司现有员工800余人，其中管理人员80余人，一线员工600余人，生产技术人员85人。公司的主要产品“升奇”牌白砂糖被评为“中国白糖著名品牌”、食用酒精被评为新疆名牌产品，并畅销南疆四地州；“升奇”牌“梅赛莱斯”酒荣幸地亮相2010上海世博会，并被自治区2011年“两会”指定为会议用酒；“绿洲龙”系列枣畅销上海、广州等内地城市，并初步建成了覆盖内地主要中心城市的销售网点和网络平台，为提高公司主要产品的知名度和市场占有率奠定了基础。

公司建立了完善的质量、健康、安全、环保等内部管理体系和治安防范体系，取得了良好的经济效益和社会效益。近年来，企业完成的工业增加值80%以上来自农产品加工和流通的增加值。企业资产负债率平均低于60%，企业效益和上缴的利税稳步增长，2010的完成销售收入2亿多元，实现利润近1000万元，上缴税金830万元；职工工资及各种福利年均增长10%以上。主要产品通过ISO9001：2008国际质量管理体系认证、中国“绿色食品”认证和国家质量技术监督局QS质量安全认证。公司先后荣获地区、自治区及国家各种奖项50余项。

为发挥扶贫龙头企业在扶贫工作中的带动力，公司依托5万亩甜菜种植基地，按照“全员覆盖、产业帮扶、整体脱贫”的总体要求，以促进贫困户增收为核心，以市场为导向，以主导产业为载体，以机制创新为保障，全力推进科技扶贫、资金扶贫和就业扶贫，基本实现了由“救济式”扶贫到“开发式”扶贫的转变，基地覆盖的10000多户农民，户均年收入稳定增加600元以上，为贫困农民的致富奔小康做出了贡献。

2010年，公司投资600万元用于恒丰绿色（拜城）甜菜种植基地和温宿红枣种植基地的配套工程建设，使基地的建设初具规模，为生产优质绿色原料和基地覆盖的贫困户脱贫奠定了良好的基础；全年补贴农机购置款 50 万元，补贴农资种子款 100 万元，垫付农资款 1000 万元，奖励种植示范户 100 万元，补贴运输费 400 万元，使乌什、拜城两县 6000 余户农民受益；落实订单 6000 余份，保护价收购甜菜 20 万吨，红枣 3000 吨，种植户户均增收 600 余元；全年开展就业培训 4 次，培训农民工 500 余人，安置贫困户剩余劳力 200 余人，使 200 余户贫困户通过就业培训和就业脱贫；全年资助贫困生、贫困户、支持各项公益事业等共出资 100 余万元。

【企业扶贫模式】 近几年，公司在各级党委、政府的关怀和支持下，依托甜菜和红枣两个种植基地，实施“公司 + 基地 + 农户”的农业产业化经营模式，完善订单农业和委托生产等利益分配机制和自愿平等、利益共享、风险同担的现代经营机制，与农民结成了利益共同体和稳定的购销关系，惠及了 12000 余户农民家庭，帮助 9000 余户低收入家庭脱贫，拉动了当地经济的发展，促进了企业的可持续发展和农民的增收。

1. 突出抓好两个基地建设。先后投资 2000 万元和 1000 万元，基本完成了恒丰甜菜种植基地和红枣种植基地的建设，不仅解决了公司生产原料不足的问题，而且通过改造中低产田、完善配套设施、购置农业机器、引进新品种，为提高农产品的质量和产量奠定了基础，也为农民增收致富提供了保障；

2. 突出特色林果业的发展。为适应自治区发展特色林果业的要求，公司先后注册 1000 万元和 2000 万元分别成立了酒业公司和果业公司。并与国内多家科研单位合作，研发了新产品“升奇”牌梅赛莱斯酒和“绿洲龙”系列保鲜枣和红枣浓缩汁、红枣粉等产品，还通过在阿克苏和乌鲁木齐召开新闻发布会和品牌推介会，宣传、推广新产品，使产品在较短的时间顺利打开市场，同时带动 2000 多户农民增收，取得了经济效益和社会效益；

3. 采取贴息和补贴等形式扶贫。几年来，公司通过贴息贷款和补贴运输费、农机购置费、培训费、奖励费等费用，使 6000 多户农民受益，促进了扶贫工作目标的落实；

4. 履行扶贫龙头企业的社会责任。公司在发展的同时，始终不忘履行社会责任，投资 100 多万元在乌什建设了“恒丰新村”；公司和企业管理人员先后资助了近百名贫困生完成学业；先后向国内灾区和本地贫困群众累计捐款捐物 500 多万元；向本企业“三老”人员捐款捐物 50 多万元。同时，近三年累计纳税 2000 多万元，安排下岗人员就业 300 多人，以实际行动为扶贫工作做出了贡献，受到社会各界的好评。

【企业扶贫工作措施】 近几年来，公司坚持走“公司 + 基地 + 农户”的产业经营之路，走出了一条“互惠双赢、企业发展、农民增收”的产业化发展路子，取得好的经济效益和社会效益。在自治区发展南疆特色林果业的大背景下，甜菜种植的优势已明显弱化，如何依靠扶贫龙头企业的优势，使甜菜种植业这一传统产业继续得到发展，为企业发展和农民致富做出新的贡献，是公司必须面对和解决的首要问题。为此，公司在调查摸底的基础上采取了以下措施：

1. 突出甜菜种植基地的建设，巩固企农的利益联结。2008 年以来，公司先后投入资金近 2000 万元，按照“规模化、标准化、专业化”的要求，完成了恒丰绿色（拜城）种植基地的道路、灌溉、机械化种植等有利于规模化经营的基础设施建设任务；改造了部分中低产田，引进了优质品种，提高了甜菜的产量；投资100余万元购进气吸式精量甜菜播种机20多台，免费供农民使用。2010年，又投资近500万元，从德国荷马公司引进了自行式甜菜收获机，并采取农户参股的形式进行管理，不仅节约了人力，降低了生产成本，提高了生产效益，而且形成了更加稳固的利益共同体。

2. 新建甜菜收购站，为建设高标准的产业链打下了基础。公司甜菜种植近三分之二集中在拜城县。公司在调查论证的基础上，于2011年初开始在拜城县建设一座占地300亩的甜菜收购站，收购站建成后，不仅方便农民交售甜菜和甜菜的储存，而且为建设高标准的原料基地奠定了基础。

3. 不断完善订单农业。为进一步增强与农民的利益共同体，公司在实践中不断完善订单农业这一新型农业产业化经营模式，并使订单农业覆盖全基地和所有经营户，更好地适应了企业和市场需要，避免了生产的盲目性。通过以上三项措施的落实，调动了农民种植甜菜的积极性，公司甜菜种植面积逐年扩大，初步改变了原料供给不足的问题，为公司的经济发展和产业扶贫工作任务的完成奠定了基础。

【特色产业扶贫】 为适应阿克苏地区发展特色林果业的要求，2008年、2009年，公司先后注册1000万元和2000万元分别成立了酒业公司和果业公司。成立当年就收购葡萄1000多吨、红枣2000多吨，主要产品升奇牌“梅赛莱斯酒”、“绿洲龙”系列保鲜枣和红枣浓缩汁、红枣粉等产品顺利通过国家质量技术监督局QS质量安全认证。并于2010年在温宿红枣种植基地实行了“公司+基地+农户”的扶贫方式，带动农户2000余户，带动农户户均增收约150余元，安排贫困家庭剩余劳动力就业150余人，初步形成了特色明显的产业扶贫模式。

【对口帮扶】 为响应阿克苏地区在乌什县建设抗震安居工程的号召，公司投资近100多万元，在乌什县阿合雅乡修建了50套抗震安居房，并命名为“恒丰新村”。为使对口帮扶的乌什县阿克托海乡30户贫困农民早日脱贫，公司从2008年起，每年出资60余万元，免费为贫困户发放甜菜种子、地膜等生产资料，并从种植技术和服务上给予扶持，使贫困农民人均收入有较大的提高。同时，还开展就业扶贫、教育扶贫、科技扶贫，2008年以来，安排贫困家庭剩余劳动力就业500余人（含200余人的季节性临时工）；资助50余名贫困家庭学生完成了初中阶段的学业。通过多种形式的产业扶贫和对口帮扶，促进了公司扶贫区域贫困户和帮扶对象脱贫致富奔小康的步伐，促进了地方经济的发展和社会稳定。

【扶贫贷款投用】 为发挥扶贫贷款在扶贫工作中的作用，公司每年都要在调研的基础上，按照“保障重点、扶贫优先”的原则，制订资金使用计划，将扶贫贷款的50%以上用于产业基地建设和对贫困户的帮扶。一方面，为贫困户垫付种子、化肥等农资款。公司每年都在农资价格相对较低的季节购进各种农资，在每年春季按采购价以赊账的方式供应给农户，缓解了农民春季资金短缺的问题。近三年已累计垫付农资款3000多万元，为农民每年节省资金约100余万元。同时，每年为农户发放购置农业机械补贴10多万元，奖励示范户15万元，补贴运输费400余万元，进一步密切了企业与农户的关系，减轻了贫困户的负担。另一方面，利用扶贫贷款扶持重点示范户、特困户和特色产业。为发挥重点示范户在产业化发展中的带动作用，公司每年都要拿出近500万元，扶持重点示范户发展生产，通过建设规模化、规范化、标准化的示范田，鼓励和带动更多的农户走规模化、标准化、集约化发展之路，从而提高了基地的产业化发展水平。

【劳动力技术培训】 企业的竞争，说到底是人才的竞争和服务的竞争。而只有建设一支高素质的人才队伍，才能为产业化发展提供高质量的服务和保障。为此，公司始终把加快高素质人才队伍建设放在突出的位置，采取联合、引进、培育等多种手段，培养适应企业发展和服务“三农”的优秀人才，使公司成为吸纳科技人才、推广先进技术、创造著名品牌的主体；采取聘请农业专家、教授到公司、基地调研、考察、讲座的形式，培训企业及基地管理和技术人员，解决企业、基地和农户在生产实践中的问题。同时，重视甜菜新品种的推广和应用。近几年，公司在试种筛选的基础上，利用扶贫资金，从合作科研机构农科院甜菜研究所购进美国贝塔218、新甜12号等优质品种40余吨，无息垫付给种植户使用，并派专人进行具体的指导，使甜菜的品质和产量都有较大幅度的提高。在此基础上，每年专门组织一个由20余人组成的“农民服务队”奔波于田间地头，与农民同吃同住同劳动，举办农业技术培训班，向农民传授种植技术、病虫害防治和市场营销等知识，通过服务扶贫，开阔拓展农民的眼界和思路，武装农民的思想，帮助农户增产增效，脱贫致富，并在服务中加深了与农民的感情，提高了农民致富奔小康的能力。

（新疆恒丰糖业有限责任公司　王丰）

贵州三元太宝实业股份有限公司扶贫

【企业概况】 贵州三元太宝实业股份有限公司（以下简称“公司”）坐落于“西南药城”——施秉县县城，是一家注册资金为1000万元人民币的民营股份制企业，公司以原生态道地药材为特色，集中药材种植、加工、销售、研发为一体，是贵州省农业产业化经营重点龙头企业和省级扶贫龙头企业。

公司现拥有2家全资子公司：贵州科瑞特医药科技开发研究所和贵州华泰药业有限公司，员工近百人，资产近亿元人民币。拥有占地面积达56亩的现代化厂房和GAP中药材种植示范基地2000多亩；拥有14个占地面积2416平方米的温控育苗大棚，自动化喷灌基地200亩，此外还建有提灌站、蓄水塔、喷灌系统、气象监测站、病虫害防治设施等等。公司产品立足于黔山秀水中药材地方特色，产学研相结合，研发、生产具有当地苗族特色的原生态中药药品、中药饮片、保健品和食品。公司产品分为三大系列：太子参、头花蓼、白术、天门冬、薄荷、杜仲、黄柏等中药材；以太子参为主要原料的饮料、颗粒等保健食品以及以苗药主要原料的中成药品、饮片等。公司拥有5个国药准字号药品：痔痛外搽剂、黄丹胶囊、丹参膏、和肝利胆糖浆、川贝清肺糖浆。

公司采取“公司+协会+基地（标准）+农户+保险”的运营模式。政府推动、公司运营、协会配合、基地供给、农户参与、保险保障；多方参与、互惠共赢；经济效益、社会效益、环境效益并重。

2009年，公司被评为贵州省农业产业化经营重点龙头企业和省级扶贫龙头企业，同年5月被国家科技部认定为首批国家级“科技特派员中药材产业创业链”产业技术联合体牵头单位。

【企业扶贫模式】 自1992年引种太子参以来，贵州三元太宝实业股份有限公司的扶贫效果越来越明显，和农民的利益关系越来越密切，龙头带动作用得到进一步显现。公司在抓好自身的中药材种植良种繁育、规范化种植试验示范、现场培训等基地条件的同时，直接组织牛大场中药材协会418名会员和药农进行合作，采取“公司+协会+基地+大户带散户”的形式，建立“风险共担、利益共享”机制，带动了全县15246户药农增收，使中药材种植与效益同步提高，在公司的带动下，施秉县成为我国唯一的苗药头花蓼GAP规范化种植基地及太子参全国第二主产地。

截至2010年底，施秉太子参产量已经占据了全国市场的三分之一强。随着施秉太子参种植技术创新的不断发展，逐渐创立了“施秉太子参”品牌，形成了以施秉县、黄平县为主，辐射带动全省 7 个地区 16 个县市种植的发展局面。“十一五”以来，施秉太子参生产技术推广应用成果累计带动全省 54256 户农户实现太子参种植面积 235800 亩、创总产值 6.8768 亿元。2010 年，施秉、黄平 2 县中药种植户中出现了 26 个百万富翁。

【太子参种植示范基地建设】 2010 年贵州三元太宝实业股份有限公司与贵州百灵企业集团医药销售有限公司签署了《药材委托种植合同》，双方联手共建万亩太子参种植示范基地。基地建设采取订单式合作方式，即由三元太宝公司与农户签定种植太子参合同，1 亩公司预付 7000 元货款，来年太子参采挖时，正常年份，提供 500 斤鲜货太子参给公司即可。超出部分，农户可以按市场价格自主出售。

这种扶贫方式激发了农户种植太子参的积极性，解决了农户资金和市场问题。种植太子参成本高，仅种苗 1 项，1 亩就要投入 5000 元。药材市场时有波动，预付给农户的货款，解决了市场波动造成的风险。

据施秉县牛大场镇镇政府统计，2010 年全镇太子参种植面积超过了 2.5 万亩，总产量约 1000 吨，总收入近 2 亿元人民币。在种植太子参的药农中，收入超过 100 万元的 8 户；70 万元至 100 万元的 10 户；50 至 70 万元的 25 户；30 至 50 万元的 50 户；10 万元至 30 万元的 300 户。全镇药材种植 4000 户左右，仅太子参一项总收入户均 5 万元。

【中药产品标准化原材料生产基地建设】 除太子参品种外，公司还利用贵阳中药材技术指导中心、贵阳中医研究所等部门的技术，建立了中药产品的标准化原材料生产基地，对农户实行头花蓼订单生产、保价收购，实施统一育苗、统一供苗、统一栽培、统一肥料、统一防治病虫害、统一收割、统一交货的“七统一”技术，提高头花蓼产量和质量。据统计，公司在施秉县牛大场镇、双井镇、杨柳塘镇、甘溪镇建立了中药村头花蓼规范化（GAP）原料生产基地，2006 年完成头花蓼 1200 吨购销合同，基地农户户均增收 1084 元；2007 年完成头花蓼原料生产基地面积 3546 亩，基地涉及农户 1090 户，基地农户户均增收 1566 元；2008 年完成头花蓼原料生产基地面积 4483 亩，基地涉及农户 2432 户，农户增收总额 398.3 万元，农户户均增收 1638 元；2009 年完成头花蓼原料生产基地面积 7961 亩，实行订单合同保护价收购的利益联结机制，基地涉及当地农户 4741 户，农户增收总额 811 万元，基地农户户均增收 1711 元；同时带动全县太子参、头花蓼、白术、天门冬等中药材种植面积 4.5 万亩，户均增收 4128 元。2010 年，完成头花蓼原料生产基地面积 10596 亩，实行订单合同保护价收购的利益联结机制，基地涉及当地农户 15000 户，农户增收总额 1023 万元，基地农户户均增收 1711 元；同时带动全县太子参、头花蓼、薄荷和白术等中药材种植面积 5.2 万亩，户均增收 6048 元。

为了带动更多的农户脱贫致富，2010 年公司在施秉县城红卫桥东侧建设了占地面积 56 亩的现代化中药材加工厂，生产以太子参为主要原料的保健食品。至此，公司由过去单纯的种植业转型为种植、加工并重的中药材产业完整的产业链。加工业的兴起，直接带动了更多的农户种植太子参、头花蓼等中药材品种，优化了产业结构，促进了县域经济的快速发展。

【扶贫工作措施】 1. 规划发展思路，企业价值观溶入到农民和时代发展的主流价值观中。2008 年贵州三元太宝实业股份有限公司增资扩股，进行股份制改造，实行法人内部治理结构，引进人才，规划企业发展思路。确定了以太子参和头花蓼这两个当地农户易于接收、市场前景好的主打药材进行深度开发的发展思路。太子参、头花蓼都是一年生药材，头花蓼是贵州道地苗药，市场空间大，经济效益好。事实证明，公司的思路是正确的，农户和公司获得双赢。2010 年太子参价格攀升到了历史新高，头花蓼浸膏粉价格 16 万元/吨，企业实现了好的经济效益。

2. 找准企业与农民利益的契合点，实现共赢。农民收入水平低，现金流、抗风险能力差。企业一方面要有吃亏精神，要有社会责任感，另一方面，也要实现赢利。为此，要找准企业与农民利益的契合点，产业链上适合农民做的，让给农户，科技含量高，风险大的留给企业自己，主观上要想着帮扶农民，农民赚钱了，客观上，企业一定会赚到钱。

3. 坚持科学发展观，扶贫的方式方法要与时俱进，推陈出新，探索新的扶贫方式，实现“予人鱼不如予人渔”的转变。逐步由松散型合作转向股权等紧密型合作，把农民转变为产业化工人。

（贵州三元太宝实业股份有限公司　陈世贵）

贵州红星发展股份有限公司扶贫

【企业概况】 贵州红星发展股份有限公司（以下简称“公司”）成立于1999年5月，位于贵州省安顺市镇宁自治县。2001年3月公司在上海证券交易所上市，是东西部结合首家在西部地区上市的企业。公司现有总股本29120万股，总资产近15亿元。自成立以来，公司坚持以财务管理为龙头，以市场为导向，以企业文化建设为依托的发展战略，发扬“艰苦创业、无私奉献、开拓创新、争创一流”的企业精神，依托多年来形成的信誉、市场、技术、管理等优势，同西部地区丰富的资源相结合，走东西结合、优势互补的道路，重点发展化工、矿产能源、绿色产业、国际贸易、港口物流等产业，主导产品碳酸钡、碳酸锶和电解二氧化锰的年产量分别达30万吨、13万吨和4万吨，市场竞争优势明显。公司通过努力先后获得了2002年全国“五一”劳动奖状、2004年“贵州省环境友好企业”、2007年贵州省“五一”劳动奖状等荣誉。

公司是一家具有40多年无机盐生产历史、技术储备雄厚、市场网络广泛的前化工部重点企业，多年积蓄的力量在西部广阔的舞台上释放后，直接带动了当地相关产业的升级。红星的开发使得当地资源性产品附加值提升10倍，其中用于高档陶瓷、液晶、等离子面板的高纯产品，价值又提升10倍以上。红星的产业链在不断向高技术、精细化、高附加值延伸，同行业、上下游行业企业也随之不断聚集到西部，形成了产业群，从而带动了所在地相关产业的升级。

“十二五”期间，公司总部计划投资4亿元，用于上述战略性新兴产业的自主核心技术产业化建设。相关的新材料工业园已经全面投入建设，必将对所在地产业结构调整提升产生极大拉动，并带动智力资源和相关高技术产业向当地聚集，创造更多高技术含量的就业岗位，带动人力资源素质提升，从而实现扶贫手段从自然资源开发向智力资源开发的转型。

【企业扶贫回顾】 公司从青岛到西部创业已有18年历史，其间从一个举步维艰的东部老国企，发展成为世界最大的碳酸钡生产企业，亚洲最大的碳酸锶生产企业，世界第三大电解二氧化锰生产企业。在公司带动下，钡盐产业也从无到有并发展成为贵州省具有世界级竞争力的产业之一。公司是全国首家东西部结合并在西部上市的公司，温家宝总理先后两次视察红星公司，称赞红星为“东西部结合的典范，取得了1+1>2的效果”。

20世纪90年代，红星公司在东部的发

展遇到了瓶颈，资源匮乏、大宗物流成本上升等因素使得经营每况愈下。在中央关于扩大发达地区对贫困地区对口援助、开展扶贫帮扶等一系列政策指引下，红星将发展的目光投向西部。公司的创业者奔赴川、陕、渝、黔、桂、滇等省、市进行实地考察，经过深思熟虑和科学论证，决定实施“西进战略”，到西部建立新厂，把红星多年的信誉、人才、市场、技术和管理优势同西部的资源优势结合起来，形成了独特的竞争优势。

1. 红星公司的投资，促进了所在地区经济社会发展和产业结构升级。18 年来，公司在贵州镇宁、玉屏、松桃、桐梓、重庆大足、铜梁、陕西紫阳等地陆续建成生产企业 7 家，进出口企业 1 家，旅游开发企业 1 家，冷水渔业养殖企业 1 家。累计完成投资 22 亿元，上缴税收 12 亿元，年产值从创建之初的不足 1 亿元，增长到 2010 年的超过 10 亿元，增长了 945%。在西部的出口创汇从零增长到 2010 年的 4000 万美元。拉动直接、间接就业 1 万 3 千人，职工人均年收入从 5800 元增长到 2010 年的 2.6 万元，增长了 348%。红星公司所投资的西部地方，有 40% 以上属于国家级贫困县，有 40% 以上属于少数民族自治县，有一半的项目被列为扶贫项目，红星所投资的大部分企业上缴的税收都占到当地（县级）工业税收的 20% 以上，其中部分地方更占到一半以上。

2. 红星公司的西进战略，同样使青岛的老国企焕发新生。红星到西部投资，带动了产业转移，同时也盘活了青岛老企业的国有资产。据统计，红星的国有资产已累计增值 30 亿元，增值 29 倍，青岛老企业因产业结构调整形成的 1000 余名待岗职工也得到了优厚安置。2001 年，红星发展顺利在上交所上市，进一步增强了公司在东部的资本运营职能和产业运作能力，促进了其在青岛的产业结构调整，明确了其在东部的研究开发、港口物流、精细化工、石油化工的主业方向，顺应了东部地区的发展潮流。

【企业扶贫项目及成果】 经过多年的积累和艰苦研发，2010 年红星已顺利从资源密集型企业向技术密集型企业转型，产业涉及钡基新材料、电动汽车二次电池正极材料、环保脱硫等行业，并陆续取得国内和国际发明专利 29 项、国家级火炬计划 1 项，产品已进入国际前沿市场。

2010 年公司立足已建立的强势行业基础，紧跟电子信息、新能源、新材料等前瞻性行业，整合钡锶锰盐的产业优势，新建了 4 万吨/年专用氢氧化钡、4 万吨/年高纯氯化钡、1 万吨/年高纯碳酸钡等高附加值的精细化工产品，以科技创新提升公司的品牌价值，以项目开发带动对口帮扶工作。2010 年公司实现销售收入 95216 万元、纳税总额 8194 万元。

【扶贫工作措施】 1. 投资模式，始终贯穿节约、以人为本、和谐发展的主线。红星公司在西部投资的 4 家核心企业，全部都是通过收购当地破产企业改造而成，尽管操作上要比建立全新企业复杂，但经济效益、社会效益和环境效益非常显著。从经济效益上看，这种模式盘活了破产企业存量资产，同时也降低了投资成本，减少了浪费和重复建设；从社会效益上看，投资所在地通常工业经济基础薄弱，就业机会很少，原破产企业的职工被吸收到新企业中来，减轻了社会负担，有助于稳定；从环境效益上看，尽可能地利用破产企业已经占用、无法复耕的土地，缓解了经济增长与保护土地的矛盾。

2. 以实现人的全面发展为目标，实施人才本地化战略，为当地培养高素质的产业人才。由于地处偏远，20 世纪 90 年代中期公司从周边农村招聘的员工，文化水平参差不齐，有的甚至不会写自己的名字，许多人一发工资便旷工数天，直至将工资花完再返回岗位，有的未经通报便请家里的老人顶替自己上岗。经过 10 多年的学习培训和实践锻炼，该批职工中许多人已走上企业的中高层管理岗位，并帮带出了一大批生产骨干、技术标兵和管理人才。通过实践红星公司认识到，投资能够为偏远地区提供平等的机会与舞台，是提高人的素质和能力、开拓眼界、提升人的价值的最有效方式。企业所在地生活条件也在不断改善，在镇宁县建厂之后当地便有“一人进红星，全家齐脱贫”之说。近几年来，红星公司也为当地做了大量的公益事业，建学校、修公路、安装闭路电视、通电、接自来水、帮助失学儿童重返校园等等，进一步促进了企业和周边社区的和谐发展。

3. 把环境保护和可持续发展提升到战略高度来认识。红星公司在西部各企业的平均环保投入约占固定资产投资的 20%。在“三废”治理方面执行比国家现行“三废”排放更加严格的标准。通过不断研发，公司在玉屏工厂建成了全球首创的锰钡循环经济工业示范项目。如今展现在人们眼前的是一座座环境清幽，绿树成阴，令国内外同行羡慕的“花园式工厂”，部分工厂绿化覆盖率已经超过了 40%。

公司在环保方面付出的努力，得到了周边群众的认可，国家环保总局有 3 位副局长先后视察过红星公司，肯定了企业把环保工作放在首位，视为“企业第一生命”的做法。2002 年公司作为首批创建“国家级环境保护模范企业”的代表，参加了由国家环保总局和美国国家环境保护局共同举办的“中美工业污染预防和能源效益合作项目高级圆桌会议”，并作了发言。2004 年公司获得“贵州省环境友好企业”称号，这在化工企业中尚属首次。

（贵州红星发展股份有限公司）

贵州铜仁和泰茶业有限公司扶贫

【企业概况】 贵州铜仁和泰茶业有限公司（以下简称“公司”）是铜仁地区招商引资企业，注册资金1500万元，现有员工220人，技术人员65人，其中高级职称有6人，中级职称有32人。拥有总资产11737万元，下属企业和合资公司有：贵州和泰茶叶进出口公司、贵州林泰国际贸易有限公司、贵州茶力多食品销售有限公司、贵州和泰春茶叶科技有限公司、贵州湄潭天泰茶业有限公司、贵州西部茶城股份有限公司、广州金黔茶食品有限公司，以及分布在贵州省内4个地市州的20万亩高品质茶园和32个茶叶初制加工厂。

截至2010年，贵州铜仁和泰茶业有限公司已经发展了20万亩的优质茶园，形成了初具规模的茶叶产业带和4大品牌茶园基地的格局，使之发展成为贵州省最大的集茶叶种植—加工—科研—出口为一体的茶叶综合型企业。在贵州茶产业发展上，创下了贵州茶业10个“之最”和3个“第一家”：生产规模最大；茶园基地最多；茶叶产品最多，茶叶产量最高，销售收入最多，茶叶出口创汇最多，科技创新投入最多；欧盟有机茶生产认证第一家，欧盟有机茶加工认证第一家，出口茶叶包装生产线生产许可证第一家。“功夫不负有心人”，2010年，贵州铜仁和泰茶业有限公司已跻身“农业产业化国家重点龙头企业、国家扶贫龙头企业、全国茶叶行业百强企业”和“省级农产品加工示范企业”的行列之中，为铜仁经济的发展作出了贡献。

公司作为国家扶贫龙头企业，把扶贫工作当作是企业应承担的社会责任，在发展的过程中不断健全扶贫管理机制、强化扶贫帮扶意识、拓宽扶贫帮扶思路、落实扶贫帮扶项目、解决农民实际困难，坚持以解决广大贫困群众脱贫致富为重点，在推动贵州省茶产业发展，带动农民脱贫致富，促进农业经济增长等方面作了大量的工作，为国家扶贫开发整体工作做出了贡献。

【企业扶贫模式】 公司实施“公司带动农户脱贫、农户支持公司发展”的战略，采取“公司+基地+农户”方式与农户进行利益联结，带动贫困户脱贫致富。2004年9月以来，公司在各级政府的支持下，筹集资金5000万元，在松桃县、石阡县、沿河县、瓮安县、黎平县、余庆县、正安县、红花岗区、遵义县、凤岗县、岑巩县、湄潭县等承包茶园5万余亩，承包期为20年。公司每年投资1000万元对茶园进行更新改造，公司采取统一管理、科学管护的方法，委派具有茶山管理经验的工程技术人员，根据每片茶园的土质、水利、气候条件不同，采取科学合理的管护措施，使公司承包的茶园绝大部分都得到重新的管护，茶叶长势良好，产量得到大幅度的增加。公司在下属茶场安排了固定农民用工1200人。公司每年支付给茶园所在地农民工资达800多万元，带动了周边3000户农户的脱贫致富；支付化肥、农药等300万元，支付运费150万元，带动了茶园和周边交通、运输、农产品销售等行业的发展。

公司对承包茶园的经营、管理不但产生了良好的经济效益和社会效益，直接带动茶园周边5万户农户种植、管理茶园的积极性。通过对周边茶农茶叶生产技术的指导及生产设备的更新，提高了茶叶的综合效益和产品附加值，茶叶亩产效益从1200元提高到2500元。

公司在铜仁万山特区、遵义湄潭建成大型茶叶精、深加工厂2座，占地面积240亩，生产厂房面积4万平方米，已形成年加工出口绿茶2万吨，速溶茶粉500吨，名优茶200吨的生产能力。截至2020年底，公司的生产能力，能解决20万亩茶园的发展，带动农户62625户，解决农民就业2379人，每年安排劳动力临时用工100万工日。

在茶产品的市场开拓上，利用中国食品土畜进出口商会，上海天坛国际贸易公司的国际贸易平台优势，依托贵州得天独厚的良好自然生态资源优势。多角度、全方位的宣传推介公司的高附加值、品质优良的茶产品，提高产品在国际市场上的知名度，增加产品的国际市场份额，年出口创汇4000万美元以上。

【扶贫责任书签订实施】 2010年，公司与万山特区扶贫办签订了扶贫责任书，履行扶贫责任。每年都拿出一定的资金帮扶周边的贫困中小学生；帮扶新农村基础设施建设，出资为老山口村修路、修水渠、修水井，解决人畜饮水困难；帮助农村劳动力提高就业素质，对当地的农民工进行技术培训，公司已举办相关技术培训6期180人次；安排当地贫困户就业480余人，每位农民工年收入均达到2万元以上。

【结对帮扶】 公司制定了“以企带村、以村促企、村企双赢”的发展机制，与老山口村实施结对帮扶，其中有15户特困户受益，并确保结对帮扶对象年均增收2400元以上。公司每年开展送温暖活动，解决村民实际困难，定期慰问区内贫困老党员，并在每年春节期，间慰问周边村内特困农户及孤寡老人，并送去节日所需的物资及慰问金1万元。

2010年，公司“爱心扶贫事业活动”已为结对帮扶村投入资金33万元，帮上项目7个，其中修路43公里，打井18眼，增加水浇地76亩，扶持种植户36户、养殖户24户；同时，帮助输出劳动力1460人，资助学生62人。

【茶园灾后重建】 2010年底，贵州省石阡县高源、高坪茶场遭遇了50年来罕见的雪凝自然灾害，其中高源茶场受灾面积800亩，高坪茶场受灾面积1050亩，春茶颗粒未收，受灾茶农达6500户，造成200万元的经济损失。为了帮助这2个茶场早日恢复投产，公司捐助130万元，对高源、高坪茶场进行全面改造。

【整村推进】 1. 制定好整村推进规划。围绕新农村建设的总体要求，结合各村实际，因村而宜，突出特色，制定好贫困村的整村推进规划。

2. 实施行业扶贫。在铜仁地委、行署和扶贫开发领导小组领导下，公司不断加强基础设施和公益事业，形成部门联动、共同推进的大扶贫格局。根据公司实际情况，公司承担帮扶1个或多个重点贫困村的任务，新一轮对贫困村的帮扶周期确定为3年，不脱贫不脱钩。直接帮扶了8个贫困村。通过企业帮扶，有效解决了制约贫困村经济社会发展的一些重点难点问题，在一定程度上弥补了财政扶贫资金在某些方面投入不足的问题。据统计，近三年来，各帮扶企业累计在帮扶村水、电、路、讯、校、医等基础设施建设方面的投资达690万元，为贫困群众稳定脱贫创造了有利条件。

3. 带动农民增产增收。公司依靠群众，发动群众，自力更生建设自己美好的家园。近年来，公司采取公司加农户、公司加专业合作社加基地加农户和龙头带动股份合作等多种形式，带动了农民增产增收。辐射带动8个贫困村，涉及贫困户2000户。对于贫困地区的发展具有不可低估的促进作用，不仅有助于引导贫困户逐步扩大再生产、降低农户独立面向市场的风险和难度，而且也有助于产业链接方式的改进和当地农民合作经济组织的发育，从而使贫困村走上“一村一品”、集约经营的发展道路。

【扶贫培训】 公司在力所能及的情况下，对铜仁市的农民进行劳动力转移和农民实用技术两项培训。现已完成劳动力转移培训1000人，其中订单培训400人，农民实用技术培训2000人次以上。

1. 坚持订单培训，实现稳定就业。瞄准北京、青岛、石家庄及南方等重要城市，围绕我市工业区用工和运输业发展，建立“订单—培训—就业”的劳动力转移培训工作运行机制，有针对性地开展转移培训，实现“输出一人，致富一家”。

2. 提高科技素质，促进产业发展。围绕铜仁市主导产业和贫困群众需要，聘请专家、当地技术人员授课，采取室内讲座和现场培训的方式，既培训全员，又培训骨干，使在家务农的贫困群众切实掌握1—2项实用技术，成为致富产业的“明白人”，提高他们的致富能力。

3. 村民科技培训。公司投资5万元对村民进行科技培训，加大科技培训力度。一是由公司科技人员培训茶叶生产、栽培、烘烤、分级等方面的知识；二是聘请铜仁市农业局技术人员培训反季蔬菜的规范化种植和病虫害防治知识；三是聘请市林业局的技术员培训、指导沼气池的修建使用技能；四是定期和不定期召开群众大会及时宣传党的路线、方针、政策。对提高村民综合素质起到了良好的促进作用，也为摆脱贫困打下了坚实的基础。

【扶贫宣传】 公司注重扶贫宣传工作。一是加强硬件建设。配备必要的宣传设备，高效率开展扶贫宣传；二是树立扶贫典型。创造性地开展工作，抓重点，抓典型，出亮点，出经验；三是多渠道开展扶贫宣传。利用各种媒体，宣传报道。2010年，在铜仁网发表信息20条以上，在市级以上报刊、杂志发表文章3篇，在宣传扶贫工作的同时，宣传铜仁的“开放、赶超、崛起”的新形象。

（贵州铜仁和泰茶业有限公司　钟林）

贵州湄潭茯莹食品开发有限责任公司扶贫

【企业概况】 贵州湄潭茯莹食品开发有限责任公司（以下简称“公司”）成立于2006年12月4日，位于贵州省遵义市湄潭绿色食品工业园区，是一家专业从事辣椒加工的股份制民营企业。公司占地3.2万平方米，现有标准化厂房1.5万平方米，职工现有总人数235人：其中大专以上人员28人，占公司人员总数的35%，高级职称3人，中级职称8人。公司生产工艺先进，检验仪器齐全，质量管理体系健全，严格实行制度管理。针对本企业的特点和企业未来发展，制定并规范了内部管理制度和工作流程，已制定《员工手册》、《质量手册》、《部门设置、职能、职责分工制度》、《人事管理制度》、《技术管理制度》、《业务管理制度》、《财务管理制度》、《行政管理制度》、《生产管理制度》等，从制度上保障企业运作机制的规范化。公司将本着“严谨、务实、高效”的企业精神，按照现代企业制度，建立健全各项管理制度，进一步明确各岗位的责、权、利，引进先进的管理理念，在现有办公条件的基础上，进一步提高办公条件的现代化和数字化，提高办事效率，保证及时与市场沟通；建设公司自己网站，宣传自己的产品，建立与用户交流的平台。公司主要产品有“山里人”泡红椒、泡青椒、辣椒酱、泡姜、泡酸菜等系列产品。主要销往重庆、四川、北京、上海、浙江、江苏、广东、湖南、湖北、广西等全国10多个省（市、区），市场网络健全，产品热销。实现年销售收入6839.23万元，管理费用50.19万元，上缴税金221.54万元，净利润256.70万元。企业资产总额5705.26万元，固定资产2639.47万元，资产负债率40%，销售利润率5%，净利润增长率85.27%。

2007年至2010年，公司环保均达到国家标准；2008年6月，公司被国务院扶贫开发办公室认定为国家扶贫龙头企业；2008年至2010年，公司连续三年被银行部门评为信用等级AA级；2009年5月，通过省级科技成果鉴定，成果达国内领先水平；2010年通过了HACCP食品安全体系认证。

【企业扶贫模式】 公司在湄潭县西河乡、高台镇、复兴镇、抄乐乡、鱼泉镇5个贫困乡镇通过“公司+协会+农户”的种植模式，与种植户和协会签订《产品购销合同》，建立了优质辣椒原材料基地1.3万亩，涉及农户1万余户，其中贫困农户2316户。公司按照市场运作，实行保护价收购。一是与基地农户签订收购合同，同时为农户提供信贷担保，并帮助农户加入农业保险；二是在原材料生产期间，公司免费为农户发放防虫防病害药品；三是在收购原材料时，公司采取无偿付给农户比市场价高 0.1 元/公斤的生产补助。如：2008 年全市辣椒市场低迷，市场价为 0.45 元/斤，公司按签订的保护价 0.76/斤元进行收购，当年收购基地农户辣椒 1500 吨，等于直接补贴农户资金 93 万元。而当保护价低于市场价时，公司遵循随行就市的市场规律，按市场价进行收购，同时，凭据公司的收购码单对基地农户按辣椒补助 0.05 元/斤进行返利，2010 年公司在基地收购辣椒 3100 吨，返利 30.5 万多元。保护和激励了农户的种植积极性，降低了农户的市场风险，为稳定辣椒基地发展，促进农民增收作出了贡献。

为了满足市场需求，公司于 2010 年 4 月投入 1875.49 万元进行二期技改，新增加工能力 4000 吨，在 2011 年 6 月前完成并投入生产，实现年生产泡椒 1 万吨，产值 8000 万元，上缴税金 400 万元，解决社会就业 180 人，直接带动农户 5000 户。

【扶贫责任书签订实施】 2010 年，公司与湄潭县扶贫开发办公室签订了扶贫责任书。企业通过产业扶贫，在贫困村发展辣椒产业 3000 亩，收购贫困农户的产品 2500 吨，带动贫困农户 2316 户。公司吸纳贫困劳动力就业人数：长期就业并缴纳养老保险金和医疗保险金的 150 人，季节工 2000 人。公司利用自己的技术优势，对贫困农民工进行技术培训，全年共培训贫困农民工 821 人次。公司积极参与扶贫部门组织的圆梦行动等各种捐助济困活动，全年捐助总额达 16.8 万元，占企业资金总额的 2.94‰。公司已持续在贫困村带动辣椒产业三年，并将继续在贫困村发展产业五年以上。每半年报送扶贫信息 2 篇。

【泡椒生产线建设扶贫】 2010 年小额申请扶贫项目小额贷款贴息资金 55.35 万元。在贵州省遵义市湄潭县绿色食品工业园区建设年产 10000 吨泡椒生产线。

通过泡椒生产线的建设，公司建成年产 10000 吨泡椒的生产能力，加工厂新增常年就业工人 150 人，季节性 2000 人。年产值 5000 万元，年利润 382.48 万元，年利税 311.28 万元。在公司现有原料基地 2000 亩的基础上，发展建设新原料基地 13000 亩，使企业原料基地达到 15000 亩。发展带动农户 20000 余户，其中贫困户 2316 户，脱贫 482 人，户均增收 1040 元。

【扶贫工作措施】 1. 完善带动模式：公司加强协会及基地建设，让农户进协会、协会进公司参与经营，使公司产业链逐步缩短。

2. 技术创新：公司自成立以来，一直专业从事辣椒加工系列产品的开发、生产及销售，拥有先进的设备，创新的工艺，完善严格的检测手段，一流的管理水平，已经培养了一支高素质的专业队伍，聚集了相关专业技术人才。

3. 提高产品质量：公司具有市场拓展能力和高超的营销技巧，销售战略上采取以国内市场为主导，积极拓展国内市场的战略模式。加强省内和周边市场营销网络的建设，以大中城市为突破口，增加产品的市场份额，寻找新的经济增长点，积极开拓国内市场。坚持“以农为本，为农服务”的经营宗旨，与农户建立起“互惠互利、风险共担”的利益共同体。以市场为导向，依靠科技进步，提高农产品生产和综合加工能力，由资源消耗型向高效利用型转变。在营销观念上，体现以人为本的经营理念。在营销方式上，采用连锁直营，直销为主，代销为辅，全面进行信息跟踪，直接面对消费者。树立品牌意识，开展“无公害农产品”、“绿色食品”等品牌的申报认证，提高辣椒及其系列产品的知名度和影响力。加大宣传力度，宣传自身优势和品牌。在产品销售方式上，公司要求营销人员不仅要努力拓展市场，还要了解用户的需求，随时反馈市场信息，承担售后服务工作，为此公司每年对营销人员进行两次定期培训。

4. 确立营销战略：（1）采用合理价格战略：本项目产品生产虽然具有技术先进创新性和较好的产品品质，但公司不采取提高价格销售的方式，在保证一定利润的前提下，产品出厂价与同类产品相当，同时具备口味独特安全的质量，产品具有较强的市场竞争力。

（2）加大宣传力度：主要宣传项目产品所具有的“口味好”、“产品保质期长”、“不含防腐剂”等特点，提高产品知名度，提升企业市场竞争力。

（3）扩大营销网络：公司通过几年的发展，已建立了较为完善的营销网络，目前已与重庆周君记食品有限公司联营，在重庆建立了产品销售处，为了适应公司的发展，特别是公司新生产线的上马，生产规模的不断扩大，我们将建立更加广泛，更为有效的营销网络。

（4）加强资源节约和环境保护。公司对三废的处理：首先是废物处理：物料在加工过程中会产生边角废料，由于废料都是有机物料，可作为有机肥料来进行处理。其次是噪声处理：本项目在总体布置上，一是选址远离居民区；二是利用建筑物，绿化带阻隔噪声，减少噪声对办公和生产生活区影响，同时在工艺设备选型上，尽量采用先进的低噪声的设备。最后是污水处理：生活污水、地坪冲洗水及生产废水经管道收集后，汇入污水处理池处理后初步达标排入园区内污水管网进行集中处理。生活、生产污水处理工艺流程如下：生活污水→格栅→格网→调节池→一体化污水处理设备→排水。公司循环使用腌制用水，降低污染物排放，实施清洁生产，坚持走低投入、低消耗、低排放和高效率的发展道路。

公司通过几年的努力，取得一定的成绩，奠定了好的基础公司将立足国内，不断开发新的多样化产品，满足消费者需求。2010年公司已与匈牙利大学签定合作协议，运用国外的先进工艺和设备，生产符合欧盟标准的泡椒产品，打入国际市场，为贵州省辣椒产业的发展和带动农民增收致富启到龙头作用。

（贵州湄潭茯莹食品开发
有限责任公司　黄凌）

中国庆华能源集团有限公司扶贫

【企业概况】 中国庆华能源集团有限公司（以下简称“庆华集团”）是由内蒙古庆华集团、青海庆华集团、宁夏庆华集团、新疆庆华集团等组成的大型民营企业。自1996年创业开始，庆华人用“特别能吃苦、特别能战斗、特别能忍耐、特别能团结、特别能奉献”的庆华精神，以“庆华速度”在戈壁、沙漠、雪山、高原等艰苦的环境下创造了工业奇迹。集团形成了以煤炭及煤焦化、煤气化为主线，集合金属矿开采、石油化工、盐化工、物流等业务的多元化产业发展模式。集团以产业政策为导向，以“善用资源和绿色发展”为核心理念，依托雄厚资源优势，实践可持续发展战略。

庆华集团以科学发展观为统领，秉承“高起点规划、高标准建设、高水平管理、高质量发展”的理念，选择符合国家产业政策、符合地区社会经济总体发展规划的项目，采用世界领先技术，依靠科学管理，推进产业循环、环境友好的发展战略，摆脱传统的经济增长方式和资源转换模式。明确了企业未来发展方向，即：由资源型企业向深加工、高附加值型企业转变；由传统煤化工企业向现代煤化工企业转变；由单纯产业运营向产业运营与资本运营结合转变；由地域化管理向集团化管理转变；由本土化运营向国际化运营转变。

内蒙古庆华集团本着“综合开发、循环利用、永续发展”的资源要求，紧紧围绕国家产业政策和环保政策，于2005年在阿拉善经济开发区规划建设煤化工循环经济工业园。作为国家级循环经济试点单位，园区在项目规划上凸现了循环经济理念和“高起点规划、高质量发展”的原则。经过近多年的努力，工业园煤化工循环经济产业链已形成规模。

青海乌兰庆华煤化工循环工业园于2006年5月开工建设，是目前全世界海拔最高的煤化工业园，是柴达木循环经济实验区标志性工程。

宁夏庆华煤化工循环经济工业园位于宁夏吴忠市太阳山开发区，园区依托韦州煤炭、白云岩、石灰石等资源建设煤化工循环经济联产项目。

新疆庆华循环经济工业园位于伊犁州伊宁县，年产55亿立方米的天然气基地借助西气东输二线、三线或四线，安全、连续、稳定地向新疆和我国华东、华南地区供应天然气。庆华集团伊犁煤制天然气项目的建设，对缓解能源紧张状况，促进当地经济发展和劳动就业，特别是在与中亚各国谈判进口资源方面，具有重要的意义。

中国庆华能源集团有限公司于2009年

在北京正式成立，不仅是庆华发展史上的又一个里程碑，同时也标志着庆华集团成立企业总部放眼全球，向国际化企业迈出了重要的一步。

近年来，庆华集团在发展中不断向外拓展，在不同地区、不同领域寻求新的经济增长点。庆华集团积极实施“引进来，走出去”战略，在经济全球化的背景下，根据国家资源能源产业政策和“走出去”战略，积极拓展与培育海外市场，利用两个市场、两种资源，力争形成集团的战略支撑点与新的利润中心，实现可持续发展。未来五年，集团将根据自身的经营状况与产业发展趋势，分阶段、有步骤、科学合理地在非洲、大洋洲、中亚等区域进行相关项目的开发与建设。

2010 年，庆华集团在非洲塞拉利昂和莫桑比克分别成立了塞拉利昂庆华投资有限公司和莫桑比克庆华投资有限公司，并组建了专业化管理团队。庆华集团与莫桑比克成立了“庆华奖学金”，利用中国的教育资源优势为莫桑比克青年学生提供帮助，接受高等教育和技术培训。中国已成为莫桑比克在海外留学生最多的国家。

多年来，庆华集团在努力加快经济发展的同时，高度重视公益扶贫工作。在各级党委、政府的关怀和支持下，坚持科学创新，抢抓发展机遇，始终把企业社会责任放在各项工作的首位，通过各种形式投身于社会公益事业，为构建和谐社会贡献企业一份力量。

【基础设施完善】 1. 内蒙古庆华集团公司：2004 年，为繁荣阿拉善经济，在阿拉善经济开发区建设循环经济工业园，引进世界先进环保技术，建设 300 万吨洁净煤加工、200 万吨捣固焦、400 万吨物流、20 万吨焦炉煤气合成甲醇项目，实现三废循环利用和零排放，解决 5000 余人就业，安置转移农牧民 1200 余人，为地区上缴税金 2.7 亿元，带动了开发区第二、第三产业发展。2005 年为敖包图部队和古尔班特斯架设输电线路捐款 2000 万元。

2. 青海庆华集团公司：先后投入 5 亿多元用于当地各种基础设施建设。投资 6850 万元参与建设了天峻通往木里矿区和格芒公路通往肯德可克矿区的公路（总里程近 300 千米）；投资 1.02 亿元建设了格尔木甘森至尕林格（110KV）、尕林格至肯德可克矿区（35KV）送变电工程；投资约 2 亿元建设格尔木乌图美仁矿区公路；入股 1 亿元建设哈木铁路；投资 2300 多万元援建了德令哈火车站广场（4.2 万平方米）；出资 3000 万元无偿援建天峻县文体活动中心等，改善了当地基础设施条件，带动和促进了地方经济和社会发展。捐资 2700 余万元参与新农村牧区建设。为解决当地牧民群众的饮水困难问题，捐资 260 万元援建木里镇人蓄饮水工程。积极参与企地共建，出资 10 万元用于格尔木地区农田水利设施建设；为草场被征用的牧民办理了养老、医疗等社会保险等等，实现企业与社会和谐发展目标。

3. 新疆庆华集团：入驻伊宁县以来，及时与当地政府沟通协调，将企业发展战略规划与当地村镇建设发展有机结合起来。为曲鲁海乡义务修筑道路 2 千米、新建 2864.82 平方米的集贸市场 1 座，建成 11426.26 平方米的市场广场 1 座，硬化市场各路口及商铺地面 3114.16 平方米，配套建设市场周围的排水沟近 300 米、摊位 56 个、桥涵 2 座、132 平方米水房厕所垃圾房 1 座。工程总投资超 1000 万元，已于 2009

年12月8日正式交付使用。

【文化教育扶贫】 1. 内蒙古庆华集团：2004年9月为阿拉善盟三旗旅游那达慕大会捐款800万元。随后几年中为木里镇70户牧民及政府无偿提供金额180万元的生活用煤。2006年12月为阿拉善经济技术开发区九年一贯制学校捐款60万元等。

2. 青海庆华集团公司：在海西州出资200万元设立“爱心奖助学金”资助贫困学生，2010年继续投入“爱心奖助学金”项目20万元资助60多名贫困学生；出资22万元无偿对木里镇小学进行维修扩建；捐资400多万元用于祁连县建设西路军纪念馆；资助360多万元援建铜普镇都兰寺僧侣宿舍73间及部分附属设施，为都兰寺解决冬季燃煤60吨，并积极协助镇党委认真开展“平安寺院”创建活动；出资20万元支持昆仑山交响音乐会；赞助10万元用于农牧民篮球赛等活动的举办。

3. 宁夏庆华集团：2008年5月16日为吴忠市书法大赛活动捐助60万元，5月22日为吴忠市民政局捐助550万元，8月11日为宁夏大学捐助60万元，9月10日为吴忠青少年委员会捐助10万元，9月22日为庆祝“宁夏回族自治区成立50周年大庆活动”捐助600万元。

2009年，自吴忠市开展“希望工程圆梦行动”大型助学活动，集团专门成立了10万元的“庆华助学金”，以资助吴忠市30名品学兼优、家境贫寒的学生完成大学学业。同时，6月为同心县阿语学校捐助2万元，7月为吴忠军分区捐助2万元，8月为宁夏青少年发展基金会赞助10万元。

【移民扶贫】 新疆庆华集团响应国家关于农牧民移民搬迁政策，对喀拉亚尕奇村实施整体搬迁，在新规划的居民点其巴尔吐别克村分三期兴建抗震安居住房595套，并配套建设学校、卫生院、给水系统、变配电、道路等公共设施。整个移民工程计划三期总投资2亿元。

2010年底，新疆庆华集团被新疆维吾尔自治区工商联评为民营企业参与新农村建设的先进企业，并受到表彰。

【社会公益扶贫】 1. 内蒙古庆华集团：2008年5月12日四川省汶川发生8.0级地震，5月16日上午，集团党委、团委、工会在内蒙古庆华集团庆华会所联合开展了以“地震无情、庆华有爱、众志成城、共度难关”为主题的募捐活动，集团董事长霍庆华及夫人周亚芹带头捐款1000万元，当天集团500多名员工捐款达7万余元。

2. 青海庆华集团公司：在四川汶川地震期间捐款1230多万元；为青海省乌兰县“第一届金子海文化艺术节”捐助80万元，支持地方文化事业的发展；在玉树抗震救灾中，派出由20多台大型机械设备、40多人组成的救援队赴现场开展救灾工作，捐款捐物价值达1500万元以上。

3. 宁夏庆华集团：2010年玉树地震后，组织“心系玉树 驰援灾区”爱心捐款活动，共募得捐款5万余元，为灾区送去了爱心。6月为管委会消防队捐助80万元，8月，同心县发生较大水灾，集团公司向同心县民政局捐资10万元，帮助灾民度过难关。

4. 新疆庆华集团：2010年5月，伊宁县发生融雪性洪灾，新疆庆华集团得知消息后，调动50多辆工程机械组成救援队奋战在抗洪第一线。2010年7月，伊东工业园700多米供水管线被洪水冲断，新疆庆华集团组织两支施工队伍用时10天，投入机车230台班、人工2000余工日，各项费用总计200余万元，使管线恢复使用。

2010年10月，从甘肃文县灾区210户灾民搬迁到新疆伊宁县，新疆庆华集团出动40多台大型车辆，为新建的移民安置点修筑道路。连续会战四天四夜，在灾区群众到来之前，修通了所有的道路，得到了县政府和群众的好评。

（中国庆华能源集团有限公司）

十一

年度专题篇

贸易自由化与减贫

——基于中国和东盟国家的实证研究

众所周知，贸易自由化是经济增长的重要动力，而经济增长又是解决贫困的重要途径。研究表明，虽然不能确定贸易自由化的经济增长效应是否能减轻发展中国家的贫困，但至少对发达国家是有利的。在目前经济形势错综复杂，各种贸易壁垒层出不穷的背景下，只有深入了解贸易自由化对贫困，特别是对发展中国家贫困的影响机制和途径，才能更好地制定相关的贸易和减贫政策，使贸易的发展、经济增长能更好地为贫困人口服务，使更多的贫困人口能够分享到经济增长的好处。因此，有必要就贸易自由化对贫困（尤其是发展中国家贫困）的影响机制、途径和程度进行深入的理论和实证研究。

本项目的主要研究目标是：深入探讨贸易自由化对贫困影响的机制，实证分析贸易自由化对中国贫困的影响，系统分析中国—东盟自由贸易区建设对双方经济增长和贫困的影响，为政府减贫政策和贸易政策的制定提供参考。本报告的内容主要包括：贸易自由化和贫困之间的影响机制、基于分省资料的贸易自由化和减贫的宏观实证分析、基于中国住户数据的贸易自由化和减贫的微观实证分析、以中国—东盟自由贸易区建设为例分析 FTA 对双边减贫的影响，最后是政策建议。

一、贸易自由化和贫困之间的影响机制

目前，关于贸易自由化对减贫的影响存在着很多争论。一些学者从外贸对经济增长的静态和动态正效应出发，认为贸易自由化对发展中国家的穷人有利。传统贸易理论强调外贸的静态效应，认为它能优化资源配置，推动经济增长。内生增长理论则强调外贸的动态正效应，认为它有利于获得新投人品和先进技术，提升整个经济的生产力，从而促进经济的长期增长。

然而，与此持相悖的研究观点表明，外贸利益大都被富人掌控，贸易自由化不利于贫困减少。其研究观点主要有：（1）贸易自由化的静态效应在短期中是不确定的。（2）规模经济和“干中学”效应在发展中国家也很难在短期内发挥作用。（3）贸易自由化因扩大工资差距而恶化失业和贫困。因为贸易自由化条件下降低了进口资本品成本，从而增加低资本品使用量而减少非熟练劳动需求。（4）贸易自由化不利于发展中国家积累人力资本，从而限制了发展中国家的贫困人口的收入提高。尽管如此，仍有多数研究表明贸易自由化有助于减贫。目前有关中国的实证研究也

表明贸易自由化有助于减贫。

从宏观角度来看，贸易自由化主要通过商品贸易和投资的传导机制影响经济增长。包括：（1）贸易自由化通过价格变动、要素流动、技术进步对经济增长的影响；（2）贸易自由化通过资本流动（特别是外商直接投资）影响到技术进步、就业和要素配置，从而对经济增长产生影响；（3）经济增长对贫困的影响。经济增长对贫困影响的具体情况，要视经济增长的特点而定，如果经济增长主要发生在贫困地区则有助于减贫，或者如果经济增长是就业增加型的，往往有助于减贫。

微观角度上，贸易自由化主要是从就业、收入和消费等方面考察贸易自由化对贫困的影响。包括：（1）贸易自由化通过就业对贫困产生影响；（2）贸易自由化对贫困人口收入（包括政府转移支付）的影响；（3）贸易自由化通过消费对贫困人口的影响。

贸易自由化对贫困影响机制涉及到国际市场（贸易）、政府、企业和居民（贫困人口），具体传导过程包括以下几个方面：

第一，从国际宏观经济学来看，贸易自由化主要由经常项目的商品（和服务）贸易以及资本项目的直接和间接投资开始的，这是整个传导机制的起点。而汇率是影响此两个传导渠道的重要因素。贸易自由化的直接表现是：（1）商品（和服务）进口方面不断降低关税和非关税壁垒，出口方面减少出口补贴、实行公平的出口竞争；（2）直接和间接投资方面，为资本的流入和流出提供更自由的条件，这主要体现在资本项目的开放、资本流动的便利化和自由化，在这点上除汇率外还受利率的重要影响。自由贸易协定（FTA）是贸易自由化最直接的综合表现。

第二，本传导机制的终点是贫困的变化，这主要受三个方面的影响：（1）作为要素所有者的贫困人口，通过向企业提供要素（特别是劳动力）获得报酬；（2）对于一无所有的无产者，通过政府或企业的转移支付获得其收入来源；（3）作为农业生产者通过销售农产品获得收入，而作为消费者又要进行一定的消费，从而受到市场和价格变化的影响。

第三，在上述起点和终点之间是不同的传导渠道，其中，商品（和服务）贸易渠道是影响贫困的最重要途径，而间接和直接投资渠道则是通过企业而间接发挥作用。对于贫困人口而言，间接投资（主要是股票债券等）并不会对其形成较大影响，直接投资的设厂、创办企业主要也是通过就业影响到一部分贫困人口的收入。

第四，对于商品（和服务）贸易渠道，在关税和非关税壁垒以及出口竞争政策的作用下，国际价格被传导到口岸价格，然后再影响到国内的批发、零售和收购等，从而影响到企业的生产经营活动（经济增长效应），影响到劳动力等要素的报酬（分配效应）。

第五，农户的两重性，即消费者和生产者的不可分性，使农户面临两种市场：作为消费者，价格变化会直接影响其购买力和生活水平与质量，且这种影响是负向的。作为生产者，其收入与农产品市场的价格又是同方向的，最终影响要看这两者相互作用的净效果。

第六，政府与贫困人口间主要通过转移支付进行扶贫，从而趋向于减少贫困。当然，这种转移支付的具体形式可能是直接的现金或食品的提供也可能是教育和就业技能培训等。

当然，贫困的传导过程也可能受到外生因素的冲击，包括：经济危机、自然灾害等。本轮全球性经济危机就使全球贫困人口增加了约1亿人，而每次地震、洪水、台风等也都会加重贫困问题。

二、贸易自由化和贫困：基于中国各省数据的实证分析

本部分建立了一个包括4组9个方程的系统，将贸易作为变量引入模型，并利用2000—2008年中国各省的数据，对贸易在减贫中的贡献进行了计量检验，并对其他主要因素在农村减贫中的作用进行了分析。实证分析时区分了全国总体和东、中、西三个区域。

全国总体模型的研究表明：中国农村经济的快速增长对于农村减贫起到了积极作用。农业的快速增长较大程度提高了农村居民收入，也提高了农村贫困人口的收入水平，从而有利于减贫。值得注意的是，当人均农业GDP上升到一定程度后，贫困发生率的下降速度有所减慢。关于贸易对贫困的影响，结果表明外贸在农村贫困减少中发挥了重要作用，有以下特点：

（1）农产品出口对农业产值做出了较大的贡献，但进口的作用不显著。总体来看，农产品贸易促进了农业生产，为减贫打下了基础；（2）出口对非农工资的提高具有显著的正向作用，而进口则具有显著的负向作用。（3）农产品进、出口均显著促进了非农就业。这主要是通过两个渠道实现的，从进口的角度来看，理论上而言进口产品行业的就业会减少，但由于劳动力的自由流动，从进口竞争部门转移到出口部门或其他非农领域；从出口角度来看，由于中国出口的农产品主要是加工农产品，因此出口拉动了农产品加工业的发展，促进了农村劳动力的就业。（4）贸易使要素报酬呈现逐步均等化趋势。长期以来，中国劳动力的工资水平一直处于世界低位，随着贸易自由化的加深，中国的劳动力工资水平也逐步提高，进而影响到农村非农劳动力的工资。

对于东中西部的研究表明：各区域的农村经济增长对农村减贫均起到了积极作用，但不同区域的农业增长对农村减贫作用的程度有差异，其中西部农业产出增长的减贫系数最高，说明西部农业的增长对农村减贫影响较大，这也与西部农户的收入主要以农业为主相符合。中部的系数介于东西部之间，东部的系数值最低，与中国的经济发展和实际情况相一致，随着经济实力的增强，农村减贫依靠农业发展的程度越来越小。

外贸扩大在不同区域的农村减贫中也发挥了重要的作用。具体而言，有如下特点：

（1）农产品贸易对中部地区农业GDP有显著影响，而对东部和西部地区农业GDP的影响都不显著。这主要是由于农产品贸易在东部和西部省区都较少的原因，东部地区与国际市场的联系最紧密，但其贸易主要是非农产品，而西部地区主要是由于与国际市场的联系不是很紧密，其商业化和市场化程度较低。

（2）在东部和中部地区，农产品出口都显著促进了非农工资的提高，而进口则显著地具有负向的作用。东部地区的影响程度更大，其出口和进口的弹性分别为：0.1492和—0.1849，中部地区的弹性则分别为0.1250和—0.0316。而西部地区只有

出口对非农工资的提高有正向作用，其弹性为 0.1108，进口的作用不显著。

（3）农产品贸易对东部和西部地区非农就业的影响均不显著，这也主要是由于东部省区农产品贸易所占比重小，而西部地区农产品贸易绝对量和比重都小，只有中部省区贸易显著促进了非农就业的增加。

（4）与上述对于农业 GDP 影响的地区差异不同，东中西部省区的农产品出口均显著改善了其城乡之间的收入差距，这也和东部省区内部城乡差距小的现实相吻合。同时，在西部由于农业收入仍然是农户重要的收入来源之一，出口可以显著促进其生产、提高农民收入。而进口在东部地区有助于城乡收入差距的缩小，但在西部地区进口则恶化了城乡收入差距，中部省区的情况不显著。

在上述分析的基础上，本研究还分析了贸易对减贫的影响程度，计算了农产品贸易等的减贫边际效应。

从农产品进口的角度来看，农产品进口的减贫弹性为负，说明农产品进口增加不利中国农村贫困的缓解。农产品进口的减贫弹性值为 -0.05，也就是说农产品进口额每增加 1% 会导致中国农村贫困发生率提高 0.05%。从分区域来看，农产品进口对农村贫困影响的边际效应依次为：中部、东部和西部，农产品进口对农村缓解贫困影响最大的地区是中部，中部地区的农村收入大部分以农业为主，农产品进口冲击最大的也是中部地区的农户，其弹性为 -0.1454。农产品贸易对农村非农就业工资的影响东部较大，城乡收入差距上也是东部地区较大。

从农产品出口角度来看，农产品出口的减贫弹性值为 1.03，表明农产品出口增加对中国农村贫困的缓解有积极作用，农产品出口每增加 1% 会导致中国农村贫困发生率减少 1.03%；农产品出口的农业产出弹性也为正，农产品出口的增加提高了种植农户的收益，从而使原来的种植农户扩大种植面积，并吸引更多的农村劳动者从事农业生产。从区域范围来看，农产品出口对农村贫困影响的边际效应依次为：中部、西部和东部，农产品出口对农村缓解贫困影响最大的地区依然是中部，这个进口的分析结果是相对应的。

综合农产品进出口情况，农产品净出口的农村减贫弹性值为正，表明农产品贸易整体上有利于中国农村减贫，贸易开放和自由化对中国农村的减贫工作进程有积极意义。同时，农产品净出口对农业产出弹性、非农工资和非农就业以及缩小城乡收入差距都有正的影响。

三、贸易自由化和贫困：基于中国住户数据的实证分析

上述分析表明，总体而言农村 CPI 对减贫的影响不显著，但上述分析仅仅考察了 CPI 的大小对减贫的影响，未能深入探讨 CPI 的微观作用机制，在实际中价格和农民的收入密切相关，与工资等要素的报酬也密切相关，本部分将运用农村住户资料，从微观层次上进一步研究农产品价格的变动对贫困农户福利的影响。

本研究利用 Deaton（1989，1997）的方法，采用住户分组资料，计算各收入组农户因农产品价格变动而产生的净收益比，通过比较各收入组的净收益比，模拟当农产品价格上涨时贫困户福利的变化。所用资料来自 2007 年国家统计局农村住户抽样调查数据。由于各地农业生产、食物消费

以及生活水平不同，农产品价格变动对北方省份农户的影响可能不同于南方，基于此，本研究还选取了河北和广西作为样本省区进行对比分析。主要结论如下：

（一）主要粮食品种价格变化对农户福利的影响

全国来看，小麦市场价格上涨时，所有收入层次的农户都受益，但中等收入组（人均年纯收入 2400—5000 元）农户受益最大，低收入组（人均年纯收入 1200—2400 元）和高收入组（人均年纯收入 5000 元以上）农户受益程度相近，贫困组（人均年纯收入 1200 元以下）农户受益最低。从区域上看，由于广西农民小麦消费量少且小麦种植更少，因此小麦价格的上升对消费小麦的广西农户福利有负面影响，但程度很小。同样，大米市场价格上涨时，所有收入层次的农村住户受益，最大受益者也为中高收入组农户，其次是高收入组和中低收入组（人均年纯收入 2400—3500 元）农户，再次是低收入组农户，最低受益者为贫困组农户。由于河北省农户稻谷生产较少，但消费则较大，因此稻谷价格的上升对消费大米的农户福利产生了负面影响。同时，对河北农户的负面影响随着农户收入的增高而降低，因此，河北省贫困农户因稻谷价格上升受损程度最大。与小麦和稻谷的情况稍有不同，对全国和河北来说，玉米价格上升的最大受益者是中等和低收入组，贫困组和高收入组次之；对于广西来说，玉米价格上升对农户福利影响的程度要低于全国和河北省平均水平，而且各收入组农户受益程度大致相等，贫困组农户受益程度稍微高一些。另外，比较小麦、稻谷、玉米发现，玉米价格变动对农户福利的影响程度要大于小麦和稻谷价格变化的影响。这主要是由于一方面玉米主要用于饲料粮，市场率明显高于小麦和稻谷；另外一方面，玉米产量明显高于小麦和稻谷。

（二）蔬菜、水果价格变动对农户福利的影响

总体来看，蔬菜价格上涨对农户福利的影响要小于粮食作物的影响。从全国来看，除第 2 组（人均年纯收入 400—800 元）农户福利受损外，蔬菜价格上升使其他所有收入阶层的农户受益，并且随着收入的提高，农户福利受影响的程度增加。因此，蔬菜价格上升对全国贫困农户的影响最小，对高收入组农户的影响最大。从河北省来看，蔬菜价格上升使高收入组农户受益最大，表明蔬菜价格提高对增加高收入农户的收入的重要性，其次是贫困组农户，其他组农户收益程度最低。从广西来看，蔬菜价格上升将导致贫困组和低收入组农户福利受损，其他农户受益，最大受益者是高收入农户。概括来看，蔬菜价格变动对高收入农户福利的影响最大，这与中国蔬菜种植户的构成相一致。一般来说，农户的农业收入与蔬菜种植面积成正比，全国、河北、广西数据显示，高收入组农户平均种植蔬菜面积最大。蔬菜价格变动对贫困农户的影响虽然比低收入组农户要大一些，但比粮食价格对贫困农户的影响幅度要小。

与蔬菜类似，水果价格上升时，所有收入层次的农户都受到影响，但总体上要低于主要粮食作物价格的影响。水果价格上升对河北和广西贫困农户福利产生负面影响，但影响程度比较小；对高收入组农户正面影响要大一些，特别是对河北省高收入农户的正面影响较大。

（三）猪肉价格变动对农户福利的影响

猪肉是中国城乡居民最主要的肉类食品，占肉类消费量的60%，猪肉价格的变化对城乡居民生活有比较大的影响。从全国来看，猪肉价格上涨对各收入层次的农户福利都产生正面影响，而且影响程度随着收入水平的提高而增加，贫困农户的影响最小，高收入农户的影响最大。从河北来看，猪肉价格上升对贫困组和中高收入组农户的影响较大，对低收入组和中低收入组农户的影响较小，对高收入组农户影响幅度最大。从广西来看，猪肉价格上涨对最低收入层次的农户产生负面影响，对其他收入组农户都有正面影响，而且影响幅度随着收入层次的提高而增大；另外，猪肉价格波动对广西农户的影响幅度明显大于全国和河北平均水平，这与广西猪肉的生产量、消费量有关，广西农民平均出售猪肉量多于全国和河北水平，其消费量稍微低于全国水平但高于河北水平。另外，与河北情况类似，猪肉价格波动对高收入农户的影响幅度极大，值得关注。

综合上面分析可得如下几点结论：第一，农产品价格的变动对所有收入层次的农户福利都有影响，但对贫困农户福利的影响幅度要低于非贫困户；第二，相对于小麦、蔬菜、水果和猪肉，玉米和稻谷价格的变动对贫困农户福利的影响幅度最大。当玉米价格上升10%而其他产品价格不变时，贫困农户的净收益比将达到1.5%左右；当稻谷价格上升10%而其他产品价格不变时，广西贫困农户的净收益比将达到0.8%左右；第三，粮食价格变动对中等收入农户的福利影响最大，而蔬菜、水果、猪肉价格波动则对高收入农户的福利影响最大。

四、中国—东盟自由贸易区建设对双边减贫的影响

本部分运用全球贸易分析模型（GTAP第7版）对自贸区建设的减贫效应进行分析。模型中包括113个国家或地区，57种产品。本项目在方案的模拟中，进行了递推动态数据更新。世界各国人口、劳动力以及国民生产总值等未来增长变化的数据是基于Walmsley（2000）的研究，该研究基于2006年的资料对未来世界各国人口、GDP和劳动力变化率进行了预测，中国与东盟国家的预测数据则来自于世界银行等网站的数据及运算求得。

（一）模拟方案设定

分析时国家和地区分组如下：中国、印度尼西亚、马来西亚、菲律宾、新加坡、泰国、文莱、越南、缅老柬、日本、韩国、中国港台地区、印度、南亚其他国家、其他亚洲国家、欧盟27国、其他欧洲国家、澳新、北美、南美、非洲、其他国家。

产品分组以农产品为主，具体分为大米、小麦、其他粮食作物、蔬菜水果、油籽、糖类、植物纤维（主要是棉花）、其他作物、牛奶及其制品、牛马羊肉及制品、猪禽肉蛋蜜及制品、羊毛和蚕丝、林产品、水产品、植物油；对于其他产品，主要是根据其与中国贸易的大类进行分组，具体分为：能源、矿产、纺织品、服装、皮革、化工产品、其他矿产制品、金属及其制品、机械设备、电子产品、服务。其中中国与东盟贸易量较多的一些产品，比如纺织品、服装和电子产品将是重点关注对象。其他产品，比如能源、服务等的贸易也会予以关注，分析是否能成为未来中国与东盟贸易的增长点。当然，对其余产品也会适当

关注，考察有没有波动剧烈的贸易产品。

模拟方案设定如下：

方案I：基准方案。假设中国与东盟国家没有建立自贸区。

方案II：2012方案。2004年到2012年间，中国与东盟关税的削减分东盟老成员与新成员国两个组分别处理。中国与东盟老成员国完全建成自由贸易区，除部分敏感商品外，所有其他商品相互关税降为零。对于一般产品，中国和东盟老成员应于2012年以前将其关税削减至20%以下，此处设定将所有高于20%的关税削减到20%。与东盟新成员国的关税减让方案包括两部分产品，一是按照早期收获计划，对所有早期收获产品关税削减为零；二是按照正常产品降税模式设定；三是一般敏感产品在2012年之前暂不减让。

方案III：2020方案。中国与东盟完全建成自贸区，除部分敏感商品外，中国与新老成员国所有其他商品相互关税都降为零。模拟时敏感产品按具体时间表进行关税减让。具体来说，对于一般敏感产品，由于协议规定中国和老成员国在2018年削减为5%以下，新成员国在2015年将关税削减至20%以下，2020年削减为5%以下，本方案设定削减至5%。此外，对于高度敏感产品，中国和老成员国在2015年将关税削减至50%，新成员国在2018年将关税削减至50%以下，也进入方案设计之中。

（二）研究结果

从对全球宏观经济的影响来看，中国和东盟自由贸易区的建立将使世界贸易量在2012年和2020年间分别增加0.12%和0.36%，对世界价格水平的影响程度也很小（此处是指与基准方案对比，即与不建立自贸协定对比）。这说明从整体上看，自贸区增进了世界贸易，同时没有对世界产品价格产生较大影响。这主要是由于自由贸易区建立的贸易创造和贸易转移效应相互抵消所致。中国和东盟国家间建立自由贸易区后，关税降低的同时，仍旧对自由贸易区外的国家保持原有关税，因而在增加了区域内贸易的同时（贸易创造效应）也减小了原来与区域外的贸易（贸易转移效应），两者相抵，贸易量略有增加，产品价格变化很小。同时，资本价格有所上升。2012年各国的GDP还没有明显变化，但是到2020年，自贸区成员国GDP增加约0.28%，但对其他国家GDP的影响为负，减少约0.04%。

就不同产品而言，大米贸易量在2012年和2020年都相对于基准方案有所减小，价格有所上升。在本区域内，大米之外的小麦和其他粮食作物不是主要贸易品，所受影响不大。蔬菜水果受到较大的正面影响，2020年贸易量增加达到1.13%，同时价格也有轻微上升。油籽和植物油是多个国家的敏感产品，关税削减幅度不大，但植物油作为重要贸易产品，特别是棕榈油是东南亚国家的主要出口产品之一，在区域内部的贸易创造效应较大，2020年的世界贸易总量增加1.25%。糖类也被多个国家列入敏感产品，关税降幅小，贸易量和价格同样没有较大变化。植物纤维（主要是棉花）享受到关税削减的好处，贸易总量增加幅度较大，同时价格仍比较平稳。羊毛和蚕丝、纺织品和服装是中国东盟国家的主要贸易品，受益于关税削减，贸易量有较大增加，作为原料的羊毛和蚕丝价格有所上升，同时纺织品和服装价格有所下降。其他非农产品的贸易量都有不同程度的增加，价格波动则比较小。

从对各国的影响来看，各成员国总体福利都有不同程度的增加，但由于不同国家比较优势的差异，不同产业所受的影响则有正有负。与基准方案相比，多数国家的福利在2012年将有所增加，2020年则更明显。另外，相对于基准方案，各国要素的价格均增加，其中非熟练劳动力价格上升幅度与熟练劳动力价格上升幅度相差不大，由于贫困人口多数是非熟练劳动力，因此，自由贸易区的建立并不会使劳动力工资差别有明显地增加，也即不会加剧贫困，部分地区还会减缓贫困。下面分别对各国的情况进行分析，由于新加坡和文莱农业所占比重不大，经济较发达，贫困问题较少，这里不对其进行具体讨论。

1. 对中国的影响。中国在自由贸易区建立后所受影响总体为正。2020年总体福利要比2012年高0.12%。劳动力价格有所上升，非熟练劳动力和熟练劳动力价格上升幅度相差较小，表明贫困人口的工资上升幅度与平均水平相差不大，贫困状况没有恶化。土地和资本价格略有上升，与劳动力价格一样，2020年上升幅度要大于2012年，说明随着自由贸易区的建立，贸易量的增加带动生产，从而拉高要素价格。这对于缓解贫困人口的收入压力具有积极意义。

从中国农业贸易和生产所受的影响来看，主要农产品和纺织服装等与农业密切相关行业的贸易量基本都表现出积极的变化趋势。在2012年，除植物油、牛奶及制品外，其他产品的出口都有不同程度增加，特别是大米、小麦、蔬菜水果、牛马羊肉及制品、猪禽肉蛋蜜及制品和纺织品都有小幅增加，羊毛和蚕丝的出口增幅较大，说明中国大米在东盟国家还是有竞争力的，这可能是因为虽然中国普通大米没有泰国和越南大米的质量高，但价格相对低廉，因而得益于自由贸易区的建立而扩大了出口，其他产品也存在着类似特点。同时，出口价格没有太大变动，基本都在0.5%以内。进口产品中，大米进口量减小，这可能是由于大米价格上升造成的。蔬菜水果和纺织品的进口大量增加，说明双边贸易都增加，得到了互利的结果。蔬菜水果价格下降幅度较大，说明中国消费者得到较大福利增进。各产品国内总产量的变化波动幅度较小，基本在1%之内。2020年的贸易量与价格、产量变化延续了2012年的趋势，同时表现出更大程度的福利增进。

由以上分析可以看出，对于中国来说，优势产业适度扩大出口，同时应当关注弱势产品。首先是蔬菜水果和植物油。蔬菜水果双边贸易都有所增加，主要是因为中国以温带蔬菜水果为主，而东盟国家则以热带产品为主。中国的出口没有对价格产生太大影响，因而不会对东盟国家内部产业造成太大冲击，但是东盟国家对中国的出口则导致价格有较大幅度下降，而这一价格下降对于与东盟国家形成竞争的广西等热带蔬菜水果产区农民收入会有较大影响，需要予以关注。植物油则主要是棕榈油，由于设定其为敏感产品，关税延期削减，因此尽管模拟结果显示该产业未受较大冲击，但仍说明该产业在高关税保护下仍比较脆弱，需要持续予以关注。糖类、羊毛、植物纤维和林产品（包括橡胶）作为敏感产品在关税保护下不仅没有大量进口，出口还略有增加，说明中国该产业也有一定的竞争力，可以逐步降低关税，增加产业适应国际市场的能力。

2. 对印度尼西亚的影响。自贸区建成

后，印尼总体受正向影响，福利和GDP逐年增加，2020年福利变化比2012年多0.73%。劳动力价格也有所上升，同样非熟练劳动力和熟练劳动力价格上升幅度相差很小，贫困状况没有恶化。相对于基准方案，土地价格2012年略有下降，2020年将提高，但变动幅度不大。资本价格略有上升。要素价格的提高带来劳动力收入的增加，同时没有增加贫富差距，对于贫困人口具有积极意义。2012年，小麦、植物油、糖类、植物纤维（主要是棉花）、其他作物、羊毛和蚕丝、林产品和服装出口有所下降，其中蔬菜水果、羊毛和蚕丝进口上升幅度较大。其他产品出口都有不同程度增加，特别是大米、油籽、猪禽肉蛋蜜及制品。这说明在大米被列入高度敏感产品以后，印度尼西亚的大米产业得到保护并迅速发展。纺织和服装双边贸易大幅增加，且价格大幅下降，应当是产业内贸易比较多的原因。糖类属于高度敏感产品受到关税保护，出口下降、价格升高，说明该产业仍比较脆弱。各产品国内总产量的变化波动很小，基本在1%之内。2020年贸易量与价格、产量变化延续2012年趋势，基本在同一方向表现出更大程度的变化趋势。

3. 对马来西亚的影响。自贸区建成后，马来西亚总体受到正向影响，福利和GDP逐年增加，总体增幅较大，2020年福利变化比2012年高0.72%。劳动力价格也有所上升，非熟练劳动力价格上升幅度大于熟练劳动力，贫困劳动力收入增加较快，贫困状况得到改善。土地价格上升幅度较大，资本价格略有上升，说明马来西亚土地要素存在一定程度稀缺，在贸易量增加后产业结构调整，工业产品生产与出口大量增加，导致国内土地、资本等生产要素转向工业产品，从而带来要素价格的提高。要素价格提高带来劳动力收入的增加，同时没有增加贫富差距，对于贫困人口具有积极意义。

对于生产结构的调整，马来西亚农业产业也出现了由于价格上涨带来的农产品出口减少和进口增加。仅有大米和小麦以外的其他粮食作物、植物油、牛奶及其制品和纺织品的贸易有一定程度增长和价格小幅变化，其他产品或是变化不大，或是出口价格上涨导致出口下降、进口增加。特别需要关注的是大米、油籽、植物纤维，其出口量下降幅度较大，且价格上涨较多，进口增加，这对于从事此类产品生产的农民来说可能会有一定的损失。2020年的表现比2012年更明显，因而在产业结构调整中这些行业要给予特别关注。

4. 对菲律宾的影响。在自由贸易区建立以后，菲律宾受到的影响总体轻微受损。福利和GDP略有下降，但幅度很小，2020年福利变化要比2012年多0.09%，GDP仅在2020年有0.07%的负面影响，变化不大。劳动力价格上升幅度也较小，非熟练劳动力价格上升幅度大于熟练劳动力，说明以非熟练劳动力为主的贫困人口其收入状况得到改善。土地价格有所下降，可能与其产业结构调整较慢，对要素需求没有显著增加有关。

从过去几年来看，中国从菲律宾进口的蔬菜水果、糖、林产品等已大幅下降，因此区域内关税的削减使得其他更具比较优势的成员国挤占了菲律宾的出口市场，同时菲律宾的服装业作为敏感产品受到保护后，产业结构调整迅速，出口量大幅上升。另外，菲律宾的小麦、畜牧产品相对具有比较优势而出口增加，对于从事这些行业生产的农民收入有正面影响。值得一提的是，菲律宾把大米列入高度敏感产品，实际上大米一直是该国的配额进口产品，在自贸区建成后由配额导致的关税等额也没有明显下降。这种情况应当有可能在自贸区成立后的协调机制下有所改善，但在模拟中仍旧采用菲律宾的保护性贸易政策模拟，因此进口量严重受限，甚至有所下降。这对于菲律宾以大米产业为生的贫困农民来说，保护了其收入，但同时也削弱了其应对国际竞争，提高生产效率的压力。

5. 对泰国的影响。泰国在自贸区建成后受到的影响总体为正，福利和 GDP 增幅明显。2020 年福利变化要比 2012 年高 3.83%。说明对于泰国的外向型经济来说，关税越是削减，开放幅度越大，特别是其他成员国开放程度越高，泰国受益越明显。劳动力价格也有所上升，非熟练劳动力价格与熟练劳动力价格变化相差不大，对于贫困状况没有明显负面影响。土地价格上升幅度较大，说明泰国土地要素将同样出现一定的稀缺。资本价格随着开放程度提高而上升。要素价格的提高带来劳动力收入的提高，同时没有增加贫富差距，对于贫困人口具有积极意义。在自贸区建成后，泰国相关产业根据其自身比较优势迅速进行调整，产品贸易和生产变化体现较强的外向型经济特点。在 2012 年，蔬菜水果、植物油、牛奶及其制品、牛马羊肉及制品和纺织服装出口都有所上升，其中的植物油和纺织服装进口也大幅上升，存在着较多的产业内贸易。植物油和糖类的进口增加较多，需要关注其对泰国自身相关产业的影响。另外，泰国大米是传统出口产品，本应在加入自贸区后出口大量增加，但是实际上却有所下降，主要是因为其他东盟国家（主要是菲律宾、马来西亚和印度尼西亚）把大米列为高度敏感产品，没有完全放开其大米市场。这将来也可能是东盟国家内部需要高度关注和予以解决的问题。另外，与泰国大米相比，其他国家大米价格相对较低，在泰国开放大米市场时，也可能会以较低价格进入泰国市场，但由于泰国大米在品质等方面的较强竞争力，并没有带来进口的大幅增加，也说明了对从事大米生产的农民而言影响不是很大。

6. 对东盟新成员国（越南、缅甸、老挝和柬埔寨）的影响。从福利变化角度来看，东盟新成员国在加入自由贸易区后略有损失，但是产出有所上升，同时产业结构迅速调整。其中越南产业结构调整势头迅猛，从而劳动力价格、土地价格和资本价格都有较大幅度的上涨。这对于贫困人口收入的增加有较好的促进作用。但是应当关注的是，非熟练劳动力价格的上涨幅度要小于熟练劳动力价格的上涨幅度，可能会导致贫富差距的拉大。由于这几个国家原先对外出口和进口贸易量都比较小，因此在建成自贸区后表现出贸易量变化百分比较大。贸易量变化比较明显的是缅甸、老挝和柬埔寨，其大米、畜牧产业得到迅速发展，出口大幅增加。越南的小麦、猪禽肉蛋蜜及制品和纺织服装产业也有较为迅速的发展，出口大量增加。但是糖类产业尽管是越南的高度敏感产品，但仍受到较大影响，出口下滑，进口大量增加，需要予以一定程度的政策支持。

五、政策建议

1. 贸易自由化是不可逆转的趋势，虽然在贸易自由化的初期贫困人口可能受益不大或甚至受损，但经过一段时期后贫困人口可以逐渐从贸易自由化中获益。这主要是由于贸易带来的福利增加，经过要素流动和政府的转移支付等政策，在一段时间以后可以惠及所有人口，包括贫困人口。因此在经济全球化的背景下，各国应积极推进自由贸易。

2. 贸易自由化对贫困的影响机制表明商品和服务贸易是主要的传导渠道，如果一个国家市场越来越开放，其进出口越来越活跃，则可以在全球更大的范围内配置资源，发挥各国的比较优势，更容易获取市场化和贸易带来的好处，因而政府应按照双边和多边贸易协定逐步取消或削减关税和非关税措施，推进自由贸易以实现贸易的双赢。

3. 劳动收入是贫困人口的主要收入来源之一，政府需要加强劳动力的教育培训，推进劳动力市场有序、高效运行，以使在自由贸易中失业的贫困劳动力能够尽快找到工作。对于那些没有任何要素可以获得收入来源的，政府要加强社会保障制度的建设，通过社会保障帮助这些贫困人口。

4. 经济增长是自由贸易和贫困关系的基础，政府应通过教育培训，提高贫困劳动力的技能和素质，鼓励贫困人口积极参与到市场化生产和自由市场中，逐渐消除自给自己的思想，以使其能够更好地从市场和贸易中获益。

5. 收入分配是贸易自由化对贫困影响中的另一个关键因素。在经济快速发展过程中往往会出现收入分配差距加大的现象，政府要进行适当的引导，设计合适的收入分配制度，可以分区实施，特别是对于贫困比较严重的地区，通过多种扶贫措施，加强政府的转移支付帮助贫困人口。

6. 研究表明 CAFTA 的每一个成员国都将不同程度地从 CAFTA 中获益，同时也要客观看待一些产业所受到的不利影响。由于比较优势的不同，每个成员都可能在一些产业受损，为此，应尽快抓紧机会调整各自的产业结构，充分利用和发挥各自的比较优势，扩大优势产业的出口和弱势产业的转型，避免一味的保护，因此每个成员都应积极地携起手来共同推进自贸区的健康发展。

“贸易自由化与减贫”研究课题组

成　员

武拉平	教　授	中国农业大学经济管理学院
田维明	教　授	中国农业大学经济管理学院
郑志浩	教　授	中国农业大学经济管理学院
马　骥	副教授	中国农业大学经济管理学院
王玉斌	副教授	中国农业大学经济管理学院
林　海	讲　师	中国农业大学经济管理学院
陈慧萍	博士生	中国农业大学经济管理学院
秦建军	博士生	中国农业大学经济管理学院
杨　欣	博士生	中国农业大学经济管理学院

转变发展方式背景下的基本公共服务均等化与减贫

中国改革开放30多年来经济高速增长，极大地推动了大规模减贫的实现。但近些年来，经济进一步增长所带来的减贫效应已在显著减弱，发展与减贫的关系趋于复杂而不确定，同时传统经济增长模式也产生了许多深层次的矛盾和问题。显然，中国的经济发展方式已经到了一个重要而深刻的历史转型期。减贫是一项综合系统工程，需要与经济社会发展紧密结合。在新的历史时期，制定新的减贫战略与政策需要更加广阔的视野，着力于转变经济社会发展方式和促进基本公共服务均等化，积极推进扶贫机制和制度创新。

本报告研究的主要任务是：探讨转变发展方式的深刻内涵、总体要求，分析其对贫困地区和贫困人口的影响；分析基本公共服务均等化的具体内涵，其与减贫行动的内在关联，深入探讨两者的联动机制；就确立新的历史时期减贫战略与政策框架提出总体思路和一些政策建议。

一、转变发展方式与减贫

从20世纪中叶开始，有关经济增长与减贫的关系就被广泛讨论，五六十年代曾一度占主流地位的"涓流效应"（Trickle Down）理论支持经济增长会自动惠及穷人。新古典学派乐观地认为在经济发展的过程中，会发生一种"涓流"过程，即经济发展所得的利益会自动地从高收入阶层向低收入阶层渗漏，并最终惠及社会各个阶层。虽然"渗漏效应"也承认，在经济增长的过程中，穷人只是间接地从中获得较小份额的收益，但随着经济不断增长，收益从上而下不断渗透，贫困发生率也将不断减少，并最终达到贫困消除的目的，实现共同富裕。这一理论解释与我国近30年来的减贫实践高度吻合。改革开放30年来，中国高速增长的经济带动了大量贫困人口摆脱了贫困，加上各类专项扶贫政策和措施以及新世纪以来的整村推进计划的有效实施，为减贫事业做出了世界认可的贡献。

随着发展的推进，我们注意到，近些年来传统的经济增长已经表现出与减贫越来越弱的相关性，经济增长的减贫带动效应逐渐弱化，经济增长带来减贫的"边际效应"已经开始递减，有增长无发展的问题已经显现。从数据来看，尽管经济增长是减贫的一大推动力量，但它对减轻贫困的带动效应已开始下降。将20世纪80年代初与2002—2005年间相比，人头指数对人均GDP的弹性绝对值从2.5下降到1。因此，贫困对增长的反应大约是80年代初的

40%。贫困人口减少程度明显趋缓。据统计，1986—1993 年，全国贫困人口共减少 4500 万，平均每年 642 万；1994—2000 年的 7 年间，贫困人口共减少 4800 万，平均每年近 700 万；2001—2003 年，全国共减少贫困人口 300 万，平均每年 100 万。现阶段消除贫困的艰难性，不仅表现在如前所述的减贫边际效率的递减上，而且表现在返贫比率的递增上。1994 年全国返贫人口占当年贫困人口存量的1/10弱，而到 2000 年底则达 1/3 强，其中仅河南、安徽、陕西、黑龙江四省返贫人口就超过了 200 万人。一些地区的返贫率呈明显递增态势，1996 年，河北省的返贫率为 15%，1997 年达到 20%，1999 年高达 50% 以上。陕西省 1999 年以前的返贫率在 10% 左右，而 1999—2000 年则高达 60% 左右。2003 年中国赤贫人口数量首次出现反弹，新增贫困人口 80 万。

初步分析，我们认为，粗放型的发展方式、收入不平等、基本公共服务供给的不均等在这个时期里上升是导致贫困对增长反应下降的一个主要因素。具体来看，比如过分倚赖投资的增长结构，不能有效带动劳动力就业，特别是不利于低收入人群的就业。增长过程中，由于分配机制和调控机制的不完善，收入分配差距越来越大，以及公共服务分配不平等的问题，使穷人很难分享到经济增长的成果。以“高消耗、高污染”的增长方式给贫困地区和贫困人口留下很大的环境和社会负担，并更易对保护能力差的贫困人口带来伤害，这些间接的影响也使他们更难以摆脱贫困境地。

转变发展方式对减贫必将产生广泛而深刻的影响。转变发展方式总体上有利于社会减贫，尤其是有利于减贫效果的持久性和稳固性，但同时也应客观承认，转变发展方式的一些内在要求又在一定程度上、一定范围内会对减贫形成挑战，甚至产生一定的负面影响和冲击。

从正面效应来看，其一，转变发展方式意味着发展目的的转变，即从“以物为本”到“以人为本”。“以人为本”意味着发展的目标和导向更为明确，即发展的最终目的是增进全体人民的福祉，是为了实现好、维护好、发展好最广大人民群众的根本利益，帮助贫困人口摆脱贫困无疑是这个“最广大人民群众根本利益”的最基本的组成部分。其二，转变发展方式意味着发展动力机制的改变，即改变要素投入式的增长为要素质量提高型，这意味着将更加突出人力资源在经济发展中的地位和作用，发挥知识和创造性劳动对创造价值的决定性作用。为此，重点是要提高贫困人口的综合素质和发展能力。其三，转变发展方式要求经济社会、区域间的均衡、协调、持续的增长。广泛的基于所有部门的增长，会给穷人提供更多的参与增长的机会，从而会提高社会公平程度。其四，转变发展方式要求经济增长的动力要更多地从投资拉动转到消费驱动，提高消费的直接结果是促进人力资本的积累，对于消费不足的贫困人口而言，提高其消费水平所产生的“边际改善”将更大，将有助于提高其自身脱贫致富的能力。其五，转变发展方式带来结构性调整，要求大力发展现代服务业、淘汰落后产能、加大节能减排、走绿色发展道路等，这将更大程度提高贫困人口对经济活动的参与度，减少经济发展对贫困人口的负面影响，并使他们更多地从结构优化的经济增长中受益。其六，转变发展方式要求进一步加快基础性、资源性产品价格和税费机制的改革完善，将有助于贫困地区获得适足的资源收益。资源价格及税费机制的改革将逐步提高到完全成本价，有助于贫困地区经济发展和产业转型。另外，转变发展方式下对环境保护的高度关注，环境产权制度的逐步建立，也意味着将减少社会的致贫风险，有助于某些资源型贫困地区摆脱落后的局面。

不必讳言，从短期和局部来看，转变发展方式对减贫也会带来一些负面影响。如，转变发展方式意味着贫困地区不能再复制发达地区在发展起步之初所走的“高投入、高消耗、高能耗、高污染”和“先污染、后治理”传统式发展老路，必须在较弱的经济基础和客观条件上创新发展道路。同时转变发展方式也使得贫困地区经济发展的环境发生了根本性转变，如土地、资源、劳动力成本等要素价格也已经升高，环境约束趋严，贫困地区面临着在更为严格的约束条件下谋求发展，其难度势必大大增加。同时，在转变发展方式的要求下，经济活动的门槛提高了，意味着贫困人群参与经济活动的难度也随之提高。通常，贫困人口限于知识、能力和技术条件等制约，只是参与低端的经济活动。此外，发展方式转变也必然带来产业升级和转换。在产业转移过程中，大批实力较弱的劳动密集型企业由于自然要素成本和劳动力成本上升陷入经营困境，与之相对应的是大量农民工失去就业机会，被挤出产业升级进程，易陷入贫困境地。

中国的贫困问题已经从普遍贫困转变为区域性贫困，绝对贫困为主转变为相对贫困为主。长期性贫困为主转变为暂时性贫困为主。贫困原因从区域经济发展不足、地理位置僻远、自然条件恶劣、人力资源不足等结构性因素为主转变为贫困人口生计不稳定、脆弱性强等个体性因素，因病致贫和因灾返贫人口成为新时期我国贫困人口的重要构成部分，贫困人口的生计特征从缺衣少食转变为高度脆弱，贫困人口内部的结构化和多元化特点也日趋明显。这些贫困问题特点的结构性转变使得长期以来依靠宏观总体经济增长以及开发式扶贫促进贫困地区经济增长的双重机制来缓解贫困问题的有效性日益降低，调整扶贫战略已经是迫在眉睫。以推进基本公共服务均等化为主要内容的保护式扶贫应是战略调整的一个重要方向和思路。

实现基本公共服务均等化是推动有利于减贫发展方式转变的关键内容。需要积极推动有利于减贫的经济发展方式转变，坚持“在发展中促转变，在转变中谋发展，以发展解决贫困，以减贫促进发展”的基本思路，关键是要以基本公共服务均等化为切入点，均衡区域经济社会发展，重点解决发展过程中的各类不平等问题，使经济发展从更大程度上、更广范围内惠及贫困地区和贫困人口。通过积极转变发展方式，加快实现基本公共服务均等化，推进科学扶贫的新跨越。

二、基本公共服务均等化与减贫

基本公共服务均等化，是指在基本公共服务领域尽可能使公民享有同样的权利，享受的基本公共服务水平大致相当，其特点是基本权益性、公共负担性、政府主导性、公平性、公益性和普惠性。推进基本公共服务均等化，就是要逐步使人民群众在基本公共服务方面的权利得到基本实现和维护，特别是要确保困难群众和困难地区享有基本的公共服务。重点是要将广大人民群众需求最迫切的、与基本生存权和发展权关系最密切的基本公共服务在城乡、区域和不同社会群体之间均等配置，把差距控制在社会可承受的范围内。

基本公共服务有利于促进发展方式转变。第一，健康和教育等基本公共服务有助于促进人力资本积累，替代物质资源的投入，提高劳动生产率和资源的利用效率，降低经济增长对物质资源投入的依赖。第二，基本公共服务的供给，特别是基本社会保障水平的提高，有助于减少居民的预防性储蓄，促进消费，扩大内需，实现经济发展方式的转变和经济结构的优化。第三，基本公共服务水平的提高，将有助于改善劳动力市场运行效率，有利于劳动力资源的合理配置。

基本公共服务供给不足和非均等化是致贫的重要根源。改革开放以来，虽然中国贫困人口不断减少，贫困发生率持续下降，但贫困人口的绝对数量仍然较大。中国当前的贫困有五个重要成因：因病、因残、年老体弱、缺乏劳动力或劳动能力低下、生存条件恶劣。基本公共服务不到位、公共产品短缺，是贫困产生、积累和代际传递的重要根源。以基本医疗为例，2003年第三次全国卫生服务调查发现，疾病是农村居民致贫的首要因素，大约三分之一农村贫困人口都是因病致贫，而 1998 年进行的第二次全国卫生服务调查发现，疾病还只是致贫的第三位因素。国家发展与改革委员会制定的《医药行业“十一五”发展指导意见》披露，全国每年大约有一千余万农村人口因病致贫或返贫，中西部地区的状况更为严重。迟福林（2006 年）在西部调研时了解到，西部 70%—80% 的新增贫困人口都是因病致贫、因病返贫。以教育为例，在一些贫困地区，教育负担已经成为致贫的主要原因之一，特别是农村家庭，教育花费是他们的头号家庭开支。因此，政府教育支出对减少贫困具有重大作用。一项研究发现，每一万元的教育投入可以使 12 个人脱贫，在西部地区的效果更加明显，每一万元的教育投入，可以使 19 个人脱贫。

基本公共服务均等化是减贫的重要基础性条件，并有利于减贫机制的长效化。一是基本公共服务均等化有助于提高贫困地区人口的素质，增强其发展能力，有助于从根本上、持久性地摆脱贫困状态。世界银行 1999 年对 23 个国家 2 万多穷人进行了实地考察，“在给消除贫困的各项议题进行排序的时候，几乎所有的穷人都表明他们把教育和技能培训作为他们，特别是他们的子女们能赢得美好未来的关键因素”。接受教育是穷人脱贫的根本之策，这已成为世界各国政府和国际多边发展援助机构的共识；二是基本公共服务均等化提升贫困地区基础设施，改善贫困地区的生产发展条件；三是基本公共服务均等化可以保障贫困人群的基本生活水准，免于贫困之灾；四是基本公共服务均等化可以巩固扶贫效果，最大程度地减少脱贫后的返贫问题。基本公共服务项目如社会保障、医疗卫生、教育及福利制度具有再分配功能，如医疗卫生，发病率与贫困发生率相互关联，在医疗卫生方面的投入可以实现再分配功能，同样教育的投入也可以提高穷人获得高收入的机会，政府在这些方面的投入可能比直接的税收政策及转移支付政策的再分配功能要强（Anwar Shah，1991）。

三、中国政府以基本公共服务均等化推进减贫的政策、成效及面临的挑战

“十一五”以来，随着科学发展观的实践和和谐社会建设的不断深入，推进基本公共服务均等化被提升至越来越突出的战略位置。党的十六届六中全会将“基本公共服务体系更加完备”列为构建社会主义和谐社会的主要任务之一；党的十七大报告进一步提出“缩小区域发展差距，必须注重实现基本公共服务均等化”，“围绕推进基本公共服务均等化、完善公共财政体系”等明确要求；党的十七届三中全会将“城乡基本公共服务均等化明显推进”作为2020年农村改革发展基本目标之一。这些重要论述为推进我国基本公共服务均等化指明了前进的方向。

根据党中央、国务院的决策部署，近年来，我国推进基本公共服务均等化的实践取得了积极成效。主要表现在：城乡免费义务教育全面实施，国民教育体系比较完备；基本医疗卫生制度作为公共产品向全民提供，基本医疗保障实现了制度全覆盖，城乡基层医疗卫生服务体系基本建成，免费基本公共卫生服务项目不断增加，国家基本药物制度开始建立；基本实现县县有文化馆图书馆、乡乡有综合文化站，广播电视已覆盖全部行政村和20户以上已通电的自然村，公共博物馆、纪念馆、科技馆等公共文化设施逐步向社会免费开放；社会保障制度不断完善，失业、医疗、养老等基本保险覆盖面不断扩大，城乡最低生活保障制度全面建立；公共就业服务和保障性住房供给能力不断增强。财政用于保障基本公共服务供给的资金投入显著增加，2010年全国财政预算安排用于教育、文化体育、社会保障和就业、医疗卫生、住房保障等方面的支出约2.8万亿元，比2005年增加2倍多。总体上，我国的基本公共服务制度框架已具雏形。

但总体而言，我国基本公共服务供给不足、发展失衡的矛盾仍较突出。

从供给情况看，国家尚未明确提出基本公共服务的标准和范围，公益性服务领域投入长期不足，历史欠账较大，不能满足社会需求。

从城乡情况看，农村公共服务严重滞后，可及性差。在义务教育方面，2007年，城市普通小学和初级中学的生均教育经费分别是农村的1.2倍和1.3倍，城市普通中学高学历教师比例几乎是农村的2倍。在医疗卫生方面，2008年，城市每千人口病床数是农村的4.22倍，每千人口卫生技术人员数是农村的2.52倍，而农村地区的婴儿死亡率、5岁以下儿童死亡率和孕产妇死亡率则分别是城市的2.8倍、2.9倍和1.2倍。

从区域情况看，公共服务水平与经济发展水平正相关，但不同地区公共服务差距大于经济水平差距。近年来，地区间人均GDP差异系数在逐步缩小，居民收入差异系数变化也不大，但公共服务方面的差异系数仍较大。2007年人均地方财政教育、社会保障和就业、医疗卫生支出差异系数为0.529，远高于同期城镇居民人均可支配收入的差异系数（0.267）。目前小学生均教育经费最高和最低的省份相差近10倍，财政对新农合的补助标准地区之间最多相差4倍以上。这些例子都反映出区域间存在的巨大差距。

此外，不同人群之间的差距也较大，城乡低收入家庭和社会弱势群体基本公共

服务的权益还不能得到充分保障。这些问题都是由于基本公共服务方面体制机制不健全不完善造成的，具体包括：公共财政保障机制不健全，供给制度城乡二元分割，基层公共服务资源条块分割且布局不合理，基层政府事权财权不匹配，以及缺乏有效的评估监督机制等。

近十年来，中国政府在义务教育、公共卫生与基本医疗服务、基本社会保障、公共就业服务等方面加大了供给力度。虽然我国基本公共服务均等化工作取得了一些积极进展，但由于生产力的发展水平还不高，社会建设相对滞后，中国的基本公共服务仍然面临着水平低、欠账多、覆盖面不宽、投入不足、供给不均衡等突出问题。这既反映了经济社会发展不协调的矛盾，也反映了基本公共服务制度建设滞后的问题。总体来说，我国距离真正形成完整制度和达到均等化还有很大差距，未来的任务十分艰巨、紧迫，仍需付出极大的努力。

基本公共服务均等化水平与贫困发生率是否相互关联？或者说公共服务均等化程度的提高是否有利于减少贫困发生，降低了贫困发生率？需要通过寻求能够反映基本公共服务均等化水平及贫困状况的量化指标之间的相关关系来找到答案，我们以人均各类基本公共服务支出的基尼系数来表示均等化水平，用贫困发生率表示减贫状况，选择了总公共服务及教育、医疗卫生和社会保障三类基本公共服务作为研究对象，并运用各省本级财政支出、教育支出、医疗卫生及社会保障支出代表各类公共服务的支出水平，运用我国 1995—2007 年的反映各类公共服务人均支出的基尼系数与贫困发生率之间相关关系的散点图及相关系数来寻找我国各类基本公共服务水平状况与当年贫困状况之间的关系。实证研究结果显示，总体来看，1995 年以来，我国基本公共服务均等化程度有所提高，对减贫有一定贡献。具体来看，教育及社会保障的均等化水平逐年提高，对减贫产生了积极的影响。而医疗卫生，由于 1995—2001 年以前均等化水平呈递减趋势，这一阶段对减贫产生消极影响，2001 年之后，由于均等化水平呈递增趋势，对减贫产生了积极影响。不考虑跨期影响，分别来看，1995—2007 年人均财政支出的基尼系数与当年贫困发生率相关系数为 0.67，人均教育支出的基尼系数与当年贫困发生率之间相关系数为 0.66，人均医疗卫生支出的基尼系数与当年贫困发生率之间呈弱的正相关关系，相关系数为 0.27。1998—2007 年人均社会保障支出的基尼系数与当年贫困发生率之间呈正相关关系，相关系数为 0.6。

基本公共服务供给在地区间，城乡间以及在不同社会群体间存在的较大差距将成为我国目前反贫困的重大阻碍。基本公共服务作为一种稀缺资源，其分配方式的公平与否也将制约着每个人能力发挥，尤其是公民的义务教育、基本医疗保健、最低生活保障等基础性公共服务供给，不仅关系到劳动力素质的提高，而且有着超出个人投资回报的巨大社会效益，是充分发挥个人潜能，实现个人平等参与机会的基本前提，也是影响居民收入水平的重要因素，而贫困发生的一个重要的原因便是居民在地区间、城乡间收入差距的扩大。与 30 年前因缺乏基本生存条件导致贫困有所不同的是，当前的基本公共服务不到位、公共产品短缺，是贫困产生、积累和代际传递的重要根源（迟福林，2008）。

由于基本公共服务如社会保障、医疗卫生、教育及福利制度的供给有收入再分配的功能，增加这些基本公共服务的供给有助于减少绝对贫困，缓解相对贫困。所以，新阶段反贫困的重要手段应从公共服务均等化入手。

四、以基本公共服务均等化为契机，调整和完善国家扶贫战略与政策

随着执行《农村扶贫开发纲要（2001—2010年）》的工作接近尾声，整体经济发展环境的变化和国家发展战略的调整，必然要求中国今后减贫战略思路、工作方向、政策措施和工作重点也需要随之变化，中国减贫战略与政策已到了一个重要的战略调整的时期——窗口期。在经济社会发展方式转变的总体背景和要求下，下一阶段国家扶贫战略和政策需要契合公共服务均等化的要求，进行相应的调整和完善，扶贫工作的对象与工作重点也需要随之变化。保持减贫成效的可持续性则更多的需要更为综合的战略指导和政策干预。

在基本公共服务均等化的任务导向和转变发展方式的总体背景下，我国扶贫工作的总体要求是：扶贫工作所惠及的不仅是还未获得温饱的生存贫困人群，也包括处于发展贫困状态的贫困人群。扶贫的工作方式不仅包括改善贫困人群生产生活条件的开发式扶贫，还要包括获得教育培训、医疗保健、文化生活和社会保障在内的以提高贫困人群发展能力为主的扶贫方式。扶贫工作的重点不仅要关注现有的贫困人群，还要关注其下一代，努力做到贫困不传代。扶贫工作的主导力量是政府，但同时也需要更大规模地动员包括民间组织在内的社会资源参与扶贫工作。扶贫工作成功标准在于不仅能使贫困人群有更多地参与经济活动的机会，而且能够分享到经济增长的成果。

根据这种要求，在指导方针和目标的设立上，应当全面贯彻落实科学发展观，坚持以人为本，努力使经济发展的成果为所有社会成员所分享。要将促进减贫作为国家现代化战略的重要组成部分，以大幅提升公共就业服务、社会保障、保障性住房、义务教育、基本医疗卫生、公共文化体育、福利救助服务供给和均等化水平等为主要任务，切实加大财政投入和政策支持力度，优化资源配置，深化体制改革，加强制度创新，建立起统筹城乡区域、覆盖全民、方便可及、高效低廉的基本公共服务制度体系，分阶段、有重点地推进基本公共服务均等化，在此基础上，制定并实施更为全面、系统、综合的减贫战略框架和政策体系。

在具体政策上，我们建议：

一是积极转变发展方式，将减贫目标融入于经济发展之中。应恰当地将减贫目标融入转变发展方式的总体思路和政策设计之中，在宏观的经济社会发展格局中确定扶贫的地位，以宏观发展制度的建立和完善来选择和确定扶贫制度创新的方向，使扶贫工作既可以融入国家的发展大局，也可以根据宏观发展的需要来选择和调整其内容和形式。

二是做好基本公共服务均等化和国家扶贫的衔接。（1）做好规划上的衔接，把扶贫纲要、规划与基本公共服务均等化规划有机衔接起来；（2）做好标准上的衔接——依据基本公共服务均等化的相关标准，调整扶贫标准；（3）推进功能相近基本公

共服务均等化项目与扶贫项目的整合、融合，更好发挥协同效力；（4）增强体制机制协调，国家部门在制定政策、批建项目时，应对这些政策、项目进行对贫困人口影响的评估，防止、减轻对贫困群体的不利影响。

三是加快建立和完善城乡社会安全网。基本公共服务均等化在反贫困中的重大作用在于它能为贫困人口和有可能陷入贫困的低收入群体提供基本的保障，形成有效的社会安全网。应加快制度建设和完善的步伐，重点解决社会保障体系覆盖不全、碎片化、难接续、保障标准偏低等突出问题。

四要尽力消除或最大程度降低各种公共服务的享受门槛，使之对即使最贫穷的社会成员也是充分可及。在我国一些基本公共服务项目中，有些设置了不合适的门槛，如一些地区基本医疗过高的（起付线和共付比例）门槛限制了贫困家庭对基本医疗服务的利用，有的地区甚至连主要面对贫困群体的医疗救助制度也设置"起救线"门槛，这不仅不利于制度利贫功能，也造成了新的社会不公平，拉大了社会差距。为此，需要坚决纠正基本公共服务制度设计中的一些错误倾向。

五是着力完善财政转移支付制度。实行科学、规范的财政转移支付制度，是确保各级政府基本公共服务供给水平基本均等，增强各级政府提供基本公共服务能力的重要手段。当前的转移支付制度存在结构不合理、均等化功效不明显等问题。要更好地发挥财政转移支付促进基本公共服务均等化的功效，当务之急就是要抓紧完善财政转移支付制度。主要任务包括，抓紧建立公共服务标准体系与均等化标准；优化改进转移支付结构，增加均等化转移支付比重；提高转移支付均等化绩效；构建县级基本财力保障机制，增强基层政府提供公共服务的财力保障能力。

六是积极推进基本公共服务提供机制创新。（1）完善公共服务的提供策略，确保低收入人群和贫困人口能从基本公共服务项目中平等、充分地获益；（2）建立基本公共服务多元化供给机制；（3）建立和完善基本公共服务需求和利益表达机制。

《转变发展方式背景下的基本公共服务均等化与减贫》课　题　组

课题指导组：

组　长：郑文凯　国务院扶贫办　副主任

副组长：吴　忠　现任重庆市黔江区区长，原任中国国际扶贫中心主任

课题主持人：

苏　明　财政部财政科学研究所副所长、研究员、博士生导师

黄承伟　研究员，现任全国贫困地区干部培训中心主任，原任中国国际扶贫中心副主任

课题组成员：

刘军民　财政部财政科学研究所综合室副主任、副研究员

王小林　中国国际扶贫中心研究处处长、副研究员

贾晓俊　财政部财政科学研究所博士后、副教授

十二

统计资料篇

表1　全国与扶贫重点县贫困人口及贫困发生率

年份	贫困标准（元）	全国		扶贫重点县	
		贫困人口（万人）	贫困发生率（%）	贫困人口（万人）	贫困发生率（%）
2000	865	9422	10.2		
2001	872	9030	9.8		
2002	869	8645	9.2	4828	24.3
2003	882	8517	9.1	4706	23.7
2004	924	7587	8.2	4193	21.0
2005	944	6432	6.8	3611	18.0
2006	958	5698	6.0	3110	15.4
2007	1067	4320	4.6	2620	13.0
2008	1196	4007	4.2	2421	11.9
2009	1196	3597	3.8	2175	10.7
2010	1274	2688	2.8	1693	8.3

数据来源：国家统计局农村住户抽样调查、农村贫困监测调查。

表2　全国与扶贫重点县农民人均纯收入比较

年份	全国（元）	扶贫重点县（元）	重点县是全国的（%）	重点县比全国（元）
2000	2253	1338	59.4	-915
2001	2366	1276	53.9	-1090
2002	2476	1305	52.7	-1171
2003	2622	1406	53.6	-1216
2004	2936	1585	54.0	-1351
2005	3255	1726	53.0	-1529
2006	3587	1928	53.7	-1659
2007	4140	2278	55.0	-1862
2008	4761	2611	54.8	-2150
2009	5153	2842	55.2	-2311
2010	5919	3273	55.3	-2646

数据来源：国家统计局农村住户抽样调查、农村贫困监测调查。

表 3　　全国与扶贫重点县农民人均消费比较

年份	全国（元）	扶贫重点县（元）	重点县是全国的（%）	重点县比全国（元）
2000	1670	1044	62.5	-626
2001	1741	1011	58.1	-730
2002	1834	1131	61.7	-703
2003	1943	1220	62.8	-723
2004	2185	1394	63.8	-791
2005	2555	1529	59.8	-1026
2006	2829	1680	59.4	-1149
2007	3224	1931	59.9	-1293
2008	3661	2200	60.1	-1461
2009	3994	2367	59.3	-1627
2010	4382	2662	60.7	-1720

数据来源：国家统计局农村住户抽样调查、农村贫困监测调查。

表 4　　全国农民人均纯收入及构成

年　份	农民人均纯收入（元/人）					构成（%）			
	全年纯收入	1. 工资性收入	2. 家庭经营纯收入	3. 财产性纯收入	4. 转移性纯收入	1. 工资性收入	2. 家庭经营纯收入	3. 财产性纯收入	4. 转移性纯收入
2000	2253.4	702.3	1427.3	45.0	78.8	31.2	63.3	2.0	3.5
2001	2366.4	771.9	1459.6	47.0	87.9	32.6	61.7	2.0	3.7
2002	2475.6	840.2	1486.5	50.7	98.2	33.9	60.0	2.0	4.0
2003	2622.2	918.4	1541.3	65.8	96.8	35.0	58.8	2.5	3.7
2004	2936.4	998.5	1745.8	76.6	115.5	34.0	59.5	2.6	3.9
2005	3254.9	1174.5	1844.5	88.5	147.4	36.1	56.7	2.7	4.5
2006	3587.0	1374.8	1931.0	100.5	180.8	38.3	53.8	2.8	5.0
2007	4140.4	1596.2	2193.7	128.2	222.3	38.6	53.0	3.1	5.4
2008	4760.6	1853.7	2435.6	148.1	323.2	38.9	51.2	3.1	6.8
2009	5153.2	2061.3	2526.8	167.2	397.9	40.0	49.0	3.2	7.7
2010	5919.0	2431.1	2832.8	202.3	452.9	41.1	47.9	3.4	7.7

数据来源：国家统计局农村住户抽样调查。

表 5　扶贫重点县农民人均纯收入及构成

年　份	农民人均纯收入（元/人）					构成（%）			
	全年纯收入	1. 工资性收入	2. 家庭经营纯收入	3. 财产性纯收入	4. 转移性纯收入	1. 工资性收入	2. 家庭经营纯收入	3. 财产性纯收入	4. 转移性纯收入
2000	1338.2	407.2	848.1	19.0	63.9	30.4	63.4	1.4	4.8
2001	1275.7	355.2	851.4	15.6	53.5	27.8	66.7	1.2	4.2
2002	1305.2	435.5	796.0	12.5	61.2	33.4	61.0	1.0	4.7
2003	1406.3	451.4	865.1	26.5	63.3	32.1	61.5	1.9	4.5
2004	1585.3	489.4	997.2	28.5	70.2	30.9	62.9	1.8	4.4
2005	1725.6	560.8	1042.6	28.1	94.1	32.5	60.4	1.6	5.5
2006	1928.0	644.0	1144.0	31.8	108.2	33.4	59.3	1.7	5.6
2007	2278.0	783.6	1306.0	52.0	136.3	34.4	57.3	2.3	6.0
2008	2610.8	887.7	1467.0	42.1	214.0	34.0	56.2	1.6	8.2
2009	2842.1	1011.2	1522.4	40.4	268.0	35.6	53.6	1.4	9.4
2010	3272.8	1168.5	1756.2	55.8	292.2	35.7	53.7	1.7	8.9

数据来源：国家统计局农村贫困监测调查。

表 6　全国农村居民人均生活消费支出（元）

年份	生活消费支出	1. 食品消费支出	2. 衣着消费支出	3. 居住消费支出	4. 家庭设备、用品消费支出	5. 交通和通讯消费支出	6. 文化教育、娱乐消费支出	7. 医疗保健消费支出	8. 其他商品和服务消费支出
2000	1670.2	820.5	96	258.3	75.5	93.1	186.7	87.6	52.5
2001	1741.1	830.7	98.7	279.1	77	110	192.6	96.6	56.4
2002	1834.4	848.4	105.0	300.2	80.4	128.5	210.3	103.9	57.7
2003	1943.4	886.0	110.3	308.4	81.7	162.5	235.7	115.8	43.0
2004	2184.7	1031.9	120.2	324.3	89.2	192.6	247.6	130.6	48.3
2005	2555.5	1162.2	148.6	370.2	111.4	245.0	295.5	168.1	54.5
2006	2829.1	1217.0	168.0	469.0	126.6	288.8	305.1	191.5	63.1
2007	3223.8	1389.0	193.4	573.8	149.1	328.4	305.7	210.2	74.2
2008	3660.8	1598.8	211.8	678.8	174.0	360.2	314.5	246.0	76.7
2009	3993.4	1636.0	232.5	805.0	204.8	402.9	340.6	287.5	84.1
2010	4381.8	1800.7	264.0	835.2	234.1	461.1	366.7	326.0	94.0

数据来源：国家统计局农村住户抽样调查。

表7　扶贫重点县农民人均生活消费支出（元）

年份	生活消费支出	1. 食品消费支出	2. 衣着消费支出	3. 居住消费支出	4. 家庭设备、用品消费支出	5. 交通和通讯消费支出	6. 文化教育、娱乐消费支出	7. 医疗保健消费支出	8. 其他商品和服务消费支出
2002	1131.4	649.5	69.3	126.8	33.6	44.9	121.2	65.4	20.8
2003	1220.1	655.6	69.6	154.5	45.3	67.2	137.4	69.5	21.1
2004	1394.4	741.5	74.4	165.0	49.1	85.1	177.7	78.0	23.6
2005	1528.5	793.2	86.3	192.5	55.8	105.6	182.2	86.9	25.9
2006	1679.6	840.3	95.8	242.1	67.5	135.4	168.4	100.8	29.4
2007	1931.3	980.1	111.8	289.3	79.8	161.5	160.6	114.4	33.7
2008	2200.3	1137.2	123.3	343.7	92.0	176.6	159.1	133.7	34.6
2009	2367.4	1155.6	134.1	413.3	108.7	194.7	167.3	155.3	38.5
2010	2662.0	1307.7	155.4	438.9	133.1	225.4	177.4	178.9	45.2

数据来源：国家统计局农村贫困监测调查。

表8　全国农村居民人均生活消费支出构成（%）

年份	1. 食品消费支出	2. 衣着消费支出	3. 居住消费支出	4. 家庭设备、用品消费支出	5. 交通和通讯消费支出	6. 文化教育、娱乐消费支出	7. 医疗保健消费支出	8. 其他商品和服务消费支出
2000	49.1	5.7	15.5	4.5	5.6	11.2	5.2	3.1
2001	47.7	5.7	16.0	4.4	6.3	11.1	5.5	3.2
2002	46.2	5.7	16.4	4.4	7.0	11.5	5.7	3.1
2003	45.6	5.7	15.9	4.2	8.4	12.1	6.0	2.2
2004	47.2	5.5	14.8	4.1	8.8	11.3	6.0	2.2
2005	45.5	5.8	14.5	4.4	9.6	11.6	6.6	2.1
2006	43.0	5.9	16.6	4.5	10.2	10.8	6.8	2.2
2007	43.1	6.0	17.8	4.6	10.2	9.5	6.5	2.3
2008	43.7	5.8	18.5	4.8	9.8	8.6	6.7	2.1
2009	41.0	5.8	20.2	5.1	10.1	8.5	7.2	2.1
2010	41.1	6.0	19.1	5.3	10.5	8.4	7.4	2.1

数据来源：国家统计局农村住户抽样调查。

表 9　扶贫重点县农民人均生活消费支出构成（%）

年份	1. 食品消费支出	2. 衣着消费支出	3. 居住消费支出	4. 家庭设备、用品消费支出	5. 交通和通讯消费支出	6. 文化教育、娱乐消费支出	7. 医疗保健消费支出	8. 其他商品和服务消费支出
2000	56.6	5.9	12.0	4.0	3.6	10.4	4.8	2.8
2001	58.8	5.7	11.8	3.7	3.2	9.9	4.4	2.4
2002	57.4	6.1	11.2	3.0	4.0	10.7	5.8	1.8
2003	53.7	5.7	12.7	3.7	5.5	11.3	5.7	1.7
2004	53.2	5.3	11.8	3.5	6.1	12.7	5.6	1.7
2005	51.9	5.6	12.6	3.7	6.9	11.9	5.7	1.7
2006	50.0	5.7	14.4	4.0	8.1	10.0	6.0	1.8
2007	50.8	5.8	15.0	4.1	8.4	8.3	5.9	1.7
2008	51.7	5.6	15.6	4.2	8.0	7.2	6.1	1.6
2009	48.8	5.7	17.5	4.6	8.2	7.1	6.6	1.6
2010	49.1	5.8	16.5	5.0	8.5	6.7	6.7	1.7

数据来源：国家统计局农村贫困监测调查。

表 10　全国农村居民人均家庭经营费用支出（元）

年份	1. 家庭经营费用支出	其中：			2. 购置生产性固定资产支出
		第一产业	第二产业	第三产业	
2000	654.3	571.7	27.2	55.3	63.9
2001	696	612.7	27.9	55.4	78.1
2002	731	643.5	30.3	57.3	85.5
2003	755.4	667.6	34.5	53.2	101.7
2004	923.9	829.2	36.8	57.9	107.7
2005	1189.7	1058.3	47.8	83.6	131.1
2006	1242.3	1093.5	52.6	96.2	139.6
2007	1432.7	1270.5	59.6	102.6	147.2
2008	1704.5	1531.5	62.6	110.4	161.6
2009	1700.1	1511.9	68.5	119.8	201
2010	1915.6	1685.4	79.4	150.9	193.3

数据来源：国家统计局农村住户抽样调查。

表 11 扶贫重点县农民人均家庭经营费用支出（元）

年份	1. 家庭经营费用支出	其中：			2. 购置生产性固定资产支出
		第一产业	第二产业	第三产业	
2002	449.2	403.3	15.2	30.7	38.9
2003	496.6	449.4	15.8	31.4	61.3
2004	583.2	535.4	14.2	33.6	69.4
2005	662.1	604.5	19.8	37.8	70.1
2006	705.6	645.4	20.7	39.5	72.8
2007	809.3	743.4	23	42.9	75.3
2008	977.3	903.4	25.9	48.1	96.8
2009	977.9	898.1	25.7	54.1	101.8
2010	1098.9	1009.9	27.6	61.4	104.8

数据来源：国家统计局农村贫困监测调查。

表 12 全国农村居民住房面积、价值和住房结构

年 份	住房面积（平方米/人）	住房价值（元/平方米）	住房结构（%）		
			1. 砖木	2. 钢筋混凝土	3. 其他
2000	24.8	187.4	54.8	25.0	20.2
2001	25.7	196.1	53.7	26.8	19.5
2002	26.5	202.8	52.5	29.1	18.5
2003	27.2	217.1	51.8	31.3	16.9
2004	27.9	226.1	50.5	33.0	16.5
2005	29.7	267.8	47.5	37.7	14.8
2006	30.7	287.8	47.6	38.4	14.0
2007	31.6	313.6	46.8	39.6	13.6
2008	32.4	332.8	46.0	41.4	12.7
2009	33.6	359.4	43.2	44.9	11.9
2010	34.5	396.4	44.3	44.7	11.0

数据来源：国家统计局农村住户抽样调查。

表 13　扶贫重点县农户住房面积、价值和住房结构

年　份	住房面积（平方米/人）	住房价值（元/平方米）	住房结构（%）		
			砖木	钢筋混凝土	其他
2000	20.1	108.1	41.8	9.9	48.3
2001	19.4	95.9	40.3	9.0	50.6
2002	20.1	119.5	38.2	11.1	50.7
2003	20.5	127.7	39.7	11.3	48.9
2004	21.1	134.1	40.0	12.5	47.5
2005	22.0	152.8	40.7	14.2	45.1
2006	22.5	167.5	42.7	14.8	42.6
2007	23.1	180.5	43.2	15.7	41.1
2008	23.6	195.3	46.5	15.9	37.5
2009	24.4	217.4	45.1	18.3	36.6
2010	24.9	237.2	44.7	19.4	35.9

数据来源：国家统计局农村贫困监测调查。

表 14　全国农村居民每百户农户耐用消费品拥有量

年份	冰箱、冰柜（台/百户）	电视机（台/百户）	其中：彩色电视机	自行车（辆/百户）	摩托车（辆/百户）	固定电话和移动电话（部/百户）
2000	12.3	101.7	48.7	120.5	21.9	30.7
2001	13.6	105.1	54.4	120.8	24.7	42.2
2002	14.8	108.6	60.5	121.3	28.1	54.5
2003	15.9	110.6	67.8	118.5	31.8	72.8
2004	17.8	113.0	75.1	118.2	36.2	89.2
2005	20.1	105.9	84.1	98.4	40.7	108.6
2006	22.5	106.9	89.4	98.7	44.6	126.2
2007	26.1	106.5	94.4	97.7	48.5	146.2
2008	30.2	109.1	99.2	97.6	52.5	163.1
2009	37.1	116.6	108.9	96.5	56.6	177.9
2010	45.2	118.2	111.8	96.0	59.0	197.3

数据来源：国家统计局农村住户抽样调查。

表15　扶贫重点县每百户农户耐用消费品拥有量

年份	冰箱、冰柜（台/百户）	电视机（台/百户）	其中：彩色电视机	自行车（辆/百户）	摩托车（辆/百户）	固定电话和移动电话（部/百户）
2002	4.8	79.5	—	60.2	12.9	21.2
2003	5.4	85.0	47.2	56.0	16.1	28.1
2004	6.2	88.4	52.8	55.9	19.1	35.9
2005	7.5	91.3	65.3	51.8	24.7	54.5
2006	9.2	95.7	74.5	50.7	29.0	70.5
2007	11.4	98.1	81.2	49.9	33.0	86.3
2008	14.1	99.4	85.5	48.9	36.4	99.9
2009	18.6	101.2	90.0	47.5	40.8	114.6
2010	23.8	—	94.8	46.5	45.0	128.4

数据来源：国家统计局农村贫困监测调查。

表16　全国农村居民固定资产拥有量

年　份	百户拥有生产性固定资产					年末生产性固定资产原值（元/户）	
	1. 生产用房及建筑物面积（平方米）	2. 汽车（辆）	3. 大中型拖拉机（台）	4. 小型、手扶拖拉机（台）	5. 胶轮大车（辆）		其中：年末生产用房
2000	1803	1.3	1.4	16.7	13.3	4677.0	1179.8
2001	1984	1.2	1.5	17.4	14.5	4883.8	1280.8
2002	2077	1.3	1.5	18.5	14.3	5221.3	1345.6
2003	2241	1.4	1.8	18.9	13.7	5595.1	1451.7
2004	2228	1.4	2.2	18.8	12.9	5956.2	1589.6
2005	2547	1.8	2.1	20.2	9.9	7155.6	2067.4
2006	2690	1.8	2.4	21.1	9.5	7647.1	2218.6
2007	2829	1.9	2.9	19.1	8.9	8389.8	2421.1
2008	2888	2.0	3.1	19.0	8.7	9054.9	2582.9
2009	2928	2.3	3.4	19.4	8.6	9970.6	2816.0
2010	2930	2.4	3.4	19.5	8.4	10706.4	3015.7

数据来源：国家统计局农村住户抽样调查。

表17　扶贫重点县居民固定资产拥有量

年　份	百户拥有生产性固定资产					年末生产性固定资产原值（元/户）	
	1. 生产用房及建筑物面积（平方米）	2. 汽车（辆）	3. 大中型拖拉机（台）	4. 小型、手扶拖拉机（台）	5. 胶轮大车（辆）		其中：年末生产用房
2002	2270	0.9	2.2	14.0	11.4	3399.1	955.1
2003	2148	0.8	2.4	13.3	11.8	3749.4	1039.1
2004	2198	0.9	2.8	13.9	12.3	4116.8	1122.9
2005	2312	1.0	2.4	14.8	11.6	4509.9	1330.9
2006	2509	1.1	2.3	16.0	11.0	4814.5	1411.0
2007	2600	1.1	2.3	16.4	10.8	5099.2	1497.6
2008	2621	1.3	2.4	16.5	10.7	5621.5	1608.8
2009	2631	1.5	2.7	16.8	10.6	6087.1	1737.8
2010	2652	1.7	2.8	16.9	10.8	6450.2	3507.0

数据来源：国家统计局农村贫困监测调查。

表18　全国农村“四通”比例

年份	1. 通公路的行政村比例（%）	2. 通电的行政村比例（%）	3. 通电话的行政村比例（%）	4. 能接受电视节目的行政村比例（%）
2000	95.0	98.1	87.0	97.8
2001	96.0	98.3	90.8	98.1
2002	96.8	98.4	92.2	98.4
2003	97.6	99.0	95.5	98.8
2004	98.0	99.0	96.7	99.1
2005	97.2	99.2	97.1	98.3
2006	97.8	99.4	98.1	98.6
2007	98.6	99.7	98.7	98.9
2008	98.7	99.5	98.7	99.1
2009	98.8	99.6	99.1	99.4
2010	99.1	99.7	99.3	99.5

数据来源：国家统计局农村住户抽样调查。

表 19　扶贫重点县农村“四通”比例

年份	1. 通公路的行政村比例（%）	2. 通电的行政村比例（%）	3. 通电话的行政村比例（%）	4. 能接受电视节目的行政村比例（%）
2000	92.6	96.5	78.3	96.0
2001	92.1	96.0	72.5	95.4
2002	95.4	96.8	83.8	95.8
2003	96.6	97.7	88.4	96.2
2004	97.5	97.8	90.5	96.5
2005	97.8	98.0	93.7	96.4
2006	99.1	98.3	97.2	97.9
2007	98.7	98.3	97.4	97.8
2008	99.0	98.7	98.0	98.0
2009	99.2	98.6	98.2	98.0
2010	99.5	98.8	98.4	98.3

数据来源：国家统计局农村贫困监测调查。

表 20　全国农村分年龄段儿童在校率（%）

年份	7—15 岁	其中：		7—15 岁	
		7—12 岁	13—15 岁	男童	女童
2000	94.1	96.4	90.6	95.1	93.0
2001	94.1	96.6	90.7	95.1	92.9
2002	94.4	96.2	92.3	95.2	93.5
2003	95.8	97.4	93.9	96.2	95.3
2004	97.3	98.5	95.9	97.5	97.1
2005	97.2	98.5	95.5	97.3	97.1
2006	98.3	99.2	97.3	98.3	98.4
2007	97.4	98.2	96.6	97.8	96.9
2008	97.6	97.2	98.1	97.5	97.7
2009	97.9	97.8	97.9	97.8	97.9
2010	98.0	97.7	98.6	97.9	98.1

数据来源：国家统计局农村住户抽样调查。

表 21　扶贫重点县分年龄段儿童在校率（%）

年份	7—15 岁	其中：		7—15 岁	
		7—12 岁	13—15 岁	男童	女童
2002	91.0	94.9	85.4	92.5	89.2
2003	92.2	95.2	88.4	93.3	91.0
2004	93.5	95.8	90.7	94.1	92.8
2005	94.6	96.9	91.7	95.1	94.1
2006	95.3	97.0	92.9	95.4	95.1
2007	96.4	97.7	94.4	96.4	96.3
2008	97.0	97.9	95.7	97.3	96.7
2009	97.4	98.2	96.2	97.6	97.2
2010	97.7	98.3	96.8	97.8	97.6

数据来源：国家统计局农村贫困监测调查。

表 22　全国农村劳动力文化程度（%）

年份	1. 文盲、半文盲	2. 小学	3. 初中	4. 高中	5. 中专	6. 大专及以上
2000	8.1	32.2	48.1	9.3	1.8	0.5
2001	7.9	31.1	48.9	9.7	1.9	0.5
2002	7.6	30.6	49.3	9.7	1.9	0.5
2003	7.4	29.9	50.2	9.7	2.1	0.6
2004	7.5	29.2	50.4	10.1	2.1	0.8
2005	6.9	27.2	52.2	10.2	2.4	1.1
2006	6.6	26.4	52.8	10.5	2.4	1.2
2007	6.3	25.7	52.9	11.0	2.5	1.4
2008	6.1	25.3	52.8	11.4	2.7	1.7
2009	5.9	24.7	52.7	11.7	2.9	2.1
2010	5.7	24.4	52.4	12.0	2.9	2.4

数据来源：国家统计局农村住户抽样调查。

表23　扶贫重点县劳动力文化程度（%）

年份	1. 文盲、半文盲	2. 小学	3. 初中	4. 高中	5. 中专	6. 大专及以上
2002	15.3	37.8	38.8	6.4	1.4	0.2
2003	14.7	36.8	40.3	6.3	1.5	0.3
2004	14.0	35.8	41.4	6.7	1.5	0.4
2005	12.7	35.1	43.4	6.7	1.5	0.5
2006	12.3	34.3	44.2	7.1	1.6	0.5
2007	11.6	33.7	45.0	7.3	1.7	0.7
2008	11.1	33.4	45.2	7.7	1.8	0.9
2009	10.8	32.6	45.5	8.1	1.9	1.1
2010	10.3	32.1	45.8	8.5	2.0	1.3

数据来源：国家统计局农村贫困监测调查。

表24　全国农村劳动力外出情况

年份	当年外出打工劳动力比重（%）	当年外出打工时间（月）	在外务工月均收入（元/月/人）
2000	14.0	—	—
2001	14.6	8.2	640.9
2002	16.4	8.0	644.1
2003	18.3	8.1	692.9
2004	19.1	8.2	777.7
2005	20.2	8.2	861.3
2006	21.0	8.3	946.3
2007	21.3	8.5	1060.4
2008	21.4	8.5	1204.5
2009	24.2	8.9	1343.9
2010	24.5	8.9	1544.6

数据来源：国家统计局农民工监测调查。

表 25　扶贫重点县劳动力外出情况

年份	当年外出打工劳动力比重（%）	在外务工月均收入（元/月/人）	劳动力外出地区			曾经外出务工的劳动力比重（%）
			1. 县内乡外	2. 省内县外	3. 省外	
2002	14.5	369.2	19.3	25.9	54.8	3.9
2003	14.4	372.3	13.0	22.5	64.3	4.4
2004	16.6	518.8	12.6	21.1	66.3	4.5
2005	17.8	613.2	10.9	19.7	69.5	3.9
2006	19.8	728.7	11.5	19.1	69.4	4.4
2007	20.5	807.9	11.3	19.8	68.9	4.7
2008	19.7	944.7	12.3	19.3	68.4	5.5
2009	20.5	1073.0	14.3	21.0	64.6	6.6
2010	20.8	1270.7	14.3	20.7	65.1	7.2

数据来源：国家统计局农村贫困监测调查。

表26　2010年全国与扶贫重点县分省贫困人口和贫困发生率

地　区	全　国			扶贫重点县			重点县贫困人口占全省贫困人口的比例（%）
	贫困人口（万人）	比上年增减（万人）	贫困发生率（%）	贫困人口（万人）	比上年增减（万人）	贫困发生率（%）	
全　国	2688	-909	2.8	1693	-482	8.3	63.0
北　京							
天　津							
河　北	95	-38	1.7	51	-15	4.1	53.2
山　西	89	-20	3.8	72	-8	13.0	80.8
内蒙古	50	-5	3.8	43	-4	7.7	86.6
辽　宁	11	0	0.5				
吉　林	45	-6	3.0	8	-1	7.7	18.7
黑龙江	55	-9	2.9	34	-2	11.9	61.6
上　海							
江　苏							
浙　江							
安　徽	143	-68	2.7	89	-13	5.6	62.0
福　建	2	0	0.1				
江　西	72	-14	2.1	48	-2	4.8	66.7
山　东	8	-12	0.1				
河　南	187	-64	2.3	97	-10	4.5	51.6
湖　北	76	-37	1.9	60	-25	5.3	79.5
湖　南	146	-22	2.6	99	-22	9.9	68.1
广　东							
广　西	131	-21	3.1	77	0	9.1	58.5
海　南	8	1	1.5	1	-3	1.8	13.8
重　庆	48	-13	2.0	24	-15	2.5	50.2
四　川	166	-42	2.4	55	-5	4.0	33.0
贵　州	418	-137	12.0	277	-117	13.6	66.2
云　南	325	-215	8.9	253	-153	11.7	77.8
西　藏	18	-11	7.4				
陕　西	193	-70	7.0	103	-31	8.9	53.5
甘　肃	310	-79	15.0	237	-42	17.8	76.5
青　海	34	-15	9.2	20	-5	9.0	57.4
宁　夏	10	-8	2.3	10	-1	4.9	103.0
新　疆	48	-6	4.6	35	-9	7.6	72.7

数据来源：国家统计局农村住户抽样调查、农村贫困监测调查。

表 27　全国与扶贫重点县分省农民人均纯收入

单位：元/人

地　区	全　国		扶贫重点县	
	2009 年	2010 年	2009 年	2010 年
全　国	5153	5919	2842	3273
北　京	11669	13262		
天　津	8688	10075		
河　北	5150	5958	3237	3615
山　西	4244	4736	2238	2520
内蒙古	4938	5530	2704	3148
辽　宁	5958	6908		
吉　林	5266	6237	2776	3388
黑龙江	5207	6211	2719	3145
上　海	12483	13978		
江　苏	8004	9118		
浙　江	10007	11303		
安　徽	4504	5285	3723	4262
福　建	6680	7427		
江　西	5075	5789	2660	3102
山　东	6119	6990		
河　南	4807	5524	3896	4209
湖　北	5035	5832	2988	3449
湖　南	4909	5622	2453	2709
广　东	6907	7890		
广　西	3980	4543	3051	3458
海　南	4744	5275	3035	3619
重　庆	4478	5277	3353	3992
四　川	4462	5087	2818	3173
贵　州	3005	3472	2698	3146
云　南	3369	3952	2587	3061
西　藏	3532	4139		
陕　西	3438	4105	2970	3602
甘　肃	2980	3425	2210	2493
青　海	3346	3863	2855	3465
宁　夏	4048	4675	2877	3323
新　疆	3883	4643	2667	3131

数据来源：国家统计局农村住户抽样调查、农村贫困监测调查。

表 28　全国与扶贫重点县分省农民人均生活消费

单位：元/人

地　区	全　国		扶贫重点县	
	2009 年	2010 年	2009 年	2010 年
全　国	3993.5	4382.0	2367.4	2662.0
北　京	8897.6	9255.0		
天　津	4273.2	4937.0		
河　北	3349.7	3845.0	2494.2	2893.6
山　西	3304.8	3664.0	1886.8	2138.0
内蒙古	3968.4	4461.0	2455.7	2782.4
辽　宁	4254.0	4490.0		
吉　林	3902.9	4147.0	2482.7	2836.0
黑龙江	4241.3	4391.0	2640.6	2700.5
上　海	9804.4	10210.0		
江　苏	5804.5	6543.0		
浙　江	7731.7	8929.0		
安　徽	3655.0	4013.0	3088.7	3406.4
福　建	5015.7	5498.0		
江　西	3532.7	3912.0	2331.9	2512.0
山　东	4417.2	4807.0		
河　南	3388.5	3682.0	2827.9	3088.6
湖　北	3725.2	4091.0	2748.4	3091.5
湖　南	4020.9	4310.0	2127.0	2309.3
广　东	5019.8	5516.0		
广　西	3231.1	3455.0	2612.4	2765.6
海　南	3088.6	3446.0	2244.1	2626.6
重　庆	3142.1	3625.0	2852.1	3454.7
四　川	4141.4	3898.0	2308.3	2492.0
贵　州	2422.0	2852.0	2074.4	2433.2
云　南	2924.9	3398.0	2170.5	2535.9
西　藏	2399.5	2667.0		
陕　西	3349.2	3794.0	2604.1	3038.3
甘　肃	2766.5	2942.0	2140.1	2280.4
青　海	3209.4	3775.0	2464.9	2885.9
宁　夏	3347.9	4013.0	2650.1	2991.9
新　疆	2950.6	3458.0	1815.5	2065.9

数据来源：国家统计局农村住户抽样调查、农村贫困监测调查。

表29　2010年国家扶贫重点县分类型区的社区基本情况

指　标	单位	合计	东部地区	中部地区	西部十二省	少数民族县	重点村
一、基本情况							
1. 调查村个数	个	5374	422	1666	3286	2318	2530
(1) 平原占比重	%	17.4	38.2	25.3	10.7	13.4	15.4
(2) 丘陵（半山区）比重	%	19.0	17.1	26.8	15.3	14.0	15.5
(3) 山区比重	%	63.6	44.8	48.0	74.0	72.5	69.1
2. 革命老区县比重	%	30.2	35.3	46.8	21.0	17.0	28.2
3. 少数民族聚居村比重	%	35.0	18.2	12.8	48.6	74.9	41.4
二、基础设施							
1. 通公路的自然村比重	%	88.1	97.4	88.7	87.4	87.0	86.3
2. 通电的自然村比重	%	98.0	100.0	98.8	97.5	97.0	97.1
3. 通电话的自然村比重	%	92.9	96.2	96.2	91.2	90.0	91.0
4. 能接收电视节目的自然村比重	%	95.6	99.0	95.6	95.4	94.4	95.0
5. 有幼儿园/学前班的村比重	%	55.5	68.2	60.7	51.2	48.3	50.1
6. 有卫生室的村占调查村的比重	%	81.5	88.9	84.9	78.9	75.7	80.2
7. 有合格乡村医生/卫生员的村比重	%	80.4	88.4	82.5	78.3	75.3	78.6
8. 有合格接生员的村占比重	%	77.0	80.8	79.1	75.5	72.2	75.3
三、平均每个村人口及劳动力							
1. 农户数	户	459.7	364.4	440.8	481.8	462.7	426.4
2. 人口数	人	1849.9	1353.0	1730.1	1976.3	1916.0	1731.0
3. 总劳动力	人	1023.4	750.1	961.4	1090.8	1063.4	950.0
4. 外出打工半年以上劳动力人数	人	223.0	114.9	280.5	207.5	176.0	194.0
5. 当年举家外迁的户数	户	6.0	1.9	6.3	6.5	4.2	5.3
6. 当年举家迁回的户数	户	2.0	0.4	2.0	2.2	1.7	1.6

续表

指　　标	单位	合计	东部地区	中部地区	西部十二省	少数民族县	重点村
四、资源情况							
1. 人均耕地面积	亩	1.7	1.6	2.0	1.5	1.7	1.9
#水田、水浇地比重	%	34.9	44.2	38.0	32.2	35.8	30.7
#梯田面积比重	%	9.9	6.2	5.1	13.1	8.2	10.7
#25度以上坡耕地面积比重	%	14.1	8.1	7.0	18.8	15.5	16.1
2. 人均桑园、茶园、果园面积	亩	0.2	0.1	0.1	0.2	0.2	0.2
3. 人均林地面积	亩	1.9	1.7	1.8	2.0	2.4	2.0
4. 人均牧草地面积	亩	2.3	0.5	0.2	3.4	5.0	4.0
5. 人均荒山荒坡面积	亩	0.6	1.0	0.3	0.6	0.7	0.7
五、村级经济							
1. 人均粮食作物播种面积	亩	1.6	1.4	2.0	1.4	1.6	1.7
2. 人均粮食总产量	公斤	422.7	390.7	593.4	348.7	386.8	414.5
3. 平均每个村乡镇企业个数	个	0.6	0.7	0.5	0.5	0.5	0.4
4. 平均每个乡镇企业从业人数	人	22.9	22.2	23.6	22.7	18.1	25.2
5. 平均每个乡镇企业销售总收入	万元	46.6	54.4	47.6	44.6	40.0	37.2
6. 使用节水栽培技术的村比重	%	8.5	4.0	5.2	10.8	12.8	8.9
7. 有塑料大棚/温室的村的比重	%	16.4	17.3	15.3	16.9	17.8	14.7
8. 是农牧业新技术示范户的村比重	%	29.5	13.0	27.9	32.5	32.6	29.3
9. 举办过专业技术培训的村比重	%	44.2	30.8	40.0	48.1	48.3	44.4

数据来源：国家统计局农村贫困监测调查。

表30　2010年国家扶贫重点县分类型区的当年受灾情况

指　标	单位	合计	东部地区	中部地区	西部十二省	少数民族县	重点村
1. 当年遭遇严重自然灾害的村的比重	%	50.1	57.8	47.8	50.3	50.2	52.7
2. 自然灾害的类型比例							
（1）旱灾	%	65.3	64.8	45.7	75.0	77.7	67.9
（2）水灾	%	20.7	14.8	40.1	12.1	12.6	18.5
（3）病虫害	%	3.0	5.7	5.2	1.5	1.1	2.8
（4）冷冻灾害	%	3.8	5.7	3.6	3.6	1.8	4.1
（5）干热风灾	%	2.2	2.0	1.9	2.3	2.2	0.9
（6）动物疫情	%	1.2	4.5	1.1	0.7	1.0	1.2
（7）泥石流或山体滑坡		0.9	0.0	0.8	1.2	0.7	0.6
（8）地震	%	1.1	0.0	0.0	1.7	0.6	1.7
（9）其他灾害	%	1.9	2.5	1.6	1.9	2.2	2.2
3. 受灾超过3成以上村比重							
（1）农作物	%	49.2	55.0	47.3	49.4	49.1	51.2
（2）大牲畜	%	23.1	10.9	22.3	25.2	24.9	24.2
（3）猪、羊	%	22.9	8.8	22.2	25.1	24.9	23.9
（4）家禽	%	21.9	3.3	22.0	24.3	23.9	22.4
（5）住房和生产用房	%	19.2	0.0	20.3	21.1	20.3	19.2
（6）地方病（疫）区	%	5.6	2.6	2.5	7.6	8.3	6.6
4. 缺粮需要救济的农户比例	%	5.3	6.1	3.6	6.0	6.5	6.5
5. 当年收到过救济救灾款物的农户比例	%	7.9	4.6	4.3	9.9	10.4	9.4

数据来源：国家统计局农村贫困监测调查。

表31　2010年国家扶贫重点县分类型区的村级扶贫活动

指　标	单位	合计	东部地区	中部地区	西部十二省	少数民族县	重点村
1. 省定贫困村比重	%	46.7	42.9	35.2	53.1	53.8	100.0
2. 当年参加过扶贫项目的村比重	%	52.2	44.8	35.9	61.5	64.7	64.1
3. 参加的扶贫活动形式：							
现金扶持的村比重	%	46.8	41.0	32.7	54.9	57.2	56.6
实物扶持的村比重	%	19.0	7.1	6.6	26.9	30.4	27.3
技术援助的村比重	%	14.3	5.5	6.0	19.7	22.9	19.7
4. 平均每个村当年到位的扶贫资金总额	万元	20.3	8.8	6.6	28.9	29.8	27.9
其中：扶贫贷款	万元	1.6	0.1	0.4	2.4	2.4	2.3
5. 平均每个村当年使用的扶贫资金总额	万元	19.5	8.7	6.4	27.7	29.2	26.6
6. 平均每个村被扶持的农户和公共项目							
（1）种植业	户	13.6	1.7	3.5	20.3	18.2	20.7
（2）林业	户	3.4	1.8	0.8	4.9	5.1	4.3
（3）养殖业	户	3.7	3.2	0.6	5.4	5.8	5.9
（4）农产品加工业	户	0.4	0.1	0.1	0.7	0.5	0.6
（5）其他生产行业	户	0.4	0.2	0.1	0.6	0.6	0.4
（6）修建基本农田	亩	12.6	4.7	4.3	17.9	22.5	17.9
（7）人畜饮水工程	户	11.1	1.7	5.8	15.1	16.1	13.9
（8）修建及改建公路	公里	0.9	0.1	0.4	1.2	0.8	1.4
（9）电力设施	公里	0.3	0.0	0.1	0.4	0.2	0.4
（10）电视接收设施	个	2.0	0.0	0.1	3.3	2.9	2.2
（11）学校及学校设施	个	0.1	0.0	0.0	0.1	0.1	0.1
（12）卫生室及设施	个	0.5	0.1	0.3	0.6	0.8	0.8
（13）技术培训	人次	7.8	0.1	2.3	11.5	12.4	9.3

续表

指　　标	单位	合计	东部地区	中部地区	西部十二省	少数民族县	重点村
（14）扫盲、资助儿童入学	人次	0.4	0.0	0.2	0.6	0.6	0.4
（15）退耕还林还草	亩	185.9	302.3	55.4	237.8	298.7	260.4
（16）沼气、太阳能等新能源建设	户	2.5	0.1	0.7	3.7	2.9	3.0
（17）农户危房改造	户	3.4	0.8	0.6	5.1	4.7	4.2
7. 最希望得到的扶持项目构成							
（1）种植业	%	40.5	48.6	41.7	38.9	40.9	41.1
（2）林业	%	5.7	4.5	4.9	6.2	6.3	6.7
（3）养殖业	%	15.2	14.9	12.9	16.3	17.9	16.3
（4）农产品加工业	%	4.9	6.6	7.7	3.3	3.1	3.8
（5）其他生产行业	%	1.5	1.7	1.8	1.3	1.2	1.6
（6）修建基本农田	%	6.3	5.0	9.0	5.2	5.4	4.7
（7）人畜饮水工程	%	6.8	5.9	6.1	7.2	6.8	7.0
（8）修建及改建公路	%	9.2	5.5	8.0	10.2	7.3	8.8
（9）电力设施	%	1.4	0.9	0.9	1.8	1.3	1.8
（10）电视接收设施	%	0.5	0.0	0.8	0.5	0.2	0.4
（11）学校及学校设施	%	0.4	0.0	0.6	0.3	0.2	0.4
（12）卫生室及设施	%	0.9	0.5	1.3	0.7	0.6	0.7
（13）技术培训	%	1.9	1.9	1.3	2.2	2.0	2.0
（14）扫盲、资助儿童入学	%	0.1	0.5	0.0	0.1	0.1	0.0
（15）退耕还林还草	%	0.8	0.0	0.7	0.9	0.5	1.1
（16）沼气、太阳能等新能源建设	户	1.2	2.8	0.8	1.2	1.2	0.8
（17）农户危房改造	户	2.3	0.7	1.0	3.1	4.3	2.7
（18）其他	%	0.5	0.0	0.4	0.6	0.6	0.3

数据来源：国家统计局农村贫困监测调查。

表32　2010年国家扶贫重点县分类型区的农民人均纯收入及构成

指　　标	单位	合计	东部地区	中部地区	西部十二省	少数民族县	重点村
一、全年纯收入	元	3272.8	3615.1	3380.6	3184.0	3131.3	3093.7
1. 工资性收入	元	1168.5	1561.6	1322.0	1052.4	916.4	1067.9
其中：外出务工收入	元	576.4	561.5	742.5	498.9	402.8	528.2
2. 家庭经营纯收入	元	1756.2	1727.8	1735.3	1769.3	1860.5	1668.0
（1）种植业纯收入	元	1130.7	1209.9	1261.1	1060.0	1070.4	1046.4
（2）林业纯收入	元	99.4	139.5	65.1	111.4	149.1	107.9
（3）牧业纯收入	元	321.1	140.5	197.6	399.6	447.1	329.7
（4）渔业纯收入	元	9.4	14.2	17.7	4.9	7.8	6.0
（5）工业纯收入	元	16.6	24.6	16.7	15.6	18.0	15.6
（6）建筑业纯收入	元	24.1	14.5	36.0	19.4	20.3	24.0
（7）第三产业纯收入	元	155.0	184.6	141.1	158.3	147.9	138.2
3. 财产性收入	元	55.8	60.0	59.4	53.7	46.6	47.5
4. 转移性收入	元	292.2	265.6	263.9	308.6	307.8	310.2
其中：政策性转移支付	元	174.0	170.5	162.4	179.9	187.1	194.5
二、纯收入构成							
1. 工资性收入	%	35.7	43.2	39.1	33.1	29.3	34.5
其中：外出务工收入	%	17.6	15.5	22.0	15.7	12.9	17.1
2. 家庭经营纯收入	%	53.7	47.8	51.3	55.6	59.4	53.9
（1）种植业纯收入	%	34.5	33.5	37.3	33.3	34.2	33.8
（2）林业纯收入	%	3.0	3.9	1.9	3.5	4.8	3.5
（3）牧业纯收入	%	9.8	3.9	5.8	12.5	14.3	10.7
（4）渔业纯收入	%	0.3	0.4	0.5	0.2	0.2	0.2
（5）工业纯收入	%	0.5	0.7	0.5	0.5	0.6	0.5
（6）建筑业纯收入	%	0.7	0.4	1.1	0.6	0.6	0.8
（7）第三产业纯收入	%	4.7	5.1	4.2	5.0	4.7	4.5
3. 财产性收入	%	1.7	1.7	1.8	1.7	1.5	1.5
4. 转移性收入	%	8.9	7.3	7.8	9.7	9.8	10.0
其中：政策性转移支付	%	5.3	4.7	4.8	5.6	6.0	6.3

数据来源：国家统计局农村贫困监测调查。

表33　2010年国家扶贫重点县分类型区的农民人均消费支出及构成

指　　标	单位	合计	东部地区	中部地区	西部十二省	少数民族县	重点村
一、生活消费支出总额	元	2662.0	2866.1	2758.2	2593.8	2517.3	2512.4
1. 食品	元	1307.7	1322.1	1294.3	1312.5	1315.6	1265.9
其中：在外饮食支出	元	102.1	87.9	107.0	101.4	92.7	91.4
2. 衣着	元	155.4	174.9	170.0	146.3	142.7	146.8
3. 居住	元	438.9	532.7	467.9	414.8	386.1	402.7
4. 家庭设备用品及服务	元	133.1	130.6	143.0	128.6	115.5	117.1
5. 交通通讯及服务	元	225.4	257.4	224.3	222.4	215.7	209.2
6. 文化教育、娱乐用品及服务	元	177.4	209.3	206.8	160.0	142.5	158.9
7. 医疗保健及服务	元	178.9	193.1	195.6	169.4	160.4	169.1
8. 其他商品及服务	元	45.2	46.1	56.3	39.8	38.8	42.7
二、生活消费支出构成							
1. 食品	%	49.1	46.1	46.9	50.6	52.3	50.4
其中：在外饮食支出	%	7.8	6.7	8.3	7.7	7.0	7.2
2. 衣着	%	5.8	6.1	6.2	5.6	5.7	5.8
3. 居住	%	16.5	18.6	17.0	16.0	15.3	16.0
4. 家庭设备用品及服务	%	5.0	4.6	5.2	5.0	4.6	4.7
5. 交通通讯及服务	%	8.5	9.0	8.1	8.6	8.6	8.3
6. 文化教育、娱乐用品及服务	%	6.7	7.3	7.5	6.2	5.7	6.3
7. 医疗保健及服务	%	6.7	6.7	7.1	6.5	6.4	6.7
8. 其他商品及服务	%	1.7	1.6	2.0	1.5	1.5	1.7

数据来源：国家统计局农村贫困监测调查。

表 34　2010 年国家扶贫重点县分类型区的农民人均生产支出及构成

指　　标	单位	合计	东部地区	中部地区	西部十二省	少数民族县	重点村
一、家庭经营支出总额	元	1098.9	1036.2	1042.1	1132.7	1228.3	1074.1
1. 种植业支出	元	587.8	559.7	694.6	540.0	589.1	583.2
2. 林业支出	元	25.9	10.9	10.6	34.8	43.2	18.6
3. 牧业支出	元	389.6	275.2	240.9	472.8	502.9	394.6
4. 渔业支出	元	6.7	16.2	11.3	3.5	6.0	2.2
5. 工业支出	元	14.9	49.3	14.1	11.5	12.5	16.6
6. 建筑业支出	元	12.8	18.9	12.7	12.1	14.2	8.6
7. 第三产业经营支出	元	61.4	105.8	57.8	58.2	60.5	50.3
二、家庭经营支出构成							
1. 种植业支出	%	53.5	54.0	66.7	47.7	48.0	54.3
2. 林业支出	%	2.4	1.1	1.0	3.1	3.5	1.7
3. 牧业支出	%	35.5	26.6	23.1	41.7	40.9	36.7
4. 渔业支出	%	0.6	1.6	1.1	0.3	0.5	0.2
5. 工业支出	%	1.4	4.8	1.4	1.0	1.0	1.5
6. 建筑业支出	%	1.2	1.8	1.2	1.1	1.2	0.8
7. 第三产业经营支出	%	5.6	10.2	5.5	5.1	4.9	4.7

数据来源：国家统计局农村贫困监测调查。

表 35　2010 年国家扶贫重点县分类型区的人口及劳动力情况

指　　标	单位	合计	东部地区	中部地区	西部十二省	少数民族县	重点村
一、户均人口	人	4.2	3.7	4.0	4.4	4.4	4.3
其中：男性	人	2.2	2.0	2.2	2.3	2.4	2.3
二、劳动力负担系数		1.4	1.3	1.3	1.4	1.4	1.4
三、劳动力文化程度构成							
1. 文盲、半文盲	%	10.3	3.3	5.3	13.6	13.6	11.8
2. 小学	%	32.1	24.2	27.4	35.5	35.3	34.1
3. 初中	%	45.8	54.5	53.3	40.9	41.2	43.6
4. 高中	%	8.5	14.4	9.8	7.1	7.1	7.5
5. 中专	%	2.0	1.9	2.5	1.7	1.8	1.8
6. 大专及以上	%	1.3	1.7	1.6	1.2	1.1	1.1
四、曾受过技能培训劳动力比重	%	15.8	11.4	14.0	17.2	18.1	16.6
五、当年从事主要行业构成							
1. 农业	%	72.7	74.2	69.3	74.3	76.4	74.3
2. 林业	%	0.5	0.8	0.3	0.5	0.7	0.4
3. 牧业	%	3.0	0.6	0.9	4.3	5.6	3.8
4. 渔业	%	0.2	0.6	0.2	0.1	0.1	0.1
5. 采矿业	%	0.9	1.7	0.8	0.9	0.5	0.9
6. 制造业	%	7.4	4.2	10.8	6.1	6.0	6.7
7. 电、煤及水的生产和供应业	%	0.3	0.4	0.2	0.2	0.2	0.2
8. 建筑业	%	5.2	4.8	5.9	4.9	3.4	4.7
9. 交通运输仓储和邮政业	%	1.2	1.4	1.4	1.1	0.8	1.0
10. 批发和零售业	%	1.4	1.4	1.7	1.2	0.9	1.3
11. 住宿和餐饮业	%	2.2	1.7	2.6	2.1	1.5	2.0
12. 居民服务和其他服务业	%	0.5	1.1	0.6	0.4	0.3	0.4
13. 教育	%	0.1	0.3	0.2	0.1	0.1	0.1
14. 卫生社会保障和社会福利业	%	0.1	0.1	0.1	0.1	0.1	0.1
15. 文化体育和娱乐业	%	0.0	0.2	0.0	0.0	0.0	0.0
16. 其他	%	4.3	6.6	4.9	3.7	3.3	4.0
六、当地乡镇企业职工人数占劳动力比重	%	0.9	4.1	1.0	0.5	0.4	0.7
七、当年外出打工人数占劳动力比重	%	20.8	12.1	24.6	20.0	17.4	20.3

数据来源：国家统计局农村贫困监测调查。

表36　　2010年国家扶贫重点县分类型区的农户基本情况

指　　标	单位	合计	东部地区	中部地区	西部十二省	少数民族县	重点村
一、年末住房状况							
1. 人均住房面积	平方米	24.9	23.9	26.7	24.2	23.7	23.1
其中：砖木结构住房	平方米	11.1	17.3	14.0	9.0	9.5	10.0
钢筋混凝土结构住房	平方米	4.8	2.1	6.7	4.3	3.4	3.8
2. 每平方米住房价值	元	237.2	261.8	257.4	223.9	210.0	222.4
二、每百户拥有生活耐用消费品							
1. 计算机	台	5.7	10.2	5.6	5.2	5.4	5.6
2. 冰箱、冰柜	台	23.8	32.4	28.6	20.2	22.3	19.6
3. 彩色电视机	台	94.8	104.3	97.4	92.2	90.9	93.0
4. 自行车	辆	46.5	111.8	58.4	31.8	29.9	39.8
5. 摩托车	辆	45.0	57.4	47.4	42.1	44.0	43.0
6. 固定电话、移动电话	部	128.4	126.8	128.1	128.7	123.6	120.9
三、每百户拥有生产性固定资产							
1. 生产用房及建筑物面积	平方米	2652.0	1648.4	1898.3	3170.5	3302.8	2588.8
2. 汽车	辆	1.7	2.3	1.3	1.8	1.8	1.6
3. 大中型拖拉机	台	2.8	5.1	3.8	2.0	2.3	2.9
4. 手扶拖拉机/三轮车	台	16.9	29.5	21.0	13.1	15.1	16.2
5. 胶轮大车	辆	10.8	13.9	6.8	12.5	13.9	10.9
四、户均年末生产性固定资产原值	元	6450.2	6588.0	4812.0	7274.8	7985.2	6284.6
其中：农、林、牧、渔业固定资产原值	元	3507.0	3435.1	2531.9	4017.9	4588.3	3510.2
五、生活设施状况							
1. 有厕所的农户比重	%	88.4	97.0	95.8	83.5	78.6	85.5
2. 用电户比重	%	98.1	100.0	99.6	97.0	96.2	97.2

续表

指　　标	单位	合计	东部地区	中部地区	西部十二省	少数民族县	重点村
3. 有取暖设备农户比重	%	63.0	92.3	48.5	66.6	65.7	66.4
4. 饮用自来水、深井水农户比重	%	60.9	82.5	64.0	56.5	55.8	58.2
5. 饮水困难农户比重	%	8.9	0.5	7.5	10.8	11.4	9.9
6. 取得燃料越来越困难的农户比重	%	31.4	8.0	19.9	40.3	44.9	34.4
六、户均土地使用情况							
1. 耕地面积	亩	9.5	8.0	9.9	9.5	10.3	10.5
2. 林地面积	亩	3.3	1.6	3.4	3.5	3.8	3.6
3. 桑园、茶园、果园面积	亩	0.5	0.2	0.4	0.6	0.6	0.5
4. 牧草地面积	亩	18.4	0.6	0.1	30.2	42.2	30.5
5. 荒山/荒坡面积	亩	0.9	0.6	0.5	1.1	0.9	1.0
6. 粮食播种面积	亩	8.2	7.7	9.4	7.7	8.3	8.7
七、户均借贷情况							
1. 当年借入现金（按来源分）	元	825.5	418.4	712.8	936.5	957.3	930.5
其中：亲戚朋友	元	413.5	301.4	458.6	404.9	356.8	444.5
国家扶贫贴息贷款	元	16.5	1.2	3.3	25.2	28.8	28.1
其他扶贫贷款	元	2.8	0.1	1.2	4.1	4.4	4.4
2. 年末借贷款余额（按来源分）	元	1183.0	561.0	1051.8	1331.5	1305.6	1238.3
其中：亲戚朋友	元	584.0	364.1	674.6	566.0	524.1	601.5
国家扶贫贴息贷款	元	26.7	31.2	3.1	38.3	31.4	31.1
其中：逾期未还	元	4.7	5.2	0.7	6.6	3.6	6.3
其他扶贫贷款	元	9.5	0.1	2.5	14.3	11.1	7.0
其中：逾期未还	元	1.4	0.0	0.1	2.2	2.7	1.3
3. 期内借入粮食	公斤	2.1	0.8	2.3	2.1	1.9	2.2
八、人均期末存粮	公斤	404.4	578.8	421.9	377.0	382.0	390.8

数据来源：国家统计局农村贫困监测调查。

表37　2010年国家扶贫重点县分类型区的健康及教育情况

指　标	单位	合计	东部地区	中部地区	西部十二省	少数民族县	重点村
一、健康状况							
1. 身体健康状况							
（1）残疾人口比重	%	1.2	0.5	1.2	1.3	1.4	1.1
（2）患有大病人口比重	%	0.4	0.4	0.6	0.4	0.4	0.5
（3）长期慢性病人口比重	%	1.4	1.3	1.9	1.2	1.1	1.4
（4）体弱多病人数占人口的比重	%	3.8	2.7	4.3	3.8	3.8	3.9
（5）健康人口比重	%	93.1	95.1	92.0	93.4	93.3	93.1
2. 按有病是能及时就医分组							
（1）是	%	91.4	97.3	93.2	89.8	87.8	89.9
（2）否	%	8.6	2.7	6.8	10.2	12.2	10.1
3. 按不能及时就医原因分组							
（1）经济困难	%	54.6	58.4	63.9	51.5	51.9	55.7
（2）医院太远	%	34.6	40.2	29.2	36.1	35.0	34.1
（3）没有时间	%	0.8	0.0	0.3	1.0	1.2	0.2
（4）本人不重视	%	2.8	0.0	1.3	3.4	3.7	3.1
（5）小病不用医	%	3.6	0.7	3.6	3.7	3.7	3.7
（6）其他	%	3.7	0.7	1.7	4.4	4.7	3.3
二、教育状况							
1. 儿童在校率：	%	97.7	98.5	99.0	97.2	96.8	97.4
7—12岁	%	98.3	98.8	99.6	97.8	97.3	98.3
13—15岁人口	%	96.8	98.0	98.3	96.1	96.2	96.1
2. 平均每个小学生教育费用	元	149.0	133.1	195.3	131.1	136.9	138.7
平均每个初中生教育费用	元	271.5	283.0	320.5	249.9	230.5	247.7

续表

指　标	单位	合计	东部地区	中部地区	西部十二省	少数民族县	重点村
3. 年内受到社会捐助的学生比重	%	9.6	5.0	4.7	12.0	13.5	10.7
4. 小学生上学所需时间	%						
（1）<0.5 小时	%	67.0	78.8	69.5	65.3	65.9	67.5
（2）0.5—1 小时	%	17.7	9.3	17.6	18.4	16.3	16.6
（3）1—2 小时	%	2.6	0.6	2.6	2.7	2.8	2.5
（4）2 小时以上	%	1.3	0.8	1.0	1.4	1.5	1.1
（5）住校	%	11.4	10.5	9.4	12.2	13.5	12.3
5. 按 7—15 岁儿童失学原因分组							
（1）经济困难	%	13.1	0.0	32.0	12.4	13.1	14.8
（2）自己不愿意	%	29.2	28.6	56.0	27.7	22.2	28.2
（3）家中缺少劳动力	%	5.2	0.0	6.0	5.4	6.3	6.3
（4）没考上高一级学校	%	5.9	9.5	8.0	5.8	5.8	7.7
（5）没老师、没校舍、离校太远	%	1.6	0.0	2.0	1.7	1.4	1.9
（6）其他	%	29.0	47.6	16.0	30.3	31.5	29.0
6. 按本人是否有继续读书的愿望分组							
（1）是	%	37.7	38.1	48.0	37.9	40.1	38.1
（2）否	%	46.2	47.6	72.0	45.3	40.1	49.9
7. 少数民族中会汉语的人口比例	%	76.1	97.5	97.3	72.7	74.5	73.2

数据来源：国家统计局农村贫困监测调查。

附　　录

附录（一）
国务院扶贫办2010年大事记

1月7—13日　范小建同志率领由国务院扶贫办、国家发展改革委、国家民委、财政部和上海市政府经协办等单位人员组成的联合调研组，赴云南省文山壮族苗族自治州砚山县、富宁县和普洱市澜沧拉祜族自治县调研。

1月16日　由国务院扶贫办主办，北京大学、中国农业大学联合承办的新阶段社会扶贫机制暨“府谷现象”研讨会在北京大学召开。会上，“府谷现象”研究课题组推出了最新研究成果《民营企业参与扶贫开发的环境与机制——陕西“府谷现象”研究》，郑文凯同志为该书作序。张磊同志出席并作总结发言。

1月19日　由国务院扶贫办主办、中国扶贫发展中心承办的十五省（区）信贷扶贫专题培训班在京开班。蒋晓华同志出席开班式并致辞。

1月20日　国务院扶贫开发领导小组专家咨询委员会在京正式成立并举行第一次会议。受中央政治局委员、国务院副总理、国务院扶贫开发领导小组组长回良玉和各位副组长委托，范小建同志代表国务院扶贫开发领导小组向专家咨询委员会各位委员颁发聘书，并作重要讲话。

1月22—26日　范小建同志率领由国务院扶贫办、国家发展改革委、国家民委、财政部和浙江省政府等单位有关人员组成的联合调研组赴四川省凉山彝族自治州美姑、雷波、昭觉和布拖四县贫困乡村进行调研。

2月1日　由中国国际扶贫中心、联合国开发计划署主办，广西壮族自治区扶贫办承办的“南太平洋岛国及亚洲国家扶贫政策与实践研修班”开班式在广西南宁举行。刘坚理事长、广西壮族自治区人民政府副主席陈章良、联合国开发计划署助理国别主任侯新岸出席并致辞。

2月2日　农村工作通讯发表范小建同志关于《新阶段扶贫开发形势及总体思路》署名文章。

同日新华社发表题为《西藏9年减少贫困人口125万扶贫开发取得显著成效》文章，报道了自2001年中央第四次西藏工作座谈会以来，西藏扶贫开发取得显著成效，9年间贫困人口减少了125万。

2月4—5日　中国国际扶贫中心与联合国开发计划署亚太区域中心、联合国开发计划署驻华代表处联合举办的“全球金融危机影响”国际研讨会在京举办。张磊同志出席。

2月5日　由中国国际扶贫中心主办、

联合国开发计划署支持的“中非减贫与发展合作高层对话会”在京召开。刘坚理事长与非洲开发银行行长唐纳德·卡伯鲁卡（Donald Kaberuka）共同出席此次高层对话会并分别致辞。张磊同志参加会议并致辞。

2月17日　新华社发表题为《联合国高官称中国在世界减贫事业中扮演重要角色》文章，报道联合国助理秘书长阿贾伊·齐柏17日在亚洲开发银行举行的新闻发布会的讲话中表示，中国不但成功地大幅削减了本国贫困人口数量，还有能力和经验帮助其他发展中国家实现减贫目标，在当今世界减贫事业中扮演着重要角色。

2月18日　新华网发表题为《农发基金总部设立“中国厅”纪念减贫贡献》文章，报道了国际农业发展基金（农发基金）在其总部18日为“中国厅”举行揭牌仪式，以此纪念中国为全世界减贫事业所做的贡献。

2月20日　《农民日报》发表题为《提前谋划全力推进扶贫开发》文章。报道了国务院扶贫办新闻发言人蒋晓华对中央一号文件的解读。

同日中国广播网发表题为《中国扶贫基金会20年筹集资金28亿　受益人口达900多万》文章，报道了从1989年至2009年底，中国扶贫基金会共筹集扶贫资金和物资达到28.51亿元，累计受益人口900多万人。

3月15日　人民网发表《国务院扶贫办主任范小建会见人民日报扶贫干部》文章，报道了范小建同志会见人民日报原扶贫领导小组副组长、原人事局局长琚平和，海外版公共关系部主任江正茂及曾赴豫扶贫干部的有关情况。

3月20日　全国第一期中青年扶贫骨干培训班在北京举行。范小建同志出席全国中青年扶贫骨干培训班开班式并授课。蒋晓华同志参加开班式。

6月12日　国务院扶贫办在京召开“西藏和四省藏区扶贫开发工作会议”。范小建同志出席会议并讲话，王国良同志主持会议并作总结讲话。中央西藏工作协调小组和财政部等有关部门的同志参加会议。

7月6日　“全国扶贫协作优势产业推介暨招商引资洽谈活动民革定点联系县专场”在北京举行。全国政协常委、民革中央副主席何丕洁，国务院扶贫办王国良同志出席会议并讲话。

7月15日　中国扶贫开发典型人物展重庆巡展开幕式在重庆三峡博物馆举行。范小建同志出席开幕式并讲话。

7月17日　亚洲政党扶贫专题会议在云南昆明开幕。来自30个国家57个政党的120多名代表出席开幕式。部分非洲国家政党和联合国、亚洲议会大会等国际组织也派观察员出席。中共中央政治局委员、国务院副总理回良玉出席开幕式并发表主旨讲话。范小建同志出席会议开幕式，郑文凯同志在闭幕式上做总结发言，张磊同志参加会议。

7月19日　中央政治局常委、国家副主席习近平在北京人民大会堂会见来华出席亚洲政党扶贫专题会议的各国政党代表。范小建同志陪同会见。

7月19—28日　范小建同志陪同全国政协李金华副主席赴内蒙古自治区喀喇沁旗、克什克腾旗、西乌珠穆沁旗、东乌珠穆沁旗、锡林浩特市、阿巴嘎旗、苏尼特左旗、苏尼特右旗、四子王旗、武川县调研。

9月14日　由中国财政部、世界银行、中国商务部和国务院扶贫办共同主办的第三届中非共享发展经验高级研讨会在京开幕。郑文凯副主任出席开幕式并致辞。

10月17日　2010年“减贫与发展高层论坛”暨第三届“中国消除贫困奖”颁奖仪式在北京钓鱼台国宾馆举行。中共中央政治局委员、国务院副总理、国务院扶贫开发领导小组组长回良玉出席开幕式，为“中国消除贫困奖”获得者颁奖并发表重要讲话。范小建同志出席会议并作主旨发言。王国良、郑文凯、蒋晓华同志参加活动。

10月20日　国务院扶贫办和世界银行共同在北京召开“中国贫困农村地区可持续发展项目”启动会。范小建同志出席会议并讲话，郑文凯同志参加会议。

11月1—3日　由中国国际扶贫中心和联合国开发计划属、埃塞俄比亚政府联合主办的“中国－非洲减贫与发展会议”在埃塞俄比亚首都亚的斯亚贝巴召开，郑文凯同志率团出席会议。

11月8—10日　国务院扶贫办在银川市、福州市分别召开全国地方党政领导干部扶贫工作座谈会，向全国28个省（区、市）部分地、州、市的党政领导，部分国家扶贫开发工作重点县党政领导介绍纲要起草情况并征求意见。范小建同志出席会议并讲话，王国良同志主持会议。

11月18日　“全国扶贫协作优势产业推介暨招商引资洽谈活动表彰会”在北京举行，来自中西部19个省（区、市）扶贫办、52个扶贫开发工作重点县以及全国企业家代表约600人参加了洽谈表彰会。全国人大常委会副委员长周铁农出席会议并讲话。范小建同志出席并致辞，郑文凯同志主持会议。

11月26日　国务院扶贫办减贫形势分析座谈会在京召开。中央政策研究室、国务院研究室、民政部、国家统计局、中国改革发展基金会、中国社科院、中国农科院和中国农业大学等部门的领导和专家应邀参加了座谈。范小建同志主持会议并讲话，王国良、蒋晓华同志参加。

11月28日　中国老区建设促进会成立20周年总结表彰大会在京举行。中共中央政治局常委、全国政协主席贾庆林在人民大会堂会见了出席总结表彰大会的代表并发表重要讲话。中共中央政治局委员、国务院副总理回良玉一同参加会见。范小建同志主持。

11月30日—12月1日　范小建同志陪同温家宝总理到四川省凉山州西昌市、昭觉县、布拖县调研。

12月1日　中国扶贫开发协会第四届会员大会在北京召开。中共中央政治局常委、全国政协主席贾庆林在全国政协礼堂会见前来出席会议的全体代表和“千人千村星火扶贫工程”贫困地区大学生村官代表并发表重要讲话。中共中央政治局委员、国务院副总理回良玉，全国政协副主席李金华和十届全国人大常委会副委员长顾秀莲同志一同参加会见。范小建、王国良同志参加会议。

12月19—22日　范小建同志出席中央农村工作会议，并主持召开全国扶贫工作会议，作主旨讲话。王国良、郑文凯、蒋晓华同志参加会议。会议部分代表列席了中央农村工作会议开、闭幕式。

12月22日　《中国扶贫开发年鉴（2010）》首发式在京举行。范小建、王国良同志出席首发式并向各省扶贫办代表赠书，活动由蒋晓华同志主持。

附录（二）
重要政策文件汇编

☆　扶贫工作文件
☆　行业政策
☆　中央政策

扶贫工作文件

关于开展2010年科技扶贫综合试点工作的通知

国开办发［2010］21号

各省（区、市）扶贫办：

为促进先进实用农业科学技术在贫困地区的推广，增加贫困群众收入，经研究决定，2010年继续开展科技扶贫综合试点，现将有关事宜通知如下：

一、试点原则

按照《国务院扶贫办科技扶贫综合试点项目申报指南》（国开办发［2009］30号文件）的要求，试点项目要切实贯彻《关于对农村低收入人口全面实施扶贫政策进一步做好扶贫工作的意见》精神，瞄准扶贫开发对象，要与防灾减灾相结合，抓住关键环节和关键技术，突出重点，通过财政科技扶贫资金的支持，促进贫困地区主导、特色优势产业的发展。

二、试点范围和规模

试点资金主要支持国家扶贫工作重点县，用于解决制约当地主导、特色优势产业发展的关键技术和关键环节。单个项目支持资金额度原则上不超过200万元，实施周期不超过2年。

三、资金使用范围

试点资金主要支持良种引进、培育和种养殖技术的培训和推广；支持先进适用技术引进、推广和培训；设施农业项目主要支持农户培训、种苗补贴以及技术推广必需的少量设备购置等。不能用于项目单位劳务费、厂房修建等开支。

四、具体要求

（一）要严格按照2009年印发的《国务院扶贫办科技扶贫综合试点项目申报指南》的要求，开展项目的设计、编制和申报。项目申报单位资质和项目可行性研究报告编制单位资质需符合《申报指南》的要求。

（二）4月30日前，商本省（区、市）财政厅（局），共同推荐2—3个项目，报送国务院扶贫办（同时报送电子版，并抄送中国扶贫发展中心）。

（三）我办将委托中国扶贫发展中心组织专家对各省推荐项目进行评估。推荐项目超出3个的，将不进入评审程序。

（四）项目申报以省为单位统一报送。申报时间以邮戳为准，超过时间即视为自动放弃。

专此通知。

二〇一〇年三月十二日

关于做好2010年“三个确保”工作的通知

国开办发［2010］24号

各省、自治区、直辖市扶贫办：

2010年是《中国农村扶贫开发纲要（2001—2010年）》的收官之年，也是实现“三个确保”目标的最后一年，为确保如期完成任务，打一个漂亮战，现就有关工作通知如下：

一、继续深化认识

抓好“三个确保”工作，是贯彻党的十七大“加大对革命老区、民族地区、边疆地区、贫困地区发展扶持力度”要求的具体体现，是实现《中国农村扶贫开发纲要（2001—2010年）》目标的重要措施，对推动民族团结、边疆稳定、加快革命老区发展步伐、促进社会和谐，具有十分重要的意义。各级扶贫部门要从全局和战略高度提高认识，进一步统一思想，增强责任感和自觉性，完善措施，集中力量，加大投入，确保工作任务的如期完成。

二、明确各省任务

根据2008—2009年“三个确保”村完成情况，以及2010年实施计划，我办对各省（区、市）2010年“三个确保”工作任务进行了分解（详见附件），请遵照执行。

三、具体工作要求

（一）中央和地方财政扶贫资金要向“三个确保”村倾斜，确保每村财政扶贫资金投入不少于50万元。各级扶贫部门要加强领导、明确责任、积极协调、整合资源、优化扶贫资金使用结构，提高扶贫资金使用效益，坚决完成“三个确保”任务。

（二）要认真贯彻落实《关于对农村低收入人口全面实施扶贫政策进一步做好扶贫工作意见的通知》（国开发［2010］2号）要求，瞄准对象，完善到户扶贫措施，使扶贫对象真正得到直接、有效扶持。

（三）要坚持用参与式的方法，让贫困农户充分参与扶贫规划的制定、实施和管理，使扶贫项目符合贫困群众需要，切实提高其自我发展能力。

（四）要求把“三个确保”工作纳入扶贫绩效考核范围，进一步落实扶贫责任。

专此通知。

附件：2010年“三个确保”工作任务分解

二〇一〇年三月十九日

附件：

2010 年“三个确保”工作任务分解

单位：个

省名	总计	其中	
		重点县老区贫困村	边境沿线贫困村
河北	828	828	0
山西	1774	1774	0
吉林	69	63	6
黑龙江	151	145	6
安徽	297	297	0
江西	596	596	0
河南	808	808	0
湖北	1252	1252	0
湖南	593	593	0
广西	760	683	77
海南	23	23	0
重庆市	104	104	0
四川	155	155	0
贵州	568	568	0
陕西	806	806	0
甘肃	94	94	0
宁夏	114	114	0
新疆	31	0	31
总计	9023	8903	120

“县为单位、整合资金、整村推进、连片开发”试点工作的通知

国开办发［2010］42号

各省、自治区、直辖市扶贫办、财政厅（局）：

“县为单位、整合资金、整村推进、连片开发”（以下简称“连片开发”）试点开展以来，各地高度重视，加强组织领导，科学编制规划，加大资金整合力度，精心组织实施，取得明显成效。为进一步发挥“连片开发”试点示范效应，提高资金使用效益，国务院扶贫办和财政部决定，2010年，“连片开发”试点工作在继续扩大试点规模的同时，将进一步创新和完善试点机制，强化试点规划编制和绩效考评。现将有关要求通知如下：

一、完善试点机制

为完善试点机制，推动试点县科学编制和实施试点规划，并加强对试点工作的绩效考评，2010年，“连片开发”试点工作将进行适当调整。

（一）试点工作期限调整。2010年，试点县的试点期限由原来的一年改为三年，第一年为试点启动期，第二年为规划实施期，第三年为评估验收期。

（二）试点规划编制和实施调整。2010年，由原来的一年编制试点规划和一年实施改为编制三年规划，分三年实施。

（三）中央补助资金安排调整。中央财政对试点县的试点补助资金控制数由原来的1000万元改为三年合计1200万元，其中：第一年补助500万元，第二年补助500万元，第三年根据绩效考评结果，补助限额为200万元。

（四）扩大试点范围。2010年，“连片开发”试点工作在中西部22个省（区、市）100个试点县（含10个革命老区建设示范试点县）范围内开展（分省规模见附件）。

二、试点县遴选条件

重点向国家扶贫开发工作重点县中的革命老区县、民族县及边境县倾斜，并按以下条件遴选试点县。

（一）试点县县委、县政府高度重视扶贫开发工作，对试点工作积极性高，能担负起试点工作的领导责任。

（二）试点县扶贫、财政等部门力量较强，扶贫资金和项目管理水平较高，能够密切协作配合，担负起试点工作的组织和协调责任。

（三）试点县内有贫困村相对集中的片区，对片区的扶贫开发有明确的综合治理思路。

（四）试点县对整合资金的认识水平较高，能整合和统筹资金用于片区开发。

（五）试点县片区内有一定的特色优势产业基础，对农村贫困群众增收的带动效益明显，贫困群众参与程度高。

革命老区建设示范试点县的遴选，除具备上述条件外，还需具备以下两个条件：一是对革命贡献大、贫困程度深的老区县；二是“三个确保”任务重、贫困村相对集中的老区县。

三、试点规划编制

试点规划是试点工作有序推进的基础，也是绩效考评的重要依据，试点县要科学编制试点规划。

（一）明确规划内容。试点规划的主要内容包括规划行政范围、分年度和分部门任务、实施主体和工作措施、组织领导和监督管理等。

（二）合理确定连片开发规划范围。主要根据中央财政对试点县的试点补助资金控制数、整合资金数量和农民投劳投入数等情况，以及在适度投入强度下可能完成的任务来合理确定连片开发规划范围。

（三）科学分解分年度和分部门任务。通过参与式扶贫方法，确定片区内最需要优先解决的公益性生产生活基础设施建设和特色优势产业发展项目，并根据整合资金的政策要求和部门职责，将项目的年度任务分解和落实到各部门。

（四）项目设计中，建立扶持项目与贫困农户直接有效受益的利益连接机制，加大对直接到贫困户环节的扶持力度。

四、试点工作绩效考评

国务院扶贫办和财政部将在试点期间对试点工作进行绩效考评（具体考评办法另发），绩效考评的对象主要是试点规划的实施情况和实施效果，特别是第三年度试点资金将根据对试点县第二年度试点规划实施情况的绩效考评结果进行拨付或扣减。对各省试点县绩效考评的总体结果将作为确定各省下一轮试点规模的重要依据。各省（区、市）也要积极探索建立绩效考评制度。

五、试点规划评审和报送

（一）各省（区、市）扶贫办和财政厅（局）要对本省试点县的试点规划开展评审工作，并于6月10日前以省为单位将评审合格或根据评审意见修改后合格的试点规划报送至国务院扶贫办开发指导司和财政部农业司。

（二）国务院扶贫办和财政部将对各省试点规划进行合规性评审工作。各省根据中央评审意见组织试点县对试点规划进行修改，形成正式试点规划报国务院扶贫办和财政部备案。

（三）试点规划上报备案后，原则上不能再进行更改。确需更改的，要按程序上报省级备案。

六、试点资金使用和管理

（一）试点县积极创新财政资金使用管理方式，探索采取以奖代补、贴息等方式开展试点工作，提高中央财政扶贫资金使用效果。

（二）试点县要加强资金和项目管理，严格按照有关规定，实行项目招投标制、公告公示制、资金报账制及政府采购制等制度。

七、其他事项

（一）东部沿海有扶贫开发任务的6省

可根据本通知精神，自主开展试点工作。

（二）各省（区、市）及试点县扶贫、财政部门要高度重视试点工作，加强调查研究和经验总结，分析存在问题，提出改进建议，并于2011年1月报送2010年试点工作进展情况。

专此通知。

附件：各省（区、市）"连片开发"和老区建设示范试点县名额分配表

二〇一〇年五月十二日

附件：

各省（区、市）“连片开发”和老区建设示范试点县名额分配表

省份	2010 年建议数		2010 年合计数	资金（万元）
	连片开发	革命老区		
合计	90	10	100	50000
河北	3	1	4	2000
山西	4		4	2000
内蒙古	5		5	2500
吉林	3		3	1500
黑龙江	3		3	1500
安徽	3	1	4	2000
江西	3	1	4	2000
河南	3	1	4	2000
湖北	3	1	4	2000
湖南	3	2	5	2500
广西	5	1	6	3000
海南	1		1	500
重庆	5		5	2500
四川	5	1	6	3000
贵州	5		5	2500
云南	6		6	3000
西藏	5		5	2500
陕西	5	1	6	3000
甘肃	6		6	3000
青海	5		5	2500
宁夏	3		3	1500
新疆	6		6	3000

关于开展财政扶贫资金专项清理和检查工作的通知

国开办发［2010］77号

各省、自治区、直辖市扶贫办：

根据《财政部　监察部　国务院纠风办　审计署关于印发〈关于开展强农惠农资金专项清理和检查工作的实施意见〉的通知》（财农［2010］176号）统一部署和全国强农惠农资金专项清理和检查有关精神，今年在全国范围对财政扶贫资金（发展资金）管理使用情况进行专项清理和检查。现就有关事项通知如下：

一、充分认识专项清理检查的重要意义

党中央、国务院高度重视扶贫工作，近年来不断增加中央财政扶贫资金投入，特别是近两年，资金增量和增幅均达到历史最高水平，地方各级也不断加大扶贫投入。各级扶贫部门采取了一系列具体措施，切实加强资金管理，创新资金使用和监管机制，对促进贫困地区发展、增加贫困群众收入、解决和巩固温饱成果，发挥了重要作用。但是一些地区、一些部门在财政扶贫资金的使用管理上仍然不同程度地存在制度不健全、管理不规范、监督不到位等问题，影响了资金使用效益的充分发挥和财政扶贫政策的落实。因此，对扶贫资金开展专项清理检查，是解决目前扶贫资金监管中存在问题的重要举措，是贯彻党的十七大精神和落实科学发展观的具体体现。各级扶贫部门要进一步增强责任感和自觉性，高度重视、密切配合，扎扎实实做好扶贫资金专项清查工作。

二、专项清理检查的目标、范围、内容和步骤

（一）专项清查的目标

以促进扶贫开发政策落实为着力点，以加大扶贫资金清理力度、纠正和查处违规违纪问题、保障资金管理使用安全为重点，切实解决工作中存在的突出问题和人民群众反映强烈的问题。通过开展专项清查，力争实现政策制度设计更加完善、部门管理职责更加明晰、资金监管体系更加完备、资金统筹安排更加合理、资金使用效益更加显著、广大人民群众更加满意的目标。

（二）专项清查的范围

在有扶贫任务的28个省（区、市），对2007年至2009年中央和地方安排的财政发展资金（不含以工代赈资金、少数民族发展资金）的管理使用情况进行专项清查。

（三）专项清查的内容

1. 清理。对2007—2009年中央和地方安排的财政发展资金的安排使用情况进行全面清理。

2. 检查。对各级安排的财政发展资金，从资金安排、分配、拨付、使用、项目实

施等环节进行全面检查，特别要注意检查和纠正资金管理使用中存在的问题。一是管理制度是否完善，使用范围和投向是否符合规定。二是是否及时拨付扶贫资金或履行项目报账，特别是到户的财政扶贫项目补助资金是否及时足额到户。三是是否存在多头申报、虚报冒领、套取资金的问题。四是是否存在截留、挤占、挪用资金的问题。五是是否存在滞留、资金使用效率较低的问题。六是财政扶贫资金账户设置和资金划转存在的问题。七是违反制度规定的其他问题。

（四）专项清查的步骤

此次专项清查工作采取自查自纠和重点检查相结合的方式，自2010年7月开始至2010年底结束，分组织动员、实施检查和整改总结三个阶段进行。

1. 组织动员阶段（7月20日—7月底）。各省（区、市）扶贫办按照本“通知”精神，结合省级强农惠农资金专项清查工作部署，研究制定本省财政发展资金专项清查方案，做好组织动员工作，明确任务和要求。

2. 实施检查阶段（7月底—9月20日）。按照专项清查的内容和要求，组织安排相关市县开展自查自纠。主要工作包括：一是梳理发展资金项目。二是积极开展“回头看”。对以前监督检查和审计发现的问题分类梳理，并逐项检查后续整改落实情况。对未及时纠正整改的问题，应采取切实行之有效的手段予以坚决纠正。三是认真排查解决新问题。要从制度政策落实、项目申报审批、资金下达、拨付和使用等环节，对财政发展资金使用管理情况进行全面检查。对发现的问题，能立即纠正的要立即纠正；对当前立即纠正有困难的问题要落实整改责任，制定详细整改计划，限期整改。四是健全完善制度。针对自查发现的问题，要深入分析原因，着眼于财政扶贫政策的有效落实和财政扶贫资金效益的最大发挥，着力健全监管机制，完善监管制度。

省扶贫办要在县级全面组织自查基础上，进行抽查。抽查面不低于所涉及市县总数的50%，8月31日前完成。我办将视情况进行抽查。

根据强农惠农资金专项清查工作部级领导小组统一部署，我办将牵头会同有关部门，对贵州和云南省强农惠农资金使用管理情况进行重点检查。以上两省扶贫办要协调有关部门，主动收集、整理专项清查工作的有关情况和信息，并将有关情况及时报我办规划财务司。

3. 整改总结阶段（9月21日—11月30日）。

各省（区、市）扶贫办对专项清查工作进行全面总结，根据自查自纠情况和重点检查反馈意见，对存在的问题进行整改。2010年10月10日前，将财政发展资金专项清查工作总结（包括电子版）报我办。报告要全面、客观评价当前财政发展资金管理现状，总结专项清查工作做法和成效，提出改进和加强财政发展资金管理和监督的意见和建议。

三、几点要求

（一）高度重视，加强组织领导

各级扶贫部门要以邓小平理论和“三个代表”重要思想为指导，深入贯彻落实科学发展观，以维护广大人民群众根本利益为出发点，贯彻落实第十七届中央纪委第五次全会、国务院第三次廉政工作会议和全国纠风工作等会议精神，高度重视扶贫资金专项清查工作，切实加强领导。扶贫办主要负责同志要亲自研究和部署，抽调业务骨干专门负责专项清理工作，确保工作顺利开展。

（二）精心安排，做好协调配合

各级扶贫部门要按照本“通知”要求，周密安排，精心部署，组织开展工作，总结分析扶贫资金专项清理的做法和经验，研究提出加强和完善监管措施的政策建议。同时，要按照省级强农惠农资金专项清查领导小组统一部署，配合其他成员部门开展清查工作。在清查工作中遇到与其他部门和单位相关的问题，应及时向相关部门和单位通报。

（三）加强整改，严格责任追究

各级扶贫部门对自查和重点检查阶段发现的问题，要制定详细整改计划，落实整改责任，限期整改。对于违规违纪和涉嫌犯罪的，要按照有关规定移交党政纪和司法机关处理，严格责任追究。要认真做好举报受理工作，各级扶贫办可通过设立举报电话、举报信箱等方式，建立举报登记和查处督办制度，指定专人负责，做到举报件件有交待、事事有着落。要严格执行信访举报保密制度，切实保护举报人的合法权益。

（四）完善管理，推进监管制度创新

通过专项清查，既要总结提炼各地好经验、好做法并进行推广，又要全面查找财政扶贫资金使用管理中存在的问题，深入分析原因，研究创新科学管理财政扶贫资金的制度、体制、机制，促进建立财政扶贫资金监管的长效机制。

（五）加强宣传，定期报送信息

各级扶贫部门要通过多种形式，宣传专项清查工作和扶贫政策。要通过编发工作简报等方式，及时通报专项清查工作进展情况，及时将清查工作中发现的新情况、新问题向本级专项清查领导机构报告。要向国务院扶贫办定期报送清查工作信息、有关情况和问题。

二〇一〇年七月十九日

行业政策文件

关于支持玉树地震灾后恢复重建有关税收政策问题的通知

财税［2010］59号

各省、自治区、直辖市、计划单列市财政厅（局）、国家税务局、地方税务局，新疆生产建设兵团财务局，广东分署、各直署海关：

为支持和帮助玉树地震灾区恢复重建，统筹和引导社会各方面力量，又好又快重建家园，保证用三年时间基本完成恢复重建主要任务，使灾区基本生产生活条件和经济社会发展全面恢复并超过灾前水平，根据《国务院关于支持玉树地震灾后恢复重建政策措施的意见》（国发［2010］16号）的有关规定，现就支持玉树地震灾后恢复重建有关税收政策问题通知如下：

一、关于减轻企业税收负担的税收政策

1. 对受灾地区损失严重的企业，免征企业所得税。

2. 自2010年4月14日起，受灾地区企业通过公益性社会团体、县级以上人民政府及其部门取得的抗震救灾和灾后恢复重建款项和物资，以及税收法律、法规和国务院批准的减免税金及附加收入，免征企业所得税。

3. 自2010年1月1日至2014年12月31日，对受灾地区农村信用社继续免征企业所得税。

4. 自2010年4月14日起，对受灾地区企业、单位或支援受灾地区重建的企业、单位进口国内不能满足供应并直接用于灾后重建的大宗物资、设备等，在三年内给予进口税收优惠。

各省、自治区、直辖市、计划单列市人民政府或国务院有关部门负责将所在地企业或归口管理的单位提交的直接用于灾后重建的进口国内不能满足供应的物资减免税申请汇总后报财政部，由财政部会同海关总署、国家税务总局等部门审核提出处理意见，报请国务院批准后执行。

二、关于减轻个人税收负担的税收政策

自2010年4月14日起，对受灾地区个人接受捐赠的款项、取得的各级政府发放的救灾款项，以及参与抗震救灾一线人员，按照地方各级政府及其部门规定标准取得的与抗震救灾有关的补贴收入，免征个人所得税。

三、关于支持受灾地区基础设施、房屋建筑物等恢复重建的税收政策

1. 对政府为受灾居民组织建设的安居房建设用地免征城镇土地使用税，转让时免征土地增值税。

2. 对地震中住房倒塌的农（牧）民重建住房占用耕地的，在规定标准内的部分免征耕地占用税。

3. 由政府组织建设的安居房，所签订的建筑工程勘察设计合同、建筑安装工程承包合同、产权转移书据、房屋租赁合同，免征印花税。

4. 对受灾居民购买安居房，免征契税；对在地震中损毁的应缴而未缴契税的居民住房，不再征收契税。

5. 经省级人民政府批准，对经有关部门鉴定的因地震灾害损毁的房产、土地免征房产税、城镇土地使用税。对经批准免税的纳税人已缴税款可以从以后年度的应缴税款中抵扣。

本通知所称安居房，按照国务院有关部门确定的标准执行。所称毁损的居民住房，是指经县级以上（含县级）人民政府房屋主管部门出具证明，在地震中倒塌或遭受严重破坏而不能居住的居民住房。

四、关于鼓励社会各界支持抗震救灾和灾后恢复重建的税收政策

1. 自 2010 年 4 月 14 日起，对单位和个体经营者将自产、委托加工或购买的货物通过公益性社会团体、县级以上人民政府及其部门捐赠给受灾地区的，免征增值税、城市维护建设税及教育费附加。

2. 自 2010 年 4 月 14 日起，对企业、个人通过公益性社会团体、县级以上人民政府及其部门向受灾地区的捐赠，允许在当年企业所得税前和当年个人所得税前全额扣除。

3. 财产所有人将财产（物品）直接捐赠或通过公益性社会团体、县级以上人民政府及其部门捐赠给受灾地区或受灾居民所书立的产权转移书据，免征应缴纳的印花税。

4. 对专项用于抗震救灾和灾后恢复重建、能够提供由县级以上（含县级）人民政府或其授权单位出具的抗震救灾证明的新购特种车辆，免征车辆购置税。符合免税条件但已经征税的特种车辆，退还已征税款。

五、关于促进就业的税收政策

1. 受灾地区的商贸企业、服务型企业（除广告业、房屋中介、典当、桑拿、按摩、氧吧外）、劳动就业服务企业中的加工型企业和街道社区具有加工性质的小型企业实体在新增加的就业岗位中，招用当地因地震灾害失去工作的人员，与其签订 1 年以上期限劳动合同并依法缴纳社会保险费的，经县级人力资源和社会保障部门认定，按实际招用人数和实际工作时间予以定额依次扣减营业税、城市维护建设税、教育费附加和企业所得税。

定额标准为每人每年 4000 元，可上下浮动 20%，由灾区省级人民政府根据本地区实际情况在此幅度内确定具体定额标准。

按上述标准计算的税收抵扣额应在企业当年实际应缴纳的营业税、城市维护建设税、教育费附加和企业所得税税额中扣减，当年扣减不足的，不得结转下年使用。

2. 受灾地区因地震灾害失去工作后从事个体经营（除建筑业、娱乐业以及销售不动产、转让土地使用权、广告业、房屋中介、桑拿、按摩、网吧、氧吧外）的人员，以及因地震灾害损失严重的个体工商户，按每户每年 8000 元为限额依次扣减其当年实际应缴纳的增值税、营业税、城市维护建设税、教育费附加和个人所得税。

纳税人年度应缴纳税款小于上述扣减限额的，以其实际缴纳的税款为限；大于上述扣减限额的，应以上述扣减限额为限。

六、关于税收政策的适用范围

根据《国务院关于印发玉树地震灾后恢复重建总体规划的通知》（国发［2010］17号）的规定，本通知所称“受灾地区”是指青海省玉树藏族自治州玉树、称多、治多、杂多、囊谦、曲麻莱县和四川省甘孜藏族自治州石渠县等7个县的27个乡镇。具体受灾地区范围见附件。

七、关于税收政策的执行期限

以上税收优惠政策，凡未注明具体期限的，一律执行至2012年12月31日。

各地财政、税务部门和各直属海关要加强领导、周密部署，把大力支持灾后恢复重建工作作为当前的一项重要任务，贯彻落实好相关税收优惠政策。同时，要密切关注税收政策的执行情况，对发现的问题及时逐级向财政部、海关总署、国家税务总局反映。

财政部　海关总署　国家税务总局

二〇一〇年七月二十三日

国家发展改革委印发关于进一步做好东部城市对口支持西部地区人才培训工作的指导意见的通知

发改西部［2010］2519号

有关省、自治区、直辖市，新疆生产建设兵团发展改革委，对口支援（经济协作、合作交流、扶贫）办公室：

为贯彻落实《中共中央国务院关于深入实施西部大开发战略的若干意见》（中发［2010］11号），继续组织开展东部城市对口支持西部地区人才培训，我委研究制定了《关于进一步做好东部城市对口支持西部地区人才培训工作的指导意见》，现印发给你们，请结合实际认真贯彻执行。《意见》实施过程中的有关情况请及时反馈我委。

附：关于进一步做好东部城市对口支持西部地区人才培训工作的指导意见

国家发展改革委

二〇一〇年十月二十一日

附：

关于进一步做好东部城市对口支持西部地区人才培训工作的指导意见

为认真贯彻落实党中央、国务院关于深入实施西部大开发战略的重大决策部署，全面实施《国家中长期人才发展规划纲要（2010—2020年）》，继续发挥东部城市智力资源优势，加强新一轮西部大开发人才支撑能力，根据《中共中央国务院关于深入实施西部大开发战略的若干意见》（中发［2010］11号）和中共中央办公厅、国务院办公厅《关于进一步加强西部地区人才队伍建设的意见》（中办发［2007］9号）的要求，结合西部地区人才开发工作实际，现就进一步做好“十二五”期间东部城市对口支持西部地区人才培训工作，提出如下意见。

一、主要成效和重要意义

实施西部大开发战略十年来，在中央正确领导和全国人民大力支持下，西部地区干部群众奋力拼搏，国家不断加大投入，西部大开发取得巨大成就。十年间，中央高度重视西部地区人才开发工作，把人才开发和区域发展紧密结合、相互促进，采取了一系列培养、吸引和用好各类人才的政策措施，实施了一大批人才开发重大专项工程，为西部大开发各项任务顺利完成提供了强有力的智力支撑和人才保障。

东部城市对口支持西部地区人才培训，是西部人才开发工作中的重要内容，是中央部署的一项重点人才开发专项工程。国家发展改革委按照党中央、国务院的要求，加强统筹协调，认真组织开展该项培训工作。北京、上海等13个东部城市以饱满的政治热情，坚持讲政治、讲大局、讲感情，充分发挥自身优势，紧紧围绕西部大开发重点任务，有针对性地开展了形式多样、丰富多彩的培训活动。西部地区有关部门认真做好需求调研，严格选派参训人员，加强组织管理，保证了培训工作的顺利完成。“十一五”期间，共举办150多期专题培训班，为西部地区培训13000多名发展特色优势产业和社会事业急需人才，取得了显著成效，得到了有关方面的充分肯定。

当前，中央关于新一轮西部大开发的战略目标、重点任务和主要措施已经确定，关键是靠人来落实。继续组织开展东部城市对口支持西部地区人才培训，有利于开拓视野、增长见识，进一步促进思想解放和观念更新，为继续深入推进西部大开发提供强有力的人才保证和智力支持；有利于在新一轮西部大开发中，充分吸取东部率先发展的有益经验，实现发展方式转变，提升科学发展水平；有利于促进东西部经济技术交流与合作，实现优势互补、相互促进、互利共赢。

二、指导思想和基本原则

（一）指导思想

高举中国特色社会主义伟大旗帜，以邓小平理论和“三个代表”重要思想为指导，深入贯彻落实科学发展观，紧紧围绕深入实施西部大开发的战略目标和重点任务，以培养西部地区重点领域和重点行业急需紧缺人才为出发点和落脚点，突出重点，整合资源，注重培训质量，扎实推进东部城市对口支持西部地区人才培训工作再上一新台阶，为西部大开发战略的深入实施提供人才支持。

（二）基本原则

1. 突出重点。围绕深入实施西部大开发战略重点任务和实现西部地区“十二五”经济社会发展目标，确定培训主题和内容，着力培训发展特色优势产业、战略性新兴产业和基本公共服务等方面急需人才。

2. 发挥优势。充分发挥东部城市在培训机构、培训内容、培训方法和师资等方面的优势，把东部地区的改革创新理念、发展与改革经验和做法，提炼成培训内容，为西部地区提供高水平的培训服务。

3. 着眼需求。以提升为西部地区经济社会发展服务本领和能力方面的实际需求作为着力点，科学设置培训课程，创新培训方式。

4. 注重质量。强化培训的针对性和实效性，建立和完善培训管理制度，加强对培训工作的监督检查，全面提升培训质量和效益。

三、目标任务

“十二五”期间，东部城市要为西部地区培训发展特色优势产业、战略性新兴产业和基本公共服务等方面急需的管理类人才或者业务骨干共16000人左右，每年不少于3200人。其中，北京、天津、上海、广州、深圳等城市每年各为西部地区培训不少于400人；南京、杭州、福州、青岛、厦门、宁波、苏州、烟台等城市每年各为西部地区培训不少于150人。

四、主要措施

（一）统一规划部署。西部地区省区市要结合本地实际和西部大开发的重点任务，提出年度培训需求。经国家发展改革委与东部城市统筹协调后，统一下达年度任务计划。

（二）加强培训基地和内容建设。东部城市要整合当地高校、科研院所、企业的优质教育培训资源，加大培训基地软硬件设施建设投入力度，充分发挥他们在人才培训中的作用，为对口支持人才培训提供良好的培训学习条件。培训机构要切实加强培训内容和教材建设，根据培训对象和培训主题的实际需要，提供高质量的教学内容，选派高水平师资，不断提高培训质量和效果。

（三）创新培训方式。坚持理论联系实际，按需施教。要根据不同培训班次和参训学员的特点，综合运用讲授式、研究式、互动式、案例式、模拟式、体验式等教学方法，进一步增强培训的吸引力、感染力和培训实际效果。要积极采取课堂教学与实地考察相结合、专家送教上门、远程培训等多种手段，切实提高优质培训资源利用效率。

（四）保证经费投入。西部地区省区市要负责选派参训人员的必要差旅费用；承担对口支持人才培训的东部城市要在“十二五”期间每年将专项培训经费纳入财政预算，确保完成年度培训任务。

五、工作要求

（一）严把参训人员选派关。西部地区在选派参训人员时，要按照各培训班次对参训对象的条件和要求，派出合格的人员参加培训，保证参训人员与培训主题相匹配，严禁以参加培训为由借机旅游。

（二）严把培训教学质量关。东部城市要按照高标准、负责任的原则选择确定承担具体培训任务的教学培训机构。教学培训机构要制定周密的教学计划，选配高水平师资，保证必要的学时，科学合理安排教学内容，加强教学过程管理，保证教学质量。

（三）加强培训效果评估。各有关方面要高度重视培训质量和效果评估工作，建立学员数据库，加强学员信息管理，制订完善对口培训效果评估办法，对每期培训班次的效果和质量进行评估，形成评估报告，及时反馈到培训组织管理部门。

六、组织实施

（一）西部地区省区市和东部城市要充分认识开展对口支持人才培训工作的重要意义，切实加强领导，完善工作机制，增强责任感和使命感，狠抓落实，做到领导到位、措施到位、资金到位、服务到位，不断推动对口支持人才培训工作迈上新的台阶。

（二）承担对口支持人才培训任务的省区市人民政府发展改革、对口支援等部门要把对口支持人才培训工作当作参与和支持西部大开发的具体任务，纳入年度工作计划，切实履行职责，充分发挥牵头组织作用，调动各方面积极性，争取有关部门和单位对培训工作的支持，加大宣传力度，形成各方面广泛参与的合力。

（三）国家发展改革委将加强工作的统筹和协调，进一步强化督促检查，为对口支持人才培训能力建设提供必要的支持，对工作业绩突出的单位给予表彰和奖励。

中央政策文件

中共中央　国务院关于加大统筹城乡发展力度进一步夯实农业农村发展基础的若干意见

（2010年一号文件）

2009年，是新世纪以来我国经济发展最为困难的一年。面对历史罕见国际金融危机的严重冲击，面对多年不遇自然灾害的重大考验，面对国内外农产品市场异常波动的不利影响，各地区各部门在党中央、国务院的坚强领导下，迎难而上，奋力拼搏，巩固和发展了农业农村好形势。粮食生产再获丰收，连续6年实现增产；农民工就业快速回升，农民收入连续6年较快增长；集体林权制度改革全面推进，农村体制创新取得新的突破；农村水电路气房建设继续加强，农民生产生活条件加快改变；农村教育、医疗、社保制度不断健全，农村民生状况明显改善；农村基层组织进一步巩固，农村社会和谐稳定。这为党和国家战胜困难、共克时艰赢得了战略主动，为保增长保民生保稳定提供了基础支撑。

当前，我国农业的开放度不断提高，城乡经济的关联度显著增强，气候变化对农业生产的影响日益加大，农业农村发展的有利条件和积极因素在积累增多，各种传统和非传统的挑战也在叠加凸显。面对复杂多变的发展环境，促进农业生产上新台阶的制约越来越多，保持农民收入较快增长的难度越来越大，转变农业发展方式的要求越来越高，破除城乡二元结构的任务越来越重。全党务必居安思危，切实防止忽视和放松“三农”工作的倾向，努力确保粮食生产不滑坡、农民收入不徘徊、农村发展好势头不逆转。必须不断深化把解决好“三农”问题作为全党工作重中之重的基本认识，稳定和完善党在农村的基本政策，突出强化农业农村的基础设施，建立健全农业社会化服务的基层体系，大力加强农村以党组织为核心的基层组织，夯实打牢农业农村发展基础，协调推进工业化、城镇化和农业现代化，努力形成城乡经济社会发展一体化新格局。

2010年农业农村工作的总体要求是：全面贯彻党的十七大和十七届三中、四中全会以及中央经济工作会议精神，高举中国特色社会主义伟大旗帜，以邓小平理论和“三个代表”重要思想为指导，深入贯彻落实科学发展观，把统筹城乡发展作为全面建设小康社会的根本要求，把改善农村民生作为调整国民收入分配格局的重要内容，把扩大农村需求作为拉动内需的关键举措，把发展现代农业作为转变经济发展方式的重大任务，把建设社会主义新农村和推进城镇化作为保持经济平稳较快发展的持久动力，按照稳粮保供给、增收惠民生、改革促统筹、强基增后劲的基本思路，毫不松懈地抓好农业农村工作，继续为改革发展稳定大局作出新的贡献。

一、健全强农惠农政策体系，推动资源要素向农村配置

1. 继续加大国家对农业农村的投入力度。按照总量持续增加、比例稳步提高的要求，不断增加“三农”投入。要确保财政支出优先支持农业农村发展，预算内固定资产投资优先投向农业基础设施和农村民生工程，土地出让收益优先用于农业土地开发和农村基础设施建设。各级财政对农业的投入增长幅度都要高于财政经常性收入增长幅度。预算内固定资产投资要继续向重大农业农村建设项目倾斜。耕地占用税税率提高后，新增收入全部用于农业。严格按照有关规定计提和使用用于农业土地开发的土地出让收入，严格执行新增建设用地土地有偿使用费全部用于耕地开发和土地整理的规定。对各地土地收入用于农业农村的各项资金征收和使用情况进行专项检查。继续增加现代农业生产发展资金和农业综合开发资金规模。

2. 完善农业补贴制度和市场调控机制。坚持对种粮农民实行直接补贴。增加良种补贴，扩大马铃薯补贴范围，启动青稞良种补贴，实施花生良种补贴试点。进一步增加农机具购置补贴，扩大补贴种类，把牧业、林业和抗旱、节水机械设备纳入补贴范围。落实和完善农资综合补贴动态调整机制。按照存量不动、增量倾斜的原则，新增农业补贴适当向种粮大户、农民专业合作社倾斜。逐步完善适合牧区、林区、垦区特点的农业补贴政策。加强对农业补贴对象、种类、资金结算的监督检查，确保补贴政策落到实处，不准将补贴资金用于抵扣农民交费。落实小麦最低收购价政策，继续提高稻谷最低收购价。扩大销区粮食储备规模。适时采取玉米、大豆、油菜籽等临时收储政策，支持企业参与收储，健全国家收储农产品的拍卖机制，做好棉花、食糖、猪肉调控预案，保持农产品市场稳定和价格合理水平。

3. 提高农村金融服务质量和水平。加强财税政策与农村金融政策的有效衔接，引导更多信贷资金投向“三农”，切实解决农村融资难问题。落实和完善涉农贷款税收优惠、定向费用补贴、增量奖励等政策。进一步完善县域内银行业金融机构新吸收存款主要用于当地发放贷款政策。加大政策性金融对农村改革发展重点领域和薄弱环节支持力度，拓展农业发展银行支农领域，大力开展农业开发和农村基础设施建设中长期政策性信贷业务。农业银行、农村信用社、邮政储蓄银行等银行业金融机构都要进一步增加涉农信贷投放。积极推广农村小额信用贷款。加快培育村镇银行、贷款公司、农村资金互助社，有序发展小额贷款组织，引导社会资金投资设立适应“三农”需要的各类新型金融组织。抓紧制定对偏远地区新设农村金融机构费用补贴等办法，确保 3 年内消除基础金融服务空白乡镇。针对农业农村特点，创新金融产品和服务方式，搞好农村信用环境建设，加强和改进农村金融监管。建立农业产业发展基金。积极扩大农业保险保费补贴的品种和区域覆盖范围，加大中央财政对中西部地区保费补贴力度。鼓励各地对特色农业、农房等保险进行保费补贴。发展农村小额保险。健全农业再保险体系，建立财政支持的巨灾风险分散机制。支持符合条件的涉农企业上市。

4. 积极引导社会资源投向农业农村。各部门各行业要主动服务“三农”，在制定规划、安排项目、增加资金时切实向农村倾斜。大中城市要发挥对农村的辐射带动作用。鼓励各种社会力量开展与乡村结对帮扶，参与农村产业发展和公共设施建设。企业通过公益性社会团体、县级以上人民政府及其部门或者设立专项的农村公益基金会，用于建设农村公益事业项目的捐赠支出，不超过年度利润总额12%的部分准予在计算企业所得税前扣除。有关部门要抓紧健全科技、教育、文化、卫生等下乡支农制度，通过完善精神物质奖励、职务职称晋升、定向免费培养等措施，引导更多城市教师下乡支教、城市文化和科研机构到农村拓展服务、城市医师支援农村。健全农业气象服务体系和农村气象灾害防御体系，充分发挥气象服务“三农”的重要作用。

5. 大力开拓农村市场。针对经济发展和农民生产生活需要，适时出台刺激农村消费需求的新办法新措施。加大家电、汽车、摩托车等下乡实施力度，大幅度提高家电下乡产品最高限价，对现行限价内的产品继续实行13%的补贴标准，超出限价的实行定额补贴，允许各省（自治区、直辖市）根据本地实际增选一个品种纳入补贴范围，补贴对象扩大到国有农林场（区）职工。改善售后服务，加强市场监管，严禁假冒伪劣产品流入农村。大力发展物流配送、连锁超市、电子商务等现代流通方式，支持商贸、邮政等企业向农村延伸服务，建设日用消费品、农产品、生产资料等经营网点，继续支持供销合作社新农村现代流通网络工程建设，提升“万村千乡”超市和农家店服务功能质量。鼓励农村金融机构对农民建房、购买汽车和家电等提供消费信贷，加大对兴办农家店的信贷投放。

二、提高现代农业装备水平，促进农业发展方式转变

6. 稳定发展粮食等大宗农产品生产。在稳定粮食播种面积基础上，大力优化品种结构，着力提高粮食单产和品质。全面实施全国新增千亿斤粮食生产能力规划，尽快形成生产能力。加快建立健全粮食主产区利益补偿制度，增加产粮大县奖励补助资金，提高产粮大县人均财力水平。有关扶持政策要向商品粮调出量大、对国家粮食安全贡献突出的产粮大县（农场）倾斜。继续减少直至取消主产区粮食风险基金地方资金配套。大力发展油料生产，加快优质油菜、花生生产基地县建设，积极发展油茶、核桃等木本油料。支持优势产区发展棉花、糖料生产。继续实施粮食丰产科技工程。扩大粮棉油糖高产创建实施规模，年内覆盖全国所有农业县（农场）。大力推进农作物病虫害专业化统防统治。支持垦区率先发展现代化大农业，建设大型农产品基地，带动周边农村经济社会发展。

7. 推进菜篮子产品标准化生产。实施新一轮菜篮子工程建设，加快园艺作物生产设施化、畜禽水产养殖规模化。支持建设生猪、奶牛规模养殖场（小区），发展园艺作物标准生产基地和水产健康养殖示范场，开展标准化创建活动，推进畜禽养殖加工一体化。支持畜禽良种繁育体系建设。加强重大动物疫病防控，完善扑杀补贴政策，推进基层防疫体系建设，健全工作经费保障机制。增加渔政、渔港、渔船安全设施等建设投入，搞好水生生物增殖放流，支持发展远洋渔业。加快农产品质量安全

监管体系和检验检测体系建设，积极发展无公害农产品、绿色食品、有机农产品。

8. 突出抓好水利基础设施建设。国家固定资产投资要把水利建设放在重要位置。继续加强大江大河大湖治理，逐步推进重点中小河流治理。加快大中型水利枢纽工程建设，搞好蓄滞洪区建设和山洪灾害防治。大力推进大中型灌区续建配套和节水改造，加快末级渠系建设。按期完成规划内病险水库除险加固任务，统筹安排其余病险水库除险加固。在科学规划论证基础上，启动大中型病险水闸除险加固。加快大型灌排泵站更新改造。拓宽水利建设基金筹资渠道。大幅度增加中央和省级财政小型农田水利设施建设补助专项资金规模，新增一批小型农田水利建设重点县。大力发展高效节水灌溉，支持山丘区建设雨水集蓄等小微型水利设施。通过一事一议、财政补助等办法，鼓励农民自愿投工投劳开展直接受益的小型水利设施建设。深化水利工程管理体制改革。推广农民用水户参与管理模式，加大财政对农民用水合作组织的扶持力度。加强基层抗旱排涝和农村水利技术服务体系建设。

9. 大力建设高标准农田。按照统筹规划、分工协作、集中投入、连片推进的要求，加快建设高产稳产基本农田。重视耕地质量建设，加大投入力度，安排中长期政策性贷款，支持农田排灌、土地整治、土壤改良、机耕道路和农田林网建设，把800个产粮大县的基本农田加快建成高标准农田，建立稳固的商品粮基地。继续增加农业综合开发、农村土地整治投入，有计划分片推进中低产田改造。扩大测土配方施肥、土壤有机质提升补贴规模和范围。推广保护性耕作技术，实施旱作农业示范工程，对应用旱作农业技术给予补助。

10. 提高农业科技创新和推广能力。切实把农业科技的重点放在良种培育上，加快农业生物育种创新和推广应用体系建设。继续实施转基因生物新品种培育科技重大专项，抓紧开发具有重要应用价值和自主知识产权的功能基因和生物新品种，在科学评估、依法管理基础上，推进转基因新品种产业化。推动国内种业加快企业并购和产业整合，引导种子企业与科研单位联合，抓紧培育有核心竞争力的大型种子企业。培养农业科技领军人才，发展农业产学研联盟，加强农业重点实验室、工程技术中心、科技基础条件平台建设。实施农村科技创业行动、科技富民强县专项行动计划、科普惠农兴村计划，推进现代农业产业技术体系建设。抓紧建设乡镇或区域性农技推广等公共服务机构，扩大基层农技推广体系改革与建设示范县范围。积极发展多元化、社会化农技推广服务组织。启动基层农技推广机构特设岗位计划，鼓励高校涉农专业毕业生到基层农技推广机构工作。推进农用工业技术改造。加快发展农业机械化，大力推广机械深松整地，支持秸秆还田、水稻育插秧等农机作业。创建国家现代农业示范区。

11. 健全农产品市场体系。统筹制定全国农产品批发市场布局规划，支持重点农产品批发市场建设和升级改造，落实农产品批发市场用地等扶持政策，发展农产品大市场大流通。加大力度建设粮棉油糖等大宗农产品仓储设施，完善鲜活农产品冷链物流体系，支持大型涉农企业投资建设农产品物流设施。加快发展农产品期货市场，逐步拓展交易品种，鼓励生产经营者运用期货交易机制规避市场风险。发展农业会展经济，支持农产品营销。全面推进双百市场工程和农超对接，重点扶持农产品生产基地与大型连锁超市、学校及大企业等产销对接，减少流通环节，降低流通成本。大力培育农村经纪人，充分运用地理标志和农产品商标促进特色农业发展。加强市场动态监测和信息服务。完善全国鲜活农产品绿色通道政策。

12. 构筑牢固的生态安全屏障。巩固退耕还林成果，在重点生态脆弱区和重要生态区位，结合扶贫开发和库区移民，适当增加安排退耕还林。延长天然林保护工程实施期限，抓紧制定实施办法。继续推进三北、沿海、长江等防护林体系和京津风沙源治理、湿地保护与恢复等重点林业生态工程建设。统筹推进青海三江源生态保护和建设。加大力度筹集森林、草原、水土保持等生态效益补偿资金。从2010年起提高中央财政对属集体林的国家级公益林森林生态效益补偿标准。建立造林、抚育、保护、管理投入补贴制度，开展造林苗木、森林抚育补贴试点，中央财政对林木良种生产使用、中幼林和低产林抚育给予补贴。编制林地保护利用规划，启动森林经营工程，增强森林生态服务功能，提高林地综合产出能力。大力增加森林碳汇。切实加强草原生态保护建设，加大退牧还草工程实施力度，延长实施年限，适当提高补贴标准。落实草畜平衡制度，继续推行禁牧休牧轮牧，发展舍饲圈养，搞好人工饲草地和牧区水利建设。推进西藏草原生态保护奖励机制试点工作。加大草原鼠虫害防治力度。加强草原监理体系建设，强化草原执法监督。实施国家水土保持重点建设工程，加快岩溶地区石漠化和南方崩岗治理，启动坡耕地水土流失综合治理工程，搞好清洁小流域建设。加强农业面源污染治理，发展循环农业和生态农业。

三、加快改善农村民生，缩小城乡公共事业发展差距

13. 努力促进农民就业创业。建立覆盖城乡的公共就业服务体系，积极开展农业生产技术和农民务工技能培训，整合培训资源，规范培训工作，增强农民科学种田和就业创业能力。因地制宜发展特色高效农业、林下种养业，挖掘农业内部就业潜力。推进乡镇企业结构调整和产业升级，扶持发展农产品加工业，积极发展休闲农业、乡村旅游、森林旅游和农村服务业，拓展农村非农就业空间。完善促进创业带动就业的政策措施，将农民工返乡创业和农民就地就近创业纳入政策扶持范围。加大农民外出务工就业指导和服务力度，切实维护农民工合法权益，促进农村劳动力平稳有序转移。健全农民工社会保障制度，深入开展工伤保险全覆盖行动，加强职业病防治和农民工健康服务，将与企业建立稳定劳动关系的农民工纳入城镇职工基本医疗保险，抓紧落实包括农民工在内的城镇企业职工基本养老保险关系转移接续办法。落实以公办学校为主、以输入地为主解决好农民工子女入学问题的政策，关心农村留守儿童。

14. 提高农村教育卫生文化事业发展水平。巩固和完善农村义务教育经费保障机制，落实好教师培训制度和绩效工资制度。农村学校布局要符合实际，方便学生上学，保证学生安全。继续实施中小学校舍安全工程。逐步改善贫困地区农村学生营养状况。大力发展中等职业教育，继续推进农村中等职业教育免费进程。逐步实施农村新成长劳动力免费劳动预备制培训。完善农村三级医疗卫生服务网络，落实乡镇卫生院人员绩效工资和乡村医生公共卫生服务补助政策，逐步实施免费为农村定向培养全科医生和招聘执业医师计划。搞好农村地区妇幼卫生工作和疾病防治，加强农村食品和药品监管。积极发展农村远程教育、远程医疗。稳定农村低生育水平，继续推进新农村新家庭计划和少生快富工程，完善农村部分计划生育家庭奖励扶助制度和计划生育家庭特别扶持制度，加强和创新农村流动人口计划生育服务管理。建立稳定的农村文化投入保障机制，推进广播电视村村通、文化信息资源共享、乡镇综合文化站和村文化室、农村电影放映、农家书屋等重点文化惠民工程建设和综合利用，广泛开展群众性精神文明创建活动和农民健身活动。

15. 提高农村社会保障水平。逐步提高新型农村合作医疗筹资水平、政府补助标准和保障水平。做好新型农村合作医疗、农村医疗救助、城镇居民基本医疗保险、城镇职工基本医疗保险制度的政策衔接。继续抓好新型农村社会养老保险试点，有条件的地方可加快试点步伐。积极引导试点地区适龄农村居民参保，确保符合规定条件的老年居民按时足额领取养老金。合理确定农村最低生活保障标准和补助水平，实现动态管理下的应保尽保。落实和完善被征地农民社会保障政策。健全临时救助制度。逐步提高农村五保户集中供养水平。搞好农村养老院建设，发展农村养老服务，探索应对农村人口老龄化的有效办法。加大对农村残疾人生产扶助和生活救助力度，农村各项社会保障政策优先覆盖残疾人。做好农村防灾减灾工作。

16. 加强农村水电路气房建设。搞好新农村建设规划引导，合理布局，完善功能，加快改变农村面貌。加大农村饮水安全工程投入，加强水源保护、水质监测和工程运行管理，确保如期完成规划任务。鼓励有条件的地方推行城乡区域供水。适应农村用电需求快速增长的趋势，结合推进农村电力体制改革，抓紧实施新一轮农村电网改造升级工程，提升农网供电可靠性和供电能力。继续实施小水电代燃料工程，推进水电新农村电气化县建设。全面完成“十一五”农村公路建设任务，落实农村公路管理养护责任，推进城乡客运交通一体化。加快推进农村户用沼气、大中型沼气和集中供气工程建设，加强沼气技术创新、维护管理和配套服务。支持农村开发利用新能源，推进农林废弃物资源化、清洁化利用。加快推进农村危房改造和国有林区(场)、垦区棚户区改造，继续实施游牧民定居工程。抓住当前农村建房快速增长和建筑材料供给充裕的时机，把支持农民建房作为扩大内需的重大举措，采取有效措施推动建材下乡，鼓励有条件的地方通过多种形式支持农民依法依规建设自用住房。加强村镇规划，引导农民建设富有地方特点、民族特色、传统风貌的安全节能环保型住房。实行以奖促治政策，稳步推进农村环境综合整治，开展农村排水、河道疏浚等试点，搞好垃圾、污水处理，改善农村人居环境。采取有效措施防止城市、工业污染向农村扩散。推进农村信息化，积极支持农村电信和互联网基础设施建设，健全农村综合信息服务体系。

17. 继续抓好扶贫开发工作。坚持农村开发式扶贫方针，加大投入力度，逐步扩大扶贫开发和农村低保制度有效衔接试点，对农村低收入人口全面实施扶贫政策，着力提高贫困地区群众自我发展能力，确保扶贫开发工作重点县农民人均纯收入增长幅度高于全国平均水平。因地制宜加大整村推进、劳动力转移培训、产业化扶贫、以工代赈等各项扶贫工作力度，加快贫困地区基础设施建设和社会事业发展。积极稳妥实行扶贫易地搬迁，妥善解决移民后续发展问题。对特殊类型贫困地区进行综合治理。扩大贫困村互助资金、连片开发以及彩票公益金支持革命老区建设等试点。动员社会各界参与扶贫事业，充分发挥行业扶贫作用，积极开展反贫困领域国际交流合作。研究制定未来10年扶贫开发纲要和相关规划。

四、协调推进城乡改革，增强农业农村发展活力

18. 稳定和完善农村基本经营制度。完善农村土地承包法律法规和政策，加快制定具体办法，确保农村现有土地承包关系保持稳定并长久不变。继续做好土地承包管理工作，全面落实承包地块、面积、合同、证书“四到户”，扩大农村土地承包经营权登记试点范围，保障必要的工作经费。加强土地承包经营权流转管理和服务，健全流转市场，在依法自愿有偿流转的基础上发展多种形式的适度规模经营。严格执行农村土地承包经营纠纷调解仲裁法，加快构建农村土地承包经营纠纷调解仲裁体系。按照权属明确、管理规范、承包到户的要求，继续推进草原基本经营制度改革。稳定渔民水域滩涂养殖使用权。鼓励有条件的地方开展农村集体产权制度改革试点。

19. 有序推进农村土地管理制度改革。坚决守住耕地保护红线，建立保护补偿机制，加快划定基本农田，实行永久保护。落实政府耕地保护目标责任制，上级审计、监察、组织等部门参与考核。加快农村集体土地所有权、宅基地使用权、集体建设用地使用权等确权登记颁证工作，工作经费纳入财政预算。力争用3年时间把农村集体土地所有权证确认到每个具有所有权的农民集体经济组织。有序开展农村土地整治，城乡建设用地增减挂钩要严格限定在试点范围内，周转指标纳入年度土地利用计划统一管理，农村宅基地和村庄整理后节约的土地仍属农民集体所有，确保城乡建设用地总规模不突破，确保复垦耕地质量，确保维护农民利益。按照严格审批、局部试点、封闭运行、风险可控的原则，规范农村土地管理制度改革试点。加快修改土地管理法。

20. 着力提高农业生产经营组织化程度。推动家庭经营向采用先进科技和生产手段的方向转变，推动统一经营向发展农户联合与合作，形成多元化、多层次、多形式经营服务体系的方向转变。壮大农村集体经济组织实力，为农民提供多种有效服务。大力发展农民专业合作社，深入推进示范社建设行动，对服务能力强、民主管理好的合作社给予补助。各级政府扶持的贷款担保公司要把农民专业合作社纳入服务范围，支持有条件的合作社兴办农村资金互助社。扶持农民专业合作社自办农产品加工企业。积极发展农业农村各种社会化服务组织，为农民提供便捷高效、质优价廉的各种专业服务。支持龙头企业提高辐射带动能力，增加农业产业化专项资金，扶持建设标准化生产基地，建立农业产业化示范区。推进“一村一品”强村富民工程和专业示范村镇建设。

21. 积极推进林业改革。健全林业支持保护体系，建立现代林业管理制度。深化以明晰产权、承包到户为重点的集体林权制度改革，加快推进配套改革。规范集体林权流转，支持发展林农专业合作社。深化集体林采伐管理改革，建立森林采伐管理新机制和森林可持续经营新体系。完善林权抵押贷款办法，建立森林资源资产评估制度和评估师制度。逐步扩大政策性森林保险试点范围。扶持林业产业发展，促进林农增收致富。启动国有林场改革，支持国有林场基础设施建设。开展国有林区管理体制和国有森林资源统一管理改革试点。

22. 继续深化农村综合改革。深入推进乡镇机构改革。继续推进省直管县财政管理体制改革，提高县乡基本财力保障水平，落实村级组织运转经费保障政策。按相关规划和要求，中央和省级财政继续支持农村义务教育历史债务的清理化解，推进其他公益性乡村债务清理化解试点，防止发生新的乡村债务。坚持政府引导、分级负责、农民自愿、上限控制、财政补助的原则，探索建立新形势下村级公益事业建设的有效机制，认真总结一事一议财政奖补试点经验，加大财政奖补力度，扩大试点范围。继续开展农民负担重点治理，坚决防止农民负担反弹。加快落实推进供销合作社改革发展的相关政策，加强基层社建设，强化县联合社服务功能。深化农垦体制改革，分离企业办社会职能，健全社会保障制度。加强对新形势下农村改革试验区工作的指导。

23. 推进城镇化发展的制度创新。积极稳妥推进城镇化，提高城镇规划水平和发展质量，当前要把加强中小城市和小城镇发展作为重点。深化户籍制度改革，加快落实放宽中小城市、小城镇特别是县城和中心镇落户条件的政策，促进符合条件的农业转移人口在城镇落户并享有与当地城镇居民同等的权益。多渠道多形式改善农民工居住条件，鼓励有条件的城市将有稳定职业并在城市居住一定年限的农民工逐步纳入城镇住房保障体系。采取有针对性的措施，着力解决新生代农民工问题。统筹研究农业转移人口进城落户后城乡出现的新情况新问题。大力发展县域经济，抓住产业转移有利时机，促进特色产业、优势项目向县城和重点镇集聚，提高城镇综合承载能力，吸纳农村人口加快向小城镇集中。完善加快小城镇发展的财税、投融资等配套政策，安排年度土地利用计划要支持中小城市和小城镇发展。农村宅基地和村庄整理所节约的土地首先要补充耕地，调剂为建设用地的，在县域内按照土地利用总体规划使用，纳入年度土地利用计划，主要用于产业集聚发展，方便农民就近转移就业。继续推进扩权强县改革试点，推动经济发展快、人口吸纳能力强的镇行政管理体制改革，根据经济社会发展需要，下放管理权限，合理设置机构和配备人员编制。

24. 提高农业对外开放水平。支持优势农产品扩大出口，提供出口通关、检验检疫便利和优惠。推进农产品质量可追溯体系建设，支持建设出口基地。推动农产品出口信贷创新，探索建立出口信用保险与农业保险相结合的风险防范机制。积极应对国际贸易壁垒，支持行业协会和龙头企业维护自身权益。充分利用海关特殊监管区域及保税加工物流等措施，发展农产品加工贸易。加强国际农业科技和农业资源开发合作，制定鼓励政策，支持有条件的企业“走出去”。引导外资投向鼓励类产业，提高农业利用外资水平。加强农产品进出口调控，实行灵活高效的农产品进出口政策，建立健全农产品和农用物资进出口监测预警机制，严厉打击农产品走私违法犯罪行为，切实加强进出口农产品质量监督。

五、加强农村基层组织建设，巩固党在农村的执政基础

25. 加强和改进农村基层党的建设。推动农村基层党组织工作创新，扩大基层党组织对农村新型组织的覆盖面，推广在农民专业合作社、专业协会、外出务工经商人员相对集中点建立党组织的做法。加强乡镇党委书记队伍建设，选好配强乡镇党委班子。提高村党组织带头人队伍素质，注重从转业退伍军人、务工回乡青年、致富能手等党员中选拔村党组织书记。以明确责任、考核监督、保障服务为重点，加强乡、村党组织领导班子管理，及时调整软弱涣散农村基层党组织班子。抓紧落实对长期在基层和艰苦边远地区工作的干部、长期担任县乡党政领导职务的干部实行工资福利倾斜的政策，进一步完善村干部“一定三有”政策，推进从优秀村干部中考录乡镇公务员、选任乡镇领导干部工作。建立稳定规范的农村基层组织工作经费保障制度，加快村级组织活动场所、农村党员干部现代远程教育网络建设。继续选聘高校毕业生到村任职，完善下得去、待得住、干得好、流得动的长效机制。不断深化农村党的建设三级联创活动，统筹城乡基层党建工作，创新完善农村流动党员教育管理服务制度，切实加强农民工中党的工作。深入开展党性党风党纪教育，加强农村基层党风廉政建设。

26. 进一步完善符合国情的农村基层治理机制。发展和完善党领导的村级民主自治机制，规范村级民主选举、民主决策、民主管理、民主监督程序。总结各地实践经验，因地制宜推广本村重大事项由村党支部提议、支委会和村委会联席会议商议、全村党员大会审议、村民代表会议或村民会议决议，以及决议公开、实施结果公开等做法。加强对村党支部、村委会换届选举的领导和指导，严肃查处拉票、贿选等行为，确保选举平稳有序，防范和制止利用宗教、宗族等势力干预农村公共事务。加强农村集体资金、资产、资源管理，推进村务公开和民主管理“难点村”治理。开展农村社区建设创建活动，加强服务设施建设，培育发展社区服务性、公益性、互助性社会组织。强化乡镇政府社会管理和公共服务职能，建立综合服务平台，有条件的乡镇要设立便民服务中心、村设立代办点，为农民提供一站式服务。

27. 切实维护农村社会稳定。完善党和政府主导的维护群众权益机制，切实解决好农村征地、环境污染、移民安置、集体资产管理等方面损害农民利益的突出问题。加强农村法制教育，畅通农村信访渠道，引导农民群众依法理性表达合理诉求、维护自身权益。推进农业综合执法。深入开展农村平安创建活动，坚持群防群治、依靠群众，加强和改进农村社会治安综合治理，进一步推进农村警务建设，严厉打击黑恶势力和各类违法犯罪活动。加强农村消防工作，健全农村应急反应机制。全面贯彻落实党的民族政策和宗教工作基本方针，加快民族地区经济社会发展，依法管理农村宗教事务。

各级党委和政府要站在经济社会发展全局和巩固党的执政基础的战略高度，切实加强和改善党对农村工作的领导。巩固农村基层深入学习实践科学发展观活动成果，建立党员干部受教育、科学发展上水平、农民群众得实惠的长效机制。按照促进科学发展的党政领导班子和领导干部考核评价办法的要求，指导地方细化考核指标，把粮食生产、农民增收、耕地保护、环境治理、和谐稳定等纳入地方党政领导班子绩效考核。完善农村工作领导体制和工作机制，把重中之重的要求落实到领导分工、机构设置、干部配备上，不断提高农村工作领导水平。切实加大农村政策落实力度，及时组织专项督查。各级领导干部要弘扬党的优良作风，密切联系群众，创造性开展工作。充分发挥民主党派、人民团体、社会组织和工商企业的作用，形成发展现代农业和建设社会主义新农村的强大合力。

做好 2010 年农业农村工作意义十分重大。我们要紧密团结在以胡锦涛同志为总书记的党中央周围，振奋精神，开拓进取，扎实工作，奋力开创农业农村工作新局面！

国务院办公厅关于进一步做好农民工培训工作的指导意见

国办发［2010］11号

各省、自治区、直辖市人民政府，国务院各部委、各直属机构：

近年来，各地区、各部门认真贯彻落实《国务院关于解决农民工问题的若干意见》（国发［2006］5号）和《国务院办公厅转发农业部等部门2003—2010年全国农民工培训规划的通知》（国办发［2003］79号），农民工培训工作取得显著成效，政策措施逐步完善，培训力度不断加大，农民工职业技能明显提高。但也应当看到，农民工培训工作仍然存在着培训项目缺乏统筹规划、资金使用效益和培训质量不高、监督制约机制不够完善等问题。为提高农民工技能水平和就业能力，促进农村劳动力向非农产业和城镇转移，推进城乡经济社会发展一体化进程，经国务院同意，现就进一步做好农民工培训工作提出如下指导意见：

一、基本原则和主要目标

（一）基本原则

1. 统筹规划、分工负责。把农民工培训工作纳入国民经济和社会发展规划，按照地方政府分级管理，职能部门各负其责，农民工工作协调机制统筹协调的原则，建立相互配合、有序运行的工作机制。

2. 整合资源、提高效益。根据企业和农民工的实际培训需要，整合培训资源，统筹安排、集中使用农民工培训资金。按照同一地区、同一工种补贴标准统一的原则，科学制定培训补贴基本标准，规范培训项目管理，严格监管培训资金使用。

3. 政府支持、市场运作。加大政府培训投入，增强培训能力，加强规范引导。发挥市场机制在资金筹措、培训机构建设、生源组织、过程监管、效果评价等方面的积极作用，鼓励行业、企业、院校和社会力量加强农民工培训。

4. 突出重点、讲求实效。重点发挥企业和院校产学结合的作用，加强农民工职业技能培训、在岗技能提升培训、创业培训和农村实用技术培训。着力提升培训质量，使经过培训的农民工都能掌握一项实用技能，提高培训后的就业率。

（二）主要目标。按照培养合格技能型劳动者的要求，逐步建立统一的农民工培训项目和资金统筹管理体制，使培训总量、培训结构与经济社会发展和农村劳动力转移就业相适应；到2015年，力争使有培训需求的农民工都得到一次以上的技能培训，掌握一项适应就业需要的实用技能。

二、搞好培训工作统筹规划

（三）制定实施新一轮培训规划，抓好

培训项目的组织实施。按照我国经济发展、经济结构调整、产业布局和农业农村经济发展人才需求，科学统筹和把握农村劳动力转移就业的力度和节奏，制定新一轮全国农民工培训规划，纳入国民经济和社会发展中长期规划。各省（区、市）以及相关部门要根据国家农民工培训规划并结合实际，编制本地区、本行业的农民工培训规划和年度计划，明确农民工培训的规模和重点，科学规划培训机构的类型、数量和布局，认真抓好组织实施。

（四）明确培训重点，实施分类培训。根据农民工的不同需求，进一步规范培训的形式和内容，提高培训质量和效果。外出就业技能培训主要对拟转移到非农产业务工经商的农村劳动者开展专项技能或初级技能培训。技能提升培训主要对与企业签订一定期限劳动合同的在岗农民工进行提高技能水平的培训。劳动预备制培训主要对农村未能继续升学并准备进入非农产业就业或进城务工的应届初高中毕业生、农村籍退役士兵进行储备性专业技能培训。创业培训主要对有创业意愿并具备一定创业条件的农村劳动者和返乡农民工进行提升创业能力的培训。农村劳动者就地就近转移培训主要面向县域经济发展，重点围绕县域内农产品加工、中小企业以及农村妇女手工编织业等传统手工艺开展培训。

（五）以市场需求为导向，增强培训针对性。建立培训与就业紧密衔接的机制，适应经济结构调整和企业岗位需求，及时调整培训课程和内容。重点加强建筑业、制造业、服务业等吸纳就业能力强、市场容量大的行业的农民工培训。做好水库移民中的农民工培训工作。以实现就业为目标，根据产业发展和企业用工情况，组织开展灵活多样的订单式培训、定向培训，增强培训的针对性和有效性。根据县域经济发展人才需求，开展实用技能培训，促进农村劳动力就地就近转移就业；结合劳务输出开展专项培训，培育和扶持具有本地特色的劳务品牌，促进有组织的劳务输出。

（六）创新农民工培训机制。国务院农民工工作联席会议要组织协调有关部门建立培训项目管理制度，完善政府购买培训成果的机制，保证承担培训任务的院校、具备条件的企业培训机构及其他各类培训机构平等参与招投标，提高培训质量。鼓励有条件的地区探索推行培训券（卡）等有利于农民工灵活选择培训项目、培训方式和培训地点的办法。充分发挥社会各方面参与培训的积极性，建立促进农民工培训的多元投入机制。落实好中等职业教育国家助学金和免学费政策，力争使符合条件的农村劳动力尤其是未能继续升学的初、高中毕业生都能接受中等职业教育。逐步实施农村新成长劳动力免费劳动预备制培训。

三、建立规范的培训资金管理制度

（七）以省级统筹为重点，集中使用培训资金。各省（区、市）要将农民工培训资金列入财政预算，进一步加大农民工培训资金投入，并按照统筹规划、集中使用、提高效益的要求，将中央和省级财政安排的各项农民工培训资金统筹使用，各部门根据职责和任务，做好相关培训工作，改变资金分散安排、分散下达、效益不高的状况。国家有关部门要依据新一轮全国农民工培训规划和年度计划，统筹安排农民工培训资金，对地方予以适当补助。

（八）制定农民工培训补贴基本标准。

各省（区、市）要进一步完善农民工培训补贴政策，按照农民工所学技能的难易程度、时间长短和培训成本，以通用型工种为主，科学合理地确定培训补贴基本标准，并根据实际情况定期予以调整，以使农民工能够掌握一门实用技能。各中心城市或县（市）要按照同一工种补贴标准相同的原则，确定具体的补贴标准。优先对未享受过政府培训补贴的农民工进行职业技能培训，避免多部门重复培训。

（九）对培训资金实行全过程监管。各地要加强对农民工培训资金的管理，明确申领程序，严格补贴对象审核、资金拨付和内外部监管。建立健全财务制度，强化财务管理和审计监督。以完善培训补贴资金审批为重点，进一步加强基础工作。建立享受培训补贴政策人员、单位的基础信息数据库，有效甄别培训补贴申请材料的真实性，防止出现冒领行为。财政扶贫培训资金只能用于贫困家庭劳动力的培训补贴。

（十）按照谁审批谁负责的原则，严肃查处违规违纪行为。要按照政府信息公开的有关规定向社会公开培训资金使用管理情况，接受监察、审计部门和社会的监督。健全培训补贴资金与培训成本、培训质量、就业效果挂钩的绩效评估机制，严肃查处套取培训资金的行为。对有虚报、套取、私分、截留、挪用培训补贴资金等行为的单位和个人，要根据有关规定严肃查处，并按照谁审批谁负责的原则，追究相关单位和人员的责任。涉嫌犯罪的，要依法移送司法部门处理。

四、充分发挥企业培训促进就业的作用

（十一）加强产学结合的企业培训。完善企业与院校联合开展培训的政府激励机制，各级政府和有关部门要积极支持企业开展农民工培训，鼓励企业特别是劳动密集的大型企业与院校联合举办产学结合的农民工培训基地，鼓励中小企业依托职业学校、职业培训机构培训在岗农民工，鼓励有条件的企业为职业学校和培训机构提供实习场所和设备，鼓励有一定规模的企业举办农民工业余学校。

（十二）强化企业培训责任。企业要把农民工纳入职工教育培训计划，确保农民工享受和其他在岗职工同等的培训待遇，并根据企业发展和用工情况，重点加强农民工岗前培训、在岗技能提升培训和转岗培训。鼓励企业依托所属培训机构或委托所在地定点培训机构，结合岗位要求和工作需要，组织农民工参加技能提升培训。鼓励企业选送农民工参加脱产、半脱产的技能培训和职业教育，推动技术工人特别是高级技工的技能提升培训。鼓励企业组织农民工参加职业技能竞赛。

（十三）发挥行业的指导作用。行业主管部门要对本行业依托企业开展的农民工培训进行协调和指导，充分发挥行业管理优势，在培训标准、培训内容和专业师资队伍建设等方面，加强对农民工培训的监督检查。要结合行业特点和企业用工需求，办好职业学校和培训基地。各级行业组织要积极发挥作用，优化培训资源配置，做好行业人力资源预测，为企业提供培训信息等中介服务，重点抓好校企合作，形成一批具有一定规模、富有特色的农民工培训项目。

（十四）落实企业培训资金。积极探索培训资金直补用人单位的办法。对用人单位吸纳农民工并与其签订6个月以上期限劳动合同，在劳动合同签订之日起 6 个月内由用人单位组织到职业培训机构进行培训的，按照有关规定对用人单位给予职业培训补贴。企业要按照规定足额提取职工教育经费，在岗农民工教育和培训所需费用从职工教育培训经费中列支。职工教育培训经费要按规定使用，不得挪作他用，使用情况要向职工代表大会或员工大会报告。鼓励行业、企业建立农民工培训奖励基金，扶持农民工参加学习与培训。

五、努力提高培训质量

（十五）加大培训组织工作力度。逐步建立和完善农民工培训的政策法规，通过多种渠道大力宣传有关政策，督促指导行业、企业、基层劳动保障工作站点和培训机构做好各类培训的组织工作，广泛动员农民工参加培训。充分发挥人力资源市场、群团组织以及互联网、新闻媒体的作用，及时发布培训项目、培训机构、教学师资、实训设备等方面的信息，为农民工自主选择培训机构和培训项目提供便利条件。积极引导和规范培训机构组织生源的行为。

（十六）规范培训管理，加强绩效评估。各地区和有关部门要建立农村劳动力培训台账和转移就业台账，对培训对象实行实名制管理。制定农民工培训质量效益评估指标体系，统一培训考核指标、考核程序和考核办法。积极探索第三方监督机制，委托有资质的社会中介组织对培训机构的培训质量及资金使用情况进行评估。规范培训工作管理流程，加强对培训工作全程的监管考评，做到培训信息公开、审核结果公示、培训过程透明、社会参与监管。

（十七）严格培训结业考核和发证制度。对于培训机构承担的财政补贴培训项目，要建立统一规范的结业考核程序，加强对考核过程、考核结果和证书发放的监督检查。农民工参加职业技能培训，按规定程序和要求考核合格后，颁发培训合格证书、职业能力证书或职业资格证书。鼓励农民工参加职业技能鉴定，职业技能鉴定机构要积极支持企业开展培训考核和技能鉴定工作。对经鉴定合格并获得职业资格证书的农民工，要按照规定给予一次性职业技能鉴定补贴。要加强对从事高危行业和特种作业农民工的专门培训，按照有关规定持证上岗。

六、强化培训能力建设

（十八）加强培训基地建设，增强实训能力。要按照农民工培训总体规划和布局，在全国主要劳动力输出和输入地区，依托现有培训资源提升改造农民工培训示范基地。承担培训任务的机构要有符合规定条件的教学设施和实训设备，保证参加培训的农民工得到足够的实训时间，达到上岗实际操作的要求。充分利用和优化配置现有教育培训资源，共建共享共用，提高培训资源利用效率。依托农村党员干部远程教育网、农村中小学远程教育网等资源，推广农民工网络培训、广播电视教育和电化教育。新增农民工培训资源要符合区域发展规划，重点投向欠发达地区和薄弱环节。

（十九）规范农民工培训机构管理。各地方农民工工作协调机制要组织有关部门制定农民工培训机构资质规范，明确培训机构在资金、师资、设备、场地等方面的必备条件。按照公开、公平、公正的原则，根据规定的条件和程序，通过招投标方式，面向全社会选择农民工培训机构，确定其承担的培训项目和工种，并向社会公开发布。建立培训机构动态管理和退出机制，对不合格的农民工培训机构定期进行清理整顿。承担农民工培训任务的院校、具备条件的企业培训机构和其他各类培训机构要发挥优势，起到农民工培训主阵地的作用，其他农民工培训机构要加强基础建设，提高培训能力和办学水平。

（二十）加强培训基础工作。加强农民工培训专兼职师资队伍建设，鼓励高校毕业生和各类优秀人才到基层农民工培训机构服务。根据农民工培训工作的实际需要，抓好培训教材规划编写和审定工作。有关部门要切实做好农民工培训统计工作，准确统计参加培训项目的实际人数。充分利用和整合现有资源，加强公共就业服务信息网络建设，建立培训资源数据库，提供统一高效、互联互通的农民工培训信息，提高农民工培训教学和管理的信息化水平。发挥基层劳动保障工作平台的作用，及时掌握用人单位和农民工的培训需求，为农民工培训管理和服务提供准确、及时的信息。

七、加强组织领导

（二十一）完善统筹协调机制。国务院农民工工作联席会议负责全国农民工培训的统筹规划、综合协调和考核评估，联席会议成员单位按照相关政策规定和各自职责，根据统一规划和年度计划，指导各地具体组织实施农民工培训工作。各地要进一步完善农民工工作协调机制，充分发挥人力资源社会保障、发展改革、教育、科技、财政、住房城乡建设、农业、扶贫等有关部门和工会、共青团、妇联等组织的作用，相互协作，共同做好农民工培训工作。人力资源社会保障部门主要负责向城市非农产业转移的农村劳动者技能培训的政策制定和组织实施；农业部门主要负责就地就近就业培训的政策制定和组织实施；教育部门主要负责农村初、高中毕业生通过接受中等职业教育实现带技能转移的政策制定和组织实施。

（二十二）强化地方政府责任。做好农民工培训工作的主要责任在地方。地方各级政府要把农民工培训工作列入议事日程，按照分级管理的原则，建立领导责任制和目标考核制，对本地区农民工培训进行统一管理和监督检查，要充实必要的工作力量，努力建设一支高素质的农民工培训工作队伍，对在农民工培训工作中做出突出成绩的单位和个人要给予奖励。

（二十三）开展先进经验交流。要探索农民工培训的客观规律，加强对中长期农民工培训发展规划以及政策的分析研究，及时总结推广农民工培训工作的新鲜经验。要注意学习借鉴国外农村劳动力转移就业培训和移民培训的有益经验，开展农民工培训工作领域的国际合作与交流。

各省（区、市）和国务院有关部门要根据本指导意见制定具体实施办法，确保各项政策措施落到实处，及时将贯彻落实本指导意见的办法和实施情况报告国务院农民工工作联席会议办公室。

国务院办公厅

二〇一〇年一月二十一日

国务院办公厅转发科技部农业部关于发挥科技支撑作用促进当前农业抗灾保丰产意见的通知

国办发［2010］27号

各省、自治区、直辖市人民政府，国务院各部委、各直属机构：

科技部、农业部《关于发挥科技支撑作用促进当前农业抗灾保丰产的意见》已经国务院同意，现转发给你们，请认真贯彻执行。

国务院办公厅

二〇一〇年四月二十七日

关于发挥科技支撑作用促进当前农业抗灾保丰产的意见

科技部　农业部

今年以来，我国农业灾害多发重发，西南地区发生历史罕见的特大旱灾，北方冬麦区持续低温，东北、西北气温回升缓慢，农业生产形势极为严峻。为充分发挥科技在农业抗低温和干旱等灾害中的基础支撑作用，现提出如下意见。

一、抓紧实施科技人员深入基层服务农业专项行动

积极组织动员科研院所、高等院校和农技推广部门等力量，派遣科技人员深入基层开展科技服务。深入开展万人抗旱保春耕科技服务团各项工作，积极推进百日科技服务行动。建立健全科技人员包乡包村联户的责任制度，确保每一个乡镇和村庄都有科技人员服务在生产一线。尽快制定分区域、分品种、分农时的抗低温抗旱、病虫害防控等农业抗灾应对技术和补救措施，进一步完善工作预案，最大限度减轻灾害损失。

二、加快开展农业抗灾实用技术产品遴选与成果转化推广

加快农业极端天气灾害中长期预测预报技术应用。根据各地区不同情况，抓紧筛选一批针对性强、实用度高和见效快的作物与畜禽新品种，以及栽培、养殖、节水灌溉、增温保墒等适用技术和产品。西南旱区要重点筛选和推广抗耐旱水稻、玉米、马铃薯等农作物品种，以及节水抗旱栽培技术和产品；北方地区要重点筛选和推广抗耐低温小麦、玉米、马铃薯等农作物品种，以及保墒增温耕作栽培技术和产品，并通过编制抗低温抗旱技术手册等形式，将技术尽快送到农民手中。

三、切实加强农业抗灾技术研发与储备

进一步加大农业抗灾技术研发与技术储备支持力度，重点开展监测预警技术和集雨、蓄水等防旱工程技术研究，发挥工程防灾效能；积极推进农作物耐抗逆机理研究和品种选育，发挥生物抗灾作用；大力加强种植模式和种植结构研究，发挥结构避灾作用。抓紧开展农业防灾减灾新技术、新材料和新产品研发，以及农业灾害应急与风险管理研究，并切实加快应用进程。

四、大力开展农民培训与技术试验示范

通过农业科技专家大院、农村科普示范基地、农民田间学校、现场观摩会、科技大集等多种形式，进一步加强农民科技

培训，确保农民及时掌握各项农业抗灾技术措施要领。按照“科技人员直接到户、良种良法直接到田、技术要领直接到人”的推广机制，加大科技示范户培养力度，切实发挥示范辐射作用。充分发挥粮食丰产科技工程示范点和粮棉油高产创建示范点等项目基地的作用，进一步加强新品种、新技术的集成示范和推广应用，并大力推进整乡整县成建制示范推广。

五、进一步加大农业科技抗灾投入力度

积极调整科技经费支出结构，抓紧制定相应资金支持和补助方案，支持科技人员进村入户，加快各项农业抗灾措施的落实进度。各级科技和农业部门要进一步开拓工作思路，探索增加农业科技资金投入的有效途径和机制，积极采取措施引导社会各方面加大对农业科技，特别是对当前农业抗灾技术和产品研发、推广工作的投入。

六、着力加强组织领导

强化科技、农业部门间的协调配合机制，抓紧组建农业抗低温抗旱科技专家委员会，加强对科技抗灾工作的指导。积极组织动员各地产业技术创新战略联盟和现代农业产业技术体系投入当前农业抗灾工作，充分发挥基层农技推广体系和新型农村社会化科技服务体系的重要作用，进一步形成农业科技抗灾保丰产的工作合力。

国务院办公厅关于进一步支持甘肃经济社会发展的若干意见

国办发［2010］29号

各省、自治区、直辖市人民政府，国务院各部委、各直属机构：

甘肃是我国西北地区重要的生态屏障和战略通道，在全国发展稳定大局中具有重要地位。改革开放特别是实施西部大开发战略以来，甘肃经济社会发展取得很大成就，正处在加快发展的重要阶段。由于自然、地理、历史等原因，甘肃经济社会发展还面临许多困难和问题，与全国的差距仍在拉大，需要国家给予支持。为进一步支持甘肃经济社会发展，经国务院同意，现提出以下意见：

一、支持甘肃经济社会发展的总体要求

（一）充分认识支持甘肃经济社会发展的重要意义。甘肃位于西北地区的中心地带，是黄河、长江的重要水源涵养区，是多民族交汇融合地区，是中原联系新疆、青海、宁夏、内蒙古的桥梁和纽带，对保障国家生态安全、促进西北地区民族团结、繁荣发展和边疆稳固，具有不可替代的重要作用。甘肃国土面积广阔、生态地位重要，但自然条件严酷、生态环境脆弱；地处交通要冲、区位优势明显，但基础设施薄弱、瓶颈制约严重；资源相对富集、工业基础较好，但产业竞争力不强、自我发展能力不足；人力资源丰富、技术力量较强，但社会事业落后、贫困问题突出；历史文化厚重、发展潜力巨大，但体制机制不活、开放程度较低。支持甘肃经济社会发展事关实施西部大开发战略全局，是构建西北地区生态屏障、促进可持续发展的客观需要；是维护大局稳定、保障国家安全的战略举措；是缩小区域发展差距、实现全面建设小康社会目标的必然要求。

（二）指导思想。以邓小平理论和“三个代表”重要思想为指导，深入贯彻落实科学发展观，坚定不移地实施西部大开发战略，进一步解放思想，开拓创新，着力加快基础设施建设步伐，逐步消除瓶颈制约；着力加强生态建设和环境保护，构建资源节约型和环境友好型社会；着力改善和保障民生，提高基本公共服务水平；着力发展壮大特色优势产业，增强自我发展能力；着力深化改革和扩大开放，增强发展的动力和活力，努力建设工业强省、文化大省和生态文明省，以新思路、新举措走出一条符合自身实际、具有甘肃特色的跨越式发展道路，推动经济社会又好又快发展。

（三）基本原则。

——坚持立足当前，着眼长远发展。既要抓紧解决当前经济社会发展的突出矛

盾，积极应对国际金融危机挑战，又要谋划事关全局和长远发展的重大战略问题，创新发展的体制机制。

——坚持科学发展，转变发展方式。、要以生态建设与环境保护为前提，以转变经济发展方式和发展循环经济为切入点，促进经济社会与人口、资源、环境协调发展。

——坚持以人为本，注重改善民生。要把解决贫困问题和提高各族群众的生活水平作为一切工作的出发点和落脚点，着力解决群众最关心、最直接、最切身的民生问题。

——坚持统筹兼顾，突出战略重点。要统筹城乡、区域和经济社会发展，加快重点产业、重点领域和重点地区发展，着力培育新的经济增长点，增强自我发展能力。

——坚持自力更生，加大支持力度。要发扬艰苦奋斗精神，立足自身努力加快发展。针对甘肃发展中的实际困难和问题，国家进一步加大支持和帮助力度。

（四）战略定位和重点发展战略。

甘肃发展的战略定位是，连接欧亚大陆桥的战略通道和沟通西南、西北的交通枢纽，西北乃至全国的重要生态安全屏障，全国重要的新能源基地、有色冶金新材料基地和特色农产品生产与加工基地，中华民族重要的文化资源宝库，促进各民族共同团结奋斗、共同繁荣发展的示范区。

——实施“中心带动、两翼齐飞、组团发展、整体推进”的区域发展战略。充分发挥兰州等中心城市辐射带动作用，积极打造陇东、河西两大能源基地，构建各具特色的组团式发展格局，全面推进区域协调发展。

——实施以加强薄弱环节为重点的基础设施建设战略。加强综合交通运输体系建设，打通资源能源运输通道，加强水利工程建设，提升经济社会发展的基础设施保障能力。

——实施以节水和治沙为重点的生态安全战略。建立健全水资源管理体制，全面推进节水型社会建设。加强重点地区生态建设与环境保护，加快实施生态补偿，加大对生态功能区转移支付力度，建设生态文明示范区。

——实施以改善民生为重点的社会发展战略。以“两州两市”（甘南藏族自治州、临夏回族自治州、定西市、陇南市）为重点，大力推进扶贫开发，加快脱贫致富步伐，大幅度提高基本公共服务水平。

——实施以优势资源开发转化为重点的产业发展战略。加快建设能源化工、有色冶金、装备制造、农产品生产与加工等产业基地，着力发展循环经济，突出发展新能源、新材料，积极发展文化产业、旅游业和物流业，构建具有甘肃特色的现代产业体系。

（五）发展目标。

——到 2015 年，人均地区生产总值缩小与西部地区平均水平的差距，城乡居民收入接近西部地区平均水平，贫困人口大幅减少，基础设施条件得到明显改善，生态环境恶化的趋势得到有效遏制，特色优势产业得到较快发展，循环经济形成规模，单位地区生产总值能耗实现预期目标。

——到 2020 年，基本实现全面建设小康社会目标。人均地区生产总值接近西部地区平均水平，综合运输体系基本建成，生态建设和环境保护取得突破性进展，基本公共服务能力大幅提高，人民群众生活水平和科学文化素质显著提高，建成我国发展循环经济的省级示范区，科学发展、和谐发展、可持续发展的能力显著增强，实现经济发展、山川秀美、民族团结、社会和谐。

二、优化空间布局，促进区域协调发展

（六）大力支持兰（州）白（银）核心经济区率先发展。建设兰（州）白（银）都市经济圈，积极推进兰州新区、白银工业集中区发展，做大做强石油化工、有色冶金、装备制造、新材料、生物制药等主导产业，把兰白经济区建设成为西陇海兰新经济带重要支点，西北交通枢纽和物流中心，在全省乃至西北地区发挥“率先、带动、辐射、示范”的中心作用。

（七）着力推动平（凉）庆（阳）、酒（泉）嘉（峪关）经济区加快发展。加快陇东煤炭、油气资源开发步伐，积极推进煤电化一体化发展，构建以平凉、庆阳为中心，辐射天水、陇南的传统能源综合利用示范区。加快酒泉、嘉峪关一体化进程，积极发展风能、太阳能等新能源及装备制造产业，构建新能源开发利用示范区，形成甘肃东西两翼齐飞的经济增长新格局。

（八）全面促进区域功能组团协调发展。按照“功能定位、合理布局，组团发展、整体推进”的原则，重点打造一批区域功能组团。祁连山生态补偿区，实行强制性保护，建立生态补偿机制。武威张掖河西走廊绿色经济区，着力加强防沙治沙，大力发展新能源和生态农业。“两州两市”扶贫攻坚区，加大政策倾斜和资金支持力度，加快脱贫致富步伐。金昌、白银等为重点的循环经济区，大力推行清洁生产，提高能源资源利用效率。加快天水区域中心城市建设，促进关中—天水经济区发展。

三、加强基础设施建设，消除发展瓶颈制约

（九）公路建设。加快推进国家高速公路建设，尽快打通断头路，促进国家高速公路网络形成。开工建设永登（徐家磨）至古浪、安西至星星峡（甘新界）等国家高速公路，积极开展雷家角至西峰、兰州南绕城、营盘水至武威、临洮至渭源、白疙瘩（甘蒙界）至明水（甘新界）、大石碑（甘陕界）至天水、兰州至朗木寺、延安至天水至武都等高速公路项目前期工作。加大国省干线公路改造力度，建设敦煌至当金山口、岷县至合作等二级公路，省内国道达到二级以上技术标准，所有县城通二级以上公路。启动建制村通沥青（水泥）路建设。加强旅游景区与干线公路的连接。加快推进兰州、酒（泉）嘉（峪关）、天水、张掖、平凉等公路运输枢纽及物流园区建设，提高农村客运站覆盖率。

（十）铁路建设。加快建设贯通东西、连接南北的铁路大通道，积极推进兰渝铁路、西（安）平（凉）铁路建设，新开工建设兰新铁路第二双线，加快推进宝鸡至兰州客运专线、银川至兰州增建二线、兰州至成都、干塘至武威、兰州至张掖铁路增建三四线、兰州铁路枢纽改造和兰州集装箱中心站建设。抓紧开展兰州至合作、天水至哈达铺、敦煌至格尔木、额济纳至哈密等项目前期工作，开展西宁至成都、平凉至庆阳铁路论证工作。适时启动兰州市城市轨道交通建设。

（十一）民航建设。增强兰州机场枢纽功能，加快兰州机场改扩建，合理规划建

设兰州国际航空港，积极开辟兰州至日韩、港澳等国际和地区航线。改扩建敦煌、嘉峪关和庆阳机场，新建夏河、陇南、张掖、武威、金昌等机场，适时实施天水机场迁建工程，开展新建平凉机场前期论证工作。鼓励在甘肃设立通用航空公司，建设通航起降点，提升航空应急救援能力。

（十二）水利建设。坚持全面节水与适度调水相结合，加快引洮供水一期、盐环定扬黄续建等骨干水利工程建设，抓紧实施引洮供水二期及受益区配套建设等重点工程，开展引哈济党、靖远双永供水等项目前期论证工作，全面完成病险水库除险加固任务。积极推动中小型水源建设，提高工业能源基地及城镇供水保障能力。加快大中型灌区节水改造和大型灌排泵站更新改造，完善灌区末级渠系配套。实施渭河、泾河、洮河等中小河流综合治理，加强城镇防洪体系建设和山洪灾害防治。

（十三）城镇基础设施建设。进一步加快城镇道路、供水、供气、供热、垃圾和污水处理、再生水回用、园林绿化等基础设施建设。积极推进兰州新区、白银工业集中区基础设施建设。支持重点城市发展热电联产。加快信息基础设施和数字化城市管理信息系统建设，提升国道、省道移动通信覆盖水平，扩大农村通信覆盖面，提高信息安全和应急保障能力。

（十四）加大基础设施建设投入。中央预算内投资以及其他中央专项资金要加大对甘肃的投入力度。统筹考虑甘肃交通等重大基础设施建设项目的中央投资补助。将部分符合条件的公益性项目国债转贷资金逐步转为拨款。中央安排的病险水库除险加固、农村饮水安全、大中型灌区配套改造以及生态环境、社会事业、基层政权等公益性建设项目，免除县（市）级和甘南、临夏自治州州级配套资金。

四、加强生态建设和环境保护，构建西北地区生态安全屏障

（十五）加大祁连山冰川和生态系统保护力度。启动实施祁连山生态环境保护和建设规划。加快推进退牧还草、天然林保护等重点生态工程，在重点生态脆弱区和重要生态区继续稳步推进退耕还林工程建设，巩固退耕还林还草成果，加强自然保护区建设管理。科学实施人工增雨雪，加强对森林、草原、湿地、荒漠等生态系统和野生动植物资源的保护，逐步恢复和增强水源涵养能力。逐步将祁连山自然保护区核心区的农牧民转为生态管护人员，加快缓冲区农村剩余劳动力转移。研究建设祁连山生态补偿试验区。

（十六）加快石羊河、黑河、疏勒河流域综合治理。大力推进石羊河流域重点治理工程，启动实施石羊河流域防沙治沙及生态恢复项目，确保民勤不成为第二个罗布泊。巩固黑河流域综合治理成果，保护天然湿地。加强敦煌水资源合理利用与生态保护，强化水资源管理，优化用水结构，采取高效节水、适度调水等综合手段恢复月牙泉和西湖湿地生态功能。积极实施三大内陆河流域盐碱化及沙化治理工程，加快推进河西走廊北部风沙区防沙治沙工作，建设防风固沙大型综合防护林体系。大力推广张掖节水型社会建设经验，合理配置生活、生产和生态用水，建立“以电控水、以水定地”的水权制度，支持建设以河西地区为重点的节水型社会示范区。加强流域生态恢复技术体系的研发和推广。

（十七）实施甘南重要水源补给区生态

恢复与保护。全面启动甘南黄河重要水源补给区生态保护和建设规划，进一步加大退牧还草、牧区水利、暖棚养殖、饲草料基地、草原鼠害防治和游牧民定居等综合治理项目实施力度。研究建立甘南湿地自然保护区，加强湿地保护，恢复水源涵养功能。支持白龙江流域水土流失治理和地质灾害防治工作。

（十八）推进黄土高原地区和陇南山地水土流失综合治理。稳步实施黄土高原地区综合治理规划，推进退耕还林、天然林保护、三北防护林、坡改梯和小流域坝系工程，积极建设黄河中上游生态修复以及渭河、泾河流域水土保持综合治理等重点生态项目。加大滑坡、泥石流等灾害防治力度，继续实施长江上游水土保持重点防治工程和小水电代燃料项目。统筹规划，加快推进“两江一水”（白龙江、白水江、西汉水）流域生态保护与建设。

（十九）加强环境保护治理力度。坚持预防为主、综合治理，远近结合、标本兼治，着力解决重点流域水污染、矿区环境污染、城市大气污染、农村面源污染和土壤污染等突出环境问题。加大兰州等重点城市大气污染防治和清洁生产支持力度。加快实施水污染防治工程，提高城镇污水处理率和垃圾无害化处理率。推进城市垃圾等固体废物和医疗垃圾等危险废物集中处置设施建设。开展农村环境综合整治。加强兰州等重点城市地质灾害防治工作，研究建立地质灾害防治长效机制。

五、夯实农业发展基础，加快建设社会主义新农村

（二十）大力发展旱作节水农业。积极推广全膜双垄沟播、膜下滴灌等高效旱作节水技术，建设一批旱作节水农业示范区。合理调整种植结构，发展耐旱节水品种。积极发展现代设施农业，推广日光温室和塑料大棚，推动河西走廊星火产业带高效节水设施农业科技示范工程与科技发展支撑体系建设，大力发展高效农业。推进基本农田建设，稳步提升粮食生产水平，提高农业综合生产能力。

（二十一）突出发展特色优势农业。支持以定西为主的马铃薯贸工农一体化示范区建设，扶持马铃薯良种繁育体系和贮藏库建设，将马铃薯种植纳入政策性保险补贴范围。加强河西走廊杂交玉米等农作物制种基地建设。加快发展中药材、酿酒原料、林果、蔬菜等产业。积极发展油橄榄、核桃、花椒、食用百合、苦水玫瑰、黄花菜、鲑鳟鱼等地方特色产品。大力发展草食畜牧业，扶持畜禽标准化规模养殖、品种改良和野生动物繁育，加强动物防疫体系建设。积极发展沙产业。加大对农业产业化龙头企业和农民专业合作经济组织的支持力度，重点建设一批现代农业示范农场。支持张掖、武威、定西特色农副产品加工循环经济基地建设。

（二十二）强化农村基础设施建设。加快实施农村安全饮水工程，到 2013 年基本解决农村饮水安全问题。加强集雨水窖、节水灌溉等小型农田水利设施建设。加快农村和国有农场公路“通达工程”和“通畅工程”建设，基本实现乡镇通油路、建制村通公路。积极发展农村小水电，鼓励开发利用可再生能源。实施小水电代燃料工程。大力发展农村沼气，加强养殖场沼气工程建设。加强农业技术推广，建立健全农村科技服务体系和信息服务网络。加强农村社会化服务体系和农产品专业市场

建设，推动农产品冷链物流发展，全面落实鲜活农产品“绿色通道”政策。

（二十三）积极发展县域经济和劳务经济。统筹城乡规划，集约利用土地，完善城镇基础设施，加强产业布局，促进特色产业向城镇集中，引导更多农民进入城镇，增强县域经济发展活力。整合培训资源，依托现有机构和设施在兰州设立农村劳动力转移就业培训基地，加强农村劳动力转移就业和创业能力培训。加大“阳光工程”、“雨露计划”、“西部农民创业促进工程”等农村劳动力转移培训工程实施力度。积极开拓劳务市场，扶持发展劳务中介组织，加强输入地和输出地的协作，着力打造劳务品牌。鼓励农民就近就地转移就业，支持完善农民创业园，扶持外出务工农民回乡创业。全面加强农民工权益保障。加快户籍制度改革，积极研究制定有稳定职业和固定居所的农民转为城镇居民的办法。

六、加大扶贫开发力度，尽快改变贫困地区落后面貌

（二十四）甘南、临夏少数民族地区。加快实施甘南黄河重要水源补给生态功能区生态保护与建设工程，构筑高原生态安全屏障。抓紧引洮济合、引洮入潭、青走道水电站、石门河引水等工程前期工作，尽早开工建设。积极发展高原草原旅游、回藏风情旅游，打造九色甘南香巴拉和临夏穆斯林风情旅游品牌。进一步加大临夏州基础设施和商贸流通设施建设力度，积极推进清真食品、民族特需用品生产加工基地建设。实施刘家峡、盐锅峡、八盘峡水库库区水土治理项目，支持移民安置区生产生活设施建设和产业发展。扶持保安、撒拉等人口较少民族发展。加强和政县古动物化石保护，提升古动物化石博物馆展示服务水平。

（二十五）定西、陇南等特殊困难地区。定西市要大力发展马铃薯产业，建设全国重要的脱毒种薯、商品薯生产基地及精深加工基地，延伸产业链，带动薯农脱贫致富。充分发挥定西药材资源丰富、品质优良的优势，建设全国优质中药材药源基地、饮片加工基地和交易市场。加强渭河源头生态保护与建设，支持建设引洮供水一期配套工程。陇南市要加快发展以黄金、铅锌为主的有色冶金工业，以中药材、油橄榄、核桃、花椒为主的特色农业，以及水电、生态旅游产业，增强自我发展能力。加快汶川地震灾后恢复重建步伐，研究解决灾区长远发展问题。

（二十六）革命老区。庆阳等革命老区要依托石油、煤炭等资源优势，适当扩大原油就地加工规模，把产业发展与农民增收致富结合起来。积极推动小杂粮等特色农产品基地建设，大力发展香包、刺绣、民间剪纸等民俗文化创意产业。大力发展红色旅游。启动实施会宁县城及北部乡镇供水工程，抓紧解决环县苦咸水地区农村饮水安全问题。

（二十七）加强扶贫开发工作。加大中央扶贫资金投入力度，扩大扶贫小额信贷规模，稳步推进易地扶贫搬迁和生态移民。研究探索创新对口支援方式，进一步加大定点扶贫、东西协作扶贫力度。

七、加快发展社会事业，着力保障和改善民生

（二十八）优先发展教育。巩固“两基”攻坚成果，全面完成“两基”攻坚任务。合理调整中小学校布局，加强寄宿制

学校建设，实施中小学校舍安全工程。改善少数民族地区基础教育办学条件，推进民汉合校，加强“双语”教育。扩大中等职业教育规模，建设一批职业院校和公共实训基地，逐步对农村家庭经济困难学生和涉农专业学生免除学费。积极推进校企合作、半工半读的培养模式，支持与东部地区合作发展中等职业教育学校。增加部门院校和外地高校在甘肃的招生规模，支持甘肃高校改善办学条件。加大对教师队伍特别是农村教师队伍建设的支持，加强师资队伍培训，开展东中部省市教师对口支援。支持高校发挥科研和人才优势，参与重大产业项目科技攻关。

（二十九）完善城乡医疗卫生服务体系。推进医药卫生体制改革。重点建设农村卫生服务体系和城市社区卫生服务体系，加强地市级医院建设。支持中（藏）医院建设，扶持中（藏）医事业发展。完善城镇居民基本医疗保险制度、新型农村合作医疗制度和城乡医疗救助制度。加大大骨节病、高氟病等地方病防治力度。加大投入力度，做好鼠疫防控工作。支持妇幼保健机构设施建设，实行农村孕产妇住院分娩补助政策，降低孕产妇和婴幼儿死亡率。加强卫生专业技术人员和乡村医生培养培训工作。进一步完善农村计划生育家庭奖励扶助制度、“少生快富”工程和计划生育特别扶助制度，推进基层人口和计划生育服务网络建设，加快建立西北人口信息中心。

（三十）大力发展文化体育事业。加大公共文化设施建设投入，建立基层公共文化体育服务经费保障机制。重点建设地市级图书馆、文化馆，加强省市级博物馆、文物大县和重点遗址博物馆建设。继续实施全国文化信息资源共享工程、广播电视西新工程、村村通工程和农村数字电影放映工程。将临夏州及张家川、肃南、肃北和阿克塞等自治县纳入西新工程。加强少数民族语言节目译制、制作播映和覆盖能力建设，改善市、县广播影视基础条件。支持丝绸之路整体申遗及沿线重要遗址保护，加大重点文物保护和少数民族文化遗产抢救力度。支持非物质文化遗产保护，加大对濒危非物质文化遗产的抢救力度。建立古籍保护工作机制，完善古籍保护设施条件。建设一批基层群众性体育活动场馆，大力开展全民健身活动，积极推进临洮体育训练基地建设。

（三十一）加强就业和社会保障。开展城乡劳动力技能培训，落实针对就业困难人员的各项就业援助政策，帮扶零就业家庭人员实现就业。加强公共就业与社会保障服务信息网络建设、人力资源市场基础设施及社会保障服务中心建设。提高失业保险基金统筹层次。积极推进新型农村社会养老保险试点，落实被征地农民社会保障政策。积极发展多层次的养老服务，加快建设基本养老服务体系。完善社会救助和社会福利服务体系，确保低收入群体基本生活和基本医疗。加强社会福利机构和社区服务设施建设，强化养老和孤残儿童护理员队伍建设。大力推进残疾人社会保障和服务体系建设。加大城镇廉租住房、农村危房改造等保障性住房建设，合理确定补助范围和补助标准。支持推进国有林区、垦区及城镇棚户区改造。

八、大力推进能源基地建设，增强经济发展后劲

（三十二）加快陇东煤电化建设。加强

煤炭资源勘探和开发利用，逐步建成一批大型煤炭矿区，高起点、高水平地建设国家大型煤炭生产基地。加大对陇东地区煤炭资源勘查的政策支持力度。延伸煤炭产业链，实施煤电联营，建设大型电站，先行启动建设崇信、平凉二期等一批条件具备的电厂项目，开展正宁、环县电厂前期论证工作。有序发展煤化工产业，规模化开发利用煤层气。推进庆阳长庆桥、平凉华亭和崆峒产业聚集区建设。

（三十三）大力发展河西新能源。加快建设以酒（泉）嘉（峪关）为中心的风电、以敦煌为重点的太阳能发电示范基地，力争到 2020 年建成千万千瓦级以上风电基地、百万千瓦级以上太阳能发电基地，配套建设稳定风电送出的电源项目。支持大型风电制造企业在酒泉建设风电装备生产基地，支持建设数字风机设备和太阳能光伏、光热产品研发制造基地。积极研究当地用电补贴政策。适时发展核电，实现风电、太阳能发电、核电互补。加快与我国核能发展相适应的核电配套工程建设，加大核电站乏燃料后处理技术的研究开发力度，稳妥推进大型商用核乏燃料后处理项目。加快太阳能光热光电技术、浅层地能热泵技术在建筑中应用。

（三十四）提升油气资源开发利用能力。加快陇东西峰、华池、镇原、环县以及玉门等油田勘探开发步伐。支持玉门老油田发展，提高经济开采年限。充分利用省内外两种资源，进一步提高石油加工转化能力、原油加工质量标准和附加值，建设战略性石化工业基地。加快实施兰州石化大型碳五综合利用、550 万吨/年蒸馏装置技术改造和汽柴油质量升级，庆阳石化 300 万吨/年炼油集中搬迁改造等工程，力争到 2020 年甘肃炼油能力达到 2000 万吨以上。支持兰州 180 万立方米原油商业储备库和 100 万立方米原油生产运行库建设，建设 300 万立方米国家石油储备基地，打造西部大型石油、化工原料集散地，建成国家重要的石油储备基地。做好涩宁兰输气管道复线、兰州至郑州至长沙成品油管道、庆阳石化成品油外输管道等油气管道建设。

（三十五）加强电网建设。加快实施农网、城网改造工程和无电地区电力建设，完善省内 330 千伏电网。配合能源基地建设，加快主网架规划，拓展区外市场，形成西北电网中心枢纽。加强甘肃省内及省际 750 千伏网架建设，优先建设河西和陇东南 750 千伏输变电线路，实现与新疆联网。研究论证 2020 年外送能力和电力市场，完善风电和太阳能发电的外送方案。

九、大力发展特色优势产业，推进产业结构优化升级

（三十六）全面提升有色冶金产业。鼓励重点骨干企业加快发展，支持白银公司发展铜铅锌生产及加工，金川公司发展镍钴铜与贵金属精深加工，兰铝、连铝、华鹭铝业发展铝型材、铝合金等深加工，酒钢公司发展碳钢镀锌板、不锈钢薄板、中板等深加工，甘肃稀土公司发展稀土新材料及延伸产业链。在不扩大现有产能的前提下，支持钨、钼矿产品深加工，建设张掖钨钼生产基地。将金川公司和白银公司纳入煤电冶联营及大用户直购电政策范围。建设有色金属新材料产业和研发基地。

（三十七）做大做强装备制造业。积极实施技术创新工程，加快调整产品结构，重点发展数控和专用机床、集成电路、中

高压电气、石油钻采炼化设备等优势产品，做大做强一批重点企业，形成以兰州石化通用设备、电机制造，天水电工电器、机床制造、电子信息为主的装备制造产业集群。

（三十八）支持老工业基地转型升级。加快重点行业、重点骨干企业的技术改造，支持资源枯竭城市改造传统产业，培育替代产业。积极承接产业转移，建设接续替代产业园区，支持白银公司等开展危机矿山找矿及区域内资源整合。启动实施白银棚户区改造工程。支持解决政策性关闭破产国有企业历史遗留的社会保障问题，积极推进厂办大集体改革试点，逐步增加企业离退休人员的养老金。

（三十九）大力发展循环经济。抓紧启动实施《甘肃省循环经济总体规划》，重点建设七大循环经济基地，努力形成循环经济产业集群。推进石化、有色、化工、建材等传统行业清洁生产，从源头控制污染和保护环境。推动企业向产业园区集中，实现集聚生产、集中治污、集约发展，提高能源、水资源和废弃物的循环利用率。支持和鼓励矿产资源开采加工企业提高采矿回收率、选矿回收率、共伴生矿综合利用率，加强冶炼渣、尾矿等大宗工业固体废弃物综合利用，提升节能降耗和资源综合利用水平。大力实施重点节能工程，通过技术减排、结构减排、管理减排等措施，确保实现节能减排目标。

（四十）积极发展战略性新兴产业。在加快发展风能、太阳能等新能源的同时，积极发展新材料、生物医药、节能环保等新兴战略产业。推进新型有色金属合金材料、稀土材料、新型化工材料、电池材料等新材料产业化发展。加快发展生物制药，建设兰州生物医药产业基地。建设规范化中药材种植、中药饮片加工和特色中藏药生产基地，积极发展特色中成药和藏药，积极推进国家新药和中药保护品种产业化。支持重离子加速器治癌装置等医疗器械产业发展。发展节能环保装备制造业，推广高效节能产品，增强节能环保装备产业竞争力。

（四十一）扶持壮大文化产业和旅游产业。加大对文化产业发展的扶持力度，支持敦煌艺术、麦积山石窟艺术等历史文化遗产的挖掘开发，做大做强以“丝路花雨”、“大梦敦煌”等为代表的歌舞、影视、戏剧、动漫文化品牌，培育《读者》等一批具有较强竞争力的大型文化企业集团。支持建设兰州创意文化产业园、庆阳农耕和民俗文化产业园、临夏民族文化产业园和丝绸之路文化产业带。加大旅游产业投入，加强旅游基础设施建设，完善景区内外交通条件和公共服务设施，重点支持丝绸之路、敦煌莫高窟、甘南香巴拉、黄河风情、麦积山、崆峒山、黄河石林等精品旅游线路和一批精品旅游景区建设，积极推进庆阳、会宁、腊子口、哈达铺等红色旅游基地建设，加快白龙江、小陇山、祁连山林区森林旅游发展。扩大旅游产业经营范围，扶持旅游产品开发。拓宽投融资渠道，积极吸收社会资本参与文化、旅游产业发展。

（四十二）加快发展现代服务业。积极推进兰州商贸物流中心、兰州集装箱节点站、天水现代物流园和武威煤炭集疏运中心等项目建设。大力推进县城超市及配送中心、乡镇超市、村连锁农家店等现代流通网络建设。建立完善农产品市场信息服务体系、物流配送体系及质量安全监管体系。培育和发展金融产业，积极引进金融机构，扶持城市商业银行、农村信用社等地方性金融机构发展。对农村金融机构执行较低的存款准备金率，对符合条件的金融机构，适当加大支农再贷款支持力度。建立健全政府投融资平台。支持有条件的企业发行股票和企业债券，创造条件发行中小企业集合债券。积极稳妥地发展期货市场。大力发展会展业，办好兰州投资贸易洽谈会。积极发展劳动密集型服务业，增加就业岗位。

十、深化体制改革，提高对内对外开放水平

（四十三）加快体制机制创新。大力推进国有企业改革，加强地方企业与中央企业的战略合作，培育具有国际竞争力的大型骨干企业。积极鼓励、支持和引导非公有制经济发展，加大对中小企业发展支持力度，鼓励民间资本参与基础设施、公用事业和社会事业等领域的建设。对从事国家重点扶持和鼓励发展产业项目的企业，按照税收法律法规的规定享受税收优惠政策。积极推进投资体制改革，降低民间资本市场准入门槛，简化项目审批程序，创造良好投资环境。深化行政管理体制改革，加快转变政府职能，加强政务公开。

（四十四）深化水资源管理体制改革。按照地表水、地下水“统一调度、定额管理、有偿使用、市场调节”的原则，逐步建立水权分配体系和配水、用水定额管理制度，支持建立水权转换制度，规范水权交易办法，不断完善水价形成机制。推进工业企业清洁生产和水资源循环利用，鼓励再生水利用，落实水资源费征收使用管理办法。推进城乡水务一体化，统筹水务综合管理，创新基层水利工程管理机制。发挥农民用水协会作用，明晰小型水利工程的产权，调动农民和社会力量参与水利建设和设施管护的积极性。

（四十五）完善土地和矿产资源政策。坚持保护耕地和节约、集约用地，推进土地整治。鼓励对沙地、荒山、荒滩、戈壁等未利用土地开发利用。加快各级土地利用总体规划修编工作，合理确定兰州新区建设用地规模和布局。加大中央地质勘查基金、国土资源大调查资金对甘肃的投入力度。做好陇东地区、中部地区和河西地区能源基地后备资源勘查工作，优先开展陇东、玉门油气资源勘查。

（四十六）加大人才开发力度。坚持人才强省和科技兴省的路线，加大对特色农业、新农村建设、中小企业引智项目的支持力度，积极引进科技、教育、卫生等行业紧缺人才，加大技能人才培养。鼓励发达省（市）高等院校、科研院所、大型企业等单位及社会组织通过合作办学等方式，为甘肃经济社会发展培养培训各类专业技术人才。扶持发展远程教育，大力发展继续教育，建立连通市（州）和县（区）的继续教育培训网络。积极吸引海外高层次留学人才，加强留学人员创业园建设。

（四十七）积极扩大对内对外开放。支持兰州高新技术开发区、经济技术开发区增容扩区，研究推进天水、金昌、酒（泉）嘉（峪关）、张掖经济技术开发区和白银高新技术产业开发区升级为国家级开发区。深化区域协作，全面推进向西开放，积极发展内陆开放型经济，支持兰州等城市作为加工贸易梯度转移重点承接地区，大力发展保税加工和保税物流，支持在甘肃符合条件的地区设立海关特殊监管区域，提

升甘肃的对外开放水平。积极推动实施“走出去”战略，支持企业到境外投资办厂，参股、并购境外矿产企业，建立生产加工基地或稳定的原料供应基地。

国务院各有关部门要按照职能分工，明确目标任务，研究支持甘肃经济社会发展的具体措施，指导甘肃进一步破解发展难题。中央财政要加大对甘肃的均衡性转移支付和民族地区转移支付力度。有关部门要把实施相关政策措施列入重要议事日程，抓紧制订细化工作方案，指导甘肃编制相关重要规划，深化重大项目的前期工作。甘肃省要继续发扬自力更生、艰苦奋斗的精神，切实加强组织领导，完善工作机制，明确工作责任，制订实施方案，加强与国务院有关部门的沟通衔接。要抓住机遇，解放思想，坚定信心，开拓创新，求真务实，扎实工作，努力开创甘肃经济社会发展的新局面。

国务院办公厅

二〇一〇年五月二日

国务院办公厅转发扶贫办等部门关于做好农村最低生活保障制度和扶贫开发政策有效衔接扩大试点工作意见的通知

国办发［2010］31号

各省、自治区、直辖市人民政府，国务院各部委、各直属机构：

扶贫办、民政部、财政部、统计局、中国残联《关于做好农村最低生活保障制度和扶贫开发政策有效衔接扩大试点工作的意见》已经国务院同意，现转发给你们，请认真贯彻执行。

国务院办公厅

二〇一〇年五月七日

关于做好农村最低生活保障制度和扶贫开发政策有效衔接扩大试点工作的意见

扶贫办　民政部　财政部　统计局　中国残联

改革开放以来，我国在缓解和消除农村贫困方面取得了巨大成就，积累了丰富经验。目前，在我国农村实行的最低生活保障（以下简称农村低保）制度和扶贫开发政策（以下称两项制度），都是以农村贫困人口为扶持对象的，实现两项制度的有效衔接，对于充分发挥两项制度的作用，确保农村贫困人口共享改革发展成果，进一步激发其自力更生、艰苦奋斗的精神，具有重大意义。经国务院同意，在总结一些地方试点经验的基础上，现就进一步扩大两项制度有效衔接试点工作提出以下意见：

一、目标、基本原则和试点范围

（一）目标。通过探索两项制度的有效衔接，充分发挥农村低保制度和扶贫开发政策的作用，保障农村贫困人口基本生活，提高收入水平和自我发展能力，从而稳定解决温饱并实现脱贫致富，为全面实施两项制度有效衔接、实现到2020年基本消除绝对贫困现象的目标奠定基础。

（二）基本原则。坚持公开、公平、公正，合理确定农村低保和扶贫对象；坚持根据农村贫困人口的地域分布特点和不同地区两项制度标准的差异情况，实行分类指导；坚持政府支持、社会各界帮扶和农民自力更生相结合，实现对农村贫困人口的全面扶持。

（三）试点范围。中西部地区应将试点范围扩大到80%以上的国家扶贫开发工作重点县，有条件的地区可以扩大到非国家扶贫开发工作重点县；东部地区可根据实际情况自行确定试点范围。

二、标准和对象

（四）标准。农村低保标准，由县级以上地方人民政府按照能够维持当地农村居民全年基本生活所必需的吃饭、穿衣、用水、用电等费用确定，报上一级地方人民政府备案后公布执行。

扶贫标准，以国家公布的扶贫标准为准，各省（区、市）人民政府可根据实际情况，自行确定本地扶贫标准。

（五）对象。农村低保对象，是指家庭年人均纯收入低于当地最低生活保障标准的农村居民，主要是因病、因残、年老体弱、丧失劳动能力以及生存条件恶劣等原因造成生活常年困难的农村居民。

扶贫对象，是指家庭年人均纯收入低于农村扶贫标准、有劳动能力或劳动意愿的农村居民，包括有劳动能力和劳动意愿的农村低保对象。

三、主要内容

（六）程序的衔接。要统一组织，使农村低保和扶贫对象识别工作在时间和程序上同步进行。严格按照申请、收入核查、民主评议、审核审批等程序和民主公示的要求，认定农村低保和扶贫对象。对于申请享受两项制度的，村民委员会要按照规定分别进行调查核实，集中进行民主评议，经乡（镇）人民政府审核后，属于扶贫对象的，报县级人民政府扶贫部门审批，属于农村低保对象的，报县级人民政府民政部门审批。村民委员会、乡（镇）人民政府以及县级人民政府扶贫和民政部门，要及时向社会公布民主评议意见、审核意见和审批结果。对于已经核实的农村低保对象，县级人民政府民政部门在进行复核时，要配合扶贫部门将其中有劳动能力和申请意愿的确认为扶贫对象。

（七）政策的衔接。对农村低保对象，要力争做到应保尽保，按照政策规定发放最低生活保障金；对扶贫对象，要根据不同情况，享受专项扶贫和行业扶贫等方面的扶持政策，采取产业开发、扶贫易地搬迁、雨露计划培训、危房改造、扶贫经济实体股份分红、小额信贷、互助资金、教育免费及补助、党员干部和社会各界帮扶等形式，确保扶贫对象受益。对农村低保和扶贫对象中的残疾人，以及被拐卖后获解救的妇女儿童家庭提供重点帮扶。要坚持依据统计部门的监测数据确定扶贫对象，防止盲目扩大规模，确保政策兑现。因地方自定扶贫标准而增加的扶贫对象，由省（区、市）人民政府安排落实扶持资金。

（八）管理的衔接。对农村低保和扶贫对象实行动态管理。县级人民政府扶贫和民政部门，以及乡（镇）人民政府要分别建立农村低保和扶贫对象档案，会同统计、残联等部门和单位，对两项制度涉及的对象同步进行调整。要采取多种形式，定期或不定期地了解农村低保和扶贫对象的生活情况。对收入达到或超过农村低保标准的，要按照规定办理退保手续；对已实现脱贫致富的，经过民主评议和公示无意见后，要停止相关到户扶贫开发政策；对收入下降到农村低保标准以下的，要将其纳入低保范围；对返贫的，要将其吸纳为扶贫对象。各省（区、市）和试点县人民政府要结合本地区的实际，制定两项制度有效衔接办法。在现有贫困户建档立卡和农村五保、农村低保档案管理系统的基础上，逐步完善农村低保和扶贫开发数据库，做到信息互通，资源共享。

四、保障措施

（九）切实加强领导。省（区、市）和试点县人民政府要充分认识做好两项制度有效衔接的重要性、复杂性和艰巨性，将试点工作列入议事日程，成立领导小组，加强领导，抓好落实。

（十）周密制定方案。省（区、市）人民政府要在充分调研、多方论证的基础上，结合本地区实际情况，提出切实可行的试点实施方案，并报国务院扶贫开发领导小组办公室备案。试点县的试点方案由省（区、市）人民政府批准后实施。试点工作所需资金，由省（区、市）人民政府根据试点县的实际情况给予支持。

（十一）加强部门协调。地方各级人民政府有关部门和单位要积极配合，相互支持，主动沟通，逐步建立分工明确、定期协商、协同推进的工作机制。扶贫部门要做好两项制度有效衔接中交叉对象的识别工作，研究提高识别扶贫对象的准确率，并采取有针对性的扶持措施。民政部门要积极配合扶贫部门落实交叉对象的扶持政策。财政部门要提供资金支持，负责资金管理和监督。统计（调查）部门要及时提供贫困监测数据，参与制定两项制度扶持对象识别的相关指标。残联要会同有关部门及时核对残疾人有关情况，对农村低保和扶贫对象中的残疾人提供重点帮扶。

（十二）大力宣传发动。要坚持正确的舆论导向，运用通俗易懂的宣传方式，加强对试点工作各项政策的宣传，使这项惠民政策深入人心。通过召开会议、广泛宣传和典型示范，统一思想，提高认识，坚定信心。

（十三）加强队伍建设。要根据工作需要，抽调一批专业水平高、敬业精神强的人员从事试点工作，确保试点工作正常开展。提供必要的工作条件，努力提高管理和服务质量。积极开展工作人员的业务培训，不断提高业务素质。要发挥大学生村官和扶贫志愿者的作用，充实乡村两级力量，确保试点工作顺利进行。

（十四）加大督查力度。要进一步完善工作机制，提高管理水平，加强对两项制度有效衔接试点工作的考核。对扶贫开发工作，重点考核扶贫对象的收入增加和生产生活条件改善程度；对农村低保工作，重点考核低保对象的应保尽保和规范管理程度。要组织有关部门和单位，对两项制度有效衔接情况进行检查，及时解决工作中出现的问题。要通过奖励先进、鞭策后进，调动基层干部的工作积极性。

国务院关于支持玉树地震灾后恢复重建政策措施的意见

国发［2010］16号

各省、自治区、直辖市人民政府，国务院各部委、各直属机构：

为支持和帮助玉树地震灾区恢复重建，统筹和引导社会各方面力量，又好又快重建新校园、新家园，建设社会主义新玉树，保证用三年时间基本完成恢复重建主要任务，使灾区基本生产生活条件和经济社会发展全面恢复并超过灾前水平，现就支持玉树地震灾后恢复重建有关政策措施提出以下意见：

一、基本原则

支持玉树地震灾后恢复重建，要充分考虑玉树地震灾区的特殊困难，既要与汶川地震灾后恢复重建政策措施和中央支持藏区发展、游牧民定居、生态移民等政策相衔接，更要从玉树地区灾后恢复重建实际情况出发，进一步加大政策优惠和支持力度。

（一）中央为主、多方支援。灾后恢复重建所需资金以中央财政资金为主，同时包括省级财政资金、社会捐赠资金以及居民和企业少量自筹资金。

（二）统筹考虑、突出重点。根据受灾程度，统筹做好不同受灾地区的恢复重建工作。将人口数量多、损失严重的极重灾区玉树县结古镇作为恢复重建工作的重点，同时兼顾玉树县隆宝镇、仲达乡、安冲乡、巴塘乡4个重灾乡镇。对一般灾区和灾害影响区乡镇，支持城乡居民倒损住房以及受损学校、医院等公共服务设施重建和修复。

（三）总量包干、分类控制。中央财政对灾后恢复重建资金实行“总量包干，分类控制”的管理办法，由地方政府根据规划项目和轻重缓急统筹做好中央财政资金、省级财政资金、捐赠资金和其他自筹资金的安排使用。

二、主要政策

（一）以中央财政为主安排灾后恢复重建资金。

中央财政安排的资金包括：一般预算收入资金、车购税专项收入资金和中央国有资本经营预算收入资金。根据重建目标和任务，中央财政资金分2010年、2011年、2012年三年安排。其中，2010年安排90亿元，明、后两年继续做相应安排。中央财政安排的其他有关专项资金也要向受灾地区适当倾斜。

青海省要通过调整支出结构安排资金用于恢复重建。中央有关部门及红十字会、慈善总会等接收的捐赠资金，要直接拨付到青海省，连同青海省接收的捐赠资金，统一纳入灾后恢复重建规划，由青海省统筹安排用于恢复重建。此外，加上居民和企业少量自筹资金，共同组成以中央财政为主的灾后恢复重建资金。

按照灾后恢复重建的主要任务，灾后恢复重建资金的使用主要采取项目投资、居民个人补助、资本金注入、贴息等方式，用于以下几个方面：

1. 居民住房恢复重建。

对玉树地震灾区城乡居民（含中央垂直管理部门职工）倒塌和严重损坏住房重建，按照政府保障基本住房需求原则安排资金；对一般受损住房维修加固，适当安排资金给予补助。具体补助标准和方式由受灾地区人民政府区分不同情况确定。

2. 城镇建设。

恢复重建破坏严重需整体重建或新建的城镇道路、桥梁，城镇供水、供气、供热以及污水垃圾处理等市政公用设施及配套管网等。

3. 公共服务设施恢复重建。

恢复重建教育、卫生、科技、地震、计划生育、广电、文化文物、体育、劳动就业与社会保障、社会福利、基层政权、公检法司等公共服务设施。其中恢复重建教育、卫生设施优先安排社会捐赠资金，重点用于新建。

对宗教活动场所，按灾后恢复重建规划和现有管理程序，分寺院、活佛和教职人员生活住所以及文物等进行恢复重建。

4. 基础设施恢复重建。

恢复重建灾区范围内主要干线公路、农村公路以及受损民航设施、公众通信网和应急通信设施、邮政服务设施，以及水利、电力电网等设施。

5. 产业恢复重建。

支持恢复重建玉树工商企业、金融网点，恢复农业、畜牧业生产能力，发展环保型产业和特色文化、旅游等产业，建设工业集中区基础设施。

6. 其他恢复重建。

恢复重建农牧区（林区）生产生活设施，支持以工代赈、震后废物及建筑垃圾处理、三江源生态环境保护、灾毁土地整治、气象监测预警、地质灾害防治、综合减灾等社会公益性项目建设。

（二）税收政策。

减轻企业税收负担：

对受灾地区损失严重的企业，免征灾后恢复重建期所在年度的企业所得税；对受灾地区企业取得的抗震救灾和灾后恢复重建款项和物资，以及与抗震救灾有关的减免税金及附加收入，免征企业所得税；在5年内免征受灾地区农村信用社企业所得税；对受灾地区企业、单位或支援受灾地区重建的企业、单位，进口国内不能满足供应并直接用于灾后重建的大宗物资、设备等，在3年内给予进口税收优惠。

减轻个人税收负担：

对受灾地区个人接受捐赠的款项、取得的各级政府发放的救灾款项，以及参与抗震救灾的一线人员，按照地方各级政府及其部门规定标准取得的与抗震救灾有关的补贴收入，免征个人所得税。

支持受灾地区基础设施、房屋建筑物等恢复重建：

1. 对政府为受灾居民组织建设的安居房建设用地，免征城镇土地使用税，转让时免征土地增值税。

2. 对地震中住房倒塌的农（牧）民重建住房占用耕地的，在规定标准内的部分免征耕地占用税。

3. 由政府组织建设的安居房，对所签订的建筑工程勘察设计合同、建筑安装工程承包合同、产权转移书据、房屋租赁合同，免征印花税。

4. 对在地震中损毁的应缴而未缴契税的居民住房，不再征收契税；对受灾居民购买安居房，免征契税。

5. 经省级人民政府批准，对经有关部门鉴定因地震灾害损毁的房产、土地，免征灾后恢复重建期所在年度的房产税和城镇土地使用税。

鼓励社会各界支持抗震救灾和灾后恢复重建：

1. 对单位和个体经营者将自产、委托加工或购买的货物，通过公益性社会团体、县级以上人民政府及其部门捐赠给受灾地区的，免征增值税、城市维护建设税及教育费附加。

2. 对企业、个人通过公益性社会团体、县级以上人民政府及其部门向受灾地区的捐赠，允许在当年企业所得税前和当年个人所得税前全额扣除。

3. 对财产所有人将财产（物品）直接捐赠或通过公益性社会团体、县级以上人民政府及其部门，捐赠给受灾地区或受灾居民所书立的产权转移书据，免征印花税。

4. 对专项用于抗震救灾和灾后恢复重建、能够提供由县级以上人民政府或其授权单位出具的抗震救灾证明的新购特种车辆，免征车辆购置税。符合免税条件但已经征税的特种车辆，退还已征税款。

促进就业：

1. 受灾地区的企业在新增加的就业岗位中，招用当地因地震灾害失去工作的人员，与其签订 1 年以上期限劳动合同并依法缴纳社会保险费的，经县级人力资源社会保障部门认定，按实际招用人数和实际工作时间予以定额依次扣减营业税、城市维护建设税、教育费附加和企业所得税。定额标准为每人每年 4000 元，可上下浮动 20%，由灾区省级人民政府根据本地实际情况具体确定。

2. 受灾地区因地震灾害失去工作后从事个体经营的人员，以及因地震灾害损失严重的个体工商户，按每户每年 8000 元的限额依次扣减其当年实际应缴纳的增值税、营业税、城市维护建设税、教育费附加和个人所得税。

上述税收政策执行期限与国务院确定的灾后恢复重建期一致，适用范围为国务院确定的受灾地区范围。

（三）金融政策。

支持金融机构尽快全面恢复金融服务功能：

加快修复基层金融网点，保障支付清算、国库和邮政汇兑系统的安全运营，鼓励受灾地区金融机构适当减免客户账户查询、挂失和补办、转账等收费。

鼓励银行业金融机构加大对受灾地区信贷投放：

1. 加大对受灾地区金融机构的资金支持力度。根据受灾地区恢复重建的实际需求，增加对受灾地区的再贷款（再贴现）额度，并对支农再贷款执行优惠利率，在现行支农再贷款利率水平上再降低 1 个百分点。对受灾地区地方法人金融机构执行倾斜的准备金政策。允许受灾地区金融机构提前支取特种存款，增加信贷资金来源。

2. 对受灾地区实施倾斜和优惠的信贷政策。对灾前已经发放、灾后不能按期偿还的各项贷款延长还款期限，在 2011 年 6 月底前不催收催缴、不罚息，不作为不良记录，不影响其继续获得受灾地区其他信贷支持。

3. 加大对受灾地区重点基础设施、城乡居民住房、农牧业、中小企业和因灾失业人员的信贷支持力度。对因灾失业人员和吸纳受灾群众就业达到一定比例的劳动密集型中小企业，参照下岗失业人员小额担保贷款政策执行。

加强受灾地区信用环境建设：

1. 保护受灾地区客户合法权益。加快整理核实受灾地区金融机构客户基本信息；对暂时无主客户的债权，另账保存；依法确认和保护遇难者账户资金、金融资产所有权和继承权；加快保险理赔进度，提高理赔效率。

2. 对于符合现行核销、重组和减免规定的贷款，按照相关政策和程序及时核销、重组和减免。

实行外债减免政策：

对政府外债项目因地震造成的损失，给予债务减免，所需还款资金由中央财政承担。

（四）土地政策。

1. 免收新增建设用地土地有偿使用费和土地出让收入。对受灾地区为安置受灾居民新建各类安置住房以及非地震受灾地区为安置受灾居民新建各类安置住房；对受灾地区的行政机关、学校等事业单位，各类企业、人民团体、社会团体等单位，因地震造成房屋倒塌、毁损需要在原地区重建或迁至异地重建的，免收新增建设用地土地有偿使用费和土地出让收入。

2. 划拨土地。凡利用政府投资、社会捐助以及自筹资金为受灾群众重建住房、基础设施、公益设施等，可采用划拨方式供地。对在原址重建的工业或其他经营性项目用地，无论投资性质，土地不再重新出让，可按原方式使用土地；对易地重建的工业企业和按规划需要整体搬迁的工业企业，县级人民政府在收回其原有土地使用权的基础上，可采取划拨方式供地；对易地重建或按规划需要整体搬迁的其他经营性项目用地，同一宗地只有一个用地意向者的，可采用协议出让方式供地。

3. 降低地价。在未对因灾降低的地价标准进行调整之前，对投资规模大、促进地区经济发展作用明显的新建工业或大型商业设施等项目用地，可根据实际情况降低地价标准，报省级国土资源管理部门备案。

4. 保证灾后恢复重建用地。对灾后恢复重建需要的新增建设用地计划指标，在国家下达的土地利用年度计划指标中优先安排，指标不足的，可预先安排使用。对规划异地重建的城镇和村庄，凡废弃村庄和城镇具备复垦条件的，可以使用城乡建设用地增减挂钩周转指标。对抢险救灾和灾后恢复重建用地，可根据需要先行使用或安排供地。涉及农用地转用和土地征收的，可以边建设边报批；涉及占用耕地的，可以边占边补。

（五）收费和基金减免政策。

在地震灾区恢复重建过程中，一律免收属于中央收入的各类行政性收费和政府性基金。其中，对在地震灾区建设安居房、廉租住房及原址重建住房和加固住房，免收的全国性行政事业性收费包括防灾地下室易地建设费等项目；免收的全国性政府性基金包括城市基础设施配套费、散装水泥资金、新型墙体材料专项基金、城市教育附加费、地方教育附加、城镇公用事业附加等项目。

（六）教育特别资助政策。

1. 对生源地为青海玉树地震重灾区的高等教育阶段全日制在校生和高中阶段学生，从2010年4月至2011年7月，发放国家助学金或生活费补助，并免除一个学年的学费。所需新增资金由中央财政负担。

2. 对恢复重建期内迁出省外和玉树州外就读的初中和高中阶段的重灾区学生，从2010年秋季学期起全部免除学费和住宿费，并发放生活费补助，所需资金以中央财政综合定额补助为主，迁入迁出地政府适当负担。

3. 对继续在灾区就读的义务教育阶段学生，执行现有的经费保障和补助政策。

（七）就业援助和社会保险政策。

加大就业援助：

1. 将省级人民政府确定的因地震灾害出现的就业困难人员，按规定及时纳入就业援助的对象范围，优先保证受灾地区零就业家庭至少有一人就业。

2. 将本地就业困难人员正在参与的抗震救灾相关工作，按规定纳入现有和新开发的公益性岗位认定范围，时限为三个月。对从事公益性岗位工作的就业困难人员，按规定提供岗位补贴和社会保险补贴。

3. 对受灾地区企业在重建中吸收就业困难人员的，按规定给予相应的社会保险补贴。

4. 对从事灵活就业的就业困难人员，按规定享受社会保险补贴。

5. 对因灾中断营业后重新开业的个体工商户，按规定给予小额担保贷款扶持。

6. 省级人民政府在确保失业保险基金按时足额发放的前提下，对受灾地区企业采取适当降低失业保险费率等措施。

7. 按规定对受灾地区从事个体经营的有关人员三年内免收管理类、登记类和证照类等有关行政事业性收费。

8. 受灾地区企业恢复生产、公路和农田水利等基础设施以及对口支援项目建设，要优先吸纳当地受灾群众。要组织引导好受灾群众参加以工代赈和生产自救活动。

9. 鼓励东部沿海等地区支持和帮助受灾地区高校毕业生、农牧民、少数民族劳动者转移就业。对东部沿海等地区各类企业（单位）招用灾区劳动者，与之签订劳动合同并缴纳社会保险费的，按其为灾区劳动者实际缴纳的基本养老保险费、基本医疗保险费和失业保险费给予补贴，补贴期限最长不超过一年，所需资金从东部沿海等地区就业专项资金中安排。对转移就业的劳动者给予一次性交通补贴，所需资金从受灾地区就业专项资金中安排。上述两项政策审批的截止时间为2011年底。

10. 对受灾地区实行就业援助所需相关资金，按规定从就业专项资金中列支，中央财政通过专项转移支付给予适当支持。

保障工伤保险待遇支付：

1. 为解决受灾地区工伤保险基金收不抵支问题，对参加工伤保险的职工伤亡的，在核实伤亡人数、伤残等级及具体待遇标准的基础上，按规定支付相关待遇，所需资金通过地方尽快实行市级或省级统筹、动用历年结余、加大基金调剂力度解决。

2. 对未参加工伤保险伤亡职工的待遇支付，由职工所在企业（单位）负责解决，企业（单位）无力支付或已不存在，并符合救助条件的，可通过相关的社会捐助、社会救助制度予以帮助。

保障养老保险待遇支付：

1. 对受灾较重、暂停生产的企业，允许缓缴社会保险费；对因地震灾害无法恢复生产，经法院或有关部门宣告关闭破产企业欠缴的基本养老保险费，应按国家有关规定使用破产财产清偿，不足部分应按规定报批后予以核销。

2. 加大省级基本养老保险基金对地震灾区的调剂力度，确保地震灾区基本养老金按时足额发放。

3. 支持玉树自治州全面开展新型农村社会养老保险试点工作，从当地试点启动之日起，政府对符合领取条件的参保人全额支付基础养老金，中央财政按照每人每月 55 元给予补助。参保农牧民因地震灾害造成缴费困难的，由本人向经办机构提出申请，经审核同意后，个人缴费可以缓缴。

保障受灾困难人员基本生活：

对受灾地区符合《失业保险条例》规定的失业人员，按时足额发放失业保险金；符合享受城乡居民最低生活保障、农村五保供养、临时生活救助等条件的人员，按规定纳入相应保障范围，享受相关政策待遇。

（八）扶贫政策。

1. 中央财政进一步加大扶贫开发支持力度，在安排财政扶贫专项资金和财政扶贫贷款贴息资金时向灾区倾斜，由地方根据实际情况对灾区农村贫困群众予以支持，帮助其尽快恢复发展生产。

2. 适当提高贫困村基础设施建设、贫困户住房建设的补助标准，解决贫困家庭灾后恢复重建面临的突出困难。

3. 加大以工代赈力度，鼓励灾区群众投身灾后恢复重建，参与建筑废墟清理、住房建设、农牧区小型基础设施修复等灾后恢复重建任务。

（九）援建及援助政策。

1. 中央企业要积极承担社会责任，充分利用自身在人才、技术、管理等方面的优势，提供规划编制、勘察、设计、施工以及人力培训等方面支持。

2. 东部省市和中央国家机关对口支援青海藏区工作要优先在玉树灾区启动实施。

3. 原有东西扶贫协作支援省要重点做好支持玉树灾区工作。

4. 青海省要组织省内财力、物力、人力支援灾区建设。

以上援建及援助项目除对口支援省市确认为自愿、无偿援助的项目外，按照市场运作、保本微利原则实施，所需资金由青海省从灾后恢复重建包干资金中解决。

无论是中央企业还是援建省市，在组织实施援建及援助项目中，要尽量多吸纳灾区劳动者就业。受灾地区人民政府要做好就业指导和岗位培训等工作。

三、工作要求

（一）统一认识，加强领导。各地区、各部门要从全局和政治的高度充分认识玉树地震灾后恢复重建工作的重要性、艰巨性和长期性，切实把思想和行动统一到党中央、国务院各项决策部署上来，强化领导、精心谋划、周密部署，把大力支持灾后恢复重建工作作为当前一项重要任务，切实抓紧抓好。

（二）明确责任，密切配合。受灾地区省级人民政府对灾后恢复重建工作负总责，要立即全面部署灾后恢复重建工作，明确相关部门责任、分工和工作要求。国务院有关部门要各司其职、各负其责，加强指导和做好相关工作。

（三）细化政策，完善办法。国务院有关部门要尽快制订有关政策措施的具体实施办法，明确政策措施适用范围和执行期限，根据灾后恢复重建进展情况和实际需要，及时调整和完善各项政策措施。受灾地区省级人民政府要结合本地区实际制订贯彻实施具体操作办法，便于各项政策措施执行。同时，国务院有关部门要会同受灾地区省级人民政府做好灾后恢复重建与受灾群众过渡性安置统筹衔接工作，提早组织和保障好受灾群众过冬所需棉帐篷、火炉及燃料等物资。

（四）强化监督，确保效果。财政部、审计署等部门要按照职能分工，加强对灾后恢复重建资金使用和相关政策措施执行情况全过程监督，确保资金按照规定用途使用和各项政策措施执行到位，确保提高资金使用和政策措施执行效果，并指导受灾地区人民政府加强资金使用和政策措施执行监督检查。受灾地区人民政府要把加强资金使用和政策措施执行监督检查作为灾后恢复重建的一项重要工作，制定监督措施，明确监督责任，狠抓落实。

二〇一〇年五月二十七日

国务院关于做好玉树地震灾后恢复重建工作的指导意见

国发［2010］14号

各省、自治区、直辖市人民政府，国务院各部委、各直属机构：

玉树地震灾后恢复重建任务十分艰巨繁重，并面临高寒缺氧、施工期短、交通不便、生态脆弱和建筑资源严重不足等特殊困难。为科学、依法、统筹，有力、有序、有效地推进恢复重建各项工作，现提出以下意见：

一、总体要求

（一）指导思想。充分认识玉树地震灾后恢复重建的重要意义和特殊性，以科学发展观为指导，发挥社会主义制度的优越性；从玉树实际出发，借鉴汶川地震灾后恢复重建的成功经验，坚持以人为本，把保障民生放在优先位置，尊重民族文化习俗和宗教信仰，注重生态环境保护；以灾区各级政府为主导、广大干部群众为主体，中央大力支持，各方积极援助；精心规划、精心组织、精心实施，又好又快地完成灾后恢复重建任务。

（二）基本原则。

1. 科学重建、规划先行。认真做好灾害评估、资源环境承载力评价等前期工作，在全面调研、科学论证、合理避让灾害隐患的基础上，确定适宜重建区域。综合考虑经济社会、自然地理、生态环境、民族宗教等各方面因素，依照国家有关法律法规，科学制定灾后恢复重建规划。坚持安全、适用、省地、节俭的原则，有计划、分步骤、因地制宜地开展恢复重建工作。

2. 统筹兼顾、突出重点。优先恢复重建城乡居民住房和学校、医院等公共服务设施，抓紧恢复基础设施功能和生产生活秩序。同步统筹规划实施受损宗教活动场所的恢复重建。灾后恢复重建工作要与促进民族地区经济社会发展相结合，与扶贫开发和改善生产生活条件相结合。

3. 保护生态、体现特色。灾后恢复重建要把保护生态环境放在重要位置，按照构筑青藏高原生态屏障的要求，与三江源自然保护区生态保护建设统筹推进。要特别注重保护民族宗教文化遗产，充分体现当地民族特色和地域风貌。

4. 自力更生、多方支持。灾区各级政府要加强组织领导，动员广大干部群众自力更生、艰苦奋斗，建设美好家园。国务院有关部门要大力支持，同时发挥社会各界援助的积极性，多方形成合力，共同推进灾后恢复重建。

（三）重建目标。力争用三年时间基本完成恢复重建主要任务，使灾区基本生产生活条件和经济社会发展全面恢复并超过灾前水平，生态环境切实得到保护和改善，又好又快地重建新校园、新家园，为建设生态美好、特色鲜明、经济发展、安全和谐的社会主义新玉树奠定坚实基础。

二、主要任务

（一）城乡居民住房。把恢复重建城乡居民住房摆在突出和优先的位置，先行开展农村住房恢复重建。要尽快完成房屋及建筑物受损程度鉴定，明确维修加固和重建任务。对可以修复的，要抓紧开展维修加固；对需要重建的，要尊重群众意愿，选择适宜的重建形式和建筑样式。要抓紧规划设计，合理确定抗震设防标准和技术规范。建设选址要避开重大灾害隐患地带。农牧区居民住房的恢复重建，要与新农村新牧区建设相结合，统筹规划牧民定居点，提供多样化设计样式，加强施工技术指导，改进建筑结构，提高建筑质量。城镇居民住房的恢复重建，要制定好城镇总体规划，优化空间布局，完善配套设施，推动适用新型建筑材料和建造技术的应用。

（二）公共服务设施。优先安排教育、卫生等公共服务设施的恢复重建，严格执行强制性建设标准规范，把学校、医院建成最安全、最牢固、群众最放心的建筑。合理调整学校布局，加强中小学寄宿制学校、中等职业学校和幼儿园建设，改善“双语”教学条件。恢复重建州县乡医疗卫生机构和计划生育机构，加强基本医疗和公共卫生服务体系建设。抓好公共文化科技、广播电影电视、体育设施恢复重建。恢复重建社会福利、社会救助、残疾人服务、劳动就业和社会保障等设施。统筹安排恢复重建宗教活动场所，加强民族、宗教文化遗产的抢救和保护。在基本完成公共服务设施建设后，按照节俭实用的要求，恢复重建各级行政机关办公设施。

（三）基础设施。重点恢复重建主要干线公路、农村公路、民航、邮政设施。恢复重建公众通信网，提高应急通信、运输通信保障能力。在全面恢复当地供电能力的基础上，尽快开展与电网主网互联工程的前期工作，推动地热、太阳能等可再生能源利用，提高能源综合保障能力。加快水利基础设施和安全饮水工程恢复重建。加快市政公用设施恢复重建，增强供水、排水能力，配套建设污水、垃圾处理设施。

（四）市场服务体系。加快恢复市场服务体系基本功能，保障灾区群众基本生活需要，提高市场供应能力。恢复重建集贸市场、商业网点和生产资料交易市场，以及粮油储运设施。加快重建金融机构基层网络，全面恢复金融服务功能。

（五）地方特色产业。在严格保护生态的前提下，抓紧恢复灾区各类生产设施，推进农牧、商贸旅游等地方特色产业恢复重建，努力拓宽就业渠道，提高群众收入水平。结合发展绿色有机、高原特色产品的需要，优化农业、畜牧业发展布局，恢复提升生产能力。抓好牧区小水利、草场围栏、畜禽圈舍以及动植物病虫害防控、农技服务等设施的恢复重建。加快修复旅游景区景点和旅游基础设施，提升旅游服务质量和水平。加大对农副产品加工、民族特色加工业的扶持力度。

（六）生态环境和防灾减灾。坚持自然恢复与人工治理相结合，逐步修复生态系统。围绕三江源自然保护区生态保护建设，重点加强天然林保护、退牧还草等重点生态工程实施力度，加快开展水源涵养区、自然保护区管护设施恢复重建。加快水源地和土壤污染治理，妥善做好废墟清理和各类废物无害化处理与再利用工作。恢复重建地质灾害、气象灾害和次生灾害监测系统，提高防灾减灾能力。

三、保障措施

（一）统一思想认识。玉树地震灾后恢复重建工作，事关灾区紧迫的民生问题和长远发展，事关三江源地区生态保护，事关民族团结和社会和谐稳定，具有重要和深远的意义。受自然条件差、经济欠发达等因素的制约，玉树灾后恢复重建面临许多特殊困难，对此要有充分认识。各地区、各部门要把思想统一到党中央、国务院的决策部署上来，以高度的政治责任感和紧迫感，全力做好灾后恢复重建工作。

（二）科学编制规划。在对地震灾害损失进行全面系统调查评估和资源环境承载力评价的基础上，充分听取灾区群众意见和建议，组织专家对重大问题进行深入论证，科学编制灾后恢复重建总体规划和各专项规划。要统一规划、整体设计、突出重点、分步推进，有力有序有效地开展灾后恢复重建各项工作。

（三）加强组织领导。青海省、四川省人民政府对玉树地震灾后恢复重建工作负总责，国务院有关部门按照职能分工加强指导和做好相关协调工作。青海省要建立强有力的领导机构和现场指挥调度系统，明确任务，落实责任，创新机制，统建与分建相结合，科学高效地组织实施。国务院成立玉树地震灾后恢复重建组，协调有关部门大力支持，密切配合，及时帮助解决灾后恢复重建中的有关问题。青海省、四川省要会同有关部门，对灾后恢复重建的各项保障工作统筹考虑，统一指挥，科学调度，有序推进，在确保质量和安全的前提下，加快恢复重建进度。

（四）加大政策支持。鉴于玉树地震受灾地区的特殊困难，灾后恢复重建所需资金以中央财政安排为主，同时采取更加优惠的税收、金融、土地、环保、就业、扶贫等政策措施，统筹使用社会各界捐赠资金，加大对恢复重建支持力度。青海省、四川省要克服困难，适当集中财力用于恢复重建。受灾地区各级政府要统筹兼顾，合理安排，精打细算，节俭办事，管好用好各类资金，全力投入灾后恢复重建工作。

（五）多方合力推进。东西部扶贫协作、支援藏区的对口省市和中央有关企业，要组织工程技术人员和具有高原施工经验的建筑施工力量支持恢复重建。青海省、四川省要在灾区开展以工代赈，并组织省内力量，大力支持灾区建设。鼓励相邻地区的设计、施工力量参与恢复重建。

（六）加强实施保障。青海省、四川省要根据灾后恢复重建对建材、运输、电力、用水等实施保障条件的需要，及早做好需求量的测算，摸清本省和周边地区生产供应情况，在有关部门配合下，制定相应保障方案，逐项加以落实。提前启动建材生产供应工作，支持加快物资运输集散场站建设，合理确定运输方式，开辟绿色通道，保障运输畅通。加快受损电力设施修复，保障恢复重建用电需要。加强建材市场和运输价格监督管理工作。

（七）强化监督检查。青海省、四川省要加强对恢复重建资金、物资各环节的监督检查，确保资金和物资安全，确保工程质量；坚持公开透明，及时公布恢复重建进展情况和资金物资使用情况，自觉接受社会监督。国务院有关部门要加强对恢复重建的监督检查，开展全过程跟踪审计。

（八）保护健康安全。严防灾区传染疫病发生，加强灾区群众和参建人员的健康保护和高原病防治工作。组织开展心理救援，做好灾区干部群众的心理疏导和精神抚慰。防范余震及各类次生灾害，确保灾区群众和参建人员安全。

（九）做好宣传工作。加强新闻宣传，弘扬伟大的抗震救灾精神，弘扬各民族共同团结奋斗、共同繁荣发展的主旋律，大力宣传恢复重建中涌现出来的先进集体和模范人物，鼓舞和激励各族干部群众同心协力、团结互助、顽强拼搏，克服一切艰难险阻，共同夺取灾后恢复重建全面胜利。

国务院

二〇一〇年五月二十四日

关于进一步做好定点扶贫工作的通知

中共中央办公厅　国务院办公厅

定点扶贫工作是中国特色扶贫开发工作的重要组成部分，是加大对革命老区、民族地区、边疆地区、贫困地区发展扶持力度的重要举措，也是定点扶贫单位贴近基层、了解民情、培养干部、转变作风、密切党群干群关系的重要途径。切实做好这项工作，对于确保完成扶贫开发任务，顺利实现全面建设小康社会奋斗目标，具有十分重要的意义。从1986年开始至今，定点扶贫工作已历时24年，现有200多个中央和国家机关以及企事业单位等定点扶贫400多个国家扶贫开发工作重点县。在党中央、国务院的正确领导下，在各有关方面大力支持和定点扶贫地区广大干部群众共同努力下，定点扶贫工作取得了显著成绩。但是，目前我国农民贫困人口较多，脱贫致富难度增大，定点扶贫工作面临的任务还相当繁重。为认真贯彻党的十七大和十七届三中、四中全会精神，深入贯彻落实科学发展观，不断完善国家扶贫战略和政策体系，坚持不懈地消除贫困现象，经中央同意，现就进一步做好定点扶贫工作通知如下。

一、明确定点扶贫工作总体任务。广泛宣传党和国家关于农村工作的各项方针政策，帮助贫困地区干部群众更新思想观念、不断提高素质。采取有效措施，尽快帮助稳定解决扶贫对象温饱问题并实现脱贫致富，重点提高贫困乡村和农村贫困人口的自我发展能力。坚持开发式扶贫，积极推动加强基础设施建设、提高基本服务能力、培育农业主导产业，促进定点扶贫地区经济社会全面协调可持续发展。创新工作机制，整合各种资源，努力形成推动扶贫工作的强大动力。在地方党委和政府统一领导下，协助当地推进农村基层组织建设。

二、调动各方力量推进定点扶贫工作。中央和国家机关各部门各单位、人民团体、参照公务员法管理的事业单位、国有大型骨干企业、国有控股金融机构、国家重点科研院校、军队和武警部队，均应参加定点扶贫工作，承担相应的定点扶贫任务。支持各民主党派中央、全国工商联参与定点扶贫工作。积极鼓励各类大型民营企业、社会组织承担定点扶贫任务。通过扎实有效地工作，力争做到定点扶贫单位对国家扶贫开发工作重点县的全覆盖。

三、确定和调整定点扶贫工作方案。国务院扶贫开发领导小组办公室要在充分征求定点扶贫单位意见的基础上，研究提出定点扶贫总体方案，报国务院扶贫开发领导小组审议通过。国务院扶贫开发领导小组办公室根据定点扶贫总体方案，分别商中央组织部，中央统战部、中央直属机关工委、中央国家机关工委、总政治部、共同拟定具体定点扶贫方案，报国务院扶贫开发领导小组办公室与上述单位联合印发。

定点扶贫方案原则上同国家扶贫开发纲要（以下简称纲要）一并进行整理。纲要试行期间对定点扶贫方案进行个别调整，须同时符合以下条件：定点扶贫县的经济社会发展水平明显提高，农民人均纯收入达到全国平均水平；定点扶贫单位在定点扶贫县已开展定点扶贫工作 5 年以上；定点扶贫单位已妥善做好原定扶贫县的有关后续工作；定点扶贫单位转到其他贫困地区继续承担等量的定点扶贫任务。

符合调整条件的定点扶贫单位，向国务院扶贫开发领导小组办公室书面提出调整建议，由国务院扶贫开发领导小组办公室、中央组织部、中央统战部、中央直属机关工委、中央国家机关工委、总政治部等单位研究提出意见后，报国务院扶贫开发领导小组组长审批。国务院扶贫开发领导小组办公室也可根据实际情况，主动商上述单位和定点扶贫单位提出调整意见，报国务院扶贫开发领导小组组长审批。

在纲要实施期间新设立的有关单位，应自觉承担定点扶贫任务；其所承担的定点扶贫任务，由国务院扶贫开发领导小组办公室研究提出意见，报国务院扶贫开发领导小组组长审批。在纲要实施期间撤销的单位，由其上级单位负责承担原定点扶贫任务；合并或重组的，由合并或重组后的单位继续承担原定点扶贫任务。

四、突出定点扶贫工作重点。定点扶贫以国家扶贫开发工作重点县为主要对象，优先考虑西部地区，重点支持革命老区、民族地区、边疆地区、贫困地区的重点县。确定定点扶贫县，要尽可能结合定点扶贫单位的特点，并同定点扶贫单位沟通协商，达成一致意见。军队和武警部队定点扶贫县的确定，按照《印发〈关于进一步加强全军和武警部队参与扶贫开发工作的意见〉的通知》（国开发［2009］2 号）的有关规定执行。

五、统筹安排定点扶贫工作。参加定点扶贫工作的单位要针对定点扶贫地区经济社会发展实际和现实需求，制定帮扶工作规划，以贫困乡村和农村贫困人口为工作目标，以解决定点扶贫地区经济和社会发展中的突出矛盾和问题为工作重点，以整村推进、产业化扶贫、异地搬迁扶贫、基层干部和劳动力培训、基层组织建设等工作抓手，努力为定点扶贫地区出实招、办实事、求实效。

各单位要把开展定点扶贫工作与培养锻炼干部结合起来，做好挂职干部的选派工作。定期选派德才兼备、具有发展潜力和培养前途的优秀中青年干部赴定点扶贫地区挂职扶贫。要加强对挂职干部的管理和监督，并切实关心他们的工作和生活，消除他们的后顾之忧。

各单位要积极筹集和严格监管定点扶贫资金，确保专款专用。国家鼓励企业加大扶贫投入力度，并按照有关规定，落实相关优惠政策。

六、加强对定点扶贫工作的组织领导。定点扶贫工作由国务院扶贫开发领导小组负责集中统一领导，国务院扶贫开发领导小组办公室、中央组织部、中央统战部、中央直属机关工委、中央国家机关工委共同负责指导协调、组织实施和督促检查；军队和武警部队的定点扶贫工作，由总政治部负责指导协调、组织实施和督促检查。国务院扶贫开发领导小组办公室负责定点扶贫的日常工作。

国务院扶贫开发领导小组每两年组织开展一次定点扶贫先进单位和个人的评选表彰活动，对取得突出成绩的单位和个人授予“定点扶贫工作先进单位”和“定点扶贫工作先进个人”称号。国务院扶贫开发领导小组办公室要通过制定年度工作要点、适时召开会议、开展业务培训、实地督促检查、组织舆论宣传等方式，加强对定点扶贫工作的指导。

各定点扶贫单位要高度重视定点扶贫工作，将其摆上本单位工作的重要位置，切实加强领导，明确分管领导和分管部门，做到分工明确、责任到人。各定点扶贫单位领导每年应深入本单位定点扶贫县，开展调查研究，实地指导工作，帮助解决实际问题。年终或年初，各单位要对定点扶贫工作进行总结和部署，并及时将本单位定点扶贫情况包括年度总结、统计报表和工作安排等，分别报送国务院扶贫开发领导小组办公室、中央组织部及本单位党的关系所属工委（党委）。军队和武警部队定点扶贫情况，应及时报送总政治部。

地方各级党政机关要参照本通知要求，切实做好定点扶贫工作。各地区特别是贫困人口较多的省（自治区、直辖市），要按照本通知精神，同定点扶贫单位一道，共同做好本行政区域内的定点扶贫工作。

二〇一〇年七月九日

附录（三）
年度领导重要讲话

在国务院扶贫开发领导小组专家咨询委员会第一次会议上的讲话

范小建

2010年1月20日

段主任，各位专家、同志们：

非常高兴出席国务院扶贫开发领导小组专家咨询委员会第一次会议。首先，我受国务院副总理、国务院扶贫开发领导小组组长回良玉和各位副组长的委托，代表国务院扶贫开发领导小组及其办公室对专家咨询委员会的成立表示热烈祝贺，对各位专家欣然允诺参加专家咨询委员会，并准备承担相关的研究咨询任务表示衷心感谢！

前不久召开的国务院扶贫开发领导小组会议，批准同意成立专家咨询委员会。会议纪要指出，作为领导小组的决策咨询机构，专家咨询委员会要深化扶贫理论研究，加强扶贫开发实践指导，提高科学决策水平。扶贫办要组织制定专家咨询委员会工作规则，并指导其抓紧开展工作。回良玉副总理对专家咨询委员会的成立很重视，在领导小组会议之前，曾专门做出指示："我原则赞成此意见。可在下一次领导小组会议讨论通过。这样比较正式，以更好地发挥专家咨询委员会的作用。初期的人选不宜过多，分工也不宜过细"。

根据段应碧主任的意见，我向大家介绍一下全国扶贫工作的情况，并谈谈几个方面的想法。

一、关于当前扶贫工作的形势

2009年12月召开的国务院扶贫开发领导小组全体会议，良玉副总理做了重要讲话。中央农村工作会议期间又召开了全国扶贫工作会议。领导小组全体会议和扶贫工作会议全面总结了2009年扶贫开发工作，深入分析了面临的新形势和新情况，研究部署了2010年及今后一个时期的扶贫开发工作。

2009年是我国扶贫开发历史上极其重要、极具挑战和极富成效的一年，面对国际金融危机的严重冲击，在中央一系列强农惠农政策带动下，经过各方共同努力，扶贫开发取得了新的进展。一是扶贫开发工作进一步加强。我国自1986年以来第一次提高国家扶贫标准；中央财政扶贫资金投入总量达197.3亿元，比上年增加30亿元；在11个省（区、市）的20个县开展了农村最低生活保障制度和扶贫开发政策有效衔接的试点；深入研究对低收入人口全面实施扶贫开发政策的具体意见。二是扶贫开发成效进一步显现。在18800个村实施整村推进，其中革命老区、人口较少民族聚居区和边境地区的贫困村（以下简称“三类贫困村”）9000 个；稳步推进贫困地区劳动力转移培训、产业化扶贫、移民扶贫等工作；特殊类型贫困地区综合治理、汶川地震贫困村灾后恢复重建取得积极进展。三是扶贫开发思路进一步理清。组织开展了联合调研，对《中国农村扶贫开发纲要（2001—2010 年）》（以下简称《纲要》）实施情况进行了认真总结和评估，提出了完善国家扶贫战略和政策体系的基本思路。在全球金融危机造成约 1 亿人返贫的情况下，我国减贫形势比较平稳。2009 年前三季度，国家扶贫开发工作重点县（以下简称“重点县”）农民人均现金收入实际增长 9.6%，高于全国平均水平 0.4 个百分点；据预测，全年重点县农民人均纯收入增长幅度仍有望超过全国平均水平。

2010 年是我国扶贫开发事业承上启下的关键一年，既要确保《纲要》目标任务的实现，又要制定新十年扶贫纲要和“十二五”扶贫相关规划。我们要在以下六个方面加大工作力度。一是编制未来十年中国农村扶贫开发纲要，并会同发展改革委、财政部指导地方编制“十二五”时期整村推进和扶贫易地搬迁规划，汇总编制全国规划。二是加大扶贫开发投入力度。2010 年财政扶贫资金将有较大增幅。有关部门在国家加大投入、刺激经济增长的一揽子计划中，继续把加强贫困地区基础设施建设、促进农村贫困人口增收放在重要位置。鼓励和引导信贷资金向贫困地区、贫困农户倾斜，动员更多的社会资源参与扶贫事业。三是抓好扶贫开发重点任务。对集中连片贫困地区加大支持力度，力争在较短时间内解决突出问题。加大整村推进工作力度，确保三类贫困村完成整村推进任务。劳动力转移培训要逐步增加对初、高中毕业后未升学、未就业的“两后生”职业技能教育的补助，产业化扶贫要大力发展农民互助合作组织，移民扶贫要更好地与工业化、城镇化、生态建设项目、新农村建设有机结合。加快特殊类型贫困地区综合治理和汶川地震灾区贫困村恢复重建步伐。四是扩大农村低保和扶贫开发政策有效衔接试点。力争将试点范围逐步扩大到所有重点县，东部地区可根据实际情况自行确定试点范围。五是适当调整重点县。按照“总量不变、动态调整，统筹兼顾、进出平衡，分省进行、统一核定”的原则，商各地政府研究提出对重点县适当调整的方案，按程序报批。六是加强对贫困人口的监测。继续按现行扶贫标准做好贫困人口监测，同时对收入在全国农民人均纯收入 1/4 以下的农村人口进行监测与分析。

2010 年的一项特殊使命，就是编制新十年的扶贫开发纲要。中央农村工作会议、2010 年中央 1 号文件和国务院扶贫开发领导小组全体会议都明确，扶贫办要认真总结《纲要》的实施情况，研究提出下一步开展扶贫开发工作的思路，编制新十年扶贫开发纲要。春节前后，国务院常务会议还将听取相关汇报。我们正在制定相关工作方案，按倒计时安排工作计划，2010 年年底要向领导小组提交相对成熟的文件初稿。在这方面，需要专家咨询委员会给予大力支持。

二、成立专家咨询委员会的初衷

扶贫开发是件大事，是长期历史任务，是科学发展和全面建设小康社会，构建社会主义和谐社会的重要内容。我国的扶贫开发事业已经走过了近三十年的奋斗历程。

近三十年来，我们取得了巨大的、举世瞩目的成就，赢得了广泛的赞誉。同时，我们也正在经历着深刻的变革。国际、国内形势的变化，使我国扶贫工作的背景产生了深刻变化，并提出了一系列新的问题。在这种情况下，完善国家扶贫战略和政策体系，就成为形势发展给我们提出的新要求，也是我们面临的一个重大课题。

根据国务院扶贫开发领导小组的统一部署，2009 年我们组织了关于完善国家扶贫战略和政策体系的大型联合调研。调研认为，《纲要》提出的目标任务有望如期完成。同时，调研也认为，与《国家八七扶贫攻坚计划》和《纲要》相比，扶贫工作的背景发生了一系列深刻变化，主要有这样几个方面：

一是减贫形势正在发生重大变化。过去，绝对贫困群体十分庞大，解决温饱任务相当繁重；如今，按照我国自己的标准，绝对贫困发生率只有 1%，温饱问题在大部分地方基本解决，而相对贫困问题则日益凸显。

二是减贫制度正在发生重大变化。过去，开发扶贫是解决温饱的主要手段，也是我们最主要的经验；如今，国家经济实力不断提高，在城镇化的推动下，国家在农村建立了最低生活保障制度，对没有解决温饱的困难群体做出了兜底性的制度安排，扶贫工作形成了扶贫开发与生活救助两轮驱动的新格局。

三是农业农村与国民经济的关系正在发生重大变化。过去的战略都是在农业为工业提供积累的格局下形成的，专项扶贫是进入贫困地区的主要手段；如今，确立统筹城乡发展的方略，贯彻以工促农、以城带乡的方针，行业扶贫不断强化，大扶贫的格局已经形成。

四是城乡关系正在发生重大变化。过去是在二元结构体制下搞扶贫，扶贫的工作区域严格界定在农村；如今，工业化、城镇化的进程已经把统筹城乡提上扶贫开发的议事日程，就业选择和产业发展正在越来越多地打破农业农村的局限。

五是市场环境正在发生重大变化。开始，我们是在计划经济体制下搞扶贫。建立社会主义市场经济体制的目标确立之后，我们曾经是在一个相对封闭的市场环境下搞扶贫。而在我国加入世贸组织之后，经济全球化加快发展，市场因素对返贫致贫的影响越来越大，特别是这次国际金融危机的影响，使贫困人口的脆弱性更加凸显。

六是全球气候变化带来的威胁和挑战。全球气候变化导致水、旱灾害和强对流天气增加，贫困地区雪上加霜。防灾抗灾能力不足，矛盾更加突出。

在这一系列重大变化的同时，贫困人口的分布也表现出新的特点。特殊类型贫困地区越来越成为新阶段扶贫开发的主战场，解决那里的贫困成为最具挑战意义的“攻坚战”。革命老区、民族地区、边境地区都存在不少特殊性的问题，要求我们提出更具针对性和可操作性的政策和措施。

我到扶贫系统工作两年半，有一些重要的感受。其中一个重要体会是，我们的扶贫开发工作，缺乏足够的前瞻性。“凡事预则立，不预则废”“人无远虑，必有近忧”。与时俱进地有所“远虑”，科学判断发展的形势和趋势，是制定战略的基础。我们要通过对深刻变化着的形势所做的分析，来考虑和谋划、完善国家的扶贫战略和政策。

成立专家咨询委员会的确非常重要。

这是扶贫领域贯彻落实科学发展观的需要，是更好地完成新十年扶贫纲要编制任务的需要。有这么一批专家，从方向上、宏观上，从重大措施上出主意、提思路，使我们能够保持工作上一定的前瞻性、主动性，提高工作的针对性，对整个扶贫事业健康发展都是十分重要的。

三、扶贫工作遇到的几个突出问题

继续推进新阶段的扶贫开发工作，制定新十年的扶贫开发纲要，我们面临一系列新的情况和问题。

首先是对贫困的认识问题。过去我们国家绝对贫困人口数量非常大。三十年来，我们的主要任务就是减少绝对贫困人口。但是现在，按照我们自己的标准，绝对贫困人口减少到1%左右。在这种情况下，扶贫工作往何处去？对贫困问题需不需要有新的定位，对贫困问题的认识需不需要有新的深化？这是摆在我们面前不能回避的一个基本问题。人们比较习惯用绝对贫困的理念去认识贫困、去解决问题。我国政府的扶贫标准比较低，因此通常的想法和做法是通过提高扶贫标准，扩大覆盖面，然后再来减人，以检验我们的工作。2009年我们实行了新的扶贫标准，把低收入人口纳入贫困线以内，基本上是体现了这样一个思路。扶贫工作是长期的历史任务，如何体现它的长期性？这里面是不是还有一个绝对贫困和相对贫困的问题。严格讲，低收入人口不是相对贫困的概念。相对贫困人口应该是按照人均收入或人口的一定比例来界定。从大的发展趋势来讲，深化对贫困问题的认识，已经不能回避。消灭绝对贫困是阶段性任务，相对贫困则是长期的历史现象。实际上在美国也有贫困人口，也没有宣布贫困问题就解决了。我们这样一个大国，处在社会主义初级阶段，13亿人口，这么大的发展差距，完善国家扶贫战略和政策，需要对贫困形势有一个准确的定位，对贫困问题有一个更全面更深入的认识。这是个基础，是个前提。

其次是开发与救助的关系问题。我们一直强调，要坚持开发式扶贫的方针。工业化、城镇化的发展，把城市低保制度引向了农村。现在我们已经形成扶贫开发与生活救助两项制度衔接这样一个新的工作格局。有了低保制度的全面建立，到2020年基本消除绝对贫困现象我们才充满信心。两项制度如何实行有效衔接，我们正在进行试点。试点产生了一些很重要的数据。比如说，在扶贫对象当中，同时享受低保政策的大概占20%。低保对象当中，同时又是扶贫对象的大约占60%。按照国家1196元标准识别出来的对象中大约有48.1%的人，当年可以或多或少享受到扶贫政策，还有51.9%的人没有得到任何直接的帮扶措施，等等。

两项制度衔接，我们遇到的一个工作层面的问题，是今后是否要长期保持这两个标准一上一下的格局。有人主张，从国家管理的角度说，应该就是一个标准，即统一的低保标准，在这个标准下，全部是低保对象。这中间，一部分有劳动能力的人，是扶贫对象。这是一种想法，就是有一条低保线，不管标准如何，大家都吃低保，其中有劳动能力的是扶贫对象。还有一种想法，就是两个标准适当拉开，在对象上又存在交叉。现在，主张两种办法的都有。目前的实际情况是两条线。为什么会形成两条线呢？主要是穷的省份，没有能力提高低保标准，它拿不出那么多钱。

国家现在的扶贫标准是1196元，但有些省里只能按照800元的标准拿钱。低保的标准是实的，评出来就要应保尽保，评出来不给钱是不行的。因为国家的资金有限，想提高标准有困难，客观上就形成了两条线。当然，在有实力的地方，也有低保标准高于扶贫标准的。其实，从理论上讲，真正的问题不在于谁高谁低，而在于如何定位。按照低保保生存、开发促发展这个新的定位，今后真正的温饱标准应该是低保标准，而不是扶贫标准。已经有同志明确提出了把贫困标准与扶贫标准分开的建议。扶贫标准不应该受基本生存标准的局限。有的同志讲，贫困标准取决于收入，扶贫标准取决于投入，这是有一定道理的。从发展趋势看，这两者的关系，需要进一步明确。

第三是专项扶贫和行业扶贫的关系问题。行业扶贫这个概念，是最近这两年提出的。它是国家对“三农”全面实施反哺政策的产物。过去农村的基础设施和社会事业全靠“三提五统”和“两工”。农村税费改革，特别是全面取消农业税之后，原本只负责城市基础设施、社会事业的部门，开始把工作延伸到农村。随着国家经济实力的增强和贯彻反哺政策力度不断加大，各行业向农村建设的投入力度也不断强化。在这种情况下，财政专项扶贫投入的使用管理就遇到了新的问题。过去，专项扶贫资金是贫困地区最主要的扶贫手段，使用范围也很宽泛。而如今，与其他部门的投入出现了可能重叠使用的情况。在新的情况下，一方面扶贫部门要协调各有关方面进一步加大对贫困地区的投入，通过资源整合努力形成“统一规划、集中投放，渠道不乱、任务不变，各尽其力、各记其功”的工作局面；另一方面又要找准定位，用好专项扶贫资金，更好地把扶贫资金用于扶贫对象，做好别人不做或做不好的事情。这种工作格局需要在新的形势下逐步规范。

第四是城市和农村的关系问题。城乡统筹是大方向，是大势所趋。前面说过，现在的扶贫开发格局是在二元结构体制下建立起来的，所以我们始终叫中国农村扶贫开发纲要。但是现在，实践正在打破这个局限。解决就业与产业发展，都不再局限于农业和农村。城市化过程中提出许多新问题，使我们不得不面对。我们现在是用二元结构体制下形成的管理机制、机构，去解决城市化过程中提出的问题。所以显得很不适应。比如说，进城打工的这部分人。城市认为这些人还不是城市人口，是农村人口；而农村又认为这些人已经城市化了，不能让他们再回农村。统计上也把这部分人算做城市人口。但是，如果我们老是用二元结构的管理办法，去对付、解决打破二元结构出现的问题，那就不行了。经济基础决定上层建筑，上层建筑要和经济基础的变化相适应。应该考虑如何顺应形势的发展去解决新的问题，而不能老是处于被动的状态。当然，新十年扶贫纲要，落到纸面上主要还是农村，但解决问题的途径不限于农村，我们不能把自己局限住了。

第五是相对贫困的发展趋势问题。要构建社会主义和谐社会，发展差距不能越来越大。根据国家统计局的统计材料，2001年到2008年，绝对贫困人口减少1900万。如果把农民人均纯收入1/4作为相对贫困的标准来选择样本，从2001—2008年，是增加了1470万。一边是绝对贫困人口的下降，一边是相对贫困人口的增加。这个问题怎么办？如何引起各方面对这个问题的足够重视。我们讲城乡收入差别在逐步扩大，城市内部、农村内部都有扩大，但是从相对贫困人口规模这个角度，过去没有讲过。而且相对贫困还在缓慢增长，更没有讲过。要建设和谐社会，相对贫困人口不但不减少，反而在逐步扩大，和谐社会怎么建设？怎么才能减少、或者控制住相对贫困人口，不让这部分再扩大？从2001—2008 年看，曾经出现过相对贫困人口的减少，就是取消农业税那一年。后来又缓慢扩大了。这说明，如果政策措施到位，至少能够得到有效控制。这个问题不承认不行。现在似乎有一种看法，认为相对贫困继续扩大的问题不可避免，因此也就回避了。有些同志认为在最近若干年这个问题解决不了，干脆也就不提了。这么大个国家，这么大个问题，应当面对。只有敢于面对，才有可能解决。否则，就会引起社会的不稳定。

第六是少数民族地区的贫困问题。现在少数民族地区的贫困人口占贫困人口总数的比重的确是在上升。2006—2008 年，五个民族自治区加云南、贵州、青海三省的贫困人口三年中提高了 4 个百分点，到2008 年占全国贫困人口总数的 39.6%。西部地区国家扶贫工作重点县，少数民族贫困人口占 46%，也是在增加的。有很多调查报告提出，少数民族和汉族贫困没有明显不同。但我在西部调研感觉最起码有一条非常明显，在家待业的年轻人比汉族地区多。为什么？我考虑，这些地区农民外出打工有一个局限性，就是不会讲普通话，民族风俗习惯也不一样。这个局限性是客观存在的。因为语言和风俗习惯的局限，他走出去要面临更多的困难。新疆阿合奇边境扶贫试点，就是靠新疆当地干部有组织地将不会讲普通话的少数民族同志带出去，吃在一起，住在一起，带着翻译，厨师，一起住在厂子里。为什么宁夏没有这样的问题呢？因为宁夏的回族都会讲普通话，没有语言的障碍。广西问题也不是太大，壮族、苗族也讲汉语普通话。但贵州、云南、西藏、新疆，还有青海等其他藏区，语言障碍就很大。所以少数民族贫困比重呈上升趋势，有它的特殊原因。但现在我们还缺乏更有针对性的措施。

第七是灾害与贫困的问题。气候变暖的直接结果是自然灾害的增加。胡鞍钢教授前不久写了一篇《气候贫困》的文章，提出一个观点：现在贫困人口分布和生态脆弱区分布高度重合。也就是说，现在贫困人口大都是在生态条件特别脆弱的地区。我们叫做特殊类型贫困地区的基本都在这些地方。这些地方怎么弄？根据国家统计局统计，贫困地区每年遭受严重自然灾害的几率是其他地区的 5 倍。气候变暖，灾害会更加频繁和严重。现在，不少贫困地区的领导都提出要发展设施农业。我很理解，一般地讲，在这些地区发展设施农业，提高了防灾避灾能力，相当于建设基本农田。要是像普通农区那样建设基本农田，还是靠天吃饭，面对灾害频繁，投资效益就难以发挥。发展设施农业效果很好，但投入大，风险也大。目前还缺乏更有效的支持政策。在这些地方，谈论比较多的扶贫措施是搬迁、是设施农业、是特色产业等问题，需要更有针对性的措施。

特殊类型贫困地区不只是自然灾害。在生态特别脆弱地区，缺水的、缺土的、缺氧的、缺温的，这些地方怎么弄，我们研究的很不够。这些地方加在一起，占国土面积快一半，人口可能只有10%左右。这些地方是绕不过去的“硬骨头”，就算剩下很少很少，也绕不过去，必须面对。未来十年绝对都是主战场。现在，我们在其他地方还有一些办法，但对这几块特殊类型的贫困地区，办法不多。我们在黄土高原、三西地区，发展马铃薯、种草养畜积累了一些经验，但没有像“八七扶贫攻坚计划”的“温饱工程”那样大力宣传，讲的不够。晴隆的经验讲的也不够。青藏高原地区在防灾避灾方面也缺乏成熟的经验。另外，像地方病高发区，比如四川阿坝扶贫开发与综合防治大骨节病试点，就要采取综合措施。对这些问题，我们缺乏总结。

第八是如何更好地发挥扶贫信贷资金的作用。从解决温饱到提高发展能力，在帮扶手段上一个重大的变化是可以更多的发挥信贷扶贫资金的作用。积极开展以小额信贷为代表的微型金融活动是我们面对的一大课题。从改革开放到现在，国家财政专项扶贫资金安排了近2000亿元，财政贴息贷款安排了2000多亿元。我们对使用财政资金研究的比较多，而对如何发挥扶贫信贷资金的作用研究的还比较少。前两年我们对扶贫信贷资金的管理体制进行了一些改革，取得了一些成效，但在贫困农户中反响还不够热烈。这两年推得比较快的是互助资金。但就其运作机制而言，如何真正用于贫困农户，而不是以扶持贫困户的名义用于比较富裕的农户，在点上可能解决的不错，但面上并没有很好解决。可能做得比较好的是中国扶贫基金会的小额信贷，但受各方面条件制约，其进展不是太快。这是一篇大文章。从长远看，从提高发展能力的角度，信贷扶贫比财政帮扶，可能会发挥更大的作用。我们需要的是对实践中的各种探索进行深入研究和比较。要为其大声疾呼，帮助其创造健康发展的环境。

第九是如何发挥社会扶贫的作用。政府主导是我们的根本经验，没有党和政府的高度重视和领导，不可能取得今天这样的成绩。过去，我们是把党政机关定点扶贫和东西扶贫协作算做社会扶贫。所以，对真正社会扶贫工作中存在的问题注意不够。学习实践科学发展观活动中，有同志提出，定点扶贫和东西扶贫协作应该属于政府主导的范畴，我们采纳了这个意见，这才发现真正的社会扶贫是我们的一个短腿。随着国家整体经济实力的提高，民营企业和民间组织在扶贫和慈善事业方面正发挥越来越大的作用。一大批有社会责任感的企业家自觉投身于扶贫事业，成为社会扶贫工作中的一个有生力量。但是，我们缺少民营企业和民间组织参与社会扶贫的进入和激励机制。现在的势头很好，同时要建立可持续发展的机制。我们这方面的研究还远远不够。

如果说还有第十个问题，就是对东部经验的总结。进入新世纪，东部地区实行了新的扶贫政策。不再确定国家扶贫开发重点县，扶贫投入主要由自己解决，工作部署也主要由地方政府谋划。其实，这是创造新鲜经验的极好机会。在推动中西部扶贫工作的过程中，我们一方面总结基层的创造，一方面学习国外的经验。但对于东部地区来讲，我们可能更注意东部省份在东西扶贫协作中对西部的物质支持，却对东部省市自身创造的经验重视不够。其实，从经验的适应性来讲，东部地区的探索，比国外的“经验”更能适合我国的国情。东部省市的标准调整机制、瞄准机制、政策到户机制和部门协调机制，都有自己的特色。

当然，还有很多问题，我就不一一介绍了。

四、要从更广阔的背景研究问题

以上这些问题基本上是扶贫工作自身的。但同时我们还要从更广阔的背景研究问题。在大扶贫的情况下，国家宏观政策的调整对减贫事业发挥着最重要的作用。从2001—2009年，减贫工作之所以取得这么显著、举世瞩目的成就，国家在宏观政策上有三件大事起了至关重要的作用。

第一个是十六大以后，提出的统筹城乡发展，以工促农、以城带乡，一下子改变了“三农”和国民经济的格局。在2003年以前，我们国家减贫形势是很严峻的，当时低收入以下的贫困人口，每年减少388万人，其中绝对贫困人口和低收入人口都是194万。过去大包干时一年减少1700多万，后来一年减少600多万，“八七扶贫攻坚计划”的时候，也是一年减少600多万。但是到了新世纪以后，一年减少只有380多万，如果不考虑低收入人口，就是190多万。但十六大后，年均减少860万。这个重大的调整、宏观上的安排，是全面贯彻落实科学发展观的结果，对减贫来说太重要了。

第二个是在农村全面建立最低生活保障制度。对尚未解决温饱的贫困人口制定了兜底性保障措施，通过低保制度来保基本生存，从制度层面把生存贫困的问题解决了。

第三个就是2009年应对国际金融危机的一揽子计划。2009年如果没有以扩大内需为主要内容的一揽子计划，减贫形势相当严峻。2008年底的时候我们已经看到指标在下滑。贫困地区农民人均纯收入一下子掉下来了。2003—2007年贫困地区农民人均纯收入连续五年超过全国水平，但是2008年年底是低于全国水平，而且有继续恶化的趋势。但是一揽子计划的及时出台，扩大内需，加大中西部地区基础设施的投入力度，取得了明显的成效。现在，靠什么把西部贫困地区的收入水平拉上来呢，就是靠扩大内需，就是靠基础设施投入，将贫困地区农民工本地打工的收入带动起来了，到9月底增幅18.6%。比整个农村的收入水平要高。所以说2009年的减贫形势比较平稳。如果没有一揽子计划，现在就不是这个情况。这些大政策、大措施，在减贫上发挥的作用太要紧了。人们往往很少从这个角度谈，但我们认为，单靠增加扶贫那点手段措施，不可能有如此大的成效。

这样一些问题，是宏观上要研究、要考虑的。今后，随着低碳经济的发展，减排与减贫将提出一些什么新的问题，也很难预测。减排问题已经成为贫困地区经济发展一个新的挑战和机遇。

五、关于专家咨询委员会的工作

为了体现专家咨询委员会的超脱，这次在专家的选择上没有考虑现在行政机关任职的同志。原来考虑过设顾问委员会，后来也取消了，就是要真正体现专家的作用。有些东西靠我们行政机关慢慢往前推，是可以解决的。但确有一些问题我们是无力解决的，而且我们看不清，也说不准。从专家咨询委员会角度来讲，可能会站得更高，看得更远。我们操作层面现在往往是被具体问题拴住手脚，不能放手去研究。

有的时候，不识庐山真面目，只缘身在此山中。

因此，专家咨询委员会研究的重点可以从理论和实践两个方面入手。我在以上第三、四部分提出的问题，都有理论和实践研究的巨大空间。今年的大事是制定新十年扶贫纲要，希望各位专家从宏观上研究、考虑，帮助我们献计献策，开展讨论、进行评议。同时，如果还能够结合前面所谈的问题，或另外选择某个问题进行深入研究和探索，并有所突破，提出一些重要的指导性意见，那就更好地发挥了专家咨询委员会的作用。要按照回良玉副总理的要求，充分发挥领导小组决策咨询机构的作用，立足当前、着眼长远，立足国内、着眼全球，立足继承、着眼创新，加强对扶贫开发重大问题的探索研究。

为了更好更有效地开展工作，我们提议并经良玉副总理同意，由段应碧同志和唐华俊、汤敏同志分别担任委员会的主任和副主任。段应碧同志是农口的老领导，又是“三农”问题的资深专家，曾经担任中央财经领导小组办公室副主任、中央农村工作领导小组办公室主任，全过程参与了农村的改革开放，发挥过非常重要的作用。段主任对扶贫工作很有感情，尽管年近七十，但仍然非常支持我们的工作。在这里，我们以热烈的掌声表示感谢！华俊同志和汤敏同志分别在各自的领域有很深的造诣和影响，有丰富的组织协调经验和良好的人际关系，担任副主任都是合适的人选。我们一并表示衷心感谢。希望各位专家支持他们的工作，同心协力，各展所长，为国家的扶贫事业做出自己的贡献。

专家咨询委员会设立秘书处负责日常工作，我们派冯强同志为秘书长，会同其他同志，为专家提供必要的服务。一是及时通报全国扶贫工作的进展和政策措施调整情况，以便专家组的工作能够更好地围绕中心任务来展开。二是加强课题管埋，财政支持的研究课题将优先考虑专家咨询委员会成员承担。三是安排研究成果的利用和推广。研究成果可以整理成较短的文稿，送领导同志审阅，作为决策参考。凡是对政策调整有重大影响、产生实际效果的，要给予充分肯定，并将情况通报专家所在单位。今后，我们还要考虑研究课题的评奖机制。

为了规范工作制度，会前，我们起草了一个《工作规则》，良玉副总理也看过了，今天发给大家。希望专家咨询委员会充分讨论一下，根据《工作规则》积极地开展相关活动。

欢迎大家进行热烈讨论，提出批评意见。

谢谢大家。

在农村低保和扶贫开发两项制度有效衔接试点工作总结会议上的讲话

范小建

2010年2月3日

同志们：

农村低保和扶贫开发两项制度衔接，是党的十七届三中全会《决定》给扶贫和相关部门提出的一项重要任务。从2007年以来，党中央、国务院在有关农村工作的重要文件中，反复强调要搞好两项制度的衔接，良玉副总理多次就此发表重要讲话和作出重要批示。今年1月8日，良玉副总理在我办和民政部、财政部、国家统计局、中国残联联合报送的《关于农村最低生活保障制度和扶贫开发政策有效衔接试点工作情况的报告》上又做了重要批示：“切实搞好农村最低生活保障制度和扶贫开发政策的有效衔接，是十七届三中全会提出的明确要求，我们应在认真总结2009年试点工作的基础上，2010年可适当扩大试点范围，各有关部门要继续加强配合和支持，搞好资源整合，积极探索政策、程序、管理上的有效衔接途径。”自2009年1月以来，国务院扶贫办和民政部、财政部、统计局、中国残联在全国11个省（区、市）、20个县开展了两项制度有效衔接试点工作。这次会议的主要任务是，深入贯彻落实党的十七届三中、四中全会、2009年国务院扶贫开发领导小组全体会议和2010年中央一号文件精神，全面总结试点工作情况，交流典型经验，研究解决存在的问题，安排部署扩大试点工作。首先，我代表国务院扶贫办向出席今天会议的湖南省徐明华副省长、邵阳市委童名谦书记、郭光文市长表示衷心感谢，向参加这次会议的中农办、民政部、财政部、统计局、中国残联，各省区市扶贫办、试点县扶贫办和新闻界的同志们表示热烈欢迎。这次会议之所以在湖南邵阳召开，首先是因为湖南省委省政府领导同志对这项工作高度重视，认识明确，组织有力，使试点工作形成了强大合力。第二，是因为邵阳市的试点工作做得很扎实，识别工作考虑得细致周到，有较强的可操作性。帮扶措施也落实得比较好。第三，试点已经在全省国扶县、省扶县全面推进，准备在2010年2月底前完成扶贫对象的识别登记工作。应该说湖南的做法，对于提高认识、统一思想、坚定信心、扩大试点有较强的说服力。因为下午大家还要看，还要听，不多讲。刚才明华省长、名谦书记都发表了热情致辞，勇生司长代表民政部做了很重要的讲话，下面，就全国的试点工作我讲三个问题。

一、关于2009年试点工作情况

在有关部门的大力支持和各方面的共同努力下，2009年我们在全国11个省、20个县所辖的340个乡（镇）、5955个行政村开展了试点。总的看，试点工作探索了一些好的做法和经验，取得明显成效，既受到了农户欢迎，也得到了有关部门的认可和肯定。试点表明，中央关于两项制度有效衔接的决定是正确的，两项制度应该衔接，也能够衔接。通过衔接，有利于不同困难群体得到扶持，使贫困人口共享改革发展成果。

（一）试点主要成效

1. 摸清了贫困状况，为瞄准困难群众奠定了基础。各地充分借鉴扶贫建档立卡和低保对象识别成果，按照民主评议程序，一次性地识别出了扶贫对象、低保对象、扶贫和低保交叉对象。按新扶贫标准1196元，共识别出农村低收入人口141.9万人，占试点县农村人口的14.7%（试点县多为贫困程度较深的县）。其中扶贫对象122.4万人，占农村人口的12.7%；低保对象46.1万人，占农村人口的4.8%（未含1196元以上的低保对象）；扶贫和低保交叉对象26.6万人，分别占扶贫对象的21.7%，低保对象的57.7%。

2. 扩大了政策扶持面，使更多困难群众受益。识别出来的低保对象均落实了低保金，扶贫对象有58.9万人不同程度享受了扶持政策，占48.1%，扶持面比试点前有明显扩大。扶持措施主要包括十个方面：即产业开发、扶贫易地搬迁、雨露计划培训、危房改造、扶贫经济实体股份分红、小额信贷、互助资金、教育免费及补助、医疗救助、党员干部和社会各界帮扶措施等等。

3. 建立了档案资料，为实行分类扶持和动态管理创造了条件。各地对识别出来的低收入户，分别就家庭人员情况、贫困状况、需求情况、受扶持情况等建立了详细的档案资料。同时，将低收入户分为“扶贫户、扶贫低保户、低保户、五保户、扶贫库区移民户”等五类，为分类扶持和动态管理创造了条件。

4. 建立了信息系统，为各方面搭建了通用的工作平台。试点中开发的农村低收入户管理系统，为在大扶贫格局下，引导农业、水利、教育、卫生、住房建设、人口计生、林业等部门及社会各界的资源向低收入户倾斜，搭建了通用的工作平台。

5. 掌握了对象需求，为制定扶贫规划提供了依据。各地在信息登记过程中，对扶贫对象需要的项目、内容、类别、规模、投资及资金来源等进行了全面摸底，为下一步制定新的扶贫规划提供了依据。

（二）试点主要做法

1. 合理确定规模。主要有两种方式，一种方式是，按照国家扶贫标准，以统计部门农村贫困监测数据为依据，确定低收入人口规模，如河北、湖北、广西、甘肃、青海、新疆等。另一种方式是，省（市）政府综合考虑统计部门农村贫困监测数据，低保标准和自身财力，自定扶贫标准，确定低收入人口规模，如福建、江苏、河南、湖南、重庆等。

2. 制定详细方案。11个省区市和20个县在深入调查研究、广泛征求意见的基础上，制定了具体的试点工作方案。多数地方的方案明确了试点工作的指导思想、目标要求、基本原则、实施步骤、保障措施等，是科学、周密的。湖南保靖县在实施方案中提出的“一评二审三公示、关键环节四到位”的总体要求，就很有代表性。一评是指根据农户申请，村里进行评议；二审是指乡审核、县审批；三公示是指村、乡、县三级公示；关键环节四到位是指宣传发动到位、对象识别到位、分类帮扶到位和动态管理到位。

3. 先试点后铺开。为确保试点有序、稳步推进，在初步确定乡、村低收入人口规模后，试点县选取1—2个乡和村进行先期试点，在总结经验的基础上，再全面推开。湖北罗田县选择好、中、差3个等次的乡（镇），每个乡镇又分别筛选出好、中、差3个等次的9个村进行试点。由县统计局设计农户收入调查表，按照1196元扶贫标准，对低于标准以下的农户进行登记上报。为保证上报对象的真实性和准确性，由扶贫办、民政局、财政局、统计局、残联等单位抽调专门人员，到3个乡（镇）9个村逐组逐户进行核查，做到不漏户、不漏人。在核查过程中，采取“三看一核算”的方法现场进行确认，即一看粮，二看房，三看劳力强不强，核算家庭人均纯收入（核算由统计局专业人员进行）。经过近1个月核查和测算，初步确定了3个乡（镇）9个村的贫困发生率。

4. 开展系统培训。根据先期试点情况，按照试点工作方案，对相关工作人员进行培训，以确保试点质量。甘肃漳县对分管扶贫工作的副乡（镇）长、扶贫专干和村干部进行了培训，共300多人参加，系统介绍了试点工作方案，详细解释了村、户的各项指标。湖北罗田、孝昌县还对信息录入人员进行了专门培训。

5. 民主识别对象。各地在试点工作中，探索出了许多行之有效的贫困识别方法，并逐步得到规范。归纳起来主要有五个方面，即：申请、评议、审核、审批、逐级公示。福建武平县实行“四坚持”“四不准”“三不纳入”“三调查”的方法。四坚持，即坚持本人申请、坚持村委会评议初审、坚持乡（镇）审核、坚持县领导小组审批；四不准，即不准暗箱操作、不准优亲厚友、不准平均分配、不准敷衍塞责；三不纳入，即家庭住房条件较好、具有隐性收入的不纳入，没有经过村级评议小组评议的、没有乡（镇）集体研究的、没有张榜公布的不纳入，具有自救能力但好逸恶劳的不纳入；三调查，即对扶贫对象有疑点的进行调查，对扶贫对象有分歧的进行调查，对扶贫对象有举报的进行调查。

6. 认真采集信息。扶贫对象确定后，由包村干部带队，组织经过培训的专门人员，对低收入户的相关信息逐项进行登记，保证采集的信息客观、真实、无漏项。为了做好这项工作，甘肃漳县盐井乡一次就组织了乡村干部50多人，不到一个月时间，将全乡识别出来的921户低收入户登记造册。

7. 落实扶持政策。两项制度有效衔接工作不能“空对空”。政策能否兑现，关系到试点的成败，也关系到这项制度能否长期坚持下去。在专项扶贫资金有限的情况下，积极整合相关惠农政策，加大扶持力度，成为落实扶持政策的重要经验。各地的主要做法有：对扶贫对象发展产业项目、实施小型基础设施项目、纳入搬迁规划和危房改造的给予补助；免费为扶贫对象提供技术服务；互助资金中扶贫对象户的入社基准互助金由到村财政扶贫资金缴纳，并保障贫困户享有收益权和优先借款权；到户小额贷款实行财政贴息；开展全免费的创业、转移就业、实用技术培训；对贫困户子女就读中等职业教育学校全免费和初中、高中、大专、本科生按年发放补助；按10元/亩标准提供农业保险补贴；免交新型农村合作医疗自筹费用，政府按10元/人提供商业医疗保险补贴，费用报销比例提高20个百分点；动员党员干部、社会力量与扶贫对象结对帮扶，形成一对一、多对一、一对多的帮扶，等等。湖南省级财政安排专项资金1600万元，对两个试点县识别出来的扶贫对象实施扶持政策。重庆出台了《关于实施到户扶持“点活贫困户”的通知》，计划在5年内，每个贫困户落实帮扶资金2000元。湖南邵阳县委、县政府规定，扶贫对象参加新农合免交个人交纳部分的资金，对扶贫对象家庭发展产业项目、参加职业技能培训、实施危房改造家庭给予补助，贫困村村级互助资金组织对扶贫对象和低保对象无偿送股。邵阳把两项制度有效衔接与产业发展相结合，是个很好的做法，是一条重要的经验。湖北孝昌、罗田两县对识别出来的24.3万低收入人口开展大病医疗救助，每人免交新型农村合作医疗自筹费用20元。新疆吉木乃县以“保障、扶持、服务”为主题，建立“六条扶贫保障线”机制，即建立农牧业生产保险保障机制，新型农村合作医疗+商业保险补贴机制，到户扶贫贴息贷款支持机制，互助资金支持机制，教育扶贫补助机制和技能培训扶贫机制。

（三）试点主要经验

1. 加强组织领导，把试点工作列入政府的重要议事日程，作为一件大事来抓。中共中央政治局委员、重庆市委书记薄熙来亲自听取市扶贫办的汇报，对试点工作作出重要指示。湖南省委书记张春贤、省长周强多次在有关重要会议上强调，一定要搞好试点，并直接协调解决机构、资金等重要问题；副省长徐明华亲自担任试点工作领导小组组长。福建、河南、湖北、广西、青海、新疆等省区的领导对试点工作也非常重视，各县都成立了试点工作领导小组，主要领导亲自挂帅，并且设立了办公室，抽调工作人员，专门负责试点工作。甘肃漳县由分管副县长兼任试点工作办公室主任，从县扶贫、民政、财政、监察、统计、农业、残联等7个部门，各抽调1名干部到办公室工作。河北的武强县、湖北的孝昌县和罗田县在乡（镇）还成立了工作小组，具体指导各村的试点工作。

2. 广泛宣传发动，采取多种方式，使农村低保和扶贫开发政策深入人心。各地通过召开会议、统一培训、制作明白卡、组织媒体、创办宣传栏等多种形式，开展了有针对性的宣传活动。广西隆林县委、县政府，召开县乡村三级干部动员大会，讲政策、讲要求、讲重点。新疆吉木乃县从全县抽调112名干部，组建41个驻村工作队，面对面地向农户进行宣传指导，累计播出专题宣传片244小时，播出滚动字幕7300余条次。青海泽库县将两项制度有效衔接有关政策专门编译成藏、汉两种文字的宣传册6190份，召集村民大会64次、群众座谈会220次，宣传动员工作历时43天，受宣传人数达12000人次。

3. 搞好部门配合，加强联系与沟通，建立协同作战的工作机制。在试点工作中，扶贫部门主动与相关部门沟通，各相关部门积极配合，逐步建立了分工明确、定期协商、共同监督的工作机制。青海泽库县根据农村低保工作的经验，提出了制定标准坚持科学合理，核定对象坚持规范操作，帮扶对象坚持动态管理，资金物资坚持社会化发放的“四坚持”原则；州财政部门安排专项工作经费 30 万元；统计、农牧（经管）部门发挥专业和布点优势，及时提供贫困监测和各乡、村农民人均纯收入数据，参与制定扶贫对象识别的相关指标；残联及时提供残疾人的有关情况，对有劳动能力的残疾人提供重点帮扶。广西隆林县由县委、县政府发文，明确各相关部门的工作任务和职责，要求做到扶贫对象和农村低保对象有关政策同时下达，有关指标同时分解，进村入户调查工作同时开展，识别过程同步进行，争取扶持措施同时落实，碰到具体问题同步协调解决。

4. 提供必要的条件，安排专项经费，确保试点工作正常运行。河南、湖南、广西、重庆、甘肃、青海 6 省市的试点县，由省里直接安排工作经费；其余 5 省区的试点县，县里也安排了专项工作经费。甘肃漳县盐井乡，由乡财政安排 2 万元，用于信息采集人员的务工补贴。湖北、甘肃等省还为试点县的乡（镇）配备了电脑。

5. 强化督促检查，落实工作责任，提高试点质量。试点省、县组织有关部门和单位，对乡（镇）、行政村的试点工作经常进行检查和督促，及时解决存在的问题。湖南保靖县建立了“周了解、旬调度、月通报、季分析”的制度，要求各乡（镇）必须将试点工作纳入乡（镇）年度目标管理考核内容，明确工作职责，分解工作任务，建立奖惩机制。重庆在试点期间，市扶贫办和有关部门共到试点县检查指导 9 次，协调解决了 10 个问题。丰都县充分发挥公开公示制、民主听证制、贫困村扶贫开发工作义务监督员制和村级低保工作义务监督员制、民主评议制等具体监督手段的作用，严格把好对象收入测算关、资格审核关，确保了试点工作的规范和质量。河南宜阳县以县委、县政府督查室为主，成立了督导小组，抽调成员单位业务骨干组成 8 个小组，督导全县 16 个乡（镇）的试点工作。

试点工作虽然取得了显著成效，积累了一些好的做法和经验，但也存在一些问题，主要是：有的省重视不够，指导不力；有的在规模控制上把握不够好，核定的贫困人口数量过大；有的扶贫对象识别后，缺乏有效的帮扶措施；有的部门之间缺乏沟通与协调，等等。这些问题，在今后扩大试点过程中要引起高度重视。

二、关于 2010 年扩大试点工作的具体安排

根据 2009 年国务院扶贫开发领导小组议定事项和 2010 年中央一号文件精神，要逐步扩大扶贫开发和农村低保制度有效衔接试点。逐步扩大试点要明确以下几个问题。

（一）指导思想

高举中国特色社会主义伟大旗帜，以邓小平理论和“三个代表”重要思想为指导，深入贯彻落实科学发展观，在建立和完善农村低保制度的同时，继续坚持开发式扶贫方针，坚定不移地推进扶贫开发，发挥两项制度的整体效益，为实现 2020 年基本消除绝对贫困现象奠定基础。

（二）目标任务

充分发挥两项制度的作用，对农村低收入人口全面实施扶贫政策。对低保对象，通过农村低保制度保障其基本生活；对扶贫对象，通过扶贫政策的扶持，提高收入水平和自我发展能力，稳定解决温饱并实

现脱贫致富。2010年适当扩大试点范围，中西部地区力争扩大到所有重点县，东部地区根据实际情况自行确定。

（三）基本原则

1. 积极稳妥，试点先行。全面实现两项制度有效衔接是最终目标，但扩大试点的安排要积极稳妥。两项制度有效衔接工作比较复杂，而农村的情况又千差万别，必须做好先期试点，在取得经验的基础上逐步推开。要坚持尽力而为，量力而行，把干部培训、发动群众和政策整合作为重要条件，不片面追求扩大试点的数量，要防止盲目扩面、走过场而挫伤干部和群众的积极性。

2. 因地制宜，分类指导。根据不同地区贫困状况，贫困成因，以及当地农村扶贫开发政策和农村最低生活保障制度的差别，实行分类指导。

3. 公开、公平、公正。在试点中要做到民主评议与集中决策相结合，公开、公平、公正、合理确定农村低保和扶贫对象，确保真正的贫困户进入扶持范围。

4. 符合条件，农民自愿。要充分尊重群众意愿，并在此基础上，按照规定程序，将符合条件的确定为扶持对象，切实把好事办好，实事办实。

（四）工作步骤

试点大致分为4个阶段，15个方面的内容。

1. 前期准备阶段。这一阶段包括6个方面的工作：（1）确定试点范围。根据中央精神和本地实际，实事求是地确定试点县的数量，试点县要力求在辖区内的农村全面开展试点工作。（2）确定对象规模。各省扶贫对象规模以国家统计局农村贫困监测数据为依据。各县扶贫对象规模由省扶贫办会同有关部门测算。各乡（镇）、村的扶贫对象规模，由试点县自行确定，但要严格控制。由于自行提高扶贫标准，超过核定规模形成的资金需求，由各地自行解决。（3）制定实施方案。各省区市和试点县扶贫办会同有关部门制定实施方案，主要内容包括：指导思想、目标任务、基本原则、实施步骤、工作进度、保障措施等。（4）宣传发动。采取多种形式，宣传相关政策，做到家喻户晓，人人皆知。（5）先期试点。试点县要选择1—2个村进行先期试点，在总结经验的基础上，在全县范围内逐步推开。（6）培训工作人员。各省扶贫办负责对试点县工作人员进行培训，试点县负责对乡（镇）村的有关工作人员进行培训。3月底前完成。

2. 对象识别阶段。要尽可能与低保户的识别相衔接。这一阶段包括4个方面的工作：（1）户主申请。由户主本人提出申请，并在申请书上签名后，交村民委员会。（2）民主评议。由村民委员会组织村民代表，或由村民小组组织群众民主评议，将评议通过的申请对象张榜公示，并核算申请人家庭收入。（3）审核。经民主评议公示无意见后的申请对象，由村民委员会报乡（镇）政府审核，并将结果张榜公示。（4）审批。经乡（镇）政府审核张榜公示无异议后，由乡（镇）政府报县扶贫办和民政局，县扶贫办和民政局要充分沟通，在征求有关部门意见后，将审批结果张榜公示。6月中旬前完成。

3. 落实帮扶措施和采集信息阶段。这一阶段包括3个方面的工作：（1）落实项目资金和帮扶责任人。经审批的扶贫对象，县、乡（镇）政府要采取多种形式，规划帮扶项目，落实帮扶资金，并确定帮扶责任人。（2）登记造册。所有扶贫对象，都要进行登记造册，如实填写有关信息。做到村有册、乡有簿、县有电子档案。有条件的乡也要建立电子档案。（3）信息录入。由县扶贫办组织人员，将登记的扶贫对象信息录入低收入农户管理系统。10月底完成。

4. 总结阶段。这一阶段包括两项工作：（1）检查验收。扶贫对象信息录入完成后，各省区市扶贫办要组织人员，对试点工作情况进行检查验收，不符合要求的，要督促完善。（2）召开总结会议。年底，各省区市扶贫办要会同有关部门召开总结会议，对今年的试点工作情况进行全面总结。

三、扩大试点工作的几点要求

（一）统一思想，提高认识

扶贫工作进入两轮驱动的新阶段，是历史的必然，是大势所趋。连续两年的中央1号文件都对实现两项制度有效衔接提出明确要求。我在讲话开始时传达了回良玉副总理的重要批示精神。2009年年底召开的国务院扶贫开发领导小组全体会议纪要也明确要求："2010年，要继续推进农村低保与扶贫开发政策有效衔接试点，扶贫办要会同有关部门制定工作方案，精心组织实施，并及时总结推广一些好的经验和做法。"良玉副总理也明确指出："为强化组织领导和确保有序推进，可以下发个'两项制度'有效衔接试点工作的指导意见。"从事扶贫工作的同志，一定要认真学习中央文件精神和良玉副总理的重要讲话和重要批示，充分认识两项制度衔接的重要意义。实现两项制度有效衔接，是党中央、国务院交给我们的一项重要任务，是完善农村社会保障制度，改善民生的一项重大举措，是新阶段扶贫工作一项重要的基础建设。我们一定要统一思想，坚定信心，克服畏难情绪，扎扎实实做好试点工作。

（二）加强领导，落实责任

扩大两项制度有效衔接试点，是2010年扶贫工作的一项非常重要的任务，各地要高度重视，迅速行动。各省区市和试点县要成立试点工作领导小组，扶贫、民政、财政、统计、残联等有关部门参加，负责组织、协调、指导本地的试点工作。领导小组要加强调查研究，及时了解新情况、新问题；要加强对试点工作的指导，帮助解决实际困难。各省扶贫办一把手要亲自抓，一位分管的副主任直接抓。要明确试点工作的业务处室，安排专门工作人员。各试点县主要领导要亲自主持试点工作，并明确一名能够协调扶贫与民政工作的政府分管领导具体抓，组建相关部门参加的试点工作办公室，组织实施试点工作。

（三）主动协调，加强配合

两项制度有效衔接，是党中央、国务院明确要求由扶贫办和民政部门牵头的一项重要工作，我们要勇于承担责任，主动加强与有关部门特别是民政部门的沟通和协调。做出重要决定、出台相关文件、采取具体行动措施，都要提前征求几个单位的意见。要站在政治的高度，从落实中央精神、关注民生、扶助弱势群体的角度去争取有关部门的支持和配合。同时，也要注意工作方法和技巧。部门协调是政府工作的一项基本功，许多事情的成功与否就在于协调的力度。在这方面，有些地方的扶贫部门做的还不够好，今后应多下功夫。

（四）抓好队伍，强化培训

两项制度有效衔接，涉及面广，工作

量大，专业性强。要根据工作需要，抽调一批具有一定专业水平、敬业精神强的人员从事这项工作，确保试点正常开展。各省要为试点县安排一定的工作经费，提供必要的工作条件，努力提高管理和服务质量。培训是整个试点工作能否顺利开展的一个重要环节，国务院扶贫办将对省扶贫办的有关业务人员进行统一培训，省扶贫办要组织力量对试点县的人员开展相关培训，试点县也要对乡、村有关工作人员进行培训，不断提高业务素质。同时，要注意发挥大学生村官和扶贫志愿者的作用，充实乡村两级力量。

（五）严格考核，督促检查

建立考核体系，是完善工作机制，提高管理水平的重要手段，要明确考核指标和考核程序，对试点情况定期考核，并将其结果作为部门年终考核的重要内容。两项制度有效衔接，是一项很复杂的工作，再完美的方案，在实践中也难免出现这样或那样的问题，因此，开展经常性的督促和检查是确保试点工作正常进行的重要措施。要组织有关部门和单位，开展多种形式的督促和检查，及时发现问题，及时解决问题，确保试点工作健康有序地向前推进。

同志们，搞好两项制度有效衔接，意义重大，任务艰巨，使命光荣。让我们在以胡锦涛同志为总书记的党中央领导下，按照科学发展观的要求，全面贯彻落实党的十七届三中、四中全会和2010年中央一号文件精神，锐意进取，扎实工作，努力开创扶贫工作的新局面！

在玉树地震灾区扶贫系统领导干部会议上的讲话

范小建

2010年5月3日

同志们：

今天是玉树地震灾害发生后的第19天，又是在“五一”国际劳动节期间，在地震灾区的帐篷中与大家见面，进行座谈，很有意义。刚才青海省扶贫开发局罗松达哇局长介绍了玉树地震灾区受灾情况，包括贫困村受灾情况，也谈了下一步灾后恢复重建的工作思路，讲的很清楚、很好；玉树州扶贫开发局罗松多杰局长作了重要补充，对我很有启发。在这里，我首先要向在玉树地震灾害中遇难的同胞表示沉痛哀悼，对灾区广大干部群众，特别是扶贫系统的干部职工以及广大贫困农牧民表示亲切地慰问。

4月14日发生的玉树地区强烈地震灾害，造成了严重的人员伤亡和重大财产损失。面对这种情况，我们灾区的各级干部、党员和广大人民群众在党中央、国务院的坚强领导下，在各级党委、政府的有力指挥下，在最短时间内从地震废墟中站立起来，积极投身到抗震救灾、抢险救助的各项活动中，令人钦佩。地震发生后，我们扶贫系统按照党中央、国务院的要求，也迅速开展工作，克服重重困难，参与抗震救灾，时间最早的同志于4月16日即到达灾区。在这里，我代表国务院扶贫办向这些同志表示慰问和感谢。我觉得大家以自己的实际行动为扶贫系统树立了很好的形象。这是一笔非常宝贵的财富，是我们当前和今后做好扶贫开发工作需要长期坚持的一种精神。青海省扶贫开发局在地震灾害发生后，行动迅速，指挥有力，在第一时间组成了领导小组，向灾区紧急捐款捐物，协调各有关方面加大对灾区的支持；玉树州、县扶贫系统的同志们在自己家庭遭受严重地震损害、蒙受巨大人员、财产损失的情况下，首先想到的是向重灾区提供支持。昨天我们在称多县调研时就听到很多感人的事迹；中国扶贫基金会、中国扶贫开发协会、友成企业家扶贫基金会等社团在这次抗震救灾中也有很多感人的故事。我深深地被这些单位和个人的行为、被这样一种精神和氛围所感动。一方面，我们要正视眼前的困难；另一方面，我们有这样一支好的队伍，有这样一种无往而不胜的精神状态，我们完全有信心在党中央、国务院的坚强领导下，在各民族人民群众的共同努力下，搞好灾区恢复重建的工作，完成好党中央、国务院交给我们的光荣任务。

我们这次来玉树，主要有三项任务：一是代表国务院扶贫办向玉树地震灾区广大干部群众特别是扶贫系统的干部、职工和家属表示慰问；二是把前一阶段国务院扶贫办及所属社团筹集到的款项带到灾区。今天下午我们要以国务院扶贫办的名义和青海省政府签署一个框架协议，把中国扶贫基金会前一时期所募集到的1亿元资金落实到灾区，并就资金使用原则、使用方向提出原则意见。友成企业家扶贫基金会在自身资金实力不很雄厚的情况下，这次也向州、县扶贫部门捐赠了7台越野车。国务院扶贫办机关、直属单位干部职工在得知玉树地震后积极踊跃捐款，在今天下午的仪式上要交给玉树州、县扶贫部门，表达一下我们的心意；三是进行工作调研。具体来说，就是调研扶贫系统在新的情况下如何更好地开展灾后重建工作。扶贫系统参与灾后重建工作由来已久，从有扶贫系统的那一天起，我们就以各种形式参与受灾地区的灾后重建；但扶贫系统真正以制度性的安排参与灾后重建，还是从2008年5月汶川地震之后。汶川地震发生以后，国务院扶贫办正式成立了抗震救灾领导小组，并参加了国家抗震救灾总指挥部，承担了国家汶川地震灾后恢复重建规划和政策协调的相关工作，组织开展了对51个极重和重灾县的4834个贫困村的灾后恢复重建工作。到目前为止，100个试点村恢复重建工作已基本完成，面上70%以上的村已启动实施。预计到2010年9月底，4834个贫困村恢复重建工作将全面实施。我们要努力实现国务院确定的“三年任务两年基本完成”的目标任务。通过参与组织汶川地震灾后恢复重建工作，我们初步积累了扶贫系统参与灾后重建的经验。但这些经验还不够系统、不够完善。

我们这次调研，是从5月1日开始的。这几天，在罗松达哇局长和州县扶贫部门有关负责同志陪同下，我们对部分受灾贫困村进行了实地考察，对灾后重建的相关工作进行了全面了解。通过调研，我们既看到了第一阶段抗震救灾工作取得了巨大成绩，在玉树这样的高海拔地区，组织如此大规模的救援工作，取得目前这样的重大进展，是非常不容易的。从我个人来讲，为社会主义制度的优越性，为党的坚强领导所感动，为改革开放三十多年所积累的雄厚经济实力以及各民族群众的团结奋斗精神所鼓舞；同时，在调研中我们也了解到，在转入恢复重建阶段抗震救灾和扶贫开发面临的一些困难和挑战。这几天，我对扶贫部门如何参与灾后恢复重建作了初步的思考，我觉得从扶贫系统来讲，参与灾后恢复重建工作，当前要集中解决好三个问题：即找准工作定位，明确工作任务，完善工作机制。

一、关于找准工作定位

我们扶贫系统在参与灾后恢复重建工作中，与其他政府职能部门有一个很大的不同，就是其他政府职能部门的任务是非常明确的，如道路由交通部门负责，供水由水利部门负责，不需要讨论。而我们扶贫部门应该做什么？从哪里切入？汶川地震之后，回良玉副总理曾指示我们要尽快把贫困地区受灾的情况搞清楚，要参与灾后重建规划的制定。这是国务院领导同志第一次给我们提出参与救灾重建的任务。但是我们具体怎么搞？在方式和内容上如何把握？我们也进行了深入研究和探讨。在集中大家智慧的基础上，并经争取协调，确定我们扶贫系统的主要任务是编制贫困村灾后恢复重建规划并组织实施。因此，在国务院灾后重建总体规划中，就明确 51 个极重和重灾县里面的贫困村灾后重建规划，由四川、陕西、甘肃三个受灾省的扶贫部门会同国务院扶贫办负责编制。应该说在汶川地震灾后恢复重建过程中，扶贫部门就是按照规划来组织实施、履行职责的。这次玉树地震后，国务院抗震救灾总指挥部继续把国务院扶贫办列入灾后重建组，具体参与政策和资金组，即对灾后重建有关政策和资金提出实施意见；但我们考虑还要争取加入到城乡规划组当中，否则很难找到工作的位置。昨天，我已向发改委张平主任、穆虹副主任汇报了这个意见，他们都表示了积极支持的态度。我们还要进一步争取落实。我感到扶贫系统参与玉树灾后重建工作的定位就是四个字：规划、政策。或者说两句话：一是编制规划，二是落实政策与资金。我觉得搞清楚工作定位，是我们做好下步工作的前提和基础。工作定位不明确，就容易打乱仗。刚才提出的关于玉树灾后重建工作的定位，是继汶川地震后扶贫系统参与灾后重建在工作定位与职能上的一个突破，或者说是进一步的发展和完善。承担规划、政策这两方面的任务，回去后我们还要继续向国务院抗震救灾总指挥部反映。同时，我建议我们扶贫系统的同志们也不要等，现在就可以照此开展工作。

二、关于明确工作任务

这里包括三个层次：第一个层次是摸清情况，研究政策。怎么叫摸清情况？在这方面恐怕存在着有所为、有所不为的问题，不是所有的情况我们都去摸、都去了解，而要有意识地摸清与我们下步开展工作密切相联系的基本情况。当然不能局限于我们过去所习惯的工作范围，也要适当的有所突破。结合扶贫工作实际，在摸清情况方面，我认为应该至少包括以下几个方面内容：一是贫困人口的受灾情况。我这儿所说的不是贫困村里面的贫困人口，而是指灾区全部贫困人口的受灾情况。统计内容可以根据需要进一步细化。二是贫困村的情况，就是贫困村受灾的情况。刚才罗松达哇局长讲这次受灾贫困村数是 189 个，比上次讲的稍有调整，是不是就以这个数为准了。三是贫困村（或灾区）劳动力的情况。这个很重要，因为进入恢复重建阶段以后，非常重要的一个任务就是如何及时地安排就业，恢复生产生活的正常秩序。如果就业问题不能安排好，正常的生产生活秩序就不能真正建立起来。这就需要全面地掌握农村劳动力的基本情况，已经有多少人就业？有多少人还没就业？这些人都在做什么？他们的就业意向如何？这些都需要摸清楚。四是生产资料的情况，包括牲畜受损情况等。五是扶贫龙头企业和有关合作组织受损情况等。我初步考虑，摸清情况应涉及上述几个方面内容。只有摸清了这些情况，才能为研究制定政策提供依据。比如说受灾贫困人口数量问题。汶川地震发生后，四川省扶贫办向四川省政府提出了一个非常重要的建议，就是对灾前贫困户重建住房的补助要适当增加，后来落实到每个贫困户多补贴了 4000 元钱。这个钱是在四川省灾后重建总体规划资金总盘子里面安排的。我觉得像这样的政策建议说起来简单，但非常重要，含金量很高，是我们扶贫部门的职责所在。如果贫困户建档立卡工作做得不扎实，这个建议就提不出来，即使提出来也无法实施。这次我们玉树也可以考虑提出这样的建议，但前提是数字必须准，基础工作必须扎实。这是对我们工作的一个考验。摸清贫困村的基本情况也是这样，因为即使按现在189个村计算，这其中受灾的程度也是不一样的。有极重灾村，有重灾村，有一般村，我们要合理区分。最后统计出的数据，一定要与总体规划衔接起来。同时，你还要考虑哪些是要搬迁的？哪些是就地重建的？这是关于贫困村。劳动力这块，我们不仅要掌握基本情况，掌握总数，还要摸清总数当中哪些劳动力已经就业，哪些劳动力需要迫切解决就业，还涉及大量流动人口的问题。在生产恢复方面，从西宁来玉树的路上，我和骆惠宁省长坐在一起，他给我提了一件事，就是灾后玉树怎么发展生态畜牧业。他出的是个大题目，走传统畜牧业路子不行了，怎么样通过建立一个新的机制来解决这个问题。再有就是在恢复重建中如何发挥龙头企业的作用，在政策上要给一些什么支持，创造什么条件，包括税收、贷款等方面。以上所讲的概括起来就是摸清情况，研究政策。

第二个层次是编制规划，落实任务。编制规划是重建各项工作的基础。科学重建，规划先行。头脑里首先要有一个“规划”的概念。要明确我们这个规划是总体规划中的一部分。当前我们第一位的任务就是编制好专项规划，并将这个规划纳入到总体规划中。如果青海省报给国务院的灾后恢复重建总体规划中没有扶贫方面的具体内容、任务和项目，那我们就没法开展工作。因此，我们要强调在各级的总体规划中一定要有扶贫的一席之地，有扶贫部门的一块。如果没有规划，所有工作都没法落实，甚至谈不上落实。

在编制扶贫规划中，明确任务很重要。玉树州下步要编制189个贫困村的恢复重建规划，并不是说这些村所有的规划内容都要扶贫部门去做。属于各行业（部门）负责的，分别交给各有关行业（部门）负责；都不管的，才由扶贫部门承担起来。只有把任务真正搞明确，才能发挥统筹规划又兼顾各方的作用。

第三个层次是加强协调，形成合力。一要发挥中央和地方两个积极性。地方政府负总责，中央各部门负责指导、协调、服务。从这个角度看，既要明确中央的职责，也要明确省、州的责任。二要加强省内特别是玉树州范围内各有关方面的协调。玉树灾区是高海拔地区，有些工作开展起来人手不够，最好从省内其他高海拔地区选派。三要搞好省外相关单位的协调。我们已给四川、甘肃、陕西省扶贫办提出要求，请他们做好准备，为玉树地震灾区恢复重建提供规划方面的技术支持。他们现在严阵以待，随时准备支援玉树。此外，我们还可以协调定点扶贫、东西扶贫协作单位的支持。四要做好社会资源的协调，发挥好社团的作用。这次，中国扶贫基金会就为玉树灾后重建提供了首笔大额资金（1亿元）的支持。由于机制不同，在具体运作中，青海省、玉树州扶贫部门与合作单位（社团）要相互理解、相互适应，寻求共同点，促进工作开展。今天下午，国务院扶贫办要与青海省人民政府签署《关于支持玉树地震灾区灾后恢复重建工作框架协议》，这是一个创新，是一个重要的尝试。利用社团募集的资源开展扶贫开发，包括灾后重建，我认为必须遵循这样几条原则：一是尊重捐款人意愿；二是开展工作和落实项目要与恢复重建的总体规划相衔接；三是要与扶贫开发相结合；四是要与部门的工作任务相协调。

三、关于加强组织领导、完善工作机制

国务院扶贫办在汶川地震后即成立了抗震救灾领导小组，后改名为恢复重建领导小组。目前，汶川的工作还在进行，这个机构仍然存在。现在，这个机构就要把玉树灾后重建的任务一并承担起来。根据办机关“新三定”方案，新成立的开发指导司要从职能上担负起灾后重建的任务，原有的灾后重建办公室要在开发指导司领导下，继续做好相关工作。从国务院扶贫办的角度来讲，我们将按照国务院抗震救灾总指挥部和重建组的要求，根据上面我所说的“编制规划”“协调政策”两大任务继续发挥好职能作用。与此相对应，省里面、州里面，都应该有一个体系上的衔接，形成一个上下对应、统一的体系。这样，我们扶贫系统在开展工作中就能够做到有力、有序、高效。我也希望我们的社团组织在参与灾后重建工作过程中也能与我们的总体工作相衔接。

为执行好框架协议，用好捐赠资金，青海省扶贫开发局与中国扶贫基金会准备成立一个联合办公室，负责协调和推动相关各项具体工作。这样的办公室只能有一个，不能有一个合作单位就搞一个办公室。在执行过程中，相关各方都要站在全局角度思考问题，不能过多强调自己一方的重要性。国务院扶贫办的同志更不能越俎代庖。要充分发挥省扶贫开发局的主体作用。总的想法是，我们一方面要克服各种困难，解决好当前面临的诸多问题；另一方面要通过真刀真枪的磨练，逐步建立起一套完整、规范的扶贫系统参与灾后重建的办法和机制，以便应对今后可能出现的各种重大自然灾害。

最后，我再强调一下抓落实的问题。要落实好资金和项目，关键是做好规划，如能明确在总体规划中扶贫这一块所占比例，在总盘子确定以后，只要比例不变，我们确定的项目就多少能够得到支持；比例确定之后，主要靠省扶贫开发局争取落实到位。当然，工作力度不一样，结果就会不一样。省、州扶贫开发局任务艰巨。从青海的情况看，编制规划主要靠省，而落实规划主要在州。大家一定要把关系搞清楚。目前主要是全力以赴把规划搞好。这是最重要的。只有把这件事做好了，我们的资金争取才有条件。

根据国务院常务会议和中共中央 2010 年 1 号文件要求，我们正在全力以赴编制“本世纪新十年扶贫开发纲要”。在纲要中，我们将把集中连片特殊类型贫困地区放在重中之重的位置。青海省玉树州体现了集中连片贫困地区的所有特点，既是少数民族自治州中主体民族比例最高、海拔最高、人均占地面积最大、生态位置极为重要的自治州，同时也是全省贫困面最大、贫困程度最深、贫困人口最多的民族自治州。实际上，我们特殊类型贫困地区的攻坚战在玉树也算是揭开了序幕，我们一定要坚决打好这场攻坚战，取得预期的良好效果。希望我们上下努力，齐心协力，共同完成好党中央、国务院交给我们的光荣而艰巨的任务。

我就讲这些，供大家研究参考。

把握形势　明确要求
努力开创定点扶贫工作新局面

——范小建同志在全国定点扶贫工作会议上的讲话

2010 年 7 月 8 日

非常感谢中央和国家机关、军队、中央企事业单位、各民主党派中央、全国工商联以及全国扶贫系统负责定点扶贫的同志们应邀到会，共同研究新阶段进一步做好定点扶贫的有关问题。这次会议是经回良玉副总理同意召开的。会议主要有三项任务：一是深入学习和贯彻落实《中共中央办公厅、国务院办公厅关于进一步做好定点扶贫工作的通知》（以下简称《通知》）精神；二是简要通报全国扶贫开发形势和工作进展情况；三是总结交流各单位、各省（区、市）开展定点扶贫工作的经验。当然，也是贯彻刚刚召开的中央西部大开发工作会议精神。刚才听了 6 个单位和两个省的典型经验发言，感到很受鼓舞，也很有启发。由于时间所限，还有 7 个单位和 7 个省扶贫办做了书面交流发言。借此机会，向各单位领导和同志们长期以来对扶贫开发工作的关心和支持表示衷心地感谢！

《中共中央办公厅、国务院办公厅关于进一步做好定点扶贫工作的通知》印发之后，各地、各单位反映热烈，一致认为这充分体现了党中央、国务院对扶贫开发工作的高度重视，进一步彰显了我们党立党为公、执政为民的木质特征和全心全意为人民服务的根本宗旨，对于深入贯彻落实科学发展观，推进新阶段扶贫开发工作具有重要指导意义。定点扶贫是中国特色扶贫开发道路的一项创举，是党政机关密切联系群众，直接服务群众的具体实践，是整个扶贫开发工作的一支重要力量。各级领导对此高度重视，中共中央政治局委员、重庆市委书记薄熙来，河南省委书记卢展工、省长郭庚茂，福建省委书记孙春兰、省长黄小晶，内蒙古自治区党委书记胡春华，农业部部长韩长赋，水利部部长陈雷，中央外宣办主任王晨，中国侨联主席林军，国家邮政局局长马军胜，中石油公司总经理蒋洁敏，北车集团总经理崔殿国，光大集团董事长唐双宁等领导同志都做了重要批示，要求认真学习贯彻落实文件精神，进一步做好定点扶贫工作。

为了更好地贯彻落实两办《通知》精神，进一步提高定点扶贫工作水平，下面，我谈几点意见，供大家参考。

一、深刻认识扶贫工作面临的新形势

近年来，国际国内形势发生了深刻变化，深入贯彻落实科学发展观、加快转变

经济发展方式，使新阶段扶贫开发充满新的机遇和挑战。我们要努力研究新形势，适应新变化。

我国农村有计划、有组织、大规模的扶贫开发工作从 1986 年正式拉开序幕，至今已经走过二十多年的历程，取得了举世瞩目的成就。特别是《中国农村扶贫开发纲要（2001—2010 年）》（以下简称《纲要》）实施以来，我国率先实现了联合国千年发展目标中使贫困人口减半的目标，贫困地区基础设施明显改善，经济实力显著增强，生态恶化趋势得到初步遏制，扶贫开发工作水平明显提高。正像前不久回良玉副总理在国务院扶贫开发领导小组组长办公会上所指出的：扶贫开发工作是我国经济社会发展的一大亮点，是党执政为民、关注民生的一个有力印证，也是国际社会高度评价的一个重要方面。

在党中央、国务院的正确领导和国家强农惠农政策的强力推动下，在有关部门和社会各界大力支持下，经过贫困地区广大干部群众和扶贫系统的艰苦努力，扶贫开发各项工作稳步推进，我们对如期完成《纲要》确定的目标任务充满信心。

进入新世纪以来，扶贫开发的宏观环境发生了深刻变化：一是在全局上的新定位。在绝对贫困人口大幅度减少的情况下，党的十七大提出要确保到 2020 年实现全面建成小康社会的奋斗目标，其中“绝对贫困现象基本消除”是一项重要指标。党的十七届三中全会决定指出，搞好新阶段扶贫开发，对全体人民共享改革发展成果具有重大意义，明确了扶贫开发新的定位。二是在体制上的新格局。实施统筹城乡发展方略，贯彻“以工促农、以城带乡”方针，使我国的扶贫事业呈现出专项计划扶贫与惠农政策扶贫、社会各界扶贫等多方力量、多种举措有机结合、互为支撑的“大扶贫”新局面。三是在发展上的新机遇。工业化、信息化、城镇化、市场化、国际化加快推进，为贫困地区和贫困人口发展，既提供了新机遇，也带来新的风险和挑战。

这些变化，使新阶段扶贫工作呈现出三个方面的新特征：一是在扶持对象上，过去主要是针对绝对贫困人口，同时关注低收入人口，现在要对低收入人口全面实施扶贫政策。二是在制度安排上，过去主要是靠专项扶贫，现在全面建立农村低保制度，实行开发扶贫和生活救助“两轮驱动”，以扶老、助残、救孤、济困为重点的社会救助体系逐步完善。三是在主要任务上，过去专项扶贫工作范围比较宽泛，随着“大扶贫”格局的形成，专项扶贫要更加突出增加收入、提高能力。

在新形势、新任务面前，我们必须清醒地看到，我国仍处在社会主义初级阶段，经济社会发展的总体水平还不高，制约贫困地区和贫困人口发展的深层次矛盾依然存在。在发展阶段转换和结构调整加快的背景下，新旧矛盾相互交织，不平衡、不稳定、不协调的问题增多，扶贫开发工作难度更为增加，任务更为艰巨。

一是贫困人口规模依然庞大，相对贫困现象凸显。2009 年全国农民人均纯收入已达到 5153 元，但低收入群体仍然较大，农村在 1196 元扶贫标准以下人口还有 3597 万，占农村总人口的 3.8%。如果没有五保、低保等社会保障措施形成的转移性收入，这个规模将超过 6000 万。同时，区域发展差距、城乡居民收入差距、区域内部收入差距以及收入分配的不平衡，使相对贫困问题更为突出。据有关部门测算，在绝对贫困大幅减少的同时，相对贫困却在缓慢增加。

二是贫困分布发生新变化，特殊类型地区问题突出。西部地区的贫困问题主要集中在民族地区和边境地区，中部地区贫困问题主要集中在革命老区和山区，东部地区除存在少量集中连片贫困区域，主要表现为内部发展差距的扩大。在贫困人口大幅减少的同时，有些地方贫困人口所占比重却在大幅上升。特殊类型贫困地区始终是扶贫工作任务最艰巨的地方。根据统计局的贫困监测数据，2001—2009年，贫困人口占全国的比重西部省区从61%上升到66%，5个民族自治区和云南、贵州、青海3省从34%上升到40%，贵州、云南、甘肃三省从29%上升到41%，问题非常突出。

三是市场变化和自然灾害增多，返贫致贫因素更为复杂。国际金融危机发生后，许多贫困家庭的收入水平明显下降；由于自然灾害增多，贫困地区防灾抗灾能力弱，一灾致贫、一夜返贫现象较为普遍。新世纪以来，全国的减贫趋势呈现出一个马鞍形。2001—2003年，年均减少贫困人口301万，2004—2007年，年均减少1049万人，2008—2009年，受金融危机影响，年均减少361万人。减贫速度又回到了本世纪初的水平。而这种情况又是发生在农村全面建立低保制度之后。

这些变化都必须引起我们的高度关注。以上这些新情况新变化，是我们新阶段扶贫工作的大背景，希望我的介绍能够为大家做好定点扶贫工作带来一些新的认识和启示。

2010年，是我国扶贫开发承上启下的关键一年。既要确保《中国农村扶贫开发纲要（2001—2010年）》提出的目标任务的实现，打好“收官”之战；又要研究制定未来十年的扶贫开发纲要和“十二五”时期扶贫开发相关规划。面对新的形势和任务，扶贫开发的各项工作都将有一个新的筹划。在考虑新十年扶贫开发工作过程中，我们感到，巩固大扶贫的工作格局是形势发展的需要。在强调国家三农政策要有效覆盖贫困地区、贫困人口的同时，专项扶贫、行业扶贫和社会扶贫三大板块将作为国家扶贫战略和政策体系的重要支点进一步强化。要继续坚持开发式扶贫的方针，把农村社会保障作为解决温饱的基本制度，把发展作为消除贫困的根本途径，实现扶贫开发与农村社会保障制度相衔接。同时，进一步加大力度，从实际出发，对东西扶贫协作、机关定点扶贫进行调整，挖掘资源，扩大帮扶，力争做到帮扶单位对重点县的全覆盖。

二、认真总结定点扶贫的宝贵经验

定点扶贫工作始于1986年，最初是由科技、农业、林业、地质矿产等10个部委分别在全国18个集中连片的贫困地区选定一个区域作为其联系点开展定点扶贫。1987年国务院召开第一次中央和国家机关定点扶贫工作会议后，越来越多的国家机关参与到这项工作中来。到1993年底，有81个中央部委和中央企事业单位参加了定点帮助贫困地区的工作。1994年，制定《国家八七扶贫攻坚计划》后，中央和国家机关定点扶贫的格局基本形成，并逐步走向制度化。到1998年，已经有138个中央部委和企事业单位扶持了325个国定贫困县。2002年召开的中央和国家机关定点扶贫工作会议，根据新世纪扶贫开发工作的新情况，对定点扶贫工作进行了再动员和再部署，由国务院扶贫开发领导小组、中央组织部、中央直属机关工委、中央国家机关工委、中央金融工委和中央企业工委联合印发了《关于进一步做好中央、国家机关各部门和各有关单位定点扶贫工作的意见》（国开发［2002］3号），确定了272个中央部委和企事业单位定点帮扶481个国家扶贫开发工作重点县。

24年来，中央和国家机关、各民主党派中央、全国工商联、全军和武警部队、有关企事业等单位把定点扶贫作为党中央、国务院赋予的一项光荣的政治任务，认真开展工作，为贫困地区经济社会发展、群众脱贫致富做出了重要的贡献。据我办初步统计，从2002—2009年，参与定点扶贫的单位共向帮扶的重点县投入扶贫资金（含物资折价）84.87亿元，派出扶贫挂职干部3077人次，赴定点县考察37662人次，其中部级领导就有1641人次，帮助引进各类资金292.5亿元，帮助安排扶贫项目9432个，引进人才3904名，引进先进技术1712项，资助贫困学生28.8万人次，举办各类培训班12367期，为定点扶贫县培训干部群众151.6万余人次。在中央和国家机关等单位的带动下，各省（区、市）的定点扶贫工作也开展的有声有色，仅2009年，全国就有5248个省级单位参加了定点扶贫工作，帮扶了9752个贫困村，直接投入帮扶资金43.7亿元，引进各类资金79.79亿元。帮助贫困村安排项目12749个，引进人才2732名，引进技术4760项，举办各类培训班10782期，培训干部群众104万人次，组织劳务输出78.75万人次，资助贫困学生7.84万人次。

从定点扶贫的发展历程看，其重要意义和作用，至少体现在以下三方面：

第一，定点扶贫在缩小贫富差距、构建和谐社会的进程中具有不可替代的推动作用。各单位通过开展定点扶贫，切实为贫困地区办实事、解难事，帮助定点扶贫地区改善生产生活条件、发展地方经济、增加农民收入，提高干部群众素质，形成了一条中央和国家机关等单位的人才、信息、技术等资源向贫困地区输入的直达通道，得到贫困地区广大干部群众的真诚拥护和充分肯定。在这个过程中，也为贫困地区带去了新的思想观念，带去了党和政府的温暖，改善了党群、干群关系，化解了许多社会矛盾，充分显示出中国特色社会主义制度的优越性，对于推进扶贫开发进程、构建社会主义和谐社会功不可没。

第二，定点扶贫在“大扶贫”工作格局中具有十分重要的示范作用。定点扶贫的主体是各级党政机关，决定了它在社会扶贫工作中的导向作用。中央国家机关的定点扶贫工作不仅有效地带动了地方各级党政机关的定点扶贫，而且对于弘扬中华民族“扶危济困”的传统美德，带动社会各界参与扶贫都起到了重要的影响带动作用。当前，扶贫工作已经进入开发扶贫和救助扶贫两轮驱动的新阶段，呈现出专项计划扶贫、惠农政策扶贫、社会各界扶贫等多方力量、多种举措有机结合、互为支撑的“大扶贫”的新局面。不少定点扶贫单位和省市扶贫办顺应这一形势，以定点扶贫为切入点，努力搭建各类平台，广泛动员企业、学校、科研院所、军队、社会组织、个人等社会各界参与扶贫开发，取得了显著的成效，为巩固和扩大“大扶贫”的工作格局做出了重要贡献。

第三，定点扶贫在推动机关转变作风、转变职能中具有学习实践的载体作用。定点扶贫不只是一项单纯的业务工作和经济工作，更是一项政治性很强的工作，是各级党政机关等单位服务基层、服务群众的有效载体，了解国情、吃透民情的重要渠道，培养干部、增长才干的广阔平台。在定点扶贫中，我们坚持在地方党委和政府统一领导下，协助当地推进农村基层组织建设，这与党的十七届四中全会关于“构建城乡统筹的基层党建新格局”的要求高度一致，中央和国家机关党组织与贫困地区基层党组织建立了密切联系，收到了良性互动、相互学习、共同提高的效果。很多单位在定点扶贫工作中，号召党员干部捐款捐物，结对帮扶，许多单位领导干部与贫困地区基层干部、农户都建立起深厚的感情，定点扶贫双方党群关系、干群关系越来越密切。

中央国家机关等单位开展定点扶贫工作二十多年的实践经验，有三个鲜明特点：

一是注重发挥行业优势，推动定点县改善基础设施，发展优势特色产业。如水利部坚持以“五水加科教”为主要内容，通过定点县水利事业的快速发展促进和保障当地经济社会发展，在做好重庆、湖北7个重点县帮扶工作的同时，主动将帮扶点扩大到贵州铜仁、毕节两个地区。交通部在圆满完成河南洛阳定点帮扶任务之后，又积极承担急难险重任务，在汶川地震后将定点扶贫点调整到四川阿坝藏族羌族自治州，全面承担了阿坝州几个重灾县的公路建设任务。不但从机关选派3名同志组成第一批驻阿坝州扶贫联络组，而且还从全行业挑选出26名专业技术骨干到阿坝州进行交通灾后重建和交通扶贫援助工作。中信集团公司在云南红河州投资几亿元兴建百万亩石榴基地产业化扶贫项目，实施产业化扶贫，把企业发展与促进贫困地区、贫困人口的发展紧密结合起来，形成利益共同体。

二是注重发挥部门特点，为定点县牵线搭桥，引进资金项目。有些单位充分发挥组织协调优势，如国务院办公厅定点扶贫河北怀安县八年来，累计为该县引进了40多个项目。有些单位充分利用联系面广、信息渠道多的特点，如国务院侨办自1998年定点帮扶甘肃积石山县以来，利用联系广大归侨、侨胞的优势，累计为该县引进了各类投资、捐资1亿多元；外交部利用各种渠道，在外国驻华使领馆，我驻外使领馆、国内外大公司和非政府组织中广泛宣传扶贫工作，积极筹措帮扶资金，1992年以来已筹集2亿多元扶贫资金，支持金平、麻栗坡两县扶贫开发。

三是注重人才、技术投入，为定点县提供智力支持。许多单位主要领导亲赴帮扶县调研考察，指导扶贫工作。如国务院机关党组历任领导同志都高度重视定点扶贫工作，原国务委员兼国务院秘书长、国务院机关党组书记华建敏同志，曾三次赴国务院办公厅定点扶贫的河北怀安县考察调研，强调要把扶贫工作始终放在每一名党员干部心上，真正摆上议事日程、放在优先位置，毫不松懈地抓紧抓好。外交部历任部长都高度关心和支持定点扶贫工作，杨洁篪部长不仅数次赴金平、麻栗坡县指导定点扶贫工作，还亲自参加筹集定点扶贫资金的相关工作和活动。据我办统计，仅2009年，就有155名部级领导赴重点县调研指导工作。2002年以来，已经有1641人次部级领导干部到定点县考察调研。许多单位坚持选派优秀干部挂职扶贫。如科技部已经连续选派了24届科技扶贫团到大别山、井冈山、陕北的6个帮扶县；农业部不仅坚持选派干部到帮扶县挂职扶贫，还从帮扶县选派基层干部到机关挂职交流，起到了双重智力支持作用。有些单位还提供技术、专业人才支持。如农工民主党中央利用联系医药界知识分子的优势，在定点县推广中药材半夏的种植，邀请有关方面专家现场指导，引进同济堂药业集团公司进驻，实行最低保护价收购，还指导当地制定了《中草药产业发展规划（2009—2020年）》。

二十多年来，各省（区、市）开展的定点扶贫工作日益成为定点扶贫的新亮点。由于情况更熟悉，机制更灵活，参加单位更多，在联系贫困乡村，瞄准贫困人口，直接促进贫困人口发展等方面，发挥的作用更大。据统计，从2007—2009年的三年时间里，各省直单位对帮扶地区直接投入的资金达到98.2亿元，超过了中央单位8年投入资金的总和。特别是近几年来，有关省（区、市）积极创新省内定点帮扶的机制和工作方式，不断加大工作力度。主要有以下几个特点：

一是领导挂点。绝大多数省（区、市）都坚持党委常委、副省长（副主席、副市长）建立扶贫联系点制度，从而带动了省直机关和地、县各级党政机关的定点扶贫工作，形成良好的扶贫工作氛围。

二是综合帮扶。如江苏省在市县层面，实行“一个省级机关+一个高等院校（科研单位）+一个大型企业+一个苏南市+一个苏北县”的“五方挂钩”帮扶制度；对经济薄弱村，实行“一个扶贫指导员驻村、一个科技特派员挂钩、一个工商企业帮扶、一个富村结对、一个主导产业带动”的“五个一”工作机制，把政治、科技、市场经营、先进理念同时带给贫困地区。重庆实行“集团扶贫”，由一个综合部门牵头，多部门、多单位共同帮扶一个贫困县，综合提升当地经济社会发展水平。

三是到村到户。许多省的定点扶贫工作都采取领导联系到县、单位包扶到村、党员联系到户的做法。如陕西省一直开展省直单位联县联乡包村扶贫的“两联一包”工作，湖南省从1997年以来坚持驻村扶贫工作，青海省全面推行扶贫开发“户帮户、一扶一”结对帮扶贫困户活动。内蒙古从2006年开始，组织自治区137个直属机关、企事业单位定点帮扶兴安盟137个贫困嘎查，将目标任务确定为被帮扶的贫困户达到人人拥有3亩水浇地、5个羊单位的牲畜、2亩经济林、1人外出打工，即“3521工程”。广东省根据中共中央政治局委员、省委书记汪洋同志的指示，在全省全面部署了“规划到户、责任到人”工作，将全省3409个贫困村帮扶任务，全部分解到省直各单位、驻粤单位和珠三角发达市。在报经国务院批准后，确定每年的6月30日为“广东扶贫济困日”。计划用三年时间，使所有贫困人口收入超过2500元。这种做法使帮扶资源真正落实到扶贫对象身上。

四是考核激励。很多省的定点扶贫工作已经步入制度化，纳入考核和目标管理。江苏省坚持选派扶贫工作队，坚持督导检查，定期对帮扶单位、帮扶县、帮扶干部进行考核，实行奖惩。辽宁省坚持实施省级领导联系重点县，市级领导联系贫困乡，县级领导联系贫困村的领导干部扶贫联系点制度。建立帮扶责任制和考核奖惩机制，加强对各定点扶贫单位扶贫工作情况的监督检查、考核评比，强化“一票否决”制度，确保省定点扶贫工作年初有部署、年中有检查、年底有成效。云南省委省政府出台了《完善省级机关企事业单位定点挂钩扶贫责任制度的意见》，省扶贫开发领导小组与各定点挂钩扶贫单位签订目标管理责任状，明确各挂钩单位分类投入标准和考核要求，年底对各单位开展定点扶贫情况进行考核、通报、表彰。

当然，定点扶贫工作也还存在一些不足。从中央层面来看，主要是：有的单位对定点扶贫工作重视不够，缺乏明确的工作目标和内容，缺少联系沟通，甚至帮扶关系形同虚设；有的单位帮扶思路单一，存在畏难情绪，既存在着发挥自身独特优势不够的问题，也没有从更宽的领域、更大的范围动员资源。从地方层面来看，主要是：有的地方存在着“等、靠、要”思想，注重要钱要项目，忽视信息、技术、人才、智力等因素的重要作用；有的地方缺乏主动意识，与帮扶单位的沟通不够、联系很少。一些地方还没有很好组织本区域内的党政机关等单位开展定点扶贫工作。从组织工作和政策角度来看，主要是：帮扶单位优势与定点县实际情况存在差异，部分定点扶贫单位的行业特点和优势得不到充分发挥；定点扶贫工作要求与现有政策措施不配套，比如扶贫账户设置与财务制度规定的矛盾，调剂资金加大投入与执行预算的矛盾等等，这些对定点扶贫工作顺利开展也产生了客观影响。

总之，定点扶贫既取得了很大成效，创造了很多经验，也存在一些问题。经验弥足珍贵，对我们进一步做好新阶段定点扶贫工作具有重要价值；问题值得重视，需要我们共同努力去解决。

三、扎实做好两办《通知》各项工作落实

根据中央的新部署和形势的新要求，当前和今后一个时期定点扶贫工作总体要求是：以邓小平理论、“三个代表”重要思想为指导，深入贯彻落实科学发展观，从政治和全局高度认识定点扶贫工作的重要性，全面动员、努力挖潜，确保定点扶贫资源优先支持革命老区、民族地区、边疆地区和集中连片特殊类型地区，力争实现对重点县和重点片区的全覆盖。

定点扶贫工作涉及方面多，组织协调量大，关键是抓好思想认识到位和各项工作落实。

（一）要深入学习全面领会中央关于定点扶贫工作的新部署、新要求

党的十七届三中全会强调：“继续开展党政机关定点扶贫和东西扶贫协作，充分发挥企业、学校、科研院所、军队和社会各界在扶贫开发中的积极作用”。近年来的中央1号文件，都对定点扶贫工作提出了明确要求。2009年6月，国务院扶贫开发领导小组、解放军总政治部联合印发了《关于进一步加强全军和武警部队参与扶贫开发工作的意见》（国开发［2009］2号）。2010年5月，《中央办公厅、国务院办公厅关于进一步做好定点扶贫工作的通知》（厅字［2010］2号）正式印发。中央的一系列新部署新要求，充分说明了抓好定点扶贫工作的重要性和紧迫性，我们一定要提高认识，抓好贯彻落实。“两办”《通知》是中央对定点扶贫工作做出的专门部署，文件全面阐述了定点扶贫工作的重要意义，明确提出了定点扶贫工作的总体任务。指出定点扶贫工作的主要对象是国家扶贫开发工作重点县，优先考虑西部地区，重点

支持革命老区、民族地区、边疆地区和贫困地区。着重强调："中央和国家机关各部门各单位、人民团体、参照公务员法管理的事业单位、国有大型骨干企业、国有控股金融机构、国家重点科研院校、军队和武警部队，均应参加定点扶贫工作，承担相应的定点扶贫任务。支持各民主党派中央、全国工商联参与定点扶贫工作。积极鼓励各类大型民营企业、社会组织承担定点扶贫任务。通过扎实有效的工作，力争做到定点扶贫单位对国家扶贫开发工作重点县的全覆盖。"同时，对定点扶贫工作方案的确定和调整程序作了明确规定。我们要深刻领会《通知》精神实质，把认识统一到中央的要求上来。

（二）要充分挖掘利用定点扶贫资源

自 2002 年安排部署本轮定点扶贫工作以来，由于机构改革和央企撤并等原因，定点扶贫单位有所减少。2002 年时，是 272 个单位定点帮扶 481 个重点县，有 111 个重点县没有单位帮扶，据前不久统计，现在是 241 个单位帮扶 440 个重点县，还有 152 个重点县没有单位帮扶。如果按照甘肃、四川、云南、青海四省藏区和南疆三地州打破重点县界限计算，共有 208 个县没落实帮扶单位。定点扶贫资源和实际需要相比还有很大差距。根据《通知》要求，下一步重点是挖掘资源，扩大帮扶力量。主要从四方面入手：（1）尚未承担定点扶贫任务的一些大型国有企业；（2）教育部直属重点高校；（3）部分国有控股金融机构；（4）承担定点扶贫任务少的单位。

希望每个单位都能把定点扶贫当成促进自身工作的一个切入点和结合点，增强开展定点扶贫工作的自觉性，不断为定点扶贫工作注入新的动力。要按照《通知》要求，进一步加强对定点扶贫工作的组织领导，建立健全有关工作机制，切实把各项措施落到实处，同时，努力发挥本单位、本行业的优势，不断充实定点扶贫工作内容，创新帮扶形式，加大工作力度，切实把定点扶贫工作提高到新水平，取得新成效。

各省、区、市扶贫办要把定点扶贫纳入重要工作日程。要主动摸清底数，积极动员社会各方面力量参与定点扶贫，进一步扩大帮扶面，力争做到定点扶贫单位对国家扶贫开发工作重点县的全覆盖。对于目前还没有中央单位定点帮扶的重点县，要尽力安排省内较有实力的单位进行帮扶。中央和地方的帮扶要搞好衔接。在继续做好省内党政机关、民主党派、工商联、企事业单位、驻军的定点扶贫工作的同时，积极动员在当地的国家重点科研院校、省属国有骨干企业参加定点扶贫，鼓励大型民营企业、社会组织承担定点扶贫任务，并注意及时总结经验。同时，要积极主动地配合有关中央单位在本省开展定点扶贫，做好相关协调、服务和宣传表彰工作。

（三）要切实加强和改进定点扶贫工作

由于定点扶贫资源的多样性，不同单位开展定点扶贫工作的方法、内容也有所不同。从扶贫工作部门来说，要正确认识和科学把握这些特点，尊重和支持各单位从实际出发做出的选择。同时要积极引导各类定点扶贫资源在开展工作中努力做到"三个结合"：一是与当地扶贫开发规划相结合。各单位在制定定点扶贫规划和年度计划时，要注意与当地扶贫开发规划的衔接，明确重点，找准切入点，避免重复投资，使有限的资源发挥更大的效益。二是与扶贫对象的需求相结合。各定点扶贫单位的帮扶项目和措施，要尽可能瞄准贫困村和贫困人口，解决他们最需要、最迫切的问题。三是与相关扶贫资源相结合。在定点扶贫中，有的是资金、项目投入，也有的是信息、技术、智力、人才等其他要素投入，要注意在帮扶点做好资源整合，发挥整体效应。

国务院扶贫办将从以下方面改进工作。一是加强工作层面的推动。特别是对大家反映较多的问题，如定点扶贫资金筹措与行政预算体制矛盾的问题等，我们将与有关部门进行沟通协商，力争有所突破；二是加强舆论宣传。对于各单位在开展定点扶贫中的典型经验，除了在我办的简报、网站上及时反映外，还将联系一些有影响的媒体，开辟专栏，进行集中宣传，也希望大家及时给我办提供信息；三是加强联系和交流。我办每年都组织培训班或工作会议，进行总结交流，尽量全面了解各单位工作情况，同时进一步加强与各单位的交流联系。

（四）共同努力抓好当前工作落实

今明两年，希望大家积极配合做好以下工作。

一是做好定点扶贫力量调整和充实。按照《通知》的要求和规定程序，我们将与有关单位沟通衔接，对定点扶贫工作进行有计划的调整。最近，已向部分未承担定点扶贫任务的企业、高校发函，商请提供联系方式，以便具体协商定点扶贫具体事宜；还将与一些较有实力且承担定点扶贫任务较少的单位联系，动员其增加定点扶贫任务。上述调整，将会涉及一些国家重点高校、大型国有企业比较密集的省市，这些定点扶贫力量将主要安排到中西部地区承担定点扶贫任务。希望有关方面予以理解、配合和支持，共同努力推进这项工作。

二是组织好先进典型的评选表彰。《通知》明确：“国务院扶贫开发领导小组每两年组织开展一次定点扶贫先进单位和个人的评选表彰活动”，上次表彰是在2008年12月份，这次正值上一轮纲要结束，是对前十年先进典型的表彰，将作为中央扶贫开发工作会议一项内容。目前，我们正在研究制定评选表彰方案，待报国务院领导同志批准后组织评选，希望各省（区、市）、各单位给予配合，做好工作总结，认真做好评选推荐工作。

三是切实加强定点扶贫工作的基础建设。根据《通知》精神，下一步我们将根据现有各单位和各地行之有效的做法，如单位主要领导到重点县调研考察、选派挂职扶贫干部、报送年终工作总结和报表等情况，梳理出一些基本工作制度和程序，探索建立定点扶贫工作成效考核评价和激励机制，希望大家提出好的意见和建议。

同志们，2010年是我国扶贫开发承上启下、继往开来的关键一年。我们要以党的十七大、十七届三中、四中全会精神为指导，深入贯彻落实科学发展观，以贯彻落实“两办”《通知》为契机，进一步增强责任感、使命感和紧迫感，同心协力，努力开创定点扶贫工作新局面，确保扶贫开发各项任务的圆满完成，继续推动我国扶贫开发事业再上新台阶！

甘肃省委、省政府、省扶贫办和天水市委、市政府及市扶贫办为会议的顺利召开做了大量周到细致的准备工作，我代表国务院扶贫办和全体参加会议的同志，向他们表示诚挚的感谢！

在石漠化地区种草养畜产业化扶贫贵州试点工作会议上的讲话提纲

范小建

2010 年 9 月 14 日

尊敬的赵克志代省长、禄智明副省长，同志们：

在新阶段扶贫开发第一个十年即将结束之际，我们在贵州召开石漠化地区种草养畜产业化扶贫试点工作会议，主要目的是，进一步总结完善石漠化地区扶贫开发的经验、做法和举措，为下一个十年集中连片特殊困难地区的扶贫攻坚，找出更具针对性的治本之策。昨天，代表们参观了晴隆县种草养畜产业化扶贫项目，听取了晴隆县、县草地畜牧业发展中心的介绍，与基层干部和群众进行了交流，考察了扶贫龙头企业镇宁县牛来香食品有限公司。今天上午，贵州省人民政府和省扶贫办、省农委介绍了经验，有关专家和省份也作了交流发言。大家普遍反映收获很大，达到了会议预期目标。下面，我讲三点意见。

一、充分肯定晴隆种草养畜产业化扶贫取得的显著成效

石漠化是我国南方喀斯特地区特有的一种荒漠化生态现象，与西北地区的沙漠化相似，是土地退化、劣化演变的极端形式之一，并称为 21 世纪我国两大生态灾难。西南喀斯特石漠化地区是我国最贫困的区域之一，也是全国扶贫开发的重点区域。这个区域内，有扶贫重点县 40 几个，总人口 1600 万，其中乡村人口 1400 多万，面积近 13 万平方公里，人均生产总值、人均财力和农民人均收入远远低于全国平均水平。在石漠化地区开展扶贫攻坚，啃下这块硬骨头，是新十年我们必须完成的一项重要任务。贵州省十年前开始探索种草养畜产业扶贫路子。国务院扶贫办在畜牧部门的支持下，于 2001 年启动实施了晴隆县波尔山羊产业化扶贫试点项目，此后连续多年给予了大力支持和关注。10 年来，以晴隆县为代表的种草养畜产业扶贫坚持种草养羊与生态治理相结合，以科技扶贫项目为载体，形成了政府主导、部门配合、龙头带动、合作社组织、公司建基地带农户的产业化扶贫模式（被中国工程院概括为“晴隆模式”），取得了明显成效。一是扶贫到户效益明显。晴隆县坚持因地制宜，分类指导，对不同地区、不同对象采取不同的扶持措施，实现了项目滚动发展，扩大了扶持面，使扶贫资金发挥了更大效益。项目区农户平均收入是非项目区的 3—5 倍，2009 年人均现金收入达 3300 元，既培养了一批新型农民，又大大降低了劳动强

度。二是产业发展效益明显。晴隆县畜牧业占农业总产值的比重由2001年的31%提高到2009年的50%，草地中心发展成为资产上亿元的龙头企业，中心、合作社、农户之间的利益联结更加紧密，形成了完备的种、养、加、销产业体系。三是生态治理效益明显。草地畜牧业比种植业更能适应喀斯特地区的资源环境特点，能更大程度上利用人力资源，较多地吸纳农村剩余劳动力，有效地缓解人增地减的矛盾。种草养畜，不仅推进产业结构的优化，提高了农民收入，而且对保土、保水、保肥、防治石漠化起到了明显的作用。2001年以来，晴隆县因种草养畜平均每年治理水土流失面积20平方公里，生态明显改善。

总之，贵州种草养畜产业化扶贫试点，不仅大幅度增加了农民收入，使贫困山区迅速摆脱了贫困，而且较好地保护了生态，探索了双赢的路子。贵州的做法得到了各方面的充分肯定，胡锦涛总书记、吴邦国委员长、温家宝总理和曾庆红同志等中央领导给予了高度评价。任继周、洪绂曾等知名院士、专家也多次实地考察指导，倾注了大量心血。

二、认真总结，巩固扩大晴隆种草养畜产业化扶贫模式

2006年6月我办和中央智力支边协调小组在晴隆县组织召开现场会，提出了在南方8省区市石漠化地区推广种草养畜产业化扶贫试点。5年来，贵州省推广力度大，实施步伐快，不仅形成了集中连片的扶贫产业，而且创新了机制，积累了经验。贵州省探索的成功经验有：

（一）领导重视，真抓实干

贵州省在推动试点中是下了真功夫的。省委、政府主要领导和分管领导亲自抓试点工作，畜牧等部门积极配合，逐一排除试点推进中遇到的困难，及时解决项目实施中遇到的问题。省财政专项安排种草养畜产业化扶贫资金2.65亿元，安排良种繁育和防疫体系建设资金2亿元，这在财力相对困难的贵州实属不易。2006年现场会后，年底试点县扩大到10个，2007年扩大到20个，2008年扩大到33个，2009年底扩大到43个，其中扶贫重点县占86%，力度之大，步伐之快，值得肯定。各试点县党委、政府也高度重视，及时足额安排配套资金，抓好工作调度和组织实施。多数县与农户签订了种草养畜合同，在资金未到达前政府筹款垫支，抢抓时节实施项目，并提前做好越冬饲草饲料储备，确保羊（牛）安全过冬。各试点县均成立了草地畜牧发展中心，专编专人，具体负责实施项目。

（二）解放思想，开动脑筋

滇黔桂石漠化区是扶贫开发重点县集中连片的地区。在这样的地区开展扶贫工作，必须找准最困难的群体和最突出的制约因素，采取最有效的措施。晴隆经验正是体现了这个原则，集中力量，持续攻坚，取得了比较明显的成效。晴隆县根据当地自然和气候条件、生态环境特点，因地制宜，改变传统耕作模式，摒弃传统做法，用草地畜牧业取代传统的粮猪农业，变多年不变的种玉米养猪为种草养畜，变山区农民为牧民，局面为之一新。草地畜牧业适合南方喀斯特地区的生态特点，产业链长，附加值高，较好地解决了扶贫产业开发与生态治理之间的矛盾，使当地群众从“环境脆弱——生活贫困——掠夺资源——环境恶化——贫困加剧”的陷阱中走了出

来，实现了历史性的突破，一举多得。

（三）部门配合，规划先行

贵州省自始至终强调相关部门的配合，科学制定实施规划，规范操作流程，使产业扶贫始终在大扶贫的格局下展开推进。2007年，在各有关部门的支持下，贵州省编制了《草地生态畜牧业科技扶贫项目五年发展规划》，制定了《贵州省省级草地生态畜牧业产业化科技扶贫项目资金滚动发展管理暂行规定》。实行党政和技术双线考核、分级考评。43个项目县逐级规划，分年度、分层次实施，专项扶贫规划与行业扶贫规划、总体规划有机衔接，形成了工作合力。各级扶贫开发领导小组统筹抓总，有关部门分工协作，扶贫资金发羊建圈，发改资金种草建圈，农业部门建设良种繁育和防疫体系，交通部门建设草场道路，水利部门建设草场灌溉设施，电力部门负责项目区通电。特别是扶贫和畜牧两部门紧密配合，成立县草地生态畜牧业发展中心，为贫困户提供生产、技术、销售全过程的配套服务。

（四）建立机制，滚动发展

贵州省在种草养畜中探索形成了政府主导、企业带动、合作社运作、滚动发展的工作机制，这是产业化扶贫得以成功发展的保证。我认为，晴隆县种草养畜持续发展，与该县草地中心心系贫困群众，发挥专业优势，大胆调整方向，探索完善机制，积极引进优良草畜品种、开拓市场有直接的关系。正是由于有张大权等一批骨干、能人带动，建立了专业协会，才培养了一批致富明白人，带动了一批创业者，形成了“中心+养羊协会（致富能人）+农户”工作机制，以羊放贷，卖羊还贷，实现了滚动发展。第一年，政府支持每个农户启动资金，第二、三、四每年的新增羊与农户按2：8分成，农户得8成收益，第五年农户再等量退还基础母羊。政府收益由县草地畜牧业开发中心按4：6分成使用，其中40%用作中心为养羊户提供技术服务等专项工作经费，60%周转支持其他农户养羊。到2009年全县羊存栏发展到20余万只，累计扶持了1.1万多户，其中75%以上已经脱贫。农户无偿得到启动发展支持，无偿得到县草地畜牧业开发中心提供的技术指导和销售服务，项目收益稳定。中心在每个项目村都培养发展了技术带头人或养羊协会，为其他农户提供技术指导和服务，技术带头人的补贴从中心总收益中支出。通过中心、农户、乡镇及村技术带头人或养羊协会的紧密利益联结，既实现了农民增收、产业发展的扶贫目标，同时也在滚雪球般地累积扶贫资源，壮大扶贫实力。

贵州种草养畜产业化扶贫的实践启示我们：在特殊困难地区，虽然我们面临严峻的挑战，但绝不是无路可走。只要我们大胆解放思想，尊重科学，勇于探索，敢于创新，就能逐步找到最具针对性的发展路子。同时，我们也必须下大力气，坚持不懈，持续推进，才能帮助贫困农户培育起可持续脱贫致富的产业。

三、进一步巩固扩大试点需要注意的几个问题

目前，贵州石漠化地区种草养畜产业化扶贫面临难得的历史机遇。西部大开发高度关注石漠化地区综合治理工作，国家已列专项加大石漠化综合治理，逐年加大投入力度，有关部委和贵州省已建立了岩溶地区石漠化综合治理省部联席会议制度。

而且作为一项治穷致富的试点工程，经过十年的努力，基层群众欢迎，专家学者认可，工作基础扎实。进一步巩固扩大试点，希望各级政府加强领导，各级扶贫和畜牧等部门要密切配合，进一步解放思想，确立发展现代畜牧业的理念，加强指导，以统筹石漠化地区经济社会发展为前提，把草地畜牧业生产建立在现代科学技术和管理科学的基础上，充分合理利用各种自然和经济资源，重点做好以下工作。

第一，着力构建完善草地畜牧业扶贫产业发展体系。要以科学合理利用草地资源为基础，以转变草地畜牧业生产方式为核心，强化政策扶持引导，完善良种繁育、饲草饲料生产、畜牧兽医等支撑体系建设。一是要转变传统畜牧业发展方式。要改变靠天养畜、单纯依赖数量增加收入的传统粗放经营模式，实现牧业增效、农民增收。要合理确定畜群规模和结构，全面推行草畜平衡，促进草地资源的可持续利用。推进农户、联户、合作组织多种形式的适度规模化集约经营，培养一批懂技术、会经营的新型农民，提高草地畜牧业规模化、标准化、集约化水平。二是要优化牧区畜牧业生产布局。要抢抓西部大开发的重大历史性机遇，围绕生态、经济、社会“三大目标”，在扩大养羊规模的同时，加强草场、畜舍、越冬饲料贮藏及交通、水电等基础设施。要根据不同区域资源、技术、市场和产业基础等条件，推进扶贫特色产业带建设，切实提升草地畜牧业综合生产能力。三是要加快牲畜良种繁育和推广。要根据各地生产水平和资源特色，科学制定牲畜改良计划，加快建设一批原种场和扩繁场，配套、更新畜禽改良站（点）的基础设施和仪器设备，提高良种供应和服务能力。四是要加强饲草料供给能力建设。要加快牧草种子繁育基地建设，增强优质草种供应能力。要合理开发利用水资源，建设水利工程设施，加强饲草饲料基地、人工草地、改良草地建设，增强饲草料供给能力。要加强饲草料储备，重点解决冬春饲草不足，提高防灾减灾能力。五是要强化动物疫病防控工作。现代畜牧业发展的关键是质量安全，要抓实防疫、抓硬监管、抓严检疫，确保畜产品质量安全水平的提高，实现传统的数量型增长向质量型增长的转变。尽管从 2001 年至今晴隆还没有发生大规模畜群疫病，但疫病防治、良种繁育等配套技术服务体系建设也必须跟上。

第二，着力提高草地畜牧业产业化发展水平。发展种草养畜扶贫产业，必须按照“规划科学化、生产规模化、建设规范化、管理企业化”的要求，建立健全工作机制，进一步提高产业化发展水平。一是要实行标准化规模养殖。标准化规模养殖是产业扶贫的主要方式。要大力发展以农户为基础、中心为依托、企业为龙头的畜牧产业化经营方式，形成畜牧业产业链各个环节相互促进、共同发展的格局。二是要延长产业链。发展扶贫产业，要培育和壮大龙头企业，鼓励龙头企业通过定向投入、定向服务、定向收购等方式，与农民建立稳定的产销关系和利益联结机制，更好地发挥扶贫龙头企业的带动作用。要增强龙头企业在草地畜牧业发展、草畜产品开发、新技术引进和示范等方面的带动作用，着力打造一批具有较强竞争力的草畜产品加工企业，扶持这些企业改善生产和技术条件，提高精深加工水平，不断延伸和拓展产业链条。三是要加强信贷扶贫工作。产业起步以后，信贷扶贫就显得更为迫切。目前，制约信贷扶贫的关键是抵押、担保。如何建立和完善担保机制，帮助企业和农户获得更多的信贷资金，支撑产业发展，是亟需研究解决的问题。今后这些地区的扶贫互助资金试点要紧密结合产业发展，把试点工作的着力点放在引导农户特别是贫困农户培育主导产业上。四是要提高农民的组织化程度。要大力发展合作社、协会等专业组织，使其在维护农户利益、协商草畜产品收购价格、为农户提供服务等方面充分发挥作用。这个项目不是一般的产业发展项目，是扶贫产业发展项目，所以，相关政策都要特别强调向贫困户倾斜。贫困户素质低、能力弱，但国家对贫困户的扶持政策不能流失，扶贫资金不能“垒大户”。要“真扶贫，扶真贫”。要把产业化扶贫与提高农民基本生产、务工技能结合起来，加大农村劳动力转移培训力度，千方百计增加农民收入，让贫困群众从中得到更多实惠。五是要完善加工流通体系。发展现代草地畜牧业，产业发展的后续服务工作就显得非常重要。现在牲畜销售没有出现太大问题，但随着规模的扩大和竞争的激烈，今后可能会遇到一些问题，要未雨绸缪，尽快建立种草、养畜、加工、销售一条龙的产业化经营体系。要创新品牌，建立相对通畅、有固定渠道的流通体系，扩建畜产品加工基地，发展后续服务。

第三，努力实现扶贫开发与生态保护有机结合，相互促进。石漠化的形成和加剧是喀斯特地区特有的人地矛盾过程。不合理的人为活动是造成喀斯特石漠化的主要原因。经济发展必须注意生态保护，扶贫开发必须在生态承载力范围之内。否则，我们不仅要付出沉痛代价，而且还必须补课。石漠化地区是生态脆弱地区，产业化扶贫要从石漠化的形成原因入手，统筹考虑人的需求和生态的需求，寻求一种既有利于贫困人口发展，又有利于保护生态的产业化发展模式。缺水少土是石漠化地区的基本特征，在草畜发展过程中，精心栽培牧草保持水土是扩大畜群的基础，科学放牧是保持牧草生长优势和优质草地生态稳定性的基本措施。要把产业化扶贫与必要的生态移民搬迁以及封山育林育草等措施结合起来，保护大自然的自我修复能力。要科学确定草场载畜量，一定要防止因产业发展规模扩大导致过度放牧和新的生态破坏。

第四，加强研究，巩固扩大试点。要深入研究试点中存在的不足与问题，进一步完善项目运作机制和措施，切实提高项目实施成效，充分发挥试点项目的典型示范、辐射、带动作用。一是要完善规划和年度计划。要丰富完善《草地生态畜牧业科技扶贫项目五年发展规划》，科学制定年度实施计划，明确每年度的建设任务、发展目标、投资规模、实施区域和政策措施，做好与国家发改委等六部委《岩溶地区石漠化综合治理规划大纲》的衔接。二是要完善工作机制。石漠化地区产业化扶贫是一项复杂的系统工程，也是一项长期的战略任务，不可能毕其功于一役，不可能一蹴而就。在这些地区扩大产业扶贫，既要打攻坚战，又要打持久战。要切实加强领导，建立完善工作机制。扶贫部门要认真贯彻落实各级党委、政府的决策部署，及时研究，协调解决试点中的重大问题。要建立完善督导检查考评机制，实行严格的奖惩激励机制。三是要完善政策体系，加大投入。种草养畜的投资需求和产业风险较大、技术要求较高，需要制定促进发展的宏观产业政策和具体支持措施。要大胆探索，建立为养殖户提供贷款资金的融资模式，逐渐完善小额信贷制度，解决产业化扶贫中的资金不足问题。

同志们：

在石漠化地区扩大种草养畜产业化扶贫工作，任务艰巨，意义重大。今天我们把有关省、区、市扶贫办的同志也请来了，希望大家认真学习、借鉴贵州省扩大种草养畜扶贫试点的经验，在自己的省、区、市取得新的进展和突破。我们一定要按照这次会议的部署，总结经验，明确目标，强化措施，巩固扩大种草养畜产业化扶贫试点，增强防灾减灾能力，推进草地畜牧业产业又好又快发展，实现石漠化地区绿起来、草地畜牧业强起来、贫困农牧民富起来，努力把石漠化地区产业化扶贫工作提高到新水平。

谢谢大家。

在全国扶贫工作会议上的讲话

范小建

2010年12月21日

同志们：

2010年全国扶贫工作会议的主要任务是，深入贯彻落实党的十七大、十七届五中全会、中央经济工作会议和中央农村工作会议精神，全面总结和回顾2010年扶贫开发工作，深入分析当前扶贫开发面临的形势和任务，安排部署2011年以及新阶段的扶贫开发工作。首先，我代表国务院扶贫办对参加会议的各省（区、市）扶贫办和协作办、中央国家机关有关部门和新闻界的同志们表示热烈的欢迎。下面，我讲几点意见。

一、关于2010年的扶贫工作

2010年是我国扶贫开发事业承上启下的关键一年，既要确保实现2001—2010年《中国农村扶贫开发纲要》（以下简称《纲要》）提出的目标任务，又要制定未来十年新的扶贫开发纲要（以下简称"新纲要"）和"十二五"扶贫开发相关规划。

一年来，面对自然灾害异常严重、农产品市场异常波动、外部环境异常复杂的严峻形势，党中央、国务院带领全党全国人民奋起抗灾救灾，有效应对各种风险挑战，继续实施应对金融危机一揽子计划，努力保持经济平稳较快发展、加快转变经济发展方式；继续出台改善民生、促进就业、稳定物价等一系列重大战略举措；继续把加强贫困地区基础设施建设、实现基本公共服务均等化、促进农村贫困人口增收放在重要位置，给予重点支持。全国粮食生产连续七年增产，农民收入增幅连续七年保持在6%以上，农村各项社会保障措施不断加强，新型养老保险逐步推开。这一系列重大举措和发展，对农村减贫特别是保证如期实现《纲要》目标，发挥了重要作用。

根据2010年中央1号文件、国务院第101次常务会议和2009年12月扶贫开发领导小组全体会议精神，在回良玉副总理的关心和直接领导下，在国务院扶贫开发领导小组各成员单位及有关方面的大力支持下，贫困地区广大干部群众和全国扶贫系统同志们的共同努力，扶贫开发各项工作扎实推动，进展顺利。

（一）精心组织编制2011—2020年新十年扶贫开发纲要

根据年初国务院第101次常务会议精神和领导小组全体会议的部署，2010年以来我们投入很大精力，组织开展新十年扶贫开发纲要的起草和编制工作。为了把这项关系全局的大事抓紧抓好，年初经回良玉副总理批准，成立了国务院扶贫开发领导小组专家咨询委员会。同时，由我办牵头成立了“新纲要”起草工作机构，由领导小组副组长单位和中央政策研究室、国务院研究室、中农办、统计局等部门的有关同志参加。在起草过程中，按照党中央、国务院对扶贫开发工作的要求，自觉地将扶贫开发置于全面建设小康社会、促进城乡、区域统筹发展的大背景当中，科学分析扶贫开发面临的形势和任务，研究提出了未来十年完善国家扶贫战略和政策规划体系的基本思路，并就调整扶贫标准、调整重点县、划分集中连片特殊困难地区等重点专题进行了深入研究，经多次沟通和广泛征求意见，形成了新纲要送审稿。下一步，将提交领导小组全体会议审议。

与此同时，我们在国家发改委和财政部的支持下，认真组织编制“十二五”整村推进、移民扶贫和“县为单位、连片开发”试点三个专项规划，编制工作稳步推进，进展顺利。不少省（区、市）也不同程度地开展了“十二五”规划编制工作。广西壮族自治区制定的《农村扶贫开发“十二五”规划》以及整村推进、产业开发、边境扶贫和大石山区等四个专项规划已全部完成，正在广泛征求意见。

（二）全面推进扶贫开发重点工作

2010 年中央财政扶贫资金投入继续增长，达到 222 亿元；地方各级政府也加大了投入力度，达到 130 亿元。扶贫开发各项重点工作稳步推进。一是整村推进。2010 年共完成 19000 个贫困村的整村推进任务，其中革命老区、人口较少民族和边境县 9000 个贫困村按计划全部完成，实现了“三个确保”的目标。整村推进总数已超过 12 万个。河南省整合各方面资源投入资金 20.4 亿元，使规划的 1677 个贫困村全部完成了整村推进任务。宁夏回族自治区将全面完成第三批整村推进任务列入政府 10 项民生计划 30 件实事之一，整合各类投资 3.8 亿元，村均投入 127.3 万元。二是贫困地区劳动力培训。继续抓好青壮年劳动力技能培训，为外出务工转移就业打下基础；组织开展“雨露计划”改革试点，以促进就业为导向，对贫困家庭初中、高中毕业后未就业的新生劳动力参加职业教育给予直接补助，取得了积极效果。黑龙江省加大“雨露计划”培训资金投入，培训贫困劳动力 15.9 万人，并开展多期村干部和创业带头人培训。三是产业化扶贫。积极支持贫困地区发展特色优势产业，加大政策性金融支持产业化扶贫的工作力度，努力探索“县为单位、整合资金、整村推进、连片开发”的新形式，2010 年安排专项资金 5 亿元，安排 100 个连片开发试点县，累计已投入 19 亿元，共安排了 240 个试点县，极大促进了贫困农户的增收。重庆市举办“首届中药产业扶贫论坛暨中药产业招商会”，签约资金达 23.75 亿元；并利用中国扶贫开发协会开展扶贫典型人物巡展的时机组织招商，签约金额约 50 亿元。四是稳步推进移民扶贫。全年完成 16 万户、70 余万人扶贫移民，在“搬得出、稳得住、能致富”方面作了有益的探索，积累了新的经验。江西省 2010 年实施移民扶贫搬迁 5 万人，累计完成移民扶贫突破 30 万人。全国累计移民扶贫已近 700 万人。

（三）不断加大对西藏、四省藏区和新疆南疆三地州支持力度

认真贯彻落实中央第五次西藏工作座谈会和中央新疆工作座谈会精神，召开了西藏和四省藏区扶贫开发工作会议、新疆扶贫开发工作会议，下发了《关于进一步做好西藏和四省藏区扶贫开发工作的指导

意见》和《关于全面推进新疆扶贫开发工作的指导意见》两个文件，从编制扶贫规划、增加财政投入、协调行业扶贫、动员社会力量、加大工作力度等方面提出了明确要求，出台了一些倾斜扶持政策。专项增加西藏扶贫资金 1 亿元、四省藏区 2 亿元和新疆维吾尔自治区 1 亿元。还专门安排了 1.2 亿元资金用于西藏的溜索改造试点项目。新疆维吾尔自治区以及新疆生产建设兵团，西藏自治区和四川、云南、甘肃、青海四省认真贯彻落实中央会议和有关文件精神，结合自身实际狠抓落实，启动规划编制，加大扶持和倾斜力度，受到广大基层干部和人民群众的好评。

（四）积极开展扶贫开发和农村低保两项制度有效衔接工作

2010 年 5 月 7 日，国务院办公厅转发了《扶贫办等部门关于做好农村最低生活保障制度和扶贫开发政策有效衔接扩大试点工作意见的通知》（国办发［2010］31 号），在中农办、民政部、财政部、统计局、中国残联等部门的大力支持下，我们将试点范围扩大到 689 个县，其中国家扶贫开发工作重点县 464 个。湖南省先后召开 6 次座谈会，举办两期培训班，就建档立卡、工作考核等方面印发多个文件，累计下达资金 2.4 亿元，安排扶持项目 10 万多个。新疆维吾尔自治区“两项制度”衔接实现了重点县全覆盖，100% 完成了建档立卡，100% 建设了信息共享平台，共安排入户资金 5.88 亿元，对应扶持对象全面落实了扶持政策。

（五）深入推进各项探索性试点

一是贫困村互助资金试点，2010 年安排试点资金 2.85 亿元，累计投入近 20 亿元，建立互助组织的贫困村达到 1.1 万个。四川省今年出台了《贫困村互助资金试点风险资金管理办法》，全年累计投放财政扶贫资金 3725 万元用于扩大试点。河北省加大有关人员培训力度，进一步扩大村级互助金试点范围，全省试点村目前已发展到 1045 个。二是彩票公益金支持革命老区整村推进试点。2010 年共安排 1.7 亿元，在 5 省 11 县 120 个贫困村开展试点，累计已投入资金 5.1 亿元，360 个贫困村，重点改善基本生产生活条件，发展特色优势产业，效果明显。三是新疆边境扶贫试点。在总结阿合奇试点的基础上，2010 年将范围扩大到边境的 17 个贫困县。此外，我们还先后在贵州威宁县和晴隆县、云南富宁县、甘肃庆阳等地开展了深度贫困地区扶贫攻坚试点。

（六）努力提升社会扶贫工作水平

第一，定点扶贫工作不断强化。2010 年 5 月，中办、国办印发了《关于进一步做好定点扶贫工作的通知》，对进一步加强定点扶贫工作提出了新的要求。中央各部门、各单位认真贯彻落实文件精神，定点帮扶面进一步扩大。各省（区、市）定点帮扶工作也进一步加大了力度。甘肃舟曲发生特大山洪泥石流灾害后，中组部迅即决定将舟曲县作为定点帮扶县，并动员全国组织系统定点帮扶该县，积极参与其灾后重建。山西省驻点帮扶县从原来的 21 个扩大到 39 个，实现了省直定点扶贫工作队对国家重点县的全覆盖。辽宁省组织协调 210 个省（中）直单位定点帮扶 215 个贫困乡镇的工作，共计投入帮扶资金 4.8 亿元。西藏自治区安排 98 个区（中）直单位、选派 249 名干部，深入 103 个乡（镇）开展定点扶贫，共落实项目投资 3 亿元。

第二，东西扶贫协作取得新进展。根

据中央对四省藏区和南疆三地州工作的统一要求，2010年对部分省（区、市）东西扶贫协作帮扶关系进行了调整，将四省藏区全部纳入东西扶贫协作范围。上海、北京、天津、山东、宁波、深圳、辽宁等省市进一步加大了对帮扶省（区、市）的投入。

第三，企业参与扶贫效果明显。2009年以来，我们组织开展的全国扶贫协作优势产业推介暨招商引资洽谈活动，先后吸引300多个企业到贫困地区进行实地考察，共落实投资项目260个，其中110个项目已经开工，投资总金额206亿元。国务院扶贫办与全国工商联联合开展“村企共建扶贫试点”，动员所属企业在8个试点省、区参与整村推进规划的实施。河南、湖北、陕西、江西等省也积极部署企业参与扶贫工作，为扶贫开发注入新的活力。

第四，国际减贫交流与合作深入开展。2010年以来成功地举办了中国东盟减贫论坛、10·17国际消除贫困日纪念活动、中非减贫论坛，还与中联部和云南省举办了“亚洲政党扶贫专题会议”、向60多个国家驻华使节介绍中国扶贫经验的“吹风会”，中国减贫成就和经验的国际影响力进一步提升。世行五期外资扶贫项目和中加合作—农村社区减贫试点项目成功启动。

（七）认真抓好贫困村灾后恢复重建和自然灾害应对工作

一是继续推进汶川地震灾区四川、甘肃、陕西三省100个试点村及面上受灾贫困村的恢复重建工作，保证了进度与质量。二是青海省完成了《玉树地震灾后贫困村恢复重建规划》的编制，以国务院扶贫办名义与青海省人民政府共同签署框架协议，使用中国扶贫基金会募集的1亿元资金专项支持玉树灾后恢复重建。友成企业家扶贫基金会等社会组织也做出了积极贡献。三是动员社会力量捐赠，组织扶贫系统向南方遭受旱灾和洪涝灾害的贫困户发放到户救灾资金2亿元，向部分受灾严重的省区安排财政灾后恢复重建资金1.5亿元。四是初步建立和完善了灾害应对与灾后恢复重建工作的常态化机制。

（八）切实加强扶贫资金管理

按照中央部署，国务院扶贫办成立了强农惠农资金专项清查工作领导小组，印发了《关于开展扶贫资金专项清理和检查工作的实施方案》，就财政扶贫资金（发展资金）专项清查工作提出了明确要求，并赴有关省进行了专项督查。为加强扶贫贴息贷款管理，从第二季度起开展了扶贫贴息贷款调研工作，21个省（区、市）参与这项工作，为进一步提高扶贫贷款使用效益发挥了积极作用。2010年第三季度，我们完成了全国扶贫资金绩效考评工作，对考评结果优秀的省（区、市）进行了奖励，其中重庆、湖南、新疆、安徽、江苏等5省市考评达到A级。

一年来，各地工作还呈现出不少新特点、新亮点。突出体现在：

第一，领导重视，加大投入。为了确保完成《纲要》收官之年的任务，各地认真贯彻落实中央要求，普遍加大了扶贫开发工作力度。不少省（区、市）党委、政府主要领导同志对扶贫工作高度重视，率先垂范，多次深入贫困地区基层开展调研，对加强扶贫开发做出重要指示或批示；在地方机构改革过程中，扶贫开发工作机构总体上得到加强，陕西、贵州、辽宁、吉林等省通过后续工作，扶贫工作机构也得到强化；在中央财政扶贫资金继续稳定增长的同时，各地财政扶贫投入有较大幅度增加，全年达到130亿元，比上年增加40亿元。其中广西、贵州、重庆、安徽、福建等省市增加更为明显。

第二，狠抓重点，突破难点。各地特别是一些扶贫开发任务比较重的省份，全面分析把握本省面临的形势和任务，从自身实际出发，研究出台了一系列新举措，整合力量，合力攻坚。云南省委、省政府作出了《关于加快边远少数民族贫困地区深度贫困群众脱贫进程的决定》，紧紧瞄准785元标准以下的160万深度贫困人口，采取强有力的倾斜措施予以重点扶持。贵州省明确提出扶贫开发是贵州最大的民生，把“扶贫脱贫攻坚工程”作为全省“十大民生工程”的首项工程来抓，以喀斯特地貌综合治理、发展种草养畜为突破口，有力地促进了扶贫工作的深入开展。广西壮族自治区狠抓边境基础设施建设大会战，使边境沿线落后面貌明显改善，边境地区贫困群众吃饭难、行路难、喝水难、上学难等突出问题得到较大程度缓解。

第三，着眼全局，注重长远。紧紧围绕落实科学发展观，着力改善民生，全面建设小康社会，确定新阶段扶贫开发的目标任务。湖北省全面部署了“脱贫奔小康”工程，重点县均有具体目标、措施和投入标准。重庆市组织开展“万户增收”工程，得到了社会各界的积极响应和广泛参与；四川、青海、甘肃、海南等省把扶贫开发与灾后恢复重建紧密结合，制定和实施专门规划，采取有针对性的措施，取得了显著成效。

第四，创新体制机制，关注相对贫困。近年来，东部发达地区在努力做好东西扶贫协作工作的同时，高度重视区域差距和低收入群体，采取一系列强有力措施推进扶贫开发。广东省大力推进规划到户、责任到人“双到”工作，设立了“广东扶贫济困日”，浙江省在欠发达地区全面实施“低收入农户奔小康工程”，福建省实施“造福工程”，江苏省创立和推行“五方挂钩”和“五个一”帮扶机制，都体现了对新阶段扶贫开发的新认识、新举措和新提高，这些经验和做法值得我们认真总结推广。

经过各方面共同努力，全国扶贫开发工作取得积极进展。2010年前三季度重点县农民现金收入实际增长9.6%，其中工资性收入的贡献率为52.4%。预计2010年全年贫困人口减少和重点县农民收入增长情况与2009年基本持平，也为实现《纲要》目标提供了保证。

扶贫开发取得的成就，从根本上说是党中央、国务院正确领导，回良玉副总理直接关心指挥的结果，同时，也离不开方方面面的支持和贫困地区广大干部群众的努力。在这里，我代表国务院扶贫办向扶贫开发领导小组各成员单位、参与定点扶贫和东西扶贫协作的各部门、各单位以及扶贫系统的广大干部职工表示衷心地感谢！

二、关于今后十年扶贫开发工作的总体考虑

本世纪头十年的扶贫开发工作将圆满收尾，我们就要迈入全面建设小康社会又一个关键的十年。要如期实现到2020年基本消除绝对贫困现象的奋斗目标，我们必须下更大的决心、采取更有力的措施，坚决打好新一轮扶贫开发攻坚战。

第一，本世纪头十年扶贫开发成就巨大。2001年颁布的《纲要》提出的奋斗目

标是："尽快解决少数贫困人口温饱问题，进一步改善贫困地区的基本生产生活条件，巩固温饱成果，提高贫困人口的生活质量和综合素质，加强贫困乡村的基础设施建设，改善生态环境，逐步改变贫困地区经济、社会、文化的落后状况，为达到小康水平创造条件。"经过十年的努力，这一目标将如期实现。主要表现在以下五个方面：一是贫困人口大幅度减少。农村贫困人口从 2000 年底的 9423 万减少到 2009 年的 3597 万，下降了 61.8%，贫困发生率从 10.2% 减少到 3.8%。592 个重点县贫困人口从 2001 年末的 5677 万人减少到 2009 年的 2175 万人。二是重点县农民人均纯收入明显增加。从 2001 年的 1277 元增加到 2009 年的 2842 元，年均实际递增 7.6%，略高于全国农村的平均增长水平。三是基础设施社会事业全面加强。2002—2009 年，重点县新增基本农田 4509.7 万亩，新建及改扩建公路里程 84.3 万公里，新增教育卫生用房 2930.1 万平方米。饮用自来水、深水井农户比重从 51.7% 提高到 60.3%，自然村通路比例从 72.2% 提高到 86.9%，通电比例从 92.8% 提高到 98.0%，通电话比例从 52.6% 提高到 91.2%，通广播电视比例从 83.9% 提高到 94.5%。2009 年适龄儿童在校率达到 97.4%，接近全国平均水平。重点县乡卫生院、村卫生室的比重从 2002 年的 68.6% 增至 2009 年的 79.6%；有合格乡村医生、卫生员的比重从 70.8% 增至 79%；有合格接生员的比重从 66.6% 增至 75%。四是县域经济较快发展。2001—2009 年，重点县人均地区生产总值从 2658.1 元增加到 9549 元，增长了 2.59 倍，年均增长 17.3%；人均地方财政一般预算收入从 122.5 元增加到 429 元，增长了 2.5 倍，年均增长 17%。五是生态环境进一步改善。2002—2009 年，重点县退耕还林还草 14254.5 万亩，新增经济林面积 13153.3 万亩，新增草场面积 7965.01 万亩，实施扶贫异地搬迁约 700 万人。

扶贫开发工作的深入推进，增强了贫困地区广大群众的自强自立精神和自我发展能力，为促进国民经济持续健康发展，促进政治稳定、社会和谐、民族团结、边疆巩固发挥了重要作用，为全面建设小康社会做出了积极贡献。我国也是最早实现联合国《千年发展目标》贫困人口减半指标的国家，成为全球减贫的主要贡献者。

第二，成绩巨大，但未来十年扶贫开发任务仍十分艰巨。一是贫困人口规模依然庞大，减贫趋势呈马鞍形，返贫面临新的压力。2009 年，全国 1196 元以下的贫困人口还有 3597 万，占农村总人口的 3.8%。比例不高，但规模不小。2001 年以来，我国的减贫趋势呈现出明显的马鞍形变化。2000—2003 年，低收入以下贫困人口年均减少 301.7 万，减贫进程较"八七计划"期间明显放缓。2004—2007 年，随着统筹城乡、以工促农战略的实施，国家相继出台了农业补贴，农村社会保障等政策，加大对贫困地区基础设施和公共服务事业的投入力度，减贫速度明显加快，低收入以下贫困人口年均减少 1049.5 万。2008 年金融危机爆发后，减贫进程受到明显影响，当年贫困人口只减少 313 万，2009 年也仅减少 410 万人，年均脱贫人口规模基本回归到 2000—2003 年的水平。而这种局面，还是在农村全面建立最低生活保障制度，不断提高低保标准的情况下取得的。二是发展严重不平衡，连片特困地区的矛盾更加突出。根据国家统计局贫困监测数据，

2001—2009年，贫困人口比例，西部从61%增加到66%，民族地区八省从34%增加到40.4%，贵州、云南、甘肃三省从29%增加到41%。三是自然灾害威胁严重，防灾抗灾能力不足。据统计，贫困地区遭受严重自然灾害的几率是其他地区的五倍。近几年的情况就更加突出。贫困地区防灾抗灾能力明显不足。许多生态环境脆弱区经济社会发展滞后，农牧业生产受灾害威胁十分严重，农民生计尚未得到稳定解决。四是收入差距仍在扩大，相对贫困现象凸显。城乡居民收入差距仍在不断拉大。2009年，我国城乡之间的居民绝对收入差距已超过1.2万元，城乡收入之比达到3.33∶1。农村内部的收入差距也在扩大。按农村居民收入五等分划分，2000年农村内部最高收入家庭的人均收入是最低收入家庭的6.5倍，2009年扩大到8倍。在贫困地区，一些县财政收入的高增长掩盖了农民收入的低增长，城镇的繁荣掩盖了农村的落后，少数大户的富裕掩盖了多数人收入不高。据国家统计局监测，从《纲要》实施到2008年，绝对贫困人口减少了1900多万，而相当于农民人均纯收入1/4的低收入人口却增加了1400万。金融危机给我国贫困地区带来的持续性影响不容忽视。

第三，要精心谋划新十年扶贫开发工作。前不久召开的党的十七届五中全会对“十二五”扶贫开发提出了明确要求，做出了总体部署。根据国务院第101次常务会议精神，从2010年3月份起我们即着手2011—2020年新纲要的编制工作，目前已形成提交国务院扶贫开发领导小组的送审稿。新纲要（送审稿）在《国家八七扶贫攻坚计划》和《中国农村扶贫开发纲要（2001—2010年）》基础上，紧密结合新阶段新形势新特点，描绘了今后十年扶贫开发工作的宏伟蓝图。主要内容包括：

（一）关于新阶段扶贫开发工作的总体要求

在指导思想上，强调要深入贯彻落实科学发展观，把基本消除绝对贫困现象作为首要任务，把集中连片特殊困难地区作为主战场。坚持统筹发展，以促进就业、增加收入、改善民生、加快发展为核心，坚持政府主导，以专项扶贫、行业扶贫、社会扶贫为支撑，更加注重转变发展方式，增强可持续发展能力；更加注重人力资源开发，提高综合素质；更加注重基本公共服务均等化，改善生产生活生态条件；更加注重解决连片特困地区贫困问题，努力实现更好更快发展。在工作方针上，要继续坚持开发式扶贫方针，实行扶贫开发和农村居民最低生活保障制度有效衔接。把扶贫开发作为脱贫致富的主要途径，不断增强贫困地区和贫困人口自我发展能力；把社会保障作为解决温饱的基本手段，逐步完善保障体系。在基本原则上，要坚持政府主导、分级负责，突出重点、分类指导，部门协作、合力推进，自力更生、社会帮扶，统筹兼顾、科学发展，改革创新、扩大开放。在总体目标上，到2015年，贫困人口显著减少；到2020年，基本消除绝对贫困现象。努力缓解相对贫困问题，扭转收入差距扩大趋势。

（二）关于重点扶持对象范围

明确提出今后十年扶持对象分为重点扶持群体、集中连片特殊困难地区和重点扶持县、村三个层次。重点扶持群体的确定与国家扶贫标准密切相关，必须按照国家扶贫标准，确定瞄准对象。同时明确，各省（区、市）政府可根据当地实际制定高于国家的地方扶贫标准。集中连片特殊困难地区，是新十年我国扶贫开发工作思路的创新。为了更好地落实中央关于“加大对革命老区、民族地区、边疆地区扶持力度”的要求，包括西藏、四省藏区和新疆南疆三地州在内，我们初步划分了若干连片特困地区，具体划分方案还在研究当中。对这些集中连片特困地区要整体规划、集中投入，集中实施一批教育、卫生、文化、就业、社会保障等民生工程，着力解决制约发展的瓶颈问题。各地也可以根据实际情况确定若干个省级特困片区。关于重点县和贫困村，提出应继续在中西部地区确定重点县，并完善动态调整机制。各省（自治区、直辖市）政府可根据当地实际确定省级重点县，并认定一批重点扶持的贫困村。

（三）关于扶贫开发的主要措施

专项扶贫、行业扶贫、社会扶贫将作为未来国家扶贫战略的三个重要支点。在专项扶贫方面，重点实施扶贫易地搬迁、整村推进、以工代赈、产业扶贫、就业促进、扶贫试点、老区建设等7个方面工作。在行业扶贫方面，明确部门职责，在发展特色产业，开展科技扶贫、完善基础设施、发展文教事业、改善公共卫生和人口服务、提高社会保障水平、重视能源生态环境建设等7个方面加大支持倾斜力度。在社会扶贫和国际交流合作方面，继续加强党政机关和企事业单位定点扶贫、推进东西扶贫协作、进一步发挥军队和武警部队作用、动员企业和社会各界参与扶贫工作，积极开展国际交流合作。

（四）关于政策保障和组织领导

在政策保障上，要完善有利于贫困地区、贫困人口发展的扶贫战略和政策体系，对农村贫困人口全面实施扶贫政策。同时，就加大财税支持、实施投资倾斜、完善贫困地区金融服务、强化产业扶持，以及在土地使用、生态建设、人才保障、区域发展等方面，提出了政策措施。在组织领导上，要建立“中央统筹、省负总责、县抓落实”的管理体制和“工作到村、扶贫到户”的工作机制，实行党政一把手负总责的扶贫开发工作责任制。

由于新纲要的出台还要履行审批程序，这里先向同志们做以上简要介绍，以便于大家了解情况。新纲要正式颁布后，我们还要做全面部署和宣传辅导。

三、关于2011年的扶贫工作

2011年是新纲要和“十二五”规划开局之年。开好头起好步，至关重要。2011年扶贫开发工作的指导思想是：全面贯彻落实党的十七大和十七届五中全会精神，以邓小平理论和“三个代表”重要思想为指导，深入贯彻落实科学发展观，加快转变经济发展方式，以新十年扶贫开发纲要为统领，深入推进开发式扶贫，巩固发展大扶贫工作格局，提高扶贫标准，加大扶贫投入，加快解决集中连片特殊困难地区贫困问题，有序开展移民扶贫等各项重点工作，实现农村低保制度与扶贫开发政策有效衔接。主要包括以下11项重点工作：

（一）颁布实施新十年扶贫纲要及专项规划

12月17日回良玉副总理已就当前和明年上半年的重点工作做出明确批示。今天上午回副总理的重要讲话，对2011年扶贫工作提出了明确任务和要求。他指出：要“制定和实施未来十年农村扶贫开发纲要及相关规划，加大扶贫开发投入，提高扶贫标准，加快解决集中连片特殊困难地区的贫困问题，稳步扩大扶贫开发和农村低保制度有效衔接试点，加快贫困地区群众脱贫致富步伐。”我们要根据国务院的统一部署，进一步修改完善新纲要，履行审批程序并经中央扶贫开发工作会议审议通过后，正式颁布实施。按照目前的考虑，新纲要颁布之后，各省（区、市）要制定具体实施办法，各地可早做准备。要把制定具体实施办法的过程，作为统一思想的过程，作为全面动员的过程，作为推动和巩固大扶贫工作格局的过程。要充分注意具体实施办法与各部门“十二五”行业发展规划相互衔接，把行业扶贫的任务明确到部门，把责任落到实处。专项扶贫工作更要明确自己的任务和重点。要坚决落实“把基本消除绝对贫困现象作为首要任务，把集中连片特殊困难地区作为主战场”的指导思想，突出重点，分类指导，增强各项帮扶措施的针对性和有效性。关于调整扶贫标准等工作，要按有关要求统一运作。有关部门要提前考虑编写新纲要宣传辅导手册，对有关内容进行详细解读，以便加深理解和组织实施。

另外，要继续抓好扶贫专项规划的编制。充实完善内容，细化目标要求，搞好与各级政府总体规划的衔接，主动参与相关行业部门规划的编制，以保证贫困地区、贫困人口切实得到应有的扶持。

（二）组织进行全国扶贫开发先进单位（个人）评选表彰

《纲要》实施十年来，贫困地区各级党委政府和广大干部群众，中央国家机关和社会各界，东部发达地区为扶贫开发事业做出积极贡献，涌现出许多感人事迹和先进单位、先进个人。我们准备在召开中央扶贫开发工作会议期间，以国务院扶贫开发领导小组名义进行一次集中表彰。初步考虑，表彰对象包括：地方市、县、乡三级政府，以县、乡为主；各级扶贫系统（扶贫办）；定点扶贫；东西扶贫协作；各类企业；社会各界涌现出的先进单位和个人。我们这次会议，先将评选表彰方案（草案）发给大家，以便尽早准备；正式文件待中办回复和良玉副总理批示后再予印发。

（三）举办“新世纪中国农村扶贫开发成就展”

2011 年是《中国农村扶贫开发纲要（2001—2010 年）》结束和新十年扶贫开发纲要启动之年。举办扶贫成就展，全面展示新世纪以来我国在缓解和消除农村贫困方面取得的巨大成就，中国特色扶贫开发的经验做法，对于彰显党的执政为民理念，昭示社会主义制度的优越性，弘扬中华民族自力更生、艰苦奋斗的精神，具有重要意义。前不久回良玉副总理已批示同意举办这个展览，这是对我们的极大鞭策。展览地点定在全国农业展览馆，拟于 6 月上旬正式展出。我们要精心筹划，动员全系统力量，确保展览取得良好效果。

（四）进一步加大扶贫开发投入

考虑到 2011 年是两个十年纲要的交替之年，是新纲要实施的第一年，目前我们正在积极争取进一步加大中央财政扶贫投入，为打好新一轮扶贫开发攻坚战，打下良好基础。各级地方财政也应努力增加扶贫投入，逐步建立稳定的扶贫资金增长机制，以确保扶贫目标任务的完成。

（五）认真抓好各专项重点扶贫工作

一是有序开展移民扶贫，与国家发改委联合编制并组织实施国家扶贫易地搬迁

"十二五"规划。二是启动新一轮整村推进。初步计划"十二五"期间每年完成6000个村的整村推进。三是加大产业化扶贫力度。总结"县为单位、连片开发"的试点经验，力争在"十二五"期间对重点县实现全覆盖。四是进一步提高贫困地区劳动力素质。继续加大雨露计划实施方式改革力度，以促进就业为核心，采取多种方式，鼓励和支持初中、高中毕业后未升学、未就业的新生劳动力接受职业教育和培训。五是深入推进灾后恢复重建工作，着力加强贫困地区防灾减灾能力建设。

（六）启动连片特困地区综合治理试点

2011年，西藏、四省藏区和新疆南疆三地州要加快编制连片特困地区专项扶贫规划。一定要抓住主要矛盾，突出重点，强化措施，提出明确的、切合实际的奋斗目标，咬住不放，务求实效。在继续搞好现有其他几个特殊类型贫困地区扶贫试点的基础上，我们将选择1—2个连片特困地区，协调发改委等部门统一制定规划，加大支持力度，集中实施教育、卫生、文化、就业、社会保障等民生工程，培育特色优势产业，努力解决制约连片特困地区发展的瓶颈问题。在总结试点经验基础上，视情逐步扩大试点范围，切实把解决连片特困地区脱贫问题摆到突出位置。

（七）大力拓展社会扶贫领域

要加大工作力度，继续抓好"两办"通知精神的贯彻落实，在重点县调整工作结束之后，力争定点扶贫实现对国家重点县的全覆盖。扩大和深化东西扶贫协作，采取有效措施，创新形式，丰富内容，拓展渠道，不断注入新的动力和活力。继续支持和推进企业参与扶贫开发，广泛动员社会力量为新阶段扶贫开发做贡献。进一步加强国际扶贫交流合作，探索建立和完善减贫经验共享的平台和机制，推进务实合作，充分发挥中国特色扶贫成就和经验的国际影响力。

（八）进一步完善扶贫工作机制

巩固并逐步扩大农村扶贫开发和低保制度有效衔接试点，力争扩大到所有国家重点县。进一步完善扶贫瞄准机制，促进各项扶贫政策更准确地覆盖贫困人口。继续推进各类探索性试点，提高扶贫开发工作效率和资金使用效益。2011年要制定新的《财政扶贫资金管理办法》，根据新《纲要》精神和形势发展的需要，强化管理，规范运作，坚决堵塞各种漏洞。进一步加大社会扶贫工作力度，挖掘更多资源关心和支持扶贫事业。

（九）强化扶贫开发工作考核

新十年的扶贫任务更加艰巨，责任更加重大。必须强化各级政府对扶贫工作的组织领导，强化行业主管部门和扶贫部门的职责。经与有关部委沟通，我们考虑在新纲要颁布后，配套印发关于扶贫开发工作考核的制度性文件，明确各有关方面的职责，通过建立和完善考评指标，推动扶贫开发工作进一步落到实处。文件印发后，就从2011年起执行。

（十）做好扶贫开发宣传工作

2011年是新十年纲要的起步之年，国家将相继出台和实施一系列有关扶贫开发的重大政策和措施，加强扶贫宣传工作非常重要。2011年，除认真组织好"扶贫成就展"外，还要采取多种形式，广泛宣传新世纪以来扶贫开发取得的巨大成就，准确把握新纲要的主要精神，正确解读相关政策措施的内涵，达到统一思想，提高认识，振奋精神，营造良好氛围的目的。要继续做好“中国扶贫开发年鉴”的编写工作。

（十一）加快推进扶贫立法

扶贫开发是贯穿社会主义初级阶段长期而艰巨的历史任务，目前尚未制定专门的法律法规。随着社会主义市场经济体制的完善，为适应加快转变经济发展方式的要求，亟待运用法律手段，通过立法的形式，明确扶贫开发工作的定位、职能，保证扶贫开发足够投入和政策措施的落实，强化各级政府的扶贫责任，规范社会各方面的扶贫行为。近年来我们已就扶贫立法问题同各有关方面进行了协调和沟通，新纲要颁布后，要通过扎实工作，在这方面取得明显突破。

关于人才工作，也是我们这次会议的一项重要内容。国务院扶贫办是中央人才工作领导小组成员单位之一。按照中央有关要求，结合扶贫开发实际，经认真研究，我们起草了《全国扶贫开发人才发展规划(2011—2020年)》（讨论稿）和我的讲话，对扶贫开发人才工作提出了明确的目标、任务和要求，这次一并提交会议进行讨论，希望大家认真研究提出修改意见和建议，会后将正式印发。从2011年起，我们要建立起扶贫系统的人才及机构、人员、队伍的统计信息体系，把我们的人才工作建立在科学的数据资料基础之上。

四、切实加强扶贫系统队伍建设

高标准、高质量地完成好2011年扶贫开发的各项任务，必须大力加强扶贫系统队伍建设。广大干部职工要认真贯彻党的十七届五中全会精神，结合深入学习实践科学发展观活动，把党和政府、社会各界对贫困地区和贫困群众的关心支持转化为具体行动，坚定信心，锐意进取，苦干实干，再创佳绩。2011年队伍建设要着力抓好四个坚持：

（一）坚持理论与实践相结合，深入开展创先争优活动

首先，要加强理论武装，提高思想理论水平。研究和解决新阶段扶贫开发遇到的新情况、新问题，归根到底要靠理论武装。扶贫系统的各级领导干部要结合开展创先争优和学习型党组织创建活动，自觉增强学习的紧迫感，通过深入学习中国特色社会主义理论体系，不断加深对科学发展观丰富内涵和精神实质的理解，努力掌握贯穿其中的马克思主义立场、观点和方法，认真学习、深刻理解中央的大政方针和各项工作部署，不断提高运用科学理论分析解决实际问题的能力。其次，要注重调查研究，扑下身子真抓实干。要把深入实际调查研究作为掌握实际情况、理清工作思路、解决复杂问题、实现科学决策的重要手段，作为衡量创先争优活动是否取得实效的重要方面。要真抓实干，不能把工作停留在文件上，不能只调查，不研究。不能搞劳民伤财的形象工程、面子工程，要出实招、用实劲、办实事。第三，要心系贫困地区，进一步密切与贫困地区群众的联系。做到在思想上尊重群众，情感上贴近群众，行动上深入群众，尽可能设身处地，多从贫困地区和贫困群众的角度考虑问题，真诚倾听他们的呼声，真实反映他们的意见，真情关心他们的疾苦，真心实意地为他们解难题，办实事；第四，要不断增强工作责任心，以良好的精神状态体现先进性。破解新阶段扶贫开发前进发展中遇到的难题，需要艰苦的努力，对扶贫系统广大干部特别是各级领导干部党性

观念、精神状态是真正的考验。因此，我们一定要以对党对人民、对贫困地区群众高度负责的态度，敢于担当，敢于较真，在困难面前不畏难、不退缩、不动摇，始终保持坚定的信念和执着的追求，始终保持昂扬向上、奋发有为的工作激情，始终保持艰苦奋斗的思想作风，脚踏实地为扶贫开发事业做贡献，满腔热情地为人民群众服务，真正体现共产党员的先进性。

（二）坚持立足全局抓大事，确保重点任务的完成

要站在全面建设小康社会这个大目标上来观察问题、思考问题、解决问题，来审视和规划本系统、本单位的工作。只要牢牢把握这个目标，就能自觉地把基本消除绝对贫困现象作为首要任务，把连片特困地区作为主战场。这是我们未来十年把握工作的着力点，解决问题的切入点。只有找准最困难的地区、最困难的群体和最主要的制约因素，全力以赴抓下去，才能在全局上取得突破。2011 年的工作任务非常繁重，要注意抓住影响全局的主要矛盾，抓住那些“牵一发而动全身”的工作，一抓到底，力求在重点问题上取得成效。新纲要的颁布实施、召开中央扶贫开发工作会议，是新阶段扶贫开发工作的重要起点，是 2011 年工作的重中之重，要加强沟通协调，力求最佳效果。同时，要抓住推动两项制度有效衔接、搞好连片特困地区综合治理试点等重点工作不放松，尽最大努力瞄准贫困群体，倾注更多精力，投入更大力量，务求一个良好的开局。

（三）坚持开拓创新，努力提高创新思维和探索实践的能力

创新是一个民族进步的灵魂，是一个国家兴旺发达的不竭动力。在党中央、国务院的正确领导下，经过多年的实践和努力，扶贫开发取得了巨大的举世瞩目的成绩，但同时我们又面临许多新情况、新问题，需要我们大胆探索创新。要探索创新，就要敢于打破已有的思维定势，转变思想观念，做到与时俱进，因势利导，结合实际创造性地贯彻落实党在扶贫开发工作方面提出的政策和措施，不断开拓中国特色扶贫开发事业的新局面。要想使探索创新取得成效，就必须学会在纷繁复杂的现象中抓住关键、找准要点，善于洞察事物自身的发展规律。在实际工作中，我们必须坚持用发展的眼光看问题，越是形势好越要看到问题，越是困难多越要增强信心，努力把握事物的发展方向；必须坚持用主动积极的态度推进工作，提高组织协调和沟通能力，善于化解矛盾，突破难点，努力适应巩固大扶贫格局的需要；必须坚持一切从实际出发，因地制宜，因势利导，具体问题具体分析，努力提高各项工作措施的针对性；必须坚持一分为二，客观分析形势，正确对待取得的成绩和问题，努力防止思想上的片面性。

（四）坚持廉洁从政，保持清廉本色

要自觉加强党性修养，端正价值追求，提升道德情操，教育督促广大党员、特别是党员领导干部严格遵守廉洁自律各项规定，自觉抵制拜金主义、享乐主义、极端个人主义思想的侵蚀，堂堂正正做人，干干净净干事。从全国扶贫系统情况看，廉政建设工作总体是好的，但也存在一些问题，有些问题性质还很严重。如湖北省扶贫办原主任许业富，由于以权谋私受贿问题，受到法律严惩；重庆市石柱县扶贫办原科长谭朝攀，伙同他人贪污雨露计划培训经费，造成恶劣影响。我们必须引以为

戒，切实吸取教训，认真对待，严肃查处。要健全制度，以完善惩治和预防腐败体系为重点，规范权力运行，强化权力制约和监督，做到用制度管权、管事、管人。在这里我明确一条：今后凡发生严重经济案件或在全国造成恶劣影响的，所在省（区、市）绩效考评、先进评选一票否决，取消获奖资格。要“秉公用权”，时刻牢记一切权力来自于人民，决不能以权谋私，必须始终做到“权为民所用、情为民所系、利为民所谋”。要落实责任，一级抓一级，层层抓落实。各级领导干部要在廉政上发挥模范带头作用，带头遵守制度规定，带头按党的原则办事，不以私情废公事，不拿原则做交易，始终保持共产党人的清廉本色，做一个让组织和群众放心的人，做一个问心无愧的人。

同志们，当前我们正处在前后两个十年交替的重要时期，积极做好开局之年的各项工作，任务艰巨，责任重大，使命光荣。让我们在以胡锦涛同志为总书记的党中央领导下，全面贯彻落实科学发展观，开拓创新、扎实工作，乘势而上，努力开创扶贫开发工作的新局面，以优异的成绩迎接建党 90 周年。

谢谢大家。

在全国扶贫系统人才工作会议上的讲话

范小建

2010 年 12 月 21 日

同志们：

全国扶贫系统人才工作会议的主要任务是，深入贯彻落实全国人才工作会议和《国家中长期人才发展规划纲要（2011—2020 年）》精神，总结扶贫系统人才工作开展情况，分析形势，明确任务，研究部署当前和今后一个时期扶贫系统人才工作，推动扶贫开发人才队伍建设迈出新步伐。2010 年第二季度以来，国务院扶贫办就人才工作进行了专题调研和研究，向各省（区、市）扶贫办印发了《关于学习贯彻全国人才工作会议精神和国家中长期人才发展规划纲要的通知》，各级扶贫部门积极组织开展各项相关工作，扶贫开发人才建设得到进一步加强。下面，我就进一步做好扶贫开发人才工作问题讲几点意见。

一、深入学习，提高认识，进一步增强做好扶贫开发人才工作的紧迫感和自觉性

扶贫开发人才队伍建设，是推进新阶段扶贫开发工作、发展中国特色扶贫开发事业的重要保证。我们一定要从全局高度和长远角度深刻学习理解中央精神，切实把扶贫开发人才队伍建设作为大事来抓。

第一，深刻领会中央人才工作的战略部署。中央召开的全国人才工作会议，是我国全面建设小康社会进入关键时期召开的一次重要会议。胡锦涛、温家宝同志的重要讲话和习近平同志的总结讲话，深入阐述实施人才强国战略的重大意义，明确了人才优先发展战略的总体部署，具有很强的思想性、指导性和针对性，为我们做好扶贫开发人才工作指明了方向。全国人才工作会议的召开，对于我国全面提高人才发展水平、加快建设人才强国，推进社会主义现代化、实现中华民族伟大复兴都具有重大而深远的意义。《国家中长期人才发展规划纲要（2011—2020 年）》（以下简称“人才发展规划纲要”）是我国第一个人才发展中长期规划，明确了从现在起到 2020 年人才工作的总体要求、指导方针、战略布局和目标任务，标志着我国人才工作揭开了新的篇章。

全面贯彻落实全国人才工作会议和人才发展规划纲要精神，关系到我国从人才大国向人才强国的转变，关系到全面建设小康社会目标的实现，关系到中华民族的崛起和复兴。国务院扶贫办作为中央人才工作协调小组成员单位之一，要更加自觉

地抓好会议精神和人才规划纲要的贯彻落实，要以高度的责任心和紧迫感，重视扶贫系统人才建设和贫困地区人力资源开发，精心制定全国扶贫开发人才发展专项规划，为贫困地区经济社会发展提供强有力的人才支持。各省（区、市）扶贫办都要把思想和行动统一到中央对人才工作的重大决策和战略部署上来，从实际出发，结合自身特点认真制定本省（区、市）扶贫开发人才建设发展规划，并纳入省级人才发展总体规划之中，推动新阶段扶贫开发人才建设取得跨越式发展。

第二，科学把握国家人才规划纲要和新阶段扶贫开发对人才队伍建设提出的新要求。新阶段扶贫开发把基本消除绝对贫困现象、提高贫困地区和贫困人口自我发展能力作为首要任务。发展能力的提升离不开人才支撑和人力资源的深度开发。只有切实加强扶贫人才队伍建设，扶贫开发的各项方针政策才能有效地得到贯彻和落实；只有不断提升贫困地区人力资源的总体素质，才能确保贫困地区的广大群众摆脱贫困、走上富裕之路。扶贫开发人才发展是我国人才工作的有机组成部分，全国人才工作会议和人才规划纲要对扶贫开发人才队伍建设提出了明确要求。主要包括以下三个方面：一是大规模开展农村实用人才培训（包括劳动力转移培训），加快培养农业产业化发展急需的企业经营管理人员、农民专业合作组织带头人和农村经纪人，积极扶持农村实用人才创业兴业；二是继续开展城乡人才对口扶持，促进东部带西部、城市带农村的人才对口支持，引导人才向西部和基层农村流动。切实抓好党政干部定点扶贫、东西扶贫协作干部交流、“三支一扶”和大学生村官计划等工作；三是积极支持并参与实施“三区计划”，即边远贫困地区、边疆民族地区和革命老区人才支持计划。扶贫开发人才建设首先要把上述三方面工作作为重点任务抓紧抓好。

第三，全面分析扶贫开发人才队伍建设现状和面临的形势，进一步增强责任感和使命感。自2003年全国第一次人才工作会议召开以来，全国扶贫系统的人才工作取得了新的进展，贫困地区人才建设水平有新的提高，人才工作体系逐步建立和完善。目前，扶贫开发人才工作体系框架已基本形成，重点包括以下三方面的内容：一是已纳入中央人才工作计划、由我办牵头完成的工作。包括：贫困地区劳动力转移培训“雨露计划”“人才对口支持计划”（东西协作和定点扶贫方面）、“扶贫志愿者行动计划”；二是按工作职责由我办直接抓的工作，包括：贫困地区党政干部培训，东西扶贫协作人才交流，中央国家机关和企事业单位选派定点扶贫干部挂职锻炼等；三是由相关部委牵头组织实施、我办主要参与的工作，包括：中组部牵头的“边远贫困地区、边疆民族地区和革命老区人才支持计划”即“三区计划”，人力资源和社会保障部牵头的高校毕业生“三支一扶”计划，中组部牵头的选聘高校毕业生到村任职“大学生村官”计划等。

各（省、区）市扶贫办（协作办）在推进扶贫开发人才建设方面，作了有益的探索和创新。在扶贫人才建设方面，浙江省制定下发了《欠发达地区人才开发“希望之光”计划实施意见》，统筹实施以人才培养、人才支持、智力服务、人才开发资助等四大人才建设工程；福建省和宁夏自治区东西扶贫协作以科技扶贫、产业扶贫为载体，由福建农林大学菌草研究所派技术人员到宁夏传授技术，培训菌草技术骨干5万余人次，发展菇农1.6万户；河北省组织省级机关、企事业单位、大专院校和部分经济发展较快的县（区、市）实施“四帮一”扶贫工程，直接对口支援500个重点贫困村。在贫困地区人力资源开发方面，吉林省利用劳务信息员体系，采取人盯人的方式，组织动员“两后生”全部就读中职；湖北省大力实施“千村书记能力培训工程”，新疆启动“千名村长培训工程”，大规模培训贫困地区基层组织负责人和致富带头人；甘肃省计划用3年时间完成300名贫困村村级干部大专学历教育；湖南省实施贫困村“科技种子工程”，依托农校和职业学院为基层培养种养业科技骨干；辽宁省、云南省建立了农村实用人才专业技术职称评审和技能鉴定制度，落实政策待遇，调动了“土专家”、“田秀才”的积极性。近年来，各级扶贫部门还高度重视扶贫开发高层次人才队伍建设，采取措施规划建设扶贫人才信息库。2010年初，国务院扶贫开发领导小组成立了专家咨询委员会，部分省级扶贫办也以不同形式聚集了一批专家队伍，扶贫人才逐步进入了多层次开发、全方位建设的新阶段。

在深入调研中，我们也清醒地看到，在扶贫人才发展和贫困地区人才队伍建设方面，还面临不少突出的困难和问题。一是人才总量不足。各省（区、市）上报的重点县人才现状抽样调查结果显示，大部分重点县接受过高中（中专）以上教育的人数还不到全县人口总数的5%（贵州织金县约为2.1%，安徽寿县约为4.3%，宁夏8个重点县平均为4.8%），贫困地区人才资源总体上呈短缺状态。二是结构性矛盾突出。从分布情况看，高层次人才大部分集中在党政机关和教育、卫生等事业单位，企业急需的管理和其他各类技术人才十分紧缺；从专业结构看，大部分是传统专业型人才，而与新兴产业、知识经济相关的法律、金融、计算机等专业人才严重匮乏；从知识结构看，高学历、高层次人才为数甚少，创新型人才更是寥若晨星。三是人才流失严重。由于贫困地区工作条件艰苦，福利待遇低，发展机会少，不少地方考上大中专的学生毕业后不再回原籍工作，据抽样统计，愿意回到县工作的只占1/10。同时，本地中青年业务骨干不断外流，优秀人才进少出多的现象在贫困地区普遍存在。

综上所述，我们必须充分认识搞好新阶段扶贫开发的关键之举是人才开发，要从贫困地区实际出发，把人才优先发展战略贯穿于扶贫开发的全过程，覆盖到扶贫开发的各领域，有效发挥人才支撑作用，努力开创新阶段扶贫开发工作的新局面。

二、理清思路，突出重点，切实推动扶贫开发人才建设跃上新台阶

贯彻全国人才工作会议精神，落实人才发展规划纲要，是当前和今后一个时期各级扶贫部门的一项重点工作，我们要结合2011—2020年新纲要的颁布实施，科学规划，突出重点，创新机制，扎实推进扶贫开发人才建设和贫困地区人力资源开发工作。

（一）明确总体思路和目标任务

新阶段扶贫开发人才工作的总体思路是：高举中国特色社会主义伟大旗帜，以邓小平理论和“三个代表”重要思想为指导，深入贯彻落实科学发展观，遵循社会

主义市场经济规律和人才成长规律，尊重劳动，尊重人才，尊重知识，尊重创造，加快人才发展体制机制改革和政策创新，统筹推进扶贫开发人才建设，切实增强贫困地区对各类人才的吸引力、凝聚力和培训开发能力，努力开创扶贫开发事业人才发展的新局面。要从扶贫开发实际出发，坚持多层开发，面向实际需要、坚持以用为本，引进培养并重、坚持完善体系，促进结构优化、坚持注重实效，创新体制机制的原则，大力推进扶贫开发人才队伍建设和贫困地区人力资源开发。

到 2020 年扶贫开发人才工作的总体目标是：扶贫开发事业和贫困地区人才总量稳步提升，人才结构趋向合理，各类各层次人才素质普遍提高，扶贫开发各类人才队伍不断壮大，贫困地区人才缺乏和流失现象明显改观。

（二）明确重点建设领域和具体指标

扶贫开发人才建设重点领域包括两大方面：一是从事扶贫开发事业的各类人才；二是贫困地区人力资源开发。扶贫开发人才建设这两大方面，是从扶贫开发工作实际出发，经反复推敲，听取各方面意见后确定的。主要是考虑：扶贫开发不是一个单项工作，而是面向农村贫困地区的一项综合性工作。就外部人才支持来讲，既应包括党政干部、各类专业技术人才，也应包括大学生村官、志愿者队伍等；就贫困地区本区域人才队伍培养来讲，不仅要大力抓好劳动力转移培训，还应切实加强各类农村实用人才及基层组织负责人和致富带头人培训，上述人才都是推进扶贫开发深入开展在组织上的有力保证。

在深入调研的基础上，国务院扶贫办在《扶贫开发人才发展规划（2011—2020年）》中，提出了以下具体建设指标：在党政干部队伍方面，要求每三年对重点县分管扶贫工作的党政干部轮训一遍，县以上党政机关到贫困地区定点扶贫（挂职）每年 3700 人次以上，东西扶贫协作干部交叉挂职 300 人次以上。在扶贫业务骨干方面，每年培养扶贫业务骨干 700 名以上。加强重点贫困村扶贫项目管理人才队伍建设，力争实施整村推进的重点贫困村有 1 名具有扶贫项目管理专业知识的本土人才。在扶贫理论研究人才方面，力争每年新增扶贫领域研究人员 100 名。在基层组织负责人和农村致富带头人方面，要求国家每年培训贫困地区基层组织负责人和农村致富带头人 400 人以上；每省（区、市）每年培训此类人员不少于 1000 人次。在实用人才队伍方面，要大幅度提高重点县农村实用人才比例；通过各类职业院校每年为每个重点县培养 200 名“两后生”。在志愿者服务队伍方面，提出在全国 22 个中西部省（区、市）建立志愿者驿站，力争每年动员和安排 1 万人次志愿者到贫困地区参与扶贫工作。在贫困地区劳动力转移方面，要通过技能培训，中西部贫困地区每年转移青壮年劳动力 60 万人次以上，稳定就业率不断提高。

（三）明确新阶段扶贫开发人才建设主要任务

一是努力培养引进高层次人才。要强化贫困地区党政领导和扶贫系统管理人才培养，加大培训力度，努力造就一支素质较高、作风过硬、适应新阶段扶贫开发需要的扶贫干部队伍；要加快贫困地区急需的高层次人才引进，积极引导优秀教师、医生、科技人员等各类专业人才到贫困地区工作或提供服务；要壮大扶贫理论与实践研究人才队伍，深化中国特色扶贫理论研究，逐步建立和完善扶贫理论软科学研究管理制度。二是精心培养打造创新型团队。要努力形成较大规模的农村基层创业型团队，加快培养农业产业化发展急需的创业型人才和经营管理者、农民专业合作组织带头人和农村经纪人，促进贫困地区的创新型人才在创业兴业中逐步实现产生化和规模化；要造就一批扶贫公益事业领军人才，引导和鼓励各界人士参与贫困农村的文化建设、信息服务等社会服务事业。三是积极培养发展实用人才队伍。要大力培养面向农村的各类实用人才，不断充实壮大在贫困地区干事创业的企业家队伍、在贫困地区基层从事项目管理和组织实施的人才；要着力发展壮大扶贫志愿者队伍，精心设计行动项目，制定出台激励政策，不断扩大志愿者资源，搭建信息网络和服务支持平台；要切实加强村级基层组织负责人和支付带头人培训，提高业务能力，充分发挥示范作用。四是大力培训开发贫困地区劳动力资源。大力实施“雨露计划”，改进培训方式，创新培训机制，合理确定不同培训对象的最低培训期限，逐步扩大中长期培训人员比例，促进贫困地区劳动力有序流动；要进一步加大职业技术教育力度，积极与各类职业院校合作，不断扩大农村贫困劳动力学历教育的规模，为提高贫困人口自我发展能力创造条件。

在这里，我还想强调一点，就是在扶贫开发人才队伍建设工作中，要始终注重发挥科技在扶贫开发中的重要作用，搞好科技与人才两者的有机结合，增加科技含量，促进扶贫开发逐步转到依靠科技进步和提高劳动者素质的轨道上来。

结合上述人才建设的主要任务，下一步，国务院扶贫办要依据规划要求，分别组织制定4个专项实施计划：一是“扶贫开发高层次人才计划”；二是“贫困地区农村实用人才培养计划”；三是“贫困地区农村劳动力转移培训计划”；四是“扶贫志愿者行动计划”。上述专项实施计划制定后，将征求各省（区、市）扶贫办的意见，争取于2011年第三季度正式印发。

（四）健全完善六项政策措施

一是不断加大人才工作投入。在全国人才工作会议上，温家宝总理强调指出，在人才工作方面要舍得花钱。在这方面，首先，国务院扶贫办要通过积极沟通协调，努力为扶贫人才培养和贫困地区人力资源开发争取更多的资金支持；其次，各地也要不断加大力度，人才工作的重头在地方，地方必须建立稳定的投入机制。二是切实提高在贫困地区工作的人才待遇。国务院扶贫办拟会同有关部门共同推动提高艰苦边远地区、贫困地区人才待遇，对到贫困地区工作的大学生村官、“三支一扶”人员制定优惠政策。三是研究制定在贫困地区定点扶贫、东西扶贫协作挂职干部的鼓励政策，建立激励机制，形成合力，吸引各类人才到边远艰苦地区、到重点县建功立业。四是充分发挥国务院扶贫开发领导小组专家咨询委员会作用，为成员开展工作提供支持和保障，对做出突出成就的专家学者实施奖励。五是大力推动减贫人才培养基地建设，创造条件，争取在有条件的大专院校开设扶贫专业课程，创设扶贫学科，在有条件的科研院所建立减贫研究机构。六是创新贫困地区人力资源开发工作机制，不断加大对“两后生”的职业教育力度，“雨露计划”培训逐步由短期培训向中长期培训转变。

三、加强领导，落实责任，确保扶贫开发人才工作落到实处

扶贫系统人才建设任务重，要抓出成效必须下大气力。各省（区、市）扶贫办一定要认真学习领会全国人才工作会议精神，理清思路，结合实际，把握重点，开拓创新，切实把各项工作落到实处。

一是加强领导，明确责任。要坚持“一把手”抓“第一资源”。各省（区、市）扶贫办都应成立人才工作领导小组，主要负责同志挂帅，明确分管领导，建立人才工作制度，纳入重要议事日程，做到常抓不懈。要着力破除束缚人才发展的体制机制障碍，完善人才工作激励机制。建立人才工作督导检查制度，主管处（室）要定期向人才工作领导小组汇报工作落实情况。建立人才工作统计监测体系，实时监测工作成效。

二是理清思路，制定规划。各省（区、市）扶贫办应结合开展人才工作专题调研，从实际出发，研究提出促进人才发展的政策措施，抓紧制定本省（区、市）的“扶贫人才发展规划”，并注意与本省（区、市）人才规划纲要相配套，与组织人事部门搞好衔接。在制定规划过程中，要立足实际，大胆探索，不断完善人才政策体系。

三是密切配合，多方动员。扶贫开发工作涉及面广、任务重、难度大，要牢固树立与大扶贫格局相适应的大人才观。要充分动员和调动社会各方面参与扶贫开发的积极性，充分利用社会各类人才支持扶贫开发的主动性，形成多方吸引、多方投入，全社会合力支持扶贫开发人才工作的良好局面。

四是强化宣传，表彰先进。扶贫济困具有广泛的社会基础和深厚的思想基础，扶贫人才建设要充分利用和发掘这方面的资源，增强扶贫开发事业对各类人才的吸引力、凝聚力，充分发挥各类人才参与扶贫开发事业的影响力、号召力，创新宣传形式，丰富宣传内容，营造良好氛围。根据工作需要，各级扶贫部门，特别是省级扶贫部门应会同本级组织、人事部门，适时组织对扶贫开发工作中涌现的先进集体和先进个人进行表彰。

同志们，推进扶贫开发人才队伍建设，意义深远，责任重大。我们要紧密团结在以胡锦涛同志为总书记的党中央周围，深入贯彻落实科学发展观，认真贯彻落实中央关于人才工作的部署要求，努力工作，开拓进取，扎实工作，为全面实现新阶段扶贫开发目标而努力奋斗。

在全国贫困村互助资金培训班上的总结讲话

王国良

2010 年 9 月 3 日

同志们：

很高兴来平顶山参加今天的培训班结班仪式。为推进贫困村互助资金试点工作健康、规范、有序发展，从 2006 年开始，国务院扶贫办已经连续五年举办贫困村互助资金培训班或召开培训会。培训年年搞，但 2010 年的培训与往年相比有三个特点：一是目标新。2009 年，国务院扶贫办会同财政部，下发了《关于进一步做好贫困村互助资金试点工作的指导意见》（以下简称《指导意见》），对有关政策做了进一步明确，提出了新的要求。这次培训的目的就是对各地贯彻《指导意见》、规范互助资金管理情况进行阶段性总结。二是时机新。2010 年是 2001—2010 年国家扶贫开发纲要实施的最后一年，也是新十年扶贫开发纲要和“十二五”扶贫规划的谋划之年。在这时举办培训班，有利于将贫困村互助资金试点放在下个十年及“十二五”扶贫开发规划的全局中去思考、去研究，也有利于与其他专项扶贫工作相互对接、相互补充、相互促进。三是对象新。这次培训班首次将培训对象从省级延伸到县级，一方面是因为下一步试点的规模会有所扩大，二是试点的思路、做法与以往相比有所调整，需要县级抓好落实。

几天来，大家认真学习了贫困村互助资金指导意见，加深了对操作程序的理解；听取了农村金融知识的专题讲座，从理论层面提高了对互助资金重要性的认识；研究和讨论了互助资金管理运行中存在的突出问题，明确了试点工作需把握的基本原则和方向；交流了各地开展试点的经验，拓宽了工作思路；实地考察了叶县互助资金试点情况，借鉴了成功的做法和经验。培训班虽然时间短，但准备充分、安排紧凑、内容丰富，对促进试点工作顺利开展，创新完善扶贫开发机制，推动扶贫工作，将产生积极的影响。下面我讲三点意见。

一、互助资金试点工作总体进展顺利，成效显著，运作日趋规范

近五年来，全国扶贫系统把贫困村互助资金试点，作为扶贫工作方式的一项重要探索，摆在突出位置，不断完善措施，加大组织力度，在财政部等相关部门的支持、指导下，取得明显实效。截至 2009 年底，全国 28 个省（区、市）共有 9003 个贫困村开展了互助资金试点；资金总规模 17 亿元，其中，中央资金 4.6 亿元，省级

资金7.8亿元，农户缴纳互助金3.6亿元，其他资金1亿元，村均投入18.88万元。累计入社农户74万户，其中贫困户37万户，占50%；累计借款31万户次，其中贫困户17.9万户次，占57.7%；累计发放借款11.7亿元，其中贫困户6.7亿元，占57.2%。借款户平均增收1000元以上。从实际效果看，互助资金有效弥补了农村金融服务缺失，缓解了农户发展资金短缺困难，加快了农户增收减贫步伐；激发了农民自我发展、自主创业热情，促进了贫困人口能力提高；培育了贫困户的协作意识、诚信意识和市场意识；创新了财政扶贫资金的使用方式，提高了资金使用效益；而且促进了基层民主建设与社区和谐。经过五年的实践，互助资金在贫困地区的作用日益提升，影响逐步扩大。可以说，互助资金试点取得的初步成效，是扶贫机制体制创新的重要内容，也是推动国家扶贫战略和政策体系完善的成功探索。

2009年以来，各地围绕《指导意见》的贯彻落实，勇于探索，大胆实践，着力创新和完善试点的竞争、瞄准、运行、监管四大工作体系，探索和创造了一些新的经验和做法，有力推动了互助资金的运作规范化，管理科学化。

（一）公开择优选村，着力创新和完善竞争机制

互助资金是在政府的引导和推动下开展起来的，如何将这种“外生”性转变为“内生”性，充分调动村民的主人翁意识和主观能动性，是试点成败的关键。各地在试点村的确定上，按照公开、公平、择优的原则，广泛引入竞争机制，真正把“要我干”变为“我要干”。河南省采用竞争选村四步法。第一步通过对自愿申报的贫困村开展竞争前培训，使其了解互助资金理念和基本操作程序；第二步通过公开演讲答辩，增加其主人翁责任意识；第三步通过现场回答问题，展示村民参与试点的积极性；第四步通过评委现场打分，并将竞争结果公示一周，体现竞争的公开、公平和公正。湖北省采取招标方式竞选确定试点村，将筛选试点村的四条原则，进一步细化为村级组织建设、村组民风、项目区农户参与积极性、生产发展项目设计、项目覆盖贫困户情况等9个方面20个题目，确定了现场演讲、现场提问、现场打分、现场公布的程序。广西自治区按照贫困优先原则，将基础条件差、贫困程度深、贫困人口相对集中的贫困村作为预选村，采取竞争入围的办法确定试点村。通过公开竞争定村，变政府安排项目为贫困村争取项目，有效调动了贫困村参与的积极性，激发了广大贫困农户脱贫致富的内生动力。

（二）组建互助组织，着力创新和完善运行机制

互助组织是互助资金运行的平台和基础。各地按照《指导意见》的要求，在行政村建立“扶贫互助社”或“扶贫互助协会”。一是宣传动员激发村民参与的积极性，提高村民特别是贫困户的入社率；二是民主选举产生互助社管理机构和人员；三是村民参与制定互助社章程和管理制度；四是将互助社作为非营利性合作组织在民政部门登记注册。一些地方为解决互助社注册难的问题，加强了与民政等部门的协调。陕西、广西两省区扶贫办专门就互助社登记注册与民政厅联合发文，有力地促进了试点工作的开展。这种不回避困难，积极想办法解决的态度和做法，应当表扬。此次培训结束后，各省要抓紧协调，解决

登记注册问题。按照《指导意见》的要求，各地统一注册为“×××村扶贫互助社”，如果民政部门对该名称提出疑义，可以变通为“×××村扶贫互助协会”，但要尽可能以省为单位统一注册名称。

（三）覆盖贫困户，着力创新和完善瞄准机制

互助资金试点，是推进扶贫到户的一种制度性安排，也是扶贫与低保两项制度衔接后，对识别出的贫困农户进行直接扶持的有效措施。它不同于过去项目覆盖、能人带动等间接到户方式，更加强调资金直接到户，尊重贫困户自主权利，依靠提高自身能力脱贫。因此，对象的瞄准问题尤为重要。一年来，各地按照贫困户入社免交会员费等要求，鼓励贫困农户加入互助组织；借鉴小额信贷自动瞄准穷人的借还款机制，确保贫困农户优先获得资金和技术支持。同时，还将“两项制度”衔接试点与互助资金试点有效对接。湖北省孝昌县利用“两项制度”衔接识别成果，将试点村80%以上的贫困户吸纳进互助社，并采取免交会员费、占用费减半等措施，加大对贫困户的扶持力度。

（四）完善相关制度，着力创新和完善监管机制

一是出台文件，规范管理。辽宁、四川、宁夏、河南等省区，制定了试点工作实施细则和方案，对试点村条件、资金来源、使用管理、实施步骤、组织管理、监督检查等方面做出明确规定。二是完善规章，加强监督。各级扶贫、财政部门积极指导互助社制定了《互助社章程》、《互助资金操作规程》、《互助社机构设置及岗位职责》、《互助社管理人员选举办法》等规章制度。规章的制定都经过互助社全体社员的讨论，体现了群众参与、民主决策、民主管理的原则。三是建立机构，强化监管。2010年国务院扶贫办成立了互助资金监管办公室，委托国务院扶贫办外资项目管理中心具体负责互助资金的指导、监管。河北省建立了互助资金督导制度，强化对试点工作各个环节的检查与督办。

五年来，各地在开展互助资金试点工作中，始终以扶贫为宗旨，坚持穷人优先；始终以增收为重点，坚持能力建设先行；始终注重贫困户的主体地位，坚持广泛参与；始终强调互助合作，坚持依靠基层组织；始终树立风险意识，坚持规范操作。这些做法是互助资金试点工作健康发展、成效明显的主要原因，也是试点深受贫困地区广大干部群众的欢迎，赢得各级政府和相关部门较高评价的重要因素，更是需要下一步在试点中坚持的基本经验。

二、准确把握互助资金试点的基本原则和重点环节，推动试点工作健康发展

总体上看，互助资金试点取得了明显成绩，创造和积累了一些宝贵的经验。但是，试点中也还存在不少问题，主要是一些地方思想认识不够统一，操作运行不够规范，贫困户覆盖面不够广，监督管理不够到位，风险防范意识不够强等。特别是有些地区试点发展过快、摊子铺得过大，监管工作跟不上，潜在风险较大，必须引起高度重视。随着试点的进一步扩大，需要我们深化思想认识，在遵循规律、把握原则，抓住重点、规范运作的基础上，推动试点工作持续健康发展，当前要特别注意处理好以下五个关系。

（一）在发展规模上，要处理好“固点”与“扩面”的关系

试点五年来的成功经验，为扩大试点奠定了基础，也增强了各地扩大试点的信心。目前各地要求扩大试点的呼声比较高，不少省区自主扩大试点规模和范围。据不完全统计，截至2009年底，中央安排试点村2838个；省级自行安排6165个，是中央试点村的2.17倍。广西、云南计划2010年在所有重点县安排试点；宁夏拟在2011年对全区1400多个贫困村全覆盖。一方面，我们要肯定地方的积极性，另一方面，对由此带来的风险也要高度警惕。互助资金能否持续发展，最根本的取决于互助组织的管理能力和水平，取决于扶贫部门，特别是县级扶贫办的监管能力和水平。而这种能力和水平的提高需要较长的过程，不是几天、几个月就可以完成的。因此，试点规模的扩大，必须要在能力可及、风险可控的基础上，科学安排、合理确定。2010年6月，我办组织专家组，对试点起步较早、发展较快的部分省区进行了检查，发现有一些互助社已出现了变相分配本金、垒大户、大额资金存入个人账户、互助社借款不入账、出纳长期手持大量现金、借款重置、逾期借款不还等问题。这些都是危险的信号，如不能及时纠正，互助资金的发展将面临很大风险。如果将互助资金比喻为一驾马车，规模和监管就是车的两个轮子，规章制度就是运行的轨道，扶贫效益就是抵达的目的地。因此，在当前乃至“十二五”时期，互助资金试点仍然要坚持“积极、稳妥”的发展方针，正确处理好“固点”与“扩面”的关系。在“固点”上，要认真总结、推广成功的模式和做法，同时加强检查指导，发现问题，及时整改，确保试点一个、成功一个。在“扩面”上，一定要与组织能力、监管能力相适应，与当地实际需求相结合，稳步扩大规模。2010年，我办和财政部对全国试点规模作了相应调整，强调相对集中，原则上西部每省不超过4个县，中部每省不超过3个县，以便于加强监管、稳步推进。

（二）在扶持对象上，要处理好支持一般户与贫困户的关系

互助资金是为贫困农户量身定做的一种扶贫方式，其本金来源主要是财政扶贫资金，必须充分体现其扶贫的宗旨。2010年的专家检查组发现，有的互助社门槛过高，贫困户无法入社；有的不分贫富，社员均享受同等待遇（如统一配股）；有的与专业合作组织合作，以扶持大户为主。这些都是在对象瞄准上出现了问题，背离了互助资金的扶贫本质。纠正偏差，必须正确处理好支持一般户与贫困户的关系，始终坚持贫困户优先，在借款限额、还款期限、占用费率等制度设计上，要突出贫困户的利益，通过规则保护穷人，屏蔽富人。对此，《指导意见》中明确规定：“全村贫困农户中，要有50%以上的贫困户入社，方能组建互助社；每年贫困户借款人数不得低于入社农户的50%。”各地在开展互助资金试点工作时，必须始终坚持这个原则。同时，还要统筹其他的扶贫政策，如整村推进、实用技术培训、产业发展等，通过政策集成、资源整合，使大多数贫困户能在互助组织中受益。当然，为促进贫困村整体协调可持续发展，在贫困户利益得到优先保障的条件下，吸纳一些一般户，个别能人大户加入互助组织也是可以的。完全是穷人的互助社是很难发展的。

（三）在资金投入上，要处理好扶持规模与农户需求的关系

很多地方反映，村级互助资金总量过

小，不能满足当地农户的借款需求，应该适当扩大。但同时也存在许多互助社资金周转速度过慢问题。据统计，截至2009年底，全国2006年开展试点的村，平均周转率为180.31%，2007年为143.98%，2008年为94%，平均每年周转不到一次，说明资金没有最大限度地发挥作用。如何处理好扶持规模与农户需求的关系，并做到效益最大化，是一个需要深入研究的问题。我认为，至少要从三个方面来把握：一是互助资金对穷人很有效，但作用也是有限的，它有特定的使用范围和重点对象，不能指望通过互助资金解决贫困户所有发展和需求问题；二是互助资金是对农村金融的有益补充，不能替代金融机构的作用，更不能产生挤出效应。否则，就会背离设立互助资金的初衷；三是互助资金的运行对管理能力的要求很高，具有较强的专业性和政策性。目前贫困村年轻的劳动力大多外出打工，在家的素质普遍不高，而且缺乏管理能力和经验，这是扩大资金规模的一大障碍。因此，不能盲目追求扩大资金量，应首先在提高管理能力和资金使用效益上下功夫，使资金规模与目前贫困村生产力发展水平相适应，与贫困村管理人员能力相适应，把管理能力的提高作为扩大资金规模的前提条件。我们考虑，明年可选择具备条件的互助社开展扩大资金规模的试点。同时，对大家提出的要以村的大小分别安排资金规模的问题，进行研究。

（四）在制度建设上，要处理好内部管理与外部监督的关系

互助资金是在贫困村建立的民有、民用、民管、民享、周转使用的生产发展资金，其所有权属于贫困村所有农户，在此基础上组建的互助社承担了具体的管理职能。但在一些地方，扶贫部门和村两委及互助社的管理权责划分不清，导致农户对互助资金的所有权被虚置；加上以此为平台，重在提高贫困农户的素质和发展能力的设计目标被忽视，使互助资金持续性的发展受到挑战。为此，处理好互助社内民主管理和外部监督的关系就显得十分迫切和重要。一方面，要通过内部管理制度的完善与落实，形成内生动力，提高贫困村组织和民主管理水平；另一方面，要通过建立外部监管制度，及时发挥指导、服务、监督和纠偏的作用。制度建设是试点的成功保证。既要执行现有制度，也要结合试点出现的新情况、新问题，完善并建立新制度。当前，重点要加强三个方面的制度建设：一是尽快完善互助资金运行报表制度。通过季报、半年报、年报等形式，及时了解互助社运行情况，提供第一手材料。二是建立统一的财务管理和核算制度。下大力气解决目前财务管理混乱的问题。要统一会计科目、统一记账凭证、统一核算方式，尽快推广互助资金管理软件，变手工记账为电脑记账。前不久，我办起草了互助资金财务核算和管理办法，待征求各地意见后可下发执行。三是完善互助社民主监督制度。明确村民和社员的民主监督主体地位，建立适应当地实情的民主监督程序和方式，为互助社运转提供制度保障。

（五）在思想认识上，要处理好互助资金与农村金融的关系

昨天，人民银行研究局汪局长给我们上了重要的一课，详细讲解了农村金融的有关知识，特别阐述了互助资金与农村金融的关系。最近，人民银行拟将互助资金明确定性为具有合作性质的非金融机构，并确定了其规范运行的四项原则和不能逾

越的四条红线。四项原则是：设立自愿、民主管理、服务社员、风险自担；四条红线是：不吸收存款，只吸收成员出资；不对外放贷，主要对成员提供信用互助服务；不支付固定回报，盈余主要用于积累；不跨区经营和不超规模发展。为我们正确处理好互助资金和农村金融的关系提供了政策依据，也为试点工作提供了政策指导。

正确认识和处理好以上五个方面关系，对于确保互助资金持续、健康、规范运行具有十分重要的意义。在此基础上，各地还需要严格按照《指导意见》的要求，在具体工作中切实做到“五不”。

一是不搞行政命令。国内外的实践经验证明，互助资金只适用于金融服务不足、借款需求较强、社区相对封闭的村，并不适合所有的贫困村，特别是那些交通便利、金融机构健全，贷款相对容易的村，对此需求较少，开展试点的热情也不高。如果单纯为完成试点任务，强行在这些村搞试点，往往会事倍功半，适得其反。近年来，各地都出现了一些贫困村不愿试点或主动退出的情况，还有个别省将资金投放到农村资金互助合作社，需要引起重视。在试点村的选择上，一定要选对贫困村并坚持自愿原则，决不能搞强迫命令、拉郎配。

二是不能跨村建社。有人认为，试点村的范围以行政村为单位，是“划地为牢”，限制了互助资金的活力，不利于壮大互助合作组织，局限了事业发展。这种认识是片面的。互助资金的运行基础是村民间的诚信监督，这种监督只有在“熟人社会”、“小额度”的情况下才起作用；同时，互助组织发展的重点在互助，方向在合作，体现“互助、合作”有赖于村民之间对相互需求的了解与认同。将互助资金的运行范围限定在行政村内符合当前贫困村实际。各地实践也表明，将试点工作确定在行政村，有利于明确扶贫部门和乡镇的职责，发挥其外部监管作用。因此，在试点阶段，坚持互助资金不出村，这一点不能动摇。

三是不以营利为目的。这是互助资金的基本属性，是由扶贫资金的性质决定的，也是登记注册和政策监管部门明确要求的。我们强调“不以营利为目的”，其核心就是控制互助组织管理人员违规操作，实际或变相搞营利活动。现实告诉我们，如果从事营利活动，贫困户肯定会被排斥，互助资金带来的收益也会被少数强势人群占有。而且一旦损失了，将是血本无归。这样的例子是有的。因此，互助资金除了在社员中开展借款活动外，不得进行其他未经许可的金融和经营活动。

四是不吸储、不分红。不营利、不跨村、不吸储，三者紧密关联，又各有侧重。“不营利”是目的要求，“不跨村”是区域要求，“不吸储”是方式要求，核心是不以营利为目的，从而有效规避风险。大家知道，吸储是一种金融行为，非经批准、非专业机构不能开展。互助社是一个合作组织，既没有吸储的职能，也缺乏专业人才，一旦违规开展金融活动，势必带来巨大风险，重蹈历史上农村合作基金会的覆辙。

“不分红”，是登记注册部门和银行监管部门的共同要求。目前试点中普遍存在分红情况，虽然在一定程度上调动了农户入社的积极性，扩大了互助资金来源，但已涉入了金融领域，超越了扶贫部门管理权限和范围。坚持“不吸储、不分红”仍然是现阶段互助资金的原则性要求。不能“老村老办法、新村新办法”。对已经分红试点村，要通过培训，讲明道理。通过今明两年的努力，使分红的互助社逐渐、稳妥地过渡到不分红，具体的办法由各省研究制订。这项工作对互助社下一步的发展具有重要意义，必须要做好。

五是不得分配本金。互助资金本金主要由财政扶贫资金、村民自愿交纳的互助金和无任何附加条件的捐赠资金三部分组成，是互助资金和扶贫互助社赖以存在的基础，其权属法定，不得用于分配。但是，一些地方的互助社，通过配股将财政扶贫资金配给所有社员，再通过一次性全额借款的形式将所有互助资金借给所有社员，社员实际上拿回了所交的互助金和配股资金，加上整借整还的还款方式，这实质上是一种变相分配本金的行为，必须坚决纠正。

三、加强组织领导，扎实做好今年互助资金的试点工作

2010 年中央安排的 1900 个村的试点任务已经下达，政策措施也已经明确，关键在于深化认识、加强领导、把握重点、狠抓落实。

（一）加强学习理解，注重深化认识

互助资金是国务院扶贫办和财政部为解决贫困地区群众贷款难而开展的试点，不仅对改革扶贫方式具有重要意义，而且是对贫困地区乡村金融服务的一种补充。

农村金融是现代农村经济的核心，发展现代农业，增加农民收入，建设社会主义新农村，都离不开农村金融服务。但农村金融仍然是国家金融体系中的薄弱环节，农村金融服务不足、资金严重短缺、农民和中小企业贷款难问题依然突出。因此，党的十七届三中全会决定和中央连续下发的 7 个一号文件中，都把改善农村金融服务作为重要内容，采取了一系列有力措施。但是，这些普惠的政策对于解决贫困地区特殊的困难，显得力不从心。这些困难表现为：一是正规金融机构布点不足，非正规机构生存困难，缺少服务组织。目前，2000 多个金融服务空白乡镇，大多分布在贫困地区。二是缺少适合贫困地区、贫困人口的金融产品，特别是针对贫困人口的小额贷款，因为管理手续繁、成本高，正规金融机构无力经营。三是信用环境不健全，回收风险高，正规金融机构不愿意介入。互助资金通过农户自我管理的组织方式，弥补了金融机构的缺失，外化了管理成本，改善了信用环境。因此，对于探索乡村社区一级的金融组织方式，具有极大的创新意义。

发展互助资金试点也是扶贫开发工作进入新阶段的必然要求。党的十七届三中全会明确我国的扶贫开发进入两轮驱动的新阶段，扶贫开发的首要任务是稳定解决扶贫对象温饱并实现脱贫致富，重点提高农村贫困人口自我发展能力。我办正在组织有关部门研究、编制 2011—2020 年扶贫开发纲要，明确提出要继续坚持开发式扶贫方针，着力培育特色优势产业，改善生产生活条件，保护生态环境，发展社会事业，提高贫困地区和贫困人口发展能力，增强造血功能。我们初步考虑，未来扶贫开发中，贫困地区的基础设施和社会服务等建设，要通过规划的方式，由行业扶贫的有关部门承担，专项扶贫要集中力量发展产业，提高劳动力素质，帮助贫困农户脱贫致富。财政扶贫资金是有限的，难以满足这些任务的需要，通过互助资金的方式，使财政资金成为种子钱，发挥乘数效应，才能更大限度地满足贫困农户的资金

需求。

回顾扶贫开发的历史，我们一直在寻求利用好金融工具的方法，扶贫贴息贷款是一项持续的政策，近年又对财政支持方式进行了改革。为解决扶贫到户问题，我们尝试了乡村银行模式的小额信贷，尝试了采用政府奖补资金的办法通过信用社发放扶贫贷款。互助资金试点是在总结成功经验和失败教训的基础上创新的，虽不属于农村金融的范畴，但在培养贫困人口的互助合作意识、社会信用意识、资本运作意识等方面可以发挥不可替代的作用。同时，互助资金促进了贫困户的生产发展和资本积累，客观上也为其他农村金融机构培育了大量潜在的，有良好信用度的客户，为今后贫困地区农村金融服务体系的发展和完善奠定了基础。

（二）加强组织领导，注重部门配合

一是要明确工作责任。各级扶贫部门要把试点工作纳入2010年的重点工作，主要领导要亲自过问，并明确一名分管领导直接负责，确定业务处室和专人具体负责。要将试点情况及时向当地党委、政府汇报，争取领导和支持，协调解决试点工作的重要问题。

二是要完善试点方案。6月份，各地制定了试点工作方案，本次培训后，要按照统一要求，对方案进一步修改完善，并在实际工作中贯彻执行。

三是要加强部门配合。各级扶贫部门要主动加强与民政、财政、人行、银监、审计等部门的沟通，及时通报试点工作进展情况和存在的困难、问题，共同研究解决办法和措施。互助资金试点是扶贫与财政两家联合开展的，一定要发挥各级财政部门在资金监督、财务管理等方面的优势，共同组织开展财务培训和检查。有条件的地方可建立部门联席会议制度，加强对互助资金的指导、服务和监督，为推进试点工作顺利开展，创造宽松、良好的工作环境。

（三）加强调查研究，注重解决难题

没有调查就没有发言权，也就没有对工作的决策权、指导权。2010年，各级扶贫部门要重点围绕三个方面进行调查研究。

一是加强对重点问题的研究。互助资金试点工作目前还处于探索摸索阶段，还有许多理论和实践问题没有得到很好解决，还有许多政策措施不够完善，这些都需要在今后的工作中去研究、完善和创新。从2010年起，我办在山东、河南、湖南、四川、甘肃等五省，连续三年开展贫困村互助资金减贫影响研究，为进一步完善政策措施提供实践依据，望五省予以积极配合。

二是加强对发展方向的研究。一些专家对互助资金未来的发展趋势，提出了三种可能：第一是条件成熟的逐步向合作金融组织发展；第二是发展成为农民专业合作组织的一部分；第三是正常退出。目前，我们正在组织专家开展扶贫互助社与专业合作组织相结合、与农村微型金融相融合的试点研究，争取2011年能启动试点。

三是加强对制度建设的研究。包括扶贫互助社发展成为自治型机构的条件与途径，内外部监管模式的建立与完善，风险防范机制等等，要在进一步深入研究的基础上，出台更有针对性的措施，确保资金安全和健康、有序运转。

（四）加强宣传发动，注重业务培训

一是总结推广经验，发挥典型引路作用。要及时总结推广互助资金试点中好的经验做法，通过典型带动新的试点开展；

要大力宣传和表彰在试点工作中做出突出贡献的先进单位、个人和基层组织，通过多种形式，展示成就、鼓舞士气、展望未来、振奋人心，为开创试点工作新局面营造良好的舆论环境和氛围。2011 年，河南卫视“今日关注”栏目连续两期播出了河南省互助资金试点情况，引起了较大反响。

二是大力宣传政策，发动群众积极参与。开展试点的县、乡、村，要通过多种渠道、形式和方法，提高农户对互助资金的知晓率，使他们能自觉、自愿参与到试点工作中来。

三是开展业务培训，提高素质和能力。扶贫、财政部门管理人员、乡镇分管干部、互助社管理人员的能力和水平，关系到互助资金的发展和成败。要通过多种形式，强化培训，使其真正理解和掌握互助资金试点的要求和工作流程。要突出培训重点，开展参与式方法、互助资金组织组建、监督管理、风险监控、计算机软件等专题培训。要开展不同层次的培训。各省负责县级培训，试点县负责乡村。今后，我办在加强省级培训的同时，努力延伸到县。要加强培训工作的基础建设。争取在今明两年编写完成互助资金培训系列教材，为开展培训奠定基础。

（五）加强规范操作，注重风险防范

互助资金在制度设计上引入了小额信贷的理念，从其内部的运行看，也具有金融活动性质，同样存在金融风险。要防止风险发生，就必须严格执行制度，规范操作。

一是要坚持小额借款，坚决杜绝变相提高借款额度。严格执行互助社章程规定的借款标准，严禁擅自扩大借款额度，坚决杜绝以几人名义借款一人使用的“垒大户”的做法，坚决防止一户多人入社分别借款、变相提高限额的现象发生。

二是稳定还款方式，防止逾期借款。还款方式一旦确定，不得随意改变。对出现逾期借款的，要及时启动联保程序，追回借款。《指导意见》鼓励分期还款，这是保护贫困户利益、帮助贫困户学会理财、防范资金风险、提高资金效率的一项制定设计，实践证明是非常有效的，各地也要坚持。

三是强化外部监管，建立风险基金。从 2011 年开始，要推广使用统一的互助资金管理软件，实现管理的专业化、规范化、科学化。扶贫部门要会同财政、审计等部门，定期开展检查，发现问题，及时纠正。各省要按照国开办发［2010］46 号文件要求，于 9 月底之前，报送本省（区、市）检查报告。同时，各省也要和财政部门认真研究，积极探索省级风险防范机制，建立统筹风险基金，防止因不可抗力造成的大面积损失。我办和财政部正在研究建立全国互助资金监管体系问题。

四是适时启动退出机制。严格按照《贫困村互助资金试点操作指南》要求操作，对工作不力、宣传发动差、贫困农户入社率和借款率低、资金需求不强的村，以及存在重大资金安全风险隐患的村，经整改仍不能规范运行的，要及时启动退出机制。2010 年专家组检查结束后，我办将通报检查结果，对不符合要求的互助社，要责令整改；整改后仍不合格的，要启动退出程序。

（六）加强检查考核，注重绩效评估

开展经常性的检查和考核，是确保试点顺利开展的有效方式方法。既要检查考核扶贫办的工作情况，也要检查考核互助资金的运行质量。检查考核要围绕互助社组建、运行、监管等关键环节开展。在互助社组建阶段，重点考核贫困村选择、农户知晓率、入社率尤其是贫困户入社率、互助联保机制、章程制定、注册登记、工作经费安排等。在互助社运行阶段，重点考核贫困户借款率、资金周转率、风险防范措施、管理制度、数据上报、公告公示等。在互助社监管阶段，重点考核内外部监管机制的建立、监管的方式和频率，以及监管效果等。同时，在考核的基础上，建立绩效评价机制。我办正在制定互助资金考核指标，各地也要建立考核奖惩机制，考核结果将作为今后试点村安排的重要依据。

同志们，全国贫困村互助资金培训班，今天就要结束了。希望大家以这次培训班为契机，全面贯彻落实科学发展观，大力开拓创新，加强规范管理，推动试点工作积极、稳妥、健康发展，为打好“十一五”扶贫收官之战、开创“十二五”扶贫新局面，作出新的贡献！

河南省委、省政府以及省扶贫办，平顶山市委、市政府及扶贫办等部门为本次培训班做了大量工作，在此，我代表国务院扶贫办和全体学员，一并表示衷心的感谢！

谢谢大家！

总结经验　坚定信心
全面提升新阶段整村推进工作水平

王国良

2010 年 9 月 16 日

同志们：

这是一次十分重要的会议，主要任务是全面总结整村推进扶贫工作的经验，特别是彩票公益金试点项目的经验，安排部署“十二五”期间整村推进扶贫规划的编制工作。经国务院同意，由我办牵头，会同国家发改委、财政部等 11 个部门编制“十二五”扶贫开发整村推进规划。这是自扶贫办成立以来，我办业务工作第一次列入国家专项规划整体预案。我办对这次会议非常重视，办常务会议专题研究有关议题，范小建主任审阅了会议主要文件。有关司特别是开发指导司作了大量的前期工作，提交了一套比较完整的会议材料，之前我们还召开了部分省区座谈会和专家研讨会。国家有关部委对这次会议也提供了多方指导和支持，财政部、发改委、统计局等多次参加会议的研究工作，财政部派出专人全程参加会议。各省（区、市）扶贫办对这次会议高度重视，分管副主任参加会议，七八个省的一把手亲自到会，大家已经充分认识到这次会议对未来十年特别是下一个五年扶贫开发工作的重要性。河南省政府、商丘市委市政府对此次会议也非常重视，有关领导到会致辞，对会议的召开给予了大力的支持。

这次会议之所以在河南召开，主要原因是河南省委、省政府高度重视扶贫工作，不断加大扶贫投入和工作力度，加强扶贫系统的建设，总结探索出许多成功经验，特别是在整村推进、彩票公益金试点项目、贫困村互助资金项目、移民扶贫和劳动力转移培训等方面都取得了明显的成效，有许多探索和创新，在全国有典型意义。

2010 年是《中国农村扶贫开发纲要（2001—2010 年）》（以下简称《纲要》）的收官之年，也是未来十年扶贫开发工作的谋划之年。当前，我办正在根据国务院第 101 次常务会议的要求，组织编制新十年的扶贫开发纲要。这个工作从 2009 年提出到现在已经搞了 10 个月时间，参加新纲要起草小组的有 17 个部门，抽出专人参与编写的单位有 12 个，我们已经集中工作了 3 次。新纲要是在继承基础上的发展、提高，过去扶贫工作中的成功做法要发扬光大，继续推进。整村推进就是《中国农村扶贫开发纲要（2001—2010 年）》实施以来最重要的成功经验。刚才河南省扶贫办、福建省扶贫办、广西自治区扶贫办，甘肃省静宁县人民政府，山西省平顺县、四川省利州区扶贫办的交流发言，从不同方面介绍了过去十年中整村推进的经验，对我们启发很大，使我们进一步认识到：在大扶贫格局下统筹考虑未来十年扶贫战略，整村推进依然是充分发挥专项扶贫、行业扶贫和社会扶贫合力，努力促进基本公共服务均等化，提高贫困地区、贫困人口自我发展能力的有效载体。因此，我们和有关部门协商，着手编制《全国“十二五”扶贫开发整村推进规划》（以下简称《规划》）。下面，我讲几点意见。

一、整村推进的主要成效和经验

2001 年，《纲要》颁布实施以后，为适应当时农村贫困状况大分散、小集中的特点，总结“八七扶贫攻坚计划”后期开展贫困村建设的经验，根据扶贫工作重心下沉、进村入户的要求，国务院扶贫开发领导小组明确提出将整村推进作为 2001 年到 2010 年十年扶贫开发的首要重点工作，要求各省（区、市）认定贫困村，在群众参与的基础上编制规划，分年度组织实施。到 2002 年，全国确定了 15 万个贫困村。当时，全国的行政村总数约 60 万，近 1/4 的村进入了规划。其中，西部占 50%，中部占 40%，东部占 10%，覆盖了 80% 左右的贫困人口。

经过十年左右的努力，到 2009 年底，全国已有 10 万个村实施了整村推进，占总数的 68%。预计到 2010 年年底，全国有 12 万个村实施整村推进，占总数的 80%。特别是 2008 年以来开展的“三个确保”整村推进工作，成效十分明显。到 2009 年底，已完成 1.56 万个，实施扶贫项目约 15 万个，总投入达 136 亿元，村均投入 87.5 万元。已完成整村推进的村，贫困群众收入和生活水平显著提高，基本生产、生活条件和公共服务明显改善，贫困农户的自我发展能力不断提高。

十年来，许多省区在工作中形成了比较成熟的管理办法、运行机制，积累了宝贵的经验。一是群众参与，发挥主体作用。整村推进过程中，村民参与了项目规划、设计、实施、管理、监督和评估全过程。绝大多数项目由村民提出，激发了贫困户参与扶贫开发的热情，发挥了基层组织的积极性和主动性。二是领导重视，结对帮扶。各地普遍建立了到村帮扶工作机制，重庆、陕西的省级领导每人联系一个贫困村；河北、河南、内蒙古、湖北、江苏等省提出的“三个有”，即有领导联系，有单位帮扶，有干部驻村；浙江省选派农村工作指导员驻村；许多省选派后备干部、大学生村官到贫困村任职；一大批扶贫志愿者参与贫困村的扶贫开发，取得了较好的成效。三是整合资源，加大投入。各地以扶贫资金为引子，引导不同部门和社会资源投入贫困村。据统计，2005 年以来，全国用于整村推进财政扶贫资金的总量明显增加，社会资源整合的力度进一步加强。黑龙江、云南、陕西、河南、四川、广西、新疆等省区村均投入在 100 万元以上，贵州、河南、山西、安徽等省利用中央专项彩票公益金开展贫困地区革命老区整村推进试点，每村投入的财政资金达到 140 万元。四是因地制宜，突出重点。各地根据贫困村实际情况，优先解决贫困群众最迫切的困难问题，制定规划，重点解决。云南的“六个有”（人人有饭吃、有衣穿、有水喝、有房住、适龄儿童有学上、有病能就医）；新疆的“五通五有五能”（通水、通电、通路、通电话、通广播电视；有学上、有医疗保障、有科技文化室、有集体经济收入、有强有力的村级领导班子；能用上安全饮用水、能用上电、能有一项以上有稳定收入来源的生产项目、能有安居房住、能及时得到培训和获得信息)，均取得了明显效果。五是连片开发，整体推进。从2007年开始，在整村推进的基础上，我办和财政部开展了“县为单位、整合资金、整村推进、连片开发”的试点，目前中央财政资金安排的试点共有240个，每个试点县投入1000万元，整合资金规模一般在3000万元至5000万元，形成了较好的规模效益。从2010年起，我们和财政部对片区开发试点进行了改革。项目实施期由一年改为两年，资金总量由1000万元提高到1200万元，两年各500万元，项目实施后根据考核成绩奖励资金200万元。这项试点颇受地方欢迎，各级的积极性很高。

为了确保整村推进工作健康顺利开展，国务院扶贫开发领导小组多个成员单位两次联合发文，扶贫办多次召开现场经验交流会，开展了不同类型的试点，并组织了大规模的培训。实践证明，整村推进是扶贫开发的一项创举，不仅改善了贫困村的生产生活条件，解决了贫困人口的温饱和增收问题，提高了贫困群众的自我发展能力，也打造了扶贫工作进村入户的平台，成为大扶贫的重要抓手和载体，深受贫困地区广大干部群众的拥护。整村推进加快了贫困地区新农村建设的进程，使全国18%左右的贫困村改变了面貌，为全面建设小康社会做出了重要贡献。

二、新阶段整村推进的总体思路和工作要求

随着科学发展观的贯彻落实和发展方式的转变，整村推进也迎来了前所未有的历史机遇。一是中央各项惠农支农政策向贫困地区倾斜力度之大、范围之广、含金量之高、惠及人群之多，历史上少有。2010年，国家进一步加大对种植业、畜牧业专项补助力度，着力解决农牧区安全饮水、生活能源、用电、通路，加快实施游牧民定居、农村危房改造、地方病防治等，为改善贫困村的生产生活条件，实现基本公共服务均等化创造了条件。特别是中央进一步推进西部大开发的战略部署，明确了各行业部门“六到农家”的建设任务，为整合资源加强农村特别是贫困村建设创造了条件。二是财政扶贫资金投入力度越来越大，金融扶贫的方式不断创新。近三年来中央财政扶贫资金年均增加超过28亿元，地方各级扶贫投入也逐年加大，为引导部门和社会资源投向贫困村建设奠定了基础。三是在大扶贫的格局下，投向贫困地区的社会资源越来越多，全社会参与、关注扶贫事业的各项投入越来越大。东西扶贫协作逐渐从单纯的财政支持、社会捐助转向资源共享、互惠互利，机关定点扶贫正在逐步扩大覆盖面，民营经济、非政府组织和社会各界更加关心支持贫困地区和贫困人口，这些都为整村推进构建起良好的外部环境和有力的支持系统。

未来十年，国家扶贫开发的重点对象是：人均收入低于国家扶贫标准的贫困农户，特别注重对少数民族、妇女、残疾人的帮扶。新十年扶贫开发纲要初步考虑，扶贫工作重点将在三个层面上展开：一是集中连片特殊困难地区；二是国家扶贫开发工作重点县；三是重点贫困村。工作区域进一步向特困地区集中，工作重心进一步下沉到贫困村，工作对象进一步瞄准最

贫困的农户。与此相适应，我们提出了“中央统筹，省负总责，县抓落实，工作到村，扶贫到户”的工作体制和“片区规划，县为单元，整合资源，综合开发，整体推进”的工作方式。行政村是国家行政区划的最小单元，是贫困农户集中生活居住的地方，实施整村推进，能够有效地瞄准最贫困的人口，集中力量解决影响贫困群众脱贫致富的最突出制约因素，是实现对困难地区、重点县支持的重要基础，是扶贫到户的有效抓手，是整合各项资源的理想平台。因此，整村推进是未来十年扶贫工作的一个关键环节，一定要继续抓好。

未来十年国家扶贫开发总体目标是，集中连片特殊困难地区的发展环境和条件明显改善；国家扶贫开发工作重点县基础设施、社会事业、特色产业、生态建设全面发展；基本公共服务均等化水平与东部地区差距明显缩小，贫困群众生活水平和质量大幅提升，综合素质和稳定发展能力显著提高；农民人均纯收入增长速度高于全国平均水平。因此，整村推进要坚持基础设施与产业发展相结合、人居环境改善与自然生态修复相结合、产业发展与社会事业配套建设相结合，以提升贫困农户自我发展能力、改善贫困群众生产生活条件、培育特色优势产业为重点，对贫困村的家园建设、基础设施建设、产业发展等全面规划，通过“水、路、电、气、房、教、卫、文、就、保”全面治理，力争用十年时间，努力使规划内的贫困村达到“生产发展、生活宽裕、乡风文明、村容整洁、管理民主”的新农村建设要求。

继续做好整村推进工作的指导原则，一是要因地制宜，分类指导。根据贫困村地域特点、自然条件和经济发展基础，充分利用两项制度有效衔接的试点成果，分类制定规划，把有限的资金投入到与村内贫困户温饱关系最密切的项目上。二是要先难后易，突出重点。在全国特殊困难地区中优先选择最困难的贫困村，针对最突出的制约因素，采取最有效的治理措施，集中力量攻坚克难。为什么先难后易，而不是先易后难？主要是与我们新十年的目标联系在一起的。十七大报告明确提出，到2020年全国要基本消除绝对贫困现象。现在最贫困的区域，最贫困的人口就是我们攻坚战的主要目标。近几年，有关新闻媒体多次反映了一些集中连片特殊困难地区群众的生产生活的困难状况，引起了中央领导的高度重视，明确提出要制定规划，集中力量攻坚解决。所以，新阶段的扶贫工作一定要坚持先难后易，先把最穷的村、最穷的片、最穷的农户找出来，集中帮扶，通过十年的努力，使农村的绝对贫困问题得到基本解决。三是要分级负责，地方为主。贯彻“中央统筹，省负总责，县抓落实，工作到村，扶贫到户”的工作要求，分级规划，分层次组织实施。四是要集中连片，统筹兼顾。充分发挥《规划》资源整合平台的作用，在重点县内优先对贫困程度较深、自然相连的贫困村，统一规划，连片推进。同时兼顾相对分散、单个零星的贫困村。五是要自力更生，群众参与。动员群众酝酿讨论，组织贫困农牧民参与《规划》的编制、组织实施、评估验收和后续管理全过程，凸显贫困村农牧民的主体地位，最大限度地发挥群众的主动性和积极性。

实施整村推进要做好以下重点工作：一是拓宽贫困群众基本的增收渠道。重点是培育和发展基础产业、特色产业。加快贫困地区的经济发展，帮助贫困地区增加收入，最现实的选择，就是扬长避短，趋利避害。要从市场需求和贫困地区的优势资源出发，发挥比较优势，因地制宜，调整产业和产品结构，引导和帮助贫困群众集中培育和发展特色优势产业，不断开辟增加贫困群众收入的渠道。要把培育防灾减灾产业和发展优势产业结合起来，有重点地发展设施农业。二是改善贫困村的基本生产生活条件。要把改善基础设施和生产生活条件摆在突出位置，不断加强通村公路、基本农田、设施农业等基础设施和生态环境建设，努力提高贫困地区的综合生产能力和可持续发展能力。三是提高贫困群众的基本素质和自我发展能力。坚持扶贫和扶智相结合，加大良种良法等农业适用技术、农业生产技能培训、远程教育接收点、农村科技服务体系、农村基层组织建设等工作力度，增强贫困群众从事农业生产经营活动能力，加大劳务输出人员技能培训，进一步提高贫困村和贫困人口的自我发展能力。能力建设可能在新十年会更突出。刚才我说到，随着各部门和社会资源不断地投向最基层的农村、社区，扶贫资金在农村发展投入中占的比重越来越小。在整村推进当中，扶贫资金究竟以什么为主？如何突出扶贫特色？我们初步考虑，扶贫资金重点用于两个方面：一是培训，提高农民的素质和能力；二是发展产业，为贫困农户、贫困村发展产业，为培育更大的优势特色产业提供配套服务。四是改变贫困村的基本面貌。改善村容村貌，是提振穷人信心、改变其生产生活方式的有效途径。要加强对贫困村的综合整治，注重生态环境建设，加大村容村貌建设力度，为贫困群众过上文明、体面、有尊严的生活创造条件。从2008年开始，我们在抗震救灾、灾后恢复重建中做了一些工作，部署了一些试点。刚才汇报发言的四川利州区就是灾后重建整村推进的典型。他们在试点中提出了低碳经济的概念，这是一个新理念，有一定的前瞻性。在贫困地区特别是贫困村发展低碳经济是一个趋势，在下一步整村推进工作中，我们要把这种理念和做法吸纳进来，要勇于创新。

未来十年，整村推进工作的要求很高，建设任务很重，要在大扶贫背景下，逐步探索建立科学有效的工作机制。一要探索建立科学的贫困村认定机制。贫困村的确定以省为主，我办将会同国家统计局提出认定贫困村的主要指标，供各省参考。在我们提交会议的“工作方案”中，初步考虑在全国确定5个左右的指标，请国家统计局根据这些指标，借助2006年以来的公开统计数据，分省对进入片区的贫困村进行排队。这个思路的科学性、权威性到底如何？统计部门拿出来的数据和我们扶贫部门、省里多年的扶贫统计监测掌握情况以及两项制度有效衔接的建档立卡数据是不是大致相同？需要同志们认真研究。这个问题非常重要。在座的同志来自扶贫开发一线，最有发言权，如果认为哪些指标不妥，哪些内容应该加进去，请积极建言献策。二要探索资金整合、合力攻坚的工作机制。充分有效地整合扶贫部门、涉农部门、帮扶部门等方面资源，发挥各自职能，形成工作合力，提高整体效益。在基础设施项目建设中坚持统筹协调，捆绑项目资金，激发群众参与，引导社会投入；在产业发展中发挥互助资金、各类合作社和小额贷款、农村信用社等方面的作用。三要探索群众参与、有效监督的管理机制。

要尊重和落实贫困群众对扶贫项目的知情权、选择权、参与权和监督权，让群众积极参与项目的规划、实施、监督、验收和管理全过程，激发贫困群众参与扶贫开发的积极性，执行完善扶贫项目公示和项目决算公告制度，提高扶贫项目管理和资金使用情况的透明度。四要探索建立科学规范的统计监测、总结评价机制。主要是加强整村推进工作的动态、量化和科学化管理。

三、编制“十二五”整村推进规划的重要意义和关键问题

总结过去十年整村推进工作，仍然有一些亟待解决的问题。主要有：贫困村选择的准确性有待提高，一些最贫困的村要纳入扶持范围；整村推进规划水平参差不齐；一些地方群众的参与程度不高，实施的项目没有满足群众最迫切的需求；资金整合投入力度不够，到位投入与实际需求相差较大，个别地方甚至出现挤出效应；各地工作进展很不平衡，不仅各省之间有差距，且省域内、县域内也不平衡。2008年我办提出了压缩战线、“三个确保”的任务，但一些省由于任务很重、资金安排等局限，仍没能如期完成任务。此外，贫困农户的素质提高、自我组织发展能力等工作还相对薄弱，产业培育与基础设施建设仍有很大不足，整村推进的后续管理、检查验收和评估等方面还需加强。

分析产生这些问题的原因，归根结底是对整村推进规划的重要性认识不足、准备工作不充分、规划能力较低。我国二十多年的扶贫开发取得了显著的成就，积累了丰富的经验，但是不得不承认：扶贫系统在组织编制和实施规划方面存在严重不足，许多工作还停留在一般号召、典型示范、行政推动的层次，缺少科学规划和规范管理。为什么会出现这种情况？我想主要有以下原因：一是认识不够。大家虽然看到了规划的重要性，但是认识仍然不够。我们虽然做了一些规划，但都是浅层次的。二是能力问题。扶贫部门缺乏搞规划的专门人才，缺乏引进、培养、培训这方面的人才。今后我们要注意这方面的人才培养，开展培训，提高规划能力。

只有把规划编制好，才能有一个清晰的发展目标、具体的建设内容、明确的部门职责、规范的项目管理流程、稳定的投入机制以及有效的监测评价体系，同时也才能够一张蓝图绘到底，减少随意性。在新十年，我们要下定决心，从专项规划的编制和实施开始，逐步提高扶贫系统规划工作的能力和水平。经与国家发改委和财政部协商，新十年的纲要完成后，还要继续编制三个规划：一是集中连片特殊困难地区的片区规划，二是扶贫开发整村推进规划，三是扶贫易地搬迁规划。整村推进规划已确定由我办牵头编制，财政部、发改委配合；易地扶贫搬迁规划由发改委牵头，扶贫办、财政部配合；片区规划由发改委牵头，扶贫办配合。为此，我们做了大量的工作，特别是新成立的开发指导司在发改委、财政部、统计局的指导下，经征求有关部门和专家的意见，起草了《“十二五”整村推进规划编制工作方案》和《“十二五”整村推进规划编制指导手册》，提交这次会议讨论。

当前，规划编制要解决以下几个关键问题：

一是关于认定贫困村。这里包括三个层次的问题：第一，全国的总规模怎么安

排；第二，每个省的数量怎么分配；第三，贫困村认定的标准和程序怎么确定。我们初步考虑，在2011—2020年，在全国确定5—6万个贫困村；在“十二五”期间，优先组织实施3万个左右，每年安排6000个左右。贫困村认定要考虑以下因素：第一，要与集中连片特殊困难地区、重点县高度重合；第二，要与上一轮整村推进规划搞好衔接，一是已经认定但还未实施的贫困村要优先，二是已经实施但标准很低的要补课；第三，最贫困的村要纳入，包括因灾返贫的以及其他特别困难的村。每个省根据以上原则，结合上一轮本省贫困村规模，研究提出“十二五”期间本省的贫困村数量，先由开发指导司协调平衡，最后报我办备案审核。

二是关于工作原则。一要瞄准目标。始终瞄准最贫困的人口，突出对贫困农户的扶持。二要因地制宜。对地处偏远、最贫困的村，可与易地扶贫搬迁相结合，短期内不具备搬迁条件的，首先从基础条件的改善入手；对具备一定发展条件的村，着重加大产业开发和生计建设；对因灾返贫的村，要加强防灾减灾产业建设。三要长短结合。既注重解决贫困人口目前存在的突出问题，又注重贫困村长远发展能力的提升。

三是关于《规划》目标。要根据新十年纲要拟定的奋斗目标，提出整村推进在基础设施、特色增收产业、农牧民健康生活水平、综合素质和基层组织建设等方面的规划目标，并量化成具体指标，落实到建设项目。

四是关于投资规模。初步考虑，人口规模中等的贫困村，要以行政村内的中心自然村为重点，每村投资不低于300万元，其中，财政扶贫资金投入不低于100万元。连片开发的贫困村，资金整合比例要达到1：5以上。

五是关于部门任务。要把整村推进的任务分解到相关部门，作为行业发展规划的重要内容，在资金项目等方面向贫困村倾斜，并指导行业部门完成既定的扶贫任务。

六是关于建设周期。为了加强项目管理，确保整村推进的质量，初步考虑其建设周期一般为两年，要一次规划，分年实施。

七是关于编制程序。规划的编制要自下而上，逐级统筹平衡。各省要在村级规划编制的基础上，汇总形成县、省级的整村推进规划。全国要在各省整村推进规划的基础上，汇总形成全国“十二五”整村推进规划。关于规划编制的具体进度和完成时间，我们将在广泛征求各省意见的基础上研究确定。

以上，我们对编制“十二五”整村推进规划的一些关键问题提出了一些原则性意见，希望大家在讨论过程中，能够充分发表看法，提出建议。

编制和组织实施整村推进扶贫开发规划是一项开拓性的工作，意义重大，难度不小。这是扶贫部门提高工作水平、加强执行能力的新起点。我们作为先行先试者，要充分认识肩负任务的崇高、光荣和艰巨繁重，一定要积极探索，努力工作，不负期望，不辱使命。

下面，我对规划编制工作提出几点要求：

第一，要加强组织领导。国务院扶贫办高度重视《规划》编制工作，有关部门大力支持，成立了《规划》编制工作小组。

由我担任组长，国家发改委地区司王新怀巡视员、财政部农业司副司长褚利明同志、我办开发指导司司长海波同志任副组长，有关司处长和专家为成员。各省扶贫办要加强对整村推进规划工作的领导，主要负责同志要亲自抓，研究解决重大问题。分管领导直接抓，要确定专门的业务处室具体负责，安排业务素质好、责任心强的同志参与，建立相对稳定的编制规划的工作班子。

第二，要搞好部门协作。新十年纲要将明确行业扶贫的任务，新一轮整村推进是在大扶贫的背景下开展的。各级扶贫部门要加强与发改、财政、民政、金融、统计等部门积极沟通，充分吸收各方面的意见，努力做到《规划》与当地“十二五”经济社会发展总体规划相衔接。在项目安排上，要与行业部门“十二五”规划、西部大开发的“六到农家”工程、“十二五”易地扶贫搬迁规划、对口援助的计划或规划相衔接。

第三，要强化专业培训。《规划》编制是一项全新的工作，技术性、专业性很强，必须对业务骨干进行培训。此次会议提交大家讨论的两个文件，是下一步开展培训的主要教材。各省还可以邀请发展改革、财政、统计等部门的同志，以及有关方面的专家参与培训工作。培训要分级进行，国务院扶贫办主要负责对各省区市工作人员的培训，省区市负责对县、乡级的培训。近期培训要围绕如何编规划工作，包括怎么选村等重点问题开展。不仅要培训参与规划编制的干部，还要培训村党支部书记、村委会主任、农村技术人员和致富带头人。

第四，要抓紧启动工作。按道理，整村推进规划应该在新十年纲要颁布实施和国家重点县调整后组织编制。但是由于目前纲要起草和重点县调整的工作还在进行，为了不影响整村推进规划编制，我们提前启动了这项工作。这样做虽然会面临一些困难，但有利于与各行业部门的“十二五”规划相衔接，也有利于新阶段整村推进工作的及早开展。为了做好这项工作，前一阶段，我们召开了部分省区的座谈会，在云南、四川、青海、甘肃4个省的8个扶贫工作重点县各选择了1个贫困村，进行典型设计试点，同时，研究起草了《规划》编制指导手册和省、县级规划编制大纲。下一步，各省也可选择若干贫困村，先行试点。

同志们，继续做好新阶段的整村推进工作，是贫困地区广大群众的迫切愿望，也是扶贫系统义不容辞的历史责任。我们一定要肩负起这一重任，以更大的决心、更新的思路、更强有力的措施，把整村推进提升到一个新的水平，为改变贫困落后面貌，全面建设小康社会作出新贡献！

适应形势需要　不断开拓创新
努力开创东西扶贫协作工作新局面

——在全国东西扶贫协作工作会议上的讲话

郑文凯

2010 年 6 月 24 日

首先，感谢有关省（区、市）对我们这次调整东西扶贫协作关系工作的充分理解和支持，感谢大家讨论中提出的各项建议。

这次全国东西扶贫协作工作会议的主要任务是，认真学习和贯彻落实党中央国务院关于加强东西扶贫协作、推进区域协调发展的一系列重大部署，研究讨论新形势下进一步推进东西扶贫协作工作的新思路、新举措。两天来，通过听取张磊同志关于 2009 年工作情况的通报和青海、上海、贵州、福建、广东的交流发言，进行热烈讨论，实地参观考察，刚才两个组代表又介绍了讨论情况，大家认为收获很大，会议收到了预期效果。

根据范小建主任对我们这次会议的要求，结合会议讨论的情况，我讲三个问题供参考。

一、准确把握东西扶贫协作工作面临的新形势

1996 年中央部署全面开展东西扶贫协作工作以来，东西部各省（区、市）党委政府高度重视，工作部门积极努力，东西扶贫协作取得了显著成效。据初步统计，1996 年到 2009 年十四年间，东部向西部提供无偿援助资金 71.7 亿元，企业投资 2536.9 亿元；援建学校 5491 所、公路 13379 公里、基本农田 465.2 万亩；组织安排西部劳务输出 238.9 万人次，培训各类人才 58.6 万人次，引进各种实用技术 2990 项；兴修人畜饮水工程，帮助解决了 320.9 万人、979.6 万头牲畜的饮水困难。2003 年至 2009 年，东部直接派出扶贫挂职干部 2551 名（其中地厅级干部 66 名，县处级干部 623 名），教师、医生、农技等专业技术人才 4450 名，扶贫志愿者 4502 名；双方各级领导相互考察学习 6 万多人次，其中省级领导 1325 人次。国务院扶贫办组织的专项调研课题表明，东西扶贫协作已覆盖 11 个西部省（区、市）的 245 个扶贫开发重点县，日益呈现出领域拓宽、层次加深、形式多样、主体多元的生动局面，为加快西部减贫进程，推进西部大开发，促进区域协调发展起到了重要作用。多年的实践证明，在东西扶贫协作工作中，政府是主导，东西是主体，扶贫是主题，协作是主线。政府的组织领导、政策引导、激励倡

导非常重要，东西部都要发挥各自的主体作用，整个工作始终要紧紧围绕扶贫开发这一中心任务，更加注重在扶贫中协作，在协作中实现共赢。

大家在讨论中也感到，面对新形势新任务，东西扶贫协作工作主要存在着三个方面的不适应：一是思想认识还不适应形势发展，一些同志仍然把东西扶贫协作看成一般的政府间协作、单纯的帮扶关系，一方面觉得出钱出力就算完成了任务，一方面认为资金项目到位就算达到了目的，瞄准要求不高、规划结合不紧、眼界不够宽、办法不够多，以扶贫开发为纽带开展长效协作的动力和活力有待增强；二是工作体系还不适应开展全方位扶贫协作的要求，在抓好政府间协作的同时，我们对于社会资源、市场资源以及各类主体的协调、动员、服务的能力和水平有待提升；三是政策措施还不适应多元主体参与扶贫协作的需要，不少同志提出，我们在工作计划、政策研究、机制建设方面明显不足，协作的深度和广度有待拓展。大家一致认识到，进一步做好东西扶贫协作工作，必须不断解放思想，适应新形势，采取新举措。

（一）要以科学发展观为指导，进一步开阔东西扶贫协作工作的视野

党的十六大以来，在深入贯彻落实科学发展观、构建和谐社会、推进统筹发展、加快经济发展方式转变等一系列重大战略方针、重要工作部署的有力推动下，我国扶贫开发实现了从重点解决温饱问题到集中力量消除绝对贫困现象、提高贫困人口自我发展能力，从主要靠专项措施扶贫到全面构建大扶贫格局、健全政策和制度保障体系的历史性跨越。这些新变化既是扶贫开发事业难得的机遇，也给扶贫开发工作提出了更高的要求。大家都看到，近年来特别是发生国际金融危机以来，中央就加快转变经济发展方式，着力扩大内需，推进区域协调发展陆续出台一系列重大举措，国内市场、资源、人才、技术等经济社会发展的各种要素出现了大流动、大聚合、大重组的趋向，新产业、新组织、新经济增长点不断涌现。研究新课题、适应新变化，顺时顺势才能乘时用势。在这样的大背景下，东西扶贫协作如何充分利用多年来培育的有效平台和便捷渠道参与其中，发挥特有作用，是面临的最大课题。东西扶贫协作缘自于发达地区对欠发达地区的支援，在过去多年里主要采取直接援助方式，这是必要的。但用发展的眼光看，我们的工作不仅要担当好推进东部支援西部的义务和责任，更应该发挥出促进区域经济社会协调发展对接互动的优势和作用，不断为东西扶贫协作注入新的动力。近年来许多地方的实践充分证明，东西扶贫协作在完成党委政府规定任务的同时，还可以开发利用更丰富的市场资源和社会资源，做更大的文章。比如，2009 年底我们在广西组织的东西扶贫优势产业衔接洽谈会就有数百家企业积极响应，到目前已有 46 个项目资金到位，20 个项目开工；扶贫志愿者队伍也不断扩大，仅友成扶贫基金会就在贫困地区组织建立了 11 个志愿者服务站，目前在站 54 人，累计参加 1060 人次，中国扶贫基金会的小额贷款、爱心包裹等项目，得到广泛响应，筹措金额超出预期；公民扶贫济困风气日益浓厚，宁波等城市许多市民在当地协作办的支持下，自愿同对口的贵州农村贫困家庭结对，有的还自费前去看望，了解需求。这些事实既不断地感动着我们，也不断地触动着我们思考，

作为工作部门，怎样去珍惜呵护、发掘利用、协调服务、激励弘扬这些物质力量和精神力量，确实需要我们以更加开阔的视野和开拓进取的精神状态创造性开展工作。我们要使东西扶贫协作成为深入贯彻落实科学发展观、构建和谐社会的实践载体，成为各类资源集聚、扩散和服务的有效平台，以创新的精神、精心地组织、高效率地工作，不断推动东西扶贫协作深入开展。

（二）要以深入实施西部大开发为契机，进一步发挥东西扶贫协作的作用

国家实施西部大开发战略十年来，西部地区经济高速增长，综合实力明显增强，基础保障能力明显提升，生态环境明显改善，减贫步伐明显加快，经济社会发展取得了显著成就。同时也应该看到，西部地区集老少边于一体，地处深山、高原、石漠化等特殊生态环境，加快发展面临诸多制约因素，与东部的差距仍在扩大。2008年，东部人均国内生产总值最高的上海市（73124元）是贵州省（8824元）的8.27倍，西部12省（区、市）人均国内生产总值、财政收入水平仅为东部9省（市）的31%；西部重点县农民收入与全国重点县平均水平之差从2001年的1100元扩大到2008年的2200多元。我们应该清醒地认识到，尽快破解西部地区发展难题、缩小差距绝不只是西部的问题，而是事关全局、事关长远的大问题。我国西部地区12个省（区、市）幅员面积686万平方公里，人口3.6亿多，其中少数民族7000多万人，全国2.2万公里陆路边境线有1.9万公里在西部，与我国陆地接壤的14个国家中有13个与西部相连。西部地区蕴藏着丰富资源，许多重要矿产均占全国基础储量的50%以上，原煤、天然气产量、水电发电量分别占全国的44%、79.4%和53.4%。西部地区人口多民族、人文多色彩、物产多种类、地质多层次、生态多样化的突出特点，使其一直具有十分重要的战略地位。不久前中央就深入实施西部大开发又作出了新的战略部署，明确要求继续深入实施西部大开发战略，把西部作为新一轮发展的着力点和主战场，建设国家能源基地、资源深加工基地、装备制造业基地、战略性新兴产业基地，发展特色优势产业、现代服务业和循环经济。加强重点经济区开发，优化区域布局，促进革命老区、民族地区、边疆地区、贫困地区加快发展，积极支持民族地区实现跨越式发展。针对形势发展需要，中央专门召开了第五次西藏工作座谈会和新疆工作座谈会，努力促进西藏及四省藏区和新疆实现跨越式发展和长治久安，对做好这些地方的扶贫开发也提出了明确要求。我们要自觉地把东西扶贫协作融入深入实施西部大开发战略之中，融入中央支援西部发展和地震灾区重建等新部署之中，找准开展工作新的切入点和着力点，充分利用国家对西部在财政、税收、投资、金融、产业、土地、价格、生态建设、人才等方面的扶持政策，使东部地区的各类先进要素通过东西扶贫协作这一平台更加顺畅地长入西部，使东部的先发优势尽快转换为西部跨越式发展的强大助力。

（三）要以完善国家扶贫战略和政策体系为依托，进一步创新东西扶贫协作工作机制

党的十七届三中全会决定明确要求：继续开展党政机关定点扶贫和东西扶贫协作，充分发挥企业、学校、科研院所、军队和社会各界在扶贫开发中的积极作用。2010年2月10日，温家宝总理主持召开国

务院第101次常务会议，听取国务院扶贫办范小建主任汇报，专题研究扶贫开发工作。会议要求，为基本消除绝对贫困现象，实现全面建设小康社会的目标，必须将扶贫开发作为长期历史任务，持之以恒地抓紧抓好。要统筹城乡发展，巩固大扶贫格局，完善国家扶贫战略、政策规划体系和工作机制。坚持开发式扶贫方针，帮助扶贫对象尽快摆脱贫困，促进贫困地区经济和社会事业加快发展。未来十年，要争取明显改善集中连片特殊类型贫困地区的发展环境和条件，确保扶贫工作重点县农民人均纯收入年均增幅高于全国平均水平，逐步提高贫困人口健康生活水平和稳定发展能力。按照会议部署，国务院扶贫办正在会同有关部门编制2011年至2020年扶贫开发纲要，中央将全面部署新阶段的扶贫开发工作。

东西扶贫协作一直是扶贫开发工作的重要组成部分。上一个十年纲要就对此有专门论述："继续做好沿海发达地区对口帮扶西部贫困地区的东西扶贫协作工作。要认真总结经验，根据扶贫开发规划，进一步扩大协作规模，提高工作水平，增强帮扶力度。对口帮扶双方的政府要积极倡导和组织学校结对帮扶工作；鼓励和引导各种层次、不同形式的民间交流与合作。特别是要注意在互利互惠的基础上，推进企业间的相互合作和共同发展。"根据中央最近一系列重大部署精神，新十年扶贫开发中东西扶贫协作的任务更重、要求更高，更应该出成效、出亮点。我们一定要认清形势，进一步增强责任感和紧迫感，努力把握工作的主动权。

二、积极探索东西扶贫协作工作的新机制

东西扶贫协作开展十几年来，在西部地区加快脱贫致富、东部地区拓展发展空间、共同促进区域协调发展的实践中，东西部各省（区、市）密切配合，探索积累了领导互访、层层结对、联席会议、干部挂职、行业对口、社会参与等不少成功经验和做法，形成了政府援助、企业合作、社会帮扶、人才支持的基本工作框架。其中，以工作机制和制度建设为特点的闽宁模式、以大投入带大项目并实行精细化管理为特点的沪滇模式、以技术引领产业转移为特点的浙川模式、以社会动员就业带动为特点的甬黔模式等，都取得了明显效果和广泛认同。我们认为，以下经济协作形式很值得关注：

一是产业联动。主要是以产业为纽带，通过各种方式动员和吸引东部地区企业到西部地区投资兴业，开发资源，东西协作双方形成产业联系，带动贫困地区产业发展。如江苏与陕西签定了《关于进一步加强两省间能源和优势产业等领域战略合作的框架协议》，仅2009年一年就利用各自优势联办企业40余个，其中江苏徐矿集团在宝鸡市投资达97亿元。北京市2009年提供500万元贴息资金引导洛娃集团等一大批企业到内蒙古开发能源、农业等产业。青岛动员国际知名企业海尔集团、海信集团及青岛红星集团到贵州发展，辐射带动配套企业50多家，解决了近2万人就业。2009年青岛又有20多家企业到贵州投资实业。浙江结合国家东桑西移产业转移战略，大力支持企业到四川发展。东西产业联动正在改变过去多年存在的西部各类资源单纯向外的流向，显示出新一轮发展的热点和趋向。

二是经贸互动。主要是东部地区利用自身优势帮助西部地区拓展市场、招商引资。天津利用“津洽会”、“融博会”等经贸平台帮助甘肃宣传发展环境、推介投资项目。上海一方面通过展示展销活动和批发市场、大型超市、连锁店等，帮助云南特色农产品开拓上海市场，另一方面组织企业到云南开展经贸考察，推动双方企业、商会、园区对接。大连在招商网上开辟栏目，介绍贵州省风土人情、资源优势和经济合作信息。珠海专门为重庆组织召开扶贫经贸合作项目推介会。广东与广西以“东盟博览会”、“广州博览会”为平台，既帮助广西投资项目，又开拓了产品市场，双方共同受益。经贸互动适用范围广，形式多样，对协作双方扩大内需、促进市场一体化作用显著。

三是技术拉动。主要是东部地区通过技术培训、合作入股等方式帮助西部地区推广新品种、新工艺及适用技术、管理模式，提高产业技术含量和发展水平。如宁波帮助贵州培育发展起杨梅产业。福建通过建菌菇制种、实验示范基地、产品冷藏及培训等多种方式，连续多年帮助宁夏发展菌草产业，目前已形成相当规模，户均增收近万元。上海市专门在昆明、文山等地建立“上海—云南技术转移基地”。辽宁在青海产业发展项目中普遍推广“协会+基地+农户、养殖生产合作社+农户”的产业化经营组织运行机制。山东在新疆投资建设产业发展与适用技术培训一体的现代农业科技示范园区和示范基地，与农户联系密切，增收效果非常明显。许多实例说明，新形势下的东西互动已不只是东部产业向西部的平行转移，而是更加注重产业升级和新产业、新组织的培育。

四是就业带动。主要是东部地区帮助西部地区开展培训、带动就业。广东与广西签订《关于加强两省区劳务合作协议书》，仅2009年就帮助广西组织劳务输出14万多人。深圳市携创技校实行到贫困地区定向招生、定单培训、定岗实习，学员先期无投入、学习有收入、就业有保证，不少学员在深圳就业几年后还返乡创业，脱贫效果很好。宁波职业技术学院专门为贵州组织农村劳动力转移培训就业招生招聘现场会，一次就提供了3500多个就业岗位，同时还与贵州共同设立人力资源公司、共同投资办学。辽宁、厦门、珠海在这方面也做了不少工作。各地采用这种方式的最大特点是直接瞄准贫困人口，既实现了就业增收，还开发了人力资源，提高了贫困人口自我发展能力。各地还有不少好做法、好经验，都值得进一步总结提炼、丰富完善。

关于东西扶贫协作的下一步工作，昨天上午张磊同志讲了总体考虑，还提交给会上一个指导意见的初稿。根据大家提出的意见我们再做修改完善，争取尽快印发。这里强调三点：

一是进一步明确目标，着力提高贫困人口和贫困地区的自我发展能力。这些年来，国家推动区域协调发展的力度不断加大，扶贫开发投入不断增加，贫困地区生产生活条件不断改善，贫困人口温饱有了制度性安排。现在的关键问题是，我们要实现全面建设小康社会的目标，必须使贫困地区贫困人口彻底摆脱贫困走上致富之路。党的十七大和国务院101次常务会议都强调要坚持开发式扶贫方针。在全面建设小康社会的新阶段，我们要不断深化对开发式扶贫方针的认识，不断丰富拓展开发式扶贫的思路和途径，创新体制机制，在这方面东西扶贫协作大有用武之地。东部要充分发挥自己的人才技术和市场开拓优势，帮助贫困地区培育市场主体、发展主导产业，使贫困地区、贫困人口不仅得到脱贫的“拐杖”，而且生长出致富的“翅膀”，在直接参与发展的实践中增长见识、提高能力、持续增加收入。我觉得这一点非常重要。一般地说，在市场经济条件下，资金匮乏主要反映的是贫困的结果，而贫困根本的原因是市场主体数量少、规模小、带动力弱、发展能力不足。东西扶贫协作双方都应该把发育市场主体、培育主导产业、提高贫困人口经济发展的参与能力作为中心任务，使贫困地区贫困人口不断提升发展的内在活力。

二是进一步突出重点，着力帮助集中连片特殊类型贫困地区开发资源、培育产业。国务院 101 次常务会议明确提出，未来十年，要争取明显改善集中连片特殊类型贫困地区的发展环境和条件，确保扶贫工作重点县农民人均纯收入年均增长幅度高于全国平均水平，逐步提高贫困人口健康生活水平和稳定发展能力。东西扶贫协作作为国家扶贫战略和政策体系的重要组成部分，要进一步把西部集中连片特殊类型贫困地区作为重点，着力帮助这些地区开发资源、培育产业。根据中央有关精神要求，经报国务院领导同志批准，最近对部分省市扶贫协作关系做了适当调整，希望协作双方在已经确定的省级对口关系的基础上，抓紧明确到重点县，以便尽快启动相关具体工作。

从发展的角度来看，集中连片特殊类型贫困地区虽然总体发展水平相对滞后，但是地域辽阔，气候条件多样，劳动力资源、自然资源、人文资源各具特色，无论工业发展、产业开发还是市场需求都具有巨大潜力和广阔空间。要重点支持发展以革命历史遗迹为载体，形成红色旅游网络；以多种动植物资源为载体，建设绿色产业基地；以民族区域优势为载体，发展特色产业园区。东西扶贫协作要树立“大资源观”，运用“大开发”理念，勇于和善于到西部集中连片特殊类型贫困地区发现和培育新的增长极。

三是进一步注重规划，着力完善东西扶贫协作工作体系。要切实加强工作体系建设。政府援助主要体现为财政援助，是东西扶贫协作的重要基础和导向。要认真总结东部省市经济社会发展和扶贫济困方面的经验，结合西部省（区、市）实际，加大政府援助力度，科学对口支援。财政援助资金应该发挥引领性、示范性、探索性作用，深圳、北京、浙江等省市以政府援助资金为企业到西部投资贷款贴息和项目补贴的做法效果很好。企业合作是东西扶贫协作的骨干力量，协作双方要采取政策引导、资金支持、舆论鼓励等多种方式，帮助东部地区企业到西部发展，通过企业合作推动人力资源开发、人才交流和产业转移。社会帮扶是推动东西扶贫协作的重要资源，要借鉴和借助已有的“光彩事业”、“希望工程”、“母亲水窖”、“关爱行动”等品牌示范效应，为社会各界参与西部地区扶贫开发搭建平台、创造机会、提供支持，鼓励开展爱心助学、义务支教、志愿服务等多种形式的社会帮扶活动。东部地区还可以发挥海外联系广泛的优势，积极动员港澳台同胞和海外侨胞参与东西扶贫协作。在重视自然资源开发的同时，要更加重视推动东西部地区党政干部、专业技术人员、企业经营管理人员、劳动力等多层次、全方位的人力资源培训和交流。特别要注意在吸收西部地区农民就业的同时，积极帮助西部地区农民工返乡创业。

协作双方要充分注意与受援地经济社会发展规划、专项扶贫规划相衔接，共同研究确定长期规划、年度计划和阶段性目标，围绕东西扶贫协作的总体目标和工作重点进一步丰富和完善工作体系。

三、确保2010年各项工作取得新进展

2010年是《中国农村扶贫开发纲要（2001—2010年）》的最后一年，也是新十年国家扶贫开发纲要的筹划之年。认真总结前十年，科学谋划新十年是当前主要任务。东西扶贫协作也要紧紧围绕这一中心来开展各项工作。

一是认真贯彻中央部署，抓紧落实相关工作。要全面贯彻落实国务院101次常务会议精神和中央援藏、援疆等一系列关于区域发展总体战略的有关精神以及2010年初全国扶贫开发工作会议的部署，主动适应新形势变化，积极按照新任务调整工作布局，抓紧搞好衔接，尽快抓好各项工作措施的落实到位，切实把东西扶贫协作双方签订的相关会议纪要、项目协议落到实处，确保2010年工作取得新的成效。

二是切实加强调查研究，及早筹划新十年工作。从现在起，要通过深入调研，对这些年来东西扶贫协作工作的经验、不足和教训进行系统的回顾总结，深入分析东西扶贫协作面临的新形势，着眼新十年，共同组织研究工作规划，进一步创新工作机制，拓展工作领域，完善工作体系。各省（区、市）对进一步加强东西扶贫协作还有什么好建议、好思路，可以随时同国务院扶贫办国际合作和社会扶贫司沟通联系。

三是加大典型宣传力度，积极筹备东西扶贫协作表彰工作。东西扶贫协作社会性和群众性强，既需要强大的物质力量，也需要强大的精神力量，有力引导全社会形成富增良心贫增志的良好风气。这就要努力营造浓厚的情感氛围、工作氛围和舆论氛围，精心组织对先进事迹先进人物的宣传表彰，发掘思想内涵，提升教育价值。2011年中央扶贫开发工作会议将对前十年扶贫开发先进典型进行表彰，我们正在抓紧研究制定表彰评选方案，希望各省（区、市）积极配合，做好工作总结，认真准备好评选推荐工作。最近，经国务院批准，广东省决定自2010年起将每年6月30日定为“广东扶贫济困日”，这是很有意义的。各省（区、市）要积极做好宣传工作，扩大先进人物先进事迹的社会影响，激励社会各界进一步关注、参与东西扶贫协作工作，努力使东西扶贫协作更有成效、有声势、有特色。

四是加强自身能力建设，不断提高工作水平。东西扶贫协作工作领域宽、协调服务量大。各省扶贫和协作部门分管领导及业务处室要从这一特点出发，刻苦提高业务能力，认真发现和更好地掌握工作规律，保持双方工作部门良好的沟通联系和高效的协调协作，为党委政府当好参谋和助手。东部省市扶贫协作部门要加强工作研究，特别是要通过深入贫困地区，增加真情实感，全面了解对口地方的有关情况，真正做到有热情、动真情、知实情，准确把握工作的切入点、着力点，提出清晰的

工作思路和建议，并注重运用东部的发展经验，会同对口省扶贫部门抓好落实。西部省（区、市）扶贫办要积极做好组织协调、信息沟通、政策衔接和相关服务，特别是要以开放的心态、宽广的胸怀、战略的眼光从各个方面积极配合支持东部地区企业到西部投资兴业，带动贫困人口稳定脱贫致富。

同志们，党中央国务院高度重视东西扶贫协作工作，各有关省（区、市）党委政府和广大人民群众对我们寄予厚望，我们一定要进一步增强责任感，不断解放思想、开拓进取，努力开创东西扶贫协作新局面。

附录（四）
全球减贫与发展概况

千年发展目标进展综述

（本部分由刘丽川根据联合国《千年发展目标进展综述》整理）

2000年《千年宣言》是国际合作的里程碑，不断激励着各国努力向前发展，并已改善了全世界数以亿计人的生活。2010年，世界各国领导人将再次相聚联合国，审查千年发展目标进展情况，评估存在的障碍和缺口，并商议具体的战略和行动，以期在2015年实现千年发展目标的全部八项目标。这些目标代表着全世界每一个体所应享受到的作为人的需要和基本权利，包括摆脱极端贫穷和饥饿，享有素质教育、生产性且有尊严的就业以及良好的卫生和住房、妇女无需冒生命之忧进行生育的权利、环境可持续性发展作为优先领域以及男女两性能平等共处。各国领导人也保证要在广泛的领域建立全球合作，以实现这些普世目标。

千年发展目标综述展示了迄今为止所取得的进展和成果。也表明，只要一个国家自主的发展战略、政策和计划能得到国际发展伙伴的支持，这些目标是可以实现的。同时，我们也必须清楚地认识到，穷人生活的改善仍低得令人难以接受，而且前期所艰难取得的一些成果正遭受着气候变化、食品和能源危机的侵蚀及伤害。

全世界拥有促其发展的必需的资源和意识，以确保那些甚至最贫穷的国家，让那些受到病疫、地理上的分隔或内乱所阻遏的国家，也具备实现千年发展目标的能力。

实现这些目标事关每个人。这些目标若落空的话，将使全世界存在的贫困风险成倍增加，包括不稳定的局势、疾病传播以及环境恶化。如果能如期实现这些目标，则将使这个世界运行在一个更加稳定、更加公正以及更为快速的轨道上。

几十亿人民正期待着国际社会能实现千年宣言中所体现的伟大愿景。让我们遵守那份誓言。

联合国秘书长　潘基文

概　　要

信守承诺

在距实现千年发展目标日期还有五年的时候，世界各国领导人齐聚联合国审查千年发展目标进展情况，共商至2015年时为实现千年发展目标而加快行动的路线。

许多国家都在继续向前发展，包括一些最为贫穷的国家，这表明与贫困进行斗争而确定大胆的集体目标产生了积极效果。建立这样一个定量且有时限的问责框架，对于已经受惠于此的每一个生命个体而言，千年发展目标确实发挥了重要的作用。

但是，由于有的承诺未兑现、资源不充分、缺乏工作重点和问责制以及对可持续性发展不够执著，使很多领域存在不足。由于缺乏全球性商品以及经济和金融危机，许多此类不足之处变得更加严重。

不过，下文呈示的数据和分析所提供的较为清晰的例证表明，只要采取有针对性的干预措施，并持续得到充分的资金和政治承诺，在这些领域还是可以取得快速进展的。但在其他领域，最贫穷的群体以及那些没有接受过任何教育或生活在较偏远地区的人们则被忽略了，并且没有提供任何条件供他们改善生活。

循着既往成功继续努力

沿着实现千年发展目标而集体付出的努力已经在很多领域取得了进展。2008 年前展现的积极性趋势已经使一些目标走上正轨。发展中地区的经济增长仍保持强劲的势头，向一些最具挑战性的国家学习成功经验，千年发展目标的实现仍在我们掌控之中。

——减贫的进展仍在继续，尽管由于2008—2009 年的经济衰退以及食品和能源危机而遭受了一些挫折。发展中地区作为一个整体，仍循着轨道有望至 2015 年实现减贫目标。整体贫困率到 2015 年预计仍将降至 15%。也就是只有约 9 亿 2 千万人届时还将生活在国际贫困线以下，而这一数字为 1990 年的一半。

——在许多最贫穷国家，尤其是撒哈拉以南非洲，提高儿童入学率的目标取得了重大进展。

——一些关键的干预性举措取得了显著的进步，如控制疟疾和艾滋病毒、麻疹免疫接种，并将儿童死亡人数从 1990 年的 1260 万降低到 2008 年的 880 万。

——在 2003—2008 年期间，接受抗逆转录病毒治疗的人数增长了 10 倍，从 40 万增加到 400 万，相当于 880 万需要艾滋病毒治疗总人数的 42%。

——资金支持大量增加以及更有力的承诺以控制疟疾，已经使疟疾干预措施加快实施。在整个非洲，更多的社区受益于蚊帐的保护，更多的孩子能够得到有效药物的治疗。

——由于各种植树活动以及森林的自然扩展，砍伐森林的速度尽管仍高得惊人，但也似乎有所减缓。

——农村地区使用改善水源的不断增加，已经缩小了与城市的差距，后者的覆盖面一直保持 94% 的水平，自 1990 年以来几无变化。然而，供水安全仍是一项挑战并急需解决。

——移动电话在发展中地区继续增长，并更多地用于电子银行、灾害管理和其他服务于发展的非语音运用。至 2009 年末，移动电话渗透率已经达到 50% 的标准。

缩小差距

尽管取得了一些进步，但很不均衡。如果不实施重大的推进措施，大部分地区的很多目标将无法实现。新旧挑战的存在进一步使一些领域的进展迟滞，甚至迄今所取得的成果也有可能付诸东流。

气候变化的严重冲击正殃及最为弱势的群体，而他们对于现今的气候问题是最不应负责任的。自然灾害导致的死亡或致残风险以及经济损失在全球范围内正不断上升，而且大都集中于贫穷国家。武装冲突仍是人类安全和实现千年发展目标的一项主要威胁。难民营中的众多人口所能改善生活的机会有限。2009 年，由于冲突或迫害使 4200 万人流离失所，其中 4/5 在发展中国家。

在 2000—2002 年以及 2005—2007 年期

间，由于一些地区降低饥饿发生率的进程减缓甚至逆转，营养不良人口的数量继续上升。约有1/4的5岁以下儿童体重不达标，主要原因是缺乏食物尤其是优质食品，供水、卫生和保健服务不足以及照看和喂养方法的落后。据估计，2005年仍有14亿人口生活在极端贫困中。而且，全球金融危机的影响很有可能还会延续，也就是说在2015年甚至更远的2020年，贫困率仍会略高于经济危机爆发前世界经济稳步增长的情形。

性别平等和赋权妇女是千年发展目标的核心领域，也是克服贫穷、饥饿和疾病的前提条件。但是，所有层面的进展都很缓慢，从教育到参与政治决策无不如此。

实现千年发展目标也要求对那些最为脆弱的群体多加关注。需要采取如下政策和干预措施，以消除贫富之间、农村或偏远地区或贫民窟居民与城市富裕居民之间，所长期存在或甚至增加的不平等现象，关注并帮助那些因地理位置、性别、年龄、残疾或种族原因的弱势群体。

——在所有发展中地区，农村地区儿童体重不达标的可能性要超过城市地区。在拉丁美洲和加勒比以及部分亚洲地区，这一不平等现象从1990—2008年上升了。

——最富裕家庭和最贫穷家庭之间的差距仍相当巨大。在南亚，最贫穷地区60%的儿童体重不达标，而最富裕家庭的这一比例仅有25%。

——在整个发展中地区，20%最贫穷家庭的女孩失学的可能性超过最富裕家庭的3.5倍，是最富裕家庭的男孩的4倍。

——即使在那些接近实施普及小学教育的国家，残疾儿童也大都被拒之门外。

——产妇健康在贫富之间的差距是最为明显的领域之一。在发达国家，几乎所有的接生都由训练有素的卫生工作人员负责，而在部分发展中国家只有不到一半的妇女能接受这种服务。

——在孕期能否接受护理的不平等现象也是相当引人注目的，最富裕家庭的妇女在产前至少光顾一次具有训练有素工作者的卫生部门，孕期接受护理的可能性是最贫穷妇女的1.7倍。

——缺乏教育是获取必要手段改善人民生活的另一个主要障碍。比如，贫穷和受教育的不平等与居高不下的青少年生育率是交织在一起的，这既损害了女孩子自身的健康，又减少了她们改变自身的社会地位和经济际遇的机会。

——具有初中教育水平的妇女使用避孕工具的可能性是那些没有接受任何教育的妇女的4倍。对于那些最贫穷家庭和没有文化的妇女，十年内几乎没有任何进步。

——发展中地区只有约一半的人口使用改善的卫生设施，解决这种不平等现象将对好几个千年发展目标产生重大影响。城乡之间的差距是惊人的，农村地区人口的卫生设施覆盖率只有40%。而最富裕的20%的家庭有大约77%的人口使用改善的卫生设施，而最贫穷家庭的这一比例只有16%。

迈向2015年

千年发展目标是迄今为止向全世界最为弱势群体所作出的最为重要的诺言。源于千年宣言的千年发展目标问责框架，使得为建设一个亿万人民有尊严且更为健康的生活，并为创造一个有利于和平与安全的环境，而产生的承诺和合作水平是史无前例的。

千年发展目标仍有可能实现。现在的

关键问题是，如何大大加快我们在十年中所司空见惯的步伐。过去十年的经验提供了充分的例证，证明了哪些是可行的路径，并为我们提供了到2015年实现千年发展目标的工具。2010年9月份召开的千年发展目标峰会，是世界各国领导人将这些例证转化成具体行动议程的良机。

经社事务副秘书长　沙祖康

目标1　消灭极端贫穷与饥饿

具体目标　1990—2015年，将每日收入低于1美元的人口比例减半

全球经济危机阻碍了发展中世界减少贫困的速度

1990年和2005年每天生活费低于1.25美元的人口比例（百分比）

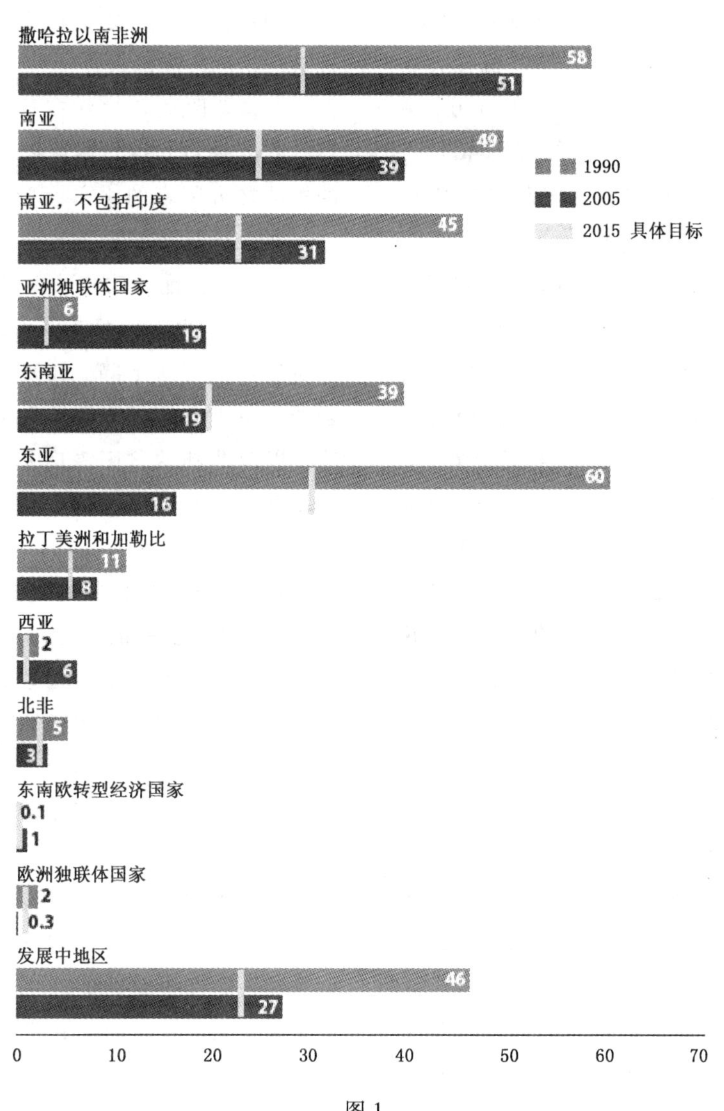

图1

21世纪开端前5年的强劲经济增长，使发展中地区每天生活费不足1.25美元的

人口，从 1990 年的 18 亿减少至 2005 年的 14 亿，贫困率从 46% 下降至 27%。而 2008 年肇始于北美和欧洲地区发达经济体的全球经济危机，引起出口和商品价格的突然下降，减少了贸易和投资，使发展中国家的增长放慢。不过，到 2015 年，总体贫困率预计仍然可下降至 35%，这意味着届时将有约 9.2 亿人生活在国际贫困线下，只相当于 1990 年贫困人数的一半。

来自世界银行的最新估计显示，相对于没有经济危机的情形，这场危机在 2009 年使极端贫困人口额外增加了 5000 万，在 2010 年极端贫困人口将再增加约 6400 万，且主要在撒哈拉以南非洲、东亚和东南亚。此外，危机的影响可能持续下去，从 2015 年或至更久的 2020 年，贫困率将稍高于危机爆发前世界经济稳步增长的情形。

最快及最剧烈的贫困下降继续发生在东亚地区。中国的贫困率预计至 2015 年将降低到 5% 左右。印度也同样对减少全球贫困作出了很大贡献。按每天 1.25 美元贫困线计算，该国的贫困率预计从 1990 年的 51% 下降到 2015 年的 24%，而极端贫困人口数量可能会减少 1.88 亿。除撒哈拉以南非洲、东欧和中亚的部分地区外，所有发展中地区预计都将达到千年发展目标的第一个目标。这些地区之所以不能如期实现贫困率下降的目标，是因为撒哈拉以南非洲等地区在 20 世纪 90 年代增长缓慢以及东欧和前苏联的一些国家由计划经济向市场经济过渡，导致了贫困率在以前较低的水平上有所增加。

缺乏高质量的定期调查以及调查结果报告迟缓，严重妨碍了贫困监测。这种差距在撒哈拉以南非洲尤为严重，该地区超过一半以上的国家缺乏足够的数据与整套千年发展目标进行全面比较，太平洋和加勒比小岛屿国家的情况亦如此。调查不仅可以提供平均收入或消费的重要信息，还可以提供贫困分布的变化。由于 2010 年的贫困估算结合了 31 个新的家庭调查，并将这些新的调查与去年的增长预测相结合，且考虑了金融危机的影响，结果显示总贫困人口指数将在 2015 年下降 0.5 个百分点，即从 15.5% 下降到 15%。只有得到确切的、及时的数据，才可以提供实现千年发展目标进展情况的准确报告。

贫富差距测量生活在贫困线以下的人口的收入缺口。虽然国际贫困线是按典型的极端贫穷国家的水平设置的，许多人的生活甚至还达不到这一水平。经济增长和收入或消费分配的改善减少了贫困的深度。自 1990 年以来，除西亚以外，贫困的深度在所有地区有所下降。2005 年，生活在贫困线以下人口的平均收入为 0.88 美元。撒哈拉以南非洲的贫困深度是最严峻的，但 1999 年以来出现了下降，达到了东亚地区 1990 年的水平。

减少灾害风险的投资能产生长期效益，包括千年发展目标的进展

由自然灾害造成的死亡或伤残以及经济损失的风险在全球范围内都在增加，并集中在较穷的国家。减少这种风险可以产生乘数效应，加速实现千年发展目标。海地、智利和中国的地震以及巴西的洪水，造成了严重的人员伤亡，显示出使建筑环境更能抵御潜在的地震和气候（或与天气有关的）灾害的必要性。

城市化、气候变化和生态系统退化使自然灾害的损失增加，抵御风险能力最差的国家所遭受的损失也最惨重。据估计，低收入和中等收入国家的人口，所面临自然灾害造成的死亡风险占全球的97%，而这些国家还必须遭受相对于其经济规模来说更高的经济损失。据报道，从2008年开始到2010年3月，自然灾害造成47万人死亡，经济损失估计超过2620亿美元（不包括2010年）。在经济受自然灾害影响程度较高和很高的国家中，小岛屿发展中国家和内陆发展中国家分别占60%和67%。

危机前，贫困的深度在几乎每个地区都有所下降

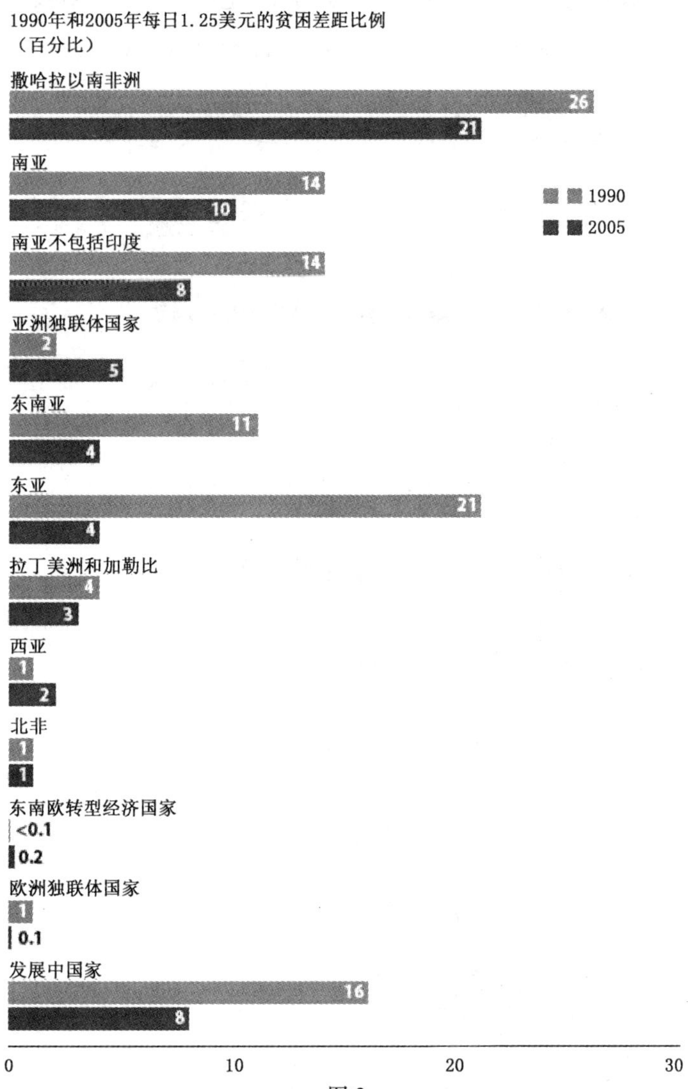

图2

各国的经验表明，为减少灾害风险而增加的投资能产生长期效益，包括减少未来损失，避免重建以及诸如更有活力的生计、更具适应力的社区，受保护的和有生产力的生态系统等综合收益。在秘鲁，将增加投资减少风险纳入到发展过程中，成本效益比率已从1：1提高到1：37。从1960—2000年，中国花了31.5亿美元用于减少洪水灾害造成的影响，由此估计避免了120亿美元的损失。

2007 年美国房地产泡沫的破裂和随后的全球金融体系的瘫痪，并在 2009 年演变为全球经济和劳动力市场危机。一连串的危机使经济瘫痪，减少了企业的能力，迫使千百万人失去工作。因经济危机而失去工作的穷人队伍膨胀，许多工人屈就于更不稳定的工作。

具体目标　使包括妇女和青年人在内的所有人都享有充分的生产性就业和体面的工作

由经济危机引发的劳动力市场的恶化，导致了就业急剧下降

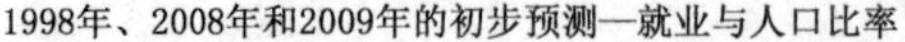

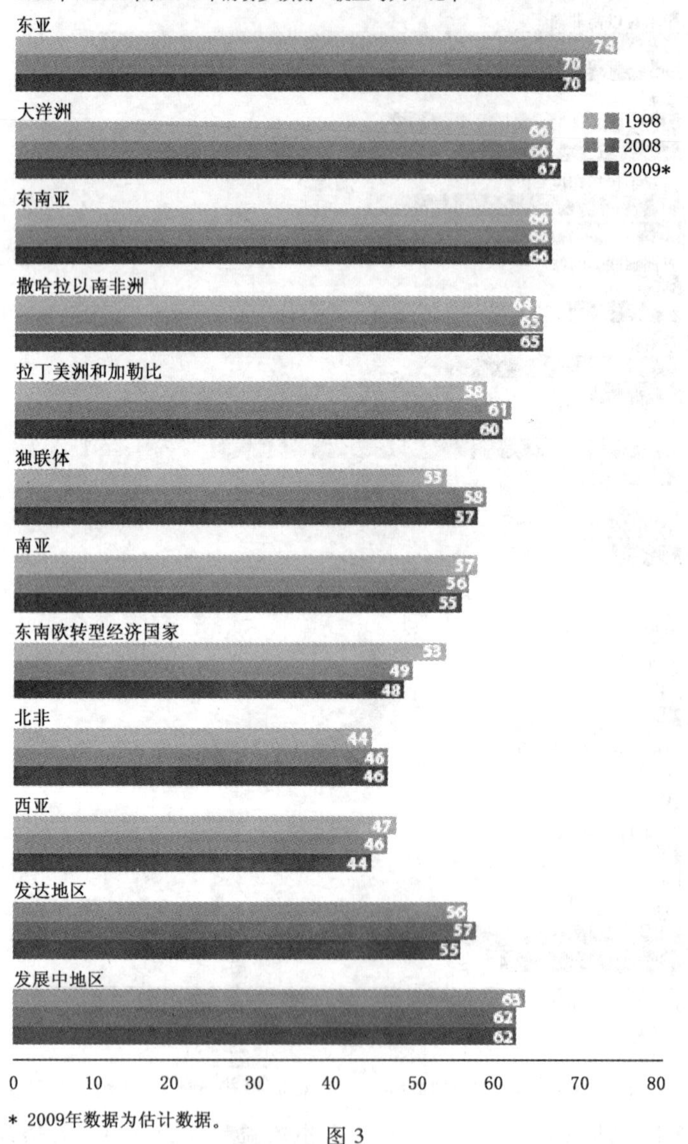

图 3

随着危机的加深，政府采取刺激措施抑制经济活动的下滑，减轻了因全球经济危机致使工作机会丢失的影响。各国应对危机的协同行动，在避免产生更大的社会和经济困难方面发挥了重要作用。然而，许多国家劳动力市场仍在继续恶化，并将可能危及过去10年里在获得体面劳动方面取得的很多进展。

经济的恶化导致了就业与人口比例急剧下降。此外，2009年的劳动生产率也在下降。

在大多数地区，国内生产总值的跌幅甚至超过了就业的下降幅度，导致每个工人的产量减少。初步估计表明，除北非、东亚和南亚外，所有地区的工人人均产出都出现负增长。工人人均产出跌幅最大的地域为欧洲独联体国家、东南欧转型经济国家以及拉丁美洲和加勒比国家。劳动力产出不断下降使工作条件恶化，并使经济危机前劳动生产率已经很低的地区，例如撒哈拉以南非洲的工人的困境更加恶化。

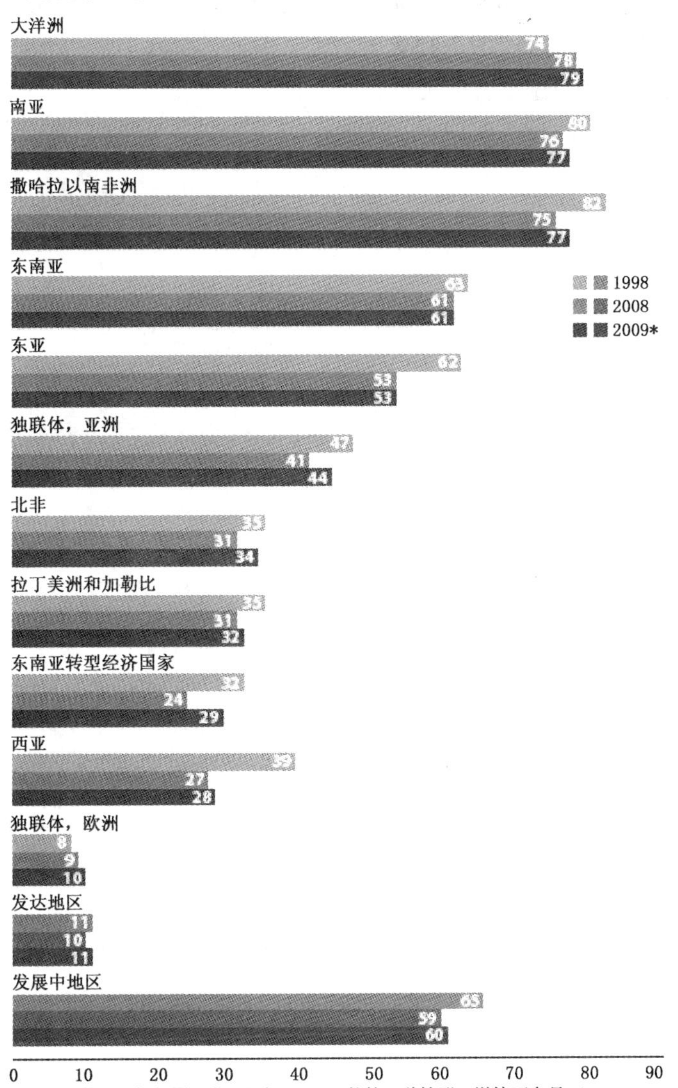

图4

金融危机后劳动力市场日益恶化的状况，中断了不稳定就业下降的积极趋势。对于很多失去了工作的有薪酬工人以及在经济危机中首次进入劳动力市场的求职者，为自己工作和无报酬为家庭工作成了他们的最后选择。

那些从事“不稳定职业”的人，即为自身工作和为家庭工作的人，通常不受正式工作安排的约束。因此，他们更有可能缺乏由体面的就业而带来的福利，例如没有足够的社会保障以及无法求助于有效的机制进行公平的对话。不稳定就业的特点往往是，收入不足、生产率低和不合标准的破坏基本劳工权利的工作条件。

经济危机之前，大洋洲、南亚和撒哈拉以南非洲地区超过 3/4 的工人，缺乏带薪酬的工作所能提供的就业安全。2009 年，这场危机有可能进一步增加了这些地区从事不稳定职业工人的人数。国际劳工组织（ILO）估计，2009 年全球不稳定就业率在 49% 和 53% 之间，这意味着全世界有 15 亿到 16 亿人口为自己工作或无偿为家庭工作。

经济危机以来，更多的工人和他们的家庭生活在极端贫困中

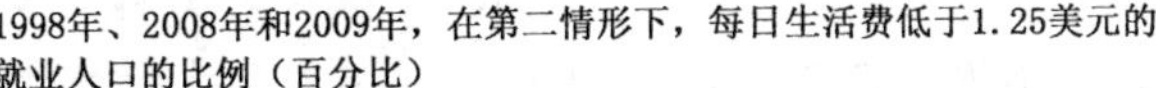

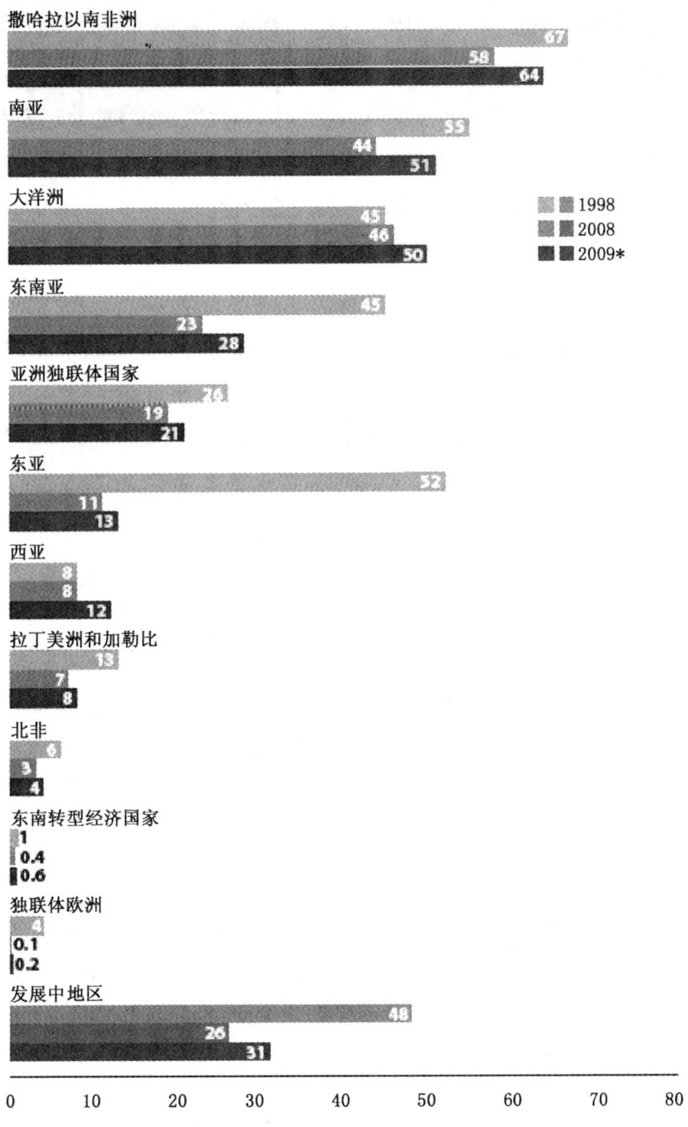

* 2009年数据是根据国际劳工组织的第二种情形。详情可参见mdgs.un.org

图 5

“工作的穷人”是指那些就业但其家庭成员人均日生活费低于 1.25 美元的人。这些工人中的大多数所从事的工作，缺乏社会保障和安全措施，无法抵御经济需求下降时的不利影响，而且他们往往没有足够的储蓄渡过难关。由于不稳定职业的特征往往是低效率的工作，而全球金融危机已导致人均产出下降，工作中穷人的贫困

数量很可能也由此增加。因此，若循历史趋势延续（情形 1）而使 2009 年工作穷人的比例小幅下跌的情况，将不太可能兑现。相反，据估计，在 2008—2009 年，额外增加的占世界工人总数 3.6% 的人口正面临滑入贫困线以下的危险，这种上升情形是惊人的，也是多年稳步进展后出现的倒退。

最大的负面影响最有可能出现在撒哈拉以南非洲、南亚、东南亚和大洋洲，这些地区的极端贫困就业人口在第二种情形下已经增长了 4 或 4 个以上百分点。这些估计数字反映的事实是，在危机发生前，这些地区许多工人仅勉强生活在贫困线以上。在撒哈拉以南非洲，大部分工人（63.5%）在这种情形下都面临滑落至极端贫困线以下的风险。

全球粮食和金融危机的许多可怕后果之一是饥饿可能在 2009 年飙升

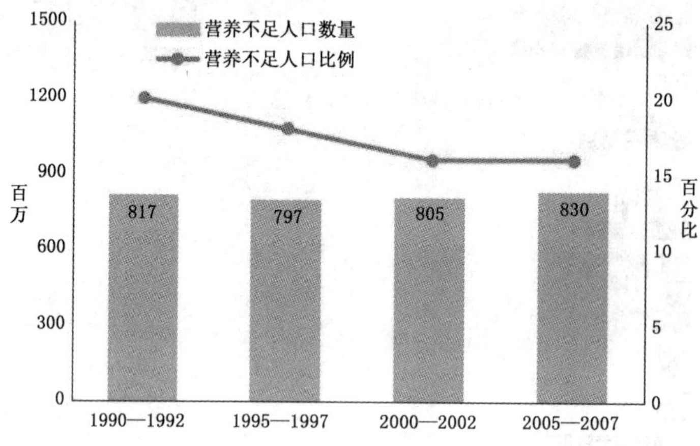

图 6

1990 年以来，发展中地区已经在实现减少一半饥饿人口的千年发展目标方面取得一些进展。从最近时期显示的数据看，营养不足人口从 1990—1992 年的 20% 下降到 2005—2007 年的 16%。但是，这种进展自 2000—2002 年已陷入停滞。减少饥饿发生率的总体进展还不足以减少营养不良的人数。在 2005—2007 年，即所评估的最后一个时期，仍有 8.3 亿人营养不良，比 1990—1992 年的 8.17 亿人有所上升。

2008 年不断上涨的粮食价格和 2009 年的金融危机可能使局势进一步恶化。联合国粮农组织估计，2008 年营养不良的人口可能高达 9.15 亿人，2009 年则将超过 10 亿人。

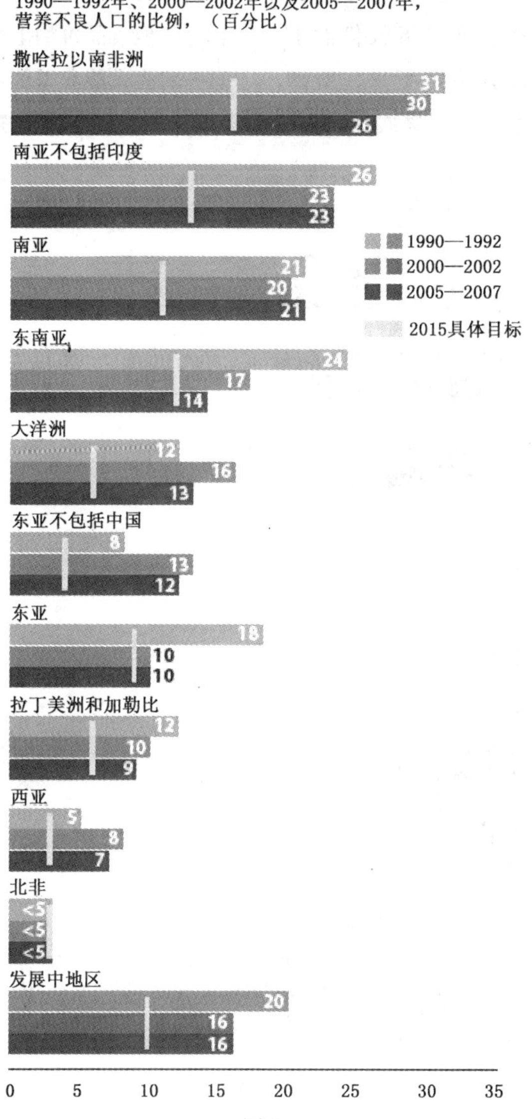

图 7

在粮食和金融危机爆发以前，一些地区在实现“2015 年以前减少一半营养不良人口”方面进展良好。在 2005—2007 年，东南亚已经接近这一目标，并取得许多项进展，拉丁美洲和加勒比以及东亚地区的情况也是如此。东亚地区的进展主要归功于中国在减少饥饿方面的贡献。饥饿的发生率在撒哈拉以南非洲也有所下降，但下降的步伐不足以弥补人口增长所带来的饥饿率，这一切都延缓了该地区在实现千年发展目标方面步入正轨。

在 2008 年最初的粮食危机爆发后，2009 年大宗食品的价格仍然很高。与此同时，由于经济衰退导致失业率上升，贫困家庭的收入下降。这两种危机导致了贫困消费者的有效购买力大为削减，而他们原本就在基本食品上需要花费很大部分收入。

虽然国际粮食价格在 2008 年下半年持续下滑，但是消费者粮食价格指数仍然上升。国际粮食价格还没有稳定下来，新的粮食危机的威胁已然显现。

全球可供应粮食总量在 2008—2009 年比较好，但食品价格上涨以及就业和收入减少则意味着穷人能获得的粮食也相应地有所减少。

尽管取得了一些进展，发展中世界 1/4 的儿童仍然体重不达标

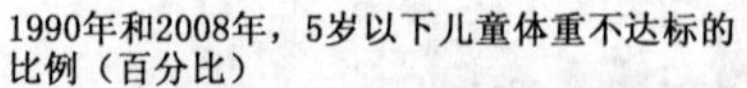

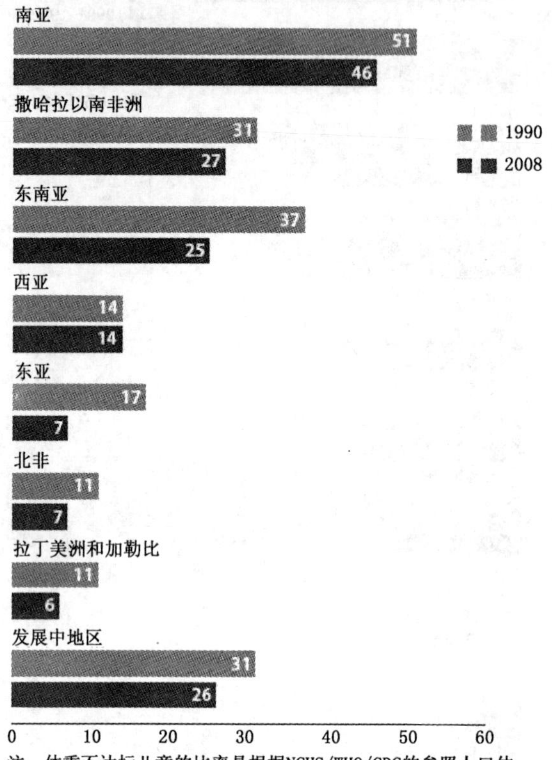

注：体重不达标儿童的比率是根据NCHS/WHO/CDC的参照人口估算的。联合国儿童基金会（UNICEF）正根据世界卫生组织（WHO）新的儿童生长标准转换整个儿童营养不良数据库。

图 8

从 1990—2008 年，发展中地区 5 岁以下体重不达标儿童的比例从 31% 降至 26%。除西亚以外，所有地区在减少体重不达标儿童比例方面已取得进展。东亚、拉丁美洲和加勒比以及亚洲地区的独联体国家已达到或接近千年发展目标，并且东南亚和北非也正在步入正轨。

进展虽在继续但其步骤还没有快到实现千年发展目标的程度。目前还无数据以充分显示粮食和金融危机对儿童体重不达标率的影响，但实现千年发展目标可能进一步受到威胁已成定局。

到 2015 年将儿童体重不达标率从 1990 年的基础线减少一半，这需要采取加速和协调一致的行动，以扩大干预措施，有效地与营养不良作斗争。在儿童一生的关键阶段采取一些简单且经济有效的干预措施，可以在减少营养不良方面产生长远影响，例如在出生一小时内母乳喂养，出生头6个月完全母乳喂养，6—24个月适当地补充喂养和补充微量营养素。

5岁以下儿童营养不良仍然十分普遍，主要是由于缺乏食品和达标的食品、供水不足、缺乏卫生和保健服务以及非最优的抚育和喂养方式。如不在这些方面取得改善，进展将是有限的。例如在南亚，喂养方式往往很差，达标食品短缺十分常见。除此之外，近2/3的人口没有良好的卫生设施，而且近一半人口露天便溺，造成儿童腹泻反复发作。此外，超过25%的婴儿在出生时体重不达标。很多这样的儿童将永远都没有可能在营养状况上赶上来。这些因素使南亚儿童体重不达标十分普遍，46%的儿童体重不达标率为世界之最。

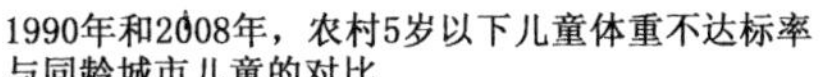

农村地区儿童体重不达标的可能性几乎是城市地区儿童的两倍

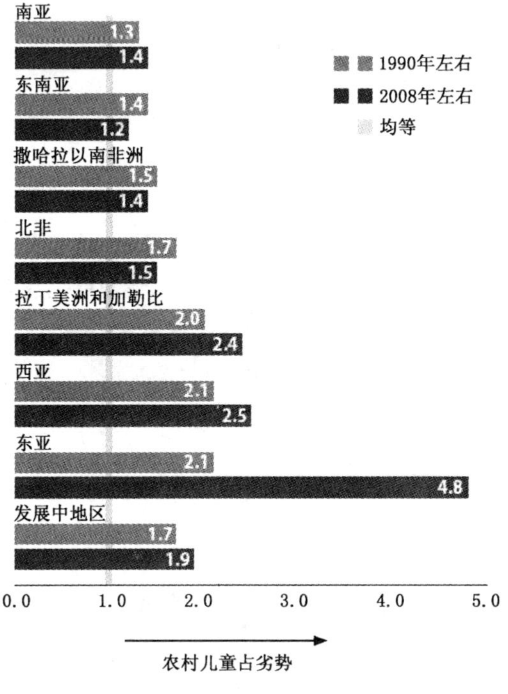

图9

在所有发展中地区，农村地区儿童比在城市和城镇中生活的儿童体重不达标的几率更高。亚洲及拉丁美洲和加勒比的部分地区，在1990—2008年期间，城乡相对差距实际上有所增长。在东亚，农村与城市的比率显著增加，从2.1增加到4.8，这表明2008年农村地区儿童体重不达标的可能性几乎是城市地区儿童的五倍。但东亚地区在农村和城市都已经实现了使体重不达标率比1990年减少一半的目标：在城市只有2%的儿童体重不达标，农村儿童中则有9%的儿童体重不达标。

东南亚、撒哈拉以南非洲和北非地区已成功地在农村地区更为迅速地减少了儿童营养不良现象，并缩小了与城市人口的差距，这表明更公平的进展确实是可行的。

在一些地区，体重不达标儿童的比例在穷人中高得惊人

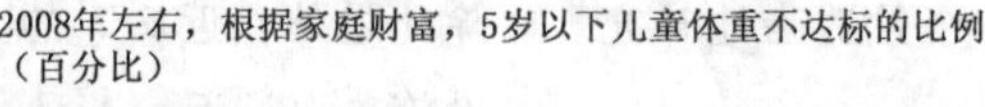

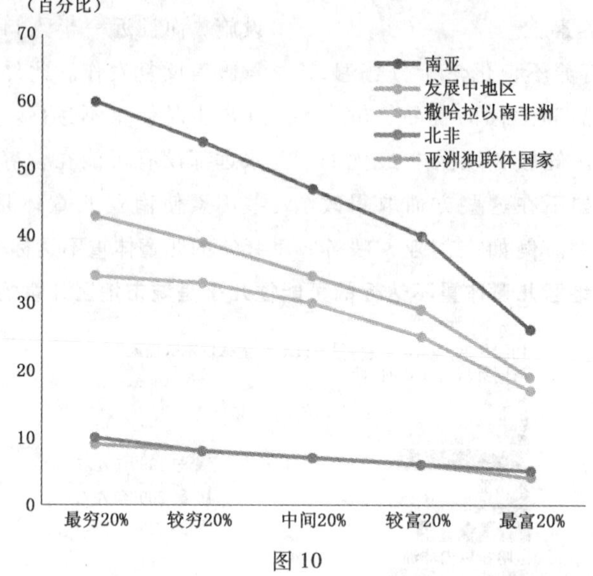

图 10

在整个发展中世界，来自最贫穷家庭的儿童体重不达标的可能是最富裕家庭儿童的两倍。这一差距在儿童体重不达标率高的地区最为显著。南亚就属于这种情况，该地区最贫穷家庭高达 60% 的儿童体重不达标，相比之下，最富有家庭只有大约 25% 的儿童体重不达标。

超过 4200 万人因冲突或迫害背井离乡

2000—2009年，难民和国内流离失所人员的数量（百万）

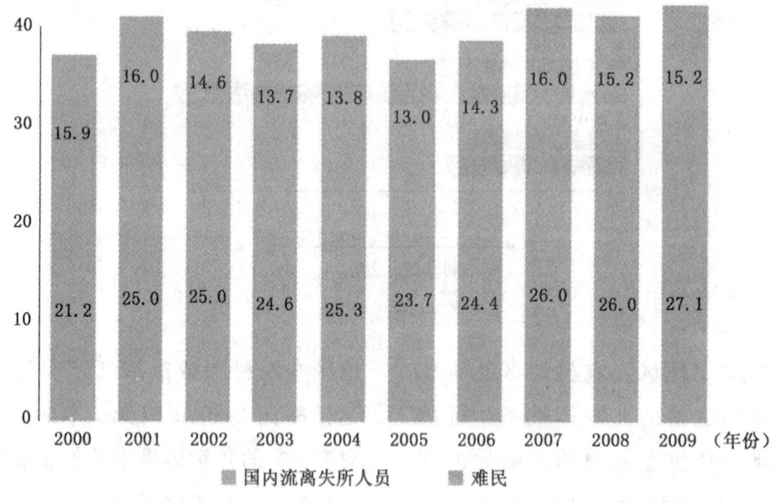

图 11

冲突是人类安全和来之不易的千年发展目标成果的一个重大威胁。冲突结束后的相当时期，大批难民仍会滞留在难民营，就业和教育机会有限，且医疗服务也很缺乏。毫不奇怪，难民往往以最基本的生活援助为生，苦挨着贫穷和无法实现生命潜力的生活。

目前有超过 4200 万人因冲突或迫害流离失所。其中，1520 万是难民（居住在原籍国以外），2710 万人在自己的国家里流离失所。2009 年，发展中国家接纳了全球难民人口的 4/5，包括联合国难民事务高级专员署（UNHCR）庇护下的 1040 万人以及联合国近东巴勒斯坦难民救济和工程处（UN-RWA）负责的 480 万巴勒斯坦难民。

在过去两年中，难民人数一直保持相对稳定在约 1500 万人，这种情况部分是由于缺乏持久的解决办法造成的。2009 年，大约 25 万难民能够自愿返回自己的家园，是过去 20 年来的最低水平。阿富汗人和伊拉克人继续成为联合国难民署所负责的最大难民群体，到 2009 年年底分别达 290 万和 180 万人，合计几乎占难民署所庇护难民总数的一半。

目标 2 普及小学教育

具体目标 确保到 2015 年，世界各地的儿童，不论男女，都能上完小学全部课程

尽管许多贫穷国家实现了巨大的进步，2015 年实现普及小学教育的希望渺茫

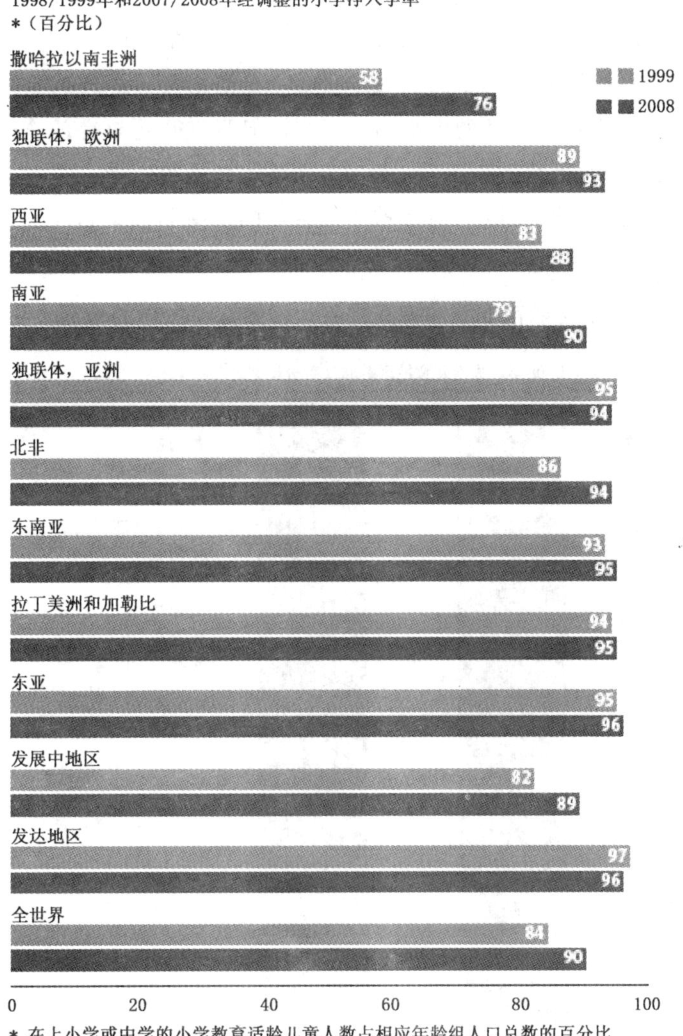

图 12

小学入学人数继续上升，在发展中地区达到8%。但是，前进的步伐尚不足以确保所有女孩和男孩在2015年以前完成小学全部课程。

要按期实现这个目标，所有达到小学正式入学年龄的儿童必须在2009年左右入学，当然这取决于小学基础教育的长度和学校是否能让学生全程完成小学教育。但在一半有数据可查的撒哈拉以南非洲国家中，2008年至少有1/4的小学适龄儿童失学。

要实现在2015年以前完成小学普及教育目标，各国还必须确保有足够的教师和教室以满足需求。从现在起至2015年，仅在撒哈拉以南非洲，所需新教师的人数就等于该地区目前的教师队伍数量。

尽管存在这些挑战，许多地区仍然取得较好成绩。虽然撒哈拉以南非洲的入学率仍然是所有地区中最低的，但亦增加了18个百分点，从1999年的58%增至2008年的76%。南亚和北非也取得了进展，在过去的十年中，这两个地区的入学率分别增加了11个百分点和8个百分点。

甚至连一些最贫穷的国家也取得了重大进展，其中大多在撒哈拉以南非洲。布隆迪取消小学收费使小学入学率自1999年以来增加了3倍，并在2008年达到99%。同样，坦桑尼亚同期入学率也增加了1倍。危地马拉、尼加拉瓜和赞比亚也突破了90%的门槛，向普及初等教育迈进了一大步。

促使儿童迈进校门是非常重要的第一步。但要获得受教育的全部好处，他们必须继续在学校上课。在一半有数据可查的撒哈拉以南非洲地区中，30%以上的小学生在上完最后一年之前退学。

撒哈拉以南非洲和南亚是绝大多数儿童失学的地区

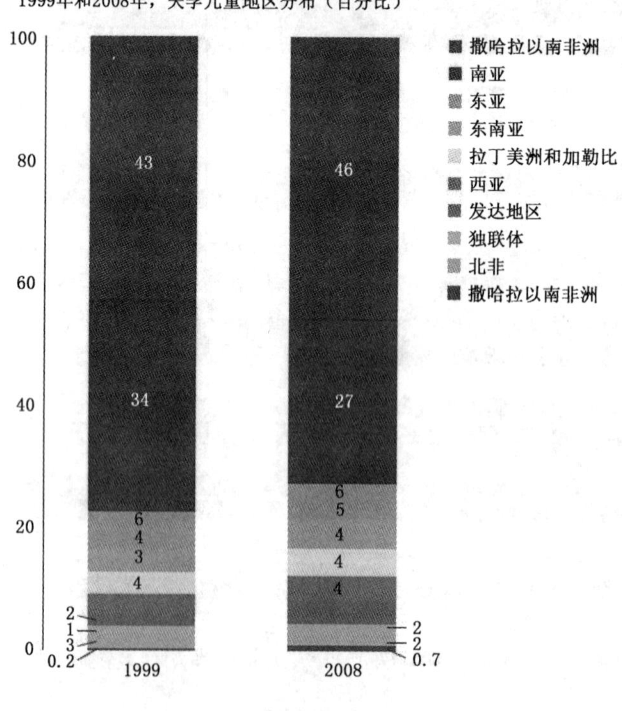

图13

学龄儿童数量继续上升，辍学儿童的总数也正在减少。从1999年的1.06亿降至2008年的6900万。这些儿童的几乎一半（3100万）是在撒哈拉以南非洲，另有1/4（1800万）在南亚。

失学人口的性别差距也有所缩小：在全球范围内，女孩在这一组人口中的比例从1999年的57%。下降至2008年的53%。然而，在一些地区，这一比例更大，如非洲北部的失学儿童中女孩比例为66%。

不平等阻挠了在普及教育方面取得进展

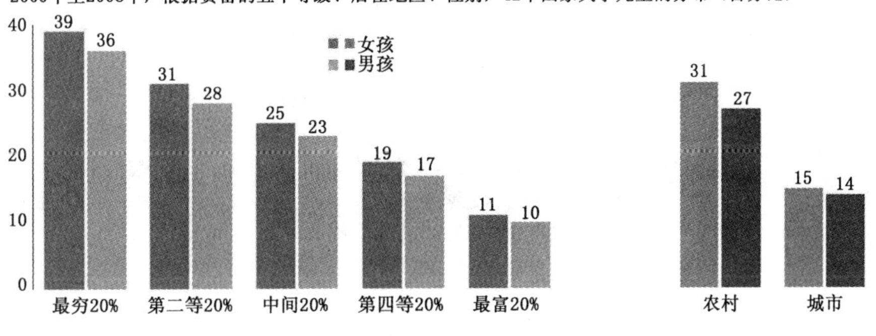

图14

来自42个国家的住户数据表明，农村儿童失学的几率是居住在城市儿童的两倍。数据还显示，城乡差距在女孩中略大于男孩。但是教育最大的障碍是贫穷。女孩在最贫穷的20%的家庭受教育的机会最少，她们失学的几率是最富有家庭女孩的3.5倍，是最富有家庭男孩的4倍。相比所有其他群体，最富裕家庭的男孩失学的可能最低（10%）。

儿童失学的原因众多，主要是费用。社会和文化障碍也很普遍。在许多国家，教育女孩被普遍认为不如教育男孩有价值。而且全世界的残疾儿童比同龄的非残疾儿童面临更有限的受教育机会。

在不同发展水平的国家中，“残疾和边缘化”在教育上的联系是显而易见的。在马拉维和坦桑尼亚，残疾会使一个孩子永远不能上学的概率增加一倍，在布基纳法索，这一风险会增加到2.5倍。即使在已接近达到普及初等教育目标的一些国家，那些被排除在初等教育之外的大多数为有残疾的儿童。在保加利亚和罗马尼亚，7—15岁儿童的净入学率，在2002年超过90%，但在有残疾的儿童中仅为58%。

目标3　促进男女平等并赋予妇女权力

具体目标　争取到2005年消除小学教育和中学教育中的两性差距，最迟于2015年在各级教育中消除此种差距

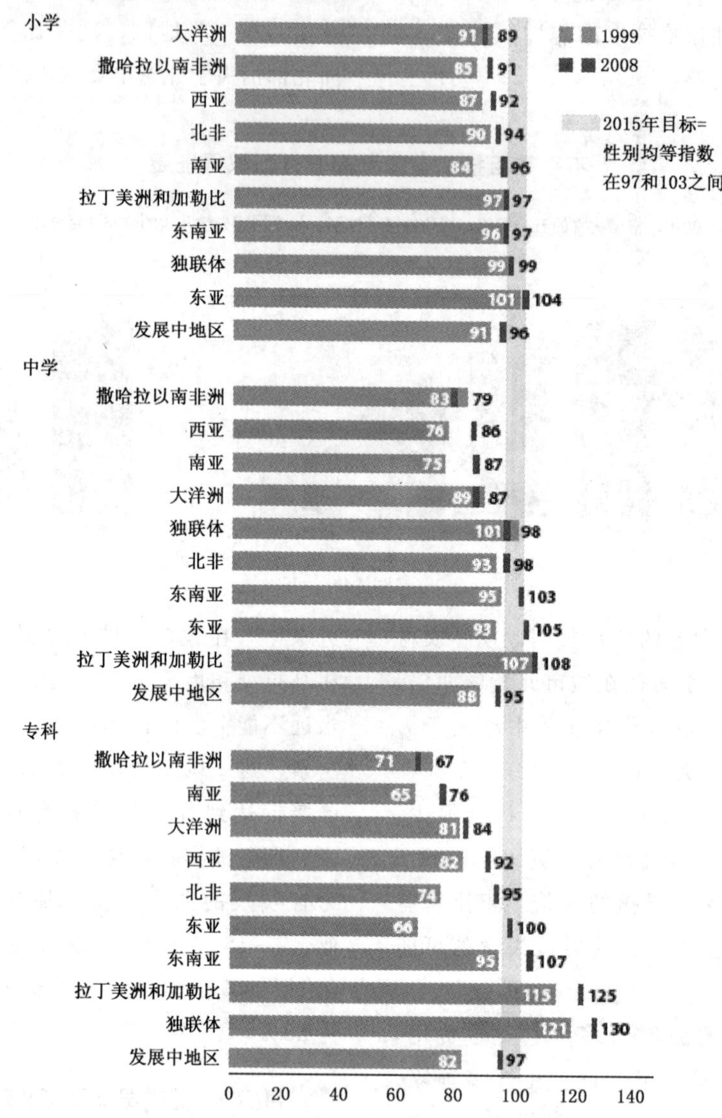

图 15

从总体上看，发展中地区的教育入学率接近性别平等。2008 年男女小学入学比率为 100 : 96，中学入学比例为 100 : 95。1999 年，这两个比率则分别为 100 : 91 和 100 : 88。尽管有所进步，但是，在 2005 年应达到的“在小学和中学教育中的性别平等”这一目标，对许多发展中国家来说仍是不可企及的。

在小学教育方面，最严峻的挑战在大洋洲、撒哈拉以南非洲和西非。

在中学教育方面，入学的性别差距在三个总体入学率最低地区最为显著：撒哈拉以南非洲、西亚和南亚。与此相反，在拉丁美洲和加勒比地区、东亚和东南亚，就读中学的学生中，女孩数量要超过男孩。

在高等以上教育方面，发展中地区男女比率接近平等，即每100个男孩对应有97个女孩入学。这很大程度上是由于在独联体国家、拉丁美洲和加勒比地区、北非和东南亚，接受高等教育的女孩数量超过男孩。但在其他的一些地区，在大学和学院就学的男孩的数量要远远超过女孩。例如，在撒哈拉以南非洲和南亚，每100个男孩，分别对应67个和76个女孩就读于高等院校。

其他在高等教育方面的性别不平等与学习的专业有关：在人文和社会学科，女生比例偏高；在科学、技术尤其是工程专业，女生人数显著不足。数据还显示，以完成学业作为衡量教育成果而言，女性通常要低于男性。

贫困是教育的一个主要障碍，对年龄较大的女孩而言尤为如此

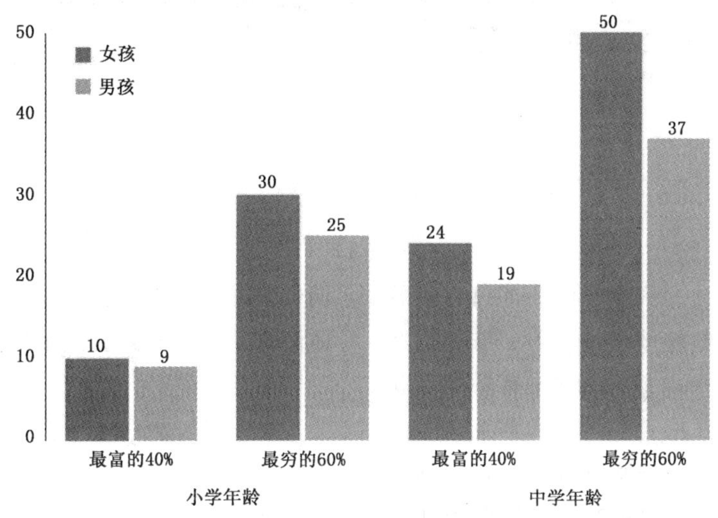

图16

贫穷使女孩在教育方面处于明显的劣势。来自于最贫穷的60%家庭的小学学龄女童失学的可能性是那些来自最富有家庭的3倍。她们就读中学的机会更是渺茫，而且一般年龄较大的女孩更有可能辍学。来自最贫穷家庭的女孩在中学时辍学的数量，是较富裕的同龄人的两倍。

住户调查数据还表明，农村地区的女孩在获得教育方面面临更多的挑战，而且在中学学龄组中，性别差距更大。

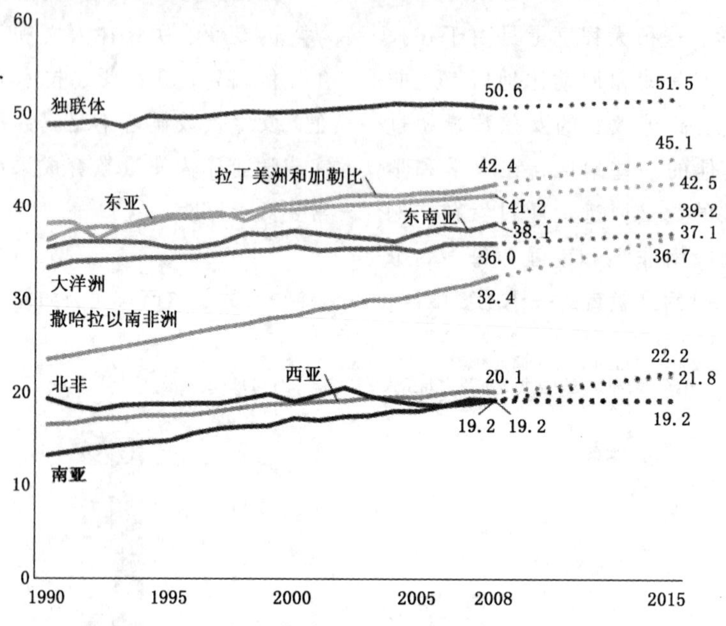

图 17

全球范围内，从事非农业部门有酬就业的妇女比例在继续缓慢上升，该比例在 2008 年达到 41%。但在某些地区的妇女就业严重滞后。在南亚、北非和西亚，非农业部门就业人数中妇女只占 20%。劳动力市场的性别平等也是撒哈拉以南非洲地区所关注的问题，在该地区从事非农业有酬工作的妇女仅占全部工作职数的 1/3。

但是，即使妇女在有薪工人中所占比例较大时，也并不意味着她们拥有安全和体面的工作。事实上，通常女性的薪酬低于男性且工作较不稳定。

在一些以从事农业为主的国家中，妇女主要从事农业劳动，并大部分从事不稳定性较脆弱的工作，如以自给自足的种田为生或作为无报酬的家庭工人或自营工作者，很少甚至没有财务保障或社会福利。

妇女大多屈尊于更脆弱的就业方式

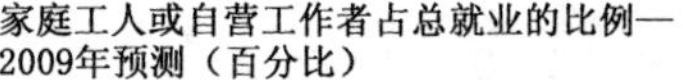

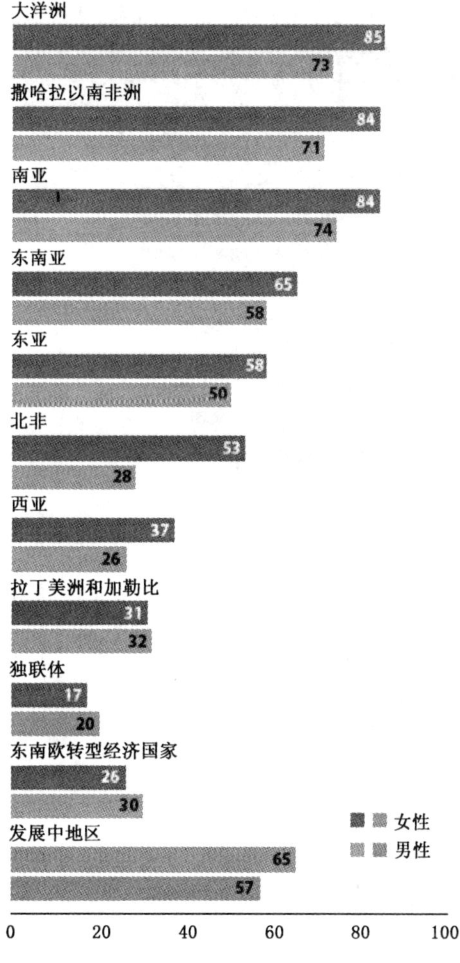

图 18

2008 年的金融危机和初级产品高价格侵蚀了世界各地的劳动力市场。很多人且不分男女都失去工作，失业率大幅上升，尤其是 2009 年上半年。不过，据最新的数据表明，失业上升的比例已出现放缓趋势。然而，妇女从事临时工作的比例畸高，而且在许多发展中国家，大量的妇女在出口导向型的制造业就业，这样也会导致妇女失业率偏高。

这场危机已引起对妇女失业水平的关注，而现有工作岗位的质量也令人担忧。许多失去工作且原先有薪酬的就业者以及很多在金融风暴中首次加入劳动大军中的求职者，已转为自营或从事无偿的家庭工作，导致工作条件日益恶化，并且比最贫穷人群的工资更低。女性比男性则更有可能从事不稳定性的工作，在妇女有偿就业机会最低的那些地区如西亚和北非，这种差距尤为明显。

妇女从事非正式就业的比例偏高，缺乏各种福利和社会保障

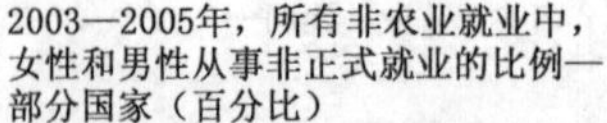

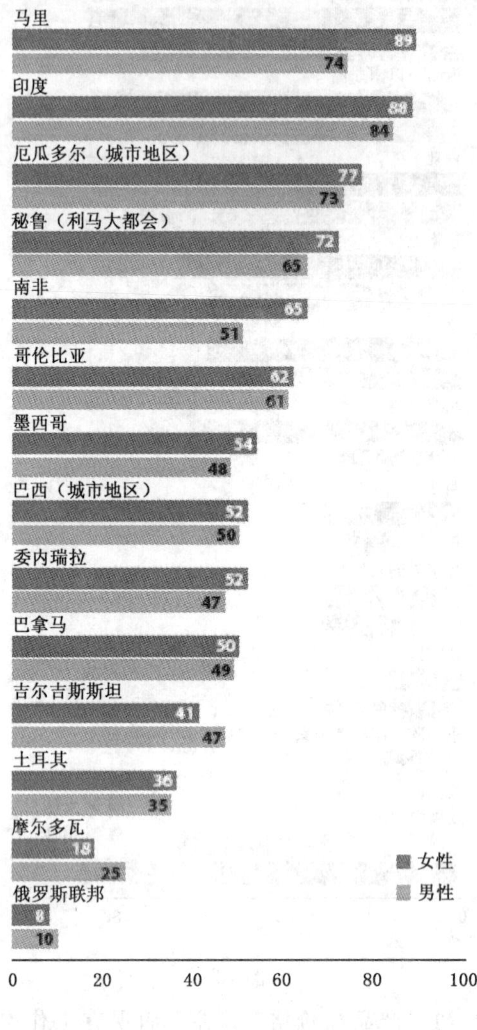

图 19

最近的金融危机削减了正规部门的工作机会，这很有可能导致了非正规就业的激增。在一些发展中国家，超过 80% 的工人从事非正式工作：即为非正式部门的企业所有者、家庭工人或无书面合同或无社会保障福利的雇员（包括居家工作的分包工人和家庭服务员）。在大部分国家，妇女从事非正规职业的人数偏多。

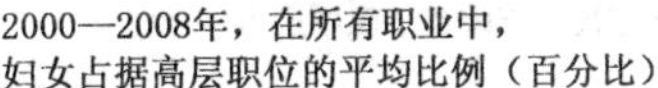

高层职位仍然主要由男性占据

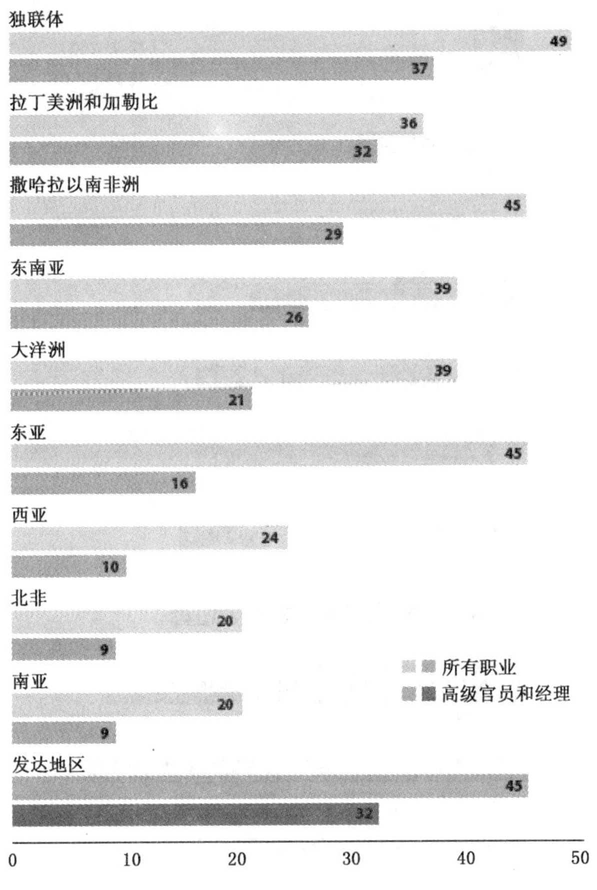

图 20

1990—2008 年，尽管妇女在从事农业以外的行业中得到有酬工作的人数在增加，但就总体而言，妇女仍然很难得到较高职位。高层职位即高级官员和经理，仍然以男性为主。在全球范围内，高级官员或经理中由妇女任职的仅占 1/4。高级工人中的妇女人数极少，在全部十个地区中只有三个地区的妇女在这些职位中占 30% 或更高。在西亚、南亚和北非，由妇女担任的高层职位不到 10% 。

妇女的政治权力在缓慢提高，但主要通过配额和其他特别措施提升

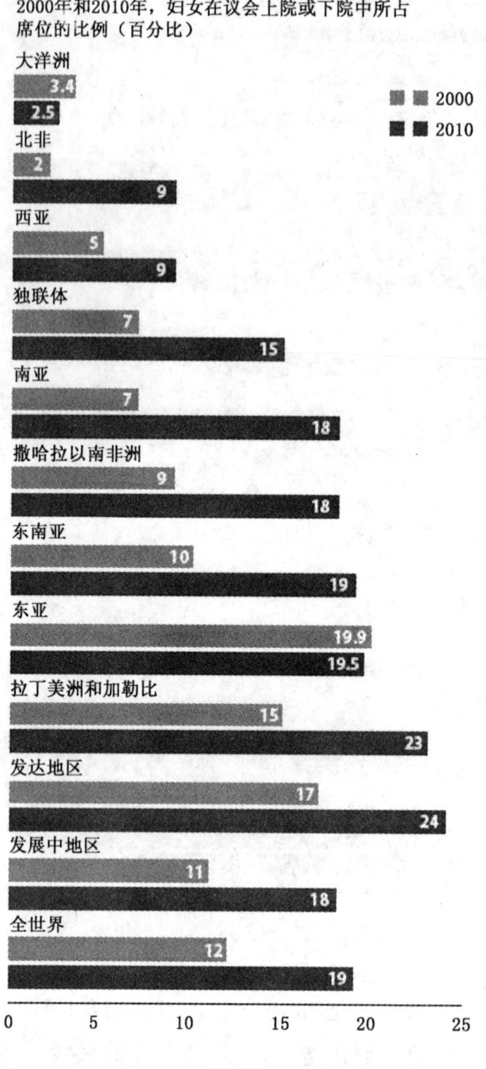

图 21

妇女在议会中所占的比例，就全球而言继续缓慢增长，并在 2010 年达到了 19% 的新高。这一比例较 1995 年增加了 67%，当时全球只有 11% 的议员是妇女。但是目前的比例还远低于原拟定的要在 1995 年实现的妇女占领导岗位 30% 的目标，与千年发展目标关于性别平等的目标相距更远。

经调查，有 26 个国家的妇女占议会下院的席位达到了 30% 或更高比例；有 7 个国家的妇女席位能占 40% 或更多。2010 年 1 月，在 269 个议会中有 35 名妇女担任议长（13%），而 1995 年只有 24 名。

随着 2009 年议会选举和改选，撒哈拉以南非洲的妇女参政又获进展，改选的席位中 29% 为妇女所有，从而使该地区的妇女占议会席位的比例平均达到 18%。在南非，下院选举中妇女占有 44% 的席位，仅次于卢旺达和瑞典。类似的妇女参政有所进展的情况，也见于拉丁美洲和加勒比地区的大部分国家，改选的席位中25%为妇女所有。玻利维亚上院中当选议员中超过40%为妇女，从而使该地区的妇女占议会席位的比例平均达到23%。

另外一种相反的情况是，经调查有58个国家的议会中，妇女占有的席位不足10%，而有9个国家的议会，根本就没有妇女的一席之地。2009年，在科摩罗、密克罗西亚联邦和沙特阿拉伯等国家的议会改选中，妇女席位仍没有任何增加。

选择制度、份额管理以及政治党派所采取的其他激励措施，仍不失为鼓励妇女参政的关键政策。2009年，凡采取以上措施的国家，当选议员中妇女的平均比例就可达到27%以上，而其他未采取如上措施的国家，这一比例仅为14%。在采取比例代表制，而非多数或多元制的国家，妇女当选的数量要高很多。

除选择制度、份额和兼顾性别的选举安排以外，受到良好培训和财务资助的女性参选人以及各政治党派和政府最高层面的政治意愿，对于克服全球议会中的性别不均衡是很关键的。又鉴于议会中男女比例仍为4：1，要实现30%的目标仍要付出很多努力。

实现妇女在政府行政部门中具有更大的代表性，这方面的进展比在立法部门还要缓慢。2010年，151个民选国家元首中仅有9位为女性（6%），192个政府首脑中仅有11位为女性出任（6%）。这比2008年有所进步，当年仅有7位女性国家元首和8位女性政府首脑。而担任部长职务的女性比例为16%，这一比例仅在30个国家中超过30%。另一方面，有16个国家没有任何女性出任部长职务。这些国家大多分布于北非、西亚以及加勒比和大洋洲。

目标4　降低儿童死亡率

具体目标　1990—2015年，将5岁以下儿童的死亡率降低2/3

儿童死亡人数在减少，但下降幅度还不足以实现目标

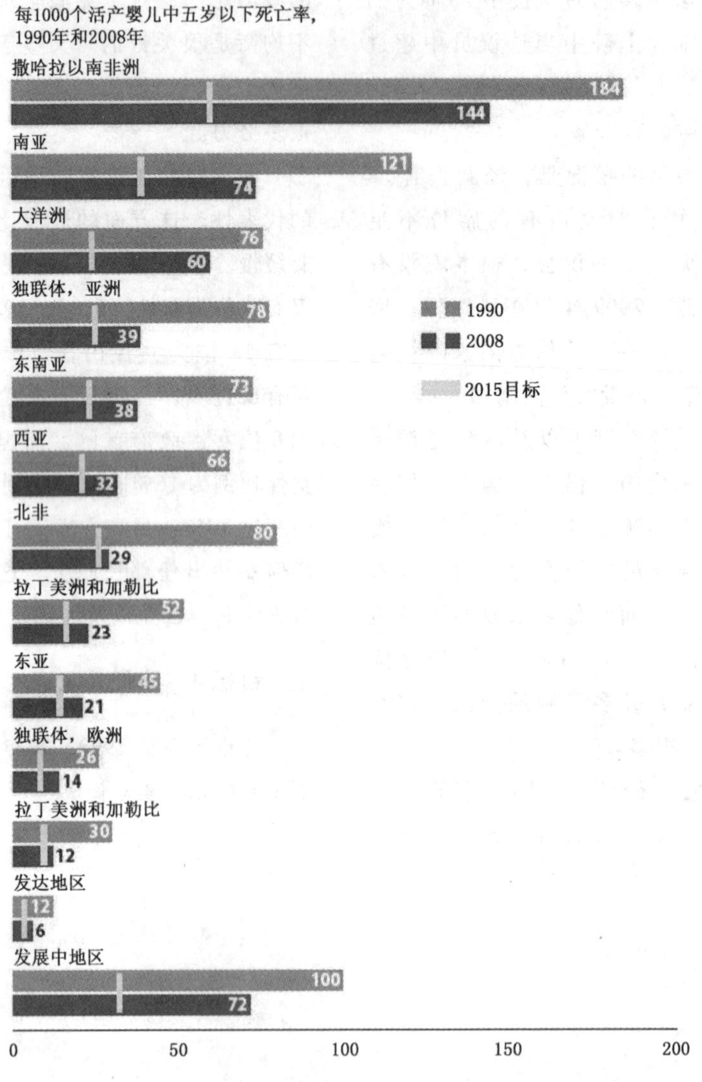

图 22

在降低儿童死亡方面取得了巨大的进步。1990 年以来，发展中国家五岁以下儿童死亡率降低了 28%：每 1000 个活产婴儿中死亡人数从 1990 年的 100 个降至 2008 年的 72 个。从全球来看，五岁以下儿童死亡总数从 1990 年的 1250 万降低到 2008 年的 880 万。这意味着 2008 年与 1990 年相比，每天减少死亡儿童一万名。一个令人鼓舞的现象是，2000 年以后的儿童死亡减少的趋势在加速：相对于 20 世纪 90 年代的 1.4%，从 2000 年到 2008 年平均每年的降低速率增加到 2.3%。

进步最大的地区是北非、东亚、西亚、拉丁美洲和加勒比以及独联体国家。但最令人瞩目的进步，则出现在一些世界上最穷的国家中。尽管面临严峻的困难，孟加拉国、玻利维亚、厄立特里亚、老挝人民民主共和国、马拉维、蒙古和尼泊尔等国，五岁以下儿童死亡率每年减少4.5%或更高。自1990年以来，埃塞俄比亚、马拉维、莫桑比克和尼日尔等国的活产婴儿死亡绝对数也在减少，每1000名活产婴儿死亡人数的下降均超过100个。

虽然取得了这些成绩，但事实上大多数儿童的死亡是可以预防或可以治疗的，不过，许多国家的儿童死亡率却仍然停留在难以接受的较高水平，近年来只取得很少进展或没有取得进展。更令人关注的是，在67个儿童死亡率较高的国家中，（定义为每1000名活产婴儿中有40个或更多死亡），只有10个国家有望实现关于儿童生存的千年发展目标。儿童死亡率最高的地区仍为撒哈拉以南非洲。2008年，该地区1/7的儿童在未满五岁之前死亡，其中尤以西部和中部非洲为最，那里的1/6儿童在未满五岁之前死亡（每千名活产婴儿有169人死亡）。2008年五岁以下儿童死亡率，每千名活产婴儿死亡超过100人的34个国家，都在撒哈拉以南非洲，只有阿富汗除外。虽然1990年以来五岁以下儿童死亡率在撒哈拉以南非洲已经下降了22%，但改善的进度仍不足以达到千年发展目标。此外，全球性的高生育率，加之仍居高不下的五岁以下儿童死亡率，导致死亡儿童的绝对数量从1990年的400万增加到2008年的440万。2008年，全球五岁以下儿童死亡人数为880万，其中撒哈拉以南非洲就占了一半。

在南亚，五岁以下儿童死亡率仍然很高，2008年大约1/14的儿童在五岁之前死亡，而且该地区进步过于缓慢，很难达到2015年的目标。

加强治疗肺炎和腹泻，同时加强营养，可以挽救数百万儿童

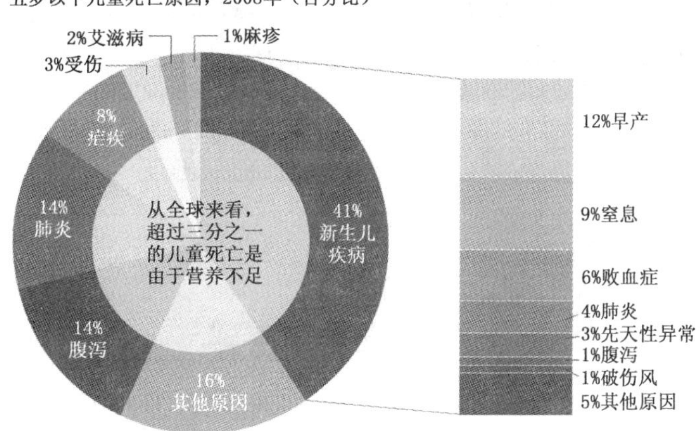

图23

肺炎、腹泻、疟疾和艾滋病这四种疾病，占2008年五岁以下所有儿童全球死亡人数的43%。这些生命大部分可以通过低成本预防和治疗措施得到挽救，包括用于急性呼吸道感染的抗生素，用于腹泻的口服补液、免疫以及使用经杀虫剂处理的蚊帐、治疗疟疾的适当药物等。需要重新注意三个主要儿童杀手中的其中两个：肺炎和腹泻。医疗新工具的使用，可以增加对抗这些常见疾病的力度，并可作为全面挽救数百万儿童的切入点，例如对肺炎球菌肺炎疫苗和轮状病毒腹泻疫苗的使用，另外，确保适当的营养是预防常见疾病的关键一环，因为营养不良会增加死亡的危险性。

如果资金缺口无法填补，控制麻疹所取得的最新进展将无以为继

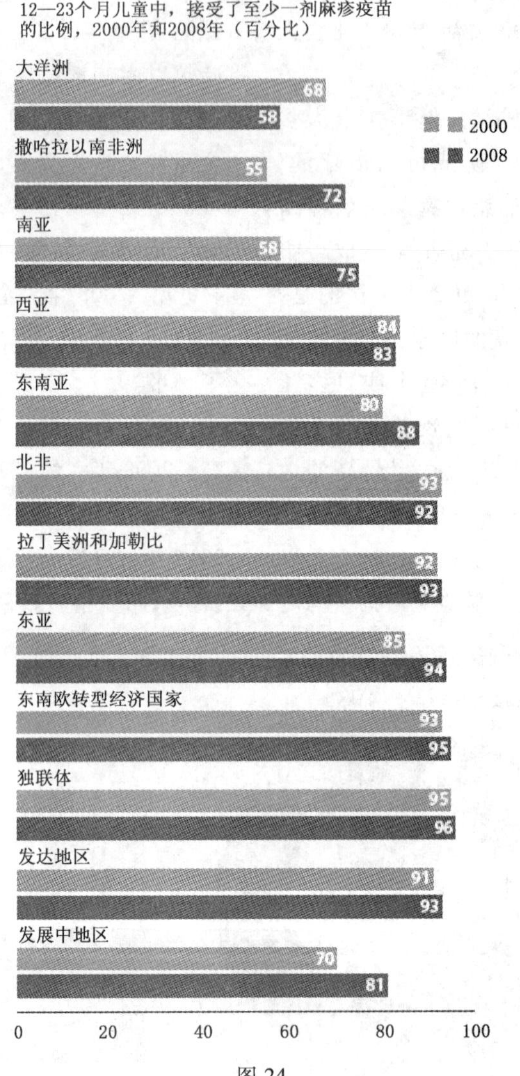

图 24

就全球而言，预防麻疹的常规是免疫接种，免疫接种率继续上升，保护了数以百万计的儿童免于这种常见致命疾病的侵害。整个发展中地区，免疫覆盖面从 2000 年的 70%，上升到 2008 年的 81%。但是，这样的总体平均水平，掩盖了在获得疫苗方面存在的显著的不平等。从 178 个人口与健康调查获得的数据表明，接种麻疹疫苗的机会在不同的社会和经济群体间存在差异，如来自贫穷的家庭或农村地区的儿童，或父母教育水平较低的儿童免疫覆盖面较低。高胎次（即有很多哥哥姐姐）也与麻疹疫苗的低覆盖率有关。除一些南亚国家外，男孩和女孩之间的免疫接种率差距不显著。

单剂量疫苗的策略不足以防止麻疹疫情爆发。截至 2008 年，一共有 132 个国家例行使用了两剂量的时间表。在那些卫生系统薄弱的国家，第二剂量在专门的推广期间提供，以确保高覆盖率。2000—2008 年，结合提高常规免疫覆盖率和提供第二剂量接种机会，导致全球麻疹死亡人数减少了 78%，从 2000 年的估计死亡人数 73.3 万人减少至 2008 年的 16.4 万人。

但是，成功可能是短暂的。麻疹控制活动经费最近已有所下降，许多重点国家都面临免疫运动资金缺口。预测表明，如果在这些国家没有补充的免疫活动资金，死亡率将迅速反弹，2010—2013 年将发生约 1700 万例与麻疹有关的死亡。然而，如果有足够的资金、政治承诺以及在优先国家高质量执行第二剂麻疹战略作保证，迄今取得的辉煌成果就能够继续保持下去。

目标 5　改善产妇保健

具体目标　1990—2015 年，将产妇死亡率降低 3/4

实现产妇的良好健康需要优质的生殖保健服务以及一系列时机适当的干预措施，以确保妇女安全渡过孕产期。由于不能提供这些服务，每年都发生数以几十万计的不必要的产妇死亡，而这令人可悲的产妇死亡数字提醒人们：妇女的地位在许多社会场合中仍然很低。

控制产妇死亡率即指由妊娠并发症或分娩导致的死亡。这仍然是很大的挑战。不少国家普遍存在系统的低报和误报现象，而估计数据更是存在很大的不确定性。不过，许多地区都在向妇女加快提供产妇和生殖保健服务。从产妇死亡率和发病率数据显示的积极态势看，都表明世界各国在完成第五项千年发展目标中取得一些进展。

产妇死亡率的新估计数正在由世界卫生组织（WHO）、联合国儿童基金（UNICEF）、联合国人口基金（UNFPA）以及世界银行进行最后审定。初步数据已显示了进步的迹象，一些国家的产妇死亡率显著下降。然而，下降率仍然远远低于达到千年发展目标所要求的 5.5%。待这些数据确定后将随即发布。

大多数产妇死亡可以避免

1997—2007年，发展中地区，产妇死亡原因（百分比）

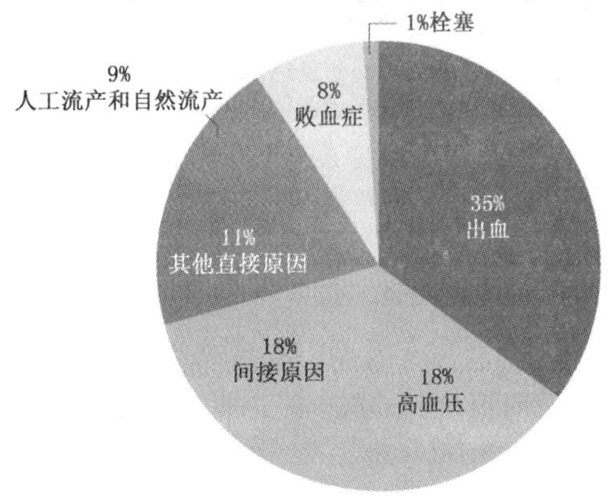

图 25

在发展中地区，产妇死亡的主要原因是出血和高血压，一半的孕妇或新生儿母亲因此丧生。间接原因包括疟疾、艾滋病毒/艾滋病和心脏病，占产妇死亡总数的18%归因于此。其他直接原因如难产、麻醉并发症或剖腹产、异位妊娠，则占在怀孕和分娩过程中全部死亡人数的11%。

这些死亡的产妇大多数是可以避免的。例如，1/3 以上的产妇死亡是由于大出血造成，而这本可以由技术熟练的医护人员在医疗设备和用品准备充分的条件下，采取一系列的干预措施来加以预防和控制。

在南亚和撒哈拉以南非洲地区，分娩尤为危险，

因当地大多数妇女分娩时无法得到专门的医护

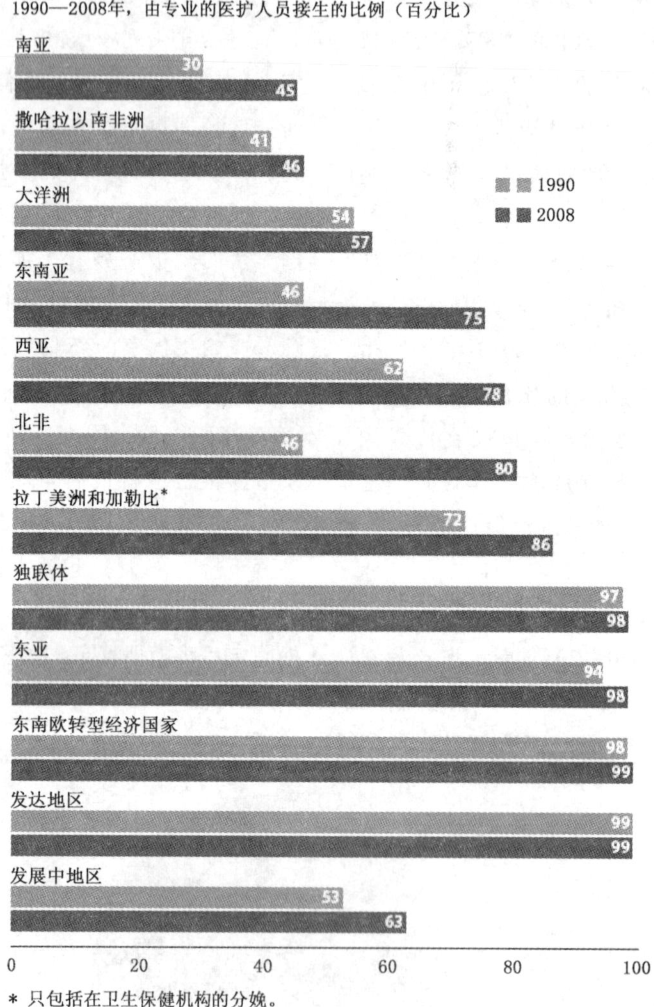

* 只包括在卫生保健机构的分娩。

图 26

发展中国家的妇女，分娩时由专业的医护人员帮助接生的比例从 1990 年的 53%，上升到 2008 年的 63%。所有地区都取得了进步，其中北非和东南亚特别显著，分别增长了 74% 和 63%。南亚也取得了进展，但该地区以及撒哈拉以南非洲地区的进展速度仍然不够。在这些地区，只有不到一半的妇女在生产时由专业的医护人员接生。

分娩过程中能得到专业护理的城乡差距已经缩小

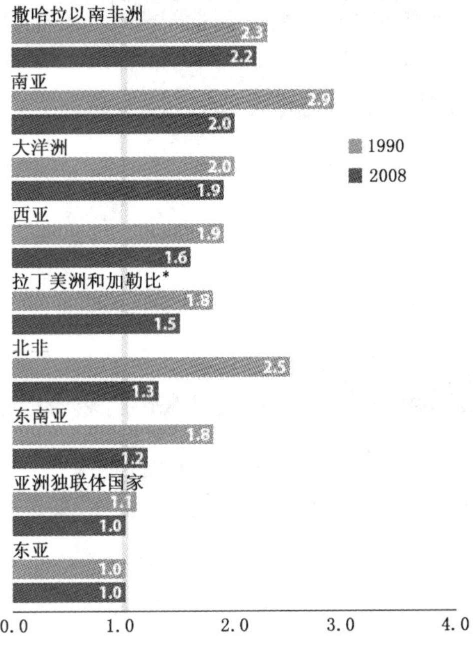

图 27

更多的农村妇女在分娩时能得到专业的医护人员的护理，从而减少了城市和农村地区长期存在的差距。例如，在南亚，1990 年城市妇女接受分娩专业护理的可能性是农村妇女的 3 倍，然而到了 2008 年，她们得到专业护理的可能性只是农村妇女的 2 倍，这表明情况有所改善。然而，不平等依然存在，特别是在专业医护人员接生比例最低和产妇死亡率最高的地区，尤其是撒哈拉以南非洲、南亚和大洋洲，这种不平等情况更为普遍。

专业护理覆盖范围的严重不平等也存在于最富有和最贫穷的家庭之间。最大的差距在南亚和撒哈拉以南非洲，在这两个地区，最富有的妇女在生产时由训练有素的卫生保健人员接生的可能性，分别是最贫穷妇女的 5 倍和 3 倍。在整个发展中地区，最富有家庭的妇女在分娩期间能接受专业护理的可能性是最贫穷家庭妇女的 3 倍。

具体目标　到 2015 年，普及生殖保健服务

更多的妇女得到产前保健

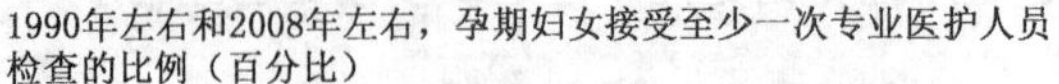

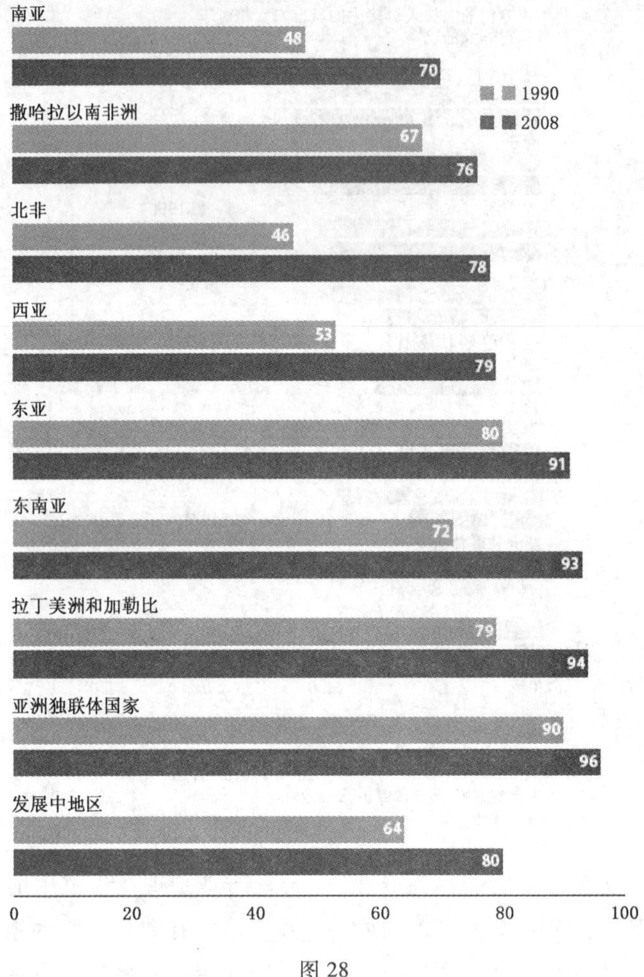

图 28

在所有地区，向怀孕妇女提供产前护理方面正在取得进展。北非地区出现了令人瞩目的进步，该地区的妇女在怀孕期间接受至少一次专业医护人员检查的比例上升了70%。南亚和西亚上升的比例据报道已接近50%。

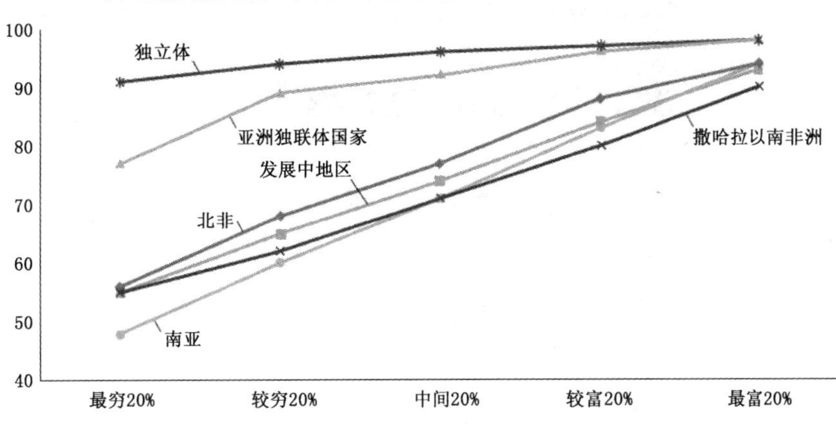

图 29

财富不等的妇女在接受产前保健方面存在的不平等也是惊人的，尤其是在南亚、北非和撒哈拉以南非洲。即使在有 90% 以上的妊娠期妇女都能得到专业护理的东南亚，最贫穷的家庭也只有 77% 的妇女得到专业护理，而在最富有的家庭，几乎 100% 的妇女都能得到专业护理。

农村和城市地区的妇女之间也存在巨大差异，尽管这种差距在 1990—2008 年有所缩小。在撒哈拉以南非洲地区，获得至少一次产前保健的城市妇女的比例从 1990 年的 84% 上升到 2008 年的 89%，农村妇女中的相应比例则是 55%—66%，这表明农村地区妇女的覆盖率正在以较快的步伐提高。

发展中地区仅 1/3 的农村妇女在怀孕期间能得到建议的护理

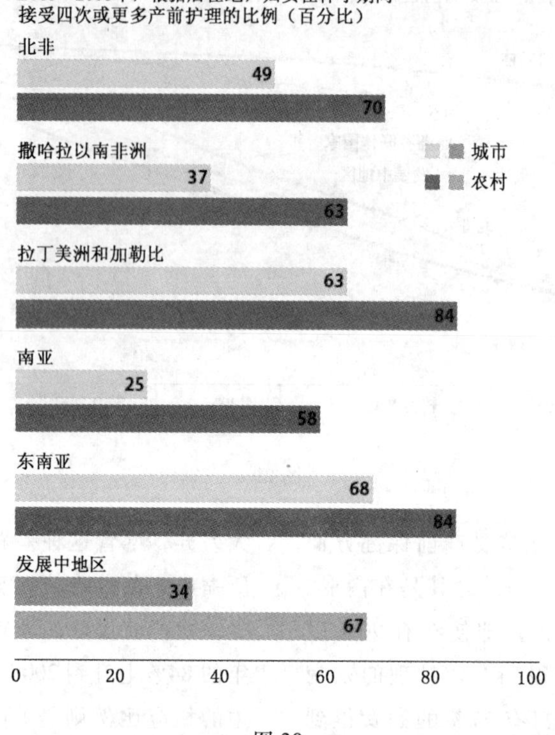

图 30

根据世界卫生组织和联合国儿童基金会建议，妇女妊娠期间应该让训练有素的医疗保健医生至少检查 4 次。但是发展中地区只有不到一半的孕妇，农村妇女则只有 1/3 的孕妇能接受所建议的 4 次检查。在南亚的农村妇女中，这一比例更是只有 25%。

在减少少女妊娠数量方面不见进展，从而危及更多的年轻母亲

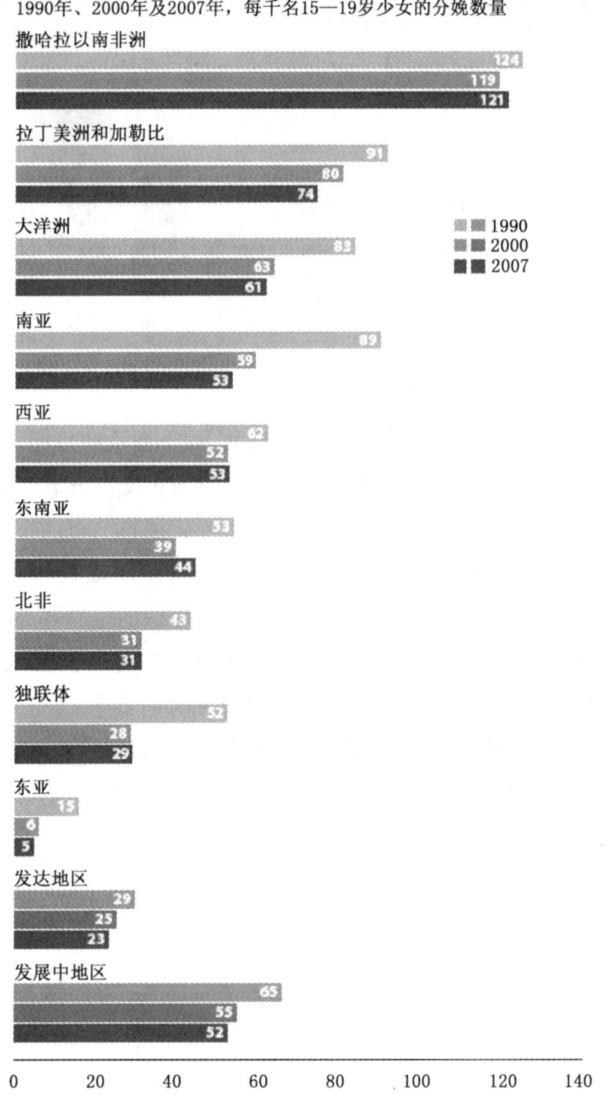

图 31

在所有地区，青少年生育率（每千名15—19岁少女分娩数量）在1990—2000年期间有所降低。但此后的进展速度已经减缓，而且在有些地区甚至出现上升。最高的青少年生育率出现在撒哈拉以南非洲地区，该地区自1990年以来几乎没有进展。总体而言，少女在获得生殖保健服务方面比成年妇女面临更大障碍。

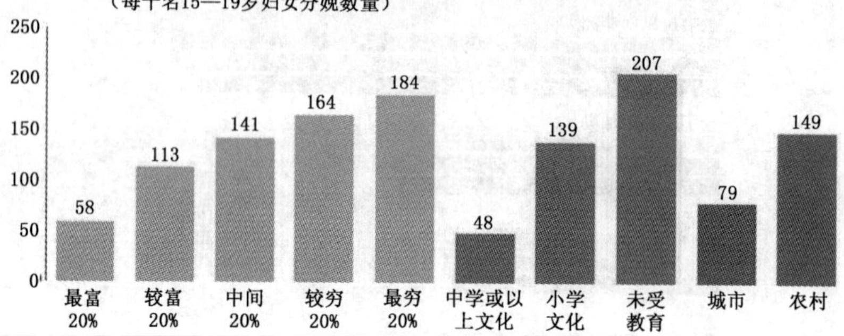

图 32

24 个撒哈拉以南非洲国家的数据表明，最贫困家庭的青少年怀孕并生育的可能性是最富裕家庭青少年的 3 倍。在农村地区，青少年生育率几乎是城市地区的两倍。但最大的差距则与教育有关，受过中学教育的女孩成为母亲的可能性最低。未受过教育的女孩生育率要高出 4 倍以上。

更令人担忧的是，随着时间的推移，差距还在不断扩大。青少年生育率在所研究的 24 个撒哈拉以南非洲国家中，有 18 个国家有所下降。然而，在有所下降的 18 个国家中，城市青少年、那些至少受过中学教育的青少年以及最富的 20% 的家庭的青少年，她们的生育率下降幅度最大。因此，这些青少年与生活在农村、教育程度较低和较穷的同龄人之间的差距，已经有所增加而并非减少。

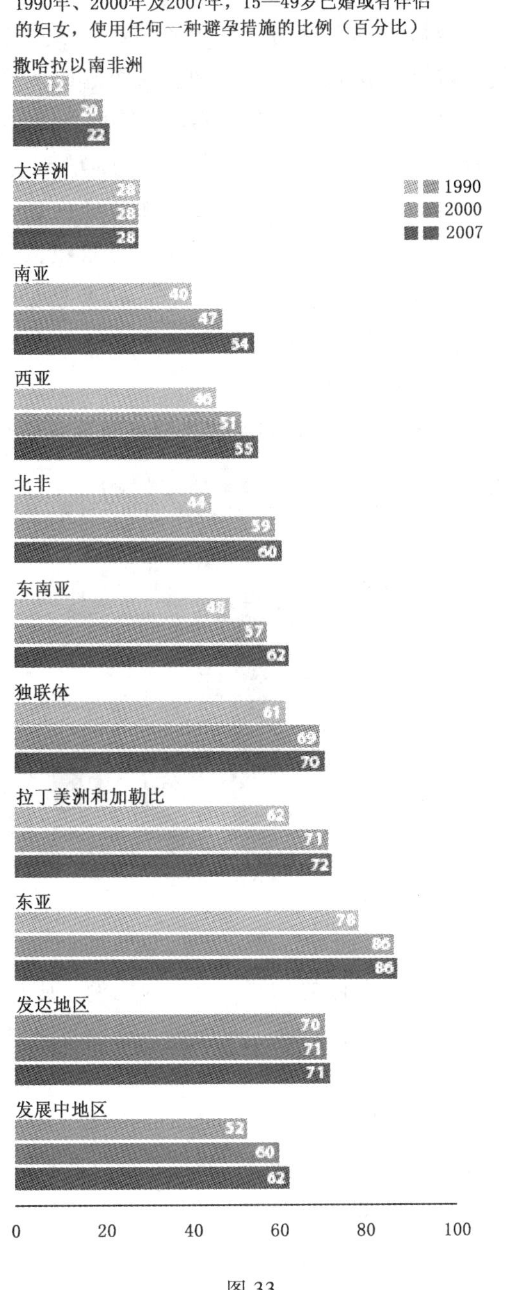

图 33

在20世纪90年代，妇女使用避孕措施几乎在每个地区都有所增加。至2007年，有超过60%的15—49岁已婚或同居的妇女使用某种形式的避孕措施。然而这个平均数掩盖了两个令人不安的趋势，即2000年以来避孕普及率的进展已经显著放缓，且各地区之间差距越来越大。从2000—2007年，几乎所有地区的避孕普及率的年增长率已经低于 20 世纪 90 年代的水平。此外，避孕普及率在撒哈拉以南非洲和大洋洲仍然非常低。而且在这两个地区中的几个分地区，传统及效果较差的避孕方法仍被广泛采用。

满足妇女的计划生育需要，也就是让那些希望推迟或避免怀孕，但目前又没有采用避孕措施的妇女，使她们能更为便利地获得现代避孕药具，从而改善产妇保健并降低孕产妇的死亡率。最近的统计表明，满足妇女的计划生育需要，能使每年的意外怀孕数量由 7500 万减少至 2200 万，由此可实现产妇死亡率每年降低 27%，预防过于频繁地怀孕和青少年怀孕，将改善妇女和女童的健康，并提高所生育的孩子的存活机会。

努力实现计划生育，这一计划的实施在大部分地区仍然居中等至偏高的状况，尤其在撒哈拉以南非洲地区。该地区 1/4 的 15—49 岁已婚或有伴侣的妇女表示，她们希望使用避孕措施但无法得到避孕药具。

使用避孕措施的比例在最贫穷和未接受教育的妇女中最低

根据1994—2003年左右的调查和1998—2008年左右的调查，在22个撒哈拉以南非洲国家中，按背景特征划分的避孕普及率（15—49岁已婚或有伴侣的妇女至少使用一种避孕措施的比例）

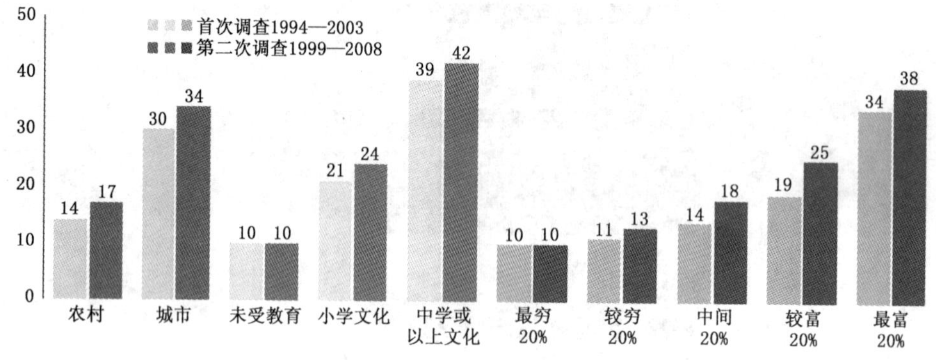

图 34

确保由于贫困以及教育水平很低的妇女能得到计划生育服务，仍然很具挑战性。从 22 个撒哈拉以南非洲国家进行的调查表明，在农村妇女中、未上过学的妇女和那些生活在最贫困的家庭的妇女中，使用避孕药具以避免或推迟怀孕的比例最低。在这些国家，受过中学教育的妇女采取避孕措施的比例，比没有受过教育的妇女要高四倍，最富裕家庭的妇女采取避孕措施的比例，也比那些最贫穷家庭的妇女要高四倍。一段时期以来，在最贫穷家庭的妇女和没有受过教育的妇女中提高避孕普及率，几乎没有取得任何进展。

用于计划生育的资金不足是实现改善妇女生殖健康目标的主要障碍

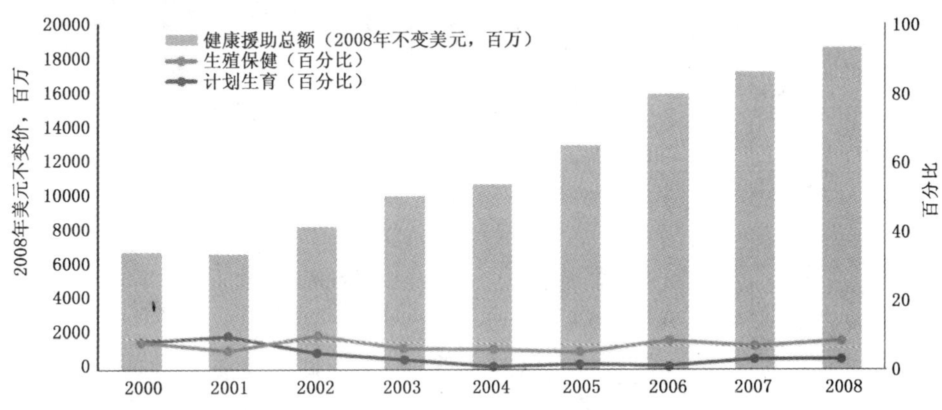

图 35

要确保即使是最贫穷和最边缘化的妇女，也可以自由地决定她们怀孕的时间和生育间隔，需采取针对性的政策和资金充足的干预措施。但用于计划生育服务和用品的资金来源，没有跟上需求的步伐，用于计划生育的援助在健康援助总额中所占比例，已从 2000 年的 8.2% 急剧下降至 2008 年的 3.2% 。用于生殖保健服务的援助比例在 8.1%—8.5% 之间波动。用于计划生育的外部资金，如以 2008 年美元不变价计算，在这十年的头几年实际还有所下降，未能恢复到 2000 年的水平。

目标 6　与艾滋病毒/艾滋病、疟疾和其他疾病作斗争

具体目标　到 2015 年制止并开始扭转艾滋病毒/艾滋病的蔓延

艾滋病毒的传播在大多数地区已一经稳定，更多的人能存活更长的时间

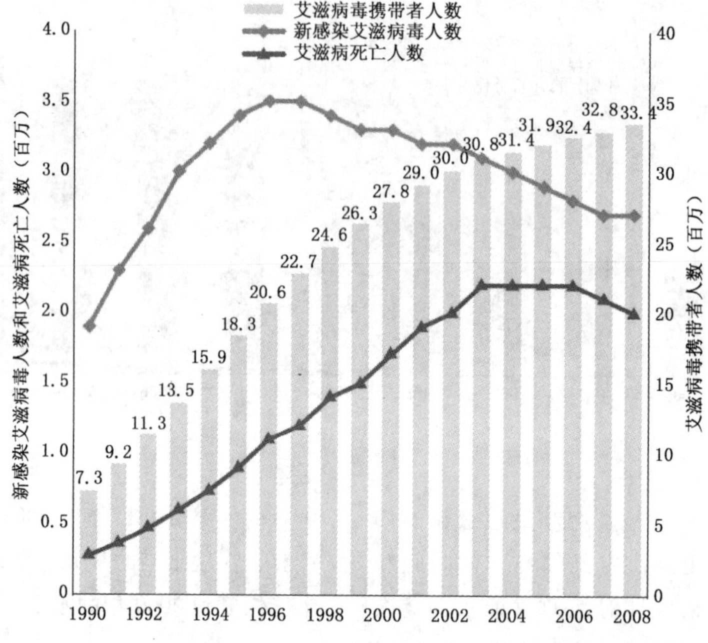

图 36

最新的流行病数据表明，全球范围内，艾滋病毒的传播似乎已经在1996年达到顶峰，其时有350万名新感染者。至2008年，这一数字已下降到约270万。与艾滋病有关的死亡率在2004年达到高峰，有220万死亡案例。到2008年，虽然艾滋病毒仍是世界上主要的传染病杀手，但死亡人数已下降到200万。

这种流行病似乎在大多数地区已经稳定，但发病率在东欧、中亚和亚洲其他地区继续上升，这是由于上述地区存在较高的新感染艾滋病毒的比率。撒哈拉以南非洲仍然是最严重的感染地区，2008年就全球而言，所有新感染艾滋病毒病例中该地区占72%。

虽然新发生感染的病例已经见顶，艾滋病毒携带者的人数总量仍在上升，这主要是由于抗逆转录病毒疗法维持生命的结果。2008年估计有3340万艾滋病毒携带者，其中2240万在撒哈拉以南非洲。

* 所有与艾滋病有关的数字所举的例子都是某个区间的中数，例如，对350万新感染者的估计，是基于一个320万至380万的区间。各个区间的一系列完整的数据和相应的中数公布在网页 mdgs. un. org。

许多年轻人仍然缺乏保护自己免受艾滋病毒侵害的知识

2003—2008年，发展中国家15—24岁的妇女和男性能全面、
正确认识艾滋病毒的人口比例（百分比）

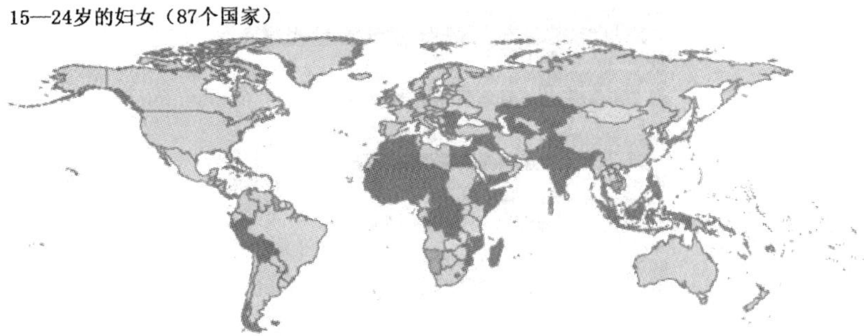

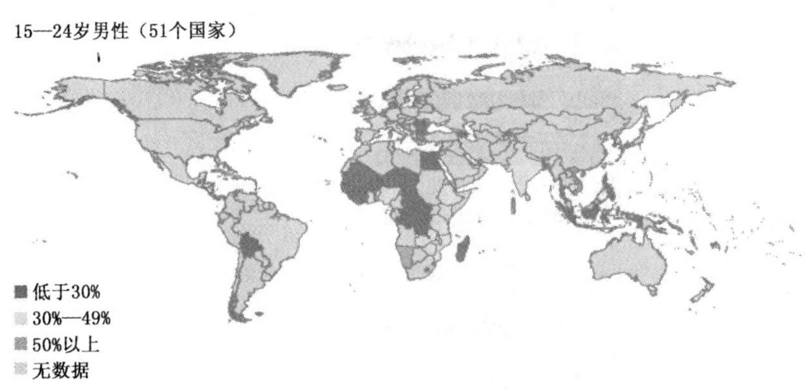

图 37

了解如何预防艾滋病毒传播是避免感染的第一步，这对15—24岁年轻人尤为重要，2008年全世界新感染艾滋病毒的成年人中有40%是该年龄组的人群。尽管已经取得了一些进展，但大多数国家的年轻人仍缺乏全面正确的有关艾滋病毒的知识，而且比例低得令人不能接受。在发展中国家只有不到1/3的年轻男性和不到1/5的年轻妇女具有关于艾滋病毒的知识。根据2003—2008年进行的调查，北非的年轻妇女认识水平最低（8%）。这些水平远远低于2001年联合国大会关于艾滋病毒/艾滋病问题的特别会议所设定的2010年需达到95%的目标。

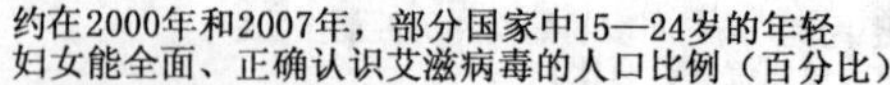

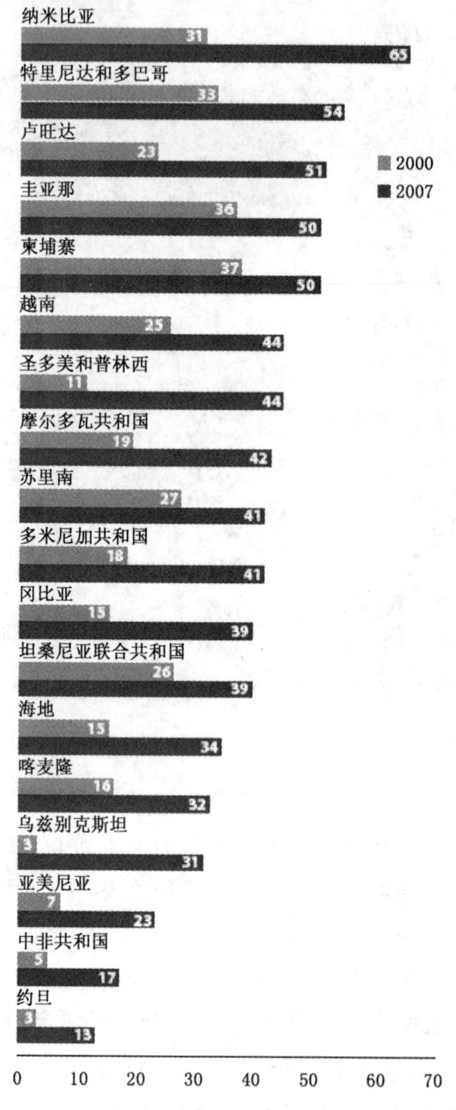

图 38

尽管全球和分地区的平均水平令人失望，一些国家已在教育青少年了解艾滋病毒方面取得了相当的进展。在 49 个具有了解艾滋病毒方面知识进展趋势数据的国家中，有 18 个国家的数据表明，拥有全面正确的艾滋病知识的 15—24 岁年龄段的妇女数量增长了 10% 或更高。在 16 个具有进展趋势数据的国家中，其中 8 个国家在年轻男子中取得了同样的成功。2000—2008 年，柬埔寨、圭亚那、纳米比亚、卢旺达、特立尼达和多巴哥报告了年轻妇女中拥有艾滋病毒预防知识的人口比例出现显著增长

（达到50%或更高）；纳米比亚和卢旺达也报告了这两个国家年轻男子中出现的类似进展。

在撒哈拉以南非洲地区，对艾滋病毒的认识与财富的增长相关，并在城市人口中增长

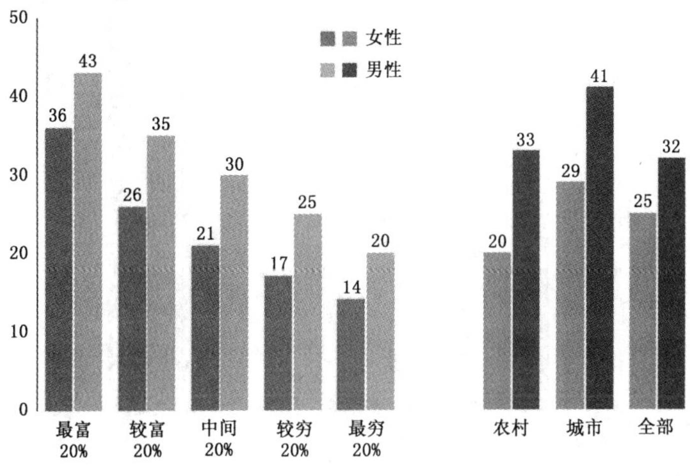

图 39

在撒哈拉以南非洲地区，15—24岁的妇女和男性在认识如何预防艾滋病毒方面的差距与性别、家庭财富和居住地有关。不论男性还是妇女，能有机会认识艾滋病毒的概率随着其家庭收入水平的增加而上升。认识方面的性别差距在富裕人群和城市人口中略有减少。

避孕套的使用在男性和妇女之间以及在最富有和最贫穷家庭之间存在差异

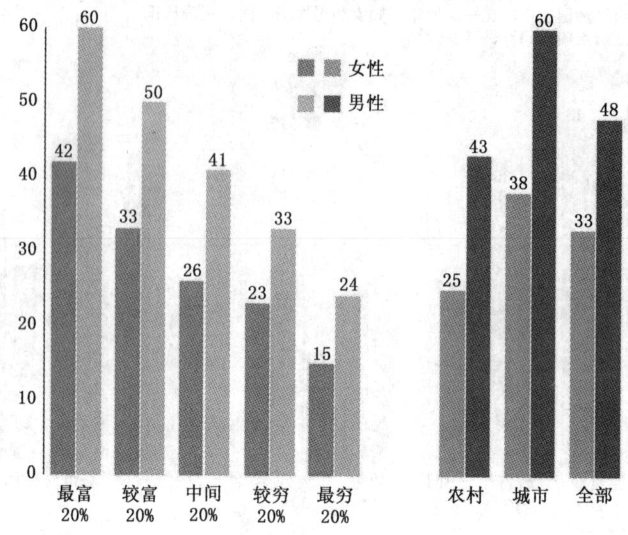

图 40

在大多数发展中国家，多数青年人在性交时宁可冒感染艾滋病毒的风险，也不使用避孕套。平均而言，只有不到一半的年轻男子和不到 1/3 的年轻妇女在他们最后一次的高风险性活动时使用了避孕套。

在撒哈拉以南非洲地区，15—24 岁的男性比同龄的妇女更有可能使用避孕套。不论男性还是妇女，避孕套的使用随着财富的增长以及在城市地区人口中显著增加。类似的差距在有数据可查的所有国家中都可以观察到。

进行高风险性活动时使用避孕套在一些国家渐获认可，

这是有效预防艾滋病毒的一个方面

约在2000年和2007年，在部分国家中，15—24岁的年轻妇女在最后一次较高风险性活动时使用避孕套的比例（百分比）

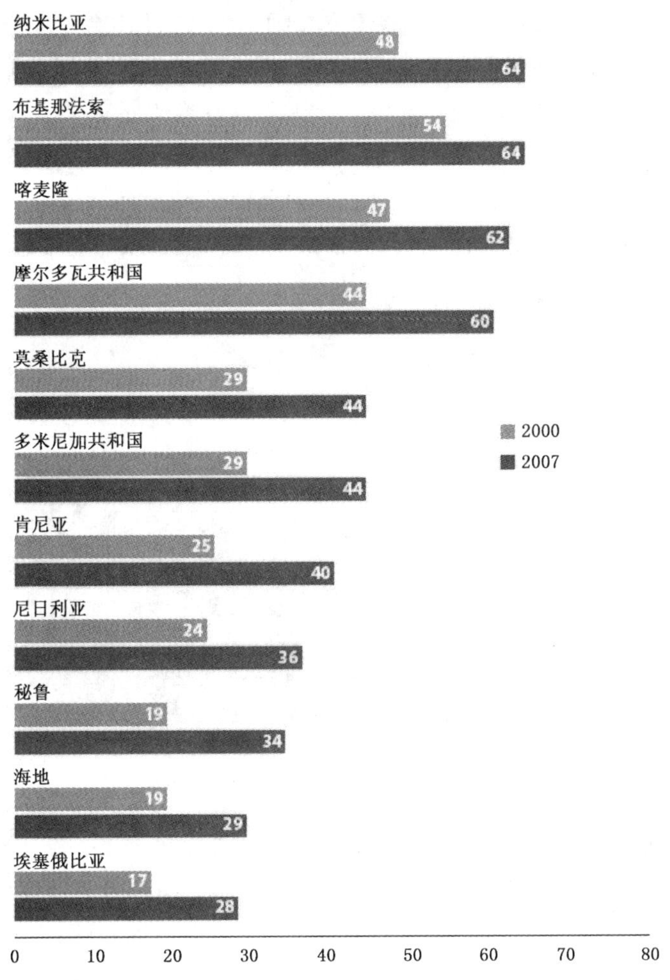

图 41

虽然在高风险性交时使用避孕套的比率总的来说仍然较低，但一些国家的年轻人的行为表明，正确的政策和干预措施能够取得成果。2000—2008 年，在 22 个有了解艾滋病毒方面知识进展趋势记录的国家中，其中 11 个国家报告了妇女在危险性交时使用避孕套的比例增加了 10 个百分点或更高，在一些国家达到 60% 或更高水平。在 17 个有进展趋势数据的国家中，其中 11 个国家的男子中也出现类似的比例上升。这种进步最终是个体行为的结果，得益于行为、生物医学和结构性干预的结合以及政府、发展伙伴和民间社会的集体努力。

更多的证据显示了性别暴力和艾滋病毒之间的联系

对艾滋病毒的认识和预防行动之间存

在巨大差距，有时则是由于文化习俗的不同所造成。例如，童婚的传统，可能使女孩处于危险的境地。来自 8 个国家的调查数据显示，15—24 岁的年轻妇女若在 15 岁以前发生初次性交，就更容易感染艾滋病毒。妇女和女童被迫接受性暴力的社会问题变得更加复杂。在调查的 4 个国家中，近 1/4 的年轻妇女声称第一次性交是被强迫的，这增加了感染艾滋病毒的机会。

事实上，越来越多的证据显示了性别暴力和艾滋病毒传播之间的联系，这尤其显示了结合各种综合干预措施的全面预防方案对青少年的重要性。这也指出了继续进行社会变革的需要，以实现对任何形式的针对妇女和女童的暴力行为采取零容忍的态度。通过颁布和执行法律，使这种暴力得到刑法惩罚是解决问题的另一方面。

因艾滋病而致孤的儿童除失去父母外还要遭受更多的苦难

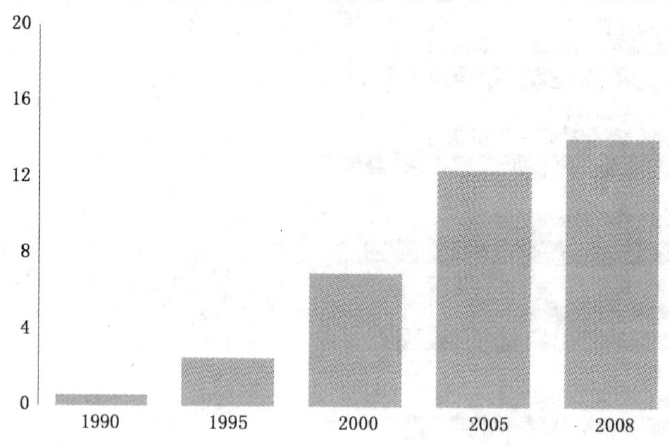

图 42

在 2008 年，估计有 1750 万的 18 岁以下儿童由于艾滋病失去单亲或双亲。这些儿童的绝大多数——总数大约 1410 万——生活在撒哈拉以南非洲地区。

因艾滋病而致孤的儿童，与因其他原因失去父母的儿童相比，面临健康不良、缺乏教育和得不到保护等方面的风险更高。他们更有可能营养不良、生病，或成为童工、被虐待和忽视，或被性剥削，所有这些都使他们更容易感染艾滋病毒。这些儿童经常遭受耻辱和歧视，并可能得不到一些基本服务，如教育、住房以及玩耍的机会。

具体目标　到 2010 年向所有需要者普遍提供艾滋病毒/艾滋病治疗

艾滋病毒新感染率仍然超出能得到治疗的患者比例

2005年和2008年，艾滋病毒携带者正在接受抗递转录病毒疗法的人口比例（百分比）

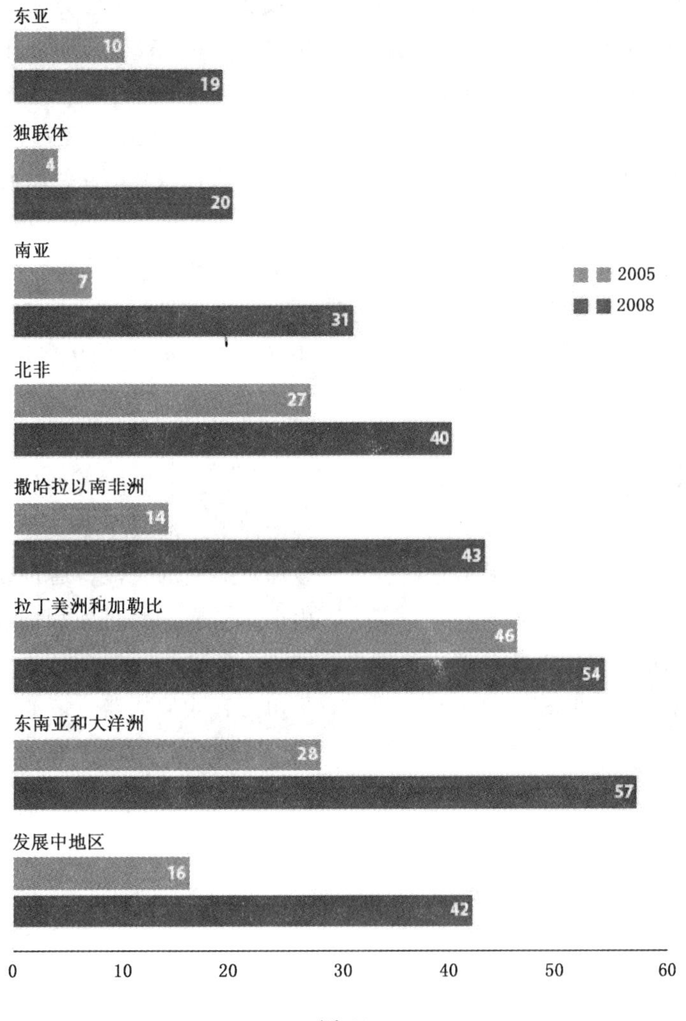

图43

“三五行动”即2003年发起的一个全球性行动，谋求在2005年以前，为低收入和中等收入国家的3亿人口提供抗逆转录病毒疗法。当时，估计有40万人获得这项延长生命的治疗。五年后的2008年12月，这一数字已增加了10倍，达400万人左右，仅比2007年就增加了100万人。撒哈拉以南非洲进步最大，那里有2/3需要治疗的人得以存活。截至2008年底，在撒哈拉以南非洲估计有290万人接受抗逆转录病毒疗法，相比2007年的约210万增加了39%。

然而，相对于每年开始接受治疗的两个人，当年新感染艾滋病毒的人数为五人。新感染率仍超出扩大治疗的比例，由此可见，同时加强预防和治疗措施已迫在眉睫。

2008年，在低收入和中等收入国家需要接受艾滋病毒治疗的880万人中，有

42%获得治疗，相比之下在2007年只有33%。这意味着，550万有需要的人群没有获得必要的药物。在新的科学证据的推动下，世界卫生组织在2009年修订了它的治疗指引，这将进一步增加需要抗逆转录病毒治疗的人数。

来自90个低收入和中等收入国家的数据表明，成年妇女在获得治疗方面比成年男性稍占优势，至2008年底，大约45%需要治疗的妇女和37%需要治疗的男性得到了抗逆转录病毒药物。同年，大约有27.57万个儿童获得治疗，占这些国家需要接受治疗人群的38%。尽管能得到药品的数量有限，抗逆转录病毒药物使大约290万例死亡得以避免。

对艾滋病毒阳性的妇女扩大治疗的同时也保护了她们的新生儿。

在感染艾滋病毒的210万儿童中，超过90%是在子宫内、出生时或通过母乳喂养时就已感染的。不过，若孕妇接受抗逆转录病毒疗法治疗，可大幅降低这一比例。在过去的十年中，国际社会不断致力于扩大医疗服务和减少艾滋病毒对妇女和儿童造成的负担，这些努力正在产生效果。2008年，在149个低收入和中等收入国家中，45%的艾滋病毒阳性的孕妇获得治疗，也就是140万艾滋病毒阳性的孕妇中有62.8万人能得到治疗，比上一年增加10%。

具体目标　到2015年制止并开始扭转疟疾和其他主要疾病的发病率

世界上一半人口有患疟疾的风险，2008年约2.43亿病例中近3万人死亡。其中，76.7万（占89%）发生在非洲。

持续控制疟疾是实现许多千年发展目标的中心，根据所掌握的数据，加强预防和治疗工作取得了重大进展。大幅增加资金和对疟疾的关注，通过改善关键商品的生产、采购和交付使用的流通瓶颈，已经加快了各项干预措施的实施。各国也加快采用更有效的战略，诸如使用青蒿素为基础的联合疗法和诊断技术，以便更好地定向治疗。

经杀虫剂处理过的蚊帐的产量急剧上升

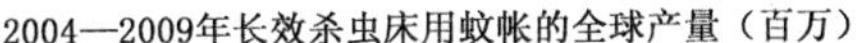

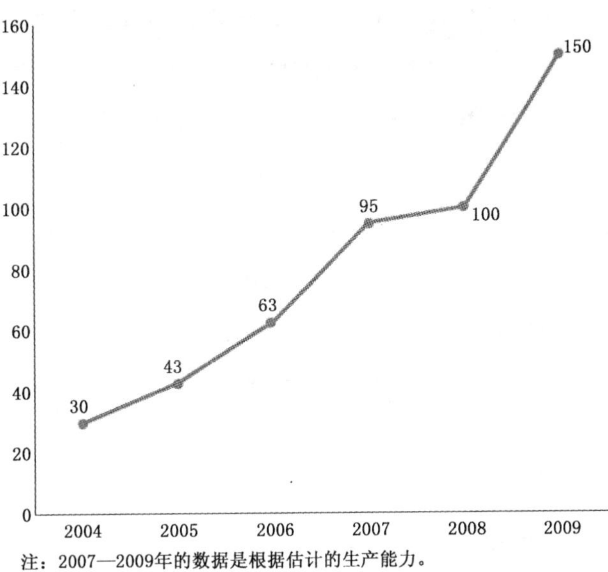

注：2007—2009年的数据是根据估计的生产能力。

图 44

自 2004 年以来，蚊帐的全球产量增加了 5 倍，从 3000 万顶上升到 2009 年的 1.5 亿顶。在 2007—2009 年，制造商生产的近 2 亿顶蚊帐已交付至非洲国家使用，但仍需近 3.5 亿顶蚊帐才能在该地区实现普及。基于这些估计，疟疾流行的非洲国家所得到的蚊帐，能足以保护其一半以上存在患疟疾风险的人口。

在整个非洲，扩大使用经杀虫剂处理的蚊帐使社会免于疟疾的侵害

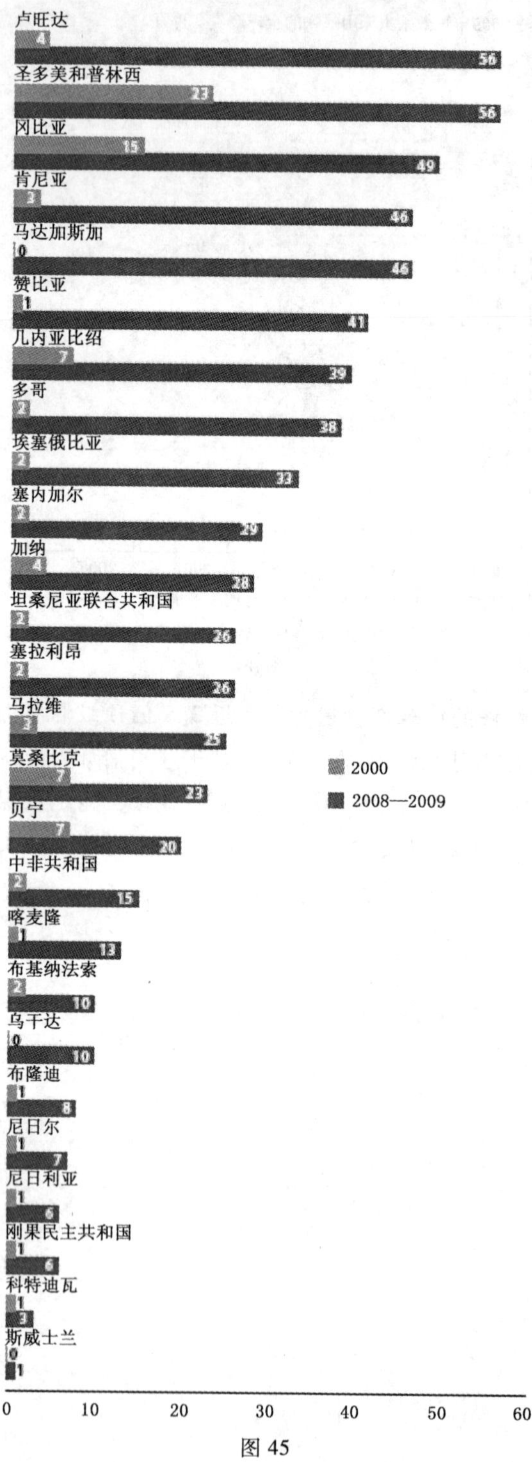

图 45

最容易患疟疾的非洲儿童，现在睡在蚊帐中的比例远高于2000年。所有具趋势数据的国家都显示，在过去10年中，经杀虫剂处理过的蚊帐的使用大幅增加，尽管在大多数国家仅仅从2005年才开始扩大使用。在全非洲，根据具趋势数据的26个非洲国家的资料（涵盖五岁以下非洲人口的71%），儿童使用这种蚊帐的比例从2000年的2%上升到2008年的22%。在这26个非洲国家中，有20个国家记录了在此期间的使用面至少增加了5倍，而其中11个国家增加了10倍或更高。

贫困仍限制蚊帐的使用

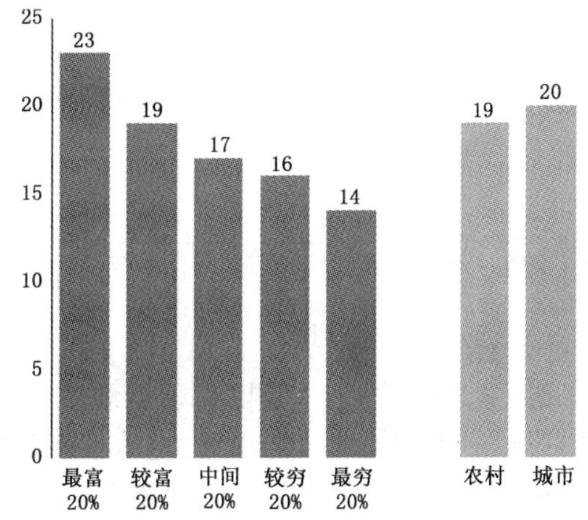

注：基于居住地的分类是根据有居住地信息的32个撒哈拉以南非洲国家的估计，占这个地区5岁以下儿童的86%。
基于家庭财富的分类是根据有家庭财富信息的30个撒哈拉以南非洲国家的估计，占5岁以下儿童的83%。

图46

通过在疟疾剧烈传播地区免费分发杀虫剂处理过的蚊帐的运动，一些国家已经能够使贫困和农村家庭有公平的机会使用蚊帐。但是并非所有国家都能够这样做。就平均而言，最贫穷家庭的女孩和男孩使用蚊帐的可能性要低一些，虽然没有数据表明在使用中存在显著的性别差异。

更有效的抗疟疾药物的全球采购量继续快速上升

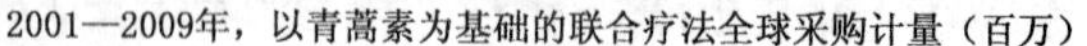

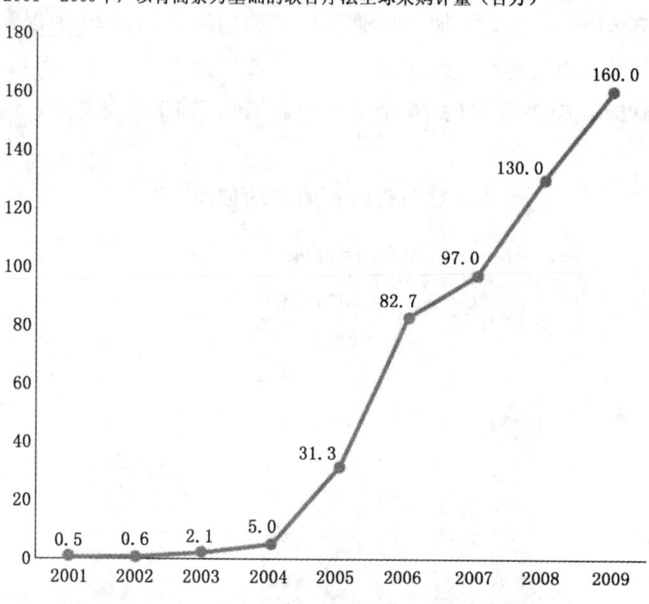

图 47

及时和有效的治疗是预防威胁生命的疟疾并发症的关键，对儿童而言尤为如此。近年来，许多非洲国家振兴治疗方案，增加了已被证明优于早期药物的新型抗疟疾药物联合疗法。

自 2003 年以来，各国已将其国家药物政策转为促进青蒿素为基础的联合疗法——一种更有效但也更昂贵的治疗过程。自 2005 年以来，这些药物的全球采购量已急剧上升。

然而，抗疟疾治疗的覆盖面在全非洲国家之间仍然存在显著差别，从 67% 到只有 1% 的五岁以下的发烧儿童得到任何类型的抗疟疾药物。事实上，在具最新数据的 37 个非洲国家（2005—2009 年），只有 8 个国家的五岁以下发烧儿童可获得任何抗疟疾药物，这一比例达到 50% 以上。而其中的 9 个国家，只有 10% 或更低比例的发烧儿童接受治疗。但是应当注意的是，抗疟疾治疗的较低水平这一现象有可能也反映了其他诊断工具的增加，在使用抗疟疾药物时也仅仅只针对那些确实患病的儿童。

来自最贫穷家庭的孩子最不可能接受疟疾治疗

2006—2009年，在撒哈拉以南非洲地区，
根据居住地和财富的五个等级，
0—59个月的发烧儿童得到抗疟疾药物的比例
（百分比）

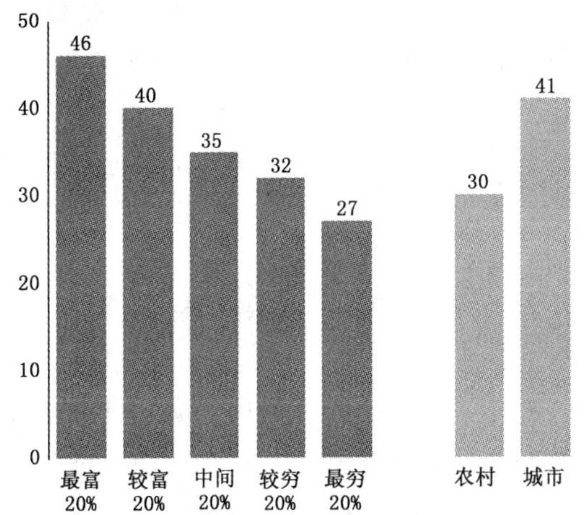

注：按居住地的分类是根据具有居住地信息的33个撒哈拉以南非洲国家的估计，占这个地区5岁以下儿童的86%。
按家庭财富的分类是根据具有家庭财富信息的31个撒哈拉以南非洲国家的估计，占5岁以下儿童的83%。

图 48

生活在农村地区的儿童，比居住在城市地区的儿童获得抗疟疾药品的可能性要低。同样，最富裕家庭的儿童获得治疗的可能性，是最贫困家庭的儿童的2倍。数据表明男孩和女孩之间在接受治疗方面没有差异。

外部资金有助于减少疟疾发病率和死亡人

2008—2008年，按人均所获资金，
在108个疟疾流行国家中发病率降低的国家比例（百分比）

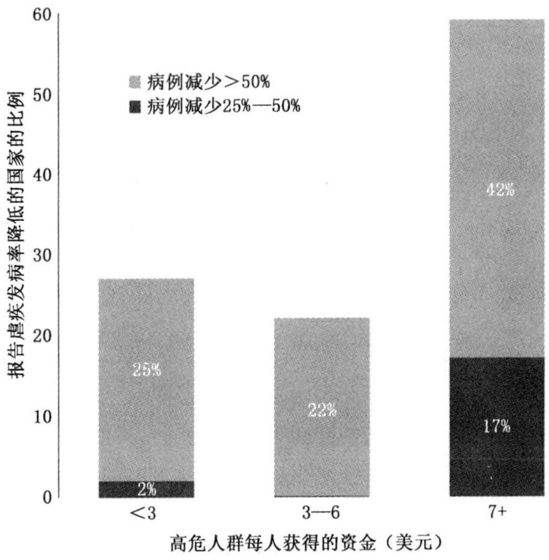

图 49

近几年来控制疟疾的外部资金大幅增加。拨付到疟疾流行国家的资金从 2003 年的不足 1 亿美元上升到 2009 年的 15 亿美元。除了最近的其他资金来源外，这些资金支持主要来自于全球抗艾滋病、结核和疟疾基金。国内的款项更难以量化，但各国政府的筹措资金似乎已至少维持在 2004 年的水平。

尽管存在这些积极的趋势，用于抗疟疾的资金总额仍远远低于在全球实施对疟疾控制的干预措施所需要的资金，仅 2010 年一年估计就需要 60 亿美元。到目前为止，大约有 80% 的外部资金是针对非洲地区，该地区占全球病例和死亡总数的近 90%。

额外的资金增加了商品的采购，更多的家庭现在拥有至少一顶经杀虫剂处理过的蚊帐。那些在蚊帐和治疗方案方面已取得较高人口覆盖率的非洲国家，已报告了疟疾病例的下降。在 108 个疟疾高危国家中，超过 1/3 的国家，其中 9 个是非洲国家，29 个是非洲以外国家，2008 年的疟疾病例比 2000 年减少了 50% 以上。尽管现有数据不一定能代表全部人口的状况，但疟疾发病率下降似乎与外部援助增加相关。这表明，如果保证有足够的资金和关键的干预措施，千年发展目标是可以实现的。来自几个非洲国家的证据还表明，疟疾病例和死亡人数大幅下降，也反映在 5 岁以下儿童中因各种原因所造成的死亡人数急剧下降。加大控制疟疾的力度，可以帮助许多非洲国家在 2015 年实现千年发展目标中的第四个目标，即儿童死亡率减少 2/3。

一个制约因素是，控制疟疾的有限资金实际上是不成比例地集中在疟疾发生规模较小的国家。而且发病率下降被认为主要出现在疾病负担较低，且较易取得成果的国家。如果要实现千年发展目标，需要更多的关注以确保疟疾高发的大国获得成功，因为这些国家的疟疾病例和死亡人数占全球大多数。

防治肺结核取得小幅进展

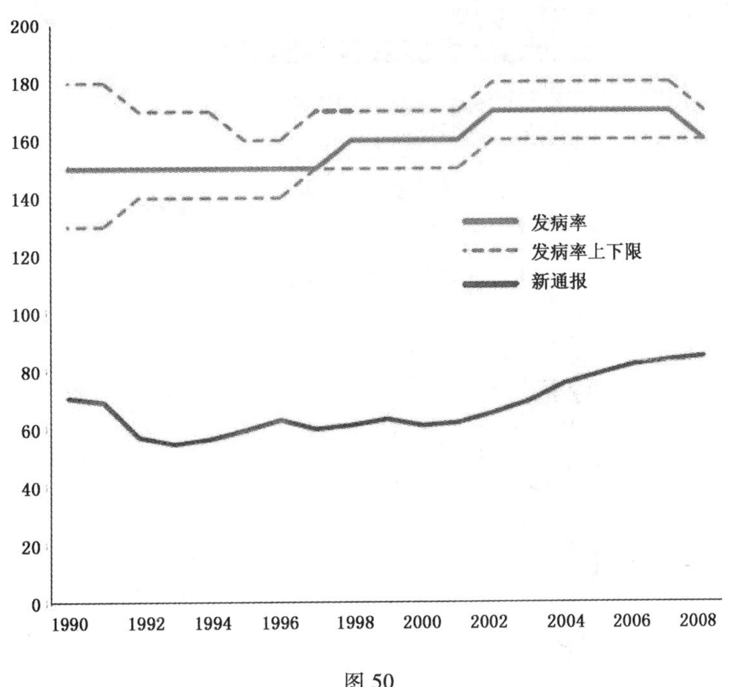

图 50

全球的结核病负担正缓慢下降。2004年达到每10万人143个病例的峰值后，到2008年下降到每10万人139个病例。2008年，全世界估计有940万人被新诊断出患有肺结核。这要高于2007年报告的930万病例，因为人口增长抵消了人均发病率的缓慢下降。

在所有病例中，估计15%的人为艾滋病病毒阳性。如果按目前的趋势能够持续下去，整个世界业已在2004年实现了制止和扭转结核病发病率的千年发展目标。

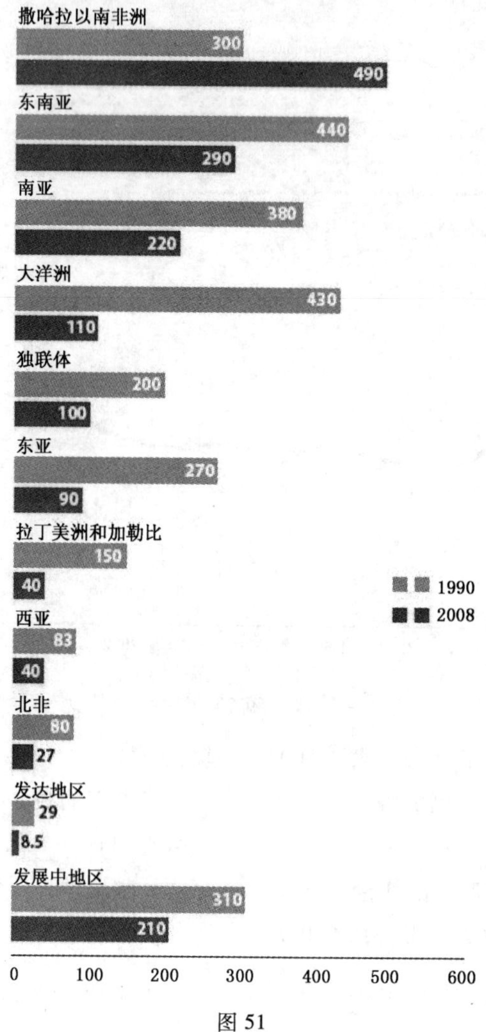

图 51

2008 年，肺结核流行人数估计为 1100 万，相当于每 10 万人占 164 例。这比 2007 年大幅下降，在很大程度上反映了进行估计的方法论的改变。患病率在所有地区下降，只有独联体的亚洲国家，该地区在 20 世纪 90 年代初首次出现下降之后，进展一直停滞不前；另外，撒哈拉以南非洲地区的患病率也未出现下降。

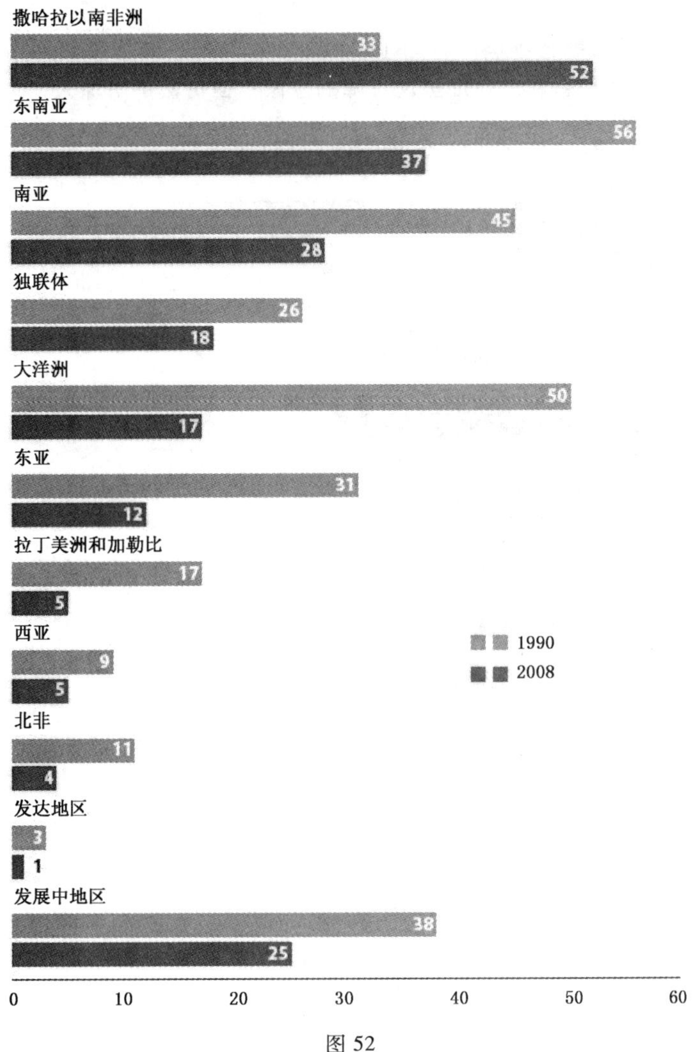

图 52

尽管越来越多的肺结核患者被治愈，但数以百万计的病人仍身染病患，因为他们无法得到高质量的看护。在导致死亡人数方面，肺结核仍然仅次于艾滋病毒。2008 年，180 万人死于这种疾病，其中一半是艾滋病毒携带者。这些死亡的人中，许多是由于缺乏抗逆转录病毒疗法。

肺结核的死亡率在大多数地区正在下降，除了独联体的亚洲国家以外，该地区的死亡率似乎也已趋于平稳。在撒哈拉以南非洲地区，2003 年前的死亡率逐年增加，此后虽趋于下降，但还没有恢复到 20 世纪 90 年代的较低水平。由于艾滋病疫情的负面影响，到 2015 年实现死亡率减半的目标在该地区是极不可能实现的。对整个世界来说，如果控制结核病的努力和支持这种努力的资金能够维持的话，将有可能实现由控制肺结核伙伴关系设立的目标，即到

2015 年患病率和死亡率比 1990 减半。

目标 7 确保环境的可持续能力

具体目标 将可持续发展原则纳入国家政策和方案，扭转环境资源的流失

砍伐森林的速度呈现下降的迹象，但仍然高得惊人

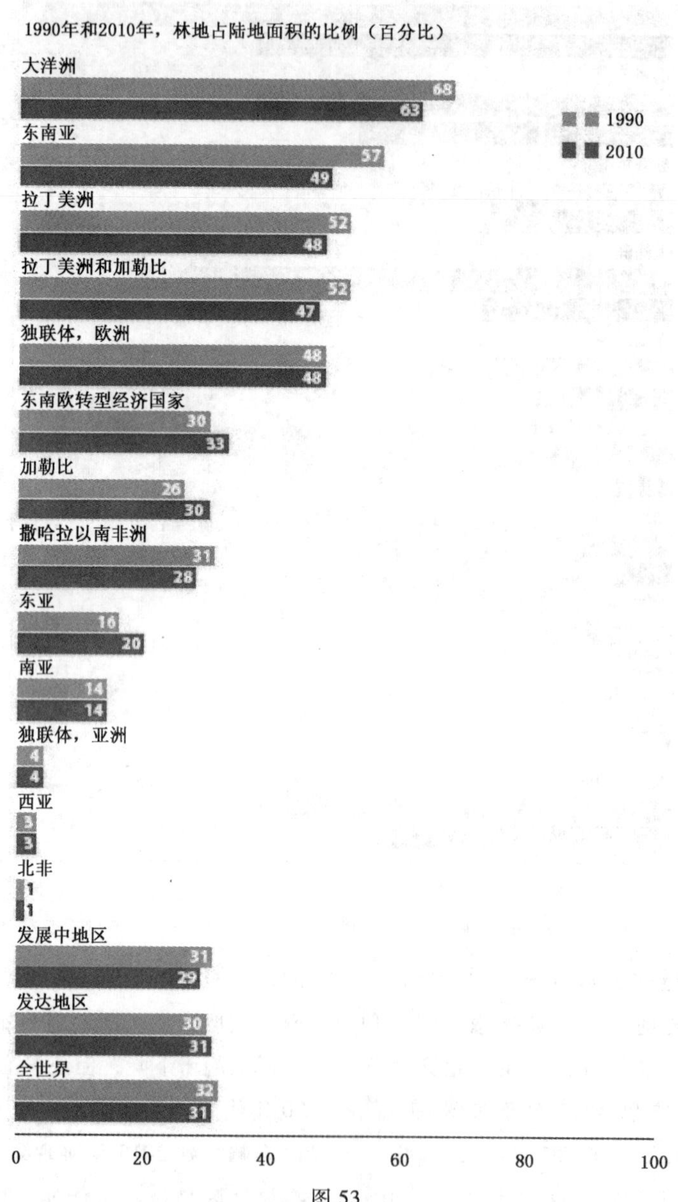

图 53

全球森林砍伐即主要将热带森林转化为农业用地的步伐正在放缓，但在许多国家仍保持很高速度。在过去十年中，全球每年约 1300 万公顷森林被转化为其他用途或因自然原因而消失，相比之下，20 世纪 90 年代则为每年约 1600 万公顷。

由于有几个国家雄心勃勃的植树造林活动，加之一些地区的森林自然扩张，使每年增加了700多万公顷新生林。因此，森林面积净减少已从1990—2000年的每年830万公顷降至2000—2010年的每年520万公顷。南美洲和非洲仍为森林净丧失数量最大的地区，在2000—2010年期间，这两个地区每年分别减少400万公顷和340万公顷。在发达地区，澳大利亚的森林丧失数量很大，部分原因是由于自2000年以来的严重干旱和火灾。另一方面，在过去10年来，亚洲每年的净增长量约220万公顷，主要归因于中国、印度和越南的大规模植树造林活动。在过去5年里，这三个国家的森林面积合计每年扩张近400万公顷。但是，在该地区的其他许多国家，林用地仍然继续迅速转化为他用。

对气候变化问题迫切需要作出一个决定性的反应

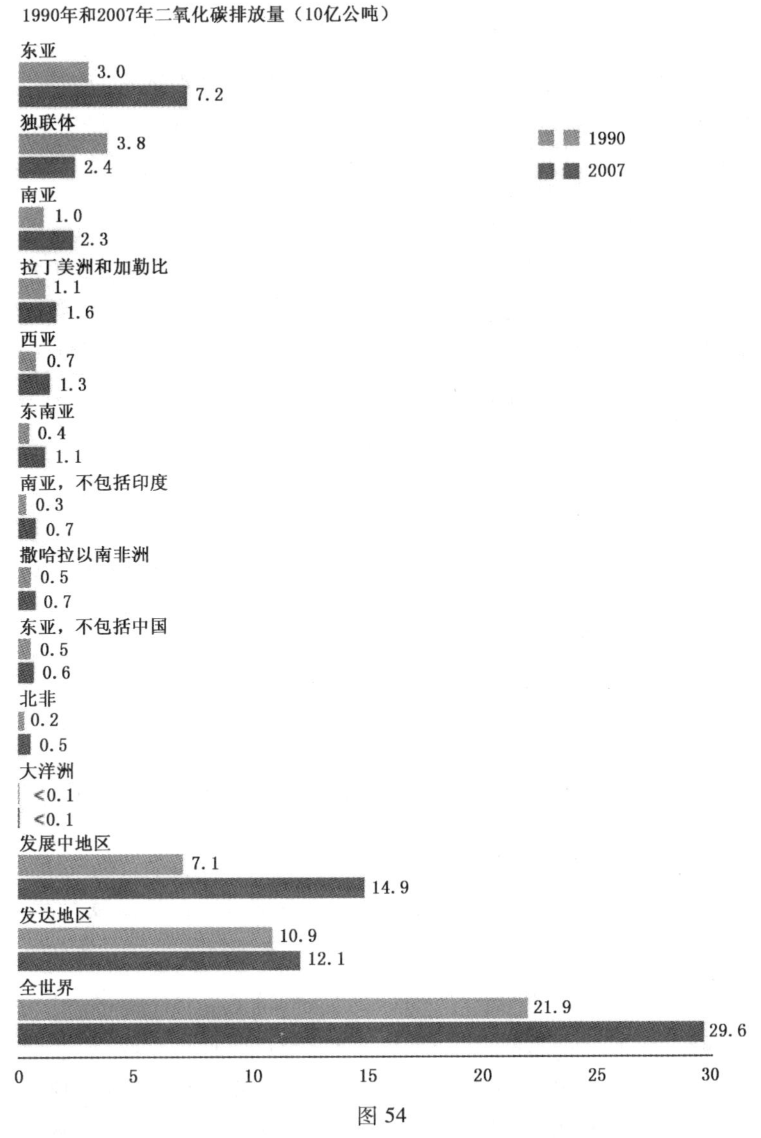

图 54

2007 年，全球二氧化碳（CO_2）排放量继续上升，达到 300 亿公吨，比上年增长 3.2%，这意味着比 1990 年的水平上升了 35%。发达地区人均排放量仍为最高，该地区 2007 年的人均年排放量约 12 吨二氧化碳，而相比之下，发展中地区人均年排放约 3 吨，排放量最低的撒哈拉以南非洲地区则仅为人均年排放 0.9 吨。自 1990 年以来，单位经济产出的排放量在发达地区下降超过 26%，在发展中地区下降约 11%。

据国际能源署出版的 2009 年版世界能源展望，由于全球金融危机的影响，全球二氧化碳排放的增长速度预计已在 2008 年下降，甚至全球排放的绝对数量也可能在 2008—2009 年下降，因此 2008 年的数字预计将显示出趋势的微弱变化。但是，同样的估计也表明这种下降将是短暂的，该机构预测随着经济复苏，全球二氧化碳排放量将很快重新开始增长，而且根据“参照情形”预计 2020 年的排放量将比 1990 年超出约 65%。这种二氧化碳排放量的增长将进一步对全球气候系统产生深远和不利的影响。

2009 年在联合国气候变化框架公约下进行的谈判取得了一些成果，但仍有许多工作要做，加强应对气候变化的国际行动仍为当今紧迫的议题。而且，应限制利用由排放量的短期下滑提供的时间窗口，以便国际社会制定和实施一个决定性的对策以应对气候的变化。

蒙特利尔议定书取得的空前成功表明，应对气候变化的行动尽在我们掌握之中

1986—2008年所有臭氧耗减物质（ODS）的消耗量（千公吨臭氧耗减潜能值）和1991—2011年蒙特利尔议定书多边基金的增资额（百万美元）

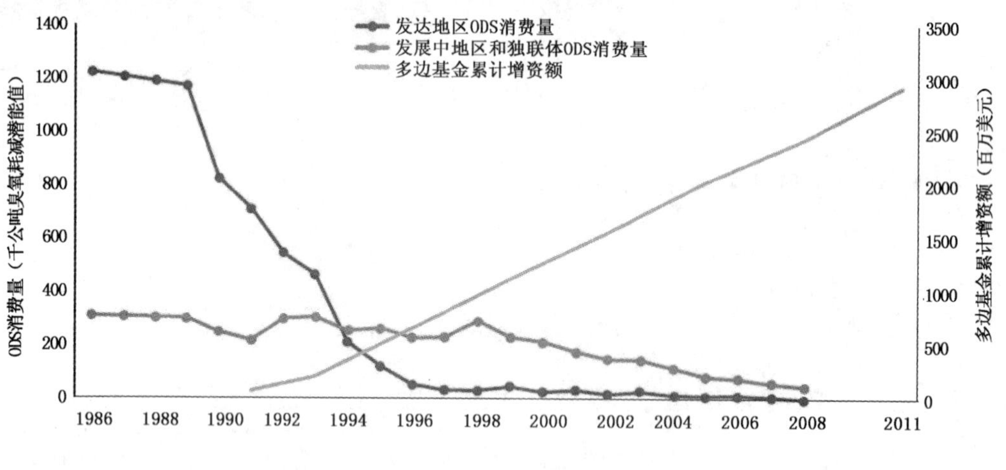

图 55

截至 2009 年 9 月 16 日，196 个缔约方签署了蒙特利尔议定书，使它成为获得最广泛签署的第一个条约。根据该议定书规定的时间表，世界上所有的政府都在法律上有义务逐步淘汰臭氧耗减物质（ODS）。2010 年标志着世界上曾经最为广泛使用的臭氧耗减物质包括氯氟烃和哈龙，从此将不复存在。

在整个过程中，发展中国家的实践已经表明，在适当的援助下，他们愿意随时准备着，并且也能够成为在保护环境的全球性行动中成为全面合作伙伴。

事实上，在蒙特利尔议定书多边基金的支持下，许多发展中国家已超过“逐步淘汰臭氧耗减物质”的目标。

从1986—2008年，臭氧耗减物质的全球消费量减少了98%。还有，从1990—2010年，蒙特利尔议定书对生产和消费这些物质的控制措施，将相当于减少135亿吨二氧化碳的温室气体排放量。这相当于每年减排11亿吨，是与联合国气候变化框架公约相关联的京都议定书第一承诺期的削减目标的4—5倍。蒙特利尔议定书缔约方现正研究如何利用该条约的严格实施机制，以促进增加对气候变化的有益贡献。

如果没有蒙特利尔议定书和维也纳公约促成的行动，至2050年，大气层的臭氧耗减物质将增长10倍。由此产生的太阳紫外线辐射的伤害将可新增高达2000万皮肤癌和1.3亿白内障案例，而且也将破坏人类的免疫系统、野生动物和农业。在世界的许多地方，由于破坏DNA的紫外线辐射增加了500%，人体受太阳紫外线晒伤的时间将会大幅度缩短。

具体目标　减少物种多样性的丧失，到2010年将物种多样性丧失率显著降低

世界未能实现2010年生物多样性保护目标，潜在恶果可能很严重。

尽管在生物多样性保护方面已经取得一些成功，而且如果没有当初设定2010年要实现的目标，情况将可能更糟糕，但物种多样性的丧失仍在无情地继续。近17000种植物和动物被认为面临灭绝的威胁。根据目前的趋势，随着生态系统的急剧转变和对社会利益侵蚀的风险增加，21世纪的物种减少将会延续。尽管在保护规划和行动方面增加了投资，但造成物种多样性丧失的主要原因包括人类的高消费率、物种栖息地丧失、外来物种入侵以及环境被污染和气候变化等问题，均尚未得到充分解决。

生物多样性对人类福祉至关重要，因为它服务着支撑着生命赖以生存的广泛的生态系统。全球几十亿人口包括许多最贫穷人口的基本生存条件，都直接依赖于植物和动物物种多样性。物种多样性的不可修复的损失，也将阻碍着实现其他千年发展目标的努力，特别是与贫穷、饥饿和健康有关的目标，这主要由于穷人的脆弱性的增加并减少了他们为生存发展的选择权。

受威胁物种的主要栖息地没有得到充分保护

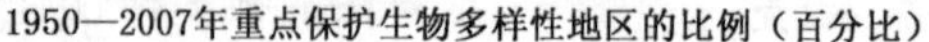

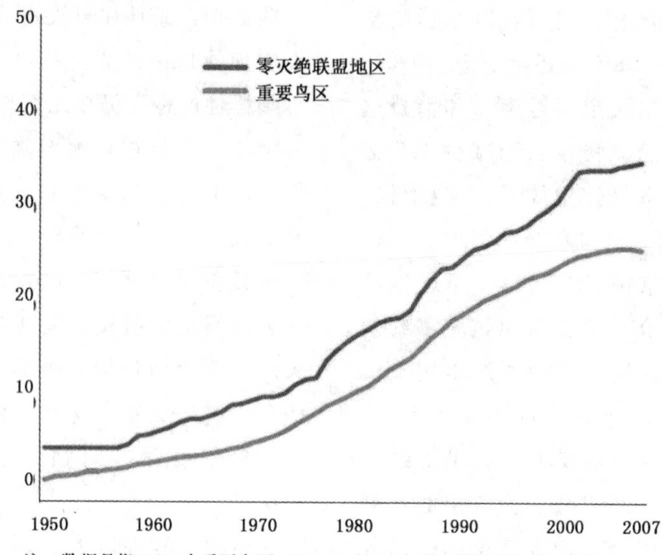

注：数据是指10993个重要鸟区（IBAs）和561个零灭绝联盟地区（AZEs）。

图 56

虽然将近 12% 的地球陆地面积以及将近 1% 的海域目前受到保护，但其他对地球生物多样性攸关的地区还没有得到充分保护。2009 年，世界上 821 个陆地生态区中，即具有栖息地、物种、土壤和地形地貌组合特征的大片区域，只有其中一半超过 10% 的面积受到保护。根据生物多样性公约，所有这些生态区超过 1/10 的面积应在 2010 年前受到保护。

在保护生物多样性的关键领域已经取得了进展，但速度还不够快。到 2007 年，零灭绝联盟地区的 561 个地区中的 35% 以及 10993 个重要鸟区中的 26% 已受到完全保护，分别比 1990 年增长了 25% 和 19%。根据国际自然保护联盟（IUCN）濒危物种红色名单的定义，1990 年，全世界超过 95% 的“极度濒危”或“濒危”物种以零灭绝联盟地区为家。重要鸟区是世界鸟类保护的关键地区。保护所有这些领域，将大大有助于实现生物多样性公约的目标，以保护特别重要的领域。然而，目前这些地区中有 2/3 以上未受保护或只是部分受保护。此外，某些地区虽有可能被正式“保护”起来，这并不意味着他们能得到足够的管理，或覆盖面能充分有效地保护重要栖息地和物种。

面临灭绝的物种数量与日俱增，发展中国家尤为如此

在没有额外的物种保护行动的情况下预计在不久的将来仍能生存的物种的比例
（国际自然保护联盟物种生存红色名单指数，1988—2008年鸟类，
1996—2008年哺乳动物）

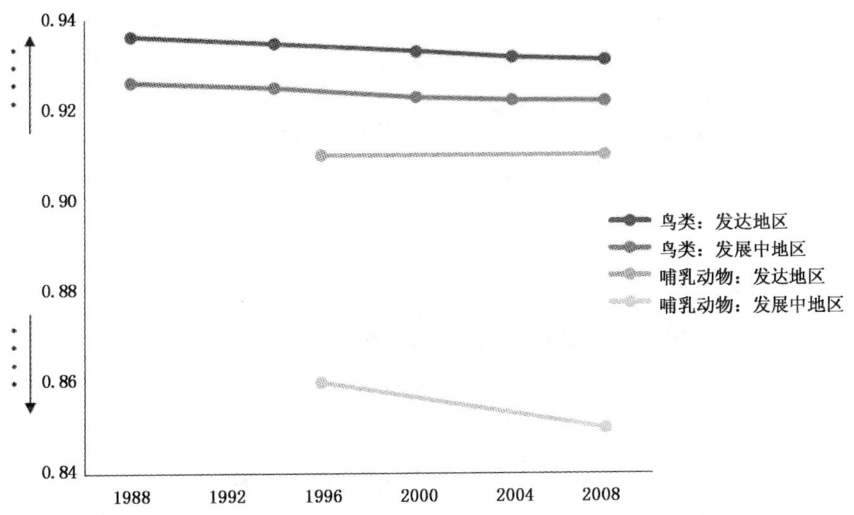

注：红色名单指数值1.0代表所有物种被归类为“最少担心”，因此预计不会在不久的将来灭绝。指数值为零表示所有的物种已经灭绝。

图 57

国际自然保护联盟红色名单指数，即描述在没有额外的物种保护行动的情况下预计在不久的将来仍能生存的物种的比例，显示正在走向灭绝的物种数量要超过正在改善的物种。这两个群体在发展中地区都更易受威胁，哺乳动物比鸟类更易受到威胁，其恶化的速度与发达地区的物种恶化的速度一样糟糕，有的则更快。

全球渔业的过度开发捕捞已趋稳，但如何确保其可持续的挑战仍十分艰巨。

全球海洋捕捞产量在 1997 年达到 8840 万公吨的最高峰，此后略有下降，至 2006 年约 8350 万公吨。过度开发和正在恢复的渔业储量比例在过去 10 年来相对稳定在约 28%。然而，开发不足和适度开发的渔业储量的比例则不断下降，这表明了对渔业的负面影响越来越大。只有大约 20% 的渔业储量处于适度开发或开发不足的状态，才能具有更多产出的可能性。

具体目标　到 2015 年，将“无法持续获得安全饮用水和基本卫生设施”的人口比例减半

世界正在按进程实现饮用水的目标，但一些地区仍有许多工作要做

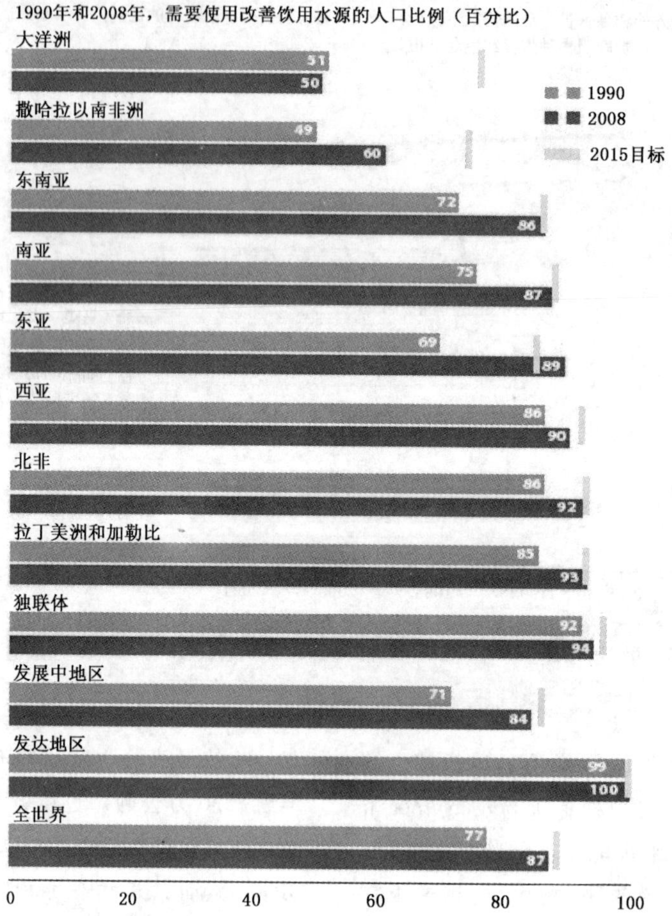

1990年和2008年，需要使用改善饮用水源的人口比例（百分比）

大洋洲 51 50
撒哈拉以南非洲 49 60
东南亚 72 86
南亚 75 87
东亚 69 89
西亚 86 90
北非 86 92
拉丁美洲和加勒比 85 93
独联体 92 94
发展中地区 71 84
发达地区 99 100
全世界 77 87

1990
2008
2015目标

0 20 40 60 80 100

图 58

如果目前的发展趋势能继续下去，全世界将达到甚至超过千年发展目标对饮用水的目标。届时，预计发展中地区人口的86%将能获得改善的饮用水源。四个地区，即北非、拉丁美洲和加勒比、东亚和东南亚，已经达到了这个目标。

最为显著的进步在东亚地区，该地区获得饮用水的状况在1990—2008年间改善了近乎30%。虽然撒哈拉以南非洲的覆盖率同期扩大了22%，但仍保持较低水平，只有60%的人口能获得改善的饮用水。大洋洲在近20年期间没有进展，覆盖率仍仅为约50%的很低水平。

在所有地区，取得的进展主要体现在农村地区。在全部发展中地区，城市地区饮用水覆盖率在2008年为94%，自1990年以来几乎一直保持不变。与此同时，农村饮用水覆盖率从1990年的60%上升到2008年的76%，城乡差距逐步缩小。

需要加速有针对性的努力，将饮用水送至所有农村家庭

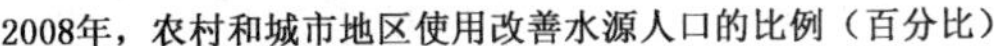

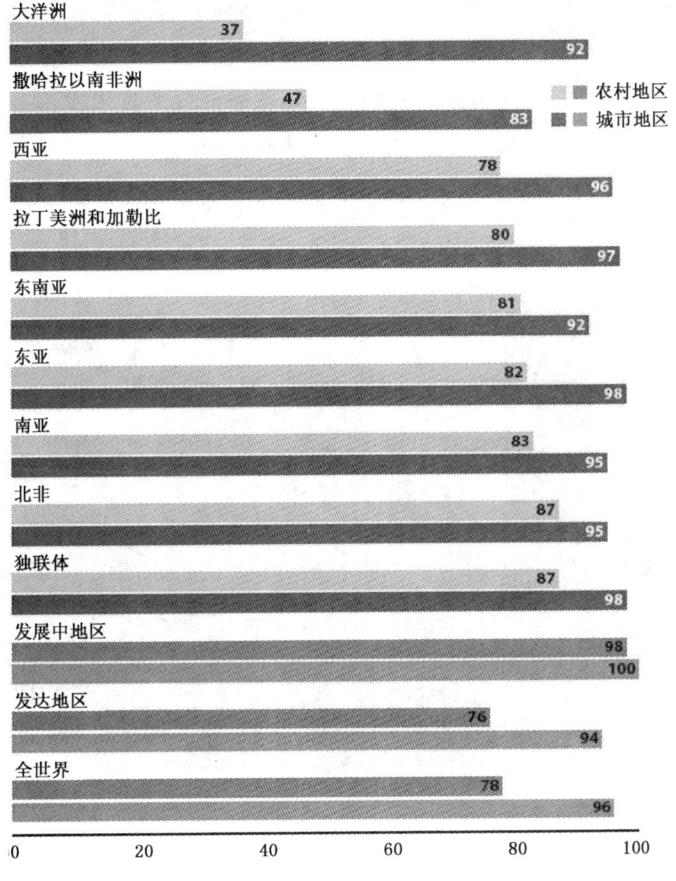

图 59

尽管饮用水的覆盖面在扩大以及城乡差距在缩小，在所有发展中地区中，农村地区仍处于不利地位。大洋洲和撒哈拉以南非洲的差距最大，但城市和农村地区之间的显著差异，也出现在相对而言已具较高覆盖率的地区，如西亚、拉丁美洲及加勒比地区。

若以仅涵盖那些家有管道供应饮用水的家庭住户而论，农村与城市的差距更大。能享有自来水所带来的健康和经济利益的人口比例，城市要比农村的比例高两倍以上，即 79%：34%。在大洋洲和撒哈拉以南非洲，城乡差别尤为明显，这两个地区农村自来水覆盖率仍然很低，分别仅为 37%和 47%，与城市地区的 91%和 83%形成对比。就全球而言，没有获得改善的饮用水源的人口中，10 人中有 8 人居住在农村地区。

安全供水在世界许多地区仍然面临挑战。

在过去十年，农业和制造业的扩张活动不仅增加了对水的需求，同时也使地表

水和地下水受到污染。此外，自然形成的无机砷造成的污染，特别是在孟加拉国和南亚的其他地区，亦包括一些国家的氟化物的污染（包括中国和印度），都影响了供水安全。

今后，在设置获得安全饮用水目标时需考虑水质的标准。尽管在编制全球水质数据方面列出了规定，但要测量水的安全还是很困难的。在发展中地区，至今只尝试着进行了一些试点调查。有必要尽快找到快速、可靠以及经济有效的可适用于全球范围内测量当地水质和报告结果的方法，以克服目前的技术和测量落后以至造成高成本的局限。

发展中地区一半人口缺乏卫生设施，2015 年的目标似乎遥不可及

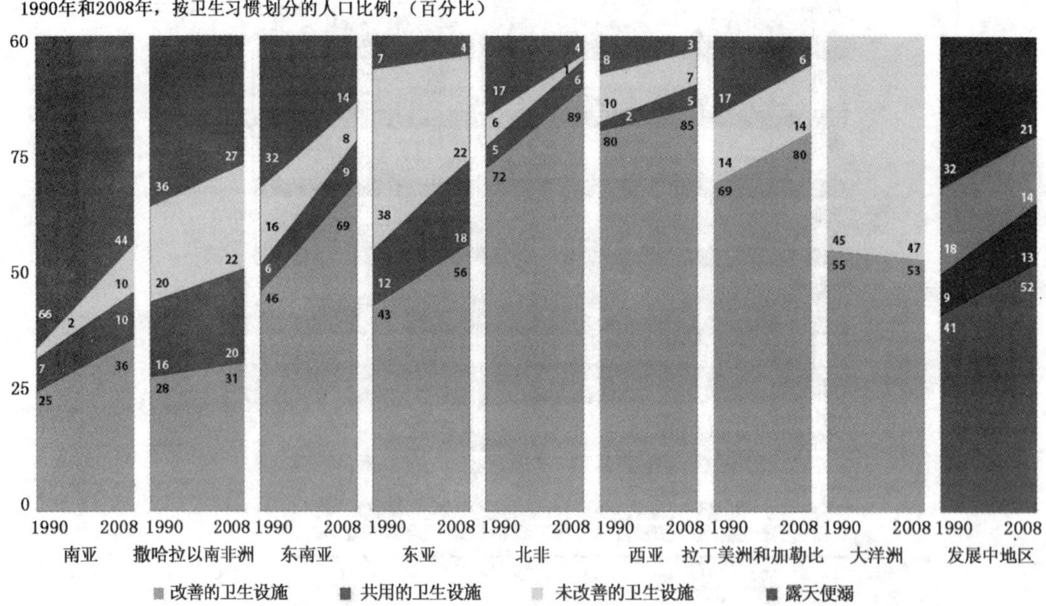

注：拉丁美洲及加勒比和大洋洲的数据不足，无法对本地区共享卫生设施的人口比例做出有代表性的估计。

图 60

按目前的进展速度，世界将无法实现将缺乏基本卫生设施的人口比例减半的目标。2008 年，估计世界各地有 26 亿人口无法获得改善的卫生设施。如果这一趋势继续发展下去，到 2015 年，这一数字将增长到 27 亿。

2008 年，发展中地区 48% 的人口没有基本的卫生设施。撒哈拉以南非洲和南亚这两个地区，无法获得基本的卫生设施人口比例分别为 69% 和 64%，面临最严峻挑战。

在卫生习惯方面，对人类健康构成最大威胁的是露天便溺。令人欣慰的是，这种做法在所有发展中地区已有所下降。然而，下降幅度最大的地区为两个随地便溺业已降到最低的北非和西亚。相反，撒哈拉以南非洲进步最小，仅下降了 25%，而那里的露天排便率本来就很高。至于世界上露天排便率高达 44% 的南亚，只取得有限的进展。

高达11亿人口的露天便溺，是对人类尊严的侮辱。此外，乱排便是粪口传播疾病的根源，它能对社会最脆弱的群体少年儿童产生致命的后果。社会上一些最贫穷和最弱势群体的成功事例表明，行为习惯可以改变。如果露天排便率能下降，将可通过“防止腹泻疾病以及由此而来的发育迟缓和营养不良”，从而对减少儿童死亡人数产生巨大的影响。现在所需要的政治意愿以及所需的资金，已成为制止露天排便这一现象、解决卫生问题的最大障碍。

城市和农村地区卫生设施覆盖率的差距仍令人生畏

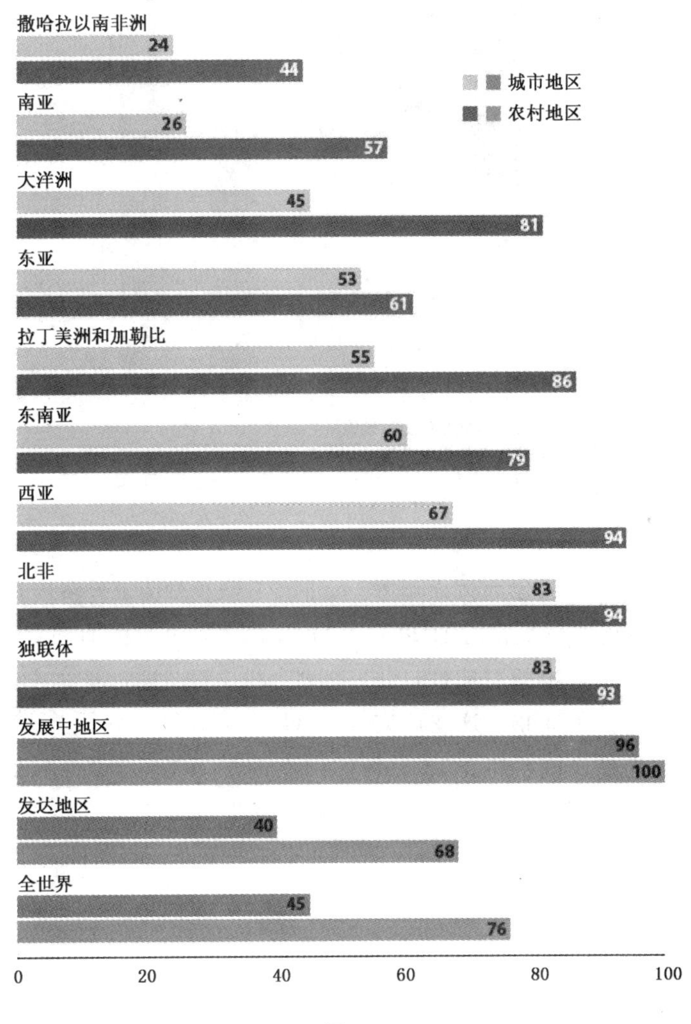

图61

卫生方面的进步大多体现在农村地区。在1990—2008年，整个发展中地区的卫生设施覆盖率在城市地区只增长了5%，但在农村地区却增长了43%。在南亚，卫生设施覆盖率在城市人口中仅提高了1%，从56%上升到57%，而农村地区则增长了一倍，由13%上升到26%。然而，农村和城市之间的差距仍然巨大，特别是在南亚、撒哈拉以南非洲和大洋洲。

卫生设施的改善未顾及穷人

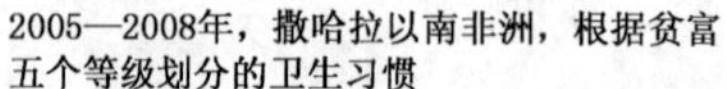

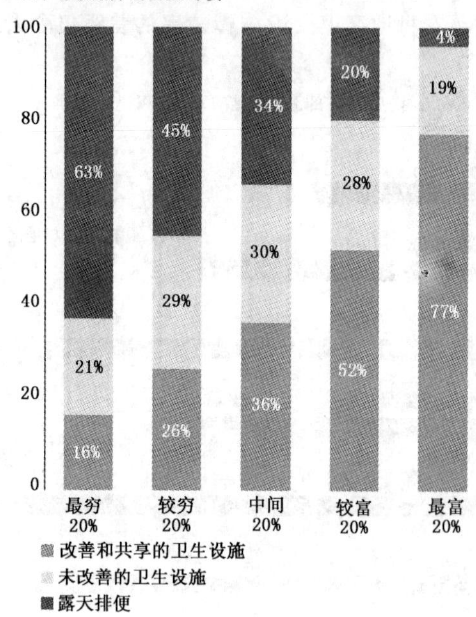

图 62

在2005—2008年进行的家庭住户调查分析显示，撒哈拉以南非洲最富有的20%人口，使用改善的卫生设施的可能性，几乎接近于最贫穷的人口的5倍。这些研究结果表明，进行露天排便的群体在最贫穷的1/5的人口中达63%，而在最富有的1/5人口中仅为4%。

尽管改善卫生设施对公共卫生、性别平等、减少贫困及经济成长有巨大的好处，但国内预算分配方案和官方的发展援助计划，往往不是优先考虑卫生和饮用水问题。而且在很多情况下，所采取的干预措施并不针对最为需要改善卫生设施的贫困群体。

具体目标　到2020年，显著改善至少1亿贫民窟居民的生活

设定一个更切实际的改善贫民窟的目标

1990—2010年，发展中地区生活在城市贫民窟的人口数量和居住在贫民窟的城市人口的比例

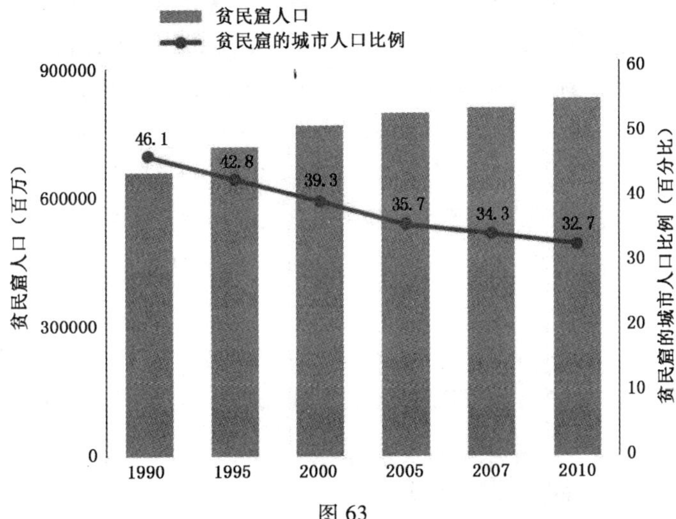

图 63

过去 10 年中，发展中地区居住在贫民窟的城市人口的比重显著下降，已从 2000 年的 39% 下降至 2010 年的 33%。在全球范围内，这一成绩大为令人乐观。超过 2 亿的贫民窟居民已获得改善的水源、卫生设施或耐用且不甚拥挤的住房。这样的事实显示，各国和市政府已认真地努力改善贫民窟的状况，从而使千百万人更有希望摆脱贫困、疾病和文盲的困扰。

然而，就绝对数字而言，发展中地区的贫民窟居民人数实际上还在增长，近期内仍在继续上升。在发展中地区，在贫民窟目标方面所取得的进展，还不足以抵消非正规居住区城市居民的增长，生活在这样的贫民窟条件下的人数预计已达到 8.28 亿，而 1990 年和 2000 年只分别为 6.57 亿和 7.67 亿。所以，需要加倍努力，才能改善整个发展中地区的城市和大都会中日益增长的城市贫困人口的生活状况。

此外，最近的房屋市场危机以及其产生的更大规模的金融和经济衰退，可能会抵消自 1990 年以来所取得的进展。尽管这次危机并非起源于发展中地区，但它已冲击到发展中地区的人口和城市，累及到数以百万计继续生活在不安全条件下的人们，他们往往缺乏基本服务设施并存在严重的健康威胁。在许多情况下，由于以下四个方面的失败，包括“缺乏土地所有权和其他形式的所有权，削减穷人补贴住房的资金，低收入住房专用土地存量不足以及无法干预市场以控制土地和资产的投机活动，有的当局还加剧了住房危机”，因此在面对不断上涨的土地价格时，由于收入较低，工薪阶层穷人拥有土地的可能性几乎可以排除，这就进一步加剧了城市贫民窟人数增长的问题。

设定一个更切实际的改善贫民窟的目标。

当国际社会在 2000 年通过千年宣言，并设定“没有贫民窟的城市”的目标时，专家们低估了生活在低标准状况下的人口数量。他们还确定，改善 1 亿贫民窟居民的生活是一个并不显要的数字，而且在未来 20 年内是切实可行的目标。2003 年，更新的且盲目乐观的数据来源首次显示，1 亿贫民窟居民大约只占全球贫民窟人口的 10%，只是很小的一个部分。此外，有别于其他千年发展目标，贫民窟的目标并未以一个特定参照基准（通常为 1990 年）而设定一个确切的比例，而只是将这个目标设为一个针对整体世界而言的绝对量。这样，也使各国政府很难制定有确切意义的具体国家目标。显然，如果要获得来自国家政府和出资捐助方的郑重承诺，并要求他们对持续的进展负责到底，需要重新定义这个“贫民窟”目标。

贫民窟的改善虽进展不小，仍未能赶上城市贫民不断涌现的步伐

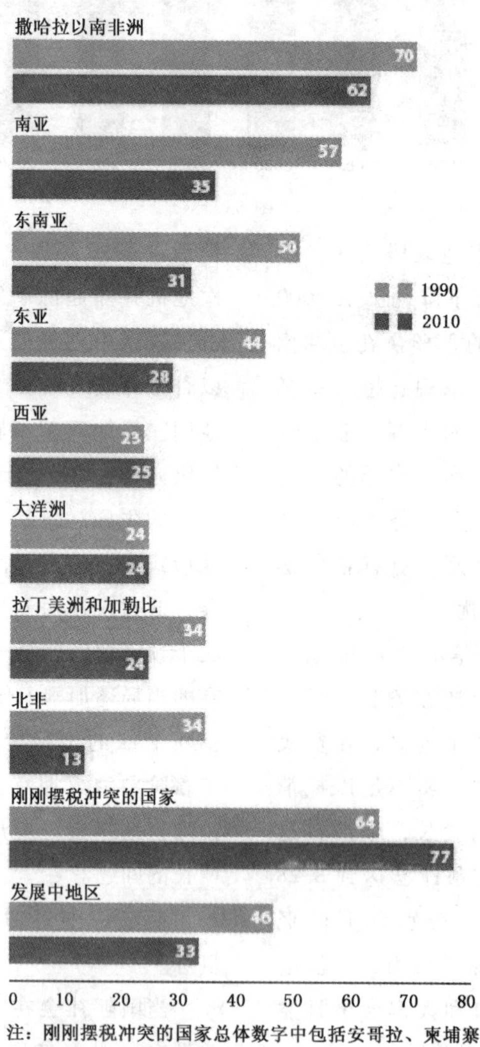

注：刚刚摆脱冲突的国家总体数字中包括安哥拉、柬埔寨、中非共和国、乍得、刚果民主共和国、几内亚、几内亚比绍、伊拉克、老挝人民民主共和国、黎巴嫩、莫桑比克、塞拉利昂、索马里和苏丹。

图 64

在发展中地区中，估计撒哈拉以南非洲的城市贫民窟比率最高，其次是南亚。在其他发展中地区，有1/3的人口居住在贫民窟。尽管撒哈拉以南非洲国家和一些城市努力扩大基本服务和改善城市住房条件，而国家其他的不作为阻碍了全面进步，而无法跟上城市人口快速扩张的步伐。

这种情势在受冲突影响的国家更为严峻，这些国家的贫民窟城市人口比例已从1990年的64%攀升至2010年的77%。这主要是由于伊拉克的贫民生活条件恶化，致使西亚地区的贫民窟居民比例不断上升，冲突的影响显现无遗。在西亚，生活在贫民窟的城市居民的比例增加了3倍以上，从2000年的17%即290万人，预计到2010年已上升至53%，达1070万人。

目标8　全球合作促进发展

虽有金融危机，援助继续增加，但非洲仍未得到应得的援助

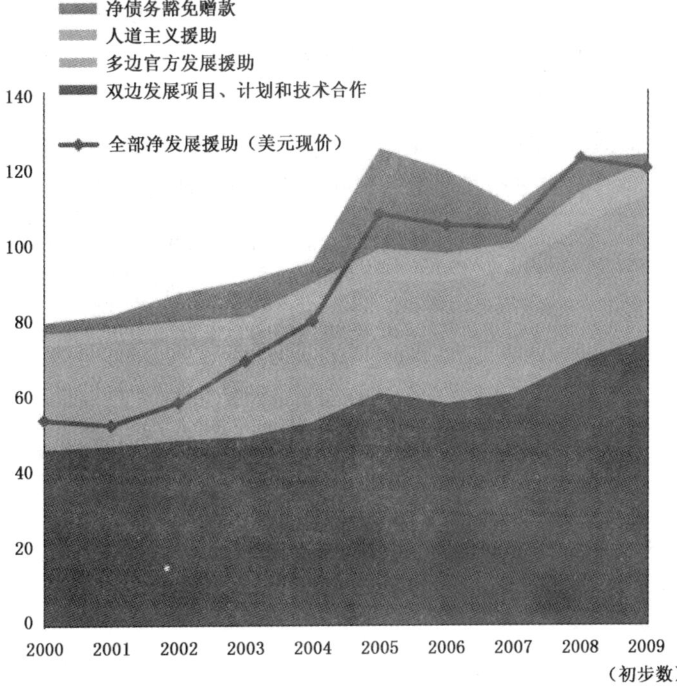

图65

2009年，官方发展援助（ODA）净拨付额达到1196亿美元，占发达国家全部国民收入的0.31%。剔除物价因素，这一比例仅比2008年微弱上升0.7%。

如果不包括债务减免，官方发展援助在2008年与2009年之间的实质增长为6.8%。如果也不包括人道主义援助，发展计划和项目的双边援助实质增长8.5%，这是由捐助者继续扩大其核心发展项目和计划而实现的。大部分增长为新贷款，上升20.6%，而赠款也出现4.6%的增长（不包括债务减免）。

在 2005 年八国集团格伦伊格尔斯首脑会议以及联合国世界首脑会议上，捐助国承诺增加他们的援助。其中许多承诺是按本国的国民收入的比例作出的。根据国民收入的预期值，他们所作保证，加上其他的一些承诺，意味着官方发展援助（ODA）总额将从 2004 年的 800 亿美元增至 2010 年的 1300 亿美元（按 2004 年不变价）。然而，自 2008 年以来经济增长速度减缓已经将发达国家以前预计的国民收入水平和 2010 年承诺的美元价值降低到 1260 亿美元（按 2004 年不变价）。而且，经济增长速度减缓给发达国家政府预算造成压力。虽然大多数的最初捐助国承诺仍然有效，一些大的捐助者已经减少或推迟了他们所作的 2010 年捐助承诺。根据当前的 2010 年的预算计划和较低的国民收入预测，官方发展援助的总体水平在 2010 年预计为 1080 亿美元（按 2004 年美元计算）。援助的缺口对非洲影响特别大。在 2005 年格伦伊格尔斯首脑会议上，八国集团成员预计，其承诺加上其他捐助，到 2010 年将对非洲的官方发展援助增加一倍。而 2009 年初步数据显示，向非洲提供的双边官方发展援助实质上增长仅为 3%。在撒哈拉以南非洲，双边援助比 2008 年实质增长 5.1%。由于原计划将大量援助投向非洲的欧洲国家经济表现欠佳，非洲将只能得到约 110 亿美元的援助，而在格伦伊格尔斯首脑会议上，曾设想投向非洲的援助是 250 亿美元。

具体目标　满足最不发达国家、内陆国家和小岛屿发展中国家的特殊需要

只有五个捐助国达到联合国官方援助的目标

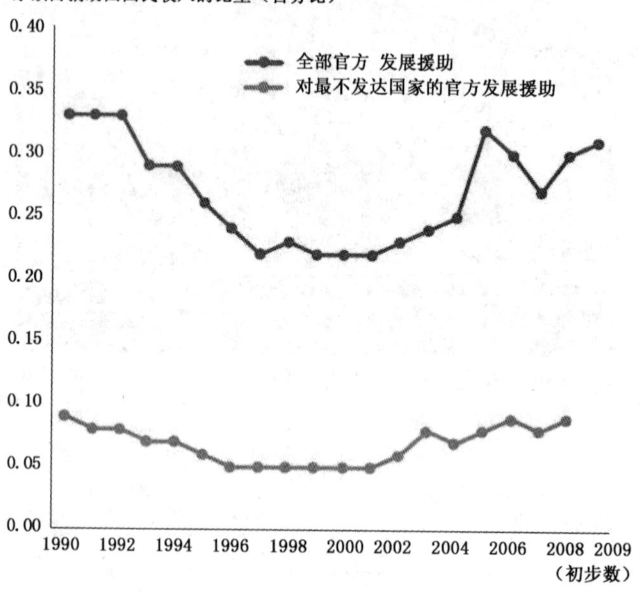

图 66

大多数捐助者的援助仍远低于联合国设定的援助额占国民收入 0.7% 的目标。2009 年，仅丹麦、卢森堡、荷兰、挪威和瑞典达到或超过了联合国设定的目标。按捐助金额

计算，2009年最大的捐助国是美国，接下来依次为法国、德国、英国和日本。

今年是经合组织发展援助委员会欧盟成员国的一个里程碑。2005年，发展援助委员会欧盟成员国同意，在2010年实现官方发展援助净额占所有国家全部国民收入0.56%的目标以及0.51%的最低国别目标。

一些国家将达到甚至超过这一目标。瑞典是世界上官方发展援助占国民收入比例最高的国家（1.01%），接下来依次是卢森堡（1%）、丹麦（0.83%）、荷兰（0.8%）、比利时（0.7%）、英国（0.6%）、芬兰（0.56%）、爱尔兰（0.52）和西班牙（0.51）。

但其他国家则不大可能达到这一目标。法国的官方发展援助占其国民收入的比例估计在0.44%—0.48%，德国为0.40%，奥地利为0.37%，葡萄牙为0.34%，希腊为0.21%，意大利则为0.20%。今年对发展援助委员会欧盟捐助者来说还有一点非常特别，这就是今年是其2005年承诺与2015年实现援助额占国民收入0.7%目标的中间点。

援助集中在最贫穷的国家，其中最不发达国家（LDCs）约得到了援助资金总量的1/3。2007—2008年，在拨付于特定用途的年均716亿美元双边官方发展援助中，152亿美元着重于实现第三项千年发展目标，即用于促进两性平等和赋予妇女权力。

具体目标　进一步发展开放的、有章可循的、可预测的、非歧视性的贸易和金融体制

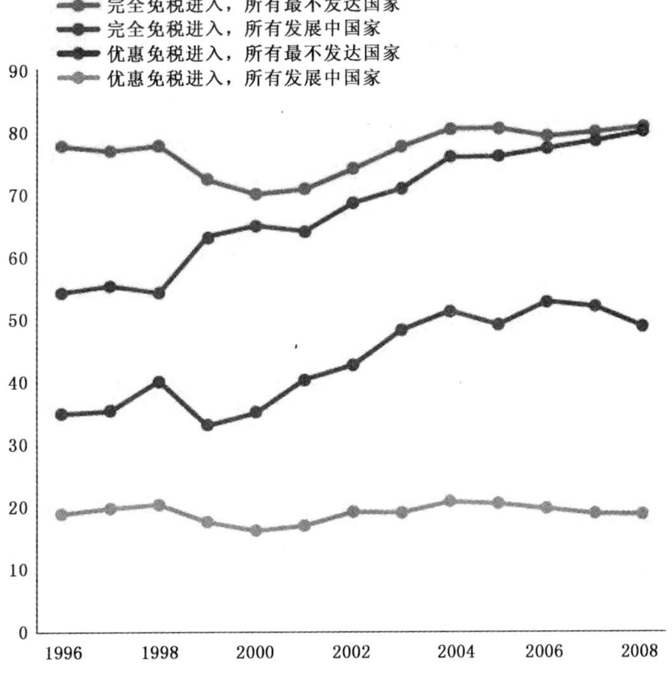

图67

在过去十年中，发展中国家和最不发达国家更为便捷地进入发达国家市场。发达国家从所有发展中国家免税进口（不包括武器和石油）的商品比例继续上升，从1998 年的 54% 上升到 2008 年的近 80%。对于最不发达国家，这一比例仅略有增长，从 1998 年的 78% 增长到 2008 年的近 81%。

对发展中国家总体来说，扩大市场准入主要归功于最惠国待遇（MFN）下的免除关税，这种情况在 2004 年之前特别显著。此后，发达国家未根据最惠国待遇明显降低关税。

最不发达国家享受关税削减的优惠最多，特别是农产品

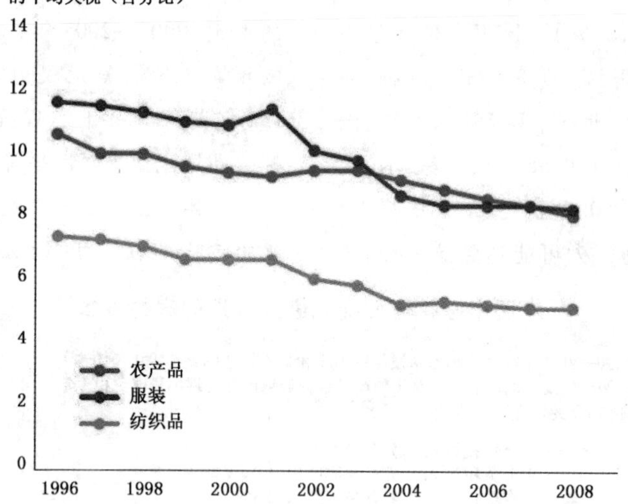

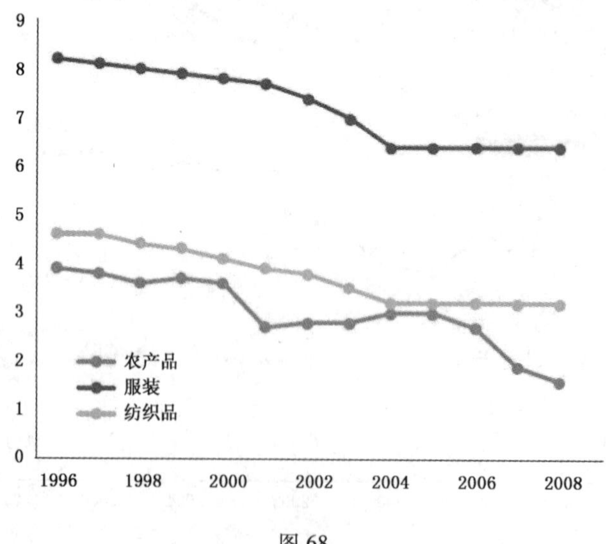

图 68

尽管有优惠，2008年发达国家从发展中国家进口农产品、纺织品和服装的关税仍然在5%—8%，只比1998年降低2%—3%。然而，最不发达国家继续受益于更大的关税消减，特别是他们的农产品。从最不发达国家进口农产品的优惠关税是1.6%，而其他发展中国家则是8%。但从最不发达国家进口纺织品和服装的关税只比发展中国家总体低2%—3%。

优惠关税给最不发达国家与其他对手竞争创造了优势，这些国家更多地将出口都集中在能享有较高幅度优惠关税的产品上。多哈发展议程关于发达国家进一步自由化的贸易政策，虽然将对发展中国家总体上有利，但也将削弱最不发达国家目前所享有的优惠待遇的优势。然而，给予最不发达国家的优惠待遇主要是单向的。多哈协议将具有巩固这些安排带来的优势。此外，最不发达国家优惠受到削弱的问题，预计将通过多哈发展议程的特别执行程序以及专门的贸易援助来解决。

对于广大发展中国家而言，多哈协议预期带来的，对于进入大部分平均关税已经很低的发达国家市场而言的主要利益是：减少农业、纺织品和服装的关税峰值以及降低扭曲市场的农业补贴。通过超比例减少高关税，多哈协议也将减少在很多情况下在农业和非农业部门共同出现的普遍的关税升级：即处理某一种产品增加到一定程度时，征收更高的关税。

在2008—2009年，金融危机导致几乎所有发展中国家贸易额和贸易量均有减少。最不发达国家特别受石油和矿产品（其主要出口产品）国际价格下降的负面影响。其石油出口额在2008年第四季度下跌46%，并继续下跌至2009年初。尽管商品价格复苏自2009年第二季度始，但发展中国家2009年出口额仍下降3%，而全世界的平均下降水平为23%。面对这些挫折，多边贸易体制在防止普遍的以邻为壑倒退为贸易保护主义方面而发挥了重要作用。

具体目标　全面处理发展中国家的债务

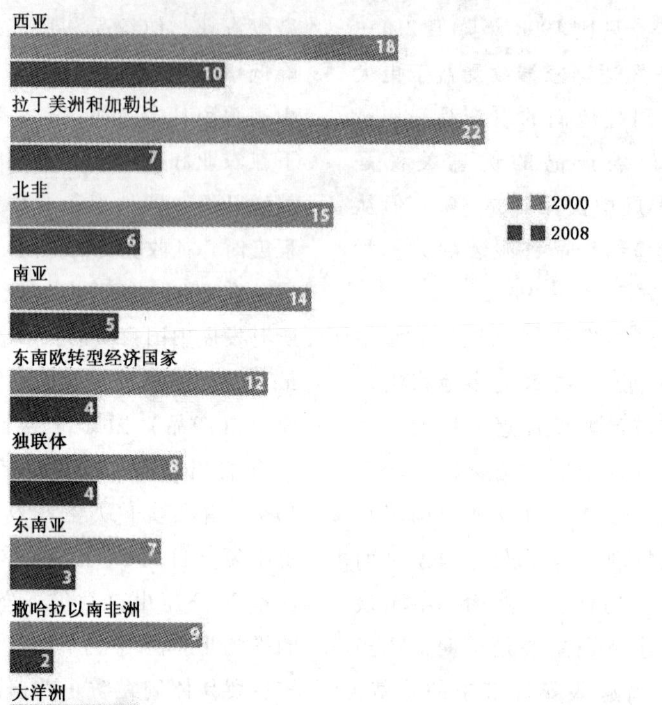

图 69

一个国家的外债负担既影响其信誉又降低了抗经济冲击的能力。改善债务管理，扩大贸易以及大幅度减免最贫穷国家债务，减轻发展中国家偿债负担，是千年发展目标中的又一具体目标。虽然全球经济危机使一些国家的出口遭受挫折，但大多数发展中地区的偿债与出口比率在 2008 年仍保持稳定或再次下降。2007—2008 年，这一比例在南亚地区从 4.8% 增长至 5.4%，在独联体国家从 3.1% 增长至 3.9%。尽管 2009 年出口收入进一步减少，而且一些国家增长速度下滑，但债务负担很可能仍远低于历史水平。

根据重债穷国减债倡议（HIPC），40 个国家有资格获得债务减免。其中 35 个国家在这个过程中已达到“决定点”阶段，使未来的债务支出减少了 570 亿美元。而 28 个已经达到“完成点”的国家，则根据多边债务减免倡议获得了额外的 250 亿美元援助。那些包括在 HIPC 倡议内的国家的债务负担，低于所有最不发达国家的平均水平。

具体目标　与私营部门合作，普及新技术，特别是信息和通信技术的好处

信息和通信技术的需求增长

最近的经济虽衰退，但信息和通信技术（ICT）的使用在全球范围内仍继续增长。到2009年底，全球移动手机用户估计已激增至46亿，相当于每100人中有67人是移动电话用户。移动电话在发展中地区的增长最为强劲，至2009年底，发展中地区的移动电话渗透率已超过50%的标线。

移动电话向过去无法获得信息和通信技术的地区，提供了新的和关键的通信机会。例如，在撒哈拉以南非洲，固定电话普及率仍然维持在大约1%，而移动电话渗透率已超过30%。移动技术也越来越多地被使用于非话音服务中，包括短信、移动银行和灾害管理，而且其作为发展工具的作用已获广泛认可。

世界上大多数人仍无法接入全球互联网

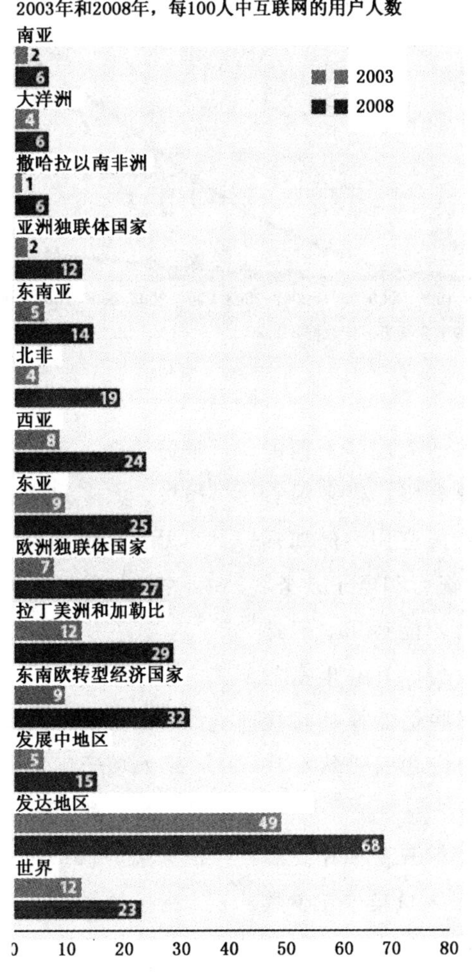

图70

互联网的使用虽在过去的一年步调放缓，但仍继续扩大。至2008年底，世界人口的23%或16亿人使用互联网。发达地区的使用比例仍然大大高于发展中地区。在发展中地区只有1/6的人口使用互联网。

高速互联网接入主要在发达国家使用，与拨号用户差别巨大

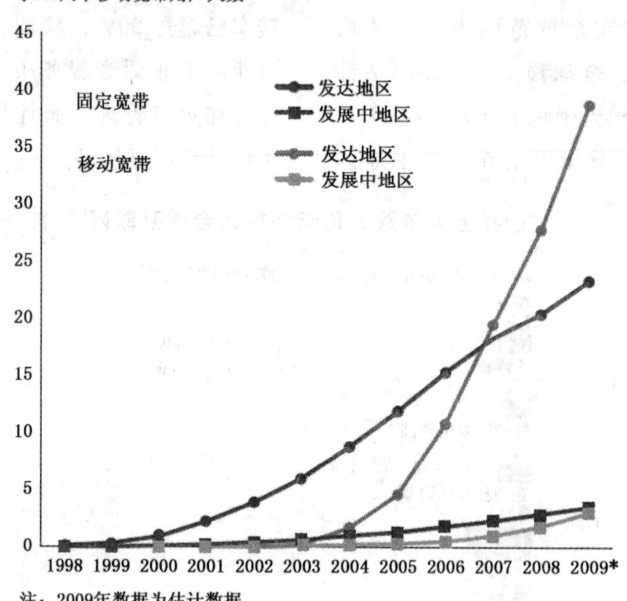

图 71

使发展中国家有更多的人能够上网的一个挑战是宽带网络普及有限。很多最有效的信息和通信技术的发展应用，例如远程医疗、电子商务、电子银行和电子政务，唯有通过接入高速互联网才能运用。但那些享受快速访问的网络世界、日益丰富的多媒体内容的用户，与那些仍然挣扎在缓慢的、共享拨号链接的用户之间仍然存在着一个显著的鸿沟。

至2008年底，固定宽带普及率在发展中地区平均低于3%。而且大量集中在少数几个国家。中国是世界上最大的固定宽带市场，大约占2亿固定宽带用户的一半。在大多数最不发达国家，固定宽带用户数量仍是微不足道的，而且服务依然出奇地昂贵，大多数人根本无法问津。然而，高速无线宽带网络的推出，预计会在不久的将来增加发展中国家的互联网用户的人数。

告读者

测算千年发展目标的进展

八项千年发展目标的进展是通过21个具体目标和60个指标进行测算的。本报告根据截至2010年5月千年发展目标各项官方指标的数据，从而展示了全世界迄今每项目标和具体目标的进展情况。

大多数千年发展目标的期限是2015年，1990年是测度进展所参照的基准年份。

在相关数据齐备的情况下，2000 年数据也被采用，以期展示《千年宣言》签订以来的进展情况。

国别数据汇总生成分地区或地区层面的数据，以反映随时间推移的总体进展情况。虽然汇总指标易于被用作跟踪进展，特定地区的国别情况可能与地区平均水平存在较大的差异。国别数据以及各地区和分地区的组成情况，可参看 http://mdgs.un.org。

分析的基础

区域性和次区域性数据是由千年发展目标指标跨机构和专家小组（IAEG）的各国际成员机构编汇的。一般而言，这些数据是以各国参照人口为权重的国别数据的加权平均数。对于每一个指标，都有单独机构被指定为官方数据提供单位，并在数据收集和分析的方法论发展方面承担牵头角色。

通常情况下，数据取自各国政府所提供的官方统计。这是通过向各国部委以及统计机构定期采集数据而完成的。为了填补经常出现的数据缺口，需要利用国际机构资助或实施的调查数据，而对许多指标进行补充或完全进行推算。这种情况包括许多卫生指标，它们大多是通过多指标整群抽样调查和人口卫生调查编制的。

有些情况下，一些国家可能有更新的数据，但有关国际专门机构尚未掌握。在其他情况下，负责特定指标的国际机构必须估算所缺失的数据或对国家数据进行调整，以保证国际间的可比性。因此，从国际组织渠道获得的数据经常与各国自己掌握的数据有所出入。

联合国统计司负责维护千年发展目标指标跨机构和专家小组的官方网站及其数据库，上网地址为 http://mdgs.un.org。为尽可能提高透明度，数据库中的国家数据以不同的颜色代码标识，以标明哪些数据来自估算，哪些由国家提供。数据库还具有元数据，详细解释指标的计算和区域汇总的方法。

协调国家和国际数据

千年发展目标指标的数据可靠、及时和国际可比，是确保国际社会承担责任的关键。这对鼓励公众支持、筹资促发展、有效分配援助以及比较不同地区和国家间的发展进程等诸方面也是重要的。然而，为实现可比性，必须对数据进行调整和填补数据缺口，以协调国家数据和国际机构数据序列之间的差别。

不同数据来源的差异以及国家数据的缺口，已经引起统计界的关注，并困扰着国家的数据提供者，因为他们发现自己在针对同一指标时会面临不同的数字。多重来源所报告的不同信息对数据使用者而言也是一项挑战。

最近已经采取很多行动来协调国家与国际监测的数据，以解决所采用的方法论和定义上的差异。这些努力已开始见成效。由负责全球监测的各国际机构和国家统计体系的代表所组成的千年发展目标指标跨机构和专家小组（IAEG），已经推动了国家和国际机构这两个群体间的对话，以提高国家和国际数据间的协同，并确保方法论以及所生产数据的质量和透明度。该小组也已向超过 40 个国家统计部门的专家提供编制指标方面的培训。

改进监测体系

改进数据和监测手段，对于设计适当的政策以及干预措施以实现千年发展目标是至关重要的。在许多贫穷国家，使用可靠的数据进行发展监测虽已取得了一些进步，但数据仍很缺乏，并且建设国家能力以提供更优的政策相关的统计数据，仍是很艰巨的挑战。

对千年发展目标的定期评估始于近十年前，其间采取了许多行动以提高国家数据的可获得性以及向国际机构的报送机制。如此，各国所提供的数据已经逐渐符合国际规范的定义和标准。此外，国际机构对于国家所具备的数据以及如何与各国专家共同工作以开发或估算指标等也有了更好的认识。

对所有千年发展目标进行趋势评估的国际序列的数据现在更为丰富了。2009 年，118 个国家在 16—22 个指标上至少具有两个时点的数据，而 2003 年仅有四个国家具有同样的数据覆盖面。这是国家统计能力的提升从而尝试采集新数据的努力以及提高数据采集频度的成果。例如，在避孕普及率指标具有两个或以上数据点的国家，从 1986—1994 年的 50 个增加到 1995—2004 年的 94 个。同时，在这一指标上没有数据的国家从 106 个下降到 63 个。高质量数据的产生也正扩展到其他领域，如监测 HIV 的传播使我们更好地了解这种疫情。在 2003—2008 年，87 个发展中国家已经进行了全国性的代表性调查以采集数据，从而获得年轻妇女全面和正确认知的情况，而 1998—2002 年只有 48 个国家，1998 年前更是仅有 5 个国家进行这种调查。即使在那些缺乏完善的数据采集手段的领域如环境，从国家或地区当局获得数据的努力也取得了重大进展。比如，列入世界保护区数据库的场所数量，已从 1962 年的略超过 1000，上升至 2003 年的 102000 和 2009 年的 134000。

注：1. 全部目标、具体目标和指标的列表可参看 http：//mdgs. un. org。

2. 由于数据采集与分析的时间存在一定间隔，很少有指标采用当年数据。大部分数据采用早些年份数据，通常是截至 2008 年或 2009 年的数据。

区域分组

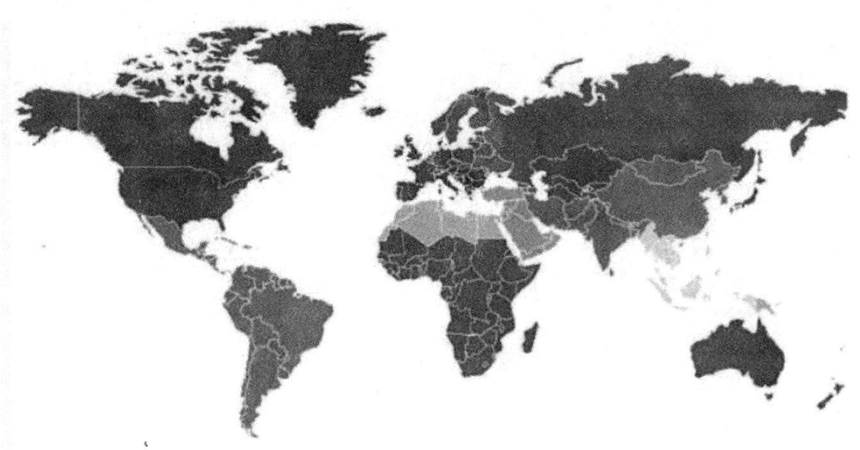

- 发达地区
- 独立国家联合体
- 北非
- 撒哈拉以南非洲
- 东南亚
- 大洋洲
- 东亚
- 南亚
- 西亚
- 拉丁美洲和加勒比地区

本报告提供的数据描述了千年发展目标的进展情况，既有全世界的整体情况，也有各类国家分组的情况。这些分组有“发展中”地区、独立国家联合体（CIS）位于亚洲和欧洲的经济转型国家以及“发达”地区。发展中地区又进一步分为以上地图所示的次区域。这些区域分组以联合国的地理划分为基础，作了某些必要的修改，尽可能形成可对其进行有意义分析的国家组。在http://mdgs.un.org网站上，可以查阅到各区域和次区域国家的完整名单。

注：在联合国系统中，称某些国家或地区为“发达”或“发展中”国家或地区，并无成规，所以这里的区分只是为了便于统计分析。

图 72

“亿万民众期盼国际社会能够履行《千年宣言》的诺言，建设一个更加美好的世界，我们决不能辜负他们的期望。让我们信守承诺。”

联合国秘书长　潘基文

企业扶贫·虹都电缆

虹都电缆捐助建成的新青村级公路。

虹都电缆资助新青村西湖开发。

虹都电缆捐赠高沟镇中心敬老院。

虹都电缆捐赠西湖慈君小学。

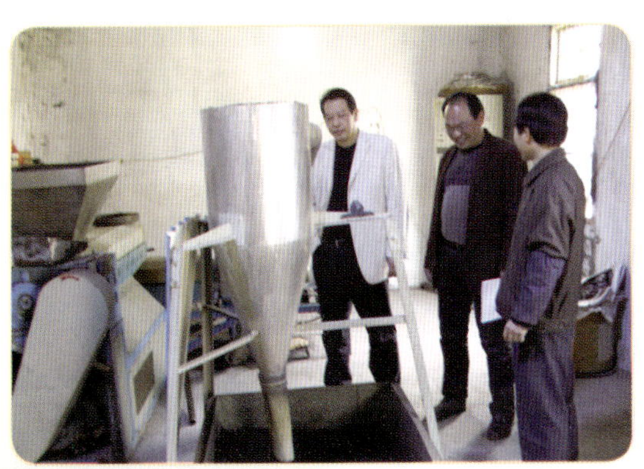

虹都电缆资助无为县精华电缆材料公司投入生产高温料。

虹都电缆领导看望贫困户。

安徽虹都电缆集团有限公司
ANHUI HONGDU CABLE GROUP CO., LTD

宜宾烟草援建的希望小学。

宜宾烟草向贫困地区小学生、小学校赠送“爱心包裹”。

宜宾烟草技术员指导农户对烟叶进行检测。

宜宾烟草技术员指导农户种植烟叶。

宜宾烟草援建的乡村道路、水池和渠沟。

企业扶贫·强久集团

强久集团董事长谭增华。

强久集团扶贫培训现场。

强久集团烤漆车间。

强久集团组装车间。

强久集团扶贫培训班。

强久集团职工宿舍。

河北强久(集团)有限公司
HEBEIQIANGJIU(GROUP)CO.,LTD

企业扶贫·东汉禽业

东汉禽业养鸭技术培训现场。

东汉禽业向贫困学生捐赠爱心包裹。

东汉禽业长水种鸭场。

东汉禽业循环经济示范基地（在建）。

东汉禽业标准化养殖小区。

东汉禽业屠宰厂。

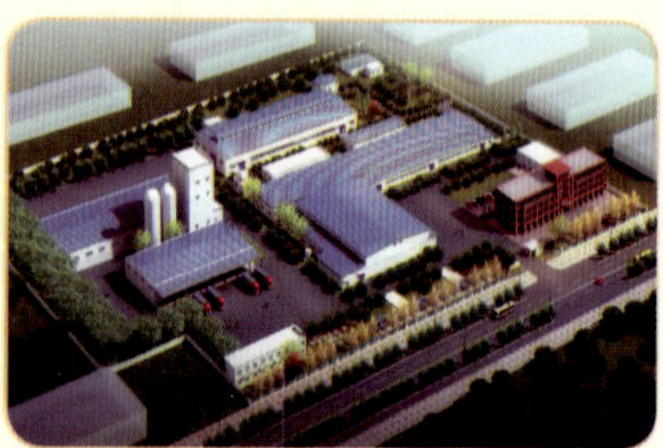
东汉产业园鸟瞰（实景效果图）。

企业扶贫·天鹅集团

国务院扶贫开发领导小组副组长、办公室主任范小建视察天鹅集团。

天鹅集团总裁走访九河村贫困户。

天鹅集团纺织产业电脑绣花车间。

天鹅集团纺织产业总检车间。

天鹅集团电子产业电子车间。

天鹅集团科研大楼。

企业扶贫·东达蒙古王集团

东达蒙古王集团为兴安盟捐建一所希望小学。

东达蒙古王集团为“草原之夜——秘境阿拉善原生态歌舞”慈善义演捐款。

东达蒙古王集团为农牧民开展知识讲座。

东达生态移民扶贫村——风水梁园区一角。

风水梁园区道路。

风水梁园区獭兔养殖基地。

东达蒙古王集团援建的风水梁小学、幼儿园和中心卫生院。

东达蒙古王集团援建的综合物流服务区一角。

企业扶贫·恒丰糖业

恒丰新村。

恒丰糖业董事长王保年慰问贫困户。

恒丰糖业向灾区捐款。

恒丰糖业技术人员在甜菜地向农民传授技术。

恒丰糖业红枣晾晒场。

恒丰糖业向农户收购甜菜。

企业扶贫·三元太宝

三元太宝董事长张代金深入田间地头传授种植头花蓼的技术。

三元太宝技术员向种植基地农民讲授理论知识。

三元太宝太子参GAP基地。

三元太宝头花蓼GAP生产基地。

三元太宝太子参育苗基地。

三元太宝新建成的厂房。

贵州省“十一五”农业科技
十大成就（事件）奖

证　书

为表彰贵州省“十一五”农业科技十大成就（事件）奖获得者，特颁发此证书

成就名称：国内领先的太子参生产技术，助推贵州施秉太子参成为我省中药材产业发展的标杆

完成单位：贵州昌昊中药发展有限公司　贵州三元太宝实业股份有限公司
贵州大学　黔东南农业科学研究所
施秉县牛大场镇中药材协会　黄平县一碗水乡中药材（太子参）协会
施秉县人民政府　黄平县人民政府等

二〇一一年四月

三元太宝所获荣誉证书（左图、右图）。

企业扶贫·湄潭茯莹

湄潭茯莹种植技术培训现场。

湄潭茯莹为农户免费发放防虫药品。

湄潭茯莹向农户收购订单辣椒。

湄潭茯莹原料收购、分捡。

湄潭茯莹辣椒基地。

湄潭茯莹生产车间。

企业扶贫·和泰茶业

和泰茶业茶叶种植、加工培训现场。

和泰茶业组织农民培训机械化采摘茶叶技术。

和泰茶业茶叶深加工GMP生产车间。

和泰茶业厂房外观。

企业扶贫·红星发展

红星发展爱心助学活动。

红星发展厂区一角。

红星发展荣获“八七扶贫攻坚先进单位”称号。

红星发展荣获“赈灾捐赠先进单位”称号。

企业扶贫·庆华集团

新疆维吾尔自治区伊犁喀拉亚尕奇乡移民村。

宁夏回族自治区吴忠市同心县庆华村。

青海庆华集团援建的德令哈新火车站广场。

内蒙古庆华集团向四川地震灾区捐款。

青海庆华集团抗震救灾救援队。

青海庆华集团援建的都兰寺。

庆华助学金发放仪式。

庆华奖学金来华留学生欢迎仪式。

太阳山开发区困难职工帮扶资金集中发放仪式。